平成 28 年度

福祉行政報告例

厚生労働省政策統括官（統計・情報政策担当）編
一般財団法人　厚生労働統計協会

ま　え　が　き

この報告書は、平成28年度における都道府県・指定都市・中核市の社会福祉関係業務の実績について、福祉行政報告例として報告を求めているものを取りまとめたものです。

福祉行政報告例は、身体障害者福祉、老人福祉、児童福祉等の我が国における社会福祉行政の実績を数量的に把握するもので、社会福祉に関する基本的統計の１つとなっています。

この報告書が、国、地方公共団体における社会福祉施策の企画立案のための基礎資料としてだけでなく、関係各方面においても幅広く利用され、社会福祉の充実発展に資することができれば幸いです。

刊行にあたり、福祉行政報告例の実施に御尽力いただいた関係各位に深く感謝するとともに、今後一層の御協力をお願いする次第です。

平成30年３月

厚生労働省政策統括官（統計・情報政策担当）

酒　光　　一　章

担　当　係

政策統括官付参事官付
　　　　行政報告統計室福祉統計係

電　話　(03) 5253－1111　内線7553
　　　　　　　　　　　　　　　7554
　　　　http://www.mhlw.go.jp/

平成28年度
福祉行政報告例

目　　　次

- Ⅰ　報告の概要 …………………………………………………………………………… 13
- Ⅱ　結果の概要 …………………………………………………………………………… 17
- Ⅲ　統　計　表 …………………………………………………………………………… 27

身体障害者福祉

第 1 表　身体障害者手帳交付台帳登載数，障害の種類、年齢（2区分）×障害の程度、
登載状況別（**報告表14**）……………………………………………………………… 30

第 2 表　身体障害者手帳交付台帳登載数，都道府県－指定都市－中核市×障害の種類、
年齢（2区分）別（**報告表14**）……………………………………………………… 32

第 3 表　身体障害者手帳交付台帳登載数，都道府県－指定都市－中核市×障害の程度、
登載状況別（**報告表14**）……………………………………………………………… 48

第 4 表　身体障害者更生相談所における取扱実人員、相談、判定及び判定書交付件数，
相談の種類・判定の種類×来所－巡回別（**報告表17**）…………………………… 52

第 5 表　身体障害者更生相談所における取扱実人員、相談、判定及び判定書交付件数，
都道府県－指定都市×来所－巡回別（**報告表17**）………………………………… 54

障害者総合支援

第 1 表　身体障害者・児の基準の補装具購入件数、購入金額、修理件数及び修理金額，
補装具の種類別（**報告表18**）………………………………………………………… 58

第 2 表　身体障害者・児の基準の補装具購入件数、購入金額、修理件数及び修理金額，
都道府県－指定都市－中核市別（**報告表18**）……………………………………… 60

第 3 表　身体障害者・児の基準の補装具購入件数，都道府県－指定都市－中核市×
補装具の種類別（**報告表18**）………………………………………………………… 64

第 4 表　難病患者等の基準の補装具購入件数、購入金額、修理件数及び修理金額，
補装具の種類別（**報告表18の2**）…………………………………………………… 76

第 5 表　難病患者等の基準の補装具購入件数、購入金額、修理件数及び修理金額，
都道府県－指定都市－中核市別（**報告表18の2**）………………………………… 78

第 6 表	難病患者等の基準の補装具購入件数，都道府県－指定都市－中核市×補装具の種類別（**報告表18の2**）	82
第 7 表	身体障害者・児の特例補装具購入件数、購入金額、修理件数及び修理金額，特例補装具の種類別（**報告表18の3**）	94
第 8 表	身体障害者・児の特例補装具購入件数、購入金額、修理件数及び修理金額，都道府県－指定都市－中核市別（**報告表18の3**）	96
第 9 表	身体障害者・児の特例補装具購入件数，都道府県－指定都市－中核市×特例補装具の種類別（**報告表18の3**）	100
第10表	難病患者等の特例補装具購入件数、購入金額、修理件数及び修理金額，特例補装具の種類別（**報告表18の4**）	112
第11表	難病患者等の特例補装具購入件数、購入金額、修理件数及び修理金額，都道府県－指定都市－中核市別（**報告表18の4**）	114
第12表	難病患者等の特例補装具購入件数，都道府県－指定都市－中核市×特例補装具の種類別（**報告表18の4**）	118
第13表	自立支援医療（身体障害者の更生医療）の支給認定件数、支払決定金額、レセプト件数及び支払決定実人員，入院－入院外－訪問看護、障害の種類別（**報告表19**）	130
第14表	自立支援医療（身体障害者の更生医療）の支給認定件数、支払決定金額、レセプト件数及び支払決定実人員，都道府県－指定都市－中核市別（**報告表19**）	132
第15表	自立支援医療（精神障害者・児の精神通院医療）の支給認定件数、支払決定金額及びレセプト件数，都道府県－指定都市別（**報告表21**）	136
第16表	自立支援医療における支給認定件数，所得区分×医療費区分別（**報告表21の2**）	138
第17表	自立支援医療における支給認定件数，医療費区分×都道府県－指定都市－中核市×所得区分別（**報告表21の2**）	140
第18表	市町村における相談支援を利用している障害者・児の実人員及び相談支援障害者数，障害者－障害児×障害の種類（重複計上）別（**報告表21の3**）	148
第19表	市町村における相談支援件数，都道府県－指定都市－中核市×支援方法（重複計上）別（**報告表21の3**）	150
第20表	市町村における相談支援件数，都道府県－指定都市－中核市×支援内容（重複計上）別（**報告表21の3**）	152
第21表	自立支援医療（身体障害児童の育成医療）の支給認定件数、支払決定金額、レセプト件数及び支払決定実人員，障害の種類別（**報告表22の2**）	156
第22表	自立支援医療（身体障害児童の育成医療）の支給認定件数、支払決定金額、レセプト件数及び支払決定実人員，都道府県－指定都市－中核市別（**報告表22の2**）	158

障害児関係・障害児福祉手当等・特別児童扶養手当

第 1 表	未熟児の養育医療及び結核児童の療育の給付の給付件数、費用額、診療実日数及び支払決定実人員，養育医療－療育の給付別（**報告表22**）	164

第 2 表　未熟児の養育医療及び結核児童の療育の給付の給付件数、費用額、診療実日数及び
支払決定実人員，都道府県－指定都市－中核市別（**報告表22**）・・・・・・・・・・・・・・・・・ 166

第 3 表　障害児福祉手当等の受給者数，都道府県×手当の種類別（**報告表25**）・・・・・・・・ 170

第 4 表　障害児福祉手当・特別障害者手当の認定請求処理件数，手当の種類別
（**報告表25**）・・・ 171

第 5 表　障害児福祉手当等受給資格者数，手当の種類×異動状況別（**報告表25**）・・・・・・ 171

第 6 表　特別児童扶養手当の認定請求処理件数及び現況・所得状況届受付件数，
都道府県－指定都市別（**報告表26**）・・・・・・・・・・・・・・・・・・・・・・・・・・・・・・・・・・ 172

第 7 表　特別児童扶養手当受給者数，障害の種類×級区分×異動状況別（**報告表26**）・・・・ 174

第 8 表　特別児童扶養手当受給者数、支給対象障害児数、支給停止者数及び
支給停止障害児数，都道府県－指定都市×障害の種類×級区分別（**報告表26**）・・・ 176

知的障害者福祉

第 1 表　知的障害者更生相談所における取扱実人員及び取扱件数，
来所－巡回×相談の種類・判定の種類・判定書等交付件数別（**報告表27**）・・・・・・・ 180

第 2 表　知的障害者更生相談所における取扱実人員、相談件数、判定件数及び
判定書等交付件数，来所－巡回×都道府県－指定都市別（**報告表27**）・・・・・・・・・・ 181

第 3 表　職親数及び職親に委託されている知的障害者数，都道府県－指定都市－中核市別
（**報告表30**）・・ 184

第 4 表　療育手帳交付台帳登載数，都道府県－指定都市×障害の程度、年齢（2区分）別
（**報告表31**）・・ 186

第 5 表　職親数，新規－取消別（**報告表30**）・・・・・・・・・・・・・・・・・・・・・・・・・・・・・・・・・・・ 188

第 6 表　職親に委託されている知的障害者数，性×同居－通勤別（**報告表30**）・・・・・・・・・ 188

第 7 表　療育手帳交付台帳登載数，障害の程度、年齢（2区分）×登載状況別
（**報告表31**）・・ 188

老 人 福 祉

第 1 表　老人ホーム等の施設数、定員、入所者数、退所者数及び年度末現在員数，
施設の種類、公立－私立別（**報告表32**）・・・・・・・・・・・・・・・・・・・・・・・・・・・・・・・ 190

第 2 表　老人ホーム等の施設数、定員及び年度末現在員数，都道府県－指定都市－中核市×
施設の種類別（**報告表32**）・・・ 192

第 3 表　養護老人ホームの措置人員，被措置者分・扶養義務者分×
費用徴収階層区分別（**報告表33**）・・・・・・・・・・・・・・・・・・・・・・・・・・・・・・・・・・・・ 196

第 4 表　訪問介護派遣対象世帯数、通所介護及び短期入所生活介護の利用人員及び延日数，
都道府県－指定都市－中核市別（**報告表34**）・・・・・・・・・・・・・・・・・・・・・・・・・・・・ 198

第 5 表　老人クラブ数、会員数及び老人クラブ連合会数，都道府県－指定都市－中核市別
（**報告表35**）・・ 202

婦人保護

　　第 1 表　婦人相談所及び婦人相談員の受付件数，都道府県×新規－再来別（**報告表36**）··· 208

　　第 2 表　婦人相談所及び婦人相談員の受付件数，新規－再来×経路別（**報告表36**）······ 210

　　第 3 表　婦人相談所及び婦人相談員の処理件数、指導延件数及び未処理人員，
　　　　　　処理状況別（**報告表37**）·· 211

　　第 4 表　婦人相談所及び婦人相談員の処理件数、指導延件数、未処理人員及び
　　　　　　一時保護決定延人員，都道府県別（**報告表37**）······························ 212

　　第 5 表　婦人保護施設の入所人員、理由別退所人員、年度末現在在所人員、入所延人員及び
　　　　　　職業訓練を受けた人員，都道府県別（**報告表38**）···························· 213

民生委員・社会福祉事業

　　第 1 表　民生委員（児童委員）数，委員の種類、性×都道府県－指定都市－中核市×
　　　　　　異動状況別（**報告表39**）·· 216

　　第 2 表　民生委員（児童委員）の相談・支援件数，相談・支援の種類×都道府県－指定都市－
　　　　　　中核市×委員の種類別（**報告表40**）·· 228

　　第 3 表　社会福祉法人数，都道府県－指定都市－中核市×法人の種類別（**報告表41**）····· 248

　　第 4 表　社会福祉法人数及び認可件数，法人の種類別（**報告表41**）···················· 252

　　第 5 表　施設又は事業に対する指導・監督件数，根拠法・施設（事業）種別×指導状況別
　　　　　　（**報告表42**）·· 252

　　第 6 表　社会福祉法人に対する指導・監督件数，都道府県－指定都市－中核市×指導状況別
　　　　　　（**報告表42**）·· 254

　　第 7 表　施設又は事業に対する指導・監督件数，都道府県－指定都市－中核市×指導状況別
　　　　　　（**報告表42**）·· 258

児 童 福 祉

　　第 1 表　児童相談所における受付件数，性×都道府県－指定都市－中核市×経路別
　　　　　　（**報告表43**）·· 262

　　第 2 表　市町村における児童相談受付件数，性×都道府県－指定都市－中核市×経路別
　　　　　　（**報告表43**）·· 274

　　第 3 表　児童相談所における受付件数，年齢×相談の種類別（**報告表44**）············· 286

　　第 4 表　市町村における児童相談受付件数，年齢×相談の種類別（**報告表44**）·········· 288

　　第 5 表　児童相談所における受付件数，都道府県－指定都市－中核市×相談の種類別
　　　　　　（**報告表44**）·· 290

　　第 6 表　市町村における児童相談受付件数，都道府県－指定都市－中核市×相談の種類別
　　　　　　（**報告表44**）·· 292

　　第 7 表　児童相談所における対応件数及び未対応件数，相談の種類×対応の種類別
　　　　　　（**報告表45**）·· 294

第 8 表	市町村における児童相談対応件数及び未対応件数，相談の種類×対応の種類別（**報告表45**）		296
第 9 表	児童相談所における対応件数及び未対応件数，都道府県－指定都市－中核市×対応の種類別（**報告表45**）		298
第 10 表	市町村における児童相談対応件数及び未対応件数，都道府県－指定都市－中核市×対応の種類別（**報告表45**）		300
第 11 表	児童相談所における対応件数，都道府県－指定都市－中核市×相談の種類別（**報告表45**）		302
第 12 表	市町村における児童相談対応件数，都道府県－指定都市－中核市×相談の種類別（**報告表45**）		304
第 13 表	児童相談所における措置解除件数，都道府県－指定都市－中核市×措置解除理由×相談の種類別（**報告表46**）		306
第 14 表	児童相談所における措置停止件数及び措置中等の調査・診断・指導件数，都道府県－指定都市－中核市×施設の種類別（**報告表46**）		310
第 15 表	児童相談所における所内一時保護児童の受付件数及び対応件数，相談の種類×年齢階級・対応の種類別（**報告表47**）		311
第 16 表	児童相談所における委託一時保護児童の委託件数、委託解除件数及び対応件数，相談の種類×年齢階級・委託解除の種類・対応の種類別（**報告表47**）		312
第 17 表	児童相談所における所内一時保護児童の受付件数及び対応件数，都道府県－指定都市－中核市×年齢階級・対応の種類別（**報告表47**）		314
第 18 表	児童相談所における委託一時保護児童の委託件数、委託解除件数及び対応件数，都道府県－指定都市－中核市×年齢階級・委託解除の種類・対応の種類別（**報告表47**）		316
第 19 表	児童相談所における調査・診断指導・心理療法・カウンセリング等の件数，対象者×方法・実施者別（**報告表48**）		319
第 20 表	児童相談所における調査・診断指導・心理療法・カウンセリング等の件数，都道府県－指定都市－中核市×方法・実施者別（**報告表48**）		320
第 21 表	児童相談所における養護相談の対応件数，対応の種類×相談理由別（**報告表49**）		322
第 22 表	児童相談所における児童虐待相談の対応件数，被虐待者の年齢×相談種別別（**報告表49**）		322
第 23 表	児童相談所における養護相談の対応件数，都道府県－指定都市－中核市×相談理由別（**報告表49**）		324
第 24 表	児童相談所における児童虐待相談の対応件数，都道府県－指定都市－中核市×児童虐待相談の経路別（**報告表49**）		326
第 25 表	児童相談所における児童虐待相談の対応件数，児童虐待相談の相談種別×児童虐待相談の経路別（**報告表49**）		329

第 26 表	児童相談所における児童虐待相談の対応件数，児童虐待相談の相談種別×主な虐待者別（**報告表49**）	329
第 27 表	児童相談所における児童虐待相談の対応件数，都道府県－指定都市－中核市×主な虐待者別（**報告表49**）	330
第 28 表	児童相談所における児童虐待相談の対応件数，都道府県－指定都市－中核市×相談種別別（**報告表49**）	332
第 29 表	児童相談所における児童虐待相談の対応件数，都道府県－指定都市－中核市×被虐待者の年齢別（**報告表49**）	334
第 30 表	児童相談所における児童虐待防止法に関する対応件数，都道府県－指定都市－中核市別（**報告表49**）	335
第 31 表	児童相談所における親権・後見人に関する請求件数、承認件数及び報告の件数（**報告表49**）	336
第 32 表	児童相談所における家庭裁判所勧告件数（**報告表49**）	336
第 33 表	市町村における養護相談の対応件数，都道府県－指定都市－中核市×相談理由別（**報告表49の2**）	337
第 34 表	市町村における児童虐待相談の対応件数，都道府県－指定都市－中核市×児童虐待相談の経路別（**報告表49の2**）	338
第 35 表	市町村における児童虐待相談の対応件数，児童虐待相談の相談種別×児童虐待相談の経路別（**報告表49の2**）	341
第 36 表	市町村における児童虐待相談の対応件数，児童虐待相談の相談種別×主な虐待者別（**報告表49の2**）	342
第 37 表	市町村における児童虐待相談の対応件数，被虐待者の年齢×相談種別別（**報告表49の2**）	342
第 38 表	市町村における児童虐待相談の対応件数，都道府県－指定都市－中核市×主な虐待者別（**報告表49の2**）	344
第 39 表	市町村における児童虐待相談の対応件数，都道府県－指定都市－中核市×相談種別別（**報告表49の2**）	346
第 40 表	市町村における児童虐待相談の対応件数，都道府県－指定都市－中核市×被虐待者の年齢別（**報告表49の2**）	348
第 41 表	市町村における児童虐待防止法に関する対応件数，都道府県－指定都市－中核市別（**報告表49の2**）	349
第 42 表	乳児院（短期入所措置分）における在籍実人員、延回数及び延日数，公立－私立別（**報告表50**）	350
第 43 表	児童福祉施設の施設数、定員、入所人員、退所人員及び年度末在籍人員，施設の種類、公立－私立別（**報告表50，52**）	352
第 44 表	保育所の施設数、定員及び在籍人員，都道府県－指定都市－中核市×公立－私立別（**報告表54**）	354

第 45 表	保育所の在籍人員（措置人員及び私的契約人員を除く），都道府県－指定都市－中核市×年齢階級×公立－私立別（**報告表54**）	366
第 46 表	保育所の入所人員及び退所人員，都道府県－指定都市－中核市×公立－私立別（**報告表54**）	382
第 47 表	幼保連携型認定こども園の施設数、定員及び在籍人員，都道府県－指定都市－中核市×公立－私立別（**報告表54の2**）	386
第 48 表	幼保連携型認定こども園の在籍人員（措置人員及び私的契約人員を除く），都道府県－指定都市－中核市×年齢階級×公立－私立別（**報告表54の2**）	398
第 49 表	幼保連携型認定こども園の入所人員及び退所人員，都道府県－指定都市－中核市×公立－私立別（**報告表54の2**）	414
第 50 表	里親数，里親の種類×新規－取消別（**報告表56**）	418
第 51 表	里親及び小規模住居型児童養育事業（ファミリーホーム）に委託された児童数，里親の種類×解除の理由－変更別（**報告表57**）	419
第 52 表	里親及び小規模住居型児童養育事業（ファミリーホーム）に委託されている児童数，里親の種類、性×年齢階級別（**報告表57**）	419
第 53 表	里親数及び里親に委託されている児童数，都道府県－指定都市－中核市別（**報告表56，57**）	420
第 54 表	小規模住居型児童養育事業（ファミリーホーム）の事業所数、定員、入所人員、退所人員、年度末在籍人員及び小規模住居型児童養育事業（ファミリーホーム）に委託されている児童数，都道府県－指定都市－中核市別（**報告表56，57**）	422
第 55 表	福祉事務所における児童福祉関係処理件数，都道府県－指定都市－中核市×処理の種類別（**報告表59**）	424
第 56 表	福祉事務所における児童福祉関係処理件数，都道府県－指定都市－中核市×受付経路別（**報告表59**）	428
第 57 表	児童扶養手当の認定請求処理件数及び現況・所得状況届受付件数，都道府県－指定都市－中核市別（**報告表61**）	432
第 58 表	児童扶養手当受給資格者数，都道府県－指定都市－中核市×異動状況別（**報告表61**）	436
第 59 表	児童扶養手当受給者数，都道府県－指定都市－中核市×世帯類型・対象児童との続柄・手当の支給類型・受給対象児童数・公的年金の受給別（**報告表61**）	440
第 60 表	児童扶養手当受給者数，都道府県－指定都市－中核市×支給類型の変更・18歳の初めの年度末を超える児童数・支給停止者数別（**報告表61**）	448
第 61 表	5年等満了月を迎えた児童扶養手当受給資格者数（養育者を除く），都道府県－指定都市－中核市×異動状況別（**報告表61**）	450

戦傷病者特別援護

第 1 表	戦傷病者手帳交付台帳登載数，障害の種類×軍人－軍属－準軍属、障害の程度別（**報告表62**）	456

第 2 表	戦傷病者手帳交付台帳登載数，都道府県×障害の程度別（**報告表62**）	…………	457
第 3 表	戦傷病者等の療養の給付件数，入院－入院外、特定病類×異動状況別 （**報告表63**）	………………………………………………………………………	458
第 4 表	戦傷病者の療養患者数，都道府県×入院－入院外×特定病類別（**報告表63**）	……	460
第 5 表	戦傷病者の補装具支給件数、支給金額、修理件数及び修理金額，補装具の種類別 （**報告表64**）	………………………………………………………………………	461
第 6 表	戦傷病者乗車券引換証受給者数，都道府県×障害の程度別（**報告表65**）	………	462

中国残留邦人等支援給付等

第 1 表	被支援実世帯数，都道府県－指定都市－中核市別（**報告表66**）	……………	466
第 2 表	被支援実世帯数，都道府県－指定都市－中核市×月・1か月平均別（**報告表66**）	・	470
第 3 表	現に支援給付を受けた世帯数，世帯の労働力類型×世帯区分、世帯類型別 （**報告表71**）	………………………………………………………………………	474
第 4 表	現に支援給付を受けた世帯数，都道府県－指定都市－中核市×世帯類型・世帯の 労働力類型別（**報告表71**）	………………………………………………………………………	476
第 5 表	被支援実人員，都道府県－指定都市－中核市別（**報告表66**）	………………	480
第 6 表	被支援実人員，都道府県－指定都市－中核市×月・1か月平均別（**報告表66**）	…	484
第 7 表	日本の国籍を有しない被支援実人員，1か月平均別（**報告表66**）	…………………	488
第 8 表	支援給付世帯数及び支援給付人員，月・1か月平均×給付金の種類（重複計上）別 （**報告表66**）	………………………………………………………………………	488
第 9 表	支援給付世帯数及び支援給付人員，都道府県－指定都市－中核市×給付金の種類 （重複計上）別（**報告表66**）	………………………………………………………………………	490
第 10 表	支援給付の申請、取下げ、申請却下件数、支援給付の開始世帯数、開始人員、 廃止世帯数、廃止人員及び給付金支給変更人員，都道府県－指定都市－中核市別 （**報告表67**）	………………………………………………………………………	494
第 11 表	被給付人員，年齢階級×本人－配偶者、性別（**報告表68**）	………………………	496
第 12 表	医療支援給付人員，都道府県－指定都市－中核市×入院－入院外、単給－併給、 精神病－その他の疾病別（**報告表69**）	………………………………………………………………………	498
第 13 表	介護支援給付人員，都道府県－指定都市－中核市×施設介護－居宅介護－介護予防、 単給－併給別（**報告表70**）	………………………………………………………………………	506
第 14 表	医療費の審査件数、審査金額、決定件数及び決定金額，診療区分別（**報告表72**）	・	518
第 15 表	医療支援給付による入院患者数及び退院患者数，精神病－その他の疾病×決定の 種類別（**報告表73**）	………………………………………………………………………	518

Ⅳ 年次推移統計表 …………………………………………………………… 521

（身体障害者福祉）

第 1 表	身体障害者手帳交付台帳登載数，障害の種類別	………………………………	522

第 2 表	身体障害者の更生援護状況	…………………………………………	523

(障害児関係・障害児福祉手当等・特別児童扶養手当)

第 3 表	身体障害児童の育成医療・未熟児の養育医療・ 結核児童の療育の給付の給付決定件数	…………………………………	524
第 4 表	特別児童扶養手当受給者数及び支給対象障害児数	………………………	526

(老 人 福 祉)

第 5 表	老人ホーム等の施設数及び在所者数	………………………………………	527

(婦 人 保 護)

第 6 表	婦人相談所・婦人相談員の受付件数及び処理済実人員	…………………	528

(民 生 委 員)

第 7 表	民生委員(児童委員)数及び相談・支援件数	…………………………	529

(児 童 福 祉)

第 8 表	児童相談所の受付件数、対応件数及び福祉事務所の児童福祉関係処理件数	…………	530
第 9 表	里親数、里親委託児童数、保護受託者数及び保護受託者委託児童数	………………	531
第 10 表	児童扶養手当受給者数,世帯類型・受給対象児童数別	………………………	532

(知的障害者福祉)

第 11 表	市町村の知的障害者相談実人員、相談件数、 知的障害者更生相談所取扱実人員及び相談件数	……………………………	534
第 12 表	療育手帳交付台帳登載数,障害の程度、年齢区分別	…………………………	535

(戦傷病者特別援護)

第 13 表	戦傷病者手帳交付台帳登載数,障害の程度別	…………………………	536

Ⅴ 報告書利用上の注意 ……………………………………………………………… 537

Ⅵ 用語の定義 ……………………………………………………………………… 539

Ⅶ 報告表の様式及び記入要領 ……………………………………………………… 545

参 考 表

　社会福祉関係行政機関の数,都道府県-指定都市-中核市別 ……………………… 624

正 誤 情 報 …………………………………………………………………………… 626

　本報告書の統計表は、「政府統計の総合窓口(e-Stat)」(http://e-Stat.go.jp/)にも掲載している。

（閲覧可能な統計表一覧）

次の統計表は、本報告書には掲載していないが、政府統計の総合窓口（e-Stat）(http://e-Stat.go.jp/) に掲載している。

障害者総合支援

第１表　市町村における相談支援を利用している障害者・児の実人員及び相談支援障害者数，都道府県－指定都市－中核市×障害者－障害児、障害の種類（重複計上）別（報告表21の３）

障害児関係・障害児福祉手当等・特別児童扶養手当

第１表　障害児福祉手当等の認定請求処理状況，手当の種類×都道府県×処理の状況別（報告表25）

第２表　障害児福祉手当等の受給資格者数，手当の種類×都道府県×異動状況別（報告表25）

知的障害者福祉

第１表　療育手帳交付台帳登載数，都道府県－指定都市×登載状況別（報告表31）

老人福祉

第１表　老人ホームの施設数、定員及び年度末現在員数，公立－私立×都道府県－指定都市－中核市×施設の種類別（報告表32）

第２表　養護老人ホームにおける措置人員数（被措置者分），都道府県－指定都市－中核市×費用徴収階層区分別（報告表33）

第３表　養護老人ホームにおける措置人員数（扶養義務者分），都道府県－指定都市－中核市×費用徴収階層区分別（報告表33）

民生委員・社会福祉事業

第１表　社会福祉法人認可件数，都道府県－指定都市－中核市×法人の種類別　（報告表41）

児童福祉・児童扶養手当

第１表　児童相談所における１歳児受付件数，都道府県－指定都市－中核市×相談の種類別　（報告表44）

第２表　児童相談所における３歳児受付件数，都道府県－指定都市－中核市×相談の種類別　（報告表44）

第３表　児童相談所における１歳６か月児精神発達精密健康診査件数，都道府県－指定都市－中核市×相談の種類別（報告表44）

第４表　児童相談所における３歳児精神発達精密健康診査件数，都道府県－指定都市－中核市×相談の種類別（報告表44）

第５表　児童相談所における特別児童扶養手当支給にかかる判定相談件数及び里親－養親希望に関する相談件数，都道府県－指定都市－中核市別（報告表44）

第６表　児童相談所における児童虐待相談の児童福祉施設に入所の内訳，都道府県－指定都市－中核市別（報告表49）

第７表　児童相談所における児童虐待相談の対応件数,都道府県－指定都市－中核市×児童虐待相談の相談種別×児童虐待相談の経路別（報告表49）

第８表　児童相談所における親権・後見人関係請求件数、承認件数及び報告の件数，都道府県－指定都市－中核市別（報告表49）

第９表　児童相談所における家庭裁判所勧告件数，都道府県－指定都市－中核市別（報告表49）

第10表　市町村における親権関係件数，都道府県－指定都市－中核市別（報告表49の2）

第11表　児童福祉施設（助産施設及び母子生活支援施設を除く）の施設数、定員及び在籍人員，都道府県－指定都市－中核市×施設の種類別（報告表50）

第12表　助産施設・母子生活支援施設の施設数、定員及び在籍人員，都道府県－指定都市－中核市×施設の種類別（報告表52）

第13表　里親数，都道府県－指定都市－中核市×新規－取消別　（報告表56）

第14表　里親に委託されている児童数，都道府県－指定都市－中核市×年齢階級別（報告表57）

戦傷病者特別援護

第１表　戦傷病者手帳交付台帳登載数，障害の種類×都道府県×軍人－軍属－準軍属×障害の程度別（報告表62）

第２表　戦傷病者乗車券引換証受給者数，都道府県×甲種－乙種別（報告表65）

I

報 告 の 概 要

報　告　の　概　要

1　報告の目的及び沿革

(1) 目　　的

福祉行政報告例は、社会福祉関係諸法規の施行に伴う各都道府県・指定都市・中核市における行政の実態を数量的に把握して、国及び地方公共団体の社会福祉行政運営のための基礎資料を得ることを目的とした業務統計であり、統計法による一般統計である。

(2) 沿　　革

都道府県における社会福祉関係行政の業務統計としての福祉行政報告例は、従来厚生省報告例として実施しており、昭和13年訓令第13号により制定されたが、社会福祉統計としては、救護法による救護移動状況、行旅死亡人、育児事業児童虐待防止関係、隣保事業等20項目がその内容とされていた。

昭和25年には、社会情勢の変化、法令の改正に伴い、同年12月19日訓令第８号によって全面的大改正が行われ、翌26年１月１日から実施された。次いで、昭和26年12月25日訓令第５号による全面改正があり、これまで実施されてきた事務報告が削除され、いわゆる統計関係のみの報告となった。その後、昭和31年には社会福祉関係全般に再検討を加え、諸報告の簡素化を図る改正が行われた。

平成12年度から地方公共団体の機関委任事務及びその処理に関する国の抱括的な指揮監督を廃止すること等を内容とした地方自治法の一部改正に伴い、平成12年３月31日訓令第１号により厚生省報告例が廃止され、「福祉行政報告例」として報告を求めることとなり、今日に至っているが、その間、法令の制定、改廃その他行政上の必要から、部分的改正を各年度とも行ってきている。

2　報告の対象

都道府県・指定都市・中核市を対象とする。

3　報告の時期

月報・年度報に分かれ、それぞれの様式により定められた期限（月報は翌月末日、年度報は報告期終了の翌月末日）までに厚生労働省政策統括官（統計・情報政策担当）に報告する。

4　報告事項

報告表の様式（545ページ以降に掲載）に定める報告事項である。平成28年度における報告数は全部で56であり、その内容は次表のとおりである。

報告事項	報告数
身体障害者福祉	2
障害者総合支援	9
障害児関係・障害児福祉手当等・特別児童扶養手当	3
知的障害者福祉	3
老人福祉	4
婦人保護	3
民生委員・社会福祉事業	4
児童福祉	16
戦傷病者特別援護	4
中国残留邦人等支援給付等	8
計	56

5 報告の方法及び系統

(1) 都道府県、指定都市及び中核市は、所定の報告事項について定められた期限までに厚生労働省政策統括官（統計・情報政策担当）に提出する。

(2) 報告の系統は次のとおりである。

　　厚生労働省－都道府県・指定都市・中核市

6 集　　計

集計は、厚生労働省政策統括官（統計・情報政策担当）において行った。

Ⅱ 結果の概要

1　表章記号の規約

計数のない場合	－
統計項目のあり得ない場合	・
減少数（率）の場合	△

2　施設数については活動中の施設について集計した。

3　この概要に掲載している割合の数値は四捨五入しているため、内訳の合計が「総数」に合わない場合がある。

結　果　の　概　要

1　身体障害者福祉関係

平成28年度末現在の身体障害者手帳交付台帳登載数は5,148,082人で、前年度に比べ46,391人（0.9%）減少している（表１）。

表１　身体障害者手帳交付台帳登載数の年次推移

（単位：人）　各年度末現在

	平成24年度	25年度	26年度	27年度	28年度	対前年度	
						増減数	増減率(%)
総　数	5 231 570	5 252 242	5 227 529	5 194 473	5 148 082	△ 46 391	△ 0.9
18歳未満	107 021	106 461	105 318	103 969	102 391	△ 1 578	△ 1.5
18歳以上	5 124 549	5 145 781	5 122 211	5 090 504	5 045 691	△ 44 813	△ 0.9

2　知的障害者福祉関係

平成28年度末現在の療育手帳交付台帳登載数は1,044,573人で、前年度に比べ35,341人（3.5%）増加している（表２）。

表２　療育手帳交付台帳登載数の年次推移

（単位：人）　各年度末現在

	平成24年度	25年度	26年度	27年度	28年度	対前年度	
						増減数	増減率(%)
総　数	908 988	941 326	974 898	1 009 232	1 044 573	35 341	3.5
18歳未満	232 094	238 987	246 336	254 929	262 702	7 773	3.0
18歳以上	676 894	702 339	728 562	754 303	781 871	27 568	3.7

3　障害者総合支援関係

平成28年度中の身体障害者・児及び難病患者等の補装具費の支給状況は、購入決定件数が158,473件で、修理決定件数が119,423件となっている。

それぞれの決定件数を補装具の種類別にみると、購入は「装具」が45,779件、修理は「車椅子」が41,391件と最も多くなっている。（表３）

表３　身体障害者・児及び難病患者等の補装具費の支給状況

（単位：件）

補装具の種類	購入決定件数				修理決定件数			
	平成27年度	28年度	対前年度		平成27年度	28年度	対前年度	
			増減数	増減率(%)			増減数	増減率(%)
総数	158 476	158 473	△ 3	△ 0.0	121 012	119 423	△ 1 589	△ 1.3
義肢	6 223	6 255	32	0.5	7 855	7 929	74	0.9
装具	44 564	45 779	1 215	2.7	17 686	17 649	△ 37	△ 0.2
座位保持装置	9 338	9 322	△ 16	△ 0.2	8 531	8 688	157	1.8
盲人安全つえ	9 166	9 073	△ 93	△ 1.0	126	115	△ 11	△ 8.7
義眼	1 226	1 157	△ 69	△ 5.6	11	11	0	0.0
眼鏡	6 901	6 637	△ 264	△ 3.8	372	371	△ 1	△ 0.3
補聴器	44 206	44 683	477	1.1	27 542	27 357	△ 185	△ 0.7
車椅子	23 333	22 433	△ 900	△ 3.9	42 334	41 391	△ 943	△ 2.2
電動車椅子	3 132	3 104	△ 28	△ 0.9	14 805	14 235	△ 570	△ 3.9
座位保持椅子	2 130	2 187	57	2.7	388	431	43	11.1
起立保持具	319	234	△ 85	△ 26.6	148	132	△ 16	△ 10.8
歩行器	2 564	2 461	△ 103	△ 4.0	562	460	△ 102	△ 18.1
頭部保持具	552	503	△ 49	△ 8.9	2	4	2	100.0
排便補助具	32	34	2	6.3	5	3	△ 2	△ 40.0
歩行補助つえ	4 226	4 034	△ 192	△ 4.5	193	170	△ 23	△ 11.9
重度障害者用意思伝達装置	564	577	13	2.3	452	477	25	5.5

4　婦人保護関係

平成28年度中の婦人相談所及び婦人相談員における相談の受付件数は309,632件で、前年度に比べ4,025件（1.3%）減少している。

相談の経路別にみると、「本人自身」からの相談の受付件数は235,963件で、前年度に比べ3,636件（1.5%）減少している。（表４）

表４　婦人相談所及び婦人相談員における相談の経路別受付件数の年次推移

（単位：件）

	平成24年度	25年度	26年度	27年度	28年度	対前年度	
						増減数	増減率(%)
総数	302 197	303 332	300 654	313 657	309 632	△4 025	△ 1.3
本人自身	228 766	227 503	225 387	239 599	235 963	△3 636	△ 1.5
本人以外[1]	73 431	75 829	75 267	74 058	73 669	△ 389	△ 0.5

注：1）「本人以外」とは、「福祉事務所」「縁故者・知人」「他の相談機関」等である。

5　老人福祉関係

（1）老人ホームの施設数・定員

平成28年度末現在の老人ホーム（有料老人ホームは除く。）の施設数は12,588施設で、前年度に比べ144施設（1.2％）増加し、定員は740,542人で前年度に比べ9,395人（1.3％）増加している。

施設の種類別に定員の増減をみると、前年度に比べ「特別養護老人ホーム」が10,232人（1.8％）、「都市型軽費老人ホーム」が217人（24.5％）、「軽費老人ホーム」が23人（0.0％）増加している。（表5）

表5　老人ホームの施設数・定員の年次推移

各年度末現在

	平成24年度	25年度	26年度	27年度	28年度	対前年度 増減数	対前年度 増減率(％)
施設総数（施設）	10 779	11 174	12 030	12 444	12 588	144	1.2
養護老人ホーム	961	980	986	982	976	△ 6	△ 0.6
特別養護老人ホーム	7 605	7 951	8 781	9 181	9 324	143	1.6
軽費老人ホーム	1 961	1 980	1 998	2 012	2 013	1	0.0
都市型軽費老人ホーム	16	31	41	52	64	12	23.1
軽費老人ホームA型	213	212	206	201	196	△ 5	△ 2.5
軽費老人ホームB型	23	20	18	16	15	△ 1	△ 6.3
定員総数（人）	664 971	684 030	709 791	731 147	740 542	9 395	1.3
養護老人ホーム	65 584	66 555	66 906	66 449	65 724	△ 725	△ 1.1
特別養護老人ホーム	507 091	524 110	548 732	570 449	580 681	10 232	1.8
軽費老人ホーム	78 389	79 343	80 431	80 769	80 792	23	0.0
都市型軽費老人ホーム	271	548	688	886	1 103	217	24.5
軽費老人ホームA型	12 566	12 526	12 166	11 876	11 574	△ 302	△ 2.5
軽費老人ホームB型	1 070	948	868	718	668	△ 50	△ 7.0

（2）老人クラブ数・会員数

平成28年度末現在の老人クラブ数は101,110クラブで、前年度に比べ2,711クラブ（2.6％）減少し、会員数は5,686,222人で、前年度に比べ220,070人（3.7％）減少している。

老人クラブ数、会員数とも年々減少している。（図1、表6）

表6　老人クラブ数・会員数

各年度末現在

	平成27年度	28年度	対前年度 増減数	対前年度 増減率(％)
老人クラブ数（クラブ）	103 821	101 110	△ 2 711	△ 2.6
会員数（人）	5 906 292	5 686 222	△220 070	△ 3.7

図1　老人クラブ数・会員数の年次推移

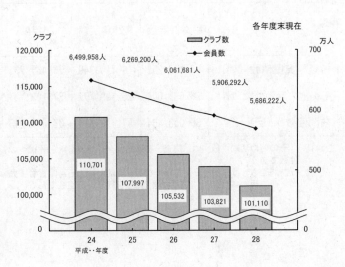

6 民生委員関係

(1) 民生委員数

平成28年度末現在の民生委員（児童委員を兼ねる。）の数は230,739人で、前年度に比べ950人（0.4％）減少している。

男女別にみると、男は90,273人で、前年度に比べ1,210人（1.3％）減少し、女は140,466人で、前年度に比べ260人（0.2％）増加している。（表7）

表7　男女別民生委員数の年次推移

（単位：人）　　　　　　　　　　　　　　　　　　　　　　　　　　　　　　　　　　　各年度末現在

	平成24年度	25年度	26年度	27年度	28年度	構成割合(％)	対前年度 増減数	対前年度 増減率(％)
総数	230 199	230 060	231 339	231 689	230 739	100.0	△ 950	△ 0.4
男	91 593	91 507	91 598	91 483	90 273	39.1	△ 1 210	△ 1.3
女	138 606	138 553	139 741	140 206	140 466	60.9	260	0.2

(2) 民生委員の活動状況

平成28年度中に民生委員が処理した相談・支援件数は6,051,342件で、前年度に比べ340,123件（5.3％）減少し、その他の活動件数は26,399,148件で、前年度に比べ736,310件（2.7％）減少している。また、訪問回数は37,119,205回で、前年度に比べ1,385,676回（3.6％）減少している。（表8）

表8　民生委員の活動状況の年次推移

	平成24年度	25年度	26年度	27年度	28年度	対前年度 増減数	対前年度 増減率(％)
相談・支援件数（件）	7 172 257	6 714 349	6 465 231	6 391 465	6 051 342	△ 340 123	△ 5.3
その他の活動件数[1]（件）	26 681 004	26 198 777	27 122 151	27 135 458	26 399 148	△ 736 310	△ 2.7
訪問回数[2]（回）	38 053 404	37 173 214	38 648 913	38 504 881	37 119 205	△1 385 676	△ 3.6

注：1）「その他の活動件数」は、調査・実態把握、行事・事業・会議への参加協力、地域福祉活動・自主活動及び民児協運営・研修等の延件数である。
　　2）「訪問回数」は、見守り、声かけなどを目的として心身障害者・児、ひとり暮らしや寝たきりの高齢者及び要保護児童等に対して訪問・連絡活動（電話によるものを含む。）を行った延回数である。

7　社会福祉法人関係

　平成28年度末現在の社会福祉法人数は20,625法人で、前年度に比べ656法人（3.3%）増加している。

　社会福祉法人の種類別にみると「施設経営法人」が18,101法人で、前年度に比べ619法人（3.5%）増加している。（表9）

表9　社会福祉法人数の年次推移

（単位：法人）　　　　　　　　　　　　　　　　　　　　　　　　　　　　各年度末現在

	平成24年度	25年度	26年度	27年度	28年度	対前年度 増減数	対前年度 増減率(%)
総　　数	19 407	19 636	19 823	19 969	20 625	656	3.3
社会福祉協議会	1 901	1 901	1 901	1 900	1 900	0	0.0
共同募金会	47	47	47	47	47	0	0.0
社会福祉事業団	131	129	129	129	125	△ 4	△ 3.1
施設経営法人	16 981	17 199	17 375	17 482	18 101	619	3.5
その他	347	360	371	411	452	41	10.0

注：平成27年度までは2つ以上の都道府県の区域にわたり事業を行っている法人（厚生労働大臣及び地方厚生局長所管分）は含まれていないが、そのうち地方厚生局長所管分については平成28年度から都道府県に権限移譲されたため、対象となった当該法人が含まれている。

8　戦傷病者特別援護関係

　平成28年度末現在の戦傷病者手帳交付台帳登載数は8,907人で、前年度に比べ1,556人（14.9%）減少している（表10）。

表10　戦傷病者手帳交付台帳登載数の年次推移

（単位：人）　　　　　　　　　　　　　　　　　　　　　　　　　　　　各年度末現在

	平成24年度	25年度	26年度	27年度	28年度	対前年度 増減数	対前年度 増減率(%)
総　　数	17 651	14 385	12 163	10 463	8 907	△ 1 556	△ 14.9

9　児童福祉関係

（1）児童相談所における相談の種類別対応件数

平成28年度中の児童相談所における相談の対応件数は457,472件となっている。

相談の種類別にみると、「障害相談」が185,186件（構成割合40.5％）と最も多く、次いで「養護相談」が184,314件（同40.3％）、「育成相談」が45,830件（同10.0％）となっている。

また、「養護相談」の構成割合は年々上昇している。（図2、表11）

図2　児童相談所における相談の種類別対応件数

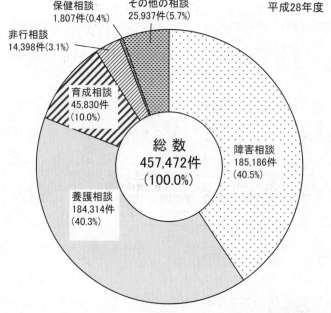

表11　児童相談所における相談の種類別対応件数の年次推移

（単位：件）

	平成24年度	構成割合(%)	25年度	構成割合(%)	26年度	構成割合(%)	27年度	構成割合(%)	28年度	構成割合(%)	対前年度 増減数	増減率(%)
総　　数	384 261	100.0	391 997	100.0	420 128	100.0	439 200	100.0	457 472	100.0	18 272	4.2
障害相談	175 285	45.6	172 945	44.1	183 506	43.7	185 283	42.2	185 186	40.5	△ 97	△ 0.1
養護相談	116 725	30.4	127 252	32.5	145 370	34.6	162 119	36.9	184 314	40.3	22 195	13.7
育成相談	52 182	13.6	51 520	13.1	50 839	12.1	49 978	11.4	45 830	10.0	△ 4 148	△ 8.3
非行相談	16 640	4.3	17 020	4.3	16 740	4.0	15 737	3.6	14 398	3.1	△ 1 339	△ 8.5
保健相談	2 538	0.7	2 458	0.6	2 317	0.6	2 112	0.5	1 807	0.4	△ 305	△ 14.4
その他の相談	20 891	5.4	20 802	5.3	21 356	5.1	23 971	5.5	25 937	5.7	1 966	8.2

（２）児童相談所における児童虐待相談の対応件数

平成28年度中に児童相談所が対応した養護相談のうち児童虐待相談の対応件数は122,575件で、前年度に比べ19,289件（18.7％）増加しており、年々増加している。

被虐待者の年齢別にみると「7～12歳」が41,719件（構成割合34.0％）と最も多く、次いで「3～6歳」が31,332件（同25.6％）、「0～2歳」が23,939件（同19.5％）となっている。（表12）

相談の種別をみると、「心理的虐待」が63,186件と最も多く、次いで「身体的虐待」が31,925件となっている（図3）。

また、主な虐待者別構成割合をみると「実母」が48.5％と最も多く、次いで「実父」が38.9％となっており、「実父」の構成割合は年々上昇している（図4）。

表12　被虐待者の年齢別対応件数の年次推移

（単位：件）

	平成24年度	構成割合(%)	25年度	構成割合(%)	26年度	構成割合(%)	27年度	構成割合(%)	28年度	構成割合(%)	対前年度 増減数	増減率(%)
総　数	66 701	100.0	73 802	100.0	88 931	100.0	103 286	100.0	122 575	100.0	19 289	18.7
0～2歳	12 503	18.7	13 917	18.9	17 479	19.7	20 324	19.7	23 939	19.5	3 615	17.8
3～6歳	16 505	24.7	17 476	23.7	21 186	23.8	23 735	23.0	31 332	25.6	7 597	32.0
7～12歳	23 488	35.2	26 049	35.3	30 721	34.5	35 860	34.7	41 719	34.0	5 859	16.3
13～15歳	9 404	14.1	10 649	14.4	12 510	14.1	14 807	14.3	17 409	14.2	2 602	17.6
16～18歳	4 801	7.2	5 711	7.7	7 035	7.9	8 560	8.3	8 176	6.7	△ 384	△ 4.5

注：平成27年度までは「0～2歳」「3～6歳」「7～12歳」「13～15歳」「16～18歳」は、それぞれ「0～3歳未満」「3歳～学齢前」「小学生」「中学生」「高校生・その他」の区分の数である。

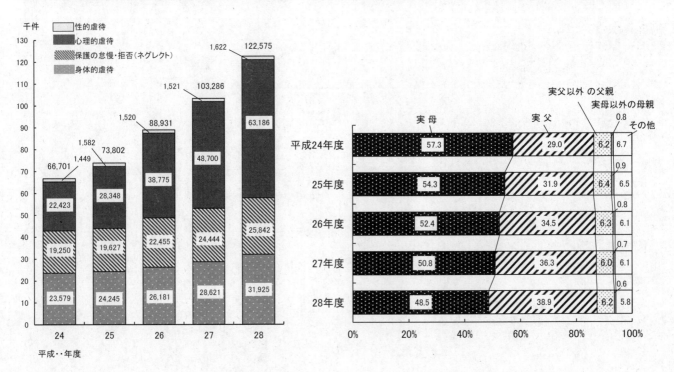

図3　児童虐待の相談種別対応件数の年次推移　　図4　児童虐待相談における主な虐待者別構成割合の年次推移

Ⅲ

統　　計　　表

表章記号の規約

計数のない場合	—
統計項目のありえない場合	・
計数不明又は計数を表章することが不適当な場合	…

本報告利用上の注意

児童福祉施設には、国立の施設（平成28年10月１日現在児童自立支援施設２）があるが、国立の施設は報告の対象となっていないので、統計表児童福祉第43表には含めない。ただし、統計表児童福祉第43表の助産施設の公立には国立病院及び独立行政法人国立病院機構に措置した人員を含む。

身体障害者福祉

身体障害者福祉
1表

第1表　身体障害者手帳交付台帳登載数，

		新　規　交　付　（年　度　中）						
		総　数	1　級	2　級	3　級	4　級	5　級	6　級
総　　　　　数	18歳未満 18歳以上	6 526 275 972	2 836 106 793	1 122 27 691	1 087 40 135	656 66 339	306 16 503	519 18 511
視　覚　障　害	18歳未満 18歳以上	265 12 421	71 2 077	44 3 970	22 994	22 1 504	91 3 033	15 843
（再掲）糖尿病を 主原因とするもの	18歳未満 18歳以上	2 1 175	2 234	- 333	- 89	- 181	- 262	- 76
聴覚・平衡機能障害	18歳未満 18歳以上	835 21 522	2 41	102 411	234 1 499	117 7 565	2 84	378 11 922
音声・言語・そしゃく 機　能　障　害	18歳未満 18歳以上	48 4 073	1 79	3 88	11 2 952	33 954	・ ・	・ ・
肢　体　不　自　由	18歳未満 18歳以上	3 841 96 427	1 762 29 500	957 21 730	481 11 850	302 14 215	213 13 386	126 5 746
上　　　　　　　肢	18歳未満 18歳以上	1 116 39 289	608 19 073	197 11 422	143 3 336	83 2 043	45 1 524	40 1 891
下　　　　　　　肢	18歳未満 18歳以上	949 38 597	208 4 749	266 4 420	124 3 772	175 11 996	96 9 915	80 3 745
体　　　　　　　幹	18歳未満 18歳以上	1 242 18 406	580 5 619	395 5 853	190 4 728	16 164	58 1 939	3 103
運動機能障害	18歳未満 18歳以上	534 135	366 59	99 35	24 14	28 12	14 8	3 7
上　肢　機　能	18歳未満 18歳以上	193 95	143 44	13 25	17 8	13 6	5 5	2 7
移　動　機　能	18歳未満 18歳以上	341 40	223 15	86 10	7 6	15 6	9 3	1 -
内　部　障　害	18歳未満 18歳以上	1 537 141 529	1 000 75 096	16 1 492	339 22 840	182 42 101	・ ・	・ ・
心　臓　機　能　障　害	18歳未満 18歳以上	849 58 256	572 43 985	7 64	204 6 551	66 7 656	・ ・	・ ・
じん臓機能障害	18歳未満 18歳以上	80 35 368	59 26 460	- 41	14 6 435	7 2 432	・ ・	・ ・
呼吸器機能障害	18歳未満 18歳以上	291 13 793	228 3 488	2 26	43 8 123	18 2 156	・ ・	・ ・
ぼ　う　こ　う　・ 直腸機能障害	18歳未満 18歳以上	160 29 901	3 19	1 13	68 794	88 29 075	・ ・	・ ・
小腸機能障害	18歳未満 18歳以上	24 181	8 66	4 8	9 38	3 69	・ ・	・ ・
免疫機能障害	18歳未満 18歳以上	1 1 647	1 221	- 530	- 500	- 396	・ ・	・ ・
肝臓機能障害	18歳未満 18歳以上	132 2 383	129 857	2 810	1 399	- 317	・ ・	・ ・

注：本表は年度分報告である。

障害の種類、年齢（２区分）×障害の程度、登載状況別

平成28年度

年度末現在						
総数	1級	2級	3級	4級	5級	6級
102 391	**45 215**	**20 741**	**15 640**	**9 656**	**3 780**	**7 359**
5 045 691	**1 576 392**	**752 202**	**847 941**	**1 238 061**	**316 100**	**314 995**
4 937	2 341	858	336	397	887	118
333 060	108 931	99 498	24 703	26 665	46 525	26 738
・	・	・	・	・	・	・
・	・	・	・	・	・	・
16 323	307	5 113	3 167	1 996	18	5 722
432 142	20 966	92 870	52 503	99 401	2 456	163 946
874	21	35	277	541	・	・
59 875	2 708	3 722	33 907	19 538	・	・
61 857	32 157	14 492	6 696	4 118	2 875	1 519
2 693 450	494 236	535 638	522 748	749 398	267 119	124 311
18 089	9 530	3 329	2 674	1 451	709	396
883 470	276 212	266 991	125 160	98 874	64 289	51 944
12 731	3 981	3 567	1 331	1 980	970	902
1 406 911	99 774	138 576	306 876	636 702	155 938	69 045
19 895	10 831	5 829	2 174	145	885	31
374 032	103 788	123 184	87 720	11 590	45 387	2 363
11 142	7 815	1 767	517	542	311	190
29 037	14 462	6 887	2 992	2 232	1 505	959
5 445	4 400	506	236	201	78	24
17 027	9 191	3 533	1 815	1 221	851	416
5 697	3 415	1 261	281	341	233	166
12 010	5 271	3 354	1 177	1 011	654	543
18 400	10 389	243	5 164	2 604	・	・
1 527 164	949 551	20 474	214 080	343 059	・	・
12 246	6 688	56	3 921	1 581	・	・
832 643	576 898	5 039	128 315	122 391	・	・
765	711	3	38	13	・	・
368 076	339 370	1 631	20 260	6 815	・	・
1 769	1 269	29	317	154	・	・
84 772	20 653	1 837	46 000	16 282	・	・
1 855	119	120	823	793	・	・
205 196	865	829	11 724	191 778	・	・
312	159	32	59	62	・	・
4 834	1 060	196	761	2 817	・	・
13	7	1	5	－	・	・
24 013	5 157	9 821	6 470	2 565	・	・
1 440	1 436	2	1	1	・	・
7 630	5 548	1 121	550	411	・	・

（報告表　14）

第２表（８－１）身体障害者手帳交付台帳登載数,

都道府県 指定都市 中核市	総数			視覚障害		
	総数	18歳未満	18歳以上	総数	18歳未満	18歳以上
全国	**5 148 082**	**102 391**	**5 045 691**	**337 997**	**4 937**	**333 060**
北海道	187 746	1 874	185 872	10 417	67	10 350
青森	37 935	540	37 395	2 262	23	2 239
岩手	43 413	653	42 760	3 141	20	3 121
宮城	49 813	805	49 008	3 047	39	3 008
秋田	54 316	588	53 728	3 086	18	3 068
山形	53 642	645	52 997	2 812	20	2 792
福島	59 402	774	58 628	3 690	35	3 655
茨城	89 898	1 910	87 988	5 706	60	5 646
栃木	55 518	882	54 636	3 991	34	3 957
群馬	45 270	839	44 431	2 569	38	2 531
埼玉	153 960	2 876	151 084	10 164	139	10 025
千葉	123 385	2 558	120 827	7 529	72	7 457
東京	467 203	23 746	443 457	37 877	2 037	35 840
神奈川	99 707	1 753	97 954	7 076	73	7 003
新潟	63 646	773	62 873	3 690	42	3 648
富山	29 057	386	28 671	1 716	12	1 704
石川	28 335	519	27 816	1 523	12	1 511
福井	39 565	555	39 010	2 625	17	2 608
山梨	35 875	577	35 298	2 275	22	2 253
長野	76 912	1 121	75 791	4 119	48	4 071
岐阜	69 512	1 161	68 351	3 965	41	3 924
静岡	74 098	1 413	72 685	4 592	67	4 525
愛知	123 821	2 675	121 146	6 694	74	6 620
三重	72 959	1 357	71 602	4 299	60	4 239
滋賀	39 572	902	38 670	2 317	33	2 284
京都	67 650	775	66 875	4 373	24	4 349
大阪	146 103	2 804	143 299	8 927	98	8 829
兵庫	101 706	1 832	99 874	6 032	52	5 980
奈良	53 862	802	53 060	4 183	27	4 156
和歌山	40 370	410	39 960	2 470	15	2 455
鳥取	28 553	437	28 116	2 162	10	2 152
島根	36 014	431	35 583	2 494	15	2 479
岡山	32 362	416	31 946	2 080	20	2 060
広島	46 994	655	46 339	3 465	20	3 445
山口	50 545	780	49 765	3 386	18	3 368
徳島	37 337	429	36 908	2 803	19	2 784
香川	26 712	333	26 379	1 782	10	1 772
愛媛	43 557	603	42 954	3 318	19	3 299
高知	27 239	253	26 986	1 864	9	1 855
福岡	108 348	1 744	106 604	7 441	66	7 375
佐賀	43 082	656	42 426	2 745	21	2 724
長崎	38 639	578	38 061	2 979	21	2 958
熊本	62 023	694	61 329	4 383	17	4 366
大分	41 635	477	41 158	2 581	9	2 572
宮崎	44 138	582	43 556	2 665	18	2 647
鹿児島	68 730	878	67 852	5 173	27	5 146
沖縄	52 651	1 113	51 538	3 164	50	3 114

都道府県－指定都市－中核市×障害の種類、年齢（２区分）別

平成28年度末現在

聴覚・平衡機能障害			音声・言語・そしゃく機能障害			肢体不自由		
						総数		
総数	18歳未満	18歳以上	総数	18歳未満	18歳以上	総数	18歳未満	18歳以上
448 465	**16 323**	**432 142**	**60 749**	**874**	**59 875**	**2 755 307**	**61 857**	**2 693 450**
16 844	227	16 617	1 916	14	1 902	110 473	1 186	109 287
3 434	54	3 380	342	1	341	20 264	331	19 933
3 672	78	3 594	472	4	468	23 940	315	23 625
3 755	131	3 624	613	1	612	26 204	468	25 736
4 234	66	4 168	606	3	603	32 359	332	32 027
4 693	99	4 594	637	5	632	29 520	369	29 151
5 152	138	5 014	606	4	602	33 080	458	32 622
7 226	320	6 906	907	2	905	45 578	1 176	44 402
7 002	168	6 834	865	10	855	28 028	520	27 508
4 476	152	4 324	485	1	484	23 386	490	22 896
11 457	417	11 040	2 010	14	1 996	80 910	1 842	79 068
8 714	386	8 328	1 722	21	1 701	65 135	1 568	63 567
45 915	4 814	41 101	7 157	392	6 765	243 160	14 311	228 849
8 969	271	8 698	1 563	10	1 553	52 304	1 119	51 185
6 601	132	6 469	693	2	691	35 810	454	35 356
3 034	61	2 973	303	－	303	14 827	221	14 606
2 169	139	2 030	261	8	253	15 739	262	15 477
3 489	76	3 413	390	5	385	21 982	327	21 655
3 064	64	3 000	441	9	432	18 352	376	17 976
6 464	144	6 320	765	13	752	43 374	632	42 742
5 217	162	5 055	716	6	710	38 876	678	38 198
5 747	198	5 549	931	4	927	39 483	786	38 697
9 243	352	8 891	1 277	16	1 261	66 048	1 727	64 321
7 305	159	7 146	794	6	788	39 067	911	38 156
3 014	104	2 910	451	7	444	22 371	595	21 776
6 105	98	6 007	847	4	843	34 931	476	34 455
11 744	423	11 321	1 762	30	1 732	83 396	1 634	81 762
7 953	237	7 716	1 237	15	1 222	58 646	1 086	57 560
5 141	150	4 991	541	7	534	29 445	417	29 028
4 471	47	4 424	482	3	479	22 234	252	21 982
2 913	72	2 841	359	4	355	15 472	243	15 229
4 313	85	4 228	465	3	462	19 771	237	19 534
2 642	58	2 584	344	6	338	17 935	253	17 682
4 006	90	3 916	449	5	444	26 242	367	25 875
4 192	107	4 085	682	4	678	26 548	485	26 063
4 883	72	4 811	332	－	332	18 709	265	18 444
2 484	42	2 442	299	6	293	13 743	210	13 533
3 207	85	3 122	422	3	419	22 761	323	22 438
1 855	14	1 841	259	1	258	14 401	169	14 232
10 047	257	9 790	1 169	6	1 163	57 832	1 043	56 789
3 649	94	3 555	390	2	388	24 237	373	23 864
3 918	88	3 830	428	5	423	19 387	361	19 026
6 902	119	6 783	528	1	527	31 398	458	30 940
3 881	60	3 821	429	3	426	23 145	273	22 872
3 572	101	3 471	516	2	514	23 457	343	23 114
7 607	125	7 482	685	2	683	36 639	552	36 087
6 156	142	6 014	644	6	638	22 448	697	21 751

（報告表　14）

第２表（８－２）身体障害者手帳交付台帳登載数，

都道府県 指定都市 中核市	総数			視覚障害		
	総数	18歳未満	18歳以上	総数	18歳未満	18歳以上
指定都市(別掲)						
札幌市	83 564	1 484	82 080	4 424	44	4 380
仙台市	32 146	681	31 465	2 118	35	2 083
さいたま市	33 286	825	32 461	2 232	26	2 206
千葉市	27 701	649	27 052	1 641	21	1 620
横浜市	99 356	2 397	96 959	6 370	127	6 243
川崎市	36 761	921	35 840	2 225	39	2 186
相模原市	20 197	429	19 768	1 320	13	1 307
新潟市	30 036	402	29 634	1 935	28	1 907
静岡市	24 112	383	23 729	1 715	14	1 701
浜松市	26 249	533	25 716	1 581	15	1 566
名古屋市	78 486	1 565	76 921	5 050	58	4 992
京都市	76 627	755	75 872	5 517	38	5 479
大阪市	137 414	1 830	135 584	10 293	115	10 178
堺市	37 142	646	36 496	2 193	23	2 170
神戸市	80 407	1 231	79 176	5 998	47	5 951
岡山市	23 742	514	23 228	1 529	26	1 503
広島市	41 851	893	40 958	3 224	33	3 191
北九州市	50 636	797	49 839	3 440	19	3 421
福岡市	51 818	1 122	50 696	3 502	30	3 472
熊本市	30 814	501	30 313	1 965	17	1 948
中核市(別掲)						
旭川市	17 888	256	17 632	1 072	18	1 054
函館市	12 984	132	12 852	966	7	959
青森市	12 877	279	12 598	786	9	777
八戸市	8 817	182	8 635	492	3	489
盛岡市	10 399	249	10 150	772	13	759
秋田市	13 782	220	13 562	803	8	795
郡山市	12 093	274	11 819	772	6	766
いわき市	12 867	226	12 641	889	10	879
宇都宮市	15 035	344	14 691	1 008	22	986
前橋市	11 862	204	11 658	692	7	685
高崎市	12 090	225	11 865	691	6	685
川越市	9 964	237	9 727	678	15	663
越谷市	9 020	233	8 787	595	8	587
船橋市	15 911	365	15 546	1 000	12	988
柏市	11 211	257	10 954	735	9	726
八王子市	15 083	354	14 729	1 042	19	1 023
横須賀市	13 650	233	13 417	909	5	904
富山市	19 642	261	19 381	932	5	927
金沢市	15 877	289	15 588	1 005	11	994
長野市	16 542	266	16 276	927	7	920
岐阜市	16 840	361	16 479	1 060	12	1 048
豊橋市	11 739	294	11 445	597	8	589
豊田市	13 068	340	12 728	703	8	695
岡崎市	11 437	330	11 107	689	8	681
大津市	14 107	254	13 853	845	9	836
高槻市	12 795	254	12 541	879	12	867
東大阪市	27 105	366	26 739	1 647	16	1 631
豊中市	14 229	262	13 967	858	13	845
枚方市	15 007	281	14 726	896	12	884
姫路市	22 494	707	21 787	1 327	10	1 317
西宮市	16 120	384	15 736	916	8	908
尼崎市	23 066	346	22 720	1 465	10	1 455
奈良市	14 176	266	13 910	880	7	873
和歌山市	17 646	269	17 377	1 228	11	1 217
倉敷市	16 343	376	15 967	887	8	879
福山市	18 286	314	17 972	1 288	3	1 285
呉市	11 045	131	10 914	901	6	895
下関市	13 749	202	13 547	1 029	10	1 019
高松市	18 661	305	18 356	1 180	12	1 168
松山市	24 388	506	23 882	1 912	13	1 899
高知市	16 067	234	15 833	1 050	12	1 038
久留米市	12 472	267	12 205	835	5	830
長崎市	23 135	334	22 801	1 689	7	1 682
佐世保市	14 310	205	14 105	1 054	6	1 048
大分市	21 085	385	20 700	1 220	14	1 206
宮崎市	19 415	375	19 040	1 248	9	1 239
鹿児島市	27 427	558	26 869	1 930	21	1 909
那覇市	19 121	277	18 844	1 094	11	1 083

都道府県－指定都市－中核市×障害の種類、年齢（２区分）別

平成28年度末現在

聴覚・平衡機能障害			音声・言語・そしゃく機能障害			肢体不自由 総数		
総数	18歳未満	18歳以上	総数	18歳未満	18歳以上	総数	18歳未満	18歳以上
5 278	187	5 091	833	12	821	48 018	927	47 091
2 504	101	2 403	458	2	456	16 637	416	16 221
2 713	164	2 549	534	2	532	17 417	486	16 931
2 031	117	1 914	335	-	335	14 327	403	13 924
8 643	303	8 340	979	13	966	50 669	1 555	49 114
3 208	120	3 088	457	6	451	18 989	538	18 451
1 721	54	1 667	188	2	186	10 408	285	10 123
2 810	75	2 735	394	4	390	17 298	241	17 057
1 639	51	1 588	415	-	415	12 160	236	11 924
2 070	89	1 981	300	-	300	13 987	308	13 679
5 980	244	5 736	855	9	846	40 231	962	39 269
6 229	139	6 090	866	8	858	39 647	405	39 242
12 300	270	12 030	1 983	12	1 971	74 489	1 116	73 373
2 909	105	2 804	433	8	425	21 284	342	20 942
6 435	170	6 265	909	9	900	46 306	742	45 564
1 682	89	1 593	299	4	295	12 673	287	12 386
3 242	106	3 136	447	6	441	22 293	500	21 793
4 622	127	4 495	636	4	632	24 878	455	24 423
4 188	209	3 979	562	5	557	27 571	625	26 946
2 753	71	2 682	275	5	270	14 192	291	13 901
2 144	33	2 111	177	1	176	10 042	158	9 884
973	26	947	125	-	125	7 124	77	7 047
1 091	25	1 066	112	2	110	6 315	185	6 130
566	22	544	73	-	73	4 642	114	4 528
795	31	764	116	1	115	5 591	117	5 474
1 069	26	1 043	192	1	191	7 558	120	7 438
1 092	46	1 046	112	2	110	6 443	165	6 278
894	26	868	144	-	144	7 102	146	6 956
2 035	55	1 980	230	2	228	7 149	216	6 933
1 200	47	1 153	112	2	110	5 967	110	5 857
1 068	56	1 012	136	3	133	6 037	129	5 908
711	43	668	118	-	118	5 368	157	5 211
586	28	558	139	-	139	4 782	162	4 620
992	60	932	238	5	233	8 497	226	8 271
855	35	820	180	1	179	5 770	155	5 615
1 587	50	1 537	164	1	163	7 306	224	7 082
1 247	33	1 214	147	2	145	6 775	165	6 610
1 515	37	1 478	157	1	156	10 081	161	9 920
1 054	51	1 003	153	1	152	8 257	160	8 097
1 244	45	1 199	173	3	170	9 276	162	9 114
1 213	40	1 173	138	1	137	9 041	226	8 815
900	54	846	138	-	138	6 027	197	5 830
1 214	52	1 162	115	1	114	7 116	220	6 896
1 062	96	966	86	2	84	6 053	181	5 872
1 061	32	1 029	177	1	176	7 624	172	7 452
915	21	894	175	2	173	7 180	173	7 007
2 184	54	2 130	307	5	302	14 947	225	14 722
1 054	25	1 029	267	2	265	7 849	185	7 664
1 086	38	1 048	160	3	157	8 567	163	8 404
1 801	110	1 691	233	1	232	13 653	435	13 218
1 184	59	1 125	189	4	185	9 171	229	8 942
1 697	48	1 649	317	3	314	12 891	201	12 690
1 207	47	1 160	151	4	147	7 624	141	7 483
1 742	39	1 703	190	3	187	9 545	156	9 389
1 283	51	1 232	171	-	171	9 229	246	8 983
1 592	43	1 549	197	3	194	10 045	192	9 853
894	17	877	100	-	100	5 722	75	5 647
1 128	15	1 113	129	1	128	7 181	149	7 032
1 459	35	1 424	166	3	163	9 382	187	9 195
1 467	50	1 417	511	1	510	14 290	323	13 967
876	20	856	133	-	133	7 789	165	7 624
1 226	47	1 179	146	2	144	6 715	161	6 554
2 854	45	2 809	254	-	254	10 680	191	10 489
1 337	32	1 305	158	1	157	7 132	117	7 015
1 934	50	1 884	143	2	141	11 389	206	11 183
1 397	42	1 355	192	4	188	9 463	242	9 221
2 670	94	2 576	246	4	242	14 700	320	14 380
1 822	23	1 799	212	6	206	7 699	179	7 520

（報告表　14）

身体障害者福祉
2表

第2表（8-3）身体障害者手帳交付台帳登載数，

都道府県 指定都市 中核市	肢体 上肢			肢体 下肢		
	総数	18歳未満	18歳以上	総数	18歳未満	18歳以上
全　　　国	901 559	18 089	883 470	1 419 642	12 731	1 406 911
北 海 道	35 457	549	34 908	62 654	414	62 240
青　　森	8 086	103	7 983	10 556	152	10 404
岩　　手	6 618	25	6 593	13 555	64	13 491
宮　　城	9 953	129	9 824	13 791	132	13 659
秋　　田	12 004	138	11 866	17 262	178	17 084
山　　形	8 866	59	8 807	16 935	60	16 875
福　　島	11 002	111	10 891	19 092	91	19 001
茨　　城	15 834	369	15 465	22 199	232	21 967
栃　　木	13 614	334	13 280	11 789	58	11 731
群　　馬	9 971	206	9 765	9 636	91	9 545
埼　　玉	30 999	625	30 374	40 602	414	40 188
千　　葉	23 918	692	23 226	33 871	238	33 633
東　　京	78 311	3 956	74 355	119 043	2 496	116 547
神 奈 川	15 344	394	14 950	23 100	306	22 794
新　　潟	13 339	131	13 208	18 595	97	18 498
富　　山	5 422	51	5 371	7 657	31	7 626
石　　川	5 647	152	5 495	8 312	68	8 244
福　　井	6 441	118	6 323	12 893	87	12 806
山　　梨	6 724	113	6 611	9 526	108	9 418
長　　野	11 370	129	11 241	23 814	69	23 745
岐　　阜	12 456	146	12 310	535	5	530
静　　岡	14 796	188	14 608	20 035	149	19 886
愛　　知	19 643	332	19 311	27 125	170	26 955
三　　重	8 370	158	8 212	22 396	157	22 239
滋　　賀	6 872	126	6 746	12 410	70	12 340
京　　都	11 450	200	11 250	19 811	79	19 732
大　　阪	25 606	552	25 054	45 491	288	45 203
兵　　庫	19 540	494	19 046	33 116	294	32 822
奈　　良	8 090	65	8 025	15 968	40	15 928
和 歌 山	6 407	65	6 342	12 035	46	11 989
鳥　　取	10 256	64	10 192	3 669	31	3 638
島　　根	5 568	58	5 510	10 680	46	10 634
岡　　山	6 467	153	6 314	10 261	64	10 197
広　　島	7 736	64	7 672	12 781	29	12 752
山　　口	9 137	72	9 065	14 174	43	14 131
徳　　島	7 027	44	6 983	8 500	21	8 479
香　　川	5 412	49	5 363	7 034	55	6 979
愛　　媛	8 264	95	8 169	11 313	89	11 224
高　　知	4 058	15	4 043	9 078	49	9 029
福　　岡	21 105	567	20 538	31 975	405	31 570
佐　　賀	7 324	120	7 204	14 031	104	13 927
長　　崎	6 399	134	6 265	10 649	163	10 486
熊　　本	11 084	164	10 920	17 440	129	17 311
大　　分	7 238	103	7 135	12 471	57	12 414
宮　　崎	9 433	182	9 251	12 189	127	12 062
鹿 児 島	15 440	309	15 131	18 357	144	18 213
沖　　縄	11 971	114	11 857	8 178	77	8 101

都道府県-指定都市-中核市×障害の種類、年齢(2区分)別

平成28年度末現在

不	自		由		
体		幹	運 動 機 能 障 害		
			総		数
総 数	18 歳 未 満	18 歳 以 上	総 数	18 歳 未 満	18 歳 以 上
393 927	19 895	374 032	40 179	11 142	29 037
11 418	165	11 253	944	58	886
1 461	32	1 429	161	44	117
3 387	21	3 366	380	205	175
1 524	29	1 495	936	178	758
3 000	10	2 990	93	6	87
2 765	13	2 752	954	237	717
2 357	34	2 323	629	222	407
6 126	179	5 947	1 419	396	1 023
2 461	102	2 359	164	26	138
3 609	188	3 421	170	5	165
8 785	760	8 025	524	43	481
6 116	101	6 015	1 230	537	693
44 572	6 871	37 701	1 234	988	246
13 806	377	13 429	54	42	12
3 249	22	3 227	627	204	423
1 572	96	1 476	176	43	133
1 626	34	1 592	154	8	146
2 327	32	2 295	321	90	231
1 876	20	1 856	226	135	91
7 879	426	7 453	311	8	303
25 669	486	25 183	216	41	175
3 039	22	3 017	1 613	427	1 186
19 067	1 211	17 856	213	14	199
6 961	54	6 907	1 340	542	798
2 348	43	2 305	741	356	385
3 071	87	2 984	599	110	489
11 126	472	10 654	1 173	322	851
5 223	100	5 123	767	198	569
4 644	32	4 612	743	280	463
3 514	80	3 434	278	61	217
1 209	49	1 160	338	99	239
3 292	78	3 214	231	55	176
1 043	16	1 027	164	20	144
5 289	236	5 053	436	38	398
2 295	40	2 255	942	330	612
2 496	12	2 484	686	188	498
991	24	967	306	82	224
2 756	82	2 674	428	57	371
1 016	2	1 014	249	103	146
4 208	57	4 151	544	14	530
2 831	143	2 688	51	6	45
2 271	60	2 211	68	4	64
2 622	141	2 481	252	24	228
3 012	97	2 915	424	16	408
1 718	21	1 697	117	13	104
2 725	73	2 652	117	26	91
1 190	8	1 182	1 109	498	611

(報告表 14)

第２表（８－４）身体障害者手帳交付台帳登載数，

都道府県 指定都市 中核市	肢			体		
	上	肢		下	肢	
	総数	18歳未満	18歳以上	総数	18歳未満	18歳以上
指定都市(別掲)						
札幌市	15 645	413	15 232	27 047	349	26 698
仙台市	5 967	96	5 871	8 954	124	8 830
さいたま市	7 104	124	6 980	8 347	58	8 289
千葉市	5 264	64	5 200	7 164	51	7 113
横浜市	4 402	84	4 318	22 266	159	22 107
川崎市	2 670	74	2 596	8 956	129	8 827
相模原市	3 535	31	3 504	4 464	37	4 427
新潟市	2 106	18	2 088	13 411	77	13 334
静岡市	4 235	58	4 177	6 971	40	6 931
浜松市	3 950	53	3 897	8 056	124	7 932
名古屋市	12 926	123	12 803	17 782	110	17 672
京都市	8 480	144	8 336	26 644	174	26 470
大阪市	25 024	293	24 731	38 800	186	38 614
堺市	6 417	101	6 316	11 298	58	11 240
神戸市	13 110	133	12 977	27 982	88	27 894
岡山市	4 801	166	4 635	6 699	85	6 614
広島市	6 557	56	6 501	10 378	25	10 353
北九州市	5 768	67	5 701	15 736	131	15 605
福岡市	10 101	303	9 798	15 507	238	15 269
熊本市	4 974	131	4 843	7 844	59	7 785
中核市(別掲)						
旭川市	3 387	69	3 318	5 523	57	5 466
函館市	2 258	44	2 214	4 297	26	4 271
青森市	2 314	36	2 278	3 561	79	3 482
八戸市	2 063	53	2 010	2 207	58	2 149
盛岡市	1 264	11	1 253	3 204	14	3 190
秋田市	2 785	43	2 742	3 856	73	3 783
郡山市	2 520	45	2 475	3 259	36	3 223
いわき市	2 638	16	2 622	3 801	40	3 761
宇都宮市	1 982	54	1 928	4 236	38	4 198
前橋市	2 608	34	2 574	2 387	17	2 370
高崎市	1 802	17	1 785	3 005	23	2 982
川越市	2 051	53	1 998	2 678	40	2 638
越谷市	1 812	41	1 771	2 347	46	2 301
船橋市	2 981	65	2 916	4 357	30	4 327
柏市	2 221	55	2 166	2 801	18	2 783
八王子市	2 514	73	2 441	3 694	54	3 640
横須賀市	1 824	25	1 799	3 479	69	3 410
富山市	2 412	22	2 390	6 362	37	6 325
金沢市	2 931	79	2 852	4 464	61	4 403
長野市	2 527	49	2 478	4 852	12	4 840
岐阜市	3 330	77	3 253	3 649	21	3 628
豊橋市	1 948	35	1 913	2 265	11	2 254
豊田市	2 402	55	2 347	3 131	17	3 114
岡崎市	1 974	29	1 945	2 497	13	2 484
大津市	2 351	14	2 337	4 161	17	4 144
高槻市	2 053	19	2 034	4 314	29	4 285
東大阪市	4 932	35	4 897	7 229	35	7 194
豊中市	2 238	36	2 202	4 127	21	4 106
枚方市	2 838	81	2 757	4 586	23	4 563
姫路市	2 900	53	2 847	8 887	254	8 633
西宮市	2 365	54	2 311	5 592	25	5 567
尼崎市	4 061	81	3 980	7 049	29	7 020
奈良市	2 046	21	2 025	4 324	14	4 310
和歌山市	2 936	43	2 893	4 907	22	4 885
倉敷市	3 586	170	3 416	5 064	59	5 005
福山市	3 073	26	3 047	4 683	14	4 669
呉市	1 443	9	1 434	2 875	5	2 870
下関市	2 595	53	2 542	3 725	72	3 653
高松市	3 488	37	3 451	4 811	31	4 780
松山市	4 749	95	4 654	7 698	110	7 588
高知市	2 408	8	2 400	4 669	23	4 646
久留米市	2 605	101	2 504	3 645	51	3 594
長崎市	3 687	91	3 596	5 492	59	5 433
佐世保市	2 053	26	2 027	4 294	77	4 217
大分市	3 652	87	3 565	6 021	47	5 974
宮崎市	3 903	146	3 757	4 502	69	4 433
鹿児島市	5 974	145	5 829	7 209	115	7 094
那覇市	3 970	29	3 941	2 976	21	2 955

都道府県－指定都市－中核市×障害の種類、年齢（２区分）別

平成28年度末現在

不自由 体幹 総数	不自由 体幹 18歳未満	不自由 体幹 18歳以上	運動機能障害 総数 総数	運動機能障害 総数 18歳未満	運動機能障害 総数 18歳以上
4 991	74	4 917	335	91	244
1 313	20	1 293	403	176	227
1 835	295	1 540	131	9	122
1 254	11	1 243	645	277	368
22 394	1 200	21 194	1 607	112	1 495
7 242	331	6 911	121	4	117
2 377	201	2 176	32	16	16
1 408	8	1 400	373	138	235
588	8	580	366	130	236
1 494	29	1 465	487	102	385
8 963	700	8 263	560	29	531
4 315	75	4 240	208	12	196
9 472	507	8 965	1 193	130	1 063
3 244	83	3 161	325	100	225
4 188	23	4 165	1 026	498	528
993	21	972	180	15	165
5 078	396	4 682	280	23	257
3 260	241	3 019	114	16	98
1 789	72	1 717	174	12	162
1 217	79	1 138	157	22	135
901	14	887	231	18	213
541	4	537	28	3	25
317	10	307	123	60	63
360	3	357	12	-	12
944	6	938	179	86	93
884	3	881	33	1	32
354	9	345	310	75	235
506	12	494	157	78	79
896	113	783	35	11	24
954	57	897	18	2	16
1 130	87	1 043	100	2	98
595	59	536	44	5	39
597	72	525	26	3	23
990	10	980	169	121	48
647	17	630	101	65	36
984	91	893	114	6	108
1 163	68	1 095	309	3	306
1 239	82	1 157	68	20	48
831	8	823	31	12	19
1 883	100	1 783	14	1	13
1 965	110	1 855	97	18	79
1 787	144	1 643	27	7	20
1 569	146	1 423	14	2	12
1 575	138	1 437	7	1	6
837	18	819	275	123	152
618	7	611	195	118	77
2 537	63	2 474	249	92	157
1 315	66	1 249	169	62	107
1 020	30	990	123	29	94
1 755	118	1 637	111	10	101
894	19	875	320	131	189
1 585	18	1 567	196	73	123
999	13	986	255	93	162
1 558	80	1 478	144	11	133
508	12	496	71	5	66
2 100	121	1 979	189	31	158
1 263	47	1 216	141	14	127
631	15	616	230	9	221
777	15	762	306	104	202
1 373	82	1 291	470	36	434
491	4	487	221	130	91
448	9	439	17	-	17
1 444	35	1 409	57	6	51
740	11	729	45	3	42
1 546	64	1 482	170	8	162
989	16	973	69	11	58
1 478	55	1 423	39	5	34
452	2	450	301	127	174

（報告表　14）

身体障害者福祉
2表

第2表（8－5）身体障害者手帳交付台帳登載数，

都道府県 指定都市 中核市	肢体不自由 運動機能障害					
	上肢機能			移動機能		
	総数	18歳未満	18歳以上	総数	18歳未満	18歳以上
全　　国	22 472	5 445	17 027	17 707	5 697	12 010
北　海　道	547	34	513	397	24	373
青　　森	75	14	61	86	30	56
岩　　手	116	48	68	264	157	107
宮　　城	453	55	398	483	123	360
秋　　田	68	4	64	25	2	23
山　　形	446	55	391	508	182	326
福　　島	251	103	148	378	119	259
茨　　城	831	182	649	588	214	374
栃　　木	137	19	118	27	7	20
群　　馬	135	4	131	35	1	34
埼　　玉	415	29	386	109	14	95
千　　葉	638	231	407	592	306	286
東　　京	752	600	152	482	388	94
神　奈　川	23	14	9	31	28	3
新　　潟	332	124	208	295	80	215
富　　山	131	31	100	45	12	33
石　　川	51	3	48	103	5	98
福　　井	240	71	169	81	19	62
山　　梨	130	65	65	96	70	26
長　　野	139	3	136	172	5	167
岐　　阜	187	31	156	29	10	19
静　　岡	774	251	523	839	176	663
愛　　知	160	8	152	53	6	47
三　　重	373	50	323	967	492	475
滋　　賀	277	92	185	464	264	200
京　　都	443	46	397	156	64	92
大　　阪	593	177	416	580	145	435
兵　　庫	519	135	384	248	63	185
奈　　良	359	106	253	384	174	210
和　歌　山	173	32	141	105	29	76
鳥　　取	180	50	130	158	49	109
島　　根	159	38	121	72	17	55
岡　　山	118	12	106	46	8	38
広　　島	265	20	245	171	18	153
山　　口	686	256	430	256	74	182
徳　　島	462	164	298	224	24	200
香　　川	226	47	179	80	35	45
愛　　媛	309	31	278	119	26	93
高　　知	91	15	76	158	88	70
福　　岡	376	8	368	168	6	162
佐　　賀	34	1	33	17	5	12
長　　崎	41	2	39	27	2	25
熊　　本	211	23	188	41	1	40
大　　分	372	6	366	52	10	42
宮　　崎	82	11	71	35	2	33
鹿　児　島	94	22	72	23	4	19
沖　　縄	393	86	307	716	412	304

都道府県－指定都市－中核市×障害の種類、年齢（２区分）別

平成28年度末現在

内部障害								
総数			心臓機能障害			じん臓機能障害		
総数	18歳未満	18歳以上	総数	18歳未満	18歳以上	総数	18歳未満	18歳以上
1 545 564	**18 400**	**1 527 164**	**844 889**	**12 246**	**832 643**	**368 841**	**765**	**368 076**
48 096	380	47 716	25 682	253	25 429	10 957	16	10 941
11 633	131	11 502	7 123	85	7 038	2 356	－	2 356
12 188	236	11 952	6 404	185	6 219	2 688	5	2 683
16 194	166	16 028	8 987	60	8 927	3 487	14	3 473
14 031	169	13 862	8 428	120	8 308	2 427	3	2 424
15 980	152	15 828	10 304	105	10 199	2 807	6	2 801
16 874	139	16 735	9 449	85	9 364	3 558	4	3 554
30 481	352	30 129	13 987	201	13 786	8 962	16	8 946
15 632	150	15 482	7 210	86	7 124	4 719	12	4 707
14 354	158	14 196	7 284	98	7 186	4 048	6	4 042
49 419	464	48 955	23 375	299	23 076	15 248	17	15 231
40 285	511	39 774	20 557	285	20 272	10 780	22	10 758
133 094	2 192	130 902	62 295	1 426	60 869	33 722	142	33 580
29 795	280	29 515	15 034	176	14 858	7 783	11	7 772
16 852	143	16 709	8 250	78	8 172	4 128	7	4 121
9 177	92	9 085	5 907	68	5 839	1 646	5	1 641
8 643	98	8 545	5 505	68	5 437	1 694	1	1 693
11 079	130	10 949	6 683	86	6 597	2 033	10	2 023
11 743	106	11 637	6 942	62	6 880	2 592	5	2 587
22 190	284	21 906	12 245	175	12 070	4 406	10	4 396
20 738	274	20 464	10 840	194	10 646	4 488	7	4 481
23 345	358	22 987	11 338	243	11 095	6 742	15	6 727
40 559	506	40 053	20 216	316	19 900	11 652	23	11 629
21 494	221	21 273	11 458	141	11 317	5 198	3	5 195
11 419	163	11 256	6 406	101	6 305	2 563	5	2 558
21 394	173	21 221	14 287	118	14 169	3 401	4	3 397
40 274	619	39 655	21 467	449	21 018	9 763	19	9 744
27 838	442	27 396	15 418	308	15 110	6 444	12	6 432
14 552	201	14 351	8 168	153	8 015	3 255	5	3 250
10 713	93	10 620	5 716	67	5 649	2 386	6	2 380
7 647	108	7 539	4 341	84	4 257	1 633	4	1 629
8 971	91	8 880	5 256	65	5 191	1 837	3	1 834
9 361	79	9 282	5 485	49	5 436	2 075	6	2 069
12 832	173	12 659	6 856	125	6 731	2 733	6	2 727
15 737	166	15 571	9 209	124	9 085	3 094	7	3 087
10 610	73	10 537	5 561	55	5 506	2 945	4	2 941
8 404	65	8 339	5 051	49	5 002	1 720	3	1 717
13 849	173	13 676	8 245	129	8 116	3 054	8	3 046
8 860	60	8 800	6 081	44	6 037	1 555	2	1 553
31 859	372	31 487	19 375	258	19 117	7 270	15	7 255
12 061	166	11 895	7 175	123	7 052	2 737	8	2 729
11 927	103	11 824	7 950	66	7 884	2 094	3	2 091
18 812	99	18 713	12 100	63	12 037	4 299	6	4 293
11 599	132	11 467	7 130	94	7 036	2 573	4	2 569
13 928	118	13 810	9 231	73	9 158	2 655	7	2 648
18 626	172	18 454	11 562	116	11 446	3 978	7	3 971
20 239	218	20 021	14 058	150	13 908	3 915	15	3 900

（報告表　14）

身体障害者福祉
2表

第2表（8－6）身体障害者手帳交付台帳登載数，

都道府県 指定都市 中核市	肢 体 不 自 由					
	運 動 機 能 障 害					
	上 肢 機 能			移 動 機 能		
	総数	18歳未満	18歳以上	総数	18歳未満	18歳以上
指定都市(別掲)						
札 幌 市	187	44	143	148	47	101
仙 台 市	223	99	124	180	77	103
さいたま市	115	7	108	16	2	14
千 葉 市	478	185	293	167	92	75
横 浜 市	67	-	67	1 540	112	1 428
川 崎 市	8	2	6	113	2	111
相 模 原 市	26	14	12	6	2	4
新 潟 市	231	67	164	142	71	71
静 岡 市	173	101	72	193	29	164
浜 松 市	96	3	93	391	99	292
名 古 屋 市	395	13	382	165	16	149
京 都 市	159	7	152	49	5	44
大 阪 市	928	60	868	265	70	195
堺 市	165	56	109	160	44	116
神 戸 市	731	324	407	295	174	121
岡 山 市	131	12	119	49	3	46
広 島 市	164	10	154	116	13	103
北 九 州 市	29	6	23	85	10	75
福 岡 市	115	10	105	59	2	57
熊 本 市	129	15	114	28	7	21
中核市(別掲)						
旭 川 市	75	6	69	156	12	144
函 館 市	23	2	21	5	1	4
青 森 市	43	15	28	80	45	35
八 戸 市	11	-	11	1	-	1
盛 岡 市	43	19	24	136	67	69
秋 田 市	24	-	24	9	1	8
郡 山 市	171	44	127	139	31	108
いわき市	62	13	49	95	65	30
宇 都 宮 市	29	10	19	6	1	5
前 橋 市	6	2	4	12	-	12
高 崎 市	48	1	47	52	1	51
川 越 市	36	3	33	8	2	6
越 谷 市	20	1	19	6	2	4
船 橋 市	134	93	41	35	28	7
柏 市	82	55	27	19	10	9
八 王 子 市	94	4	90	20	2	18
横 須 賀 市	307	2	305	2	1	1
富 山 市	36	9	27	32	11	21
金 沢 市	24	11	13	7	1	6
長 野 市	7	-	7	7	1	6
岐 阜 市	88	16	72	9	2	7
豊 橋 市	20	6	14	7	1	6
豊 田 市	10	1	9	4	1	3
岡 崎 市	3	-	3	4	1	3
大 津 市	162	67	95	113	56	57
高 槻 市	174	106	68	21	12	9
東 大 阪 市	181	57	124	68	35	33
豊 中 市	135	47	88	34	15	19
枚 方 市	90	19	71	33	10	23
姫 路 市	47	4	43	64	6	58
西 宮 市	159	74	85	161	57	104
尼 崎 市	146	56	90	50	17	33
奈 良 市	171	63	108	84	30	54
和 歌 山 市	103	9	94	41	2	39
倉 敷 市	57	4	53	14	1	13
福 山 市	109	11	98	80	20	60
呉 市	70	6	64	71	8	63
下 関 市	136	6	130	94	3	91
高 松 市	198	56	142	108	48	60
松 山 市	235	17	218	235	19	216
高 知 市	64	18	46	157	112	45
久 留 米 市	6	-	6	11	-	11
長 崎 市	46	5	41	11	1	10
佐 世 保 市	31	2	29	14	1	13
大 分 市	114	5	109	56	3	53
宮 崎 市	50	10	40	19	1	18
鹿 児 島 市	31	5	26	8	-	8
那 覇 市	144	41	103	157	86	71

都道府県－指定都市－中核市×障害の種類、年齢（２区分）別

平成28年度末現在

内部障害								
総数			心臓機能障害			じん臓機能障害		
総数	18歳未満	18歳以上	総数	18歳未満	18歳以上	総数	18歳未満	18歳以上
25 011	314	24 697	14 304	240	14 064	5 844	10	5 834
10 429	127	10 302	5 668	45	5 623	2 417	8	2 409
10 390	147	10 243	5 202	84	5 118	3 000	6	2 994
9 367	108	9 259	4 940	64	4 876	2 287	2	2 285
32 695	399	32 296	16 801	264	16 537	8 595	18	8 577
11 882	218	11 664	5 832	146	5 686	3 224	5	3 219
6 560	75	6 485	3 118	41	3 077	1 986	4	1 982
7 599	54	7 545	3 519	31	3 488	2 268	4	2 264
8 183	82	8 101	4 264	57	4 207	2 179	4	2 175
8 311	121	8 190	4 075	71	4 004	2 370	6	2 364
26 370	292	26 078	12 766	176	12 590	7 524	12	7 512
24 368	165	24 203	15 586	109	15 477	4 274	2	4 272
38 349	317	38 032	18 475	203	18 272	9 609	9	9 600
10 323	168	10 155	5 732	135	5 597	2 382	4	2 378
20 759	263	20 496	11 274	188	11 086	4 755	11	4 744
7 559	108	7 451	4 340	87	4 253	1 805	1	1 804
12 645	248	12 397	6 575	159	6 416	3 129	7	3 122
17 060	192	16 868	10 820	133	10 687	3 522	10	3 512
15 995	253	15 742	8 894	171	8 723	4 030	9	4 021
11 629	117	11 512	7 620	73	7 547	2 598	8	2 590
4 453	46	4 407	2 252	30	2 222	1 156	2	1 154
3 796	22	3 774	2 238	16	2 222	853	1	852
4 573	58	4 515	2 870	45	2 825	933	1	932
3 044	43	3 001	1 818	35	1 783	665	-	665
3 125	87	3 038	1 675	66	1 609	698	5	693
4 160	65	4 095	2 551	45	2 506	795	2	793
3 674	55	3 619	1 969	40	1 929	850	9	841
3 838	44	3 794	1 848	34	1 814	1 183	1	1 182
4 613	49	4 564	2 070	29	2 041	1 392	2	1 390
3 891	38	3 853	2 055	24	2 031	1 066	2	1 064
4 158	31	4 127	2 316	22	2 294	1 137	1	1 136
3 089	22	3 067	1 441	13	1 428	1 011	2	1 009
2 918	35	2 883	1 392	22	1 370	894	2	892
5 184	62	5 122	2 921	36	2 885	1 154	1	1 153
3 671	57	3 614	1 902	39	1 863	895	2	893
4 984	60	4 924	2 381	41	2 340	1 382	3	1 379
4 572	28	4 544	2 329	16	2 313	1 278	-	1 278
6 957	57	6 900	4 855	45	4 810	1 050	2	1 048
5 408	66	5 342	3 493	54	3 439	1 021	-	1 021
4 922	49	4 873	2 829	26	2 803	946	4	942
5 388	82	5 306	2 985	64	2 921	1 113	-	1 113
4 077	35	4 042	1 858	14	1 844	1 299	-	1 299
3 920	59	3 861	1 992	33	1 959	1 091	7	1 084
3 547	43	3 504	1 755	29	1 726	1 039	1	1 038
4 400	40	4 360	2 408	25	2 383	994	1	993
3 646	46	3 600	2 105	31	2 074	873	1	872
8 020	66	7 954	3 808	46	3 762	2 148	4	2 144
4 201	37	4 164	2 266	23	2 243	999	2	997
4 298	65	4 233	2 251	39	2 212	1 074	1	1 073
5 480	151	5 329	2 703	108	2 595	1 579	2	1 577
4 660	84	4 576	2 634	65	2 569	1 105	4	1 101
6 696	84	6 612	3 596	61	3 535	1 634	5	1 629
4 314	67	4 247	2 528	47	2 481	868	3	865
4 941	60	4 881	2 807	41	2 766	1 193	4	1 189
4 773	71	4 702	2 415	52	2 363	1 314	1	1 313
5 164	73	5 091	2 533	46	2 487	1 410	3	1 407
3 428	33	3 395	1 780	23	1 757	883	1	882
4 282	27	4 255	2 529	20	2 509	858	1	857
6 474	68	6 406	3 989	60	3 929	1 247	1	1 246
6 208	119	6 089	3 479	72	3 407	1 501	4	1 497
6 219	37	6 182	4 282	30	4 252	1 162	2	1 160
3 550	52	3 498	2 096	31	2 065	928	3	925
7 658	91	7 567	5 127	61	5 066	1 279	1	1 278
4 629	49	4 580	2 861	29	2 832	970	2	968
6 399	113	6 286	3 944	92	3 852	1 433	-	1 433
7 115	78	7 037	4 984	54	4 930	1 262	2	1 260
7 881	119	7 762	4 689	95	4 594	1 845	3	1 842
8 294	58	8 236	5 844	42	5 802	1 483	5	1 478

（報告表　14）

身体障害者福祉 2表

第2表（8-7）身体障害者手帳交付台帳登載数，

都道府県 指定都市 中核市	内			部		
	呼吸器機能障害			ぼうこう・直腸機能障害		
	総数	18歳未満	18歳以上	総数	18歳未満	18歳以上
全　　国	86 541	1 769	84 772	207 051	1 855	205 196
北 海 道	3 243	24	3 219	7 741	50	7 691
青　森	409	9	400	1 647	26	1 621
岩　手	889	20	869	2 082	16	2 066
宮　城	1 129	53	1 076	2 432	28	2 404
秋　田	950	16	934	2 066	16	2 050
山　形	816	13	803	1 948	15	1 933
福　島	1 302	12	1 290	2 410	14	2 396
茨　城	2 114	57	2 057	4 763	42	4 721
栃　木	632	11	621	2 721	12	2 709
群　馬	774	10	764	2 003	23	1 980
埼　玉	2 002	36	1 966	7 483	43	7 440
千　葉	1 705	66	1 639	6 108	77	6 031
東　京	7 634	208	7 426	20 189	210	19 979
神 奈 川	1 669	17	1 652	4 625	33	4 592
新　潟	1 809	16	1 793	2 471	23	2 448
富　山	379	5	374	1 144	6	1 138
石　川	358	3	355	944	13	931
福　井	732	9	723	1 466	18	1 448
山　梨	755	4	751	1 287	18	1 269
長　野	2 212	29	2 183	2 954	34	2 920
岐　阜	1 987	33	1 954	3 136	26	3 110
静　岡	1 435	48	1 387	3 451	34	3 417
愛　知	2 432	49	2 383	5 390	57	5 333
三　重	1 375	19	1 356	3 019	30	2 989
滋　賀	695	17	678	1 535	19	1 516
京　都	1 181	17	1 164	2 255	18	2 237
大　阪	2 362	51	2 311	5 686	52	5 634
兵　庫	1 573	48	1 525	3 810	35	3 775
奈　良	780	15	765	2 120	21	2 099
和 歌 山	828	7	821	1 637	6	1 631
鳥　取	369	5	364	1 198	3	1 195
島　根	440	6	434	1 354	12	1 342
岡　山	358	9	349	1 315	6	1 309
広　島	1 096	18	1 078	1 894	9	1 885
山　口	1 150	12	1 138	2 072	7	2 065
徳　島	470	3	467	1 517	6	1 511
香　川	443	2	441	1 095	6	1 089
愛　媛	546	7	539	1 834	19	1 815
高　知	291	7	284	868	5	863
福　岡	1 286	43	1 243	3 430	26	3 404
佐　賀	584	16	568	1 391	7	1 384
長　崎	525	15	510	1 218	13	1 205
熊　本	567	7	560	1 664	14	1 650
大　分	568	18	550	1 147	7	1 140
宮　崎	544	10	534	1 360	13	1 347
鹿 児 島	907	14	893	1 995	21	1 974
沖　縄	685	19	666	1 254	21	1 233

都道府県－指定都市－中核市×障害の種類、年齢（２区分）別

平成28年度末現在

障害								
小腸機能障害			免疫機能障害			肝臓機能障害		
総数	18歳未満	18歳以上	総数	18歳未満	18歳以上	総数	18歳未満	18歳以上
5 146	312	4 834	24 026	13	24 013	9 070	1 440	7 630
179	11	168	140	-	140	154	26	128
14	-	14	34	-	34	50	11	39
28	-	28	34	-	34	63	10	53
49	4	45	52	-	52	58	7	51
41	4	37	42	-	42	77	10	67
28	2	26	41	2	39	36	9	27
37	5	32	51	-	51	67	19	48
49	5	44	430	1	429	176	30	146
30	6	24	212	-	212	108	23	85
22	2	20	129	-	129	94	19	75
111	3	108	932	1	931	268	65	203
102	7	95	830	-	830	203	54	149
772	45	727	7 734	-	7 734	748	161	587
84	14	70	464	-	464	136	29	107
63	2	61	64	-	64	67	17	50
9	1	8	37	-	37	55	7	48
32	2	30	47	-	47	63	11	52
24	-	24	64	-	64	77	7	70
17	1	16	78	-	78	72	16	56
61	6	55	189	-	189	123	30	93
34	-	34	153	-	153	100	14	86
58	4	54	223	-	223	98	14	84
154	9	145	484	-	484	231	52	179
72	5	67	188	-	188	184	23	161
49	1	48	100	2	98	71	18	53
46	3	43	119	-	119	105	13	92
173	9	164	549	-	549	274	39	235
176	7	169	215	-	215	202	32	170
27	4	23	124	-	124	78	3	75
32	1	31	68	-	68	46	6	40
15	1	14	36	-	36	55	11	44
15	2	13	26	-	26	43	3	40
16	-	16	45	-	45	67	9	58
46	4	42	65	-	65	142	11	131
37	1	36	59	-	59	116	15	101
24	1	23	44	-	44	49	4	45
17	1	16	39	-	39	39	4	35
29	-	29	59	-	59	82	10	72
9	-	9	32	-	32	24	2	22
66	3	63	201	4	197	231	23	208
22	-	22	52	1	51	100	11	89
25	3	22	29	-	29	86	3	83
25	-	25	50	-	50	107	9	98
49	2	47	40	1	39	92	6	86
21	1	20	48	-	48	69	14	55
42	3	39	55	-	55	87	11	76
27	-	27	212	-	212	88	13	75

（報告表　14）

身体障害者福祉
2表

第2表（8-8）身体障害者手帳交付台帳登載数，

都道府県 指定都市 中核市	内			部		
	呼吸器機能障害			ぼうこう・直腸機能障害		
	総数	18歳未満	18歳以上	総数	18歳未満	18歳以上
指定都市（別掲）						
札幌市	1 317	16	1 301	3 029	20	3 009
仙台市	659	34	625	1 471	23	1 448
さいたま市	400	17	383	1 447	16	1 431
千葉市	401	11	390	1 471	20	1 451
横浜市	1 478	18	1 460	4 724	41	4 683
川崎市	551	21	530	1 754	21	1 733
相模原市	275	2	273	941	13	928
新潟市	707	6	701	965	6	959
静岡市	467	6	461	1 142	6	1 136
浜松市	596	22	574	1 118	13	1 105
名古屋市	1 548	42	1 506	3 497	31	3 466
京都市	1 338	12	1 326	2 638	17	2 621
大阪市	2 422	43	2 379	5 625	35	5 590
堺市	592	4	588	1 362	10	1 352
神戸市	1 693	25	1 668	2 473	16	2 457
岡山市	239	4	235	1 005	5	1 000
広島市	937	38	899	1 601	26	1 575
北九州市	864	18	846	1 589	20	1 569
福岡市	670	27	643	1 804	21	1 783
熊本市	299	9	290	894	12	882
中核市（別掲）						
旭川市	249	4	245	691	6	685
函館市	133	-	133	540	3	537
青森市	179	1	178	546	8	538
八戸市	76	1	75	454	5	449
盛岡市	234	10	224	474	5	469
秋田市	232	7	225	524	5	519
郡山市	244	3	241	552	1	551
いわき市	130	2	128	635	5	630
宇都宮市	169	6	163	847	6	841
前橋市	198	-	198	511	7	504
高崎市	143	4	139	494	1	493
川越市	138	3	135	431	2	429
越谷市	96	3	93	440	2	438
船橋市	183	5	178	741	11	730
柏市	162	4	158	578	4	574
八王子市	262	4	258	803	5	798
横須賀市	210	2	208	667	6	661
富山市	249	2	247	734	3	731
金沢市	249	1	248	526	7	519
長野市	549	6	543	498	7	491
岐阜市	504	6	498	696	3	693
豊橋市	276	4	272	565	9	556
豊田市	266	6	260	465	7	458
岡崎市	230	7	223	459	5	454
大津市	234	7	227	675	3	672
高槻市	166	7	159	421	4	417
東大阪市	473	2	471	1 358	5	1 353
豊中市	206	1	205	591	7	584
枚方市	264	10	254	598	8	590
姫路市	255	27	228	770	10	760
西宮市	224	6	218	529	7	522
尼崎市	528	7	521	774	8	766
奈良市	234	8	226	590	3	587
和歌山市	165	1	164	678	5	673
倉敷市	200	11	189	756	4	752
福山市	355	12	343	722	6	716
呉市	238	2	236	470	4	466
下関市	318	3	315	523	1	522
高松市	464	-	464	670	3	667
松山市	220	21	199	897	15	882
高知市	166	2	164	546	3	543
久留米市	142	4	138	315	7	308
長崎市	378	9	369	737	14	723
佐世保市	204	10	194	526	6	520
大分市	395	7	388	530	6	524
宮崎市	194	5	189	561	10	551
鹿児島市	376	6	370	819	6	813
那覇市	338	2	336	445	5	440

都道府県－指定都市－中核市×障害の種類、年齢（２区分）別

平成28年度末現在

障害								
小腸機能障害			免疫機能障害			肝臓機能障害		
総数	18歳未満	18歳以上	総数	18歳未満	18歳以上	総数	18歳未満	18歳以上
142	4	138	239	-	239	136	24	112
31	7	24	127	-	127	56	10	46
31	4	27	248	-	248	62	20	42
29	2	27	185	-	185	54	9	45
109	11	98	780	-	780	208	47	161
57	3	54	381	-	381	83	22	61
26	2	24	170	-	170	44	13	31
51	-	51	44	-	44	45	7	38
19	3	16	70	-	70	42	6	36
29	1	28	102	-	102	21	8	13
97	7	90	806	-	806	132	24	108
90	7	83	295	-	295	147	18	129
161	7	154	1 824	-	1 824	233	20	213
47	5	42	143	-	143	65	10	55
118	6	112	306	-	306	140	17	123
13	1	12	93	-	93	64	10	54
125	4	121	146	-	146	132	14	118
60	1	59	106	-	106	99	10	89
48	7	41	402	-	402	147	18	129
27	1	26	93	-	93	98	14	84
52	-	52	21	-	21	32	4	28
11	-	11	14	-	14	7	2	5
4	1	3	22	-	22	19	2	17
12	1	11	10	-	10	9	1	8
6	1	5	14	-	14	24	-	24
15	2	13	18	-	18	25	4	21
19	-	19	22	-	22	18	2	16
12	1	11	10	-	10	20	1	19
13	2	11	84	-	84	38	4	34
5	1	4	27	-	27	29	4	25
7	1	6	41	-	41	20	2	18
5	1	4	57	-	57	6	1	5
7	-	7	68	-	68	21	6	15
21	-	21	140	-	140	24	9	15
12	-	12	89	-	89	33	8	25
21	1	20	105	-	105	30	6	24
10	2	8	59	-	59	19	2	17
9	-	9	23	-	23	37	5	32
9	3	6	57	-	57	53	1	52
14	2	12	50	-	50	36	4	32
9	2	7	52	-	52	29	7	22
9	2	7	44	-	44	26	6	20
31	1	30	58	-	58	17	5	12
17	-	17	33	-	33	14	1	13
12	-	12	45	-	45	32	4	28
11	-	11	45	-	45	25	3	22
34	1	33	135	-	135	64	8	56
15	-	15	92	-	92	32	4	28
18	1	17	54	-	54	39	6	33
59	1	58	65	-	65	49	3	46
47	-	47	93	-	93	28	2	26
18	-	18	112	-	112	34	3	31
13	3	10	53	-	53	28	3	25
17	1	16	51	-	51	30	8	22
21	1	20	39	-	39	28	2	26
29	-	29	50	-	50	65	6	59
9	1	8	19	-	19	29	2	27
8	1	7	21	-	21	25	1	24
17	-	17	50	-	50	37	4	33
21	-	21	48	-	48	42	7	35
13	-	13	39	-	39	11	-	11
4	-	4	34	1	33	31	6	25
11	1	10	43	-	43	83	5	78
9	-	9	19	-	19	40	2	38
16	6	10	30	-	30	51	2	49
17	-	17	62	-	62	35	7	28
20	2	18	83	-	83	49	7	42
9	1	8	147	-	147	28	3	25

（報告表　14）

第3表（2－1）身体障害者手帳交付台帳登載数，

都道府県 指定都市 中核市	新規交付（年度中） 総数	1級	2級	3級	4級	5級	6級
全国	**282 498**	**109 629**	**28 813**	**41 222**	**66 995**	**16 809**	**19 030**
北海道	7 779	3 316	631	971	1 923	499	439
青森	2 445	919	234	371	626	130	165
岩手	2 468	1 269	206	288	503	81	121
宮城	2 864	1 115	309	475	663	196	106
秋田	2 802	1 013	423	477	636	105	148
山形	3 196	1 233	230	381	790	378	184
福島	3 112	1 449	353	387	632	117	174
茨城	5 712	2 669	530	903	1 110	179	321
栃木	2 773	1 240	271	232	721	106	203
群馬	2 889	1 438	306	295	600	90	160
埼玉	9 281	4 234	988	1 064	2 030	410	555
千葉	7 254	3 112	822	1 009	1 636	303	372
東京	21 219	8 961	2 078	2 506	5 242	1 111	1 321
神奈川	5 119	2 422	539	512	1 064	222	360
新潟	3 757	1 330	467	882	641	145	292
富山	1 552	488	128	422	331	42	141
石川	1 391	618	143	257	268	38	67
福井	1 954	759	194	353	438	80	130
山梨	1 929	755	179	392	388	72	143
長野	4 309	1 671	361	655	952	320	350
岐阜	4 603	1 654	524	1 181	862	159	223
静岡	4 216	2 019	406	542	865	142	242
愛知	7 789	2 285	845	1 760	2 227	295	377
三重	4 096	1 554	426	744	883	187	302
滋賀	2 514	917	199	263	649	352	134
京都	3 841	961	357	473	1 314	361	375
大阪	8 321	2 929	929	1 039	1 976	763	685
兵庫	5 590	2 121	543	792	1 257	480	397
奈良	2 369	691	214	464	624	191	185
和歌山	1 768	376	107	311	661	162	151
鳥取	1 448	572	112	231	369	58	106
島根	1 568	674	151	153	332	82	176
岡山	1 494	639	136	192	331	86	110
広島	2 368	912	302	470	435	102	147
山口	3 198	1 161	306	634	664	250	183
徳島	2 058	831	200	256	533	65	173
香川	1 300	497	96	165	372	49	121
愛媛	2 132	929	338	238	411	79	137
高知	1 416	529	118	249	432	41	47
福岡	5 421	2 326	576	561	1 145	353	460
佐賀	2 380	699	192	375	613	305	196
長崎	1 756	583	163	291	423	85	211
熊本	3 031	1 023	205	207	1 082	186	328
大分	2 152	768	177	319	507	174	207
宮崎	2 575	776	216	315	985	141	142
鹿児島	3 488	1 350	376	352	888	207	315
沖縄	3 075	957	263	643	862	86	264

注：本表は年度分報告である。なお「新規交付（年度中）」の八戸市については、平成29年１月に中核市になったため、１月～３月の数値である。

都道府県－指定都市－中核市×障害の程度、登載状況別

平成28年度

年度末現在						
総数	1級	2級	3級	4級	5級	6級
5 148 082	**1 621 607**	**772 943**	**863 581**	**1 247 717**	**319 880**	**322 354**
187 746	56 629	28 134	30 064	46 556	14 059	12 304
37 935	13 590	5 785	6 096	8 318	1 830	2 316
43 413	14 661	6 589	6 642	9 336	3 125	3 060
49 813	15 791	7 558	8 439	11 109	4 003	2 913
54 316	15 948	9 060	10 597	12 591	3 039	3 081
53 642	16 360	6 442	7 883	13 959	5 424	3 574
59 402	19 147	8 753	9 946	14 020	3 664	3 872
89 898	32 601	14 162	13 945	19 518	4 913	4 759
55 518	17 613	8 799	7 644	13 636	3 787	4 039
45 270	16 460	7 080	6 523	9 698	2 825	2 684
153 960	53 942	22 754	24 727	36 074	8 650	7 813
123 385	43 969	18 853	18 399	29 620	6 068	6 476
467 203	151 005	65 859	71 417	120 950	23 345	34 627
99 707	36 246	15 737	14 222	22 217	5 418	5 867
63 646	19 164	9 468	12 208	14 156	3 654	4 996
29 057	7 795	4 182	6 351	6 949	1 632	2 148
28 335	7 713	4 835	7 083	5 983	1 234	1 487
39 565	11 335	5 467	8 303	9 791	2 157	2 512
35 875	11 748	5 156	5 790	8 942	1 942	2 297
76 912	19 496	10 045	16 062	20 042	5 710	5 557
69 512	20 190	10 527	16 126	14 909	4 151	3 609
74 098	26 982	11 097	11 014	16 426	4 307	4 272
123 821	35 602	18 666	28 453	27 912	7 222	5 966
72 959	22 371	10 701	13 350	17 522	4 042	4 973
39 572	12 100	5 499	6 364	9 770	3 615	2 224
67 650	17 719	9 240	10 722	19 143	5 518	5 308
146 103	42 433	22 551	24 160	39 097	9 237	8 625
101 706	29 854	14 722	16 232	28 035	6 834	6 029
53 862	14 866	7 594	9 877	14 021	3 789	3 715
40 370	10 311	6 116	7 019	10 462	3 018	3 444
28 553	9 332	4 044	4 386	6 777	1 828	2 186
36 014	11 446	4 705	5 556	9 016	2 227	3 064
32 362	9 661	4 596	4 593	8 685	2 371	2 456
46 994	12 886	6 521	9 434	11 331	3 639	3 183
50 545	15 398	6 977	9 727	12 242	3 098	3 103
37 337	12 739	5 520	5 232	8 405	2 280	3 161
26 712	8 071	3 505	4 388	7 440	1 518	1 790
43 557	12 736	7 864	8 241	9 922	2 499	2 295
27 239	7 898	3 834	4 960	7 343	1 762	1 442
108 348	32 864	16 523	16 182	25 980	8 417	8 382
43 082	11 683	5 942	6 780	10 302	5 190	3 185
38 639	10 766	5 723	6 961	9 421	2 759	3 009
62 023	18 707	8 607	8 959	17 132	3 824	4 794
41 635	12 179	6 060	7 042	9 682	3 654	3 018
44 138	12 041	6 327	7 146	12 965	3 017	2 642
68 730	20 419	11 755	12 200	15 156	4 140	5 060
52 651	17 727	8 916	9 919	10 178	2 230	3 681

（報告表　14）

第3表（2－2）身体障害者手帳交付台帳登載数，

都道府県 指定都市 中核市	新規交付（年度中） 総数	1級	2級	3級	4級	5級	6級
指定都市(別掲)							
札幌市	4 879	2 170	535	664	1 029	237	244
仙台市	2 063	780	190	399	462	128	104
さいたま市	2 013	902	216	259	444	69	123
千葉市	1 623	659	143	265	376	74	106
横浜市	7 290	3 584	785	659	1 508	301	453
川崎市	2 525	1 260	242	204	564	90	165
相模原市	1 376	639	154	127	289	56	111
新潟市	1 716	572	213	407	297	101	126
静岡市	1 558	791	101	262	279	42	83
浜松市	1 523	606	137	293	317	71	99
名古屋市	4 230	1 333	450	808	1 204	187	248
京都市	4 362	1 244	444	506	1 235	491	442
大阪市	6 613	2 373	747	981	1 565	503	444
堺市	1 834	641	180	274	480	138	121
神戸市	4 531	1 090	430	825	1 032	897	257
岡山市	1 304	525	134	192	289	98	66
広島市	1 911	628	260	438	332	122	131
北九州市	2 569	1 190	266	261	500	141	211
福岡市	3 086	1 212	329	366	671	238	270
熊本市	1 600	505	124	108	607	105	151
中核市(別掲)							
旭川市	1 006	330	104	100	278	103	91
函館市	698	323	46	72	178	35	44
青森市	736	319	74	112	171	21	39
八戸市	130	60	8	14	24	19	5
盛岡市	737	367	104	76	137	18	35
秋田市	992	339	101	203	195	78	76
郡山市	749	341	103	101	139	26	39
いわき市	889	442	121	82	161	25	58
宇都宮市	983	447	87	98	200	42	109
前橋市	765	377	95	78	134	31	50
高崎市	816	396	82	73	184	31	50
川越市	520	251	48	70	98	14	39
越谷市	641	254	65	102	142	48	30
船橋市	1 050	476	125	133	240	30	46
柏市	749	293	110	100	171	21	54
八王子市	988	394	92	116	259	49	78
横須賀市	883	416	69	87	234	22	55
富山市	1 291	359	126	398	282	29	97
金沢市	956	431	102	200	163	11	49
長野市	823	300	72	198	136	59	58
岐阜市	1 122	424	156	243	191	48	60
豊橋市	726	245	73	132	210	32	34
豊田市	759	236	105	166	172	36	44
岡崎市	787	174	88	223	216	58	28
大津市	753	268	60	72	202	100	51
高槻市	776	307	75	75	145	78	96
東大阪市	1 087	422	130	137	254	74	70
豊中市	718	292	84	92	156	53	41
枚方市	1 371	435	167	178	322	157	112
姫路市	1 071	448	147	129	207	78	62
西宮市	1 026	345	120	163	236	91	71
尼崎市	1 393	439	192	287	298	117	60
奈良市	745	204	80	131	204	67	59
和歌山市	837	219	107	105	230	81	95
倉敷市	842	379	81	101	205	30	46
福山市	1 038	378	120	216	185	65	74
呉市	512	191	51	114	98	25	33
下関市	976	345	87	174	154	164	52
高松市	874	305	87	133	274	35	40
松山市	1 234	399	222	198	245	98	72
高知市	955	371	77	166	269	31	41
久留米市	597	290	68	58	97	33	51
長崎市	1 355	421	103	179	434	62	156
佐世保市	639	254	63	98	157	17	50
大分市	1 282	310	189	250	297	154	82
宮崎市	1 498	273	80	178	860	50	57
鹿児島市	1 694	668	217	201	406	86	116
那覇市	1 051	224	101	260	369	23	74

注：本表は年度分報告である。なお「新規交付（年度中）」の八戸市については、平成29年１月に中核市になったため、１月～３月の数値である。

都道府県－指定都市－中核市×障害の程度、登載状況別

平成28年度

年度末現在						
総数	1級	2級	3級	4級	5級	6級
83 564	29 573	13 341	11 961	20 123	4 768	3 798
32 146	10 947	5 006	5 002	7 048	2 398	1 745
33 286	11 976	5 068	5 620	7 427	1 547	1 648
27 701	10 241	4 138	4 090	6 458	1 331	1 443
99 356	36 142	15 732	13 980	23 721	4 504	5 277
36 761	13 258	5 934	5 073	8 665	1 756	2 075
20 197	7 609	3 192	2 635	4 509	1 067	1 185
30 036	8 919	4 953	6 070	6 437	1 759	1 898
24 112	9 211	3 420	3 679	5 435	1 261	1 106
26 249	8 961	3 664	4 423	6 057	1 678	1 466
78 486	24 267	12 272	16 784	17 152	4 288	3 723
76 627	21 025	11 973	12 152	20 341	5 923	5 213
137 414	41 160	21 086	23 337	33 869	8 863	9 099
37 142	10 850	5 758	6 148	9 769	2 501	2 116
80 407	21 971	12 841	13 914	20 494	6 514	4 673
23 742	7 961	3 836	3 101	6 008	1 521	1 315
41 851	12 783	6 102	7 974	9 433	2 952	2 607
50 636	16 271	7 819	7 205	12 734	3 003	3 604
51 818	18 067	7 955	7 050	11 651	3 750	3 345
30 814	9 913	4 020	4 063	9 286	1 668	1 864
17 888	5 375	2 940	2 678	4 259	1 301	1 335
12 984	4 236	1 851	2 353	3 148	738	658
12 877	4 972	1 822	2 138	2 709	528	708
8 817	3 817	1 278	1 160	1 834	384	344
10 399	3 729	1 679	1 627	2 153	605	606
13 782	4 692	2 072	2 590	2 893	797	738
12 093	4 669	2 113	1 592	2 530	568	621
12 867	4 776	2 189	1 702	2 828	695	677
15 035	5 005	2 423	1 906	3 765	841	1 095
11 862	4 631	1 967	1 463	2 298	756	747
12 090	4 700	1 834	1 600	2 444	816	696
9 964	3 643	1 520	1 530	2 353	459	459
9 020	3 247	1 292	1 540	2 058	498	385
15 911	5 985	2 295	2 353	3 950	655	673
11 211	3 941	1 798	1 667	2 645	566	594
15 083	5 297	2 261	2 193	3 561	832	939
13 650	5 209	2 343	1 846	3 049	498	705
19 642	4 860	2 690	5 041	5 094	862	1 095
15 877	5 743	2 311	3 344	3 111	658	710
16 542	4 622	2 009	3 608	4 153	1 201	949
16 840	5 341	2 819	3 969	3 078	826	807
11 739	3 794	1 806	2 573	2 442	600	524
13 068	3 666	2 163	3 046	2 739	808	646
11 437	3 348	1 803	2 768	2 247	756	515
14 107	4 477	1 972	2 003	3 565	1 287	803
12 795	4 256	1 843	1 841	3 053	867	935
27 105	8 754	4 459	4 534	6 488	1 357	1 513
14 229	4 553	2 112	2 304	3 858	748	654
15 007	4 610	2 313	2 396	3 666	1 118	904
22 494	6 530	3 445	3 678	6 298	1 394	1 149
16 120	4 801	2 353	2 996	4 307	903	760
23 066	7 025	3 980	4 742	5 223	1 113	983
14 176	4 164	1 935	2 560	3 830	868	819
17 646	5 218	2 796	2 837	4 318	1 213	1 264
16 343	5 482	2 494	2 118	4 273	908	1 068
18 286	5 603	2 624	3 522	3 931	1 474	1 132
11 045	3 420	1 420	2 353	2 452	750	650
13 749	4 240	1 918	2 593	3 197	957	844
18 661	5 774	2 485	2 942	5 465	1 000	995
24 388	6 328	4 443	5 011	5 853	1 552	1 201
16 067	5 186	2 320	2 503	4 626	824	608
12 472	4 027	1 941	1 757	2 935	917	895
23 135	6 607	3 123	4 480	5 480	1 452	1 993
14 310	4 388	2 134	2 388	3 361	1 057	982
21 085	4 665	3 464	4 938	4 768	2 026	1 224
19 415	5 924	2 842	2 641	6 042	1 083	883
27 427	8 955	5 159	4 512	5 810	1 348	1 643
19 121	6 023	3 130	4 020	4 221	699	1 028

（報告表　14）

身体障害者福祉
4表

第4表　身体障害者更生相談所における取扱実人員、相談、判定及び判定書交付件数，

相談の種類・判定の種類×来所－巡回別

平成28年度

相談の種類 判定の種類	総数	来所	巡回
取扱実人員	274 497	262 068	12 429
相談件数	257 309	244 003	13 306
自立支援医療 　（更生医療）	101 592	101 312	280
補装具	100 231	89 125	11 106
身体障害者手帳	39 796	39 215	581
職業	669	624	45
施設	1 454	1 440	14
生活	3 854	3 407	447
その他	9 713	8 880	833
判定件数	241 886	228 109	13 777
医学的判定	221 930	209 295	12 635
心理学的判定	445	432	13
職能的判定	160	160	－
その他の判定	19 351	18 222	1 129
判定書等交付件数	220 172	211 329	8 843
自立支援医療 　（更生医療）	108 641	108 635	6
補装具	80 453	72 335	8 118
身体障害者手帳	29 522	28 980	542
障害支援区分	－	－	－
その他	1 556	1 379	177

注：1）本表は年度分報告である。
　　2）取扱実人員は月毎の実人員の合計である。

（報告表　17）

第５表　身体障害者更生相談所における取扱実人員、相談、

都道府県 指定都市	取扱実人員			相談件数		
	総数	来所	巡回	総数	来所	巡回
全国	**274 497**	**262 068**	**12 429**	**257 309**	**244 003**	**13 306**
北海道	9 558	9 213	345	9 575	9 230	345
青森	5 142	4 764	378	5 215	4 764	451
岩手	4 470	4 077	393	4 490	4 097	393
宮城	2 537	1 861	676	1 946	1 551	395
秋田	1 728	1 597	131	2 000	1 823	177
山形	3 671	3 451	220	3 961	3 592	369
福島	2 486	1 853	633	3 004	2 311	693
茨城	2 042	1 954	88	2 104	2 013	91
栃木	7 203	7 173	30	7 223	7 174	49
群馬	1 704	1 590	114	1 704	1 590	114
埼玉	2 406	2 340	66	2 406	2 340	66
千葉	4 270	3 169	1 101	5 913	4 214	1 699
東京	15 162	15 112	50	8 742	8 725	17
神奈川	3 490	2 755	735	3 732	2 769	963
新潟	10 542	10 539	3	10 631	10 628	3
富山	2 364	2 296	68	724	659	65
石川	3 955	3 933	22	4 231	4 186	45
福井	558	458	100	591	465	126
山梨	5 088	4 925	163	5 089	4 926	163
長野	6 286	6 142	144	7 785	7 641	144
岐阜	3 602	3 427	175	3 957	3 709	248
静岡	1 908	1 895	13	2 051	2 038	13
愛知	10 757	10 757	-	10 757	10 757	-
三重	1 098	1 098	-	1 085	1 085	-
滋賀	2 891	2 852	39	2 922	2 883	39
京都	4 124	3 686	438	4 224	3 766	458
大阪	12 442	11 580	862	12 442	11 580	862
兵庫	3 637	3 044	593	3 637	3 044	593
奈良	2 346	2 346	-	2 346	2 346	-
和歌山	2 635	2 226	409	2 675	2 266	409
鳥取	1 292	1 268	24	1 336	1 312	24
島根	1 343	1 343	-	1 343	1 343	-
岡山	1 961	1 647	314	1 972	1 657	315
広島	3 848	3 005	843	3 732	3 076	656
山口	3 102	2 913	189	3 218	2 935	283
徳島	2 711	2 653	58	2 743	2 682	61
香川	2 002	1 693	309	43	41	2
愛媛	1 753	1 733	20	280	260	20
高知	2 383	2 342	41	2 398	2 357	41
福岡	6 034	5 606	428	6 034	5 606	428
佐賀	3 015	2 992	23	3 015	2 992	23
長崎	4 584	4 534	50	4 657	4 607	50
熊本	3 767	3 767	-	3 969	3 969	-
大分	2 815	2 748	67	2 840	2 760	80
宮崎	5 677	5 476	201	1 490	1 289	201
鹿児島	2 756	2 696	60	2 844	2 778	66
沖縄	18 788	18 746	42	16 603	16 518	85
指定都市(別掲)						
札幌市	5 984	5 981	3	5 604	5 601	3
仙台市	2 652	2 260	392	3 210	2 599	611
さいたま市	572	572	-	572	572	-
千葉市	1 502	1 502	-	1 502	1 502	-
横浜市	3 788	3 757	31	3 889	3 858	31
川崎市	1 609	1 422	187	1 660	1 462	198
相模原市	1 037	1 037	-	1 037	1 037	-
新潟市	3 987	3 987	-	3 987	3 987	-
静岡市	912	907	5	995	990	5
浜松市	4 001	3 956	45	1 076	1 031	45
名古屋市	8 127	7 926	201	8 092	7 904	188
京都市	4 748	4 748	-	3 340	3 340	-
大阪市	5 281	4 828	453	4 724	4 259	465
堺市	1 530	1 525	5	1 558	1 553	5
神戸市	4 394	4 394	-	4 351	4 351	-
岡山市	905	905	-	903	903	-
広島市	3 025	2 876	149	959	840	119
北九州市	6 407	6 131	276	6 788	6 512	276
福岡市	2 775	2 768	7	2 972	2 961	11
熊本市	3 328	3 311	17	4 411	4 387	24

注：1）本表は年度分報告である。
　　2）取扱実人員は月毎の実人員の合計である。

判定及び判定書交付件数，都道府県－指定都市×来所－巡回別

平成28年度

判　定　件　数			判　定　書　交　付　件　数		
総　数	来　所	巡　回	総　数	来　所	巡　回
241 886	228 109	13 777	220 172	211 329	8 843
9 544	9 200	344	9 527	9 182	345
5 215	4 764	451	5 215	4 764	451
3 293	2 635	658	2 099	1 446	653
2 615	1 930	685	2 129	1 647	482
2 000	1 823	177	1 633	1 597	36
3 960	3 593	367	3 580	3 420	160
2 279	1 693	586	1 740	1 450	290
2 080	1 993	87	2 066	1 985	81
3 141	3 118	23	7 176	7 171	5
1 702	1 590	112	1 702	1 590	112
2 406	2 340	66	2 268	2 202	66
5 296	3 912	1 384	3 691	2 990	701
6 957	6 915	42	4 345	4 309	36
3 962	3 005	957	2 897	2 595	302
10 619	10 616	3	10 603	10 600	3
1 640	1 637	3	1 866	1 866	-
4 231	4 186	45	3 963	3 941	22
545	456	89	543	456	87
3 658	3 505	153	3 351	3 328	23
1 770	1 707	63	1 575	1 512	63
3 868	3 663	205	3 439	3 285	154
1 984	1 968	16	1 968	1 968	-
10 904	10 904	-	10 459	10 459	-
1 092	1 092	-	1 092	1 092	-
2 731	2 724	7	2 731	2 724	7
4 047	3 717	330	3 189	3 115	74
10 555	9 693	862	10 555	9 693	862
7 125	6 013	1 112	2 738	2 254	484
2 345	2 345	-	2 345	2 345	-
2 591	2 226	365	2 282	2 110	172
1 386	1 386	-	1 140	1 140	-
1 333	1 333	-	1 321	1 321	-
1 911	1 519	392	1 359	1 192	167
2 224	1 409	815	1 930	1 318	612
3 218	2 935	283	2 838	2 692	146
2 743	2 682	61	2 743	2 682	61
1 983	1 669	314	1 674	1 400	274
1 473	1 473	-	1 473	1 473	-
2 481	2 467	14	2 371	2 357	14
7 400	6 604	796	5 933	5 540	393
2 931	2 914	17	2 928	2 914	14
2 913	2 869	44	2 820	2 786	34
3 970	3 970	-	3 859	3 859	-
2 830	2 769	61	2 845	2 769	76
4 291	4 187	104	4 182	4 078	104
2 812	2 752	60	2 702	2 696	6
11 339	11 290	49	10 340	10 327	13
2 885	2 885	-	2 885	2 885	-
2 397	1 840	557	1 802	1 470	332
572	572	-	572	572	-
1 502	1 502	-	1 212	1 212	-
3 760	3 749	11	3 757	3 747	10
1 525	1 338	187	1 528	1 341	187
921	921	-	611	611	-
3 987	3 987	-	3 949	3 949	-
872	872	-	831	831	-
2 925	2 925	-	2 925	2 925	-
7 488	7 355	133	6 302	6 189	113
4 728	4 728	-	4 724	4 724	-
4 478	4 025	453	3 468	3 003	465
1 533	1 528	5	1 299	1 294	5
4 372	4 372	-	4 329	4 329	-
1 104	1 104	-	768	768	-
2 234	2 201	33	2 234	2 201	33
5 880	5 684	196	5 307	5 194	113
2 961	2 961	-	2 191	2 191	-
4 369	4 369	-	4 253	4 253	-

(報告表　17)

障害者総合支援

第１表　身体障害者・児の基準の補装具購入件数、

補装具の種類	購入				
	申請件数	決定件数	金額		
			総額（千円）	障害者の日常生活及び社会生活を総合的に支援するための法律による公費負担額（千円）	自己負担額（千円）
総数	**158 713**	**157 933**	**20 975 629**	**20 163 234**	**812 395**
義肢	6 327	6 255	2 648 784	2 570 463	78 321
義手	1 237	1 219	219 350	208 110	11 240
義足	5 090	5 036	2 429 434	2 362 353	67 081
装具	46 025	45 723	3 859 863	3 680 355	179 508
下肢	34 406	34 229	2 820 385	2 687 408	132 977
靴型	9 666	9 561	899 038	860 213	38 825
体幹	1 250	1 238	87 797	82 614	5 183
上肢	703	695	52 643	50 120	2 523
座位保持装置	9 393	9 315	3 282 880	3 168 687	114 193
姿勢保持機能付車椅子	3 062	3 026	1 190 072	1 153 579	36 493
姿勢保持機能付電動車椅子	232	233	180 490	178 123	2 367
その他	6 099	6 056	1 912 318	1 836 985	75 333
盲人安全つえ	9 083	9 067	46 235	43 883	2 352
義眼	1 158	1 156	77 471	74 720	2 751
普通義眼	163	163	11 616	11 196	420
特殊義眼	931	930	62 169	60 047	2 122
コンタクト義眼	64	63	3 686	3 477	209
眼鏡	6 433	6 421	176 613	165 466	11 147
矯正眼鏡	1 507	1 506	35 566	33 566	2 000
遮光眼鏡	4 279	4 272	129 227	120 728	8 499
コンタクトレンズ	134	130	2 607	2 437	170
弱視眼鏡	513	513	9 213	8 735	478
補聴器	44 747	44 672	3 085 742	2 927 603	158 139
高度難聴用ポケット型	2 175	2 173	90 500	87 678	2 822
高度難聴用耳掛け型	25 126	25 092	1 392 085	1 322 653	69 432
重度難聴用ポケット型	1 125	1 123	73 277	71 436	1 841
重度難聴用耳掛け型	15 098	15 070	1 331 516	1 264 028	67 488
耳あな型(レディメイド)	98	97	11 204	10 675	529
耳あな型(オーダーメイド)	1 016	1 009	170 106	155 346	14 760
骨導式ポケット型	52	51	6 205	5 651	554
骨導式眼鏡型	57	57	10 849	10 136	713
車椅子	22 494	22 332	5 287 199	5 088 501	198 698
普通型	12 079	11 980	2 416 199	2 321 247	94 952
リクライニング式普通型	270	264	72 287	70 572	1 715
ティルト式普通型	233	233	74 444	71 374	3 070
リクライニング・ティルト式普通型	344	332	106 059	102 906	3 153
手動リフト式普通型	11	11	3 162	3 031	131
前方大車輪型	11	11	2 189	2 120	69
リクライニング式前方大車輪型	1	1	391	354	37
片手駆動型	140	141	31 969	31 160	809
リクライニング式片手駆動型	5	5	1 663	1 627	36
レバー駆動型	27	28	6 560	6 511	49
手押し型	2 480	2 465	476 903	459 410	17 493
リクライニング式手押し型	1 407	1 395	386 288	372 581	13 707
ティルト式手押し型	2 172	2 168	636 011	606 801	29 210
リクライニング・ティルト式手押し型	2 969	2 956	989 675	958 167	31 508
その他	345	342	83 399	80 640	2 759
電動車椅子	3 142	3 095	1 791 223	1 758 444	32 779
普通型(4.5km/h)	337	332	168 227	165 172	3 055
普通型(6km/h)	408	405	202 377	199 996	2 381
手動兼用型	1 345	1 327	679 949	664 267	15 682
リクライニング式普通型	50	47	26 362	26 069	293
電動リクライニング式普通型	87	84	59 873	59 549	324
電動リフト式普通型	59	62	56 044	55 259	785
電動ティルト式普通型	100	96	80 279	79 288	991
電動リクライニング・ティルト式普通型	173	170	209 795	206 893	2 902
その他	583	572	308 317	301 951	6 366
座位保持椅子	2 194	2 186	217 544	206 343	11 201
起立保持具	231	233	54 765	52 101	2 664
歩行器	2 437	2 431	164 783	154 895	9 888
頭部保持具	501	503	4 325	4 139	186
排便補助具	34	34	435	406	29
歩行補助つえ	3 987	3 990	39 002	37 105	1 897
重度障害者用意思伝達装置	527	520	238 765	230 123	8 642

注：本表は年度分報告である。

購入金額、修理件数及び修理金額, 補装具の種類別

平成28年度

修		理		
		金	額	
申 請 件 数	決 定 件 数	総　　額 （千円）	障害者の日常生活及び社会生活を総合的 に支援するための法律による公費負担額 （千円）	自 己 負 担 額 （千円）
119 545	119 379	5 814 598	5 623 112	191 486
7 953	7 929	1 549 913	1 492 846	57 067
542	545	66 231	62 789	3 442
7 411	7 384	1 483 682	1 430 057	53 625
17 700	17 644	339 482	327 809	11 673
12 672	12 641	251 061	242 092	8 969
4 687	4 666	83 016	80 521	2 495
216	216	3 309	3 159	150
125	121	2 096	2 037	59
8 682	8 687	706 851	681 952	24 899
3 463	3 460	251 061	243 816	7 245
685	684	56 907	55 754	1 153
4 534	4 543	398 883	382 382	16 501
117	115	368	342	26
11	11	348	339	9
4	4	131	131	-
7	7	217	208	9
-	-	-	-	-
366	368	5 569	5 189	380
147	147	1 762	1 675	87
200	202	3 581	3 299	282
-	-	-	-	-
19	19	226	215	11
27 411	27 356	523 919	496 168	27 751
661	661	7 165	6 954	211
10 372	10 358	184 166	175 516	8 650
716	715	8 992	8 772	220
14 482	14 446	285 247	269 049	16 198
64	64	2 033	1 931	102
827	823	28 800	26 932	1 868
160	160	2 711	2 501	210
129	129	4 805	4 513	292
41 414	41 382	1 665 096	1 616 059	49 037
29 834	29 829	1 212 056	1 174 463	37 593
521	518	20 213	19 895	318
275	277	11 598	11 352	246
385	380	14 909	14 643	266
39	40	2 055	2 029	26
23	23	565	564	1
3	3	39	39	-
394	394	15 192	15 049	143
39	38	1 586	1 579	7
57	57	2 056	2 045	11
2 854	2 850	105 374	103 562	1 812
1 844	1 837	69 089	67 591	1 498
1 774	1 771	75 099	72 193	2 906
2 551	2 544	104 848	101 893	2 955
821	821	30 417	29 162	1 255
14 221	14 224	970 505	952 414	18 091
1 986	1 988	137 685	134 483	3 202
2 517	2 522	185 399	183 236	2 163
5 210	5 211	321 089	314 123	6 966
483	482	35 206	34 677	529
483	482	36 505	35 861	644
300	301	26 994	26 223	771
493	493	40 028	39 530	498
760	761	62 489	61 573	916
1 989	1 984	125 110	122 708	2 402
435	430	20 447	19 348	1 099
134	132	4 546	4 281	265
461	460	11 793	11 227	566
4	4	33	31	2
3	3	46	43	3
170	170	459	419	40
463	464	15 223	14 645	578

（報告表 18）

第2表（2－1）身体障害者・児の基準の補装具購入件数、

都道府県 指定都市 中核市	購入 申請件数	購入 決定件数	金額 総額（千円）	金額 障害者の日常生活及び社会生活を総合的に支援するための法律による公費負担額（千円）	金額 自己負担額（千円）
全国	**158 713**	**157 933**	**20 975 629**	**20 163 234**	**812 395**
北海道	5 307	5 277	718 880	692 328	26 552
青森	1 628	1 587	222 018	214 544	7 474
岩手	1 489	1 488	232 728	226 413	6 315
宮城	1 526	1 499	204 951	197 337	7 614
秋田	882	878	98 336	93 590	4 746
山形	1 254	1 247	155 300	147 795	7 505
福島	1 624	1 627	216 060	208 590	7 470
茨城	3 001	2 987	461 014	439 544	21 470
栃木	1 697	1 681	213 881	206 107	7 774
群馬	1 415	1 413	198 653	189 018	9 635
埼玉	4 645	4 670	626 769	598 196	28 573
千葉	4 001	4 031	605 085	578 233	26 852
東京	15 064	15 064	1 953 539	1 874 936	78 603
神奈川	3 515	3 452	459 574	439 155	20 419
新潟	1 765	1 762	253 709	243 893	9 816
富山	650	644	87 980	84 444	3 536
石川	597	597	75 550	72 970	2 580
福井	1 026	1 025	138 131	132 518	5 613
山梨	897	882	128 215	123 131	5 084
長野	2 285	2 285	311 943	297 486	14 457
岐阜	1 382	1 386	220 325	211 031	9 294
静岡	1 892	1 891	265 566	255 283	10 283
愛知	3 389	3 362	497 204	474 159	23 045
三重	2 471	2 479	318 061	298 634	19 427
滋賀	1 246	1 226	193 994	187 018	6 976
京都	1 787	1 755	209 441	202 991	6 450
大阪	4 814	4 785	590 818	558 258	32 560
兵庫	2 784	2 751	393 796	379 752	14 044
奈良	1 397	1 391	176 651	170 042	6 609
和歌山	1 009	1 006	140 016	135 352	4 664
鳥取	751	746	119 902	116 767	3 135
島根	890	877	107 777	104 653	3 124
岡山	668	657	88 546	84 312	4 234
広島	938	949	175 299	170 628	4 671
山口	1 229	1 234	172 294	165 925	6 369
徳島	1 014	1 004	128 740	124 475	4 265
香川	581	577	93 018	90 003	3 015
愛媛	717	712	116 094	112 164	3 930
高知	568	567	72 672	69 991	2 681
福岡	3 276	3 241	361 201	345 835	15 366
佐賀	1 062	1 059	123 553	118 568	4 985
長崎	1 182	1 175	125 244	120 860	4 384
熊本	1 578	1 528	164 886	159 595	5 291
大分	1 300	1 297	184 922	179 837	5 085
宮崎	1 250	1 221	161 077	155 803	5 274
鹿児島	2 104	2 090	250 027	239 844	10 183
沖縄	1 947	1 845	239 467	231 837	7 630

注：本表は年度分報告である。なお、八戸市は平成29年1月に中核市になったため、1月～3月の数値である。

購入金額、修理件数及び修理金額, 都道府県-指定都市-中核市別

平成28年度

修		理		
申請件数	決定件数	金	額	
		総 額 (千円)	障害者の日常生活及び社会生活を総合的に支援するための法律による公費負担額 (千円)	自己負担額 (千円)
119 545	119 379	5 814 598	5 623 112	191 486
3 041	3 040	170 769	165 000	5 769
1 488	1 457	77 274	75 878	1 396
1 242	1 241	104 322	102 926	1 396
1 179	1 180	55 537	53 961	1 576
681	679	35 371	34 305	1 066
789	785	32 562	31 695	867
925	923	40 372	39 169	1 203
2 330	2 324	127 790	122 415	5 375
1 073	1 072	42 350	40 585	1 765
870	870	47 328	45 454	1 874
3 392	3 396	181 827	173 653	8 174
3 100	3 112	140 977	135 640	5 337
12 147	12 147	569 713	549 660	20 053
2 908	2 870	125 793	120 927	4 866
1 533	1 533	58 790	56 593	2 197
487	492	30 069	29 036	1 033
563	562	23 060	22 367	693
582	582	27 664	26 704	960
696	695	39 348	38 117	1 231
1 705	1 705	76 588	74 009	2 579
1 159	1 160	60 718	58 555	2 163
1 305	1 303	77 822	75 113	2 709
2 423	2 414	123 493	118 616	4 877
1 342	1 342	57 561	55 400	2 161
1 096	1 091	63 538	61 749	1 789
1 433	1 431	54 608	52 942	1 666
3 812	3 807	182 771	174 013	8 758
1 923	1 920	75 231	72 572	2 659
1 075	1 072	58 224	56 557	1 667
876	879	40 683	39 414	1 269
709	708	31 519	30 414	1 105
912	898	39 692	38 538	1 154
654	649	31 570	30 712	858
1 010	1 013	76 192	74 014	2 178
1 121	1 128	78 682	76 096	2 586
625	622	26 121	25 372	749
606	606	24 790	24 064	726
537	537	34 118	33 146	972
401	400	21 010	20 373	637
2 035	2 030	113 126	109 589	3 537
742	741	31 390	30 448	942
602	601	23 684	22 993	691
846	838	37 796	36 610	1 186
989	989	46 341	45 041	1 300
683	679	27 061	26 244	817
1 121	1 122	52 050	50 578	1 472
1 485	1 472	99 493	96 761	2 732

(報告表 18)

障害者総合支援 2表

第2表（2-2）身体障害者・児の基準の補装具購入件数、

都道府県 指定都市 中核市	購		入		
	申請件数	決定件数	金	額	
			総　　額 （千円）	障害者の日常生活及び社会生活を総合的に支援するための法律による公費負担額 （千円）	自己負担額 （千円）
指定都市（別掲）					
札　幌　　市	3 788	3 716	420 933	407 200	13 733
仙　台　　市	1 758	1 792	303 869	294 285	9 584
さいたま市	1 719	1 702	186 535	176 691	9 844
千　葉　　市	907	907	147 545	141 797	5 748
横　浜　　市	4 230	4 230	557 805	532 631	25 174
川　崎　　市	1 732	1 727	216 503	211 809	4 694
相　模　原　市	1 500	1 500	153 691	147 187	6 504
新　潟　　市	996	996	149 525	143 542	5 983
静　岡　　市	529	529	69 165	66 704	2 461
浜　松　　市	563	563	85 651	82 083	3 568
名　古　屋　市	2 407	2 407	359 464	346 851	12 613
京　都　　市	2 280	2 280	266 900	259 925	6 975
大　阪　　市	4 273	4 273	527 765	511 973	15 792
堺　　　　市	1 094	1 094	139 354	134 977	4 377
神　戸　　市	2 669	2 669	349 357	337 813	11 544
岡　山　　市	620	620	87 658	80 528	7 130
広　島　　市	1 191	1 191	211 009	203 931	7 078
北　九　州　市	1 760	1 754	201 286	194 452	6 834
福　岡　　市	1 755	1 755	211 732	204 064	7 668
熊　本　　市	849	786	98 184	94 894	3 290
中核市（別掲）					
旭　川　　市	875	875	105 035	101 859	3 176
函　館　　市	430	430	48 912	47 699	1 213
青　森　　市	596	596	90 169	86 828	3 341
八　戸　　市	123	123	12 368	11 900	468
盛　岡　　市	350	350	52 076	50 378	1 698
秋　田　　市	356	356	41 226	39 528	1 698
郡　山　　市	489	489	78 680	75 471	3 209
いわき市	463	463	65 178	63 175	2 003
宇　都　宮　市	833	833	86 442	84 581	1 861
前　橋　　市	406	406	51 012	49 108	1 904
高　崎　　市	373	373	49 350	47 353	1 997
川　越　　市	421	421	55 287	52 969	2 318
越　谷　　市	462	479	57 589	55 051	2 538
船　橋　　市	590	506	79 832	76 282	3 550
柏　　　　市	346	346	54 838	52 712	2 126
八　王　子　市	789	789	98 653	94 749	3 904
横　須　賀　市	685	685	70 590	67 571	3 019
富　山　　市	377	377	54 872	52 602	2 270
金　沢　　市	342	342	49 437	47 511	1 926
長　野　　市	360	360	53 090	49 927	3 163
岐　阜　　市	535	535	76 640	74 390	2 250
豊　橋　　市	306	306	50 966	48 799	2 167
豊　田　　市	494	494	71 800	68 324	3 476
岡　崎　　市	401	401	51 246	48 626	2 620
大　津　　市	415	415	68 205	66 171	2 034
高　槻　　市	500	500	65 589	63 344	2 245
東　大　阪　市	656	656	82 289	80 338	1 951
豊　中　　市	444	444	50 717	48 625	2 092
枚　方　　市	551	551	71 293	68 662	2 631
姫　路　　市	781	781	101 489	97 814	3 675
西　宮　　市	614	614	85 025	81 751	3 274
尼　崎　　市	568	568	64 615	62 655	1 960
奈　良　　市	498	510	65 088	63 304	1 784
和　歌　山　市	727	727	83 979	81 314	2 665
倉　敷　　市	375	375	57 787	54 813	2 974
福　山　　市	431	431	70 394	68 056	2 338
呉　　　　市	204	204	33 760	32 602	1 158
下　関　　市	528	527	55 445	53 563	1 882
高　松　　市	425	425	45 845	44 031	1 814
松　山　　市	407	407	51 435	49 906	1 529
高　知　　市	635	635	69 953	67 612	2 341
久　留　米　市	384	384	46 871	45 434	1 437
長　崎　　市	711	706	70 471	68 019	2 452
佐　世　保　市	383	383	40 026	38 753	1 273
大　分　　市	667	667	99 515	95 892	3 623
宮　崎　　市	637	637	85 280	82 295	2 985
鹿　児　島　市	1 115	1 115	138 712	135 709	3 003
那　覇　　市	541	538	69 720	67 996	1 724

注：本表は年度分報告である。なお、八戸市は平成29年1月に中核市になったため、1月～3月の数値である。

購入金額、修理件数及び修理金額, 都道府県－指定都市－中核市別

平成28年度

修		理		
申請件数	決定件数	金	額	
		総　額 （千円）	障害者の日常生活及び社会生活を総合的 に支援するための法律による公費負担額 （千円）	自己負担額 （千円）
2 223	2 208	87 517	85 387	2 130
1 558	1 622	87 106	84 275	2 831
910	902	37 278	35 861	1 417
779	779	41 424	39 991	1 433
3 825	3 825	181 485	174 954	6 531
1 442	1 438	54 487	52 841	1 646
956	956	41 743	39 975	1 768
933	933	47 003	45 733	1 270
377	377	16 872	16 268	604
391	391	19 898	19 296	602
1 991	1 991	87 319	84 643	2 676
1 953	1 953	76 559	74 890	1 669
3 834	3 834	152 749	149 122	3 627
930	930	44 685	43 438	1 247
1 939	1 939	104 799	101 540	3 259
595	595	32 368	31 075	1 293
1 230	1 230	78 108	75 507	2 601
1 257	1 256	51 050	49 609	1 441
1 267	1 267	57 983	56 281	1 702
587	580	30 570	29 626	944
507	507	22 637	21 986	651
219	219	11 720	11 382	338
500	500	28 188	27 330	858
121	121	5 396	5 266	130
330	330	24 267	23 774	493
329	329	13 052	12 616	436
263	263	11 586	11 231	355
239	239	10 495	10 226	269
463	463	17 076	16 571	505
271	271	14 922	14 453	469
292	292	18 438	17 635	803
377	377	18 903	18 163	740
234	234	11 019	10 683	336
396	354	16 224	15 461	763
242	242	12 179	11 738	441
588	588	31 883	30 689	1 194
645	645	22 321	21 570	751
316	316	19 711	18 855	856
355	355	18 594	18 064	530
325	325	14 595	14 187	408
337	337	16 695	16 180	515
270	270	20 453	19 790	663
374	374	16 572	15 826	746
323	323	12 290	11 536	754
341	341	21 135	20 487	648
387	387	19 205	18 680	525
551	551	28 920	28 341	579
420	420	17 127	16 676	451
473	473	25 491	24 777	714
485	485	16 851	16 346	505
380	380	14 398	13 978	420
461	461	21 402	20 781	621
374	359	18 586	17 995	591
561	561	25 101	24 366	735
339	339	14 125	13 694	431
440	440	24 734	23 901	833
211	211	12 284	11 809	475
273	271	17 281	16 925	356
588	588	19 352	18 707	645
341	341	29 675	28 562	1 113
469	469	16 102	15 687	415
247	247	17 925	17 282	643
443	443	16 183	15 608	575
265	265	10 301	10 022	279
582	582	25 798	24 888	910
353	353	15 916	15 389	527
658	658	28 609	27 974	635
357	357	21 090	20 695	395

（報告表　18）

第3表（6－1）身体障害者・児の基準の補装具購入件数,

都道府県 指定都市 中核市	総数	義肢			装具					座
		総数	義手	義足	総数	下肢	靴型	体幹	上肢	総数
全国	**157 933**	**6 255**	**1 219**	**5 036**	**45 723**	**34 229**	**9 561**	**1 238**	**695**	**9 315**
北海道	5 277	186	57	129	1 815	1 235	496	58	26	189
青森	1 587	67	17	50	618	457	125	23	13	53
岩手	1 488	123	19	104	507	361	132	11	3	70
宮城	1 499	63	10	53	492	447	22	18	5	78
秋田	878	48	7	41	190	172	17	－	1	36
山形	1 247	49	13	36	375	331	20	20	4	73
福島	1 627	65	6	59	397	345	33	13	6	89
茨城	2 987	152	33	119	984	761	180	27	16	240
栃木	1 681	92	17	75	431	362	56	9	4	90
群馬	1 413	103	17	86	296	233	46	10	7	84
埼玉	4 670	200	32	168	1 456	1 113	292	35	16	266
千葉	4 031	206	34	172	1 255	841	387	13	14	283
東京	15 064	510	104	406	4 880	3 488	1 201	129	62	1 052
神奈川	3 452	126	24	102	1 318	960	297	42	19	143
新潟	1 762	67	13	54	540	426	87	20	7	100
富山	644	35	7	28	75	67	－	4	4	38
石川	597	30	11	19	115	105	4	4	2	31
福井	1 025	27	1	26	211	111	86	14	－	52
山梨	882	35	2	33	269	210	50	5	4	45
長野	2 285	75	17	58	473	353	99	16	5	71
岐阜	1 386	79	16	63	330	211	106	7	6	91
静岡	1 891	92	15	77	497	409	67	14	7	108
愛知	3 362	152	31	121	888	686	162	29	11	254
三重	2 479	72	10	62	646	478	138	22	8	129
滋賀	1 226	43	12	31	258	218	34	3	3	123
京都	1 755	36	6	30	420	322	79	8	11	126
大阪	4 785	147	34	113	1 175	937	185	31	22	307
兵庫	2 751	149	36	113	552	455	62	20	15	206
奈良	1 391	44	16	28	332	273	48	3	8	99
和歌山	1 006	50	16	34	242	217	18	5	2	58
鳥取	746	45	12	33	121	88	24	6	3	48
島根	877	38	11	27	146	138	4	1	3	29
岡山	657	57	10	47	123	119	2	1	1	62
広島	949	64	11	53	73	64	7	－	2	82
山口	1 234	45	11	34	253	203	38	7	5	91
徳島	1 004	39	11	28	113	81	30	2	－	45
香川	577	38	8	30	61	47	12	1	1	35
愛媛	712	60	15	45	46	38	6	2	－	34
高知	567	29	7	22	184	132	42	8	2	15
福岡	3 241	129	29	100	910	765	121	12	12	190
佐賀	1 059	45	11	34	316	259	35	6	16	42
長崎	1 175	41	8	33	292	257	27	3	5	68
熊本	1 528	63	17	46	458	316	138	－	4	47
大分	1 297	56	8	48	338	277	38	18	5	52
宮崎	1 221	49	13	36	318	267	46	5	－	79
鹿児島	2 090	68	19	49	619	531	59	14	15	150
沖縄	1 845	58	8	50	608	454	95	45	14	142

注：本表は年度分報告である。なお、八戸市は平成29年１月に中核市になったため、１月～３月の数値である。

都道府県-指定都市-中核市×補装具の種類別

平成28年度

位 保 持 装 置			盲人安全つえ	義 眼				眼 鏡		
姿勢保持機能付車椅子	姿勢保持機能付電動車椅子	その他		総 数	普通義眼	特殊義眼	コンタクト義眼	総 数	矯正眼鏡	遮光眼鏡
3 026	233	6 056	9 067	1 156	163	930	63	6 421	1 506	4 272
30	2	157	145	10	-	10	-	115	36	74
18	-	35	45	3	-	3	-	40	20	14
29	3	38	48	4	2	2	-	39	14	17
26	-	52	65	9	1	8	-	70	18	43
12	-	24	31	4	1	3	-	15	9	6
49	3	21	46	9	1	8	-	27	3	23
39	2	48	93	9	-	8	1	101	15	79
54	1	185	139	17	-	15	2	71	12	55
64	1	25	89	9	1	8	-	35	16	17
26	1	57	65	9	1	8	-	23	6	17
101	9	156	362	30	3	22	5	204	50	139
130	8	145	239	23	-	19	4	142	39	91
283	38	731	947	101	-	85	16	641	116	373
48	2	93	191	20	1	18	1	136	31	100
49	6	45	49	2	-	2	-	73	23	47
27	1	10	26	18	2	16	-	18	7	10
17	4	10	38	6	-	6	-	23	1	22
12	1	39	43	16	-	16	-	37	8	28
7	1	37	57	4	-	4	-	41	12	26
23	1	47	97	9	4	5	-	83	26	42
48	1	42	70	12	1	9	2	39	8	27
27	1	80	127	9	-	8	1	81	20	51
75	14	165	188	20	3	17	-	70	7	55
22	8	99	125	23	-	22	1	95	19	55
52	-	71	73	19	2	17	-	61	15	35
24	4	98	129	9	-	9	-	129	25	79
97	4	206	313	78	16	61	1	239	57	153
50	10	146	194	36	-	36	-	142	33	103
32	-	67	86	25	-	24	1	82	26	51
31	-	27	29	6	1	5	-	35	9	24
15	1	32	42	7	-	7	-	18	5	11
10	-	19	75	18	-	18	-	17	2	14
45	-	17	51	5	2	3	-	41	11	25
21	6	55	78	12	1	11	-	42	8	34
33	9	49	70	4	1	3	-	42	16	25
15	-	30	38	18	-	18	-	22	4	18
14	5	16	33	3	-	3	-	26	4	19
14	1	19	66	11	-	11	-	37	8	26
4	-	11	47	4	-	4	-	35	8	24
54	2	134	178	19	4	14	1	130	46	75
12	-	30	59	5	-	4	1	22	6	16
12	1	55	69	6	-	5	1	49	15	34
25	-	22	66	5	2	2	1	39	11	27
11	1	40	41	4	-	3	1	25	9	15
48	16	15	57	5	1	3	1	37	10	21
52	5	93	78	4	1	2	1	83	21	59
54	5	83	46	1	-	1	-	30	11	19

(報告表 18)

第３表（６－２）身体障害者・児の基準の補装具購入件数，

都道府県 指定都市 中核市	総数	義肢			装具					座
		総数	義手	義足	総数	下肢	靴型	体幹	上肢	総数
指定都市(別掲)										
札幌市	3 716	87	17	70	2 107	1 104	917	59	27	137
仙台市	1 792	57	12	45	536	418	98	15	5	105
さいたま市	1 702	46	6	40	774	613	138	18	5	103
千葉市	907	43	9	34	252	211	30	8	3	87
横浜市	4 230	148	22	126	1 632	1 236	294	84	18	205
川崎市	1 727	63	9	54	698	405	255	24	14	82
相模原市	1 500	30	3	27	857	416	434	5	2	74
新潟市	996	46	6	40	306	233	61	5	7	61
静岡市	529	19	2	17	137	116	17	1	3	18
浜松市	563	43	5	38	98	88	9	-	1	33
名古屋市	2 407	97	10	87	567	420	97	9	41	174
京都市	2 280	47	7	40	404	345	44	10	5	138
大阪市	4 273	152	28	124	806	661	124	14	7	199
堺市	1 094	43	6	37	272	220	36	12	4	59
神戸市	2 669	84	20	64	927	659	215	29	24	119
岡山市	620	39	8	31	170	155	10	1	4	70
広島市	1 191	77	11	66	124	106	14	2	2	98
北九州市	1 754	52	9	43	414	361	34	8	11	91
福岡市	1 755	64	9	55	458	378	72	1	7	117
熊本市	786	44	8	36	244	161	77	3	3	29
中核市(別掲)										
旭川市	875	17	4	13	302	180	109	9	4	31
函館市	430	16	1	15	99	73	25	1	-	13
青森市	596	32	7	25	259	154	92	9	4	21
八戸市	123	3	1	2	56	36	12	6	2	3
盛岡市	350	17	4	13	117	91	23	3	-	23
秋田市	356	15	3	12	80	70	9	1	-	12
郡山市	489	22	7	15	145	131	5	9	-	42
いわき市	463	30	6	24	136	88	40	4	4	43
宇都宮市	833	29	7	22	265	236	18	5	6	28
前橋市	406	18	3	15	84	69	12	-	3	21
高崎市	373	18	4	14	75	63	10	2	-	31
川越市	421	24	3	21	173	122	45	4	2	32
越谷市	479	8	1	7	227	182	34	7	4	22
船橋市	506	24	-	24	148	102	43	2	1	35
柏市	346	21	3	18	101	59	38	-	4	26
八王子市	789	16	4	12	277	198	69	7	3	51
横須賀市	685	16	4	12	359	245	100	9	5	33
富山市	377	26	7	19	26	20	3	3	-	28
金沢市	342	24	6	18	68	61	4	3	-	34
長野市	360	18	4	14	85	66	15	4	-	5
岐阜市	535	25	3	22	150	52	94	3	1	40
豊橋市	306	17	3	14	61	51	8	2	-	31
豊田市	494	23	3	20	176	149	16	3	8	25
岡崎市	401	18	4	14	95	69	19	6	1	18
大津市	415	14	2	12	90	79	9	2	-	47
高槻市	500	10	1	9	132	109	17	4	2	31
東大阪市	656	24	3	21	127	106	11	9	1	6
豊中市	444	17	4	13	94	83	7	2	2	43
枚方市	551	18	1	17	108	82	19	3	4	47
姫路市	781	32	4	28	242	200	33	7	2	51
西宮市	614	22	4	18	103	69	31	2	1	69
尼崎市	568	25	4	21	113	98	11	2	2	33
奈良市	510	10	2	8	154	120	29	1	4	30
和歌山市	727	25	5	20	210	159	44	3	4	31
倉敷市	375	21	2	19	95	87	6	2	-	58
福山市	431	21	2	19	48	43	4	1	-	61
呉市	204	10	2	8	16	15	1	-	-	18
下関市	527	11	3	8	186	126	56	4	-	35
高松市	425	22	4	18	64	51	9	2	2	26
松山市	407	16	4	12	33	31	2	-	-	27
高知市	635	15	2	13	275	191	73	7	4	12
久留米市	384	8	3	5	99	88	7	3	1	35
長崎市	706	19	4	15	186	163	15	4	4	21
佐世保市	383	10	1	9	128	112	12	-	4	17
大分市	667	24	4	20	173	151	18	2	2	24
宮崎市	637	20	8	12	221	181	34	3	3	30
鹿児島市	1 115	34	7	27	300	254	29	10	7	88
那覇市	538	22	2	20	163	138	12	11	2	33

注：本表は年度分報告である。なお、八戸市は平成29年１月に中核市になったため、１月～３月の数値である。

都道府県－指定都市－中核市×補装具の種類別

平成28年度

位保持装置			盲人安全つえ	義眼				眼鏡		
姿勢保持機能付車椅子	姿勢保持機能付電動車椅子	その他		総数	普通義眼	特殊義眼	コンタクト義眼	総数	矯正眼鏡	遮光眼鏡
22	－	115	107	11	11	－	－	84	36	43
2	－	103	103	7	－	6	1	101	17	62
32	－	71	76	6	－	6	－	68	14	46
47	3	37	63	5	1	4	－	20	5	14
93	8	104	261	17	1	15	1	243	38	200
25	－	57	93	－	－	－	－	67	12	54
17	－	57	49	6	－	6	－	41	10	26
21	5	35	49	1	1	－	－	53	13	39
1	－	17	42	3	－	3	－	43	9	32
9	1	23	39	6	－	6	－	25	5	18
12	－	162	186	18	－	17	1	93	21	67
6	－	132	238	46	46	－	－	126	19	92
199	－	－	335	77	－	75	2	241	65	161
6	－	53	82	16	－	16	－	58	11	42
15	4	100	161	27	27	－	－	113	28	78
－	－	70	41	4	－	4	－	49	11	32
2	1	95	115	23	4	18	1	52	6	43
24	－	67	146	3	3	－	－	72	16	47
23	1	93	141	3	－	3	－	76	19	49
20	－	9	42	1	－	－	1	28	7	20
26	－	5	17	3	－	3	－	41	12	28
4	－	9	23	3	3	－	－	59	13	42
－	－	21	34	2	－	2	－	13	6	5
－	－	3	4	－	－	－	－	4	2	2
4	－	19	14	4	－	3	1	22	8	11
3	－	9	16	3	－	3	－	17	3	10
4	－	38	20	2	－	2	－	31	3	26
9	－	34	21	2	1	1	－	34	7	24
17	－	11	53	3	－	2	1	12	1	10
－	－	21	15	－	－	－	－	10	2	7
9	－	22	16	1	－	1	－	9	2	7
10	2	20	21	6	－	6	－	11	4	7
6	－	16	36	1	－	1	－	32	6	26
9	1	25	47	1	－	1	－	19	5	11
20	－	6	24	3	－	3	－	8	2	5
35	－	16	36	4	－	2	2	17	2	11
33	－	－	23	1	－	1	－	10	3	5
22	1	5	17	4	4	－	－	22	9	8
15	2	17	27	4	2	2	－	14	3	11
1	－	4	25	1	－	1	－	11	5	5
－	－	40	37	1	－	1	－	12	5	7
17	－	14	17	1	－	1	－	9	1	6
14	4	7	17	5	－	5	－	20	1	16
－	－	18	19	1	－	1	－	14	1	10
11	－	36	40	7	－	7	－	33	5	20
7	1	23	39	6	－	6	－	30	4	25
3	1	2	46	8	－	8	－	59	10	45
7	1	35	48	11	－	11	－	11	1	8
－	－	47	38	10	－	10	－	35	8	24
6	2	43	28	10	－	10	－	16	7	8
11	－	58	43	6	6	－	－	27	8	15
8	－	25	49	9	1	5	3	30	6	23
7	1	22	31	11	－	11	－	31	6	22
4	－	27	49	4	－	4	－	26	9	13
39	1	18	15	7	－	7	－	16	4	12
28	－	33	20	2	－	2	－	17	3	12
12	1	5	24	3	－	3	－	18	5	12
4	1	30	34	1	－	1	－	23	6	16
19	4	3	34	10	－	10	－	50	12	36
11	－	16	60	8	－	7	1	41	9	27
5	1	6	45	7	－	7	－	69	12	45
11	1	23	26	3	－	1	2	8	1	7
4	2	15	42	2	－	1	1	20	2	17
17	－	－	21	1	－	－	1	11	4	7
－	－	24	28	3	－	3	－	27	9	15
－	1	29	30	5	－	4	1	26	3	20
20	2	66	65	3	－	3	－	70	22	46
17	2	14	21	3	－	2	1	21	6	14

（報告表　18）

第3表（6－3）身体障害者・児の基準の補装具購入件数，

都道府県 指定都市 中核市	眼鏡		補聴器								
	コンタクトレンズ	弱視眼鏡	総数	高度難聴用ポケット型	高度難聴用耳掛け型	重度難聴用ポケット型	重度難聴用耳掛け型	耳あな型(レディメイド)	耳あな型(オーダーメイド)	骨導式ポケット型	骨導式眼鏡型
全国	**130**	**513**	**44 672**	**2 173**	**25 092**	**1 123**	**15 070**	**97**	**1 009**	**51**	**57**
北海道	3	2	1 324	51	871	24	349	–	27	2	–
青森	1	5	460	15	338	10	92	1	3	1	–
岩手	3	5	348	53	187	20	81	3	4	–	–
宮城	–	9	346	6	182	12	140	–	6	–	–
秋田	–	–	349	30	215	14	84	1	5	–	–
山形	–	1	430	19	269	8	128	–	5	–	1
福島	1	6	525	35	307	20	143	5	9	1	5
茨城	–	4	633	61	250	37	224	22	37	–	2
栃木	–	2	640	13	359	10	253	1	–	2	2
群馬	–	–	538	16	300	11	208	–	2	–	1
埼玉	6	9	1 158	52	634	32	421	–	17	–	2
千葉	1	11	932	116	426	22	363	–	2	3	–
東京	6	146	3 935	125	2 190	47	1 454	3	112	4	–
神奈川	2	3	833	23	518	13	270	–	7	2	–
新潟	1	2	593	28	351	13	188	2	11	–	–
富山	–	1	318	19	154	10	122	3	10	–	–
石川	–	–	229	9	114	6	82	6	11	–	1
福井	–	1	367	35	168	17	112	–	35	–	–
山梨	1	2	253	2	150	7	92	–	2	–	–
長野	6	9	784	92	356	40	282	1	11	–	2
岐阜	2	2	441	16	199	15	201	–	10	–	–
静岡	5	5	539	29	294	10	176	7	22	–	1
愛知	2	6	851	65	342	43	366	2	30	2	1
三重	1	20	788	26	466	16	265	1	14	–	–
滋賀	2	9	310	13	133	12	134	–	17	–	1
京都	2	23	528	31	313	13	164	–	7	–	–
大阪	7	22	1 429	52	903	13	415	2	39	–	5
兵庫	1	5	841	36	487	19	271	1	23	1	3
奈良	–	5	433	12	261	5	138	1	16	–	–
和歌山	1	1	389	27	211	13	132	–	5	–	1
鳥取	2	–	257	8	152	5	87	–	3	1	1
島根	–	1	376	34	261	9	66	–	4	1	1
岡山	1	4	209	12	123	7	64	–	2	–	1
広島	–	–	248	11	103	8	122	3	1	–	–
山口	–	1	396	15	209	11	157	1	2	1	–
徳島	–	–	523	20	264	14	218	–	7	–	–
香川	–	3	226	19	144	7	54	–	1	1	–
愛媛	2	1	236	7	117	6	91	3	9	1	2
高知	–	3	131	9	46	13	61	–	1	–	1
福岡	1	8	1 079	154	544	66	285	–	26	2	2
佐賀	–	–	355	15	224	19	91	5	1	–	–
長崎	–	–	476	8	339	7	109	1	12	–	–
熊本	–	1	616	20	372	19	202	–	3	–	–
大分	–	1	397	23	237	12	117	–	8	–	–
宮崎	2	4	406	17	237	11	114	1	26	–	–
鹿児島	2	1	694	31	441	15	180	–	27	–	–
沖縄	–	–	571	18	319	17	206	–	6	3	2

注：本表は年度分報告である。なお、八戸市は平成29年1月に中核市になったため、1月～3月の数値である。

都道府県－指定都市－中核市×補装具の種類別

平成28年度

車			椅					子		
総数	普通型	リクライニング式普通型	ティルト式普通型	リクライニング・ティルト式普通型	手動リフト式普通型	前方大車輪型	リクライニング式前方大車輪型	片手駆動型	リクライニング式片手駆動型	レバー駆動型
22 332	**11 980**	**264**	**233**	**332**	**11**	**11**	**1**	**141**	**5**	**28**
1 143	750	15	18	30	2	－	－	7	－	1
227	151	1	1	4	－	4	－	－	－	1
247	164	2	3	4	－	－	－	4	1	－
211	122	2	2	3	－	－	－	－	－	1
122	75	3	2	1	－	－	－	－	－	－
161	100	2	4	3	－	－	－	2	－	2
252	151	4	1	5	－	－	－	2	－	－
509	276	16	10	19	－	－	－	5	－	2
199	129	4	1	3	－	－	－	2	－	1
189	94	2	3	2	－	－	－	3	－	－
665	373	7	19	4	－	－	－	4	－	－
588	331	4	7	7	－	－	－	4	1	－
1 882	834	11	27	22	－	－	－	10	－	1
471	227	5	7	6	－	－	－	－	－	－
228	130	－	1	2	－	－	－	－	－	－
59	34	－	1	1	－	－	－	－	－	－
65	39	1	1	－	－	－	－	－	－	－
166	110	1	2	3	－	－	－	－	－	－
120	62	－	3	2	－	－	－	－	－	－
421	229	9	9	12	－	－	－	5	－	－
226	106	5	－	1	－	－	－	3	－	1
303	174	5	3	3	1	－	－	2	－	1
569	265	5	3	5	－	－	－	5	－	1
362	163	6	4	4	3	－	1	4	1	4
232	115	2	1	2	－	－	－	－	－	1
258	123	1	4	7	－	－	－	5	－	－
626	286	8	4	3	－	－	－	4	－	－
386	204	3	3	6	－	－	－	3	－	1
182	104	2	1	7	－	－	－	1	－	1
131	66	7	1	3	－	－	－	2	－	－
124	71	－	－	3	－	－	－	－	－	－
112	54	－	1	6	－	－	－	－	－	－
64	49	3	－	1	－	－	－	1	－	－
203	102	－	5	5	－	1	－	－	－	－
215	116	4	－	3	－	－	－	1	－	1
123	80	3	2	4	－	－	－	－	－	－
88	49	2	－	2	－	－	－	4	－	－
143	78	－	1	－	－	－	－	2	－	－
70	38	－	－	1	－	－	－	－	－	－
376	200	6	3	3	－	2	－	5	－	－
140	85	1	2	1	1	－	－	－	－	－
102	69	3	－	4	－	－	－	1	－	－
162	96	2	1	5	－	－	－	－	1	－
274	167	5	3	1	－	1	－	1	－	－
162	86	1	－	2	－	－	－	2	－	－
239	117	8	2	11	－	－	－	4	－	1
234	134	8	5	11	－	－	－	－	－	－

（報告表　18）

第３表（６－４）身体障害者・児の基準の補装具購入件数，

都道府県 指定都市 中核市	眼鏡		補聴器								
	コンタクトレンズ	弱視眼鏡	総数	高度難聴用ポケット型	高度難聴用耳掛け型	重度難聴用ポケット型	重度難聴用耳掛け型	耳あな型(レディメイド)	耳あな型(オーダーメイド)	骨導式ポケット型	骨導式眼鏡型
指定都市(別掲)											
札幌市	4	1	370	17	208	3	136	－	5	－	1
仙台市	4	18	333	8	137	3	169	－	16	－	－
さいたま市	2	6	341	10	176	10	139	－	6	－	－
千葉市	－	1	195	8	80	2	102	－	3	－	－
横浜市	3	2	1 006	45	647	20	291	－	2	1	－
川崎市	－	1	355	12	253	2	85	－	3	－	－
相模原市	2	3	203	－	132	7	61	－	3	－	－
新潟市	－	1	314	16	167	7	115	－	9	－	－
静岡市	－	2	128	8	57	1	57	－	5	－	－
浜松市	1	1	186	4	124	2	49	3	3	1	－
名古屋市	－	5	585	27	255	18	252	－	24	8	1
京都市	11	4	774	44	500	17	205	1	6	1	－
大阪市	6	9	1 321	21	793	22	436	6	41	－	2
堺市	2	3	317	13	206	1	82	－	12	2	1
神戸市	3	4	695	30	404	13	200	1	45	－	2
岡山市	1	5	125	6	63	5	44	－	6	－	1
広島市	2	1	238	1	79	4	153	－	1	－	－
北九州市	2	7	622	47	369	17	173	－	12	4	－
福岡市	4	4	515	29	262	16	200	－	8	－	－
熊本市	－	1	277	16	156	5	100	－	－	－	－
中核市(別掲)											
旭川市	－	1	239	3	165	－	60	－	10	－	1
函館市	1	3	120	6	74	1	37	－	1	－	1
青森市	－	2	118	11	68	7	30	－	2	－	－
八戸市	－	－	32	1	20	1	10	－	－	－	－
盛岡市	1	2	84	6	47	1	26	－	4	－	－
秋田市	1	3	124	8	63	5	45	－	3	－	－
郡山市	1	1	104	1	46	2	51	1	2	－	1
いわき市	1	2	97	8	54	1	31	－	3	－	－
宇都宮市	1	－	303	2	157	4	139	－	1	－	－
前橋市	－	1	156	4	82	3	67	－	－	－	－
高崎市	－	－	150	2	79	4	65	－	－	－	－
川越市	－	－	87	5	37	3	39	－	3	－	－
越谷市	－	－	68	－	38	－	30	－	－	－	－
船橋市	1	2	93	6	41	－	44	－	2	－	－
柏市	－	1	90	6	41	1	42	－	－	－	－
八王子市	－	4	238	6	162	1	65	－	4	－	－
横須賀市	－	2	141	7	91	2	41	－	－	－	－
富山市	－	5	186	3	110	9	61	－	3	－	－
金沢市	－	－	108	3	65	5	31	－	4	－	－
長野市	1	－	108	1	47	6	52	－	1	－	1
岐阜市	－	－	139	4	80	3	45	－	7	－	－
豊橋市	－	2	90	7	35	5	41	1	1	－	－
豊田市	－	3	141	6	55	2	71	－	7	－	－
岡崎市	－	3	151	12	42	1	91	－	3	2	－
大津市	1	7	89	2	41	2	37	－	7	－	－
高槻市	－	1	129	7	75	4	39	－	4	－	－
東大阪市	－	4	202	5	125	5	59	1	5	－	2
豊中市	2	－	131	4	88	2	37	－	－	－	－
枚方市	－	3	138	4	82	2	46	1	3	－	－
姫路市	1	－	217	5	113	9	83	1	6	－	－
西宮市	－	4	180	9	91	－	66	－	12	－	2
尼崎市	－	1	180	8	114	－	51	1	6	－	－
奈良市	－	3	141	2	84	7	44	－	4	－	－
和歌山市	－	4	280	9	169	6	86	1	8	1	－
倉敷市	－	－	105	2	61	4	36	－	1	－	1
福山市	－	2	109	2	65	3	37	－	2	－	－
呉市	－	1	45	2	15	2	25	－	－	－	1
下関市	1	－	141	4	100	4	32	－	1	－	－
高松市	－	2	124	5	67	9	43	－	－	－	－
松山市	3	2	124	7	54	7	53	－	2	－	1
高知市	－	12	81	7	37	3	32	2	－	－	－
久留米市	－	－	133	11	66	8	46	－	2	－	－
長崎市	1	－	330	14	227	5	80	－	4	－	－
佐世保市	－	－	112	2	70	2	36	－	1	1	－
大分市	1	2	189	11	113	2	48	－	15	－	－
宮崎市	1	2	182	16	104	3	44	1	12	2	－
鹿児島市	－	2	337	19	199	9	107	－	3	－	－
那覇市	－	1	166	8	85	5	66	－	2	－	－

注：本表は年度分報告である。なお、八戸市は平成29年１月に中核市になったため、１月～３月の数値である。

都道府県－指定都市－中核市×補装具の種類別

平成28年度

車				椅				子		
総数	普通型	リクライニング式普通型	ティルト式普通型	リクライニング・ティルト式普通型	手動リフト式普通型	前方大車輪型	リクライニング式前方大車輪型	片手駆動型	リクライニング式片手駆動型	レバー駆動型
540	329	4	7	4	–	–	–	3	–	–
299	147	2	5	3	–	–	–	2	–	–
172	92	1	2	2	–	–	–	–	–	–
165	88	2	2	4	–	–	–	1	–	1
466	202	5	5	9	–	–	–	2	–	–
223	112	–	1	5	–	–	–	–	–	–
137	82	–	3	5	–	–	–	1	–	–
98	60	1	–	–	–	–	–	–	–	–
89	54	1	1	1	–	–	–	1	–	–
83	43	1	1	1	–	–	–	1	–	1
453	231	7	1	3	–	–	–	2	–	–
290	167	1	–	5	–	–	–	1	–	–
660	368	9	2	9	2	–	–	4	–	–
137	69	–	–	3	–	–	–	–	–	–
349	198	1	1	6	–	–	–	1	–	–
62	42	1	–	–	–	–	–	–	–	–
252	98	3	2	2	–	–	–	–	–	–
210	104	4	2	1	1	–	–	1	–	–
193	103	3	3	2	–	3	–	1	–	–
79	39	4	–	1	–	–	–	1	–	–
184	110	3	1	1	–	–	–	1	–	–
72	53	1	2	–	–	–	–	–	–	–
72	40	1	–	–	–	–	–	1	–	–
20	9	–	–	–	–	–	–	–	–	–
47	24	–	–	2	–	–	–	1	–	–
58	37	–	1	–	–	–	–	–	–	–
85	51	1	2	1	–	–	–	–	–	–
82	53	–	1	1	–	–	–	–	–	–
90	59	1	1	1	–	–	–	2	–	1
67	37	1	–	4	–	–	–	1	–	–
45	28	–	–	–	–	–	–	–	–	–
43	22	–	–	–	–	–	–	–	–	–
53	26	–	–	–	–	–	–	–	–	–
86	50	1	2	1	–	–	–	–	–	–
49	21	–	–	–	–	–	–	–	–	–
101	36	1	1	1	–	–	–	–	–	–
58	29	–	1	–	–	–	–	–	–	–
41	26	–	–	–	–	–	–	–	–	–
35	18	2	–	2	–	–	–	–	–	–
66	38	3	–	–	–	–	–	1	–	–
83	40	–	–	1	–	–	–	1	–	1
55	24	–	1	–	–	–	–	–	–	–
55	30	2	–	1	–	–	–	–	–	–
50	30	–	–	–	–	–	–	–	–	–
50	19	–	–	–	–	–	–	–	–	–
67	26	–	–	–	–	–	–	2	–	–
111	57	–	–	–	–	–	–	1	–	–
49	23	–	1	–	–	–	–	–	–	–
68	22	–	1	–	–	–	–	–	–	–
122	56	–	–	–	–	–	–	–	–	–
66	33	–	–	–	–	–	–	–	–	–
84	49	–	1	2	–	–	–	–	–	–
65	31	–	–	–	–	–	–	1	–	–
66	40	2	–	1	–	–	–	–	–	–
30	22	1	–	–	–	–	–	–	–	–
80	38	1	–	–	–	–	–	2	–	–
42	23	–	–	–	–	–	–	1	–	–
58	29	2	–	–	–	–	–	–	1	1
62	36	1	1	–	–	–	–	1	–	–
64	30	1	–	–	–	–	–	1	–	1
75	41	–	2	–	–	–	–	–	–	–
52	29	1	2	1	–	–	–	1	–	–
49	16	1	–	–	–	–	–	–	–	–
45	27	1	–	1	–	–	–	–	–	–
131	69	–	–	1	–	–	–	1	–	–
82	51	1	–	3	–	–	–	–	–	–
155	78	4	2	4	–	–	–	1	–	1
74	38	2	1	–	1	–	–	1	–	–

（報告表　18）

第３表（６－５）身体障害者・児の基準の補装具購入件数,

都道府県 指定都市 中核市	車椅子					電動車					
	手押し型	リクライニング式手押し型	ティルト式手押し型	リクライニング・ティルト式手押し型	その他	総数	普通型（4.5km/h）	普通型（６km/h）	手動兼用型	リクライニング式普通型	電動リクライニング式普通型
全国	**2 465**	**1 395**	**2 168**	**2 956**	**342**	**3 095**	**332**	**405**	**1 327**	**47**	**84**
北海道	54	39	59	143	25	104	14	10	52	－	2
青森	11	11	16	22	5	17	8	3	1	－	－
岩手	18	10	25	15	1	10	1	2	1	－	－
宮城	20	26	11	22	2	24	5	2	8	－	－
秋田	3	13	12	9	4	5	2	1	－	－	－
山形	23	3	15	7	－	10	3	1	4	－	－
福島	15	6	27	38	3	23	6	－	11	－	1
茨城	20	24	46	85	6	35	2	3	16	－	－
栃木	9	12	13	21	4	14	2	1	3	1	－
群馬	21	15	19	22	8	14	3	1	5	－	－
埼玉	59	30	89	51	29	76	9	10	21	－	1
千葉	72	43	59	59	1	71	7	4	40	2	6
東京	303	143	265	234	32	428	33	47	248	2	4
神奈川	56	36	72	61	1	39	5	2	11	1	－
新潟	23	27	21	24	－	25	4	2	1	－	1
富山	3	2	5	10	3	8	－	－	4	－	－
石川	9	4	4	7	－	15	4	1	1	－	－
福井	8	8	13	21	－	25	2	2	12	2	2
山梨	13	8	18	14	－	13	3	1	4	1	－
長野	33	34	27	59	4	65	11	13	24	2	2
岐阜	25	15	23	47	－	24	10	1	7	1	－
静岡	22	25	30	32	5	41	6	7	18	－	－
愛知	69	45	63	99	9	71	6	5	41	1	4
三重	53	20	30	69	－	45	4	5	16	2	1
滋賀	31	11	32	37	－	31	3	1	12	1	3
京都	38	24	9	33	14	35	5	2	13	1	－
大阪	104	28	74	104	11	116	9	24	50	－	3
兵庫	48	16	29	69	4	51	5	9	8	－	5
奈良	10	22	12	21	1	16	5	1	6	－	－
和歌山	19	7	13	13	－	16	2	1	6	1	2
鳥取	8	6	5	30	1	24	4	9	8	－	1
島根	10	1	8	20	12	25	9	－	4	－	1
岡山	4	2	1	1	2	13	4	－	5	－	－
広島	30	5	25	26	4	39	4	3	10	－	2
山口	36	10	18	25	1	23	－	3	15	－	－
徳島	3	14	6	10	1	24	1	3	9	1	4
香川	10	5	6	10	－	19	2	3	6	1	1
愛媛	7	17	11	22	5	22	5	4	3	－	2
高知	7	9	7	8	－	16	1	1	13	－	1
福岡	36	36	52	27	6	38	9	5	5	3	3
佐賀	11	5	16	15	3	18	1	4	9	－	－
長崎	5	7	4	6	3	10	3	1	2	1	－
熊本	8	10	16	17	6	13	1	1	4	－	3
大分	31	33	13	18	1	33	3	7	14	－	1
宮崎	20	14	17	20	－	11	2	－	2	－	1
鹿児島	16	11	23	39	7	18	1	1	5	1	－
沖縄	8	16	8	42	2	42	9	7	15	4	2

注：本表は年度分報告である。なお、八戸市は平成29年１月に中核市になったため、１月～３月の数値である。

都道府県－指定都市－中核市×補装具の種類別

平成28年度

椅子				座位保持椅子	起立保持具	歩行器	頭部保持具	排便補助具	歩行補助つえ	重度障害者用意思伝達装置
電動リフト式普通型	電動ティルト式普通型	電動リクライニング・ティルト式普通型	その他							
62	**96**	**170**	**572**	**2 186**	**233**	**2 431**	**503**	**34**	**3 990**	**520**
1	2	1	22	31	14	65	－	－	125	11
－	－	1	4	6	3	22	1	－	15	10
－	1	－	5	14	1	28	2	－	37	10
2	4	2	1	43	9	19	9	－	44	17
－	1	－	1	13	4	29	－	－	31	1
－	－	－	2	9	3	29	－	－	20	6
－	2	2	1	18	－	18	1	1	30	5
3	－	7	4	73	1	42	8	1	70	12
－	－	－	7	19	－	25	1	－	33	4
－	2	1	2	29	－	25	－	－	30	8
2	3	6	24	69	6	62	10	－	83	23
2	3	1	6	82	3	68	28	－	94	17
8	9	23	54	101	－	153	46	1	353	34
1	2	1	16	54	1	41	7	－	61	11
1	1	3	12	5	－	35	－	－	38	7
1	－	2	1	13	－	12	2	－	19	3
－	－	4	5	8	－	19	1	－	16	1
－	2	2	1	10	－	25	9	－	31	6
－	－	4	－	14	2	18	－	－	9	2
3	2	1	7	44	5	57	10	28	53	10
－	－	－	5	28	6	19	1	－	17	3
1	1	1	7	18	－	39	－	－	30	7
－	1	5	8	80	6	92	9	1	99	12
1	1	2	13	39	9	50	13	－	76	7
－	1	2	8	21	2	22	6	－	24	1
－	－	－	14	14	2	22	－	－	39	8
1	3	2	24	81	20	101	14	－	123	16
－	1	4	19	37	10	49	9	1	79	9
－	－	－	4	23	2	21	4	－	37	5
－	－	－	4	7	4	22	－	－	11	6
－	－	2	－	12	－	17	8	－	21	2
1	－	3	7	4	－	16	－	－	17	4
－	2	2	－	6	－	5	1	－	19	1
2	2	6	10	22	－	17	18	－	41	10
2	1	1	1	29	－	19	18	－	29	－
－	1	1	4	6	2	25	－	－	23	3
1	－	2	3	9	1	9	7	－	19	3
－	1	4	3	14	－	15	3	－	25	－
－	－	－	－	6	2	13	－	－	13	2
1	1	1	10	54	5	42	3	－	82	6
－	1	－	3	11	－	5	－	－	39	2
－	－	－	3	11	1	13	－	－	32	5
－	－	1	3	3	－	11	－	－	43	2
－	1	3	4	1	2	18	－	－	45	11
2	1	1	2	15	4	31	－	－	41	6
1	2	－	7	31	7	23	13	－	57	6
1	－	3	1	14	2	33	－	－	63	1

（報告表　18）

第3表（6－6）身体障害者・児の基準の補装具購入件数，

都道府県 指定都市 中核市	車椅子					電動車					
	手押し型	リクライニング式手押し型	ティルト式手押し型	リクライニング・ティルト式手押し型	その他	総数	普通型(4.5km/h)	普通型(6km/h)	手動兼用型	リクライニング式普通型	電動リクライニング式普通型
指定都市(別掲)											
札幌市	40	17	55	81	－	90	6	－	68	－	3
仙台市	24	25	24	61	6	48	1	5	31	－	－
さいたま市	20	13	27	14	1	11	1	2	3	－	1
千葉市	17	18	16	15	1	23	－	1	19	1	－
横浜市	75	45	49	61	13	60	2	8	43	－	1
川崎市	40	11	24	30	－	31	－	7	－	－	－
相模原市	10	3	17	13	3	25	－	2	18	－	1
新潟市	16	4	7	9	1	17	1	1	8	－	－
静岡市	3	6	8	9	5	20	3	2	－	－	－
浜松市	5	5	8	17	－	11	－	－	9	－	－
名古屋市	58	24	47	75	5	63	2	8	3	3	－
京都市	39	19	21	37	－	50	4	6	30	2	1
大阪市	134	16	32	82	2	133	4	36	62	2	3
堺市	20	9	13	23	－	34	－	8	19	－	1
神戸市	44	16	22	60	－	66	42	15	－	－	－
岡山市	4	3	3	8	1	11	1	－	5	－	－
広島市	43	7	44	45	8	29	－	4	13	－	－
北九州市	28	19	26	24	－	34	2	5	20	－	4
福岡市	8	24	21	20	5	28	1	2	14	3	1
熊本市	10	5	6	13	－	13	－	1	－	－	1
中核市(別掲)											
旭川市	16	12	5	30	5	17	－	2	13	－	－
函館市	3	4	－	－	9	7	－	1	－	－	－
青森市	6	2	7	15	－	12	－	7	3	1	1
八戸市	2	－	4	5	－	1	1	－	－	－	－
盛岡市	6	1	11	2	－	8	－	1	3	－	2
秋田市	4	5	7	4	－	2	－	－	2	－	－
郡山市	－	2	18	9	1	12	1	4	－	1	－
いわき市	11	2	10	4	－	3	1	－	1	－	－
宇都宮市	4	7	5	9	－	4	－	－	2	－	1
前橋市	6	8	4	6	－	6	－	5	－	－	－
高崎市	2	8	2	5	－	4	－	－	3	－	－
川越市	10	3	5	3	－	2	－	1	1	－	－
越谷市	7	7	5	8	－	8	－	－	6	－	－
船橋市	5	1	9	7	10	9	－	2	6	－	－
柏市	9	3	11	5	－	6	－	－	5	－	－
八王子市	14	6	21	14	7	23	1	3	－	－	－
横須賀市	5	3	10	10	－	4	4	－	－	－	－
富山市	10	3	－	－	2	4	－	－	1	－	－
金沢市	1	3	1	8	－	6	1	1	－	－	1
長野市	6	3	4	11	－	14	－	4	7	1	－
岐阜市	7	4	10	19	－	11	1	2	－	－	－
豊橋市	12	2	3	13	－	6	－	－	－	－	－
豊田市	7	4	6	5	－	12	1	－	8	－	－
岡崎市	8	4	2	6	－	7	－	－	6	－	－
大津市	13	1	7	10	－	12	－	1	6	－	－
高槻市	10	9	4	15	1	16	－	4	12	－	－
東大阪市	22	5	11	15	－	16	－	3	12	－	－
豊中市	12	3	7	3	－	11	－	1	10	－	－
枚方市	10	4	16	15	－	10	－	－	－	－	－
姫路市	22	5	20	19	－	23	－	2	17	－	－
西宮市	17	6	4	6	－	21	－	3	－	－	－
尼崎市	16	3	4	9	－	12	4	5	2	－	－
奈良市	7	2	9	15	－	12	－	3	6	－	1
和歌山市	13	2	4	4	－	10	－	2	7	－	－
倉敷市	1	2	2	1	1	5	－	1	2	－	－
福山市	8	5	11	15	－	6	－	－	－	－	－
呉市	3	1	7	7	－	6	－	－	6	－	－
下関市	14	3	3	5	－	7	－	1	－	－	－
高松市	12	1	2	8	－	8	－	2	4	1	－
松山市	7	11	6	7	－	6	－	2	3	－	－
高知市	3	4	8	17	－	16	－	6	9	－	－
久留米市	5	3	5	5	－	3	－	－	2	1	－
長崎市	－	3	－	1	28	5	3	2	－	－	－
佐世保市	2	3	7	4	－	8	－	－	－	1	－
大分市	8	13	11	28	－	15	2	3	9	－	1
宮崎市	5	3	6	12	1	6	2	1	2	－	－
鹿児島市	10	6	15	34	－	11	1	1	8	－	1
那覇市	4	3	2	22	－	10	1	2	5	1	－

注：本表は年度分報告である。なお、八戸市は平成29年１月に中核市になったため、１月～３月の数値である。

都道府県－指定都市－中核市×補装具の種類別

平成28年度

椅子				座位保持椅子	起立保持具	歩行器	頭部保持具	排便補助具	歩行補助つえ	重度障害者用意思伝達装置
電動リフト式普通型	電動ティルト式普通型	電動リクライニング・ティルト式普通型	その他							
1	4	5	3	47	3	32	-	-	86	15
-	4	5	2	67	22	20	14	-	72	8
-	-	-	4	35	-	33	6	-	27	4
1	-	-	1	18	-	9	1	-	23	3
-	1	3	2	65	1	41	-	-	75	10
2	-	1	21	33	-	31	3	-	47	1
-	1	1	2	24	3	22	5	-	24	-
1	-	1	5	-	-	16	-	-	29	6
-	1	1	13	11	1	9	-	-	7	2
-	1	1	-	14	-	10	1	-	11	3
-	5	1	41	35	4	39	3	-	78	12
1	-	4	2	43	4	38	-	-	73	9
2	2	11	11	38	17	86	10	-	189	9
-	1	1	4	9	10	25	4	-	24	4
4	2	2	1	8	1	39	13	1	58	8
-	1	-	4	15	-	5	8	-	19	2
2	-	-	10	45	3	30	45	-	56	4
-	2	1	-	37	1	38	-	-	30	4
-	3	1	3	51	10	17	23	-	53	6
-	3	1	7	6	-	10	-	-	8	5
-	1	1	-	-	-	11	-	-	12	1
-	-	-	6	-	-	7	-	-	11	-
-	-	-	-	5	-	9	-	-	17	2
-	-	-	-	-	-	-	-	-	-	-
-	1	1	-	-	-	5	-	-	9	-
-	-	-	-	8	-	14	-	-	7	-
-	-	1	5	6	-	10	-	-	8	2
-	-	-	1	4	-	4	-	-	6	1
-	-	-	1	10	-	5	1	-	28	2
-	1	-	-	5	-	7	5	-	10	2
-	-	1	-	11	-	5	-	-	8	-
-	-	-	-	4	-	3	3	-	12	-
-	1	1	-	9	-	4	-	-	9	2
-	-	-	1	10	-	7	8	-	16	3
-	-	1	-	7	-	2	2	-	5	2
2	-	-	17	7	-	3	1	-	15	-
-	-	-	-	10	-	6	-	-	23	1
1	-	-	2	3	-	10	-	-	10	-
-	1	-	2	-	-	6	-	-	13	3
2	-	-	-	5	-	7	4	-	10	1
1	-	-	7	9	1	10	-	-	16	1
-	-	1	5	7	-	6	-	-	6	-
1	-	2	-	4	-	9	-	-	6	1
-	-	-	1	9	-	4	-	-	15	-
-	1	3	1	12	-	6	-	-	12	3
-	-	-	-	6	-	13	4	-	16	1
-	1	-	-	22	1	20	-	-	13	1
-	-	-	-	9	-	5	-	-	13	2
1	-	1	8	24	-	8	24	-	23	-
-	1	2	1	-	-	5	-	-	34	1
-	-	-	18	21	-	20	20	-	14	2
-	-	1	-	4	3	11	3	-	12	-
-	1	1	-	8	-	3	2	-	12	-
1	-	-	-	2	1	4	-	-	18	1
-	-	2	-	12	-	4	-	-	3	4
-	-	-	6	14	-	11	15	-	25	2
-	-	-	-	5	-	4	5	-	8	-
-	-	-	6	8	-	12	-	-	11	-
-	-	1	-	3	-	7	2	-	12	1
-	-	1	-	11	1	2	-	-	14	-
-	-	1	-	2	-	10	-	-	26	2
-	-	-	-	1	-	5	-	-	10	1
-	-	-	-	9	1	4	-	-	16	2
-	-	1	6	-	1	1	-	-	26	2
-	-	-	-	10	5	14	-	-	19	5
-	1	-	-	-	-	8	-	-	16	11
-	-	-	-	12	-	5	6	-	26	3
1	-	-	-	6	-	4	-	-	14	1

（報告表　18）

第４表　難病患者等の基準の補装具購入件数、

補装具の種類	購入				
	申請件数	決定件数	金額		
			総額（千円）	障害者の日常生活及び社会生活を総合的に支援するための法律による公費負担額（千円）	自己負担額（千円）
総数	**547**	**540**	**65 307**	**62 311**	**2 996**
義肢	−	−	−	−	−
義手	−	−	−	−	−
義足	−	−	−	−	−
装具	60	56	4 705	4 382	323
下肢	29	25	1 378	1 296	82
靴型	20	20	1 716	1 599	117
体幹	3	3	76	72	4
上肢	8	8	1 535	1 415	120
座位保持装置	8	7	3 098	3 090	8
姿勢保持機能付車椅子	1	1	201	201	−
姿勢保持機能付電動車椅子	1	1	1 776	1 776	−
その他	6	5	1 121	1 113	8
盲人安全つえ	6	6	29	26	3
義眼	1	1	63	57	6
普通義眼	−	−	−	−	−
特殊義眼	1	1	63	57	6
コンタクト義眼	−	−	−	−	−
眼鏡	216	216	6 534	5 921	613
矯正眼鏡	14	14	316	297	19
遮光眼鏡	161	161	5 213	4 746	467
コンタクトレンズ	38	38	929	808	121
弱視眼鏡	3	3	76	70	6
補聴器	11	11	772	732	40
高度難聴用ポケット型	1	1	45	45	−
高度難聴用耳掛け型	6	6	322	315	7
重度難聴用ポケット型	−	−	−	−	−
重度難聴用耳掛け型	2	2	136	130	6
耳あな型（レディメイド）	−	−	−	−	−
耳あな型（オーダーメイド）	1	1	143	129	14
骨導式ポケット型	−	−	−	−	−
骨導式眼鏡型	1	1	126	113	13
車椅子	102	101	16 825	16 099	726
普通型	69	68	9 553	9 151	402
リクライニング式普通型	2	2	235	226	9
ティルト式普通型	−	−	−	−	−
リクライニング・ティルト式普通型	1	1	309	278	31
手動リフト式普通型	−	−	−	−	−
前方大車輪型	−	−	−	−	−
リクライニング式前方大車輪型	−	−	−	−	−
片手駆動型	−	−	−	−	−
リクライニング式片手駆動型	−	−	−	−	−
レバー駆動型	−	−	−	−	−
手押し型	10	10	1 237	1 193	44
リクライニング式手押し型	5	5	1 382	1 244	138
ティルト式手押し型	2	2	527	527	−
リクライニング・ティルト式手押し型	11	11	3 175	3 073	102
その他	2	2	407	407	−
電動車椅子	9	9	4 036	3 949	87
普通型(4.5km/h)	1	1	527	490	37
普通型(6km/h)	−	−	−	−	−
手動兼用型	6	6	2 655	2 615	40
リクライニング式普通型	−	−	−	−	−
電動リクライニング式普通型	−	−	−	−	−
電動リフト式普通型	−	−	−	−	−
電動ティルト式普通型	−	−	−	−	−
電動リクライニング・ティルト式普通型	−	−	−	−	−
その他	2	2	854	844	10
座位保持椅子	1	1	296	276	20
起立保持具	1	1	276	276	−
歩行器	30	30	1 070	976	94
頭部保持具	−	−	−	−	−
排便補助具	−	−	−	−	−
歩行補助つえ	45	44	468	434	34
重度障害者用意思伝達装置	57	57	27 135	26 093	1 042

注：本表は年度分報告である。

購入金額、修理件数及び修理金額，補装具の種類別

平成28年度

修理				
申請件数	決定件数	金額 総額（千円）	金額 障害者の日常生活及び社会生活を総合的に支援するための法律による公費負担額（千円）	金額 自己負担額（千円）
44	44	1 592	1 510	82
−	−	−	−	−
−	−	−	−	−
−	−	−	−	−
5	5	103	101	2
1	1	57	57	−
4	4	46	44	2
−	−	−	−	−
−	−	−	−	−
1	1	21	21	−
−	−	−	−	−
−	−	−	−	−
1	1	21	21	−
−	−	−	−	−
−	−	−	−	−
−	−	−	−	−
−	−	−	−	−
−	−	−	−	−
3	3	47	46	1
−	−	−	−	−
3	3	47	46	1
−	−	−	−	−
−	−	−	−	−
1	1	10	9	1
−	−	−	−	−
−	−	−	−	−
−	−	−	−	−
−	−	−	−	−
−	−	−	−	−
−	−	−	−	−
1	1	10	9	1
−	−	−	−	−
9	9	272	271	1
6	6	139	138	1
1	1	60	60	−
1	1	47	47	−
−	−	−	−	−
−	−	−	−	−
−	−	−	−	−
−	−	−	−	−
−	−	−	−	−
−	−	−	−	−
−	−	−	−	−
−	−	−	−	−
−	−	−	−	−
−	−	−	−	−
1	1	26	26	−
−	−	−	−	−
11	11	488	488	−
1	1	12	12	−
2	2	1	1	−
2	2	213	213	−
1	1	76	76	−
−	−	−	−	−
−	−	−	−	−
1	1	39	39	−
1	1	72	72	−
3	3	75	75	−
1	1	22	20	2
−	−	−	−	−
−	−	−	−	−
−	−	−	−	−
−	−	−	−	−
13	13	629	554	75

（報告表　18の２）

障害者総合支援 5表

第5表（2－1）難病患者等の基準の補装具購入件数、

都道府県 指定都市 中核市	購入		入		
	申請件数	決定件数	金額	額	
			総額 （千円）	障害者の日常生活及び社会生活を総合的に支援するための法律による公費負担額 （千円）	自己負担額 （千円）
全　　　国	547	540	65 307	62 311	2 996
北　海　道	17	17	1 536	1 482	54
青　　森	6	6	135	122	13
岩　　手	3	3	166	143	23
宮　　城	10	9	1 162	1 160	2
秋　　田	1	1	537	537	－
山　　形	3	3	277	249	28
福　　島	9	9	657	611	46
茨　　城	13	13	1 138	1 114	24
栃　　木	3	3	513	471	42
群　　馬	3	3	77	69	8
埼　　玉	12	12	1 003	976	27
千　　葉	7	7	1 133	1 019	114
東　　京	15	15	1 762	1 698	64
神　奈　川	10	10	952	903	49
新　　潟	4	4	339	321	18
富　　山	3	3	1 491	1 386	105
石　　川	3	3	85	77	8
福　　井	2	2	32	32	－
山　　梨	1	1	60	59	1
長　　野	－	－	－	－	－
岐　　阜	－	－	－	－	－
静　　岡	12	12	1 549	1 498	51
愛　　知	16	16	2 340	2 194	146
三　　重	2	2	90	56	34
滋　　賀	5	5	1 534	1 490	44
京　　都	17	17	873	852	21
大　　阪	21	21	2 642	2 539	103
兵　　庫	15	15	4 151	3 992	159
奈　　良	4	4	606	566	40
和　歌　山	11	11	1 387	1 297	90
鳥　　取	2	2	212	200	12
島　　根	7	7	318	289	29
岡　　山	2	2	296	293	3
広　　島	3	3	792	755	37
山　　口	13	13	4 573	4 502	71
徳　　島	3	3	617	571	46
香　　川	2	2	62	61	1
愛　　媛	6	6	306	258	48
高　　知	1	1	26	23	3
福　　岡	7	7	884	827	57
佐　　賀	－	－	－	－	－
長　　崎	4	3	138	134	4
熊　　本	11	10	470	428	42
大　　分	2	2	39	26	13
宮　　崎	1	1	38	31	7
鹿　児　島	7	8	710	638	72
沖　　縄	7	7	357	327	30

注：本表は年度分報告である。なお、八戸市は平成29年1月に中核市になったため、1月～3月の数値である。

購入金額、修理件数及び修理金額，都道府県－指定都市－中核市別

平成28年度

修		理		
申請件数	決定件数	金額		
		総額（千円）	障害者の日常生活及び社会生活を総合的に支援するための法律による公費負担額（千円）	自己負担額（千円）
44	**44**	**1 592**	**1 510**	**82**
2	2	65	65	－
－	－	－	－	－
－	－	－	－	－
2	2	1	1	－
－	－	－	－	－
－	－	－	－	－
1	1	49	44	5
－	－	－	－	－
1	1	93	84	9
1	1	17	17	－
－	－	－	－	－
2	2	16	14	2
2	2	148	148	－
－	－	－	－	－
－	－	－	－	－
－	－	－	－	－
1	1	58	58	－
－	－	－	－	－
－	－	－	－	－
2	2	43	43	－
－	－	－	－	－
－	－	－	－	－
1	1	47	47	－
－	－	－	－	－
－	－	－	－	－
3	3	74	74	－
－	－	－	－	－
1	1	38	34	4
－	－	－	－	－
－	－	－	－	－
－	－	－	－	－
－	－	－	－	－
1	1	21	21	－
－	－	－	－	－
3	3	200	149	51
－	－	－	－	－
－	－	－	－	－
－	－	－	－	－
3	3	64	64	－
－	－	－	－	－
－	－	－	－	－
－	－	－	－	－
3	3	264	264	－
－	－	－	－	－
－	－	－	－	－
2	2	19	17	2
－	－	－	－	－

（報告表　18の２）

第５表（２－２）難病患者等の基準の補装具購入件数、

都道府県 指定都市 中核市	購入				
	申請件数	決定件数	金額		
			総額 （千円）	障害者の日常生活及び社会生活を総合的に支援するための法律による公費負担額 （千円）	自己負担額 （千円）
指定都市（別掲）					
札幌市	11	7	882	840	42
仙台市	4	4	1 628	1 554	74
さいたま市	－	－	－	－	－
千葉市	－	－	－	－	－
横浜市	14	14	1 300	1 205	95
川崎市	3	3	605	585	20
相模原市	5	5	157	148	9
新潟市	5	5	1 181	1 137	44
静岡市	4	4	271	247	24
浜松市	－	－	－	－	－
名古屋市	7	7	564	513	51
京都市	19	19	1 414	1 338	76
大阪市	10	10	1 038	963	75
堺市	7	7	163	155	8
神戸市	20	20	4 162	4 004	158
岡山市	3	3	539	536	3
広島市	3	3	276	262	14
北九州市	6	6	485	449	36
福岡市	7	7	428	396	32
熊本市	1	1	41	37	4
中核市（別掲）					
旭川市	1	1	35	35	－
函館市	3	3	183	165	18
青森市	1	1	644	644	－
八戸市	－	－	－	－	－
盛岡市	2	2	600	600	－
秋田市	－	－	－	－	－
郡山市	4	4	125	119	6
いわき市	1	1	36	32	4
宇都宮市	－	－	－	－	－
前橋市	5	5	1 175	1 097	78
高崎市	1	1	36	36	－
川越市	－	－	－	－	－
越谷市	－	－	－	－	－
船橋市	3	2	57	36	21
柏市	－	－	－	－	－
八王子市	－	－	－	－	－
横須賀市	2	2	96	86	10
富山市	1	1	25	23	2
金沢市	1	1	78	70	8
長野市	－	－	－	－	－
岐阜市	3	3	119	109	10
豊橋市	1	1	34	31	3
豊田市	3	3	287	258	29
岡崎市	3	3	108	97	11
大津市	1	1	17	17	－
高槻市	2	2	39	36	3
東大阪市	7	7	818	809	9
豊中市	3	3	182	164	18
枚方市	4	4	234	231	3
姫路市	5	5	324	311	13
西宮市	10	10	2 398	2 296	102
尼崎市	2	2	98	98	－
奈良市	4	4	110	102	8
和歌山市	5	5	160	154	6
倉敷市	－	－	－	－	－
福山市	2	2	35	32	3
呉市	－	－	－	－	－
下関市	3	3	582	577	5
高松市	2	2	577	540	37
松山市	5	5	337	335	2
高知市	6	6	1 046	1 040	6
久留米市	3	3	138	135	3
長崎市	4	4	1 125	1 119	6
佐世保市	－	－	－	－	－
大分市	2	2	27	24	3
宮崎市	2	2	49	44	5
鹿児島市	5	5	174	164	10
那覇市	－	－	－	－	－

注：本表は年度分報告である。なお、八戸市は平成29年１月に中核市になったため、１月～３月の数値である。

購入金額、修理件数及び修理金額，都道府県－指定都市－中核市別

平成28年度

修		理		
申請件数	決定件数	金額：総額（千円）	金額：障害者の日常生活及び社会生活を総合的に支援するための法律による公費負担額（千円）	金額：自己負担額（千円）
–	–	–	–	–
–	–	–	–	–
–	–	–	–	–
–	–	–	–	–
–	–	–	–	–
–	–	–	–	–
–	–	–	–	–
–	–	–	–	–
–	–	–	–	–
–	–	–	–	–
–	–	–	–	–
–	–	–	–	–
–	–	–	–	–
–	–	–	–	–
3	3	75	75	–
2	2	124	124	–
–	–	–	–	–
–	–	–	–	–
–	–	–	–	–
–	–	–	–	–
–	–	–	–	–
–	–	–	–	–
–	–	–	–	–
–	–	–	–	–
–	–	–	–	–
–	–	–	–	–
–	–	–	–	–
–	–	–	–	–
–	–	–	–	–
1	1	12	11	1
–	–	–	–	–
–	–	–	–	–
–	–	–	–	–
–	–	–	–	–
–	–	–	–	–
–	–	–	–	–
–	–	–	–	–
–	–	–	–	–
–	–	–	–	–
–	–	–	–	–
2	2	67	67	–
–	–	–	–	–
–	–	–	–	–
–	–	–	–	–
–	–	–	–	–
–	–	–	–	–
–	–	–	–	–
–	–	–	–	–
–	–	–	–	–
–	–	–	–	–
3	3	67	61	6
–	–	–	–	–
–	–	–	–	–
–	–	–	–	–
–	–	–	–	–
–	–	–	–	–
–	–	–	–	–
1	1	8	8	–
–	–	–	–	–
–	–	–	–	–
1	1	22	20	2
–	–	–	–	–
–	–	–	–	–
–	–	–	–	–
–	–	–	–	–
–	–	–	–	–
–	–	–	–	–
–	–	–	–	–

（報告表　18の２）

第６表（６－１）難病患者等の基準の補装具購入件数，

都道府県 指定都市 中核市	総数	義肢			装具					座
		総数	義手	義足	総数	下肢	靴型	体幹	上肢	総数
全国	**540**	**-**	**-**	**-**	**56**	**25**	**20**	**3**	**8**	**7**
北海道	17	–	–	–	9	2	7	–	–	–
青森	6	–	–	–	1	–	–	1	–	–
岩手	3	–	–	–	–	–	–	–	–	–
宮城	9	–	–	–	2	2	–	–	–	–
秋田	1	–	–	–	–	–	–	–	–	–
山形	3	–	–	–	–	–	–	–	–	–
福島	9	–	–	–	–	–	–	–	–	–
茨城	13	–	–	–	4	1	1	1	1	–
栃木	3	–	–	–	–	–	–	–	–	–
群馬	3	–	–	–	–	–	–	–	–	–
埼玉	12	–	–	–	1	1	–	–	–	–
千葉	7	–	–	–	–	–	–	–	–	–
東京	15	–	–	–	2	1	–	–	1	–
神奈川	10	–	–	–	–	–	–	–	–	–
新潟	4	–	–	–	1	1	–	–	–	–
富山	3	–	–	–	–	–	–	–	–	–
石川	3	–	–	–	–	–	–	–	–	–
福井	2	–	–	–	–	–	–	–	–	–
山梨	1	–	–	–	–	–	–	–	–	–
長野	–	–	–	–	–	–	–	–	–	–
岐阜	–	–	–	–	–	–	–	–	–	–
静岡	12	–	–	–	2	2	–	–	–	–
愛知	16	–	–	–	2	2	–	–	–	–
三重	2	–	–	–	–	–	–	–	–	–
滋賀	5	–	–	–	–	–	–	–	–	–
京都	17	–	–	–	1	–	1	–	–	–
大阪	21	–	–	–	2	–	–	–	2	1
兵庫	15	–	–	–	–	–	–	–	–	–
奈良	4	–	–	–	–	–	–	–	–	–
和歌山	11	–	–	–	3	3	–	–	–	2
鳥取	2	–	–	–	–	–	–	–	–	–
島根	7	–	–	–	–	–	–	–	–	–
岡山	2	–	–	–	–	–	–	–	–	1
広島	3	–	–	–	–	–	–	–	–	–
山口	13	–	–	–	–	–	–	–	–	1
徳島	3	–	–	–	–	–	–	–	–	–
香川	2	–	–	–	–	–	–	–	–	–
愛媛	6	–	–	–	–	–	–	–	–	–
高知	1	–	–	–	–	–	–	–	–	–
福岡	7	–	–	–	1	1	–	–	–	–
佐賀	–	–	–	–	–	–	–	–	–	–
長崎	3	–	–	–	–	–	–	–	–	–
熊本	10	–	–	–	2	1	1	–	–	–
大分	2	–	–	–	–	–	–	–	–	–
宮崎	1	–	–	–	–	–	–	–	–	–
鹿児島	8	–	–	–	2	–	2	–	–	–
沖縄	7	–	–	–	–	–	–	–	–	–

注：本表は年度分報告である。なお、八戸市は平成29年１月に中核市になったため、１月～３月の数値である。

都道府県－指定都市－中核市×補装具の種類別

平成28年度

位保持装置			盲人安全つえ	義眼				眼鏡		
姿勢保持機能付車椅子	姿勢保持機能付電動車椅子	その他		総数	普通義眼	特殊義眼	コンタクト義眼	総数	矯正眼鏡	遮光眼鏡
1	1	5	6	1	-	1	-	216	14	161
-	-	-	1	-	-	-	-	2	-	2
-	-	-	-	-	-	-	-	1	-	-
-	-	-	-	-	-	-	-	1	-	1
-	-	-	-	-	-	-	-	-	-	-
-	-	-	-	-	-	-	-	-	-	-
-	-	-	-	-	-	-	-	1	-	1
-	-	-	-	-	-	-	-	7	-	7
-	-	-	-	-	-	-	-	5	4	1
-	-	-	-	-	-	-	-	1	-	1
-	-	-	1	-	-	-	-	2	-	2
-	-	-	-	-	-	-	-	7	-	6
-	-	-	-	-	-	-	-	4	1	1
-	-	-	-	-	-	-	-	-	-	-
-	-	-	-	-	-	-	-	6	1	5
-	-	-	-	-	-	-	-	2	-	2
-	-	-	-	-	-	-	-	-	-	-
-	-	-	-	1	-	1	-	2	-	2
-	-	-	-	-	-	-	-	2	-	-
-	-	-	-	-	-	-	-	-	-	-
-	-	-	-	-	-	-	-	-	-	-
-	-	-	-	-	-	-	-	-	-	-
-	-	-	-	-	-	-	-	7	2	1
-	-	-	-	-	-	-	-	4	-	3
-	-	-	-	-	-	-	-	1	-	1
-	-	-	-	-	-	-	-	2	-	2
-	-	-	-	-	-	-	-	12	2	7
-	-	1	-	-	-	-	-	8	1	3
-	-	-	-	-	-	-	-	4	-	3
-	-	-	-	-	-	-	-	3	-	3
1	-	1	-	-	-	-	-	3	-	-
-	-	-	-	-	-	-	-	-	-	-
-	-	-	-	-	-	-	-	5	-	5
-	-	1	-	-	-	-	-	1	-	1
-	-	-	-	-	-	-	-	-	-	-
-	1	-	-	-	-	-	-	1	-	1
-	-	-	-	-	-	-	-	1	-	1
-	-	-	-	-	-	-	-	2	-	2
-	-	-	-	-	-	-	-	2	-	2
-	-	-	-	-	-	-	-	-	-	-
-	-	-	-	-	-	-	-	3	-	3
-	-	-	-	-	-	-	-	-	-	-
-	-	-	-	-	-	-	-	2	-	2
-	-	-	2	-	-	-	-	4	-	4
-	-	-	-	-	-	-	-	1	-	1
-	-	-	-	-	-	-	-	1	-	1
-	-	-	-	-	-	-	-	3	-	3
-	-	-	-	-	-	-	-	3	-	2

（報告表　18の２）

第6表（6－2）難病患者等の基準の補装具購入件数，

都道府県 指定都市 中核市	総数	義肢			装具					座
		総数	義手	義足	総数	下肢	靴型	体幹	上肢	総数
指定都市(別掲)										
札幌市	7	－	－	－	4	4	－	－	－	－
仙台市	4	－	－	－	－	－	－	－	－	－
さいたま市	－	－	－	－	－	－	－	－	－	－
千葉市	－	－	－	－	－	－	－	－	－	－
横浜市	14	－	－	－	－	－	－	－	－	－
川崎市	3	－	－	－	－	－	－	－	－	－
相模原市	5	－	－	－	－	－	－	－	－	－
新潟市	5	－	－	－	－	－	－	－	－	－
静岡市	4	－	－	－	－	－	－	－	－	－
浜松市	－	－	－	－	－	－	－	－	－	－
名古屋市	7	－	－	－	－	－	－	－	－	－
京都市	19	－	－	－	2	－	1	－	1	－
大阪市	10	－	－	－	4	1	2	－	1	－
堺市	7	－	－	－	－	－	－	－	－	－
神戸市	20	－	－	－	1	－	1	－	－	2
岡山市	3	－	－	－	2	2	－	－	－	－
広島市	3	－	－	－	－	－	－	－	－	－
北九州市	6	－	－	－	－	－	－	－	－	－
福岡市	7	－	－	－	－	－	－	－	－	－
熊本市	1	－	－	－	－	－	－	－	－	－
中核市(別掲)										
旭川市	1	－	－	－	1	－	－	1	－	－
函館市	3	－	－	－	1	1	－	－	－	－
青森市	1	－	－	－	－	－	－	－	－	－
八戸市	－	－	－	－	－	－	－	－	－	－
盛岡市	2	－	－	－	－	－	－	－	－	－
秋田市	－	－	－	－	－	－	－	－	－	－
郡山市	4	－	－	－	－	－	－	－	－	－
いわき市	1	－	－	－	－	－	－	－	－	－
宇都宮市	－	－	－	－	－	－	－	－	－	－
前橋市	5	－	－	－	－	－	－	－	－	－
高崎市	1	－	－	－	－	－	－	－	－	－
川越市	－	－	－	－	－	－	－	－	－	－
越谷市	－	－	－	－	－	－	－	－	－	－
船橋市	2	－	－	－	－	－	－	－	－	－
柏市	－	－	－	－	－	－	－	－	－	－
八王子市	－	－	－	－	－	－	－	－	－	－
横須賀市	2	－	－	－	2	－	2	－	－	－
富山市	1	－	－	－	－	－	－	－	－	－
金沢市	1	－	－	－	－	－	－	－	－	－
長野市	－	－	－	－	－	－	－	－	－	－
岐阜市	3	－	－	－	2	－	2	－	－	－
豊橋市	1	－	－	－	－	－	－	－	－	－
豊田市	3	－	－	－	－	－	－	－	－	－
岡崎市	3	－	－	－	－	－	－	－	－	－
大津市	1	－	－	－	－	－	－	－	－	－
高槻市	2	－	－	－	－	－	－	－	－	－
東大阪市	7	－	－	－	－	－	－	－	－	－
豊中市	3	－	－	－	－	－	－	－	－	－
枚方市	4	－	－	－	1	－	－	－	1	－
姫路市	5	－	－	－	－	－	－	－	－	－
西宮市	10	－	－	－	－	－	－	－	－	－
尼崎市	2	－	－	－	－	－	－	－	－	－
奈良市	4	－	－	－	－	－	－	－	－	－
和歌山市	5	－	－	－	－	－	－	－	－	－
倉敷市	－	－	－	－	－	－	－	－	－	－
福山市	2	－	－	－	－	－	－	－	－	－
呉市	－	－	－	－	－	－	－	－	－	－
下関市	3	－	－	－	－	－	－	－	－	－
高松市	2	－	－	－	－	－	－	－	－	－
松山市	5	－	－	－	－	－	－	－	－	－
高知市	6	－	－	－	－	－	－	－	－	－
久留米市	3	－	－	－	－	－	－	－	－	－
長崎市	4	－	－	－	1	－	－	－	1	－
佐世保市	－	－	－	－	－	－	－	－	－	－
大分市	2	－	－	－	－	－	－	－	－	－
宮崎市	2	－	－	－	－	－	－	－	－	－
鹿児島市	5	－	－	－	－	－	－	－	－	－
那覇市	－	－	－	－	－	－	－	－	－	－

注：本表は年度分報告である。なお、八戸市は平成29年１月に中核市になったため、１月～３月の数値である。

都道府県－指定都市－中核市×補装具の種類別

平成28年度

位保持装置			盲人安全つえ	義眼				眼鏡		
姿勢保持機能付車椅子	姿勢保持機能付電動車椅子	その他		総数	普通義眼	特殊義眼	コンタクト義眼	総数	矯正眼鏡	遮光眼鏡
－	－	－	－	－	－	－	－	－	－	－
－	－	－	－	－	－	－	－	－	－	－
－	－	－	－	－	－	－	－	－	－	－
－	－	－	－	－	－	－	－	－	－	－
－	－	－	－	－	－	－	－	8	－	8
－	－	－	－	－	－	－	－	－	－	－
－	－	－	－	－	－	－	－	－	－	－
－	－	－	－	－	－	－	－	1	－	1
－	－	－	－	－	－	－	－	2	－	2
－	－	－	－	－	－	－	－	－	－	－
－	－	－	－	－	－	－	－	3	－	3
－	－	－	－	－	－	－	－	7	－	－
－	－	－	－	－	－	－	－	3	－	3
－	－	－	－	－	－	－	－	3	－	2
－	－	2	1	－	－	－	－	3	－	3
－	－	－	－	－	－	－	－	－	－	－
－	－	－	－	－	－	－	－	－	－	－
－	－	－	－	－	－	－	－	3	－	3
－	－	－	－	－	－	－	－	6	2	2
－	－	－	－	－	－	－	－	－	－	－
－	－	－	－	－	－	－	－	－	－	－
－	－	－	－	－	－	－	－	2	－	2
－	－	－	－	－	－	－	－	－	－	－
－	－	－	－	－	－	－	－	－	－	－
－	－	－	－	－	－	－	－	1	－	1
－	－	－	－	－	－	－	－	－	－	－
－	－	－	－	－	－	－	－	4	－	4
－	－	－	－	－	－	－	－	1	－	1
－	－	－	－	－	－	－	－	－	－	－
－	－	－	－	－	－	－	－	3	－	3
－	－	－	－	－	－	－	－	1	－	1
－	－	－	－	－	－	－	－	－	－	－
－	－	－	－	－	－	－	－	－	－	－
－	－	－	1	－	－	－	－	1	－	1
－	－	－	－	－	－	－	－	－	－	－
－	－	－	－	－	－	－	－	－	－	－
－	－	－	－	－	－	－	－	－	－	－
－	－	－	－	－	－	－	－	1	－	1
－	－	－	－	－	－	－	－	－	－	－
－	－	－	－	－	－	－	－	－	－	－
－	－	－	－	－	－	－	－	1	－	1
－	－	－	－	－	－	－	－	1	－	1
－	－	－	－	－	－	－	－	－	－	－
－	－	－	－	－	－	－	－	3	－	3
－	－	－	－	－	－	－	－	1	－	－
－	－	－	－	－	－	－	－	1	－	1
－	－	－	－	－	－	－	－	3	－	3
－	－	－	－	－	－	－	－	2	1	1
－	－	－	－	－	－	－	－	3	－	3
－	－	－	－	－	－	－	－	3	－	3
－	－	－	－	－	－	－	－	1	－	1
－	－	－	－	－	－	－	－	1	－	1
－	－	－	－	－	－	－	－	3	－	2
－	－	－	－	－	－	－	－	4	－	－
－	－	－	－	－	－	－	－	－	－	－
－	－	－	－	－	－	－	－	1	－	1
－	－	－	－	－	－	－	－	－	－	－
－	－	－	－	－	－	－	－	1	－	1
－	－	－	－	－	－	－	－	－	－	－
－	－	－	－	－	－	－	－	3	－	3
－	－	－	－	－	－	－	－	4	－	4
－	－	－	－	－	－	－	－	2	－	2
－	－	－	－	－	－	－	－	1	－	1
－	－	－	－	－	－	－	－	－	－	－
－	－	－	－	－	－	－	－	1	－	1
－	－	－	－	－	－	－	－	2	－	－
－	－	－	－	－	－	－	－	5	－	5
－	－	－	－	－	－	－	－	－	－	－

（報告表　18の２）

第６表（６－３）難病患者等の基準の補装具購入件数，

都道府県 指定都市 中核市	眼鏡		補聴器								
	コンタクトレンズ	弱視眼鏡	総数	高度難聴用ポケット型	高度難聴用耳掛け型	重度難聴用ポケット型	重度難聴用耳掛け型	耳あな型(レディメイド)	耳あな型(オーダーメイド)	骨導式ポケット型	骨導式眼鏡型
全国	**38**	**3**	**11**	**1**	**6**	**-**	**2**	**-**	**1**	**-**	**1**
北海道	-	-	-	-	-	-	-	-	-	-	-
青森	1	-	-	-	-	-	-	-	-	-	-
岩手	-	-	-	-	-	-	-	-	-	-	-
宮城	-	-	-	-	-	-	-	-	-	-	-
秋田	-	-	-	-	-	-	-	-	-	-	-
山形	-	-	-	-	-	-	-	-	-	-	-
福島	-	-	-	-	-	-	-	-	-	-	-
茨城	-	-	-	-	-	-	-	-	-	-	-
栃木	-	-	-	-	-	-	-	-	-	-	-
群馬	-	-	-	-	-	-	-	-	-	-	-
埼玉	1	-	1	-	1	-	-	-	-	-	-
千葉	2	-	-	-	-	-	-	-	-	-	-
東京	-	-	1	-	-	-	1	-	-	-	-
神奈川	-	-	-	-	-	-	-	-	-	-	-
新潟	-	-	-	-	-	-	-	-	-	-	-
富山	-	-	-	-	-	-	-	-	-	-	-
石川	-	-	-	-	-	-	-	-	-	-	-
福井	2	-	-	-	-	-	-	-	-	-	-
山梨	-	-	-	-	-	-	-	-	-	-	-
長野	-	-	-	-	-	-	-	-	-	-	-
岐阜	-	-	-	-	-	-	-	-	-	-	-
静岡	4	-	-	-	-	-	-	-	-	-	-
愛知	-	1	2	-	-	-	-	-	1	-	1
三重	-	-	-	-	-	-	-	-	-	-	-
滋賀	-	-	-	-	-	-	-	-	-	-	-
京都	2	1	-	-	-	-	-	-	-	-	-
大阪	4	-	-	-	-	-	-	-	-	-	-
兵庫	1	-	1	-	-	-	1	-	-	-	-
奈良	-	-	-	-	-	-	-	-	-	-	-
和歌山	3	-	-	-	-	-	-	-	-	-	-
鳥取	-	-	-	-	-	-	-	-	-	-	-
島根	-	-	-	-	-	-	-	-	-	-	-
岡山	-	-	-	-	-	-	-	-	-	-	-
広島	-	-	-	-	-	-	-	-	-	-	-
山口	-	-	-	-	-	-	-	-	-	-	-
徳島	-	-	1	-	1	-	-	-	-	-	-
香川	-	-	-	-	-	-	-	-	-	-	-
愛媛	-	-	-	-	-	-	-	-	-	-	-
高知	-	-	-	-	-	-	-	-	-	-	-
福岡	-	-	-	-	-	-	-	-	-	-	-
佐賀	-	-	-	-	-	-	-	-	-	-	-
長崎	-	-	-	-	-	-	-	-	-	-	-
熊本	-	-	-	-	-	-	-	-	-	-	-
大分	-	-	-	-	-	-	-	-	-	-	-
宮崎	-	-	-	-	-	-	-	-	-	-	-
鹿児島	-	-	-	-	-	-	-	-	-	-	-
沖縄	-	1	-	-	-	-	-	-	-	-	-

注：本表は年度分報告である。なお、八戸市は平成29年１月に中核市になったため、１月～３月の数値である。

都道府県－指定都市－中核市×補装具の種類別

平成28年度

車				椅				子		
総数	普通型	リクライニング式普通型	ティルト式普通型	リクライニング・ティルト式普通型	手動リフト式普通型	前方大車輪型	リクライニング式前方大車輪型	片手駆動型	リクライニング式片手駆動型	レバー駆動型
101	68	2	–	1	–	–	–	–	–	–
3	2	–	–	–	–	–	–	–	–	–
1	1	–	–	–	–	–	–	–	–	–
1	1	–	–	–	–	–	–	–	–	–
3	2	–	–	–	–	–	–	–	–	–
–	–	–	–	–	–	–	–	–	–	–
2	2	–	–	–	–	–	–	–	–	–
2	–	–	–	–	–	–	–	–	–	–
3	1	–	–	–	–	–	–	–	–	–
–	–	–	–	–	–	–	–	–	–	–
–	–	–	–	–	–	–	–	–	–	–
2	2	–	–	–	–	–	–	–	–	–
2	–	–	–	–	–	–	–	–	–	–
3	2	–	–	–	–	–	–	–	–	–
3	3	–	–	–	–	–	–	–	–	–
1	1	–	–	–	–	–	–	–	–	–
1	–	–	–	1	–	–	–	–	–	–
–	–	–	–	–	–	–	–	–	–	–
–	–	–	–	–	–	–	–	–	–	–
1	1	–	–	–	–	–	–	–	–	–
–	–	–	–	–	–	–	–	–	–	–
–	–	–	–	–	–	–	–	–	–	–
–	–	–	–	–	–	–	–	–	–	–
6	5	–	–	–	–	–	–	–	–	–
–	–	–	–	–	–	–	–	–	–	–
–	–	–	–	–	–	–	–	–	–	–
2	–	1	–	–	–	–	–	–	–	–
8	5	–	–	–	–	–	–	–	–	–
2	2	–	–	–	–	–	–	–	–	–
–	–	–	–	–	–	–	–	–	–	–
3	2	–	–	–	–	–	–	–	–	–
1	1	–	–	–	–	–	–	–	–	–
1	1	–	–	–	–	–	–	–	–	–
–	–	–	–	–	–	–	–	–	–	–
3	3	–	–	–	–	–	–	–	–	–
4	2	–	–	–	–	–	–	–	–	–
–	–	–	–	–	–	–	–	–	–	–
–	–	–	–	–	–	–	–	–	–	–
–	–	–	–	–	–	–	–	–	–	–
–	–	–	–	–	–	–	–	–	–	–
2	1	1	–	–	–	–	–	–	–	–
–	–	–	–	–	–	–	–	–	–	–
1	1	–	–	–	–	–	–	–	–	–
1	1	–	–	–	–	–	–	–	–	–
–	–	–	–	–	–	–	–	–	–	–
–	–	–	–	–	–	–	–	–	–	–
2	1	–	–	–	–	–	–	–	–	–
1	–	–	–	–	–	–	–	–	–	–

（報告表　18の２）

第6表（6－4）難病患者等の基準の補装具購入件数，

都道府県 指定都市 中核市	眼鏡		補聴器								
	コンタクトレンズ	弱視眼鏡	総数	高度難聴用ポケット型	高度難聴用耳掛け型	重度難聴用ポケット型	重度難聴用耳掛け型	耳あな型(レディメイド)	耳あな型(オーダーメイド)	骨導式ポケット型	骨導式眼鏡型
指定都市(別掲)											
札幌市	–	–	–	–	–	–	–	–	–	–	–
仙台市	–	–	–	–	–	–	–	–	–	–	–
さいたま市	–	–	–	–	–	–	–	–	–	–	–
千葉市	–	–	–	–	–	–	–	–	–	–	–
横浜市	–	–	–	–	–	–	–	–	–	–	–
川崎市	–	–	–	–	–	–	–	–	–	–	–
相模原市	–	–	–	–	–	–	–	–	–	–	–
新潟市	–	–	–	–	–	–	–	–	–	–	–
静岡市	–	–	–	–	–	–	–	–	–	–	–
浜松市	–	–	–	–	–	–	–	–	–	–	–
名古屋市	–	–	–	–	–	–	–	–	–	–	–
京都市	7	–	3	1	2	–	–	–	–	–	–
大阪市	–	–	–	–	–	–	–	–	–	–	–
堺市	1	–	–	–	–	–	–	–	–	–	–
神戸市	–	–	–	–	–	–	–	–	–	–	–
岡山市	–	–	–	–	–	–	–	–	–	–	–
広島市	–	–	–	–	–	–	–	–	–	–	–
北九州市	–	–	2	–	2	–	–	–	–	–	–
福岡市	2	–	–	–	–	–	–	–	–	–	–
熊本市	–	–	–	–	–	–	–	–	–	–	–
中核市(別掲)											
旭川市	–	–	–	–	–	–	–	–	–	–	–
函館市	–	–	–	–	–	–	–	–	–	–	–
青森市	–	–	–	–	–	–	–	–	–	–	–
八戸市	–	–	–	–	–	–	–	–	–	–	–
盛岡市	–	–	–	–	–	–	–	–	–	–	–
秋田市	–	–	–	–	–	–	–	–	–	–	–
郡山市	–	–	–	–	–	–	–	–	–	–	–
いわき市	–	–	–	–	–	–	–	–	–	–	–
宇都宮市	–	–	–	–	–	–	–	–	–	–	–
前橋市	–	–	–	–	–	–	–	–	–	–	–
高崎市	–	–	–	–	–	–	–	–	–	–	–
川越市	–	–	–	–	–	–	–	–	–	–	–
越谷市	–	–	–	–	–	–	–	–	–	–	–
船橋市	–	–	–	–	–	–	–	–	–	–	–
柏市	–	–	–	–	–	–	–	–	–	–	–
八王子市	–	–	–	–	–	–	–	–	–	–	–
横須賀市	–	–	–	–	–	–	–	–	–	–	–
富山市	–	–	–	–	–	–	–	–	–	–	–
金沢市	–	–	–	–	–	–	–	–	–	–	–
長野市	–	–	–	–	–	–	–	–	–	–	–
岐阜市	–	–	–	–	–	–	–	–	–	–	–
豊橋市	–	–	–	–	–	–	–	–	–	–	–
豊田市	–	–	–	–	–	–	–	–	–	–	–
岡崎市	–	–	–	–	–	–	–	–	–	–	–
大津市	1	–	–	–	–	–	–	–	–	–	–
高槻市	–	–	–	–	–	–	–	–	–	–	–
東大阪市	–	–	–	–	–	–	–	–	–	–	–
豊中市	–	–	–	–	–	–	–	–	–	–	–
枚方市	–	–	–	–	–	–	–	–	–	–	–
姫路市	–	–	–	–	–	–	–	–	–	–	–
西宮市	–	–	–	–	–	–	–	–	–	–	–
尼崎市	–	–	–	–	–	–	–	–	–	–	–
奈良市	1	–	–	–	–	–	–	–	–	–	–
和歌山市	4	–	–	–	–	–	–	–	–	–	–
倉敷市	–	–	–	–	–	–	–	–	–	–	–
福山市	–	–	–	–	–	–	–	–	–	–	–
呉市	–	–	–	–	–	–	–	–	–	–	–
下関市	–	–	–	–	–	–	–	–	–	–	–
高松市	–	–	–	–	–	–	–	–	–	–	–
松山市	–	–	–	–	–	–	–	–	–	–	–
高知市	–	–	–	–	–	–	–	–	–	–	–
久留米市	–	–	–	–	–	–	–	–	–	–	–
長崎市	–	–	–	–	–	–	–	–	–	–	–
佐世保市	–	–	–	–	–	–	–	–	–	–	–
大分市	–	–	–	–	–	–	–	–	–	–	–
宮崎市	2	–	–	–	–	–	–	–	–	–	–
鹿児島市	–	–	–	–	–	–	–	–	–	–	–
那覇市	–	–	–	–	–	–	–	–	–	–	–

注：本表は年度分報告である。なお、八戸市は平成29年1月に中核市になったため、1月～3月の数値である。

都道府県－指定都市－中核市×補装具の種類別

平成28年度

車				椅				子		
総数	普通型	リクライニング式普通型	ティルト式普通型	リクライニング・ティルト式普通型	手動リフト式普通型	前方大車輪型	リクライニング式前方大車輪型	片手駆動型	リクライニング式片手駆動型	レバー駆動型
1	1	–	–	–	–	–	–	–	–	–
2	–	–	–	–	–	–	–	–	–	–
–	–	–	–	–	–	–	–	–	–	–
–	–	–	–	–	–	–	–	–	–	–
3	1	–	–	–	–	–	–	–	–	–
1	1	–	–	–	–	–	–	–	–	–
1	1	–	–	–	–	–	–	–	–	–
2	1	–	–	–	–	–	–	–	–	–
1	1	–	–	–	–	–	–	–	–	–
–	–	–	–	–	–	–	–	–	–	–
2	2	–	–	–	–	–	–	–	–	–
4	2	–	–	–	–	–	–	–	–	–
2	–	–	–	–	–	–	–	–	–	–
–	–	–	–	–	–	–	–	–	–	–
3	3	–	–	–	–	–	–	–	–	–
–	–	–	–	–	–	–	–	–	–	–
2	2	–	–	–	–	–	–	–	–	–
–	–	–	–	–	–	–	–	–	–	–
1	–	–	–	–	–	–	–	–	–	–
–	–	–	–	–	–	–	–	–	–	–
–	–	–	–	–	–	–	–	–	–	–
–	–	–	–	–	–	–	–	–	–	–
–	–	–	–	–	–	–	–	–	–	–
–	–	–	–	–	–	–	–	–	–	–
–	–	–	–	–	–	–	–	–	–	–
–	–	–	–	–	–	–	–	–	–	–
–	–	–	–	–	–	–	–	–	–	–
–	–	–	–	–	–	–	–	–	–	–
–	–	–	–	–	–	–	–	–	–	–
–	–	–	–	–	–	–	–	–	–	–
–	–	–	–	–	–	–	–	–	–	–
–	–	–	–	–	–	–	–	–	–	–
–	–	–	–	–	–	–	–	–	–	–
–	–	–	–	–	–	–	–	–	–	–
–	–	–	–	–	–	–	–	–	–	–
–	–	–	–	–	–	–	–	–	–	–
–	–	–	–	–	–	–	–	–	–	–
–	–	–	–	–	–	–	–	–	–	–
1	1	–	–	–	–	–	–	–	–	–
–	–	–	–	–	–	–	–	–	–	–
–	–	–	–	–	–	–	–	–	–	–
–	–	–	–	–	–	–	–	–	–	–
1	1	–	–	–	–	–	–	–	–	–
–	–	–	–	–	–	–	–	–	–	–
–	–	–	–	–	–	–	–	–	–	–
–	–	–	–	–	–	–	–	–	–	–
1	1	–	–	–	–	–	–	–	–	–
1	1	–	–	–	–	–	–	–	–	–
–	–	–	–	–	–	–	–	–	–	–
1	1	–	–	–	–	–	–	–	–	–
2	2	–	–	–	–	–	–	–	–	–
1	–	–	–	–	–	–	–	–	–	–
–	–	–	–	–	–	–	–	–	–	–
1	1	–	–	–	–	–	–	–	–	–
–	–	–	–	–	–	–	–	–	–	–
–	–	–	–	–	–	–	–	–	–	–
–	–	–	–	–	–	–	–	–	–	–
–	–	–	–	–	–	–	–	–	–	–
–	–	–	–	–	–	–	–	–	–	–
1	1	–	–	–	–	–	–	–	–	–
–	–	–	–	–	–	–	–	–	–	–
1	1	–	–	–	–	–	–	–	–	–
–	–	–	–	–	–	–	–	–	–	–
–	–	–	–	–	–	–	–	–	–	–
–	–	–	–	–	–	–	–	–	–	–
–	–	–	–	–	–	–	–	–	–	–
–	–	–	–	–	–	–	–	–	–	–
–	–	–	–	–	–	–	–	–	–	–

（報告表　18の２）

第６表（６－５）難病患者等の基準の補装具購入件数，

都道府県 指定都市 中核市	車椅子 手押し型	リクライニング式手押し型	ティルト式手押し型	リクライニング・ティルト式手押し型	その他	電動車 総数	普通型(4.5km/h)	普通型(６km/h)	手動兼用型	リクライニング式普通型	電動リクライニング式普通型
全国	10	5	2	11	2	9	1	-	6	-	-
北海道	-	-	-	-	1	-	-	-	-	-	-
青森	-	-	-	-	-	-	-	-	-	-	-
岩手	-	-	-	-	-	-	-	-	-	-	-
宮城	-	-	-	1	-	-	-	-	-	-	-
秋田	-	-	-	-	-	-	-	-	-	-	-
山形	-	-	-	-	-	-	-	-	-	-	-
福島	-	-	-	1	1	-	-	-	-	-	-
茨城	-	-	1	1	-	-	-	-	-	-	-
栃木	-	-	-	-	-	-	-	-	-	-	-
群馬	-	-	-	-	-	-	-	-	-	-	-
埼玉	-	-	-	-	-	-	-	-	-	-	-
千葉	1	1	-	-	-	-	-	-	-	-	-
東京	1	-	-	-	-	1	-	-	1	-	-
神奈川	-	-	-	-	-	1	-	-	-	-	-
新潟	-	-	-	-	-	-	-	-	-	-	-
富山	-	-	-	-	-	-	-	-	-	-	-
石川	-	-	-	-	-	-	-	-	-	-	-
福井	-	-	-	-	-	-	-	-	-	-	-
山梨	-	-	-	-	-	-	-	-	-	-	-
長野	-	-	-	-	-	-	-	-	-	-	-
岐阜	-	-	-	-	-	-	-	-	-	-	-
静岡	-	-	-	-	-	-	-	-	-	-	-
愛知	-	-	-	1	-	-	-	-	-	-	-
三重	-	-	-	-	-	-	-	-	-	-	-
滋賀	-	-	-	-	-	-	-	-	-	-	-
京都	-	-	-	1	-	-	-	-	-	-	-
大阪	1	-	1	1	-	-	-	-	-	-	-
兵庫	-	-	-	-	-	-	-	-	-	-	-
奈良	-	-	-	-	-	1	-	-	1	-	-
和歌山	-	1	-	-	-	-	-	-	-	-	-
鳥取	-	-	-	-	-	-	-	-	-	-	-
島根	-	-	-	-	-	-	-	-	-	-	-
岡山	-	-	-	-	-	-	-	-	-	-	-
広島	-	-	-	-	-	-	-	-	-	-	-
山口	2	-	-	-	-	-	-	-	-	-	-
徳島	-	-	-	-	-	-	-	-	-	-	-
香川	-	-	-	-	-	-	-	-	-	-	-
愛媛	-	-	-	-	-	-	-	-	-	-	-
高知	-	-	-	-	-	-	-	-	-	-	-
福岡	-	-	-	-	-	1	1	-	-	-	-
佐賀	-	-	-	-	-	-	-	-	-	-	-
長崎	-	-	-	-	-	-	-	-	-	-	-
熊本	-	-	-	-	-	-	-	-	-	-	-
大分	-	-	-	-	-	-	-	-	-	-	-
宮崎	-	-	-	-	-	-	-	-	-	-	-
鹿児島	-	1	-	-	-	-	-	-	-	-	-
沖縄	-	1	-	-	-	-	-	-	-	-	-

注：本表は年度分報告である。なお、八戸市は平成29年１月に中核市になったため、１月～３月の数値である。

都道府県－指定都市－中核市×補装具の種類別

平成28年度

椅子				座位保持椅子	起立保持具	歩行器	頭部保持具	排便補助具	歩行補助つえ	重度障害者用意思伝達装置
電動リフト式普通型	電動ティルト式普通型	電動リクライニング・ティルト式普通型	その他							
-	**-**	**-**	**2**	**1**	**1**	**30**	**-**	**-**	**44**	**57**
-	-	-	-	-	-	2	-	-	-	-
-	-	-	-	-	-	1	-	-	2	-
-	-	-	-	-	-	-	-	-	1	-
-	-	-	-	-	-	-	-	-	3	1
-	-	-	-	-	-	-	-	-	-	1
-	-	-	-	-	-	-	-	-	-	-
-	-	-	-	-	-	-	-	-	-	-
-	-	-	-	-	-	-	-	-	1	-
-	-	-	-	-	-	-	-	-	1	1
-	-	-	-	-	-	-	-	-	-	-
-	-	-	-	-	-	-	-	-	-	1
-	-	-	-	-	-	-	-	-	-	1
-	-	-	-	-	-	1	-	-	6	1
-	-	-	1	-	-	-	-	-	-	-
-	-	-	-	-	-	-	-	-	-	-
-	-	-	-	-	-	-	-	-	-	2
-	-	-	-	-	-	-	-	-	-	-
-	-	-	-	-	-	-	-	-	-	-
-	-	-	-	-	-	-	-	-	-	-
-	-	-	-	-	-	-	-	-	-	-
-	-	-	-	-	-	-	-	-	-	-
-	-	-	-	-	-	1	-	-	-	2
-	-	-	-	-	-	-	-	-	1	1
-	-	-	-	-	-	1	-	-	-	-
-	-	-	-	-	1	-	-	-	-	2
-	-	-	-	-	-	1	-	-	1	-
-	-	-	-	-	-	1	-	-	-	1
-	-	-	-	-	-	1	-	-	-	7
-	-	-	-	-	-	-	-	-	-	-
-	-	-	-	-	-	-	-	-	-	-
-	-	-	-	-	-	-	-	-	-	1
-	-	-	-	-	-	1	-	-	-	-
-	-	-	-	-	-	-	-	-	-	-
-	-	-	-	-	-	-	-	-	-	-
-	-	-	-	1	-	1	-	-	1	4
-	-	-	-	-	-	-	-	-	-	1
-	-	-	-	-	-	-	-	-	-	-
-	-	-	-	-	-	-	-	-	2	2
-	-	-	-	-	-	1	-	-	-	-
-	-	-	-	-	-	-	-	-	-	-
-	-	-	-	-	-	-	-	-	-	-
-	-	-	-	-	-	-	-	-	-	-
-	-	-	-	-	-	1	-	-	-	-
-	-	-	-	-	-	-	-	-	1	-
-	-	-	-	-	-	-	-	-	-	-
-	-	-	-	-	-	-	-	-	1	-
-	-	-	-	-	-	-	-	-	3	-

（報告表　18の２）

第6表（6－6）難病患者等の基準の補装具購入件数，

都道府県 指定都市 中核市	車椅子					電動車					
	手押し型	リクライニング式手押し型	ティルト式手押し型	リクライニング・ティルト式手押し型	その他	総数	普通型（4.5km/h）	普通型（6km/h）	手動兼用型	リクライニング式普通型	電動リクライニング式普通型
指定都市（別掲）											
札幌市	–	–	–	–	–	–	–	–	–	–	–
仙台市	1	–	–	1	–	–	–	–	–	–	–
さいたま市	–	–	–	–	–	–	–	–	–	–	–
千葉市	–	–	–	–	–	–	–	–	–	–	–
横浜市	–	–	–	2	–	–	–	–	–	–	–
川崎市	–	–	–	–	–	1	–	–	–	–	–
相模原市	–	–	–	–	–	–	–	–	–	–	–
新潟市	–	–	–	1	–	–	–	–	–	–	–
静岡市	–	–	–	–	–	–	–	–	–	–	–
浜松市	–	–	–	–	–	–	–	–	–	–	–
名古屋市	–	–	–	–	–	–	–	–	–	–	–
京都市	2	–	–	–	–	–	–	–	–	–	–
大阪市	1	–	–	1	–	–	–	–	–	–	–
堺市	–	–	–	–	–	–	–	–	–	–	–
神戸市	–	–	–	–	–	–	–	–	–	–	–
岡山市	–	–	–	–	–	1	–	–	1	–	–
広島市	–	–	–	–	–	–	–	–	–	–	–
北九州市	–	–	–	–	–	–	–	–	–	–	–
福岡市	–	1	–	–	–	–	–	–	–	–	–
熊本市	–	–	–	–	–	–	–	–	–	–	–
中核市（別掲）											
旭川市	–	–	–	–	–	–	–	–	–	–	–
函館市	–	–	–	–	–	–	–	–	–	–	–
青森市	–	–	–	–	–	–	–	–	–	–	–
八戸市	–	–	–	–	–	–	–	–	–	–	–
盛岡市	–	–	–	–	–	–	–	–	–	–	–
秋田市	–	–	–	–	–	–	–	–	–	–	–
郡山市	–	–	–	–	–	–	–	–	–	–	–
いわき市	–	–	–	–	–	–	–	–	–	–	–
宇都宮市	–	–	–	–	–	–	–	–	–	–	–
前橋市	–	–	–	–	–	–	–	–	–	–	–
高崎市	–	–	–	–	–	–	–	–	–	–	–
川越市	–	–	–	–	–	–	–	–	–	–	–
越谷市	–	–	–	–	–	–	–	–	–	–	–
船橋市	–	–	–	–	–	–	–	–	–	–	–
柏市	–	–	–	–	–	–	–	–	–	–	–
八王子市	–	–	–	–	–	–	–	–	–	–	–
横須賀市	–	–	–	–	–	–	–	–	–	–	–
富山市	–	–	–	–	–	–	–	–	–	–	–
金沢市	–	–	–	–	–	–	–	–	–	–	–
長野市	–	–	–	–	–	–	–	–	–	–	–
岐阜市	–	–	–	–	–	–	–	–	–	–	–
豊橋市	–	–	–	–	–	–	–	–	–	–	–
豊田市	–	–	–	–	–	–	–	–	–	–	–
岡崎市	–	–	–	–	–	–	–	–	–	–	–
大津市	–	–	–	–	–	–	–	–	–	–	–
高槻市	–	–	–	–	–	–	–	–	–	–	–
東大阪市	–	–	–	–	–	1	–	–	1	–	–
豊中市	–	–	–	–	–	–	–	–	–	–	–
枚方市	–	–	–	–	–	–	–	–	–	–	–
姫路市	–	–	–	–	–	–	–	–	–	–	–
西宮市	–	–	–	–	–	–	–	–	–	–	–
尼崎市	1	–	–	–	–	–	–	–	–	–	–
奈良市	–	–	–	–	–	–	–	–	–	–	–
和歌山市	–	–	–	–	–	–	–	–	–	–	–
倉敷市	–	–	–	–	–	–	–	–	–	–	–
福山市	–	–	–	–	–	–	–	–	–	–	–
呉市	–	–	–	–	–	–	–	–	–	–	–
下関市	–	–	–	–	–	–	–	–	–	–	–
高松市	–	–	–	–	–	–	–	–	–	–	–
松山市	–	–	–	–	–	–	–	–	–	–	–
高知市	–	–	–	–	–	1	–	–	1	–	–
久留米市	–	–	–	–	–	–	–	–	–	–	–
長崎市	–	–	–	–	–	1	–	–	1	–	–
佐世保市	–	–	–	–	–	–	–	–	–	–	–
大分市	–	–	–	–	–	–	–	–	–	–	–
宮崎市	–	–	–	–	–	–	–	–	–	–	–
鹿児島市	–	–	–	–	–	–	–	–	–	–	–
那覇市	–	–	–	–	–	–	–	–	–	–	–

注：本表は年度分報告である。なお、八戸市は平成29年１月に中核市になったため、１月～３月の数値である。

都道府県－指定都市－中核市×補装具の種類別

平成28年度

椅子				座位保持椅子	起立保持具	歩行器	頭部保持具	排便補助具	歩行補助つえ	重度障害者用意思伝達装置
電動リフト式普通型	電動ティルト式普通型	電動リクライニング・ティルト式普通型	その他							
-	-	-	-	-	-	-	-	-	1	1
-	-	-	-	-	-	-	-	-	-	2
-	-	-	-	-	-	-	-	-	-	-
-	-	-	-	-	-	-	-	-	-	-
-	-	-	-	-	-	1	-	-	1	1
-	-	-	1	-	-	1	-	-	-	-
-	-	-	-	-	-	2	-	-	2	-
-	-	-	-	-	-	-	-	-	-	2
-	-	-	-	-	-	1	-	-	-	-
-	-	-	-	-	-	-	-	-	-	-
-	-	-	-	-	-	1	-	-	1	-
-	-	-	-	-	-	1	-	-	2	-
-	-	-	-	-	-	-	-	-	1	-
-	-	-	-	-	-	1	-	-	3	-
-	-	-	-	-	-	2	-	-	-	8
-	-	-	-	-	-	-	-	-	-	-
-	-	-	-	-	-	-	-	-	1	-
-	-	-	-	-	-	-	-	-	-	1
-	-	-	-	-	-	-	-	-	-	-
-	-	-	-	-	-	1	-	-	-	-
-	-	-	-	-	-	-	-	-	-	-
-	-	-	-	-	-	-	-	-	-	-
-	-	-	-	-	-	-	-	-	-	1
-	-	-	-	-	-	-	-	-	-	-
-	-	-	-	-	-	-	-	-	-	1
-	-	-	-	-	-	-	-	-	-	-
-	-	-	-	-	-	-	-	-	-	-
-	-	-	-	-	-	-	-	-	-	-
-	-	-	-	-	-	-	-	-	-	-
-	-	-	-	-	-	-	-	-	-	2
-	-	-	-	-	-	-	-	-	-	-
-	-	-	-	-	-	-	-	-	-	-
-	-	-	-	-	-	-	-	-	-	-
-	-	-	-	-	-	-	-	-	-	-
-	-	-	-	-	-	-	-	-	-	-
-	-	-	-	-	-	-	-	-	-	-
-	-	-	-	-	-	-	-	-	-	-
-	-	-	-	-	-	-	-	-	-	-
-	-	-	-	-	-	-	-	-	-	-
-	-	-	-	-	-	-	-	-	-	-
-	-	-	-	-	-	-	-	-	-	-
-	-	-	-	-	-	-	-	-	-	-
-	-	-	-	-	-	-	-	-	2	-
-	-	-	-	-	-	-	-	-	-	-
-	-	-	-	-	-	-	-	-	-	-
-	-	-	-	-	-	-	-	-	1	-
-	-	-	-	-	-	2	-	-	-	-
-	-	-	-	-	-	-	-	-	-	-
-	-	-	-	-	-	-	-	-	-	-
-	-	-	-	-	-	1	-	-	-	-
-	-	-	-	-	-	2	-	-	1	4
-	-	-	-	-	-	-	-	-	-	-
-	-	-	-	-	-	1	-	-	-	-
-	-	-	-	-	-	-	-	-	-	-
-	-	-	-	-	-	-	-	-	-	-
-	-	-	-	-	-	-	-	-	1	-
-	-	-	-	-	-	-	-	-	-	-
-	-	-	-	-	-	-	-	-	1	1
-	-	-	-	-	-	-	-	-	1	1
-	-	-	-	-	-	-	-	-	-	1
-	-	-	-	-	-	-	-	-	-	1
-	-	-	-	-	-	-	-	-	-	-
-	-	-	-	-	-	-	-	-	-	1
-	-	-	-	-	-	-	-	-	-	-
-	-	-	-	-	-	-	-	-	1	-
-	-	-	-	-	-	-	-	-	-	-
-	-	-	-	-	-	-	-	-	-	-
-	-	-	-	-	-	-	-	-	-	-

（報告表　18の２）

第７表　身体障害者・児の特例補装具購入件数、

補装具の種類	購入				
	申請件数	決定件数	金額		
			総額（千円）	障害者の日常生活及び社会生活を総合的に支援するための法律による公費負担額（千円）	自己負担額（千円）
総数	**3 311**	**3 330**	**1 011 015**	**969 850**	**41 165**
義肢	33	34	32 861	32 047	814
義手	18	19	22 832	22 245	587
義足	15	15	10 029	9 802	227
装具	148	150	8 405	7 890	515
下肢	123	122	6 135	5 670	465
靴型	13	15	915	899	16
体幹	1	1	92	83	9
上肢	11	12	1 263	1 238	25
座位保持装置	367	372	139 192	135 413	3 779
姿勢保持機能付車椅子	70	73	28 235	27 312	923
姿勢保持機能付電動車椅子	28	28	34 168	34 057	111
その他	269	271	76 789	74 044	2 745
盲人安全つえ	15	15	136	122	14
義眼	2	2	763	659	104
普通義眼	1	1	629	592	37
特殊義眼	-	-	-	-	-
コンタクト義眼	1	1	134	67	67
眼鏡	5	5	178	141	37
矯正眼鏡	3	3	100	100	-
遮光眼鏡	1	1	64	28	36
コンタクトレンズ	-	-	-	-	-
弱視眼鏡	1	1	14	13	1
補聴器	632	629	144 468	133 856	10 612
高度難聴用ポケット型	5	5	755	680	75
高度難聴用耳掛け型	121	121	26 253	24 146	2 107
重度難聴用ポケット型	6	6	1 378	1 276	102
重度難聴用耳掛け型	377	375	91 280	85 073	6 207
耳あな型（レディメイド）	-	-	-	-	-
耳あな型（オーダーメイド）	37	37	8 142	7 656	486
骨導式ポケット型	58	57	10 278	9 434	844
骨導式眼鏡型	28	28	6 382	5 591	791
車椅子	345	354	120 460	116 170	4 290
普通型	74	77	23 639	22 308	1 331
リクライニング式普通型	2	2	571	571	-
ティルト式普通型	1	2	721	721	-
リクライニング・ティルト式普通型	5	5	3 790	3 716	74
手動リフト式普通型	1	1	403	366	37
前方大車輪型	-	-	-	-	-
リクライニング式前方大車輪型	1	1	300	300	-
片手駆動型	1	1	236	236	-
リクライニング式片手駆動型	2	2	754	754	-
レバー駆動型	-	-	-	-	-
手押し型	24	25	6 005	5 734	271
リクライニング式手押し型	25	25	9 174	8 910	264
ティルト式手押し型	80	81	23 603	22 643	960
リクライニング・ティルト式手押し型	70	71	27 489	26 777	712
その他	59	61	23 775	23 134	641
電動車椅子	160	165	182 825	181 200	1 625
普通型（4.5km/h）	12	12	8 341	8 304	37
普通型（6km/h）	17	17	14 292	14 199	93
手動兼用型	29	33	19 847	19 430	417
リクライニング式普通型	7	7	6 353	6 279	74
電動リクライニング式普通型	9	9	9 365	9 365	-
電動リフト式普通型	9	9	9 675	9 638	37
電動ティルト式普通型	15	15	21 309	21 309	-
電動リクライニング・ティルト式普通型	29	30	52 855	52 422	433
その他	33	33	40 788	40 254	534
座位保持椅子	395	397	53 162	50 331	2 831
起立保持具	661	661	171 003	161 676	9 327
歩行器	475	472	117 539	111 150	6 389
頭部保持具	1	1	84	84	-
排便補助具	17	17	2 047	1 902	145
歩行補助つえ	22	22	295	272	23
重度障害者用意思伝達装置	33	34	37 597	36 937	660

注：本表は年度分報告である。

購入金額、修理件数及び修理金額，特例補装具の種類別

平成28年度

修理 申請件数	修理 決定件数	金額 総額（千円）	障害者の日常生活及び社会生活を総合的に支援するための法律による公費負担額（千円）	自己負担額（千円）
1 947	1 951	118 056	113 089	4 967
33	33	10 482	10 097	385
23	23	7 278	7 002	276
10	10	3 204	3 095	109
27	27	1 087	1 062	25
21	21	733	708	25
5	5	341	341	-
1	1	13	13	-
-	-	-	-	-
230	229	23 393	22 581	812
60	60	6 197	5 905	292
42	42	4 050	3 947	103
128	127	13 146	12 729	417
1	1	3	3	-
-	-	-	-	-
-	-	-	-	-
-	-	-	-	-
-	-	-	-	-
2	2	18	18	-
-	-	-	-	-
-	-	-	-	-
-	-	-	-	-
2	2	18	18	-
609	609	20 135	18 388	1 747
6	6	92	88	4
105	104	4 052	3 692	360
5	5	81	75	6
333	334	12 892	11 748	1 144
-	-	-	-	-
11	11	332	309	23
93	93	1 774	1 626	148
56	56	912	850	62
313	314	15 916	15 575	341
73	74	4 703	4 624	79
2	2	123	119	4
1	1	74	74	-
4	4	144	143	1
-	-	-	-	-
-	-	-	-	-
-	-	-	-	-
3	3	34	34	-
-	-	-	-	-
-	-	-	-	-
16	16	662	655	7
19	19	763	730	33
42	42	2 218	2 131	87
44	44	1 923	1 874	49
109	109	5 272	5 191	81
343	345	29 051	28 473	578
10	10	1 227	1 209	18
14	14	875	866	9
39	40	2 924	2 847	77
14	14	1 042	1 040	2
44	44	895	895	-
25	25	2 874	2 852	22
24	24	2 125	2 115	10
48	49	6 310	6 075	235
125	125	10 779	10 574	205
60	60	2 505	2 393	112
203	203	7 851	7 343	508
113	115	7 118	6 667	451
2	2	76	76	-
1	1	48	48	-
2	2	7	7	-
8	8	366	358	8

（報告表　18の３）

第8表（2－1）身体障害者・児の特例補装具購入件数、

都道府県 指定都市 中核市	申請件数	決定件数	購入 金額 総額（千円）	障害者の日常生活及び社会生活を総合的に支援するための法律による公費負担額（千円）	自己負担額（千円）
全国	**3 311**	**3 330**	**1 011 015**	**969 850**	**41 165**
北海道	83	83	34 778	34 146	632
青森	25	25	6 354	6 085	269
岩手	27	27	8 138	7 897	241
宮城	105	105	31 923	30 753	1 170
秋田	3	3	1 471	1 434	37
山形	22	22	7 236	6 891	345
福島	29	29	8 786	8 579	207
茨城	43	42	20 972	20 278	694
栃木	2	2	830	830	-
群馬	15	15	3 064	2 843	221
埼玉	104	106	42 450	40 835	1 615
千葉	21	21	5 354	5 115	239
東京	240	240	130 988	127 763	3 225
神奈川	15	15	5 400	5 115	285
新潟	49	49	17 245	16 594	651
富山	2	2	546	438	108
石川	2	2	1 204	870	334
福井	6	6	2 682	2 579	103
山梨	3	3	600	383	217
長野	23	23	6 124	5 845	279
岐阜	18	18	6 462	6 240	222
静岡	93	92	21 034	19 692	1 342
愛知	128	129	38 607	36 951	1 656
三重	52	56	15 961	15 299	662
滋賀	68	68	23 784	23 055	729
京都	57	57	13 649	13 067	582
大阪	116	118	34 343	32 678	1 665
兵庫	175	173	46 823	44 813	2 010
奈良	29	29	7 747	7 386	361
和歌山	13	12	3 759	3 629	130
鳥取	5	5	2 110	2 087	23
島根	9	9	2 154	2 025	129
岡山	18	18	6 128	5 845	283
広島	14	14	5 107	4 846	261
山口	26	29	6 233	5 891	342
徳島	10	10	2 276	2 093	183
香川	4	4	897	871	26
愛媛	7	7	2 096	1 985	111
高知	4	5	1 797	1 732	65
福岡	92	93	22 236	21 375	861
佐賀	17	17	4 484	4 252	232
長崎	44	44	9 760	9 112	648
熊本	15	19	7 208	6 972	236
大分	12	12	4 271	4 062	209
宮崎	23	22	6 036	5 203	833
鹿児島	16	16	3 958	3 790	168
沖縄	19	18	6 552	6 214	338

注：本表は年度分報告である。なお、八戸市は平成29年１月に中核市になったため、１月～３月の数値である。

購入金額、修理件数及び修理金額，都道府県－指定都市－中核市別

平成28年度

修		理		
		金	額	
申請件数	決定件数	総額（千円）	障害者の日常生活及び社会生活を総合的に支援するための法律による公費負担額（千円）	自己負担額（千円）
1 947	1 951	118 056	113 089	4 967
78	78	5 695	5 561	134
6	6	305	303	2
34	34	1 906	1 870	36
32	32	2 951	2 906	45
1	1	24	22	2
13	13	1 025	968	57
6	6	100	95	5
42	41	2 794	2 577	217
6	6	57	53	4
16	16	483	457	26
65	65	2 964	2 871	93
10	11	273	253	20
297	297	22 742	22 070	672
17	17	1 449	1 391	58
38	38	3 031	2 865	166
8	8	407	376	31
1	1	40	36	4
5	5	40	37	3
1	1	34	31	3
21	21	578	553	25
4	4	76	71	5
22	22	500	455	45
25	25	2 230	2 091	139
23	23	1 254	1 143	111
46	46	8 014	7 703	311
13	13	307	286	21
95	93	3 702	3 406	296
92	92	6 597	6 248	349
9	9	356	344	12
4	5	273	270	3
4	4	312	290	22
6	6	329	320	9
10	10	602	594	8
17	19	1 148	1 085	63
32	32	2 438	2 307	131
6	6	166	164	2
4	4	150	140	10
−	−	−	−	−
3	3	56	53	3
21	21	1 166	1 101	65
18	18	1 416	1 366	50
36	36	1 484	1 387	97
1	2	214	192	22
3	3	116	116	−
5	5	77	72	5
−	−	−	−	−
13	13	238	218	20

（報告表　18の３）

第8表（2－2）身体障害者・児の特例補装具購入件数、

都道府県 指定都市 中核市	購入				
	申請件数	決定件数	金額		
			総額 （千円）	障害者の日常生活及び社会生活を総合的に支援するための法律による公費負担額 （千円）	自己負担額 （千円）
指定都市(別掲)					
札幌市	48	48	13 781	13 273	508
仙台市	96	113	39 022	38 034	988
さいたま市	36	33	11 971	11 679	292
千葉市	13	13	4 759	4 646	113
横浜市	17	17	6 073	5 897	176
川崎市	6	6	1 564	1 146	418
相模原市	4	4	2 376	2 245	131
新潟市	28	28	14 274	13 718	556
静岡市	12	12	2 560	2 427	133
浜松市	4	4	835	779	56
名古屋市	61	61	11 896	11 167	729
京都市	37	36	11 076	10 884	192
大阪市	41	41	8 907	8 473	434
堺市	8	8	1 819	1 716	103
神戸市	203	203	52 571	50 159	2 412
岡山市	20	20	6 536	5 631	905
広島市	21	20	4 278	3 973	305
北九州市	71	71	13 807	13 007	800
福岡市	61	61	9 804	9 140	664
熊本市	29	28	12 555	12 281	274
中核市(別掲)					
旭川市	14	14	5 146	5 075	71
函館市	2	2	826	826	－
青森市	17	17	6 051	5 689	362
八戸市	9	9	853	771	82
盛岡市	4	4	938	791	147
秋田市	7	7	2 966	2 814	152
郡山市	3	3	2 540	2 540	－
いわき市	3	3	1 052	971	81
宇都宮市	－	－	－	－	－
前橋市	6	6	1 925	1 853	72
高崎市	6	6	1 434	1 407	27
川越市	13	13	6 659	6 499	160
越谷市	12	12	4 930	4 712	218
船橋市	－	－	－	－	－
柏市	－	－	－	－	－
八王子市	11	11	5 258	5 150	108
横須賀市	－	－	－	－	－
富山市	1	1	198	184	14
金沢市	－	－	－	－	－
長野市	2	2	1 008	1 008	－
岐阜市	11	11	2 937	2 724	213
豊橋市	8	7	1 574	1 417	157
豊田市	3	3	2 106	2 085	21
岡崎市	5	5	1 519	1 425	94
大津市	16	16	3 143	3 006	137
高槻市	19	19	4 188	3 956	232
東大阪市	1	1	245	223	22
豊中市	6	6	2 225	2 187	38
枚方市	25	25	5 795	5 513	282
姫路市	150	150	17 578	17 021	557
西宮市	45	45	10 504	9 883	621
尼崎市	31	31	7 511	7 205	306
奈良市	3	3	888	851	37
和歌山市	14	14	2 976	2 848	128
倉敷市	12	12	3 227	3 106	121
福山市	12	12	5 583	5 250	333
呉市	1	1	226	203	23
下関市	15	13	2 102	2 076	26
高松市	3	3	623	587	36
松山市	1	1	310	279	31
高知市	26	26	6 144	5 861	283
久留米市	11	11	2 157	2 047	110
長崎市	4	4	1 284	1 215	69
佐世保市	12	12	3 135	3 051	84
大分市	6	6	1 011	1 002	9
宮崎市	24	24	3 701	3 610	91
鹿児島市	13	13	3 171	2 995	176
那覇市	5	5	1 287	1 221	66

注：本表は年度分報告である。なお、八戸市は平成29年1月に中核市になったため、1月～3月の数値である。

購入金額、修理件数及び修理金額，都道府県－指定都市－中核市別

平成28年度

修		理		
		金	額	
申請件数	決定件数	総額（千円）	障害者の日常生活及び社会生活を総合的に支援するための法律による公費負担額（千円）	自己負担額（千円）
114	114	5 780	5 699	81
6	9	452	432	20
12	12	558	523	35
11	11	770	754	16
22	22	1 685	1 636	49
3	3	119	26	93
1	1	123	123	-
14	14	992	915	77
12	12	120	113	7
-	-	-	-	-
22	22	1 245	1 147	98
3	3	432	422	10
21	21	724	695	29
-	-	-	-	-
113	113	8 080	7 796	284
7	7	614	608	6
27	27	1 852	1 825	27
-	-	-	-	-
58	58	1 190	1 084	106
1	1	168	151	17
17	17	841	815	26
2	2	115	115	-
6	6	709	677	32
1	1	78	78	-
2	2	110	109	1
6	6	61	55	6
-	-	-	-	-
-	-	-	-	-
-	-	-	-	-
1	1	71	64	7
3	3	101	91	10
7	7	744	712	32
3	3	203	198	5
-	-	-	-	-
2	2	39	35	4
20	20	1 432	1 379	53
1	1	69	69	-
-	-	-	-	-
2	2	18	18	-
12	12	356	341	15
-	-	-	-	-
2	2	190	186	4
3	3	150	135	15
3	3	1 563	1 526	37
1	1	21	19	2
8	8	386	362	24
-	-	-	-	-
11	11	183	173	10
7	7	184	180	4
24	24	489	448	41
37	37	839	803	36
3	3	387	348	39
9	8	103	93	10
14	14	432	420	12
7	7	164	159	5
-	-	-	-	-
-	-	-	-	-
15	15	368	343	25
-	-	-	-	-
8	8	76	70	6
14	14	665	642	23
5	5	655	605	50
12	12	337	308	29
6	6	105	99	6
5	5	302	275	27
2	2	21	20	1
8	8	386	381	5
2	2	80	72	8

（報告表　18の３）

第9表（6－1）身体障害者・児の特例補装具購入件数,

都道府県 指定都市 中核市	総数	義肢			装具					座
		総数	義手	義足	総数	下肢	靴型	体幹	上肢	総数
全国	**3 330**	**34**	**19**	**15**	**150**	**122**	**15**	**1**	**12**	**372**
北海道	83	－	－	－	－	－	－	－	－	25
青森	25	－	－	－	2	2	－	－	－	8
岩手	27	6	3	3	6	5	1	－	－	－
宮城	105	4	2	2	11	10	1	－	－	4
秋田	3	－	－	－	－	－	－	－	－	1
山形	22	－	－	－	1	1	－	－	－	3
福島	29	－	－	－	6	5	－	－	1	10
茨城	42	3	1	2	－	－	－	－	－	4
栃木	2	－	－	－	－	－	－	－	－	－
群馬	15	－	－	－	－	－	－	－	－	－
埼玉	106	2	1	1	2	1	1	－	－	14
千葉	21	－	－	－	－	－	－	－	－	－
東京	240	－	－	－	5	4	－	－	1	27
神奈川	15	－	－	－	－	－	－	－	－	3
新潟	49	2	2	－	－	－	－	－	－	4
富山	2	－	－	－	－	－	－	－	－	－
石川	2	－	－	－	－	－	－	－	－	－
福井	6	2	1	1	－	－	－	－	－	－
山梨	3	－	－	－	1	1	－	－	－	－
長野	23	－	－	－	1	－	－	1	－	－
岐阜	18	－	－	－	－	－	－	－	－	－
静岡	92	－	－	－	－	－	－	－	－	24
愛知	129	－	－	－	2	1	－	－	1	10
三重	56	1	1	－	－	－	－	－	－	1
滋賀	68	3	－	3	5	5	－	－	－	6
京都	57	1	1	－	－	－	－	－	－	6
大阪	118	1	1	－	－	－	－	－	－	8
兵庫	173	1	1	－	4	3	1	－	－	21
奈良	29	1	1	－	－	－	－	－	－	－
和歌山	12	－	－	－	1	－	1	－	－	1
鳥取	5	－	－	－	－	－	－	－	－	－
島根	9	－	－	－	－	－	－	－	－	1
岡山	18	－	－	－	－	－	－	－	－	3
広島	14	1	－	1	－	－	－	－	－	－
山口	29	－	－	－	3	－	－	－	3	－
徳島	10	－	－	－	－	－	－	－	－	－
香川	4	－	－	－	－	－	－	－	－	1
愛媛	7	－	－	－	－	－	－	－	－	－
高知	5	1	1	－	－	－	－	－	－	1
福岡	93	－	－	－	－	－	－	－	－	8
佐賀	17	－	－	－	－	－	－	－	－	2
長崎	44	－	－	－	－	－	－	－	－	11
熊本	19	－	－	－	－	－	－	－	－	12
大分	12	－	－	－	－	－	－	－	－	3
宮崎	22	－	－	－	－	－	－	－	－	－
鹿児島	16	－	－	－	1	－	1	－	－	6
沖縄	18	－	－	－	－	－	－	－	－	－

注：本表は年度分報告である。なお、八戸市は平成29年１月に中核市になったため、１月～３月の数値である。

都道府県－指定都市－中核市×特例補装具の種類別

平成28年度

位保持装置			盲人安全つえ	義眼				眼鏡		
姿勢保持機能付車椅子	姿勢保持機能付電動車椅子	その他		総数	普通義眼	特殊義眼	コンタクト義眼	総数	矯正眼鏡	遮光眼鏡
73	**28**	**271**	**15**	**2**	**1**	**-**	**1**	**5**	**3**	**1**
3	2	20	-	-	-	-	-	-	-	-
1	-	7	-	-	-	-	-	-	-	-
-	-	-	1	-	-	-	-	-	-	-
-	-	4	-	-	-	-	-	-	-	-
-	-	1	-	-	-	-	-	-	-	-
1	-	2	-	-	-	-	-	-	-	-
2	1	7	1	-	-	-	-	-	-	-
3	-	1	-	-	-	-	-	-	-	-
-	-	-	-	-	-	-	-	-	-	-
-	-	-	-	-	-	-	-	-	-	-
8	-	6	-	1	1	-	-	-	-	-
-	-	-	5	-	-	-	-	-	-	-
4	10	13	-	-	-	-	-	-	-	-
1	1	1	-	-	-	-	-	-	-	-
1	-	3	-	-	-	-	-	-	-	-
-	-	-	-	-	-	-	-	-	-	-
-	-	-	-	-	-	-	-	-	-	-
-	-	-	-	-	-	-	-	-	-	-
-	-	-	-	-	-	-	-	-	-	-
-	-	-	-	-	-	-	-	-	-	-
-	-	-	-	-	-	-	-	-	-	-
8	-	16	-	-	-	-	-	1	-	-
2	1	7	-	-	-	-	-	-	-	-
-	-	1	-	-	-	-	-	-	-	-
3	-	3	-	-	-	-	-	-	-	-
4	-	2	-	-	-	-	-	1	1	-
1	2	5	-	-	-	-	-	-	-	-
1	-	20	-	-	-	-	-	-	-	-
-	-	-	-	-	-	-	-	-	-	-
-	-	1	-	-	-	-	-	-	-	-
-	-	-	-	-	-	-	-	-	-	-
1	-	-	-	-	-	-	-	-	-	-
-	1	2	-	-	-	-	-	-	-	-
-	-	-	-	-	-	-	-	-	-	-
-	-	-	-	-	-	-	-	-	-	-
-	-	-	-	-	-	-	-	-	-	-
-	-	1	-	-	-	-	-	-	-	-
-	-	-	-	-	-	-	-	-	-	-
-	-	1	-	-	-	-	-	-	-	-
-	1	7	-	-	-	-	-	-	-	-
-	1	1	-	-	-	-	-	-	-	-
1	-	10	-	-	-	-	-	-	-	-
8	1	3	2	-	-	-	-	-	-	-
-	1	2	-	-	-	-	-	-	-	-
-	-	-	-	-	-	-	-	-	-	-
2	-	4	-	-	-	-	-	-	-	-
-	-	-	-	-	-	-	-	-	-	-

（報告表　18の３）

第９表（６－２）身体障害者・児の特例補装具購入件数,

都道府県 指定都市 中核市	総数	義肢			装具					座
		総数	義手	義足	総数	下肢	靴型	体幹	上肢	総数
指定都市(別掲)										
札幌市	48	−	−	−	−	−	−	−	−	2
仙台市	113	1	−	1	3	1	2	−	−	7
さいたま市	33	−	−	−	10	10	−	−	−	4
千葉市	13	−	−	−	−	−	−	−	−	5
横浜市	17	−	−	−	−	−	−	−	−	−
川崎市	6	−	−	−	1	1	−	−	−	−
相模原市	4	−	−	−	−	−	−	−	−	−
新潟市	28	−	−	−	−	−	−	−	−	9
静岡市	12	−	−	−	−	−	−	−	−	3
浜松市	4	−	−	−	−	−	−	−	−	−
名古屋市	61	1	−	1	3	1	2	−	−	4
京都市	36	1	1	−	1	1	−	−	−	1
大阪市	41	−	−	−	1	1	−	−	−	−
堺市	8	−	−	−	−	−	−	−	−	−
神戸市	203	1	1	−	−	−	−	−	−	31
岡山市	20	−	−	−	−	−	−	−	−	2
広島市	20	−	−	−	1	1	−	−	−	−
北九州市	71	−	−	−	−	−	−	−	−	4
福岡市	61	−	−	−	−	−	−	−	−	3
熊本市	28	−	−	−	3	3	−	−	−	16
中核市(別掲)										
旭川市	14	−	−	−	−	−	−	−	−	7
函館市	2	−	−	−	−	−	−	−	−	−
青森市	17	−	−	−	1	1	−	−	−	10
八戸市	9	−	−	−	−	−	−	−	−	5
盛岡市	4	−	−	−	−	−	−	−	−	−
秋田市	7	−	−	−	−	−	−	−	−	6
郡山市	3	−	−	−	−	−	−	−	−	−
いわき市	3	−	−	−	−	−	−	−	−	−
宇都宮市	−	−	−	−	−	−	−	−	−	−
前橋市	6	−	−	−	−	−	−	−	−	−
高崎市	6	−	−	−	−	−	−	−	−	−
川越市	13	−	−	−	−	−	−	−	−	1
越谷市	12	−	−	−	−	−	−	−	−	−
船橋市	−	−	−	−	−	−	−	−	−	−
柏市	−	−	−	−	−	−	−	−	−	−
八王子市	11	−	−	−	−	−	−	−	−	−
横須賀市	−	−	−	−	−	−	−	−	−	−
富山市	1	−	−	−	−	−	−	−	−	−
金沢市	−	−	−	−	−	−	−	−	−	−
長野市	2	−	−	−	−	−	−	−	−	−
岐阜市	11	−	−	−	−	−	−	−	−	−
豊橋市	7	−	−	−	−	−	−	−	−	−
豊田市	3	−	−	−	−	−	−	−	−	1
岡崎市	5	−	−	−	−	−	−	−	−	−
大津市	16	1	1	−	−	−	−	−	−	−
高槻市	19	−	−	−	1	−	1	−	−	1
東大阪市	1	−	−	−	−	−	−	−	−	−
豊中市	6	−	−	−	−	−	−	−	−	−
枚方市	25	−	−	−	−	−	−	−	−	−
姫路市	150	−	−	−	68	64	4	−	−	−
西宮市	45	−	−	−	−	−	−	−	−	2
尼崎市	31	−	−	−	−	−	−	−	−	3
奈良市	3	−	−	−	−	−	−	−	−	−
和歌山市	14	−	−	−	−	−	−	−	−	−
倉敷市	12	−	−	−	−	−	−	−	−	−
福山市	12	−	−	−	−	−	−	−	−	−
呉市	1	−	−	−	−	−	−	−	−	−
下関市	13	−	−	−	6	−	−	−	6	1
高松市	3	−	−	−	−	−	−	−	−	−
松山市	1	−	−	−	−	−	−	−	−	−
高知市	26	−	−	−	−	−	−	−	−	5
久留米市	11	−	−	−	−	−	−	−	−	−
長崎市	4	−	−	−	−	−	−	−	−	−
佐世保市	12	−	−	−	−	−	−	−	−	−
大分市	6	−	−	−	−	−	−	−	−	−
宮崎市	24	−	−	−	−	−	−	−	−	8
鹿児島市	13	−	−	−	−	−	−	−	−	3
那覇市	5	−	−	−	−	−	−	−	−	−

注：本表は年度分報告である。なお、八戸市は平成29年１月に中核市になったため、１月～３月の数値である。

都道府県－指定都市－中核市×特例補装具の種類別

平成28年度

位保持装置			盲人安全つえ	義眼				眼鏡		
姿勢保持機能付車椅子	姿勢保持機能付電動車椅子	その他		総数	普通義眼	特殊義眼	コンタクト義眼	総数	矯正眼鏡	遮光眼鏡
−	−	2	1	−	−	−	−	−	−	−
−	−	7	−	−	−	−	−	−	−	−
2	2	−	−	−	−	−	−	−	−	−
−	1	4	−	−	−	−	−	−	−	−
−	−	−	−	−	−	−	−	−	−	−
−	−	−	−	−	−	−	−	−	−	−
−	−	−	−	−	−	−	−	−	−	−
−	2	7	−	−	−	−	−	−	−	−
−	−	3	−	−	−	−	−	−	−	−
−	−	−	−	−	−	−	−	−	−	−
−	−	4	−	−	−	−	−	−	−	−
1	−	−	−	−	−	−	−	−	−	−
−	−	−	5	−	−	−	−	1	−	1
−	−	−	−	−	−	−	−	−	−	−
1	−	30	−	−	−	−	−	−	−	−
−	−	2	−	−	−	−	−	−	−	−
−	−	−	−	−	−	−	−	−	−	−
1	−	3	−	−	−	−	−	−	−	−
1	−	2	−	−	−	−	−	1	1	−
10	−	6	−	−	−	−	−	−	−	−
2	−	5	−	−	−	−	−	−	−	−
−	−	−	−	−	−	−	−	−	−	−
−	−	10	−	−	−	−	−	−	−	−
−	−	5	−	−	−	−	−	−	−	−
−	−	−	−	1	−	−	1	−	−	−
−	−	6	−	−	−	−	−	−	−	−
−	−	−	−	−	−	−	−	−	−	−
−	−	−	−	−	−	−	−	−	−	−
−	−	−	−	−	−	−	−	−	−	−
−	−	−	−	−	−	−	−	−	−	−
−	−	−	−	−	−	−	−	−	−	−
−	1	−	−	−	−	−	−	−	−	−
−	−	−	−	−	−	−	−	−	−	−
−	−	−	−	−	−	−	−	−	−	−
−	−	−	−	−	−	−	−	−	−	−
−	−	−	−	−	−	−	−	−	−	−
−	−	−	−	−	−	−	−	−	−	−
−	−	−	−	−	−	−	−	−	−	−
−	−	−	−	−	−	−	−	−	−	−
−	−	−	−	−	−	−	−	−	−	−
−	−	−	−	−	−	−	−	−	−	−
−	−	−	−	−	−	−	−	−	−	−
−	−	1	−	−	−	−	−	−	−	−
−	−	−	−	−	−	−	−	−	−	−
−	−	−	−	−	−	−	−	−	−	−
−	−	1	−	−	−	−	−	−	−	−
−	−	−	−	−	−	−	−	−	−	−
−	−	−	−	−	−	−	−	−	−	−
−	−	−	−	−	−	−	−	−	−	−
−	−	−	−	−	−	−	−	1	1	−
−	−	2	−	−	−	−	−	−	−	−
−	−	3	−	−	−	−	−	−	−	−
−	−	−	−	−	−	−	−	−	−	−
−	−	−	−	−	−	−	−	−	−	−
−	−	−	−	−	−	−	−	−	−	−
−	−	−	−	−	−	−	−	−	−	−
−	−	−	−	−	−	−	−	−	−	−
−	−	1	−	−	−	−	−	−	−	−
−	−	−	−	−	−	−	−	−	−	−
−	−	−	−	−	−	−	−	−	−	−
−	−	5	−	−	−	−	−	−	−	−
−	−	−	−	−	−	−	−	−	−	−
−	−	−	−	−	−	−	−	−	−	−
−	−	−	−	−	−	−	−	−	−	−
−	−	−	−	−	−	−	−	−	−	−
−	−	8	−	−	−	−	−	−	−	−
−	−	3	−	−	−	−	−	−	−	−
−	−	−	−	−	−	−	−	−	−	−

（報告表　18の３）

障害者総合支援 9表

第9表（6-3）身体障害者・児の特例補装具購入件数，

都道府県 指定都市 中核市	眼鏡 コンタクトレンズ	弱視眼鏡	補聴器 総数	高度難聴用 ポケット型	高度難聴用 耳掛け型	重度難聴用 ポケット型	重度難聴用 耳掛け型	耳あな型 (レディメイド)	耳あな型 (オーダーメイド)	骨導式 ポケット型	骨導式 眼鏡型
全　国	-	1	629	5	121	6	375	-	37	57	28
北海道	-	-	8	-	4	-	2	-	1	1	-
青　森	-	-	-	-	-	-	-	-	-	-	-
岩　手	-	-	8	-	5	-	3	-	-	-	-
宮　城	-	-	30	-	5	-	23	-	-	2	-
秋　田	-	-	1	-	1	-	-	-	-	-	-
山　形	-	-	6	-	-	-	4	-	1	1	-
福　島	-	-	3	-	1	-	2	-	-	-	-
茨　城	-	-	6	-	1	-	5	-	-	-	-
栃　木	-	-	-	-	-	-	-	-	-	-	-
群　馬	-	-	14	-	7	1	6	-	-	-	-
埼　玉	-	-	17	-	-	-	6	-	7	4	-
千　葉	-	-	10	-	2	-	8	-	-	-	-
東　京	-	-	70	1	15	2	28	-	3	15	6
神奈川	-	-	9	-	1	-	5	-	-	3	-
新　潟	-	-	26	-	1	-	23	-	-	1	1
富　山	-	-	2	-	-	-	2	-	-	-	-
石　川	-	-	1	-	-	-	-	-	-	-	1
福　井	-	-	2	-	-	-	2	-	-	-	-
山　梨	-	-	-	-	-	-	-	-	-	-	-
長　野	-	-	3	-	-	-	2	-	-	-	1
岐　阜	-	-	5	-	-	-	5	-	-	-	-
静　岡	-	1	6	-	-	-	6	-	-	-	-
愛　知	-	-	10	-	1	-	7	-	2	-	-
三　重	-	-	10	-	4	-	6	-	-	-	-
滋　賀	-	-	2	-	1	-	1	-	-	-	-
京　都	-	-	5	-	2	-	2	-	-	1	-
大　阪	-	-	21	-	5	-	12	-	-	3	1
兵　庫	-	-	17	-	4	-	10	-	-	2	1
奈　良	-	-	1	-	-	-	-	-	1	-	-
和歌山	-	-	-	-	-	-	-	-	-	-	-
鳥　取	-	-	-	-	-	-	-	-	-	-	-
島　根	-	-	7	-	1	-	-	-	6	-	-
岡　山	-	-	5	1	3	-	1	-	-	-	-
広　島	-	-	10	-	1	-	9	-	-	-	-
山　口	-	-	5	-	3	-	2	-	-	-	-
徳　島	-	-	5	-	-	-	3	-	-	-	2
香　川	-	-	-	-	-	-	-	-	-	-	-
愛　媛	-	-	6	-	1	-	4	-	1	-	-
高　知	-	-	-	-	-	-	-	-	-	-	-
福　岡	-	-	18	-	6	-	9	-	1	2	-
佐　賀	-	-	13	-	4	1	3	-	-	-	5
長　崎	-	-	16	-	1	2	7	-	-	3	3
熊　本	-	-	3	-	2	-	1	-	-	-	-
大　分	-	-	5	-	-	-	-	-	-	-	-
宮　崎	-	-	-	-	-	-	-	-	-	-	-
鹿児島	-	-	1	-	1	-	-	-	-	-	-
沖　縄	-	-	13	-	3	-	10	-	-	-	-

注：本表は年度分報告である。なお、八戸市は平成29年1月に中核市になったため、1月～3月の数値である。

都道府県－指定都市－中核市×特例補装具の種類別

平成28年度

車				椅				子		
総数	普通型	リクライニング式普通型	ティルト式普通型	リクライニング・ティルト式普通型	手動リフト式普通型	前方大車輪型	リクライニング式前方大車輪型	片手駆動型	リクライニング式片手駆動型	レバー駆動型
354	**77**	**2**	**2**	**5**	**1**	**-**	**1**	**1**	**2**	**-**
21	-	-	-	1	-	-	-	-	-	-
5	3	-	-	-	-	-	-	-	-	-
1	-	-	-	-	-	-	-	-	-	-
21	5	1	-	-	-	-	-	-	-	-
1	1	-	-	-	-	-	-	-	-	-
2	-	-	-	-	-	-	1	-	1	-
2	2	-	-	-	-	-	-	-	-	-
1	1	-	-	-	-	-	-	-	-	-
-	-	-	-	-	-	-	-	-	-	-
-	-	-	-	-	-	-	-	-	-	-
27	5	-	1	-	-	-	-	-	-	-
3	-	-	-	-	-	-	-	-	-	-
15	2	-	-	1	1	-	-	1	-	-
1	1	-	-	-	-	-	-	-	-	-
-	-	-	-	-	-	-	-	-	-	-
-	-	-	-	-	-	-	-	-	-	-
-	-	-	-	-	-	-	-	-	-	-
-	-	-	-	-	-	-	-	-	-	-
-	-	-	-	-	-	-	-	-	-	-
1	-	-	-	-	-	-	-	-	-	-
-	-	-	-	-	-	-	-	-	-	-
44	3	-	-	-	-	-	-	-	-	-
6	6	-	-	-	-	-	-	-	-	-
-	-	-	-	-	-	-	-	-	-	-
19	4	-	-	-	-	-	-	-	-	-
3	2	-	-	-	-	-	-	-	-	-
-	-	-	-	-	-	-	-	-	-	-
22	6	-	-	2	-	-	-	-	-	-
1	-	-	-	-	-	-	-	-	-	-
-	-	-	-	-	-	-	-	-	-	-
-	-	-	-	-	-	-	-	-	-	-
-	-	-	-	-	-	-	-	-	-	-
8	6	-	-	-	-	-	-	-	-	-
-	-	-	-	-	-	-	-	-	-	-
-	-	-	-	-	-	-	-	-	-	-
-	-	-	-	-	-	-	-	-	-	-
-	-	-	-	-	-	-	-	-	-	-
-	-	-	-	-	-	-	-	-	-	-
-	-	-	-	-	-	-	-	-	-	-
4	1	1	-	-	-	-	-	-	-	-
-	-	-	-	-	-	-	-	-	-	-
5	-	-	-	-	-	-	-	-	-	-
1	-	-	-	-	-	-	-	-	-	-
1	-	-	-	-	-	-	-	-	1	-
-	-	-	-	-	-	-	-	-	-	-
1	-	-	-	-	-	-	-	-	-	-
-	-	-	-	-	-	-	-	-	-	-

（報告表　18の３）

第９表（６－４）身体障害者・児の特例補装具購入件数，

都道府県 指定都市 中核市	眼鏡 コンタクトレンズ	眼鏡 弱視眼鏡	補聴器 総数	補聴器 高度難聴用ポケット型	補聴器 高度難聴用耳掛け型	補聴器 重度難聴用ポケット型	補聴器 重度難聴用耳掛け型	補聴器 耳あな型(レディメイド)	補聴器 耳あな型(オーダーメイド)	補聴器 骨導式ポケット型	補聴器 骨導式眼鏡型
指定都市(別掲)											
札幌市	－	－	1	－	－	－	－	－	1	－	－
仙台市	－	－	27	－	4	－	23	－	－	－	－
さいたま市	－	－	7	－	－	－	7	－	－	－	－
千葉市	－	－	4	－	1	－	3	－	－	－	－
横浜市	－	－	11	－	－	－	9	－	－	2	－
川崎市	－	－	5	－	3	－	2	－	－	－	－
相模原市	－	－	2	－	－	－	2	－	－	－	－
新潟市	－	－	3	－	－	－	1	－	2	－	－
静岡市	－	－	1	－	－	－	1	－	－	－	－
浜松市	－	－	4	－	－	－	4	－	－	－	－
名古屋市	－	－	7	－	－	－	3	－	－	4	－
京都市	－	－	2	－	－	－	2	－	－	－	－
大阪市	－	－	13	－	1	－	9	－	3	－	－
堺市	－	－	4	－	1	－	2	－	－	1	－
神戸市	－	－	7	－	2	－	4	－	－	1	－
岡山市	－	－	7	－	1	－	6	－	－	－	－
広島市	－	－	15	1	－	－	14	－	－	－	－
北九州市	－	－	18	－	2	－	11	－	4	1	－
福岡市	－	－	19	－	11	－	8	－	－	－	－
熊本市	－	－	4	－	－	－	4	－	－	－	－
中核市(別掲)											
旭川市	－	－	4	－	－	－	－	－	－	4	－
函館市	－	－	－	－	－	－	－	－	－	－	－
青森市	－	－	1	－	1	－	－	－	－	－	－
八戸市	－	－	－	－	－	－	－	－	－	－	－
盛岡市	－	－	3	－	－	－	3	－	－	－	－
秋田市	－	－	1	－	－	－	－	－	－	－	1
郡山市	－	－	－	－	－	－	－	－	－	－	－
いわき市	－	－	－	－	－	－	－	－	－	－	－
宇都宮市	－	－	－	－	－	－	－	－	－	－	－
前橋市	－	－	4	－	－	－	4	－	－	－	－
高崎市	－	－	5	－	－	－	5	－	－	－	－
川越市	－	－	－	－	－	－	－	－	－	－	－
越谷市	－	－	4	－	－	－	4	－	－	－	－
船橋市	－	－	－	－	－	－	－	－	－	－	－
柏市	－	－	－	－	－	－	－	－	－	－	－
八王子市	－	－	4	2	－	－	－	－	－	－	2
横須賀市	－	－	－	－	－	－	－	－	－	－	－
富山市	－	－	－	－	－	－	－	－	－	－	－
金沢市	－	－	－	－	－	－	－	－	－	－	－
長野市	－	－	－	－	－	－	－	－	－	－	－
岐阜市	－	－	2	－	－	－	－	－	－	2	－
豊橋市	－	－	1	－	－	－	1	－	－	－	－
豊田市	－	－	－	－	－	－	－	－	－	－	－
岡崎市	－	－	2	－	2	－	－	－	－	－	－
大津市	－	－	－	－	－	－	－	－	－	－	－
高槻市	－	－	2	－	－	－	－	－	2	－	－
東大阪市	－	－	－	－	－	－	－	－	－	－	－
豊中市	－	－	2	－	－	－	2	－	－	－	－
枚方市	－	－	1	－	－	－	1	－	－	－	－
姫路市	－	－	－	－	－	－	－	－	－	－	－
西宮市	－	－	1	－	－	－	1	－	－	－	－
尼崎市	－	－	3	－	－	－	2	－	－	－	1
奈良市	－	－	2	－	2	－	－	－	－	－	－
和歌山市	－	－	－	－	－	－	－	－	－	－	－
倉敷市	－	－	2	－	1	－	1	－	－	－	－
福山市	－	－	9	－	1	－	7	－	－	－	1
呉市	－	－	－	－	－	－	－	－	－	－	－
下関市	－	－	2	－	2	－	－	－	－	－	－
高松市	－	－	1	－	－	－	－	－	1	－	－
松山市	－	－	1	－	－	－	1	－	－	－	－
高知市	－	－	－	－	－	－	－	－	－	－	－
久留米市	－	－	－	－	－	－	－	－	－	－	－
長崎市	－	－	3	－	－	－	－	－	1	2	－
佐世保市	－	－	－	－	－	－	－	－	－	－	－
大分市	－	－	2	－	－	－	－	－	－	2	－
宮崎市	－	－	－	－	－	－	－	－	－	－	－
鹿児島市	－	－	4	－	－	－	2	－	－	－	2
那覇市	－	－	2	－	－	－	2	－	－	－	－

注：本表は年度分報告である。なお、八戸市は平成29年１月に中核市になったため、１月～３月の数値である。

都道府県－指定都市－中核市×特例補装具の種類別

平成28年度

車				椅					子	
総数	普通型	リクライニング式普通型	ティルト式普通型	リクライニング・ティルト式普通型	手動リフト式普通型	前方大車輪型	リクライニング式前方大車輪型	片手駆動型	リクライニング式片手駆動型	レバー駆動型
11	-	-	-	-	-	-	-	-	-	-
23	9	-	1	-	-	-	-	-	-	-
5	2	-	-	-	-	-	-	-	-	-
3	1	-	-	-	-	-	-	-	-	-
2	-	-	-	-	-	-	-	-	-	-
-	-	-	-	-	-	-	-	-	-	-
-	-	-	-	-	-	-	-	-	-	-
2	1	-	-	-	-	-	-	-	-	-
5	-	-	-	-	-	-	-	-	-	-
-	-	-	-	-	-	-	-	-	-	-
3	-	-	-	-	-	-	-	-	-	-
-	-	-	-	-	-	-	-	-	-	-
1	-	-	-	-	-	-	-	-	-	-
-	-	-	-	-	-	-	-	-	-	-
24	-	-	-	-	-	-	-	-	-	-
6	5	-	-	-	-	-	-	-	-	-
1	-	-	-	-	-	-	-	-	-	-
2	-	-	-	-	-	-	-	-	-	-
-	-	-	-	-	-	-	-	-	-	-
-	-	-	-	-	-	-	-	-	-	-
-	-	-	-	-	-	-	-	-	-	-
2	-	-	-	-	-	-	-	-	-	-
5	4	-	-	-	-	-	-	-	-	-
-	-	-	-	-	-	-	-	-	-	-
-	-	-	-	-	-	-	-	-	-	-
-	-	-	-	-	-	-	-	-	-	-
1	-	-	-	-	-	-	-	-	-	-
2	-	-	-	-	-	-	-	-	-	-
-	-	-	-	-	-	-	-	-	-	-
-	-	-	-	-	-	-	-	-	-	-
-	-	-	-	-	-	-	-	-	-	-
1	-	-	-	-	-	-	-	-	-	-
1	-	-	-	1	-	-	-	-	-	-
-	-	-	-	-	-	-	-	-	-	-
-	-	-	-	-	-	-	-	-	-	-
2	-	-	-	-	-	-	-	-	-	-
-	-	-	-	-	-	-	-	-	-	-
-	-	-	-	-	-	-	-	-	-	-
-	-	-	-	-	-	-	-	-	-	-
-	-	-	-	-	-	-	-	-	-	-
-	-	-	-	-	-	-	-	-	-	-
1	1	-	-	-	-	-	-	-	-	-
-	-	-	-	-	-	-	-	-	-	-
-	-	-	-	-	-	-	-	-	-	-
1	-	-	-	-	-	-	-	-	-	-
-	-	-	-	-	-	-	-	-	-	-
-	-	-	-	-	-	-	-	-	-	-
1	1	-	-	-	-	-	-	-	-	-
-	-	-	-	-	-	-	-	-	-	-
1	-	-	-	-	-	-	-	-	-	-
24	-	-	-	-	-	-	-	-	-	-
1	-	-	-	-	-	-	-	-	-	-
-	-	-	-	-	-	-	-	-	-	-
1	1	-	-	-	-	-	-	-	-	-
3	2	-	-	-	-	-	-	-	-	-
-	-	-	-	-	-	-	-	-	-	-
-	-	-	-	-	-	-	-	-	-	-
-	-	-	-	-	-	-	-	-	-	-
2	2	-	-	-	-	-	-	-	-	-
-	-	-	-	-	-	-	-	-	-	-
-	-	-	-	-	-	-	-	-	-	-
-	-	-	-	-	-	-	-	-	-	-
-	-	-	-	-	-	-	-	-	-	-
-	-	-	-	-	-	-	-	-	-	-
-	-	-	-	-	-	-	-	-	-	-
-	-	-	-	-	-	-	-	-	-	-
-	-	-	-	-	-	-	-	-	-	-
1	-	-	-	-	-	-	-	-	-	-
-	-	-	-	-	-	-	-	-	-	-

（報告表　18の３）

第9表（6－5）身体障害者・児の特例補装具購入件数，

都道府県 指定都市 中核市	車椅子 手押し型	車椅子 リクライニング式手押し型	車椅子 ティルト式手押し型	車椅子 リクライニング・ティルト式手押し型	車椅子 その他	電動車 総数	電動車 普通型(4.5km/h)	電動車 普通型(6km/h)	電動車 手動兼用型	電動車 リクライニング式普通型	電動車 電動リクライニング式普通型
全国	**25**	**25**	**81**	**71**	**61**	**165**	**12**	**17**	**33**	**7**	**9**
北海道	－	－	1	5	14	8	1	－	1	－	－
青森	－	－	－	－	2	－	－	－	－	－	－
岩手	－	－	－	1	－	2	1	1	－	－	－
宮城	1	3	2	9	－	5	－	－	4	－	－
秋田	－	－	－	－	－	－	－	－	－	－	－
山形	－	－	－	－	－	－	－	－	－	－	－
福島	－	－	－	－	－	－	－	－	－	－	－
茨城	－	－	－	－	－	7	2	1	2	－	－
栃木	－	－	－	－	－	－	－	－	－	－	－
群馬	－	－	－	－	－	－	－	－	－	－	－
埼玉	5	1	6	4	5	4	－	－	1	－	－
千葉	－	－	－	－	3	1	－	－	－	－	－
東京	1	1	1	3	4	47	3	3	2	6	2
神奈川	－	－	－	－	－	－	－	－	－	－	－
新潟	－	－	－	－	－	1	－	－	1	－	－
富山	－	－	－	－	－	－	－	－	－	－	－
石川	－	－	－	－	－	－	－	－	－	－	－
福井	－	－	－	－	－	－	－	－	－	－	－
山梨	－	－	－	－	－	－	－	－	－	－	－
長野	－	1	－	－	－	2	－	－	－	－	1
岐阜	－	－	－	－	－	1	－	－	1	－	－
静岡	3	－	18	17	3	1	－	1	－	－	－
愛知	－	－	－	－	－	1	1	－	－	－	－
三重	－	－	－	－	－	3	－	－	2	－	－
滋賀	3	－	7	5	－	4	－	2	1	－	－
京都	－	－	－	－	1	1	－	－	－	－	－
大阪	－	－	－	－	－	7	1	－	3	－	1
兵庫	1	1	5	6	1	8	2	1	3	－	－
奈良	－	－	－	－	1	－	－	－	－	－	－
和歌山	－	－	－	－	－	－	－	－	－	－	－
鳥取	－	－	－	－	－	－	－	－	－	－	－
島根	－	－	－	－	－	－	－	－	－	－	－
岡山	－	－	－	2	－	1	－	－	－	－	－
広島	－	－	－	－	－	－	－	－	－	－	－
山口	－	－	－	－	－	－	－	－	－	－	－
徳島	－	－	－	－	－	－	－	－	－	－	－
香川	－	－	－	－	－	－	－	－	－	－	－
愛媛	－	－	－	－	－	－	－	－	－	－	－
高知	－	－	－	－	－	－	－	－	－	－	－
福岡	－	－	－	2	－	5	－	－	2	－	1
佐賀	－	－	－	－	－	1	－	－	－	－	－
長崎	1	1	2	－	1	－	－	－	－	－	－
熊本	－	1	－	－	－	1	－	1	－	－	－
大分	－	－	－	－	－	－	－	－	－	－	－
宮崎	－	－	－	－	－	1	－	1	－	－	－
鹿児島	－	1	－	－	－	－	－	－	－	－	－
沖縄	－	－	－	－	－	1	－	－	－	－	－

注：本表は年度分報告である。なお、八戸市は平成29年1月に中核市になったため、1月～3月の数値である。

都道府県－指定都市－中核市×特例補装具の種類別

平成28年度

椅子 電動リフト式普通型	椅子 電動ティルト式普通型	椅子 電動リクライニング・ティルト式普通型	椅子 その他	座位保持椅子	起立保持具	歩行器	頭部保持具	排便補助具	歩行補助つえ	重度障害者用意思伝達装置
9	**15**	**30**	**33**	**397**	**661**	**472**	**1**	**17**	**22**	**34**
－	2	－	4	3	8	7	－	1	－	2
－	－	－	－	2	－	－	－	－	7	1
－	－	－	－	－	1	1	－	－	1	－
－	1	－	－	8	16	3	－	－	2	1
－	－	－	－	－	－	－	－	－	－	－
－	－	－	－	－	9	－	－	－	－	1
－	－	－	－	2	1	2	－	－	1	1
－	1	1	－	－	5	14	－	－	－	2
－	－	－	－	－	－	2	－	－	－	－
－	－	－	－	－	1	－	－	－	－	－
－	－	2	1	6	16	17	－	－	－	－
－	－	1	－	－	－	1	－	－	1	－
4	2	16	9	2	52	21	－	－	－	1
－	－	－	－	－	1	－	－	－	－	1
－	－	－	－	8	－	7	－	－	－	1
－	－	－	－	－	－	－	－	－	－	－
－	－	－	－	－	－	－	－	－	－	1
－	－	－	－	－	1	1	－	－	－	－
－	－	－	－	－	2	－	－	－	－	－
－	－	－	1	1	12	2	－	－	－	1
－	－	－	－	－	8	4	－	－	－	－
－	－	－	－	13	－	3	－	－	－	－
－	－	－	－	7	51	39	－	－	－	3
1	－	－	－	6	15	18	－	－	1	1
－	1	－	－	14	12	3	－	－	－	－
－	－	－	1	19	11	10	－	－	－	－
－	－	－	2	5	67	8	－	－	－	1
1	－	1	－	22	37	41	－	－	－	－
－	－	－	－	4	16	6	－	－	－	－
－	－	－	－	2	3	4	－	－	－	1
－	－	－	－	－	3	2	－	－	－	－
－	－	－	－	－	－	1	－	－	－	－
－	－	－	1	－	1	－	－	－	－	－
－	－	－	－	－	－	－	－	－	－	3
－	－	－	－	1	5	15	－	－	－	－
－	－	－	－	－	5	－	－	－	－	－
－	－	－	－	－	3	－	－	－	－	－
－	－	－	－	－	－	－	－	－	－	1
－	－	－	－	2	1	－	－	－	－	－
－	1	－	1	26	7	22	－	1	－	2
－	－	1	－	－	－	1	－	－	－	－
－	－	－	－	－	6	6	－	－	－	－
－	－	－	－	－	－	－	－	－	－	－
－	－	－	－	－	－	1	－	－	－	2
－	－	－	－	8	7	6	－	－	－	－
－	－	－	－	1	4	2	－	－	－	－
－	－	－	1	－	2	2	－	－	－	－

（報告表　18の３）

第9表（6－6）身体障害者・児の特例補装具購入件数,

都道府県 指定都市 中核市	車椅子 手押し型	車椅子 リクライニング式手押し型	車椅子 ティルト式手押し型	車椅子 リクライニング・ティルト式手押し型	車椅子 その他	電動車 総数	電動車 普通型(4.5km/h)	電動車 普通型(6km/h)	電動車 手動兼用型	電動車 リクライニング式普通型	電動車 電動リクライニング式普通型
指定都市(別掲)											
札幌市	－	－	－	－	11	5	－	－	－	－	－
仙台市	3	1	5	4	－	9	1	2	3	－	－
さいたま市	2	－	－	1	－	3	－	－	1	－	1
千葉市	－	1	1	－	－	－	－	－	－	－	－
横浜市	－	－	－	1	1	－	－	－	－	－	－
川崎市	－	－	－	－	－	－	－	－	－	－	－
相模原市	－	－	－	－	－	1	－	－	－	－	－
新潟市	－	－	－	－	1	2	－	－	－	－	－
静岡市	－	－	4	－	1	1	－	1	－	－	－
浜松市	－	－	－	－	－	－	－	－	－	－	－
名古屋市	－	－	－	－	3	2	－	－	－	－	－
京都市	－	－	－	－	－	3	－	1	－	－	－
大阪市	－	－	－	1	－	3	－	－	2	－	－
堺市	－	－	－	－	－	－	－	－	－	－	－
神戸市	3	3	11	4	3	1	－	－	－	－	－
岡山市	1	－	－	－	－	2	－	－	2	－	－
広島市	－	－	－	－	1	－	－	－	－	－	－
北九州市	1	－	1	－	－	1	－	－	1	－	－
福岡市	－	－	－	－	－	－	－	－	－	－	－
熊本市	－	－	－	－	－	4	－	－	－	1	1
中核市(別掲)											
旭川市	－	－	－	－	－	3	－	－	－	－	－
函館市	－	－	－	－	2	－	－	－	－	－	－
青森市	－	－	－	1	－	－	－	－	－	－	－
八戸市	－	－	－	－	－	－	－	－	－	－	－
盛岡市	－	－	－	－	－	－	－	－	－	－	－
秋田市	－	－	－	－	－	－	－	－	－	－	－
郡山市	－	1	－	－	－	1	－	1	－	－	－
いわき市	－	－	－	－	2	－	－	－	－	－	－
宇都宮市	－	－	－	－	－	－	－	－	－	－	－
前橋市	－	－	－	－	－	－	－	－	－	－	－
高崎市	－	－	－	－	－	－	－	－	－	－	－
川越市	－	－	－	1	－	2	－	－	－	－	1
越谷市	－	－	－	－	－	－	－	－	－	－	－
船橋市	－	－	－	－	－	－	－	－	－	－	－
柏市	－	－	－	－	－	－	－	－	－	－	－
八王子市	－	2	－	－	－	2	－	－	－	－	－
横須賀市	－	－	－	－	－	－	－	－	－	－	－
富山市	－	－	－	－	－	－	－	－	－	－	－
金沢市	－	－	－	－	－	－	－	－	－	－	－
長野市	－	－	－	－	－	1	－	－	－	－	1
岐阜市	－	－	－	－	－	－	－	－	－	－	－
豊橋市	－	－	－	－	－	－	－	－	－	－	－
豊田市	－	－	－	－	－	－	－	－	－	－	－
岡崎市	－	－	－	－	－	－	－	－	－	－	－
大津市	－	1	－	－	－	－	－	－	－	－	－
高槻市	－	－	－	－	－	－	－	－	－	－	－
東大阪市	－	－	－	－	－	－	－	－	－	－	－
豊中市	－	－	－	－	－	2	－	－	1	－	－
枚方市	－	－	－	－	－	－	－	－	－	－	－
姫路市	－	－	－	－	1	1	－	－	－	－	－
西宮市	－	6	15	3	－	－	－	－	－	－	－
尼崎市	－	－	1	－	－	1	－	1	－	－	－
奈良市	－	－	－	－	－	－	－	－	－	－	－
和歌山市	－	－	－	－	－	－	－	－	－	－	－
倉敷市	－	－	－	1	－	－	－	－	－	－	－
福山市	－	－	－	－	－	1	－	－	－	－	－
呉市	－	－	－	－	－	－	－	－	－	－	－
下関市	－	－	－	－	－	－	－	－	－	－	－
高松市	－	－	－	－	－	－	－	－	－	－	－
松山市	－	－	－	－	－	－	－	－	－	－	－
高知市	－	－	－	－	－	－	－	－	－	－	－
久留米市	－	－	－	－	－	－	－	－	－	－	－
長崎市	－	－	－	－	－	－	－	－	－	－	－
佐世保市	－	－	－	－	－	1	－	－	－	－	－
大分市	－	－	－	－	－	－	－	－	－	－	－
宮崎市	－	－	－	－	－	－	－	－	－	－	－
鹿児島市	－	－	1	－	－	－	－	－	－	－	－
那覇市	－	－	－	－	－	－	－	－	－	－	－

注：本表は年度分報告である。なお、八戸市は平成29年１月に中核市になったため、１月～３月の数値である。

都道府県－指定都市－中核市×特例補装具の種類別

平成28年度

椅子				座位保持椅子	起立保持具	歩行器	頭部保持具	排便補助具	歩行補助つえ	重度障害者用意思伝達装置
電動リフト式普通型	電動ティルト式普通型	電動リクライニング・ティルト式普通型	その他							
－	－	－	5	3	13	9	－	2	1	－
－	1	2	－	23	14	5	－	－	－	1
－	1	－	－	－	3	1	－	－	－	－
－	－	－	－	－	－	1	－	－	－	－
－	－	－	－	1	－	1	－	－	－	2
－	－	－	－	－	－	－	－	－	－	－
－	－	1	－	－	1	－	－	－	－	－
1	－	－	1	－	－	12	－	－	－	－
－	－	－	－	1	－	－	－	－	1	－
－	－	－	－	－	－	－	－	－	－	－
－	－	－	2	14	22	5	－	－	－	－
－	－	－	2	20	4	3	－	－	1	－
－	－	1	－	1	12	3	－	－	1	－
－	－	－	－	－	2	2	－	－	－	－
－	－	1	－	34	57	36	－	12	－	－
－	－	－	－	－	3	－	－	－	－	－
－	－	－	－	－	2	－	－	1	－	－
－	－	－	－	29	－	17	－	－	－	－
－	－	－	－	25	10	3	－	－	－	－
－	－	2	－	－	－	1	－	－	－	－
1	2	－	－	－	－	－	－	－	－	－
－	－	－	－	－	－	－	－	－	－	－
－	－	－	－	－	－	－	－	－	－	－
－	－	－	－	－	－	1	－	－	3	－
－	－	－	－	－	－	－	－	－	－	－
－	－	－	－	－	－	－	－	－	－	－
－	－	－	－	－	－	－	－	－	－	1
－	－	－	－	－	－	1	－	－	－	－
－	－	－	－	－	－	－	－	－	－	－
－	－	－	－	－	2	－	－	－	－	－
－	－	－	－	－	1	－	－	－	－	－
－	－	－	1	－	5	3	－	－	－	1
－	－	－	－	1	－	6	－	－	－	－
－	－	－	－	－	－	－	－	－	－	－
－	－	－	－	－	－	－	－	－	－	－
－	2	－	－	－	－	3	－	－	－	－
－	－	－	－	－	－	－	－	－	－	－
－	－	－	－	－	－	1	－	－	－	－
－	－	－	－	－	－	－	－	－	－	－
－	－	－	－	－	1	－	－	－	－	－
－	－	－	－	－	8	1	－	－	－	－
－	－	－	－	2	2	1	－	－	－	－
－	－	－	－	1	－	－	－	－	－	1
－	－	－	－	－	－	3	－	－	－	－
－	－	－	－	7	1	6	－	－	－	－
－	－	－	－	－	13	2	－	－	－	－
－	－	－	－	－	－	1	－	－	－	－
－	1	－	－	－	1	－	－	－	－	－
－	－	－	－	－	15	9	－	－	－	－
－	－	1	－	40	20	19	－	－	－	－
－	－	－	－	－	18	－	－	－	－	－
－	－	－	－	5	8	10	－	－	－	－
－	－	－	－	－	1	－	－	－	－	－
－	－	－	－	5	5	3	－	－	－	－
－	－	－	－	－	5	2	－	－	－	－
1	－	－	－	－	－	1	－	－	－	1
－	－	－	－	－	1	－	－	－	－	－
－	－	－	－	－	－	4	－	－	－	－
－	－	－	－	－	－	－	－	－	－	－
－	－	－	－	－	－	－	－	－	－	－
－	－	－	－	9	1	9	－	－	2	－
－	－	－	－	9	－	2	－	－	－	－
－	－	－	－	－	－	1	－	－	－	－
－	－	－	1	－	9	2	－	－	－	－
－	－	－	－	－	－	3	1	－	－	－
－	－	－	－	3	7	6	－	－	－	－
－	－	－	－	2	3	－	－	－	－	－
－	－	－	－	－	2	1	－	－	－	－

（報告表　18の３）

第10表　難病患者等の特例補装具購入件数、

補装具の種類	購入				
			金額		
	申請件数	決定件数	総額（千円）	障害者の日常生活及び社会生活を総合的に支援するための法律による公費負担額（千円）	自己負担額（千円）
総数	**11**	**12**	**4 771**	**4 652**	**119**
義肢	-	-	-	-	-
義手	-	-	-	-	-
義足	-	-	-	-	-
装具	1	1	129	116	13
下肢	1	1	129	116	13
靴型	-	-	-	-	-
体幹	-	-	-	-	-
上肢	-	-	-	-	-
座位保持装置	-	-	-	-	-
姿勢保持機能付車椅子	-	-	-	-	-
姿勢保持機能付電動車椅子	-	-	-	-	-
その他	-	-	-	-	-
盲人安全つえ	-	-	-	-	-
義眼	-	-	-	-	-
普通義眼	-	-	-	-	-
特殊義眼	-	-	-	-	-
コンタクト義眼	-	-	-	-	-
眼鏡	-	-	-	-	-
矯正眼鏡	-	-	-	-	-
遮光眼鏡	-	-	-	-	-
コンタクトレンズ	-	-	-	-	-
弱視眼鏡	-	-	-	-	-
補聴器	3	3	710	639	71
高度難聴用ポケット型	-	-	-	-	-
高度難聴用耳掛け型	-	-	-	-	-
重度難聴用ポケット型	-	-	-	-	-
重度難聴用耳掛け型	2	2	364	328	36
耳あな型(レディメイド)	-	-	-	-	-
耳あな型(オーダーメイド)	-	-	-	-	-
骨導式ポケット型	1	1	346	311	35
骨導式眼鏡型	-	-	-	-	-
車椅子	-	-	-	-	-
普通型	-	-	-	-	-
リクライニング式普通型	-	-	-	-	-
ティルト式普通型	-	-	-	-	-
リクライニング・ティルト式普通型	-	-	-	-	-
手動リフト式普通型	-	-	-	-	-
前方大車輪型	-	-	-	-	-
リクライニング式前方大車輪型	-	-	-	-	-
片手駆動型	-	-	-	-	-
リクライニング式片手駆動型	-	-	-	-	-
レバー駆動型	-	-	-	-	-
手押し型	-	-	-	-	-
リクライニング式手押し型	-	-	-	-	-
ティルト式手押し型	-	-	-	-	-
リクライニング・ティルト式手押し型	-	-	-	-	-
その他	-	-	-	-	-
電動車椅子	1	1	549	539	10
普通型(4.5km/h)	-	-	-	-	-
普通型(6km/h)	-	-	-	-	-
手動兼用型	-	-	-	-	-
リクライニング式普通型	-	-	-	-	-
電動リクライニング式普通型	-	-	-	-	-
電動リフト式普通型	-	-	-	-	-
電動ティルト式普通型	-	-	-	-	-
電動リクライニング・ティルト式普通型	-	-	-	-	-
その他	1	1	549	539	10
座位保持椅子	-	1	322	321	1
起立保持具	3	3	709	685	24
歩行器	-	-	-	-	-
頭部保持具	-	-	-	-	-
排便補助具	-	-	-	-	-
歩行補助つえ	-	-	-	-	-
重度障害者用意思伝達装置	3	3	2 352	2 352	-

注：本表は年度分報告である。

購入金額、修理件数及び修理金額, 特例補装具の種類別

平成28年度

修		理		
		金	額	
申 請 件 数	決 定 件 数	総　　　額 （千円）	障害者の日常生活及び社会生活を総合的に支援するための法律による公費負担額 （千円）	自己負担額 （千円）
1	1	26	26	-
-	-	-	-	-
-	-	-	-	-
-	-	-	-	-
-	-	-	-	-
-	-	-	-	-
1	1	26	26	-
-	-	-	-	-
1	1	26	26	-

（報告表　18の4）

第11表（２－１）難病患者等の特例補装具購入件数、

都道府県 指定都市 中核市	購入				
	申請件数	決定件数	金額		
			総額（千円）	障害者の日常生活及び社会生活を総合的に支援するための法律による公費負担額（千円）	自己負担額（千円）
全国	**11**	**12**	**4 771**	**4 652**	**119**
北海道	-	-	-	-	-
青森	-	-	-	-	-
岩手	-	-	-	-	-
宮城	-	-	-	-	-
秋田	-	-	-	-	-
山形	2	2	2 056	2 021	35
福島	-	-	-	-	-
茨城	-	-	-	-	-
栃木	-	-	-	-	-
群馬	-	-	-	-	-
埼玉	-	-	-	-	-
千葉	-	-	-	-	-
東京	-	-	-	-	-
神奈川	-	-	-	-	-
新潟	2	2	364	328	36
富山	-	-	-	-	-
石川	-	-	-	-	-
福井	-	-	-	-	-
山梨	-	-	-	-	-
長野	-	-	-	-	-
岐阜	-	-	-	-	-
静岡	1	1	129	116	13
愛知	-	-	-	-	-
三重	-	-	-	-	-
滋賀	-	-	-	-	-
京都	-	-	-	-	-
大阪	1	1	245	245	-
兵庫	-	-	-	-	-
奈良	1	1	220	220	-
和歌山	-	-	-	-	-
鳥取	1	1	58	58	-
島根	-	-	-	-	-
岡山	-	-	-	-	-
広島	-	-	-	-	-
山口	-	-	-	-	-
徳島	-	-	-	-	-
香川	-	-	-	-	-
愛媛	-	-	-	-	-
高知	-	-	-	-	-
福岡	-	-	-	-	-
佐賀	-	-	-	-	-
長崎	-	-	-	-	-
熊本	-	-	-	-	-
大分	-	-	-	-	-
宮崎	-	-	-	-	-
鹿児島	-	1	322	321	1
沖縄	-	-	-	-	-

注：本表は年度分報告である。なお、八戸市は平成29年１月に中核市になったため、１月～３月の数値である。

購入金額、修理件数及び修理金額，都道府県－指定都市－中核市別

平成28年度

修		理		
		金	額	
申請件数	決定件数	総額（千円）	障害者の日常生活及び社会生活を総合的に支援するための法律による公費負担額（千円）	自己負担額（千円）
1	1	26	26	-
-	-	-	-	-
-	-	-	-	-
-	-	-	-	-
-	-	-	-	-
-	-	-	-	-
-	-	-	-	-
-	-	-	-	-
-	-	-	-	-
-	-	-	-	-
-	-	-	-	-
-	-	-	-	-
-	-	-	-	-
-	-	-	-	-
-	-	-	-	-
-	-	-	-	-
-	-	-	-	-
-	-	-	-	-
-	-	-	-	-
-	-	-	-	-
-	-	-	-	-
-	-	-	-	-
-	-	-	-	-
-	-	-	-	-
-	-	-	-	-
-	-	-	-	-
-	-	-	-	-
-	-	-	-	-
-	-	-	-	-
-	-	-	-	-
-	-	-	-	-
-	-	-	-	-
-	-	-	-	-
-	-	-	-	-
-	-	-	-	-
-	-	-	-	-
-	-	-	-	-
-	-	-	-	-
-	-	-	-	-
-	-	-	-	-
-	-	-	-	-
-	-	-	-	-
-	-	-	-	-
-	-	-	-	-
-	-	-	-	-
-	-	-	-	-
-	-	-	-	-
-	-	-	-	-

（報告表　18の４）

第11表（２－２）難病患者等の特例補装具購入件数、

都道府県 指定都市 中核市	購入 申請件数	購入 決定件数	金額 総額（千円）	金額 障害者の日常生活及び社会生活を総合的に支援するための法律による公費負担額（千円）	金額 自己負担額（千円）
指定都市（別掲）					
札幌市	－	－	－	－	－
仙台市	－	－	－	－	－
さいたま市	－	－	－	－	－
千葉市	－	－	－	－	－
横浜市	－	－	－	－	－
川崎市	1	1	549	539	10
相模原市	－	－	－	－	－
新潟市	－	－	－	－	－
静岡市	－	－	－	－	－
浜松市	－	－	－	－	－
名古屋市	－	－	－	－	－
京都市	－	－	－	－	－
大阪市	－	－	－	－	－
堺市	－	－	－	－	－
神戸市	1	1	244	220	24
岡山市	－	－	－	－	－
広島市	－	－	－	－	－
北九州市	－	－	－	－	－
福岡市	－	－	－	－	－
熊本市	－	－	－	－	－
中核市（別掲）					
旭川市	1	1	584	584	－
函館市	－	－	－	－	－
青森市	－	－	－	－	－
八戸市	－	－	－	－	－
盛岡市	－	－	－	－	－
秋田市	－	－	－	－	－
郡山市	－	－	－	－	－
いわき市	－	－	－	－	－
宇都宮市	－	－	－	－	－
前橋市	－	－	－	－	－
高崎市	－	－	－	－	－
川越市	－	－	－	－	－
越谷市	－	－	－	－	－
船橋市	－	－	－	－	－
柏市	－	－	－	－	－
八王子市	－	－	－	－	－
横須賀市	－	－	－	－	－
富山市	－	－	－	－	－
金沢市	－	－	－	－	－
長野市	－	－	－	－	－
岐阜市	－	－	－	－	－
豊橋市	－	－	－	－	－
豊田市	－	－	－	－	－
岡崎市	－	－	－	－	－
大津市	－	－	－	－	－
高槻市	－	－	－	－	－
東大阪市	－	－	－	－	－
豊中市	－	－	－	－	－
枚方市	－	－	－	－	－
姫路市	－	－	－	－	－
西宮市	－	－	－	－	－
尼崎市	－	－	－	－	－
奈良市	－	－	－	－	－
和歌山市	－	－	－	－	－
倉敷市	－	－	－	－	－
福山市	－	－	－	－	－
呉市	－	－	－	－	－
下関市	－	－	－	－	－
高松市	－	－	－	－	－
松山市	－	－	－	－	－
高知市	－	－	－	－	－
久留米市	－	－	－	－	－
長崎市	－	－	－	－	－
佐世保市	－	－	－	－	－
大分市	－	－	－	－	－
宮崎市	－	－	－	－	－
鹿児島市	－	－	－	－	－
那覇市	－	－	－	－	－

注：本表は年度分報告である。なお、八戸市は平成29年１月に中核市になったため、１月～３月の数値である。

購入金額、修理件数及び修理金額，都道府県－指定都市－中核市別

平成28年度

修理				
申請件数	決定件数	金額		
		総額（千円）	障害者の日常生活及び社会生活を総合的に支援するための法律による公費負担額（千円）	自己負担額（千円）
-	-	-	-	-
-	-	-	-	-
-	-	-	-	-
-	-	-	-	-
-	-	-	-	-
-	-	-	-	-
-	-	-	-	-
-	-	-	-	-
-	-	-	-	-
-	-	-	-	-
-	-	-	-	-
-	-	-	-	-
-	-	-	-	-
-	-	-	-	-
-	-	-	-	-
-	-	-	-	-
1	1	26	26	-
-	-	-	-	-
-	-	-	-	-
-	-	-	-	-
-	-	-	-	-
-	-	-	-	-
-	-	-	-	-
-	-	-	-	-
-	-	-	-	-
-	-	-	-	-
-	-	-	-	-
-	-	-	-	-
-	-	-	-	-
-	-	-	-	-
-	-	-	-	-
-	-	-	-	-
-	-	-	-	-
-	-	-	-	-
-	-	-	-	-
-	-	-	-	-
-	-	-	-	-
-	-	-	-	-
-	-	-	-	-
-	-	-	-	-
-	-	-	-	-
-	-	-	-	-
-	-	-	-	-
-	-	-	-	-
-	-	-	-	-
-	-	-	-	-
-	-	-	-	-
-	-	-	-	-
-	-	-	-	-
-	-	-	-	-
-	-	-	-	-
-	-	-	-	-
-	-	-	-	-
-	-	-	-	-
-	-	-	-	-
-	-	-	-	-
-	-	-	-	-
-	-	-	-	-
-	-	-	-	-
-	-	-	-	-
-	-	-	-	-
-	-	-	-	-
-	-	-	-	-
-	-	-	-	-
-	-	-	-	-
-	-	-	-	-
-	-	-	-	-
-	-	-	-	-

（報告表　18の４）

第12表（6－1）難病患者等の特例補装具購入件数，

都道府県 指定都市 中核市	総数	義肢			装具					座
		総数	義手	義足	総数	下肢	靴型	体幹	上肢	総数
全国	**12**	**－**	**－**	**－**	**1**	**1**	**－**	**－**	**－**	**－**
北海道	－	－	－	－	－	－	－	－	－	－
青森	－	－	－	－	－	－	－	－	－	－
岩手	－	－	－	－	－	－	－	－	－	－
宮城	－	－	－	－	－	－	－	－	－	－
秋田	－	－	－	－	－	－	－	－	－	－
山形	2	－	－	－	－	－	－	－	－	－
福島	－	－	－	－	－	－	－	－	－	－
茨城	－	－	－	－	－	－	－	－	－	－
栃木	－	－	－	－	－	－	－	－	－	－
群馬	－	－	－	－	－	－	－	－	－	－
埼玉	－	－	－	－	－	－	－	－	－	－
千葉	－	－	－	－	－	－	－	－	－	－
東京	－	－	－	－	－	－	－	－	－	－
神奈川	－	－	－	－	－	－	－	－	－	－
新潟	2	－	－	－	－	－	－	－	－	－
富山	－	－	－	－	－	－	－	－	－	－
石川	－	－	－	－	－	－	－	－	－	－
福井	－	－	－	－	－	－	－	－	－	－
山梨	－	－	－	－	－	－	－	－	－	－
長野	－	－	－	－	－	－	－	－	－	－
岐阜	－	－	－	－	－	－	－	－	－	－
静岡	1	－	－	－	1	1	－	－	－	－
愛知	－	－	－	－	－	－	－	－	－	－
三重	－	－	－	－	－	－	－	－	－	－
滋賀	－	－	－	－	－	－	－	－	－	－
京都	－	－	－	－	－	－	－	－	－	－
大阪	1	－	－	－	－	－	－	－	－	－
兵庫	－	－	－	－	－	－	－	－	－	－
奈良	1	－	－	－	－	－	－	－	－	－
和歌山	－	－	－	－	－	－	－	－	－	－
鳥取	1	－	－	－	－	－	－	－	－	－
島根	－	－	－	－	－	－	－	－	－	－
岡山	－	－	－	－	－	－	－	－	－	－
広島	－	－	－	－	－	－	－	－	－	－
山口	－	－	－	－	－	－	－	－	－	－
徳島	－	－	－	－	－	－	－	－	－	－
香川	－	－	－	－	－	－	－	－	－	－
愛媛	－	－	－	－	－	－	－	－	－	－
高知	－	－	－	－	－	－	－	－	－	－
福岡	－	－	－	－	－	－	－	－	－	－
佐賀	－	－	－	－	－	－	－	－	－	－
長崎	－	－	－	－	－	－	－	－	－	－
熊本	－	－	－	－	－	－	－	－	－	－
大分	－	－	－	－	－	－	－	－	－	－
宮崎	－	－	－	－	－	－	－	－	－	－
鹿児島	1	－	－	－	－	－	－	－	－	－
沖縄	－	－	－	－	－	－	－	－	－	－

注：本表は年度分報告である。なお、八戸市は平成29年１月に中核市になったため、１月～３月の数値である。

都道府県－指定都市－中核市×特例補装具の種類別

平成28年度

位保持装置			盲人安全つえ	義眼				眼鏡		
姿勢保持機能付車椅子	姿勢保持機能付電動車椅子	その他		総数	普通義眼	特殊義眼	コンタクト義眼	総数	矯正眼鏡	遮光眼鏡
－	－	－	－	－	－	－	－	－	－	－
－	－	－	－	－	－	－	－	－	－	－
－	－	－	－	－	－	－	－	－	－	－
－	－	－	－	－	－	－	－	－	－	－
－	－	－	－	－	－	－	－	－	－	－
－	－	－	－	－	－	－	－	－	－	－
－	－	－	－	－	－	－	－	－	－	－
－	－	－	－	－	－	－	－	－	－	－
－	－	－	－	－	－	－	－	－	－	－
－	－	－	－	－	－	－	－	－	－	－
－	－	－	－	－	－	－	－	－	－	－
－	－	－	－	－	－	－	－	－	－	－
－	－	－	－	－	－	－	－	－	－	－
－	－	－	－	－	－	－	－	－	－	－
－	－	－	－	－	－	－	－	－	－	－
－	－	－	－	－	－	－	－	－	－	－
－	－	－	－	－	－	－	－	－	－	－
－	－	－	－	－	－	－	－	－	－	－
－	－	－	－	－	－	－	－	－	－	－
－	－	－	－	－	－	－	－	－	－	－
－	－	－	－	－	－	－	－	－	－	－
－	－	－	－	－	－	－	－	－	－	－
－	－	－	－	－	－	－	－	－	－	－
－	－	－	－	－	－	－	－	－	－	－
－	－	－	－	－	－	－	－	－	－	－
－	－	－	－	－	－	－	－	－	－	－
－	－	－	－	－	－	－	－	－	－	－
－	－	－	－	－	－	－	－	－	－	－
－	－	－	－	－	－	－	－	－	－	－
－	－	－	－	－	－	－	－	－	－	－
－	－	－	－	－	－	－	－	－	－	－
－	－	－	－	－	－	－	－	－	－	－
－	－	－	－	－	－	－	－	－	－	－
－	－	－	－	－	－	－	－	－	－	－
－	－	－	－	－	－	－	－	－	－	－
－	－	－	－	－	－	－	－	－	－	－
－	－	－	－	－	－	－	－	－	－	－
－	－	－	－	－	－	－	－	－	－	－
－	－	－	－	－	－	－	－	－	－	－
－	－	－	－	－	－	－	－	－	－	－
－	－	－	－	－	－	－	－	－	－	－
－	－	－	－	－	－	－	－	－	－	－
－	－	－	－	－	－	－	－	－	－	－
－	－	－	－	－	－	－	－	－	－	－
－	－	－	－	－	－	－	－	－	－	－
－	－	－	－	－	－	－	－	－	－	－
－	－	－	－	－	－	－	－	－	－	－
－	－	－	－	－	－	－	－	－	－	－

（報告表　18の４）

第12表（6－2）難病患者等の特例補装具購入件数，

都道府県 指定都市 中核市	総数	義肢			装具					座
		総数	義手	義足	総数	下肢	靴型	体幹	上肢	総数
指定都市(別掲)										
札幌市	–	–	–	–	–	–	–	–	–	–
仙台市	–	–	–	–	–	–	–	–	–	–
さいたま市	–	–	–	–	–	–	–	–	–	–
千葉市	–	–	–	–	–	–	–	–	–	–
横浜市	–	–	–	–	–	–	–	–	–	–
川崎市	1	–	–	–	–	–	–	–	–	–
相模原市	–	–	–	–	–	–	–	–	–	–
新潟市	–	–	–	–	–	–	–	–	–	–
静岡市	–	–	–	–	–	–	–	–	–	–
浜松市	–	–	–	–	–	–	–	–	–	–
名古屋市	–	–	–	–	–	–	–	–	–	–
京都市	–	–	–	–	–	–	–	–	–	–
大阪市	–	–	–	–	–	–	–	–	–	–
堺市	–	–	–	–	–	–	–	–	–	–
神戸市	1	–	–	–	–	–	–	–	–	–
岡山市	–	–	–	–	–	–	–	–	–	–
広島市	–	–	–	–	–	–	–	–	–	–
北九州市	–	–	–	–	–	–	–	–	–	–
福岡市	–	–	–	–	–	–	–	–	–	–
熊本市	–	–	–	–	–	–	–	–	–	–
中核市(別掲)										
旭川市	1	–	–	–	–	–	–	–	–	–
函館市	–	–	–	–	–	–	–	–	–	–
青森市	–	–	–	–	–	–	–	–	–	–
八戸市	–	–	–	–	–	–	–	–	–	–
盛岡市	–	–	–	–	–	–	–	–	–	–
秋田市	–	–	–	–	–	–	–	–	–	–
郡山市	–	–	–	–	–	–	–	–	–	–
いわき市	–	–	–	–	–	–	–	–	–	–
宇都宮市	–	–	–	–	–	–	–	–	–	–
前橋市	–	–	–	–	–	–	–	–	–	–
高崎市	–	–	–	–	–	–	–	–	–	–
川越市	–	–	–	–	–	–	–	–	–	–
越谷市	–	–	–	–	–	–	–	–	–	–
船橋市	–	–	–	–	–	–	–	–	–	–
柏市	–	–	–	–	–	–	–	–	–	–
八王子市	–	–	–	–	–	–	–	–	–	–
横須賀市	–	–	–	–	–	–	–	–	–	–
富山市	–	–	–	–	–	–	–	–	–	–
金沢市	–	–	–	–	–	–	–	–	–	–
長野市	–	–	–	–	–	–	–	–	–	–
岐阜市	–	–	–	–	–	–	–	–	–	–
豊橋市	–	–	–	–	–	–	–	–	–	–
豊田市	–	–	–	–	–	–	–	–	–	–
岡崎市	–	–	–	–	–	–	–	–	–	–
大津市	–	–	–	–	–	–	–	–	–	–
高槻市	–	–	–	–	–	–	–	–	–	–
東大阪市	–	–	–	–	–	–	–	–	–	–
豊中市	–	–	–	–	–	–	–	–	–	–
枚方市	–	–	–	–	–	–	–	–	–	–
姫路市	–	–	–	–	–	–	–	–	–	–
西宮市	–	–	–	–	–	–	–	–	–	–
尼崎市	–	–	–	–	–	–	–	–	–	–
奈良市	–	–	–	–	–	–	–	–	–	–
和歌山市	–	–	–	–	–	–	–	–	–	–
倉敷市	–	–	–	–	–	–	–	–	–	–
福山市	–	–	–	–	–	–	–	–	–	–
呉市	–	–	–	–	–	–	–	–	–	–
下関市	–	–	–	–	–	–	–	–	–	–
高松市	–	–	–	–	–	–	–	–	–	–
松山市	–	–	–	–	–	–	–	–	–	–
高知市	–	–	–	–	–	–	–	–	–	–
久留米市	–	–	–	–	–	–	–	–	–	–
長崎市	–	–	–	–	–	–	–	–	–	–
佐世保市	–	–	–	–	–	–	–	–	–	–
大分市	–	–	–	–	–	–	–	–	–	–
宮崎市	–	–	–	–	–	–	–	–	–	–
鹿児島市	–	–	–	–	–	–	–	–	–	–
那覇市	–	–	–	–	–	–	–	–	–	–

注：本表は年度分報告である。なお、八戸市は平成29年１月に中核市になったため、１月～３月の数値である。

都道府県－指定都市－中核市×特例補装具の種類別

平成28年度

位保持装置			盲人安全つえ	義眼				眼鏡		
姿勢保持機能付車椅子	姿勢保持機能付電動車椅子	その他		総数	普通義眼	特殊義眼	コンタクト義眼	総数	矯正眼鏡	遮光眼鏡
–	–	–	–	–	–	–	–	–	–	–
–	–	–	–	–	–	–	–	–	–	–
–	–	–	–	–	–	–	–	–	–	–
–	–	–	–	–	–	–	–	–	–	–
–	–	–	–	–	–	–	–	–	–	–
–	–	–	–	–	–	–	–	–	–	–
–	–	–	–	–	–	–	–	–	–	–
–	–	–	–	–	–	–	–	–	–	–
–	–	–	–	–	–	–	–	–	–	–
–	–	–	–	–	–	–	–	–	–	–
–	–	–	–	–	–	–	–	–	–	–
–	–	–	–	–	–	–	–	–	–	–
–	–	–	–	–	–	–	–	–	–	–
–	–	–	–	–	–	–	–	–	–	–
–	–	–	–	–	–	–	–	–	–	–
–	–	–	–	–	–	–	–	–	–	–
–	–	–	–	–	–	–	–	–	–	–
–	–	–	–	–	–	–	–	–	–	–
–	–	–	–	–	–	–	–	–	–	–
–	–	–	–	–	–	–	–	–	–	–
–	–	–	–	–	–	–	–	–	–	–
–	–	–	–	–	–	–	–	–	–	–
–	–	–	–	–	–	–	–	–	–	–
–	–	–	–	–	–	–	–	–	–	–
–	–	–	–	–	–	–	–	–	–	–
–	–	–	–	–	–	–	–	–	–	–
–	–	–	–	–	–	–	–	–	–	–
–	–	–	–	–	–	–	–	–	–	–
–	–	–	–	–	–	–	–	–	–	–
–	–	–	–	–	–	–	–	–	–	–
–	–	–	–	–	–	–	–	–	–	–
–	–	–	–	–	–	–	–	–	–	–
–	–	–	–	–	–	–	–	–	–	–
–	–	–	–	–	–	–	–	–	–	–
–	–	–	–	–	–	–	–	–	–	–
–	–	–	–	–	–	–	–	–	–	–
–	–	–	–	–	–	–	–	–	–	–
–	–	–	–	–	–	–	–	–	–	–
–	–	–	–	–	–	–	–	–	–	–
–	–	–	–	–	–	–	–	–	–	–
–	–	–	–	–	–	–	–	–	–	–
–	–	–	–	–	–	–	–	–	–	–
–	–	–	–	–	–	–	–	–	–	–
–	–	–	–	–	–	–	–	–	–	–
–	–	–	–	–	–	–	–	–	–	–
–	–	–	–	–	–	–	–	–	–	–
–	–	–	–	–	–	–	–	–	–	–
–	–	–	–	–	–	–	–	–	–	–
–	–	–	–	–	–	–	–	–	–	–
–	–	–	–	–	–	–	–	–	–	–
–	–	–	–	–	–	–	–	–	–	–
–	–	–	–	–	–	–	–	–	–	–
–	–	–	–	–	–	–	–	–	–	–
–	–	–	–	–	–	–	–	–	–	–
–	–	–	–	–	–	–	–	–	–	–
–	–	–	–	–	–	–	–	–	–	–
–	–	–	–	–	–	–	–	–	–	–
–	–	–	–	–	–	–	–	–	–	–
–	–	–	–	–	–	–	–	–	–	–
–	–	–	–	–	–	–	–	–	–	–
–	–	–	–	–	–	–	–	–	–	–
–	–	–	–	–	–	–	–	–	–	–
–	–	–	–	–	–	–	–	–	–	–
–	–	–	–	–	–	–	–	–	–	–
–	–	–	–	–	–	–	–	–	–	–
–	–	–	–	–	–	–	–	–	–	–
–	–	–	–	–	–	–	–	–	–	–
–	–	–	–	–	–	–	–	–	–	–
–	–	–	–	–	–	–	–	–	–	–
–	–	–	–	–	–	–	–	–	–	–
–	–	–	–	–	–	–	–	–	–	–
–	–	–	–	–	–	–	–	–	–	–
–	–	–	–	–	–	–	–	–	–	–
–	–	–	–	–	–	–	–	–	–	–
–	–	–	–	–	–	–	–	–	–	–
–	–	–	–	–	–	–	–	–	–	–
–	–	–	–	–	–	–	–	–	–	–
–	–	–	–	–	–	–	–	–	–	–

（報告表　18の４）

第12表（6－3）難病患者等の特例補装具購入件数,

都道府県 指定都市 中核市	眼鏡		補聴器								
	コンタクトレンズ	弱視眼鏡	総数	高度難聴用ポケット型	高度難聴用耳掛け型	重度難聴用ポケット型	重度難聴用耳掛け型	耳あな型(レディメイド)	耳あな型(オーダーメイド)	骨導式ポケット型	骨導式眼鏡型
全国	-	-	3	-	-	-	2	-	-	1	-
北海道	-	-	-	-	-	-	-	-	-	-	-
青森	-	-	-	-	-	-	-	-	-	-	-
岩手	-	-	-	-	-	-	-	-	-	-	-
宮城	-	-	-	-	-	-	-	-	-	-	-
秋田	-	-	-	-	-	-	-	-	-	-	-
山形	-	-	1	-	-	-	-	-	-	1	-
福島	-	-	-	-	-	-	-	-	-	-	-
茨城	-	-	-	-	-	-	-	-	-	-	-
栃木	-	-	-	-	-	-	-	-	-	-	-
群馬	-	-	-	-	-	-	-	-	-	-	-
埼玉	-	-	-	-	-	-	-	-	-	-	-
千葉	-	-	-	-	-	-	-	-	-	-	-
東京	-	-	-	-	-	-	-	-	-	-	-
神奈川	-	-	-	-	-	-	-	-	-	-	-
新潟	-	-	2	-	-	-	2	-	-	-	-
富山	-	-	-	-	-	-	-	-	-	-	-
石川	-	-	-	-	-	-	-	-	-	-	-
福井	-	-	-	-	-	-	-	-	-	-	-
山梨	-	-	-	-	-	-	-	-	-	-	-
長野	-	-	-	-	-	-	-	-	-	-	-
岐阜	-	-	-	-	-	-	-	-	-	-	-
静岡	-	-	-	-	-	-	-	-	-	-	-
愛知	-	-	-	-	-	-	-	-	-	-	-
三重	-	-	-	-	-	-	-	-	-	-	-
滋賀	-	-	-	-	-	-	-	-	-	-	-
京都	-	-	-	-	-	-	-	-	-	-	-
大阪	-	-	-	-	-	-	-	-	-	-	-
兵庫	-	-	-	-	-	-	-	-	-	-	-
奈良	-	-	-	-	-	-	-	-	-	-	-
和歌山	-	-	-	-	-	-	-	-	-	-	-
鳥取	-	-	-	-	-	-	-	-	-	-	-
島根	-	-	-	-	-	-	-	-	-	-	-
岡山	-	-	-	-	-	-	-	-	-	-	-
広島	-	-	-	-	-	-	-	-	-	-	-
山口	-	-	-	-	-	-	-	-	-	-	-
徳島	-	-	-	-	-	-	-	-	-	-	-
香川	-	-	-	-	-	-	-	-	-	-	-
愛媛	-	-	-	-	-	-	-	-	-	-	-
高知	-	-	-	-	-	-	-	-	-	-	-
福岡	-	-	-	-	-	-	-	-	-	-	-
佐賀	-	-	-	-	-	-	-	-	-	-	-
長崎	-	-	-	-	-	-	-	-	-	-	-
熊本	-	-	-	-	-	-	-	-	-	-	-
大分	-	-	-	-	-	-	-	-	-	-	-
宮崎	-	-	-	-	-	-	-	-	-	-	-
鹿児島	-	-	-	-	-	-	-	-	-	-	-
沖縄	-	-	-	-	-	-	-	-	-	-	-

注：本表は年度分報告である。なお、八戸市は平成29年1月に中核市になったため、1月～3月の数値である。

都道府県－指定都市－中核市×特例補装具の種類別

平成28年度

車椅子										
総数	普通型	リクライニング式普通型	ティルト式普通型	リクライニング・ティルト式普通型	手動リフト式普通型	前方大車輪型	リクライニング式前方大車輪型	片手駆動型	リクライニング式片手駆動型	レバー駆動型
-	-	-	-	-	-	-	-	-	-	-
-	-	-	-	-	-	-	-	-	-	-
-	-	-	-	-	-	-	-	-	-	-
-	-	-	-	-	-	-	-	-	-	-
-	-	-	-	-	-	-	-	-	-	-
-	-	-	-	-	-	-	-	-	-	-
-	-	-	-	-	-	-	-	-	-	-
-	-	-	-	-	-	-	-	-	-	-
-	-	-	-	-	-	-	-	-	-	-
-	-	-	-	-	-	-	-	-	-	-
-	-	-	-	-	-	-	-	-	-	-
-	-	-	-	-	-	-	-	-	-	-
-	-	-	-	-	-	-	-	-	-	-
-	-	-	-	-	-	-	-	-	-	-
-	-	-	-	-	-	-	-	-	-	-
-	-	-	-	-	-	-	-	-	-	-
-	-	-	-	-	-	-	-	-	-	-
-	-	-	-	-	-	-	-	-	-	-
-	-	-	-	-	-	-	-	-	-	-
-	-	-	-	-	-	-	-	-	-	-
-	-	-	-	-	-	-	-	-	-	-
-	-	-	-	-	-	-	-	-	-	-
-	-	-	-	-	-	-	-	-	-	-
-	-	-	-	-	-	-	-	-	-	-
-	-	-	-	-	-	-	-	-	-	-
-	-	-	-	-	-	-	-	-	-	-
-	-	-	-	-	-	-	-	-	-	-
-	-	-	-	-	-	-	-	-	-	-
-	-	-	-	-	-	-	-	-	-	-
-	-	-	-	-	-	-	-	-	-	-
-	-	-	-	-	-	-	-	-	-	-
-	-	-	-	-	-	-	-	-	-	-
-	-	-	-	-	-	-	-	-	-	-
-	-	-	-	-	-	-	-	-	-	-
-	-	-	-	-	-	-	-	-	-	-
-	-	-	-	-	-	-	-	-	-	-
-	-	-	-	-	-	-	-	-	-	-
-	-	-	-	-	-	-	-	-	-	-
-	-	-	-	-	-	-	-	-	-	-
-	-	-	-	-	-	-	-	-	-	-
-	-	-	-	-	-	-	-	-	-	-
-	-	-	-	-	-	-	-	-	-	-
-	-	-	-	-	-	-	-	-	-	-
-	-	-	-	-	-	-	-	-	-	-
-	-	-	-	-	-	-	-	-	-	-
-	-	-	-	-	-	-	-	-	-	-
-	-	-	-	-	-	-	-	-	-	-
-	-	-	-	-	-	-	-	-	-	-

（報告表　18の４）

障害者総合支援 12表

第12表（6－4）難病患者等の特例補装具購入件数,

都道府県 指定都市 中核市	眼鏡		補聴器									
	コンタクトレンズ	弱視眼鏡	総数	高度難聴用ポケット型	高度難聴用耳掛け型	重度難聴用ポケット型	重度難聴用耳掛け型	耳あな型(レディメイド)	耳あな型(オーダーメイド)	骨導式ポケット型	骨導式眼鏡型
指定都市(別掲)											
札幌市	-	-	-	-	-	-	-	-	-	-	-
仙台市	-	-	-	-	-	-	-	-	-	-	-
さいたま市	-	-	-	-	-	-	-	-	-	-	-
千葉市	-	-	-	-	-	-	-	-	-	-	-
横浜市	-	-	-	-	-	-	-	-	-	-	-
川崎市	-	-	-	-	-	-	-	-	-	-	-
相模原市	-	-	-	-	-	-	-	-	-	-	-
新潟市	-	-	-	-	-	-	-	-	-	-	-
静岡市	-	-	-	-	-	-	-	-	-	-	-
浜松市	-	-	-	-	-	-	-	-	-	-	-
名古屋市	-	-	-	-	-	-	-	-	-	-	-
京都市	-	-	-	-	-	-	-	-	-	-	-
大阪市	-	-	-	-	-	-	-	-	-	-	-
堺市	-	-	-	-	-	-	-	-	-	-	-
神戸市	-	-	-	-	-	-	-	-	-	-	-
岡山市	-	-	-	-	-	-	-	-	-	-	-
広島市	-	-	-	-	-	-	-	-	-	-	-
北九州市	-	-	-	-	-	-	-	-	-	-	-
福岡市	-	-	-	-	-	-	-	-	-	-	-
熊本市	-	-	-	-	-	-	-	-	-	-	-
中核市(別掲)											
旭川市	-	-	-	-	-	-	-	-	-	-	-
函館市	-	-	-	-	-	-	-	-	-	-	-
青森市	-	-	-	-	-	-	-	-	-	-	-
八戸市	-	-	-	-	-	-	-	-	-	-	-
盛岡市	-	-	-	-	-	-	-	-	-	-	-
秋田市	-	-	-	-	-	-	-	-	-	-	-
郡山市	-	-	-	-	-	-	-	-	-	-	-
いわき市	-	-	-	-	-	-	-	-	-	-	-
宇都宮市	-	-	-	-	-	-	-	-	-	-	-
前橋市	-	-	-	-	-	-	-	-	-	-	-
高崎市	-	-	-	-	-	-	-	-	-	-	-
川越市	-	-	-	-	-	-	-	-	-	-	-
越谷市	-	-	-	-	-	-	-	-	-	-	-
船橋市	-	-	-	-	-	-	-	-	-	-	-
柏市	-	-	-	-	-	-	-	-	-	-	-
八王子市	-	-	-	-	-	-	-	-	-	-	-
横須賀市	-	-	-	-	-	-	-	-	-	-	-
富山市	-	-	-	-	-	-	-	-	-	-	-
金沢市	-	-	-	-	-	-	-	-	-	-	-
長野市	-	-	-	-	-	-	-	-	-	-	-
岐阜市	-	-	-	-	-	-	-	-	-	-	-
豊橋市	-	-	-	-	-	-	-	-	-	-	-
豊田市	-	-	-	-	-	-	-	-	-	-	-
岡崎市	-	-	-	-	-	-	-	-	-	-	-
大津市	-	-	-	-	-	-	-	-	-	-	-
高槻市	-	-	-	-	-	-	-	-	-	-	-
東大阪市	-	-	-	-	-	-	-	-	-	-	-
豊中市	-	-	-	-	-	-	-	-	-	-	-
枚方市	-	-	-	-	-	-	-	-	-	-	-
姫路市	-	-	-	-	-	-	-	-	-	-	-
西宮市	-	-	-	-	-	-	-	-	-	-	-
尼崎市	-	-	-	-	-	-	-	-	-	-	-
奈良市	-	-	-	-	-	-	-	-	-	-	-
和歌山市	-	-	-	-	-	-	-	-	-	-	-
倉敷市	-	-	-	-	-	-	-	-	-	-	-
福山市	-	-	-	-	-	-	-	-	-	-	-
呉市	-	-	-	-	-	-	-	-	-	-	-
下関市	-	-	-	-	-	-	-	-	-	-	-
高松市	-	-	-	-	-	-	-	-	-	-	-
松山市	-	-	-	-	-	-	-	-	-	-	-
高知市	-	-	-	-	-	-	-	-	-	-	-
久留米市	-	-	-	-	-	-	-	-	-	-	-
長崎市	-	-	-	-	-	-	-	-	-	-	-
佐世保市	-	-	-	-	-	-	-	-	-	-	-
大分市	-	-	-	-	-	-	-	-	-	-	-
宮崎市	-	-	-	-	-	-	-	-	-	-	-
鹿児島市	-	-	-	-	-	-	-	-	-	-	-
那覇市	-	-	-	-	-	-	-	-	-	-	-

注：本表は年度分報告である。なお、八戸市は平成29年1月に中核市になったため、1月～3月の数値である。

都道府県－指定都市－中核市×特例補装具の種類別

平成28年度

車椅子										
総数	普通型	リクライニング式普通型	ティルト式普通型	リクライニング・ティルト式普通型	手動リフト式普通型	前方大車輪型	リクライニング式前方大車輪型	片手駆動型	リクライニング式片手駆動型	レバー駆動型
－	－	－	－	－	－	－	－	－	－	－
－	－	－	－	－	－	－	－	－	－	－
－	－	－	－	－	－	－	－	－	－	－
－	－	－	－	－	－	－	－	－	－	－
－	－	－	－	－	－	－	－	－	－	－
－	－	－	－	－	－	－	－	－	－	－
－	－	－	－	－	－	－	－	－	－	－
－	－	－	－	－	－	－	－	－	－	－
－	－	－	－	－	－	－	－	－	－	－
－	－	－	－	－	－	－	－	－	－	－
－	－	－	－	－	－	－	－	－	－	－
－	－	－	－	－	－	－	－	－	－	－
－	－	－	－	－	－	－	－	－	－	－
－	－	－	－	－	－	－	－	－	－	－
－	－	－	－	－	－	－	－	－	－	－
－	－	－	－	－	－	－	－	－	－	－
－	－	－	－	－	－	－	－	－	－	－
－	－	－	－	－	－	－	－	－	－	－
－	－	－	－	－	－	－	－	－	－	－
－	－	－	－	－	－	－	－	－	－	－
－	－	－	－	－	－	－	－	－	－	－
－	－	－	－	－	－	－	－	－	－	－
－	－	－	－	－	－	－	－	－	－	－
－	－	－	－	－	－	－	－	－	－	－
－	－	－	－	－	－	－	－	－	－	－
－	－	－	－	－	－	－	－	－	－	－
－	－	－	－	－	－	－	－	－	－	－
－	－	－	－	－	－	－	－	－	－	－
－	－	－	－	－	－	－	－	－	－	－
－	－	－	－	－	－	－	－	－	－	－
－	－	－	－	－	－	－	－	－	－	－
－	－	－	－	－	－	－	－	－	－	－
－	－	－	－	－	－	－	－	－	－	－
－	－	－	－	－	－	－	－	－	－	－
－	－	－	－	－	－	－	－	－	－	－
－	－	－	－	－	－	－	－	－	－	－
－	－	－	－	－	－	－	－	－	－	－
－	－	－	－	－	－	－	－	－	－	－
－	－	－	－	－	－	－	－	－	－	－
－	－	－	－	－	－	－	－	－	－	－
－	－	－	－	－	－	－	－	－	－	－
－	－	－	－	－	－	－	－	－	－	－
－	－	－	－	－	－	－	－	－	－	－
－	－	－	－	－	－	－	－	－	－	－
－	－	－	－	－	－	－	－	－	－	－
－	－	－	－	－	－	－	－	－	－	－
－	－	－	－	－	－	－	－	－	－	－
－	－	－	－	－	－	－	－	－	－	－
－	－	－	－	－	－	－	－	－	－	－
－	－	－	－	－	－	－	－	－	－	－
－	－	－	－	－	－	－	－	－	－	－
－	－	－	－	－	－	－	－	－	－	－
－	－	－	－	－	－	－	－	－	－	－
－	－	－	－	－	－	－	－	－	－	－
－	－	－	－	－	－	－	－	－	－	－
－	－	－	－	－	－	－	－	－	－	－
－	－	－	－	－	－	－	－	－	－	－
－	－	－	－	－	－	－	－	－	－	－
－	－	－	－	－	－	－	－	－	－	－
－	－	－	－	－	－	－	－	－	－	－
－	－	－	－	－	－	－	－	－	－	－
－	－	－	－	－	－	－	－	－	－	－
－	－	－	－	－	－	－	－	－	－	－
－	－	－	－	－	－	－	－	－	－	－
－	－	－	－	－	－	－	－	－	－	－
－	－	－	－	－	－	－	－	－	－	－
－	－	－	－	－	－	－	－	－	－	－
－	－	－	－	－	－	－	－	－	－	－
－	－	－	－	－	－	－	－	－	－	－
－	－	－	－	－	－	－	－	－	－	－
－	－	－	－	－	－	－	－	－	－	－
－	－	－	－	－	－	－	－	－	－	－
－	－	－	－	－	－	－	－	－	－	－
－	－	－	－	－	－	－	－	－	－	－

（報告表　18の４）

第12表（6－5）難病患者等の特例補装具購入件数，

都道府県 指定都市 中核市	車椅子					電動車					
	手押し型	リクライニング式手押し型	ティルト式手押し型	リクライニング・ティルト式手押し型	その他	総数	普通型(4.5km/h)	普通型(6km/h)	手動兼用型	リクライニング式普通型	電動リクライニング式普通型
全国	-	-	-	-	-	1	-	-	-	-	-
北海道	-	-	-	-	-	-	-	-	-	-	-
青森	-	-	-	-	-	-	-	-	-	-	-
岩手	-	-	-	-	-	-	-	-	-	-	-
宮城	-	-	-	-	-	-	-	-	-	-	-
秋田	-	-	-	-	-	-	-	-	-	-	-
山形	-	-	-	-	-	-	-	-	-	-	-
福島	-	-	-	-	-	-	-	-	-	-	-
茨城	-	-	-	-	-	-	-	-	-	-	-
栃木	-	-	-	-	-	-	-	-	-	-	-
群馬	-	-	-	-	-	-	-	-	-	-	-
埼玉	-	-	-	-	-	-	-	-	-	-	-
千葉	-	-	-	-	-	-	-	-	-	-	-
東京	-	-	-	-	-	-	-	-	-	-	-
神奈川	-	-	-	-	-	-	-	-	-	-	-
新潟	-	-	-	-	-	-	-	-	-	-	-
富山	-	-	-	-	-	-	-	-	-	-	-
石川	-	-	-	-	-	-	-	-	-	-	-
福井	-	-	-	-	-	-	-	-	-	-	-
山梨	-	-	-	-	-	-	-	-	-	-	-
長野	-	-	-	-	-	-	-	-	-	-	-
岐阜	-	-	-	-	-	-	-	-	-	-	-
静岡	-	-	-	-	-	-	-	-	-	-	-
愛知	-	-	-	-	-	-	-	-	-	-	-
三重	-	-	-	-	-	-	-	-	-	-	-
滋賀	-	-	-	-	-	-	-	-	-	-	-
京都	-	-	-	-	-	-	-	-	-	-	-
大阪	-	-	-	-	-	-	-	-	-	-	-
兵庫	-	-	-	-	-	-	-	-	-	-	-
奈良	-	-	-	-	-	-	-	-	-	-	-
和歌山	-	-	-	-	-	-	-	-	-	-	-
鳥取	-	-	-	-	-	-	-	-	-	-	-
島根	-	-	-	-	-	-	-	-	-	-	-
岡山	-	-	-	-	-	-	-	-	-	-	-
広島	-	-	-	-	-	-	-	-	-	-	-
山口	-	-	-	-	-	-	-	-	-	-	-
徳島	-	-	-	-	-	-	-	-	-	-	-
香川	-	-	-	-	-	-	-	-	-	-	-
愛媛	-	-	-	-	-	-	-	-	-	-	-
高知	-	-	-	-	-	-	-	-	-	-	-
福岡	-	-	-	-	-	-	-	-	-	-	-
佐賀	-	-	-	-	-	-	-	-	-	-	-
長崎	-	-	-	-	-	-	-	-	-	-	-
熊本	-	-	-	-	-	-	-	-	-	-	-
大分	-	-	-	-	-	-	-	-	-	-	-
宮崎	-	-	-	-	-	-	-	-	-	-	-
鹿児島	-	-	-	-	-	-	-	-	-	-	-
沖縄	-	-	-	-	-	-	-	-	-	-	-

注：本表は年度分報告である。なお、八戸市は平成29年１月に中核市になったため、１月～３月の数値である。

都道府県－指定都市－中核市×特例補装具の種類別

平成28年度

椅子				座位保持椅子	起立保持具	歩行器	頭部保持具	排便補助具	歩行補助つえ	重度障害者用意思伝達装置
電動リフト式普通型	電動ティルト式普通型	電動リクライニング・ティルト式普通型	その他							
-	-	-	1	1	3	-	-	-	-	3
-	-	-	-	-	-	-	-	-	-	-
-	-	-	-	-	-	-	-	-	-	-
-	-	-	-	-	-	-	-	-	-	-
-	-	-	-	-	-	-	-	-	-	-
-	-	-	-	-	-	-	-	-	-	-
-	-	-	-	-	-	-	-	-	-	1
-	-	-	-	-	-	-	-	-	-	-
-	-	-	-	-	-	-	-	-	-	-
-	-	-	-	-	-	-	-	-	-	-
-	-	-	-	-	-	-	-	-	-	-
-	-	-	-	-	-	-	-	-	-	-
-	-	-	-	-	-	-	-	-	-	-
-	-	-	-	-	-	-	-	-	-	-
-	-	-	-	-	-	-	-	-	-	-
-	-	-	-	-	-	-	-	-	-	-
-	-	-	-	-	-	-	-	-	-	-
-	-	-	-	-	-	-	-	-	-	-
-	-	-	-	-	-	-	-	-	-	-
-	-	-	-	-	-	-	-	-	-	-
-	-	-	-	-	-	-	-	-	-	-
-	-	-	-	-	-	-	-	-	-	-
-	-	-	-	-	-	-	-	-	-	-
-	-	-	-	-	-	-	-	-	-	-
-	-	-	-	-	-	-	-	-	-	-
-	-	-	-	-	-	-	-	-	-	-
-	-	-	-	-	-	-	-	-	-	-
-	-	-	-	-	1	-	-	-	-	-
-	-	-	-	-	-	-	-	-	-	-
-	-	-	-	-	1	-	-	-	-	-
-	-	-	-	-	-	-	-	-	-	-
-	-	-	-	-	-	-	-	-	-	1
-	-	-	-	-	-	-	-	-	-	-
-	-	-	-	-	-	-	-	-	-	-
-	-	-	-	-	-	-	-	-	-	-
-	-	-	-	-	-	-	-	-	-	-
-	-	-	-	-	-	-	-	-	-	-
-	-	-	-	-	-	-	-	-	-	-
-	-	-	-	-	-	-	-	-	-	-
-	-	-	-	-	-	-	-	-	-	-
-	-	-	-	-	-	-	-	-	-	-
-	-	-	-	-	-	-	-	-	-	-
-	-	-	-	-	-	-	-	-	-	-
-	-	-	-	-	-	-	-	-	-	-
-	-	-	-	-	-	-	-	-	-	-
-	-	-	-	-	-	-	-	-	-	-
-	-	-	-	1	-	-	-	-	-	-
-	-	-	-	-	-	-	-	-	-	-

（報告表　18の４）

第12表（6－6）難病患者等の特例補装具購入件数,

都道府県 指定都市 中核市	車椅子					電動車					
	手押し型	リクライニング式手押し型	ティルト式手押し型	リクライニング・ティルト式手押し型	その他	総数	普通型(4.5km/h)	普通型(6km/h)	手動兼用型	リクライニング式普通型	電動リクライニング式普通型
指定都市(別掲)											
札幌市	－	－	－	－	－	－	－	－	－	－	－
仙台市	－	－	－	－	－	－	－	－	－	－	－
さいたま市	－	－	－	－	－	－	－	－	－	－	－
千葉市	－	－	－	－	－	－	－	－	－	－	－
横浜市	－	－	－	－	－	－	－	－	－	－	－
川崎市	－	－	－	－	－	1	－	－	－	－	－
相模原市	－	－	－	－	－	－	－	－	－	－	－
新潟市	－	－	－	－	－	－	－	－	－	－	－
静岡市	－	－	－	－	－	－	－	－	－	－	－
浜松市	－	－	－	－	－	－	－	－	－	－	－
名古屋市	－	－	－	－	－	－	－	－	－	－	－
京都市	－	－	－	－	－	－	－	－	－	－	－
大阪市	－	－	－	－	－	－	－	－	－	－	－
堺市	－	－	－	－	－	－	－	－	－	－	－
神戸市	－	－	－	－	－	－	－	－	－	－	－
岡山市	－	－	－	－	－	－	－	－	－	－	－
広島市	－	－	－	－	－	－	－	－	－	－	－
北九州市	－	－	－	－	－	－	－	－	－	－	－
福岡市	－	－	－	－	－	－	－	－	－	－	－
熊本市	－	－	－	－	－	－	－	－	－	－	－
中核市(別掲)											
旭川市	－	－	－	－	－	－	－	－	－	－	－
函館市	－	－	－	－	－	－	－	－	－	－	－
青森市	－	－	－	－	－	－	－	－	－	－	－
八戸市	－	－	－	－	－	－	－	－	－	－	－
盛岡市	－	－	－	－	－	－	－	－	－	－	－
秋田市	－	－	－	－	－	－	－	－	－	－	－
郡山市	－	－	－	－	－	－	－	－	－	－	－
いわき市	－	－	－	－	－	－	－	－	－	－	－
宇都宮市	－	－	－	－	－	－	－	－	－	－	－
前橋市	－	－	－	－	－	－	－	－	－	－	－
高崎市	－	－	－	－	－	－	－	－	－	－	－
川越市	－	－	－	－	－	－	－	－	－	－	－
越谷市	－	－	－	－	－	－	－	－	－	－	－
船橋市	－	－	－	－	－	－	－	－	－	－	－
柏市	－	－	－	－	－	－	－	－	－	－	－
八王子市	－	－	－	－	－	－	－	－	－	－	－
横須賀市	－	－	－	－	－	－	－	－	－	－	－
富山市	－	－	－	－	－	－	－	－	－	－	－
金沢市	－	－	－	－	－	－	－	－	－	－	－
長野市	－	－	－	－	－	－	－	－	－	－	－
岐阜市	－	－	－	－	－	－	－	－	－	－	－
豊橋市	－	－	－	－	－	－	－	－	－	－	－
豊田市	－	－	－	－	－	－	－	－	－	－	－
岡崎市	－	－	－	－	－	－	－	－	－	－	－
大津市	－	－	－	－	－	－	－	－	－	－	－
高槻市	－	－	－	－	－	－	－	－	－	－	－
東大阪市	－	－	－	－	－	－	－	－	－	－	－
豊中市	－	－	－	－	－	－	－	－	－	－	－
枚方市	－	－	－	－	－	－	－	－	－	－	－
姫路市	－	－	－	－	－	－	－	－	－	－	－
西宮市	－	－	－	－	－	－	－	－	－	－	－
尼崎市	－	－	－	－	－	－	－	－	－	－	－
奈良市	－	－	－	－	－	－	－	－	－	－	－
和歌山市	－	－	－	－	－	－	－	－	－	－	－
倉敷市	－	－	－	－	－	－	－	－	－	－	－
福山市	－	－	－	－	－	－	－	－	－	－	－
呉市	－	－	－	－	－	－	－	－	－	－	－
下関市	－	－	－	－	－	－	－	－	－	－	－
高松市	－	－	－	－	－	－	－	－	－	－	－
松山市	－	－	－	－	－	－	－	－	－	－	－
高知市	－	－	－	－	－	－	－	－	－	－	－
久留米市	－	－	－	－	－	－	－	－	－	－	－
長崎市	－	－	－	－	－	－	－	－	－	－	－
佐世保市	－	－	－	－	－	－	－	－	－	－	－
大分市	－	－	－	－	－	－	－	－	－	－	－
宮崎市	－	－	－	－	－	－	－	－	－	－	－
鹿児島市	－	－	－	－	－	－	－	－	－	－	－
那覇市	－	－	－	－	－	－	－	－	－	－	－

注：本表は年度分報告である。なお、八戸市は平成29年１月に中核市になったため、１月～３月の数値である。

都道府県－指定都市－中核市×特例補装具の種類別

平成28年度

椅子				座位保持椅子	起立保持具	歩行器	頭部保持具	排便補助具	歩行補助つえ	重度障害者用意思伝達装置
電動リフト式普通型	電動ティルト式普通型	電動リクライニング・ティルト式普通型	その他							
-	-	-	-	-	-	-	-	-	-	-
-	-	-	-	-	-	-	-	-	-	-
-	-	-	-	-	-	-	-	-	-	-
-	-	-	-	-	-	-	-	-	-	-
-	-	-	-	-	-	-	-	-	-	-
-	-	-	1	-	-	-	-	-	-	-
-	-	-	-	-	-	-	-	-	-	-
-	-	-	-	-	-	-	-	-	-	-
-	-	-	-	-	-	-	-	-	-	-
-	-	-	-	-	-	-	-	-	-	-
-	-	-	-	-	-	-	-	-	-	-
-	-	-	-	-	-	-	-	-	-	-
-	-	-	-	-	-	-	-	-	-	-
-	-	-	-	-	-	-	-	-	-	-
-	-	-	-	-	1	-	-	-	-	-
-	-	-	-	-	-	-	-	-	-	-
-	-	-	-	-	-	-	-	-	-	-
-	-	-	-	-	-	-	-	-	-	-
-	-	-	-	-	-	-	-	-	-	-
-	-	-	-	-	-	-	-	-	-	-
-	-	-	-	-	-	-	-	-	-	1
-	-	-	-	-	-	-	-	-	-	-
-	-	-	-	-	-	-	-	-	-	-
-	-	-	-	-	-	-	-	-	-	-
-	-	-	-	-	-	-	-	-	-	-
-	-	-	-	-	-	-	-	-	-	-
-	-	-	-	-	-	-	-	-	-	-
-	-	-	-	-	-	-	-	-	-	-
-	-	-	-	-	-	-	-	-	-	-
-	-	-	-	-	-	-	-	-	-	-
-	-	-	-	-	-	-	-	-	-	-
-	-	-	-	-	-	-	-	-	-	-
-	-	-	-	-	-	-	-	-	-	-
-	-	-	-	-	-	-	-	-	-	-
-	-	-	-	-	-	-	-	-	-	-
-	-	-	-	-	-	-	-	-	-	-
-	-	-	-	-	-	-	-	-	-	-
-	-	-	-	-	-	-	-	-	-	-
-	-	-	-	-	-	-	-	-	-	-
-	-	-	-	-	-	-	-	-	-	-
-	-	-	-	-	-	-	-	-	-	-
-	-	-	-	-	-	-	-	-	-	-
-	-	-	-	-	-	-	-	-	-	-
-	-	-	-	-	-	-	-	-	-	-
-	-	-	-	-	-	-	-	-	-	-
-	-	-	-	-	-	-	-	-	-	-
-	-	-	-	-	-	-	-	-	-	-
-	-	-	-	-	-	-	-	-	-	-
-	-	-	-	-	-	-	-	-	-	-
-	-	-	-	-	-	-	-	-	-	-
-	-	-	-	-	-	-	-	-	-	-
-	-	-	-	-	-	-	-	-	-	-
-	-	-	-	-	-	-	-	-	-	-
-	-	-	-	-	-	-	-	-	-	-
-	-	-	-	-	-	-	-	-	-	-
-	-	-	-	-	-	-	-	-	-	-
-	-	-	-	-	-	-	-	-	-	-
-	-	-	-	-	-	-	-	-	-	-
-	-	-	-	-	-	-	-	-	-	-
-	-	-	-	-	-	-	-	-	-	-
-	-	-	-	-	-	-	-	-	-	-
-	-	-	-	-	-	-	-	-	-	-
-	-	-	-	-	-	-	-	-	-	-
-	-	-	-	-	-	-	-	-	-	-
-	-	-	-	-	-	-	-	-	-	-
-	-	-	-	-	-	-	-	-	-	-
-	-	-	-	-	-	-	-	-	-	-
-	-	-	-	-	-	-	-	-	-	-

（報告表　18の４）

第13表　自立支援医療（身体障害者の更生医療）の支給認定件数、支払

障害の種類	支給認定申請件数	支給認定件数	支払決 総額（千円）	公費負担額 総額（千円）	公費負担額 医科（千円）	公費負担額 調剤（千円）
総数	**353 938**	**351 330**	**739 519 536**	**172 475 909**	**149 692 447**	**22 783 462**
入院	101 194	99 952	157 574 206	25 848 079	25 840 529	7 550
視覚障害	29	24	30 608	8 566	8 566	-
聴覚・平衡機能障害	179	176	333 962	31 054	31 054	-
音声・言語・そしゃく機能障害	112	112	76 114	9 538	9 538	-
肢体不自由	13 104	12 894	20 509 098	1 683 672	1 683 468	204
内臓障害	84 399	83 381	134 936 484	23 713 978	23 707 383	6 595
心臓機能障害	21 365	20 881	41 980 662	4 387 474	4 387 242	232
腎臓機能障害	62 178	61 663	91 913 256	19 198 875	19 192 522	6 353
小腸機能障害	30	27	51 898	9 179	9 179	-
肝臓機能障害	826	810	990 668	118 450	118 440	10
免疫機能障害	3 371	3 365	1 687 940	401 271	400 520	751
入院外	252 384	251 024	581 537 303	146 566 253	123 790 341	22 775 912
視覚障害	25	21	7 540	6 596	6 524	72
聴覚・平衡機能障害	150	147	21 423	1 911	1 716	195
音声・言語・そしゃく機能障害	616	601	80 679	14 115	13 254	861
肢体不自由	7 382	7 321	442 421	77 483	67 733	9 750
内臓障害	222 692	221 452	535 033 301	135 479 536	118 572 415	16 907 121
心臓機能障害	8 774	8 575	3 450 872	352 638	261 131	91 507
腎臓機能障害	211 216	210 188	529 468 961	134 627 847	118 092 648	16 535 199
小腸機能障害	89	89	88 872	21 924	12 606	9 318
肝臓機能障害	2 613	2 600	2 024 596	477 127	206 030	271 097
免疫機能障害	21 519	21 482	45 951 939	10 986 612	5 128 699	5 857 913
訪問看護（老人含む）	360	354	408 027	61 577	61 577	-

注：1）本表は年度分報告である。
　　2）「支払決定金額」及び「レセプト件数」は、平成28年３月診療分から平成29年２月診療分までを対象とした。
　　3）「訪問看護（老人含む）」のレセプト件数は「医科」に計上している。

決定金額、レセプト件数及び支払決定実人員，入院－入院外－訪問看護、障害の種類別

平成28年度

定金額			レセプト件数			支払決定実人員
社会保険負担額（千円）	長寿医療（後期高齢者医療）負担額（千円）	自己負担額（千円）	総数	医科	調剤	
282 731 428	**275 617 804**	**8 694 395**	**2 958 466**	**1 827 589**	**1 130 877**	**286 270**
54 019 680	75 344 612	2 361 835	234 174	233 861	313	82 166
17 556	4 239	247	50	50	－	18
191 414	109 522	1 972	163	163	－	132
63 255	934	2 387	126	126	－	101
9 268 586	7 942 598	1 614 242	20 933	20 926	7	9 954
43 456 257	67 035 381	730 868	210 849	210 548	301	69 820
16 559 137	20 741 496	292 555	23 429	23 383	46	15 559
26 030 255	46 252 395	431 731	186 197	185 943	254	53 628
34 667	7 769	283	91	91	－	29
832 198	33 721	6 299	1 132	1 131	1	604
1 022 612	251 938	12 119	2 053	2 048	5	2 141
228 504 427	200 246 629	6 219 994	2 723 158	1 592 594	1 130 564	203 926
913	－	31	60	45	15	15
13 616	5 319	577	402	350	52	136
50 536	11 509	4 519	3 137	2 941	196	546
214 083	118 739	32 116	18 455	13 766	4 689	5 866
195 677 249	198 572 892	5 303 624	2 545 678	1 472 412	1 073 266	176 091
1 367 752	1 674 802	55 680	26 680	16 762	9 918	6 333
192 995 721	196 676 062	5 169 331	2 497 605	1 442 951	1 054 654	167 485
53 501	10 620	2 827	858	519	339	65
1 260 275	211 408	75 786	20 535	12 180	8 355	2 208
32 548 030	1 538 170	879 127	155 426	103 080	52 346	21 272
207 321	26 563	112 566	1 134	1 134	－	178

（報告表 19）

障害者総合支援 14表

第14表（2-1）自立支援医療（身体障害者の更生医療）の支給認定

都道府県 指定都市 中核市	支給認定 申請件数	支給認定 件数	支払決定 総額（千円）	公費負担額 総額（千円）	公費負担額 医科（千円）	公費負担額 調剤（千円）
全　　　　国	353 938	351 330	739 519 536	172 475 909	149 692 447	22 783 462
北　海　道	15 612	15 584	35 861 692	5 160 906	4 333 409	827 497
青　　　森	5 511	5 507	11 751 441	1 616 042	1 526 736	89 306
岩　　　手	508	500	1 040 613	458 192	423 379	34 813
宮　　　城	5 992	6 227	10 688 836	1 365 309	1 173 781	191 528
秋　　　田	1 336	1 332	3 208 907	489 749	400 789	88 960
山　　　形	3 550	3 498	5 974 254	668 526	584 258	84 268
福　　　島	1 877	1 887	1 884 252	831 398	716 177	115 221
茨　　　城	1 168	1 166	3 065 383	2 242 834	2 047 974	194 860
栃　　　木	7 528	7 503	12 421 859	1 575 910	1 234 813	341 097
群　　　馬	678	681	1 613 193	932 176	839 062	93 114
埼　　　玉	5 085	5 052	11 840 471	5 954 116	5 394 728	559 388
千　　　葉	7 310	7 284	9 341 007	4 663 751	4 004 670	659 081
東　　　京	14 876	14 877	33 242 389	20 156 227	18 060 724	2 095 503
神　奈　川	2 348	2 293	5 502 748	2 831 586	2 527 767	303 819
新　　　潟	6 139	6 137	13 971 481	908 898	713 568	195 330
富　　　山	1 576	1 581	1 766 874	205 783	198 858	6 925
石　　　川	7 415	7 402	9 109 213	506 477	378 222	128 255
福　　　井	1 587	1 584	2 599 969	522 119	434 544	87 575
山　　　梨	7 709	7 511	8 380 149	1 020 323	789 244	231 079
長　　　野	1 399	1 372	2 978 913	1 209 137	1 098 784	110 353
岐　　　阜	5 386	4 948	6 880 964	761 838	584 893	176 945
静　　　岡	1 600	1 591	4 509 316	1 359 266	1 173 377	185 889
愛　　　知	8 450	8 352	19 977 164	2 732 335	2 286 044	446 291
三　　　重	2 479	2 483	3 432 882	1 345 689	1 159 392	186 297
滋　　　賀	7 019	7 018	5 567 396	635 952	522 050	113 902
京　　　都	5 603	5 424	14 604 114	1 237 658	1 040 412	197 246
大　　　阪	6 138	5 973	11 047 643	4 941 312	4 534 939	406 373
兵　　　庫	2 076	2 073	3 294 923	1 899 961	1 717 296	182 665
奈　　　良	6 766	6 763	9 076 045	1 331 903	1 190 438	141 465
和　歌　山	3 107	3 084	8 306 057	822 200	711 664	110 536
鳥　　　取	2 637	2 632	6 888 449	704 950	546 551	158 399
島　　　根	2 255	2 269	7 510 972	519 578	422 318	97 260
岡　　　山	3 816	3 813	10 517 707	647 304	532 215	115 089
広　　　島	1 099	1 088	2 944 823	626 619	521 624	104 995
山　　　口	5 717	5 629	14 245 452	1 225 108	1 007 694	217 414
徳　　　島	2 644	2 567	5 603 344	1 137 454	1 064 714	72 740
香　　　川	2 719	2 661	5 401 477	462 175	383 762	78 413
愛　　　媛	4 516	4 520	9 740 847	814 708	691 538	123 170
高　　　知	2 901	2 890	6 592 034	767 849	653 920	113 929
福　　　岡	13 067	13 053	27 776 422	4 085 857	3 534 772	551 085
佐　　　賀	5 543	5 541	11 953 336	1 182 444	927 042	255 402
長　　　崎	9 283	9 263	10 201 980	1 065 190	871 120	194 070
熊　　　本	9 691	9 827	15 327 787	1 222 451	1 179 563	42 888
大　　　分	2 962	2 951	7 366 355	2 106 721	1 875 922	230 799
宮　　　崎	5 049	5 028	12 652 860	1 303 063	1 108 271	194 792
鹿　児　島	2 790	2 778	7 594 301	1 230 383	1 093 553	136 830
沖　　　縄	9 833	9 555	16 466 197	2 604 409	2 199 200	405 209

注：1）本表は年度分報告である。なお、八戸市は平成29年1月に中核市になったため、平成29年1月診療分～2月診療分の数値である。
　　2）「支払決定金額」及び「レセプト件数」は、平成28年3月診療分から平成29年2月診療分までを対象とした。

件数、支払決定金額、レセプト件数及び支払決定実人員，都道府県－指定都市－中核市別

平成28年度

定	金	額	レ セ プ ト 件 数			支払決定実人員
社会保険負担額（千円）	長寿医療（後期高齢者医療）負担額（千円）	自己負担額（千円）	総数	医科	調剤	
282 731 428	275 617 804	8 694 395	2 958 466	1 827 589	1 130 877	286 270
10 234 937	20 123 472	342 377	159 582	95 742	63 840	14 713
4 404 796	5 629 434	101 169	33 509	27 568	5 941	3 889
429 366	142 595	10 460	4 441	2 844	1 597	409
4 919 899	3 006 411	1 397 217	34 870	19 094	15 776	2 719
1 658 984	1 027 488	32 686	12 741	7 877	4 864	1 238
2 489 268	2 751 562	64 898	17 048	12 007	5 041	2 767
590 260	444 702	17 892	9 885	5 791	4 094	1 159
615 965	187 393	19 191	13 568	8 484	5 084	1 118
4 960 978	5 745 036	139 935	52 925	30 661	22 264	5 205
415 874	254 227	10 916	6 475	4 398	2 077	605
3 902 518	1 878 964	104 873	49 223	32 643	16 580	4 582
3 081 790	1 443 659	151 807	48 999	30 700	18 299	3 825
12 293 455	370 862	421 845	118 479	92 791	25 688	15 954
1 626 197	999 887	45 078	27 523	16 646	10 877	2 060
6 662 029	6 249 860	150 694	59 836	37 841	21 995	4 731
554 961	989 468	16 662	3 750	3 309	441	787
3 690 548	4 825 458	86 730	37 422	20 033	17 389	3 216
1 207 675	841 673	28 502	12 518	7 225	5 293	1 212
4 168 140	3 093 815	97 871	41 183	21 498	19 685	3 585
1 326 334	404 139	39 303	11 398	7 893	3 505	1 158
3 262 291	2 767 595	89 240	39 233	24 437	14 796	2 495
1 959 421	1 140 745	49 884	22 803	12 351	10 452	1 606
5 490 170	11 540 686	213 973	83 942	48 240	35 702	6 954
1 574 272	472 047	40 874	15 167	9 612	5 555	1 521
2 419 036	2 454 862	57 546	21 900	13 024	8 876	3 010
7 356 914	5 791 873	217 669	47 461	29 306	18 155	5 800
3 325 769	2 717 480	63 082	44 658	29 333	15 325	6 708
1 022 465	348 236	24 261	12 991	8 236	4 755	1 601
3 581 234	4 078 483	84 425	32 952	21 014	11 938	4 269
3 071 080	4 338 243	74 534	26 608	17 288	9 320	3 195
3 186 292	2 923 997	73 210	32 400	18 041	14 359	2 535
3 386 609	3 535 740	69 045	29 260	17 115	12 145	2 393
4 500 224	5 273 082	97 097	40 999	25 584	15 415	3 568
1 036 470	1 249 177	32 557	12 950	7 411	5 539	977
5 991 703	6 891 474	137 167	49 988	30 268	19 720	5 079
1 336 449	3 081 712	47 729	18 340	14 023	4 317	1 941
2 247 852	2 639 340	52 110	22 684	13 201	9 483	2 372
3 909 642	4 923 338	93 159	31 935	21 837	10 098	3 187
2 521 432	3 244 524	58 229	26 161	15 140	11 021	2 507
7 705 068	15 738 407	247 090	118 457	68 910	49 547	10 716
6 000 233	4 644 405	126 254	51 444	26 647	24 797	4 140
5 593 738	3 442 465	100 587	42 267	24 388	17 879	3 619
6 962 770	6 972 851	169 715	46 864	41 897	4 967	6 504
2 989 387	2 195 917	74 330	32 875	19 043	13 832	2 840
6 082 561	5 139 952	127 284	48 950	30 738	18 212	5 009
3 816 569	2 472 656	74 693	31 607	19 054	12 553	2 579
8 908 475	4 808 159	145 154	66 449	39 711	26 738	7 238

（報告表　19）

障害者総合支援
14表

第14表（2－2）自立支援医療（身体障害者の更生医療）の支給認定

都道府県 指定都市 中核市	支給認定 申請件数	支給認定 件数	支　払　決			
			総額（千円）	公費負担額		
				総額（千円）	医科（千円）	調剤（千円）
指定都市（別掲）						
札　幌　市	4 347	4 344	11 855 316	4 328 964	3 763 420	565 544
仙　台　市	3 412	3 405	6 786 988	1 417 584	1 169 116	248 468
さいたま市	1 270	1 256	2 442 802	1 437 843	1 288 920	148 923
千　葉　市	733	733	1 993 837	1 313 982	1 130 677	183 305
横　浜　市	2 229	2 228	6 537 512	4 846 207	4 180 710	665 497
川　崎　市	1 139	1 139	3 189 210	2 164 092	1 903 725	260 367
相模原市	441	441	1 204 846	839 990	763 714	76 276
新　潟　市	3 704	3 672	9 127 587	754 835	665 850	88 985
静　岡　市	454	454	1 249 688	653 263	570 824	82 439
浜　松　市	574	573	1 619 298	632 729	549 019	83 710
名古屋市	4 483	4 483	16 777 517	4 050 006	3 504 265	545 741
京　都　市	7 753	7 670	26 035 763	3 986 417	3 448 840	537 577
大　阪　市	6 363	6 363	14 707 279	9 239 958	7 837 327	1 402 631
堺　　　市	1 024	965	2 423 838	1 489 428	1 348 257	141 171
神　戸　市	12 914	12 904	12 002 477	3 702 419	3 310 625	391 794
岡　山　市	4 120	4 120	8 831 793	1 165 806	1 022 211	143 595
広　島　市	3 035	3 032	7 412 684	1 977 200	1 705 078	272 122
北九州市	3 477	3 476	11 909 560	2 267 929	2 003 573	264 356
福　岡　市	5 762	5 919	21 010 724	3 882 699	2 283 781	1 598 918
熊　本　市	7 146	6 631	8 801 004	1 290 846	1 263 806	27 040
中核市（別掲）						
旭　川　市	1 476	1 481	6 498 285	1 063 727	1 063 727	－
函　館　市	1 190	1 185	3 858 031	746 664	627 359	119 305
青　森　市	1 498	1 496	4 491 112	718 423	675 716	42 707
八　戸　市	111	111	377 476	58 588	52 988	5 600
盛　岡　市	209	213	324 372	244 364	219 564	24 800
秋　田　市	495	494	793 632	287 267	239 441	47 826
郡　山　市	211	200	361 321	233 969	223 890	10 079
いわき市	199	193	460 466	392 435	381 507	10 928
宇都宮市	1 522	1 522	4 244 993	803 720	724 696	79 024
前　橋　市	258	254	438 273	384 411	356 004	28 407
高　崎　市	246	246	508 916	388 094	371 833	16 261
川　越　市	406	406	1 103 576	511 343	441 272	70 071
越　谷　市	335	335	830 657	360 961	332 253	28 708
船　橋　市	411	427	1 051 726	607 391	505 618	101 773
柏　　　市	437	418	836 118	386 447	325 488	60 959
八王子市	438	438	941 420	671 008	615 991	55 017
横須賀市	358	354	977 622	475 639	430 371	45 268
富　山　市	785	777	755 984	207 724	199 775	7 949
金　沢　市	2 487	2 434	5 380 695	511 594	421 695	89 899
長　野　市	220	212	586 191	244 886	222 727	22 159
岐　阜　市	376	376	1 122 799	379 588	357 862	21 726
豊　橋　市	376	375	1 229 875	274 105	223 438	50 667
豊　田　市	810	613	2 326 226	238 946	196 542	42 404
岡　崎　市	745	731	2 579 244	343 714	294 525	49 189
大　津　市	892	843	2 871 577	370 535	307 347	63 188
高　槻　市	457	457	779 227	349 094	314 498	34 596
東大阪市	448	526	1 278 175	1 153 684	1 048 527	105 157
豊　中　市	511	514	1 082 864	531 220	476 421	54 799
枚　方　市	944	953	1 237 919	517 731	472 570	45 161
姫　路　市	358	350	958 385	676 826	602 438	74 388
西　宮　市	450	450	679 725	453 418	399 315	54 103
尼　崎　市	558	558	1 550 730	1 341 674	1 221 305	120 369
奈　良　市	844	790	1 744 771	516 152	488 412	27 740
和歌山市	1 747	1 747	5 320 502	993 282	898 058	95 224
倉　敷　市	2 963	2 963	6 697 731	608 223	552 388	55 835
福　山　市	485	479	2 202 505	1 596 924	982 652	614 272
呉　　　市	162	162	497 240	328 610	280 317	48 293
下　関　市	1 018	1 001	2 103 085	465 962	404 981	60 981
高　松　市	1 253	1 281	2 934 654	520 685	443 767	76 918
松　山　市	1 312	1 308	2 551 537	904 315	812 581	91 734
高　知　市	1 890	1 873	5 109 532	1 101 114	965 649	135 465
久留米市	1 185	1 178	4 130 394	625 261	625 261	－
長　崎　市	2 121	2 121	5 528 349	832 226	733 126	99 100
佐世保市	1 339	1 336	3 788 416	520 758	454 058	66 700
大　分　市	903	894	2 003 975	819 710	741 346	78 364
宮　崎　市	2 629	2 585	6 512 843	904 873	821 675	83 198
鹿児島市	1 525	1 504	2 693 600	1 078 097	1 005 302	72 795
那　覇　市	3 615	3 606	5 538 576	1 194 494	1 006 662	187 832

注：1）本表は年度分報告である。なお、八戸市は平成29年1月に中核市になったため、平成29年1月診療分～2月診療分の数値である。
　　2）「支払決定金額」及び「レセプト件数」は、平成28年3月診療分から平成29年2月診療分までを対象とした。

件数、支払決定金額、レセプト件数及び支払決定実人員，都道府県－指定都市－中核市別

平成28年度

定 金 額			レ セ プ ト 件 数			支払決定
社会保険負担額（千円）	長寿医療（後期高齢者医療）負担額（千円）	自己負担額（千円）	総　数	医　科	調　剤	実　人　員
2 910 993	4 526 620	88 739	52 206	27 778	24 428	6 367
3 448 555	1 842 702	78 147	31 342	15 548	15 794	2 404
609 137	374 554	21 268	11 022	6 770	4 252	989
582 797	77 782	19 276	9 822	5 813	4 009	733
1 637 966	20 061	33 278	29 399	16 087	13 312	3 016
922 056	79 822	23 240	13 933	8 254	5 679	1 112
330 669	26 334	7 853	4 797	3 157	1 640	459
4 915 169	3 432 979	24 604	31 757	22 147	9 610	3 123
508 445	76 359	11 621	6 185	3 457	2 728	425
696 665	273 395	16 509	6 680	4 086	2 594	649
4 805 703	7 746 454	175 354	71 068	41 145	29 923	4 483
11 015 101	10 723 827	310 418	88 754	50 741	38 013	7 670
3 952 202	1 410 689	104 430	56 689	35 650	21 039	6 363
530 943	394 623	8 844	9 585	6 020	3 565	1 091
3 413 904	4 518 541	367 613	72 313	44 509	27 804	5 560
4 144 316	3 379 263	142 408	32 794	21 184	11 610	4 120
3 633 459	1 765 196	36 829	30 431	19 558	10 873	2 068
3 132 588	6 483 334	25 709	56 758	29 450	27 308	3 365
7 109 115	9 806 084	212 826	88 255	48 795	39 460	6 719
4 315 091	3 101 054	94 013	27 842	26 146	1 696	3 937
1 897 905	3 485 143	51 510	24 614	13 514	11 100	2 019
1 211 466	1 870 747	29 154	16 692	8 493	8 199	1 190
1 305 619	2 431 278	35 792	12 452	9 613	2 839	1 423
111 992	203 084	3 812	1 564	988	576	108
68 342	9 716	1 950	1 390	888	502	126
363 036	134 146	9 183	3 558	1 932	1 626	359
100 673	23 537	3 142	1 496	1 101	395	164
54 417	10 559	3 055	1 720	1 479	241	222
1 784 699	1 615 689	40 885	14 317	9 919	4 398	1 402
52 144	-	1 718	1 991	1 241	750	189
105 358	12 997	2 467	1 785	1 407	378	192
401 546	182 986	7 701	4 819	2 601	2 218	313
298 480	163 246	7 970	3 224	2 311	913	335
372 782	60 910	10 643	4 963	2 882	2 081	419
326 350	113 921	9 400	3 926	2 362	1 564	340
252 506	8 994	8 912	3 676	2 766	910	360
200 329	294 029	7 625	4 927	2 752	2 175	367
227 962	316 215	4 083	1 374	1 068	306	434
2 456 975	2 362 579	49 547	27 292	12 973	14 319	2 202
266 393	69 709	5 203	1 865	1 259	606	204
463 402	268 438	11 371	4 452	3 645	807	375
283 617	658 457	13 696	5 271	2 820	2 451	398
567 015	1 492 441	27 824	8 207	5 951	2 256	769
686 464	1 522 683	26 383	9 672	5 990	3 682	868
1 303 755	1 167 047	30 240	11 727	6 824	4 903	1 356
272 450	151 709	5 974	2 936	1 852	1 084	419
13 363	104 481	6 647	6 048	3 799	2 249	461
392 009	154 108	5 527	3 937	2 696	1 241	387
443 448	265 784	10 956	4 371	3 037	1 334	763
182 796	93 594	5 169	4 103	2 403	1 700	358
203 751	15 759	6 797	3 076	1 914	1 162	313
160 244	44 594	4 218	5 820	3 844	1 976	558
681 367	531 407	15 845	5 838	3 990	1 848	869
1 451 857	2 827 436	47 927	17 630	11 507	6 123	1 371
3 434 275	2 600 426	54 807	21 367	15 346	6 021	3 528
346 105	249 102	10 374	5 240	3 020	2 220	469
101 967	62 505	4 158	2 424	1 328	1 096	185
876 488	743 196	17 439	7 123	4 081	3 042	955
1 174 548	1 209 609	29 812	10 660	7 119	3 541	1 315
864 026	765 109	18 087	10 032	5 688	4 344	651
1 778 304	2 186 779	43 335	21 810	11 153	10 657	2 063
1 090 581	2 379 309	35 243	13 242	8 862	4 380	1 433
3 153 002	1 492 431	50 690	19 098	12 936	6 162	2 026
1 920 081	1 311 189	36 388	16 419	9 580	6 839	1 256
834 008	331 162	19 095	8 483	5 103	3 380	894
3 150 937	2 389 235	67 798	21 595	14 340	7 255	2 429
1 161 437	430 950	23 116	9 268	6 976	2 292	775
2 794 183	1 502 155	47 744	22 620	13 047	9 573	2 710

（報告表　19）

障害者総合支援
15表

第15表　自立支援医療（精神障害者・児の精神通院医療）

都道府県 指定都市	支給認定 申請件数	支給認定 件数	支払決定 総額（千円）	公費負担額 総額（千円）	公費負担額 医科（千円）	公費負担額 調剤（千円）
全　　国	1 939 689	1 930 478	606 453 309	230 867 526	137 828 956	93 038 570
北 海 道	58 717	58 636	17 001 709	2 688 749	1 395 953	1 292 796
青　森	19 396	19 396	8 179 094	2 942 358	1 905 913	1 036 445
岩　手	17 790	17 787	4 697 065	1 775 600	1 313 445	462 155
宮　城	16 791	16 813	3 682 435	1 143 843	593 499	550 344
秋　田	12 715	11 894	4 294 257	1 388 635	820 348	568 287
山　形	11 126	11 055	4 900 965	1 442 081	897 374	544 707
福　島	25 076	25 072	8 628 780	2 732 572	1 576 012	1 156 560
茨　城	36 131	36 130	9 675 267	3 164 780	1 700 410	1 464 370
栃　木	22 301	22 451	7 370 879	2 314 005	1 586 643	727 362
群　馬	22 129	22 123	6 833 210	1 984 718	1 262 845	721 873
埼　玉	84 917	84 904	24 244 268	8 840 445	4 506 983	4 333 462
千　葉	66 367	66 365	27 801 377	7 059 191	3 838 679	3 220 512
東　京	214 556	214 555	67 088 562	31 000 715	18 032 301	12 968 414
神奈川	45 711	47 172	12 554 487	4 612 786	2 439 203	2 173 583
新　潟	20 361	20 345	5 189 782	1 514 131	869 100	645 031
富　山	10 752	10 752	3 604 439	998 276	748 291	249 985
石　川	16 077	16 077	3 188 132	1 631 787	956 621	675 166
福　井	11 280	11 280	3 468 948	902 730	528 473	374 257
山　梨	10 535	10 535	3 345 672	1 082 185	621 537	460 648
長　野	33 546	33 546	10 798 848	2 682 581	1 381 674	1 300 907
岐　阜	22 456	19 877	5 074 229	1 446 674	798 992	647 682
静　岡	23 870	23 852	7 401 745	1 984 228	1 114 045	870 183
愛　知	71 677	70 836	20 325 945	5 778 077	3 481 631	2 296 446
三　重	30 697	30 611	8 416 423	2 543 404	1 505 808	1 037 596
滋　賀	17 493	17 493	5 080 258	1 634 756	841 647	793 109
京　都	20 382	19 412	4 689 613	1 808 957	1 053 773	755 184
大　阪	93 010	92 938	30 123 194	13 264 293	8 324 442	4 939 851
兵　庫	58 521	58 521	9 603 682	5 145 465	2 496 333	2 649 132
奈　良	17 851	17 839	4 803 721	1 536 957	871 260	665 697
和歌山	12 550	12 095	3 690 868	1 309 979	865 768	444 211
鳥　取	10 997	10 997	3 086 551	1 122 110	714 178	407 932
島　根	15 930	15 929	4 422 817	1 311 119	718 117	593 002
岡　山	19 862	19 852	4 983 000	1 637 915	940 189	697 726
広　島	25 539	25 537	9 053 384	3 318 718	2 306 308	1 012 410
山　口	21 158	21 143	7 351 200	2 477 259	1 757 924	719 335
徳　島	13 187	13 169	3 183 286	1 270 764	857 211	413 553
香　川	10 633	10 630	4 733 213	1 392 055	1 027 467	364 588
愛　媛	24 071	24 067	6 372 518	2 518 558	1 776 005	742 553
高　知	11 910	11 909	3 803 820	1 771 516	1 125 018	646 498
福　岡	39 982	39 975	12 442 506	5 680 357	4 006 887	1 673 470
佐　賀	12 237	12 233	4 814 563	1 618 765	1 117 653	501 112
長　崎	18 719	18 641	9 572 926	6 080 027	3 903 999	2 176 028
熊　本	16 538	16 537	5 162 745	1 630 800	1 052 599	578 201
大　分	19 526	17 964	7 496 949	2 757 888	1 973 562	784 326
宮　崎	19 296	19 737	7 188 971	2 840 475	2 061 107	779 368
鹿児島	23 376	23 376	8 235 828	3 350 375	2 595 051	755 324
沖　縄	41 600	41 574	15 175 415	6 444 884	4 412 358	2 032 526
指定都市(別掲)						
札 幌 市	42 587	42 472	14 956 717	8 411 481	5 037 851	3 373 630
仙 台 市	14 583	14 583	4 130 565	1 692 196	911 917	780 279
さいたま市	18 925	18 561	5 778 754	2 148 016	1 300 435	847 581
千 葉 市	14 374	14 272	4 147 500	1 681 450	805 565	875 885
横 浜 市	57 216	57 166	16 639 726	7 032 689	3 343 449	3 689 240
川 崎 市	21 334	21 324	8 566 334	2 765 396	1 387 715	1 377 681
相模原市	11 310	11 194	3 081 080	1 259 918	699 689	560 229
新 潟 市	11 636	11 624	2 828 345	992 006	518 838	473 168
静 岡 市	8 773	8 697	2 439 563	922 085	546 154	375 931
浜 松 市	10 602	9 625	3 191 170	1 002 314	513 883	488 431
名古屋市	35 309	35 259	9 956 955	3 926 520	2 161 426	1 765 094
京 都 市	27 664	27 649	8 790 979	4 392 746	2 749 800	1 642 946
大 阪 市	57 448	57 238	18 458 858	8 485 760	4 291 316	4 194 444
堺　　市	16 368	15 164	5 086 682	2 628 432	1 617 551	1 010 881
神 戸 市	31 383	31 238	8 529 365	3 938 194	2 059 258	1 878 936
岡 山 市	12 369	12 333	4 195 883	1 823 402	1 268 939	554 463
広 島 市	26 226	26 216	10 947 460	4 242 749	2 827 455	1 415 294
北九州市	15 794	15 794	5 006 980	2 273 578	1 442 277	831 301
福 岡 市	23 995	23 993	12 763 323	3 778 879	2 427 904	1 350 975
熊 本 市	12 451	12 444	4 119 524	1 891 172	1 242 898	648 274

注：1）本表は年度分報告である。
　　2）「支払決定金額」及び「レセプト件数」は、平成28年3月診療分から平成29年2月診療分までを対象とした。

の支給認定件数、支払決定金額及びレセプト件数，都道府県－指定都市別

平成28年度

定	金	額	レ セ プ	ト 件	数
社会保険負担額（千円）	長寿医療（後期高齢者医療）負担額（千円）	自己負担額（千円）	総数	医科	調剤
319 358 046	**25 916 717**	**30 311 020**	**31 422 380**	**17 860 072**	**13 562 308**
10 582 318	2 786 764	943 878	739 784	412 316	327 468
4 631 240	314 545	290 951	315 567	185 058	130 509
2 599 846	34 084	287 535	226 533	138 612	87 921
2 189 255	101 411	247 926	227 875	126 237	101 638
2 536 802	142 577	226 243	216 718	125 303	91 415
2 356 568	853 140	249 176	194 975	104 936	90 039
5 110 722	319 820	465 666	410 381	237 300	173 081
5 466 691	251 572	792 224	596 797	336 394	260 403
4 460 134	192 962	403 778	333 420	208 860	124 560
4 289 771	152 588	406 133	350 592	207 087	143 505
12 753 868	1 236 639	1 413 316	1 376 667	765 404	611 263
19 460 964	10 987	1 270 235	1 186 875	656 330	530 545
31 069 182	1 529 116	3 489 549	3 708 538	2 049 098	1 659 440
7 096 821	96 261	748 619	823 937	445 281	378 656
3 165 347	156 108	354 196	307 297	181 948	125 349
2 210 458	160 790	234 915	154 996	107 288	47 708
1 097 063	164 722	294 560	271 889	154 967	116 922
2 081 909	240 852	243 457	187 974	110 936	77 038
1 979 776	71 470	212 241	179 538	102 065	77 473
7 181 430	499 965	434 872	567 548	318 312	249 236
3 084 096	178 837	364 622	306 118	172 551	133 567
4 941 458	7 511	468 548	406 775	229 335	177 440
12 789 506	874 005	884 357	1 116 933	645 442	471 491
4 804 689	535 836	532 494	456 908	258 173	198 735
3 063 245	108 108	274 149	301 118	162 770	138 348
2 502 400	119 668	258 588	267 194	153 817	113 377
15 366 470	841 520	650 911	1 559 850	885 312	674 538
3 101 520	495 309	861 388	876 566	477 303	399 263
2 742 157	225 518	299 089	256 390	146 013	110 377
2 074 613	105 287	200 989	190 159	118 634	71 525
1 521 331	258 680	184 430	171 772	100 500	71 272
2 557 102	254 338	300 258	270 410	146 774	123 636
2 827 679	198 849	318 557	280 528	161 241	119 287
4 374 224	906 063	454 379	399 316	231 820	167 496
4 061 740	391 354	420 847	325 964	206 585	119 379
1 649 412	92 790	170 320	147 997	91 043	56 954
2 638 267	336 788	366 103	158 505	100 321	58 184
3 301 262	51 051	501 647	323 458	208 695	114 763
1 692 900	167 906	171 498	195 988	112 669	83 319
5 022 640	1 046 375	693 134	639 486	378 281	261 205
2 632 162	304 427	259 209	212 599	122 907	89 692
2 862 330	309 751	320 818	301 816	188 754	113 062
2 850 735	378 972	302 238	258 735	152 316	106 419
3 563 933	808 886	366 242	294 846	183 294	111 552
3 331 698	694 141	322 657	300 022	176 667	123 355
3 973 961	525 995	385 497	353 902	230 284	123 618
6 980 075	1 507 259	243 197	620 487	354 957	265 530
5 493 199	453 273	598 764	786 401	431 221	355 180
2 075 238	125 817	237 314	240 097	135 691	104 406
2 958 107	350 265	322 366	300 786	176 087	124 699
2 138 369	90 356	237 325	252 522	138 067	114 455
8 469 236	166 386	971 415	1 061 358	561 648	499 710
5 310 209	129 641	361 088	395 280	210 001	185 279
1 631 738	35 014	154 410	194 319	108 327	85 992
1 613 025	44 422	178 892	183 637	100 032	83 605
1 332 857	32 844	151 777	142 292	83 490	58 802
1 942 186	25 581	221 089	195 850	108 087	87 763
5 292 154	201 290	536 991	566 301	318 023	248 278
3 773 075	249 168	375 990	449 352	262 217	187 135
8 696 641	962 421	314 036	977 166	542 296	434 870
2 191 197	167 458	99 595	278 121	157 903	120 218
3 793 601	352 702	444 868	482 381	263 606	218 775
1 957 051	203 314	212 116	199 465	121 099	78 366
5 594 020	604 288	506 403	450 822	262 878	187 944
2 337 341	143 285	252 776	271 748	160 446	111 302
8 275 875	363 892	344 677	412 911	226 273	186 638
1 851 157	173 703	203 492	209 828	122 490	87 338

（報告表　21）

障害者総合支援
16表

第16表 自立支援医療における支給認定件

医 療 費 区 分	支			給
	総 数	生 活 保 護	低 所 得 1	低 所 得 2
総　　　　　数	2 226 634	418 375	527 155	265 528
育 成 医 療	29 448	344	1 930	1 427
更 生 医 療	255 043	44 277	42 287	63 997
精 神 通 院 医 療	1 942 143	373 754	482 938	200 104

注：本表は年度分報告である。

数，所得区分×医療費区分別

平成28年度

認	定	件	数	
中 間 所 得 1	中 間 所 得 2	重度かつ継続 （中間所得1）	重度かつ継続 （中間所得2）	重度かつ継続 （一定所得以上）
37 784	18 756	339 853	523 102	96 081
5 730	18 756	339	850	72
16 475	・	38 284	41 408	8 315
15 579	・	301 230	480 844	87 694

（報告表　21の2）

第17表（4－1）自立支援医療における支給認定件数,

総　数

都道府県 指定都市 中核市	支給認定件数 総数	生活保護	低所得１	低所得２	中間所得１	中間所得２	重度かつ継続 (中間所得１)	重度かつ継続 (中間所得２)	重度かつ継続 (一定所得以上)
全国	**2 226 634**	**418 375**	**527 155**	**265 528**	**37 784**	**18 756**	**339 853**	**523 102**	**96 081**
北海道	69 885	16 589	17 144	9 115	3 047	501	9 983	12 128	1 378
青森	23 484	5 289	6 009	3 578	377	192	4 005	3 622	412
岩手	18 423	2 828	3 956	3 155	95	121	3 946	3 936	386
宮城	18 916	1 913	5 408	2 582	123	50	4 091	4 267	482
秋田	12 886	2 256	3 636	2 087	84	57	2 530	2 031	205
山形	14 525	1 422	3 645	2 905	1 655	149	2 380	2 134	235
福島	31 976	4 307	9 508	3 840	354	137	6 119	6 988	723
茨城	37 646	5 084	10 276	3 274	125	294	6 564	10 193	1 836
栃木	28 825	3 614	7 537	4 137	324	346	5 032	6 881	954
群馬	23 033	2 769	5 145	3 378	68	143	4 504	6 334	692
埼玉	90 658	15 882	23 155	6 135	546	1 207	14 024	24 897	4 812
千葉	73 794	12 267	16 624	8 008	358	575	11 849	19 959	4 154
東京	230 675	59 693	54 488	15 565	4 283	505	24 466	55 630	16 045
神奈川	49 303	8 441	11 085	5 216	95	230	7 291	13 887	3 058
新潟	24 496	2 044	6 109	4 391	244	297	5 580	5 399	432
富山	11 761	662	3 071	1 756	344	173	2 328	3 091	336
石川	21 491	1 979	5 310	3 494	331	190	4 420	4 937	830
福井	12 297	805	3 024	1 634	95	89	2 619	3 637	394
山梨	13 635	1 400	3 556	2 514	93	103	2 531	3 076	362
長野	35 568	2 884	10 121	5 016	382	425	6 713	9 050	977
岐阜	22 245	1 668	5 308	2 652	467	199	4 337	6 676	938
静岡	25 928	2 336	6 478	3 157	119	442	5 028	7 381	987
愛知	77 628	5 459	17 081	7 215	641	549	13 337	27 801	5 545
三重	32 459	3 829	6 861	4 108	235	520	5 655	9 642	1 609
滋賀	21 031	2 124	4 667	2 177	590	333	3 747	6 365	1 028
京都	24 181	2 982	6 545	2 698	1 316	169	4 108	5 473	890
大阪	98 002	21 754	23 314	11 588	725	437	13 668	22 346	4 170
兵庫	60 070	11 161	15 221	5 679	271	196	9 527	14 985	3 030
奈良	23 843	3 444	6 464	3 341	474	268	4 035	4 998	819
和歌山	15 505	1 895	4 417	2 689	487	179	2 629	2 812	397
鳥取	13 160	1 708	3 197	2 405	155	92	2 688	2 652	263
島根	18 030	1 485	3 896	3 851	115	137	3 851	4 351	344
岡山	22 331	2 484	5 409	3 707	124	50	4 399	5 527	631
広島	26 771	3 818	6 330	3 391	62	157	4 708	7 427	878
山口	26 199	2 874	5 625	4 459	823	396	4 621	6 604	797
徳島	12 372	2 363	2 993	2 533	263	71	1 979	1 919	251
香川	11 994	1 684	3 010	1 837	158	65	2 180	2 629	431
愛媛	29 860	4 457	7 522	4 703	259	181	5 173	6 744	821
高知	14 184	3 431	3 721	2 217	1 149	34	1 702	1 703	227
福岡	50 826	9 811	11 801	7 063	695	333	8 582	11 102	1 439
佐賀	16 977	1 564	3 906	3 386	741	188	3 422	3 397	373
長崎	22 723	4 021	5 917	3 636	353	165	4 082	4 069	480
熊本	22 419	2 124	5 688	5 224	309	191	4 452	4 022	409
大分	22 659	3 951	5 693	3 100	277	109	4 010	4 960	559
宮崎	24 842	3 866	6 610	4 542	753	122	4 473	4 029	447
鹿児島	26 807	5 083	8 130	4 019	703	238	4 251	3 969	414
沖縄	47 910	9 249	14 045	6 867	1 004	412	7 940	7 454	939

注：本表は年度分報告である。なお、八戸市は平成29年１月に中核市になったため、１月～３月の数値である。

医療費区分×都道府県－指定都市－中核市×所得区分別

平成28年度

都道府県 指定都市 中核市	支給認定件数								
	総数	生活保護	低所得１	低所得２	中間所得１	中間所得２	重度かつ継続(中間所得１)	重度かつ継続(中間所得２)	重度かつ継続(一定所得以上)
指定都市(別掲)									
札幌市	47 234	16 506	8 907	4 228	1 770	311	5 285	8 863	1 364
仙台市	17 236	3 666	3 484	2 377	162	148	2 406	4 006	987
さいたま市	19 776	3 886	4 179	1 485	73	205	2 571	5 851	1 526
千葉市	15 115	3 740	3 183	1 098	40	81	1 936	4 034	1 003
横浜市	59 452	15 244	11 698	4 544	756	320	6 612	15 918	4 360
川崎市	22 745	6 068	3 787	1 792	125	208	2 402	6 334	2 029
相模原市	11 666	2 603	2 559	929	25	43	1 565	3 368	574
新潟市	14 264	2 005	3 069	1 985	114	218	2 792	3 601	480
静岡市	9 230	1 561	2 176	965	170	195	1 456	2 353	354
浜松市	11 872	1 278	2 610	1 291	583	202	1 973	3 327	608
名古屋市	38 725	8 518	7 890	2 869	117	200	5 077	11 443	2 611
京都市	35 744	8 819	9 559	4 345	1 409	249	3 293	6 689	1 381
大阪市	63 503	24 364	15 972	3 016	284	308	6 288	11 583	1 688
堺市	15 873	4 479	4 230	1 361	100	80	1 985	3 180	458
神戸市	37 464	10 065	7 396	4 873	637	142	4 266	7 646	2 439
岡山市	14 515	2 782	2 744	2 194	70	90	2 275	3 695	665
広島市	29 638	6 564	5 028	3 468	61	306	4 115	8 443	1 653
北九州市	19 465	4 557	4 514	2 671	187	118	2 573	4 257	588
福岡市	29 628	8 054	6 412	3 378	414	198	3 524	6 040	1 608
熊本市	16 952	3 514	3 278	3 043	271	195	2 531	3 443	677
中核市(別掲)									
旭川市	1 586	190	237	508	109	75	250	197	20
函館市	966	146	175	296	12	11	169	142	15
青森市	1 596	178	271	476	127	64	256	199	25
八戸市	105	11	16	24	9	9	23	12	1
盛岡市	262	159	15	9	17	30	7	19	6
秋田市	345	51	28	50	39	70	31	62	14
郡山市	229	111	17	15	6	22	21	29	8
いわき市	259	134	8	14	21	45	10	27	－
宇都宮市	1 652	170	241	374	89	112	282	315	69
前橋市	321	213	7	8	21	41	11	18	2
高崎市	325	182	10	10	27	54	10	25	7
川越市	508	104	82	54	18	72	61	104	13
越谷市	363	81	42	46	15	59	41	67	12
船橋市	491	175	42	38	12	48	44	109	23
柏市	495	148	80	17	9	61	53	100	27
八王子市	464	201	39	7	4	17	48	115	33
横須賀市	410	128	30	67	5	24	68	79	9
富山市	612	43	55	125	266	85	12	23	3
金沢市	1 590	80	170	466	134	78	278	328	56
長野市	312	49	41	36	50	71	24	32	9
岐阜市	414	87	43	84	14	50	55	57	24
豊橋市	466	63	52	108	21	71	68	69	14
豊田市	646	35	60	185	21	25	105	169	46
岡崎市	718	36	101	215	46	35	125	125	35
大津市	943	47	126	231	12	80	199	230	18
高槻市	322	78	44	65	55	20	12	34	14
東大阪市	600	348	55	26	53	47	25	39	7
豊中市	336	94	55	26	40	29	26	51	15
枚方市	651	149	131	63	155	34	36	68	15
姫路市	402	170	31	34	11	68	26	44	18
西宮市	371	108	17	24	47	52	19	55	49
尼崎市	556	306	44	25	74	66	4	23	14
奈良市	742	102	104	152	94	56	94	114	26
和歌山市	1 838	271	281	572	145	55	242	196	76
倉敷市	2 709	179	391	827	13	51	598	559	91
福山市	497	124	51	63	47	84	40	76	12
呉市	228	84	11	15	7	53	16	32	10
下関市	697	80	102	204	87	32	73	97	22
高松市	1 097	106	128	294	120	62	173	167	47
松山市	817	177	73	204	94	76	92	87	14
高知市	1 693	268	250	519	141	48	220	210	37
久留米市	1 289	131	272	355	70	49	202	173	37
長崎市	1 712	154	245	494	166	92	246	272	43
佐世保市	1 223	99	201	372	121	51	225	135	19
大分市	1 143	253	163	148	193	171	73	122	20
宮崎市	2 748	205	455	694	685	96	300	265	48
鹿児島市	1 865	665	121	396	141	214	132	173	23
那覇市	2 690	376	611	557	462	107	244	270	63

（報告表　21の２）

第17表（4－2）自立支援医療における支給認定件数,

育成医療

都道府県 指定都市 中核市	支給認定件数 総数	生活保護	低所得１	低所得２	中間所得１	中間所得２	重度かつ継続（中間所得１）	重度かつ継続（中間所得２）	重度かつ継続（一定所得以上）
全国	**29 448**	**344**	**1 930**	**1 427**	**5 730**	**18 756**	**339**	**850**	**72**
北海道	777	8	28	30	162	501	5	39	4
青森	340	－	17	18	93	192	8	12	－
岩手	229	2	22	17	60	121	1	5	1
宮城	131	－	7	9	26	50	14	24	1
秋田	112	1	8	7	36	57	1	1	1
山形	235	－	8	15	60	149	－	3	－
福島	218	4	4	3	41	137	7	22	－
茨城	437	1	25	10	83	294	3	20	1
栃木	524	1	29	27	116	346	1	4	－
群馬	228	1	12	11	40	143	8	13	－
埼玉	1 665	8	93	43	231	1 207	31	50	2
千葉	856	12	39	27	157	575	11	30	5
東京	713	12	51	33	101	505	1	10	－
神奈川	337	3	22	20	52	230	－	7	3
新潟	464	1	24	17	119	297	1	5	－
富山	241	－	6	7	47	173	2	6	－
石川	299	－	15	10	50	190	8	25	1
福井	219	－	10	13	44	89	1	62	－
山梨	189	1	10	16	49	103	3	7	－
長野	713	3	37	29	141	425	15	60	3
岐阜	312	－	22	14	46	199	9	22	－
静岡	598	－	34	18	95	442	5	3	1
愛知	730	4	29	27	96	549	4	15	6
三重	775	3	62	29	144	520	1	16	－
滋賀	431	－	15	9	63	333	2	6	3
京都	255	1	19	11	51	169	1	3	－
大阪	731	21	63	53	111	437	17	27	2
兵庫	297	4	17	13	61	196	1	3	2
奈良	435	6	39	21	84	268	5	9	3
和歌山	326	2	24	12	91	179	4	14	－
鳥取	151	3	10	8	31	92	2	5	－
島根	200	－	10	10	40	137	1	2	－
岡山	78	1	4	4	19	50	－	－	－
広島	242	2	12	10	44	157	4	13	－
山口	562	2	33	21	103	396	1	4	2
徳島	116	－	6	2	22	71	1	12	2
香川	98	2	7	1	22	65	－	1	－
愛媛	343	－	26	9	62	181	28	37	－
高知	60	－	6	3	16	34	1	－	－
福岡	589	7	37	22	108	333	16	64	2
佐賀	355	1	16	28	114	188	1	7	－
長崎	316	1	18	18	71	165	9	30	4
熊本	402	2	27	26	102	191	21	33	－
大分	218	4	18	26	60	109	1	－	－
宮崎	282	4	24	23	98	122	5	5	1
鹿児島	595	23	38	40	168	238	37	42	9
沖縄	1 036	11	163	104	295	412	22	29	－

注：本表は年度分報告である。なお、八戸市は平成29年１月に中核市になったため、１月～３月の数値である。

医療費区分×都道府県－指定都市－中核市×所得区分別

平成28年度

都道府県 指定都市 中核市	支給認定件数 総数	生活保護	低所得１	低所得２	中間所得１	中間所得２	重度かつ継続 (中間所得１)	重度かつ継続 (中間所得２)	重度かつ継続 (一定所得以上)
指定都市(別掲)									
札幌市	418	13	16	16	61	311	1	－	－
仙台市	221	1	16	13	38	148	－	2	3
さいたま市	274	4	11	14	37	205	－	2	1
千葉市	110	2	4	9	14	81	－	－	－
横浜市	412	6	23	12	44	320	－	5	2
川崎市	279	3	11	17	39	208	1	－	－
相模原市	63	1	4	4	10	43	－	1	－
新潟市	309	2	17	13	57	218	－	2	－
静岡市	246	－	6	9	35	195	1	－	－
浜松市	267	7	13	16	29	202	－	－	－
名古屋市	271	8	22	7	32	200	－	2	－
京都市	425	17	45	30	82	249	－	1	1
大阪市	522	20	46	37	109	308	－	2	－
堺市	136	16	15	6	19	80	－	－	－
神戸市	273	9	57	1	55	142	3	6	－
岡山市	124	2	7	2	22	90	－	1	－
広島市	389	4	15	9	50	306	－	3	2
北九州市	195	－	24	15	37	118	－	1	－
福岡市	318	10	36	26	48	198	－	－	－
熊本市	295	4	21	16	54	195	2	3	－
中核市(別掲)									
旭川市	109	1	－	3	29	75	－	1	－
函館市	25	1	1	1	11	11	－	－	－
青森市	100	－	8	8	20	64	－	－	－
八戸市	13	－	－	－	4	9	－	－	－
盛岡市	49	－	2	2	15	30	－	－	－
秋田市	93	－	3	4	16	70	－	－	－
郡山市	30	－	－	2	6	22	－	－	－
いわき市	70	－	1	1	20	45	3	－	－
宇都宮市	173	4	13	8	36	112	－	－	－
前橋市	66	－	1	4	19	41	－	1	－
高崎市	79	1	2	2	20	54	－	－	－
川越市	102	1	6	6	16	72	－	1	－
越谷市	80	－	2	5	14	59	－	－	－
船橋市	64	1	2	3	9	48	－	－	1
柏市	78	1	7	－	9	61	－	－	－
八王子市	26	－	4	1	4	17	－	－	－
横須賀市	35	－	5	1	5	24	－	－	－
富山市	115	－	4	7	19	85	－	－	－
金沢市	115	－	4	3	30	78	－	－	－
長野市	100	1	5	2	21	71	－	－	－
岐阜市	72	－	3	7	12	50	－	－	－
豊橋市	91	2	2	8	8	71	－	－	－
豊田市	33	－	3	1	4	25	－	－	－
岡崎市	44	－	3	－	6	35	－	－	－
大津市	100	1	2	5	12	80	－	－	－
高槻市	25	－	1	1	3	20	－	－	－
東大阪市	74	1	4	4	18	47	－	－	－
豊中市	45	1	2	2	11	29	－	－	－
枚方市	57	2	3	3	15	34	－	－	－
姫路市	72	－	1	1	2	68	－	－	－
西宮市	65	－	3	－	10	52	－	－	－
尼崎市	130	1	13	14	36	66	－	－	－
奈良市	86	1	5	7	16	56	1	－	－
和歌山市	91	4	8	5	17	55	－	－	2
倉敷市	65	2	2	2	7	51	－	1	－
福山市	127	1	9	8	25	84	－	－	－
呉市	66	2	2	3	6	53	－	－	－
下関市	53	－	3	－	18	32	－	－	－
高松市	92	－	2	3	24	62	－	1	－
松山市	107	－	3	5	23	76	－	－	－
高知市	81	2	6	2	23	48	－	－	－
久留米市	95	5	12	4	21	49	4	－	－
長崎市	160	4	17	6	38	92	1	2	－
佐世保市	91	－	10	4	26	51	－	－	－
大分市	249	6	27	5	33	171	2	5	－
宮崎市	163	1	11	10	45	96	－	－	－
鹿児島市	368	1	24	32	97	214	－	－	－
那覇市	217	5	24	26	54	107	－	－	1

(報告表　21の２)

第17表（4－3）自立支援医療における支給認定件数，

更生医療

都道府県 指定都市 中核市	支給認定件数 総数	生活保護	低所得１	低所得２	中間所得１	中間所得２	重度かつ継続 （中間所得１）	重度かつ継続 （中間所得２）	重度かつ継続 （一定所得以上）
全国	**255 043**	**44 277**	**42 287**	**63 997**	**16 475**	**・**	**38 284**	**41 408**	**8 315**
北海道	10 476	942	1 968	3 328	496	・	1 980	1 501	261
青森	3 748	408	945	1 015	279	・	683	362	56
岩手	407	174	54	44	24	・	46	49	16
宮城	1 972	147	521	535	97	・	354	271	47
秋田	880	85	185	259	37	・	187	116	11
山形	3 235	167	574	861	722	・	413	421	77
福島	791	253	137	115	21	・	98	139	28
茨城	1 080	612	97	52	26	・	61	177	55
栃木	3 718	311	787	952	208	・	652	706	102
群馬	682	345	68	58	14	・	69	116	12
埼玉	4 089	1 366	601	393	44	・	601	911	173
千葉	6 573	2 457	965	634	131	・	1 140	1 081	165
東京	15 407	6 582	1 420	498	221	・	953	4 280	1 453
神奈川	1 794	631	238	213	25	・	273	328	86
新潟	3 687	113	584	1 326	44	・	912	629	79
富山	768	33	91	238	278	・	59	59	10
石川	2 206	54	284	826	121	・	438	423	60
福井	798	82	134	234	22	・	152	160	14
山梨	2 694	156	570	785	25	・	583	517	58
長野	1 252	331	188	190	184	・	123	201	35
岐阜	2 057	121	389	582	41	・	412	449	63
静岡	1 478	281	231	285	7	・	278	347	49
愛知	6 062	480	1 134	1 398	221	・	1 106	1 442	281
三重	1 073	254	141	146	61	・	159	269	43
滋賀	2 654	168	436	587	522	・	430	442	69
京都	4 514	243	829	1 065	1 255	・	533	507	82
大阪	4 333	1 361	851	576	539	・	428	476	102
兵庫	1 252	383	196	160	134	・	90	191	98
奈良	5 569	621	1 673	1 212	218	・	1 078	679	88
和歌山	3 084	172	791	915	385	・	462	306	53
鳥取	2 025	110	247	841	124	・	392	268	43
島根	1 901	67	229	786	74	・	407	294	44
岡山	2 401	80	339	956	11	・	579	403	33
広島	992	152	147	260	18	・	174	210	31
山口	4 495	198	550	1 621	620	・	737	664	105
徳島	2 499	398	502	838	13	・	403	306	39
香川	1 266	64	217	454	47	・	261	203	20
愛媛	4 534	249	834	1 647	159	・	913	650	82
高知	2 215	174	518	799	183	・	340	178	23
福岡	10 262	1 154	2 124	3 145	395	・	1 801	1 418	225
佐賀	4 389	220	680	1 509	622	・	745	551	62
長崎	3 766	253	900	1 098	215	・	768	477	55
熊本	5 482	367	1 233	2 021	207	・	986	591	77
大分	1 950	329	397	551	163	・	287	193	30
宮崎	4 823	349	1 006	1 696	504	・	772	446	50
鹿児島	2 836	416	598	1 006	78	・	402	304	32
沖縄	5 300	553	1 418	1 159	709	・	718	637	106

注：本表は年度分報告である。なお、八戸市は平成29年１月に中核市になったため、１月～３月の数値である。

医療費区分×都道府県－指定都市－中核市×所得区分別

平成28年度

都道府県 指定都市 中核市	支給認定件数 総数	生活保護	低所得１	低所得２	中間所得１	中間所得２	重度かつ継続 （中間所得１）	重度かつ継続 （中間所得２）	重度かつ継続 （一定所得以上）
指定都市(別掲)									
札幌市	4 344	963	454	853	27	・	870	938	239
仙台市	2 432	398	322	630	69	・	411	484	118
さいたま市	941	314	119	113	6	・	110	231	48
千葉市	733	369	57	57	－	・	47	151	52
横浜市	1 874	1 116	133	45	20	・	73	372	115
川崎市	1 142	493	95	81	69	・	67	273	64
相模原市	409	204	33	18	8	・	27	105	14
新潟市	2 345	137	321	799	22	・	514	482	70
静岡市	287	103	52	32	－	・	31	61	8
浜松市	523	123	67	95	19	・	80	119	20
名古屋市	4 483	715	274	1 517	12	・	648	1 016	301
京都市	7 670	799	1 445	2 586	1 174	・	573	881	212
大阪市	5 743	2 861	863	350	159	・	315	1 018	177
堺市	573	200	87	140	55	・	25	54	12
神戸市	5 953	808	777	1 690	582	・	851	1 037	208
岡山市	2 058	204	236	714	8	・	431	397	68
広島市	3 033	844	258	735	9	・	473	558	156
北九州市	3 476	476	596	1 212	6	・	556	549	81
福岡市	5 344	714	899	1 761	277	・	671	786	236
熊本市	4 348	674	629	1 339	217	・	715	646	128
中核市(別掲)									
旭川市	1 477	189	237	505	80	・	250	196	20
函館市	941	145	174	295	1	・	169	142	15
青森市	1 496	178	263	468	107	・	256	199	25
八戸市	92	11	16	24	5	・	23	12	1
盛岡市	213	159	13	7	2	・	7	19	6
秋田市	252	51	25	46	23	・	31	62	14
郡山市	199	111	17	13	－	・	21	29	8
いわき市	189	134	7	13	1	・	7	27	－
宇都宮市	1 479	166	228	366	53	・	282	315	69
前橋市	255	213	6	4	2	・	11	17	2
高崎市	246	181	8	8	7	・	10	25	7
川越市	406	103	76	48	2	・	61	103	13
越谷市	283	81	40	41	1	・	41	67	12
船橋市	427	174	40	35	3	・	44	109	22
柏市	417	147	73	17	－	・	53	100	27
八王子市	438	201	35	6	－	・	48	115	33
横須賀市	375	128	25	66	－	・	68	79	9
富山市	497	43	51	118	247	・	12	23	3
金沢市	1 475	80	166	463	104	・	278	328	56
長野市	212	48	36	34	29	・	24	32	9
岐阜市	342	87	40	77	2	・	55	57	24
豊橋市	375	61	50	100	13	・	68	69	14
豊田市	613	35	57	184	17	・	105	169	46
岡崎市	674	36	98	215	40	・	125	125	35
大津市	843	46	124	226	－	・	199	230	18
高槻市	297	78	43	64	52	・	12	34	14
東大阪市	526	347	51	22	35	・	25	39	7
豊中市	291	93	53	24	29	・	26	51	15
枚方市	594	147	128	60	140	・	36	68	15
姫路市	330	170	30	33	9	・	26	44	18
西宮市	306	108	14	24	37	・	19	55	49
尼崎市	426	305	31	11	38	・	4	23	14
奈良市	656	101	99	145	78	・	93	114	26
和歌山市	1 747	267	273	567	128	・	242	196	74
倉敷市	2 644	177	389	825	6	・	598	558	91
福山市	370	123	42	55	22	・	40	76	12
呉市	162	82	9	12	1	・	16	32	10
下関市	644	80	99	204	69	・	73	97	22
高松市	1 005	106	126	291	96	・	173	166	47
松山市	710	177	70	199	71	・	92	87	14
高知市	1 612	266	244	517	118	・	220	210	37
久留米市	1 194	126	260	351	49	・	198	173	37
長崎市	1 552	150	228	488	128	・	245	270	43
佐世保市	1 132	99	191	368	95	・	225	135	19
大分市	894	247	136	143	160	・	71	117	20
宮崎市	2 585	204	444	684	640	・	300	265	48
鹿児島市	1 497	664	97	364	44	・	132	173	23
那覇市	2 473	371	587	531	408	・	244	270	62

（報告表　21の２）

第17表（４－４）自立支援医療における支給認定件数,

精神通院医療

都道府県 指定都市 中核市	支給認定件数								
	総数	生活保護	低所得１	低所得２	中間所得１	中間所得２	重度かつ継続 （中間所得１）	重度かつ継続 （中間所得２）	重度かつ継続 （一定所得以上）
全国	**1 942 143**	**373 754**	**482 938**	**200 104**	**15 579**	**・**	**301 230**	**480 844**	**87 694**
北海道	58 632	15 639	15 148	5 757	2 389	・	7 998	10 588	1 113
青森	19 396	4 881	5 047	2 545	5	・	3 314	3 248	356
岩手	17 787	2 652	3 880	3 094	11	・	3 899	3 882	369
宮城	16 813	1 766	4 880	2 038	－	・	3 723	3 972	434
秋田	11 894	2 170	3 443	1 821	11	・	2 342	1 914	193
山形	11 055	1 255	3 063	2 029	873	・	1 967	1 710	158
福島	30 967	4 050	9 367	3 722	292	・	6 014	6 827	695
茨城	36 129	4 471	10 154	3 212	16	・	6 500	9 996	1 780
栃木	24 583	3 302	6 721	3 158	－	・	4 379	6 171	852
群馬	22 123	2 423	5 065	3 309	14	・	4 427	6 205	680
埼玉	84 904	14 508	22 461	5 699	271	・	13 392	23 936	4 637
千葉	66 365	9 798	15 620	7 347	70	・	10 698	18 848	3 984
東京	214 555	53 099	53 017	15 034	3 961	・	23 512	51 340	14 592
神奈川	47 172	7 807	10 825	4 983	18	・	7 018	13 552	2 969
新潟	20 345	1 930	5 501	3 048	81	・	4 667	4 765	353
富山	10 752	629	2 974	1 511	19	・	2 267	3 026	326
石川	18 986	1 925	5 011	2 658	160	・	3 974	4 489	769
福井	11 280	723	2 880	1 387	29	・	2 466	3 415	380
山梨	10 752	1 243	2 976	1 713	19	・	1 945	2 552	304
長野	33 603	2 550	9 896	4 797	57	・	6 575	8 789	939
岐阜	19 876	1 547	4 897	2 056	380	・	3 916	6 205	875
静岡	23 852	2 055	6 213	2 854	17	・	4 745	7 031	937
愛知	70 836	4 975	15 918	5 790	324	・	12 227	26 344	5 258
三重	30 611	3 572	6 658	3 933	30	・	5 495	9 357	1 566
滋賀	17 946	1 956	4 216	1 581	5	・	3 315	5 917	956
京都	19 412	2 738	5 697	1 622	10	・	3 574	4 963	808
大阪	92 938	20 372	22 400	10 959	75	・	13 223	21 843	4 066
兵庫	58 521	10 774	15 008	5 506	76	・	9 436	14 791	2 930
奈良	17 839	2 817	4 752	2 108	172	・	2 952	4 310	728
和歌山	12 095	1 721	3 602	1 762	11	・	2 163	2 492	344
鳥取	10 984	1 595	2 940	1 556	－	・	2 294	2 379	220
島根	15 929	1 418	3 657	3 055	1	・	3 443	4 055	300
岡山	19 852	2 403	5 066	2 747	94	・	3 820	5 124	598
広島	25 537	3 664	6 171	3 121	－	・	4 530	7 204	847
山口	21 142	2 674	5 042	2 817	100	・	3 883	5 936	690
徳島	9 757	1 965	2 485	1 693	228	・	1 575	1 601	210
香川	10 630	1 618	2 786	1 382	89	・	1 919	2 425	411
愛媛	24 983	4 208	6 662	3 047	38	・	4 232	6 057	739
高知	11 909	3 257	3 197	1 415	950	・	1 361	1 525	204
福岡	39 975	8 650	9 640	3 896	192	・	6 765	9 620	1 212
佐賀	12 233	1 343	3 210	1 849	5	・	2 676	2 839	311
長崎	18 641	3 767	4 999	2 520	67	・	3 305	3 562	421
熊本	16 535	1 755	4 428	3 177	－	・	3 445	3 398	332
大分	20 491	3 618	5 278	2 523	54	・	3 722	4 767	529
宮崎	19 737	3 513	5 580	2 823	151	・	3 696	3 578	396
鹿児島	23 376	4 644	7 494	2 973	457	・	3 812	3 623	373
沖縄	41 574	8 685	12 464	5 604	－	・	7 200	6 788	833

注：本表は年度分報告である。なお、八戸市は平成29年１月に中核市になったため、１月～３月の数値である。

医療費区分×都道府県-指定都市-中核市×所得区分別

平成28年度

都道府県 指定都市 中核市	支給認定件数								
	総数	生活保護	低所得1	低所得2	中間所得1	中間所得2	重度かつ継続 (中間所得1)	重度かつ継続 (中間所得2)	重度かつ継続 (一定所得以上)
指定都市(別掲)									
札幌市	42 472	15 530	8 437	3 359	1 682	・	4 414	7 925	1 125
仙台市	14 583	3 267	3 146	1 734	55	・	1 995	3 520	866
さいたま市	18 561	3 568	4 049	1 358	30	・	2 461	5 618	1 477
千葉市	14 272	3 369	3 122	1 032	26	・	1 889	3 883	951
横浜市	57 166	14 122	11 542	4 487	692	・	6 539	15 541	4 243
川崎市	21 324	5 572	3 681	1 694	17	・	2 334	6 061	1 965
相模原市	11 194	2 398	2 522	907	7	・	1 538	3 262	560
新潟市	11 610	1 866	2 731	1 173	35	・	2 278	3 117	410
静岡市	8 697	1 458	2 118	924	135	・	1 424	2 292	346
浜松市	11 082	1 148	2 530	1 180	535	・	1 893	3 208	588
名古屋市	33 971	7 795	7 594	1 345	73	・	4 429	10 425	2 310
京都市	27 649	8 003	8 069	1 729	153	・	2 720	5 807	1 168
大阪市	57 238	21 483	15 063	2 629	16	・	5 973	10 563	1 511
堺市	15 164	4 263	4 128	1 215	26	・	1 960	3 126	446
神戸市	31 238	9 248	6 562	3 182	-	・	3 412	6 603	2 231
岡山市	12 333	2 576	2 501	1 478	40	・	1 844	3 297	597
広島市	26 216	5 716	4 755	2 724	2	・	3 642	7 882	1 495
北九州市	15 794	4 081	3 894	1 444	144	・	2 017	3 707	507
福岡市	23 966	7 330	5 477	1 591	89	・	2 853	5 254	1 372
熊本市	12 309	2 836	2 628	1 688	-	・	1 814	2 794	549
中核市(別掲)									
旭川市	・	・	・	・	・	・	・	・	・
函館市	・	・	・	・	・	・	・	・	・
青森市	・	・	・	・	・	・	・	・	・
八戸市	・	・	・	・	・	・	・	・	・
盛岡市	・	・	・	・	・	・	・	・	・
秋田市	・	・	・	・	・	・	・	・	・
郡山市	・	・	・	・	・	・	・	・	・
いわき市	・	・	・	・	・	・	・	・	・
宇都宮市	・	・	・	・	・	・	・	・	・
前橋市	・	・	・	・	・	・	・	・	・
高崎市	・	・	・	・	・	・	・	・	・
川越市	・	・	・	・	・	・	・	・	・
越谷市	・	・	・	・	・	・	・	・	・
船橋市	・	・	・	・	・	・	・	・	・
柏市	・	・	・	・	・	・	・	・	・
八王子市	・	・	・	・	・	・	・	・	・
横須賀市	・	・	・	・	・	・	・	・	・
富山市	・	・	・	・	・	・	・	・	・
金沢市	・	・	・	・	・	・	・	・	・
長野市	・	・	・	・	・	・	・	・	・
岐阜市	・	・	・	・	・	・	・	・	・
豊橋市	・	・	・	・	・	・	・	・	・
豊田市	・	・	・	・	・	・	・	・	・
岡崎市	・	・	・	・	・	・	・	・	・
大津市	・	・	・	・	・	・	・	・	・
高槻市	・	・	・	・	・	・	・	・	・
東大阪市	・	・	・	・	・	・	・	・	・
豊中市	・	・	・	・	・	・	・	・	・
枚方市	・	・	・	・	・	・	・	・	・
姫路市	・	・	・	・	・	・	・	・	・
西宮市	・	・	・	・	・	・	・	・	・
尼崎市	・	・	・	・	・	・	・	・	・
奈良市	・	・	・	・	・	・	・	・	・
和歌山市	・	・	・	・	・	・	・	・	・
倉敷市	・	・	・	・	・	・	・	・	・
福山市	・	・	・	・	・	・	・	・	・
呉市	・	・	・	・	・	・	・	・	・
下関市	・	・	・	・	・	・	・	・	・
高松市	・	・	・	・	・	・	・	・	・
松山市	・	・	・	・	・	・	・	・	・
高知市	・	・	・	・	・	・	・	・	・
久留米市	・	・	・	・	・	・	・	・	・
長崎市	・	・	・	・	・	・	・	・	・
佐世保市	・	・	・	・	・	・	・	・	・
大分市	・	・	・	・	・	・	・	・	・
宮崎市	・	・	・	・	・	・	・	・	・
鹿児島市	・	・	・	・	・	・	・	・	・
那覇市	・	・	・	・	・	・	・	・	・

(報告表 21の2)

障害者総合支援 18表

第18表 市町村における相談支援を利用している障害者・児の

	相談支援実人員	相　　　談　　　支		
		総　　　数	身　体　障　害	重症心身障害
総　　　数	1 429 813	2 072 592	517 778	38 931
障　害　者	1 229 595	1 805 228	477 043	26 040
障　害　児	200 218	267 364	40 735	12 891

注：本表は年度分報告である。

実人員及び相談支援障害者数，障害者－障害児×障害の種類（重複計上）別

平成28年度

援障害者数				
知的障害	精神障害	発達障害	高次脳機能障害	その他
517 206	**638 272**	**136 753**	**16 379**	**207 273**
418 356	629 166	65 216	15 158	174 249
98 850	9 106	71 537	1 221	33 024

（報告表　21の３）

第19表　市町村における相談支援件数,

都道府県 指定都市 中核市	相談支援件数（支援方法） 総数	訪問	来所相談	同行	電話相談	電子メール	個別支援会議	関係機関	その他
全国	**8 486 480**	**1 091 620**	**1 241 601**	**222 441**	**3 271 529**	**173 843**	**229 730**	**2 026 447**	**229 269**
北海道	229 082	45 977	45 262	6 747	78 009	3 654	5 511	35 843	8 079
青森	59 695	7 834	18 125	1 262	21 432	795	1 397	8 407	443
岩手	90 505	14 186	10 497	5 237	33 175	4 722	3 403	17 196	2 089
宮城	117 491	18 655	9 226	4 261	36 600	895	3 896	39 373	4 585
秋田	55 317	8 762	23 635	767	11 215	211	626	7 936	2 165
山形	94 209	15 343	10 186	1 746	31 846	992	1 723	30 521	1 852
福島	59 931	15 678	4 179	2 874	22 345	830	2 903	10 548	574
茨城	107 038	13 090	19 854	3 651	47 870	884	1 487	13 441	6 761
栃木	54 734	11 270	7 546	2 866	19 453	1 000	2 268	9 673	658
群馬	68 286	11 063	7 908	2 380	19 198	3 156	1 354	20 263	2 964
埼玉	281 309	35 648	36 028	8 850	133 255	3 950	6 116	51 566	5 896
千葉	276 144	24 955	31 324	5 747	106 440	7 170	6 898	85 542	8 068
東京	1 325 129	78 912	294 422	18 700	612 988	22 228	20 603	256 312	20 964
神奈川	150 263	14 858	20 880	3 413	73 154	1 672	3 055	25 991	7 240
新潟	195 762	28 894	15 815	4 150	57 002	6 197	8 668	72 649	2 387
富山	37 228	6 285	5 441	781	11 253	852	1 055	10 293	1 268
石川	79 403	15 806	9 553	2 043	24 318	2 090	3 609	17 834	4 150
福井	64 248	6 655	7 093	1 834	16 061	382	1 232	30 184	807
山梨	42 220	6 023	3 915	2 142	15 599	955	2 803	10 131	652
長野	73 720	10 547	10 950	3 528	24 801	1 876	9 574	9 812	2 632
岐阜	95 066	10 207	17 478	1 699	33 878	1 572	4 076	25 286	870
静岡	150 510	23 062	18 220	4 611	51 982	2 606	4 674	44 127	1 228
愛知	265 531	38 476	30 475	6 480	125 196	5 060	4 218	47 565	8 061
三重	138 400	16 565	10 525	4 262	39 196	8 368	5 387	51 102	2 995
滋賀	147 952	20 790	15 205	2 832	58 444	2 958	7 709	36 389	3 625
京都	135 501	24 434	19 904	4 533	43 945	6 677	5 401	28 819	1 788
大阪	300 188	36 174	39 850	8 820	116 833	7 464	5 523	77 764	7 760
兵庫	166 044	26 835	20 839	3 367	58 464	3 353	2 949	47 487	2 750
奈良	75 394	10 192	6 089	1 571	32 919	1 280	2 381	19 288	1 674
和歌山	62 876	11 366	4 918	4 354	15 594	1 283	1 794	21 460	2 107
鳥取	65 511	15 313	4 521	1 404	29 826	1 166	3 400	9 359	522
島根	104 635	18 184	9 500	4 417	35 395	2 624	5 499	27 047	1 969
岡山	96 489	14 000	8 781	2 462	33 607	2 275	3 384	26 293	5 687
広島	74 300	13 495	9 886	2 447	25 041	1 523	1 940	16 958	3 010
山口	50 577	8 001	8 343	1 525	15 926	2 328	1 868	12 292	294
徳島	85 978	17 522	5 290	2 109	39 987	3 705	2 180	13 057	2 128
香川	62 001	9 799	4 460	1 251	18 479	1 989	2 262	18 484	5 277
愛媛	67 770	14 222	7 866	3 282	22 185	1 283	2 473	14 623	1 836
高知	39 769	8 827	6 128	1 173	9 697	538	2 022	8 745	2 639
福岡	158 805	24 790	20 715	3 535	62 557	2 049	4 600	38 469	2 090
佐賀	55 731	7 990	5 053	1 503	16 966	1 441	621	18 177	3 980
長崎	55 994	10 279	9 109	1 881	23 844	689	1 829	8 013	350
熊本	69 577	13 579	6 555	2 107	23 125	627	3 930	17 873	1 781
大分	108 700	17 228	9 819	2 490	28 060	2 442	3 695	33 423	11 543
宮崎	44 334	10 987	5 886	1 940	16 818	1 256	2 374	4 368	705
鹿児島	41 735	5 433	6 175	930	20 888	344	764	6 516	685
沖縄	113 361	19 819	10 097	6 006	33 927	2 866	6 290	31 687	2 669

注：本表は年度分報告である。なお、八戸市は平成29年１月に中核市になったため、１月～３月の数値である。

都道府県-指定都市-中核市×支援方法（重複計上）別

平成28年度

都道府県 指定都市 中核市	相談支援件数（支援方法）								
	総数	訪問	来所相談	同行	電話相談	電子メール	個別支援会議	関係機関	その他
指定都市(別掲)									
札幌市	76 533	10 989	4 747	4 793	22 322	2 516	1 810	28 699	657
仙台市	59 953	6 613	11 531	874	26 067	673	2 582	10 817	796
さいたま市	99 661	8 529	11 332	3 022	30 038	1 193	1 352	43 536	659
千葉市	17 066	1 798	2 867	729	8 199	319	132	2 947	75
横浜市	333 850	24 330	131 580	7 958	139 988	5 152	7 518	10 986	6 338
川崎市	81 295	13 523	4 355	3 411	22 579	1 417	2 520	12 508	20 982
相模原市	33 918	1 469	15 388	293	15 901	122	319	335	91
新潟市	28 530	2 538	2 936	633	21 012	394	665	29	323
静岡市	22 006	1 874	1 766	889	9 038	869	693	6 682	195
浜松市	28 918	3 166	2 037	1 386	8 155	505	593	13 004	72
名古屋市	55 396	8 476	6 725	3 301	30 386	1 331	1 410	2 572	1 195
京都市	173 044	13 798	5 677	-	36 214	-	1 695	106 660	9 000
大阪市	28 422	4 405	4 607	-	18 484	-	-	-	926
堺市	100 079	9 938	16 338	1 887	31 387	4 044	2 805	33 559	121
神戸市	88 804	11 531	4 593	639	30 496	785	805	39 550	405
岡山市	12 185	2 589	2 206	972	4 387	164	830	901	136
広島市	43 790	3 360	3 675	679	26 841	164	533	7 964	574
北九州市	24 069	2 390	1 264	922	8 491	1 051	180	9 771	-
福岡市	23 518	1 986	1 381	805	7 181	219	931	10 602	413
熊本市	22 448	2 287	2 307	1 019	11 411	562	476	4 139	247
中核市(別掲)									
旭川市	6 242	1 183	543	276	3 671	-	275	294	-
函館市	5 489	674	387	77	3 540	61	52	614	84
青森市	18 652	3 567	3 341	499	7 449	51	679	2 850	216
八戸市	3 672	324	1 723	63	952	11	12	546	41
盛岡市	4 408	384	395	158	2 694	83	79	490	125
秋田市	6 196	962	350	366	1 980	189	230	2 099	20
郡山市	23 461	6 398	2 395	1 075	6 781	324	1 356	4 936	196
いわき市	4 651	667	358	331	1 666	5	112	1 480	32
宇都宮市	10 475	3 498	256	723	4 995	265	114	614	10
前橋市	10 563	1 379	954	514	2 810	51	216	4 445	194
高崎市	45 052	4 926	2 958	9	13 658	1 585	202	21 714	-
川越市	4 988	1 671	595	759	522	-	419	92	930
越谷市	9 967	838	928	187	2 690	9	71	4 103	1 141
船橋市	10 260	254	239	185	5 211	143	54	4 036	138
柏市	16 741	1 976	2 220	651	5 639	289	462	5 398	106
八王子市	24 192	1 791	4 102	311	10 963	119	350	6 433	123
横須賀市	21 824	1 559	2 488	356	6 972	434	353	9 242	420
富山市	22 287	3 480	4 710	528	8 827	802	577	3 110	253
金沢市	4 758	1 246	180	181	2 682	149	34	210	76
長野市	24 695	1 395	1 901	818	10 899	1 596	1 311	3 409	3 366
岐阜市	8 032	882	1 347	77	3 059	41	164	2 327	135
豊橋市	21 621	7 297	2 310	1 126	2 799	370	916	5 594	1 209
豊田市	14 689	2 488	627	321	3 764	808	203	5 671	807
岡崎市	31 846	8 828	3 760	590	15 427	-	822	2 418	1
大津市	33 578	4 717	2 816	731	8 765	239	952	14 071	1 287
高槻市	23 066	2 457	3 006	545	6 760	593	727	8 908	70
東大阪市	35 233	4 535	4 392	1 073	13 457	2 056	991	7 665	1 064
豊中市	31 405	4 261	1 866	653	16 160	310	799	6 566	790
枚方市	9 355	948	2 937	425	4 069	52	256	616	52
姫路市	26 726	5 644	2 184	310	9 669	179	249	8 468	23
西宮市	20 271	1 415	2 165	369	6 867	349	652	4 637	3 817
尼崎市	19 020	2 289	821	440	6 564	573	262	7 707	364
奈良市	35 154	3 661	2 669	808	8 575	427	1 313	17 433	268
和歌山市	9 443	1 571	491	545	2 776	311	397	3 293	59
倉敷市	35 354	6 150	6 219	990	16 357	855	911	3 085	787
福山市	13 615	1 702	1 878	513	6 997	-	198	2 313	14
呉市	2 828	47	378	8	1 359	64	3	621	348
下関市	33 640	4 495	2 861	474	10 712	543	1 256	13 106	193
高松市	15 304	1 575	1 298	204	9 329	34	501	2 363	-
松山市	23 504	2 513	1 882	1 072	8 293	1 943	284	6 696	821
高知市	27 464	3 488	1 282	606	20 836	816	436	-	-
久留米市	4 063	493	424	143	2 586	116	165	-	136
長崎市	27 157	2 366	3 251	260	18 704	685	507	579	805
佐世保市	4 462	346	636	295	2 174	35	1	960	15
大分市	12 143	710	567	341	5 620	129	61	3 622	1 093
宮崎市	13 306	2 498	1 448	490	5 140	327	120	3 203	80
鹿児島市	21 921	2 124	5 082	472	10 329	28	293	3 537	56
那覇市	5 779	349	1 143	311	2 411	37	60	1 426	42

(報告表 21の3)

第20表（２－１）市町村における相談支援件数，

都道府県 指定都市 中核市	相談支援件数（支援内容） 総数	福祉サービスの利用等に関する支援	障害や病状の理解に関する支援	健康・医療に関する支援	不安の解消・情緒安定に関する支援	保育・教育に関する支援	家族関係・人間関係に関する支援	家計・経済に関する支援	生活技術に関する支援	就労に関する支援	社会参加・余暇活動に関する支援	権利擁護に関する支援	その他
全国	**10 189 911**	**3 653 513**	**550 181**	**984 173**	**1 175 992**	**206 455**	**606 210**	**417 135**	**755 157**	**464 111**	**371 668**	**116 028**	**889 288**
北海道	279 103	110 588	13 628	22 428	21 487	5 973	17 043	12 287	18 265	14 166	10 923	1 575	30 740
青森	63 921	20 416	1 348	6 075	8 953	161	1 145	4 521	5 732	1 260	6 800	364	7 146
岩手	95 994	29 691	5 507	7 721	17 618	3 593	5 875	4 411	4 512	3 200	3 350	893	9 623
宮城	171 445	74 921	6 571	18 183	14 823	6 797	11 601	6 503	14 649	7 715	4 411	1 159	4 112
秋田	55 297	17 220	2 779	3 645	4 844	329	4 266	2 995	4 425	1 706	5 593	218	7 277
山形	78 465	40 087	4 332	7 224	6 658	1 948	3 744	2 728	3 711	2 609	1 660	373	3 391
福島	65 894	22 798	4 031	5 844	10 449	3 106	4 193	2 195	3 148	1 788	1 087	612	6 643
茨城	161 773	29 037	5 835	17 486	19 392	2 135	8 545	7 035	29 221	7 481	21 896	834	12 876
栃木	73 721	21 096	5 231	10 302	8 040	686	4 527	4 891	6 929	3 424	1 813	452	6 330
群馬	85 105	32 347	3 078	8 544	9 232	1 632	4 165	2 672	12 596	3 701	1 505	744	4 889
埼玉	394 435	130 583	26 241	40 974	39 240	7 651	30 038	14 823	39 656	17 878	14 582	3 024	29 745
千葉	347 308	129 979	19 542	26 254	44 994	4 946	19 290	11 439	14 878	11 143	12 326	4 013	48 504
東京	1 451 460	437 772	121 738	147 813	224 108	20 299	82 992	46 973	84 020	77 071	68 558	23 961	116 155
神奈川	182 055	66 872	9 095	19 729	23 604	3 489	13 468	5 958	13 553	12 578	4 420	1 917	7 372
新潟	232 029	93 111	14 283	23 929	25 046	3 353	15 958	8 937	17 758	7 539	5 796	2 000	14 319
富山	42 273	21 614	2 859	2 784	5 379	270	1 474	939	1 962	1 072	610	117	3 193
石川	135 372	36 593	5 874	12 610	12 339	4 041	11 069	5 486	16 234	13 123	9 227	1 202	7 574
福井	58 500	16 680	4 644	7 835	7 918	1 423	3 466	2 438	3 210	4 339	3 733	1 256	1 558
山梨	52 350	14 580	2 691	6 353	6 339	1 642	3 457	3 130	5 070	3 532	957	704	3 895
長野	89 694	21 173	6 250	7 639	12 225	8 049	7 083	4 406	5 533	6 642	1 989	1 155	7 550
岐阜	105 066	39 612	2 416	11 444	15 157	2 200	6 661	2 783	8 869	5 116	5 653	1 467	3 688
静岡	180 615	57 039	8 440	22 013	32 853	2 840	13 674	6 761	11 037	9 664	3 950	1 471	10 873
愛知	305 234	140 216	20 368	26 545	34 897	8 010	16 658	10 466	16 162	13 363	3 445	4 567	10 537
三重	199 719	59 461	19 609	20 981	26 775	5 200	13 810	8 303	8 912	12 678	4 560	3 564	15 866
滋賀	159 097	66 200	8 181	14 886	13 053	8 857	8 915	3 576	8 435	6 686	5 402	3 775	11 131
京都	143 049	41 067	10 617	14 741	15 473	2 345	12 130	4 255	16 406	4 803	5 500	1 528	14 184
大阪	339 294	132 680	19 260	28 404	43 277	6 536	19 575	16 630	19 780	10 727	13 505	5 234	23 686
兵庫	174 495	74 369	7 861	14 372	17 301	3 906	9 691	6 508	4 295	14 503	5 153	1 359	15 177
奈良	74 490	28 349	1 824	5 259	10 304	907	2 926	1 924	3 276	1 847	1 495	1 007	15 372
和歌山	81 545	28 612	3 709	10 294	10 148	833	5 066	5 028	5 780	3 584	1 838	1 071	5 582
鳥取	61 918	33 582	1 490	4 356	5 321	342	1 756	1 429	1 521	1 449	607	427	9 638
島根	144 321	46 228	6 252	20 105	17 687	3 297	10 807	6 718	11 695	5 928	2 522	754	12 328
岡山	152 198	44 858	10 062	14 040	17 370	4 104	13 472	7 644	18 017	7 421	6 624	1 963	6 623
広島	89 546	26 220	3 799	9 299	10 204	4 536	5 234	3 858	6 815	5 642	2 284	793	10 862
山口	60 988	17 721	2 617	4 903	8 416	2 262	3 793	2 587	3 366	3 102	3 326	447	8 448
徳島	96 261	48 267	2 737	10 320	11 584	1 367	3 690	4 319	5 221	3 560	2 007	1 074	2 115
香川	71 855	38 555	888	6 477	3 828	1 295	3 495	2 762	7 871	3 144	988	648	1 904
愛媛	82 904	28 378	3 463	8 966	9 074	3 508	4 670	2 698	7 968	3 425	6 526	717	3 511
高知	50 706	14 163	2 695	6 843	5 836	1 115	3 655	2 705	3 079	2 834	3 628	349	3 804
福岡	163 939	69 627	8 258	13 958	18 930	4 184	6 756	6 023	8 946	5 738	3 338	2 725	15 456
佐賀	53 394	21 713	7 909	5 329	2 384	767	2 930	2 453	3 783	2 690	938	635	1 863
長崎	55 238	20 762	5 057	3 560	6 483	674	2 313	2 568	4 038	2 455	3 678	342	3 308
熊本	84 923	31 994	2 500	9 880	8 677	3 309	5 542	3 397	4 266	4 883	2 362	644	7 469
大分	124 718	55 648	4 462	10 481	9 439	4 705	5 538	3 418	8 118	5 626	4 764	1 185	11 334
宮崎	49 311	16 036	2 117	6 304	7 182	3 784	2 816	1 919	2 381	1 618	2 121	523	2 510
鹿児島	48 943	7 271	2 823	6 388	10 788	1 747	3 089	2 469	5 875	2 348	1 003	571	4 571
沖縄	140 154	42 082	7 699	16 838	17 422	4 851	6 982	6 074	9 262	5 504	4 618	3 354	15 468

注：本表は年度分報告である。なお、八戸市は平成29年１月に中核市になったため、１月～３月の数値である。

都道府県－指定都市－中核市×支援内容（重複計上）別

平成28年度

都道府県 指定都市 中核市	相談支援件数（支援内容） 総数	福祉サービスの利用等に関する支援	障害や病状の理解に関する支援	健康・医療に関する支援	不安の解消・情緒安定に関する支援	保育・教育に関する支援	家族関係・人間関係に関する支援	家計・経済に関する支援	生活技術に関する支援	就労に関する支援	社会参加・余暇活動に関する支援	権利擁護に関する支援	その他
指定都市(別掲)													
札幌市	76 533	46 352	1 863	5 485	5 657	1 929	2 740	4 915	4 094	2 057	475	966	–
仙台市	76 863	19 861	8 673	5 423	17 932	2 288	5 900	2 721	4 528	2 835	2 719	258	3 725
さいたま市	100 783	51 185	6 645	8 306	9 832	1 235	3 846	3 144	3 803	3 420	2 008	1 110	6 249
千葉市	17 066	7 869	785	668	3 039	421	645	343	876	702	534	46	1 138
横浜市	501 925	157 413	3 928	43 883	7 806	2 486	31 984	48 579	81 716	33 504	37 180	2 685	50 761
川崎市	136 960	35 214	5 274	17 100	13 513	1 208	13 114	6 577	27 530	5 195	3 584	1 023	7 628
相模原市	34 970	22 544	2 076	2 469	3 101	144	1 355	588	201	534	175	190	1 593
新潟市	50 270	12 634	5 488	3 360	3 408	1 125	6 487	4 079	1 797	2 955	873	1 606	6 458
静岡市	22 047	10 185	601	2 146	2 688	494	1 125	667	1 363	1 074	519	570	615
浜松市	28 918	11 181	624	3 745	2 011	874	2 666	2 096	321	1 000	65	602	3 733
名古屋市	55 396	22 410	1 713	4 418	9 838	579	3 147	2 622	3 057	2 192	1 043	929	3 448
京都市	209 917	103 370	–	28 922	–	2 461	–	–	9 428	6 288	–	–	59 448
大阪市	32 637	11 808	4 990	606	–	–	–	5 148	–	–	–	592	9 493
堺市	94 503	29 150	389	4 389	6 615	582	2 598	6 071	2 771	1 733	994	2 111	37 100
神戸市	105 520	61 309	1 279	8 042	3 788	349	3 573	959	2 995	821	160	882	21 363
岡山市	16 105	4 783	738	1 999	2 325	66	1 346	866	1 479	1 174	289	60	980
広島市	43 853	12 437	1 733	2 462	14 275	443	2 553	937	2 318	1 217	1 422	276	3 780
北九州市	24 407	6 441	990	3 916	4 673	798	861	1 877	1 084	1 963	681	216	907
福岡市	38 205	12 226	4 588	4 469	3 601	1 325	2 934	2 004	1 791	1 084	661	612	2 910
熊本市	34 662	5 847	1 974	3 787	7 363	770	2 916	2 510	3 867	2 130	861	602	2 035
中核市(別掲)													
旭川市	16 323	4 088	496	2 284	1 246	116	1 908	1 012	3 836	913	184	114	126
函館市	5 489	2 452	93	126	492	71	49	37	127	77	21	8	1 936
青森市	19 060	7 863	122	2 323	4 169	11	315	626	2 646	147	163	33	642
八戸市	3 672	531	7	496	760	–	55	352	340	104	990	12	25
盛岡市	4 408	835	184	266	1 807	54	180	122	107	225	324	16	288
秋田市	6 196	1 254	224	1 143	834	44	428	654	435	56	257	111	756
郡山市	16 767	7 990	715	2 019	1 661	899	1 608	541	428	444	267	120	75
いわき市	3 747	1 866	170	221	451	46	191	135	133	111	61	18	344
宇都宮市	15 760	4 891	1 246	2 105	3 314	266	1 055	268	797	267	818	225	508
前橋市	5 902	1 745	179	672	1 277	68	267	157	696	244	65	44	488
高崎市	44 142	26 262	77	2 954	2 148	591	394	698	6 062	1 362	234	208	3 152
川越市	7 288	2 291	110	776	761	135	721	333	1 137	441	235	62	286
越谷市	11 640	2 676	584	975	1 389	26	994	723	1 023	359	1 293	75	1 523
船橋市	38 840	6 424	3 607	3 116	460	737	7 388	885	1 663	1 060	884	1 661	10 955
柏市	30 388	10 413	1 851	4 036	3 628	616	2 416	1 238	1 751	1 104	874	1 131	1 330
八王子市	22 813	9 970	1 218	1 828	2 896	136	1 309	1 034	1 219	1 143	1 133	214	713
横須賀市	21 824	11 524	335	2 052	4 427	95	790	309	608	429	240	99	916
富山市	24 761	11 384	932	1 537	5 138	122	1 086	325	1 164	866	312	86	1 809
金沢市	4 766	3 298	54	240	226	22	204	68	91	265	57	77	164
長野市	33 731	6 984	2 124	2 258	3 630	1 127	3 404	1 811	3 418	2 511	1 101	171	5 192
岐阜市	12 233	3 288	746	751	1 620	266	1 256	402	694	644	853	134	1 579
豊橋市	28 231	12 574	1 511	1 654	2 118	535	1 389	1 225	3 421	1 024	838	85	1 857
豊田市	17 014	9 975	620	738	1 280	331	707	222	628	347	474	210	1 482
岡崎市	64 741	22 807	4 314	7 250	6 825	2 196	3 927	2 347	8 826	1 865	1 848	171	2 365
大津市	33 600	21 120	1 469	1 697	2 807	93	1 054	760	770	772	302	461	2 295
高槻市	28 801	10 256	3 175	3 071	3 779	120	1 675	1 239	871	1 044	2 411	374	786
東大阪市	46 221	18 147	2 502	4 789	4 736	322	2 914	1 781	3 436	1 973	1 366	1 537	2 718
豊中市	50 044	21 039	2 711	4 472	5 161	697	3 520	1 491	1 431	1 324	1 353	338	6 507
枚方市	15 554	3 068	1 299	1 654	1 980	117	2 756	802	2 045	803	799	143	88
姫路市	31 610	15 404	1 362	2 102	3 739	398	2 749	957	1 404	960	540	148	1 847
西宮市	20 271	6 082	1 316	4 311	1 738	1 788	776	466	264	365	85	183	2 897
尼崎市	27 370	10 691	1 613	2 758	1 572	519	1 987	1 032	725	928	524	545	4 476
奈良市	38 371	20 430	1 400	4 589	3 409	581	1 333	1 219	2 788	464	449	333	1 376
和歌山市	13 797	4 655	949	1 092	2 053	161	1 089	591	564	951	441	133	1 118
倉敷市	47 979	12 503	1 031	2 327	19 786	1 118	2 161	1 290	1 439	2 693	2 253	291	1 087
福山市	16 961	3 236	1 997	1 914	2 395	703	1 501	948	1 353	774	176	196	1 768
呉市	2 828	460	192	50	1 102	87	85	51	40	109	381	44	227
下関市	58 557	23 651	4 393	4 787	3 742	811	3 249	1 279	2 770	2 852	2 737	369	7 917
高松市	20 236	6 353	242	2 010	2 614	106	1 292	431	5 210	655	354	156	813
松山市	25 764	6 146	1 014	2 317	4 433	264	1 296	1 488	3 473	1 392	506	365	3 070
高知市	38 389	18 025	1 660	3 075	2 809	498	986	2 101	1 682	3 476	1 806	244	2 027
久留米市	4 779	2 077	185	252	806	104	373	275	251	176	106	71	103
長崎市	36 155	17 933	1 555	4 474	2 822	376	1 497	746	1 151	653	2 471	162	2 315
佐世保市	4 763	1 437	50	364	1 650	1	92	172	351	202	248	15	181
大分市	12 337	1 755	–	1 195	2 965	54	1 183	456	2 712	645	266	22	1 084
宮崎市	13 306	6 861	307	768	1 887	294	326	339	632	248	274	396	974
鹿児島市	21 921	4 789	774	1 515	10 032	41	631	285	2 668	196	421	170	399
那覇市	8 906	1 923	445	817	1 402	111	811	667	622	265	559	144	1 140

（報告表　21の３）

第20表（２－２）市町村における相談支援件数，

都道府県 指定都市 中核市	（再掲）ピアカウンセラー 総数	福祉サービスの利用等に関する支援	障害や病状の理解に関する支援	健康・医療に関する支援	不安の解消・情緒安定に関する支援	保育・教育に関する支援	家族関係・人間関係に関する支援	家計・経済に関する支援	生活技術に関する支援	就労に関する支援	社会参加・余暇活動に関する支援	権利擁護に関する支援	その他
全国	**80 662**	**21 391**	**4 928**	**5 457**	**12 934**	**1 001**	**7 178**	**4 245**	**5 359**	**3 251**	**8 545**	**914**	**5 459**
北海道	4 214	2 299	20	5	1	11	1	5	66	－	906	－	900
青森	133	－	－	－	19	－	－	－	－	－	114	－	－
岩手	429	36	10	78	77	10	50	10	45	29	71	1	12
宮城	816	311	10	141	95	14	21	29	59	11	67	1	57
秋田	7 860	－	1 334	－	1 589	－	2 393	2 000	－	543	1	－	－
山形	－	－	－	－	－	－	－	－	－	－	－	－	－
福島	123	4	－	10	53	－	38	1	3	－	11	－	3
茨城	73	5	4	3	－	－	5	34	1	21	－	－	－
栃木	2	2	－	－	－	－	－	－	－	－	－	－	－
群馬	375	7	48	9	22	2	56	2	60	15	20	5	129
埼玉	2 675	650	115	211	283	－	131	59	532	53	512	18	111
千葉	42	4	6	8	13	－	7	1	－	－	－	1	2
東京	14 490	2 732	623	1 540	3 270	250	1 000	489	1 164	484	1 862	347	729
神奈川	14	－	－	－	－	－	3	－	－	－	1	－	10
新潟	798	294	85	34	107	16	111	7	24	31	34	1	54
富山	－	－	－	－	－	－	－	－	－	－	－	－	－
石川	－	－	－	－	－	－	－	－	－	－	－	－	－
福井	3 648	1 663	121	373	265	209	63	144	392	250	106	2	60
山梨	11	2	－	1	－	－	－	－	－	－	8	－	－
長野	149	6	5	4	27	3	16	4	35	18	12	7	12
岐阜	2 065	243	117	81	794	2	135	13	12	16	641	2	9
静岡	446	61	56	28	58	－	56	39	49	29	33	37	－
愛知	104	20	20	12	7	－	28	－	6	－	6	－	5
三重	750	123	27	38	361	－	32	5	9	27	87	6	35
滋賀	446	113	14	26	68	－	88	15	34	25	46	5	12
京都	700	39	134	26	86	－	56	3	21	56	133	－	146
大阪	2 550	568	125	94	458	11	159	116	243	107	533	8	128
兵庫	122	6	5	5	2	－	2	1	4	－	3	－	94
奈良	44	－	－	－	－	－	1	－	43	－	－	－	－
和歌山	－	－	－	－	－	－	－	－	－	－	－	－	－
鳥取	1 298	1 006	－	98	31	3	3	10	125	7	1	2	12
島根	2 061	277	138	161	433	141	254	132	120	132	65	7	201
岡山	61	15	2	4	9	－	1	2	1	5	12	－	10
広島	165	10	34	2	11	－	14	2	1	3	36	－	52
山口	15	9	3	－	1	－	－	1	－	1	－	－	－
徳島	2 369	202	178	126	942	19	153	93	33	274	301	22	26
香川	10	－	－	－	－	－	5	－	4	1	－	－	－
愛媛	235	30	47	12	12	10	24	7	30	35	18	7	3
高知	94	－	－	－	66	－	－	－	－	－	28	－	－
福岡	1 761	342	246	81	340	19	191	41	65	78	217	88	53
佐賀	949	280	138	72	14	32	19	23	204	31	21	12	103
長崎	36	10	2	5	14	－	－	1	4	－	－	－	－
熊本	109	28	2	17	25	－	6	1	－	1	11	3	15
大分	40	－	－	－	－	－	－	－	－	－	－	－	40
宮崎	－	－	－	－	－	－	－	－	－	－	－	－	－
鹿児島	2	－	－	－	2	－	－	－	－	－	－	－	－
沖縄	1 237	1 011	41	18	58	－	26	45	9	14	5	－	10

注：本表は年度分報告である。なお、八戸市は平成29年１月に中核市になったため、１月～３月の数値である。

都道府県－指定都市－中核市×支援内容（重複計上）別

平成28年度

都道府県 指定都市 中核市	（再掲）ピアカウンセラー													
	総数	福祉サービスの利用等に関する支援	障害や病状の理解に関する支援	健康・医療に関する支援	不安の解消・情緒安定に関する支援	保育・教育に関する支援	家族関係・人間関係に関する支援	家計・経済に関する支援	生活技術に関する支援	就労に関する支援	社会参加・余暇活動に関する支援	権利擁護に関する支援	その他
指定都市(別掲)													
札幌市	–	–	–	–	–	–	–	–	–	–	–	–	–
仙台市	381	16	23	25	233	–	23	4	6	2	33	–	16
さいたま市	–	–	–	–	–	–	–	–	–	–	–	–	–
千葉市	–	–	–	–	–	–	–	–	–	–	–	–	–
横浜市	207	–	–	–	–	–	–	–	–	–	–	–	207
川崎市	–	–	–	–	–	–	–	–	–	–	–	–	–
相模原市	–	–	–	–	–	–	–	–	–	–	–	–	–
新潟市	–	–	–	–	–	–	–	–	–	–	–	–	–
静岡市	380	65	24	32	56	–	26	14	91	20	49	–	3
浜松市	–	–	–	–	–	–	–	–	–	–	–	–	–
名古屋市	124	3	–	1	7	–	1	–	–	–	109	–	3
京都市	–	–	–	–	–	–	–	–	–	–	–	–	–
大阪市	1 379	1 379	–	–	–	–	–	–	–	–	–	–	–
堺市	18	12	–	1	1	–	–	–	1	1	–	–	2
神戸市	129	7	23	11	13	7	24	6	6	8	13	2	9
岡山市	72	8	–	1	26	–	12	2	7	10	6	–	–
広島市	95	–	5	–	6	–	1	–	–	3	80	–	–
北九州市	165	28	1	38	23	1	25	–	4	9	11	16	9
福岡市	513	114	56	39	87	1	68	23	27	3	–	–	95
熊本市	4 257	503	374	482	929	28	547	443	187	225	188	152	199
中核市(別掲)													
旭川市	688	210	6	61	3	9	135	30	155	45	30	–	4
函館市	29	8	1	1	18	–	1	–	–	–	–	–	–
青森市	–	–	–	–	–	–	–	–	–	–	–	–	–
八戸市	–	–	–	–	–	–	–	–	–	–	–	–	–
盛岡市	53	11	–	4	10	–	11	–	4	5	4	2	2
秋田市	123	11	2	2	5	3	35	3	6	–	54	–	2
郡山市	2 651	1 577	24	371	187	27	299	61	23	41	–	36	5
いわき市	34	12	–	3	9	–	–	2	2	3	–	–	3
宇都宮市	–	–	–	–	–	–	–	–	–	–	–	–	–
前橋市	–	–	–	–	–	–	–	–	–	–	–	–	–
高崎市	–	–	–	–	–	–	–	–	–	–	–	–	–
川越市	104	7	1	16	6	–	9	2	42	–	18	–	3
越谷市	28	5	–	–	–	–	2	–	4	1	13	–	3
船橋市	–	–	–	–	–	–	–	–	–	–	–	–	–
柏市	12	–	2	–	3	1	2	–	1	–	3	–	–
八王子市	2 066	536	177	214	137	49	138	136	164	165	253	91	6
横須賀市	–	–	–	–	–	–	–	–	–	–	–	–	–
富山市	3 495	2 368	206	76	481	14	28	12	10	11	22	17	250
金沢市	–	–	–	–	–	–	–	–	–	–	–	–	–
長野市	–	–	–	–	–	–	–	–	–	–	–	–	–
岐阜市	1 335	530	29	56	4	79	33	18	150	21	44	2	369
豊橋市	1 491	28	20	11	273	1	41	4	5	8	122	–	978
豊田市	–	–	–	–	–	–	–	–	–	–	–	–	–
岡崎市	2 037	563	15	320	209	4	194	23	385	136	159	–	29
大津市	–	–	–	–	–	–	–	–	–	–	–	–	–
高槻市	–	–	–	–	–	–	–	–	–	–	–	–	–
東大阪市	603	224	46	15	143	8	126	7	8	4	19	2	1
豊中市	1 028	365	58	52	115	10	46	43	100	31	62	2	144
枚方市	633	76	66	73	100	–	75	25	93	53	59	7	6
姫路市	–	–	–	–	–	–	–	–	–	–	–	–	–
西宮市	–	–	–	–	–	–	–	–	–	–	–	–	–
尼崎市	66	–	7	–	9	–	8	–	–	6	18	–	18
奈良市	–	–	–	–	–	–	–	–	–	–	–	–	–
和歌山市	–	–	–	–	–	–	–	–	–	–	–	–	–
倉敷市	132	39	3	3	62	–	2	2	7	2	3	–	9
福山市	–	–	–	–	–	–	–	–	–	–	–	–	–
呉市	–	–	–	–	–	–	–	–	–	–	–	–	–
下関市	–	–	–	–	–	–	–	–	–	–	–	–	–
高松市	19	–	–	2	2	–	7	–	7	–	1	–	–
松山市	–	–	–	–	–	–	–	–	–	–	–	–	–
高知市	296	38	–	12	–	–	–	3	172	–	70	–	1
久留米市	53	4	–	1	38	–	1	–	–	7	1	–	1
長崎市	1 535	167	2	126	1	7	29	12	162	80	936	–	13
佐世保市	–	–	–	–	–	–	–	–	–	–	–	–	–
大分市	–	–	–	–	–	–	–	–	–	–	–	–	–
宮崎市	–	–	–	–	–	–	–	–	–	–	–	–	–
鹿児島市	–	–	–	–	–	–	–	–	–	–	–	–	–
那覇市	910	69	47	85	125	–	81	35	132	54	243	3	36

（報告表　21の３）

第21表　自立支援医療（身体障害児童の育成医療）の支給認定

障害の種類	支給認定申請件数	支給認定件数	支払決定			
			総額（千円）	公費負担額		
				総額（千円）	医科（千円）	調剤（千円）
総数	**43 961**	**43 076**	**38 151 237**	**2 666 658**	**2 625 534**	**41 124**
入院	18 124	17 680	35 997 293	2 330 694	2 312 521	18 173
視覚障害	1 532	1 506	688 237	105 862	105 710	152
聴覚・平衡機能障害	1 020	953	1 530 530	115 835	111 509	4 326
音声・言語・そしゃく機能障害	3 532	3 450	2 777 860	284 919	282 190	2 729
肢体不自由	4 101	3 971	7 566 808	562 193	561 321	872
内臓障害	7 924	7 785	23 415 513	1 260 799	1 250 705	10 094
心臓機能障害	4 338	4 280	17 806 873	828 057	827 588	469
腎臓機能障害	137	136	237 444	25 432	25 432	-
小腸機能障害	154	156	575 917	34 668	34 668	-
肝臓機能障害	91	89	547 479	35 891	26 468	9 423
その他	3 204	3 124	4 247 800	336 751	336 549	202
免疫機能障害	15	15	18 345	1 086	1 086	-
入院外	25 808	25 368	2 131 116	333 580	310 629	22 951
視覚障害	1 453	1 436	42 300	8 966	8 300	666
聴覚・平衡機能障害	912	861	35 810	5 138	4 883	255
音声・言語・そしゃく機能障害	12 649	12 455	1 211 035	182 218	180 061	2 157
肢体不自由	5 205	5 097	296 620	47 035	45 936	1 099
内臓障害	5 579	5 509	540 831	87 248	71 014	16 234
心臓機能障害	2 214	2 189	312 015	38 626	36 980	1 646
腎臓機能障害	131	133	46 331	14 937	11 964	2 973
小腸機能障害	157	159	38 240	9 280	6 082	3 198
肝臓機能障害	76	78	28 182	8 727	3 017	5 710
その他	3 001	2 950	116 063	15 678	12 971	2 707
免疫機能障害	10	10	4 520	2 975	435	2 540
訪問看護	29	28	22 828	2 384	2 384	-

注：1）本表は年度分報告である。
　　2）「支払決定金額」及び「レセプト件数」は、平成28年３月診療分から平成29年２月診療分までを対象とした。
　　3）「訪問看護」のレセプト件数は「医科」に計上している。

件数、支払決定金額、レセプト件数及び支払決定実人員，障害の種類別

平成28年度

金 額		レ セ プ ト 件 数			支払決定実人員
社会保険負担額（千円）	自己負担額（千円）	総数	医科	調剤	
35 181 908	302 671	117 591	112 980	4 611	39 954
33 480 061	186 538	25 057	25 014	43	16 323
570 696	11 679	1 745	1 740	5	1 426
1 404 731	9 964	1 328	1 326	2	924
2 464 078	28 863	3 938	3 924	14	2 890
6 959 064	45 551	6 274	6 267	7	3 639
22 064 385	90 329	11 753	11 738	15	7 433
16 926 534	52 282	6 734	6 719	15	4 074
210 520	1 492	203	203	-	136
538 724	2 525	362	362	-	163
509 886	1 702	171	171	-	83
3 878 721	32 328	4 283	4 283	-	2 977
17 107	152	19	19	-	11
1 682 700	114 836	92 370	87 802	4 568	23 601
31 152	2 182	3 007	2 596	411	1 368
28 854	1 818	2 175	2 020	155	806
953 639	75 178	59 392	58 748	644	11 878
234 121	15 464	13 890	13 148	742	4 801
433 460	20 123	13 860	11 252	2 608	4 738
262 804	10 585	6 095	4 945	1 150	1 793
29 979	1 415	546	387	159	138
27 076	1 884	616	459	157	134
18 073	1 382	460	278	182	60
95 528	4 857	6 143	5 183	960	2 613
1 474	71	46	38	8	10
19 147	1 297	164	164	-	30

（報告表　22の2）

障害者総合支援 22表

第22表（2-1）自立支援医療（身体障害児童の育成医療）の支給認定

都道府県 指定都市 中核市	支給認定 申請件数	支給認定 件数	支払決定			
			総額（千円）	公費負担額		
				総額（千円）	医科（千円）	調剤（千円）
全　　　国	43 961	43 076	38 151 237	2 666 658	2 625 534	41 124
北　海　道	1 050	1 050	902 784	57 894	57 894	-
青　　森	535	529	269 851	17 958	17 935	23
岩　　手	271	270	225 271	17 950	16 982	968
宮　　城	294	293	149 420	10 946	10 391	555
秋　　田	180	179	150 030	8 799	8 699	100
山　　形	366	360	372 498	19 900	19 833	67
福　　島	236	243	229 883	12 871	12 829	42
茨　　城	512	507	597 225	30 138	30 085	53
栃　　木	973	965	801 703	46 465	45 513	952
群　　馬	294	294	444 227	22 946	22 943	3
埼　　玉	2 949	2 916	2 289 211	145 136	144 759	377
千　　葉	973	973	1 197 046	67 572	66 878	694
東　　京	1 193	1 179	1 595 472	183 340	183 225	115
神　奈　川	564	556	368 293	20 054	20 014	40
新　　潟	791	786	824 394	44 990	44 784	206
富　　山	438	443	494 394	22 126	22 121	5
石　　川	417	411	293 204	18 188	18 129	59
福　　井	420	417	345 280	22 400	22 295	105
山　　梨	334	333	482 512	14 065	14 064	1
長　　野	1 227	1 216	1 264 238	97 593	95 483	2 110
岐　　阜	607	610	362 458	25 475	25 471	4
静　　岡	1 308	1 298	959 750	53 954	53 795	159
愛　　知	1 032	1 008	688 694	42 565	42 477	88
三　　重	1 385	1 347	1 124 406	69 146	69 060	86
滋　　賀	766	760	350 153	20 755	20 631	124
京　　都	332	315	197 825	15 681	15 613	68
大　　阪	1 172	1 162	1 165 443	116 906	98 671	18 235
兵　　庫	455	451	225 530	15 181	15 156	25
奈　　良	569	573	408 898	36 564	36 546	18
和　歌　山	331	326	288 888	16 695	16 606	89
鳥　　取	238	236	241 230	18 709	16 026	2 683
島　　根	304	296	254 110	15 878	15 854	24
岡　　山	122	121	199 322	9 177	9 150	27
広　　島	328	324	277 937	17 023	17 001	22
山　　口	745	752	637 415	42 603	42 565	38
徳　　島	170	170	274 948	12 654	12 654	-
香　　川	165	168	200 622	16 066	16 064	2
愛　　媛	291	291	429 878	18 551	18 496	55
高　　知	92	96	129 008	5 988	5 926	62
福　　岡	598	602	624 939	69 247	67 939	1 308
佐　　賀	432	424	326 151	22 111	21 971	140
長　　崎	519	503	387 317	24 138	24 109	29
熊　　本	522	521	520 887	31 648	31 149	499
大　　分	238	234	283 428	15 820	15 796	24
宮　　崎	323	317	248 080	34 720	34 669	51
鹿　児　島	807	793	500 474	53 748	52 844	904
沖　　縄	1 890	1 750	1 319 422	101 916	101 580	336

注：1）本表は年度分報告である。なお、八戸市は平成29年1月に中核市になったため、平成29年1月診療分～2月診療分の数値である。
　　2）「支払決定金額」及び「レセプト件数」は、平成28年3月診療分から平成29年2月診療分までを対象とした。

件数、支払決定金額、レセプト件数及び支払決定実人員，都道府県－指定都市－中核市別

平成28年度

金額		レセプト件数			支払決定実人員
社会保険負担額（千円）	自己負担額（千円）	総数	医科	調剤	
35 181 908	302 671	117 591	112 980	4 611	39 954
836 962	7 928	2 649	2 560	89	983
249 390	2 503	1 215	1 152	63	406
205 217	2 104	663	659	4	271
136 861	1 613	674	618	56	227
140 043	1 188	491	407	84	156
348 998	3 600	886	841	45	366
215 675	1 337	491	459	32	190
562 737	4 350	1 525	1 502	23	494
747 742	7 496	3 208	2 873	335	766
418 896	2 385	666	661	5	256
2 126 972	17 103	4 800	4 619	181	2 323
1 122 823	6 651	1 915	1 884	31	753
1 403 995	8 137	2 444	2 393	51	1 021
345 467	2 772	1 204	1 168	36	468
774 081	5 323	1 615	1 521	94	776
469 292	2 976	883	874	9	399
272 516	2 500	831	777	54	377
320 137	2 743	879	868	11	381
466 446	2 001	1 036	1 035	1	220
1 156 293	10 352	4 539	4 248	291	1 320
333 016	3 967	2 371	2 336	35	494
898 780	7 016	2 439	2 270	169	984
638 111	8 018	3 983	3 846	137	1 006
1 045 976	9 284	3 233	3 140	93	1 195
325 888	3 510	1 594	1 567	27	468
179 040	3 104	1 423	1 373	50	337
1 038 433	10 104	3 932	3 805	127	1 369
207 689	2 660	1 012	980	32	322
368 753	3 581	1 499	1 474	25	506
269 965	2 228	917	842	75	381
220 647	1 874	688	603	85	242
235 867	2 365	1 009	975	34	307
188 809	1 336	435	400	35	177
258 828	2 086	820	795	25	279
589 238	5 574	1 873	1 846	27	683
260 739	1 555	510	509	1	168
183 329	1 227	398	394	4	163
408 874	2 453	800	741	59	251
122 317	703	194	192	2	85
550 113	5 579	1 879	1 857	22	608
300 933	3 107	1 212	1 201	11	388
359 926	3 253	1 375	1 337	38	387
485 376	3 863	1 236	1 168	68	484
264 690	2 918	760	748	12	220
210 780	2 580	1 257	1 240	17	620
441 562	5 164	2 541	2 451	90	874
1 208 922	8 584	3 437	3 195	242	1 683

（報告表　22の２）

第22表（2－2）自立支援医療（身体障害児童の育成医療）の支給認定

都道府県 指定都市 中核市	支給認定 申請件数	支給認定 件数	支払決定			
			総額（千円）	公費負担額		
				総額（千円）	医科（千円）	調剤（千円）
指定都市(別掲)						
札幌市	840	836	454 789	33 387	33 384	3
仙台市	207	204	87 950	6 946	6 917	29
さいたま市	445	426	526 639	31 228	31 218	10
千葉市	129	128	218 912	15 136	15 132	4
横浜市	647	535	495 235	28 791	28 262	529
川崎市	312	312	380 979	16 439	16 416	23
相模原市	86	85	100 366	5 031	5 004	27
新潟市	463	448	506 532	27 670	27 540	130
静岡市	406	406	294 031	18 873	18 439	434
浜松市	427	427	416 194	41 436	41 415	21
名古屋市	280	271	319 934	22 802	22 712	90
京都市	537	516	164 583	20 145	20 145	－
大阪市	562	522	387 077	33 201	32 766	435
堺市	261	250	355 837	33 981	33 973	8
神戸市	340	340	62 972	14 541	13 613	928
岡山市	203	193	147 570	10 947	10 773	174
広島市	407	389	321 597	19 596	19 565	31
北九州市	198	195	249 990	17 942	17 850	92
福岡市	341	328	402 202	43 830	43 830	－
熊本市	406	385	473 421	28 813	27 871	942
中核市(別掲)						
旭川市	143	156	136 880	9 276	8 462	814
函館市	32	32	46 718	6 482	6 476	6
青森市	100	100	92 002	6 043	6 024	19
八戸市	21	19	168 591	1 200	1 194	6
盛岡市	51	51	85 768	4 036	4 035	1
秋田市	93	93	53 025	4 762	4 334	428
郡山市	56	54	80 465	3 787	3 783	4
いわき市	90	90	114 873	5 356	5 200	156
宇都宮市	293	285	234 051	13 690	13 209	481
前橋市	95	92	123 582	5 416	5 415	1
高崎市	104	104	140 099	11 527	11 527	－
川越市	164	164	148 695	11 888	11 862	26
越谷市	290	290	193 292	8 072	8 071	1
船橋市	101	101	121 373	6 776	6 687	89
柏市	102	113	232 052	10 224	10 142	82
八王子市	37	35	30 412	1 847	1 847	－
横須賀市	46	44	46 207	2 275	2 201	74
富山市	194	194	160 428	9 336	9 336	－
金沢市	210	194	129 865	7 817	7 798	19
長野市	168	167	194 626	10 162	10 136	26
岐阜市	138	138	90 226	5 835	5 826	9
豊橋市	188	182	156 373	9 980	9 900	80
豊田市	109	68	47 344	3 210	3 209	1
岡崎市	64	62	74 245	3 721	3 649	72
大津市	113	97	77 762	5 866	5 860	6
高槻市	31	31	31 253	2 023	2 022	1
東大阪市	122	114	84 385	5 227	5 207	20
豊中市	70	70	49 681	4 017	4 013	4
枚方市	84	83	31 292	2 946	2 942	4
姫路市	60	60	81 406	3 796	3 788	8
西宮市	113	112	47 846	3 543	3 540	3
尼崎市	155	155	58 028	7 842	5 230	2 612
奈良市	140	132	147 307	13 666	13 664	2
和歌山市	140	140	143 135	29 134	29 107	27
倉敷市	119	107	143 437	6 770	6 584	186
福山市	211	208	235 420	11 177	11 163	14
呉市	68	66	40 000	6 476	6 476	－
下関市	79	79	69 871	4 459	4 459	－
高松市	125	124	205 218	8 365	8 358	7
松山市	164	165	235 667	10 518	10 483	35
高知市	100	97	108 018	6 322	6 320	2
久留米市	110	110	88 923	8 804	8 804	－
長崎市	238	216	160 559	9 713	9 696	17
佐世保市	110	110	116 984	5 837	5 822	15
大分市	255	249	221 022	23 824	23 810	14
宮崎市	241	229	149 836	11 853	11 835	18
鹿児島市	550	550	200 798	18 759	18 572	187
那覇市	419	380	231 238	18 018	17 956	62

注：1）本表は年度分報告である。なお、八戸市は平成29年１月に中核市になったため、平成29年１月診療分～２月診療分の数値である。
2）「支払決定金額」及び「レセプト件数」は、平成28年３月診療分から平成29年２月診療分までを対象とした。

件数、支払決定金額、レセプト件数及び支払決定実人員，都道府県－指定都市－中核市別

平成28年度

金額		レセプト件数			支払決定実人員
社会保険負担額（千円）	自己負担額（千円）	総数	医科	調剤	
418 119	3 283	1 659	1 656	3	581
79 706	1 298	649	613	36	294
492 233	3 178	770	754	16	385
202 514	1 262	392	387	5	153
462 100	4 344	1 671	1 614	57	609
362 255	2 285	775	744	31	294
94 541	794	291	271	20	83
475 378	3 484	1 171	1 110	61	415
272 518	2 640	874	791	83	413
371 315	3 443	1 405	1 378	27	406
294 058	3 074	1 586	1 522	64	390
140 798	3 640	2 551	2 551	－	544
350 647	3 229	1 666	1 635	31	483
320 379	1 477	588	573	15	278
46 798	1 633	1 045	989	56	163
134 864	1 759	646	604	42	215
298 795	3 206	1 625	1 556	69	302
230 185	1 863	714	703	11	209
355 542	2 830	1 223	1 223	－	323
441 217	3 391	1 008	910	98	315
126 426	1 178	400	364	36	162
40 010	226	94	91	3	30
85 042	917	335	323	12	96
167 187	204	73	67	6	19
81 164	568	199	198	1	59
47 329	934	437	352	85	116
76 186	492	116	108	8	46
108 769	748	313	301	12	72
217 916	2 445	1 077	969	108	249
117 535	631	175	174	1	71
127 489	1 083	350	350	－	102
135 931	876	305	292	13	146
184 288	932	228	226	2	122
113 722	875	266	258	8	106
220 793	1 035	215	208	7	96
28 220	345	142	142	－	39
43 559	373	181	177	4	48
149 689	1 403	479	474	5	154
120 776	1 272	500	470	30	193
183 052	1 412	632	595	37	194
83 322	1 069	445	427	18	130
144 994	1 399	603	592	11	131
43 386	748	361	361	－	88
69 847	677	300	295	5	76
70 800	1 096	510	510	－	134
28 791	439	174	172	2	45
78 414	744	441	422	19	148
45 142	522	246	242	4	80
27 785	561	316	310	6	87
76 981	629	188	179	9	60
43 776	527	203	198	5	76
49 314	872	473	461	12	103
132 457	1 184	384	381	3	150
112 889	1 112	532	482	50	200
135 865	802	346	337	9	116
222 832	1 411	463	441	22	186
32 988	536	245	236	9	62
64 713	699	235	235	－	77
195 794	1 059	328	315	13	145
223 779	1 370	512	489	23	162
100 975	721	270	268	2	81
79 375	744	387	380	7	104
149 280	1 566	729	695	34	198
110 294	853	436	417	19	92
195 571	1 627	773	758	15	249
136 298	1 685	784	758	26	207
178 653	3 386	1 870	1 776	94	610
211 404	1 816	770	716	54	348

（報告表　22の２）

障害児関係・障害児福祉手当等・特別児童扶養手当

第１表　未熟児の養育医療及び結核児童の療育の給付の

障害の種類	給付申請件数	給付決定件数	費	
			総額（千円）	公費負
				委託報酬による支払決定額（千円）
養育医療	31 363	31 242	107 033 682	7 978 276
療育の給付	2	2	1 654	350

注：１）本表は年度分報告である。
２）公費負担額の「養育医療」及び「療育の給付」については、自己負担額を含む。
３）自己負担額の「養育医療」及び「療育の給付」については、公費負担額中に含まれる本人又は扶養義務者の負担すべき額の再掲である。

給付件数、費用額、診療実日数及び支払決定実人員, 養育医療－療育の給付別

平成28年度

用	額			診 療 実 日 数	支払決定実人員
担　額　2) その他による支払決定額（千円）	社会保険・感染症の予防及び感染症の患者に対する医療に関する法律による負担額（千円）	（再掲）　　3) 自 己 負 担 額（千円）			
3 051	99 052 355	1 385 605		1 263 585	28 144
12	1 292	15		．	2

（報告表　22）

障害児関係
2表

第2表（2-1）未熟児の養育医療及び結核児童の療育の給付の

都道府県 指定都市 中核市	給付申請件数	給付決定件数	養育医療				
			費用			額	
			総額 （千円）	公費負担額2)		社会保険・感染症の予防及び感染症の患者に対する医療に関する法律による負担額 （千円）	（再掲）3) 自己負担額 （千円）
				委託報酬による 支払決定額(千円)	その他による 支払決定額(千円)		
全　　　　国	31 363	31 242	107 033 682	7 978 276	3 051	99 052 355	1 385 605
北　海　道	705	703	2 323 748	331 926	1	1 991 821	26 230
青　　森	383	382	575 933	38 308	-	537 625	6 381
岩　　手	120	118	260 988	40 897	-	220 091	7 310
宮　　城	209	209	1 038 590	65 304	-	973 286	11 366
秋　　田	155	152	419 812	29 727	-	390 085	4 882
山　　形	154	155	841 764	47 591	-	794 173	9 178
福　　島	178	178	607 128	28 490	279	578 359	8 005
茨　　城	1 228	1 228	2 128 500	130 458	195	1 997 847	25 335
栃　　木	335	333	1 283 758	88 245	-	1 195 513	17 159
群　　馬	301	301	1 151 833	86 686	39	1 065 108	14 224
埼　　玉	1 341	1 318	4 775 138	344 302	595	4 430 241	63 835
千　　葉	722	716	2 334 068	225 676	99	2 108 293	42 879
東　　京	2 596	2 570	11 522 006	760 435	-	10 761 571	195 814
神　奈　川	490	490	2 111 299	131 388	-	1 979 911	28 597
新　　潟	243	243	872 460	59 201	-	813 259	12 256
富　　山	114	111	599 418	34 885	-	564 533	7 259
石　　川	114	115	499 899	32 454	-	467 445	6 656
福　　井	508	508	522 382	48 130	-	474 252	8 965
山　　梨	179	179	704 477	118 335	-	586 142	8 571
長　　野	405	405	1 335 881	102 994	-	1 232 887	19 297
岐　　阜	382	379	1 229 178	76 310	149	1 152 719	14 811
静　　岡	415	417	1 759 171	123 528	-	1 635 643	20 209
愛　　知	930	928	3 530 614	232 403	-	3 298 211	42 910
三　　重	505	494	1 511 460	100 902	-	1 410 558	20 238
滋　　賀	618	618	884 523	66 971	-	817 552	13 698
京　　都	272	276	1 183 184	97 793	-	1 085 391	13 406
大　　阪	767	759	2 446 563	173 988	-	2 272 575	26 699
兵　　庫	555	555	2 095 499	154 263	-	1 941 236	27 113
奈　　良	502	503	934 945	70 590	-	864 355	12 044
和　歌　山	64	70	324 502	19 361	-	305 141	3 168
鳥　　取	100	103	409 381	24 351	-	385 030	3 985
島　　根	150	149	675 986	41 733	-	634 253	7 773
岡　　山	144	144	612 819	39 086	-	573 733	6 601
広　　島	228	225	671 664	55 773	-	615 891	8 589
山　　口	440	440	1 265 696	97 369	-	1 168 327	14 325
徳　　島	247	247	493 474	28 063	-	465 411	6 372
香　　川	121	117	493 120	28 908	-	464 212	4 729
愛　　媛	163	163	342 361	36 293	740	305 328	5 847
高　　知	47	47	279 755	20 196	169	259 390	2 490
福　　岡	404	404	2 018 264	115 810	-	1 902 454	20 075
佐　　賀	156	156	712 915	47 646	-	665 269	7 862
長　　崎	160	160	680 827	41 736	-	639 091	7 193
熊　　本	358	361	1 130 530	85 967	-	1 044 563	9 813
大　　分	155	152	461 651	38 264	-	423 387	5 227
宮　　崎	131	129	488 319	33 526	785	454 008	4 598
鹿　児　島	405	406	1 227 898	83 257	-	1 144 641	9 576
沖　　縄	439	439	1 868 736	128 924	-	1 739 812	12 406

注：1）本表は年度分報告である。なお、八戸市は平成29年1月に中核市になったため、1月～3月の数値である。
　　2）公費負担額の「養育医療」及び「療育の給付」については、自己負担額を含む。
　　3）自己負担額の「養育医療」及び「療育の給付」については、公費負担額中に含まれる本人又は扶養義務者の負担すべき額の再掲である。

給付件数、費用額、診療実日数及び支払決定実人員, 都道府県-指定都市-中核市別

平成28年度

診療実日数	支払決定実人員	給付申請件数	給付決定件数	療育の給付 費用額				(再掲)3) 自己負担額 (千円)	診療実日数	支払決定実人員
				総額 (千円)	公費負担額2) 委託報酬による支払決定額(千円)	その他による支払決定額(千円)	社会保険・感染症の予防及び感染症の患者に対する医療に関する法律による負担額 (千円)			
1 263 585	28 144	2	2	1 654	350	12	1 292	15	・	2
29 283	640	-	-	-	-	-	-	-	・	-
7 196	168	-	-	-	-	-	-	-	・	-
8 292	158	-	-	-	-	-	-	-	・	-
12 436	254	-	-	-	-	-	-	-	・	-
5 373	142	-	-	-	-	-	-	-	・	-
9 968	179	-	-	-	-	-	-	-	・	-
7 522	178	-	-	-	-	-	-	-	・	-
24 597	471	-	-	-	-	-	-	-	・	-
15 206	312	-	-	-	-	-	-	-	・	-
14 444	329	-	-	-	-	-	-	-	・	-
58 132	1 315	-	-	-	-	-	-	-	・	-
41 021	782	-	-	-	-	-	-	-	・	-
139 303	2 666	1	1	805	159	12	634	15	・	1
24 578	506	-	-	-	-	-	-	-	・	-
12 403	257	-	-	-	-	-	-	-	・	-
6 752	134	-	-	-	-	-	-	-	・	-
6 594	124	-	-	-	-	-	-	-	・	-
8 012	256	-	-	-	-	-	-	-	・	-
7 648	123	-	-	-	-	-	-	-	・	-
19 035	405	-	-	-	-	-	-	-	・	-
13 957	334	-	-	-	-	-	-	-	・	-
19 418	399	-	-	-	-	-	-	-	・	-
39 614	896	-	-	-	-	-	-	-	・	-
18 355	487	-	-	-	-	-	-	-	・	-
11 253	246	-	-	-	-	-	-	-	・	-
13 404	289	-	-	-	-	-	-	-	・	-
25 742	641	-	-	-	-	-	-	-	・	-
25 948	554	-	-	-	-	-	-	-	・	-
11 593	335	-	-	-	-	-	-	-	・	-
3 629	71	-	-	-	-	-	-	-	・	-
4 401	88	-	-	-	-	-	-	-	・	-
8 233	151	-	-	-	-	-	-	-	・	-
7 608	164	-	-	-	-	-	-	-	・	-
8 298	230	-	-	-	-	-	-	-	・	-
15 854	436	-	-	-	-	-	-	-	・	-
5 428	125	-	-	-	-	-	-	-	・	-
5 924	137	-	-	-	-	-	-	-	・	-
6 924	151	-	-	-	-	-	-	-	・	-
3 208	51	-	-	-	-	-	-	-	・	-
23 158	464	-	-	-	-	-	-	-	・	-
8 262	164	-	-	-	-	-	-	-	・	-
8 295	168	-	-	-	-	-	-	-	・	-
12 753	358	-	-	-	-	-	-	-	・	-
6 291	140	-	-	-	-	-	-	-	・	-
6 520	138	-	-	-	-	-	-	-	・	-
13 791	361	-	-	-	-	-	-	-	・	-
20 185	491	-	-	-	-	-	-	-	・	-

(報告表 22)

障害児関係
2表

第2表（2-2）未熟児の養育医療及び結核児童の療育の給付の

都道府県 指定都市 中核市	給付申請 件数	給付決定 件数	養育医療				
			費用総額 （千円）	公費負担額2)		社会保険・感染症の予防及び 感染症の患者に対する医療に 関する法律による負担額 （千円）	（再掲）3) 自己負担額 （千円）
				委託報酬による 支払決定額（千円）	その他による 支払決定額（千円）		
指定都市(別掲)							
札　幌　市	380	376	1 630 501	129 871	-	1 500 630	20 563
仙　台　市	229	229	1 111 489	62 555	-	1 048 934	12 438
さいたま市	348	346	1 444 178	97 664	-	1 346 514	19 457
千　葉　市	162	162	826 000	61 351	-	764 649	12 029
横　浜　市	767	758	2 769 155	185 100	-	2 584 055	42 027
川　崎　市	1 570	1 570	1 426 596	71 144	-	1 355 452	20 028
相模原市	195	195	699 295	54 792	-	644 503	5 947
新　潟　市	131	139	548 290	35 973	-	512 317	8 009
静　岡　市	165	165	649 130	41 423	-	607 707	9 252
浜　松　市	151	151	795 984	44 344	-	751 640	9 263
名古屋市	491	487	2 174 793	140 612	-	2 034 181	34 639
京　都　市	416	416	1 627 384	111 821	-	1 515 563	19 880
大　阪　市	626	626	2 738 790	214 913	-	2 523 877	28 038
堺　　　市	160	160	687 737	45 917	-	641 820	7 895
神　戸　市	265	253	1 176 340	75 709	-	1 100 631	14 984
岡　山　市	143	143	577 166	38 690	-	538 476	7 378
広　島　市	403	403	1 368 722	101 349	-	1 267 373	24 419
北九州市	169	169	835 266	54 563	-	780 703	8 639
福　岡　市	356	353	1 395 718	94 644	-	1 301 074	17 930
熊　本　市	378	377	221 574	105 155	-	116 419	11 264
中核市(別掲)							
旭　川　市	87	84	402 629	34 313	-	368 316	4 505
函　館　市	27	27	149 488	9 765	-	139 723	1 271
青　森　市	57	57	266 846	14 261	-	252 585	3 110
八　戸　市	34	34	60 958	3 254	-	57 704	479
盛　岡　市	34	34	158 272	10 686	-	147 586	2 338
秋　田　市	108	108	22 089	22 089	-	-	3 906
郡　山　市	49	49	254 878	17 147	-	237 731	3 482
いわき市	50	43	261 480	14 547	-	246 933	3 543
宇都宮市	277	277	448 631	47 103	-	401 528	6 837
前　橋　市	79	79	292 954	20 478	-	272 476	3 809
高　崎　市	79	79	399 209	25 817	-	373 392	5 324
川　越　市	80	80	262 751	16 952	-	245 799	3 678
越谷市	70	70	250 066	16 369	-	233 697	3 271
船　橋　市	95	95	397 206	28 911	-	368 295	6 109
柏　　　市	59	59	276 148	16 386	-	259 762	3 881
八王子市	70	70	509 091	201 802	-	307 289	4 254
横須賀市	59	59	243 047	13 813	-	229 234	2 727
富　山　市	65	65	238 832	14 802	-	224 030	3 438
金　沢　市	96	96	372 885	24 143	-	348 742	5 068
長　野　市	75	75	310 004	18 189	-	291 815	2 968
岐　阜　市	56	56	277 634	24 448	-	253 186	3 652
豊　橋　市	56	56	322 522	18 701	-	303 821	4 053
豊　田　市	70	67	337 266	19 745	-	317 521	4 234
岡　崎　市	70	68	276 059	17 311	-	258 748	4 125
大　津　市	99	99	414 163	38 279	-	375 884	4 412
高　槻　市	79	72	335 461	21 878	-	313 583	3 321
東大阪市	98	98	376 889	34 455	-	342 434	2 634
豊　中　市	58	61	332 460	21 018	-	311 442	4 286
枚　方　市	163	163	356 397	39 286	-	317 111	3 613
姫　路　市	93	92	518 137	30 502	-	487 635	5 923
西　宮　市	106	105	437 106	26 404	-	410 702	5 979
尼　崎　市	345	345	557 181	35 386	-	521 795	6 636
奈　良　市	145	145	431 357	28 987	-	402 370	5 385
和歌山市	49	49	292 317	16 880	-	275 437	2 793
倉　敷　市	138	141	594 336	35 894	-	558 442	6 157
福　山　市	119	119	480 803	31 674	-	449 129	5 321
呉　　　市	58	58	149 525	16 195	-	133 330	1 509
下　関　市	62	62	183 386	12 821	-	170 565	2 315
高　松　市	105	104	447 394	34 609	-	412 785	4 996
松　山　市	93	93	415 067	25 049	-	390 018	4 953
高　知　市	44	44	302 160	17 973	-	284 187	3 625
久留米市	56	56	289 764	17 136	-	272 628	3 130
長　崎　市	106	106	381 998	37 865	-	344 133	3 664
佐世保市	49	49	304 668	19 952	-	284 716	4 090
大　分　市	151	151	549 931	35 199	-	514 732	5 031
宮　崎　市	92	100	377 886	44 918	-	332 968	3 540
鹿児島市	312	312	1 023 001	98 969	-	924 032	9 506
那　覇　市	98	98	345 125	29 882	-	315 243	2 689

注：1) 本表は年度分報告である。なお、八戸市は平成29年1月に中核市になったため、1月～3月の数値である。
　　2) 公費負担額の「養育医療」及び「療育の給付」については、自己負担額を含む。
　　3) 自己負担額の「養育医療」及び「療育の給付」については、公費負担額中に含まれる本人又は扶養義務者の負担すべき額の再掲である。

給付件数、費用額、診療実日数及び支払決定実人員, 都道府県-指定都市-中核市別

平成28年度

診療実日数	支払決定実人員	給付申請件数	給付決定件数	療育の給付 費用額 総額(千円)	公費負担額2) 委託報酬による支払決定額(千円)	その他による支払決定額(千円)	社会保険・感染症の予防及び感染症の患者に対する医療に関する法律による負担額(千円)	(再掲)3) 自己負担額(千円)	診療実日数	支払決定実人員
19 990	417	-	-	-	-	-	-	-	・	-
12 073	255	-	-	-	-	-	-	-	・	-
16 137	328	-	-	-	-	-	-	-	・	-
9 618	183	-	-	-	-	-	-	-	・	-
32 731	758	1	1	849	191	-	658	-	・	1
16 766	364	-	-	-	-	-	-	-	・	-
1 140	231	-	-	-	-	-	-	-	・	-
7 536	155	-	-	-	-	-	-	-	・	-
7 637	170	-	-	-	-	-	-	-	・	-
8 567	157	-	-	-	-	-	-	-	・	-
24 917	539	-	-	-	-	-	-	-	・	-
18 401	446	-	-	-	-	-	-	-	・	-
29 067	633	-	-	-	-	-	-	-	・	-
7 854	209	-	-	-	-	-	-	-	・	-
13 639	253	-	-	-	-	-	-	-	・	-
7 224	157	-	-	-	-	-	-	-	・	-
1 010	302	-	-	-	-	-	-	-	・	-
457	169	-	-	-	-	-	-	-	・	-
16 671	356	-	-	-	-	-	-	-	・	-
12 028	377	-	-	-	-	-	-	-	・	-
4 511	101	-	-	-	-	-	-	-	・	-
1 680	30	-	-	-	-	-	-	-	・	-
2 927	61	-	-	-	-	-	-	-	・	-
483	12	-	-	-	-	-	-	-	・	-
2 165	43	-	-	-	-	-	-	-	・	-
3 766	107	-	-	-	-	-	-	-	・	-
3 707	49	-	-	-	-	-	-	-	・	-
3 067	48	-	-	-	-	-	-	-	・	-
5 423	108	-	-	-	-	-	-	-	・	-
3 722	91	-	-	-	-	-	-	-	・	-
5 086	102	-	-	-	-	-	-	-	・	-
2 832	88	-	-	-	-	-	-	-	・	-
3 152	58	-	-	-	-	-	-	-	・	-
5 352	103	-	-	-	-	-	-	-	・	-
2 984	59	-	-	-	-	-	-	-	・	-
4 048	79	-	-	-	-	-	-	-	・	-
2 560	54	-	-	-	-	-	-	-	・	-
2 643	68	-	-	-	-	-	-	-	・	-
4 872	105	-	-	-	-	-	-	-	・	-
3 092	80	-	-	-	-	-	-	-	・	-
3 166	56	-	-	-	-	-	-	-	・	-
3 585	72	-	-	-	-	-	-	-	・	-
3 991	77	-	-	-	-	-	-	-	・	-
3 304	68	-	-	-	-	-	-	-	・	-
4 807	102	-	-	-	-	-	-	-	・	-
3 551	82	-	-	-	-	-	-	-	・	-
4 066	119	-	-	-	-	-	-	-	・	-
3 475	68	-	-	-	-	-	-	-	・	-
3 329	66	-	-	-	-	-	-	-	・	-
5 520	108	-	-	-	-	-	-	-	・	-
4 789	114	-	-	-	-	-	-	-	・	-
6 360	139	-	-	-	-	-	-	-	・	-
4 639	130	-	-	-	-	-	-	-	・	-
3 131	68	-	-	-	-	-	-	-	・	-
5 834	145	-	-	-	-	-	-	-	・	-
5 836	129	-	-	-	-	-	-	-	・	-
2 143	62	-	-	-	-	-	-	-	・	-
2 187	64	-	-	-	-	-	-	-	・	-
5 025	109	-	-	-	-	-	-	-	・	-
5 192	99	-	-	-	-	-	-	-	・	-
3 500	54	-	-	-	-	-	-	-	・	-
3 124	68	-	-	-	-	-	-	-	・	-
4 492	92	-	-	-	-	-	-	-	・	-
4 185	61	-	-	-	-	-	-	-	・	-
5 739	157	-	-	-	-	-	-	-	・	-
4 725	100	-	-	-	-	-	-	-	・	-
12 456	275	-	-	-	-	-	-	-	・	-
4 058	87	-	-	-	-	-	-	-	・	-

(報告表 22)

第3表 障害児福祉手当等の受給者数，都道府県×手当の種類別

平成28年度末現在

都道府県	障害児福祉手当	特別障害者手当	福祉手当（経過措置分）
全国	64 978	122 746	3 904
北海道	2 779	4 101	237
青森	936	1 903	45
岩手	696	1 440	26
宮城	1 014	1 924	41
秋田	581	1 454	30
山形	728	1 241	18
福島	1 205	2 150	78
茨城	1 358	1 662	86
栃木	758	1 274	42
群馬	899	1 445	46
埼玉	3 213	4 824	153
千葉	2 931	5 124	158
東京	4 369	12 837	335
神奈川	4 045	5 238	312
新潟	1 125	3 781	48
富山	427	821	21
石川	486	720	30
福井	392	609	11
山梨	391	585	15
長野	851	2 366	23
岐阜	1 164	2 469	27
静岡	1 945	3 622	85
愛知	3 522	6 588	213
三重	1 069	1 760	53
滋賀	1 041	1 411	22
京都	1 612	3 867	107
大阪	5 204	12 013	403
兵庫	3 349	6 261	159
奈良	789	1 312	54
和歌山	470	1 284	55
鳥取	337	768	15
島根	442	1 402	20
岡山	797	1 497	59
広島	1 800	3 250	91
山口	759	1 096	54
徳島	360	541	41
香川	570	1 076	26
愛媛	809	1 774	75
高知	335	601	43
福岡	3 151	4 240	200
佐賀	443	574	18
長崎	924	1 408	57
熊本	953	1 758	73
大分	710	1 450	42
宮崎	812	1 302	55
鹿児島	984	2 049	77
沖縄	1 443	1 874	25

（報告表 25）

第４表　障害児福祉手当・特別障害者手当の認定請求処理件数，手当の種類別

平成28年度

手当の種類	前年度末現在未処理件数	認定請求書受付件数	受給資格認定件数		却下件数	年度末現在未処理件数
			受給者	支給停止者		
障害児福祉手当	633	8 820	7 654	130	1 007	662
特別障害者手当	1 358	18 460	15 591	307	2 813	1 107

注：本表は月分報告の累計である。　（報告表　25）

第５表　障害児福祉手当等受給資格者数，手当の種類×異動状況別

平成28年度

手当の種類	前年度末現在数	年度中の異動状況											年度末現在数
		新規認定	支給停止解除	他の実施機関が管轄する区域から転入した	受給資格喪失						支給停止になった	他の実施機関が管轄する区域へ転出した	
					総数	令第１条第１項若しくは第２項又は旧法別表第２に定める障害の状態に該当しなくなった	令第６条又は改正政令附則第３条に定める給付を受けるようになった	法第17条第２号若しくは第26条の２各号，規則第１条各号若しくは第14条各号又は改正省令附則第２条各号に定める施設に入所した	受給者が死亡した	その他			
障害児福祉手当													
受給者数	65 548	7 654	486	931	7 490	988	137	1 281	617	4 467	1 171	980	64 978
支給停止(本人)	42	4	32	5	3	1	−	1	1	−	65	−	81
支給停止(扶養者)	2 884	126	454	18	377	14	3	24	12	324	1 106	21	3 282
特別障害者手当													
受給者数	122 589	15 591	1 000	756	15 261	414	・	5 247	7 989	1 611	1 136	793	122 746
支給停止(本人)	683	100	340	12	67	5	・	12	32	18	296	5	679
支給停止(扶養者)	2 530	207	660	15	195	1	・	64	75	55	840	17	2 720
福祉手当(経過措置分)													
受給者数	4 320	・	44	27	415	3	7	51	331	23	43	29	3 904
支給停止(本人)	109	・	34	−	10	−	2	−	7	1	28	−	93
支給停止(扶養者)	61	・	10	2	5	−	−	1	4	−	15	−	63

注：本表は月分報告の累計である。　（報告表　25）

特別児童扶養手当
6表

第6表 特別児童扶養手当の認定請求処理件数及び

都道府県 指定都市	前年度末現在 未処理件数	認定請求書 受付件数	受給資格認定件数		
			総数	受給者	支給停止者
全　　　　国	2 950	34 991	32 365	31 267	1 098
北　海　道	144	1 043	951	924	27
青　　森	-	436	428	419	9
岩　　手	4	493	487	480	7
宮　　城	63	343	336	326	10
秋　　田	16	274	268	265	3
山　　形	14	322	250	247	3
福　　島	3	820	760	744	16
茨　　城	33	567	571	551	20
栃　　木	3	381	370	345	25
群　　馬	25	359	352	343	9
埼　　玉	-	1 260	1 239	1 165	74
千　　葉	487	1 082	884	839	45
東　　京	64	1 734	1 343	1 292	51
神　奈　川	102	559	535	521	14
新　　潟	9	321	319	312	7
富　　山	1	202	197	187	10
石　　川	-	237	234	229	5
福　　井	-	256	234	228	6
山　　梨	7	189	195	191	4
長　　野	13	905	901	887	14
岐　　阜	-	561	446	432	14
静　　岡	46	694	608	578	30
愛　　知	281	1 359	1 345	1 289	56
三　　重	-	592	535	512	23
滋　　賀	-	333	301	290	11
京　　都	7	379	386	373	13
大　　阪	211	1 795	1 719	1 671	48
兵　　庫	121	1 335	1 253	1 215	38
奈　　良	10	637	588	570	18
和　歌　山	37	271	303	295	8
鳥　　取	4	176	170	168	2
島　　根	1	257	251	247	4
岡　　山	10	246	192	185	7
広　　島	190	704	661	645	16
山　　口	20	396	351	341	10
徳　　島	5	146	122	121	1
香　　川	16	199	193	186	7
愛　　媛	-	458	414	404	10
高　　知	-	248	238	235	3
福　　岡	34	906	846	831	15
佐　　賀	1	355	302	295	7
長　　崎	28	476	429	419	10
熊　　本	37	512	478	474	4
大　　分	1	419	403	395	8
宮　　崎	8	340	244	240	4
鹿　児　島	25	306	290	286	4
沖　　縄	104	1 052	819	814	5
指定都市(別掲)					
札　幌　市	47	562	516	501	15
仙　台　市	47	226	210	202	8
さいたま市	3	178	174	151	23
千　葉　市	38	300	222	198	24
横　浜　市	138	1 006	1 009	966	43
川　崎　市	4	354	300	272	28
相　模　原　市	27	202	206	197	9
新　潟　市	16	269	258	247	11
静　岡　市	7	170	151	130	21
浜　松　市	41	345	356	340	16
名　古　屋　市	32	485	471	414	57
京　都　市	48	494	475	465	10
大　阪　市	65	918	823	794	29
堺　　市	30	358	342	334	8
神　戸　市	25	480	453	439	14
岡　山　市	1	142	132	130	2
広　島　市	-	439	418	412	6
北　九　州　市	88	309	343	327	16
福　岡　市	63	539	538	520	18
熊　本　市	45	280	227	222	5

注：本表は月分報告の累計である。

現況・所得状況届受付件数, 都道府県－指定都市別

平成28年度

却 下 件 数	年 度 末 現 在 未 処 理 件 数	現 況 ・ 所 得 状 況 届 受 付 件 数		
		総　　　　数	受 給 者	支 給 停 止 者
2 526	3 050	241 073	221 491	19 582
159	77	8 162	7 936	226
6	2	3 090	3 007	83
4	6	3 852	3 714	138
40	30	2 531	2 403	128
5	17	2 158	2 069	89
68	18	2 596	2 492	104
60	3	4 733	4 461	272
15	14	4 512	4 103	409
5	9	3 138	2 843	295
14	18	2 873	2 663	210
17	4	9 312	8 186	1 126
186	499	7 516	6 533	983
378	77	15 115	13 245	1 870
71	55	4 760	4 214	546
7	4	2 577	2 494	83
6	-	1 427	1 327	100
3	-	1 865	1 714	151
21	1	1 429	1 346	83
1	-	1 359	1 280	79
3	14	5 850	5 468	382
115	-	3 477	3 259	218
80	52	4 675	4 336	339
28	267	9 659	8 531	1 128
32	25	3 853	3 531	322
28	4	2 459	2 197	262
-	-	2 819	2 560	259
37	250	12 809	11 342	1 467
83	120	10 049	9 238	811
30	29	4 212	3 906	306
5	-	2 049	1 955	94
6	4	1 091	1 054	37
7	-	1 732	1 679	53
43	21	1 632	1 535	97
28	205	2 757	2 642	115
8	57	2 878	2 708	170
17	12	1 196	1 136	60
11	11	1 498	1 409	89
44	-	2 969	2 822	147
9	1	2 125	2 069	56
49	45	5 206	4 974	232
53	1	1 936	1 854	82
7	68	3 246	3 105	141
14	57	2 398	2 333	65
13	4	1 977	1 898	79
103	1	2 333	2 258	75
12	29	2 686	2 597	89
115	222	6 042	5 901	141
72	21	3 982	3 744	238
29	34	2 253	2 038	215
2	5	1 827	1 435	392
116	-	1 117	923	194
41	94	6 628	5 653	975
55	3	1 862	1 535	327
5	18	1 249	1 111	138
10	17	1 462	1 405	57
21	5	1 197	1 054	143
6	24	2 251	2 060	191
3	43	3 242	2 781	461
9	58	3 553	3 218	335
5	155	5 859	5 449	410
10	36	2 107	1 918	189
14	38	3 690	3 329	361
11	-	992	914	78
21	-	2 696	2 569	127
2	52	1 803	1 679	124
9	55	2 937	2 668	269
39	59	1 748	1 681	67

(報告表 26)

第7表　特別児童扶養手当受給者数,

障害区分	級区分	前年度末現在数	年度中の異					
			新規認定	支給停止解除	他の実施機関が管轄する区域から転入した	受給資		
						総数	支給対象障害児が20歳に達した	支給対象障害児が死亡した
受給者数		**224 789**	**31 267**	**3 259**	**1 866**	**24 186**	**12 993**	**829**
支給対象障害児数	総数	238 297	32 306	3 377	2 043	24 958	13 303	829
	1級	99 935	7 641	1 694	726	10 581	6 887	683
	2級	138 362	24 665	1 683	1 317	14 377	6 416	146
身体障害	総数	56 924	6 824	851	503	7 380	2 940	654
	1級	36 240	4 088	562	296	4 090	2 041	532
	2級	20 684	2 736	289	207	3 290	899	122
外部障害	総数	39 188	3 736	616	321	4 304	2 384	294
	1級	32 147	2 790	495	237	3 477	1 945	273
	2級	7 041	946	121	84	827	439	21
内部障害	総数	17 736	3 088	235	182	3 076	556	360
	1級	4 093	1 298	67	59	613	96	259
	2級	13 643	1 790	168	123	2 463	460	101
精神障害	総数	177 473	25 200	2 473	1 497	17 227	10 181	154
	1級	60 341	3 306	1 085	403	6 202	4 688	130
	2級	117 132	21 894	1 388	1 094	11 025	5 493	24
知的障害のみ	総数	97 016	9 825	1 623	708	10 082	7 218	138
	1級	53 886	2 663	1 020	352	5 650	4 327	125
	2級	43 130	7 162	603	356	4 432	2 891	13
知的障害及び知的障害以外の精神障害	総数	51 440	9 279	563	499	4 268	2 011	11
	1級	5 289	441	55	46	471	316	5
	2級	46 151	8 838	508	453	3 797	1 695	6
知的障害以外の精神障害のみ	総数	29 017	6 096	287	290	2 877	952	5
	1級	1 166	202	10	5	81	45	-
	2級	27 851	5 894	277	285	2 796	907	5
重複障害	総数	3 900	282	53	43	351	182	21
	1級	3 354	247	47	27	289	158	21
	2級	546	35	6	16	62	24	-
支給停止者数	総数	18 860	1 098	3 259	179	2 366	1 573	44
	本人	18 350	1 015	2 980	171	2 296	1 536	42
	扶養	510	83	279	8	70	37	2
支給停止障害児数	総数	19 360	1 122	3 377	186	2 410	1 588	44
	1級	10 301	366	1 694	90	1 319	1 002	36
	2級	9 059	756	1 683	96	1 091	586	8

注：本表は月分報告の累計である。

障害の種類×級区分×異動状況別

平成28年度

動状況					手当額改定		再認定による障害区分及び級区分の変更	年度末現在数
格喪失			支給停止になった	他の実施機関が管轄する区域へ転出した				
支給対象障害児が法律に定める障害の状態に該当しなくなった	受給者が死亡した	その他			増	減		
3 880	**273**	**6 211**	**6 371**	**1 860**	**・**	**・**	**・**	**228 764**
3 936	290	6 600	6 575	1 977	2 741	1 782	-	243 472
150	126	2 735	3 050	707	647	463	2 788	98 630
3 786	164	3 865	3 525	1 270	2 094	1 319	-2 788	144 842
1 712	61	2 013	1 610	491	274	313	-527	55 055
134	42	1 341	942	298	145	188	-662	35 151
1 578	19	672	668	193	129	125	135	19 904
148	44	1 434	1 113	316	184	197	-85	38 030
34	39	1 186	855	241	121	151	124	31 190
114	5	248	258	75	63	46	-209	6 840
1 564	17	579	497	175	90	116	-442	17 025
100	3	155	87	57	24	37	-786	3 961
1 464	14	424	410	118	66	79	344	13 064
2 208	227	4 457	4 856	1 452	2 428	1 436	704	184 804
12	82	1 290	2 009	381	465	248	3 408	60 168
2 196	145	3 167	2 847	1 071	1 963	1 188	-2 704	124 636
545	140	2 041	3 062	658	768	637	-4	95 497
8	74	1 116	1 863	331	381	200	3 410	53 668
537	66	925	1 199	327	387	437	-3 414	41 829
772	63	1 411	1 229	472	882	412	462	56 744
3	7	140	120	45	65	35	171	5 396
769	56	1 271	1 109	427	817	377	291	51 348
891	24	1 005	565	322	778	387	246	32 563
1	1	34	26	5	19	13	-173	1 104
890	23	971	539	317	759	374	419	31 459
16	2	130	109	34	39	33	-177	3 613
4	2	104	99	28	37	27	42	3 311
12	-	26	10	6	2	6	-219	302
138	15	596	6 371	184	・	・	・	20 699
134	14	570	6 068	182	・	・	・	20 146
4	1	26	303	2	・	・	・	553
138	15	625	6 575	192	56	28	-	21 292
12	8	261	3 050	97	33	11	270	10 989
126	7	364	3 525	95	23	17	-270	10 303

（報告表　26）

特別児童扶養手当
8表

第8表 特別児童扶養手当受給者数、支給対象障害児数、

都道府県 指定都市	受給者数	支給対象								
		総数			身体障害					精 知的障害のみ	
					外部障害		内部障害				
		総数	1級	2級	1級	2級	1級	2級	1級	2級
全　　　　国	228 764	243 472	98 630	144 842	31 190	6 840	3 961	13 064	53 668	41 829
北　海　道	7 907	8 423	2 644	5 779	672	193	94	487	1 552	618
青　　森	3 064	3 216	1 016	2 200	450	66	46	234	264	343
岩　　手	3 872	4 220	1 203	3 017	333	70	128	362	491	743
宮　　城	2 424	2 557	1 077	1 480	384	70	49	113	578	484
秋　　田	2 110	2 234	778	1 456	207	47	66	164	381	833
山　　形	2 503	2 649	842	1 807	310	58	22	92	211	418
福　　島	4 862	5 240	1 732	3 508	548	84	53	257	937	619
茨　　城	4 209	4 365	2 396	1 969	885	149	51	226	1 371	1 288
栃　　木	2 897	3 006	1 493	1 513	568	101	15	251	791	784
群　　馬	2 718	2 811	1 452	1 359	454	101	83	268	833	671
埼　　玉	8 525	8 845	4 642	4 203	960	390	322	363	3 281	2 546
千　　葉	6 669	6 939	3 326	3 613	1 373	221	57	288	1 752	1 646
東　　京	11 239	11 628	6 943	4 685	3 087	511	420	1 125	2 779	2 001
神 奈 川	4 304	4 467	2 292	2 175	410	163	26	116	1 777	997
新　　潟	2 513	2 627	1 070	1 557	268	81	106	126	291	290
富　　山	1 359	1 394	617	777	210	69	14	63	282	405
石　　川	1 751	1 866	894	972	316	48	26	143	489	567
福　　井	1 401	1 475	592	883	270	34	36	67	224	143
山　　梨	1 398	1 447	738	709	280	53	51	111	358	104
長　　野	5 763	6 292	1 512	4 780	480	139	61	396	770	2 233
岐　　阜	3 315	3 449	1 727	1 722	503	164	32	189	1 122	870
静　　岡	4 481	4 765	1 818	2 947	545	121	70	151	1 005	761
愛　　知	8 462	8 962	4 154	4 808	706	448	59	380	3 300	1 891
三　　重	3 654	3 842	1 563	2 279	709	126	20	249	795	174
滋　　賀	2 291	2 375	1 314	1 061	541	89	24	115	649	696
京　　都	2 720	2 938	968	1 970	320	67	30	66	543	408
大　　阪	11 994	12 908	4 877	8 031	1 880	267	119	749	2 608	1 632
兵　　庫	9 580	10 379	3 438	6 941	1 140	180	145	513	1 981	642
奈　　良	4 128	4 470	1 172	3 298	399	67	33	96	687	558
和 歌 山	2 007	2 140	765	1 375	207	65	19	75	486	481
鳥　　取	1 126	1 209	439	770	185	38	52	47	132	370
島　　根	1 751	1 889	604	1 285	190	37	65	136	282	264
岡　　山	1 547	1 593	859	734	292	42	15	77	483	342
広　　島	4 085	4 484	1 106	3 378	262	101	52	234	718	823
山　　口	2 615	2 757	1 150	1 607	363	90	36	206	561	384
徳　　島	1 151	1 221	601	620	146	32	9	60	374	270
香　　川	1 428	1 496	814	682	288	38	31	69	462	180
愛　　媛	2 935	3 161	1 113	2 048	298	36	103	129	689	1 137
高　　知	2 115	2 296	556	1 740	230	37	34	73	180	188
福　　岡	5 196	5 558	2 278	3 280	941	121	54	201	1 161	772
佐　　賀	1 912	2 072	751	1 321	193	38	34	136	435	151
長　　崎	3 165	3 351	1 369	1 982	475	73	66	292	552	445
熊　　本	2 565	2 824	857	1 967	268	80	40	79	203	206
大　　分	2 067	2 168	1 018	1 150	265	95	106	229	554	541
宮　　崎	2 265	2 378	1 094	1 284	444	77	87	264	518	331
鹿 児 島	2 629	2 723	1 498	1 225	452	124	56	224	929	665
沖　　縄	6 165	6 862	2 194	4 668	467	192	86	484	591	978
指定都市(別掲)										
札　幌　市	3 901	4 189	1 531	2 658	457	104	84	264	561	297
仙　台　市	1 895	1 950	881	1 069	344	40	48	90	421	264
さいたま市	1 405	1 494	839	655	209	63	71	58	532	430
千　葉　市	1 389	1 433	692	741	296	40	8	70	359	460
横　浜　市	6 034	6 419	2 536	3 883	470	117	42	140	1 922	886
川　崎　市	1 748	2 017	1 146	871	142	50	31	83	794	250
相 模 原 市	1 159	1 202	584	618	101	23	11	52	433	167
新　潟　市	1 437	1 501	608	893	150	75	51	61	298	429
静　岡　市	1 095	1 171	560	611	172	20	9	48	348	183
浜　松　市	2 172	2 363	725	1 638	237	33	21	50	385	244
名 古 屋 市	3 036	3 178	1 597	1 581	259	144	34	175	1 247	480
京　都　市	3 342	3 628	1 116	2 512	317	76	29	53	630	382
大　阪　市	5 946	6 514	2 329	4 185	741	115	66	342	1 252	1 304
堺　　　市	2 020	2 168	767	1 401	251	53	17	134	451	408
神　戸　市	3 443	3 739	1 229	2 510	493	80	66	175	564	196
岡　山　市	963	988	562	426	168	32	17	58	230	83
広　島　市	2 617	2 793	860	1 933	225	82	29	125	547	712
北 九 州 市	1 788	1 908	824	1 084	334	70	49	89	381	197
福　岡　市	2 822	2 984	1 234	1 750	453	80	28	134	668	380
熊　本　市	1 715	1 862	654	1 208	197	50	47	88	233	184

支給停止者数及び支給停止障害児数，都道府県－指定都市×障害の種類×級区分別

平成28年度末現在

障害児数						支給停止者数		支給停止障害児数	
精神障害				重複障害					
知的障害及び知的障害以外の精神障害		知的障害以外の精神障害のみ				本人所得	扶養義務者等所得		
1級	2級	1級	2級	1級	2級			1級	2級
5 396	51 348	1 104	31 459	3 311	302	20 146	553	10 989	10 303
128	2 913	24	1 559	174	9	284	28	122	195
237	933	7	624	12	-	76	6	34	53
94	390	32	1 363	125	89	135	8	52	105
55	454	1	359	10	-	119	12	56	77
97	290	3	122	24	-	79	6	32	54
268	557	16	675	15	7	84	7	24	68
165	2 382	13	164	16	2	270	23	124	186
50	206	3	94	36	6	369	18	234	154
70	282	11	91	38	4	284	6	150	147
23	90	51	226	8	3	200	9	103	109
6	327	28	577	45	-	1 106	24	718	425
63	1 059	10	399	71	-	939	20	563	420
253	337	126	710	278	1	2 067	31	1 299	835
45	728	3	145	31	26	518	13	347	196
371	880	3	162	31	18	77	12	39	54
16	131	6	109	89	-	103	5	54	57
7	29	16	185	40	-	157	4	78	84
46	530	-	109	16	-	77	6	41	47
33	388	2	52	14	1	77	2	46	36
85	801	11	1 203	105	8	358	8	115	265
43	446	6	53	21	-	210	10	132	91
18	1 509	1	405	179	-	336	10	164	197
34	1 044	3	1 045	52	-	1 238	30	698	606
4	1 300	-	430	35	-	318	9	154	178
41	105	3	54	56	2	246	4	163	88
49	837	9	592	17	-	249	8	103	161
106	5 293	9	84	155	6	1 197	17	633	612
111	4 320	2	1 286	59	-	789	16	358	483
16	852	13	1 717	24	8	316	7	125	207
5	152	14	602	34	-	92	2	43	54
20	160	18	130	32	25	32	4	24	14
20	149	24	697	23	2	56	4	20	42
15	266	4	7	50	-	93	1	63	31
20	1 087	11	1 133	43	-	264	12	95	188
128	531	22	395	40	1	148	5	89	64
54	244	1	11	17	3	66	1	35	33
24	275	1	120	8	-	149	2	73	79
4	90	2	654	17	2	158	3	79	90
102	692	3	750	7	-	65	3	14	55
-	-	93	2 184	29	2	213	8	132	98
71	472	3	524	15	-	78	7	40	49
229	740	29	432	18	-	139	9	60	92
313	1 017	11	585	22	-	59	5	27	38
12	64	47	221	34	-	89	2	48	44
13	319	2	293	30	-	81	4	51	36
9	40	11	172	41	-	90	3	56	37
671	1 105	250	1 909	129	-	142	13	66	94
243	1 451	7	533	179	9	264	3	112	161
55	433	1	242	12	-	201	4	113	95
5	59	7	45	15	-	475	10	301	187
4	117	4	54	21	-	338	2	193	151
30	1 882	6	829	66	29	970	14	565	451
139	452	-	21	40	15	374	3	263	142
18	288	5	81	16	7	137	-	92	46
84	186	9	139	16	3	85	8	36	60
16	313	-	47	15	-	165	-	108	63
14	940	-	371	68	-	210	9	118	116
16	526	3	255	38	1	512	20	296	250
106	1 055	23	946	11	-	310	6	146	186
57	2 382	8	36	205	6	436	3	211	277
11	793	3	13	34	-	207	2	86	130
80	1 454	7	605	19	-	348	5	156	213
43	241	1	9	103	3	69	2	45	27
10	386	6	627	43	1	282	2	113	177
24	391	12	334	24	3	111	-	56	59
30	555	34	601	21	-	269	3	154	129
167	628	10	258	-	-	91	10	49	55

(報告表 26)

知的障害者福祉

第１表　知的障害者更生相談所における取扱実人員及び取扱件数，来所－巡回×相談の種類・判定の種類・判定書等交付件数別

平成28年度

来所－巡回	取扱実人員	相談の種類								
		総数	施設	職親委託	職業	医療保健	生活	教育	療育手帳	その他
総数	**89 699**	**105 018**	**2 618**	**1**	**3 306**	**3 675**	**9 118**	**3 517**	**67 746**	**15 037**
来所	75 767	87 919	1 776	1	2 992	3 295	7 453	2 428	55 703	14 271
巡回	13 932	17 099	842	-	314	380	1 665	1 089	12 043	766

来所－巡回	判定の種類					判定書等交付件数			
	総数	医学的判定	心理学的判定	職能的判定	その他の判定	総数	障害支援区分	療育手帳	その他
総数	**93 243**	**10 414**	**60 952**	**3 420**	**18 457**	**81 591**	**34**	**57 402**	**24 155**
来所	76 057	9 281	49 502	1 808	15 466	70 403	30	46 907	23 466
巡回	17 186	1 133	11 450	1 612	2 991	11 188	4	10 495	689

注：1）本表は年度分報告である。
　　2）取扱実人員は月毎の実人員の合計である。

（報告表　27）

第2表（2－1）知的障害者更生相談所における取扱実人員、相談件数、判定件数及び判定書等交付件数, 来所－巡回×都道府県－指定都市別

総数　　　　　　　　　　　　　　　　　　　　　　　　　　　　　　　　　　　平成28年度

都道府県 指定都市	取扱実人員	相談件数	判定件数	判定書等交付件数
全国	89 699	105 018	93 243	81 591
北海道	3 139	3 144	4 206	3 122
青森	583	589	908	574
岩手	860	917	1 008	914
宮城	842	1 130	966	1 432
秋田	418	481	734	96
山形	780	910	1 148	780
福島	694	878	1 234	281
茨城	2 140	2 539	1 585	2 346
栃木	1 017	1 017	1 160	502
群馬	460	552	840	460
埼玉	1 481	1 967	2 715	1 326
千葉	3 173	4 461	3 462	4 328
東京	5 809	2 337	5 825	4 604
神奈川	845	1 031	1 046	1 549
新潟	1 234	1 282	1 030	1 077
富山	1 144	1 293	574	680
石川	778	798	836	816
福井	1 327	1 434	2 047	1 021
山梨	1 527	2 160	1 302	1 081
長野	1 004	1 001	617	1 025
岐阜	1 198	1 663	1 182	1 647
静岡	1 135	1 490	1 097	910
愛知	4 278	4 321	4 148	4 493
三重	1 086	1 196	600	1 041
滋賀	1 834	7 177	1 152	1 550
京都	1 110	1 433	1 705	912
大阪	7 505	7 505	12 129	3 829
兵庫	3 588	4 584	3 350	2 022
奈良	1 072	1 072	853	820
和歌山	603	869	656	565
鳥取	555	548	484	543
島根	471	471	499	451
岡山	1 031	1 031	798	994
広島	1 397	1 474	998	1 279
山口	398	440	732	614
徳島	1 161	1 377	988	1 049
香川	820	883	548	708
愛媛	1 611	1 605	1 212	1 426
高知	277	387	198	383
福岡	1 513	2 023	1 348	1 809
佐賀	668	668	764	668
長崎	3 779	3 916	1 183	1 602
熊本	346	346	470	339
大分	737	819	574	572
宮崎	926	1 551	629	898
鹿児島	1 622	1 622	2 474	1 547
沖縄	1 039	1 138	928	1 057
指定都市(別掲)				
札幌市	830	1 057	1 128	832
仙台市	2 090	2 119	1 018	1 020
さいたま市	302	316	367	290
千葉市	866	985	756	868
横浜市	1 096	1 548	1 119	1 750
川崎市	371	1 117	777	371
相模原市	202	241	295	241
新潟市	347	377	345	354
静岡市	251	679	268	474
浜松市	412	412	251	251
名古屋市	833	1 854	1 733	1 862
京都市	1 697	2 402	1 522	1 697
大阪市	3 070	3 204	3 105	3 757
堺市	985	999	1 049	1 206
神戸市	917	926	1 895	1 663
岡山市	526	526	420	503
広島市	1 705	1 833	617	764
北九州市	934	1 644	571	829
福岡市	1 051	1 051	839	941
熊本市	199	198	226	176

注：1）本表は年度分報告である。
　　2）取扱実人員は月毎の実人員の合計である。

（報告表　27）

知的障害者福祉 2表

第2表（2－2）知的障害者更生相談所における取扱実人員、

来 所

都道府県 指定都市	取扱実人員	相談件数	判定件数	判定書等交付件数
全　　　　国	75 767	87 919	76 057	70 403
北　海　道	2 206	2 211	2 547	2 189
青　　森	312	318	290	305
岩　　手	662	673	721	685
宮　　城	653	941	374	1 054
秋　　田	265	307	407	48
山　　形	638	768	862	638
福　　島	529	591	692	116
茨　　城	1 387	1 620	831	1 527
栃　　木	595	595	770	502
群　　馬	378	452	691	378
埼　　玉	1 058	1 364	1 741	903
千　　葉	2 889	3 829	3 120	4 039
東　京	5 539	2 337	5 550	4 513
神　奈　川	680	831	844	1 518
新　　潟	1 183	1 231	978	1 036
富　　山	1 034	1 183	465	571
石　　川	721	740	754	757
福　　井	1 112	1 211	1 567	861
山　　梨	1 391	1 991	1 171	1 081
長　　野	838	835	453	862
岐　　阜	755	1 220	739	1 204
静　　岡	937	1 246	792	740
愛　　知	4 100	4 142	3 966	4 294
三　　重	606	684	173	635
滋　　賀	1 411	5 148	747	1 145
京　　都	885	1 150	1 280	714
大　　阪	5 846	5 846	10 838	3 318
兵　　庫	3 421	4 264	2 962	1 881
奈　　良	973	973	754	721
和　歌　山	350	465	375	324
鳥　　取	501	492	430	489
島　　根	320	320	348	300
岡　　山	903	903	670	867
広　　島	1 257	1 316	858	1 140
山　　口	236	262	413	424
徳　　島	554	711	366	481
香　　川	521	567	252	416
愛　　媛	1 197	1 193	820	1 060
高　　知	272	382	196	381
福　　岡	1 303	1 781	1 137	1 585
佐　　賀	551	551	629	551
長　　崎	3 706	3 840	1 107	1 526
熊　　本	306	306	418	299
大　　分	702	811	504	537
宮　　崎	833	1 346	528	898
鹿　児　島	1 470	1 470	2 163	1 404
沖　　縄	767	866	649	830
指定都市(別掲)				
札　幌　市	825	1 049	1 121	827
仙　台　市	940	958	403	323
さいたま市	298	312	363	286
千　葉　市	811	882	701	814
横　浜　市	1 088	1 548	1 111	1 750
川　崎　市	310	947	665	310
相模原市	194	233	287	233
新　潟　市	342	372	340	349
静　岡　市	232	654	258	474
浜　松　市	397	397	237	237
名　古　屋　市	827	1 848	1 727	1 856
京　都　市	1 691	2 390	1 516	1 691
大　阪　市	2 956	3 090	2 991	3 643
堺　　市	869	883	933	1 090
神　戸　市	910	919	1 879	1 649
岡　山　市	462	462	356	439
広　島　市	1 694	1 820	604	751
北　九　州　市	927	1 632	567	826
福　岡　市	1 043	1 043	831	933
熊　本　市	198	197	225	175

注：1）本表は年度分報告である。
　　2）取扱実人員は月毎の実人員の合計である。

（報告表　27）

相談件数、判定件数及び判定書等交付件数, 来所－巡回×都道府県－指定都市別

巡回

平成28年度

都道府県 指定都市	取扱実人員	相談件数	判定件数	判定書等交付件数
全　　　　国	13 932	17 099	17 186	11 188
北　海　道	933	933	1 659	933
青　　森	271	271	618	269
岩　　手	198	244	287	229
宮　　城	189	189	592	378
秋　　田	153	174	327	48
山　　形	142	142	286	142
福　　島	165	287	542	165
茨　　城	753	919	754	819
栃　　木	422	422	390	－
群　　馬	82	100	149	82
埼　　玉	423	603	974	423
千　　葉	284	632	342	289
東　　京	270	－	275	91
神奈川	165	200	202	31
新　　潟	51	51	52	41
富　　山	110	110	109	109
石　　川	57	58	82	59
福　　井	215	223	480	160
山　　梨	136	169	131	－
長　　野	166	166	164	163
岐　　阜	443	443	443	443
静　　岡	198	244	305	170
愛　　知	178	179	182	199
三　　重	480	512	427	406
滋　　賀	423	2 029	405	405
京　　都	225	283	425	198
大　　阪	1 659	1 659	1 291	511
兵　　庫	167	320	388	141
奈　　良	99	99	99	99
和歌山	253	404	281	241
鳥　　取	54	56	54	54
島　　根	151	151	151	151
岡　　山	128	128	128	127
広　　島	140	158	140	139
山　　口	162	178	319	190
徳　　島	607	666	622	568
香　　川	299	316	296	292
愛　　媛	414	412	392	366
高　　知	5	5	2	2
福　　岡	210	242	211	224
佐　　賀	117	117	135	117
長　　崎	73	76	76	76
熊　　本	40	40	52	40
大　　分	35	8	70	35
宮　　崎	93	205	101	－
鹿児島	152	152	311	143
沖　　縄	272	272	279	227
指定都市(別掲)				
札　幌　市	5	8	7	5
仙　台　市	1 150	1 161	615	697
さいたま市	4	4	4	4
千　葉　市	55	103	55	54
横　浜　市	8	－	8	－
川　崎　市	61	170	112	61
相模原市	8	8	8	8
新　潟　市	5	5	5	5
静　岡　市	19	25	10	－
浜　松　市	15	15	14	14
名古屋市	6	6	6	6
京　都　市	6	12	6	6
大　阪　市	114	114	114	114
堺　　　市	116	116	116	116
神　戸　市	7	7	16	14
岡　山　市	64	64	64	64
広　島　市	11	13	13	13
北九州市	7	12	4	3
福　岡　市	8	8	8	8
熊　本　市	1	1	1	1

(報告表　27)

第３表　職親数及び職親に委託されている知的障害者数，
都道府県－指定都市－中核市別

平成28年度末現在

都道府県 指定都市 中核市	登録職親数	知的障害者が委託されている職親数	職親委託知的障害者数
全国	**998**	**380**	**234**
北海道	95	67	1
青森	44	20	7
岩手	40	11	13
宮城	19	6	2
秋田	4	2	2
山形	15	12	12
福島	84	32	2
茨城	1	1	1
栃木	52	－	－
群馬	82	5	2
埼玉	50	13	15
千葉	114	53	65
東京	3	3	3
神奈川	1	－	－
新潟	－	－	－
富山	－	－	－
石川	－	－	－
福井	7	7	9
山梨	1	1	1
長野	2	2	2
岐阜	－	－	－
静岡	－	－	－
愛知	29	25	27
三重	90	68	27
滋賀	23	23	－
京都	－	－	－
大阪	－	－	－
兵庫	9	5	4
奈良	－	－	－
和歌山	1	1	1
鳥取	－	－	－
島根	46	7	－
岡山	－	－	－
広島	1	1	16
山口	3	3	4
徳島	－	－	－
香川	－	－	－
愛媛	－	－	－
高知	－	－	－
福岡	－	－	－
佐賀	－	－	－
長崎	－	－	－
熊本	3	3	3
大分	－	－	－
宮崎	12	2	2
鹿児島	－	－	－
沖縄	－	－	－
指定都市(別掲)			
札幌市	－	－	－
仙台市	39	－	－
さいたま市	3	1	5
千葉市	1	－	－
横浜市	－	－	－
川崎市	1	1	1
相模原市	－	－	－
新潟市	－	－	－
静岡市	－	－	－
浜松市	－	－	－
名古屋市	－	－	－
京都市	－	－	－
大阪市	－	－	－
堺市	－	－	－
神戸市	45	1	1
岡山市	－	－	－
広島市	－	－	－
北九州市	－	－	－
福岡市	－	－	－
熊本市	7	－	－
中核市(別掲)			
旭川市	－	－	－
函館市	－	－	－
青森市	－	－	－
八戸市	－	－	－
盛岡市	－	－	－
秋田市	1	－	－
郡山市	－	－	－
いわき市	－	－	－
宇都宮市	1	－	－
前橋市	33	－	－
高崎市	32	－	－
川越市	－	－	－
越谷市	－	－	－
船橋市	－	－	1
柏市	1	1	－
八王子市	－	－	－
横須賀市	－	－	－
富山市	－	－	－
金沢市	－	－	－
長野市	－	－	－
岐阜市	－	－	－
豊橋市	－	－	－
豊田市	2	2	2
岡崎市	－	－	－
大津市	－	－	－
高槻市	－	－	－
東大阪市	－	－	－
豊中市	－	－	－
枚方市	－	－	－
姫路市	1	1	3
西宮市	－	－	－
尼崎市	－	－	－
奈良市	－	－	－
和歌山市	－	－	－
倉敷市	－	－	－
福山市	－	－	－
呉市	－	－	－
下関市	－	－	－
高松市	－	－	－
松山市	－	－	－
高知市	－	－	－
久留米市	－	－	－
長崎市	－	－	－
佐世保市	－	－	－
大分市	－	－	－
宮崎市	－	－	－
鹿児島市	－	－	－
那覇市	－	－	－

（報告表　30）

知的障害者福祉 4表

第4表 療育手帳交付台帳登載数，

都道府県 指定都市	総数			A
	総数	18歳未満	18歳以上	総数
全　　　　国	1 044 573	262 702	781 871	400 891
北　海　道	41 717	9 070	32 647	14 945
青　　森	12 609	2 352	10 257	5 012
岩　　手	11 693	1 821	9 872	4 147
宮　　城	11 029	2 370	8 659	4 432
秋　　田	8 928	1 482	7 446	4 476
山　　形	8 439	1 393	7 046	2 801
福　　島	17 473	3 857	13 616	6 128
茨　　城	21 878	5 099	16 779	10 021
栃　　木	16 456	3 878	12 578	6 557
群　　馬	14 100	3 349	10 751	5 045
埼　　玉	38 955	10 784	28 171	17 000
千　　葉	33 710	9 774	23 936	13 105
東　京	85 650	15 561	70 089	23 852
神　奈　川	25 069	7 550	17 519	10 044
新　　潟	12 467	2 201	10 266	4 569
富　　山	7 765	1 577	6 188	2 892
石　　川	8 642	1 874	6 768	3 368
福　　井	6 369	1 120	5 249	2 448
山　　梨	6 331	1 613	4 718	2 830
長　　野	20 023	4 186	15 837	6 566
岐　　阜	18 098	4 947	13 151	7 067
静　　岡	19 158	5 186	13 972	6 457
愛　　知	35 418	10 458	24 960	14 094
三　　重	13 933	3 438	10 495	6 169
滋　　賀	13 080	3 728	9 352	4 446
京　　都	10 893	2 224	8 669	4 479
大　　阪	46 034	14 012	32 022	20 103
兵　　庫	34 757	11 739	23 018	13 789
奈　　良	11 863	3 500	8 363	5 211
和　歌　山	9 652	2 288	7 364	3 397
鳥　　取	5 442	845	4 597	1 863
島　　根	7 491	1 101	6 390	3 082
岡　　山	11 190	2 495	8 695	3 624
広　　島	15 068	3 220	11 848	6 738
山　　口	11 929	2 312	9 617	5 004
徳　　島	8 062	1 679	6 383	3 852
香　　川	7 240	1 686	5 554	2 915
愛　　媛	13 461	2 909	10 552	5 697
高　　知	6 372	969	5 403	2 560
福　　岡	24 894	5 783	19 111	11 579
佐　　賀	8 855	1 628	7 227	3 319
長　　崎	14 737	2 362	12 375	6 197
熊　　本	11 886	2 784	9 102	4 610
大　　分	9 937	2 143	7 794	3 405
宮　　崎	11 244	2 237	9 007	4 776
鹿　児　島	18 829	3 489	15 340	8 443
沖　　縄	15 349	3 873	11 476	4 824
指定都市(別掲)				
札　幌　市	17 375	4 757	12 618	5 788
仙　台　市	8 130	2 452	5 678	3 136
さいたま市	7 169	2 138	5 031	3 209
千　葉　市	6 268	1 964	4 304	2 492
横　浜　市	27 958	10 612	17 346	10 127
川　崎　市	9 319	3 132	6 187	3 488
相　模　原　市	5 149	1 623	3 526	2 004
新　潟　市	5 330	1 066	4 264	2 148
静　岡　市	6 095	1 635	4 460	2 320
浜　松　市	6 650	2 290	4 360	2 422
名　古　屋　市	16 660	5 032	11 628	6 909
京　都　市	15 207	5 602	9 605	5 028
大　阪　市	24 958	7 856	17 102	9 410
堺　　市	7 565	2 170	5 395	3 250
神　戸　市	14 164	4 596	9 568	4 595
岡　山　市	5 699	1 515	4 184	2 002
広　島　市	8 467	2 708	5 759	3 275
北　九　州　市	10 520	2 261	8 259	4 248
福　岡　市	11 115	3 213	7 902	4 680
熊　本　市	6 600	2 134	4 466	2 422

都道府県－指定都市×障害の程度、年齢（２区分）別

平成28年度末現在

（重　度）		B　（中　軽　度）		
18歳未満	18歳以上	総　数	18歳未満	18歳以上
71 444	**329 447**	**643 682**	**191 258**	**452 424**
1 809	13 136	26 772	7 261	19 511
688	4 324	7 597	1 664	5 933
638	3 509	7 546	1 183	6 363
617	3 815	6 597	1 753	4 844
461	4 015	4 452	1 021	3 431
391	2 410	5 638	1 002	4 636
1 073	5 055	11 345	2 784	8 561
1 824	8 197	11 857	3 275	8 582
1 100	5 457	9 899	2 778	7 121
1 044	4 001	9 055	2 305	6 750
3 673	13 327	21 955	7 111	14 844
2 704	10 401	20 605	7 070	13 535
2 553	21 299	61 798	13 008	48 790
2 199	7 845	15 025	5 351	9 674
650	3 919	7 898	1 551	6 347
368	2 524	4 873	1 209	3 664
600	2 768	5 274	1 274	4 000
290	2 158	3 921	830	3 091
570	2 260	3 501	1 043	2 458
865	5 701	13 457	3 321	10 136
1 389	5 678	11 031	3 558	7 473
1 310	5 147	12 701	3 876	8 825
3 462	10 632	21 324	6 996	14 328
1 078	5 091	7 764	2 360	5 404
1 062	3 384	8 634	2 666	5 968
673	3 806	6 414	1 551	4 863
4 364	15 739	25 931	9 648	16 283
2 740	11 049	20 968	8 999	11 969
898	4 313	6 652	2 602	4 050
514	2 883	6 255	1 774	4 481
230	1 633	3 579	615	2 964
369	2 713	4 409	732	3 677
663	2 961	7 566	1 832	5 734
931	5 807	8 330	2 289	6 041
733	4 271	6 925	1 579	5 346
516	3 336	4 210	1 163	3 047
562	2 353	4 325	1 124	3 201
916	4 781	7 764	1 993	5 771
324	2 236	3 812	645	3 167
1 738	9 841	13 315	4 045	9 270
526	2 793	5 536	1 102	4 434
827	5 370	8 540	1 535	7 005
651	3 959	7 276	2 133	5 143
669	2 736	6 532	1 474	5 058
676	4 100	6 468	1 561	4 907
1 068	7 375	10 386	2 421	7 965
763	4 061	10 525	3 110	7 415
1 126	4 662	11 587	3 631	7 956
682	2 454	4 994	1 770	3 224
792	2 417	3 960	1 346	2 614
572	1 920	3 776	1 392	2 384
2 613	7 514	17 831	7 999	9 832
889	2 599	5 831	2 243	3 588
457	1 547	3 145	1 166	1 979
369	1 779	3 182	697	2 485
471	1 849	3 775	1 164	2 611
532	1 890	4 228	1 758	2 470
1 538	5 371	9 751	3 494	6 257
983	4 045	10 179	4 619	5 560
1 704	7 706	15 548	6 152	9 396
652	2 598	4 315	1 518	2 797
949	3 646	9 569	3 647	5 922
475	1 527	3 697	1 040	2 657
743	2 532	5 192	1 965	3 227
598	3 650	6 272	1 663	4 609
1 002	3 678	6 435	2 211	4 224
528	1 894	4 178	1 606	2 572

（報告表　31）

第5表 職親数, 新規-取消別

平成28年度

	前年度末現在	新規	取消	年度末現在
登録職親数	1 002	13	17	998
知的障害者が委託されている職親数	381	14	15	380

注：本表は年度分報告である。 （報告表 30）

第6表 職親に委託されている知的障害者数, 性×同居-通勤別

平成28年度末現在

性	総数	同居	通勤
総数	234	77	157
男	176	56	120
女	58	21	37

（報告表 30）

第7表 療育手帳交付台帳登載数, 障害の程度、年齢（2区分）×登載状況別

平成28年度

障害の程度 年齢区分	前年度末現在	新規交付	転入	転出・返還	変更 18歳に達した	変更 障害程度	年度末現在
総数	1 009 757	43 815	5 139	14 138	-	-	1 044 573
18歳未満	254 664	35 163	2 127	4 106	-25 146	-	262 702
18歳以上	755 093	8 652	3 012	10 032	25 146	-	781 871
A（重度）	394 469	4 511	1 245	5 500	-	6 166	400 891
18歳未満	71 451	3 673	534	797	-7 504	4 087	71 444
18歳以上	323 018	838	711	4 703	7 504	2 079	329 447
B（中軽度）	615 288	39 304	3 894	8 638	-	-6 166	643 682
18歳未満	183 213	31 490	1 593	3 309	-17 642	-4 087	191 258
18歳以上	432 075	7 814	2 301	5 329	17 642	-2 079	452 424

注：本表は年度分報告である。 （報告表 31）

老 人 福 祉

第１表　老人ホーム等の施設数、定員、入所者数、退所者数及び

施設の種類 公立－私立	施設数 (年度末現在)	定員 (年度末現在)	入所者数（年度中）		
			総数	被措置者	その他
総数	**12 588**	**740 542**	**27 204**	**9 485**	**17 719**
公立	718	46 822	2 986	2 516	470
私立	11 870	693 720	24 218	6 969	17 249
養護老人ホーム	976	65 724	8 958	8 942	16
公立	303	20 303	2 474	2 467	7
私立	673	45 421	6 484	6 475	9
特別養護老人ホーム	9 324	580 681	543	543	・
公立	346	23 612	49	49	・
私立	8 978	557 069	494	494	・
軽費老人ホーム	2 013	80 792	15 360	・	15 360
公立	47	1 559	291	・	291
私立	1 966	79 233	15 069	・	15 069
都市型軽費老人ホーム	64	1 103	339	・	339
公立	－	－	－	・	－
私立	64	1 103	339	・	339
軽費老人ホームＡ型	196	11 574	1 939	・	1 939
公立	13	940	142	・	142
私立	183	10 634	1 797	・	1 797
軽費老人ホームＢ型	15	668	65	・	65
公立	9	408	30	・	30
私立	6	260	35	・	35
生活支援ハウス	**541**	**6 618**	**1 892**	・	**1 892**

注：1）本表は年度分報告である。
　　2）介護保険法の規定による入所者及び短期入所者は含まれていない。

年度末現在員数, 施設の種類、公立－私立別

平成28年度

退所者数（年度中）			年度末現在員数				
総数	被措置者	その他	総数	被措置者			その他
				総数	管内分	管外委託分	
26 968	9 772	17 196	140 559	58 198	51 581	6 617	82 361
3 462	2 997	465	18 788	16 352	15 443	909	2 436
23 506	6 775	16 731	121 771	41 846	36 138	5 708	79 925
9 294	9 283	11	57 364	57 344	50 769	6 575	20
2 968	2 960	8	16 218	16 214	15 306	908	4
6 326	6 323	3	41 146	41 130	35 463	5 667	16
489	489	・	854	854	812	42	・
37	37	・	138	138	137	1	・
452	452	・	716	716	675	41	・
14 827	・	14 827	70 459	・	・	・	70 459
277	・	277	1 377	・	・	・	1 377
14 550	・	14 550	69 082	・	・	・	69 082
170	・	170	1 018	・	・	・	1 018
－	・	－	－	・	・	・	－
170	・	170	1 018	・	・	・	1 018
2 104	・	2 104	10 439	・	・	・	10 439
145	・	145	783	・	・	・	783
1 959	・	1 959	9 656	・	・	・	9 656
84	・	84	425	・	・	・	425
35	・	35	272	・	・	・	272
49	・	49	153	・	・	・	153
1 924	・	1 924	4 557	・	・	・	4 557

(報告表 32)

第2表（2－1）老人ホーム等の施設数、定員及び年度末

都道府県 指定都市 中核市	養護老人ホーム						特別養護老人ホーム					
	施設数	定員	現在員数				施設数	定員	現在員数			
			被措置者			その他			被措置者			その他
			総数	管内分	管外委託分				総数	管内分	管外委託分	
全国	**976**	**65 724**	**57 344**	**50 769**	**6 575**	**20**	**9 324**	**580 681**	**854**	**812**	**42**	・
北海道	71	5 546	3 194	2 925	269	9	219	13 058	138	138	－	・
青森	7	460	417	396	21	－	94	4 800	3	3	－	・
岩手	15	867	864	851	13	－	140	6 997	3	3	－	・
宮城	7	506	420	416	4	2	126	6 669	1	1	－	・
秋田	13	855	815	791	24	－	109	5 968	－	－	－	・
山形	13	1 040	949	888	61	－	152	9 019	5	5	－	・
福島	11	1 001	827	734	93	－	118	8 056	66	66	－	・
茨城	14	920	708	627	81	－	236	15 173	5	5	－	・
栃木	11	664	523	494	29	－	159	7 179	5	5	－	・
群馬	11	620	542	461	81	－	139	7 279	9	8	1	・
埼玉	13	815	619	609	10	－	290	23 674	19	19	－	・
千葉	18	1 114	861	822	39	－	311	17 699	16	15	1	・
東京	28	2 871	3 648	3 325	323	－	473	42 364	109	109	－	・
神奈川	7	460	402	349	53	－	131	10 099	10	6	4	・
新潟	16	1 320	1 156	1 143	13	－	200	12 262	8	8	－	・
富山	2	180	164	136	28	－	71	3 960	2	2	－	・
石川	7	460	466	432	34	－	74	4 748	－	－	－	・
福井	9	540	459	457	2	－	100	5 190	2	2	－	・
山梨	12	725	458	458	－	－	104	4 766	1	1	－	・
長野	24	1 602	1 499	1 471	28	－	173	10 336	1	1	－	・
岐阜	20	983	724	620	104	1	153	9 169	3	1	2	・
静岡	18	1 078	883	883	－	－	174	10 407	3	3	－	・
愛知	22	1 126	585	502	83	－	198	14 340	16	13	3	・
三重	21	1 300	1 182	1 071	111	－	184	9 295	36	35	1	・
滋賀	5	360	306	286	20	－	89	4 734	28	28	－	・
京都	8	473	331	301	30	－	104	6 392	5	5	－	・
大阪	11	980	330	218	112	－	241	13 449	14	13	1	・
兵庫	28	1 783	1 182	940	242	－	216	13 548	14	13	1	・
奈良	11	700	419	415	4	－	75	5 227	1	1	－	・
和歌山	11	732	687	649	38	－	82	4 557	2	2	－	・
鳥取	4	410	379	369	10	－	51	3 192	2	2	－	・
島根	23	1 271	1 280	1 159	121	－	116	5 342	2	2	－	・
岡山	17	912	765	747	18	－	111	6 479	4	4	－	・
広島	18	950	922	861	61	－	115	5 486	6	4	2	・
山口	19	1 140	1 008	966	42	－	124	6 364	4	3	1	・
徳島	19	1 020	864	862	2	－	68	3 790	－	－	－	・
香川	9	665	578	498	80	－	68	3 511	3	3	－	・
愛媛	21	1 220	1 149	1 077	72	－	101	5 260	11	11	－	・
高知	8	495	495	459	36	－	47	3 086	1	1	－	・
福岡	27	1 700	1 118	1 073	45	－	209	11 309	3	3	－	・
佐賀	12	883	765	743	22	－	63	3 627	－	－	－	・
長崎	20	1 140	1 070	918	152	－	75	3 790	57	35	22	・
熊本	29	1 470	1 394	1 295	99	－	169	7 070	3	3	－	・
大分	18	1 025	964	949	15	－	98	4 386	－	－	－	・
宮崎	27	1 459	1 433	1 382	51	－	81	4 301	－	－	－	・
鹿児島	36	2 110	2 019	2 011	8	－	157	8 231	3	3	－	・
沖縄	5	230	126	121	5	－	63	4 179	1	1	－	・

現在員数，都道府県-指定都市-中核市×施設の種類別

平成28年度末現在

軽費老人ホーム			都市型軽費老人ホーム			軽費老人ホームA型			軽費老人ホームB型			生活支援ハウス		
施設数	定員	現在員数	施設数	定員	現在員数	施設数	定員	現在員数	施設数	定員	現在員数	施設数	定員	現在員数
2 013	80 792	70 459	64	1 103	1 018	196	11 574	10 439	15	668	425	541	6 618	4 557
75	3 368	2 086	-	-	-	8	400	264	1	50	38	29	414	396
14	375	202	-	-	-	1	50	49	-	-	-	17	208	126
18	694	665	-	-	-	-	-	-	-	-	-	21	243	174
30	759	677	-	-	-	1	70	68	-	-	-	6	50	14
34	683	653	-	-	-	1	50	40	-	-	-	21	271	201
11	495	470	-	-	-	1	50	48	-	-	-	8	83	45
22	764	151	-	-	-	1	60	29	-	-	-	10	111	53
48	1 684	1 538	-	-	-	2	100	95	-	-	-	1	20	17
13	523	507	-	-	-	1	50	-	-	-	-	2	22	5
40	998	949	-	-	-	1	50	47	-	-	-	4	56	38
64	3 098	2 769	-	-	-	6	500	409	-	-	-	1	10	8
64	2 503	2 341	-	-	-	3	200	194	-	-	-	1	20	17
42	2 057	1 951	62	1 071	991	8	600	595	2	100	46	2	24	17
14	455	419	-	-	-	7	384	364	-	-	-	-	-	-
37	1 358	1 302	-	-	-	2	100	90	-	-	-	19	218	154
14	733	693	-	-	-	1	50	49	-	-	-	4	60	43
20	926	828	-	-	-	1	170	132	-	-	-	7	123	71
18	859	807	-	-	-	2	100	100	-	-	-	7	77	41
12	600	523	-	-	-	3	150	141	-	-	-	4	27	11
25	999	958	-	-	-	3	150	148	-	-	-	34	332	210
29	990	933	-	-	-	-	-	-	-	-	-	2	15	5
31	1 258	1 176	-	-	-	1	60	53	-	-	-	1	6	4
61	2 611	2 488	-	-	-	2	100	101	-	-	-	14	154	61
31	1 275	1 167	-	-	-	4	200	198	1	50	48	5	45	16
16	446	392	-	-	-	-	-	-	-	-	-	4	33	9
52	1 636	69	-	-	-	2	100	-	-	-	-	3	30	24
57	2 367	2 087	-	-	-	13	690	604	-	-	-	5	61	38
59	2 214	2 268	-	-	-	1	50	49	-	-	-	16	126	74
23	823	756	-	-	-	4	200	181	-	-	-	2	30	16
14	510	449	-	-	-	-	-	-	-	-	-	16	210	148
25	943	902	-	-	-	4	230	211	-	-	-	8	133	112
17	1 000	853	-	-	-	-	-	-	-	-	-	17	242	169
35	1 113	1 020	-	-	-	2	100	99	-	-	-	6	58	14
35	1 016	968	-	-	-	2	100	99	-	-	-	10	97	64
28	1 440	1 334	-	-	-	7	420	397	-	-	-	19	225	182
35	1 323	1 243	-	-	-	2	100	100	-	-	-	10	146	84
24	1 015	62	-	-	-	1	50	-	2	60	26	4	56	39
39	1 188	1 040	-	-	-	1	50	48	-	-	-	11	118	62
17	887	844	-	-	-	-	-	-	-	-	-	11	143	80
55	2 178	2 017	-	-	-	15	830	794	-	-	-	9	110	69
25	865	822	-	-	-	1	50	50	-	-	-	4	65	36
13	570	227	-	-	-	3	150	49	-	-	-	22	294	214
14	630	608	-	-	-	3	150	146	1	20	16	14	137	97
8	450	416	-	-	-	3	150	116	-	-	-	23	294	197
12	320	305	-	-	-	-	-	-	-	-	-	7	56	39
13	356	330	-	-	-	7	350	347	1	50	24	13	139	86
7	350	346	-	-	-	1	50	49	-	-	-	5	64	38

(報告表 32)

第2表（2－2）老人ホーム等の施設数、定員及び年度末

都道府県 指定都市 中核市	養護老人ホーム						特別養護老人ホーム					
	施設数	定員	現在員数				施設数	定員	現在員数			
			被措置者			その他			被措置者			その他
			総数	管内分	管外委託分				総数	管内分	管外委託分	
指定都市(別掲)												
札幌市	4	330	400	292	108	－	74	5 690	6	6	－	・
仙台市	2	210	220	158	62	－	53	3 410	8	8	－	・
さいたま市	3	290	221	201	20	－	60	5 347	3	3	－	・
千葉市	2	130	146	106	40	－	48	3 329	－	－	－	・
横浜市	6	548	500	419	81	－	149	15 028	15	15	－	・
川崎市	2	190	224	174	50	－	53	4 438	2	2	－	・
相模原市	1	80	46	35	11	－	42	3 016	－	－	－	・
新潟市	1	100	111	64	47	－	74	5 026	1	1	－	・
静岡市	2	190	114	111	3	－	37	3 501	4	4	－	・
浜松市	6	420	400	353	47	－	61	4 486	3	3	－	・
名古屋市	6	770	1 126	763	363	－	110	8 001	11	11	－	・
京都市	8	565	883	556	327	－	91	5 817	21	21	－	・
大阪市	12	767	1 148	650	498	－	129	11 659	60	60	－	・
堺市	2	190	288	176	112	－	48	3 031	4	4	－	・
神戸市	9	551	985	497	488	－	96	5 884	15	13	2	・
岡山市	5	310	270	213	57	－	62	3 012	5	5	－	・
広島市	8	500	582	451	131	－	64	3 975	1	1	－	・
北九州市	9	570	657	523	134	－	77	5 161	－	－	－	・
福岡市	4	307	322	180	142	－	78	5 641	－	－	－	・
熊本市	8	490	390	371	19	－	49	2 246	－	－	－	・
中核市(別掲)												
旭川市	3	270	166	158	8	－	23	1 318	－	－	－	・
函館市	2	270	330	260	70	8	20	1 358	－	－	－	・
青森市	2	155	158	131	27	－	19	974	1	1	－	・
八戸市	1	60	56	56	－	－	14	681	－	－	－	・
盛岡市	2	100	99	58	41	－	20	1 259	3	3	－	・
秋田市	3	205	196	177	19	－	23	1 347	－	－	－	・
郡山市	1	70	82	58	24	－	19	1 236	1	－	1	・
いわき市	2	180	166	156	10	－	16	1 270	4	4	－	・
宇都宮市	1	110	86	75	11	－	38	1 932	－	－	－	・
前橋市	2	130	167	103	64	－	26	1 575	－	－	－	・
高崎市	4	210	93	80	13	－	43	1 884	－	－	－	・
川越市	1	100	50	43	7	－	14	1 098	－	－	－	・
越谷市	1	49	27	26	1	－	14	958	1	1	－	・
船橋市	1	52	39	32	7	－	29	2 047	5	5	－	・
柏市	1	90	23	19	4	－	24	1 443	－	－	－	・
八王子市	5	580	123	108	15	－	26	2 433	9	9	－	・
横須賀市	2	122	84	78	6	－	20	2 140	2	2	－	・
富山市	2	200	115	114	1	－	38	2 024	－	－	－	・
金沢市	2	240	200	185	15	－	35	2 310	－	－	－	・
長野市	2	150	138	116	22	－	41	2 156	9	9	－	・
岐阜市	2	200	162	149	13	－	22	1 706	2	2	－	・
豊橋市	1	60	43	41	2	－	8	674	1	1	－	・
豊田市	1	50	33	26	7	－	20	1 172	4	4	－	・
岡崎市	1	70	64	57	7	－	18	1 010	－	－	－	・
大津市	2	165	202	100	102	－	14	1 133	14	14	－	・
高槻市	2	100	68	65	3	－	21	1 468	－	－	－	・
東大阪市	1	150	234	103	131	－	29	1 901	－	－	－	・
豊中市	1	70	85	55	30	－	20	1 334	2	2	－	・
枚方市	1	100	26	8	18	－	21	1 284	－	－	－	・
姫路市	3	250	204	188	16	－	42	2 440	－	－	－	・
西宮市	1	100	51	39	12	－	18	1 703	1	1	－	・
尼崎市	1	50	64	36	28	－	24	1 557	－	－	－	・
奈良市	1	150	100	77	23	－	24	1 652	－	－	－	・
和歌山市	3	210	152	152	－	－	29	1 571	3	3	－	・
倉敷市	2	180	177	147	30	－	35	1 904	3	3	－	・
福山市	1	80	91	74	17	－	40	1 760	3	3	－	・
呉市	3	228	179	170	9	－	19	1 229	－	－	－	・
下関市	3	260	173	169	4	－	34	1 514	－	－	－	・
高松市	2	200	162	139	23	－	27	1 647	－	－	－	・
松山市	2	300	171	163	8	－	36	1 785	－	－	－	・
高知市	2	210	243	185	58	－	14	1 086	－	－	－	・
久留米市	1	125	138	89	49	－	26	1 010	2	2	－	・
長崎市	8	390	367	367	－	－	47	2 047	－	－	－	・
佐世保市	4	285	200	186	14	－	22	1 266	－	－	－	・
大分市	1	65	88	63	25	－	32	1 428	－	－	－	・
宮崎市	6	344	293	285	8	－	22	1 452	－	－	－	・
鹿児島市	3	230	150	123	27	－	45	2 370	－	－	－	・
那覇市	1	70	44	27	17	－	7	620	－	－	－	・

現在員数, 都道府県－指定都市－中核市×施設の種類別

平成28年度末現在

軽費老人ホーム			都市型軽費老人ホーム			軽費老人ホームA型			軽費老人ホームB型			生活支援ハウス		
施設数	定員	現在員数	施設数	定員	現在員数	施設数	定員	現在員数	施設数	定員	現在員数	施設数	定員	現在員数
17	1 050	1 034	－	－	－	6	350	329	2	100	86	4	80	76
16	538	520	－	－	－	1	50	49	－	－	－	－	－	－
5	282	260	－	－	－	－	－	－	－	－	－	－	－	－
15	650	606	－	－	－	3	200	192	－	－	－	4	36	29
6	394	365	－	－	－	5	250	247	－	－	－	－	－	－
3	264	231	－	－	－	－	－	－	－	－	－	－	－	－
9	218	－	－	－	－	－	－	－	－	－	－	－	－	－
22	899	871	－	－	－	1	90	74	－	－	－	1	10	8
7	430	397	－	－	－	－	－	－	－	－	－	3	13	－
14	698	671	－	－	－	2	100	96	－	－	－	4	51	28
18	461	447	－	－	－	4	490	427	－	－	－	－	－	－
13	637	613	－	－	－	－	－	－	－	－	－	－	－	－
19	705	649	－	－	－	1	50	45	－	－	－	4	80	70
10	465	446	－	－	－	1	50	49	－	－	－	－	－	－
27	1 627	1 509	－	－	－	－	－	－	－	－	－	1	20	7
21	874	847	－	－	－	－	－	－	1	50	45	3	23	16
9	512	464	－	－	－	1	50	47	－	－	－	1	6	5
18	720	678	－	－	－	7	400	380	－	－	－	3	46	45
21	1 017	959	－	－	－	2	200	193	－	－	－	3	30	26
16	597	562	－	－	－	2	100	99	－	－	－	－	－	－
7	375	372	－	－	－	2	100	98	－	－	－	2	38	33
5	205	202	－	－	－	－	－	－	－	－	－	2	21	21
6	154	152	－	－	－	1	60	57	－	－	－	－	－	－
5	170	165	－	－	－	－	－	－	－	－	－	2	20	6
4	199	196	－	－	－	1	50	33	1	50	43	－	－	－
9	370	363	－	－	－	1	50	50	－	－	－	1	20	18
4	170	167	－	－	－	1	60	60	－	－	－	－	－	－
5	180	165	－	－	－	1	50	48	－	－	－	－	－	－
13	580	538	－	－	－	－	－	－	－	－	－	－	－	－
9	330	322	－	－	－	1	80	79	－	－	－	－	－	－
11	348	319	－	－	－	1	80	78	－	－	－	1	10	5
2	102	96	－	－	－	1	50	49	－	－	－	1	18	16
2	105	89	－	－	－	－	－	－	－	－	－	－	－	－
7	308	288	－	－	－	1	100	86	－	－	－	－	－	－
4	200	182	－	－	－	－	－	－	－	－	－	－	－	－
－	－	－	－	－	－	－	－	－	－	－	－	－	－	－
3	170	143	－	－	－	－	－	－	－	－	－	1	15	14
8	521	509	－	－	－	1	100	100	－	－	－	－	－	－
7	697	638	－	－	－	－	－	－	－	－	－	1	5	2
8	319	307	－	－	－	1	50	47	－	－	－	3	34	14
11	370	338	－	－	－	－	－	－	1	50	15	1	20	11
6	151	146	－	－	－	1	100	95	－	－	－	－	－	－
2	100	100	－	－	－	－	－	－	－	－	－	1	20	8
5	170	153	－	－	－	－	－	－	－	－	－	－	－	－
4	130	125	－	－	－	－	－	－	－	－	－	－	－	－
10	390	368	－	－	－	－	－	－	－	－	－	－	－	－
8	366	315	－	－	－	－	－	－	－	－	－	－	－	－
3	220	219	－	－	－	－	－	－	－	－	－	－	－	－
7	252	237	－	－	－	1	50	49	－	－	－	－	－	－
8	270	244	－	－	－	－	－	－	－	－	－	2	15	14
4	180	152	2	32	27	－	－	－	－	－	－	－	－	－
5	75	69	－	－	－	－	－	－	－	－	－	－	－	－
11	340	299	－	－	－	2	120	117	－	－	－	－	－	－
9	342	271	－	－	－	－	－	－	－	－	－	5	86	80
11	521	495	－	－	－	－	－	－	－	－	－	－	－	－
11	430	403	－	－	－	1	50	50	－	－	－	5	70	66
7	185	173	－	－	－	－	－	－	－	－	－	3	26	25
10	490	474	－	－	－	2	170	166	－	－	－	1	20	11
13	488	449	－	－	－	－	－	－	－	－	－	－	－	－
12	390	359	－	－	－	－	－	－	1	50	14	－	－	－
5	309	276	－	－	－	1	60	59	－	－	－	1	10	10
7	270	234	－	－	－	1	50	48	－	－	－	1	20	20
11	519	499	－	－	－	3	150	149	－	－	－	4	62	46
8	400	－	－	－	－	－	－	－	－	－	－	4	70	51
7	350	326	－	－	－	1	50	48	－	－	－	5	100	94
7	280	247	－	－	－	2	100	93	－	－	－	4	67	64
15	508	486	－	－	－	－	－	－	1	38	24	－	－	－
1	50	49	－	－	－	－	－	－	－	－	－	－	－	－

（報告表　32）

第3表　養護老人ホームの措置人員,

（被　措　置　者　分）

費用徴収の階層	措置人員
総数	**57 648**
1	12 413
2	341
3	726
4	823
5	925
6	1 007
7	958
8	1 037
9	996
10	777
11	765
12	716
13	676
14	735
15	752
16	760
17	741
18	776
19	1 510
20	1 798
21	2 455
22	2 738
23	1 606
24	1 472
25	1 712
26	2 401
27	2 874
28	1 383
29	1 154
30	1 039
31	923
32	923
33	753
34	1 045
35	972
36	814
37	721
38	582
39	2 849

注：本表は29年４月１日現在の報告である。

被措置者分・扶養義務者分×費用徴収階層区分別

（扶　養　義　務　者　分）　　平成29年４月１日現在

費用徴収の階層	措置人員
総数	**57 648**
A	473
B	2 463
C1	394
C2	245
D1	561
D2	568
D3	175
D4	148
D5	62
D6	23
D7	16
D8	5
D9	5
D10	−
D11	1
D12	1
D13	−
D14	1
扶養義務者なし	52 507

（報告表　33）

老人福祉 4表

第4表（2－1）訪問介護派遣対象世帯数、通所介護及び短期入所

都道府県 指定都市 中核市	訪問介護 派遣対象世帯数（年度末現在）				通所介護 実施市町村数（年度末現在）	通所介護 利用人員	
	総数	老人世帯	老人のいる世帯	その他の世帯		実人員	延人員
全　国	129	101	4	24	31	131	5 794
北海道	-	-	-	-	1	1	68
青森	-	-	-	-	-	-	-
岩手	39	39	-	-	1	17	1 248
宮城	-	-	-	-	-	-	-
秋田	-	-	-	-	-	-	-
山形	-	-	-	-	1	1	12
福島	21	21	-	-	1	17	1 217
茨城	2	1	-	1	1	1	12
栃木	-	-	-	-	-	-	-
群馬	-	-	-	-	-	-	-
埼玉	3	3	-	-	1	1	12
千葉	-	-	-	-	-	-	-
東京	3	3	-	-	-	-	-
神奈川	-	-	-	-	-	-	-
新潟	-	-	-	-	-	-	-
富山	-	-	-	-	-	-	-
石川	4	4	-	-	1	2	72
福井	-	-	-	-	1	1	1
山梨	1	1	-	-	1	2	183
長野	22	19	3	-	3	11	260
岐阜	-	-	-	-	1	5	47
静岡	5	5	-	-	-	1	1
愛知	-	-	-	-	3	16	897
三重	2	1	-	1	4	16	586
滋賀	-	-	-	-	-	-	-
京都	-	-	-	-	1	1	98
大阪	-	-	-	-	1	1	1
兵庫	-	-	-	-	-	-	-
奈良	-	-	-	-	-	-	-
和歌山	1	1	-	-	1	5	449
鳥取	-	-	-	-	-	-	-
島根	-	-	-	-	-	-	-
岡山	2	2	-	-	-	1	12
広島	-	-	-	-	-	-	-
山口	-	-	-	-	-	-	-
徳島	-	-	-	-	-	-	-
香川	-	-	-	-	-	-	-
愛媛	1	1	-	-	3	3	80
高知	-	-	-	-	-	-	-
福岡	-	-	-	-	2	3	100
佐賀	-	-	-	-	-	-	-
長崎	22	-	-	22	1	17	306
熊本	-	-	-	-	2	6	130
大分	-	-	-	-	-	-	-
宮崎	-	-	-	-	-	-	-
鹿児島	-	-	-	-	-	-	-
沖縄	-	-	-	-	-	-	-

注：本表は年度分報告である。なお、「通所介護」の「利用人員」、「短期入所生活介護」の「利用人員」、「延日数」の八戸市については、平成29年1月に中核市になったため、1月から3月の数値である。

生活介護の利用人員及び延日数，都道府県－指定都市－中核市別

平成28年度

短期入所生活介護				
実施市町村数（年度末現在）	実施施設数（年度末現在）	利用人員		延日数
		実人員	延人員	
156	**340**	**700**	**1 270**	**46 561**
1	1	20	125	3 153
－	－	－	－	－
1	2	8	27	123
2	2	5	6	282
－	－	－	－	－
5	8	17	18	647
2	3	17	17	539
9	15	39	39	3 605
－	－	12	17	426
3	4	7	7	268
9	23	36	86	4 160
7	10	18	19	885
12	64	142	194	11 691
6	10	13	16	1 192
2	2	3	10	321
－	－	－	－	－
1	1	20	22	105
1	1	1	1	15
1	1	4	4	1 082
9	11	44	154	3 374
－	－	－	－	－
3	5	12	18	687
10	19	15	41	849
6	7	17	22	956
2	2	3	3	56
1	4	8	8	73
7	9	10	13	637
11	27	38	47	2 195
1	1	1	1	22
2	5	4	4	50
1	4	11	12	500
－	－	－	－	－
－	1	6	6	292
－	－	－	－	－
2	4	4	9	239
－	－	－	－	－
1	2	27	101	570
1	2	4	4	333
1	1	1	1	9
4	7	10	36	707
2	2	2	2	35
2	3	6	6	122
4	7	10	37	117
－	4	6	7	40
3	3	4	4	66
－	－	－	－	－
2	4	6	7	218

（報告表　34）

老人福祉
4表

第4表（2－2）訪問介護派遣対象世帯数、通所介護及び短期入所

都道府県 指定都市 中核市	訪問介護				通所介護		
	派遣対象世帯数（年度末現在）				実施市町村数 （年度末現在）	利用人員	
	総数	老人世帯	老人のいる世帯	その他の世帯		実人員	延人員
指定都市(別掲)							
札幌市	-	-	-	-	-	-	-
仙台市	-	-	-	-	-	-	-
さいたま市	-	-	-	-	-	-	-
千葉市	-	-	-	-	-	-	-
横浜市	1	-	1	-	-	-	-
川崎市	-	-	-	-	-	-	-
相模原市	-	-	-	-	-	-	-
新潟市	-	-	-	-	-	-	-
静岡市	-	-	-	-	-	-	-
浜松市	-	-	-	-	-	-	-
名古屋市	-	-	-	-	-	-	-
京都市	-	-	-	-	-	-	-
大阪市	-	-	-	-	-	1	1
堺市	-	-	-	-	-	1	1
神戸市	-	-	-	-	-	-	-
岡山市	-	-	-	-	-	-	-
広島市	-	-	-	-	-	-	-
北九州市	-	-	-	-	-	-	-
福岡市	-	-	-	-	-	-	-
熊本市	-	-	-	-	-	-	-
中核市(別掲)							
旭川市	-	-	-	-	-	-	-
函館市	-	-	-	-	-	-	-
青森市	-	-	-	-	-	-	-
八戸市	-	-	-	-	-	-	-
盛岡市	-	-	-	-	-	-	-
秋田市	-	-	-	-	-	-	-
郡山市	-	-	-	-	-	-	-
いわき市	-	-	-	-	-	-	-
宇都宮市	-	-	-	-	-	-	-
前橋市	-	-	-	-	-	-	-
高崎市	-	-	-	-	-	-	-
川越市	-	-	-	-	-	-	-
越谷市	-	-	-	-	-	-	-
船橋市	-	-	-	-	-	-	-
柏市	-	-	-	-	-	-	-
八王子市	-	-	-	-	-	-	-
横須賀市	-	-	-	-	-	-	-
富山市	-	-	-	-	-	-	-
金沢市	-	-	-	-	-	-	-
長野市	-	-	-	-	-	-	-
岐阜市	-	-	-	-	-	-	-
豊橋市	-	-	-	-	-	-	-
豊田市	-	-	-	-	-	-	-
岡崎市	-	-	-	-	-	-	-
大津市	-	-	-	-	-	-	-
高槻市	-	-	-	-	-	-	-
東大阪市	-	-	-	-	-	-	-
豊中市	-	-	-	-	-	-	-
枚方市	-	-	-	-	-	-	-
姫路市	-	-	-	-	-	-	-
西宮市	-	-	-	-	-	-	-
尼崎市	-	-	-	-	-	-	-
奈良市	-	-	-	-	-	-	-
和歌山市	-	-	-	-	-	-	-
倉敷市	-	-	-	-	-	-	-
福山市	-	-	-	-	-	-	-
呉市	-	-	-	-	-	-	-
下関市	-	-	-	-	-	-	-
高松市	-	-	-	-	-	-	-
松山市	-	-	-	-	-	-	-
高知市	-	-	-	-	-	-	-
久留米市	-	-	-	-	-	-	-
長崎市	-	-	-	-	-	-	-
佐世保市	-	-	-	-	-	-	-
大分市	-	-	-	-	-	-	-
宮崎市	-	-	-	-	-	-	-
鹿児島市	-	-	-	-	-	-	-
那覇市	-	-	-	-	-	-	-

注：本表は年度分報告である。なお、「通所介護」の「利用人員」、「短期入所生活介護」の「利用人員」、「延日数」の八戸市については、平成29年1月に中核市になったため、1月から3月の数値である。

生活介護の利用人員及び延日数，都道府県－指定都市－中核市別

平成28年度

短期入所生活介護				
実施市町村数（年度末現在）	実施施設数（年度末現在）	利用人員 実人員	利用人員 延人員	延日数
－	－	－	－	－
－	－	－	－	－
－	5	8	9	1 266
－	－	－	－	－
1	11	9	11	163
－	1	2	2	15
－	－	－	－	－
1	2	2	3	509
2	5	10	10	1 105
－	－	－	－	－
1	6	10	10	799
－	－	－	－	－
6	6	6	6	345
－	－	1	1	20
－	－	1	1	10
－	－	－	－	－
－	－	－	－	－
1	2	2	3	87
－	－	－	－	－
－	－	－	－	－
－	－	－	－	－
－	－	－	－	－
－	－	－	－	－
－	－	－	－	－
－	－	－	－	－
－	－	－	－	－
－	－	－	－	－
－	－	－	－	－
－	－	－	－	－
－	－	－	－	－
－	－	－	－	－
－	－	－	－	－
1	1	1	1	61
－	－	－	－	－
1	6	11	12	236
1	2	6	6	239
－	－	－	－	－
－	－	－	－	－
－	－	－	－	－
－	－	－	－	－
－	－	－	－	－
－	－	－	－	－
－	－	－	－	－
－	－	－	－	－
－	2	2	2	29
－	－	－	－	－
1	4	6	11	81
－	－	5	21	540
－	－	－	－	－
－	－	－	－	－
1	1	1	1	27
1	2	1	1	7
1	3	2	3	202
－	－	－	－	－
－	－	－	－	－
－	－	3	5	179
－	－	－	－	－
－	－	－	－	－
－	－	－	－	－
－	－	－	－	－
－	－	－	－	－
－	－	－	－	－
－	－	－	－	－
－	－	－	－	－
－	－	－	－	－
－	－	－	－	－
－	－	－	－	－
－	－	－	－	－

（報告表　34）

第5表（2－1）老人クラブ数、会員数及び老人クラブ

都道府県 指定都市 中核市	老人クラブの			
	総数		適正クラブ	
	クラブ数	会員数	クラブ数	会員数
全国	**101 110**	**5 686 222**	**96 333**	**5 580 143**
北海道	3 290	140 702	3 202	139 017
青森	1 185	38 675	1 167	38 390
岩手	1 558	60 386	1 535	60 041
宮城	1 194	45 099	1 103	43 292
秋田	1 494	58 661	1 385	56 679
山形	1 184	49 453	1 173	49 287
福島	1 441	75 120	1 307	72 031
茨城	2 402	107 041	2 050	99 803
栃木	1 336	49 980	1 304	49 297
群馬	1 283	76 780	1 223	75 490
埼玉	2 466	134 534	2 445	134 128
千葉	2 458	102 781	2 404	101 792
東京	3 463	270 320	3 456	269 677
神奈川	1 243	66 290	1 235	66 143
新潟	1 896	97 417	1 519	89 352
富山	1 369	114 399	1 334	113 712
石川	1 120	83 716	1 103	83 331
福井	1 084	58 311	1 033	57 314
山梨	1 155	60 837	1 150	60 744
長野	1 541	93 831	1 269	87 914
岐阜	2 100	152 395	2 005	150 376
静岡	1 411	76 729	1 297	73 888
愛知	3 478	258 078	3 424	256 858
三重	1 701	143 307	1 657	142 288
滋賀	1 234	80 025	1 056	76 226
京都	1 302	64 317	1 207	62 457
大阪	2 608	186 900	2 501	184 388
兵庫	3 297	190 457	3 172	188 125
奈良	1 419	80 688	1 078	72 503
和歌山	1 332	65 881	1 117	61 630
鳥取	795	37 912	782	37 666
島根	1 058	52 623	924	50 129
岡山	1 679	96 138	1 679	96 138
広島	1 239	62 140	1 238	62 131
山口	1 264	47 931	1 176	46 272
徳島	780	38 389	780	38 389
香川	935	52 055	895	51 172
愛媛	1 378	70 112	1 285	68 214
高知	611	22 521	611	22 521
福岡	2 576	143 118	2 527	142 039
佐賀	1 153	65 993	1 040	63 737
長崎	1 231	64 045	1 225	63 831
熊本	1 907	98 769	1 795	96 310
大分	1 250	52 707	1 250	52 707
宮崎	897	35 934	834	34 941
鹿児島	1 742	84 773	1 525	80 176
沖縄	667	54 287	605	53 042

連合会数, 都道府県-指定都市-中核市別

平成28年度末現在

状況		郡・市・町村老人クラブ連合会数			
その他のクラブ					
クラブ数	会員数	総数	郡部	市部	町村部
4 777	106 079	1 907	42	975	890
88	1 685	166	-	28	138
18	285	25	-	8	17
23	345	32	-	13	19
91	1 807	31	-	13	18
109	1 982	24	-	12	12
11	166	35	-	13	22
134	3 089	55	2	10	43
352	7 238	44	-	32	12
32	683	29	-	18	11
60	1 290	30	4	9	17
21	406	60	-	37	23
54	989	56	5	34	17
7	643	56	-	49	7
8	147	29	-	15	14
377	8 065	43	-	33	10
35	687	16	2	9	5
17	385	18	-	10	8
51	997	17	-	9	8
5	93	27	-	13	14
272	5 917	69	1	20	48
95	2 019	40	-	20	20
114	2 841	33	-	21	12
54	1 220	51	1	34	16
44	1 019	41	6	22	13
178	3 799	19	-	13	6
95	1 860	25	-	14	11
107	2 512	37	-	27	10
125	2 332	37	-	25	12
341	8 185	45	7	11	27
215	4 251	34	5	8	21
13	246	19	-	4	15
134	2 494	19	-	8	11
-	-	24	-	11	13
1	9	20	-	11	9
88	1 659	21	-	12	9
-	-	25	-	9	16
40	883	19	3	7	9
93	1 898	19	-	10	9
-	-	32	-	10	22
49	1 079	57	-	25	32
113	2 256	20	-	10	10
6	214	30	1	11	18
112	2 459	44	-	13	31
-	-	17	-	13	4
63	993	25	-	8	17
217	4 597	42	-	18	24
62	1 245	45	5	10	30

(報告表 35)

老人福祉
5表

第5表（2－2）老人クラブ数、会員数及び老人クラブ

都道府県 指定都市 中核市	老人クラブの			
	総数		適正クラブ	
	クラブ数	会員数	クラブ数	会員数
指定都市(別掲)				
札幌市	466	27 617	466	27 617
仙台市	446	20 352	348	17 970
さいたま市	393	23 514	390	23 450
千葉市	273	13 758	258	13 486
横浜市	1 691	118 222	1 691	118 222
川崎市	462	24 470	459	24 242
相模原市	269	15 904	269	15 904
新潟市	510	31 605	510	31 605
静岡市	415	17 943	344	16 175
浜松市	415	23 675	415	23 675
名古屋市	1 409	66 116	1 409	66 116
京都市	1 067	57 703	1 067	57 703
大阪市	774	52 764	774	52 764
堺市	489	45 292	489	45 292
神戸市	489	36 964	489	36 964
岡山市	580	34 052	569	33 797
広島市	581	40 096	497	36 005
北九州市	910	38 959	910	38 959
福岡市	836	39 153	836	39 153
熊本市	530	25 725	530	25 725
中核市(別掲)				
旭川市	112	7 621	112	7 621
函館市	114	6 212	114	6 212
青森市	210	7 221	210	7 221
八戸市	170	6 265	170	6 265
盛岡市	245	13 492	245	13 492
秋田市	180	7 070	180	7 070
郡山市	190	9 944	190	9 944
いわき市	135	5 645	133	5 616
宇都宮市	325	18 506	310	18 227
前橋市	471	24 948	471	24 948
高崎市	295	17 172	289	17 048
川越市	116	7 697	111	7 569
越谷市	98	4 956	94	4 865
船橋市	262	13 940	256	13 796
柏市	98	5 875	98	5 875
八王子市	210	14 464	210	14 464
横須賀市	269	16 031	269	16 031
富山市	642	48 815	612	48 089
金沢市	291	23 625	282	22 674
長野市	259	17 778	223	15 806
岐阜市	450	26 173	450	26 173
豊橋市	220	16 709	220	16 709
豊田市	227	27 157	227	27 157
岡崎市	219	20 931	219	20 931
大津市	179	8 942	162	8 575
高槻市	210	13 775	210	13 775
東大阪市	565	32 690	565	32 690
豊中市	159	9 535	147	9 278
枚方市	225	13 420	201	12 885
姫路市	577	49 195	577	49 195
西宮市	347	18 557	347	18 557
尼崎市	345	18 777	345	18 777
奈良市	283	15 153	255	14 391
和歌山市	296	14 779	296	14 779
倉敷市	396	18 592	396	18 592
福山市	502	27 064	502	27 064
呉市	214	11 671	214	11 671
下関市	147	4 981	147	4 981
高松市	377	19 361	375	19 295
松山市	232	15 480	229	15 386
高知市	166	6 749	166	6 749
久留米市	353	22 807	333	22 413
長崎市	341	18 786	319	18 251
佐世保市	250	13 995	250	13 995
大分市	353	18 120	329	17 584
宮崎市	209	9 230	174	8 542
鹿児島市	324	17 888	277	16 770
那覇市	41	1 987	20	1 733

連合会数，都道府県－指定都市－中核市別

平成28年度末現在

状況 その他のクラブ クラブ数	会員数	郡・市・町村老人クラブ連合会数 総数	郡部	市部	町村部
-	-	11	·	11	-
98	2 382	6	·	6	-
3	64	1	·	1	-
15	272	7	·	7	-
-	-	19	·	19	-
3	228	10	·	10	-
-	-	1	·	1	-
-	-	9	·	9	-
71	1 768	1	·	1	-
-	-	1	·	1	-
-	-	17	·	17	-
-	-	12	·	12	-
-	-	25	·	25	-
-	-	1	·	1	-
-	-	10	·	10	-
11	255	1	·	1	-
84	4 091	8	·	8	-
-	-	7	·	7	-
-	-	8	·	8	-
-	-	1	·	1	-
-	-	1	·	1	-
-	-	1	·	1	-
-	-	2	·	2	-
-	-	1	·	1	-
-	-	1	·	1	-
-	-	1	·	1	-
-	-	1	·	1	-
2	29	1	·	1	-
15	279	1	·	1	-
-	-	1	·	1	-
6	124	1	·	1	-
5	128	1	·	1	-
4	91	1	·	1	-
6	144	1	·	1	-
-	-	1	·	1	-
-	-	1	·	1	-
-	-	1	·	1	-
30	726	1	·	1	-
9	951	1	·	1	-
36	1 972	1	·	1	-
-	-	1	·	1	-
-	-	1	·	1	-
-	-	1	·	1	-
-	-	1	·	1	-
17	367	1	·	1	-
-	-	1	·	1	-
-	-	1	·	1	-
12	257	1	·	1	-
24	535	1	·	1	-
-	-	1	·	1	-
-	-	1	·	1	-
-	-	1	·	1	-
28	762	1	·	1	-
-	-	1	·	1	-
-	-	1	·	1	-
-	-	1	·	1	-
-	-	1	·	1	-
-	-	1	·	1	-
2	66	1	·	1	-
3	94	1	·	1	-
-	-	1	·	1	-
20	394	1	·	1	-
22	535	1	·	1	-
-	-	1	·	1	-
24	536	1	·	1	-
35	688	1	·	1	-
47	1 118	1	·	1	-
21	254	1	·	1	-

（報告表　35）

婦人保護

婦人保護
1表

第1表　婦人相談所及び婦人相談員の受付件数，

都道府県	総数			都						道
				総数			婦　人			
	総数	新規	再来	総数	新規	再来	総数			婦
							総数	新規	再来	総数
全　　国	309 632	166 580	143 052	173 555	92 106	81 449	147 613	76 573	71 040	101 605
北　海　道	9 055	4 408	4 647	3 983	1 508	2 475	3 983	1 508	2 475	2 315
青　　森	2 005	844	1 161	1 490	450	1 040	1 337	383	954	82
岩　　手	2 396	1 196	1 200	1 316	521	795	1 316	521	795	544
宮　　城	2 782	1 882	900	1 357	941	416	943	719	224	609
秋　　田	1 536	904	632	1 116	686	430	698	553	145	74
山　　形	1 451	683	768	1 066	403	663	942	322	620	140
福　　島	5 012	2 061	2 951	2 538	1 155	1 383	1 793	895	898	1 639
茨　　城	5 883	2 143	3 740	5 023	1 653	3 370	5 015	1 645	3 370	4 923
栃　　木	6 389	3 411	2 978	2 947	1 644	1 303	2 858	1 582	1 276	2 748
群　　馬	4 277	1 323	2 954	4 000	1 139	2 861	4 000	1 139	2 861	3 437
埼　　玉	18 479	14 629	3 850	10 493	10 172	321	2 842	2 606	236	1 188
千　　葉	14 189	6 804	7 385	10 389	4 894	5 495	10 194	4 758	5 436	10 026
東　　京	58 673	48 896	9 777	28 413	26 877	1 536	28 358	26 841	1 517	21 776
神　奈　川	20 076	9 626	10 450	7 109	3 433	3 676	3 209	798	2 411	2 511
新　　潟	2 516	1 307	1 209	976	369	607	976	369	607	867
富　　山	3 529	2 427	1 102	2 081	1 610	471	2 081	1 610	471	1 464
石　　川	1 893	1 465	428	1 541	1 162	379	1 541	1 162	379	554
福　　井	1 810	728	1 082	1 281	385	896	911	277	634	154
山　　梨	374	206	168	276	153	123	276	153	123	261
長　　野	6 763	2 403	4 360	3 051	989	2 062	1 594	649	945	1 131
岐　　阜	5 713	2 188	3 525	3 967	1 230	2 737	3 967	1 230	2 737	2 376
静　　岡	6 162	2 903	3 259	1 609	1 038	571	1 271	875	396	1 008
愛　　知	4 328	3 093	1 235	963	705	258	455	369	86	45
三　　重	3 604	2 130	1 474	1 223	623	600	1 070	528	542	299
滋　　賀	1 928	979	949	1 402	723	679	1 208	609	599	462
京　　都	17 279	1 324	15 955	17 258	1 311	15 947	14 404	1 008	13 396	6 253
大　　阪	15 740	10 487	5 253	11 962	8 096	3 866	10 902	7 304	3 598	8 454
兵　　庫	8 037	5 054	2 983	2 591	2 438	153	2 591	2 438	153	2 591
奈　　良	3 167	968	2 199	3 167	968	2 199	2 007	643	1 364	1 593
和　歌　山	2 900	1 196	1 704	2 674	995	1 679	2 523	888	1 635	1 610
鳥　　取	3 167	932	2 235	1 573	400	1 173	1 573	400	1 173	142
島　　根	3 485	859	2 626	2 993	614	2 379	2 035	480	1 555	1 715
岡　　山	12 124	1 678	10 446	3 509	732	2 777	3 452	724	2 728	2 227
広　　島	3 806	3 340	466	1 999	1 928	71	1 825	1 762	63	862
山　　口	5 833	1 336	4 497	4 546	752	3 794	4 546	752	3 794	4 468
徳　　島	1 257	937	320	982	755	227	982	755	227	798
香　　川	2 271	1 626	645	1 583	1 189	394	1 569	1 182	387	252
愛　　媛	3 334	1 888	1 446	1 631	677	954	1 537	590	947	820
高　　知	1 189	899	290	1 189	899	290	1 189	899	290	1 027
福　　岡	9 623	3 925	5 698	1 423	959	464	212	94	118	-
佐　　賀	1 034	567	467	534	217	317	534	217	317	195
長　　崎	3 588	1 067	2 521	2 995	647	2 348	2 081	470	1 611	1 255
熊　　本	4 883	3 229	1 654	2 030	942	1 088	2 030	942	1 088	938
大　　分	2 781	769	2 012	2 667	706	1 961	2 667	706	1 961	498
宮　　崎	3 423	1 407	2 016	1 516	613	903	1 516	613	903	1 516
鹿　児　島	4 353	1 817	2 536	1 874	547	1 327	1 874	547	1 327	1 462
沖　　縄	5 535	2 636	2 899	3 249	1 258	1 991	2 726	1 058	1 668	2 296

注：本表は年度分報告である。

都道府県×新規-再来別

平成28年度

府		県						市 の 婦 人 相 談 員		
相	談	所			婦人相談所以外の婦人相談員					
人 相 談 員		その他の職員			総数	新規	再来	総数	新規	再来
新規	再来	総数	新規	再来						
56 688	44 917	46 008	19 885	26 123	25 942	15 533	10 409	136 077	74 474	61 603
1 006	1 309	1 668	502	1 166	-	-	-	5 072	2 900	2 172
32	50	1 255	351	904	153	67	86	515	394	121
303	241	772	218	554	-	-	-	1 080	675	405
484	125	334	235	99	414	222	192	1 425	941	484
58	16	624	495	129	418	133	285	420	218	202
65	75	802	257	545	124	81	43	385	280	105
833	806	154	62	92	745	260	485	2 474	906	1 568
1 563	3 360	92	82	10	8	8	-	860	490	370
1 511	1 237	110	71	39	89	62	27	3 442	1 767	1 675
997	2 440	563	142	421	-	-	-	277	184	93
1 156	32	1 654	1 450	204	7 651	7 566	85	7 986	4 457	3 529
4 627	5 399	168	131	37	195	136	59	3 800	1 910	1 890
20 890	886	6 582	5 951	631	55	36	19	30 260	22 019	8 241
642	1 869	698	156	542	3 900	2 635	1 265	12 967	6 193	6 774
263	604	109	106	3	-	-	-	1 540	938	602
993	471	617	617	-	-	-	-	1 448	817	631
183	371	987	979	8	-	-	-	352	303	49
82	72	757	195	562	370	108	262	529	343	186
150	111	15	3	12	-	-	-	98	53	45
585	546	463	64	399	1 457	340	1 117	3 712	1 414	2 298
693	1 683	1 591	537	1 054	-	-	-	1 746	958	788
808	200	263	67	196	338	163	175	4 553	1 865	2 688
29	16	410	340	70	508	336	172	3 365	2 388	977
111	188	771	417	354	153	95	58	2 381	1 507	874
323	139	746	286	460	194	114	80	526	256	270
1 008	5 245	8 151	-	8 151	2 854	303	2 551	21	13	8
6 034	2 420	2 448	1 270	1 178	1 060	792	268	3 778	2 391	1 387
2 438	153	-	-	-	-	-	-	5 446	2 616	2 830
502	1 091	414	141	273	1 160	325	835	-	-	-
659	951	913	229	684	151	107	44	226	201	25
53	89	1 431	347	1 084	-	-	-	1 594	532	1 062
417	1 298	320	63	257	958	134	824	492	245	247
541	1 686	1 225	183	1 042	57	8	49	8 615	946	7 669
800	62	963	962	1	174	166	8	1 807	1 412	395
744	3 724	78	8	70	-	-	-	1 287	584	703
640	158	184	115	69	-	-	-	275	182	93
133	119	1 317	1 049	268	14	7	7	688	437	251
395	425	717	195	522	94	87	7	1 703	1 211	492
784	243	162	115	47	-	-	-	-	-	-
-	-	212	94	118	1 211	865	346	8 200	2 966	5 234
103	92	339	114	225	-	-	-	500	350	150
338	917	826	132	694	914	177	737	593	420	173
483	455	1 092	459	633	-	-	-	2 853	2 287	566
251	247	2 169	455	1 714	-	-	-	114	63	51
613	903	-	-	-	-	-	-	1 907	794	1 113
449	1 013	412	98	314	-	-	-	2 479	1 270	1 209
916	1 380	430	142	288	523	200	323	2 286	1 378	908

(報告表 36)

婦人保護
2～3表　第2表　婦人相談所及び婦人相談員の受付件数，新規－再来×経路別

平成28年度

婦人相談所－婦人相談員 新規－再来	総数	本人自身	警察関係	法務関係	教育関係	労働関係
総　　　　　数	309 632	235 963	9 458	1 259	1 626	213
新　　規	166 580	132 976	5 853	403	542	72
再　　来	143 052	102 987	3 605	856	1 084	141
都道府県総数	173 555	135 245	6 153	934	364	125
新　　規	92 106	75 804	3 616	246	128	31
再　　来	81 449	59 441	2 537	688	236	94
婦人相談所	147 613	115 880	5 593	768	293	64
新　　規	76 573	62 905	3 293	192	99	18
再　　来	71 040	52 975	2 300	576	194	46
婦人相談員	101 605	86 737	2 053	311	117	18
新　　規	56 688	48 582	1 097	130	61	12
再　　来	44 917	38 155	956	181	56	6
その他の職員	46 008	29 143	3 540	457	176	46
新　　規	19 885	14 323	2 196	62	38	6
再　　来	26 123	14 820	1 344	395	138	40
婦人相談所以外の事務所の婦人相談員	25 942	19 365	560	166	71	61
新　　規	15 533	12 899	323	54	29	13
再　　来	10 409	6 466	237	112	42	48
市の婦人相談員	136 077	100 718	3 305	325	1 262	88
新　　規	74 474	57 172	2 237	157	414	41
再　　来	61 603	43 546	1 068	168	848	47

他の婦人相談所	他の婦人相談員	福祉事務所	他の相談機関	社会福祉施設等	医療機関	縁故者・知人	その他
2 048	5 583	11 886	12 773	4 509	2 738	7 702	13 874
・	・	5 145	7 002	1 329	1 358	5 583	6 317
2 048	5 583	6 741	5 771	3 180	1 380	2 119	7 557
346	3 650	4 964	5 713	1 629	838	4 233	9 361
・	・	1 538	2 567	385	403	3 192	4 196
346	3 650	3 426	3 146	1 244	435	1 041	5 165
147	3 232	4 318	3 534	1 387	648	3 616	8 133
・	・	1 246	1 478	355	301	2 780	3 906
147	3 232	3 072	2 056	1 032	347	836	4 227
60	1 079	1 686	1 670	649	317	2 688	4 220
・	・	515	782	146	214	2 147	3 002
60	1 079	1 171	888	503	103	541	1 218
87	2 153	2 632	1 864	738	331	928	3 913
・	・	731	696	209	87	633	904
87	2 153	1 901	1 168	529	244	295	3 009
199	418	646	2 179	242	190	617	1 228
・	・	292	1 089	30	102	412	290
199	418	354	1 090	212	88	205	938
1 702	1 933	6 922	7 060	2 880	1 900	3 469	4 513
・	・	3 607	4 435	944	955	2 391	2 121
1 702	1 933	3 315	2 625	1 936	945	1 078	2 392

注：本表は年度分報告である。

（報告表　36）

第3表　婦人相談所及び婦人相談員の処理件数、指導延件数及び未処理人員, 処理状況別

平成28年度

	処理済実人員						
	総数	婦人保護施設に入所	就職・自営	結婚	家庭へ送還	福祉事務所へ移送	婦人相談所・婦人相談員へ移送
総数	309 437	674	300	50	1 663	2 626	1 963
都道府県総数	173 547	583	168	1	996	712	641
婦人相談所	147 613	577	161	-	973	664	443
婦人相談員	101 603	127	44	-	327	203	374
その他の職員	46 010	450	117	-	646	461	69
婦人相談所以外の事務所の婦人相談員	25 934	6	7	1	23	48	198
市の婦人相談員	135 890	91	132	49	667	1 914	1 322

処理済実人員				指導延件数	（再掲）訪問調査指導延件数	年度末現在未処理人員	
他府県の婦人相談所・婦人相談員へ移送	その他の関係機関・施設へ移送	助言・指導のみ	その他			一時保護	その他
150	5 081	257 613	39 317	543 056	26 727	159	1 008
37	1 271	144 977	24 161	231 100	5 142	159	21
25	1 084	122 232	21 454	191 862	3 228	159	-
15	482	93 039	6 992	123 049	2 279	48	-
10	602	29 193	14 462	68 813	949	111	-
12	187	22 745	2 707	39 238	1 914	・	21
113	3 810	112 636	15 156	311 956	21 585	・	987

注：本表は年度分報告である。

（報告表　37）

婦人保護
4～5表

第4表 婦人相談所及び婦人相談員の処理件数、指導延件数、未処理人員及び一時保護決定延人員，都道府県別

平成28年度

都道府県	婦人相談所										婦人相談員			
	処理済実人員	指導延件数	訪問調査指導延件数(再掲)	年度末現在未処理人員		一時保護決定延人員				処理済実人員	指導延件数	訪問調査指導延件数(再掲)	年度末現在未処理人員
						要保護女子・暴力被害女性		同伴した家族					
				一時保護	その他		委託を行った延人員(再掲)		委託を行った延人員(再掲)				
全国	46 010	68 813	949	111	-	71 752	21 718	66 973	26 028	263 427	474 243	25 778	1 008
北海道	1 668	1 668	10	11	-	4 912	3 204	5 357	3 901	7 387	11 732	24	-
青森	1 255	1 413	-	-	-	244	20	370	40	749	1 578	7	1
岩手	772	1 125	-	-	-	983	1	1 197	-	1 630	9 851	97	2
宮城	331	617	-	2	-	1 054	119	1 444	376	2 449	13 005	82	-
秋田	624	1 321	-	2	-	704	58	527	74	912	2 058	-	-
山形	800	1 254	-	2	-	290	2	155	2	645	2 125	260	5
福島	153	66	6	2	-	895	-	756	-	4 858	1 369	134	-
茨城	95	1 430	-	1	-	1 499	69	1 416	132	5 792	8 582	181	-
栃木	112	112	-	1	-	807	272	1 381	739	6 279	9 797	130	-
群馬	563	563	-	-	-	452	-	382	-	3 712	5 320	-	-
埼玉	1 659	1 616	-	7	-	2 830	582	4 102	1 197	16 807	17 221	37	18
千葉	163	934	74	4	-	2 579	115	3 370	163	14 027	20 260	358	-
東京	6 585	12 211	129	17	-	13 076	5 214	7 847	4 590	52 096	93 386	8 086	-
神奈川	697	4 864	-	10	-	3 508	893	2 769	1 085	19 382	59 704	6 028	14
新潟	109	109	-	-	-	399	115	457	149	2 414	14 180	473	18
富山	617	620	-	-	-	41	-	21	2	2 912	9 229	29	-
石川	981	1 016	10	-	-	596	-	410	-	910	1 676	154	-
福井	759	1 404	-	-	-	451	2	236	4	1 053	2 820	91	-
山梨	15	25	-	-	-	253	6	165	4	359	844	-	-
長野	463	142	19	-	-	299	69	196	66	6 300	2 652	126	-
岐阜	1 588	3 259	128	5	-	1 315	430	1 005	594	4 122	10 699	946	-
静岡	259	1 178	-	5	-	1 706	152	2 284	325	5 899	10 876	387	-
愛知	411	1 464	-	4	-	3 341	1 379	2 606	1 910	3 919	10 714	78	-
三重	774	2 722	162	1	-	1 027	39	1 195	10	2 832	12 716	2 540	-
滋賀	746	3 242	-	-	-	1 756	697	2 002	971	1 178	3 904	320	-
京都	8 154	114	-	6	-	2 536	70	2 122	24	9 128	3 007	-	-
大阪	2 447	4 676	-	14	-	5 630	4 040	6 223	5 303	13 279	19 297	358	20
兵庫	-	-	-	-	-	3 260	1 024	2 519	783	7 972	13 607	464	169
奈良	414	29	-	-	-	1 639	489	1 072	413	2 751	276	27	-
和歌山	913	1 784	-	-	-	1 101	126	893	67	1 985	5 310	24	-
鳥取	1 432	1 610	127	2	-	608	376	228	152	1 736	1 821	21	-
島根	321	321	1	1	-	384	-	530	-	3 165	4 461	-	-
岡山	1 225	1 225	-	-	-	934	25	903	-	10 899	10 899	1 499	-
広島	963	963	-	-	-	1 193	441	1 318	598	2 842	3 549	59	18
山口	79	61	-	-	-	177	4	277	16	5 754	1 914	-	-
徳島	183	866	14	1	-	229	32	108	60	1 073	3 343	-	-
香川	1 317	1 237	-	1	-	555	-	204	55	956	5 036	234	1
愛媛	716	870	-	1	-	414	-	183	-	2 616	4 085	42	-
高知	161	247	-	1	-	680	24	508	3	1 027	1 636	-	-
福岡	215	1 237	-	2	-	2 154	1 440	2 367	1 925	9 412	24 944	1 094	-
佐賀	341	379	21	2	-	603	23	735	51	695	1 800	46	3
長崎	826	3 537	237	-	-	806	37	901	79	2 761	2 827	46	-
熊本	1 093	1 093	-	2	-	852	17	870	28	3 794	7 770	675	8
大分	2 169	2 169	11	1	-	631	22	707	22	612	1 016	-	-
宮崎	-	-	-	-	-	784	-	576	-	3 423	3 423	-	-
鹿児島	412	786	-	-	-	300	35	230	51	3 941	4 358	-	-
沖縄	430	1 234	-	3	-	1 265	55	1 849	64	4 983	13 566	621	731

注：本表は年度分報告である。

(報告表 37)

第5表　婦人保護施設の入所人員、理由別退所人員、年度末現在在所人員、入所延人員及び職業訓練を受けた人員，都道府県別

平成28年度

都道府県	入所人員	理由別退所人員							年度末現在在所人員	入所延人員		職業訓練を受けた人員		
		総数	就職自営	帰宅帰郷	結婚	他の関係機関施設へ移送	無断退所	その他		要保護女子・暴力被害女性	要保護女子・暴力被害女性が同伴した家族	総数	施設内訓練	施設外訓練
全国	**631**	**678**	**76**	**76**	**-**	**309**	**18**	**199**	**279**	**122 404**	**14 987**	**1 192**	**433**	**759**
北海道	2	2	-	-	-	1	1	-	-	132	-	2	2	-
青森	・	・	・	・	・	・	・	・	・	・	・	・	・	・
岩手	4	7	1	1	-	2	-	3	2	976	-	-	-	-
宮城	27	26	-	2	-	14	-	10	4	2 308	927	-	-	-
秋田	3	2	1	1	-	-	-	-	2	517	43	3	2	1
山形	-	-	-	-	-	-	-	-	-	-	-	-	-	-
福島	16	22	9	2	-	6	-	5	-	1 586	2 635	-	-	-
茨城	1	1	1	-	-	-	-	-	-	134	-	-	-	-
栃木	15	14	5	2	-	-	-	7	1	239	270	-	-	-
群馬	15	16	2	4	-	9	-	1	2	768	983	3	-	3
埼玉	-	-	-	-	-	-	-	-	-	-	-	-	-	-
千葉	3	7	1	-	-	3	-	3	65	24 378	-	14	10	4
東京	79	80	-	10	-	35	6	29	74	27 231	4 008	776	255	521
神奈川	32	38	9	2	-	17	3	7	23	9 424	53	70	43	27
新潟	-	-	-	-	-	-	-	-	-	-	-	-	-	-
富山	・	・	・	・	・	・	・	・	・	・	・	・	・	・
石川	3	2	1	-	-	-	-	1	1	268	-	1	1	-
福井	1	1	1	-	-	-	-	-	-	79	-	-	-	-
山梨	12	12	2	3	-	3	-	4	-	274	49	-	-	-
長野	2	2	-	-	-	1	-	1	-	23	21	-	-	-
岐阜	4	5	-	1	-	3	-	1	3	1 507	-	9	5	4
静岡	15	13	-	3	-	9	-	1	2	835	502	5	5	-
愛知	15	15	6	3	-	2	2	2	28	10 614	-	11	11	-
三重	10	12	2	2	-	7	-	1	2	1 226	188	3	-	3
滋賀	-	-	-	-	-	-	-	-	-	-	-	-	-	-
京都	3	3	2	-	-	1	-	-	-	198	-	-	-	-
大阪	255	263	6	9	-	178	2	68	22	11 946	120	56	38	18
兵庫	16	16	5	6	-	1	2	2	17	7 139	-	204	52	152
奈良	・	・	・	・	・	・	・	・	・	・	・	・	・	・
和歌山	15	15	-	3	-	-	-	12	-	722	158	-	-	-
鳥取	・	・	・	・	・	・	・	・	・	・	・	・	・	・
島根	・	・	・	・	・	・	・	・	・	・	・	・	・	・
岡山	-	-	-	-	-	-	-	-	-	-	-	-	-	-
広島	6	7	2	3	-	1	-	1	5	2 089	3	10	-	10
山口	12	13	-	1	-	5	-	7	-	283	431	-	-	-
徳島	-	-	-	-	-	-	-	-	-	-	-	-	-	-
香川	21	23	1	6	-	2	-	14	-	282	43	-	-	-
愛媛	2	2	2	-	-	-	-	-	-	149	-	-	-	-
高知	・	・	・	・	・	・	・	・	・	・	・	・	・	・
福岡	9	23	10	4	-	4	1	4	3	4 186	17	16	9	7
佐賀	9	9	3	2	-	2	-	2	7	2 281	-	5	-	5
長崎	3	3	-	-	-	3	-	-	-	35	-	-	-	-
熊本	・	・	・	・	・	・	・	・	・	・	・	・	・	・
大分	3	3	1	-	-	-	-	2	-	181	-	-	-	-
宮崎	-	-	-	-	-	-	-	-	-	-	-	-	-	-
鹿児島	6	8	3	4	-	-	1	-	6	2 238	-	-	-	-
沖縄	12	13	-	2	-	-	-	11	10	8 156	4 536	4	-	4

注：本表は年度分報告である。

（報告表　38）

民生委員・社会福祉事業

第1表（6－1）民生委員（児童委員）数，委員の種類、性×

民生委員（総数）

都道府県 指定都市 中核市	定数	前年度末 現在数	推薦数	解嘱事由報告数				年度末 現在数
				総数	死亡	傷病	その他	
全国	**238 349**	**231 644**	**232 472**	**233 378**	**574**	**597**	**232 207**	**230 739**
北海道	8 499	8 318	8 363	8 398	33	30	8 335	8 283
青森	2 247	2 696	2 679	2 745	10	19	2 716	2 167
岩手	3 172	3 121	3 136	3 148	9	16	3 123	3 109
宮城	3 077	2 918	2 947	2 941	7	7	2 927	2 924
秋田	2 678	2 642	2 621	2 610	6	2	2 602	2 653
山形	2 913	2 869	2 881	2 894	6	－	2 888	2 856
福島	3 519	3 478	3 494	3 497	6	4	3 487	3 475
茨城	5 261	5 213	5 262	5 248	23	7	5 218	5 227
栃木	3 121	3 052	3 098	3 080	9	－	3 071	3 070
群馬	2 774	2 725	2 775	2 745	3	13	2 729	2 755
埼玉	8 600	8 333	8 273	8 425	28	45	8 352	8 181
千葉	6 276	6 045	6 021	6 101	17	9	6 075	5 965
東京	10 324	9 751	9 595	9 851	31	29	9 791	9 495
神奈川	4 039	3 918	3 974	3 985	6	10	3 969	3 907
新潟	3 502	3 452	3 428	3 452	－	－	3 452	3 428
富山	1 666	1 649	1 678	1 661	3	1	1 657	1 666
石川	2 009	1 955	2 019	1 966	3	2	1 961	2 008
福井	1 852	1 824	1 852	1 832	4	－	1 828	1 844
山梨	2 525	2 519	2 531	2 530	4	5	2 521	2 520
長野	4 399	4 380	4 397	4 399	5	4	4 390	4 378
岐阜	3 625	3 584	3 615	3 620	6	11	3 603	3 579
静岡	4 381	4 283	4 314	4 322	10	2	4 310	4 275
愛知	5 802	5 692	5 827	5 753	6	－	5 747	5 766
三重	4 197	4 079	4 120	4 118	5	－	4 113	4 081
滋賀	2 677	2 571	2 602	2 582	2	－	2 580	2 591
京都	2 846	2 776	2 828	2 789	4	2	2 783	2 815
大阪	5 856	5 642	5 608	5 723	17	22	5 684	5 527
兵庫	5 205	5 081	5 057	5 165	13	6	5 146	4 973
奈良	2 274	2 226	2 258	2 251	10	5	2 236	2 233
和歌山	1 966	1 954	1 953	1 965	6	－	1 959	1 942
鳥取	1 688	1 661	1 647	1 674	5	4	1 665	1 634
島根	2 272	2 256	2 262	2 269	8	1	2 260	2 249
岡山	2 351	2 349	2 356	2 368	15	3	2 350	2 337
広島	2 539	2 493	2 516	2 524	5	3	2 516	2 485
山口	3 072	3 048	3 047	3 070	7	9	3 054	3 025
徳島	2 018	1 997	2 025	2 013	7	1	2 005	2 009
香川	1 341	1 328	1 349	1 343	2	6	1 335	1 334
愛媛	2 647	2 642	2 676	2 674	6	2	2 666	2 644
高知	1 732	1 702	1 690	1 718	6	－	1 712	1 674
福岡	4 532	4 308	4 451	4 378	6	26	4 346	4 381
佐賀	2 130	2 105	2 128	2 121	5	9	2 107	2 112
長崎	2 016	1 985	1 991	2 005	10	6	1 989	1 971
熊本	2 777	2 711	2 744	2 737	6	3	2 728	2 718
大分	2 085	2 077	2 090	2 104	5	8	2 091	2 063
宮崎	1 871	1 827	1 839	1 851	2	4	1 845	1 815
鹿児島	3 138	3 124	3 117	3 165	－	2	3 163	3 076
沖縄	1 940	1 710	1 652	1 740	6	5	1 729	1 622

注：本表は年度分報告である。なお「推薦数」「解嘱事由報告数」の八戸市については、平成29年１月に中核市になったため、１月～３月の数値である。

都道府県－指定都市－中核市×異動状況別

平成28年度

都道府県 指定都市 中核市	定数	前年度末 現在数	推薦数	解嘱事由報告数				年度末 現在数
				総数	死亡	傷病	その他	
指定都市(別掲)								
札幌市	2 955	2 840	2 871	2 898	8	10	2 880	2 813
仙台市	1 603	1 529	1 547	1 547	2	4	1 541	1 529
さいたま市	1 426	1 350	1 371	1 360	3	12	1 345	1 361
千葉市	1 502	1 459	1 462	1 472	8	6	1 458	1 449
横浜市	4 681	4 495	4 448	4 543	6	12	4 525	4 400
川崎市	1 724	1 509	1 534	1 526	2	2	1 522	1 517
相模原市	930	897	910	909	2	2	905	898
新潟市	1 375	1 347	1 374	1 366	4	2	1 360	1 355
静岡市	1 189	1 167	1 166	1 176	5	5	1 166	1 157
浜松市	1 335	1 306	1 311	1 315	1	5	1 309	1 302
名古屋市	4 395	4 226	4 326	4 320	7	30	4 283	4 232
京都市	2 728	2 713	2 743	2 730	10	1	2 719	2 726
大阪市	4 235	4 019	4 066	4 062	14	12	4 036	4 023
堺市	1 159	1 096	1 117	1 108	2	2	1 104	1 105
神戸市	2 575	2 449	2 440	2 463	3	17	2 443	2 426
岡山市	1 229	1 188	1 210	1 198	6	1	1 191	1 200
広島市	1 971	1 895	1 918	1 929	3	45	1 881	1 884
北九州市	1 582	1 551	1 536	1 553	1	1	1 551	1 534
福岡市	2 496	2 374	2 420	2 410	5	5	2 400	2 384
熊本市	1 452	1 364	1 352	1 388	1	－	1 387	1 328
中核市(別掲)								
旭川市	779	765	782	773	2	－	771	774
函館市	710	707	712	715	2	4	709	704
青森市	658	628	628	643	3	4	636	613
八戸市	509	…	29	5	－	3	2	488
盛岡市	591	571	592	577	1	－	576	586
秋田市	714	699	702	713	4	4	705	688
郡山市	623	618	616	620	2	－	618	614
いわき市	671	653	667	661	4	－	657	659
宇都宮市	816	797	807	801	2	2	797	803
前橋市	672	663	621	619	－	－	619	665
高崎市	706	696	711	709	1	－	708	698
川越市	506	486	488	496	－	4	492	478
越谷市	443	422	406	423	－	－	423	405
船橋市	780	737	754	738	3	4	731	753
柏市	564	531	496	496	－	3	493	531
八王子市	452	445	455	459	1	2	456	441
横須賀市	584	560	553	571	1	－	570	542
富山市	880	872	889	884	－	1	883	877
金沢市	1 105	1 075	1 113	1 088	1	1	1 086	1 100
長野市	875	862	877	871	2	7	862	868
岐阜市	894	878	887	882	1	1	880	883
豊橋市	548	535	545	535	－	－	535	545
豊田市	597	566	592	571	－	－	571	587
岡崎市	563	534	561	539	－	－	539	556
大津市	654	635	655	636	2	1	633	654
高槻市	541	485	504	507	2	－	505	482
東大阪市	826	810	802	815	2	－	813	797
豊中市	600	554	563	559	3	2	554	558
枚方市	540	502	494	511	2	2	507	485
姫路市	924	901	916	905	4	－	901	912
西宮市	729	679	650	690	3	－	687	639
尼崎市	857	825	816	840	5	2	833	801
奈良市	771	757	759	765	4	－	761	751
和歌山市	731	724	720	728	3	－	725	716
倉敷市	790	760	782	766	2	－	764	776
福山市	887	881	884	885	2	－	883	880
呉市	633	620	144	152	3	－	149	612
下関市	693	683	684	686	－	1	685	681
高松市	873	840	859	849	5	8	836	850
松山市	999	987	1 000	993	4	1	988	994
高知市	745	712	713	719	1	－	718	706
久留米市	575	566	569	578	1	5	572	557
長崎市	1 012	968	974	977	3	1	973	965
佐世保市	629	618	619	625	－	5	620	612
大分市	865	835	771	763	2	5	756	843
宮崎市	743	727	719	732	1	－	731	714
鹿児島市	1 060	1 030	1 066	1 055	4	3	1 048	1 041
那覇市	459	402	418	430	－	4	426	390

（報告表　39）

第１表（６－２）民生委員（児童委員）数，委員の種類、性×

民生委員（男）

都道府県 指定都市 中核市	定数	前年度末 現在数	推薦数	解嘱事由報告数 総数	死亡	傷病	その他	年度末 現在数
全国	·	**91 478**	**91 113**	**92 318**	**395**	**273**	**91 650**	**90 273**
北海道	·	3 957	3 899	3 993	25	16	3 952	3 863
青森	·	1 094	1 062	1 110	7	8	1 095	870
岩手	·	1 351	1 355	1 367	9	13	1 345	1 339
宮城	·	1 015	990	1 024	5	3	1 016	981
秋田	·	1 207	1 191	1 191	5	2	1 184	1 207
山形	·	1 357	1 345	1 367	5	－	1 362	1 335
福島	·	1 590	1 582	1 601	3	1	1 597	1 571
茨城	·	2 589	2 613	2 610	17	3	2 590	2 592
栃木	·	1 190	1 203	1 203	5	－	1 198	1 190
群馬	·	913	930	922	1	7	914	921
埼玉	·	2 673	2 720	2 704	18	17	2 669	2 689
千葉	·	2 639	2 654	2 658	11	5	2 642	2 635
東京	·	2 421	2 375	2 465	14	8	2 443	2 331
神奈川	·	1 207	1 243	1 232	4	3	1 225	1 218
新潟	·	1 751	1 644	1 751	－	－	1 751	1 644
富山	·	800	807	806	3	1	802	801
石川	·	845	873	853	3	1	849	865
福井	·	825	830	830	4	－	826	825
山梨	·	1 016	1 061	1 021	3	2	1 016	1 056
長野	·	1 872	1 831	1 885	4	1	1 880	1 818
岐阜	·	1 638	1 637	1 655	3	7	1 645	1 620
静岡	·	2 066	2 086	2 088	9	2	2 077	2 064
愛知	·	2 472	2 480	2 496	5	－	2 491	2 456
三重	·	1 656	1 670	1 678	5	－	1 673	1 648
滋賀	·	1 440	1 439	1 447	2	－	1 445	1 432
京都	·	1 074	1 135	1 081	2	－	1 079	1 128
大阪	·	2 023	1 959	2 055	13	12	2 030	1 927
兵庫	·	2 092	2 083	2 131	11	1	2 119	2 044
奈良	·	1 004	1 001	1 016	7	2	1 007	989
和歌山	·	941	927	944	4	－	940	924
鳥取	·	880	864	887	3	2	882	857
島根	·	1 217	1 227	1 227	7	1	1 219	1 217
岡山	·	1 110	1 120	1 122	12	3	1 107	1 108
広島	·	1 114	1 138	1 126	3	1	1 122	1 126
山口	·	1 448	1 449	1 460	6	4	1 450	1 437
徳島	·	1 023	1 044	1 036	6	－	1 030	1 031
香川	·	717	701	725	2	3	720	693
愛媛	·	1 220	1 219	1 234	4	－	1 230	1 205
高知	·	788	778	797	4	－	793	769
福岡	·	1 941	1 938	1 981	4	21	1 956	1 898
佐賀	·	887	887	893	2	4	887	881
長崎	·	985	977	994	8	3	983	968
熊本	·	1 227	1 214	1 242	4	1	1 237	1 199
大分	·	892	911	908	4	5	899	895
宮崎	·	870	872	882	2	4	876	860
鹿児島	·	1 315	1 320	1 333	－	2	1 331	1 302
沖縄	·	519	497	530	5	1	524	486

注：本表は年度分報告である。なお「推薦数」「解嘱事由報告数」の八戸市については、平成29年１月に中核市になったため、１月～３月の数値である。

都道府県-指定都市-中核市×異動状況別

平成28年度

都道府県 指定都市 中核市	定数	前年度末 現在数	推薦数	解嘱事由報告数				年度末 現在数
				総数	死亡	傷病	その他	
指定都市(別掲)								
札幌市	・	1 027	1 009	1 040	3	5	1 032	996
仙台市	・	473	456	477	2	-	475	452
さいたま市	・	387	421	392	-	7	385	416
千葉市	・	371	360	376	4	2	370	355
横浜市	・	1 097	1 050	1 113	3	5	1 105	1 034
川崎市	・	527	545	533	1	-	532	539
相模原市	・	340	328	344	2	1	341	324
新潟市	・	514	508	522	3	2	517	500
静岡市	・	509	506	514	4	4	506	501
浜松市	・	561	553	567	1	4	562	547
名古屋市	・	828	853	847	4	10	833	834
京都市	・	802	787	809	7	-	802	780
大阪市	・	1 595	1 590	1 612	10	4	1 598	1 573
堺市	・	425	447	429	1	1	427	443
神戸市	・	597	576	599	2	3	594	574
岡山市	・	501	520	506	3	-	503	515
広島市	・	640	624	650	3	22	625	614
北九州市	・	557	506	557	1	1	555	506
福岡市	・	395	374	398	2	1	395	371
熊本市	・	345	313	348	-	-	348	310
中核市(別掲)								
旭川市	・	389	383	392	1	-	391	380
函館市	・	241	243	243	1	1	241	241
青森市	・	221	215	226	2	1	223	210
八戸市	・	…	15	4	-	3	1	187
盛岡市	・	167	191	172	1	-	171	186
秋田市	・	318	319	324	4	2	318	313
郡山市	・	263	255	264	1	-	263	254
いわき市	・	277	297	284	3	-	281	290
宇都宮市	・	268	263	273	2	1	270	258
前橋市	・	197	183	191	-	-	191	189
高崎市	・	168	158	169	-	-	169	157
川越市	・	123	123	126	-	1	125	120
越谷市	・	142	148	142	-	-	142	148
船橋市	・	220	226	221	1	1	219	225
柏市	・	149	162	153	-	-	153	158
八王子市	・	152	149	155	1	-	154	146
横須賀市	・	175	172	179	1	-	178	168
富山市	・	443	448	451	-	-	451	440
金沢市	・	408	415	414	1	-	413	409
長野市	・	325	315	329	2	4	323	311
岐阜市	・	360	359	360	1	-	359	359
豊橋市	・	194	195	194	-	-	194	195
豊田市	・	255	252	258	-	-	258	249
岡崎市	・	173	181	175	-	-	175	179
大津市	・	305	326	306	1	-	305	325
高槻市	・	178	175	186	2	-	184	167
東大阪市	・	366	356	368	1	-	367	354
豊中市	・	113	113	116	3	1	112	110
枚方市	・	126	130	129	-	2	127	127
姫路市	・	323	326	324	3	-	321	325
西宮市	・	124	118	129	2	-	127	113
尼崎市	・	226	209	230	2	1	227	205
奈良市	・	312	311	316	2	-	314	307
和歌山市	・	305	309	305	-	-	305	309
倉敷市	・	391	386	395	2	-	393	382
福山市	・	406	414	407	2	-	405	413
呉市	・	183	51	40	1	-	39	194
下関市	・	249	251	252	-	-	252	248
高松市	・	358	363	364	4	5	355	357
松山市	・	330	322	334	1	-	333	318
高知市	・	300	291	303	1	-	302	288
久留米市	・	218	227	221	-	2	219	224
長崎市	・	394	383	398	2	-	396	379
佐世保市	・	302	287	303	-	3	300	286
大分市	・	219	207	215	1	2	212	211
宮崎市	・	326	330	328	-	-	328	328
鹿児島市	・	334	348	346	4	-	342	336
那覇市	・	100	106	110	-	1	109	96

(報告表 39)

第１表（６－３）民生委員（児童委員）数，委員の種類、性×

民生委員（女）

都道府県 指定都市 中核市	定数	前年度末 現在数	推薦数	解嘱事由報告数				年度末 現在数
				総数	死亡	傷病	その他	
全国	·	**140 166**	**141 359**	**141 060**	**179**	**324**	**140 557**	**140 466**
北海道	·	4 361	4 464	4 405	8	14	4 383	4 420
青森	·	1 602	1 617	1 635	3	11	1 621	1 297
岩手	·	1 770	1 781	1 781	－	3	1 778	1 770
宮城	·	1 903	1 957	1 917	2	4	1 911	1 943
秋田	·	1 435	1 430	1 419	1	－	1 418	1 446
山形	·	1 512	1 536	1 527	1	－	1 526	1 521
福島	·	1 888	1 912	1 896	3	3	1 890	1 904
茨城	·	2 624	2 649	2 638	6	4	2 628	2 635
栃木	·	1 862	1 895	1 877	4	－	1 873	1 880
群馬	·	1 812	1 845	1 823	2	6	1 815	1 834
埼玉	·	5 660	5 553	5 721	10	28	5 683	5 492
千葉	·	3 406	3 367	3 443	6	4	3 433	3 330
東京	·	7 330	7 220	7 386	17	21	7 348	7 164
神奈川	·	2 711	2 731	2 753	2	7	2 744	2 689
新潟	·	1 701	1 784	1 701	－	－	1 701	1 784
富山	·	849	871	855	－	－	855	865
石川	·	1 110	1 146	1 113	－	1	1 112	1 143
福井	·	999	1 022	1 002	－	－	1 002	1 019
山梨	·	1 503	1 470	1 509	1	3	1 505	1 464
長野	·	2 508	2 566	2 514	1	3	2 510	2 560
岐阜	·	1 946	1 978	1 965	3	4	1 958	1 959
静岡	·	2 217	2 228	2 234	1	－	2 233	2 211
愛知	·	3 220	3 347	3 257	1	－	3 256	3 310
三重	·	2 423	2 450	2 440	－	－	2 440	2 433
滋賀	·	1 131	1 163	1 135	－	－	1 135	1 159
京都	·	1 702	1 693	1 708	2	2	1 704	1 687
大阪	·	3 619	3 649	3 668	4	10	3 654	3 600
兵庫	·	2 989	2 974	3 034	2	5	3 027	2 929
奈良	·	1 222	1 257	1 235	3	3	1 229	1 244
和歌山	·	1 013	1 026	1 021	2	－	1 019	1 018
鳥取	·	781	783	787	2	2	783	777
島根	·	1 039	1 035	1 042	1	－	1 041	1 032
岡山	·	1 239	1 236	1 246	3	－	1 243	1 229
広島	·	1 379	1 378	1 398	2	2	1 394	1 359
山口	·	1 600	1 598	1 610	1	5	1 604	1 588
徳島	·	974	981	977	1	1	975	978
香川	·	611	648	618	－	3	615	641
愛媛	·	1 422	1 457	1 440	2	2	1 436	1 439
高知	·	914	912	921	2	－	919	905
福岡	·	2 367	2 513	2 397	2	5	2 390	2 483
佐賀	·	1 218	1 241	1 228	3	5	1 220	1 231
長崎	·	1 000	1 014	1 011	2	3	1 006	1 003
熊本	·	1 484	1 530	1 495	2	2	1 491	1 519
大分	·	1 185	1 179	1 196	1	3	1 192	1 168
宮崎	·	957	967	969	－	－	969	955
鹿児島	·	1 809	1 797	1 832	－	－	1 832	1 774
沖縄	·	1 191	1 155	1 210	1	4	1 205	1 136

注：本表は年度分報告である。なお「推薦数」「解嘱事由報告数」の八戸市については、平成29年１月に中核市になったため、１月～３月の数値である。

都道府県-指定都市-中核市×異動状況別

平成28年度

都道府県 指定都市 中核市	定数	前年度末 現在数	推薦数	解嘱事由報告数				年度末 現在数
				総数	死亡	傷病	その他	
指定都市(別掲)								
札　幌　市	・	1 813	1 862	1 858	5	5	1 848	1 817
仙　台　市	・	1 056	1 091	1 070	-	4	1 066	1 077
さいたま市	・	963	950	968	3	5	960	945
千　葉　市	・	1 088	1 102	1 096	4	4	1 088	1 094
横　浜　市	・	3 398	3 398	3 430	3	7	3 420	3 366
川　崎　市	・	982	989	993	1	2	990	978
相模原市	・	557	582	565	-	1	564	574
新　潟　市	・	833	866	844	1	-	843	855
静　岡　市	・	658	660	662	1	1	660	656
浜　松　市	・	745	758	748	-	1	747	755
名古屋市	・	3 398	3 473	3 473	3	20	3 450	3 398
京　都　市	・	1 911	1 956	1 921	3	1	1 917	1 946
大　阪　市	・	2 424	2 476	2 450	4	8	2 438	2 450
堺　　市	・	671	670	679	1	1	677	662
神　戸　市	・	1 852	1 864	1 864	1	14	1 849	1 852
岡　山　市	・	687	690	692	3	1	688	685
広　島　市	・	1 255	1 294	1 279	-	23	1 256	1 270
北九州市	・	994	1 030	996	-	-	996	1 028
福　岡　市	・	1 979	2 046	2 012	3	4	2 005	2 013
熊　本　市	・	1 019	1 039	1 040	1	-	1 039	1 018
中核市(別掲)								
旭　川　市	・	376	399	381	1	-	380	394
函　館　市	・	466	469	472	1	3	468	463
青　森　市	・	407	413	417	1	3	413	403
八　戸　市	・	…	14	1	-	-	1	301
盛　岡　市	・	404	401	405	-	-	405	400
秋　田　市	・	381	383	389	-	2	387	375
郡　山　市	・	355	361	356	1	-	355	360
いわき市	・	376	370	377	1	-	376	369
宇都宮市	・	529	544	528	-	1	527	545
前　橋　市	・	466	438	428	-	-	428	476
高　崎　市	・	528	553	540	1	-	539	541
川　越　市	・	363	365	370	-	3	367	358
越　谷　市	・	280	258	281	-	-	281	257
船　橋　市	・	517	528	517	2	3	512	528
柏　　市	・	382	334	343	-	3	340	373
八王子市	・	293	306	304	-	2	302	295
横須賀市	・	385	381	392	-	-	392	374
富　山　市	・	429	441	433	-	1	432	437
金　沢　市	・	667	698	674	-	1	673	691
長　野　市	・	537	562	542	-	3	539	557
岐　阜　市	・	518	528	522	-	1	521	524
豊　橋　市	・	341	350	341	-	-	341	350
豊　田　市	・	311	340	313	-	-	313	338
岡　崎　市	・	361	380	364	-	-	364	377
大　津　市	・	330	329	330	1	1	328	329
高　槻　市	・	307	329	321	-	-	321	315
東大阪市	・	444	446	447	1	-	446	443
豊　中　市	・	441	450	443	-	1	442	448
枚　方　市	・	376	364	382	2	-	380	358
姫　路　市	・	578	590	581	1	-	580	587
西　宮　市	・	555	532	561	1	-	560	526
尼　崎　市	・	599	607	610	3	1	606	596
奈　良　市	・	445	448	449	2	-	447	444
和歌山市	・	419	411	423	3	-	420	407
倉　敷　市	・	369	396	371	-	-	371	394
福　山　市	・	475	470	478	-	-	478	467
呉　　市	・	437	93	112	2	-	110	418
下　関　市	・	434	433	434	-	1	433	433
高　松　市	・	482	496	485	1	3	481	493
松　山　市	・	657	678	659	3	1	655	676
高　知　市	・	412	422	416	-	-	416	418
久留米市	・	348	342	357	1	3	353	333
長　崎　市	・	574	591	579	1	1	577	586
佐世保市	・	316	332	322	-	2	320	326
大　分　市	・	616	564	548	1	3	544	632
宮　崎　市	・	401	389	404	1	-	403	386
鹿児島市	・	696	718	709	-	3	706	705
那　覇　市	・	302	312	320	-	3	317	294

(報告表 39)

第1表（6－4）民生委員（児童委員）数，委員の種類、性×

主任児童委員（再掲）（総数）

都道府県 指定都市 中核市	定数	前年度末 現在数	推薦数	解嘱事由報告数				年度末 現在数
				総数	死亡	傷病	その他	
全国	**21 897**	**21 445**	**21 545**	**21 627**	**21**	**28**	**21 578**	**21 363**
北海道	757	745	753	753	1	1	751	745
青森	185	224	225	229	2	3	224	181
岩手	299	299	299	299	−	−	299	299
宮城	240	238	230	238	−	−	238	230
秋田	247	245	245	244	−	−	244	246
山形	278	273	274	275	−	−	275	272
福島	334	333	332	336	1	−	335	329
茨城	324	323	322	323	1	−	322	322
栃木	300	297	300	300	−	−	300	297
群馬	249	245	249	246	−	1	245	248
埼玉	641	626	610	634	1	1	632	602
千葉	581	575	566	580	−	−	580	561
東京	780	748	744	753	2	−	751	739
神奈川	361	348	357	356	−	−	356	349
新潟	307	305	303	305	−	−	305	303
富山	173	171	173	171	−	−	171	173
石川	204	207	204	207	−	−	207	204
福井	134	134	135	135	−	−	135	134
山梨	248	248	248	248	−	−	248	248
長野	381	379	381	381	−	−	381	379
岐阜	407	405	404	408	1	1	406	401
静岡	345	333	337	339	−	−	339	331
愛知	510	503	514	508	−	−	508	509
三重	343	332	338	332	−	−	332	338
滋賀	238	225	235	227	−	−	227	233
京都	250	249	250	250	−	−	250	249
大阪	439	436	426	439	1	1	437	423
兵庫	295	290	289	296	−	−	296	283
奈良	216	214	215	216	2	1	213	213
和歌山	151	151	151	151	1	−	150	151
鳥取	212	207	207	209	−	1	208	205
島根	265	265	263	266	1	−	265	262
岡山	277	282	279	284	2	−	282	277
広島	203	201	203	203	−	−	203	201
山口	323	322	322	324	−	−	324	320
徳島	183	181	183	181	−	−	181	183
香川	148	146	148	146	−	−	146	148
愛媛	296	295	300	299	−	−	299	296
高知	130	129	126	130	−	−	130	125
福岡	429	407	426	411	−	1	410	422
佐賀	211	211	211	212	−	1	211	210
長崎	194	197	191	199	−	−	199	189
熊本	228	227	225	227	−	−	227	225
大分	214	212	214	213	1	−	212	213
宮崎	174	172	175	174	−	1	173	173
鹿児島	206	205	207	208	−	−	208	204
沖縄	150	143	143	146	1	1	144	140

注：本表は年度分報告である。なお「推薦数」「解嘱事由報告数」の八戸市については、平成29年１月に中核市になったため、１月～３月の数値である。

都道府県－指定都市－中核市×異動状況別

平成28年度

都道府県 指定都市 中核市	定数	前年度末現在数	推薦数	解嘱事由報告数				年度末現在数
				総数	死亡	傷病	その他	
指定都市(別掲)								
札幌市	200	187	198	193	－	1	192	192
仙台市	136	123	127	126	－	－	126	124
さいたま市	103	103	96	103	－	－	103	96
千葉市	154	149	147	152	－	1	151	144
横浜市	525	504	499	510	－	2	508	493
川崎市	114	108	110	111	－	－	111	107
相模原市	54	54	53	54	－	－	54	53
新潟市	151	147	157	155	－	－	155	149
静岡市	122	122	123	123	－	－	123	122
浜松市	109	106	108	107	－	－	107	107
名古屋市	576	564	574	576	－	1	575	562
京都市	405	404	407	406	－	－	406	405
大阪市	636	611	620	620	1	3	616	611
堺市	93	88	94	91	－	－	91	91
神戸市	347	331	331	335	－	－	335	327
岡山市	152	148	150	151	1	－	150	147
広島市	202	192	199	201	－	2	199	190
北九州市	266	262	261	264	－	－	264	259
福岡市	196	189	197	192	－	－	192	194
熊本市	153	140	145	141	－	－	141	144
中核市(別掲)								
旭川市	67	65	69	67	－	－	67	67
函館市	60	58	60	59	－	1	58	59
青森市	68	59	60	63	－	－	63	56
八戸市	43	…	2	－	－	－	－	41
盛岡市	56	56	56	56	－	－	56	56
秋田市	76	75	75	77	－	－	77	73
郡山市	70	67	68	67	－	－	67	68
いわき市	70	70	68	70	－	－	70	68
宇都宮市	80	78	75	73	－	1	72	80
前橋市	50	50	51	51	－	－	51	50
高崎市	70	70	72	73	－	－	73	69
川越市	47	47	41	47	－	－	47	41
越谷市	31	29	31	29	－	－	29	31
船橋市	54	50	50	47	－	－	47	53
柏市	44	43	43	43	－	－	43	43
八王子市	43	41	46	45	－	－	45	42
横須賀市	39	37	36	37	－	－	37	36
富山市	98	96	102	100	－	1	99	98
金沢市	111	111	111	111	－	－	111	111
長野市	79	77	80	78	－	－	78	79
岐阜市	100	99	98	99	－	－	99	98
豊橋市	82	79	81	79	－	－	79	81
豊田市	61	54	60	54	－	－	54	60
岡崎市	74	73	75	74	－	－	74	74
大津市	64	63	64	63	－	－	63	64
高槻市	41	37	37	38	－	－	38	36
東大阪市	54	52	50	52	－	－	52	50
豊中市	41	41	40	41	－	－	41	40
枚方市	45	40	43	42	－	－	42	41
姫路市	62	59	63	60	－	－	60	62
西宮市	42	41	37	41	－	－	41	37
尼崎市	24	24	23	24	－	－	24	23
奈良市	92	90	89	90	－	－	90	89
和歌山市	82	82	82	82	－	－	82	82
倉敷市	98	88	98	88	－	－	88	98
福山市	69	68	70	69	－	－	69	69
呉市	52	50	12	11	－	－	11	51
下関市	54	53	54	53	－	－	53	54
高松市	87	85	85	85	－	－	85	85
松山市	86	86	87	87	－	1	86	86
高知市	56	55	58	57	－	－	57	56
久留米市	84	83	82	87	1	－	86	78
長崎市	92	91	89	91	－	－	91	89
佐世保市	68	68	68	68	－	－	68	68
大分市	91	90	87	90	－	－	90	87
宮崎市	54	54	51	54	－	－	54	51
鹿児島市	100	96	104	100	－	－	100	100
那覇市	32	30	34	33	－	－	33	31

(報告表 39)

民生委員・社会福祉事業
1表

第1表（6－5）民生委員（児童委員）数，委員の種類、性×主任児童委員（再掲）（男）

都道府県 指定都市 中核市	定数	前年度末 現在数	推薦数	解嘱事由報告数				年度末 現在数
				総数	死亡	傷病	その他	
全　　　　国	・	3 152	3 004	3 164	9	6	3 149	2 992
北　海　道	・	141	129	141	－	1	140	129
青　　森	・	38	39	39	－	1	38	35
岩　　手	・	74	77	74	－	－	74	77
宮　　城	・	47	43	47	－	－	47	43
秋　　田	・	51	47	49	－	－	49	49
山　　形	・	61	60	61	－	－	61	60
福　　島	・	42	37	44	1	－	43	35
茨　　城	・	83	88	83	1	－	82	88
栃　　木	・	43	45	43	－	－	43	45
群　　馬	・	37	36	37	－	－	37	36
埼　　玉	・	48	36	48	1	－	47	36
千　　葉	・	50	50	50	－	－	50	50
東　　京	・	137	135	137	2	－	135	135
神　奈　川	・	15	12	15	－	－	15	12
新　　潟	・	100	97	100	－	－	100	97
富　　山	・	44	51	44	－	－	44	51
石　　川	・	55	54	55	－	－	55	54
福　　井	・	30	31	30	－	－	30	31
山　　梨	・	45	42	45	－	－	45	42
長　　野	・	93	92	94	－	－	94	91
岐　　阜	・	36	36	36	－	－	36	36
静　　岡	・	27	32	28	－	－	28	31
愛　　知	・	36	36	36	－	－	36	36
三　　重	・	39	36	39	－	－	39	36
滋　　賀	・	25	22	25	－	－	25	22
京　　都	・	31	32	31	－	－	31	32
大　　阪	・	79	66	79	1	－	78	66
兵　　庫	・	30	24	30	－	－	30	24
奈　　良	・	51	45	53	1	1	51	43
和　歌　山	・	21	18	21	－	－	21	18
鳥　　取	・	35	33	35	－	－	35	33
島　　根	・	37	32	37	1	－	36	32
岡　　山	・	24	27	24	－	－	24	27
広　　島	・	51	53	52	－	－	52	52
山　　口	・	41	37	43	－	－	43	35
徳　　島	・	29	29	29	－	－	29	29
香　　川	・	23	18	23	－	－	23	18
愛　　媛	・	44	38	46	－	－	46	36
高　　知	・	28	27	29	－	－	29	26
福　　岡	・	91	87	92	－	1	91	86
佐　　賀	・	46	41	46	－	－	46	41
長　　崎	・	49	50	50	－	－	50	49
熊　　本	・	33	28	33	－	－	33	28
大　　分	・	35	34	35	－	－	35	34
宮　　崎	・	54	62	56	－	1	55	60
鹿　児　島	・	72	68	71	－	－	71	69
沖　　縄	・	42	40	43	1	－	42	39

注：本表は年度分報告である。なお「推薦数」「解嘱事由報告数」の八戸市については、平成29年1月に中核市になったため、1月～3月の数値である。

都道府県-指定都市-中核市×異動状況別

平成28年度

都道府県 指定都市 中核市	定数	前年度末現在数	推薦数	解嘱事由報告数				年度末現在数
				総数	死亡	傷病	その他	
指定都市(別掲)								
札　幌　市	・	13	15	13	-	-	13	15
仙　台　市	・	2	4	2	-	-	2	4
さいたま市	・	1	-	1	-	-	1	-
千　葉　市	・	1	1	1	-	-	1	1
横　浜　市	・	36	28	36	-	-	36	28
川　崎　市	・	12	10	12	-	-	12	10
相模原市	・	1	1	1	-	-	1	1
新　潟　市	・	26	21	26	-	-	26	21
静　岡　市	・	6	7	6	-	-	6	7
浜　松　市	・	6	4	6	-	-	6	4
名古屋市	・	11	9	10	-	-	10	10
京　都　市	・	55	48	55	-	-	55	48
大　阪　市	・	103	93	105	-	-	105	91
堺　　　市	・	32	37	33	-	-	33	36
神　戸　市	・	18	17	18	-	-	18	17
岡　山　市	・	9	10	9	-	-	9	10
広　島　市	・	21	18	23	-	1	22	16
北九州市	・	24	13	24	-	-	24	13
福　岡　市	・	14	13	14	-	-	14	13
熊　本　市	・	9	6	8	-	-	8	7
中核市(別掲)								
旭　川　市	・	11	15	13	-	-	13	13
函　館　市	・	13	14	13	-	-	13	14
青　森　市	・	16	13	17	-	-	17	12
八　戸　市	・	…	-	-	-	-	-	3
盛　岡　市	・	4	8	4	-	-	4	8
秋　田　市	・	1	3	1	-	-	1	3
郡　山　市	・	7	5	7	-	-	7	5
いわき市	・	1	2	2	-	-	2	1
宇都宮市	・	16	14	14	-	-	14	16
前　橋　市	・	9	12	9	-	-	9	12
高　崎　市	・	2	2	2	-	-	2	2
川　越　市	・	1	3	1	-	-	1	3
越　谷　市	・	6	8	6	-	-	6	8
船　橋　市	・	4	3	4	-	-	4	3
柏　　　市	・	-	-	-	-	-	-	-
八王子市	・	8	6	9	-	-	9	5
横須賀市	・	2	5	2	-	-	2	5
富　山　市	・	20	22	22	-	-	22	20
金　沢　市	・	21	20	21	-	-	21	20
長　野　市	・	19	14	20	-	-	20	13
岐　阜　市	・	2	3	2	-	-	2	3
豊　橋　市	・	7	7	7	-	-	7	7
豊　田　市	・	1	1	1	-	-	1	1
岡　崎　市	・	1	-	1	-	-	1	-
大　津　市	・	10	10	10	-	-	10	10
高　槻　市	・	4	4	4	-	-	4	4
東大阪市	・	21	18	21	-	-	21	18
豊　中　市	・	4	3	4	-	-	4	3
枚　方　市	・	2	2	2	-	-	2	2
姫　路　市	・	4	4	4	-	-	4	4
西宮市	・	-	-	-	-	-	-	-
尼崎市	・	-	-	-	-	-	-	-
奈　良　市	・	7	8	7	-	-	7	8
和歌山市	・	15	20	15	-	-	15	20
倉　敷　市	・	11	11	11	-	-	11	11
福　山　市	・	21	21	21	-	-	21	21
呉　　　市	・	15	2	3	-	-	3	14
下　関　市	・	12	10	12	-	-	12	10
高　松　市	・	11	12	11	-	-	11	12
松　山　市	・	11	8	11	-	-	11	8
高　知　市	・	8	7	8	-	-	8	7
久留米市	・	10	10	10	-	-	10	10
長　崎　市	・	12	10	12	-	-	12	10
佐世保市	・	19	20	18	-	-	18	21
大　分　市	・	9	7	9	-	-	9	7
宮　崎　市	・	9	9	9	-	-	9	9
鹿児島市	・	14	13	14	-	-	14	13
那　覇　市	・	8	8	9	-	-	9	7

(報告表 39)

民生委員・社会福祉事業
1表

第1表（6－6）民生委員（児童委員）数，委員の種類、性×

主任児童委員（再掲）（女）

都道府県 指定都市 中核市	定数	前年度末 現在数	推薦数	解嘱事由報告数				年度末 現在数
				総数	死亡	傷病	その他	
全　　　国	・	18 293	18 541	18 463	12	22	18 429	18 371
北　海　道	・	604	624	612	1	-	611	616
青　　森	・	186	186	190	2	2	186	146
岩　　手	・	225	222	225	-	-	225	222
宮　　城	・	191	187	191	-	-	191	187
秋　　田	・	194	198	195	-	-	195	197
山　　形	・	212	214	214	-	-	214	212
福　　島	・	291	295	292	-	-	292	294
茨　　城	・	240	234	240	-	-	240	234
栃　　木	・	254	255	257	-	-	257	252
群　　馬	・	208	213	209	-	1	208	212
埼　　玉	・	578	574	586	-	1	585	566
千　　葉	・	525	516	530	-	-	530	511
東　　京	・	611	609	616	-	-	616	604
神　奈　川	・	333	345	341	-	-	341	337
新　　潟	・	205	206	205	-	-	205	206
富　　山	・	127	122	127	-	-	127	122
石　　川	・	152	150	152	-	-	152	150
福　　井	・	104	104	105	-	-	105	103
山　　梨	・	203	206	203	-	-	203	206
長　　野	・	286	289	287	-	-	287	288
岐　　阜	・	369	368	372	1	1	370	365
静　　岡	・	306	305	311	-	-	311	300
愛　　知	・	467	478	472	-	-	472	473
三　　重	・	293	302	293	-	-	293	302
滋　　賀	・	200	213	202	-	-	202	211
京　　都	・	218	218	219	-	-	219	217
大　　阪	・	357	360	360	-	1	359	357
兵　　庫	・	260	265	266	-	-	266	259
奈　　良	・	163	170	163	1	-	162	170
和　歌　山	・	130	133	130	1	-	129	133
鳥　　取	・	172	174	174	-	1	173	172
島　　根	・	228	231	229	-	-	229	230
岡　　山	・	258	252	260	2	-	258	250
広　　島	・	150	150	151	-	-	151	149
山　　口	・	281	285	281	-	-	281	285
徳　　島	・	152	154	152	-	-	152	154
香　　川	・	123	130	123	-	-	123	130
愛　　媛	・	251	262	253	-	-	253	260
高　　知	・	101	99	101	-	-	101	99
福　　岡	・	316	339	319	-	-	319	336
佐　　賀	・	165	170	166	-	1	165	169
長　　崎	・	148	141	149	-	-	149	140
熊　　本	・	194	197	194	-	-	194	197
大　　分	・	177	180	178	1	-	177	179
宮　　崎	・	118	113	118	-	-	118	113
鹿　児　島	・	133	139	137	-	-	137	135
沖　　縄	・	101	103	103	-	1	102	101

注：本表は年度分報告である。なお「推薦数」「解嘱事由報告数」の八戸市については、平成29年1月に中核市になったため、1月～3月の数値である。

都道府県－指定都市－中核市×異動状況別

平成28年度

都道府県 指定都市 中核市	定数	前年度末 現在数	推薦数	解嘱事由報告数				年度末 現在数
				総数	死亡	傷病	その他	
指定都市(別掲)								
札幌市	・	174	183	180	－	1	179	177
仙台市	・	121	123	124	－	－	124	120
さいたま市	・	102	96	102	－	－	102	96
千葉市	・	148	146	151	－	1	150	143
横浜市	・	468	471	474	－	2	472	465
川崎市	・	96	100	99	－	－	99	97
相模原市	・	53	52	53	－	－	53	52
新潟市	・	121	136	129	－	－	129	128
静岡市	・	116	116	117	－	－	117	115
浜松市	・	100	104	101	－	－	101	103
名古屋市	・	553	565	566	－	1	565	552
京都市	・	349	359	351	－	－	351	357
大阪市	・	508	527	515	1	3	511	520
堺市	・	56	57	58	－	－	58	55
神戸市	・	313	314	317	－	－	317	310
岡山市	・	139	140	142	1	－	141	137
広島市	・	171	181	178	－	1	177	174
北九州市	・	238	248	240	－	－	240	246
福岡市	・	175	184	178	－	－	178	181
熊本市	・	131	139	133	－	－	133	137
中核市(別掲)								
旭川市	・	54	54	54	－	－	54	54
函館市	・	45	46	46	－	1	45	45
青森市	・	43	47	46	－	－	46	44
八戸市	・	…	2	－	－	－	－	38
盛岡市	・	52	48	52	－	－	52	48
秋田市	・	74	72	76	－	－	76	70
郡山市	・	60	63	60	－	－	60	63
いわき市	・	69	66	68	－	－	68	67
宇都宮市	・	62	61	59	－	1	58	64
前橋市	・	41	39	42	－	－	42	38
高崎市	・	68	70	71	－	－	71	67
川越市	・	46	38	46	－	－	46	38
越谷市	・	23	23	23	－	－	23	23
船橋市	・	46	47	43	－	－	43	50
柏市	・	43	43	43	－	－	43	43
八王子市	・	33	40	36	－	－	36	37
横須賀市	・	35	31	35	－	－	35	31
富山市	・	76	80	78	－	1	77	78
金沢市	・	90	91	90	－	－	90	91
長野市	・	58	66	58	－	－	58	66
岐阜市	・	97	95	97	－	－	97	95
豊橋市	・	72	74	72	－	－	72	74
豊田市	・	53	59	53	－	－	53	59
岡崎市	・	72	75	73	－	－	73	74
大津市	・	53	54	53	－	－	53	54
高槻市	・	33	33	34	－	－	34	32
東大阪市	・	31	32	31	－	－	31	32
豊中市	・	37	37	37	－	－	37	37
枚方市	・	38	41	40	－	－	40	39
姫路市	・	55	59	56	－	－	56	58
西宮市	・	41	37	41	－	－	41	37
尼崎市	・	24	23	24	－	－	24	23
奈良市	・	83	81	83	－	－	83	81
和歌山市	・	67	62	67	－	－	67	62
倉敷市	・	77	87	77	－	－	77	87
福山市	・	47	49	48	－	－	48	48
呉市	・	35	10	8	－	－	8	37
下関市	・	41	44	41	－	－	41	44
高松市	・	74	73	74	－	－	74	73
松山市	・	75	79	76	－	1	75	78
高知市	・	47	51	49	－	－	49	49
久留米市	・	73	72	77	1	－	76	68
長崎市	・	79	79	79	－	－	79	79
佐世保市	・	49	48	50	－	－	50	47
大分市	・	81	80	81	－	－	81	80
宮崎市	・	45	42	45	－	－	45	42
鹿児島市	・	82	91	86	－	－	86	87
那覇市	・	22	26	24	－	－	24	24

(報告表 39)

第2表（10－1）民生委員（児童委員）の相談・支援件数，

民生委員

都道府県 指定都市 中核市	内容別相談・支援件数							
	総数	在宅福祉	介護保険	健康・ 保健医療	子育て・ 母子保健	子どもの 地域生活	子どもの教育・ 学校生活	生活費
全国	**6 051 342**	**471 748**	**174 703**	**416 981**	**199 398**	**542 558**	**355 511**	**168 435**
北海道	195 537	13 211	5 273	15 711	4 221	14 977	6 945	7 762
青森	60 912	3 494	1 294	3 006	1 427	5 882	3 754	1 980
岩手	95 113	7 131	2 799	5 298	2 074	8 691	4 324	2 366
宮城	66 198	5 541	2 343	3 976	1 112	2 792	3 110	2 111
秋田	62 556	5 158	1 324	2 333	923	4 479	3 015	1 259
山形	100 692	12 111	3 117	6 739	2 181	7 075	4 296	2 626
福島	68 800	4 760	2 001	3 637	1 522	3 958	2 405	1 911
茨城	136 702	10 594	3 554	10 729	3 283	8 913	7 377	4 192
栃木	57 340	7 047	1 790	3 722	959	3 590	2 606	2 187
群馬	43 104	5 656	1 945	2 298	907	1 802	2 671	1 588
埼玉	149 928	9 501	5 433	11 544	3 998	10 720	8 157	3 790
千葉	124 564	9 537	3 564	12 612	3 037	6 985	6 178	4 617
東京	158 799	11 413	6 649	10 781	6 364	10 005	12 943	4 523
神奈川	64 258	5 946	2 572	4 902	2 568	3 446	2 849	1 462
新潟	103 111	9 388	2 612	8 882	1 504	6 218	4 858	4 004
富山	48 031	4 992	1 264	2 291	906	4 091	1 377	907
石川	33 392	1 789	731	1 160	744	2 930	1 774	834
福井	44 383	4 964	989	2 161	891	4 295	2 396	853
山梨	66 397	6 720	2 142	4 170	1 434	4 562	3 075	1 748
長野	108 495	9 311	2 713	5 791	4 681	8 541	5 986	2 014
岐阜	75 637	7 380	2 112	2 727	1 851	5 522	4 578	2 113
静岡	78 824	7 656	2 381	4 217	1 676	5 576	4 344	3 460
愛知	104 706	7 657	2 576	4 600	4 058	8 574	6 151	5 325
三重	96 201	6 979	2 999	3 986	3 395	12 502	6 417	3 020
滋賀	95 189	4 769	2 046	4 674	3 640	11 081	6 909	3 665
京都	62 160	6 744	1 673	2 562	2 570	6 843	3 918	2 328
大阪	99 715	5 947	2 351	4 266	3 775	11 811	6 377	2 703
兵庫	132 490	12 608	3 919	5 211	4 536	13 277	6 533	3 121
奈良	66 131	4 491	1 721	2 966	1 425	9 013	2 808	3 977
和歌山	50 027	3 050	1 971	2 123	3 927	4 024	3 878	4 081
鳥取	58 633	3 297	1 062	2 634	1 380	9 227	4 709	1 173
島根	65 517	5 556	1 750	3 177	2 396	7 536	4 525	2 101
岡山	79 087	7 015	1 940	2 826	1 448	7 067	6 783	1 125
広島	70 274	7 549	2 874	5 695	1 653	5 842	4 634	1 528
山口	110 205	11 160	2 926	6 029	2 493	11 322	6 287	3 227
徳島	38 739	3 178	944	1 553	1 091	5 003	3 336	1 316
香川	29 309	3 607	946	1 376	859	2 600	2 076	655
愛媛	73 106	5 654	1 816	4 644	2 003	6 917	4 930	1 706
高知	47 480	6 126	733	2 078	1 078	3 677	2 979	1 337
福岡	175 367	11 471	4 847	7 051	4 607	22 064	12 593	5 542
佐賀	76 812	3 973	1 866	3 503	2 242	13 665	5 008	1 637
長崎	87 830	5 496	1 856	6 018	2 101	9 432	6 861	2 038
熊本	74 300	4 286	2 187	3 528	2 216	6 449	5 811	2 071
大分	63 135	4 834	1 298	3 270	1 499	7 916	3 494	1 208
宮崎	72 474	4 195	1 568	4 272	1 465	9 012	5 350	1 908
鹿児島	128 106	10 661	4 430	8 902	2 928	8 159	6 700	2 941
沖縄	52 944	3 306	838	1 780	1 801	7 964	7 060	1 419

注：本表は年度分報告である。なお、八戸市は平成29年１月に中核市になったため、１月～３月の数値である。

相談・支援の種類×都道府県－指定都市－中核市×委員の種類別

平成28年度

内容別相談・支援件数						
年金・保険	仕事	家族関係	住居	生活環境	日常的な支援	その他
37 783	**46 497**	**177 707**	**95 934**	**270 591**	**1 563 281**	**1 530 215**
2 884	2 544	6 313	3 825	10 733	48 590	52 548
605	927	1 920	999	2 958	14 238	18 428
549	1 076	3 248	1 264	4 561	24 678	27 054
368	639	3 136	1 051	2 980	16 342	20 697
317	556	2 155	1 136	4 135	18 796	16 970
553	873	3 116	1 462	4 758	25 306	26 479
388	600	1 682	1 056	2 782	19 823	22 275
888	1 239	3 539	1 840	5 510	40 876	34 168
422	673	1 654	712	2 440	14 547	14 991
346	297	1 377	661	1 562	10 473	11 521
795	839	5 771	2 082	7 479	39 625	40 194
758	846	3 782	1 813	5 376	31 222	34 237
1 067	969	6 374	4 108	8 577	39 322	35 704
299	244	2 157	1 312	2 941	17 271	16 289
570	821	3 175	1 958	4 460	26 847	27 814
475	262	1 430	580	2 217	15 948	11 291
302	272	1 043	533	1 473	10 441	9 366
209	186	1 099	487	1 619	15 687	8 547
443	705	1 839	947	3 407	18 780	16 425
473	879	3 025	1 524	4 561	30 435	28 561
362	508	2 231	902	2 796	26 549	16 006
434	569	2 928	1 232	4 544	18 929	20 878
448	477	2 781	1 550	3 875	25 675	30 959
586	591	2 393	1 539	3 897	25 990	21 907
346	676	2 345	994	3 257	27 486	23 301
294	486	1 428	835	2 379	17 400	12 700
529	503	2 511	1 096	3 285	28 331	26 230
739	944	3 624	1 614	5 660	36 046	34 658
610	780	1 521	774	2 341	17 501	16 203
517	530	1 560	667	1 560	11 241	10 898
329	349	1 352	838	2 385	16 519	13 379
405	620	2 407	1 111	2 446	17 158	14 329
496	869	2 454	987	3 240	22 063	20 774
470	478	2 346	1 016	3 934	16 375	15 880
592	465	3 077	1 763	5 021	27 866	27 977
394	729	1 247	679	1 669	8 510	9 090
212	274	918	484	1 990	7 004	6 308
458	587	2 683	1 080	3 024	18 920	18 684
371	655	1 169	877	1 854	12 299	12 247
981	1 391	4 269	2 881	8 563	44 648	44 459
413	515	1 798	988	3 525	19 134	18 545
421	725	2 067	990	2 750	22 194	24 881
390	611	1 878	2 008	3 900	20 336	18 629
289	438	1 532	962	2 722	16 948	16 725
533	709	2 332	899	3 135	17 763	19 333
1 145	1 215	3 223	1 792	5 780	36 001	34 229
338	596	1 269	595	1 775	13 068	11 135

（報告表 40）

第２表（10－２）民生委員（児童委員）の相談・支援件数，

民生委員

都道府県 指定都市 中核市	内容別相談・支援件数							
	総数	在宅福祉	介護保険	健康・保健医療	子育て・母子保健	子どもの地域生活	子どもの教育・学校生活	生活費
指定都市(別掲)								
札幌市	48 629	2 909	1 807	5 995	2 039	2 140	2 074	2 338
仙台市	38 024	2 025	1 278	3 596	1 131	2 216	1 539	687
さいたま市	24 331	1 836	1 201	1 852	725	1 338	1 084	604
千葉市	38 946	2 029	1 590	5 983	1 633	3 109	1 713	1 232
横浜市	124 743	7 148	3 986	17 326	6 656	6 942	5 771	1 709
川崎市	20 604	1 663	792	1 185	957	2 027	1 186	379
相模原市	18 406	1 314	370	1 170	518	1 322	941	253
新潟市	28 404	2 213	669	1 449	459	3 081	1 805	454
静岡市	26 519	1 681	1 158	3 215	688	1 128	897	1 686
浜松市	34 777	1 579	1 311	4 640	1 012	1 204	1 835	1 053
名古屋市	80 094	5 889	2 183	13 871	7 533	3 780	2 232	610
京都市	53 267	2 783	1 038	2 461	4 094	6 118	4 450	1 882
大阪市	120 103	6 580	3 634	4 707	7 571	19 501	10 105	3 333
堺市	37 153	3 165	1 050	2 109	1 390	4 435	2 060	1 133
神戸市	57 509	9 315	1 705	3 294	2 364	6 323	3 579	665
岡山市	44 652	3 183	991	3 237	1 210	4 136	4 716	1 167
広島市	62 246	3 373	1 796	5 647	3 439	6 470	4 021	1 071
北九州市	80 050	3 653	2 707	6 894	1 846	6 282	3 902	2 330
福岡市	59 673	4 554	1 915	5 559	2 636	5 644	3 081	1 045
熊本市	85 545	8 351	2 034	11 428	7 615	6 553	4 450	1 155
中核市(別掲)								
旭川市	32 895	2 159	946	4 602	1 243	1 452	954	881
函館市	18 037	4 784	325	890	254	1 918	1 054	327
青森市	35 212	2 561	789	1 876	501	3 907	1 559	842
八戸市	4 071	260	93	229	189	277	165	69
盛岡市	17 981	690	551	930	457	2 710	1 014	397
秋田市	22 808	1 355	638	2 391	795	2 297	639	430
郡山市	16 960	2 631	442	641	291	1 001	627	305
いわき市	17 928	1 285	468	1 364	400	1 758	867	414
宇都宮市	21 441	1 494	566	988	477	1 269	1 849	563
前橋市	13 250	954	391	553	162	793	515	402
高崎市	16 030	1 314	621	2 124	338	1 156	980	463
川越市	15 030	796	479	2 562	239	509	797	310
越谷市	11 722	631	240	473	108	554	655	233
船橋市	22 841	2 299	905	3 044	517	718	661	552
柏市	11 166	743	1 018	1 655	131	366	504	292
八王子市	10 680	618	615	1 194	350	415	1 044	401
横須賀市	22 621	3 239	1 168	1 079	218	390	289	398
富山市	23 761	1 738	486	866	506	3 526	964	289
金沢市	24 297	3 409	821	1 531	820	2 294	1 636	639
長野市	24 399	2 775	863	1 036	574	1 480	1 128	491
岐阜市	20 488	1 086	567	1 108	423	769	606	2 260
豊橋市	12 220	830	279	914	1 183	1 556	547	251
豊田市	13 835	885	205	516	214	1 494	836	1 119
岡崎市	17 936	1 655	669	929	1 255	1 845	1 277	322
大津市	20 225	3 048	644	779	1 036	2 206	1 757	341
高槻市	7 876	405	146	374	205	604	363	173
東大阪市	23 962	2 385	574	1 048	521	1 517	1 211	374
豊中市	15 235	1 008	218	893	1 108	2 589	1 635	137
枚方市	15 594	977	502	1 031	354	1 522	506	284
姫路市	30 911	2 150	1 292	4 209	1 042	1 662	1 340	641
西宮市	14 129	1 595	507	564	1 004	1 554	588	174
尼崎市	26 839	1 147	651	1 394	470	2 572	1 033	461
奈良市	18 221	838	397	1 853	833	2 996	1 158	221
和歌山市	16 615	794	391	1 562	277	2 630	786	592
倉敷市	20 573	1 849	552	842	239	2 584	2 064	338
福山市	29 431	1 099	761	3 363	1 212	3 035	2 036	534
呉市	32 036	2 412	1 219	6 721	1 494	2 689	1 254	692
下関市	22 871	1 138	773	2 395	518	1 467	864	557
高松市	24 771	2 706	749	1 741	533	2 466	1 292	1 010
松山市	24 590	2 247	569	1 988	699	2 236	1 784	395
高知市	19 145	668	753	1 252	811	1 960	1 516	350
久留米市	14 674	386	325	502	537	1 463	2 548	604
長崎市	36 959	1 693	672	7 071	4 300	3 236	2 110	633
佐世保市	29 058	1 305	646	1 976	645	4 331	2 119	655
大分市	21 446	1 730	510	2 206	1 083	2 749	944	321
宮崎市	17 975	798	441	969	610	1 992	1 567	462
鹿児島市	62 781	6 266	1 938	4 286	3 018	6 156	4 272	953
那覇市	21 431	761	374	1 438	839	2 112	3 011	638

注：本表は年度分報告である。なお、八戸市は平成29年１月に中核市になったため、１月～３月の数値である。

相談・支援の種類×都道府県－指定都市－中核市×委員の種類別

平成28年度

内容別相談・支援件数							
年金・保険	仕事	家族関係	住居	生活環境	日常的な支援	その他	
418	402	1 636	1 394	2 353	10 950	12 174	
138	278	1 639	687	2 003	10 371	10 436	
181	89	983	455	1 290	5 179	7 514	
242	337	1 280	729	1 817	8 701	8 551	
455	603	3 225	1 717	5 109	32 239	31 857	
116	99	584	415	1 027	5 745	4 429	
85	53	312	173	544	5 502	5 849	
104	128	922	439	1 421	9 485	5 775	
201	256	1 014	438	1 158	6 616	6 383	
162	219	1 456	591	1 536	9 856	8 323	
144	209	1 369	1 416	1 733	11 301	27 824	
317	526	1 304	974	2 135	11 736	13 449	
828	1 214	2 592	2 047	4 915	26 796	26 280	
321	318	889	642	1 873	8 050	9 718	
292	165	1 268	805	2 411	12 766	12 557	
297	388	1 614	652	2 373	11 637	9 051	
239	190	2 395	1 113	3 143	14 345	15 004	
844	696	2 587	1 656	3 982	18 606	24 065	
247	266	1 397	1 204	2 751	15 122	14 252	
361	495	2 130	1 878	3 158	18 075	17 862	
231	283	1 482	857	2 328	6 254	9 223	
102	82	484	280	616	2 883	4 038	
294	319	1 449	678	2 018	8 261	10 158	
27	18	91	25	182	1 192	1 254	
115	86	698	334	1 013	5 061	3 925	
101	408	699	239	985	5 555	6 276	
91	189	375	151	423	4 631	5 162	
97	160	506	217	758	4 614	5 020	
121	256	790	367	852	7 083	4 766	
46	99	320	159	487	4 496	3 873	
85	108	714	287	802	3 959	3 079	
52	66	579	205	537	4 374	3 525	
80	57	260	109	539	2 980	4 803	
137	83	732	330	1 069	5 724	6 070	
177	48	533	190	677	2 585	2 247	
102	91	555	341	679	2 062	2 213	
49	64	412	352	835	9 517	4 611	
66	121	734	384	1 258	8 578	4 245	
312	278	1 283	302	983	6 178	3 811	
74	118	531	327	909	8 931	5 162	
114	237	481	476	1 900	4 689	5 772	
57	52	324	181	585	2 214	3 247	
62	36	245	195	747	3 568	3 713	
42	172	448	215	583	3 961	4 563	
71	52	487	228	693	3 738	5 145	
22	6	250	113	353	1 532	3 330	
204	190	516	473	841	6 959	7 149	
43	14	223	169	266	2 812	4 120	
75	63	547	320	797	4 589	4 027	
377	309	1 329	501	1 230	8 290	6 539	
61	36	342	218	650	3 611	3 225	
188	151	643	386	1 477	8 852	7 414	
63	68	357	214	698	4 769	3 756	
141	86	444	361	758	3 902	3 891	
109	147	650	295	1 242	4 322	5 340	
203	96	944	609	1 541	7 251	6 747	
177	186	824	520	1 406	5 820	6 622	
127	181	587	480	1 166	7 655	4 963	
167	288	679	373	1 686	5 208	5 873	
114	125	542	364	1 056	6 795	5 676	
78	142	503	278	1 357	4 848	4 629	
60	52	286	177	570	4 118	3 046	
114	112	463	431	1 816	5 541	8 767	
194	210	1 007	421	1 367	7 356	6 826	
104	76	672	380	933	5 050	4 688	
107	130	641	229	867	4 853	4 309	
361	343	1 579	891	2 717	15 703	14 298	
184	335	693	374	771	6 078	3 823	

（報告表　40）

第２表（10－３）民生委員（児童委員）の相談・支援件数,

民生委員

都道府県 指定都市 中核市	分野別相談・支援件数				
	総数	高齢者に関すること	障害者に関すること	子どもに関すること	その他
全国	**6 051 342**	**3 409 081**	**297 084**	**1 263 785**	**1 081 392**
北海道	195 537	110 331	9 205	29 401	46 600
青森	60 912	32 254	3 057	12 405	13 196
岩手	95 113	50 552	5 022	18 144	21 395
宮城	66 198	36 347	4 557	8 003	17 291
秋田	62 556	35 568	2 698	9 436	14 854
山形	100 692	59 743	4 902	16 314	19 733
福島	68 800	41 342	3 176	8 994	15 288
茨城	136 702	79 906	5 666	25 062	26 068
栃木	57 340	34 635	2 762	9 041	10 902
群馬	43 104	27 571	2 549	6 067	6 917
埼玉	149 928	86 429	7 460	29 043	26 996
千葉	124 564	81 081	6 050	18 504	18 929
東京	158 799	96 056	7 910	32 827	22 006
神奈川	64 258	40 655	3 755	9 678	10 170
新潟	103 111	58 950	7 122	15 566	21 473
富山	48 031	30 536	2 890	7 295	7 310
石川	33 392	19 075	1 695	5 920	6 702
福井	44 383	26 816	1 862	10 535	5 170
山梨	66 397	38 951	3 609	11 119	12 718
長野	108 495	64 542	5 966	21 151	16 836
岐阜	75 637	39 332	3 151	21 645	11 509
静岡	78 824	44 071	6 237	14 311	14 205
愛知	104 706	57 047	4 883	23 164	19 612
三重	96 201	52 064	4 541	25 686	13 910
滋賀	95 189	42 705	5 929	25 531	21 024
京都	62 160	32 652	3 076	17 360	9 072
大阪	99 715	53 428	4 324	24 138	17 825
兵庫	132 490	73 569	7 182	28 901	22 838
奈良	66 131	34 367	2 502	15 818	13 444
和歌山	50 027	18 848	2 990	13 741	14 448
鳥取	58 633	28 694	2 691	17 764	9 484
島根	65 517	31 890	3 955	17 399	12 273
岡山	79 087	41 731	3 798	18 097	15 461
広島	70 274	40 693	4 253	13 373	11 955
山口	110 205	61 639	4 678	24 842	19 046
徳島	38 739	18 354	2 225	10 044	8 116
香川	29 309	15 236	2 280	6 072	5 721
愛媛	73 106	37 291	3 845	18 767	13 203
高知	47 480	25 824	2 779	9 031	9 846
福岡	175 367	88 380	7 889	45 561	33 537
佐賀	76 812	38 155	3 095	22 878	12 684
長崎	87 830	45 396	4 746	22 262	15 426
熊本	74 300	38 216	3 923	17 898	14 263
大分	63 135	35 132	2 917	13 511	11 575
宮崎	72 474	36 329	3 577	16 989	15 579
鹿児島	128 106	75 237	7 942	19 491	25 436
沖縄	52 944	21 249	3 693	18 217	9 785

注：本表は年度分報告である。なお、八戸市は平成29年１月に中核市になったため、１月～３月の数値である。

相談・支援の種類×都道府県－指定都市－中核市×委員の種類別

平成28年度

その他の活動件数						
総数	調査・実態把握	行事・事業・会議への参加協力	地域福祉活動・自主活動	民児協運営・研修	証明（調査・確認等）事務	要保護児童の発見の通告・仲介
26 399 148	4 620 115	6 083 234	8 933 294	6 215 358	487 190	59 957
668 206	185 934	122 882	184 013	162 130	11 583	1 664
176 965	20 859	50 528	56 548	44 545	3 835	650
354 667	54 843	95 048	110 962	83 271	9 947	596
284 282	34 543	79 058	93 183	70 878	5 966	654
188 450	38 317	43 456	59 281	44 806	2 139	451
346 355	63 588	74 504	116 091	80 268	9 852	2 052
277 006	59 742	66 478	78 796	65 763	5 643	584
504 944	94 825	106 289	155 932	133 111	13 256	1 531
298 682	57 099	71 969	98 605	62 763	7 293	953
329 951	68 428	83 344	84 869	86 303	6 480	527
1 116 481	301 302	231 498	309 249	261 199	11 665	1 568
670 043	105 093	175 774	198 838	176 261	12 648	1 429
1 249 959	262 279	337 498	253 250	380 363	15 184	1 385
618 835	117 936	142 765	174 923	171 829	9 919	1 463
357 925	98 266	73 304	109 654	69 498	6 498	705
170 334	23 655	41 570	69 220	31 786	3 698	405
173 766	25 107	41 334	62 299	42 317	2 135	574
208 704	32 464	41 752	85 022	43 908	4 796	762
214 830	29 909	56 727	78 194	44 489	4 901	610
511 296	111 177	139 522	144 637	105 367	9 651	942
372 247	55 593	86 990	130 969	86 839	11 027	829
529 646	96 675	121 235	148 904	147 623	14 452	757
599 454	137 762	153 581	179 735	116 954	10 557	865
423 567	55 995	95 466	165 987	100 252	4 859	1 008
412 190	42 285	90 108	168 389	105 017	5 457	934
336 210	33 985	67 638	126 919	92 230	14 961	477
587 758	58 438	136 318	269 021	113 104	9 794	1 083
594 512	95 173	128 845	237 262	115 407	16 792	1 033
219 383	30 143	49 321	80 025	54 138	4 721	1 035
125 750	24 509	29 253	41 992	25 802	3 904	290
197 284	20 668	44 126	83 757	45 245	3 148	340
246 145	21 177	62 849	97 770	60 106	3 593	650
235 156	41 203	58 337	96 058	34 526	4 012	1 020
283 246	56 857	62 068	95 130	64 983	3 769	439
401 400	95 690	80 723	132 578	81 019	9 499	1 891
145 194	24 922	35 674	44 648	36 225	3 098	627
145 759	27 992	35 019	50 127	26 504	5 691	426
266 019	38 733	65 687	92 985	59 478	8 556	580
131 757	12 981	32 912	54 901	27 503	3 177	283
548 549	82 318	133 238	220 248	101 303	9 933	1 509
275 809	31 147	68 854	112 517	55 730	6 709	852
210 457	23 130	54 449	78 823	47 658	5 828	569
326 118	73 332	65 359	115 161	64 143	6 802	1 321
207 302	41 547	46 229	73 201	40 742	5 264	319
246 133	34 679	57 508	100 527	47 542	5 199	678
352 403	80 444	83 348	110 495	65 594	11 454	1 068
184 300	11 451	44 576	81 921	36 507	9 168	677

（報告表　40）

第2表（10－4）民生委員（児童委員）の相談・支援件数,

民生委員

都道府県 指定都市 中核市	分野別相談・支援件数				
	総数	高齢者に関すること	障害者に関すること	子どもに関すること	その他
指定都市(別掲)					
札幌市	48 629	31 227	1 095	6 837	9 470
仙台市	38 024	24 296	2 022	5 348	6 358
さいたま市	24 331	15 659	1 116	3 574	3 982
千葉市	38 946	25 034	1 393	7 060	5 459
横浜市	124 743	82 485	5 694	20 582	15 982
川崎市	20 604	11 523	1 185	4 425	3 471
相模原市	18 406	10 233	861	3 941	3 371
新潟市	28 404	15 415	1 394	6 510	5 085
静岡市	26 519	17 336	1 733	3 014	4 436
浜松市	34 777	22 228	2 352	4 982	5 215
名古屋市	80 094	56 945	969	14 056	8 124
京都市	53 267	24 763	2 688	15 662	10 154
大阪市	120 103	50 566	6 911	39 830	22 796
堺市	37 153	19 247	1 981	9 230	6 695
神戸市	57 509	33 948	2 572	12 552	8 437
岡山市	44 652	22 960	2 709	11 304	7 679
広島市	62 246	34 453	3 534	15 295	8 964
北九州市	80 050	49 152	3 123	12 733	15 042
福岡市	59 673	36 872	2 974	12 429	7 398
熊本市	85 545	51 875	3 147	19 559	10 964
中核市(別掲)					
旭川市	32 895	19 278	1 202	4 347	8 068
函館市	18 037	11 179	429	3 292	3 137
青森市	35 212	19 995	1 015	6 545	7 657
八戸市	4 071	2 263	121	735	952
盛岡市	17 981	9 439	681	4 461	3 400
秋田市	22 808	14 108	729	4 227	3 744
郡山市	16 960	11 015	380	1 984	3 581
いわき市	17 928	10 175	612	3 281	3 860
宇都宮市	21 441	12 087	1 181	5 069	3 104
前橋市	13 250	8 406	647	1 786	2 411
高崎市	16 030	11 008	491	2 649	1 882
川越市	15 030	9 901	1 170	1 850	2 109
越谷市	11 722	7 397	362	1 503	2 460
船橋市	22 841	15 544	1 073	2 133	4 091
柏市	11 166	8 439	286	1 175	1 266
八王子市	10 680	6 674	556	2 047	1 403
横須賀市	22 621	18 135	1 290	1 225	1 971
富山市	23 761	12 955	1 244	6 346	3 216
金沢市	24 297	15 752	912	4 902	2 731
長野市	24 399	15 850	1 261	3 363	3 925
岐阜市	20 488	13 155	885	2 188	4 260
豊橋市	12 220	5 878	474	3 498	2 370
豊田市	13 835	6 512	786	3 575	2 962
岡崎市	17 936	9 887	883	4 705	2 461
大津市	20 225	11 137	837	5 321	2 930
高槻市	7 876	5 110	240	1 364	1 162
東大阪市	23 962	15 655	734	3 453	4 120
豊中市	15 235	7 804	240	5 724	1 467
枚方市	15 594	9 761	751	2 566	2 516
姫路市	30 911	20 954	1 527	4 357	4 073
西宮市	14 129	8 580	374	3 277	1 898
尼崎市	26 839	15 746	1 026	4 402	5 665
奈良市	18 221	10 099	741	5 152	2 229
和歌山市	16 615	8 902	763	3 810	3 140
倉敷市	20 573	9 507	971	5 633	4 462
福山市	29 431	16 181	1 504	6 486	5 260
呉市	32 036	19 380	2 311	5 719	4 626
下関市	22 871	15 373	848	3 125	3 525
高松市	24 771	14 027	1 298	4 453	4 993
松山市	24 590	14 422	763	5 378	4 027
高知市	19 145	9 767	674	4 533	4 171
久留米市	14 674	7 185	286	4 484	2 719
長崎市	36 959	20 316	689	9 828	6 126
佐世保市	29 058	14 043	1 542	8 418	5 055
大分市	21 446	13 220	619	4 955	2 652
宮崎市	17 975	9 026	1 302	4 691	2 956
鹿児島市	62 781	35 283	2 778	14 795	9 925
那覇市	21 431	7 485	1 129	9 056	3 761

注：本表は年度分報告である。なお、八戸市は平成29年１月に中核市になったため、１月～３月の数値である。

相談・支援の種類×都道府県－指定都市－中核市×委員の種類別

平成28年度

その他の活動件数						
総数	調査・実態把握	行事・事業・会議への参加協力	地域福祉活動・自主活動	民児協運営・研修	証明（調査・確認等）事務	要保護児童の発見の通告・仲介
289 060	76 528	40 374	69 677	97 526	4 513	442
185 371	18 409	37 875	70 408	56 952	1 381	346
155 754	6 667	41 516	61 177	44 716	1 347	331
305 884	149 802	37 389	69 704	46 474	2 324	191
573 274	43 449	145 154	242 389	136 621	4 619	1 042
206 625	11 473	54 124	85 909	52 348	2 534	237
111 722	15 290	29 874	40 208	25 067	1 098	185
152 418	9 198	30 561	68 710	42 525	1 073	351
205 656	86 776	28 462	50 173	38 251	1 786	208
174 797	27 535	37 317	52 733	55 347	1 617	248
360 116	35 599	85 149	136 895	99 210	3 042	221
207 816	14 868	51 407	83 198	52 919	5 024	400
349 251	25 937	98 155	151 824	65 211	6 960	1 164
132 835	7 514	30 469	63 999	26 917	3 551	385
272 797	28 204	57 151	115 763	67 923	3 300	456
135 701	19 391	29 502	55 158	29 437	1 691	522
274 886	31 747	62 284	108 114	70 243	2 126	372
211 222	48 176	50 085	69 875	39 527	3 310	249
371 423	42 078	92 925	141 923	90 963	2 215	1 319
195 343	22 458	48 853	78 296	44 430	941	365
82 918	18 505	16 199	21 488	23 532	3 039	155
63 603	9 542	14 952	17 532	20 739	823	15
78 798	13 037	18 260	29 888	15 620	1 915	78
10 690	642	3 184	3 943	2 709	196	16
118 447	53 558	22 353	22 061	19 297	1 050	128
85 998	19 911	16 057	25 060	24 430	493	47
61 043	3 672	16 980	23 198	15 870	861	462
46 324	6 901	11 503	15 088	11 412	1 347	73
75 750	9 037	16 085	24 192	23 296	2 938	202
85 607	13 944	19 594	26 984	24 153	840	92
100 821	19 466	18 473	36 673	25 134	1 013	62
73 661	8 302	18 938	28 168	17 666	458	129
36 366	2 083	8 220	14 071	11 025	399	568
79 340	10 954	18 318	25 060	23 162	1 690	156
138 136	71 453	16 278	24 926	24 783	587	109
76 271	15 480	13 204	22 620	23 795	1 114	58
118 068	19 273	35 588	41 441	20 477	1 076	213
90 612	11 651	23 940	27 884	24 865	1 907	365
107 577	19 931	22 929	38 763	24 189	1 555	210
107 747	23 893	24 769	30 440	26 494	2 029	122
76 815	10 316	21 754	20 270	22 731	1 509	235
76 869	27 550	16 630	15 543	15 895	911	340
71 847	7 032	21 263	22 264	19 493	1 493	302
74 252	14 364	16 433	26 330	15 173	1 813	139
107 672	8 745	23 453	39 796	33 566	1 197	915
68 546	17 231	9 579	19 618	20 869	1 157	92
41 366	10 949	10 084	13 208	6 079	964	82
57 282	3 858	14 299	24 978	13 015	1 087	45
77 477	6 316	12 928	37 564	19 063	1 501	105
133 430	26 964	18 130	50 308	33 099	4 868	61
151 373	66 131	30 334	33 817	20 217	755	119
70 628	7 758	12 631	31 363	17 243	1 122	511
76 637	4 756	17 831	30 099	23 274	596	81
86 502	25 437	15 343	24 615	20 147	861	99
81 305	9 325	23 798	32 382	13 994	1 625	181
115 475	11 605	28 099	42 940	31 769	972	90
83 494	10 701	20 906	28 444	21 085	2 175	183
92 522	30 477	14 817	23 856	21 330	1 960	82
105 811	8 875	28 649	39 923	25 909	2 152	303
114 082	7 068	32 632	39 597	32 000	2 400	385
56 785	4 647	13 138	23 991	14 147	672	190
66 647	5 618	16 866	28 030	14 741	1 223	169
107 639	14 074	23 949	33 810	33 226	2 520	60
97 594	6 532	26 162	40 464	21 353	2 968	115
122 595	15 284	26 382	44 314	34 317	1 774	524
107 292	9 633	27 795	46 679	21 468	1 011	706
184 868	35 932	38 122	65 633	38 823	6 165	193
57 186	6 408	11 766	24 229	13 048	1 444	291

（報告表　40）

第2表（10－5）民生委員（児童委員）の相談・支援件数,

民生委員

都道府県 指定都市 中核市	訪問回数			連絡調整回数			活動日数
	総数	訪問・連絡活動	その他	総数	委員相互	その他の関係機関	
全国	**37 119 205**	**23 622 019**	**13 497 186**	**16 799 113**	**10 137 531**	**6 661 582**	**30 064 932**
北海道	932 349	550 523	381 826	423 989	260 096	163 893	764 291
青森	320 944	204 267	116 677	109 340	64 713	44 627	247 433
岩手	567 690	325 783	241 907	206 176	109 613	96 563	430 375
宮城	417 329	284 180	133 149	161 634	86 391	75 243	353 229
秋田	281 141	183 643	97 498	103 346	58 246	45 100	253 647
山形	530 243	373 617	156 626	240 299	112 733	127 566	404 072
福島	449 318	322 139	127 179	134 337	72 766	61 571	342 962
茨城	744 843	503 415	241 428	321 434	188 107	133 327	643 868
栃木	409 585	260 044	149 541	182 468	90 435	92 033	352 388
群馬	446 908	250 181	196 727	216 351	123 352	92 999	368 882
埼玉	1 620 208	812 634	807 574	666 591	429 338	237 253	1 090 144
千葉	767 824	437 721	330 103	514 063	313 919	200 144	737 468
東京	1 309 740	540 437	769 303	1 314 462	716 094	598 368	1 423 603
神奈川	767 790	404 462	363 328	422 466	259 261	163 205	612 436
新潟	508 917	322 189	186 728	177 268	74 650	102 618	393 876
富山	228 684	163 330	65 354	92 699	55 029	37 670	204 041
石川	312 145	201 986	110 159	102 673	66 212	36 461	218 203
福井	271 173	191 601	79 572	101 714	58 354	43 360	227 671
山梨	262 013	185 011	77 002	101 197	61 531	39 666	269 258
長野	664 033	471 482	192 551	259 370	145 317	114 053	563 281
岐阜	508 466	368 066	140 400	172 686	93 654	79 032	433 805
静岡	516 491	323 344	193 147	280 279	161 202	119 077	563 710
愛知	658 793	443 665	215 128	287 588	163 227	124 361	648 012
三重	642 873	464 521	178 352	238 716	147 418	91 298	511 385
滋賀	394 109	239 380	154 729	211 610	123 544	88 066	396 339
京都	451 454	283 047	168 407	226 131	139 760	86 371	386 972
大阪	693 650	460 637	233 013	351 769	246 126	105 643	607 280
兵庫	707 669	456 521	251 148	354 256	221 624	132 632	660 090
奈良	289 254	184 038	105 216	115 274	68 203	47 071	267 435
和歌山	142 044	94 330	47 714	72 384	41 667	30 717	156 122
鳥取	250 906	171 030	79 876	124 242	76 050	48 192	226 751
島根	289 757	202 061	87 696	143 004	83 273	59 731	294 909
岡山	334 579	214 813	119 766	108 964	56 459	52 505	263 693
広島	612 223	460 464	151 759	162 569	91 488	71 081	329 304
山口	603 709	347 910	255 799	238 129	125 536	112 593	453 846
徳島	191 695	142 285	49 410	70 334	43 015	27 319	181 297
香川	199 579	135 754	63 825	60 927	35 236	25 691	158 587
愛媛	456 532	295 025	161 507	152 329	88 593	63 736	330 328
高知	185 624	115 490	70 134	72 744	44 309	28 435	170 523
福岡	957 066	666 101	290 965	307 687	188 605	119 082	592 988
佐賀	416 402	295 119	121 283	112 218	63 455	48 763	322 930
長崎	316 410	218 558	97 852	167 525	99 611	67 914	263 538
熊本	551 501	393 174	158 327	145 557	77 829	67 728	366 845
大分	385 599	285 051	100 548	111 828	64 533	47 295	244 227
宮崎	325 649	209 506	116 143	120 280	66 721	53 559	271 933
鹿児島	667 418	436 160	231 258	153 978	81 785	72 193	427 644
沖縄	120 753	73 878	46 875	87 240	56 496	30 744	192 614

注：本表は年度分報告である。なお、八戸市は平成29年1月に中核市になったため、1月～3月の数値である。

相談・支援の種類×都道府県-指定都市-中核市×委員の種類別

平成28年度

都道府県 指定都市 中核市	訪問回数 総数	訪問・ 連絡活動	その他	連絡調整回数 総数	委員相互	その他の 関係機関	活動日数
指定都市(別掲)							
札幌市	641 596	490 633	150 963	160 615	98 420	62 195	369 822
仙台市	265 316	178 737	86 579	150 416	91 887	58 529	229 131
さいたま市	285 942	161 358	124 584	121 721	75 043	46 678	194 668
千葉市	324 496	92 173	232 323	120 024	76 094	43 930	202 915
横浜市	733 410	530 498	202 912	440 094	281 506	158 588	651 812
川崎市	106 429	59 887	46 542	143 536	98 282	45 254	212 686
相模原市	134 238	82 011	52 227	62 007	35 349	26 658	108 305
新潟市	174 281	130 880	43 401	80 214	46 736	33 478	177 269
静岡市	223 426	109 961	113 465	86 752	51 819	34 933	166 505
浜松市	219 778	167 428	52 350	122 985	76 853	46 132	203 355
名古屋市	898 345	708 136	190 209	252 134	182 291	69 843	539 465
京都市	248 407	167 657	80 750	201 841	139 854	61 987	275 031
大阪市	182 958	126 464	56 494	253 372	171 141	82 231	444 220
堺市	106 931	72 870	34 061	115 008	70 240	44 768	158 188
神戸市	695 564	511 601	183 963	240 645	162 304	78 341	363 916
岡山市	171 860	110 246	61 614	102 146	63 169	38 977	160 203
広島市	554 648	267 251	287 397	226 505	145 395	81 110	311 709
北九州市	351 034	242 437	108 597	111 085	69 483	41 602	230 141
福岡市	476 059	241 288	234 771	231 060	144 749	86 311	401 786
熊本市	319 544	229 245	90 299	172 756	103 320	69 436	223 690
中核市(別掲)							
旭川市	136 279	59 421	76 858	47 569	28 427	19 142	98 089
函館市	84 340	42 396	41 944	48 092	31 035	17 057	86 906
青森市	118 486	72 064	46 422	43 682	29 835	13 847	89 230
八戸市	13 553	8 856	4 697	5 834	3 967	1 867	14 097
盛岡市	164 609	62 106	102 503	45 441	27 220	18 221	92 834
秋田市	123 803	85 214	38 589	52 511	33 784	18 727	92 016
郡山市	89 596	64 803	24 793	37 756	24 347	13 409	76 327
いわき市	69 414	53 444	15 970	27 609	15 243	12 366	68 798
宇都宮市	86 291	60 122	26 169	60 522	37 345	23 177	102 436
前橋市	89 860	75 307	14 553	59 850	38 962	20 888	100 099
高崎市	178 394	112 641	65 753	92 081	56 849	35 232	118 157
川越市	121 808	71 973	49 835	63 753	39 553	24 200	82 927
越谷市	63 955	32 572	31 383	23 974	16 185	7 789	49 790
船橋市	115 158	63 205	51 953	54 983	33 829	21 154	101 936
柏市	165 479	46 579	118 900	89 129	58 712	30 417	91 483
八王子市	96 085	40 942	55 143	95 865	58 165	37 700	83 739
横須賀市	133 256	74 040	59 216	85 614	42 274	43 340	107 159
富山市	143 491	98 433	45 058	62 985	41 987	20 998	120 876
金沢市	172 568	104 555	68 013	60 958	39 527	21 431	129 211
長野市	170 066	128 020	42 046	63 546	39 346	24 200	129 218
岐阜市	157 478	86 045	71 433	56 631	35 630	21 001	103 958
豊橋市	82 205	51 409	30 796	37 761	25 431	12 330	70 427
豊田市	68 108	46 535	21 573	42 699	22 945	19 754	81 300
岡崎市	66 042	43 268	22 774	47 093	27 769	19 324	78 403
大津市	151 839	72 286	79 553	73 512	44 965	28 547	110 514
高槻市	129 621	95 234	34 387	35 009	25 285	9 724	75 260
東大阪市	69 964	47 529	22 435	22 587	17 423	5 164	54 354
豊中市	77 193	50 752	26 441	45 913	32 004	13 909	74 658
枚方市	94 137	60 782	33 355	80 368	58 600	21 768	85 481
姫路市	288 042	202 341	85 701	116 261	83 421	32 840	154 636
西宮市	144 832	59 831	85 001	52 734	32 163	20 571	102 010
尼崎市	116 899	83 580	33 319	56 198	42 866	13 332	111 097
奈良市	95 160	71 477	23 683	58 605	44 243	14 362	100 547
和歌山市	80 401	44 185	36 216	49 996	35 094	14 902	87 345
倉敷市	83 841	49 275	34 566	46 172	28 618	17 554	89 131
福山市	350 541	274 283	76 258	65 423	39 200	26 223	155 934
呉市	217 584	152 470	65 114	56 267	34 971	21 296	112 421
下関市	155 136	77 609	77 527	50 402	28 705	21 697	105 850
高松市	150 239	99 164	51 075	83 703	59 020	24 683	127 977
松山市	155 031	113 092	41 939	93 508	61 576	31 932	149 379
高知市	97 293	52 679	44 614	33 300	20 423	12 877	68 205
久留米市	146 827	107 962	38 865	40 112	24 037	16 075	81 993
長崎市	227 294	167 714	59 580	82 918	52 863	30 055	157 706
佐世保市	137 119	87 558	49 561	81 343	46 942	34 401	113 804
大分市	237 094	173 878	63 216	100 397	63 554	36 843	152 706
宮崎市	142 851	91 290	51 561	62 278	34 956	27 322	121 327
鹿児島市	222 677	129 800	92 877	151 165	99 790	51 375	193 221
那覇市	39 922	23 964	15 958	57 963	38 934	19 029	60 908

(報告表 40)

第２表（10－６）民生委員（児童委員）の相談・支援件数，

主任児童委員（再掲）

都道府県 指定都市 中核市	内容別相談・支援件数							
	総数	在宅福祉	介護保険	健康・保健医療	子育て・母子保健	子どもの地域生活	子どもの教育・学校生活	生活費
全国	**509 132**	**6 481**	**2 600**	**9 829**	**91 673**	**124 918**	**141 456**	**3 930**
北海道	11 095	79	40	201	2 120	3 369	2 673	192
青森	3 634	25	18	64	590	964	964	41
岩手	10 490	43	35	101	1 089	3 168	2 361	67
宮城	3 293	35	38	33	285	873	879	18
秋田	4 523	219	39	98	507	1 167	1 167	16
山形	6 107	118	49	199	1 056	1 726	1 333	49
福島	5 297	72	84	113	741	1 294	1 076	56
茨城	10 774	45	43	179	1 745	2 007	3 501	152
栃木	2 811	7	18	50	350	645	876	23
群馬	2 863	71	32	45	384	480	1 260	41
埼玉	9 012	27	27	124	2 402	1 768	3 308	54
千葉	6 122	26	24	129	1 162	1 089	2 336	41
東京	12 265	25	27	102	2 549	2 582	5 295	175
神奈川	4 511	42	10	68	1 475	906	1 378	58
新潟	7 572	33	33	110	994	1 511	2 447	21
富山	3 337	26	2	68	412	1 400	697	-
石川	3 354	22	3	72	431	1 052	937	18
福井	4 599	18	24	37	466	1 534	1 356	11
山梨	5 685	89	60	115	606	1 082	1 634	67
長野	9 654	202	56	149	2 249	2 539	2 454	81
岐阜	6 826	49	59	100	1 151	1 472	2 355	69
静岡	4 488	52	41	121	728	1 038	1 497	98
愛知	6 042	44	28	95	1 691	1 181	1 634	16
三重	9 411	124	82	234	2 063	2 644	2 346	110
滋賀	6 420	54	19	114	1 197	2 098	1 858	23
京都	3 708	47	13	44	818	1 015	770	36
大阪	6 273	223	40	84	1 217	1 509	1 545	29
兵庫	6 336	70	43	149	1 257	1 926	1 672	65
奈良	6 068	91	73	77	489	1 713	1 202	71
和歌山	3 939	50	27	55	767	737	889	119
鳥取	7 201	92	14	24	645	2 510	1 629	39
島根	9 005	169	64	195	1 691	2 033	2 178	60
岡山	9 894	325	8	94	877	1 987	3 669	31
広島	6 250	360	42	111	811	1 167	1 931	52
山口	9 038	136	50	177	1 462	2 048	2 387	92
徳島	5 607	48	22	64	454	1 683	1 791	57
香川	4 070	48	20	150	387	801	714	8
愛媛	10 306	166	76	167	1 122	2 246	2 678	43
高知	5 038	521	42	82	417	871	1 224	27
福岡	15 794	80	72	103	2 068	5 095	3 710	52
佐賀	9 326	76	39	156	983	2 967	2 669	50
長崎	7 295	58	2	106	618	1 581	2 792	79
熊本	10 374	77	59	627	1 560	1 595	2 745	54
大分	5 717	101	28	79	798	1 071	1 473	94
宮崎	6 537	67	52	155	668	1 248	2 198	63
鹿児島	9 059	137	59	327	912	2 268	2 749	131
沖縄	7 353	76	29	140	269	1 321	2 054	68

注：本表は年度分報告である。なお、八戸市は平成29年１月に中核市になったため、１月～３月の数値である。

相談・支援の種類×都道府県－指定都市－中核市×委員の種類別

平成28年度

		内　　容　　別　　相　　談　　・　　支　　援　　件　　数					
年金・保険	仕　　事	家族関係	住　　居	生活環境	日常的な支援	その他	
1 078	2 844	10 804	1 717	7 329	47 230	57 243	
11	93	237	55	125	746	1 154	
6	41	125	11	153	261	371	
15	97	339	33	157	1 177	1 808	
3	24	107	17	48	336	597	
19	52	139	9	53	406	632	
7	38	201	23	157	402	749	
17	59	166	55	133	794	637	
56	35	195	27	172	1 384	1 233	
18	13	75	5	19	411	301	
22	10	54	11	30	163	260	
13	33	135	14	143	444	520	
16	32	130	24	39	551	523	
33	34	287	18	52	369	717	
13	11	76	15	17	201	241	
2	8	222	14	307	939	931	
-	1	120	1	41	318	251	
14	8	85	1	8	256	447	
1	13	74	15	34	690	326	
9	70	136	48	121	990	658	
4	70	169	90	109	562	920	
7	18	159	17	38	881	451	
7	34	147	12	18	215	480	
6	18	180	18	86	470	575	
26	81	224	46	119	672	640	
2	21	46	1	30	354	603	
16	22	55	30	62	518	262	
15	13	161	10	25	699	703	
18	27	88	5	31	440	545	
28	105	101	27	79	948	1 064	
17	34	179	11	76	477	501	
19	8	38	14	97	916	1 156	
16	79	261	86	98	1 079	996	
22	10	197	7	303	1 500	864	
7	45	92	20	91	494	1 027	
17	31	257	34	148	1 507	692	
8	21	87	7	62	583	720	
12	40	55	15	723	492	605	
26	65	220	25	176	1 600	1 696	
20	55	76	30	110	796	767	
6	47	194	9	107	1 584	2 667	
28	26	114	27	133	728	1 330	
3	47	150	11	48	581	1 219	
8	33	179	38	250	1 570	1 579	
26	23	141	47	94	1 039	703	
21	57	161	33	88	769	957	
63	113	275	62	133	808	1 022	
19	70	122	56	135	1 819	1 175	

(報告表　40)

第2表（10－7）民生委員（児童委員）の相談・支援件数,

主任児童委員（再掲）

都道府県 指定都市 中核市	内容別相談・支援件数							
	総数	在宅福祉	介護保険	健康・保健医療	子育て・母子保健	子どもの地域生活	子どもの教育・学校生活	生活費
指定都市(別掲)								
札幌市	3 429	-	4	30	1 046	562	1 209	16
仙台市	2 188	29	20	44	426	533	781	12
さいたま市	1 072	3	1	17	272	271	433	5
千葉市	2 501	5	5	34	695	832	769	29
横浜市	11 390	27	32	242	3 080	2 467	2 667	73
川崎市	564	12	2	2	172	86	133	-
相模原市	957	-	-	9	199	256	263	1
新潟市	3 826	134	14	13	244	1 367	989	11
静岡市	1 219	15	5	13	390	190	355	-
浜松市	3 471	7	8	30	670	462	1 521	45
名古屋市	9 679	17	26	187	6 948	985	810	14
京都市	9 059	436	44	61	2 515	2 028	1 676	16
大阪市	15 080	136	164	127	2 725	4 361	3 549	106
堺市	2 931	6	7	76	478	734	716	21
神戸市	6 997	160	16	52	1 692	1 828	1 611	16
岡山市	6 156	72	52	81	684	1 281	2 498	28
広島市	4 932	22	7	68	1 320	1 321	1 429	27
北九州市	5 694	12	19	115	1 201	1 763	1 735	42
福岡市	3 414	20	2	70	628	980	1 207	41
熊本市	6 856	20	23	192	3 064	1 008	1 078	11
中核市(別掲)								
旭川市	2 638	6	6	538	563	401	187	11
函館市	1 280	20	2	1	145	464	535	-
青森市	3 331	47	30	44	192	1 133	745	18
八戸市	274	-	-	5	73	32	74	3
盛岡市	1 619	1	4	18	183	442	539	13
秋田市	1 699	44	1	45	660	368	222	72
郡山市	782	7	13	27	132	173	230	-
いわき市	1 181	27	4	43	126	406	195	-
宇都宮市	1 623	43	41	95	212	212	523	22
前橋市	592	6	1	8	64	228	233	-
高崎市	1 118	14	26	18	165	191	513	6
川越市	416	-	-	2	87	32	186	-
越谷市	340	4	3	8	3	54	230	-
船橋市	546	-	2	4	90	178	133	14
柏市	323	-	3	5	23	58	169	3
八王子市	807	8	1	10	132	135	430	2
横須賀市	199	1	1	5	81	20	64	-
富山市	2 885	8	4	31	411	1 205	433	7
金沢市	3 199	72	-	52	533	995	892	18
長野市	1 653	16	10	42	358	346	590	7
岐阜市	1 261	2	1	-	186	323	295	19
豊橋市	1 621	-	-	86	552	573	297	21
豊田市	656	1	1	3	108	196	118	-
岡崎市	2 209	-	-	36	690	598	592	16
大津市	1 119	4	2	14	192	224	609	1
高槻市	492	2	-	8	111	74	219	3
東大阪市	595	-	8	14	75	203	109	2
豊中市	3 678	7	1	5	806	1 523	1 252	5
枚方市	269	-	1	6	64	51	78	-
姫路市	1 377	12	18	16	358	322	412	3
西宮市	361	4	7	3	88	94	121	2
尼崎市	444	-	-	32	122	98	110	-
奈良市	2 806	3	1	51	359	1 361	525	3
和歌山市	849	18	16	19	76	246	251	6
倉敷市	1 105	1	-	6	67	158	628	16
福山市	2 785	10	15	102	564	771	858	12
呉市	1 720	14	4	41	791	480	278	4
下関市	2 001	24	21	34	289	708	425	3
高松市	2 558	157	26	38	318	743	742	25
松山市	3 234	12	6	100	455	970	1 203	13
高知市	1 613	18	2	11	387	267	452	4
久留米市	2 711	-	2	17	450	432	1 181	53
長崎市	2 775	2	2	39	851	708	826	-
佐世保市	2 094	1	7	1	105	881	635	21
大分市	2 177	6	8	12	730	750	333	-
宮崎市	2 696	56	20	37	370	580	984	12
鹿児島市	5 158	12	14	50	898	1 623	1 787	23
那覇市	6 475	93	49	697	196	592	1 293	136

注：本表は年度分報告である。なお、八戸市は平成29年１月に中核市になったため、１月～３月の数値である。

相談・支援の種類×都道府県-指定都市-中核市×委員の種類別

平成28年度

	内　容　別　相　談　・　支　援　件　数						
年金・保険	仕　　事	家族関係	住　　居	生活環境	日常的な支援	そ　の　他	
	1	7	53	9	43	188	261
	2	22	47	2	20	30	220
	3	-	4	1	4	10	48
	13	8	8	3	19	17	64
	26	94	579	21	100	472	1 510
	1	-	26	9	4	23	94
	-	4	5	-	24	119	77
	1	11	161	4	64	275	538
	3	1	7	-	11	66	163
	6	26	90	1	9	333	263
	6	14	37	14	38	80	503
	33	28	102	14	64	305	1 737
	50	91	195	79	127	1 033	2 337
	1	17	28	8	56	307	476
	3	8	32	9	118	342	1 110
	4	50	220	16	104	479	587
	1	19	123	11	36	269	279
	7	32	31	5	56	159	517
	3	1	53	15	27	122	245
	5	14	33	13	60	497	838
	-	17	294	2	173	278	162
	-	-	-	1	1	15	96
	11	21	39	6	20	542	483
	-	1	12	1	14	26	33
	-	7	48	2	28	236	98
	15	4	24	2	10	71	161
	6	13	22	1	4	123	31
	-	-	29	7	16	101	227
	15	18	25	14	72	219	112
	-	1	7	1	2	9	32
	-	5	41	-	6	24	109
	-	1	78	-	3	8	19
	1	-	1	-	4	4	28
	3	5	22	6	4	61	24
	1	3	12	3	24	10	9
	-	2	2	-	2	26	57
	-	-	6	2	2	8	9
	1	7	74	5	67	475	157
	8	44	103	12	79	159	232
	1	25	21	3	12	146	76
	5	11	10	4	43	187	175
	-	13	39	7	3	5	25
	-	2	26	-	1	108	92
	-	4	18	2	10	102	141
	-	2	15	13	6	12	25
	-	-	13	2	3	5	52
	1	1	-	3	5	78	96
	-	-	-	-	3	62	14
	-	-	12	-	-	-	57
	-	-	8	2	2	67	157
	1	1	3	1	-	19	17
	-	3	58	2	6	3	10
	2	-	33	2	21	158	287
	4	5	19	2	19	49	119
	-	10	77	4	4	17	117
	2	2	12	19	21	86	311
	-	1	8	-	3	6	90
	2	17	62	-	34	179	203
	28	18	65	12	28	153	205
	-	-	5	5	12	37	416
	1	18	104	7	15	88	239
	-	11	37	4	21	101	402
	3	1	4	6	66	63	204
	4	-	45	-	13	98	283
	1	-	6	-	6	37	288
	2	62	149	18	50	96	260
	7	19	103	9	73	153	387
	42	137	148	107	56	2 655	274

（報告表　40）

第2表（10－8）民生委員（児童委員）の相談・支援件数，

主任児童委員（再掲）

都道府県 指定都市 中核市	分野別相談・支援件数				
	総数	高齢者に関すること	障害者に関すること	子どもに関すること	その他
全国	**509 132**	**50 016**	**15 538**	**389 866**	**53 712**
北海道	11 095	763	438	8 667	1 227
青森	3 634	296	29	2 775	534
岩手	10 490	1 296	319	7 415	1 460
宮城	3 293	453	111	2 140	589
秋田	4 523	795	132	2 962	634
山形	6 107	690	215	4 464	738
福島	5 297	1 274	105	3 326	592
茨城	10 774	782	157	8 612	1 223
栃木	2 811	249	44	2 246	272
群馬	2 863	365	93	2 172	233
埼玉	9 012	488	138	7 738	648
千葉	6 122	294	338	4 992	498
東京	12 265	346	216	10 899	804
神奈川	4 511	162	41	3 957	351
新潟	7 572	527	271	6 191	583
富山	3 337	307	204	2 680	146
石川	3 354	466	26	2 609	253
福井	4 599	424	90	3 820	265
山梨	5 685	581	178	4 407	519
長野	9 654	1 207	204	7 315	928
岐阜	6 826	582	264	5 519	461
静岡	4 488	424	188	3 473	403
愛知	6 042	324	86	5 022	610
三重	9 411	811	360	7 526	714
滋賀	6 420	481	116	5 183	640
京都	3 708	331	126	3 027	224
大阪	6 273	471	112	5 012	678
兵庫	6 336	429	170	4 812	925
奈良	6 068	909	126	3 997	1 036
和歌山	3 939	516	118	2 686	619
鳥取	7 201	1 214	169	5 139	679
島根	9 005	1 290	340	6 353	1 022
岡山	9 894	1 452	293	7 334	815
広島	6 250	1 157	188	4 315	590
山口	9 038	1 174	342	6 699	823
徳島	5 607	500	181	4 217	709
香川	4 070	613	880	2 101	476
愛媛	10 306	1 396	515	7 007	1 388
高知	5 038	1 344	162	2 898	634
福岡	15 794	1 225	390	11 392	2 787
佐賀	9 326	973	167	6 928	1 258
長崎	7 295	473	360	5 223	1 239
熊本	10 374	1 155	454	7 345	1 420
大分	5 717	1 173	155	3 520	869
宮崎	6 537	824	257	4 607	849
鹿児島	9 059	1 089	535	6 235	1 200
沖縄	7 353	1 446	367	4 523	1 017

注：本表は年度分報告である。なお、八戸市は平成29年１月に中核市になったため、１月～３月の数値である。

相談・支援の種類×都道府県-指定都市-中核市×委員の種類別

平成28年度

		その他の活動件数					
総数	調査・実態把握	行事・事業・会議への参加協力	地域福祉活動・自主活動	民児協運営・研修	証明（調査・確認等）事務	要保護児童の発見の通告・仲介
2 232 027	98 876	678 425	845 275	590 824	10 444	8 183
41 315	1 524	10 641	15 007	13 679	357	107
11 989	454	4 009	3 705	3 729	82	10
32 343	1 915	10 196	11 981	8 022	131	98
19 411	798	6 699	6 336	5 468	81	29
15 138	587	4 441	5 799	4 220	45	46
32 245	1 973	9 245	12 717	7 903	226	181
23 966	1 327	6 727	8 505	7 136	175	96
31 560	1 762	8 450	10 862	10 267	121	98
21 545	614	7 274	7 117	6 387	119	34
23 236	952	7 882	5 696	8 431	160	115
58 721	2 445	16 634	19 631	19 534	272	205
47 043	1 381	14 697	14 754	15 799	328	84
85 893	2 622	34 054	19 785	28 825	251	356
45 399	844	13 486	15 833	15 013	130	93
29 600	1 030	9 137	12 675	6 632	62	64
12 750	380	3 842	5 307	3 122	70	29
15 840	385	5 184	5 775	4 373	105	18
15 760	743	4 348	6 427	4 089	95	58
19 237	1 102	5 181	8 122	4 541	195	96
42 561	4 576	14 901	12 372	10 345	286	81
34 745	1 795	11 133	11 917	9 636	190	74
33 743	1 366	9 742	11 122	11 350	136	27
47 552	2 708	23 940	10 738	9 847	159	160
39 537	2 621	11 439	14 652	10 391	167	267
39 137	1 719	9 457	15 269	12 456	197	39
28 136	731	7 497	11 057	8 654	165	32
43 432	823	12 541	19 830	9 825	341	72
31 926	2 025	9 664	11 714	8 380	98	45
21 489	1 205	6 068	8 595	5 468	103	50
10 093	1 038	2 915	3 753	2 291	21	75
25 161	581	6 679	11 567	6 027	131	176
33 068	1 375	9 228	14 599	7 622	118	126
24 142	1 683	7 395	10 474	4 347	125	118
25 520	1 372	7 406	10 180	6 376	106	80
35 472	1 464	9 503	15 248	8 174	163	920
14 430	440	4 091	5 869	3 882	98	50
14 579	391	4 776	5 351	3 959	50	52
32 617	2 754	9 106	11 912	8 586	139	120
10 881	504	3 494	3 929	2 886	46	22
50 228	3 179	13 815	21 424	11 516	179	115
27 672	1 089	8 215	12 077	5 977	168	146
19 196	821	5 461	8 252	4 449	104	109
24 654	1 306	6 497	10 734	5 802	101	214
22 089	926	6 766	8 930	5 247	173	47
24 800	2 222	6 463	11 220	4 736	72	87
18 653	1 290	6 157	6 969	3 996	133	108
18 048	551	5 009	7 846	4 279	282	81

（報告表 40）

民生委員・社会福祉事業
2表

第2表（10-9）民生委員（児童委員）の相談・支援件数，主任児童委員（再掲）

都道府県 指定都市 中核市	分野別相談・支援件数				
	総数	高齢者に関すること	障害者に関すること	子どもに関すること	その他
指定都市(別掲)					
札幌市	3 429	170	10	3 075	174
仙台市	2 188	145	81	1 805	157
さいたま市	1 072	34	9	1 004	25
千葉市	2 501	43	33	2 346	79
横浜市	11 390	1 150	248	8 595	1 397
川崎市	564	47	36	390	91
相模原市	957	3	8	894	52
新潟市	3 826	267	103	3 078	378
静岡市	1 219	187	26	954	52
浜松市	3 471	67	190	2 955	259
名古屋市	9 679	204	67	8 995	413
京都市	9 059	1 254	274	6 532	999
大阪市	15 080	1 475	782	10 627	2 196
堺市	2 931	533	72	1 996	330
神戸市	6 997	680	647	5 226	444
岡山市	6 156	293	354	4 684	825
広島市	4 932	219	107	4 404	202
北九州市	5 694	209	63	4 837	585
福岡市	3 414	157	67	2 966	224
熊本市	6 856	565	150	5 557	584
中核市(別掲)					
旭川市	2 638	965	84	1 455	134
函館市	1 280	37	2	1 157	84
青森市	3 331	385	39	2 433	474
八戸市	274	5	3	215	51
盛岡市	1 619	250	23	1 153	193
秋田市	1 699	147	29	1 361	162
郡山市	782	181	8	438	155
いわき市	1 181	168	20	806	187
宇都宮市	1 623	365	39	1 062	157
前橋市	592	24	1	525	42
高崎市	1 118	136	9	880	93
川越市	416	8	5	400	3
越谷市	340	16	1	301	22
船橋市	546	57	3	468	18
柏市	323	15	1	280	27
八王子市	807	21	14	732	40
横須賀市	199	4	2	184	9
富山市	2 885	506	65	2 197	117
金沢市	3 199	147	70	2 801	181
長野市	1 653	190	31	1 315	117
岐阜市	1 261	44	28	1 057	132
豊橋市	1 621	7	32	1 441	141
豊田市	656	50	10	502	94
岡崎市	2 209	50	8	1 966	185
大津市	1 119	36	20	1 014	49
高槻市	492	14	11	428	39
東大阪市	595	56	82	399	58
豊中市	3 678	35	1	3 607	35
枚方市	269	-	-	265	4
姫路市	1 377	40	1	1 245	91
西宮市	361	12	19	316	14
尼崎市	444	1	42	386	15
奈良市	2 806	254	14	2 267	271
和歌山市	849	143	18	586	102
倉敷市	1 105	36	10	898	161
福山市	2 785	223	62	2 258	242
呉市	1 720	73	3	1 562	82
下関市	2 001	248	34	1 548	171
高松市	2 558	458	27	1 829	244
松山市	3 234	196	61	2 648	329
高知市	1 613	109	23	1 217	264
久留米市	2 711	22	4	2 274	411
長崎市	2 775	93	8	2 417	257
佐世保市	2 094	60	28	1 673	333
大分市	2 177	64	7	1 839	267
宮崎市	2 696	216	192	2 132	156
鹿児島市	5 158	239	88	4 486	345
那覇市	6 475	367	159	5 043	906

注：本表は年度分報告である。なお、八戸市は平成29年1月に中核市になったため、1月～3月の数値である。

相談・支援の種類×都道府県－指定都市－中核市×委員の種類別

平成28年度

その他の活動件数						
総数	調査・実態把握	行事・事業・会議への参加協力	地域福祉活動・自主活動	民児協運営・研修	証明（調査・確認等）事務	要保護児童の発見の通告・仲介
22 168	345	5 603	8 960	7 126	99	35
14 789	98	3 566	6 337	4 736	14	38
12 648	170	4 278	4 004	4 093	75	28
15 369	668	3 977	6 414	4 242	55	13
66 172	1 953	22 083	24 773	17 143	120	100
12 293	516	3 766	4 233	3 658	12	108
5 918	1 106	1 580	2 177	987	24	44
17 841	533	4 847	7 990	4 272	49	150
12 369	102	2 776	6 018	3 315	91	67
15 128	740	3 717	6 233	4 328	87	23
56 360	1 204	20 238	23 048	11 501	285	84
32 506	341	9 070	15 503	7 453	82	57
53 670	1 864	17 016	23 739	10 504	263	284
12 731	76	3 357	6 464	2 744	28	62
39 238	1 172	11 026	18 237	8 624	100	79
14 471	758	4 396	5 405	3 594	36	282
28 068	1 291	8 749	10 307	7 626	55	40
27 121	626	8 679	10 999	6 647	141	29
24 263	1 366	7 120	9 081	6 512	86	98
21 446	742	6 086	8 514	6 048	19	37
7 167	1 510	2 161	1 626	1 803	32	35
3 535	101	816	1 301	1 314	－	3
5 631	125	1 696	2 531	1 238	19	22
1 032	73	340	351	264	3	1
6 757	318	2 334	2 242	1 837	13	13
7 765	261	2 014	3 327	2 150	6	7
5 245	142	1 550	1 550	1 961	18	24
5 114	78	1 322	2 357	1 326	26	5
6 016	149	1 758	2 183	1 856	25	45
5 498	191	1 800	1 524	1 938	31	14
7 842	116	2 090	3 283	2 335	16	2
4 556	391	1 680	1 128	1 324	14	19
1 895	82	476	693	621	13	10
3 920	84	1 043	1 336	1 402	38	17
5 951	139	1 179	2 673	1 932	7	21
6 370	77	1 971	2 220	2 092	4	6
3 738	142	1 414	1 158	1 014	4	6
9 903	489	3 060	3 183	3 089	44	38
7 581	260	2 033	2 596	2 484	164	44
9 351	220	2 890	3 251	2 923	29	38
8 368	289	2 924	2 539	2 500	54	62
10 793	2 812	3 045	2 228	2 489	166	53
5 986	267	1 845	1 814	2 037	17	6
10 944	808	2 944	4 628	2 508	38	18
10 516	290	3 566	3 746	2 855	18	41
5 121	415	1 343	2 018	1 330	4	11
1 898	39	535	1 021	288	6	9
5 075	217	1 335	2 566	931	14	12
4 634	345	789	1 910	1 578	8	4
9 925	83	2 140	4 976	2 724	－	2
6 158	619	3 159	1 302	1 035	38	5
2 998	315	1 041	1 098	529	－	15
12 195	205	4 351	4 810	2 806	13	10
7 075	228	1 914	2 844	2 070	4	15
8 056	246	2 942	3 278	1 566	8	16
9 149	508	2 490	3 524	2 606	17	4
6 742	555	2 087	2 243	1 724	35	98
6 526	43	1 961	2 827	1 644	33	18
10 034	348	3 679	3 753	2 200	43	11
11 353	357	4 041	4 113	2 704	107	31
5 863	378	1 385	2 781	1 174	99	46
10 714	788	3 131	4 394	2 311	62	28
9 297	713	2 371	3 342	2 859	10	2
9 122	86	3 073	3 839	2 107	12	5
14 115	713	3 790	5 697	3 825	81	9
9 458	383	2 689	4 404	1 731	38	213
17 950	422	5 284	8 338	3 811	74	21
5 974	392	1 529	2 659	1 152	162	80

（報告表　40）

第2表（10-10）民生委員（児童委員）の相談・支援件数，

主任児童委員（再掲）

都道府県 指定都市 中核市	訪問回数			連絡調整回数			活動日数
	総数	訪問・連絡活動	その他	総数	委員相互	その他の関係機関	
全国	**601 854**	**373 256**	**228 598**	**2 108 168**	**1 311 439**	**796 729**	**2 451 882**
北海道	11 183	6 110	5 073	45 104	26 605	18 499	57 261
青森	2 808	1 843	965	9 261	6 085	3 176	15 327
岩手	9 310	5 217	4 093	20 819	11 753	9 066	37 238
宮城	10 387	9 138	1 249	15 988	9 418	6 570	20 814
秋田	4 714	2 915	1 799	10 240	6 493	3 747	19 315
山形	8 358	5 495	2 863	24 169	12 689	11 480	33 547
福島	7 612	5 918	1 694	14 638	9 095	5 543	27 987
茨城	8 835	6 018	2 817	30 996	18 626	12 370	37 297
栃木	5 860	3 720	2 140	18 246	11 377	6 869	27 585
群馬	7 054	4 109	2 945	22 133	14 068	8 065	27 041
埼玉	13 108	8 722	4 386	77 805	53 585	24 220	69 424
千葉	9 520	5 066	4 454	66 090	43 518	22 572	56 726
東京	16 600	9 719	6 881	174 488	90 971	83 517	111 942
神奈川	9 060	5 079	3 981	53 033	36 607	16 426	49 343
新潟	4 843	3 272	1 571	20 512	8 503	12 009	32 386
富山	3 273	2 385	888	11 866	8 074	3 792	15 750
石川	6 943	4 702	2 241	9 214	5 992	3 222	18 666
福井	4 574	2 671	1 903	10 963	6 119	4 844	17 326
山梨	6 526	4 331	2 195	11 969	8 349	3 620	22 607
長野	11 728	8 759	2 969	25 752	15 192	10 560	42 555
岐阜	7 148	5 308	1 840	21 747	11 970	9 777	36 876
静岡	4 113	2 827	1 286	29 690	18 958	10 732	37 485
愛知	10 189	8 229	1 960	35 072	22 538	12 534	42 427
三重	12 031	7 749	4 282	31 123	18 877	12 246	41 730
滋賀	9 860	6 767	3 093	31 400	19 368	12 032	35 180
京都	5 882	3 926	1 956	29 116	19 944	9 172	31 499
大阪	7 728	5 315	2 413	35 718	25 596	10 122	42 421
兵庫	6 470	4 521	1 949	24 885	15 615	9 270	31 604
奈良	10 300	5 193	5 107	15 915	9 946	5 969	25 053
和歌山	4 160	2 401	1 759	8 892	5 406	3 486	11 010
鳥取	7 008	3 987	3 021	19 155	12 919	6 236	26 370
島根	10 023	6 224	3 799	21 551	13 045	8 506	36 049
岡山	16 699	13 437	3 262	16 174	8 816	7 358	27 985
広島	12 257	7 743	4 514	19 459	10 576	8 883	24 750
山口	9 246	4 402	4 844	36 597	19 295	17 302	40 132
徳島	3 584	2 184	1 400	9 478	5 093	4 385	15 586
香川	4 572	3 169	1 403	7 128	4 545	2 583	16 872
愛媛	12 935	8 101	4 834	32 920	19 929	12 991	35 510
高知	4 715	2 859	1 856	9 582	5 582	4 000	12 685
福岡	18 511	9 837	8 674	40 949	26 981	13 968	51 953
佐賀	8 033	5 952	2 081	11 744	7 644	4 100	29 044
長崎	3 644	2 472	1 172	20 969	12 604	8 365	20 489
熊本	6 317	4 152	2 165	17 072	9 072	8 000	26 495
大分	15 600	9 348	6 252	14 217	7 779	6 438	26 765
宮崎	5 036	3 588	1 448	13 862	8 233	5 629	24 635
鹿児島	7 767	5 136	2 631	8 909	4 702	4 207	21 604
沖縄	6 587	4 897	1 690	12 491	7 908	4 583	18 703

注：本表は年度分報告である。なお、八戸市は平成29年１月に中核市になったため、１月～３月の数値である。

相談・支援の種類×都道府県－指定都市－中核市×委員の種類別

平成28年度

都道府県 指定都市 中核市	訪問回数			連絡調整回数			活動日数
	総数	訪問・ 連絡活動	その他	総数	委員相互	その他の 関係機関	
指定都市(別掲)							
札幌市	2 538	1 604	934	28 688	17 437	11 251	23 439
仙台市	2 967	1 693	1 274	16 894	10 291	6 603	15 963
さいたま市	2 908	2 227	681	14 018	8 734	5 284	14 140
千葉市	1 459	752	707	16 185	9 929	6 256	16 769
横浜市	14 687	9 896	4 791	81 575	53 132	28 443	68 026
川崎市	1 000	678	322	13 041	9 390	3 651	13 090
相模原市	1 028	630	398	5 230	2 743	2 487	5 668
新潟市	2 541	1 504	1 037	9 589	5 479	4 110	18 500
静岡市	1 429	983	446	11 311	7 149	4 162	13 782
浜松市	2 534	1 549	985	18 542	12 722	5 820	16 384
名古屋市	26 872	9 177	17 695	47 655	36 313	11 342	59 866
京都市	16 149	8 718	7 431	31 169	21 036	10 133	37 871
大阪市	10 877	7 733	3 144	45 519	32 437	13 082	63 048
堺市	2 382	1 350	1 032	11 076	6 746	4 330	13 275
神戸市	7 685	4 718	2 967	41 023	26 946	14 077	39 918
岡山市	4 158	1 975	2 183	22 869	13 117	9 752	18 717
広島市	7 568	3 658	3 910	32 469	20 032	12 437	28 085
北九州市	6 889	5 113	1 776	22 024	15 147	6 877	30 950
福岡市	4 171	2 011	2 160	18 588	11 880	6 708	26 247
熊本市	5 397	3 532	1 865	28 385	16 658	11 727	21 490
中核市(別掲)							
旭川市	3 929	1 561	2 368	5 723	3 821	1 902	6 979
函館市	933	-	933	3 713	2 061	1 652	4 971
青森市	2 561	1 158	1 403	3 483	2 479	1 004	7 063
八戸市	255	101	154	525	356	169	1 081
盛岡市	2 191	1 608	583	6 061	3 752	2 309	7 628
秋田市	1 499	600	899	6 537	4 092	2 445	8 220
郡山市	1 116	841	275	4 642	2 996	1 646	5 971
いわき市	1 064	856	208	4 201	2 743	1 458	5 569
宇都宮市	1 032	681	351	5 057	3 226	1 831	7 471
前橋市	671	359	312	5 917	4 471	1 446	6 154
高崎市	1 190	778	412	13 330	9 374	3 956	8 837
川越市	509	242	267	4 967	3 307	1 660	5 531
越谷市	348	269	79	2 026	1 313	713	2 185
船橋市	839	510	329	3 756	2 839	917	4 792
柏市	656	263	393	11 281	8 199	3 082	6 783
八王子市	1 155	773	382	12 922	7 039	5 883	7 290
横須賀市	493	274	219	4 480	3 253	1 227	4 518
富山市	1 915	1 383	532	7 185	4 960	2 225	11 067
金沢市	1 159	852	307	4 457	3 415	1 042	8 927
長野市	1 149	887	262	5 963	4 258	1 705	9 150
岐阜市	995	677	318	10 262	6 533	3 729	9 967
豊橋市	4 477	2 463	2 014	8 083	5 884	2 199	9 946
豊田市	598	467	131	3 810	2 258	1 552	6 519
岡崎市	3 945	1 946	1 999	11 314	7 553	3 761	10 607
大津市	915	427	488	8 314	4 864	3 450	9 733
高槻市	850	678	172	3 041	1 890	1 151	4 817
東大阪市	471	307	164	740	579	161	2 330
豊中市	2 756	2 027	729	5 456	3 069	2 387	4 680
枚方市	388	245	143	3 127	2 452	675	4 368
姫路市	990	560	430	11 628	6 886	4 742	9 954
西宮市	2 945	1 002	1 943	4 111	2 513	1 598	5 464
尼崎市	910	331	579	4 604	3 611	993	3 476
奈良市	2 868	1 799	1 069	9 511	6 212	3 299	12 417
和歌山市	1 243	836	407	6 568	4 865	1 703	8 257
倉敷市	710	452	258	6 072	4 270	1 802	8 859
福山市	2 535	1 942	593	7 781	4 339	3 442	9 612
呉市	2 576	1 413	1 163	6 880	4 555	2 325	7 645
下関市	2 224	1 250	974	6 678	3 483	3 195	7 356
高松市	2 674	1 138	1 536	7 040	4 441	2 599	10 828
松山市	3 111	1 980	1 131	11 043	6 457	4 586	12 759
高知市	2 788	1 515	1 273	2 747	1 895	852	5 056
久留米市	3 276	2 419	857	10 737	7 040	3 697	11 201
長崎市	1 910	971	939	9 333	6 141	3 192	11 950
佐世保市	1 140	608	532	17 486	8 422	9 064	10 322
大分市	2 217	739	1 478	13 270	8 677	4 593	13 961
宮崎市	2 972	2 106	866	7 065	3 955	3 110	9 215
鹿児島市	2 788	1 569	1 219	19 942	12 696	7 246	18 249
那覇市	3 968	2 979	989	10 348	4 567	5 781	5 870

(報告表 40)

第3表（2－1）社会福祉法人数,

都道府県 指定都市 中核市	総数 総数	総数 都道府県知事・指定都市長・中核市長	総数 都道府県の区域内の市長	社会福祉協議会 総数	社会福祉協議会 都道府県知事・指定都市長・中核市長	社会福祉協議会 都道府県の区域内の市長	共同募金会 総数	共同募金会 都道府県知事・指定都市長・中核市長	共同募金会 都道府県の区域内の市長
全国	**20 625**	**11 216**	**9 409**	**1 900**	**1 144**	**756**	**47**	**47**	**-**
北海道	612	383	229	176	145	31	-	-	-
青森	357	197	160	39	32	7	1	1	-
岩手	280	100	180	33	20	13	1	1	-
宮城	163	73	90	34	21	13	-	-	-
秋田	171	57	114	25	13	12	1	1	-
山形	239	86	153	36	23	13	1	1	-
福島	227	131	96	58	47	11	1	1	-
茨城	506	150	356	45	13	32	1	1	-
栃木	266	88	178	25	12	13	1	1	-
群馬	348	101	247	34	24	10	1	1	-
埼玉	671	217	454	60	23	37	-	-	-
千葉	498	161	337	51	17	34	-	-	-
東京	979	306	673	61	13	48	1	1	-
神奈川	357	131	226	29	14	15	-	-	-
新潟	278	47	231	29	9	20	-	-	-
富山	145	42	103	15	6	9	1	1	-
石川	191	76	115	19	9	10	1	1	-
福井	218	57	161	18	9	9	1	1	-
山梨	242	78	164	28	11	17	1	1	-
長野	288	144	144	75	57	18	1	1	-
岐阜	263	98	165	42	22	20	1	1	-
静岡	280	83	197	33	12	21	-	-	-
愛知	345	120	225	50	16	34	-	-	-
三重	312	100	212	30	17	13	1	1	-
滋賀	206	66	140	19	7	12	1	1	-
京都	200	45	155	25	11	14	-	-	-
大阪	603	196	407	37	10	27	-	-	-
兵庫	451	154	297	37	12	25	-	-	-
奈良	188	108	80	39	28	11	1	1	-
和歌山	155	96	59	30	22	8	1	1	-
鳥取	110	63	47	20	16	4	1	1	-
島根	263	58	205	20	12	8	1	1	-
岡山	187	78	109	25	12	13	-	-	-
広島	206	75	131	20	9	11	-	-	-
山口	246	47	199	19	7	12	1	1	-
徳島	175	69	106	25	9	16	1	1	-
香川	135	64	71	17	10	7	1	1	-
愛媛	157	43	114	20	10	10	1	1	-
高知	126	69	57	34	24	10	1	1	-
福岡	665	309	356	58	33	25	1	1	-
佐賀	243	60	183	21	11	10	1	1	-
長崎	354	108	246	20	9	11	1	1	-
熊本	489	196	293	44	31	13	-	-	-
大分	266	48	218	18	5	13	1	1	-
宮崎	281	107	174	26	18	8	1	1	-
鹿児島	475	152	323	41	23	18	1	1	-
沖縄	398	169	229	41	31	10	1	1	-

都道府県-指定都市-中核市×法人の種類別

平成28年度末現在

社 会 福 祉 事 業 団			施 設 経 営 法 人			そ の 他		
総　数	都道府県知事・指定都市長・中核市長	都道府県の区域内の市　　長	総　　数	都道府県知事・指定都市長・中核市長	都道府県の区域内の市　　長	総　数	都道府県知事・指定都市長・中核市長	都道府県の区域内の市　　長
125	68	57	18 101	9 621	8 480	452	336	116
4	-	4	412	228	184	20	10	10
-	-	-	317	164	153	-	-	-
2	1	1	243	78	165	1	-	1
-	-	-	129	52	77	-	-	-
2	1	1	143	42	101	-	-	-
2	1	1	199	60	139	1	1	-
1	1	-	166	81	85	1	1	-
4	1	3	455	134	321	1	1	-
1	1	-	238	73	165	1	1	-
1	1	-	311	74	237	1	1	-
6	1	5	605	193	412	-	-	-
2	-	2	443	142	301	2	2	-
16	2	14	876	277	599	25	13	12
2	1	1	314	116	198	12	-	12
-	-	-	249	38	211	-	-	-
-	-	-	129	35	94	-	-	-
-	-	-	146	50	96	25	16	9
2	1	1	197	46	151	-	-	-
3	1	2	210	65	145	-	-	-
1	1	-	208	82	126	3	3	-
3	1	2	217	74	143	-	-	-
-	-	-	225	66	159	22	5	17
2	-	2	293	104	189	-	-	-
2	1	1	279	81	198	-	-	-
-	-	-	185	57	128	1	1	-
-	-	-	175	34	141	-	-	-
1	1	-	563	184	379	2	1	1
3	1	2	408	140	268	3	1	2
2	1	1	145	77	68	1	1	-
2	1	1	121	71	50	1	1	-
1	1	-	66	43	23	22	2	20
-	-	-	229	44	185	13	1	12
3	1	2	159	65	94	-	-	-
1	1	-	185	65	120	-	-	-
5	1	4	221	38	183	-	-	-
1	1	-	146	57	89	2	1	1
2	2	-	114	50	64	1	1	-
1	1	-	134	30	104	1	1	-
1	-	1	88	44	44	2	-	2
1	1	-	547	232	315	58	42	16
-	-	-	220	47	173	1	1	-
-	-	-	332	97	235	1	1	-
5	-	5	439	165	274	1	-	1
-	-	-	245	40	205	2	2	-
1	1	-	252	86	166	1	1	-
2	1	1	427	123	304	4	4	-
1	1	-	355	136	219	-	-	-

(報告表　41)

民生委員・社会福祉事業
3表

第3表（2－2）社会福祉法人数,

都道府県 指定都市 中核市	総数 総数	総数 都道府県知事・指定都市長・中核市長	総数 都道府県の区域内の市長	社会福祉協議会 総数	社会福祉協議会 都道府県知事・指定都市長・中核市長	社会福祉協議会 都道府県の区域内の市長	共同募金会 総数	共同募金会 都道府県知事・指定都市長・中核市長	共同募金会 都道府県の区域内の市長
指定都市(別掲)									
札幌市	207	207	-	12	12	-	1	1	-
仙台市	90	90	-	2	2	-	1	1	-
さいたま市	102	102	-	2	2	-	1	1	-
千葉市	99	99	-	2	2	-	1	1	-
横浜市	267	267	-	20	20	-	1	1	-
川崎市	67	67	-	8	8	-	-	-	-
相模原市	63	63	-	1	1	-	-	-	-
新潟市	156	156	-	2	2	-	1	1	-
静岡市	85	85	-	2	2	-	1	1	-
浜松市	88	88	-	1	1	-	-	-	-
名古屋市	222	222	-	18	18	-	1	1	-
京都市	262	262	-	13	13	-	1	1	-
大阪市	297	297	-	26	26	-	1	1	-
堺市	114	114	-	1	1	-	-	-	-
神戸市	167	167	-	11	11	-	1	1	-
岡山市	101	101	-	2	2	-	1	1	-
広島市	109	109	-	10	10	-	1	1	-
北九州市	173	173	-	8	8	-	-	-	-
福岡市	239	239	-	8	8	-	-	-	-
熊本市	175	175	-	2	2	-	1	1	-
中核市(別掲)									
旭川市	53	53	-	1	1	-	-	-	-
函館市	35	35	-	1	1	-	-	-	-
青森市	86	86	-	1	1	-	-	-	-
八戸市	78	78	-	1	1	-	-	-	-
盛岡市	51	51	-	1	1	-	-	-	-
秋田市	55	55	-	1	1	-	-	-	-
郡山市	24	24	-	1	1	-	-	-	-
いわき市	43	43	-	1	1	-	-	-	-
宇都宮市	78	78	-	1	1	-	-	-	-
前橋市	61	61	-	1	1	-	-	-	-
高崎市	85	85	-	1	1	-	-	-	-
川越市	31	31	-	1	1	-	-	-	-
越谷市	20	20	-	1	1	-	-	-	-
船橋市	36	36	-	1	1	-	-	-	-
柏市	24	24	-	1	1	-	-	-	-
八王子市	55	55	-	1	1	-	-	-	-
横須賀市	33	33	-	1	1	-	-	-	-
富山市	57	57	-	1	1	-	-	-	-
金沢市	115	115	-	1	1	-	-	-	-
長野市	61	61	-	1	1	-	-	-	-
岐阜市	39	39	-	1	1	-	-	-	-
豊橋市	33	33	-	1	1	-	-	-	-
豊田市	17	17	-	1	1	-	-	-	-
岡崎市	31	31	-	1	1	-	-	-	-
大津市	51	51	-	1	1	-	-	-	-
高槻市	38	38	-	1	1	-	-	-	-
東大阪市	68	68	-	1	1	-	-	-	-
豊中市	30	30	-	1	1	-	-	-	-
枚方市	38	38	-	1	1	-	-	-	-
姫路市	74	74	-	1	1	-	-	-	-
西宮市	35	35	-	1	1	-	-	-	-
尼崎市	51	51	-	1	1	-	-	-	-
奈良市	34	34	-	1	1	-	-	-	-
和歌山市	62	62	-	1	1	-	-	-	-
倉敷市	75	75	-	1	1	-	-	-	-
福山市	101	101	-	1	1	-	-	-	-
呉市	37	37	-	1	1	-	-	-	-
下関市	60	60	-	1	1	-	-	-	-
高松市	56	56	-	1	1	-	-	-	-
松山市	59	59	-	1	1	-	-	-	-
高知市	69	69	-	1	1	-	-	-	-
久留米市	69	69	-	1	1	-	-	-	-
長崎市	109	109	-	1	1	-	-	-	-
佐世保市	65	65	-	1	1	-	-	-	-
大分市	74	74	-	1	1	-	-	-	-
宮崎市	102	102	-	1	1	-	-	-	-
鹿児島市	118	118	-	1	1	-	-	-	-
那覇市	51	51	-	1	1	-	-	-	-

都道府県－指定都市－中核市×法人の種類別

平成28年度末現在

社会福祉事業団			施設経営法人			その他		
総数	都道府県知事・指定都市長・中核市長	都道府県の区域内の市長	総数	都道府県知事・指定都市長・中核市長	都道府県の区域内の市長	総数	都道府県知事・指定都市長・中核市長	都道府県の区域内の市長
1	1	－	192	192	－	1	1	－
－	－	－	84	84	－	3	3	－
1	1	－	97	97	－	1	1	－
2	2	－	81	81	－	13	13	－
－	－	－	205	205	－	41	41	－
1	1	－	58	58	－	－	－	－
1	1	－	60	60	－	1	1	－
－	－	－	153	153	－	－	－	－
1	1	－	79	79	－	2	2	－
1	1	－	85	85	－	1	1	－
2	2	－	199	199	－	2	2	－
1	1	－	240	240	－	7	7	－
－	－	－	269	269	－	1	1	－
1	1	－	86	86	－	26	26	－
1	1	－	127	127	－	27	27	－
－	－	－	96	96	－	2	2	－
1	1	－	85	85	－	12	12	－
1	1	－	163	163	－	1	1	－
1	1	－	210	210	－	20	20	－
2	2	－	155	155	－	15	15	－
－	－	－	47	47	－	5	5	－
－	－	－	34	34	－	－	－	－
－	－	－	85	85	－	－	－	－
－	－	－	77	77	－	－	－	－
1	1	－	48	48	－	1	1	－
－	－	－	41	41	－	13	13	－
1	1	－	22	22	－	－	－	－
－	－	－	42	42	－	－	－	－
－	－	－	76	76	－	1	1	－
－	－	－	60	60	－	－	－	－
－	－	－	84	84	－	－	－	－
－	－	－	30	30	－	－	－	－
－	－	－	18	18	－	1	1	－
－	－	－	35	35	－	－	－	－
－	－	－	23	23	－	－	－	－
－	－	－	54	54	－	－	－	－
1	1	－	31	31	－	－	－	－
1	1	－	55	55	－	－	－	－
－	－	－	114	114	－	－	－	－
－	－	－	59	59	－	1	1	－
1	1	－	37	37	－	－	－	－
－	－	－	32	32	－	－	－	－
1	1	－	15	15	－	－	－	－
1	1	－	29	29	－	－	－	－
1	1	－	48	48	－	1	1	－
1	1	－	36	36	－	－	－	－
1	1	－	66	66	－	－	－	－
－	－	－	29	29	－	－	－	－
－	－	－	37	37	－	－	－	－
1	1	－	71	71	－	1	1	－
2	2	－	32	32	－	－	－	－
－	－	－	50	50	－	－	－	－
－	－	－	33	33	－	－	－	－
－	－	－	60	60	－	1	1	－
1	1	－	66	66	－	7	7	－
－	－	－	100	100	－	－	－	－
－	－	－	36	36	－	－	－	－
1	1	－	58	58	－	－	－	－
－	－	－	55	55	－	－	－	－
1	1	－	56	56	－	1	1	－
－	－	－	68	68	－	－	－	－
－	－	－	68	68	－	－	－	－
1	1	－	104	104	－	3	3	－
－	－	－	64	64	－	－	－	－
－	－	－	73	73	－	－	－	－
1	1	－	92	92	－	8	8	－
－	－	－	117	117	－	－	－	－
－	－	－	50	50	－	－	－	－

（報告表　41）

第４表　社会福祉法人数及び認可件数，法人の種類別

平成28年度

法人の種類	総数	社会福祉協議会	共同募金会	社会福祉事業団	施設経営法人	その他
社会福祉法人数（年度末現在）　総数	20 625	1 900	47	125	18 101	452
都道府県知事・指定都市長・中核市長	11 216	1 144	47	68	9 621	336
都道府県の区域内の市長	9 409	756	–	57	8 480	116
認可件数（年度中）						
設立認可件数　総数	238	–	–	–	229	9
都道府県知事・指定都市長・中核市長	114	–	–	–	110	4
都道府県の区域内の市長	124	–	–	–	119	5
解散認可（認定）件数　総数	16	–	–	–	14	2
都道府県知事・指定都市長・中核市長	6	–	–	–	5	1
都道府県の区域内の市長	10	–	–	–	9	1
合併認可件数　総数	23	–	–	1	22	–
都道府県知事・指定都市長・中核市長	14	–	–	–	14	–
都道府県の区域内の市長	9	–	–	1	8	–

注：本表は年度分報告である。　　（報告表　41）

第５表　施設又は事業に対する指導・監督件数，

根拠法 施設（事業）種別	総数	報告徴収	立入検査	管理規定の変更の命令
総数	**87**	**18**	**59**	**–**
生活保護法				
保護施設	–	–	–	–
老人福祉法				
老人居宅生活支援事業又は老人デイサービスセンター、老人短期入所施設若しくは老人介護支援センター	2	–	2	・
養護老人ホーム又は特別養護老人ホーム	18	2	16	・
児童福祉法				
児童居宅生活支援事業	2	1	1	・
児童福祉施設	58	12	36	・
社会福祉法				
社会福祉施設等	7	3	4	・

注：本表は年度分報告である。

根拠法・施設（事業）種別×指導状況別

平成28年度

事業の制限の命令	施設の設備又は運営の改善の勧告	施設の設備又は運営の改善の命令	事業の停止の命令	事業の廃止の命令	認可（許可）の取消
-	8	1	1	-	-
·	·	-	-	-	-
-	·	·	-	·	·
·	·	-	-	-	-
-	·	·	-	·	·
·	8	1	1	·	-
-	·	-	-	·	-

（報告表 42）

民生委員・社会福祉事業
6表

第6表（2－1）社会福祉法人に対する指導・監督件数，

都道府県 指定都市 中核市	総数	報告徴収	立入検査		措置命令	業務停止命令	役員解職勧告	解散命令
			特別監査	一般監査				
全　　　国	9 903	27	51	9 811	3	1	-	1
北　海　道	234	-	1	233	-	-	-	-
青　　森	212	-	1	211	-	-	-	-
岩　　手	133	1	2	130	-	-	-	-
宮　　城	77	-	1	76	-	-	-	-
秋　　田	70	-	-	70	-	-	-	-
山　　形	97	-	1	96	-	-	-	-
福　　島	40	-	-	40	-	-	-	-
茨　　城	248	-	-	247	-	-	-	-
栃　　木	139	-	1	138	-	-	-	-
群　　馬	192	3	1	187	1	-	-	-
埼　　玉	132	-	9	122	-	-	-	-
千　　葉	445	-	-	445	-	-	-	-
東　　京	407	-	-	403	-	-	-	-
神奈川	170	-	-	170	-	-	-	-
新　　潟	159	3	3	152	1	-	-	-
富　　山	35	5	-	30	-	-	-	-
石　　川	92	-	-	92	-	-	-	-
福　　井	114	-	1	113	-	-	-	-
山　　梨	81	-	-	81	-	-	-	-
長　　野	128	-	-	128	-	-	-	-
岐　　阜	157	-	-	157	-	-	-	-
静　　岡	98	-	-	97	-	1	-	-
愛　　知	189	-	-	189	-	-	-	-
三　　重	153	4	2	147	-	-	-	-
滋　　賀	105	-	1	104	-	-	-	-
京　　都	69	-	-	69	-	-	-	-
大　　阪	193	-	-	193	-	-	-	-
兵　　庫	144	-	2	142	-	-	-	-
奈　　良	95	1	1	93	-	-	-	-
和歌山	75	-	1	74	-	-	-	-
鳥　　取	63	-	1	62	-	-	-	-
島　　根	139	-	-	139	-	-	-	-
岡　　山	121	-	1	120	-	-	-	-
広　　島	87	-	-	87	-	-	-	-
山　　口	122	-	-	122	-	-	-	-
徳　　島	107	1	4	102	-	-	-	-
香　　川	75	-	-	75	-	-	-	-
愛　　媛	70	-	-	70	-	-	-	-
高　　知	49	-	-	49	-	-	-	-
福　　岡	264	4	-	256	1	-	-	-
佐　　賀	136	-	-	136	-	-	-	-
長　　崎	168	-	1	167	-	-	-	-
熊　　本	205	-	-	205	-	-	-	-
大　　分	128	-	-	128	-	-	-	-
宮　　崎	135	-	-	135	-	-	-	-
鹿児島	252	-	-	252	-	-	-	-
沖　　縄	253	-	3	250	-	-	-	-

注：本表は年度分報告である。なお、八戸市については、平成29年1月に中核市になったため、1月～3月の数値である。

都道府県-指定都市-中核市×指導状況別

平成28年度

公益事業又は収益事業の停止の命令	報告徴収		他法において準用（再掲）	予算変更勧告	他法において準用（再掲）	役員解職勧告	他法において準用（再掲）	財産返還命令	他法において準用（再掲）
-	9		1	-	-	-	-	-	-
-	-		-	-	-	-	-	-	-
-	-		-	-	-	-	-	-	-
-	-		-	-	-	-	-	-	-
-	-		-	-	-	-	-	-	-
-	1		1	-	-	-	-	-	-
-	-		-	-	-	-	-	-	-
-	1		-	-	-	-	-	-	-
-	4		-	-	-	-	-	-	-
-	-		-	-	-	-	-	-	-
-	3		-	-	-	-	-	-	-

（報告表　42）

民生委員・社会福祉事業
6表

第6表（2－2）社会福祉法人に対する指導・監督件数，

都道府県 指定都市 中核市	総数	報告徴収	立入検査 特別監査	立入検査 一般監査	措置命令	業務停止命令	役員解職勧告	解散命令
指定都市(別掲)								
札幌市	124	-	-	124	-	-	-	-
仙台市	62	-	-	62	-	-	-	-
さいたま市	55	-	-	55	-	-	-	-
千葉市	53	-	-	53	-	-	-	-
横浜市	135	-	-	135	-	-	-	-
川崎市	42	-	-	42	-	-	-	-
相模原市	21	-	-	21	-	-	-	-
新潟市	85	-	-	85	-	-	-	-
静岡市	39	-	-	39	-	-	-	-
浜松市	48	-	-	48	-	-	-	-
名古屋市	104	-	-	104	-	-	-	-
京都市	127	1	1	125	-	-	-	-
大阪市	116	-	1	115	-	-	-	-
堺市	64	-	-	64	-	-	-	-
神戸市	96	-	2	94	-	-	-	-
岡山市	58	-	-	58	-	-	-	-
広島市	67	-	-	67	-	-	-	-
北九州市	88	-	-	88	-	-	-	-
福岡市	236	-	-	236	-	-	-	-
熊本市	46	-	-	46	-	-	-	-
中核市(別掲)								
旭川市	20	-	-	20	-	-	-	-
函館市	17	-	-	17	-	-	-	-
青森市	42	-	-	42	-	-	-	-
八戸市	7	-	-	7	-	-	-	-
盛岡市	26	-	-	26	-	-	-	-
秋田市	32	-	-	32	-	-	-	-
郡山市	13	-	-	13	-	-	-	-
いわき市	20	-	-	20	-	-	-	-
宇都宮市	44	1	1	42	-	-	-	-
前橋市	28	-	-	28	-	-	-	-
高崎市	48	-	-	48	-	-	-	-
川越市	14	-	-	14	-	-	-	-
越谷市	9	-	-	9	-	-	-	-
船橋市	27	-	-	27	-	-	-	-
柏市	20	-	-	20	-	-	-	-
八王子市	24	-	-	24	-	-	-	-
横須賀市	18	-	1	17	-	-	-	-
富山市	38	-	-	38	-	-	-	-
金沢市	60	-	-	60	-	-	-	-
長野市	35	-	-	35	-	-	-	-
岐阜市	-	-	-	-	-	-	-	-
豊橋市	23	-	1	22	-	-	-	-
豊田市	17	-	-	17	-	-	-	-
岡崎市	21	-	-	21	-	-	-	-
大津市	44	-	-	44	-	-	-	-
高槻市	20	-	-	20	-	-	-	-
東大阪市	38	-	-	38	-	-	-	-
豊中市	17	-	-	17	-	-	-	-
枚方市	17	-	-	17	-	-	-	-
姫路市	39	-	2	37	-	-	-	-
西宮市	17	-	1	16	-	-	-	-
尼崎市	34	-	-	34	-	-	-	-
奈良市	19	-	-	19	-	-	-	-
和歌山市	30	-	-	30	-	-	-	-
倉敷市	61	-	-	61	-	-	-	-
福山市	-	-	-	-	-	-	-	-
呉市	20	-	-	20	-	-	-	-
下関市	4	-	-	4	-	-	-	-
高松市	-	-	-	-	-	-	-	-
松山市	1	-	-	-	-	-	-	1
高知市	57	-	-	57	-	-	-	-
久留米市	63	-	-	63	-	-	-	-
長崎市	63	-	-	63	-	-	-	-
佐世保市	32	-	-	32	-	-	-	-
大分市	40	1	1	38	-	-	-	-
宮崎市	62	2	2	58	-	-	-	-
鹿児島市	58	-	-	58	-	-	-	-
那覇市	41	-	-	41	-	-	-	-

注：本表は年度分報告である。なお、八戸市については、平成29年1月に中核市になったため、1月～3月の数値である。

都道府県-指定都市-中核市×指導状況別

平成28年度

公益事業又は収益事業の停止の命令	報告徴収	他法において準用（再掲）	予算変更勧告	他法において準用（再掲）	役員解職勧告	他法において準用（再掲）	財産返還命令	他法において準用（再掲）
-	-	-	-	-	-	-	-	-

(報告表 42)

第７表　施設又は事業に対する指導・監督件数，

都道府県 指定都市 中核市	総数	報告徴収	立入検査	管理規定の変更の命令	事業の制限の命令	施設の設備又は運営の改善の勧告	施設の設備又は運営の改善の命令	事業の停止の命令	事業の廃止の命令	認可(許可)の取消
全国	**87**	**18**	**59**	**-**	**-**	**8**	**1**	**1**	**-**	**-**
北海道	7	2	5	-	-	-	-	-	-	-
青森	-	-	-	-	-	-	-	-	-	-
岩手	-	-	-	-	-	-	-	-	-	-
宮城	-	-	-	-	-	-	-	-	-	-
秋田	-	-	-	-	-	-	-	-	-	-
山形	1	-	1	-	-	-	-	-	-	-
福島	-	-	-	-	-	-	-	-	-	-
茨城	4	1	3	-	-	-	-	-	-	-
栃木	1	-	1	-	-	-	-	-	-	-
群馬	-	-	-	-	-	-	-	-	-	-
埼玉	9	-	8	-	-	-	-	1	-	-
千葉	-	-	-	-	-	-	-	-	-	-
東京	4	-	4	-	-	-	-	-	-	-
神奈川	-	-	-	-	-	-	-	-	-	-
新潟	-	-	-	-	-	-	-	-	-	-
富山	-	-	-	-	-	-	-	-	-	-
石川	-	-	-	-	-	-	-	-	-	-
福井	-	-	-	-	-	-	-	-	-	-
山梨	-	-	-	-	-	-	-	-	-	-
長野	-	-	-	-	-	-	-	-	-	-
岐阜	-	-	-	-	-	-	-	-	-	-
静岡	-	-	-	-	-	-	-	-	-	-
愛知	-	-	-	-	-	-	-	-	-	-
三重	-	-	-	-	-	-	-	-	-	-
滋賀	-	-	-	-	-	-	-	-	-	-
京都	-	-	-	-	-	-	-	-	-	-
大阪	3	-	2	-	-	1	-	-	-	-
兵庫	3	1	2	-	-	-	-	-	-	-
奈良	1	1	-	-	-	-	-	-	-	-
和歌山	-	-	-	-	-	-	-	-	-	-
鳥取	-	-	-	-	-	-	-	-	-	-
島根	-	-	-	-	-	-	-	-	-	-
岡山	-	-	-	-	-	-	-	-	-	-
広島	-	-	-	-	-	-	-	-	-	-
山口	-	-	-	-	-	-	-	-	-	-
徳島	1	-	1	-	-	-	-	-	-	-
香川	-	-	-	-	-	-	-	-	-	-
愛媛	-	-	-	-	-	-	-	-	-	-
高知	1	-	1	-	-	-	-	-	-	-
福岡	1	-	1	-	-	-	-	-	-	-
佐賀	2	2	-	-	-	-	-	-	-	-
長崎	-	-	-	-	-	-	-	-	-	-
熊本	-	-	-	-	-	-	-	-	-	-
大分	-	-	-	-	-	-	-	-	-	-
宮崎	5	-	3	-	-	1	1	-	-	-
鹿児島	-	-	-	-	-	-	-	-	-	-
沖縄	3	-	-	-	-	3	-	-	-	-

注：本表は年度分報告である。なお、八戸市については、平成29年１月に中核市になったため、１月～３月の数値である。

都道府県－指定都市－中核市×指導状況別

平成28年度

都道府県 指定都市 中核市	総数	報告徴収	立入検査	管理規定の変更の命令	事業の制限の命令	施設の設備又は運営の改善の勧告	施設の設備又は運営の改善の命令	事業の停止の命令	事業の廃止の命令	認可(許可)の取消
指定都市(別掲)										
札幌市	－	－	－	－	－	－	－	－	－	－
仙台市	5	2	3	－	－	－	－	－	－	－
さいたま市	－	－	－	－	－	－	－	－	－	－
千葉市	－	－	－	－	－	－	－	－	－	－
横浜市	3	－	3	－	－	－	－	－	－	－
川崎市	－	－	－	－	－	－	－	－	－	－
相模原市	－	－	－	－	－	－	－	－	－	－
新潟市	－	－	－	－	－	－	－	－	－	－
静岡市	－	－	－	－	－	－	－	－	－	－
浜松市	－	－	－	－	－	－	－	－	－	－
名古屋市	2	－	1	－	－	1	－	－	－	－
京都市	2	1	1	－	－	－	－	－	－	－
大阪市	－	－	－	－	－	－	－	－	－	－
堺市	－	－	－	－	－	－	－	－	－	－
神戸市	－	－	－	－	－	－	－	－	－	－
岡山市	－	－	－	－	－	－	－	－	－	－
広島市	－	－	－	－	－	－	－	－	－	－
北九州市	－	－	－	－	－	－	－	－	－	－
福岡市	1	－	1	－	－	－	－	－	－	－
熊本市	－	－	－	－	－	－	－	－	－	－
中核市(別掲)										
旭川市	－	－	－	－	－	－	－	－	－	－
函館市	－	－	－	－	－	－	－	－	－	－
青森市	－	－	－	－	－	－	－	－	－	－
八戸市	－	－	－	－	－	－	－	－	－	－
盛岡市	－	－	－	－	－	－	－	－	－	－
秋田市	－	－	－	－	－	－	－	－	－	－
郡山市	－	－	－	－	－	－	－	－	－	－
いわき市	1	－	1	－	－	－	－	－	－	－
宇都宮市	4	2	2	－	－	－	－	－	－	－
前橋市	－	－	－	－	－	－	－	－	－	－
高崎市	－	－	－	－	－	－	－	－	－	－
川越市	－	－	－	－	－	－	－	－	－	－
越谷市	－	－	－	－	－	－	－	－	－	－
船橋市	－	－	－	－	－	－	－	－	－	－
柏市	－	－	－	－	－	－	－	－	－	－
八王子市	－	－	－	－	－	－	－	－	－	－
横須賀市	－	－	－	－	－	－	－	－	－	－
富山市	－	－	－	－	－	－	－	－	－	－
金沢市	－	－	－	－	－	－	－	－	－	－
長野市	－	－	－	－	－	－	－	－	－	－
岐阜市	－	－	－	－	－	－	－	－	－	－
豊橋市	2	－	1	－	－	1	－	－	－	－
豊田市	－	－	－	－	－	－	－	－	－	－
岡崎市	－	－	－	－	－	－	－	－	－	－
大津市	－	－	－	－	－	－	－	－	－	－
高槻市	4	2	1	－	－	1	－	－	－	－
東大阪市	－	－	－	－	－	－	－	－	－	－
豊中市	－	－	－	－	－	－	－	－	－	－
枚方市	－	－	－	－	－	－	－	－	－	－
姫路市	5	－	5	－	－	－	－	－	－	－
西宮市	4	－	4	－	－	－	－	－	－	－
尼崎市	－	－	－	－	－	－	－	－	－	－
奈良市	－	－	－	－	－	－	－	－	－	－
和歌山市	－	－	－	－	－	－	－	－	－	－
倉敷市	－	－	－	－	－	－	－	－	－	－
福山市	－	－	－	－	－	－	－	－	－	－
呉市	4	2	2	－	－	－	－	－	－	－
下関市	－	－	－	－	－	－	－	－	－	－
高松市	2	1	1	－	－	－	－	－	－	－
松山市	－	－	－	－	－	－	－	－	－	－
高知市	－	－	－	－	－	－	－	－	－	－
久留米市	－	－	－	－	－	－	－	－	－	－
長崎市	－	－	－	－	－	－	－	－	－	－
佐世保市	－	－	－	－	－	－	－	－	－	－
大分市	2	1	1	－	－	－	－	－	－	－
宮崎市	－	－	－	－	－	－	－	－	－	－
鹿児島市	－	－	－	－	－	－	－	－	－	－
那覇市	－	－	－	－	－	－	－	－	－	－

(報告表　42)

児童福祉

第1表（6－1）児童相談所における受付件数，

総　数

都道府県 指定都市 中核市	総数	都道府県・指定都市・中核市				市町村			
		児童相談所	福祉事務所	保健センター	その他	福祉事務所	児童委員	保健センター	その他
全国	**454 640**	**14 557**	**23 915**	**9 391**	**13 460**	**61 578**	**162**	**4 080**	**10 169**
北海道	12 122	153	13	1	812	1 216	1	160	1 356
青森	3 941	93	3	5	273	225	1	8	128
岩手	2 874	27	6	－	2	66	1	3	64
宮城	5 514	114	9	4	245	844	－	771	372
秋田	2 300	36	39	－	12	789	－	1	31
山形	2 491	54	7	－	74	553	2	151	162
福島	7 014	124	52	1	664	1 715	5	88	403
茨城	5 228	74	－	－	4	107	2	－	31
栃木	5 458	140	11	27	19	1 259	－	40	12
群馬	10 292	196	41	7	93	1 212	8	300	216
埼玉	22 298	808	49	10	89	5 122	9	112	99
千葉	17 920	776	12	－	479	7 334	－	11	36
東京	35 940	446	7	－	13	183	1	7	930
神奈川	12 019	291	28	2	6	2 437	9	26	52
新潟	5 009	158	30	1	9	1 418	－	6	716
富山	3 360	48	－	－	2	992	－	12	8
石川	1 548	94	1	－	21	410	－	8	139
福井	2 065	33	3	2	9	355	2	6	556
山梨	2 345	68	－	－	205	121	－	3	1
長野	5 302	100	17	13	230	662	3	301	357
岐阜	6 064	89	6	1	6	2 390	5	26	197
静岡	5 485	179	9	－	8	2 370	－	110	220
愛知	16 616	265	10	2	142	5 640	11	150	420
三重	3 792	144	12	－	8	1 333	－	164	240
滋賀	4 121	23	1 269	－	430	335	4	2	110
京都	3 730	250	－	1	3	229	－	71	20
大阪	30 426	3 572	121	－	1 035	6 521	19	83	444
兵庫	13 761	325	460	－	756	5 195	－	4	47
奈良	5 126	142	61	9	260	380	－	9	121
和歌山	3 469	86	403	4	163	627	5	11	372
鳥取	1 933	45	79	－	42	66	1	17	172
島根	2 641	62	－	1	629	233	1	89	167
岡山	3 977	82	56	3	77	29	－	4	56
広島	5 078	217	6	1	22	803	4	49	317
山口	4 670	102	－	－	11	1 149	11	317	66
徳島	2 624	13	144	－	16	557	1	25	25
香川	5 434	58	5	1	21	493	－	574	140
愛媛	3 430	30	4	－	3	1 576	7	4	67
高知	1 920	16	1	5	1	536	－	8	41
福岡	10 361	297	24	1	701	288	1	9	405
佐賀	1 503	35	9	－	3	610	1	169	47
長崎	6 063	120	33	－	17	1 336	1	9	147
熊本	3 822	31	4	1	1 373	709	7	70	153
大分	1 589	63	24	3	14	118	－	7	7
宮崎	3 444	96	1	－	245	99	1	20	119
鹿児島	6 235	214	61	7	710	414	3	27	177
沖縄	4 315	664	674	－	113	234	19	10	69
指定都市(別掲)									
札幌市	6 735	78	103	95	30	1	3	－	1
仙台市	9 492	106	72	－	17	2	3	4	4
さいたま市	4 854	148	970	115	16	1	－	－	4
千葉市	5 748	141	1 898	337	173	4	－	－	－
横浜市	16 652	1 090	17	5 418	1 139	－	－	－	－
川崎市	4 194	108	1 502	6	247	2	1	－	－
相模原市	2 533	89	646	3	107	19	－	－	4
新潟市	3 211	145	805	17	34	61	－	－	－
静岡市	2 433	39	782	44	14	14	4	1	2
浜松市	2 144	81	1 048	－	4	1	－	－	－
名古屋市	5 971	258	218	3	16	5	－	－	7
京都市	11 495	144	1 883	648	305	7	2	7	2
大阪市	15 497	415	2 634	456	290	6	－	－	－
堺市	4 944	97	1 468	1 104	151	－	－	－	1
神戸市	7 663	57	2 863	521	345	－	－	－	－
岡山市	3 306	86	150	4	210	－	－	－	4
広島市	4 969	117	735	433	89	5	－	－	－
北九州市	6 687	73	270	11	1	1	3	－	7
福岡市	5 134	103	710	－	152	42	－	2	86
熊本市	2 001	45	695	19	27	3	－	9	8
中核市(別掲)									
横須賀市	1 293	27	357	26	1	87	－	5	3
金沢市	1 015	57	285	18	22	27	－	－	1

注：1）本表は年度分報告である。
　　2）中核市（別掲）は、児童相談所を設置している中核市に限る。

性×都道府県－指定都市－中核市×経路別

平成28年度

児童福祉施設・指定発達支援医療機関			児童家庭支援センター	認定こども園	警察等	家庭裁判所	保健所及び医療機関	
保育所	児童福祉施設	指定発達支援医療機関					保健所	医療機関
1 759	14 000	177	146	112	73 021	1 544	1 570	6 510
31	580	2	8	10	2 236	9	4	110
17	187	1	2	15	560	17	9	55
92	78	-	-	6	705	2	-	33
3	91	4	-	-	502	6	-	142
1	26	-	-	2	254	1	-	20
1	118	-	1	-	254	3	2	56
93	283	5	-	1	969	37	1	69
8	9	-	-	1	818	4	3	41
5	93	-	-	-	475	38	40	77
41	53	4	5	-	549	2	3	164
49	65	4	7	-	7 174	96	12	314
19	1 159	6	8	-	3 905	140	5	210
50	219	6	1	1	6 944	299	17	328
37	16	-	4	5	1 612	40	4	108
125	62	2	-	10	417	4	6	49
4	109	-	-	-	335	4	-	31
4	24	-	3	-	225	8	46	23
6	130	4	7	4	239	3	1	35
11	115	-	-	1	417	2	1	68
23	157	2	2	4	905	4	4	77
31	57	2	8	-	397	12	2	70
-	24	8	3	-	681	24	6	58
33	178	16	-	5	3 758	9	4	205
5	82	-	2	-	186	1	-	54
12	41	-	5	-	657	6	1	56
2	32	2	5	-	587	14	9	178
54	2 383	4	7	4	5 268	164	20	223
12	267	1	7	1	2 026	67	1	89
1	247	4	-	1	561	12	-	35
7	84	2	3	-	373	2	4	56
9	57	-	4	1	114	6	-	18
24	47	1	-	-	167	21	1	57
4	63	4	-	-	821	4	18	119
29	86	4	11	5	1 172	10	2	129
18	85	-	5	-	506	5	45	34
22	64	1	-	1	326	3	6	24
14	32	-	1	-	871	61	1	78
11	224	-	-	-	539	5	1	44
30	66	-	1	-	181	4	52	50
29	1 427	-	2	-	1 652	29	-	129
6	80	2	5	-	108	1	-	33
11	339	-	1	1	412	11	1	53
10	4	3	4	-	221	-	33	134
6	7	1	-	-	439	-	2	74
10	292	-	-	-	166	32	6	25
6	981	2	4	2	307	12	35	55
9	273	5	1	-	731	49	1	88
26	488	1	1	4	1 407	2	4	89
141	358	61	1	-	443	1	840	384
22	8	-	-	-	1 352	10	13	52
39	187	-	5	1	718	20	1	70
31	183	2	-	-	2 442	62	-	110
32	20	2	6	-	928	1	61	70
4	5	-	-	-	488	5	1	22
30	42	-	-	5	316	3	2	86
-	2	-	-	4	253	3	-	41
4	14	-	-	-	277	9	-	26
46	251	6	1	-	2 061	22	61	142
43	77	-	-	-	824	3	44	330
86	658	-	-	2	3 819	94	-	273
5	62	-	-	-	951	3	2	52
70	101	1	2	-	856	5	-	64
12	54	-	-	-	442	6	-	265
66	59	-	-	-	729	5	-	48
45	144	-	2	-	609	2	-	67
8	128	-	-	-	654	2	128	46
9	37	2	1	-	209	1	-	42
2	3	-	-	14	304	-	4	37
13	23	-	-	1	217	2	-	16

(報告表 43)

第1表（6－2）児童相談所における受付件数,

総　数

都道府県 指定都市 中核市	学校等			里親	児童委員（通告の仲介を含む）	家族・親戚
	幼稚園	学校	教育委員会等			
全国	783	16 041	1 388	1 261	264	156 156
北海道	9	184	22	102	2	4 386
青森	2	179	11	37	－	1 775
岩手	32	84	2	20	－	1 486
宮城	72	96	21	19	－	1 912
秋田	5	30	16	2	2	771
山形	17	98	48	7	6	690
福島	93	252	72	13	5	1 463
茨城	11	116	1	－	－	3 152
栃木	4	250	31	14	－	2 515
群馬	18	464	52	1	12	5 987
埼玉	24	693	39	5	11	5 418
千葉	40	276	102	7	2	2 029
東京	24	513	10	108	12	17 790
神奈川	13	349	18	－	10	5 340
新潟	46	636	31	9	4	1 032
富山	2	52	19	7	3	1 503
石川	－	64	14	3	－	399
福井	1	72	7	13	5	442
山梨	1	112	7	－	－	974
長野	－	318	55	8	7	1 641
岐阜	2	342	17	4	2	2 021
静岡	－	139	1	3	5	1 237
愛知	32	340	19	31	7	4 098
三重	4	148	6	8	4	1 194
滋賀	1	94	5	5	－	677
京都	1	33	11	5	3	1 811
大阪	35	807	14	76	9	6 361
兵庫	1	79	79	26	7	3 511
奈良	3	250	10	13	4	2 597
和歌山	3	326	9	16	－	685
鳥取	－	78	－	4	－	948
島根	4	187	161	6	3	625
岡山	1	185	22	8	1	2 266
広島	4	248	12	2	－	1 662
山口	2	246	56	29	6	1 727
徳島	3	108	3	5	－	1 186
香川	4	201	22	8	7	2 439
愛媛	1	116	5	5	－	573
高知	－	107	27	11	4	520
福岡	2	309	72	75	6	4 252
佐賀	2	60	6	2	－	247
長崎	－	176	22	50	－	1 674
熊本	2	63	20	－	－	775
大分	3	104	16	10	－	528
宮崎	1	109	－	32	1	1 970
鹿児島	1	146	13	72	6	2 745
沖縄	5	230	6	19	－	787
指定都市(別掲)						
札幌市	－	200	2	157	－	3 548
仙台市	78	1 213	28	2	9	5 002
さいたま市	10	247	19	2	－	1 199
千葉市	17	90	15	1	6	1 425
横浜市	13	387	3	19	1	5 032
川崎市	17	184	3	1	1	551
相模原市	6	79	5	－	2	785
新潟市	2	258	15	9	11	1 072
静岡市	5	121	8	1	3	861
浜松市	1	43	－	2	1	456
名古屋市	11	468	14	6	5	1 508
京都市	5	219	3	3	13	6 391
大阪市	18	831	9	122	13	4 170
堺市	4	89	－	4	－	525
神戸市	3	105	－	9	3	2 318
岡山市	29	435	14	－	2	1 371
広島市	2	246	8	－	12	2 134
北九州市	21	372	6	12	－	4 519
福岡市	2	87	1	10	7	2 546
熊本市	5	161	5	1	－	553
中核市(別掲)						
横須賀市	3	77	3	－	7	200
金沢市	－	60	15	－	12	169

注：1）本表は年度分報告である。
　　2）中核市（別掲）は、児童相談所を設置している中核市に限る。

性×都道府県-指定都市-中核市×経路別

平成28年度

近隣・知人	児童本人	その他	(再掲)			
			措置変更	期間延長	巡回相談	電話相談
24 744	5 406	12 446	2 673	2 791	12 725	54 791
579	51	85	77	123	1 922	36
158	49	131	17	53	-	690
118	16	31	24	68	398	245
182	31	74	11	17	134	328
89	76	97	5	36	358	726
118	36	33	7	12	76	338
436	64	106	23	66	88	626
379	21	446	24	38	193	121
283	25	100	41	36	-	-
355	327	182	26	32	269	4 318
1 395	149	545	103	136	-	5 958
1 030	82	252	29	58	-	200
3 252	566	4 213	761	255	32	11 903
780	385	447	39	49	1	3 317
160	40	38	7	12	14	708
97	112	20	14	17	23	1 222
42	8	12	8	22	-	-
64	41	25	13	28	389	530
138	26	74	15	24	22	378
214	36	162	22	40	1 313	178
203	43	131	21	51	98	523
258	24	118	5	1	-	493
856	135	250	131	80	169	1 499
173	19	5	36	46	807	15
279	11	98	8	11	-	-
216	20	227	24	24	-	-
1 508	1 425	269	202	155	-	2 905
707	75	18	79	105	40	671
326	23	57	20	40	74	3
165	13	50	35	33	437	7
127	69	76	16	25	60	295
88	15	52	5	6	16	145
77	22	55	31	33	96	-
190	18	75	10	6	478	261
180	26	44	27	31	98	35
67	12	12	15	28	29	-
220	30	153	10	9	968	1 276
188	16	11	10	38	449	126
139	13	107	25	24	17	17
474	70	107	48	54	128	239
44	14	19	26	20	12	161
241	86	1 322	30	73	-	2 382
72	39	94	20	22	-	61
131	2	30	-	-	-	-
174	10	35	53	46	79	-
140	16	79	42	71	1 276	911
201	31	96	25	38	-	1 600
396	38	61	-	55	-	-
250	56	417	-	-	1 820	-
430	65	171	9	28	-	328
420	66	114	11	19	111	704
471	106	126	56	86	-	3 464
397	30	24	46	-	-	828
228	19	16	11	16	9	239
189	49	60	11	7	-	1 173
179	9	43	-	-	-	333
127	10	40	5	-	-	130
680	45	137	83	33	-	-
446	23	73	34	32	-	-
1 276	117	208	75	139	2	113
350	21	55	16	23	-	56
275	25	40	18	36	1	-
154	5	63	12	24	-	20
242	18	21	18	37	1	163
268	229	25	4	1	209	943
372	22	26	14	10	9	602
103	19	47	26	36	-	6
113	7	13	-	-	-	237
65	9	3	4	17	-	5

(報告表 43)

第1表（6－3）児童相談所における受付件数，

男

都道府県 指定都市 中核市	総数	都道府県・指定都市・中核市				市町村			
		児童相談所	福祉事務所	保健センター	その他	福祉事務所	児童委員	保健センター	その他
全国	**276 602**	**7 548**	**16 148**	**6 581**	**8 530**	**40 406**	**101**	**2 838**	**6 065**
北海道	7 364	71	8	－	401	772	1	98	915
青森	2 313	42	2	－	168	129	1	6	79
岩手	1 709	17	4	－	1	34	－	1	44
宮城	3 664	57	4	2	146	588	－	592	248
秋田	1 421	25	33	－	9	565	－	1	20
山形	1 660	33	4	－	51	399	1	111	106
福島	4 284	63	34	1	435	1 130	3	58	265
茨城	3 180	34	－	－	3	49	1	－	14
栃木	3 519	74	8	18	10	875	－	29	10
群馬	6 396	114	20	5	48	795	8	220	128
埼玉	13 039	398	19	4	49	3 325	4	60	63
千葉	11 019	381	6	－	303	4 994	－	7	21
東京	20 798	232	4	－	7	114	－	5	474
神奈川	7 212	156	19	1	2	1 635	7	14	36
新潟	2 891	92	17	－	7	889	－	2	416
富山	2 153	30	－	－	2	681	－	4	5
石川	925	40	1	－	14	272	－	4	90
福井	1 191	18	1	－	4	212	1	5	356
山梨	1 352	33	－	－	101	67	－	2	1
長野	3 032	52	4	10	126	386	2	184	200
岐阜	3 904	51	5	－	3	1 617	4	20	127
静岡	3 406	79	4	－	4	1 539	－	83	140
愛知	9 979	130	5	2	81	3 715	9	100	265
三重	2 345	76	4	－	6	782	－	121	158
滋賀	2 532	15	877	－	280	167	3	－	50
京都	2 258	131	－	－	1	125	－	54	13
大阪	18 032	1 871	63	－	648	4 309	12	37	232
兵庫	8 755	177	314	－	522	3 472	－	3	30
奈良	3 272	81	40	7	169	228	－	4	72
和歌山	2 157	39	286	2	112	411	2	8	243
鳥取	1 122	24	52	－	26	32	－	10	82
島根	1 593	38	－	1	381	135	1	51	113
岡山	2 480	42	38	3	43	17	－	4	33
広島	2 933	118	5	－	13	499	1	27	142
山口	2 910	58	－	－	5	777	6	227	41
徳島	1 650	10	95	－	2	374	1	17	9
香川	3 301	29	2	－	12	313	－	429	91
愛媛	2 129	23	3	－	－	1 074	6	－	37
高知	1 177	12	1	2	－	349	－	6	23
福岡	6 117	161	13	1	432	165	1	3	216
佐賀	914	16	6	－	3	396	1	123	25
長崎	3 103	56	18	－	12	859	1	7	88
熊本	2 421	13	1	－	951	465	2	44	78
大分	896	28	3	－	8	66	－	5	4
宮崎	2 078	56	1	－	166	61	1	15	69
鹿児島	3 739	101	34	2	447	259	3	18	89
沖縄	2 486	337	437	－	54	130	10	5	27
指定都市(別掲)									
札幌市	3 895	37	55	48	24	－	1	－	1
仙台市	6 292	58	34	－	9	1	2	－	2
さいたま市	2 922	83	633	64	10	1	－	－	1
千葉市	3 536	82	1 332	237	105	1	－	－	－
横浜市	10 885	564	7	3 788	807	－	－	－	－
川崎市	2 538	59	1 013	2	171	－	－	－	－
相模原市	1 541	49	428	2	71	13	－	－	2
新潟市	1 906	74	527	8	17	36	－	－	－
静岡市	1 514	22	541	19	8	9	2	1	－
浜松市	1 364	43	711	－	3	－	－	－	－
名古屋市	3 240	119	131	－	9	－	－	－	4
京都市	7 765	72	1 317	466	171	5	1	7	1
大阪市	9 090	214	1 757	335	192	1	－	－	－
堺市	3 057	56	948	787	100	－	－	－	1
神戸市	5 233	27	2 069	408	255	－	－	－	－
岡山市	2 097	54	78	4	136	－	－	－	2
広島市	3 076	57	495	312	47	1	－	－	－
北九州市	4 086	38	189	3	1	－	2	－	4
福岡市	3 233	46	483	－	103	23	－	2	52
熊本市	1 169	20	456	14	10	3	－	4	6
中核市(別掲)									
横須賀市	754	10	242	13	－	56	－	－	1
金沢市	598	30	207	10	13	9	－	－	－

注：1）本表は年度分報告である。
　　2）中核市（別掲）は、児童相談所を設置している中核市に限る。

性×都道府県－指定都市－中核市×経路別

平成28年度

児童福祉施設・指定発達支援医療機関			児童家庭支援センター	認定こども園	警察等	家庭裁判所	保健所及び医療機関	
保育所	児童福祉施設	指定発達支援医療機関					保健所	医療機関
1 072	**7 914**	**94**	**78**	**65**	**39 885**	**1 113**	**1 060**	**3 706**
21	350	－	4	4	1 211	5	3	58
6	126	－	1	10	304	12	2	23
70	45	－	－	2	375	1	－	23
1	49	2	－	－	269	4	－	98
－	13	－	－	2	149	－	－	12
－	66	－	－	－	143	2	－	42
68	154	2	－	－	531	29	1	40
4	2	－	－	－	441	3	1	24
5	57	－	－	－	264	25	30	42
18	31	4	4	－	311	1	2	86
27	32	2	3	－	3 876	69	7	168
11	703	3	5	－	2 106	98	2	122
30	122	4	1	1	3 894	212	8	191
20	13	－	2	3	864	34	3	58
72	42	－	－	6	221	3	2	26
3	59	－	－	－	194	4	－	12
2	14	－	2	－	118	8	28	11
4	57	2	2	1	129	2	1	16
6	83	－	－	－	206	1	1	35
14	83	2	－	2	510	3	－	37
12	33	1	5	－	231	11	2	33
－	13	8	3	－	367	18	5	30
19	98	10	－	4	2 036	7	1	101
2	49	－	1	－	99	1	－	35
6	30	－	4	－	380	3	1	28
2	16	1	4	－	336	13	7	116
29	1 353	2	3	2	2 855	127	15	118
6	147	－	5	1	1 140	48	1	55
1	148	2	－	1	342	6	－	16
4	48	2	－	－	197	2	3	30
3	27	－	2	1	79	4	－	9
18	30	－	－	－	107	16	－	26
3	39	1	－	－	427	2	11	76
18	50	4	8	3	626	9	2	76
12	40	－	3	－	267	2	37	18
16	39	1	－	1	180	3	3	18
8	18	－	1	－	498	37	－	46
7	127	－	－	－	310	3	－	22
16	37	－	－	－	121	2	40	29
16	795	－	1	－	933	23	－	61
2	49	1	1	－	64	1	－	19
4	182	－	1	1	226	6	1	33
6	2	1	2	－	126	－	26	81
3	5	1	－	－	229	－	－	42
1	148	－	－	－	106	19	3	15
3	520	2	2	1	195	8	23	33
6	129	4	－	－	423	40	1	50
17	263	1	－	－	735	1	2	61
102	253	22	－	－	230	1	584	239
13	2	－	－	－	740	4	10	33
20	116	－	2	－	391	9	－	40
22	104	2	－	－	1 289	47	－	56
20	12	2	4	－	500	1	35	40
2	2	－	－	－	278	5	－	17
17	29	－	－	4	161	2	2	46
－	2	－	－	3	136	1	－	19
3	4	－	－	－	151	8	－	15
32	132	5	1	－	1 066	18	33	74
32	37	－	－	－	454	2	32	209
44	361	－	－	1	2 037	66	－	139
4	30	－	－	－	485	3	2	27
52	52	－	－	－	510	4	－	33
5	38	－	－	－	232	5	－	179
35	35	－	－	－	400	4	－	26
30	79	－	1	－	325	1	－	38
3	62	－	－	－	361	2	84	22
5	21	－	－	－	114	1	－	24
－	1	－	－	10	163	－	3	20
9	6	－	－	1	111	1	－	9

（報告表　43）

第1表（6－4）児童相談所における受付件数,

男

都道府県 指定都市 中核市	学校等			里親	児童委員（通告の仲介を含む）	家族・親戚
	幼稚園	学校	教育委員会等			
全国	509	8 563	824	615	151	100 189
北海道	4	99	15	61	2	2 887
青森	1	81	8	21	–	1 122
岩手	27	34	2	5	–	953
宮城	59	55	9	8	–	1 320
秋田	3	16	11	1	1	432
山形	11	70	35	5	3	460
福島	67	131	46	3	2	900
茨城	7	55	1	–	–	2 120
栃木	2	142	17	5	–	1 663
群馬	13	283	36	–	9	3 748
埼玉	10	345	23	2	8	3 355
千葉	28	131	68	4	–	1 265
東京	12	244	6	43	8	10 920
神奈川	8	167	12	–	5	3 244
新潟	18	328	17	3	3	608
富山	1	32	14	3	–	957
石川	–	31	12	2	–	245
福井	–	45	3	5	2	258
山梨	–	59	–	–	–	616
長野	–	166	28	2	3	977
岐阜	1	180	8	2	1	1 342
静岡	–	67	–	1	3	806
愛知	18	157	11	18	5	2 565
三重	1	78	5	3	3	820
滋賀	–	44	2	2	–	432
京都	1	15	6	3	3	1 165
大阪	18	389	5	38	5	4 003
兵庫	–	40	46	13	5	2 288
奈良	2	162	4	2	2	1 763
和歌山	3	199	3	9	–	436
鳥取	–	40	–	2	–	569
島根	2	110	99	4	2	376
岡山	1	126	16	4	1	1 511
広島	1	125	5	–	–	1 067
山口	1	132	39	11	3	1 122
徳島	–	58	2	–	–	780
香川	2	115	8	3	3	1 518
愛媛	1	56	3	1	–	348
高知	–	47	19	5	2	330
福岡	1	155	38	42	4	2 728
佐賀	1	30	1	1	–	133
長崎	–	100	11	26	–	988
熊本	2	29	14	–	–	469
大分	2	52	7	9	–	349
宮崎	–	53	–	13	1	1 235
鹿児島	1	70	8	35	3	1 759
沖縄	4	115	1	14	–	506
指定都市(別掲)						
札幌市	–	99	2	66	–	2 240
仙台市	64	822	19	2	7	3 397
さいたま市	7	122	12	2	–	781
千葉市	11	54	10	1	3	819
横浜市	9	209	1	10	–	3 640
川崎市	10	85	2	1	1	327
相模原市	4	35	3	–	1	504
新潟市	1	142	7	5	7	682
静岡市	2	60	4	–	1	566
浜松市	1	24	–	2	–	296
名古屋市	7	226	7	4	3	896
京都市	3	115	1	1	7	4 574
大阪市	13	430	3	67	4	2 604
堺市	2	42	–	1	–	331
神戸市	2	53	–	4	2	1 579
岡山市	24	284	10	–	–	931
広島市	–	113	4	–	6	1 401
北九州市	9	175	2	10	–	2 940
福岡市	–	48	–	5	5	1 683
熊本市	4	91	2	–	–	314
中核市(別掲)						
横須賀市	2	45	–	–	4	123
金沢市	–	31	11	–	8	103

注：1）本表は年度分報告である。
　　2）中核市（別掲）は、児童相談所を設置している中核市に限る。

性×都道府県－指定都市－中核市×経路別

平成28年度

近隣・知人	児童本人	その他	（再 措置変更	期間延長	巡回相談	掲） 電話相談
13 208	2 767	6 572	1 454	1 401	8 440	31 773
310	22	42	41	72	1 333	13
67	23	79	12	32	－	364
56	2	13	14	36	289	130
101	11	41	7	7	88	196
47	27	54	4	15	283	391
69	23	26	3	8	54	112
221	34	66	9	29	68	357
201	7	213	14	19	134	69
167	12	64	22	16	－	－
190	206	116	16	16	196	2 544
767	64	359	62	66	－	3 351
561	38	162	23	26	－	112
1 812	250	2 204	403	136	20	7 000
422	179	308	23	25	－	1 915
77	20	22	5	7	8	413
53	85	14	10	7	19	775
21	2	8	2	12	－	－
32	22	13	6	16	218	242
79	17	45	10	14	16	202
113	16	112	14	14	791	87
109	19	87	13	26	68	301
148	10	78	1	1	－	273
447	49	126	75	51	99	821
91	7	3	18	27	536	9
151	3	54	6	7	－	－
109	5	132	15	9	－	－
773	965	160	112	76	－	1 885
404	28	10	50	61	26	365
180	10	30	11	21	40	2
87	5	26	20	13	302	5
77	44	39	6	15	29	157
44	6	33	3	4	12	88
38	8	36	18	19	67	－
85	8	41	5	3	315	142
81	3	25	13	11	66	20
32	2	7	3	16	19	－
126	12	30	6	6	673	762
92	7	9	7	19	306	76
77	5	54	13	8	14	10
254	25	49	25	25	81	143
22	10	9	15	5	9	82
122	50	311	14	36	－	887
34	16	59	6	7	－	24
67	1	15	－	－	－	－
94	2	19	28	21	60	－
76	9	38	21	36	723	499
112	18	63	17	13	－	933
						－
202	12	28	－	30	－	－
142	38	264	－	－	1 229	－
251	24	129	5	10	－	228
194	30	79	7	10	79	349
233	29	68	31	48	－	2 694
233	8	12	18	－	－	471
110	8	7	6	9	6	150
85	23	31	6	4	－	694
88	1	29	－	－	－	179
68	7	28	2	－	－	74
379	15	79	38	18	－	－
215	7	36	19	16	－	－
661	41	120	37	62	1	61
205	6	27	4	11	－	34
152	11	20	12	15	1	－
76	3	36	8	16	－	11
128	3	9	11	19	1	81
133	93	13	3	－	157	489
224	7	18	7	2	4	342
52	7	21	15	20	－	4
						－
47	3	11	－	－	－	152
32	4	3	4	2	－	3

（報告表　43）

第1表（6－5）児童相談所における受付件数，

女

都道府県 指定都市 中核市	総数	都道府県・指定都市・中核市				市町村			
		児童相談所	福祉事務所	保健センター	その他	福祉事務所	児童委員	保健センター	その他
全国	178 038	7 009	7 767	2 810	4 930	21 172	61	1 242	4 104
北海道	4 758	82	5	1	411	444	-	62	441
青森	1 628	51	1	5	105	96	-	2	49
岩手	1 165	10	2	-	1	32	1	2	20
宮城	1 850	57	5	2	99	256	-	179	124
秋田	879	11	6	-	3	224	-	-	11
山形	831	21	3	-	23	154	1	40	56
福島	2 730	61	18	-	229	585	2	30	138
茨城	2 048	40	-	-	1	58	1	-	17
栃木	1 939	66	3	9	9	384	-	11	2
群馬	3 896	82	21	2	45	417	-	80	88
埼玉	9 259	410	30	6	40	1 797	5	52	36
千葉	6 901	395	6	-	176	2 340	-	4	15
東京	15 142	214	3	-	6	69	1	2	456
神奈川	4 807	135	9	1	4	802	2	12	16
新潟	2 118	66	13	1	2	529	-	4	300
富山	1 207	18	-	-	-	311	-	8	3
石川	623	54	-	-	7	138	-	4	49
福井	874	15	2	2	5	143	1	1	200
山梨	993	35	-	-	104	54	-	1	-
長野	2 270	48	13	3	104	276	1	117	157
岐阜	2 160	38	1	1	3	773	1	6	70
静岡	2 079	100	5	-	4	831	-	27	80
愛知	6 637	135	5	-	61	1 925	2	50	155
三重	1 447	68	8	-	2	551	-	43	82
滋賀	1 589	8	392	-	150	168	1	2	60
京都	1 472	119	-	1	2	104	-	17	7
大阪	12 394	1 701	58	-	387	2 212	7	46	212
兵庫	5 006	148	146	-	234	1 723	-	1	17
奈良	1 854	61	21	2	91	152	-	5	49
和歌山	1 312	47	117	2	51	216	3	3	129
鳥取	811	21	27	-	16	34	1	7	90
島根	1 048	24	-	-	248	98	-	38	54
岡山	1 497	40	18	-	34	12	-	-	23
広島	2 145	99	1	1	9	304	3	22	175
山口	1 760	44	-	-	6	372	5	90	25
徳島	974	3	49	-	14	183	-	8	16
香川	2 133	29	3	1	9	180	-	145	49
愛媛	1 301	7	1	-	3	502	1	4	30
高知	743	4	-	3	1	187	-	2	18
福岡	4 244	136	11	-	269	123	-	6	189
佐賀	589	19	3	-	-	214	-	46	22
長崎	2 960	64	15	-	5	477	-	2	59
熊本	1 401	18	3	1	422	244	5	26	75
大分	693	35	21	3	6	52	-	2	3
宮崎	1 366	40	-	-	79	38	-	5	50
鹿児島	2 496	113	27	5	263	155	-	9	88
沖縄	1 829	327	237	-	59	104	9	5	42
指定都市(別掲)									
札幌市	2 840	41	48	47	6	1	2	-	-
仙台市	3 200	48	38	-	8	1	1	4	2
さいたま市	1 932	65	337	51	6	-	-	-	3
千葉市	2 212	59	566	100	68	3	-	-	-
横浜市	5 767	526	10	1 630	332	-	-	-	-
川崎市	1 656	49	489	4	76	2	1	-	-
相模原市	992	40	218	1	36	6	-	-	2
新潟市	1 305	71	278	9	17	25	-	-	-
静岡市	919	17	241	25	6	5	2	-	2
浜松市	780	38	337	-	1	1	-	-	-
名古屋市	2 731	139	87	3	7	5	-	-	3
京都市	3 730	72	566	182	134	2	1	-	1
大阪市	6 407	201	877	121	98	5	-	-	-
堺市	1 887	41	520	317	51	-	-	-	-
神戸市	2 430	30	794	113	90	-	-	-	-
岡山市	1 209	32	72	-	74	-	-	-	2
広島市	1 893	60	240	121	42	4	-	-	-
北九州市	2 601	35	81	8	-	1	1	-	3
福岡市	1 901	57	227	-	49	19	-	-	34
熊本市	832	25	239	5	17	-	-	5	2
中核市(別掲)									
横須賀市	539	17	115	13	1	31	-	5	2
金沢市	417	27	78	8	9	18	-	-	1

注：1）本表は年度分報告である。
　　2）中核市（別掲）は、児童相談所を設置している中核市に限る。

性×都道府県－指定都市－中核市×経路別

平成28年度

児童福祉施設・指定発達支援医療機関			児童家庭支援センター	認定こども園	警察等	家庭裁判所	保健所及び医療機関	
保育所	児童福祉施設	指定発達支援医療機関					保健所	医療機関
687	**6 086**	**83**	**68**	**47**	**33 136**	**431**	**510**	**2 804**
10	230	2	4	6	1 025	4	1	52
11	61	1	1	5	256	5	7	32
22	33	−	−	4	330	1	−	10
2	42	2	−	−	233	2	−	44
1	13	−	−	−	105	1	−	8
1	52	−	1	−	111	1	2	14
25	129	3	−	1	438	8	−	29
4	7	−	−	1	377	1	2	17
−	36	−	−	−	211	13	10	35
23	22	−	1	−	238	1	1	78
22	33	2	4	−	3 298	27	5	146
8	456	3	3	−	1 799	42	3	88
20	97	2	−	−	3 050	87	9	137
17	3	−	2	2	748	6	1	50
53	20	2	−	4	196	1	4	23
1	50	−	−	−	141	−	−	19
2	10	−	1	−	107	−	18	12
2	73	2	5	3	110	1	−	19
5	32	−	−	1	211	1	−	33
9	74	−	2	2	395	1	4	40
19	24	1	3	−	166	1	−	37
−	11	−	−	−	314	6	1	28
14	80	6	−	1	1 722	2	3	104
3	33	−	1	−	87	−	−	19
6	11	−	1	−	277	3	−	28
−	16	1	1	−	251	1	2	62
25	1 030	2	4	2	2 413	37	5	105
6	120	1	2	−	886	19	−	34
−	99	2	−	−	219	6	−	19
3	36	−	3	−	176	−	1	26
6	30	−	2	−	35	2	−	9
6	17	1	−	−	60	5	1	31
1	24	3	−	−	394	2	7	43
11	36	−	3	2	546	1	−	53
6	45	−	2	−	239	3	8	16
6	25	−	−	−	146	−	3	6
6	14	−	−	−	373	24	1	32
4	97	−	−	−	229	2	1	22
14	29	−	1	−	60	2	12	21
13	632	−	1	−	719	6	−	68
4	31	1	4	−	44	−	−	14
7	157	−	−	−	186	5	−	20
4	2	2	2	−	95	−	7	53
3	2	−	−	−	210	−	2	32
9	144	−	−	−	60	13	3	10
3	461	−	2	1	112	4	12	22
3	144	1	1	−	308	9	−	38
9	225	−	1	4	672	1	2	28
39	105	39	1	−	213	−	256	145
9	6	−	−	−	612	6	3	19
19	71	−	3	1	327	11	1	30
9	79	−	−	−	1 153	15	−	54
12	8	−	2	−	428	−	26	30
2	3	−	−	−	210	−	1	5
13	13	−	−	1	155	1	−	40
−	−	−	−	1	117	2	−	22
1	10	−	−	−	126	1	−	11
14	119	1	−	−	995	4	28	68
11	40	−	−	−	370	1	12	121
42	297	−	−	1	1 782	28	−	134
1	32	−	−	−	466	−	−	25
18	49	1	2	−	346	1	−	31
7	16	−	−	−	210	1	−	86
31	24	−	−	−	329	1	−	22
15	65	−	1	−	284	1	−	29
5	66	−	−	−	293	−	44	24
4	16	2	1	−	95	−	−	18
2	2	−	−	4	141	−	1	17
4	17	−	−	−	106	1	−	7

（報告表　43）

第1表（6－6）児童相談所における受付件数，

女

都道府県 指定都市 中核市	学校等			里親	児童委員（通告の仲介を含む）	家族・親戚
	幼稚園	学校	教育委員会等			
全国	**274**	**7 478**	**564**	**646**	**113**	**55 967**
北海道	5	85	7	41	－	1 499
青森	1	98	3	16	－	653
岩手	5	50	－	15	－	533
宮城	13	41	12	11	－	592
秋田	2	14	5	1	1	339
山形	6	28	13	2	3	230
福島	26	121	26	10	3	563
茨城	4	61	－	－	－	1 032
栃木	2	108	14	9	－	852
群馬	5	181	16	1	3	2 239
埼玉	14	348	16	3	3	2 063
千葉	12	145	34	3	2	764
東京	12	269	4	65	4	6 870
神奈川	5	182	6	－	5	2 096
新潟	28	308	14	6	1	424
富山	1	20	5	4	3	546
石川	－	33	2	1	－	154
福井	1	27	4	8	3	184
山梨	1	53	7	－	－	358
長野	－	152	27	6	4	664
岐阜	1	162	9	2	1	679
静岡	－	72	1	2	2	431
愛知	14	183	8	13	2	1 533
三重	3	70	1	5	1	374
滋賀	1	50	3	3	－	245
京都	－	18	5	2	－	646
大阪	17	418	9	38	4	2 358
兵庫	1	39	33	13	2	1 223
奈良	1	88	6	11	2	834
和歌山	－	127	6	7	－	249
鳥取	－	38	－	2	－	379
島根	2	77	62	2	1	249
岡山	－	59	6	4	－	755
広島	3	123	7	2	－	595
山口	1	114	17	18	3	605
徳島	3	50	1	5	－	406
香川	2	86	14	5	4	921
愛媛	－	60	2	4	－	225
高知	－	60	8	6	2	190
福岡	1	154	34	33	2	1 524
佐賀	1	30	5	1	－	114
長崎	－	76	11	24	－	686
熊本	－	34	6	－	－	306
大分	1	52	9	1	－	179
宮崎	1	56	－	19	－	735
鹿児島	－	76	5	37	3	986
沖縄	1	115	5	5	－	281
指定都市(別掲)						
札幌市	－	101	－	91	－	1 308
仙台市	14	391	9	－	2	1 605
さいたま市	3	125	7	－	－	418
千葉市	6	36	5	－	3	606
横浜市	4	178	2	9	1	1 392
川崎市	7	99	1	－	－	224
相模原市	2	44	2	－	1	281
新潟市	1	116	8	4	4	390
静岡市	3	61	4	1	2	295
浜松市	－	19	－	－	1	160
名古屋市	4	242	7	2	2	612
京都市	2	104	2	2	6	1 817
大阪市	5	401	6	55	9	1 566
堺市	2	47	－	3	－	194
神戸市	1	52	－	5	1	739
岡山市	5	151	4	－	2	440
広島市	2	133	4	－	6	733
北九州市	12	197	4	2	－	1 579
福岡市	2	39	1	5	2	863
熊本市	1	70	3	1	－	239
中核市(別掲)						
横須賀市	1	32	3	－	3	77
金沢市	－	29	4	－	4	66

注：1）本表は年度分報告である。
　　2）中核市（別掲）は、児童相談所を設置している中核市に限る。

性×都道府県-指定都市-中核市×経路別

平成28年度

近隣・知人	児童本人	その他	(再掲)			
			措置変更	期間延長	巡回相談	電話相談
11 536	2 639	5 874	1 219	1 390	4 285	23 018
269	29	43	36	51	589	23
91	26	52	5	21	-	326
62	14	18	10	32	109	115
81	20	33	4	10	46	132
42	49	43	1	21	75	335
49	13	7	4	4	22	226
215	30	40	14	37	20	269
178	14	233	10	19	59	52
116	13	36	19	20	-	-
165	121	66	10	16	73	1 774
628	85	186	41	70	-	2 607
469	44	90	6	32	-	88
1 440	316	2 009	358	119	12	4 903
358	206	139	16	24	1	1 402
83	20	16	2	5	6	295
44	27	6	4	10	4	447
21	6	4	6	10	-	-
32	19	12	7	12	171	288
59	9	29	5	10	6	176
101	20	50	8	26	522	91
94	24	44	8	25	30	222
110	14	40	4	-	-	220
409	86	124	56	29	70	678
82	12	2	18	19	271	6
128	8	44	2	4	-	-
107	15	95	9	15	-	-
735	460	109	90	79	-	1 020
303	47	8	29	44	14	306
146	13	27	9	19	34	1
78	8	24	15	20	135	2
50	25	37	10	10	31	138
44	9	19	2	2	4	57
39	14	19	13	14	29	-
105	10	34	5	3	163	119
99	23	19	14	20	32	15
35	10	5	12	12	10	-
94	18	123	4	3	295	514
96	9	2	3	19	143	50
62	8	53	12	16	3	7
220	45	58	23	29	47	96
22	4	10	11	15	3	79
119	36	1 011	16	37	-	1 495
38	23	35	14	15	-	37
64	1	15	-	-	-	-
80	8	16	25	25	19	-
64	7	41	21	35	553	412
89	13	33	8	25	-	667
						-
194	26	33	-	25	-	-
108	18	153	-	-	591	-
179	41	42	4	18	-	100
226	36	35	4	9	32	355
238	77	58	25	38	-	770
164	22	12	28	-	-	357
118	11	9	5	7	3	89
104	26	29	5	3	-	479
91	8	14	-	-	-	154
59	3	12	3	-	-	56
301	30	58	45	15	-	-
231	16	37	15	16	-	-
615	76	88	38	77	1	52
145	15	28	12	12	-	22
123	14	20	6	21	-	-
78	2	27	4	8	-	9
114	15	12	7	18	-	82
135	136	12	1	1	52	454
148	15	8	7	8	5	260
51	12	26	11	16	-	2
						-
66	4	2	-	-	-	85
33	5	-	-	15	-	2

(報告表 43)

第２表（６－１）市町村における児童相談受付件数，

総　数

都道府県 指定都市 中核市	総数	都道府県・指定都市・中核市 児童相談所	福祉事務所	保健センター	その他	市町村 福祉事務所	児童委員	保健センター	その他
全国	**369 575**	**39 777**	**6 692**	**10 599**	**2 677**	**18 491**	·	**31 239**	**17 110**
北海道	10 498	1 868	4	9	12	559	·	1 692	260
青森	1 927	105	7	2	7	45	·	41	44
岩手	1 914	179	3	1	6	138	·	299	90
宮城	2 681	318	16	-	4	153	·	224	185
秋田	1 628	90	-	-	16	64	·	124	55
山形	2 468	112	5	-	1	103	·	238	274
福島	3 777	433	37	11	76	363	·	254	307
茨城	4 817	434	29	12	49	304	·	625	141
栃木	2 560	194	28	5	9	177	·	207	184
群馬	2 866	274	42	76	37	91	·	254	94
埼玉	13 761	2 149	42	44	29	681	·	1 214	563
千葉	12 162	3 120	57	37	76	929	·	1 154	638
東京	52 550	4 141	113	-	153	1 552	·	4 003	4 480
神奈川	5 314	513	21	4	18	243	·	1 107	389
新潟	5 531	281	6	5	12	211	·	334	379
富山	1 122	89	3	1	15	51	·	151	43
石川	2 393	129	-	7	-	37	·	163	72
福井	2 037	180	8	5	2	167	·	200	177
山梨	5 113	641	18	-	25	247	·	487	325
長野	5 138	513	22	8	69	480	·	868	237
岐阜	7 526	371	23	8	22	207	·	661	99
静岡	4 870	262	46	22	1	370	·	855	160
愛知	8 963	1 347	49	6	22	510	·	1 014	486
三重	6 536	575	27	12	8	546	·	451	173
滋賀	3 628	306	53	34	23	360	·	555	297
京都	3 784	680	30	-	16	274	·	228	191
大阪	26 971	3 456	277	251	170	3 064	·	3 764	1 256
兵庫	28 100	2 035	245	524	133	1 264	·	3 142	1 104
奈良	5 197	912	50	7	23	489	·	467	274
和歌山	3 946	457	7	25	9	101	·	1 142	224
鳥取	1 472	79	3	-	2	44	·	241	119
島根	814	95	-	-	8	23	·	177	77
岡山	2 043	138	5	3	14	168	·	231	90
広島	5 091	977	9	-	23	329	·	451	358
山口	2 026	407	17	12	7	167	·	303	102
徳島	1 508	295	1	-	1	82	·	203	11
香川	2 495	262	24	-	20	248	·	243	96
愛媛	3 205	199	17	1	4	301	·	237	77
高知	1 674	87	12	3	7	74	·	243	146
福岡	9 604	802	35	53	20	562	·	788	780
佐賀	1 243	109	-	1	1	172	·	49	212
長崎	2 844	213	35	39	144	104	·	192	132
熊本	2 014	176	13	11	56	119	·	100	128
大分	3 444	516	34	-	2	187	·	424	134
宮崎	2 817	398	1	5	1	264	·	274	354
鹿児島	3 387	299	1	2	8	190	·	264	194
沖縄	3 944	313	42	4	34	433	·	213	279
指定都市(別掲)									
札幌市	2 586	116	229	545	20	29	·	8	13
仙台市	2 330	312	99	368	34	69	·	5	71
さいたま市	1 225	261	37	62	10	61	·	16	8
千葉市	1 422	596	34	85	17	65	·	8	21
横浜市	18 491	143	41	602	22	28	·	62	20
川崎市	4 688	55	359	40	14	54	·	69	6
相模原市	1 734	31	158	-	56	22	·	-	92
新潟市	867	87	137	74	39	15	·	-	-
静岡市	3 376	263	222	153	25	25	·	7	102
浜松市	1 218	28	121	235	16	52	·	12	2
名古屋市	1 379	157	233	5	17	115	·	1	5
京都市	2 811	1 645	154	22	13	115	·	1	12
大阪市	15 958	2 415	1 999	1 955	147	295	·	133	72
堺市	3 450	917	547	827	36	79	·	-	23
神戸市	6 508	103	304	3 559	-	-	·	-	-
岡山市	1 126	47	119	169	21	-	·	-	68
広島市	1 903	712	104	90	4	102	·	60	3
北九州市	1 841	239	25	170	11	-	·	241	34
福岡市	3 868	78	237	309	30	98	·	31	9
熊本市	1 727	6	5	63	723	4	·	-	33
中核市(別掲)									
横須賀市	1 664	37	11	16	27	16	·	34	26
金沢市	-	-	-	-	-	-	·	-	-

注：1）本表は年度分報告である。
　　2）中核市（別掲）は、児童相談所を設置している中核市に限る。

性×都道府県－指定都市－中核市×経路別

平成28年度

児童福祉施設・指定発達支援医療機関			児童家庭支援センター	認定こども園	警察等	家庭裁判所	保健所及び医療機関	
保育所	児童福祉施設	指定発達支援医療機関					保健所	医療機関
18 005	2 754	260	·	2 261	10 984	·	4 158	7 215
293	159	5	·	39	109	·	155	146
39	1	-	·	12	17	·	22	6
206	10	-	·	7	28	·	9	23
132	35	2	·	3	103	·	-	28
113	26	-	·	14	43	·	4	24
274	32	2	·	34	90	·	-	19
178	33	-	·	44	99	·	5	37
234	22	11	·	22	59	·	13	73
111	3	1	·	11	43	·	6	56
221	12	4	·	50	42	·	1	65
379	87	5	·	9	1 243	·	18	134
304	81	12	·	9	166	·	145	301
1 696	615	20	·	41	1 875	·	940	1 449
156	8	4	·	8	26	·	5	159
564	18	-	·	68	64	·	16	103
184	7	3	·	38	33	·	12	20
92	58	-	·	464	2	·	9	12
136	18	-	·	18	32	·	9	31
197	24	13	·	31	236	·	6	45
969	41	8	·	36	51	·	4	137
555	34	1	·	275	94	·	4	38
117	35	4	·	17	39	·	8	94
738	139	3	·	6	191	·	42	193
540	19	-	·	8	74	·	62	81
162	24	2	·	20	98	·	29	82
207	19	1	·	5	134	·	10	71
1 623	191	21	·	89	1 207	·	87	358
1 397	163	25	·	455	724	·	364	674
368	28	2	·	47	102	·	425	45
138	22	2	·	14	22	·	44	30
179	11	-	·	20	18	·	1	95
72	9	3	·	3	23	·	-	16
129	9	-	·	14	28	·	129	71
372	37	4	·	17	120	·	143	55
132	8	-	·	-	24	·	1	27
63	16	-	·	16	51	·	-	57
134	11	2	·	6	62	·	-	86
344	19	-	·	8	125	·	207	165
190	5	-	·	2	43	·	7	27
673	48	15	·	17	218	·	55	170
88	-	2	·	7	23	·	1	24
78	9	1	·	23	93	·	19	51
166	4	-	·	1	43	·	3	29
149	15	-	·	29	82	·	28	79
166	47	3	·	49	42	·	17	53
119	169	6	·	6	43	·	3	33
216	14	4	·	6	81	·	46	101
29	9	9	·	1	7	·	5	34
55	22	1	·	-	161	·	57	45
89	21	2	·	-	114	·	3	11
6	15	-	·	-	77	·	1	6
149	5	16	·	1	9	·	9	132
83	31	-	·	-	5	·	331	115
69	11	1	·	2	9	·	130	71
88	11	-	·	-	20	·	3	7
39	8	2	·	60	16	·	-	45
34	8	3	·	14	51	·	-	50
86	7	8	·	9	4	·	235	12
83	24	-	·	-	7	·	72	9
735	64	13	·	3	2 147	·	27	212
182	16	1	·	13	4	·	-	22
134	50	-	·	13	41	·	-	450
74	1	-	·	6	8	·	-	40
86	-	2	·	-	10	·	4	24
106	18	-	·	-	90	·	-	25
147	32	2	·	-	29	·	153	96
122	5	9	·	21	10	·	11	65
16	1	-	·	-	-	·	3	71
-	-	-	·	-	-	·	-	-

（報告表　43）

第２表（６－２）市町村における児童相談受付件数,

総　数

都道府県 指定都市 中核市	学校等 幼稚園	学校	教育委員会等	里親	児童委員（通告の仲介を含む）	家族・親戚
全国	3 152	37 415	7 857	72	2 729	119 609
北海道	77	939	420	6	99	3 088
青森	1	122	21	－	9	1 347
岩手	19	339	102	－	23	320
宮城	42	295	95	－	37	690
秋田	3	96	22	－	5	857
山形	44	236	47	1	18	825
福島	73	614	132	－	56	831
茨城	36	802	139	1	68	1 440
栃木	18	345	209	－	34	671
群馬	25	371	90	1	80	742
埼玉	50	710	190	3	166	5 304
千葉	85	906	206	1	98	2 787
東京	243	4 785	575	7	325	22 017
神奈川	50	434	102	－	49	1 523
新潟	105	656	93	1	30	2 311
富山	35	56	65	1	30	252
石川	9	101	271	2	10	894
福井	143	168	34	2	13	370
山梨	9	613	48	2	25	1 576
長野	36	724	83	－	33	647
岐阜	50	624	177	4	46	3 947
静岡	88	558	119	－	32	1 783
愛知	77	956	99	－	93	2 282
三重	144	899	111	－	34	2 481
滋賀	70	882	56	2	35	302
京都	41	815	73	－	45	500
大阪	298	2 846	341	－	82	5 947
兵庫	410	3 478	862	9	171	9 973
奈良	50	380	652	－	11	643
和歌山	28	585	176	－	26	685
鳥取	5	138	43	－	－	416
島根	6	117	82	－	7	37
岡山	32	376	52	－	23	319
広島	25	568	246	－	47	842
山口	19	242	131	1	12	309
徳島	8	65	10	－	6	557
香川	37	272	81	1	22	669
愛媛	36	373	27	－	17	821
高知	7	275	51	－	8	272
福岡	131	1 712	407	－	68	2 359
佐賀	8	220	52	－	12	164
長崎	6	359	143	1	40	998
熊本	4	472	49	－	7	510
大分	28	540	90	6	51	878
宮崎	17	352	60	－	24	508
鹿児島	28	565	127	5	29	1 047
沖縄	67	617	143	－	33	974
指定都市(別掲)						
札幌市	7	598	11	－	41	573
仙台市	12	84	11	9	13	671
さいたま市	3	118	31	1	14	333
千葉市	－	73	12	－	74	246
横浜市	9	230	2	－	24	12 554
川崎市	7	71	10	－	14	3 300
相模原市	10	352	20	1	28	517
新潟市	6	140	15	－	31	144
静岡市	－	189	59	－	10	1 299
浜松市	22	163	23	－	16	260
名古屋市	－	145	22	－	34	176
京都市	3	87	1	1	11	511
大阪市	107	1 344	22	－	32	3 892
堺市	21	248	18	－	－	407
神戸市	18	100	－	－	10	1 100
岡山市	35	270	－	－	10	195
広島市	－	74	39	－	26	492
北九州市	5	82	37	3	55	626
福岡市	5	293	85	－	73	1 973
熊本市	52	153	35	－	23	251
中核市(別掲)						
横須賀市	7	3	－	－	1	1 374
金沢市	－	－	－	－	－	－

注：１）本表は年度分報告である。
　　２）中核市（別掲）は、児童相談所を設置している中核市に限る。

性×都道府県-指定都市-中核市×経路別

平成28年度

近隣・知人	児童本人	その他	(再 掲)			
			措置変更	期間延長	巡回相談	電話相談
11 060	4 154	11 305	107	97	7 953	49 936
228	33	298	3	58	504	458
44	20	15	-	-	4	14
51	4	57	10	1	59	109
81	18	220	-	-	129	384
28	16	28	5	-	206	578
54	10	49	-	-	101	206
79	16	99	-	-	42	43
155	25	123	2	13	26	271
188	5	55	3	1	-	66
128	87	79	2	1	32	124
444	54	243	4	-	158	2 344
597	124	329	4	1	113	1 634
2 302	314	904	-	-	490	11 114
243	17	235	-	-	2	465
95	16	163	4	-	618	200
27	2	4	-	-	189	53
34	11	16	-	-	546	67
58	44	222	-	-	-	-
104	374	67	-	-	2	152
106	25	41	16	-	287	105
147	37	102	5	-	258	164
127	27	106	-	-	4	259
458	62	190	-	-	359	1 641
132	25	134	3	-	179	498
127	6	103	-	-	-	72
220	10	214	-	-	28	721
876	86	681	8	11	573	3 147
549	128	271	15	-	1 307	3 249
135	10	77	-	-	-	-
72	81	56	1	-	-	21
28	4	26	-	-	27	1
21	-	38	4	-	12	18
107	9	96	-	-	-	113
169	74	225	2	-	43	290
48	1	56	2	-	-	59
30	25	11	-	-	-	9
71	17	131	-	-	47	17
125	72	30	-	-	-	13
39	28	148	-	-	-	152
248	30	413	12	9	256	1 087
59	3	36	-	-	-	6
58	16	90	-	-	-	410
56	13	54	-	-	5	15
88	18	66	-	-	-	-
116	16	50	-	-	72	75
132	47	70	2	1	39	543
161	11	152	-	-	256	488
240	7	55	-	-	-	-
55	88	88	-	-	143	192
24	1	5	-	-	85	65
26	14	46	-	-	-	84
263	1 376	2 794	-	-	-	9 720
57	19	48	-	-	-	308
107	6	41	-	-	-	834
32	-	18	-	-	-	67
57	454	341	-	-	-	1 175
62	4	42	-	-	4	182
79	3	26	-	-	-	355
19	4	17	-	-	15	139
151	15	178	-	-	221	1 337
43	8	38	-	-	2	25
61	56	509	-	-	-	1 809
51	1	11	-	-	-	-
50	5	16	-	-	-	151
59	12	3	-	-	-	94
111	7	70	-	1	503	1 468
64	-	72	-	-	7	7
4	3	14	-	-	-	469

(報告表 43)

児童福祉 2表

第2表（6-3）市町村における児童相談受付件数，男

都道府県 指定都市 中核市	総数	都道府県・指定都市・中核市				市町村			
		児童相談所	福祉事務所	保健センター	その他	福祉事務所	児童委員	保健センター	その他
全　　　　国	203 677	20 899	3 516	6 042	1 526	9 685	・	16 917	9 101
北　海　道	6 094	968	2	3	4	305	・	1 012	138
青　　森	971	61	3	1	5	27	・	19	30
岩　　手	1 087	107	1	-	1	67	・	177	46
宮　　城	1 378	167	4	-	2	66	・	128	104
秋　　田	944	44	-	-	11	33	・	88	27
山　　形	1 449	57	1	-	1	54	・	153	142
福　　島	2 144	208	24	6	45	199	・	140	183
茨　　城	2 586	243	13	6	19	163	・	323	77
栃　　木	1 410	97	19	3	2	90	・	107	100
群　　馬	1 472	134	18	45	20	41	・	133	51
埼　　玉	7 472	1 104	26	22	11	352	・	676	297
千　　葉	6 355	1 604	30	19	41	471	・	557	360
東　　京	28 362	2 280	44	-	74	792	・	2 024	2 360
神　奈　川	2 778	261	8	1	8	118	・	578	186
新　　潟	3 221	149	3	1	5	113	・	172	206
富　　山	631	47	2	-	9	25	・	79	24
石　　川	1 491	65	-	2	-	22	・	90	44
福　　井	935	92	5	2	2	83	・	99	84
山　　梨	2 642	338	9	-	14	130	・	266	174
長　　野	3 058	295	10	4	41	266	・	473	137
岐　　阜	4 654	208	9	7	16	98	・	438	50
静　　岡	2 617	137	25	15	-	179	・	473	89
愛　　知	4 970	701	25	5	9	282	・	533	268
三　　重	3 955	311	16	4	2	296	・	249	90
滋　　賀	1 894	161	21	20	9	177	・	271	163
京　　都	2 033	374	9	-	11	160	・	118	88
大　　阪	15 075	1 801	146	133	112	1 647	・	2 053	677
兵　　庫	16 160	1 120	121	356	88	641	・	1 853	593
奈　　良	2 726	478	22	4	11	248	・	221	154
和　歌　山	2 244	200	2	12	1	60	・	749	119
鳥　　取	738	36	2	-	1	19	・	84	59
島　　根	450	51	-	-	2	11	・	107	47
岡　　山	1 089	82	5	1	8	81	・	131	43
広　　島	2 697	482	2	-	10	165	・	229	200
山　　口	1 076	203	7	7	4	96	・	142	49
徳　　島	838	169	1	-	-	51	・	116	4
香　　川	1 307	132	11	-	14	112	・	135	44
愛　　媛	1 852	107	13	1	1	176	・	94	27
高　　知	880	42	6	-	4	41	・	113	72
福　　岡	5 384	426	15	32	9	316	・	410	415
佐　　賀	672	52	-	1	-	113	・	28	115
長　　崎	1 496	121	14	18	66	50	・	100	80
熊　　本	1 072	91	8	7	25	55	・	41	67
大　　分	1 869	262	16	-	1	98	・	202	73
宮　　崎	1 589	214	1	3	-	152	・	155	207
鹿　児　島	1 677	129	1	1	2	96	・	109	76
沖　　縄	2 009	159	22	-	18	228	・	94	124
指定都市（別掲）									
札　幌　市	1 374	65	109	279	8	12	・	5	5
仙　台　市	1 085	160	58	185	21	30	・	2	36
さいたま市	675	148	20	37	7	34	・	7	3
千　葉　市	771	335	18	43	8	29	・	5	13
横　浜　市	10 091	65	21	298	11	9	・	30	9
川　崎　市	2 907	33	212	20	6	38	・	31	4
相模原市	939	16	79	-	26	5	・	-	56
新　潟　市	466	47	68	42	25	11	・	-	-
静　岡　市	1 724	141	127	82	12	14	・	3	53
浜　松　市	664	15	66	142	9	28	・	6	1
名　古　屋市	688	81	115	4	11	56	・	-	2
京　都　市	1 526	869	81	13	7	64	・	1	8
大　阪　市	9 056	1 245	1 094	1 179	82	136	・	91	42
堺　　　市	1 946	475	312	492	27	39	・	-	11
神　戸　市	3 491	50	145	2 023	-	-	・	-	-
岡　山　市	605	23	50	97	12	-	・	-	42
広　島　市	1 050	363	56	55	2	60	・	30	1
北　九　州市	975	133	11	85	7	-	・	117	17
福　岡　市	2 069	46	123	174	19	52	・	25	6
熊　本　市	1 122	3	3	41	473	-	・	-	12
中核市（別掲）									
横　須　賀市	950	16	6	9	14	3	・	22	17
金　沢　市	-	-	-	-	-	-	・	-	-

注：1) 本表は年度分報告である。
　　2) 中核市（別掲）は、児童相談所を設置している中核市に限る。

性×都道府県－指定都市－中核市×経路別

平成28年度

児童福祉施設・指定発達支援医療機関			児童家庭支援センター	認定こども園	警察等	家庭裁判所	保健所及び医療機関	
保育所	児童福祉施設	指定発達支援医療機関					保健所	医療機関
10 934	1 630	150	·	1 543	5 866	·	2 194	3 775
174	108	4	·	15	67	·	87	96
22	1	－	·	6	6	·	15	4
126	6	－	·	3	14	·	4	11
90	18	2	·	2	50	·	－	10
82	16	－	·	9	22	·	1	12
177	18	2	·	19	56	·	－	11
119	22	－	·	28	51	·	3	19
147	12	6	·	15	32	·	5	43
65	－	1	·	6	17	·	6	34
117	7	－	·	36	25	·	－	31
211	53	3	·	5	662	·	9	65
173	50	6	·	2	76	·	70	150
1 001	355	15	·	29	1 033	·	472	768
81	3	2	·	4	13	·	－	65
386	12	－	·	49	33	·	10	60
114	4	1	·	22	21	·	6	8
55	48	－	·	334	－	·	4	6
74	10	－	·	13	15	·	4	17
127	13	7	·	19	123	·	2	19
654	25	2	·	27	30	·	3	65
324	19	－	·	215	52	·	1	17
62	27	1	·	8	21	·	5	61
453	84	1	·	6	105	·	18	86
361	13	－	·	5	33	·	32	42
92	17	2	·	13	50	·	18	48
104	11	1	·	3	70	·	6	35
998	126	10	·	57	657	·	38	172
896	92	14	·	310	401	·	266	406
202	19	1	·	36	59	·	208	26
77	9	2	·	9	13	·	33	10
121	8	－	·	19	7	·	－	41
45	3	1	·	2	11	·	－	6
69	7	－	·	8	13	·	67	38
202	18	3	·	11	67	·	56	36
82	3	－	·	－	17	·	－	9
48	8	－	·	13	24	·	－	37
71	3	1	·	4	27	·	－	39
247	9	－	·	5	68	·	128	90
107	2	－	·	1	28	·	4	18
435	28	11	·	10	134	·	33	89
47	－	1	·	4	12	·	1	14
38	4	1	·	12	56	·	13	23
97	3	－	·	1	23	·	2	19
76	8	－	·	19	50	·	18	41
96	34	1	·	29	19	·	13	25
57	81	5	·	5	20	·	2	13
119	3	1	·	5	42	·	24	43
19	4	5	·	－	5	·	2	14
23	13	1	·	－	78	·	28	28
59	13	1	·	－	55	·	2	8
5	7	－	·	－	35	·	－	4
98	3	12	·	－	5	·	4	83
39	22	－	·	－	3	·	148	54
37	3	－	·	1	7	·	65	34
51	6	－	·	－	5	·	3	4
17	3	－	·	41	11	·	－	20
19	7	2	·	7	31	·	－	30
44	4	5	·	6	－	·	107	4
48	15	－	·	－	3	·	41	4
426	39	7	·	2	1 108	·	20	116
108	11	－	·	7	2	·	－	11
79	30	－	·	9	13	·	－	208
38	－	－	·	2	6	·	－	19
49	－	－	·	－	5	·	2	15
73	8	－	·	－	47	·	－	14
83	19	2	·	－	17	·	77	53
86	2	7	·	15	5	·	7	35
12	1	－	·	－	－	·	1	39
－	－	－	·	－	－	·	－	－

（報告表　43）

児童福祉
2表

第2表（6－4）市町村における児童相談受付件数，男

都道府県 指定都市 中核市	学校等		教育委員会等	里親	児童委員 （通告の 仲介を 含む）	家族・親戚
	幼稚園	学校				
全　　　　国	1 920	20 750	4 289	30	1 451	67 750
北　海　道	51	571	252	2	52	1 874
青　　森	1	48	9	-	7	659
岩　　手	11	188	58	-	15	194
宮　　城	22	143	47	-	21	424
秋　　田	2	55	12	-	3	487
山　　形	28	140	29	1	13	490
福　　島	53	369	71	-	26	487
茨　　城	20	421	77	-	38	779
栃　　木	8	188	129	-	20	392
群　　馬	10	195	38	-	31	372
埼　　玉	28	394	96	3	92	2 993
千　　葉	54	476	112	-	54	1 512
東　　京	149	2 615	336	4	184	11 932
神　奈　川	34	224	63	-	27	847
新　　潟	67	410	49	-	19	1 315
富　　山	26	30	38	1	12	142
石　　川	6	69	118	2	4	593
福　　井	86	91	18	1	10	125
山　　梨	7	347	31	1	15	918
長　　野	30	424	58	-	16	406
岐　　阜	31	400	96	4	22	2 486
静　　岡	47	296	61	-	13	971
愛　　知	46	524	51	-	45	1 335
三　　重	98	498	63	-	20	1 659
滋　　賀	32	459	34	2	17	161
京　　都	27	427	43	-	33	271
大　　阪	175	1 573	191	-	46	3 587
兵　　庫	258	2 015	473	6	96	5 661
奈　　良	25	215	342	-	6	323
和　歌　山	13	352	107	-	13	367
鳥　　取	3	72	24	-	-	221
島　　根	3	62	45	-	6	18
岡　　山	14	195	26	-	9	181
広　　島	12	308	121	-	29	481
山　　口	10	146	63	1	5	175
徳　　島	4	36	7	-	1	291
香　　川	17	153	47	-	10	374
愛　　媛	33	210	12	-	8	515
高　　知	4	150	26	-	6	149
福　　岡	85	972	237	-	37	1 356
佐　　賀	5	116	27	-	2	88
長　　崎	4	204	71	-	27	521
熊　　本	4	252	22	-	2	286
大　　分	21	304	39	-	22	513
宮　　崎	9	197	34	-	14	287
鹿　児　島	14	284	64	1	9	578
沖　　縄	34	314	77	-	19	527
指定都市(別掲)						
札　幌　市	3	329	4	-	25	322
仙　台　市	6	50	9	1	7	267
さいたま市	2	64	23	-	6	167
千　葉　市	-	41	7	-	40	136
横　浜　市	5	121	2	-	14	6 862
川　崎　市	6	35	8	-	8	2 173
相模原市	3	179	11	-	20	304
新　潟　市	4	80	5	-	19	77
静　岡　市	-	84	28	-	8	595
浜　松　市	13	84	11	-	9	129
名　古　屋市	-	69	10	-	17	88
京　都　市	2	48	1	-	4	298
大　阪　市	59	753	10	-	16	2 440
堺　　市	16	137	15	-	-	232
神　戸　市	11	58	-	-	7	576
岡　山　市	24	136	-	-	7	112
広　島　市	-	44	23	-	10	291
北　九　州市	2	34	18	-	5	361
福　岡　市	2	157	38	-	43	1 037
熊　本　市	35	114	22	-	9	170
中核市(別掲)						
横須賀市	6	1	-	-	1	790
金　沢　市	-	-	-	-	-	-

注：1）本表は年度分報告である。
　　2）中核市（別掲）は、児童相談所を設置している中核市に限る。

性×都道府県-指定都市-中核市×経路別

平成28年度

近隣・知人	児童本人	その他	(再　　　　掲)			
			措置変更	期間延長	巡回相談	電話相談
5 991	1 837	5 881	57	54	4 975	27 205
128	18	163	2	34	343	244
21	17	9	-	-	2	8
31	2	25	5	1	36	63
45	5	28	-	-	89	155
16	7	17	4	-	165	280
28	2	27	-	-	65	113
42	1	48	-	-	35	28
80	4	63	2	8	14	145
89	2	35	2	1	-	37
67	58	43	-	-	21	57
232	22	116	3	-	75	1 245
325	54	159	3	-	69	863
1 242	164	489	-	-	286	5 951
135	5	115	-	-	-	253
49	6	107	2	-	461	123
16	1	3	-	-	118	26
12	7	10	-	-	371	33
30	22	52	-	-	-	-
48	8	26	-	-	1	78
64	7	21	7	-	194	49
84	18	59	3	-	164	75
65	15	46	-	-	2	138
261	22	110	-	-	213	978
77	10	76	3	-	100	333
72	2	53	-	-	-	38
120	7	115	-	-	17	404
457	27	392	4	4	382	1 814
321	38	135	5	-	808	1 867
71	6	49	-	-	-	-
31	31	34	1	-	-	11
7	-	14	-	-	16	-
11	-	19	1	-	7	8
63	4	44	-	-	-	59
96	35	134	-	-	22	170
27	-	30	2	-	-	33
14	8	6	-	-	-	3
39	1	73	-	-	37	8
63	30	15	-	-	-	8
18	17	72	-	-	-	99
123	11	200	7	5	146	597
25	2	19	-	-	-	3
29	5	39	-	-	-	233
33	7	27	-	-	2	4
52	5	49	-	-	-	-
64	6	29	-	-	46	39
84	11	35	1	-	20	230
79	3	74	-	-	134	239
124	-	35	-	-	-	-
24	9	49	-	-	84	93
16	-	3	-	-	51	43
14	6	25	-	-	-	43
159	752	1 528	-	-	-	5 317
36	9	22	-	-	-	178
64	2	27	-	-	-	464
13	-	6	-	-	-	32
29	291	165	-	-	-	580
30	1	24	-	-	1	93
47	2	16	-	-	-	173
14	-	5	-	-	10	74
89	4	98	-	-	104	716
26	5	20	-	-	1	17
30	11	241	-	-	-	965
28	-	9	-	-	-	-
31	2	11	-	-	-	88
34	7	2	-	-	-	65
57	3	36	-	1	260	796
37	-	46	-	-	3	4
3	-	9	-	-	-	322
-	-	-	-	-	-	-

(報告表　43)

児童福祉
2表

第2表（6－5）市町村における児童相談受付件数，

女

都道府県 指定都市 中核市	総数	都道府県・指定都市・中核市				市町村			
		児童相談所	福祉事務所	保健センター	その他	福祉事務所	児童委員	保健センター	その他
全　　　　国	165 898	18 878	3 176	4 557	1 151	8 806	・	14 322	8 009
北　海　道	4 404	900	2	6	8	254	・	680	122
青　　　森	956	44	4	1	2	18	・	22	14
岩　　　手	827	72	2	1	5	71	・	122	44
宮　　　城	1 303	151	12	-	2	87	・	96	81
秋　　　田	684	46	-	-	5	31	・	36	28
山　　　形	1 019	55	4	-	-	49	・	85	132
福　　　島	1 633	225	13	5	31	164	・	114	124
茨　　　城	2 231	191	16	6	30	141	・	302	64
栃　　　木	1 150	97	9	2	7	87	・	100	84
群　　　馬	1 394	140	24	31	17	50	・	121	43
埼　　　玉	6 289	1 045	16	22	18	329	・	538	266
千　　　葉	5 807	1 516	27	18	35	458	・	597	278
東　　　京	24 188	1 861	69	-	79	760	・	1 979	2 120
神　奈　川	2 536	252	13	3	10	125	・	529	203
新　　　潟	2 310	132	3	4	7	98	・	162	173
富　　　山	491	42	1	1	6	26	・	72	19
石　　　川	902	64	-	5	-	15	・	73	28
福　　　井	1 102	88	3	3	-	84	・	101	93
山　　　梨	2 471	303	9	-	11	117	・	221	151
長　　　野	2 080	218	12	4	28	214	・	395	100
岐　　　阜	2 872	163	14	1	6	109	・	223	49
静　　　岡	2 253	125	21	7	1	191	・	382	71
愛　　　知	3 993	646	24	1	13	228	・	481	218
三　　　重	2 581	264	11	8	6	250	・	202	83
滋　　　賀	1 734	145	32	14	14	183	・	284	134
京　　　都	1 751	306	21	-	5	114	・	110	103
大　　　阪	11 896	1 655	131	118	58	1 417	・	1 711	579
兵　　　庫	11 940	915	124	168	45	623	・	1 289	511
奈　　　良	2 471	434	28	3	12	241	・	246	120
和　歌　山	1 702	257	5	13	8	41	・	393	105
鳥　　　取	734	43	1	-	1	25	・	157	60
島　　　根	364	44	-	-	6	12	・	70	30
岡　　　山	954	56	-	2	6	87	・	100	47
広　　　島	2 394	495	7	-	13	164	・	222	158
山　　　口	950	204	10	5	3	71	・	161	53
徳　　　島	670	126	-	-	1	31	・	87	7
香　　　川	1 188	130	13	-	6	136	・	108	52
愛　　　媛	1 353	92	4	-	3	125	・	143	50
高　　　知	794	45	6	3	3	33	・	130	74
福　　　岡	4 220	376	20	21	11	246	・	378	365
佐　　　賀	571	57	-	-	1	59	・	21	97
長　　　崎	1 348	92	21	21	78	54	・	92	52
熊　　　本	942	85	5	4	31	64	・	59	61
大　　　分	1 575	254	18	-	1	89	・	222	61
宮　　　崎	1 228	184	-	2	1	112	・	119	147
鹿　児　島	1 710	170	-	1	6	94	・	155	118
沖　　　縄	1 935	154	20	4	16	205	・	119	155
指定都市(別掲)									
札　幌　市	1 212	51	120	266	12	17	・	3	8
仙　台　市	1 245	152	41	183	13	39	・	3	35
さいたま市	550	113	17	25	3	27	・	9	5
千　葉　市	651	261	16	42	9	36	・	3	8
横　浜　市	8 400	78	20	304	11	19	・	32	11
川　崎　市	1 781	22	147	20	8	16	・	38	2
相模原市	795	15	79	-	30	17	・	-	36
新　潟　市	401	40	69	32	14	4	・	-	-
静　岡　市	1 652	122	95	71	13	11	・	4	49
浜　松　市	554	13	55	93	7	24	・	6	1
名古屋市	691	76	118	1	6	59	・	1	3
京　都　市	1 285	776	73	9	6	51	・	-	4
大　阪　市	6 902	1 170	905	776	65	159	・	42	30
堺　　　市	1 504	442	235	335	9	40	・	-	12
神　戸　市	3 017	53	159	1 536	-	-	・	-	-
岡　山　市	521	24	69	72	9	-	・	-	26
広　島　市	853	349	48	35	2	42	・	30	2
北九州市	866	106	14	85	4	-	・	124	17
福　岡　市	1 799	32	114	135	11	46	・	6	3
熊　本　市	605	3	2	22	250	4	・	-	21
中核市(別掲)									
横須賀市	714	21	5	7	13	13	・	12	9
金　沢　市	-	-	-	-	-	-	・	-	-

注：1）本表は年度分報告である。
　　2）中核市（別掲）は、児童相談所を設置している中核市に限る。

性×都道府県-指定都市-中核市×経路別

平成28年度

児童福祉施設・指定発達支援医療機関			児童家庭支援センター	認定こども園	警察等	家庭裁判所	保健所及び医療機関	
保育所	児童福祉施設	指定発達支援医療機関					保健所	医療機関
7 071	1 124	110	・	718	5 118	・	1 964	3 440
119	51	1	・	24	42	・	68	50
17	-	-	・	6	11	・	7	2
80	4	-	・	4	14	・	5	12
42	17	-	・	1	53	・	-	18
31	10	-	・	5	21	・	3	12
97	14	-	・	15	34	・	-	8
59	11	-	・	16	48	・	2	18
87	10	5	・	7	27	・	8	30
46	3	-	・	5	26	・	-	22
104	5	4	・	14	17	・	1	34
168	34	2	・	4	581	・	9	69
131	31	6	・	7	90	・	75	151
695	260	5	・	12	842	・	468	681
75	5	2	・	4	13	・	5	94
178	6	-	・	19	31	・	6	43
70	3	2	・	16	12	・	6	12
37	10	-	・	130	2	・	5	6
62	8	-	・	5	17	・	5	14
70	11	6	・	12	113	・	4	26
315	16	6	・	9	21	・	1	72
231	15	1	・	60	42	・	3	21
55	8	3	・	9	18	・	3	33
285	55	2	・	-	86	・	24	107
179	6	-	・	3	41	・	30	39
70	7	-	・	7	48	・	11	34
103	8	-	・	2	64	・	4	36
625	65	11	・	32	550	・	49	186
501	71	11	・	145	323	・	98	268
166	9	1	・	11	43	・	217	19
61	13	-	・	5	9	・	11	20
58	3	-	・	1	11	・	1	54
27	6	2	・	1	12	・	-	10
60	2	-	・	6	15	・	62	33
170	19	1	・	6	53	・	87	19
50	5	-	・	-	7	・	1	18
15	8	-	・	3	27	・	-	20
63	8	1	・	2	35	・	-	47
97	10	-	・	3	57	・	79	75
83	3	-	・	1	15	・	3	9
238	20	4	・	7	84	・	22	81
41	-	1	・	3	11	・	-	10
40	5	-	・	11	37	・	6	28
69	1	-	・	-	20	・	1	10
73	7	-	・	10	32	・	10	38
70	13	2	・	20	23	・	4	28
62	88	1	・	1	23	・	1	20
97	11	3	・	1	39	・	22	58
10	5	4	・	1	2	・	3	20
32	9	-	・	-	83	・	29	17
30	8	1	・	-	59	・	1	3
1	8	-	・	-	42	・	1	2
51	2	4	・	1	4	・	5	49
44	9	-	・	-	2	・	183	61
32	8	1	・	1	2	・	65	37
37	5	-	・	-	15	・	-	3
22	5	2	・	19	5	・	-	25
15	1	1	・	7	20	・	-	20
42	3	3	・	3	4	・	128	8
35	9	-	・	-	4	・	31	5
309	25	6	・	1	1 039	・	7	96
74	5	1	・	6	2	・	-	11
55	20	-	・	4	28	・	-	242
36	1	-	・	4	2	・	-	21
37	-	2	・	-	5	・	2	9
33	10	-	・	-	43	・	-	11
64	13	-	・	-	12	・	76	43
36	3	2	・	6	5	・	4	30
4	-	-	・	-	-	・	2	32
-	-	-	・	-	-	・	-	-

(報告表 43)

第2表（6－6）市町村における児童相談受付件数,

女

都道府県 指定都市 中核市	学校等 幼稚園	学校	教育委員会等	里親	児童委員（通告の仲介を含む）	家族・親戚
全国	**1 232**	**16 665**	**3 568**	**42**	**1 278**	**51 859**
北海道	26	368	168	4	47	1 214
青森	-	74	12	-	2	688
岩手	8	151	44	-	8	126
宮城	20	152	48	-	16	266
秋田	1	41	10	-	2	370
山形	16	96	18	-	5	335
福島	20	245	61	-	30	344
茨城	16	381	62	1	30	661
栃木	10	157	80	-	14	279
群馬	15	176	52	1	49	370
埼玉	22	316	94	-	74	2 311
千葉	31	430	94	1	44	1 275
東京	94	2 170	239	3	141	10 085
神奈川	16	210	39	-	22	676
新潟	38	246	44	1	11	996
富山	9	26	27	-	18	110
石川	3	32	153	-	6	301
福井	57	77	16	1	3	245
山梨	2	266	17	1	10	658
長野	6	300	25	-	17	241
岐阜	19	224	81	-	24	1 461
静岡	41	262	58	-	19	812
愛知	31	432	48	-	48	947
三重	46	401	48	-	14	822
滋賀	38	423	22	-	18	141
京都	14	388	30	-	12	229
大阪	123	1 273	150	-	36	2 360
兵庫	152	1 463	389	3	75	4 312
奈良	25	165	310	-	5	320
和歌山	15	233	69	-	13	318
鳥取	2	66	19	-	-	195
島根	3	55	37	-	1	19
岡山	18	181	26	-	14	138
広島	13	260	125	-	18	361
山口	9	96	68	-	7	134
徳島	4	29	3	-	5	266
香川	20	119	34	1	12	295
愛媛	3	163	15	-	9	306
高知	3	125	25	-	2	123
福岡	46	740	170	-	31	1 003
佐賀	3	104	25	-	10	76
長崎	2	155	72	1	13	477
熊本	-	220	27	-	5	224
大分	7	236	51	6	29	365
宮崎	8	155	26	-	10	221
鹿児島	14	281	63	4	20	469
沖縄	33	303	66	-	14	447
指定都市(別掲)						
札幌市	4	269	7	-	16	251
仙台市	6	34	2	8	6	404
さいたま市	1	54	8	1	8	166
千葉市	-	32	5	-	34	110
横浜市	4	109	-	-	10	5 692
川崎市	1	36	2	-	6	1 127
相模原市	7	173	9	1	8	213
新潟市	2	60	10	-	12	67
静岡市	-	105	31	-	2	704
浜松市	9	79	12	-	7	131
名古屋市	-	76	12	-	17	88
京都市	1	39	-	1	7	213
大阪市	48	591	12	-	16	1 452
堺市	5	111	3	-	-	175
神戸市	7	42	-	-	3	524
岡山市	11	134	-	-	3	83
広島市	-	30	16	-	16	201
北九州市	3	48	19	3	50	265
福岡市	3	136	47	-	30	936
熊本市	17	39	13	-	14	81
中核市(別掲)						
横須賀市	1	2	-	-	-	584
金沢市	-	-	-	-	-	-

注：1）本表は年度分報告である。
　　2）中核市（別掲）は、児童相談所を設置している中核市に限る。

性×都道府県－指定都市－中核市×経路別

平成28年度

	近隣・知人	児童本人	その他	（再 措置変更	期間延長	巡回相談	掲） 電話相談
	5 069	**2 317**	**5 424**	**50**	**43**	**2 978**	**22 731**
	100	15	135	1	24	161	214
	23	3	6	－	－	2	6
	20	2	32	5	－	23	46
	36	13	192	－	－	40	229
	12	9	11	1	－	41	298
	26	8	22	－	－	36	93
	37	15	51	－	－	7	15
	75	21	60	－	5	12	126
	99	3	20	1	－	－	29
	61	29	36	2	1	11	67
	212	32	127	1	－	83	1 099
	272	70	170	1	1	44	771
	1 060	150	415	－	－	204	5 163
	108	12	120	－	－	2	212
	46	10	56	2	－	157	77
	11	1	1	－	－	71	27
	22	4	6	－	－	175	34
	28	22	170	－	－	－	－
	56	366	41	－	－	1	74
	42	18	20	9	－	93	56
	63	19	43	2	－	94	89
	62	12	60	－	－	2	121
	197	40	80	－	－	146	663
	55	15	58	－	－	79	165
	55	4	50	－	－	－	34
	100	3	99	－	－	11	317
	419	59	289	4	7	191	1 333
	228	90	136	10	－	499	1 382
	64	4	28	－	－	－	－
	41	50	22	－	－	－	10
	21	4	12	－	－	11	1
	10	－	19	3	－	5	10
	44	5	52	－	－	－	54
	73	39	91	2	－	21	120
	21	1	26	－	－	－	26
	16	17	5	－	－	－	6
	32	16	58	－	－	10	9
	62	42	15	－	－	－	5
	21	11	76	－	－	－	53
	125	19	213	5	4	110	490
	34	1	17	－	－	－	3
	29	11	51	－	－	－	177
	23	6	27	－	－	3	11
	36	13	17	－	－	－	－
	52	10	21	－	－	26	36
	48	36	35	1	1	19	313
	82	8	78	－	－	122	249
	116	7	20	－	－	－	－
	31	79	39	－	－	59	99
	8	1	2	－	－	34	22
	12	8	21	－	－	－	41
	104	624	1 266	－	－	－	4 403
	21	10	26	－	－	－	130
	43	4	14	－	－	－	370
	19	－	12	－	－	－	35
	28	163	176	－	－	－	595
	32	3	18	－	－	3	89
	32	1	10	－	－	－	182
	5	4	12	－	－	5	65
	62	11	80	－	－	117	621
	17	3	18	－	－	1	8
	31	45	268	－	－	－	844
	23	1	2	－	－	－	－
	19	3	5	－	－	－	63
	25	5	1	－	－	－	29
	54	4	34	－	－	243	672
	27	－	26	－	－	4	3
	1	3	5	－	－	－	147
	－	－	－	－	－	－	－

（報告表　43）

第３表　児童相談所における

年齢	総数	養護相談			保健相談	障害相談					
		総数	児童虐待相談	その他の相談		総数	肢体不自由相談	視聴覚障害相談	言語発達障害等相談	重症心身障害相談	知的障害相談
総数	**454 635**	**185 493**	**125 698**	**59 795**	**1 564**	**185 006**	**2 381**	**419**	**13 045**	**3 634**	**150 312**
0歳	17 480	14 916	8 785	6 131	368	744	47	120	44	50	481
1歳	16 810	11 837	8 297	3 540	180	3 113	166	55	469	165	2 168
2歳	23 135	12 157	8 434	3 723	130	8 333	191	30	2 052	244	5 079
3歳	29 768	11 953	8 437	3 516	95	14 790	170	65	3 004	223	9 818
4歳	27 233	11 654	8 208	3 446	95	12 762	182	30	2 067	206	8 903
5歳	30 577	10 873	7 648	3 225	78	16 364	247	37	2 098	269	11 912
6歳	26 579	11 049	7 826	3 223	47	12 400	128	21	983	243	9 800
7歳	24 445	10 671	7 751	2 920	38	10 129	118	3	488	207	8 346
8歳	23 262	10 524	7 537	2 987	36	8 940	108	5	356	211	7 329
9歳	22 752	10 089	7 274	2 815	48	8 500	105	5	302	164	7 020
10歳	23 024	9 875	6 812	3 063	30	8 733	107	2	250	171	7 399
11歳	24 810	9 663	6 769	2 894	37	9 495	127	3	222	164	8 162
12歳	25 686	9 380	6 496	2 884	51	9 745	115	5	210	208	8 462
13歳	29 594	9 554	6 641	2 913	61	10 687	139	7	174	190	9 376
14歳	29 867	9 062	6 091	2 971	73	12 621	102	4	151	173	11 407
15歳	24 124	7 592	4 925	2 667	67	10 593	84	3	76	165	9 744
16歳	20 214	6 603	4 188	2 415	41	8 981	80	5	43	194	8 151
17歳	21 929	5 838	3 119	2 719	42	11 646	124	12	40	211	10 766
18歳以上	13 346	2 203	460	1 743	47	6 430	41	7	16	176	5 989
１歳６か月児精神発達精密健康診査（再掲）	1 265	5	3	2	–	1 062	1	–	838	2	113
３歳児精神発達精密健康診査（再掲）	2 656	5	3	2	1	2 242	–	1	1 119	2	377

特別児童扶養手当支給にかかる判定相談（再掲）	17 195
里親、養親希望に関する相談	4 015

注：１）本表は年度分報告である。
　　２）本表は、児童相談所において受け付けた件数のうち、本年度中に判定会議等の結果、相談種別が決定した件数である。

受付件数, 年齢×相談の種類別

平成28年度

発達障害相談	非行相談 総数	ぐ犯行為等相談	触法行為等相談	育成相談 総数	性格行動相談	不登校相談	適性相談	育児・しつけ相談	その他の相談	(再掲) 児童虐待通告	いじめ相談	児童買春等被害相談
15 215	14 225	8 235	5 990	43 936	24 022	5 413	7 162	7 339	24 411	125 920	913	25
2	-	-	-	449	17	4	8	420	1 003	8 781	-	-
90	-	-	-	875	101	-	37	737	805	8 488	1	-
737	-	-	-	1 538	222	2	121	1 193	977	8 645	3	-
1 510	-	-	-	1 872	626	6	260	980	1 058	8 678	3	-
1 374	3	1	2	1 819	726	8	215	870	900	8 332	6	-
1 801	13	7	6	2 137	816	22	512	787	1 112	7 768	9	-
1 225	67	25	42	1 996	1 065	74	526	331	1 020	7 821	18	-
967	216	82	134	2 419	1 384	193	504	338	972	7 786	50	-
931	329	126	203	2 460	1 399	209	508	344	973	7 542	61	-
904	559	215	344	2 594	1 563	291	492	248	962	7 289	75	-
804	654	295	359	2 725	1 761	344	426	194	1 007	6 791	70	-
817	933	441	492	2 957	1 807	420	566	164	1 725	6 692	72	-
745	1 541	722	819	3 437	2 070	645	565	157	1 532	6 392	81	-
801	3 471	1 368	2 103	4 372	2 569	1 132	534	137	1 449	6 654	130	4
784	2 688	1 754	934	4 124	2 435	956	607	126	1 299	5 973	113	8
521	1 607	1 324	283	2 849	1 726	560	456	107	1 416	4 879	83	6
508	1 208	1 070	138	2 286	1 577	331	315	63	1 095	4 168	52	6
493	792	705	87	1 920	1 266	167	389	98	1 691	3 032	70	-
201	144	100	44	1 107	892	49	121	45	3 415	209	16	1
108	-	-	-	190	114	-	5	71	8	·	·	·
743	-	-	-	388	320	-	5	63	20	·	·	·

(報告表 44)

第４表　市町村における

年　齢	総　数	養護相談			保健相談	障害相談					
		総　数	児童虐待相談	その他の相談		総　数	肢体不自由相談	視聴覚障害相談	言語発達障害等相談	重症心身障害相談	知的障害相談
総　数	**369 529**	**190 714**	**101 116**	**89 598**	**11 648**	**36 311**	**838**	**290**	**10 600**	**533**	**7 730**
0　歳	47 345	24 314	9 174	15 140	4 235	398	117	16	60	46	71
1　歳	29 479	13 900	7 156	6 744	1 880	2 038	163	28	966	47	200
2　歳	29 526	13 660	7 253	6 407	996	4 292	99	24	2 305	33	442
3　歳	30 634	14 406	8 000	6 406	1 284	5 013	69	36	2 151	32	682
4　歳	24 330	12 675	7 247	5 428	618	3 860	43	25	1 354	33	593
5　歳	24 034	11 851	6 805	5 046	403	4 780	56	33	1 584	40	774
6　歳	21 061	11 976	6 784	5 192	277	3 072	56	31	764	28	612
7　歳	18 647	11 084	6 436	4 648	169	1 969	28	17	323	30	435
8　歳	17 001	10 307	5 986	4 321	146	1 623	22	11	233	20	371
9　歳	16 272	9 811	5 743	4 068	126	1 446	15	9	216	19	381
10　歳	15 562	9 187	5 296	3 891	98	1 286	17	5	163	15	369
11　歳	14 839	8 442	4 846	3 596	116	1 205	22	4	177	16	364
12　歳	15 462	8 527	4 735	3 792	111	1 215	24	5	117	16	412
13　歳	16 154	8 023	4 510	3 513	128	975	15	2	59	12	388
14　歳	15 297	7 417	4 096	3 321	154	936	24	8	54	16	427
15　歳	11 819	5 744	3 009	2 735	120	712	10	7	29	16	389
16　歳	7 696	3 915	2 084	1 831	93	505	9	-	23	16	302
17　歳	5 818	3 050	1 506	1 544	93	394	6	3	11	17	240
18歳以上	8 553	2 425	450	1 975	601	592	43	26	11	81	278

注：１）本表は年度分報告である。
　　２）本表は、市町村において受け付けた件数のうち、本年度中に援助方針会議等の結果、相談種別が決定した件数である。

児童相談受付件数，年齢×相談の種類別

平成28年度

発達障害相談	非行相談			育成相談					その他の相談	（再掲）		
	総数	ぐ犯行為等相談	触法行為等相談	総数	性格行動相談	不登校相談	適性相談	育児・しつけ相談		児童虐待通告	いじめ相談	児童買春等被害相談
16 320	2 489	2 081	408	73 852	20 661	11 880	1 957	39 354	54 515	58 791	928	8
88	-	-	-	10 797	65	9	6	10 717	7 601	5 688	1	-
634	1	-	1	7 868	447	4	16	7 401	3 792	4 287	-	-
1 389	1	1	-	6 694	1 182	23	16	5 473	3 883	4 258	-	-
2 043	4	1	3	6 515	1 947	54	39	4 475	3 412	4 775	6	-
1 812	1	1	-	4 339	1 710	61	43	2 525	2 837	4 327	4	-
2 293	13	11	2	4 388	1 951	95	180	2 162	2 599	4 014	8	-
1 581	21	16	5	3 228	1 454	248	206	1 320	2 487	4 025	22	-
1 136	58	49	9	2 934	1 431	430	160	913	2 433	3 660	52	-
966	92	81	11	2 592	1 297	502	134	659	2 241	3 488	52	-
806	118	94	24	2 564	1 175	634	135	620	2 207	3 305	59	-
717	145	116	29	2 625	1 087	845	101	592	2 221	3 066	86	-
622	166	132	34	2 802	1 094	1 063	137	508	2 108	2 720	90	-
641	257	212	45	2 998	1 061	1 397	122	418	2 354	2 654	90	-
499	423	344	79	3 907	1 260	2 130	133	384	2 698	2 553	124	1
407	495	433	62	3 708	1 100	2 132	140	336	2 587	2 193	109	2
261	324	274	50	2 545	824	1 304	141	276	2 374	1 611	78	1
155	183	163	20	1 609	787	521	100	201	1 391	1 169	107	1
117	143	117	26	1 000	464	325	57	154	1 138	778	23	3
153	44	36	8	739	325	103	91	220	4 152	220	17	-

（報告表 44）

児童福祉
5表

第5表　児童相談所における

都道府県 指定都市 中核市	総数	養護相談 総数	児童虐待相談	その他の相談	保健相談	障害相談 総数	肢体不自由相談	視聴覚障害相談	言語発達障害等相談	重症心身障害相談	知的障害相談
全　　　国	454 635	185 493	125 698	59 795	1 564	185 006	2 381	419	13 045	3 634	150 312
北　海　道	12 122	5 204	3 052	2 152	1	5 321	415	2	812	119	2 108
青　　森	3 941	1 505	978	527	2	1 583	37	-	14	20	1 422
岩　　手	2 874	1 149	962	187	-	1 121	6	-	129	7	895
宮　　城	5 514	981	812	169	1	3 655	43	-	182	6	2 461
秋　　田	2 300	473	396	77	42	735	20	-	200	1	495
山　　形	2 481	675	345	330	8	930	22	4	23	30	682
福　　島	7 014	2 034	971	1 063	7	3 194	66	2	44	28	2 613
茨　　城	5 228	2 311	1 906	405	1	2 450	17	-	92	44	1 543
栃　　木	5 458	1 394	1 119	275	-	2 944	5	-	61	9	2 835
群　　馬	10 292	3 092	1 132	1 960	275	3 937	1	3	62	195	3 075
埼　　玉	22 298	12 542	9 367	3 175	47	6 480	25	2	28	63	6 197
千　　葉	17 920	7 089	6 717	372	4	8 579	56	1	3	66	8 430
東　　京	35 940	20 074	12 934	7 140	587	5 829	149	3	30	87	5 306
神奈川	12 019	4 624	4 194	430	63	3 713	22	-	9	163	3 377
新　　潟	5 009	3 059	1 284	1 775	5	1 434	3	2	10	11	1 392
富　　山	3 360	993	646	347	47	1 117	15	-	3	9	1 058
石　　川	1 548	604	477	127	2	709	13	12	31	14	543
福　　井	2 065	864	509	355	-	682	12	-	19	11	583
山　　梨	2 345	1 151	970	181	1	846	-	-	2	16	795
長　　野	5 302	2 785	1 857	928	3	1 817	22	2	156	34	1 477
岐　　阜	6 064	1 534	1 012	522	2	3 376	26	1	62	15	3 195
静　　岡	5 485	1 766	1 426	340	-	3 102	11	-	60	24	2 991
愛　　知	16 616	7 498	4 307	3 191	30	6 613	82	6	20	282	5 765
三　　重	3 792	1 601	1 234	367	2	1 873	14	1	133	17	1 636
滋　　賀	4 121	1 784	1 444	340	-	2 205	1	-	-	24	2 178
京　　都	3 730	1 670	1 502	168	-	1 706	32	4	81	11	1 563
大　　阪	30 426	13 635	11 840	1 795	37	9 887	172	5	1	154	9 404
兵　　庫	13 761	3 998	2 879	1 119	6	8 259	51	-	18	89	7 970
奈　　良	5 125	1 690	1 364	326	-	2 879	7	1	-	48	2 669
和歌山	3 469	1 301	1 123	178	-	1 591	3	-	22	4	1 548
鳥　　取	1 933	762	79	683	1	652	8	-	1	5	634
島　　根	2 641	1 027	211	816	1	1 063	12	-	169	7	854
岡　　山	3 977	1 306	453	853	-	1 973	10	-	38	115	1 558
広　　島	5 078	2 581	2 083	498	7	1 956	65	3	138	90	1 207
山　　口	4 670	1 673	556	1 117	2	2 368	18	-	188	18	1 915
徳　　島	2 624	902	658	244	-	1 440	1	-	216	64	869
香　　川	5 434	1 767	940	827	5	1 533	8	-	198	75	1 060
愛　　媛	3 430	1 448	799	649	-	1 623	33	-	13	133	771
高　　知	1 918	905	295	610	-	732	1	-	93	28	564
福　　岡	10 361	5 307	2 436	2 871	7	3 839	44	3	49	88	3 560
佐　　賀	1 503	552	275	277	1	743	12	3	150	44	493
長　　崎	6 071	1 822	644	1 178	33	1 979	6	-	11	93	1 854
熊　　本	3 822	747	607	140	101	2 561	22	215	8	29	2 273
大　　分	1 589	1 013	814	199	-	322	16	-	12	15	271
宮　　崎	3 444	992	631	361	1	1 797	19	-	38	7	1 623
鹿児島	6 235	2 121	352	1 769	3	3 365	3	-	2	17	3 332
沖　　縄	4 315	2 302	713	1 589	3	1 128	11	2	-	8	1 097
指定都市(別掲)											
札　幌　市	6 735	3 451	1 798	1 653	-	2 467	211	1	509	46	1 545
仙　台　市	9 492	1 634	743	891	12	5 391	87	13	80	240	1 674
さいたま市	4 854	2 672	2 272	400	5	1 191	13	-	1	11	1 151
千　葉　市	5 748	1 676	1 122	554	5	2 951	10	1	179	28	2 655
横　浜　市	16 652	5 925	4 567	1 358	91	6 711	63	8	6	176	6 446
川　崎　市	4 194	2 295	2 134	161	-	1 613	17	-	1	16	1 577
相模原市	2 533	1 214	1 167	47	2	970	4	-	1	26	845
新　潟　市	3 211	1 404	622	782	17	887	17	4	5	7	835
静　岡　市	2 433	897	436	461	2	1 372	8	-	3	14	1 334
浜　松　市	2 144	630	435	195	1	1 389	11	-	-	5	1 372
名古屋市	5 971	4 289	2 869	1 420	12	193	12	-	3	90	64
京　都　市	11 495	2 509	2 195	314	5	8 076	27	32	3 186	30	3 606
大　阪　市	15 497	8 634	6 020	2 614	9	5 043	24	3	1 225	205	3 579
堺　　　市	4 944	1 943	1 606	337	-	1 898	10	-	8	6	1 854
神　戸　市	7 663	1 733	1 225	508	-	5 251	17	4	3 441	3	1 759
岡　山　市	3 306	1 030	469	561	-	1 755	9	14	51	118	1 203
広　島　市	4 969	1 831	1 386	445	-	2 354	56	14	251	15	1 984
北九州市	6 687	1 812	896	916	59	3 246	24	3	358	83	2 439
福　岡　市	5 134	1 519	976	543	2	3 079	107	44	105	36	2 786
熊　本　市	2 001	854	414	440	3	655	6	-	1	5	639
中核市(別掲)											
横須賀市	1 293	675	635	40	1	527	8	-	-	29	490
金　沢　市	1 015	559	406	153	-	346	3	1	-	8	334

注：1）本表は年度分報告である。
　　2）中核市（別掲）は、児童相談所を設置している中核市に限る。

受付件数，都道府県－指定都市－中核市×相談の種類別

平成28年度

発達障害相談	非行相談 総数	非行相談 ぐ犯行為等相談	非行相談 触法行為等相談	育成相談 総数	育成相談 性格行動相談	育成相談 不登校相談	育成相談 適性相談	育成相談 育児・しつけ相談	その他の相談	(再掲) 児童虐待通告	(再掲) いじめ相談	(再掲) 児童買春等被害相談
15 215	14 225	8 235	5 990	43 936	24 022	5 413	7 162	7 339	24 411	125 920	913	25
1 865	291	205	86	1 234	632	143	387	72	71	4 246	2	-
90	144	88	56	454	276	85	54	39	253	998	8	-
84	80	38	42	225	72	28	107	18	299	1 043	4	-
963	65	37	28	384	208	54	45	77	428	775	21	1
19	39	12	27	600	445	46	57	52	411	399	51	-
169	85	69	16	595	137	30	383	45	188	397	8	-
441	183	127	56	724	381	159	50	134	872	1 313	19	-
754	103	61	42	338	239	42	44	13	25	2 112	2	-
34	170	93	77	195	85	14	89	7	755	1 088	-	-
601	275	196	79	1 913	381	133	167	1 232	800	1 132	142	1
165	635	399	236	1 346	792	275	8	271	1 248	9 576	23	-
23	371	204	167	534	460	20	43	11	1 343	6 186	-	-
254	2 013	1 446	567	4 699	2 719	518	732	730	2 738	12 934	66	-
142	223	124	99	1 845	901	124	316	504	1 551	4 194	85	6
16	78	53	25	340	232	56	35	17	93	1 461	9	-
32	95	55	40	304	149	55	35	65	804	568	27	1
96	78	40	38	152	92	46	10	4	3	477	3	-
57	47	22	25	284	125	44	68	47	188	497	13	-
33	55	51	4	136	79	51	1	5	156	970	12	-
126	138	105	33	375	205	29	8	133	184	2 185	13	-
77	176	97	79	813	522	122	132	37	163	1 060	3	1
16	155	77	78	335	278	38	16	3	127	1 144	3	-
458	401	212	189	1 710	914	137	190	469	364	4 452	54	-
72	50	30	20	241	142	42	24	33	25	1 234	1	-
2	79	21	58	49	25	6	9	9	4	1 360	-	-
15	172	76	96	178	129	42	3	4	4	1 482	2	-
151	948	589	359	4 789	2 308	314	1 663	504	1 130	9 926	100	2
131	598	263	335	893	497	78	157	161	7	2 588	2	1
154	175	63	112	302	47	23	214	18	79	1 221	-	2
14	130	58	72	415	198	40	167	10	32	990	-	-
4	76	46	30	257	143	43	11	60	185	255	15	-
21	110	65	45	358	143	46	123	46	82	421	1	-
252	176	65	111	522	243	37	236	6	-	863	2	-
453	265	56	209	229	119	53	42	15	40	1 510	3	1
229	138	66	72	434	284	62	46	42	55	1 104	11	-
290	44	18	26	238	180	22	34	2	-	491	2	-
192	234	141	93	1 093	682	151	18	242	802	1 185	6	-
673	144	43	101	198	149	41	2	6	17	791	4	-
46	106	52	54	172	156	8	5	3	3	404	-	2
95	464	279	185	659	481	98	58	22	85	2 639	-	1
41	64	34	30	119	84	10	23	2	24	275	-	-
15	256	227	29	846	428	112	110	196	1 135	616	7	-
14	47	17	30	255	143	52	4	56	111	490	6	1
8	56	30	26	185	116	18	44	7	13	554	-	-
110	162	94	68	423	172	39	211	1	69	591	3	-
11	219	135	84	366	219	120	2	25	161	603	12	-
10	423	252	171	141	52	32	37	20	318	998	3	1
155	154	102	52	417	334	65	4	14	246	2 216	-	-
3 297	45	27	18	650	515	130	-	5	1 760	743	6	-
15	141	83	58	441	276	71	9	85	404	2 000	2	-
78	70	51	19	464	377	31	12	44	582	1 395	3	-
12	390	214	176	1 219	661	97	19	442	2 316	4 045	59	3
2	82	32	50	197	142	35	12	8	7	2 134	-	-
94	58	21	37	203	99	20	67	17	86	1 036	9	-
19	182	149	33	597	353	69	146	29	124	852	6	1
13	32	10	22	116	103	10	-	3	14	287	4	-
1	48	10	38	58	46	10	1	1	18	435	4	-
24	223	134	89	805	372	148	179	106	449	2 861	37	-
1 195	182	73	109	710	519	125	66	-	13	2 195	6	-
7	538	361	177	488	415	44	13	16	785	5 518	-	-
20	135	90	45	935	109	41	3	782	33	1 458	5	-
27	329	141	188	349	242	103	-	4	1	1 225	-	-
360	106	33	73	414	286	31	97	-	1	795	-	-
34	134	24	110	644	357	43	232	12	6	1 357	1	-
339	78	30	48	1 455	813	340	47	255	37	1 116	20	-
1	111	64	47	417	210	191	5	11	6	1 144	3	-
4	82	32	50	331	252	61	1	17	76	381	-	-
-	32	6	26	56	22	4	29	1	2	624	-	-
-	37	17	20	73	55	6	-	12	-	305	-	-

(報告表　44)

第6表　市町村における

都道府県 指定都市 中核市	総数	養護相談			保健相談	障害相談					
		総数	児童虐待相談	その他の相談		総数	肢体不自由相談	視聴覚障害相談	言語発達障害等相談	重症心身障害相談	知的障害相談
全国	**369 529**	**190 714**	**101 116**	**89 598**	**11 648**	**36 311**	**838**	**290**	**10 600**	**533**	**7 730**
北海道	10 581	5 294	2 296	2 998	144	2 112	61	10	488	54	660
青森	1 920	396	254	142	24	117	1	-	12	-	79
岩手	1 914	1 012	534	478	156	242	8	2	51	7	27
宮城	2 681	1 397	941	456	56	535	4	1	75	7	353
秋田	1 628	554	225	329	6	266	5	1	153	1	30
山形	2 468	752	205	547	53	504	9	8	190	10	62
福島	3 777	2 153	705	1 448	26	816	34	6	112	24	268
茨城	4 817	3 249	1 360	1 889	55	278	7	5	36	9	82
栃木	2 560	1 355	744	611	5	192	2	2	27	4	12
群馬	2 866	1 475	558	917	60	206	11	1	16	2	65
埼玉	13 761	7 275	4 287	2 988	219	1 386	45	14	564	27	205
千葉	12 162	9 041	5 694	3 347	64	243	5	3	64	8	20
東京	52 550	28 097	13 048	15 049	655	1 106	32	11	346	20	123
神奈川	5 314	3 289	1 815	1 474	23	293	3	-	57	4	46
新潟	5 531	2 094	1 228	866	72	660	9	1	193	7	116
富山	1 122	677	414	263	13	124	8	1	58	-	12
石川	2 393	503	334	169	18	419	8	7	28	1	44
福井	2 037	1 107	325	782	21	67	6	-	6	1	4
山梨	5 113	2 395	724	1 671	379	216	4	5	16	3	33
長野	5 138	1 936	1 021	915	224	988	53	27	92	18	321
岐阜	7 526	1 619	743	876	822	2 134	19	13	1 879	6	114
静岡	4 870	2 583	1 073	1 510	23	627	4	5	31	3	392
愛知	8 963	4 922	2 723	2 199	104	285	12	3	70	8	61
三重	6 536	2 727	1 488	1 239	39	2 106	16	13	790	33	244
滋賀	3 612	2 721	1 394	1 327	38	93	4	-	49	4	10
京都	3 785	2 848	2 147	701	14	56	2	2	7	-	3
大阪	26 964	17 529	12 814	4 715	89	2 825	41	17	1 239	31	558
兵庫	28 100	11 457	7 360	4 097	1 052	4 741	180	22	996	36	907
奈良	5 197	4 331	2 411	1 920	32	144	2	-	19	1	14
和歌山	3 946	1 515	1 162	353	797	508	16	8	42	8	51
鳥取	1 459	630	113	517	7	350	-	-	166	2	11
島根	814	568	220	348	15	71	2	-	22	1	14
岡山	2 043	1 551	690	861	118	94	1	-	12	1	31
広島	5 091	3 872	2 091	1 781	24	296	6	2	45	9	107
山口	2 029	1 511	393	1 118	18	51	-	-	9	2	5
徳島	1 508	592	271	321	99	380	31	24	136	66	56
香川	2 495	1 400	644	756	12	157	3	-	99	1	10
愛媛	3 205	1 590	803	787	87	444	18	-	40	7	126
高知	1 674	1 066	416	650	18	123	7	1	7	-	15
福岡	9 585	4 850	1 823	3 027	147	1 099	20	9	295	6	120
佐賀	1 239	753	302	451	68	145	7	4	48	1	17
長崎	2 844	1 824	381	1 443	107	85	4	1	15	1	8
熊本	2 014	1 201	760	441	17	263	10	4	12	8	47
大分	3 444	2 282	1 087	1 195	17	120	2	2	30	1	31
宮崎	2 817	1 584	803	781	111	451	4	4	185	14	97
鹿児島	3 387	2 030	484	1 546	27	148	10	-	9	2	29
沖縄	3 944	2 042	951	1 091	41	118	4	1	28	1	18
指定都市(別掲)											
札幌市	2 586	1 950	232	1 718	7	77	2	-	4	-	2
仙台市	2 320	1 512	612	900	4	10	-	-	1	1	2
さいたま市	1 220	953	500	453	1	35	-	-	6	1	3
千葉市	1 422	748	365	383	4	51	1	1	7	-	8
横浜市	18 491	3 000	3 000	-	-	-	-	-	-	-	-
川崎市	4 688	1 223	741	482	29	2 626	33	27	8	22	1 425
相模原市	1 734	1 374	678	696	6	10	-	-	4	-	1
新潟市	867	668	381	287	38	26	-	-	-	-	3
静岡市	3 376	1 132	467	665	28	69	1	1	16	15	9
浜松市	1 218	993	289	704	2	14	-	-	1	-	1
名古屋市	1 379	1 170	598	572	-	6	1	-	-	-	1
京都市	2 759	2 023	1 775	248	6	150	3	-	50	6	6
大阪市	15 958	8 270	5 342	2 928	98	2 156	29	11	672	7	425
堺市	3 450	2 470	1 289	1 181	119	561	8	5	417	8	53
神戸市	6 508	283	262	21	4 887	280	3	1	249	9	2
岡山市	1 126	1 044	407	637	1	12	-	-	-	1	3
広島市	1 903	1 545	1 014	531	13	59	-	-	10	-	7
北九州市	1 841	1 610	212	1 398	14	46	-	1	5	-	7
福岡市	3 868	2 573	405	2 168	11	19	-	-	6	-	1
熊本市	1 727	382	204	178	-	944	8	3	266	-	38
中核市(別掲)											
横須賀市	1 664	142	84	58	164	476	9	-	14	3	75
金沢市	-	-	-	-	-	-	-	-	-	-	-

注：1）本表は年度分報告である。
　　2）中核市（別掲）は、児童相談所を設置している中核市に限る。

児童相談受付件数，都道府県－指定都市－中核市×相談の種類別

平成28年度

発達障害相談	非行相談 総数	非行相談 ぐ犯行為等相談	非行相談 触法行為等相談	育成相談 総数	育成相談 性格行動相談	育成相談 不登校相談	育成相談 適性相談	育成相談 育児・しつけ相談	その他の相談	(再掲) 児童虐待通告	(再掲) いじめ相談	(再掲) 児童買春等被害相談
16 320	**2 489**	**2 081**	**408**	**73 852**	**20 661**	**11 880**	**1 957**	**39 354**	**54 515**	**58 791**	**928**	**8**
839	74	55	19	1 644	507	451	62	624	1 313	993	23	-
25	6	6	-	794	14	44	1	735	583	183	-	-
147	12	12	-	360	132	126	35	67	132	99	2	-
95	38	22	16	242	56	87	8	91	413	183	2	-
76	11	9	2	736	216	88	21	411	55	156	2	2
225	27	26	1	689	174	71	20	424	443	53	-	-
372	41	30	11	490	101	223	33	133	251	168	1	-
139	31	29	2	816	311	250	20	235	388	254	3	-
145	13	9	4	529	151	121	27	230	466	867	-	-
111	21	18	3	632	200	138	20	274	472	258	2	-
531	97	87	10	3 050	703	345	27	1 975	1 734	1 876	12	1
143	54	44	10	1 359	355	299	25	680	1 401	2 519	30	1
574	231	231	-	15 437	3 144	730	176	11 387	7 024	13 048	58	1
183	10	10	-	1 211	258	87	20	846	488	1 974	2	-
334	12	10	2	2 371	719	107	14	1 531	322	564	4	-
45	5	4	1	268	129	13	9	117	35	324	2	-
331	9	9	-	1 058	779	158	10	111	386	258	8	-
50	20	15	5	456	124	90	43	199	366	112	2	-
155	12	12	-	370	87	136	5	142	1 741	274	7	-
477	36	32	4	1 676	748	181	211	536	278	187	5	-
103	37	28	9	2 217	836	328	122	931	697	743	19	-
192	42	32	10	1 044	406	274	15	349	551	428	13	-
131	72	59	13	2 181	609	227	27	1 318	1 399	1 355	8	-
1 010	30	23	7	1 437	584	214	51	588	197	1 147	6	-
26	37	20	17	342	34	43	6	259	381	511	2	-
42	29	20	9	332	45	101	1	185	506	1 589	4	-
939	135	91	44	3 785	1 392	479	55	1 859	2 601	4 335	58	-
2 600	372	333	39	8 849	2 140	1 255	459	4 995	1 629	6 735	75	-
108	15	12	3	433	88	65	6	274	242	2 039	1	-
383	13	9	4	937	251	369	18	299	176	697	-	-
171	16	15	1	181	21	26	1	133	275	21	-	-
32	12	3	9	89	17	8	1	63	59	39	1	-
49	9	8	1	215	46	47	8	114	56	1 100	1	-
127	33	23	10	514	118	111	30	255	352	782	-	-
35	35	31	4	304	56	101	5	142	110	111	2	-
67	1	-	1	183	33	83	2	65	253	55	1	-
44	29	23	6	554	93	76	7	378	343	249	-	-
253	48	32	16	838	107	351	30	350	198	454	20	-
93	42	38	4	168	32	31	3	102	257	225	-	1
649	167	143	24	1 700	417	618	38	627	1 622	493	14	-
68	17	16	1	177	36	64	11	66	79	76	4	-
56	60	55	5	529	207	138	13	171	239	107	6	-
182	21	20	1	348	97	169	2	80	164	57	6	-
54	43	28	15	733	403	164	22	144	249	509	3	-
147	21	18	3	355	80	126	29	120	295	529	1	-
98	48	42	6	660	211	362	20	67	474	607	5	-
66	97	88	9	792	136	238	29	389	854	152	3	-
69	14	10	4	454	179	236	11	28	84	254	14	-
6	13	13	-	106	32	65	-	9	675	-	-	-
25	15	15	-	171	81	48	1	41	45	94	2	-
34	2	-	2	194	77	72	22	23	423	27	2	-
-	-	-	-	-	-	-	-	-	15 491	754	254	-
1 111	7	7	-	598	166	149	12	271	205	741	9	-
5	4	3	1	286	30	38	1	217	54	678	3	-
23	8	8	-	127	22	33	1	71	-	576	-	-
27	40	29	11	1 334	792	354	48	140	773	361	203	-
12	8	8	-	146	72	36	3	35	55	277	4	-
4	2	2	-	53	15	24	-	14	148	295	-	-
85	2	1	1	415	147	46	1	221	163	-	-	-
1 012	87	63	24	2 988	1 217	527	27	1 217	2 359	2 789	11	2
70	8	7	1	226	94	95	8	29	66	341	-	-
16	1	1	-	293	3	22	-	268	764	228	-	-
8	7	7	-	62	16	46	-	-	-	1 015	-	-
42	14	11	3	245	99	93	6	47	27	69	3	-
33	10	10	-	138	46	70	10	12	23	247	5	-
12	6	6	-	1 003	76	83	5	839	256	550	-	-
629	-	-	-	50	-	2	1	47	351	-	-	-
375	-	-	-	878	94	28	2	754	4	-	-	-
-	-	-	-	-	-	-	-	-	-	-	-	-

(報告表 44)

第７表　児童相談所における対応件数及び未対応件数,

相談の種類	対応										
	総数	面接指導				児童福祉司指導	児童委員指導	児童家庭支援センター指導・指導委託	福祉事務所送致又は通知（知的障害者福祉司・社会福祉主事指導を含む）	児童相談所送致	知的障害者福祉司・社会福祉主事指導
		総数	助言指導	継続指導	他機関あっせん						
総数	**457 472**	**387 050**	**329 993**	**52 309**	**4 748**	**5 745**	**5**	**139**	**1 515**	・	・
養護相談総数	184 314	161 831	120 052	39 429	2 350	4 449	4	111	478	・	・
児童虐待相談	124 083	112 038	81 768	28 847	1 423	2 714	4	54	291	・	・
その他の相談	60 231	49 793	38 284	10 582	927	1 735	－	57	187	・	・
保健相談	1 807	1 395	1 314	14	67	－	－	－	1	・	・
障害相談総数	185 186	152 461	148 498	2 945	1 018	10	－	1	809	・	・
肢体不自由相談	2 955	1 140	915	218	7	－	－	－	26	・	・
視聴覚障害相談	413	277	213	51	13	－	－	－	5	・	・
言語発達障害等相談	12 641	11 175	10 160	779	236	－	－	－	2	・	・
重症心身障害相談	3 944	2 549	2 274	255	20	3	－	－	20	・	・
知的障害相談	149 964	122 942	121 139	1 160	643	6	－	－	688	・	・
発達障害相談	15 269	14 378	13 797	482	99	1	－	1	68	・	・
非行相談総数	14 398	10 598	6 803	3 506	289	773	1	8	6	・	・
ぐ犯行為等相談	8 214	6 703	4 448	2 042	213	386	1	7	4	・	・
触法行為等相談	6 184	3 895	2 355	1 464	76	387	－	1	2	・	・
育成相談総数	45 830	42 265	35 917	5 752	596	154	－	19	7	・	・
性格行動相談	24 255	22 647	18 266	4 010	371	118	－	13	6	・	・
不登校相談	5 489	5 164	3 945	1 102	117	27	－	6	－	・	・
適性相談	7 910	7 318	6 827	471	20	7	－	－	1	・	・
育児・しつけ相談	8 176	7 136	6 879	169	88	2	－	－	－	・	・
その他の相談	25 937	18 500	17 409	663	428	359	－	－	214	・	・
(再掲) いじめ相談	901	881	828	20	33	－	－	－	－	・	・
(再掲) 児童買春等被害相談	23	18	9	9	－	－	－	－	－	・	・

注：本表は年度分報告である。

相談の種類×対応の種類別

平成28年度

件数													
助産又は母子保護の実施に係る都道府県知事への報告	訓戒・誓約	児童福祉施設 総数	児童福祉施設 入所	法第27条の3による家庭裁判所送致(再掲)	児童福祉施設 通所	指定発達支援医療機関委託	里親委託	法第27条第1項第4号による家庭裁判所送致	障害児入所施設等への利用契約	その他	(再掲)施設入所待機	年度末現在未対応件数	(再掲)施設入所待機
・	**1 349**	**9 433**	**9 353**	**33**	**80**	**19**	**1 852**	**222**	**6 648**	**43 495**	**1 142**	**31 913**	**323**
・	215	7 733	7 716	13	17	11	1 682	・	79	7 721	472	15 088	114
・	206	4 277	4 267	6	10	9	568	・	24	3 898	250	11 689	88
・	9	3 456	3 449	7	7	2	1 114	・	55	3 823	222	3 399	26
・	-	3	3	-	-	-	-	・	-	408	-	22	-
・	-	204	195	-	9	8	-	・	6 550	25 143	536	11 645	155
・	-	15	15	-	-	1	-	・	1 649	124	6	131	21
・	-	1	1	-	-	-	-	・	93	37	-	10	1
・	-	3	2	-	1	-	-	・	991	470	396	2 252	1
・	-	42	42	-	-	7	-	・	1 143	180	24	280	17
・	-	112	108	-	4	-	-	・	2 367	23 849	110	8 599	114
・	-	31	27	-	4	-	-	・	307	483	-	373	1
・	1 130	672	672	20	-	-	21	222	-	967	38	1 983	8
・	105	438	438	10	-	-	15	75	-	480	26	918	7
・	1 025	234	234	10	-	-	6	147	-	487	12	1 065	1
・	4	451	400	-	51	-	40	・	12	2 878	94	2 473	4
・	4	381	353	-	28	-	36	・	11	1 039	74	1 759	3
・	-	61	38	-	23	-	2	・	-	229	7	364	-
・	-	6	6	-	-	-	2	・	-	576	13	243	-
・	-	3	3	-	-	-	-	・	1	1 034	-	107	1
・	-	370	367	-	3	-	109	・	7	6 378	2	702	42
・	4	3	3	-	-	-	-	-	-	13	3	14	-
・	-	2	2	-	-	-	-	1	-	2	-	1	-

（報告表　45）

児童福祉
8表

第8表 市町村における児童相談対応件数及び

相談の種類	総数	対 面接指導				児童福祉司指導	児童委員指導	児童家庭支援センター指導・指導委託	福祉事務所送致又は通知（知的障害者福祉司・社会福祉主事指導を含む）	応 児童相談所送致	知的障害者福祉司・社会福祉主事指導
		総数	助言指導	継続指導	他機関あっせん						
総数	374 501	317 109	150 387	152 083	14 639	・	・	・	・	3 802	994
養護相談総数	192 566	163 833	60 101	96 672	7 060	・	・	・	・	2 505	422
児童虐待相談	101 487	85 713	23 762	57 363	4 588	・	・	・	・	2 024	254
その他の相談	91 079	78 120	36 339	39 309	2 472	・	・	・	・	481	168
保健相談	12 853	12 156	6 151	5 598	407	・	・	・	・	3	1
障害相談総数	36 859	34 179	15 988	15 891	2 300	・	・	・	・	1 035	465
肢体不自由相談	847	795	362	362	71	・	・	・	・	16	2
視聴覚障害相談	294	279	167	90	22	・	・	・	・	1	－
言語発達障害等相談	10 936	10 528	3 638	6 106	784	・	・	・	・	46	122
重症心身障害相談	619	544	316	194	34	・	・	・	・	31	1
知的障害相談	7 823	6 442	3 860	2 226	356	・	・	・	・	667	331
発達障害相談	16 340	15 591	7 645	6 913	1 033	・	・	・	・	274	9
非行相談総数	2 524	1 961	898	915	148	・	・	・	・	52	1
ぐ犯行為等相談	2 105	1 698	785	780	133	・	・	・	・	36	1
触法行為等相談	419	263	113	135	15	・	・	・	・	16	－
育成相談総数	74 833	69 801	46 324	20 415	3 062	・	・	・	・	159	80
性格行動相談	20 899	19 244	10 937	7 328	979	・	・	・	・	115	56
不登校相談	12 032	10 889	5 291	5 159	439	・	・	・	・	23	17
適性相談	1 967	1 855	1 203	546	106	・	・	・	・	4	3
育児・しつけ相談	39 935	37 813	28 893	7 382	1 538	・	・	・	・	17	4
その他の相談	54 866	35 179	20 925	12 592	1 662	・	・	・	・	48	25
（再掲）いじめ相談	932	700	338	343	19	・	・	・	・	1	1
（再掲）児童買春等被害相談	15	12	4	8	－	・	・	・	・	－	－

注：本表は年度分報告である。

未対応件数, 相談の種類×対応の種類別

平成28年度

件数												年度末現在未対応件数	
助産又は母子保護の実施に係る都道府県知事への報告	訓戒・誓約	児童福祉施設				指定発達支援医療機関委託	里親委託	法第27条第1項第4号による家庭裁判所送致	障害児入所施設等への利用契約	その他	(再掲)施設入所待機		(再掲)施設入所待機
		総数	入所	法第27条の3による家庭裁判所送致(再掲)	通所								
219	·	·	·	·	·	·	·	·	·	**52 377**	·	**1 281**	·
127	·	·	·	·	·	·	·	·	·	25 679	·	962	·
50	·	·	·	·	·	·	·	·	·	13 446	·	560	·
77	·	·	·	·	·	·	·	·	·	12 233	·	402	·
11	·	·	·	·	·	·	·	·	·	682	·	12	·
1	·	·	·	·	·	·	·	·	·	1 179	·	124	·
–	·	·	·	·	·	·	·	·	·	34	·	2	·
–	·	·	·	·	·	·	·	·	·	14	·	–	·
–	·	·	·	·	·	·	·	·	·	240	·	57	·
–	·	·	·	·	·	·	·	·	·	43	·	–	·
–	·	·	·	·	·	·	·	·	·	383	·	8	·
1	·	·	·	·	·	·	·	·	·	465	·	57	·
1	·	·	·	·	·	·	·	·	·	509	·	14	·
1	·	·	·	·	·	·	·	·	·	369	·	11	·
–	·	·	·	·	·	·	·	·	·	140	·	3	·
1	·	·	·	·	·	·	·	·	·	4 792	·	100	·
1	·	·	·	·	·	·	·	·	·	1 483	·	33	·
–	·	·	·	·	·	·	·	·	·	1 103	·	31	·
–	·	·	·	·	·	·	·	·	·	105	·	–	·
–	·	·	·	·	·	·	·	·	·	2 101	·	36	·
78	·	·	·	·	·	·	·	·	·	19 536	·	69	·
–	·	·	·	·	·	·	·	·	·	230	·	2	·
–	·	·	·	·	·	·	·	·	·	3	·	1	·

(報告表 45)

第9表　児童相談所における対応件数及び未対応件数,

都道府県 指定都市 中核市	対応										
	総数	面接指導				児童福祉司指導	児童委員指導	児童家庭支援センター指導・指導委託	福祉事務所送致又は通知（知的障害者福祉司・社会福祉主事指導を含む）	児童相談所送致	知的障害者福祉司・社会福祉主事指導
		総数	助言指導	継続指導	他機関あっせん						
全国	**457 472**	**387 050**	**329 993**	**52 309**	**4 748**	**5 745**	**5**	**139**	**1 515**	**・**	**・**
北海道	12 784	11 167	10 957	159	51	98	-	4	145	・	・
青森	3 929	3 133	3 031	77	25	69	-	-	25	・	・
岩手	2 860	2 517	2 248	253	16	23	-	-	-	・	・
宮城	5 514	5 074	4 083	864	127	11	-	-	-	・	・
秋田	2 279	1 467	1 322	145	-	8	-	-	1	・	・
山形	2 584	2 191	2 073	97	21	25	-	3	10	・	・
福島	7 000	4 645	3 711	864	70	55	-	-	93	・	・
茨城	5 567	5 227	2 678	2 549	-	13	-	5	-	・	・
栃木	5 510	4 224	3 987	215	22	15	-	1	-	・	・
群馬	10 303	9 611	9 511	50	50	105	-	-	-	・	・
埼玉	22 435	19 205	18 872	245	88	371	-	5	70	・	・
千葉	17 733	17 243	15 994	1 129	120	34	-	9	15	・	・
東京	35 416	30 203	29 107	901	195	3 018	1	-	218	・	・
神奈川	12 097	10 396	7 262	2 972	162	99	2	-	113	・	・
新潟	4 978	4 795	4 709	66	20	84	-	-	13	・	・
富山	3 312	2 885	2 719	81	85	22	-	-	-	・	・
石川	1 533	1 356	685	658	13	16	-	3	-	・	・
福井	2 032	1 834	1 247	557	30	3	-	2	-	・	・
山梨	2 345	2 200	1 243	922	35	19	-	3	-	・	・
長野	5 404	4 897	4 065	800	32	25	-	6	62	・	・
岐阜	6 119	4 388	4 072	282	34	37	-	29	38	・	・
静岡	5 547	4 207	2 776	1 281	150	12	-	-	41	・	・
愛知	16 568	15 535	14 432	891	212	83	2	-	-	・	・
三重	3 985	3 558	2 071	1 482	5	16	-	5	74	・	・
滋賀	4 285	4 169	4 041	128	-	16	-	-	-	・	・
京都	3 790	3 021	1 938	1 083	-	62	-	-	-	・	・
大阪	27 722	22 542	17 956	4 579	7	39	-	4	10	・	・
兵庫	14 019	8 281	8 031	231	19	57	-	16	2	・	・
奈良	5 289	4 946	4 496	232	218	97	-	9	-	・	・
和歌山	3 462	2 739	2 092	612	35	3	-	-	-	・	・
鳥取	1 938	1 719	1 448	258	13	20	-	4	-	・	・
島根	2 686	2 331	1 756	548	27	20	-	-	-	・	・
岡山	3 975	3 686	2 542	1 113	31	38	-	-	7	・	・
広島	5 065	4 106	3 615	401	90	50	-	-	-	・	・
山口	4 621	3 217	2 773	386	58	17	-	3	3	・	・
徳島	2 624	2 411	2 070	341	-	10	-	-	23	・	・
香川	5 467	5 058	4 251	758	49	43	-	-	3	・	・
愛媛	3 488	2 897	2 230	647	20	20	-	-	-	・	・
高知	1 954	1 635	963	587	85	111	-	9	-	・	・
福岡	10 209	9 659	6 948	2 600	111	39	-	-	-	・	・
佐賀	1 503	1 388	1 047	341	-	3	-	-	-	・	・
長崎	6 102	4 949	3 931	651	367	28	-	2	21	・	・
熊本	3 822	2 107	1 497	536	74	7	-	-	-	・	・
大分	6 649	3 584	2 064	1 516	4	75	-	2	-	・	・
宮崎	3 438	3 143	2 941	163	39	14	-	1	-	・	・
鹿児島	6 235	3 228	1 381	1 715	132	22	-	-	-	・	・
沖縄	4 851	3 233	1 823	1 353	57	4	-	7	123	・	・
指定都市（別掲）											
札幌市	6 788	5 494	4 517	977	-	98	-	2	75	・	・
仙台市	9 494	9 301	8 054	1 097	150	-	-	-	-	・	・
さいたま市	4 865	4 285	4 057	105	123	116	-	-	49	・	・
千葉市	5 854	5 767	5 355	292	120	2	-	3	-	・	・
横浜市	16 192	14 204	13 159	1 041	4	71	-	-	127	・	・
川崎市	4 091	3 606	2 752	670	184	48	-	-	-	・	・
相模原市	2 423	2 234	1 241	953	40	43	-	-	31	・	・
新潟市	3 194	3 015	2 978	33	4	23	-	-	63	・	・
静岡市	2 343	1 739	1 340	349	50	4	-	-	-	・	・
浜松市	2 200	1 625	1 100	503	22	37	-	-	23	・	・
名古屋市	6 238	5 804	5 044	479	281	67	-	-	-	・	・
京都市	10 471	7 874	6 076	1 798	-	35	-	-	-	・	・
大阪市	14 685	13 029	12 216	688	125	20	-	-	3	・	・
堺市	4 945	4 116	3 827	262	27	17	-	-	13	・	・
神戸市	7 642	7 256	6 920	294	42	20	-	2	-	・	・
岡山市	3 318	3 001	2 120	876	5	24	-	-	-	・	・
広島市	4 930	3 851	3 333	339	179	27	-	-	-	・	・
北九州市	6 772	6 416	4 887	1 218	311	1	-	-	17	・	・
福岡市	5 134	3 909	3 039	836	34	7	-	-	-	・	・
熊本市	2 284	2 137	1 429	671	37	14	-	-	-	・	・
中核市（別掲）											
横須賀市	1 559	1 490	1 256	229	5	3	-	-	4	・	・
金沢市	1 022	890	604	280	6	12	-	-	-	・	・

注：1）本表は年度分報告である。
　　2）中核市（別掲）は、児童相談所を設置している中核市に限る。

都道府県－指定都市－中核市×対応の種類別

平成28年度

件数												
助産又は母子保護の実施に係る都道府県知事への報告	訓戒・誓約	児童福祉施設 総数	児童福祉施設 入所	児童福祉施設 法第27条の3による家庭裁判所送致(再掲)	児童福祉施設 通所	指定発達支援医療機関委託	里親委託	法第27条第1項第4号による家庭裁判所送致	障害児入所施設等への利用契約	その他	(再掲)施設入所待機	年度末現在未対応件数	(再掲)施設入所待機
・	1 349	9 433	9 353	33	80	19	1 852	222	6 648	43 495	1 142	31 913	・323
・	1	279	279	－	－	1	87	8	478	516	4	656	1
・	1	81	81	－	－	－	15	1	120	484	－	132	－
・	14	71	71	1	－	－	11	1	19	204	－	167	－
・	－	45	45	－	－	2	8	1	47	326	1	－	－
・	－	52	52	－	－	－	5	－	10	736	－	141	－
・	－	48	48	－	－	－	3	1	97	206	－	69	－
・	23	115	115	－	－	－	37	3	2	2 027	1	171	－
・	－	183	181	－	2	－	12	－	82	45	－	－	－
・	－	127	127	－	－	－	9	2	14	1 118	14	256	－
・	59	165	165	1	－	1	25	－	16	321	－	394	－
・	－	400	400	6	－	－	81	－	75	2 228	14	1 334	47
・	－	242	242	4	－	1	92	12	83	2	8	2 850	36
・	1	990	990	1	－	－	122	26	－	837	－	5 120	107
・	－	167	167	1	－	1	35	5	235	1 044	－	854	－
・	1	36	36	－	－	－	8	2	20	19	2	296	－
・	63	42	42	1	－	－	7	2	20	271	－	116	－
・	－	48	48	－	－	－	4	－	14	92	－	89	1
・	－	45	45	－	－	－	7	－	20	121	－	41	1
・	7	57	57	2	－	－	16	－	17	26	－	－	－
・	3	141	140	－	1	1	35	2	－	232	1	2	－
・	49	142	142	－	－	－	27	2	32	1 375	23	172	－
・	37	60	60	－	－	－	26	2	36	1 126	－	373	－
・	126	362	362	－	－	1	95	5	112	247	－	606	－
・	11	166	166	－	－	3	42	4	44	62	－	4	－
・	27	35	35	1	－	－	10	2	12	14	－	666	－
・	3	107	107	1	－	1	16	3	59	518	－	348	－
・	1	521	516	2	5	－	97	26	224	4 258	－	－	－
・	172	334	328	3	6	－	58	13	203	4 883	－	872	－
・	25	100	100	－	－	－	21	2	31	58	－	183	－
・	25	95	95	－	－	－	26	3	23	548	3	354	－
・	8	70	63	－	7	－	10	7	22	78	－	61	－
・	2	98	96	1	2	－	15	2	23	195	－	46	－
・	61	69	69	－	－	－	33	－	15	66	－	16	－
・	162	146	144	－	2	－	9	6	91	495	2	320	－
・	33	156	155	1	1	－	26	5	21	1 140	－	101	－
・	1	78	78	－	－	－	4	1	－	96	－	－	－
・	1	74	74	－	－	－	11	－	95	182	－	18	3
・	30	72	72	－	－	－	16	2	72	379	－	236	－
・	－	108	106	－	2	－	18	1	45	27	2	29	－
・	43	228	228	－	－	1	30	5	149	55	－	254	－
・	2	46	46	－	－	1	10	1	12	40	4	－	－
・	13	150	138	－	12	－	18	2	86	833	－	379	－
・	－	84	84	－	－	－	11	1	139	1 473	－	17	－
・	－	94	94	1	－	－	27	3	81	2 783	1	13	－
・	23	132	130	1	2	－	15	10	27	73	－	6	－
・	17	181	178	－	3	－	46	4	10	2 727	－	4	－
・	6	125	125	1	－	－	44	－	9	1 300	8	66	－
・	14	192	191	－	1	－	53	5	220	635	18	149	3
・	－	51	50	－	1	－	10	－	－	132	－	19	1
・	－	65	65	－	－	－	37	－	14	299	－	404	2
・	－	44	44	－	－	1	13	－	24	－	6	23	－
・	－	224	220	2	4	－	33	7	192	1 334	477	1 691	－
・	－	99	97	－	2	－	8	3	16	311	－	1 170	－
・	－	46	46	－	－	－	10	1	12	46	－	140	－
・	－	12	12	－	－	－	10	2	9	60	－	104	－
・	－	12	12	－	－	－	3	－	19	566	－	171	－
・	19	23	23	－	－	－	9	1	13	450	－	180	－
・	36	248	245	－	3	1	35	9	25	13	－	550	－
・	63	111	100	1	11	－	11	2	1 560	815	－	2 016	－
・	－	461	457	－	4	2	84	－	85	1 001	552	5 330	2
・	－	85	85	－	－	1	8	2	1	702	－	294	－
・	6	146	142	－	4	－	20	5	5	182	－	1 078	－
・	55	85	85	－	－	－	4	2	56	91	－	22	－
・	104	91	88	－	3	－	5	1	66	785	－	459	117
・	1	98	97	－	1	－	47	－	180	12	－	4	－
・	－	81	80	1	1	－	39	4	1 082	12	－	42	2
・	－	55	55	－	－	－	19	－	19	40	－	29	－
・	－	4	4	－	－	－	9	－	8	41	1	199	－
・	－	33	33	－	－	－	5	－	－	82	－	7	－

（報告表　45）

第10表　市町村における児童相談対応件数及び未対応件数，

都道府県 指定都市 中核市	対応 総数	面接指導 総数	面接指導 助言指導	面接指導 継続指導	面接指導 他機関あっせん	児童福祉司指導	児童委員指導	児童家庭支援センター指導・指導委託	福祉事務所送致又は通知（知的障害者福祉司・社会福祉主事指導を含む）	児童相談所送致	知的障害者福祉司・社会福祉主事指導
全国	**374 501**	**317 109**	**150 387**	**152 083**	**14 639**	・	・	・	・	**3 802**	**994**
北海道	10 863	8 926	5 262	3 270	394	・	・	・	・	946	2
青森	1 927	1 892	1 821	41	30	・	・	・	・	8	–
岩手	2 064	1 821	829	905	87	・	・	・	・	14	–
宮城	2 712	1 864	768	863	233	・	・	・	・	394	2
秋田	1 740	1 116	589	451	76	・	・	・	・	21	–
山形	2 474	2 220	1 157	1 007	56	・	・	・	・	22	2
福島	3 778	3 021	1 229	1 576	216	・	・	・	・	49	37
茨城	4 831	3 838	1 916	1 674	248	・	・	・	・	94	29
栃木	2 612	2 147	728	1 313	106	・	・	・	・	22	–
群馬	2 975	2 301	1 315	805	181	・	・	・	・	32	–
埼玉	13 791	10 470	5 469	4 321	680	・	・	・	・	73	49
千葉	12 265	8 880	3 262	4 842	776	・	・	・	・	93	140
東京	52 618	49 943	26 828	21 133	1 982	・	・	・	・	168	4
神奈川	5 466	4 902	2 395	2 308	199	・	・	・	・	11	–
新潟	5 560	5 261	2 836	2 105	320	・	・	・	・	38	–
富山	1 122	1 075	680	365	30	・	・	・	・	17	–
石川	2 391	2 195	833	1 316	46	・	・	・	・	12	–
福井	2 074	1 949	903	860	186	・	・	・	・	30	–
山梨	5 112	5 006	3 147	1 764	95	・	・	・	・	11	–
長野	5 583	5 090	2 664	2 181	245	・	・	・	・	103	–
岐阜	7 585	6 819	4 016	2 517	286	・	・	・	・	60	–
静岡	4 877	3 689	1 709	1 740	240	・	・	・	・	70	327
愛知	8 939	7 471	4 791	2 411	269	・	・	・	・	140	–
三重	6 569	6 010	2 608	3 311	91	・	・	・	・	107	–
滋賀	3 686	2 838	873	1 791	174	・	・	・	・	18	141
京都	3 790	2 313	589	1 682	42	・	・	・	・	40	–
大阪	27 033	22 473	9 300	12 550	623	・	・	・	・	65	201
兵庫	28 102	27 556	12 032	14 540	984	・	・	・	・	95	2
奈良	5 197	3 397	881	2 446	70	・	・	・	・	2	–
和歌山	4 083	3 880	1 410	2 166	304	・	・	・	・	20	2
鳥取	1 471	941	386	483	72	・	・	・	・	4	–
島根	792	663	165	457	41	・	・	・	・	19	–
岡山	2 038	1 934	1 076	775	83	・	・	・	・	6	–
広島	5 039	4 751	2 729	1 925	97	・	・	・	・	18	–
山口	2 044	1 267	612	533	122	・	・	・	・	20	–
徳島	1 508	1 434	895	487	52	・	・	・	・	12	–
香川	2 500	2 280	1 262	990	28	・	・	・	・	12	–
愛媛	3 243	3 196	868	2 103	225	・	・	・	・	20	–
高知	1 662	1 194	504	638	52	・	・	・	・	22	–
福岡	10 291	7 863	3 553	3 984	326	・	・	・	・	152	1
佐賀	1 387	1 078	445	503	130	・	・	・	・	34	–
長崎	2 871	2 587	1 758	721	108	・	・	・	・	44	–
熊本	2 131	1 785	818	730	237	・	・	・	・	67	1
大分	3 807	3 368	931	2 395	42	・	・	・	・	29	–
宮崎	2 817	2 273	1 083	1 046	144	・	・	・	・	12	–
鹿児島	3 387	3 080	1 775	1 062	243	・	・	・	・	30	1
沖縄	3 964	3 057	1 540	1 337	180	・	・	・	・	12	2
指定都市(別掲)											
札幌市	2 590	2 547	2 143	383	21	・	・	・	・	18	–
仙台市	2 333	992	634	230	128	・	・	・	・	78	15
さいたま市	1 451	1 034	777	229	28	・	・	・	・	5	–
千葉市	1 422	840	586	198	56	・	・	・	・	8	22
横浜市	17 622	8 630	1 766	6 447	417	・	・	・	・	2	–
川崎市	4 793	4 591	3 389	1 082	120	・	・	・	・	85	–
相模原市	1 958	1 871	958	864	49	・	・	・	・	64	–
新潟市	867	867	730	137	–	・	・	・	・	–	–
静岡市	3 391	2 025	913	1 009	103	・	・	・	・	3	–
浜松市	1 238	1 181	725	443	13	・	・	・	・	57	–
名古屋市	1 399	1 192	597	529	66	・	・	・	・	34	13
京都市	2 744	2 639	349	460	1 830	・	・	・	・	–	1
大阪市	15 958	12 092	3 320	8 536	236	・	・	・	・	56	–
堺市	3 397	3 385	440	2 938	7	・	・	・	・	–	–
神戸市	8 433	8 340	3 016	5 318	6	・	・	・	・	22	–
岡山市	1 126	1 122	150	971	1	・	・	・	・	3	–
広島市	1 886	1 879	896	983	–	・	・	・	・	1	–
北九州市	1 847	1 654	786	858	10	・	・	・	・	17	–
福岡市	3 936	3 855	3 006	818	31	・	・	・	・	57	–
熊本市	1 675	1 639	865	759	15	・	・	・	・	3	–
中核市(別掲)											
横須賀市	1 664	1 620	1 101	468	51	・	・	・	・	1	–
金沢市	–	–	–	–	–	・	・	・	・	–	–

注：1）本表は年度分報告である。
　　2）中核市（別掲）は、児童相談所を設置している中核市に限る。

都道府県－指定都市－中核市×対応の種類別

平成28年度

件											数		
助産又は母子保護の実施に係る都道府県知事への報告	訓戒・誓約	児童福祉施設				指定発達支援医療機関委託	里親委託	法第27条第1項第4号による家庭裁判所送致	障害児入所施設等への利用契約	その他	(再掲)施設入所待機	年度末現在未対応件数	(再掲)施設入所待機
		総数	入所	法第27条の3による家庭裁判所送致(再掲)	通所								
219	·	·	·	·	·	·	·	·	·	**52 377**	·	**1 281**	·
8	·	·	·	·	·	·	·	·	·	981	·	1	·
–	·	·	·	·	·	·	·	·	·	27	·	–	·
–	·	·	·	·	·	·	·	·	·	229	·	–	·
19	·	·	·	·	·	·	·	·	·	433	·	–	·
–	·	·	·	·	·	·	·	·	·	603	·	5	·
3	·	·	·	·	·	·	·	·	·	227	·	–	·
–	·	·	·	·	·	·	·	·	·	671	·	–	·
1	·	·	·	·	·	·	·	·	·	869	·	–	·
–	·	·	·	·	·	·	·	·	·	443	·	–	·
–	·	·	·	·	·	·	·	·	·	642	·	–	·
22	·	·	·	·	·	·	·	·	·	3 177	·	–	·
5	·	·	·	·	·	·	·	·	·	3 147	·	10	·
1	·	·	·	·	·	·	·	·	·	2 502	·	553	·
2	·	·	·	·	·	·	·	·	·	551	·	9	·
–	·	·	·	·	·	·	·	·	·	261	·	1	·
3	·	·	·	·	·	·	·	·	·	27	·	6	·
1	·	·	·	·	·	·	·	·	·	183	·	2	·
–	·	·	·	·	·	·	·	·	·	95	·	2	·
–	·	·	·	·	·	·	·	·	·	95	·	1	·
–	·	·	·	·	·	·	·	·	·	390	·	–	·
–	·	·	·	·	·	·	·	·	·	706	·	15	·
–	·	·	·	·	·	·	·	·	·	791	·	–	·
4	·	·	·	·	·	·	·	·	·	1 324	·	2	·
11	·	·	·	·	·	·	·	·	·	441	·	–	·
3	·	·	·	·	·	·	·	·	·	686	·	39	·
–	·	·	·	·	·	·	·	·	·	1 437	·	16	·
2	·	·	·	·	·	·	·	·	·	4 292	·	175	·
22	·	·	·	·	·	·	·	·	·	427	·	–	·
–	·	·	·	·	·	·	·	·	·	1 798	·	–	·
1	·	·	·	·	·	·	·	·	·	180	·	49	·
3	·	·	·	·	·	·	·	·	·	523	·	1	·
–	·	·	·	·	·	·	·	·	·	110	·	–	·
4	·	·	·	·	·	·	·	·	·	94	·	6	·
2	·	·	·	·	·	·	·	·	·	268	·	–	·
–	·	·	·	·	·	·	·	·	·	757	·	–	·
3	·	·	·	·	·	·	·	·	·	59	·	–	·
–	·	·	·	·	·	·	·	·	·	208	·	–	·
–	·	·	·	·	·	·	·	·	·	27	·	4	·
3	·	·	·	·	·	·	·	·	·	443	·	18	·
14	·	·	·	·	·	·	·	·	·	2 261	·	4	·
–	·	·	·	·	·	·	·	·	·	275	·	–	·
4	·	·	·	·	·	·	·	·	·	236	·	49	·
–	·	·	·	·	·	·	·	·	·	278	·	–	·
–	·	·	·	·	·	·	·	·	·	410	·	–	·
–	·	·	·	·	·	·	·	·	·	532	·	–	·
–	·	·	·	·	·	·	·	·	·	276	·	–	·
1	·	·	·	·	·	·	·	·	·	892	·	28	·
–	·	·	·	·	·	·	·	·	·	25	·	–	·
44	·	·	·	·	·	·	·	·	·	1 204	·	–	·
2	·	·	·	·	·	·	·	·	·	410	·	–	·
8	·	·	·	·	·	·	·	·	·	544	·	9	·
–	·	·	·	·	·	·	·	·	·	8 990	·	90	·
–	·	·	·	·	·	·	·	·	·	117	·	–	·
–	·	·	·	·	·	·	·	·	·	23	·	–	·
–	·	·	·	·	·	·	·	·	·	–	·	–	·
22	·	·	·	·	·	·	·	·	·	1 341	·	–	·
–	·	·	·	·	·	·	·	·	·	–	·	–	·
–	·	·	·	·	·	·	·	·	·	160	·	25	·
–	·	·	·	·	·	·	·	·	·	104	·	–	·
–	·	·	·	·	·	·	·	·	·	3 810	·	–	·
–	·	·	·	·	·	·	·	·	·	12	·	80	·
–	·	·	·	·	·	·	·	·	·	71	·	–	·
–	·	·	·	·	·	·	·	·	·	1	·	–	·
–	·	·	·	·	·	·	·	·	·	6	·	21	·
1	·	·	·	·	·	·	·	·	·	175	·	2	·
–	·	·	·	·	·	·	·	·	·	24	·	–	·
–	·	·	·	·	·	·	·	·	·	33	·	58	·
–	·	·	·	·	·	·	·	·	·	43	·	–	·
–	·	·	·	·	·	·	·	·	·	–	·	–	·

(報告表　45)

第11表　児童相談所における対応件数,

都道府県 指定都市 中核市	総数	養護相談 総数	養護相談 児童虐待相談	養護相談 その他の相談	保健相談	障害相談 総数	障害相談 肢体不自由相談	障害相談 視聴覚障害相談	障害相談 言語発達障害等相談	障害相談 重症心身障害相談
全国	**457 472**	**184 314**	**124 083**	**60 231**	**1 807**	**185 186**	**2 955**	**413**	**12 641**	**3 944**
北海道	12 784	5 343	3 046	2 297	1	5 832	816	2	812	151
青森	3 929	1 487	958	529	2	1 596	39	-	15	20
岩手	2 860	1 135	942	193	-	1 126	6	-	132	8
宮城	5 514	981	812	169	1	3 655	43	-	182	6
秋田	2 279	451	410	41	42	731	19	-	200	1
山形	2 584	680	348	332	9	950	21	4	23	28
福島	7 000	2 019	956	1 063	7	3 198	67	2	45	31
茨城	5 567	2 544	2 038	506	1	2 544	47	-	92	65
栃木	5 510	1 420	1 116	304	-	2 972	13	-	62	16
群馬	10 303	3 081	1 155	1 926	274	3 937	-	3	62	194
埼玉	22 435	12 526	9 343	3 183	48	6 579	45	2	28	103
千葉	17 733	7 197	6 809	388	-	8 522	71	-	2	64
東京	35 416	19 632	12 494	7 138	587	5 763	152	2	30	84
神奈川	12 097	4 519	4 105	414	64	3 907	50	-	9	270
新潟	4 978	3 028	1 253	1 775	5	1 435	3	1	10	11
富山	3 312	981	629	352	47	1 085	16	-	3	10
石川	1 533	579	436	143	2	685	13	12	32	14
福井	2 032	868	510	358	-	645	12	-	19	11
山梨	2 345	1 151	970	181	1	846	-	-	2	16
長野	5 404	2 861	1 909	952	3	1 823	22	2	156	35
岐阜	6 119	1 534	1 004	530	2	3 408	25	1	62	20
静岡	5 547	1 858	1 516	342	-	3 073	11	-	61	24
愛知	16 568	7 470	4 297	3 173	31	6 597	82	6	20	283
三重	3 985	1 727	1 310	417	2	1 910	15	2	133	23
滋賀	4 285	1 855	1 499	356	-	2 274	1	-	-	21
京都	3 790	1 728	1 561	167	-	1 698	32	4	81	11
大阪	27 722	11 528	10 118	1 410	36	9 719	151	5	1	137
兵庫	14 019	4 083	2 867	1 216	6	8 366	50	-	18	88
奈良	5 289	1 809	1 467	342	-	2 883	7	1	-	48
和歌山	3 462	1 290	1 140	150	-	1 544	5	-	25	6
鳥取	1 938	761	84	677	1	657	7	-	1	5
島根	2 686	1 056	232	824	1	1 073	14	-	169	7
岡山	3 975	1 306	453	853	-	1 975	11	-	38	115
広島	5 065	2 596	2 066	530	6	1 944	62	3	138	90
山口	4 621	1 631	551	1 080	2	2 369	18	-	188	18
徳島	2 624	902	658	244	-	1 440	1	-	216	64
香川	5 467	1 795	959	836	5	1 531	8	-	198	75
愛媛	3 488	1 492	820	672	-	1 621	33	-	12	133
高知	1 954	939	304	635	-	732	1	-	93	28
福岡	10 209	5 172	2 300	2 872	7	3 836	44	3	49	87
佐賀	1 503	552	275	277	1	743	12	3	150	44
長崎	6 102	1 852	665	1 187	33	1 955	6	-	11	96
熊本	3 822	749	607	142	96	2 561	22	215	8	29
大分	6 649	1 741	1 230	511	257	989	79	1	81	102
宮崎	3 438	987	631	356	1	1 797	19	-	38	7
鹿児島	6 235	2 121	352	1 769	3	3 365	3	-	2	17
沖縄	4 851	2 366	713	1 653	2	1 238	19	3	1	8
指定都市(別掲)										
札幌市	6 788	3 470	1 798	1 672	-	2 493	212	1	524	47
仙台市	9 494	1 634	743	891	12	5 391	87	13	80	240
さいたま市	4 865	2 688	2 271	417	6	1 176	14	-	1	12
千葉市	5 854	1 754	1 147	607	5	2 975	20	1	179	41
横浜市	16 192	5 475	4 132	1 343	90	6 686	67	8	6	184
川崎市	4 091	2 258	2 086	172	-	1 563	21	-	1	14
相模原市	2 423	1 180	1 149	31	-	893	11	-	1	32
新潟市	3 194	1 390	605	785	17	887	17	4	5	7
静岡市	2 343	963	486	477	2	1 206	8	-	3	14
浜松市	2 200	721	494	227	1	1 330	10	-	-	5
名古屋市	6 238	4 525	2 747	1 778	14	219	17	-	3	98
京都市	10 471	2 130	2 013	117	2	7 555	27	27	2 788	20
大阪市	14 685	8 476	6 020	2 456	5	4 487	23	3	1 060	185
堺市	4 945	1 938	1 605	333	-	1 914	9	-	8	6
神戸市	7 642	1 638	1 390	248	-	5 345	17	3	3 506	2
岡山市	3 318	1 030	469	561	-	1 756	9	14	51	119
広島市	4 930	1 842	1 414	428	-	2 275	39	14	251	13
北九州市	6 772	1 868	918	950	59	3 248	24	3	358	84
福岡市	5 134	1 519	976	543	2	3 079	107	44	105	36
熊本市	2 284	1 063	570	493	3	668	6	-	1	5
中核市(別掲)										
横須賀市	1 559	804	722	82	3	563	14	-	-	48
金沢市	1 022	565	410	155	-	348	3	1	-	8

注：1）本表は年度分報告である。
　　2）中核市（別掲）は、児童相談所を設置している中核市に限る。

都道府県－指定都市－中核市×相談の種類別

平成28年度

談		非行相談			育成相談					その他の相談	（再掲）	
知的障害相談	発達障害相談	総数	ぐ犯行為等相談	触法行為等相談	総数	性格行動相談	不登校相談	適性相談	育児・しつけ相談		いじめ相談	児童買春等被害相談
149 964	**15 269**	**14 398**	**8 214**	**6 184**	**45 830**	**24 255**	**5 489**	**7 910**	**8 176**	**25 937**	**901**	**23**
2 136	1 915	293	201	92	1 248	632	151	389	76	67	2	-
1 433	89	139	91	48	450	272	84	55	39	255	2	-
895	85	69	39	30	214	76	28	107	3	316	3	-
2 461	963	65	37	28	384	208	54	45	77	428	21	1
492	19	33	10	23	607	451	46	58	52	415	51	-
705	169	86	69	17	668	140	31	448	49	191	8	-
2 610	443	176	124	52	721	380	159	49	133	879	19	-
1 581	759	113	67	46	340	241	42	44	13	25	2	-
2 848	33	166	94	72	195	82	15	90	8	757	-	-
3 074	604	288	202	86	1 921	393	129	168	1 231	802	143	1
6 231	170	657	406	251	1 377	812	282	9	274	1 248	24	-
8 363	22	313	182	131	473	436	8	29	-	1 228	-	-
5 241	254	1 997	1 407	590	4 694	2 720	508	731	735	2 743	66	-
3 440	138	218	120	98	1 841	889	125	324	503	1 548	83	6
1 394	16	79	48	31	339	248	53	34	4	92	9	-
1 024	32	95	58	37	305	149	56	35	65	799	20	1
519	95	79	42	37	160	97	49	10	4	28	3	-
546	57	47	22	25	284	125	44	68	47	188	13	-
795	33	55	51	4	136	79	51	1	5	156	12	-
1 482	126	145	109	36	382	210	30	8	134	190	13	-
3 225	75	173	90	83	837	534	135	131	37	165	3	1
2 961	16	161	78	83	331	276	38	14	3	124	5	-
5 752	454	386	208	178	1 709	913	137	193	466	375	54	-
1 653	84	69	33	36	252	151	43	24	34	25	1	-
2 250	2	93	25	68	57	30	10	9	8	6	-	-
1 556	14	172	75	97	187	135	44	3	5	5	4	-
9 278	147	789	509	280	4 559	2 163	302	1 594	500	1 091	100	2
8 079	131	617	282	335	940	535	78	165	162	7	2	1
2 671	156	208	70	138	308	54	24	211	19	81	-	2
1 496	12	208	49	159	388	185	27	168	8	32	-	-
640	4	77	51	26	260	147	40	13	60	182	15	-
860	23	105	59	46	367	151	47	123	46	84	1	-
1 559	252	172	64	108	522	243	37	236	6	-	2	-
1 209	442	258	55	203	224	116	52	41	15	37	3	-
1 916	229	135	67	68	429	285	56	46	42	55	9	-
869	290	44	18	26	238	180	22	34	2	-	2	-
1 058	192	238	143	95	1 092	681	151	18	242	806	6	-
771	672	151	39	112	205	155	43	1	6	19	4	-
564	46	107	54	53	173	157	8	5	3	3	-	2
3 558	95	451	275	176	660	484	96	58	22	83	-	-
493	41	64	34	30	119	84	10	23	2	24	-	-
1 827	15	251	214	37	859	433	117	111	198	1 152	7	-
2 273	14	47	17	30	255	143	52	4	56	114	6	1
680	46	156	98	58	2 138	401	124	794	819	1 368	-	-
1 623	110	162	94	68	423	172	39	211	1	68	3	-
3 332	11	219	135	84	366	219	120	2	25	161	12	-
1 197	10	512	310	202	202	63	37	43	59	531	3	-
1 555	154	157	104	53	418	335	65	4	14	250	-	-
1 674	3 297	46	28	18	651	516	130	-	5	1 760	6	-
1 134	15	147	88	59	445	277	73	10	85	403	2	-
2 656	78	74	55	19	464	377	31	12	44	582	3	-
6 410	11	399	204	195	1 223	664	100	19	440	2 319	64	3
1 525	2	92	30	62	171	124	34	9	4	7	-	-
753	96	56	22	34	210	99	21	73	17	84	9	-
835	19	187	153	34	589	344	68	148	29	124	6	1
1 168	13	35	11	24	123	109	11	-	3	14	4	-
1 314	1	67	10	57	58	46	10	1	1	23	4	-
77	24	245	139	106	797	369	146	176	106	438	35	-
3 536	1 157	137	29	108	635	499	95	41	-	12	5	-
3 208	8	540	355	185	405	332	36	25	12	772	-	-
1 875	16	134	88	46	929	105	39	4	781	30	4	-
1 792	25	314	138	176	344	241	98	-	5	1	-	-
1 203	360	118	32	86	413	286	31	96	-	1	-	-
1 921	37	144	32	112	663	375	45	231	12	6	1	-
2 439	340	78	30	48	1 467	825	340	47	255	52	20	-
2 786	1	111	64	47	417	210	191	5	11	6	2	1
652	4	111	46	65	363	282	63	1	17	76	-	-
495	6	32	14	18	133	55	22	31	25	24	-	-
336	-	36	17	19	73	55	6	-	12	-	-	-

（報告表　45）

児童福祉
12表

第12表　市町村における児童相談対応件数，

都道府県 指定都市 中核市	総数	養護相談 総数	児童虐待相談	その他の相談	保健相談	障害相談 総数	肢体不自由相談	視聴覚障害相談	言語発達障害等相談	重症心身障害相談
全国	374 501	192 566	101 487	91 079	12 853	36 859	847	294	10 936	619
北海道	10 863	5 603	2 416	3 187	147	2 186	61	11	504	128
青森	1 927	403	261	142	24	117	1	-	12	-
岩手	2 064	1 026	537	489	157	255	8	2	52	7
宮城	2 712	1 441	989	452	56	535	4	1	72	7
秋田	1 740	638	241	397	6	267	5	1	162	1
山形	2 474	746	206	540	55	506	9	8	190	10
福島	3 778	2 154	706	1 448	26	816	34	6	112	24
茨城	4 831	3 262	1 361	1 901	55	279	8	5	36	9
栃木	2 612	1 407	736	671	6	177	1	2	29	4
群馬	2 975	1 543	575	968	61	216	11	1	16	2
埼玉	13 791	7 286	4 281	3 005	218	1 397	52	14	564	25
千葉	12 265	9 083	5 745	3 338	64	261	5	3	65	8
東京	52 618	28 101	12 949	15 152	657	1 103	33	11	348	20
神奈川	5 466	3 307	1 831	1 476	60	370	3	-	114	4
新潟	5 560	2 114	1 236	878	73	673	9	1	194	7
富山	1 122	677	414	263	14	123	8	1	58	-
石川	2 391	495	320	175	18	419	8	7	28	1
福井	2 074	1 112	330	782	35	76	5	-	7	1
山梨	5 112	2 375	710	1 665	379	231	4	5	16	3
長野	5 583	2 281	1 268	1 013	201	1 015	57	31	91	18
岐阜	7 585	1 613	737	876	821	2 190	20	13	1 905	6
静岡	4 877	2 590	1 086	1 504	23	622	4	2	34	3
愛知	8 939	4 895	2 699	2 196	104	281	12	3	74	8
三重	6 569	2 727	1 488	1 239	39	2 113	16	13	790	32
滋賀	3 686	2 806	1 450	1 356	38	92	4	-	49	4
京都	3 790	2 853	2 151	702	14	55	2	3	6	-
大阪	27 033	17 594	12 986	4 608	88	2 838	44	15	1 231	31
兵庫	28 102	11 459	7 360	4 099	1 052	4 741	180	22	996	36
奈良	5 197	4 331	2 411	1 920	32	145	2	-	19	1
和歌山	4 083	1 547	1 143	404	830	517	16	9	51	8
鳥取	1 471	677	141	536	10	349	-	-	166	1
島根	792	546	220	326	15	71	2	-	22	1
岡山	2 038	1 538	684	854	118	94	1	-	12	1
広島	5 039	3 848	2 071	1 777	24	287	6	2	43	9
山口	2 044	1 515	397	1 118	18	52	-	-	10	2
徳島	1 508	593	274	319	101	376	29	24	139	66
香川	2 500	1 401	643	758	15	155	2	-	98	3
愛媛	3 243	1 595	809	786	86	445	18	-	41	7
高知	1 662	1 057	398	659	21	122	6	1	7	-
福岡	10 291	5 485	2 006	3 479	148	1 141	21	10	299	10
佐賀	1 387	834	340	494	68	183	7	4	70	1
長崎	2 871	1 841	385	1 456	105	86	4	-	17	1
熊本	2 131	1 206	740	466	17	265	9	3	11	9
大分	3 807	2 564	1 155	1 409	17	121	2	2	31	1
宮崎	2 817	1 584	803	781	111	451	4	4	185	14
鹿児島	3 387	2 030	484	1 546	27	148	10	-	9	2
沖縄	3 964	2 042	951	1 091	42	121	5	1	28	1
指定都市（別掲）										
札幌市	2 590	1 953	235	1 718	7	77	2	-	4	-
仙台市	2 333	1 533	612	921	4	11	-	-	1	1
さいたま市	1 451	1 105	508	597	-	44	-	-	12	1
千葉市	1 422	748	365	383	4	51	1	1	7	-
横浜市	17 622	2 131	2 131	-	-	-	-	-	-	-
川崎市	4 793	1 344	842	502	29	2 618	33	27	8	22
相模原市	1 958	1 599	910	689	6	10	-	-	4	-
新潟市	867	668	381	287	38	26	-	-	-	-
静岡市	3 391	1 145	476	669	28	69	1	1	16	15
浜松市	1 238	1 015	310	705	2	14	-	-	1	-
名古屋市	1 399	1 196	609	587	-	6	1	-	-	-
京都市	2 744	2 018	1 773	245	5	145	3	-	48	6
大阪市	15 958	8 270	5 342	2 928	98	2 156	29	11	672	7
堺市	3 397	2 450	1 283	1 167	112	541	8	5	398	8
神戸市	8 433	280	258	22	6 021	500	2	4	456	18
岡山市	1 126	1 044	407	637	1	12	-	-	-	1
広島市	1 886	1 529	1 003	526	13	59	-	-	10	-
北九州市	1 847	1 616	212	1 404	14	46	-	1	5	-
福岡市	3 936	2 573	418	2 155	11	19	-	-	6	-
熊本市	1 675	382	204	178	-	896	6	3	260	-
中核市（別掲）										
横須賀市	1 664	142	84	58	164	476	9	-	15	3
金沢市	-	-	-	-	-	-	-	-	-	-

注：1）本表は年度分報告である。
　　2）中核市（別掲）は、児童相談所を設置している中核市に限る。

都道府県－指定都市－中核市×相談の種類別

平成28年度

談		非行相談			育成相談					その他の相談	（再掲）	
知的障害相談	発達障害相談	総数	ぐ犯行為等相談	触法行為等相談	総数	性格行動相談	不登校相談	適性相談	育児・しつけ相談		いじめ相談	児童買春等被害相談
7 823	16 340	2 524	2 105	419	74 833	20 899	12 032	1 967	39 935	54 866	932	15
659	823	77	57	20	1 627	513	450	53	611	1 223	12	-
79	25	6	6	-	794	14	44	1	735	583	-	-
28	158	20	20	-	477	199	168	35	75	129	1	-
352	99	39	23	16	226	55	75	6	90	415	2	-
30	68	10	8	2	762	231	91	26	414	57	2	1
64	225	27	26	1	695	181	70	20	424	445	-	-
268	372	41	30	11	490	101	223	33	133	251	1	-
82	139	31	29	2	821	311	253	24	233	383	2	-
12	129	13	9	4	539	162	120	26	231	470	-	-
70	116	21	18	3	657	206	140	32	279	477	2	-
203	539	96	86	10	3 088	708	339	29	2 012	1 706	16	-
34	146	55	45	10	1 371	353	312	25	681	1 431	36	2
122	569	231	231	-	15 457	3 143	739	181	11 394	7 069	57	2
96	153	10	10	-	1 234	259	83	20	872	485	2	6
112	350	12	10	2	2 370	721	106	14	1 529	318	5	-
12	44	5	4	1	267	129	13	8	117	36	2	-
55	320	9	9	-	1 059	779	159	8	113	391	8	-
7	56	20	15	5	465	124	91	43	207	366	4	-
33	170	12	12	-	371	94	131	5	141	1 744	8	-
316	502	43	39	4	1 772	846	190	203	533	271	7	-
118	128	38	29	9	2 227	851	322	122	932	696	18	-
392	187	43	34	9	1 052	404	288	15	345	547	5	-
61	123	73	59	14	2 188	485	223	29	1 451	1 398	13	-
245	1 017	30	23	7	1 463	585	216	51	611	197	5	-
10	25	37	20	17	337	34	47	2	254	376	2	-
3	41	29	20	9	332	46	100	1	185	507	3	-
559	958	130	88	42	3 799	1 392	485	55	1 867	2 584	58	-
907	2 600	372	333	39	8 852	2 140	1 255	459	4 998	1 626	75	-
15	108	15	12	3	434	88	63	6	277	240	1	-
52	381	13	9	4	970	293	404	16	257	206	-	-
11	171	16	15	1	185	22	32	-	131	234	-	-
14	32	12	3	9	88	17	8	1	62	60	1	-
31	49	9	8	1	219	46	47	8	118	60	1	-
107	120	33	23	10	518	118	109	31	260	329	-	-
5	35	35	31	4	304	56	101	5	142	120	2	-
56	62	1	-	1	185	35	83	2	65	252	4	-
10	42	28	22	6	557	94	76	7	380	344	-	-
126	253	48	32	16	854	110	353	30	361	215	22	-
15	93	41	38	3	163	32	31	3	97	258	-	1
124	677	177	144	33	1 700	414	622	41	623	1 640	11	-
29	72	24	23	1	198	44	75	15	64	80	4	-
7	57	61	56	5	535	208	143	14	170	243	7	-
47	186	21	20	1	448	121	166	2	159	174	6	-
31	54	45	29	16	806	454	186	22	144	254	3	-
97	147	21	18	3	355	80	126	29	120	295	1	-
29	98	48	42	6	660	211	362	20	67	474	5	-
19	67	98	89	9	805	137	241	29	398	856	7	1
2	69	14	10	4	454	179	236	11	28	85	14	-
3	6	14	10	4	98	33	64	-	1	673	-	-
3	28	15	15	-	235	87	52	1	95	52	2	-
8	34	2	-	2	194	77	72	22	23	423	4	-
-	-	-	-	-	-	-	-	-	-	15 491	254	-
1 424	1 104	7	7	-	581	153	145	12	271	214	9	-
1	5	4	3	1	285	29	38	1	217	54	3	-
3	23	8	8	-	127	22	33	1	71	-	-	-
9	27	40	29	11	1 336	792	354	49	141	773	203	-
1	12	8	8	-	145	72	36	3	34	54	4	-
1	4	2	2	-	53	15	24	-	14	142	-	-
5	83	2	1	1	411	146	45	1	219	163	-	-
425	1 012	87	63	24	2 988	1 217	527	27	1 217	2 359	11	2
52	70	8	7	1	223	94	92	8	29	63	-	-
3	17	1	1	-	490	5	31	-	454	1 141	-	-
3	8	7	7	-	62	16	46	-	-	-	-	-
7	42	13	11	2	245	100	93	5	47	27	2	-
7	33	10	10	-	138	46	70	10	12	23	5	-
1	12	6	6	-	1 066	76	83	6	901	261	-	-
36	591	-	-	-	48	-	2	1	45	349	-	-
75	374	-	-	-	878	94	28	2	754	4	-	-
-	-	-	-	-	-	-	-	-	-	-	-	-

（報告表　45）

第13表（２－１）児童相談所における措置解除件数，

都道府県 指定都市 中核市	総数					
	養護		障害	非行	育成	保健・その他
	児童虐待	その他				
全国	**3 893**	**4 481**	**344**	**750**	**460**	**509**
北海道	120	148	8	20	29	3
青森	31	50	4	5	5	2
岩手	42	54	2	7	5	5
宮城	13	23	1	3	－	22
秋田	19	30	－	6	3	－
山形	23	14	1	5	3	1
福島	36	39	25	13	7	－
茨城	49	100	7	20	3	－
栃木	62	84	3	12	7	3
群馬	65	90	5	18	10	－
埼玉	137	185	6	9	2	－
千葉	194	77	12	22	5	2
東京	427	317	8	80	5	285
神奈川	117	40	8	4	4	－
新潟	29	19	1	4	－	－
富山	33	30	－	3	1	－
石川	17	14	1	3	－	－
福井	22	31	1	1	1	2
山梨	43	15	3	5	1	－
長野	54	88	3	8	3	2
岐阜	69	70	15	11	14	2
静岡	61	36	5	6	2	－
愛知	146	140	16	13	9	－
三重	68	69	24	7	14	－
滋賀	33	23	4	3	－	－
京都	44	45	3	14	3	－
大阪	172	127	8	50	23	4
兵庫	119	179	4	42	34	－
奈良	34	47	1	9	1	1
和歌山	42	46	4	6	3	9
鳥取	15	37	1	10	6	－
島根	21	53	5	7	10	1
岡山	65	9	9	6	1	－
広島	51	55	10	10	4	1
山口	58	89	3	10	19	10
徳島	34	29	1	7	1	8
香川	30	40	－	7	2	－
愛媛	55	78	1	19	13	6
高知	16	24	－	16	1	－
福岡	69	110	1	26	16	1
佐賀	14	30	5	7	5	－
長崎	67	54	2	13	7	5
熊本	36	29	－	7	2	1
大分	9	59	4	8	52	14
宮崎	40	39	－	5	2	2
鹿児島	39	105	－	11	21	2
沖縄	24	47	7	17	2	7
指定都市(別掲)						
札幌市	112	82	2	9	30	4
仙台市	12	59	2	4	1	－
さいたま市	45	46	1	－	5	2
千葉市	22	22	1	2	－	－
横浜市	140	122	6	21	1	－
川崎市	50	25	3	2	－	－
相模原市	45	1	1	3	1	－
新潟市	11	10	－	1	－	－
静岡市	31	25	1	－	2	1
浜松市	35	33	1	1	3	－
名古屋市	80	88	28	15	2	1
京都市	43	54	2	8	7	－
大阪市	12	376	33	25	11	89
堺市	37	73	2	15	4	4
神戸市	39	49	5	20	6	－
岡山市	45	15	2	6	1	－
広島市	21	52	10	9	6	－
北九州市	26	78	2	2	10	4
福岡市	39	96	7	3	3	2
熊本市	48	44	－	7	6	1
中核市(別掲)						
横須賀市	31	3	2	1	－	－
金沢市	5	11	1	1	－	－

注：1）本表は年度分報告である。
　　2）中核市（別掲）は、児童相談所を設置している中核市に限る。

都道府県－指定都市－中核市×措置解除理由×相談の種類別

平成28年度

家庭復帰					
養護		障害	非行	育成	保健・その他
児童虐待	その他				
1 831	2 091	80	475	261	82
50	56	3	8	11	2
20	13	1	3	3	－
26	15	1	5	3	2
8	12	－	3	－	10
6	12	－	5	－	－
7	6	－	2	1	－
12	12	8	7	4	－
29	59	2	14	1	－
27	21	－	6	2	－
30	37	－	6	6	－
75	102	－	7	1	－
78	25	－	17	2	－
38	130	1	12	1	38
46	18	－	3	2	－
16	4	－	3	－	－
19	21	－	2	1	－
9	－	－	2	－	－
19	21	－	1	1	2
19	6	1	4	－	－
23	41	2	5	1	－
31	38	－	6	8	－
43	13	1	6	1	－
100	81	3	11	8	－
48	43	8	7	13	－
16	10	1	2	－	－
22	23	1	7	2	－
109	82	1	29	13	2
57	90	－	33	22	－
24	24	1	8	－	1
19	11	1	3	1	－
6	9	－	7	5	－
12	26	1	5	7	－
43	4	2	5	1	－
23	24	3	7	3	－
34	41	－	6	11	1
20	13	－	6	1	5
26	27	－	6	1	－
25	26	－	13	6	1
8	6	－	16	1	－
44	55	－	19	11	1
12	21	2	7	5	－
28	25	－	9	4	1
18	8	－	4	2	－
7	40	1	4	34	1
28	17	－	3	1	2
19	58	－	6	12	2
20	23	2	11	－	－
47	42	1	3	16	－
9	39	－	4	1	－
17	18	－	－	2	1
11	7	1	2	－	－
50	38	1	16	－	－
18	9	－	2	－	－
22	－	－	2	1	－
2	3	－	－	－	－
17	11	1	－	2	－
24	16	－	－	3	－
56	63	23	13	2	－
23	28	1	7	4	－
1	168	－	19	1	7
18	39	－	10	1	2
24	24	3	17	1	－
22	4	1	5	－	－
3	24	1	8	5	－
17	52	－	－	6	1
18	42	－	2	3	－
18	9	－	3	－	－
13	－	－	－	－	－
2	6	－	1	－	－

（報告表　46）

第13表（2－2）児童相談所における措置解除件数，

都道府県 指定都市 中核市	社会的自立					
	養護		障害	非行	育成	保健・その他
	児童虐待	その他				
全国	**692**	**828**	**47**	**53**	**69**	**96**
北海道	20	25	1	1	3	－
青森	5	17	1	－	1	2
岩手	11	19	－	1	1	1
宮城	3	2	－	－	－	9
秋田	9	13	－	1	3	－
山形	7	5	1	－	2	－
福島	18	16	2	1	1	－
茨城	10	21	2	1	－	－
栃木	5	17	－	－	－	2
群馬	11	15	3	2	2	－
埼玉	21	33	－	－	1	－
千葉	45	15	2	2	2	2
東京	65	37	－	7	3	39
神奈川	16	5	1	－	－	－
新潟	3	7	－	－	－	－
富山	4	3	－	1	－	－
石川	6	7	1	－	－	－
福井	－	6	1	－	－	－
山梨	16	6	－	1	1	－
長野	11	11	－	－	－	－
岐阜	17	13	1	1	－	－
静岡	9	7	－	－	1	－
愛知	24	30	3	2	－	－
三重	12	15	4	－	1	－
滋賀	7	3	2	1	－	－
京都	8	8	－	－	－	－
大阪	16	10	－	3	5	－
兵庫	17	21	1	1	2	－
奈良	4	12	－	－	－	－
和歌山	4	12	2	1	2	7
鳥取	3	7	－	－	－	－
島根	－	9	1	－	1	－
岡山	15	4	－	－	－	－
広島	10	13	2	－	－	－
山口	7	14	2	2	3	7
徳島	1	3	－	－	－	－
香川	2	1	－	－	－	－
愛媛	6	20	－	3	4	1
高知	5	6	－	－	－	－
福岡	18	29	－	3	2	－
佐賀	2	5	1	－	－	－
長崎	27	14	－	2	1	1
熊本	17	15	－	2	－	1
大分	1	6	1	－	10	8
宮崎	8	10	－	－	－	－
鹿児島	9	28	－	1	2	－
沖縄	2	13	2	－	－	5
指定都市(別掲)						
札幌市	24	12	－	2	3	2
仙台市	2	7	－	－	－	－
さいたま市	5	10	－	－	1	1
千葉市	1	5	－	－	－	－
横浜市	16	15	－	2	－	－
川崎市	4	7	3	－	－	－
相模原市	6	－	－	－	－	－
新潟市	3	1	－	1	－	－
静岡市	3	－	－	－	－	1
浜松市	1	1	－	－	－	－
名古屋市	12	17	2	1	－	－
京都市	9	10	－	－	2	－
大阪市	－	41	1	1	－	4
堺市	8	10	－	2	1	－
神戸市	10	16	－	－	2	－
岡山市	8	4	－	－	1	－
広島市	10	13	1	－	－	－
北九州市	8	15	－	1	3	2
福岡市	10	16	3	－	－	1
熊本市	8	14	－	3	2	－
中核市(別掲)						
横須賀市	6	2	－	－	－	－
金沢市	1	4	－	－	－	－

注：1）本表は年度分報告である。
　　2）中核市（別掲）は、児童相談所を設置している中核市に限る。

都道府県－指定都市－中核市×措置解除理由×相談の種類別

平成28年度

その他					
養護		障害	非行	育成	保健・その他
児童虐待	その他				
1 370	1 562	217	222	130	331
50	67	4	11	15	1
6	20	2	2	1	－
5	20	1	1	1	2
2	9	1	－	－	3
4	5	－	－	－	－
9	3	－	3	－	1
6	11	15	5	2	－
10	20	3	5	2	－
30	46	3	6	5	1
24	38	2	10	2	－
41	50	6	2	－	－
71	37	10	3	1	－
324	150	7	61	1	208
55	17	7	1	2	－
10	8	1	1	－	－
10	6	－	－	－	－
2	7	－	1	－	－
3	4	－	－	－	－
8	3	2	－	－	－
20	36	1	3	2	2
21	19	14	4	6	2
9	16	4	－	－	－
22	29	10	－	1	－
8	11	12	－	－	－
10	10	1	－	－	－
14	14	2	7	1	－
47	35	7	18	5	2
45	68	3	8	10	－
6	11	－	1	1	－
19	23	1	2	－	2
6	21	1	3	1	－
9	18	3	2	2	1
7	1	7	1	－	－
18	18	5	3	1	1
17	34	1	2	5	2
13	13	1	1	－	3
2	12	－	1	1	－
24	32	1	3	3	4
3	12	－	－	－	－
7	26	1	4	3	－
－	4	2	－	－	－
12	15	2	2	2	3
1	6	－	1	－	－
1	13	2	4	8	5
4	12	－	2	1	－
11	19	－	4	7	－
2	11	3	6	2	2
41	28	1	4	11	2
1	13	2	－	－	－
23	18	1	－	2	－
10	10	－	－	－	－
74	69	5	3	1	－
28	9	－	－	－	－
17	1	1	1	－	－
6	6	－	－	－	－
11	14	－	－	－	－
10	16	1	1	－	－
12	8	3	1	－	1
11	16	1	1	1	－
11	167	32	5	10	78
11	24	2	3	2	2
5	9	2	3	3	－
15	7	1	1	－	－
8	15	8	1	1	－
1	11	2	1	1	1
11	38	4	1	－	1
22	21	－	1	4	1
12	1	2	1	－	－
2	1	1	－	－	－

（報告表　46）

児童福祉
14～15表

第14表 児童相談所における措置停止件数及び措置中等の調査・診断・指導件数, 都道府県－指定都市－中核市×施設の種類別

平成28年度

都道府県 指定都市 中核市	総数		児童福祉施設		指定発達支援医療機関・障害者支援施設		里親	
	措置停止	調査・診断・指導	措置停止	調査・診断・指導	措置停止	調査・診断・指導	措置停止	調査・診断・指導
全　　　　国	3 351	999 671	2 927	866 161	46	4 853	378	128 657
北　海　道	9	5 091	8	3 011	-	38	1	2 042
青　　森	5	6 725	3	5 536	-	-	2	1 189
岩　　手	10	11 452	10	9 772	-	-	-	1 680
宮　　城	16	25 592	9	22 161	4	95	3	3 336
秋　　田	10	6 083	9	5 886	-	-	1	197
山　　形	2	6 265	2	5 861	-	-	-	404
福　　島	19	8 149	14	6 767	1	223	4	1 159
茨　　城	34	7 244	26	6 292	5	75	3	877
栃　　木	23	3 933	15	3 243	-	93	8	597
群　　馬	44	28 894	42	27 035	-	54	2	1 805
埼　　玉	266	138 826	241	118 062	-	28	25	20 736
千　　葉	79	24 082	74	20 418	2	141	3	3 523
東　京	-	145 091	-	122 724	-	64	-	22 303
神奈川	117	56 661	109	51 885	-	81	8	4 695
新　　潟	78	5 016	69	3 814	-	45	9	1 157
富　　山	2	1 243	2	1 003	-	12	-	228
石　　川	13	5 377	12	4 762	-	-	1	615
福　　井	12	1 874	11	1 644	-	52	1	178
山　　梨	10	6 374	8	4 760	-	91	2	1 523
長　　野	93	20 342	86	18 197	-	191	7	1 954
岐　　阜	42	7 258	42	6 513	-	77	-	668
静　　岡	11	4 781	8	4 067	-	-	3	714
愛　　知	177	64 404	157	55 909	-	350	20	8 145
三　　重	85	19 468	71	16 480	-	102	14	2 886
滋　　賀	24	8 147	22	5 764	-	13	2	2 370
京　　都	78	1 993	76	1 780	-	21	2	192
大　　阪	75	1 887	50	1 403	24	484	1	-
兵　　庫	169	21 282	155	18 477	-	45	14	2 760
奈　　良	38	10 670	29	9 265	-	34	9	1 371
和歌山	38	7 099	30	5 549	-	1	8	1 549
鳥　　取	43	12 186	40	11 308	-	83	3	795
島　　根	15	6 731	10	5 953	-	1	5	777
岡　　山	208	9 842	192	8 095	-	28	16	1 719
広　　島	83	16 240	80	15 514	-	-	3	726
山　　口	53	21 105	43	17 825	-	-	10	3 280
徳　　島	31	9 942	27	9 013	-	4	4	925
香　　川	20	12 814	14	11 447	-	3	6	1 364
愛　　媛	24	5 012	22	4 645	-	14	2	353
高　　知	27	5 206	26	4 622	-	19	1	565
福　　岡	122	9 575	109	8 252	-	925	13	398
佐　　賀	22	3 273	16	2 811	5	111	1	351
長　　崎	4	7 672	3	5 233	-	497	1	1 942
熊　　本	13	1 414	9	1 196	1	60	3	158
大　　分	94	504	78	402	-	-	16	102
宮　　崎	54	1 639	44	1 365	-	9	10	265
鹿児島	15	874	9	714	-	-	6	160
沖　　縄	60	12 283	48	8 368	-	3	12	3 912
指定都市(別掲)								
札幌市	19	3 937	14	3 365	-	-	5	572
仙台市	6	1 789	6	1 365	-	14	-	410
さいたま市	54	7 990	43	6 426	-	14	11	1 550
千葉市	20	8 796	18	7 581	1	5	1	1 210
横浜市	168	61 215	158	57 642	-	225	10	3 348
川崎市	36	15 363	21	13 180	-	-	15	2 183
相模原市	23	6 568	20	5 798	-	-	3	770
新潟市	76	1 840	61	1 655	-	-	15	185
静岡市	15	2 475	8	2 193	-	-	7	282
浜松市	4	2 135	3	1 942	-	20	1	173
名古屋市	16	16 418	11	15 804	1	41	4	573
京都市	43	453	39	409	-	2	4	42
大阪市	135	7 648	117	6 592	-	41	18	1 015
堺市	40	8 938	37	8 513	-	24	3	401
神戸市	62	17 937	62	16 140	-	-	-	1 797
岡山市	31	5 297	30	5 055	-	28	1	214
広島市	57	6 631	54	5 642	2	249	1	740
北九州市	5	6 318	1	5 555	-	2	4	761
福岡市	22	6 595	16	4 716	-	-	6	1 879
熊本市	15	363	13	333	-	-	2	30
中核市(別掲)								
横須賀市	31	6 456	29	5 925	-	21	2	510
金沢市	6	6 894	6	5 527	-	-	-	1 367

注：1) 本表は年度分報告である。
　　2) 中核市（別掲）は、児童相談所を設置している中核市に限る。

(報告表　46)

第15表　児童相談所における所内一時保護児童の受付件数及び対応件数，相談の種類×年齢階級・対応の種類別

平成28年度

相談の種類	前年度末継続保護件数	受付件数 総数	0～5歳	6～11歳	12～14歳	15歳以上
総　　数	1 843	24 080	3 850	8 016	7 395	4 819
養護総数	1 456	18 448	3 813	7 006	4 584	3 045
児童虐待	1 047	12 525	2 414	4 980	3 204	1 927
その他	409	5 923	1 399	2 026	1 380	1 118
障害	3	76	3	21	30	22
非行	217	3 448	1	351	1 864	1 232
育成	152	1 949	24	593	864	468
保健・その他	15	159	9	45	53	52
延日数		・	・	・	・	・

対応件数 総数	児童福祉施設入所	里親委託	他の児童相談所・機関に移送	家庭裁判所送致	帰宅	その他	職権による一時保護（再掲）	延日数	年度末継続保護件数
24 111	4 457	641	1 127	159	14 458	3 269	5 983	725 449	1 812
18 503	3 267	533	822	16	11 380	2 485	5 609	578 665	1 401
12 556	2 213	305	622	9	7 743	1 664	4 972	430 780	1 016
5 947	1 054	228	200	7	3 637	821	637	147 885	385
77	17	2	-	-	45	13	5	1 750	2
3 423	686	37	258	133	1 960	349	286	93 359	242
1 955	445	53	37	8	1 043	369	74	47 762	146
153	42	16	10	2	30	53	9	3 913	21
725 449	224 640	29 221	20 040	5 497	356 871	89 180	183 194	・	・

注：本表は年度分報告である。

（報告表　47）

児童福祉
16表

第16表 児童相談所における委託一時保護児童の委託件数、

相談の種類	前年度末継続委託保護件数	委託件数				
		総数	0～5歳	6～11歳	12～14歳	15歳以上
総　　　数	1 078	16 345	7 516	3 740	2 552	2 537
養 護 総 数	1 001	14 609	7 443	3 508	1 877	1 781
児 童 虐 待	648	7 620	3 552	1 897	1 148	1 023
そ の 他	353	6 989	3 891	1 611	729	758
障　　　害	13	155	23	36	38	58
非　　　行	30	867	－	37	397	433
育　　　成	23	580	15	110	219	236
保健・その他	11	134	35	49	21	29
延　日　数		・	・	・	・	・

委託解除						年度末継続委託保護件数
施設		里親	その他	延日数		
障害児関係施設	その他の施設					
1 068	267	2 978	1 703	436 472		1 147
875	232	2 773	1 332	405 412		1 052
487	135	1 161	858	255 237		649
388	97	1 612	474	150 175		403
93	1	3	50	3 557		12
32	20	54	170	10 528		31
60	11	73	128	12 757		44
8	3	75	23	4 218		8
36 750	11 601	55 755	63 984	・		・

注：本表は年度分報告である。

委託解除件数及び対応件数，相談の種類×年齢階級・委託解除の種類・対応の種類別

委託解除 総数	警察等	児童福祉 児童養護施設	乳児院	児童自立支援施設	情緒障害児短期治療施設
16 276	**1 478**	**5 711**	**2 671**	**239**	**161**
14 558	1 013	5 436	2 663	111	123
7 619	580	2 960	1 274	81	83
6 939	433	2 476	1 389	30	40
156	1	4	2	1	1
866	366	120	–	99	5
559	97	129	3	27	31
137	1	22	3	1	1
436 472	1 658	154 578	99 601	5 286	7 259

平成28年度

対応件数 総数	児童福祉施設入所	里親委託	他の児童相談所・機関に移送	家庭裁判所送致	帰宅	その他	職権による一時保護（再掲）
16 276	**4 038**	**728**	**715**	**15**	**6 901**	**3 879**	**3 703**
14 558	3 714	691	614	1	6 437	3 101	3 401
7 619	2 233	350	463	1	2 786	1 786	2 667
6 939	1 481	341	151	–	3 651	1 315	734
156	40	–	3	1	77	35	5
866	105	10	74	12	219	446	100
559	124	13	23	1	155	243	40
137	55	14	1	–	13	54	157
·	·	·	·	·	·	·	·

（報告表　47）

児童福祉
17表

第17表　児童相談所における所内一時保護児童の

都道府県 指定都市 中核市	前年度末 継続保護件数	受付件数 総数	0～5歳	6～11歳	12～14歳	15歳以上
全　　国	1 843	24 080	3 850	8 016	7 395	4 819
北　海　道	51	886	133	313	250	190
青　森	2	103	8	32	43	20
岩　手	9	169	16	63	45	45
宮　城	26	131	19	35	37	40
秋　田	2	63	1	16	27	19
山　形	7	101	18	38	31	14
福　島	15	226	40	71	68	47
茨　城	16	281	48	118	75	40
栃　木	16	262	39	89	83	51
群　馬	31	449	90	122	147	90
埼　玉	94	992	198	320	295	179
千　葉	110	976	230	319	269	158
東　京	198	2 067	258	641	701	467
神奈川	44	622	113	192	200	117
新　潟	17	206	25	78	64	39
富　山	3	118	8	38	38	34
石　川	4	97	18	37	20	22
福　井	7	137	32	54	31	20
山　梨	20	142	38	46	40	18
長　野	21	185	12	65	79	29
岐　阜	10	174	18	56	63	37
静　岡	35	331	61	134	104	32
愛　知	46	706	114	270	213	109
三　重	17	498	88	212	134	64
滋　賀	-	280	49	94	70	67
京　都	19	273	7	118	84	64
大　阪	78	1 125	160	349	341	275
兵　庫	46	633	71	224	228	110
奈　良	9	134	22	48	52	12
和歌山	11	156	21	45	51	39
鳥　取	3	238	14	85	77	62
島　根	8	271	40	98	75	58
岡　山	8	326	20	114	94	98
広　島	17	331	78	118	77	58
山　口	10	129	5	41	56	27
徳　島	3	132	16	46	50	20
香　川	11	223	29	70	80	44
愛　媛	12	167	1	41	84	41
高　知	9	187	14	78	58	37
福　岡	48	883	108	267	298	210
佐　賀	12	122	20	43	35	24
長　崎	14	314	9	88	126	91
熊　本	10	113	10	23	53	27
大　分	18	279	35	103	110	31
宮　崎	10	228	19	95	87	27
鹿児島	14	166	24	44	67	31
沖　縄	51	347	85	110	102	50
指定都市（別掲）						
札幌市	25	368	59	91	122	96
仙台市	11	121	20	36	36	29
さいたま市	21	148	31	48	43	26
千葉市	30	232	66	69	50	47
横浜市	146	1 082	219	402	251	210
川崎市	48	350	75	123	88	64
相模原市	18	190	36	55	57	42
新潟市	7	192	16	68	47	61
静岡市	13	115	13	38	44	20
浜松市	12	129	32	56	32	9
名古屋市	49	796	137	295	229	135
京都市	26	351	66	135	91	59
大阪市	70	995	241	277	270	207
堺市	18	238	49	57	85	47
神戸市	38	314	58	104	111	41
岡山市	6	204	49	73	45	37
広島市	12	132	7	55	45	25
北九州市	16	340	43	97	108	92
福岡市	31	454	113	114	113	114
熊本市	4	105	10	23	40	32
中核市（別掲）						
横須賀市	12	133	17	35	50	31
金沢市	8	112	11	64	26	11

注：1）本表は年度分報告である。
　　2）中核市（別掲）は、児童相談所を設置している中核市に限る。

受付件数及び対応件数，都道府県－指定都市－中核市×年齢階級・対応の種類別

平成28年度

対応件数 総数	対応件数 児童福祉施設入所	対応件数 里親委託	対応件数 他の児童相談所・機関に移送	対応件数 家庭裁判所送致	対応件数 帰宅	対応件数 その他	職権による一時保護（再掲）	延日数	年度末継続保護件数
24 111	4 457	641	1 127	159	14 458	3 269	5 983	725 449	1 812
897	197	29	10	3	424	234	38	19 504	40
100	27	4	3	1	48	17	24	2 351	5
173	9	1	11	-	95	57	20	2 934	5
143	27	8	3	1	82	22	3	7 130	14
62	22	-	1	-	36	3	1	2 614	3
102	25	1	4	2	65	5	8	5 195	6
222	68	10	7	2	117	18	17	7 853	19
284	115	3	-	-	162	4	87	6 128	13
253	81	3	5	2	147	15	4	9 072	25
459	95	5	8	3	302	46	3	11 729	21
990	217	28	70	-	551	124	384	40 446	96
972	96	27	21	9	639	180	187	43 965	114
2 071	359	6	404	8	1 273	21	61	87 802	194
618	66	13	17	4	405	113	141	22 900	48
203	30	2	2	1	134	34	51	4 858	20
115	22	6	-	-	80	7	17	1 629	6
98	20	2	5	-	69	2	29	2 405	3
140	21	4	3	-	97	15	27	3 924	4
142	41	11	12	-	78	-	18	7 767	20
198	45	9	8	1	99	36	13	7 487	8
177	31	-	10	4	96	36	-	3 044	7
332	69	17	31	2	201	12	149	8 900	34
708	133	10	15	2	503	45	390	20 064	44
495	72	4	13	1	377	28	229	9 834	20
280	40	29	10	1	190	10	44	7 937	-
282	49	11	44	4	139	35	132	5 211	10
1 097	139	23	12	24	576	323	776	25 572	106
627	171	17	6	14	305	114	127	17 921	52
132	52	9	1	2	68	-	53	3 677	11
157	57	5	3	3	86	3	65	5 348	10
238	10	1	-	-	158	69	22	1 955	3
261	40	5	4	2	144	66	3	6 143	18
332	36	8	46	-	200	42	58	3 443	2
335	57	3	27	3	194	51	111	5 442	13
132	27	6	1	1	69	28	3	3 358	7
130	47	3	-	-	70	10	24	2 064	5
226	50	4	-	-	155	17	46	4 174	8
170	13	2	-	1	86	68	2	1 653	9
181	31	4	1	1	89	55	89	4 952	15
883	47	18	113	4	467	234	123	15 362	48
123	29	6	1	3	48	36	29	4 736	11
308	51	6	7	2	132	110	7	6 466	20
115	58	11	2	3	32	9	44	4 070	8
280	116	14	1	1	114	34	51	5 618	17
233	53	3	8	2	113	54	7	3 783	5
170	57	14	1	-	80	18	-	3 475	10
350	44	8	1	2	201	94	81	12 973	48
361	150	12	1	5	180	13	113	13 075	32
115	26	8	6	2	63	10	19	3 513	17
156	26	22	1	1	95	11	117	5 907	13
243	27	8	5	-	190	13	120	11 191	19
1 097	94	5	11	6	732	249	289	50 532	131
355	36	2	16	2	268	31	209	13 255	43
182	12	1	12	1	129	27	42	7 452	26
186	8	2	-	2	160	14	64	3 428	13
122	31	9	5	-	67	10	10	3 636	6
131	23	5	-	2	67	34	25	5 032	10
806	222	24	63	5	456	36	330	18 309	39
353	49	10	10	1	261	22	108	7 779	24
985	205	44	29	3	634	70	218	31 719	80
235	53	1	4	2	151	24	92	5 698	21
325	108	7	4	3	199	4	127	11 065	27
200	17	3	1	2	140	37	138	2 865	10
134	32	1	-	1	85	15	46	3 416	10
334	43	28	2	1	221	39	23	7 219	22
453	65	31	3	1	341	12	44	14 025	32
98	19	3	1	-	49	26	27	3 385	11
130	41	2	1	-	71	15	6	6 233	15
114	8	-	-	-	103	3	18	1 847	6

（報告表　47）

18表

第18表（２－１）児童相談所における委託一時保護児童数の委託件数、委託解除

都道府県 指定都市 中核市	前年度末継続委託保護件数	委託件数						
		総数	0～5歳	6～11歳	12～14歳	15歳以上	総数	警察等
全国	1 078	16 345	7 516	3 740	2 552	2 537	16 276	1 478
北海道	15	414	232	79	39	64	400	10
青森	5	104	36	30	20	18	108	5
岩手	1	89	39	19	14	17	82	−
宮城	2	34	17	2	4	11	32	3
秋田	3	31	18	6	6	1	30	−
山形	4	27	21	2	3	1	30	−
福島	5	121	72	37	10	2	118	−
茨城	9	162	81	45	23	13	163	−
栃木	24	229	142	35	15	37	249	−
群馬	17	212	131	23	21	37	216	−
埼玉	60	669	312	170	83	104	668	1
千葉	54	353	231	64	31	27	347	−
東京	89	851	380	160	135	176	833	−
神奈川	35	408	290	59	32	27	411	2
新潟	9	87	55	7	10	15	84	1
富山	−	49	21	2	23	3	49	−
石川	−	22	19	3	−	−	21	−
福井	1	46	27	8	5	6	39	−
山梨	5	75	55	7	7	6	71	−
長野	13	339	150	82	65	42	335	−
岐阜	11	177	51	57	39	30	174	−
静岡	20	363	172	95	55	41	365	−
愛知	48	1 051	445	238	200	168	1 052	104
三重	12	306	181	78	26	21	306	−
滋賀	4	117	59	26	20	12	109	−
京都	15	131	67	18	20	26	138	−
大阪	66	1 020	381	268	191	180	1 021	28
兵庫	26	649	158	180	188	123	650	209
奈良	8	97	46	29	16	6	100	−
和歌山	23	86	39	33	14	−	81	−
鳥取	20	269	139	59	20	51	266	−
島根	8	96	66	18	7	5	98	−
岡山	12	406	129	117	71	89	410	100
広島	12	156	92	34	12	18	160	2
山口	19	389	108	124	74	83	387	−
徳島	−	68	35	9	19	5	67	−
香川	8	377	115	240	13	9	378	−
愛媛	11	284	119	87	60	18	271	−
高知	17	227	154	28	28	17	229	1
福岡	34	814	371	161	148	134	807	220
佐賀	5	76	36	20	8	12	78	−
長崎	4	272	70	106	53	43	261	1
熊本	23	58	30	7	9	12	72	−
大分	7	165	82	28	28	27	158	−
宮崎	4	124	52	33	26	13	123	−
鹿児島	14	160	74	47	22	17	160	2
沖縄	33	249	141	53	32	23	252	−
指定都市(別掲)								
札幌市	17	212	90	36	35	51	207	8
仙台市	13	53	26	10	6	11	64	−
さいたま市	12	177	100	38	20	19	179	−
千葉市	9	46	23	5	6	12	45	−
横浜市	26	304	164	30	42	68	309	1
川崎市	18	119	87	9	9	14	120	−
相模原市	5	115	68	22	10	15	104	−
新潟市	4	58	37	6	4	11	60	−
静岡市	3	39	23	9	4	3	38	−
浜松市	4	104	53	36	10	5	101	−
名古屋市	33	448	259	87	47	55	427	2
京都市	16	159	94	26	26	13	167	−
大阪市	35	634	162	155	145	172	631	321
堺市	14	183	55	19	33	76	189	51
神戸市	12	287	144	67	45	31	282	81
岡山市	3	178	65	50	36	27	175	64
広島市	1	68	49	4	4	11	60	−
北九州市	12	231	76	43	48	64	241	113
福岡市	10	250	86	37	57	70	247	148
熊本市	9	64	31	7	11	15	62	−
中核市(別掲)								
横須賀市	4	87	70	8	6	3	87	−
金沢市	3	20	13	3	3	1	22	−

注：1）本表は年度分報告である。
　　2）中核市（別掲）は、児童相談所を設置している中核市に限る。

件数及び対応件数，都道府県-指定都市-中核市×年齢階級・委託解除の種類・対応の種類別

平成28年度

委		託		解			除			年度末継続委託保護件数
児	童	福	祉	施	設					
児童養護施設	乳児院	児童自立支援施設	情緒障害児短期治療施設	障害児関係施設	その他の施設	里親	その他	延日数		
5 711	2 671	239	161	1 068	267	2 978	1 703	436 472		1 147
139	15	-	2	8	5	169	52	8 222		29
71	15	1	-	8	-	7	1	2 186		1
46	19	-	2	4	-	4	7	1 749		8
4	12	1	-	2	-	6	4	732		4
15	13	-	-	1	-	-	1	1 158		4
16	14	-	-	-	-	-	-	1 498		1
27	2	-	-	10	-	63	16	3 928		8
106	30	-	2	8	2	2	13	2 881		8
101	67	-	-	12	-	8	61	9 768		4
59	78	10	6	20	3	9	31	6 062		13
229	78	-	1	42	56	197	64	22 315		61
32	41	-	2	27	67	113	65	20 435		60
273	171	4	1	73	15	131	165	37 541		107
64	68	1	-	70	1	175	30	12 445		32
10	17	-	-	10	5	31	10	2 486		12
1	20	-	-	-	-	27	1	208		-
2	16	1	-	1	-	-	1	589		1
13	22	2	-	1	-	1	-	1 053		8
15	13	-	-	1	-	32	10	1 400		9
203	53	3	-	2	-	66	8	6 220		17
108	12	1	18	6	4	12	13	3 912		14
129	51	1	-	20	-	139	25	6 790		18
588	80	-	11	34	3	142	90	22 801		47
145	67	3	1	35	-	30	25	6 625		12
11	20	-	11	15	-	36	16	2 028		12
31	39	-	4	3	2	45	14	4 665		8
476	139	124	3	74	-	133	44	26 955		65
212	68	13	6	37	1	65	39	11 984		25
67	15	-	-	11	-	5	2	2 808		5
26	15	-	8	10	7	15	-	8 638		28
87	66	10	8	3	-	56	36	4 909		23
16	52	2	1	9	1	7	10	3 622		6
140	7	5	-	18	1	135	4	2 930		8
54	52	-	-	16	-	15	21	3 778		8
276	30	-	1	11	1	57	11	9 088		21
30	21	1	3	7	2	2	1	1 149		1
271	26	-	1	9	-	66	5	2 553		7
164	31	2	-	21	-	45	8	5 358		24
78	33	19	1	15	-	79	3	4 905		15
213	158	1	14	78	9	84	30	14 582		41
42	12	-	1	8	-	3	12	2 009		3
132	28	2	1	23	-	59	15	4 332		15
32	18	1	-	6	-	8	7	5 041		9
62	19	7	-	7	19	18	26	4 093		14
66	21	-	14	12	1	6	3	2 428		5
110	25	1	2	6	2	10	2	3 091		14
108	19	-	-	13	2	85	25	8 446		30
87	26	-	2	8	2	40	34	8 820		22
2	17	-	-	19	1	22	3	2 166		2
14	24	-	-	2	-	97	42	4 972		10
3	16	-	-	5	-	7	14	3 462		10
13	80	-	1	36	-	44	134	11 306		21
5	58	-	1	12	-	24	20	2 593		17
24	20	-	-	18	2	19	21	3 748		16
3	22	-	-	1	-	14	20	1 564		2
11	13	-	-	-	-	12	2	1 014		4
40	4	-	-	10	-	40	7	2 202		7
91	141	-	14	29	5	49	96	19 935		54
60	57	-	1	17	-	11	21	5 672		8
39	68	12	3	54	39	51	44	16 856		38
43	13	2	-	4	-	3	73	2 963		8
65	77	3	10	3	1	23	19	6 789		17
29	14	6	3	18	-	14	27	2 419		6
3	42	-	-	5	-	-	10	2 178		9
40	26	-	-	8	-	35	19	2 657		2
24	33	-	-	3	8	24	7	4 466		13
7	20	-	1	8	-	2	24	4 599		11
3	5	-	-	-	-	42	37	2 649		4
5	7	-	-	1	-	7	2	1 046		1

(報告表 47)

第18表（２－２）児童相談所における委託一時保護児童数の委託件数、委託解除件数及び対応件数，都道府県－指定都市－中核市×年齢階級・委託解除の種類・対応の種類別

平成28年度

都道府県 指定都市 中核市	対応件数 総数	児童福祉施設入所	里親委託	他の児童相談所・機関に移送	家庭裁判所送致	帰宅	その他	職権による一時保護（再掲）
全国	**16 276**	**4 038**	**728**	**715**	**15**	**6 901**	**3 879**	**3 703**
北海道	400	47	31	3	-	212	107	7
青森	108	21	3	12	-	50	22	32
岩手	82	32	2	-	1	36	11	4
宮城	32	5	4	4	1	15	3	1
秋田	30	18	-	1	-	11	-	4
山形	30	13	-	-	-	15	2	6
福島	118	28	12	6	-	63	9	11
茨城	163	48	1	2	-	56	56	40
栃木	249	92	3	10	-	112	32	8
群馬	216	75	7	-	-	98	36	-
埼玉	668	268	40	32	-	184	144	202
千葉	347	106	27	61	-	98	55	117
東京	833	234	28	230	-	324	17	60
神奈川	411	65	18	10	1	254	63	32
新潟	84	21	8	2	-	21	32	27
富山	49	3	-	-	-	39	7	-
石川	21	7	-	-	-	13	1	9
福井	39	14	1	-	-	17	7	7
山梨	71	19	10	-	-	26	16	16
長野	335	69	17	13	-	166	70	27
岐阜	174	62	4	8	-	93	7	5
静岡	365	95	21	40	-	139	70	81
愛知	1 052	317	59	25	-	486	165	640
三重	306	77	21	5	-	167	36	40
滋賀	109	6	9	2	-	52	40	7
京都	138	35	5	3	-	47	48	-
大阪	1 021	216	21	5	3	530	246	436
兵庫	650	116	16	67	4	167	280	318
奈良	100	34	4	2	-	44	16	43
和歌山	81	56	2	-	-	22	1	49
鳥取	266	33	3	-	-	175	55	4
島根	98	20	3	1	-	62	12	-
岡山	410	47	55	19	-	192	97	64
広島	160	54	3	4	-	68	31	33
山口	387	81	12	2	-	209	83	40
徳島	67	27	1	-	-	33	6	5
香川	378	20	5	2	-	332	19	9
愛媛	271	56	12	-	-	159	44	-
高知	229	40	5	3	1	110	70	39
福岡	807	158	17	74	-	304	254	38
佐賀	78	27	4	-	-	27	20	2
長崎	261	71	4	-	-	85	101	1
熊本	72	45	5	-	-	19	3	16
大分	158	46	10	1	-	70	31	20
宮崎	123	42	2	-	-	53	26	2
鹿児島	160	79	7	-	-	52	22	-
沖縄	252	78	29	4	-	82	59	69
指定都市（別掲）								
札幌市	207	103	17	1	1	73	12	70
仙台市	64	15	2	-	-	35	12	9
さいたま市	179	49	27	-	-	66	37	145
千葉市	45	17	6	2	-	8	12	20
横浜市	309	78	11	1	-	105	114	57
川崎市	120	32	2	-	-	76	10	63
相模原市	104	20	8	10	-	47	19	17
新潟市	60	7	11	-	-	31	11	31
静岡市	38	15	5	-	-	13	5	5
浜松市	101	14	1	-	-	32	54	13
名古屋市	427	162	15	22	2	173	53	306
京都市	167	40	-	-	1	107	19	15
大阪市	631	112	16	16	-	122	365	83
堺市	189	23	-	-	-	90	76	41
神戸市	282	58	7	2	-	109	106	97
岡山市	175	57	2	1	-	38	77	121
広島市	60	19	-	-	-	30	11	12
北九州市	241	22	6	-	-	56	157	4
福岡市	247	23	10	-	-	50	164	6
熊本市	62	27	-	6	-	18	11	13
中核市（別掲）								
横須賀市	87	21	31	1	-	13	21	2
金沢市	22	1	-	-	-	20	1	2

注：1）本表は年度分報告である。
2）中核市（別掲）は、児童相談所を設置している中核市に限る。

（報告表　47）

第19表 児童相談所における調査・診断指導・心理療法・カウンセリング等の件数, 対象者×方法・実施者別

平成28年度

対象者	総数	調査・社会診断指導	医学診断指導				心理		診断指導				その他の診断指導	心理療法・カウンセリング等					
			総数	診察・指導	医学的検査	その他	総数	知能検査	発達検査	人格検査	その他の検査	面接・観察・指導		総数	医師	児童心理司等	児童福祉司等	その他の所員
総　　　　　数	5 156 948	3 195 399	141 557	64 348	6 578	70 631	661 934	94 448	79 569	35 088	25 746	427 083	21 083	1 136 975	6 590	180 392	931 266	18 727
（再掲）児童虐待	2 667 113	1 820 710	56 082	19 001	3 463	33 618	131 566	9 673	4 029	13 818	3 981	100 065	14 055	644 700	3 388	83 933	549 270	8 109
（再掲）非行	329 355	190 712	9 680	3 454	712	5 514	40 438	2 950	350	6 234	1 193	29 711	484	88 041	734	22 356	64 263	688
児　　　　　童	1 260 651	430 376	119 598	50 188	6 347	63 063	428 190	94 215	77 587	34 873	22 269	199 246	7 027	275 460	3 730	117 050	145 710	8 970
（再掲）児童虐待	502 945	218 671	50 439	16 365	3 324	30 750	84 905	9 633	3 961	13 723	3 719	53 869	3 194	145 736	2 033	54 932	86 401	2 370
（再掲）非行	104 132	34 966	8 650	2 839	704	5 107	28 226	2 940	333	6 191	1 097	17 665	391	31 899	412	15 848	15 235	404
保　護　者	1 601 583	1 065 309	14 879	10 753	78	4 048	157 342	167	1 876	161	2 879	152 259	4 148	359 905	1 566	35 178	319 052	4 109
（再掲）児童虐待	803 384	578 955	1 961	1 313	29	619	17 579	21	33	77	85	17 363	2 124	202 765	741	13 345	186 385	2 294
（再掲）非行	104 857	68 709	443	365	2	76	6 097	7	14	31	50	5 995	33	29 575	176	4 059	25 231	109
そ　の　他	2 294 714	1 699 714	7 080	3 407	153	3 520	76 402	66	106	54	598	75 578	9 908	501 610	1 294	28 164	466 504	5 648
（再掲）児童虐待	1 360 784	1 023 084	3 682	1 323	110	2 249	29 082	19	35	18	177	28 833	8 737	296 199	614	15 656	276 484	3 445
（再掲）非行	120 366	87 037	587	250	6	331	6 115	3	3	12	46	6 051	60	26 567	146	2 449	23 797	175

注：本表は年度分報告である。

（報告表　48）

第20表　児童相談所における調査・診断指導・心理療法・

都道府県 指定都市 中核市	総数	調査・社会診断指導	医学診断指導				心理	
			総数	診察・指導	医学的検査	その他	総数	知能検査
全国	**5 156 948**	**3 195 399**	**141 557**	**64 348**	**6 578**	**70 631**	**661 934**	**94 448**
北海道	101 877	73 650	1 480	1 409	65	6	22 016	5 836
青森	24 876	14 264	1 180	970	137	73	4 997	953
岩手	37 317	30 018	545	535	-	10	5 046	1 045
宮城	86 628	67 892	83	83	-	-	7 781	1 079
秋田	26 391	19 495	479	265	14	200	4 420	305
山形	25 908	13 829	886	804	8	74	3 929	680
福島	37 688	15 105	1 147	739	240	168	5 869	710
茨城	73 825	55 755	1 566	918	7	641	11 335	2 167
栃木	54 264	36 950	1 829	1 583	1	245	10 690	2 073
群馬	78 245	47 076	953	953	-	-	16 915	2 210
埼玉	414 562	319 739	4 140	3 249	530	361	39 411	3 657
千葉	244 310	181 243	11 055	7 081	394	3 580	39 638	5 706
東京	645 893	339 228	12 362	4 166	19	8 177	34 771	5 077
神奈川	157 455	61 466	265	191	28	46	14 132	2 630
新潟	33 732	18 637	101	101	-	-	5 650	1 074
富山	15 876	6 415	496	477	19	-	1 968	572
石川	30 778	13 947	539	477	6	56	1 723	422
福井	28 033	20 472	321	279	16	26	4 550	548
山梨	31 946	17 197	3 027	1 036	1 176	815	4 931	663
長野	96 844	86 388	629	514	65	50	7 645	1 391
岐阜	34 715	28 984	406	397	4	5	5 079	1 526
静岡	36 084	2 662	157	157	-	-	12 862	2 481
愛知	244 614	217 089	2 281	1 761	77	443	16 720	5 577
三重	83 504	65 310	350	309	24	17	11 515	1 084
滋賀	91 273	29 265	1 135	1 133	1	1	10 010	68
京都	106 095	78 003	831	733	47	51	11 090	246
大阪	64 073	5 312	2 474	1 267	12	1 195	39 288	1 233
兵庫	84 366	38 832	4 507	3 112	440	955	20 684	1 078
奈良	45 911	19 747	426	338	-	88	9 659	75
和歌山	63 466	42 014	420	416	4	-	5 922	739
鳥取	37 371	28 943	203	203	-	-	4 736	480
島根	48 343	42 369	135	124	8	3	3 423	617
岡山	70 413	39 364	823	605	48	170	7 299	2 343
広島	98 491	63 299	616	612	3	1	8 573	1 707
山口	74 179	57 063	1 150	899	137	114	13 488	1 459
徳島	32 872	26 227	373	373	-	-	4 651	1 001
香川	71 339	47 758	216	139	43	34	7 151	1 597
愛媛	21 180	13 399	1 274	892	233	149	5 027	973
高知	37 413	25 209	352	187	13	152	5 475	538
福岡	128 075	76 484	17 802	987	178	16 637	26 390	2 752
佐賀	14 955	7 790	433	292	98	43	2 365	453
長崎	43 922	24 876	854	766	19	69	7 073	920
熊本	25 234	15 152	2 467	679	386	1 402	5 649	794
大分	38 411	11 628	2 699	376	514	1 809	14 177	1 169
宮崎	38 918	30 935	167	-	-	167	3 338	1 248
鹿児島	60 761	37 340	2 595	1 869	3	723	18 649	2 528
沖縄	33 454	25 707	776	566	208	2	3 935	579
指定都市(別掲)								
札幌市	84 281	72 822	368	368	-	-	5 081	1 942
仙台市	22 950	13 233	353	353	-	-	6 114	1 041
さいたま市	28 808	17 137	725	556	169	-	4 024	538
千葉市	42 876	29 925	1 683	1 464	15	204	5 688	850
横浜市	273 317	88 599	36 924	7 230	608	29 086	15 721	3 476
川崎市	91 664	78 434	2 772	2 008	83	681	3 785	936
相模原市	33 981	8 221	196	190	4	2	2 963	663
新潟市	20 122	7 750	84	83	-	1	2 285	430
静岡市	13 693	1 965	25	24	1	-	4 613	614
浜松市	19 944	6 475	-	-	-	-	6 177	766
名古屋市	112 001	95 603	62	44	2	16	2 616	497
京都市	53 773	37 822	1 308	881	-	427	12 422	1 136
大阪市	60 499	35 777	4 048	2 900	43	1 105	9 810	375
堺市	30 772	17 112	214	214	-	-	7 906	152
神戸市	24 748	-	1 099	906	40	153	11 069	420
岡山市	24 342	14 798	693	395	100	198	4 947	1 620
広島市	41 634	31 763	399	399	-	-	4 139	918
北九州市	41 826	14 338	-	-	-	-	6 741	1 333
福岡市	44 993	29 412	786	498	288	-	7 873	1 615
熊本市	60 641	29 269	346	346	-	-	4 804	503
中核市(別掲)								
横須賀市	29 748	10 944	163	163	-	-	558	353
金沢市	24 455	14 473	304	304	-	-	953	207

注：1）本表は年度分報告である。
　　2）中核市（別掲）は、児童相談所を設置している中核市に限る。

カウンセリング等の件数，都道府県－指定都市－中核市×方法・実施者別

平成28年度

診断指導					心理療法・カウンセリング等				
発達検査	人格検査	その他の検査	面接・観察・指導	その他の診断指導	総数	医師	児童心理司等	児童福祉司等	その他の所員
79 569	35 088	25 746	427 083	21 083	1 136 975	6 590	180 392	931 266	18 727
1 809	3 890	3 569	6 912	-	4 731	213	890	3 509	119
521	334	73	3 116	-	4 435	-	1 265	3 170	-
492	189	137	3 183	-	1 708	-	789	919	-
1 235	81	15	5 371	89	10 783	-	4 458	6 284	41
381	194	102	3 438	-	1 997	-	1 997	-	-
329	132	294	2 494	-	7 264	-	1 103	6 161	-
769	453	105	3 832	-	15 567	-	2 227	13 340	-
531	457	2 312	5 868	889	4 280	37	4 243	-	-
1 338	152	668	6 459	-	4 795	-	2 367	2 428	-
1 284	471	3	12 947	-	13 301	-	3 494	7 615	2 192
782	738	378	33 856	-	51 272	401	2 687	46 953	1 231
6 631	868	195	26 238	-	12 374	733	11 542	-	99
1 669	3 340	392	24 293	-	259 532	460	6 363	247 032	5 677
633	176	57	10 636	4 759	76 833	190	5 814	67 820	3 009
334	302	44	3 896	-	9 344	4	2 077	7 250	13
319	71	11	995	-	6 997	190	1 708	5 099	-
107	47	4	1 143	-	14 569	-	2 521	11 005	1 043
90	63	21	3 828	148	2 542	53	1 292	1 197	-
591	158	20	3 499	1 659	5 132	-	3 301	1 831	-
615	453	400	4 786	6	2 176	-	1 642	523	11
705	185	52	2 611	-	246	101	81	64	-
2 501	264	66	7 550	29	20 374	-	6 584	13 656	134
1 323	334	31	9 455	-	8 524	21	1 323	7 180	-
655	52	109	9 615	6 038	291	9	207	74	1
3 370	844	22	5 706	36	50 827	1	663	50 161	2
1 084	940	101	8 719	-	16 171	-	1 569	14 601	1
11 726	2 677	665	22 987	-	16 999	-	4 264	12 735	-
3 574	1 065	577	14 390	531	19 812	11	4 578	14 916	307
3 032	268	45	6 239	-	16 079	-	1 953	14 126	-
658	303	6	4 216	-	15 110	307	3 238	11 563	2
126	434	317	3 379	-	3 489	-	1 280	2 209	-
282	293	206	2 025	1 734	682	-	681	-	1
465	777	1 824	1 890	-	22 927	30	1 911	20 986	-
473	291	1 128	4 974	-	26 003	278	442	25 283	-
476	357	103	11 093	307	2 171	13	866	1 228	64
193	164	7	3 286	-	1 621	55	1 070	496	-
976	175	9	4 394	139	16 075	-	2 276	13 754	45
415	353	38	3 248	20	1 460	52	1 012	307	89
621	300	141	3 875	28	6 349	-	243	6 074	32
464	537	50	22 587	-	7 399	157	4 280	2 962	-
359	125	4	1 424	-	4 367	46	1 294	2 400	627
319	678	790	4 366	2	11 117	133	1 663	9 220	101
455	271	51	4 078	-	1 966	14	1 952	-	-
1 144	405	160	11 299	-	9 907	111	9 077	698	21
267	296	22	1 505	-	4 478	-	1 425	3 053	-
713	428	6 312	8 668	47	2 130	355	1 737	36	2
316	180	165	2 695	63	2 973	63	1 830	1 080	-
509	337	351	1 942	-	6 010	124	1 495	4 391	-
1 065	156	82	3 770	-	3 250	93	2 930	-	227
227	87	9	3 163	-	6 922	-	729	6 193	-
999	131	100	3 608	1 451	4 129	7	4 109	11	2
752	1 037	169	10 287	-	132 073	1 237	3 217	126 360	1 259
267	55	36	2 491	652	6 021	9	5 553	4	455
137	33	8	2 122	1 212	21 389	61	2 396	17 438	1 494
135	75	2	1 643	-	10 003	6	375	9 616	6
655	87	31	3 226	-	7 090	-	3 123	3 967	-
416	120	40	4 835	-	7 292	-	5 139	2 153	-
81	666	34	1 338	2	13 718	3	6 443	7 209	63
4 465	1 020	404	5 397	902	1 319	339	966	-	14
4 440	1 854	183	2 958	318	10 546	481	1 162	8 903	-
1 971	470	27	5 286	-	5 540	-	885	4 655	-
2 999	1 579	133	5 938	22	12 558	101	7 218	5 200	39
373	650	1 036	1 268	-	3 904	42	1 405	2 457	-
905	220	700	1 396	-	5 333	-	363	4 970	-
705	95	21	4 587	-	20 747	49	2 039	18 659	-
930	290	281	4 757	-	6 922	-	6 618	-	304
233	469	269	3 330	-	26 222	-	1 452	24 770	-
80	86	29	10	-	18 083	-	2 811	15 272	-
73	6	-	667	-	8 725	-	685	8 040	-

(報告表　48)

第21表　児童相談所における養護相談の対応件数，対応の種類×相談理由別

平成28年度

対応の種類	総数	家出(失踪を含む)	死亡	離婚	傷病(入院を含む)	家族環境 虐待	家族環境 その他	その他
総数	184 314	618	469	631	7 826	124 083	33 351	17 336
児童福祉施設に入所	7 716	41	54	31	748	4 267	1 928	647
里親委託	1 682	34	91	13	137	568	600	239
面接指導	161 831	487	258	545	6 581	112 038	28 460	13 462
その他	13 085	56	66	42	360	7 210	2 363	2 988

注：1）本表は年度分報告である。
　　2）同一ケースについて対応が2つ以上行われた場合は複数計上している。

（報告表　49）

第22表　児童相談所における児童虐待相談の対応件数，

被虐待者の年齢	総数	身体的虐待	性的虐待	心理的虐待	暴力の目撃等によるもの（再掲）	保護の怠慢・拒否（ネグレクト）
総数	122 575	31 925	1 622	63 186	33 585	25 842
0歳	7 541	1 235	13	4 178	2 574	2 115
1歳	8 072	1 214	12	5 277	3 145	1 569
2歳	8 326	1 500	17	5 076	2 740	1 733
3歳	8 208	1 742	27	4 724	2 506	1 715
4歳	7 957	1 767	36	4 488	2 336	1 666
5歳	7 506	1 739	59	4 038	2 181	1 670
6歳	7 661	1 836	49	4 062	2 159	1 714
7歳	7 508	1 934	63	3 818	2 000	1 693
8歳	7 439	2 050	69	3 744	1 976	1 576
9歳	7 133	2 003	71	3 607	1 832	1 452
10歳	6 733	1 942	90	3 330	1 707	1 371
11歳	6 554	1 968	99	3 076	1 568	1 411
12歳	6 352	2 006	114	2 922	1 485	1 310
13歳	6 448	2 260	155	2 820	1 407	1 213
14歳	5 963	2 090	206	2 513	1 250	1 154
15歳	4 998	1 773	148	2 086	1 044	991
16歳	4 131	1 436	195	1 796	918	704
17歳	3 254	1 146	142	1 387	688	579
18歳	791	284	57	244	69	206
市町村と重複（再掲）	32 018	8 238	430	14 574	6 741	8 776

注：本表は年度分報告である。

被虐待者の年齢×相談種別別

平成28年度

棄　児 （再　掲）	置き去り児童 （再　掲）	登校・登園の禁止 （再　掲）	保　護　者　以　外　の　者　に　よ　る　虐　待		
			身　体　的　虐　待 （再　掲）	性　的　虐　待 （再　掲）	心　理　的　虐　待 （再　掲）
18	454	294	587	371	376
10	30	-	20	1	24
2	30	7	23	1	21
2	45	6	24	2	15
1	35	8	29	2	20
1	46	8	35	10	18
-	53	10	41	14	28
1	40	21	40	18	25
-	33	30	35	26	26
1	34	27	47	35	14
-	17	29	40	26	24
	16	20	36	25	32
	12	27	35	26	25
	16	28	41	36	24
	13	24	39	40	27
	9	27	32	35	20
	13	13	35	33	17
	3	6	19	17	7
	7	3	15	23	7
-	2	-	1	1	2
1	122	112	152	81	83

（報告表　49）

第23表　児童相談所における養護相談の対応件数，
都道府県－指定都市－中核市×相談理由別

平成28年度

都道府県 指定都市 中核市	総数	家出 (失踪を含む)	死亡	離婚	傷病 (入院を含む)	家族環境 虐待	家族環境 その他	その他
全国	**184 314**	**618**	**469**	**631**	**7 826**	**124 083**	**33 351**	**17 336**
北海道	5 343	10	1	13	249	3 046	813	1 211
青森	1 487	-	2	10	34	958	364	119
岩手	1 135	1	6	3	16	942	138	29
宮城	981	1	2	-	35	812	104	27
秋田	451	1	-	-	12	410	5	23
山形	680	-	3	6	39	348	94	190
福島	2 019	6	2	16	118	956	681	240
茨城	2 544	6	10	-	49	2 038	328	113
栃木	1 420	5	10	-	37	1 116	221	31
群馬	3 081	9	7	47	788	1 155	658	417
埼玉	12 526	92	8	70	405	9 343	1 948	660
千葉	7 197	5	21	5	122	6 809	182	53
東京	19 632	20	24	23	1 061	12 494	1 321	4 689
神奈川	4 519	10	2	5	78	4 105	254	65
新潟	3 028	5	4	3	24	1 253	1 705	34
富山	981	2	1	5	44	629	205	95
石川	579	-	4	-	31	436	107	1
福井	868	11	15	6	46	510	210	70
山梨	1 151	2	1	-	8	970	167	3
長野	2 861	3	3	13	115	1 909	763	55
岐阜	1 534	21	2	2	50	1 004	269	186
静岡	1 858	7	1	20	32	1 516	276	6
愛知	7 470	50	19	81	306	4 297	2 285	432
三重	1 727	11	3	4	56	1 310	331	12
滋賀	1 855	7	1	10	31	1 499	136	171
京都	1 728	3	2	2	38	1 561	108	14
大阪	11 528	29	44	3	301	10 118	733	300
兵庫	4 083	16	30	38	198	2 867	773	161
奈良	1 809	16	14	3	40	1 467	191	78
和歌山	1 290	1	2	-	12	1 140	57	78
鳥取	761	2	4	1	21	84	214	435
島根	1 056	4	-	3	44	232	724	49
岡山	1 306	-	-	-	-	453	829	24
広島	2 596	10	8	2	86	2 066	319	105
山口	1 631	-	2	3	46	551	950	79
徳島	902	-	8	2	77	658	99	58
香川	1 795	1	5	2	39	959	731	58
愛媛	1 492	2	-	12	88	820	410	160
高知	939	1	1	-	19	304	404	210
福岡	5 172	7	3	3	184	2 300	1 028	1 647
佐賀	552	3	2	-	8	275	259	5
長崎	1 852	22	5	11	139	665	256	754
熊本	749	4	-	1	12	607	46	79
大分	1 741	3	3	12	47	1 230	432	14
宮崎	987	-	3	-	49	631	104	200
鹿児島	2 121	52	44	67	232	352	958	416
沖縄	2 366	7	9	-	82	713	957	598
指定都市(別掲)								
札幌市	3 470	10	23	8	852	1 798	199	580
仙台市	1 634	19	4	23	29	743	762	54
さいたま市	2 688	15	7	19	66	2 271	143	167
千葉市	1 754	-	6	9	20	1 147	570	2
横浜市	5 475	13	20	4	239	4 132	881	186
川崎市	2 258	3	3	4	44	2 086	73	45
相模原市	1 180	4	1	-	5	1 149	16	5
新潟市	1 390	-	1	2	17	605	758	7
静岡市	963	5	1	6	5	486	454	6
浜松市	721	-	-	-	18	494	207	2
名古屋市	4 525	14	23	9	179	2 747	1 533	20
京都市	2 130	2	2	-	36	2 013	4	73
大阪市	8 476	18	20	4	261	6 020	1 426	727
堺市	1 938	10	1	1	43	1 605	15	263
神戸市	1 638	-	2	4	150	1 390	72	20
岡山市	1 030	3	1	2	5	469	447	103
広島市	1 842	5	5	6	48	1 414	144	220
北九州市	1 868	26	-	8	102	918	814	-
福岡市	1 519	1	4	-	74	976	119	345
熊本市	1 063	1	1	2	45	570	396	48
中核市(別掲)								
横須賀市	804	1	-	13	16	722	43	9
金沢市	565	-	3	-	24	410	128	-

注：1）本表は年度分報告である。　　　　　　　　　　　　　　　　　　　　（報告表　49）
　　2）同一ケースについて対応が２つ以上行われた場合は複数計上している。
　　3）中核市（別掲）は、児童相談所を設置している中核市に限る。

第24表（２－１）児童相談所における児童虐待相談の対応件数,

都道府県 指定都市 中核市	総数	都道府県・指定都市・中核市 児童相談所	福祉事務所	保健センター	その他	市町村 福祉事務所	児童委員	保健センター	その他	児童福祉施設・指定発達支援医療機関 保育所	児童福祉施設	指定発達支援医療機関
全国	**122 575**	**6 747**	**1 499**	**428**	**1 472**	**6 174**	**78**	**306**	**2 804**	**947**	**825**	**35**
北海道	3 023	47	1	–	386	151	–	5	92	17	18	–
青森	949	48	–	–	7	9	–	5	19	8	11	–
岩手	942	17	4	–	–	39	1	2	12	5	3	–
宮城	812	27	1	–	1	26	–	4	12	3	1	–
秋田	410	21	2	–	3	14	–	–	1	1	7	–
山形	331	23	5	–	–	26	2	–	8	1	5	–
福島	956	14	1	–	1	74	–	5	12	7	16	–
茨城	2 038	74	–	–	4	72	2	–	22	11	15	–
栃木	1 116	76	5	–	1	52	–	1	1	6	10	–
群馬	1 142	80	4	3	10	53	5	17	43	27	9	1
埼玉	9 343	399	10	–	28	418	3	31	30	29	17	1
千葉	6 775	369	6	–	60	476	–	11	14	22	12	–
東京	12 494	271	4	–	9	12	–	1	668	40	15	9
神奈川	4 105	193	14	2	–	317	8	14	28	36	12	–
新潟	1 240	81	–	–	6	78	–	3	225	9	22	–
富山	629	33	–	–	–	139	–	6	–	2	43	–
石川	436	59	–	–	4	24	–	–	24	4	9	–
福井	510	11	2	–	6	111	2	1	17	4	19	1
山梨	970	100	–	–	38	91	–	1	–	11	5	–
長野	1 909	38	1	–	136	162	2	14	136	19	29	–
岐阜	1 004	38	2	–	2	171	1	2	15	10	7	–
静岡	1 516	113	8	–	6	246	–	2	29	–	6	1
愛知	4 297	109	1	–	57	304	1	23	20	12	44	–
三重	1 310	75	7	–	2	555	–	5	83	8	10	–
滋賀	1 283	10	–	–	5	224	–	2	44	12	–	–
京都	1 561	199	–	–	1	207	–	1	16	–	8	1
大阪	10 118	1 593	36	–	55	440	13	58	310	40	86	2
兵庫	2 867	142	–	–	3	315	–	3	3	8	34	–
奈良	1 467	85	22	–	26	245	–	7	62	–	12	–
和歌山	1 140	63	13	–	26	149	5	10	73	3	9	1
鳥取	84	1	1	–	–	6	–	1	5	5	1	–
島根	211	3	–	–	21	25	1	8	10	4	–	–
岡山	453	33	–	1	8	–	–	1	41	–	1	–
広島	2 066	131	1	–	18	95	4	19	243	19	19	3
山口	551	48	–	–	–	15	4	3	3	16	–	–
徳島	658	10	1	–	15	48	1	6	13	16	13	–
香川	959	19	–	–	5	87	–	–	18	3	7	–
愛媛	803	10	–	–	3	67	6	1	9	8	6	–
高知	291	–	–	–	–	47	–	2	3	3	2	–
福岡	2 300	102	11	–	7	103	1	3	192	19	6	–
佐賀	275	22	–	–	7	46	–	6	10	3	–	–
長崎	665	39	6	–	4	133	–	2	17	7	2	1
熊本	520	14	3	–	–	11	4	5	120	9	–	–
大分	1 230	44	4	–	16	149	–	7	1	13	13	1
宮崎	631	43	–	–	7	22	1	5	52	10	20	–
鹿児島	352	4	1	–	–	24	–	1	9	4	4	1
沖縄	713	32	4	–	20	49	7	–	27	5	3	2
指定都市(別掲)												
札幌市	1 798	24	10	45	5	–	–	–	1	8	24	1
仙台市	743	29	6	–	–	2	–	–	–	14	3	–
さいたま市	2 271	88	74	42	11	–	–	–	1	24	2	–
千葉市	1 135	4	13	35	14	–	–	–	–	39	–	–
横浜市	4 132	631	4	193	8	–	–	–	–	27	42	2
川崎市	2 086	99	141	3	31	–	–	–	–	43	19	1
相模原市	1 149	80	96	1	5	6	–	–	–	7	4	–
新潟市	605	41	121	4	10	1	–	–	–	1	7	–
静岡市	486	14	11	9	2	2	4	–	–	–	2	–
浜松市	494	49	54	–	–	–	–	–	–	3	3	–
名古屋市	2 747	120	95	1	2	4	–	–	–	47	17	5
京都市	1 145	71	32	39	231	2	–	–	1	28	8	–
大阪市	6 020	169	297	14	1	4	–	–	–	65	19	1
堺市	1 605	82	155	2	6	–	–	–	1	–	2	–
神戸市	1 225	58	1	2	45	–	–	–	–	10	6	–
岡山市	469	23	45	–	14	–	–	–	–	6	13	–
広島市	1 414	70	58	10	51	5	–	–	–	67	22	–
北九州市	918	2	20	3	1	–	–	–	7	23	5	–
福岡市	976	32	20	–	–	1	–	1	1	7	3	–
熊本市	570	30	31	–	18	–	–	–	–	6	16	–
中核市(別掲)												
横須賀市	722	29	33	15	2	3	–	1	–	15	4	–
金沢市	410	39	1	4	1	17	–	–	–	8	13	–

注：1）本表は年度分報告である。
　　2）中核市（別掲）は、児童相談所を設置している中核市に限る。

都道府県－指定都市－中核市×児童虐待相談の経路別

平成28年度

都道府県 指定都市 中核市	児童家庭支援センター	認定こども園	警察等	家庭裁判所	保健所及び医療機関		学校等			里親
					保健所	医療機関	幼稚園	学校	教育委員会等	
全国	**59**	**67**	**54 812**	**27**	**203**	**3 109**	**248**	**8 264**	**338**	**52**
北海道	2	6	1 794	–	–	52	1	92	9	1
青森	–	10	451	–	1	24	2	107	2	–
岩手	–	–	573	–	–	22	4	73	1	–
宮城	–	–	420	–	–	34	2	61	2	–
秋田	–	–	199	–	–	21	–	20	–	–
山形	–	–	160	–	–	3	–	39	6	–
福島	–	1	604	–	–	19	1	62	1	–
茨城	–	1	752	–	3	40	5	127	1	4
栃木	–	–	292	3	1	58	1	107	1	2
群馬	–	–	244	1	–	66	1	184	7	–
埼玉	3	–	5 791	1	3	198	18	392	10	–
千葉	8	–	3 477	–	4	215	12	271	6	–
東京	–	1	4 713	–	18	257	23	432	4	–
神奈川	1	5	1 447	1	2	99	9	268	14	–
新潟	–	–	346	–	6	27	2	152	11	–
富山	–	–	232	–	–	16	2	31	12	3
石川	3	–	178	–	10	16	–	40	3	1
福井	6	3	158	–	–	17	–	30	4	2
山梨	–	1	378	–	1	56	–	63	6	–
長野	1	2	768	–	3	36	–	196	34	3
岐阜	–	–	224	–	1	41	–	156	5	–
静岡	1	–	466	–	–	50	–	111	–	–
愛知	–	–	2 603	1	2	109	18	195	11	6
三重	2	–	138	–	–	40	4	94	3	–
滋賀	3	–	521	–	1	16	1	76	–	–
京都	3	–	499	–	–	26	1	26	–	1
大阪	8	4	4 226	4	10	150	25	560	9	2
兵庫	3	1	1 370	–	–	58	1	42	18	5
奈良	1	–	452	2	–	29	–	54	4	–
和歌山	1	–	287	–	2	43	–	120	8	1
鳥取	1	–	17	–	–	7	–	7	–	–
島根	–	–	42	–	–	16	–	25	3	–
岡山	–	–	200	–	–	31	–	22	4	–
広島	5	3	845	2	–	84	3	172	8	1
山口	–	–	235	–	–	15	–	95	13	1
徳島	–	–	286	–	2	10	3	84	2	3
香川	–	–	564	–	–	27	1	105	3	–
愛媛	–	–	390	–	–	19	–	43	3	–
高知	–	–	65	–	–	4	–	16	8	–
福岡	1	–	1 137	2	–	52	2	160	33	–
佐賀	–	–	56	–	–	17	3	24	6	–
長崎	–	10	195	1	1	10	2	54	2	–
熊本	–	–	170	–	1	8	–	39	8	–
大分	–	–	502	–	1	63	3	106	17	4
宮崎	–	–	. 93	–	6	15	–	88	–	1
鹿児島	–	2	159	–	–	24	–	36	3	–
沖縄	–	–	295	–	14	17	1	90	–	–
指定都市(別掲)										
札幌市	–	4	1 183	1	1	42	–	90	–	2
仙台市	–	–	405	–	6	11	–	61	1	2
さいたま市	–	–	1 217	1	1	33	10	162	7	–
千葉市	4	1	563	–	–	59	8	64	5	–
横浜市	–	–	1 860	7	–	88	10	300	2	2
川崎市	2	–	821	–	57	54	6	164	3	–
相模原市	–	–	434	–	–	26	3	71	5	–
新潟市	–	–	190	–	15	18	4	120	–	–
静岡市	–	–	120	–	–	16	5	58	–	–
浜松市	–	–	174	–	–	20	–	32	–	–
名古屋市	–	–	1 597	–	26	62	6	230	1	–
京都市	–	–	391	–	–	24	4	153	–	–
大阪市	–	–	3 333	–	–	105	10	642	3	4
堺市	–	–	839	–	–	45	5	74	–	–
神戸市	–	2	506	–	–	47	3	85	–	–
岡山市	–	–	141	–	2	20	–	64	–	–
広島市	–	–	489	–	–	31	2	186	3	–
北九州市	–	–	430	–	–	36	15	127	–	–
福岡市	–	–	479	–	1	31	2	64	–	–
熊本市	–	–	172	–	–	49	1	57	2	1
中核市(別掲)										
横須賀市	–	9	280	–	1	26	3	74	1	–
金沢市	–	1	174	–	–	9	–	39	–	–

(報告表 49)

第24表（2－2）児童相談所における児童虐待相談の対応件数，

都道府県－指定都市－中核市×児童虐待相談の経路別

平成28年度

都道府県 指定都市 中核市	児童委員（通告の仲介を含む）	家族						親戚	近隣・知人	児童本人	その他
		虐待者本人			虐待者以外						
		父親	母親	その他	父親	母親	その他				
全国	**157**	**390**	**2 887**	**52**	**1 850**	**3 253**	**1 106**	**1 997**	**17 428**	**1 108**	**3 853**
北海道	－	5	34	1	21	44	15	35	143	17	34
青森	－	2	23	－	16	33	20	26	98	11	16
岩手	－	1	4	－	7	29	11	15	93	4	22
宮城	－	－	12	－	12	14	12	19	136	3	10
秋田	2	1	9	－	9	8	3	4	58	5	22
山形	3	2	4	－	3	7	3	3	19	6	3
福島	－	3	12	－	3	16	8	10	73	2	11
茨城	－	3	52	－	17	53	11	53	275	17	424
栃木	－	3	41	1	33	41	10	55	271	17	27
群馬	－	5	35	－	22	24	19	24	220	13	25
埼玉	4	8	26	1	144	256	39	141	1 222	40	80
千葉	3	17	188	－	127	187	38	101	1 059	51	41
東京	12	3	46	－	294	553	114	103	2 980	145	1 767
神奈川	14	18	212	－	109	266	38	106	697	60	115
新潟	－	3	33	－	26	67	12	21	95	7	8
富山	1	10	27	－	9	15	5	2	34	5	2
石川	－	1	14	－	3	5	3	1	24	6	4
福井	3	4	3	－	12	15	8	6	48	6	11
山梨	－	12	24	1	17	11	4	14	115	5	16
長野	1	30	50	4	18	43	11	29	113	13	17
岐阜	1	6	35	3	11	17	34	22	137	23	40
静岡	2	11	82	5	34	49	14	21	234	18	7
愛知	2	38	163	6	42	59	22	55	336	37	21
三重	4	7	23	3	9	24	15	7	176	11	5
滋賀	－	3	27	－	8	21	15	36	207	11	40
京都	3	3	31	－	15	27	9	58	224	19	183
大阪	9	49	354	7	139	197	80	153	1 319	103	77
兵庫	7	3	13	－	33	50	17	60	645	25	8
奈良	4	1	28	2	20	36	11	40	297	9	18
和歌山	－	3	40	－	19	30	13	20	161	11	29
鳥取	－	2	11	－	1	8	3	1	5	1	－
島根	1	1	10	－	4	6	10	4	11	－	6
岡山	－	3	45	－	8	9	8	9	21	7	1
広島	－	3	32	－	49	47	8	42	170	10	30
山口	－	3	14	－	6	22	11	10	16	11	10
徳島	－	2	49	－	9	15	20	5	31	8	6
香川	1	1	10	－	8	28	1	17	43	6	5
愛媛	－	－	9	－	11	17	17	5	174	1	4
高知	4	1	5	－	2	3	1	10	42	－	73
福岡	4	10	34	－	13	40	11	41	273	15	28
佐賀	－	3	4	1	1	12	1	5	41	6	1
長崎	－	－	9	－	19	21	10	19	59	11	31
熊本	－	2	7	1	12	10	1	18	49	9	19
大分	1	2	14	－	18	34	4	30	150	8	25
宮崎	1	4	32	3	3	23	13	30	134	4	21
鹿児島	－	－	3	－	3	8	6	5	27	5	23
沖縄	－	－	12	－	20	24	1	11	46	10	23
指定都市(別掲)											
札幌市	－	1	37	－	29	120	16	18	114	12	10
仙台市	2	2	16	2	5	9	1	7	146	－	13
さいたま市	1	6	20	－	41	58	17	37	379	22	17
千葉市	－	1	6	－	18	15	12	8	237	13	16
横浜市	1	14	93	5	52	50	165	30	433	29	84
川崎市	2	11	84	－	30	35	13	22	411	19	15
相模原市	2	1	64	－	28	43	14	26	219	6	8
新潟市	5	3	5	－	3	13	5	10	21	6	2
静岡市	1	2	11	－	11	23	10	15	165	3	2
浜松市	－	－	8	－	7	6	3	6	123	6	－
名古屋市	－	3	25	－	20	45	24	30	326	13	48
京都市	4	1	21	－	4	16	4	11	68	5	27
大阪市	8	32	400	5	72	79	21	73	516	65	82
堺市	－	1	－	－	18	49	6	19	249	13	39
神戸市	2	4	30	1	39	37	7	42	265	16	17
岡山市	1	5	61	－	2	13	5	14	36	2	2
広島市	18	5	32	－	11	18	11	46	251	13	15
北九州市	－	－	－	－	8	36	11	24	146	12	12
福岡市	5	－	3	－	6	9	4	22	258	13	14
熊本市	－	－	3	－	18	21	8	13	78	16	30
中核市(別掲)											
横須賀市	8	2	14	－	7	25	6	21	124	9	10
金沢市	10	4	9	－	2	9	3	1	62	3	1

注：1）本表は年度分報告である。　（報告表　49）
　　2）中核市（別掲）は、児童相談所を設置している中核市に限る。

第25表　児童相談所における児童虐待相談の対応件数，
児童虐待相談の相談種別×児童虐待相談の経路別

平成28年度

	総数	都道府県・指定都市・中核市				市町村				児童福祉施設・指定発達	
		児童相談所	福祉事務所	保健センター	その他	福祉事務所	児童委員	保健センター	その他	保育所	児童福祉施設
総　　　数	122 575	6 747	1 499	428	1 472	6 174	78	306	2 804	947	825
身体的虐待	31 925	1 768	404	154	346	2 260	19	97	1 000	436	269
性的虐待	1 622	208	41	3	29	183	1	3	61	2	36
心理的虐待	63 186	2 347	399	63	762	1 459	41	75	719	201	160
保護の怠慢・拒否（ネグレクト）	25 842	2 424	655	208	335	2 272	17	131	1 024	308	360

支援医療機関指定発達支援医療機関	児童家庭支援センター	認定こども園	警察等	家庭裁判所	保健所及び医療機関		学校等			里親
					保健所	医療機関	幼稚園	学校	教育委員会等	
35	59	67	54 812	27	203	3 109	248	8 264	338	52
14	28	16	9 663	5	56	1 326	122	3 796	139	20
-	2	-	222	3	4	74	3	261	21	5
8	17	33	38 851	9	44	625	59	2 122	86	6
13	12	18	6 076	10	99	1 084	64	2 085	92	21

児童委員（通告の仲介を含む）	家族						親戚	近隣・知人	児童本人	その他
	虐待者本人			虐待者以外						
	父親	母親	その他	父親	母親	その他				
157	390	2 887	52	1 850	3 253	1 106	1 997	17 428	1 108	3 853
25	161	1 346	26	644	1 374	349	583	4 038	550	891
-	7	8	2	18	159	20	42	71	86	47
68	134	915	14	687	1 291	391	575	8 657	322	2 046
64	88	618	10	501	429	346	797	4 662	150	869

注：本表は年度分報告である。　　　　　　　　　　　　　　　　　（報告表　49）

第26表　児童相談所における児童虐待相談の対応件数，
児童虐待相談の相談種別×主な虐待者別

平成28年度

	総数	実父	実父以外の父親	実母	実母以外の母親	その他
総　　　数	122 575	47 724	7 629	59 401	739	7 082
身体的虐待	31 925	11 123	2 669	14 372	334	3 427
性的虐待	1 622	733	487	179	13	210
心理的虐待	63 186	32 395	4 152	23 769	271	2 599
保護の怠慢・拒否（ネグレクト）	25 842	3 473	321	21 081	121	846

注：本表は年度分報告である。　　　　　　　　　　　　　　　　　（報告表　49）

児童福祉 27表

第27表 児童相談所における児童虐待相談の対応件数,
都道府県－指定都市－中核市×主な虐待者別

平成28年度

都道府県 指定都市 中核市	総数	実父	実父以外の父親	実母	実母以外の母親	その他
全国	122 575	47 724	7 629	59 401	739	7 082
北海道	3 023	1 514	391	995	33	90
青森	949	406	72	430	8	33
岩手	942	456	70	376	10	30
宮城	812	394	54	313	3	48
秋田	410	156	19	219	4	12
山形	331	167	13	143	1	7
福島	956	504	120	290	5	37
茨城	2 038	868	140	955	31	44
栃木	1 116	288	67	730	3	28
群馬	1 142	347	99	619	4	73
埼玉	9 343	3 654	519	4 517	58	595
千葉	6 775	2 549	404	3 512	49	261
東京	12 494	4 049	534	5 634	40	2 237
神奈川	4 105	1 510	227	2 264	32	72
新潟	1 240	554	59	600	6	21
富山	629	237	39	339	3	11
石川	436	195	42	188	4	7
福井	510	218	36	226	2	28
山梨	970	150	18	328	1	473
長野	1 909	824	189	835	17	44
岐阜	1 004	343	57	540	12	52
静岡	1 516	450	69	901	8	88
愛知	4 297	2 046	286	1 804	21	140
三重	1 310	461	91	716	13	29
滋賀	1 283	515	44	680	7	37
京都	1 561	599	75	828	11	48
大阪	10 118	3 710	475	5 125	43	765
兵庫	2 867	1 037	164	1 555	32	79
奈良	1 467	521	89	806	12	39
和歌山	1 140	388	32	573	7	140
鳥取	84	19	7	54	2	2
島根	211	53	23	126	1	8
岡山	453	113	9	329	1	1
広島	2 066	962	180	864	6	54
山口	551	248	60	228	8	7
徳島	658	275	62	299	3	19
香川	959	446	120	365	9	19
愛媛	803	290	79	398	7	29
高知	291	58	6	108	-	119
福岡	2 300	942	230	1 019	17	92
佐賀	275	83	11	157	4	20
長崎	665	209	56	349	3	48
熊本	520	219	29	246	10	16
大分	1 230	551	111	499	2	67
宮崎	631	166	43	386	9	27
鹿児島	352	124	39	176	2	11
沖縄	713	345	40	293	7	28
指定都市 (別掲)						
札幌市	1 798	855	162	683	9	89
仙台市	743	294	43	379	3	24
さいたま市	2 271	989	92	1 117	10	63
千葉市	1 135	511	58	555	1	10
横浜市	4 132	1 636	251	2 059	30	156
川崎市	2 086	784	93	1 167	9	33
相模原市	1 149	389	65	670	5	20
新潟市	605	248	27	317	4	9
静岡市	486	183	27	271	2	3
浜松市	494	161	43	282	-	8
名古屋市	2 747	1 143	235	1 298	9	62
京都市	1 145	541	31	546	4	23
大阪市	6 020	2 369	392	2 999	30	230
堺市	1 605	773	87	683	14	48
神戸市	1 225	381	70	748	9	17
岡山市	469	178	15	275	1	-
広島市	1 414	589	99	679	9	38
北九州市	918	356	69	450	12	31
福岡市	976	402	71	466	1	36
熊本市	570	201	34	309	2	24
中核市 (別掲)						
横須賀市	722	310	37	358	1	16
金沢市	410	218	29	153	3	7

注： 1) 本表は年度分報告である。
2) 中核市 (別掲) は、児童相談所を設置している中核市に限る。

(報告表 49)

児童福祉
28表

第28表 児童相談所における児童虐待相談の対応件数,

都道府県 指定都市 中核市	総数	身体的虐待	性的虐待	心理的虐待	暴力の目撃等に よるもの （再掲）
全　　　　　国	122 575	31 925	1 622	63 186	33 585
北　海　道	3 023	521	34	2 045	1 448
青　森	949	264	13	502	341
岩　手	942	223	14	545	355
宮　城	812	211	6	456	304
秋　田	410	110	2	206	134
山　形	331	99	4	151	85
福　島	956	195	16	591	444
茨　城	2 038	517	32	1 117	755
栃　木	1 116	267	22	497	125
群　馬	1 142	356	17	503	173
埼　玉	9 343	2 021	128	5 305	2 781
千　葉	6 775	1 733	94	3 343	1 999
東　京	12 494	4 618	88	5 750	2 534
神奈川	4 105	976	54	1 973	931
新　潟	1 240	306	6	684	304
富　山	629	134	12	289	160
石　川	436	148	10	197	156
福　井	510	183	8	206	85
山　梨	970	169	11	538	332
長　野	1 909	424	22	1 101	697
岐　阜	1 004	400	23	380	122
静　岡	1 516	386	12	736	342
愛　知	4 297	1 278	53	2 311	1 412
三　重	1 310	449	22	502	133
滋　賀	1 283	296	24	744	359
京　都	1 561	389	30	808	465
大　阪	10 118	2 251	194	5 447	2 639
兵　庫	2 867	663	46	1 593	655
奈　良	1 467	351	29	673	192
和歌山	1 140	314	13	508	231
鳥　取	84	28	2	26	11
島　根	211	59	2	94	25
岡　山	453	48	5	140	36
広　島	2 066	574	23	1 039	530
山　口	551	137	8	304	243
徳　島	658	206	4	318	189
香　川	959	242	15	563	482
愛　媛	803	231	6	424	82
高　知	291	72	7	113	58
福　岡	2 300	619	31	1 155	866
佐　賀	275	80	20	79	22
長　崎	665	163	21	243	112
熊　本	520	154	13	193	93
大　分	1 230	402	28	594	256
宮　崎	631	155	5	257	75
鹿児島	352	100	3	172	125
沖　縄	713	195	21	319	195
指定都市(別掲)					
札　幌　市	1 798	263	18	1 085	816
仙　台　市	743	213	3	384	232
さいたま市	2 271	505	20	1 270	696
千　葉　市	1 135	361	9	545	357
横　浜　市	4 132	1 205	64	1 901	1 226
川　崎　市	2 086	453	26	1 176	152
相模原市	1 149	251	9	531	151
新　潟　市	605	156	4	307	85
静　岡　市	486	139	16	259	106
浜　松　市	494	127	10	246	133
名古屋市	2 747	605	21	1 654	1 220
京　都　市	1 145	397	11	515	167
大　阪　市	6 020	1 506	55	3 489	2 398
堺　　　市	1 605	300	19	971	18
神　戸　市	1 225	384	27	503	223
岡　山　市	469	63	5	182	122
広　島　市	1 414	403	12	711	412
北九州市	918	234	3	461	296
福　岡　市	976	215	10	550	246
熊　本　市	570	169	23	187	56
中核市(別掲)					
横須賀市	722	133	1	342	246
金　沢　市	410	126	3	183	134

注：1）本表は年度分報告である。
　　2）中核市（別掲）は、児童相談所を設置している中核市に限る。

都道府県-指定都市-中核市×相談種別別

平成28年度

保 護 の 怠 慢・拒 否 （ネグレクト）	棄　　児 （再　掲）	置 き 去 り 児　　童 （再　掲）	登校・登園の 禁止（再掲）	保護者以外の者による虐待		
				身体的虐待 （再　掲）	性的虐待 （再　掲）	心理的虐待 （再　掲）
25 842	18	454	294	587	371	376
423	-	4	3	7	2	7
170	-	3	-	15	3	4
160	-	-	2	4	5	2
139	-	7	1	2	-	4
92	-	1	12	1	-	-
77	-	1	-	2	1	-
154	1	4	10	3	1	-
372	-	23	-	21	13	7
330	-	7	9	2	1	-
266	-	2	-	4	4	5
1 889	4	7	-	9	4	1
1 605	-	8	30	27	20	15
2 038	2	55	32	88	64	68
1 102	-	8	-	12	6	4
244	-	1	3	13	2	13
194	-	1	5	-	6	1
81	-	-	1	2	2	1
113	-	-	-	1	-	-
252	-	-	7	3	4	-
362	-	25	4	13	13	12
201	1	1	1	3	2	-
382	-	3	3	33	5	17
655	1	6	10	26	15	5
337	-	1	6	13	3	3
219	-	4	3	3	4	7
334	-	23	-	17	25	8
2 226	1	43	22	17	25	13
565	-	36	9	26	17	13
414	-	17	11	10	20	1
305	-	16	3	-	-	-
28	-	-	-	-	-	-
56	-	-	-	-	1	-
260	1	4	-	4	1	2
430	-	-	8	15	3	18
102	-	3	-	5	2	4
130	-	-	-	-	-	-
139	-	5	-	-	-	1
142	-	-	3	3	1	2
99	-	-	-	-	1	-
495	-	55	4	26	18	17
96	-	-	-	8	3	3
238	-	-	-	4	1	1
160	-	12	2	-	1	-
206	-	-	-	-	1	-
214	1	-	3	-	1	-
77	-	1	1	2	1	-
178	1	12	-	14	6	17
432	-	5	6	2	-	3
143	-	-	-	7	4	6
476	-	-	5	-	2	-
220	-	-	-	19	3	21
962	-	32	10	22	10	24
431	-	8	-	1	2	2
358	-	-	-	1	2	-
138	-	1	-	8	4	9
72	-	3	-	-	2	1
111	-	-	2	18	2	6
467	-	2	12	11	3	7
222	-	-	4	-	1	-
970	1	1	27	18	18	7
315	2	-	3	-	-	-
311	-	-	4	6	-	8
219	-	-	1	6	2	3
288	-	-	1	5	4	3
220	-	-	2	2	1	-
201	-	-	6	1	3	-
191	2	3	1	-	-	-
246	-	-	2	2	-	-
98	-	-	-	-	-	-

(報告表　49)

児童福祉
29～30表

第29表 児童相談所における児童虐待相談の対応件数，都道府県－指定都市－中核市×被虐待者の年齢別

平成28年度

都道府県 指定都市 中核市	総数	0～2歳	3～6歳	7～12歳	13～15歳	16～18歳
全国	122 575	23 939	31 332	41 719	17 409	8 176
北海道	3 023	611	800	1 014	414	184
青森	949	190	233	292	165	69
岩手	942	141	225	364	141	71
宮城	812	194	205	238	106	69
秋田	410	81	110	126	57	36
山形	331	44	76	128	52	31
福島	956	200	241	342	123	50
茨城	2 038	357	498	731	300	152
栃木	1 116	194	315	377	155	75
群馬	1 142	202	318	386	163	73
埼玉	9 343	1 866	2 406	3 106	1 333	632
千葉	6 775	1 292	1 799	2 314	943	427
東京	12 494	2 493	3 302	4 316	1 701	682
神奈川	4 105	792	1 109	1 341	547	316
新潟	1 240	218	298	447	183	94
富山	629	123	149	201	107	49
石川	436	85	96	160	60	35
福井	510	86	138	185	63	38
山梨	970	224	228	297	157	64
長野	1 909	335	499	648	303	124
岐阜	1 004	158	237	407	148	54
静岡	1 516	323	431	503	189	70
愛知	4 297	798	1 079	1 448	657	315
三重	1 310	282	364	421	170	73
滋賀	1 283	267	362	409	168	77
京都	1 561	260	360	560	256	125
大阪	10 118	1 741	2 385	3 439	1 588	965
兵庫	2 867	539	749	1 032	372	175
奈良	1 467	304	348	510	207	98
和歌山	1 140	222	330	372	154	62
鳥取	84	19	12	30	17	6
島根	211	31	48	84	36	12
岡山	453	115	100	142	76	20
広島	2 066	453	567	669	249	128
山口	551	93	132	186	95	45
徳島	658	131	175	227	84	41
香川	959	191	249	316	144	59
愛媛	803	174	214	283	96	36
高知	291	66	69	108	32	16
福岡	2 300	445	610	810	330	105
佐賀	275	45	70	99	45	16
長崎	665	116	144	239	109	57
熊本	520	86	148	172	81	33
大分	1 230	279	325	392	170	64
宮崎	631	121	162	250	70	28
鹿児島	352	51	106	127	43	25
沖縄	713	119	179	268	108	39
指定都市(別掲)						
札幌市	1 798	421	433	580	257	107
仙台市	743	167	222	227	92	35
さいたま市	2 271	441	582	782	308	158
千葉市	1 135	260	306	359	144	66
横浜市	4 132	781	1 044	1 372	592	343
川崎市	2 086	432	570	663	278	143
相模原市	1 149	260	287	374	139	89
新潟市	605	102	131	221	109	42
静岡市	486	98	135	171	63	19
浜松市	494	62	152	195	57	28
名古屋市	2 747	632	606	943	380	186
京都市	1 145	281	274	370	156	64
大阪市	6 020	1 193	1 472	2 130	870	355
堺市	1 605	324	425	530	232	94
神戸市	1 225	233	310	433	181	68
岡山市	469	109	103	166	76	15
広島市	1 414	254	391	454	201	114
北九州市	918	177	222	351	120	48
福岡市	976	179	250	355	142	50
熊本市	570	141	123	155	96	55
中核市(別掲)						
横須賀市	722	163	177	221	104	57
金沢市	410	72	117	151	45	25

注：1）本表は年度分報告である。
　　2）中核市（別掲）は、児童相談所を設置している中核市に限る。

（報告表　49）

第30表　児童相談所における児童虐待防止法に関する対応件数，都道府県－指定都市－中核市別

平成28年度

都道府県 指定都市 中核市	安全確認	出頭要求	立入調査	再出頭要求	臨検・捜索	援助要請	保護者指導勧告	一時保護・施設措置等	親権喪失審判	親権停止審判	管理権喪失審判	全部制限	面会制限	通信制限	住所情報の制限	接近禁止命令
全国	**111 572**	**51**	**119**	**8**	**1**	**305**	**14**	**8**	**-**	**3**	**-**	**31**	**8**	**9**	**519**	**1**
北海道	3 023	1	4	-	-	19	-	-	-	-	-	-	-	-	-	-
青森	947	-	3	-	-	3	-	-	-	-	-	-	-	-	2	-
岩手	940	-	-	-	-	1	-	-	-	-	-	-	-	-	-	-
宮城	779	1	-	-	-	-	-	-	-	-	-	-	-	-	-	-
秋田	410	-	-	-	-	-	-	-	-	-	-	-	-	-	-	-
山形	187	-	-	-	-	-	-	-	-	-	-	-	-	-	-	-
福島	956	-	-	-	-	-	-	-	-	-	-	-	-	-	-	-
茨城	2 038	-	-	-	-	-	-	-	-	-	-	-	-	-	-	-
栃木	1 092	-	-	-	-	3	-	-	-	-	-	-	-	-	17	-
群馬	921	-	-	-	-	-	-	-	-	-	-	-	-	-	-	-
埼玉	9 343	4	13	1	1	19	-	-	-	-	-	-	-	-	-	-
千葉	6 251	15	6	-	-	7	-	-	-	-	-	-	-	-	-	-
東京	12 494	2	9	-	-	22	-	-	-	-	-	2	-	-	27	-
神奈川	3 771	-	3	-	-	4	-	-	-	-	-	-	-	-	3	-
新潟	873	-	-	-	-	-	-	-	-	-	-	-	-	-	-	-
富山	557	-	-	-	-	-	-	-	-	-	-	1	-	-	-	-
石川	436	-	-	-	-	-	-	-	-	-	-	-	-	-	-	-
福井	504	-	-	-	-	-	-	-	-	-	-	3	-	-	-	-
山梨	798	-	-	-	-	17	-	-	-	-	-	-	-	-	-	-
長野	1 859	-	-	-	-	-	-	-	-	-	-	-	1	-	-	-
岐阜	1 004	-	-	-	-	4	-	-	-	-	-	-	1	1	-	-
静岡	720	-	-	-	-	-	-	-	-	-	-	-	-	-	-	-
愛知	4 297	2	2	2	-	-	-	-	-	-	-	-	-	-	-	-
三重	1 310	7	8	-	-	9	-	-	-	-	-	-	-	-	-	-
滋賀	1 278	-	-	-	-	-	-	-	-	-	-	-	-	-	-	-
京都	1 062	-	2	-	-	8	-	-	-	-	-	-	-	-	32	-
大阪	9 744	-	11	-	-	29	-	-	-	-	-	2	-	-	36	-
兵庫	2 469	-	-	-	-	1	-	-	-	-	-	-	-	-	1	-
奈良	1 433	1	6	-	-	1	-	-	-	-	-	-	-	-	-	-
和歌山	1 140	-	9	-	-	21	-	-	-	-	-	-	-	-	-	-
鳥取	84	2	-	2	-	4	-	-	-	-	-	5	-	-	5	-
島根	135	-	-	-	-	-	-	-	-	-	-	-	3	3	-	-
岡山	453	-	-	-	-	-	-	-	-	-	-	-	-	-	-	-
広島	1 999	4	6	-	-	6	1	-	-	-	-	-	-	-	-	-
山口	386	-	-	-	-	1	-	-	-	-	-	-	-	-	-	-
徳島	572	-	-	-	-	4	4	4	-	-	-	-	-	-	-	-
香川	959	-	-	-	-	1	-	-	-	-	-	-	2	2	-	-
愛媛	569	-	1	-	-	4	-	-	-	-	-	6	-	3	9	-
高知	291	-	1	-	-	11	4	4	-	-	-	-	-	-	1	-
福岡	2 300	1	-	-	-	1	-	-	-	-	-	-	-	-	-	-
佐賀	275	-	-	-	-	-	-	-	-	-	-	-	-	-	-	-
長崎	207	-	-	-	-	2	-	-	-	-	-	-	-	-	-	-
熊本	490	-	-	-	-	1	-	-	-	-	-	-	-	-	5	-
大分	901	-	-	-	-	18	-	-	-	-	-	-	-	-	-	-
宮崎	550	-	-	-	-	-	-	-	-	-	-	-	-	-	-	-
鹿児島	352	-	-	-	-	5	-	-	-	-	-	-	-	-	-	-
沖縄	696	2	1	2	-	1	-	-	-	-	-	-	-	-	16	-
指定都市(別掲)																
札幌市	1 349	-	-	-	-	2	-	-	-	-	-	1	-	-	-	-
仙台市	743	-	-	-	-	-	-	-	-	-	-	-	-	-	-	-
さいたま市	1 222	-	-	-	-	2	-	-	-	-	-	-	1	-	-	-
千葉市	1 135	-	-	-	-	8	-	-	-	-	-	-	-	-	-	-
横浜市	3 666	-	-	-	-	10	2	-	-	2	-	-	-	-	327	-
川崎市	2 086	-	-	-	-	6	1	-	-	-	-	1	-	-	1	-
相模原市	1 043	-	-	-	-	-	-	-	-	-	-	-	-	-	-	-
新潟市	605	-	-	-	-	-	-	-	-	-	-	-	-	-	-	-
静岡市	316	-	-	-	-	-	-	-	-	-	-	-	-	-	-	-
浜松市	494	2	-	-	-	6	-	-	-	-	-	-	-	-	-	-
名古屋市	2 626	1	18	-	-	29	-	-	-	-	-	1	-	-	-	-
京都市	1 135	-	-	-	-	2	-	-	-	-	-	3	-	-	-	-
大阪市	3 928	6	2	1	-	1	-	-	-	-	-	-	-	-	10	-
堺市	889	-	13	-	-	6	-	-	-	-	-	-	-	-	-	-
神戸市	1 125	-	-	-	-	2	-	-	-	-	-	3	-	-	-	1
岡山市	469	-	-	-	-	-	-	-	-	-	-	2	-	-	3	-
広島市	1 414	-	-	-	-	-	2	-	-	1	-	-	-	-	-	-
北九州市	893	-	-	-	-	-	-	-	-	-	-	-	-	-	-	-
福岡市	975	-	1	-	-	4	-	-	-	-	-	-	-	-	17	-
熊本市	570	-	-	-	-	-	-	-	-	-	-	1	-	-	-	-
中核市(別掲)																
横須賀市	624	-	-	-	-	-	-	-	-	-	-	-	-	-	7	-
金沢市	410	-	-	-	-	-	-	-	-	-	-	-	-	-	-	-

注：1）本表は年度分報告である。　　　　　　　　　　　　　　　　（報告表　49）
　　2）中核市（別掲）は、児童相談所を設置している中核市に限る。

第31表　児童相談所における親権・後見人に関する請求件数、承認件数及び報告の件数

平成28年度

	法第28条第1項第1号・第2号による措置	親権喪失審判の請求	親権停止審判の請求	管理権喪失審判の請求	親権喪失審判取消しの請求	親権停止審判取消しの請求	管理権喪失審判取消しの請求	後見人選任の請求	後見人解任の請求	法第47条第5項の報告
請求件数	317	11	48	−	−	3	−	92	2	・
承認件数	237	5	40	2	−	2	−	68	1	・
報告件数	・	・	・	・	・	・	・	・	・	−

注：本表は年度分報告である。　　（報告表　49）

第32表　児童相談所における家庭裁判所勧告件数

平成28年度

	家庭裁判所勧告
件数	12

注：本表は年度分報告である。　　（報告表　49）

第33表　市町村における養護相談の対応件数，
都道府県－指定都市－中核市×相談理由別

平成28年度

都道府県 指定都市 中核市	総数	家出 (失踪を含む)	死亡	離婚	傷病 (入院を含む)	家族環境		その他
						虐待	その他	
全国	**192 566**	**439**	**302**	**1 691**	**4 505**	**101 487**	**69 665**	**14 477**
北海道	5 603	6	5	6	12	2 416	2 647	511
青森	403	2	-	-	-	261	140	-
岩手	1 026	3	-	1	8	537	463	14
宮城	1 441	3	3	12	9	989	347	78
秋田	638	-	-	13	8	241	366	10
山形	746	3	9	23	31	206	438	36
福島	2 154	13	2	12	12	706	1 373	36
茨城	3 262	17	13	58	70	1 361	1 546	197
栃木	1 407	2	2	12	17	736	519	119
群馬	1 543	1	1	17	45	575	744	160
埼玉	7 286	31	3	130	169	4 281	2 427	245
千葉	9 083	23	26	180	177	5 745	2 173	759
東京	28 101	58	44	154	1 805	12 949	12 152	939
神奈川	3 307	2	2	13	11	1 831	1 326	122
新潟	2 114	2	17	10	26	1 236	804	19
富山	677	-	-	1	-	414	261	1
石川	495	1	-	5	9	320	160	-
福井	1 112	-	7	15	67	330	661	32
山梨	2 375	-	-	-	60	710	1 604	1
長野	2 281	2	1	38	32	1 268	857	83
岐阜	1 613	2	2	23	25	737	775	49
静岡	2 590	1	2	43	55	1 086	1 376	27
愛知	4 895	15	8	33	85	2 699	1 323	732
三重	2 727	8	5	21	18	1 488	1 075	112
滋賀	2 806	6	9	7	25	1 450	895	414
京都	2 853	-	1	15	21	2 151	590	75
大阪	17 594	50	9	59	157	12 986	2 715	1 618
兵庫	11 459	19	14	323	242	7 360	2 715	786
奈良	4 331	5	1	5	14	2 411	1 725	170
和歌山	1 547	5	-	2	9	1 143	330	58
鳥取	677	2	4	21	5	141	284	220
島根	546	-	-	10	5	220	268	43
岡山	1 538	-	-	3	8	684	824	19
広島	3 848	7	9	5	31	2 071	1 709	16
山口	1 515	5	5	6	16	397	1 075	11
徳島	593	-	10	9	7	274	292	1
香川	1 401	1	2	-	14	643	713	28
愛媛	1 595	16	5	18	76	809	659	12
高知	1 057	6	2	9	20	398	425	197
福岡	5 485	27	12	109	131	2 006	2 953	247
佐賀	834	7	2	8	8	340	422	47
長崎	1 841	11	9	58	143	385	647	588
熊本	1 206	4	5	12	5	740	435	5
大分	2 564	3	-	24	57	1 155	1 239	86
宮崎	1 584	9	-	3	2	803	744	23
鹿児島	2 030	5	5	-	13	484	1 487	36
沖縄	2 042	8	6	15	155	951	603	304
指定都市(別掲)								
札幌市	1 953	6	3	7	25	235	1 649	28
仙台市	1 533	1	2	5	24	612	537	352
さいたま市	1 105	-	1	1	-	508	595	-
千葉市	748	4	6	18	18	365	317	20
横浜市	2 131	-	-	-	-	2 131	-	-
川崎市	1 344	5	4	7	119	842	239	128
相模原市	1 599	3	-	3	20	910	626	37
新潟市	668	-	-	14	-	381	273	-
静岡市	1 145	5	2	24	40	476	566	32
浜松市	1 015	1	2	-	45	310	637	20
名古屋市	1 196	-	-	2	15	609	324	246
京都市	2 018	2	3	-	15	1 773	224	1
大阪市	8 270	9	3	10	121	5 342	2 756	29
堺市	2 450	10	6	43	75	1 283	173	860
神戸市	280	-	-	2	1	258	16	3
岡山市	1 044	1	-	1	7	407	623	5
広島市	1 529	-	-	-	-	1 003	526	-
北九州市	1 616	-	4	10	25	212	6	1 359
福岡市	2 573	1	4	3	40	418	235	1 872
熊本市	382	-	-	-	-	204	-	178
中核市(別掲)								
横須賀市	142	-	-	-	-	84	37	21
金沢市	-	-	-	-	-	-	-	-

注：1）本表は年度分報告である。　（報告表　49の２）
　　2）同一ケースについて対応が２つ以上行われた場合は複数計上している。
　　3）中核市（別掲）は、児童相談所を設置している中核市に限る。

第34表（2－1）市町村における児童虐待相談の対応件数,

都道府県 指定都市 中核市	総数	都道府県・指定都市・中核市				市町村			児童福祉施設・指定発達	
		児童相談所	福祉事務所	保健センター	その他	福祉事務所	保健センター	その他	保育所	児童福祉施設
全国	**100 147**	**22 165**	**2 597**	**2 124**	**867**	**6 807**	**7 224**	**5 420**	**6 174**	**831**
北海道	2 118	918	2	23	5	122	168	94	71	30
青森	254	82	8	-	-	21	19	10	10	-
岩手	535	98	3	3	1	44	19	29	49	6
宮城	968	186	6	36	47	57	59	66	33	11
秋田	236	57	-	-	3	11	6	23	16	3
山形	201	34	1	-	-	9	5	11	15	4
福島	705	132	10	2	6	76	51	34	39	6
茨城	1 361	268	11	1	6	89	77	34	86	3
栃木	736	65	13	-	2	60	35	52	59	3
群馬	553	95	4	3	6	4	18	16	76	1
埼玉	4 281	1 460	9	13	13	218	141	172	152	33
千葉	5 723	2 330	24	9	59	355	320	305	163	15
東京	12 949	1 513	36	-	52	440	1 023	1 271	772	283
神奈川	1 815	277	8	3	10	98	245	184	78	5
新潟	1 181	153	2	2	7	65	60	122	106	-
富山	414	66	2	4	4	46	80	21	21	1
石川	320	98	-	-	-	17	36	46	27	-
福井	325	47	3	1	2	22	22	22	39	-
山梨	710	149	-	-	5	59	43	27	30	7
長野	1 212	363	12	6	1	79	107	40	120	14
岐阜	737	188	8	1	2	43	22	18	42	8
静岡	1 056	137	8	1	-	153	116	43	34	7
愛知	2 690	620	27	8	2	169	171	118	242	28
三重	1 488	378	1	1	4	118	57	42	166	8
滋賀	1 450	148	23	9	8	157	164	92	93	5
京都	2 151	482	12	-	5	98	105	124	148	10
大阪	12 972	2 101	222	189	143	2 168	1 673	838	755	60
兵庫	7 360	1 443	109	137	51	507	1 061	407	433	53
奈良	2 411	712	24	7	3	133	272	193	104	12
和歌山	1 143	409	7	12	6	72	98	65	58	10
鳥取	140	20	1	-	-	10	6	47	4	-
島根	176	47	-	-	7	9	13	10	11	9
岡山	684	47	2	-	7	75	61	27	53	3
広島	2 071	723	2	-	11	70	100	124	180	24
山口	397	110	-	-	2	22	50	19	30	-
徳島	274	90	-	2	-	19	18	12	21	1
香川	643	84	1	-	3	99	34	16	39	2
愛媛	806	71	14	-	1	45	42	6	51	6
高知	388	26	7	-	2	16	27	39	45	4
福岡	1 991	258	4	5	7	85	125	173	224	14
佐賀	340	47	-	-	1	43	16	23	29	-
長崎	385	38	-	13	32	20	13	15	36	1
熊本	740	129	5	1	24	27	23	48	65	3
大分	1 155	334	21	-	4	53	98	37	121	9
宮崎	803	236	-	-	-	51	65	44	49	7
鹿児島	484	88	6	11	-	22	23	11	42	9
沖縄	951	93	18	-	4	128	23	47	77	4
指定都市(別掲)										
札幌市	232	23	15	69	7	6	-	2	4	-
仙台市	611	124	35	63	18	8	6	14	36	9
さいたま市	508	213	14	14	4	21	3	2	24	5
千葉市	365	214	14	6	1	7	-	3	2	1
横浜市	2 131	149	47	571	21	30	62	20	157	6
川崎市	842	38	137	27	8	54	46	8	51	16
相模原市	910	14	147	4	32	-	-	42	46	2
新潟市	381	30	70	46	21	15	-	-	40	2
静岡市	476	170	58	38	5	8	4	4	21	-
浜松市	310	9	28	67	2	8	-	-	18	7
名古屋市	609	115	104	1	7	67	-	2	36	3
京都市	1 085	949	44	3	-	27	1	8	3	3
大阪市	5 342	1 199	906	408	69	139	27	27	348	28
堺市	1 283	739	152	85	17	54	-	10	63	8
神戸市	258	9	36	75	-	-	-	-	30	2
岡山市	407	34	28	45	6	-	1	19	42	-
広島市	1 003	655	28	36	-	32	32	-	34	1
北九州市	212	11	-	29	-	-	20	-	42	3
福岡市	411	9	53	28	4	21	7	1	48	12
熊本市	204	-	2	-	74	-	-	22	15	-
中核市(別掲)										
横須賀市	84	11	3	6	13	6	5	19	-	1
金沢市	-	-	-	-	-	-	-	-	-	-

注：1）本表は年度分報告である。
　　2）中核市（別掲）は、児童相談所を設置している中核市に限る。

都道府県－指定都市－中核市×児童虐待相談の経路別

平成28年度

支援医療機関			保健所及び医療機関		学校等				
指定発達支援医療機関	認定こども園	警察等	保健所	医療機関	幼稚園	学校	教育委員会等	里親	児童委員（通告の仲介を含む）
146	487	5 263	1 345	2 344	944	13 904	1 831	7	1 077
2	22	63	2	23	16	212	51	－	14
－	11	6	11	2	－	25	8	－	－
3	5	19	3	6	6	102	8	－	13
3	3	75	1	16	14	154	26	－	7
－	8	9	－	2	－	28	6	－	3
－	9	13	－	3	－	40	15	－	－
－	8	60	－	12	12	113	28	－	6
3	17	46	1	23	5	250	47	－	23
－	3	15	－	22	10	130	7	－	15
1	6	20	－	7	7	81	13	－	23
1	6	829	10	52	16	290	73	－	43
7	6	110	28	135	43	467	80	－	52
10	25	414	295	555	105	2 390	218	－	173
1	1	15	1	41	29	247	55	－	31
5	10	40	11	26	7	267	30	－	33
3	7	17	6	12	－	31	37	－	12
－	14	2	－	－	2	23	－	－	6
－	4	19	2	9	3	61	4	－	4
1	2	58	1	13	2	119	7	－	9
9	4	43	7	16	11	166	24	－	15
－	4	50	－	7	6	103	29	－	13
5	10	37	－	25	29	166	37	－	18
4	1	125	3	84	47	411	27	－	40
5	1	41	14	15	20	335	43	－	6
－	17	45	8	25	41	428	18	1	10
－	5	122	1	41	23	460	31	－	25
15	41	345	61	264	121	1 681	174	－	60
18	52	540	19	183	71	1 096	120	－	90
1	20	75	154	31	55	236	122	－	8
1	9	9	4	20	14	147	18	－	18
－	1	2	1	2	－	22	2	－	－
2	2	8	－	3	1	29	11	－	1
－	4	11	72	28	8	131	5	－	7
5	19	70	73	26	12	273	82	－	32
－	－	11	－	7	－	52	20	－	－
－	1	41	－	4	7	17	1	－	1
－	5	33	25	32	14	114	16	－	13
－	10	89	46	28	7	120	7	－	14
－	2	9	4	4	5	90	15	－	1
2	8	102	47	35	29	432	58	－	17
－	4	18	－	7	1	64	18	－	7
1	3	12	2	3	2	81	43	－	8
－	1	28	4	14	7	176	25	－	6
4	19	55	1	17	24	140	14	－	17
－	25	32	8	13	6	72	17	－	12
－	－	23	3	10	5	100	13	－	2
1	－	41	6	19	25	156	42	－	9
3	－	2	－	4	1	43	－	－	6
－	－	90	8	16	10	41	1	－	－
3	－	94	－	2	1	29	7	－	7
－	－	75	－	－	－	7	－	－	3
13	1	7	9	130	10	226	2	－	24
－	－	4	194	48	6	46	－	－	3
－	2	1	122	56	6	197	7	－	16
－	－	2	－	－	2	70	3	－	28
1	30	8	－	2	－	10	14	－	5
1	7	－	－	20	8	54	10	－	－
3	5	3	39	2	－	68	4	－	18
－	－	－	5	1	－	15	－	－	3
5	2	1 095	18	76	12	435	4	－	6
－	3	－	－	5	1	83	1	－	－
－	－	4	－	11	4	23	－	－	－
－	2	4	－	9	9	117	－	－	1
2	－	5	－	11	－	14	6	－	4
－	－	11	－	6	－	21	2	－	6
2	－	5	15	16	3	56	24	6	17
－	－	6	－	6	－	20	1	－	13
－	－	－	－	1	3	1	－	－	－
－	－	－	－	－	－	－	－	－	－

（報告表　49の２）

第34表（２－２）市町村における児童虐待相談の対応件数，

都道府県－指定都市－中核市×児童虐待相談の経路別

平成28年度

都道府県 指定都市 中核市	家族						親戚	近隣・知人	児童本人	その他
	虐待者本人			虐待者以外						
	父親	母親	その他	父親	母親	その他				
全国	**357**	**2 479**	**90**	**661**	**3 126**	**960**	**888**	**7 267**	**360**	**2 402**
北海道	5	25	－	28	63	23	16	71	7	42
青森	4	－	－	－	7	4	3	18	3	2
岩手	4	5	－	1	32	4	2	40	－	30
宮城	1	8	1	14	40	18	11	61	1	13
秋田	2	4	－	4	22	5	4	19	1	－
山形	2	5	1	－	4	2	4	21	－	3
福島	6	14	－	3	16	12	5	38	4	12
茨城	3	18	－	10	103	33	17	111	38	38
栃木	3	27	4	2	30	11	14	137	1	16
群馬	7	16	－	1	22	10	8	90	4	14
埼玉	28	68	2	24	122	49	51	335	6	65
千葉	14	136	1	58	246	81	23	503	18	135
東京	53	471	14	124	415	97	117	1 682	64	337
神奈川	21	92	1	8	38	8	12	209	5	92
新潟	3	51	－	3	58	20	4	66	2	28
富山	1	5	－	4	8	12	－	11	2	1
石川	－	5	－	－	8	5	－	27	2	2
福井	－	－	－	2	24	4	－	17	1	13
山梨	1	18	－	3	52	3	17	74	－	10
長野	4	25	－	1	16	15	22	72	7	13
岐阜	－	12	2	10	33	26	6	96	1	7
静岡	13	35	1	6	52	25	11	57	1	29
愛知	9	52	4	10	55	28	25	320	11	49
三重	9	55	4	11	26	8	11	69	14	26
滋賀	7	14	－	9	25	15	5	44	1	38
京都	3	25	1	13	34	5	21	177	5	175
大阪	9	254	9	88	389	71	120	724	30	367
兵庫	31	207	－	24	147	46	46	359	28	82
奈良	4	19	1	8	25	9	7	113	6	57
和歌山	－	22	1	2	42	8	5	57	3	26
鳥取	－	3	－	－	7	－	－	6	1	5
島根	－	4	－	－	3	1	－	3	－	2
岡山	3	18	－	3	14	7	27	32	1	38
広島	14	34	11	8	27	5	23	77	3	43
山口	1	1	－	4	31	13	6	17	－	1
徳島	－	6	－	2	9	4	1	14	2	1
香川	2	10	－	－	12	17	4	37	1	30
愛媛	2	54	－	7	34	15	15	103	8	11
高知	－	7	－	4	6	2	2	10	1	60
福岡	1	57	8	10	69	24	27	118	6	46
佐賀	－	8	－	－	1	－	9	29	4	11
長崎	－	4	－	3	20	1	7	14	2	11
熊本	1	24	2	15	25	20	3	40	4	20
大分	13	27	2	－	41	8	6	65	6	19
宮崎	－	12	－	4	26	21	1	82	1	19
鹿児島	2	4	－	3	21	3	11	33	11	28
沖縄	－	6	－	16	84	25	25	71	3	28
指定都市(別掲)										
札幌市	－	6	－	－	6	5	4	19	1	6
仙台市	8	34	1	3	41	4	1	34	－	6
さいたま市	3	4	1	7	13	3	2	28	1	3
千葉市	－	2	－	－	2	－	－	27	1	－
横浜市	11	152	－	24	60	19	23	266	4	87
川崎市	3	34	－	3	37	8	8	39	6	18
相模原市	－	6	4	14	37	20	6	109	1	19
新潟市	4	8	－	4	22	－	4	9	－	1
静岡市	7	32	－	2	15	13	6	12	6	5
浜松市	－	9	－	2	2	4	－	45	1	8
名古屋市	－	10	1	2	33	2	8	61	－	15
京都市	－	2	－	3	6	2	3	5	1	1
大阪市	26	115	11	30	125	25	30	81	10	85
堺市	－	6	－	3	16	2	2	18	5	10
神戸市	－	2	－	5	18	2	5	10	－	22
岡山市	－	24	－	2	37	2	7	14	－	4
広島市	9	48	1	3	22	8	5	45	－	2
北九州市	－	3	1	1	21	4	10	21	－	－
福岡市	－	15	－	3	16	4	3	33	3	7
熊本市	－	－	－	－	13	2	2	21	－	7
中核市(別掲)										
横須賀市	－	－	－	－	－	8	5	1	－	1
金沢市	－	－	－	－	－	－	－	－	－	－

注：１）本表は年度分報告である。　　　　（報告表　49の２）
　　２）中核市（別掲）は、児童相談所を設置している中核市に限る。

第35表　市町村における児童虐待相談の対応件数，
児童虐待相談の相談種別×児童虐待相談の経路別

平成28年度

	総　数	都道府県・指定都市・中核市				市　町　村			児童福祉施設・指定発達支援医療機関		
		児童相談所	福祉事務所	保健センター	その他	福祉事務所	保健センター	その他	保育所	児童福祉施設	指定発達支援医療機関
総　　　　　数	100 147	22 165	2 597	2 124	867	6 807	7 224	5 420	6 174	831	146
身 体 的 虐 待	28 299	5 792	574	457	218	1 451	1 727	1 346	2 572	342	59
性 的 虐 待	1 009	333	15	6	7	68	26	53	30	6	3
心 理 的 虐 待	37 421	11 263	703	440	266	2 096	1 722	1 767	1 389	232	26
保護の怠慢・拒否（ネグレクト）	33 418	4 777	1 305	1 221	376	3 192	3 749	2 254	2 183	251	58

認定こども園	警察等	保健所及び医療機関		学　　校　　等				里　親	児童委員（通告の仲介を含む）
		保健所	医療機関	幼稚園	学校	教育委員会等			
487	5 263	1 345	2 344	944	13 904	1 831		7	1 077
216	930	292	708	407	5 232	588		-	209
2	14	5	17	-	175	37		-	4
117	3 567	333	505	231	3 468	491		-	472
152	752	715	1 114	306	5 029	715		7	392

家　　　　　族						親戚	近隣・知人	児童本人	その他
虐待者本人			虐待者以外						
父親	母親	その他	父親	母親	その他				
357	2 479	90	661	3 126	960	888	7 267	360	2 402
136	911	31	197	954	280	266	1 607	154	643
11	15	-	8	103	10	11	22	11	17
134	888	29	284	1 779	324	288	3 743	122	742
76	665	30	172	290	346	323	1 895	73	1 000

注：本表は年度分報告である。

（報告表　49の２）

第36表　市町村における児童虐待相談の対応件数,
児童虐待相談の相談種別×主な虐待者別

平成28年度

	総数	実父	実父以外の父親	実母	実母以外の母親	その他
総数	**100 147**	**29 748**	**4 220**	**60 714**	**724**	**4 741**
身体的虐待	28 299	9 548	1 840	15 069	276	1 566
性的虐待	1 009	445	254	70	7	233
心理的虐待	37 421	16 296	1 808	17 209	229	1 879
保護の怠慢・拒否（ネグレクト）	33 418	3 459	318	28 366	212	1 063

注：本表は年度分報告である。　　（報告表　49の２）

第37表　市町村における児童虐待相談の

	総数	身体的虐待	性的虐待	心理的虐待	暴力の目撃等によるもの（再掲）
総数	**100 147**	**28 299**	**1 009**	**37 421**	**12 993**
0歳	8 943	1 520	7	3 237	1 285
1歳	7 058	1 489	9	3 181	1 208
2歳	7 158	1 833	15	3 041	1 039
3歳	7 947	2 367	25	2 974	946
4歳	7 183	2 173	30	2 810	956
5歳	6 792	2 026	46	2 593	881
6歳	6 741	2 044	43	2 496	862
7歳	6 383	2 048	49	2 256	772
8歳	5 955	1 871	50	2 179	731
9歳	5 693	1 812	67	2 087	719
10歳	5 245	1 651	66	1 892	648
11歳	4 802	1 459	79	1 706	585
12歳	4 745	1 430	86	1 601	517
13歳	4 470	1 408	95	1 505	543
14歳	4 055	1 266	130	1 332	433
15歳	2 999	829	81	1 046	357
16歳	2 056	588	67	766	272
17歳	1 482	388	54	596	213
18歳	440	97	10	123	26

注：本表は年度分報告である。

対応件数，被虐待者の年齢×相談種別別

保護の怠慢・拒否 （ネグレクト）	登校・登園の禁止 （再掲）	保護者以外の者による虐待		
		身体的虐待 （再掲）	性的虐待 （再掲）	心理的虐待 （再掲）
33 418	620	311	126	238
4 179	6	11	1	11
2 379	16	12	-	16
2 269	17	17	-	22
2 581	25	20	4	18
2 170	22	17	5	24
2 127	47	19	5	21
2 158	54	21	2	10
2 030	48	27	6	17
1 855	42	26	6	10
1 727	48	23	10	16
1 636	47	23	9	13
1 558	43	17	9	14
1 628	56	17	20	9
1 462	57	18	15	11
1 327	49	22	13	10
1 043	25	12	14	5
635	10	4	4	5
444	7	4	2	5
210	1	1	1	1

（報告表　49の2）

児童福祉 38表

第38表 市町村における児童虐待相談の対応件数, 都道府県-指定都市-中核市×主な虐待者別

平成28年度

都道府県 指定都市 中核市	総数	実父	実父以外の父親	実母	実母以外の母親	その他
全国	100 147	29 748	4 220	60 714	724	4 741
北海道	2 118	772	135	1 032	31	148
青森	254	82	11	142	1	18
岩手	535	245	19	224	15	32
宮城	968	357	47	526	2	36
秋田	236	85	13	113	5	20
山形	201	69	5	112	2	13
福島	705	202	33	429	1	40
茨城	1 361	460	81	723	12	85
栃木	736	197	40	428	4	67
群馬	553	138	45	333	11	26
埼玉	4 281	1 626	175	2 196	23	261
千葉	5 723	2 235	216	3 051	33	188
東京	12 949	3 559	256	8 348	173	613
神奈川	1 815	501	63	1 210	6	35
新潟	1 181	378	26	736	2	39
富山	414	85	26	279	12	12
石川	320	90	11	211	-	8
福井	325	131	17	154	5	18
山梨	710	191	43	361	3	112
長野	1 212	424	63	666	5	54
岐阜	737	251	32	370	6	78
静岡	1 056	339	55	596	7	59
愛知	2 690	852	191	1 438	25	184
三重	1 488	488	112	804	14	70
滋賀	1 450	457	48	871	3	71
京都	2 151	640	102	1 345	14	50
大阪	12 972	2 919	380	9 014	39	620
兵庫	7 360	1 948	317	4 709	30	356
奈良	2 411	639	93	1 578	11	90
和歌山	1 143	345	34	709	6	49
鳥取	140	47	7	77	-	9
島根	176	65	14	92	-	5
岡山	684	117	14	539	-	14
広島	2 071	885	125	959	19	83
山口	397	154	31	195	4	13
徳島	274	97	19	142	-	16
香川	643	182	21	418	3	19
愛媛	806	206	69	463	7	61
高知	388	118	19	221	3	27
福岡	1 991	599	115	1 147	12	118
佐賀	340	92	12	201	1	34
長崎	385	107	22	239	3	14
熊本	740	234	41	400	10	55
大分	1 155	449	53	554	2	97
宮崎	803	236	42	486	13	26
鹿児島	484	85	45	321	4	29
沖縄	951	321	66	518	3	43
指定都市（別掲）						
札幌市	232	60	28	136	-	8
仙台市	611	166	26	395	3	21
さいたま市	508	224	25	252	1	6
千葉市	365	204	23	96	1	41
横浜市	2 131	378	38	1 668	8	39
川崎市	842	154	39	636	1	12
相模原市	910	210	21	666	4	9
新潟市	381	129	9	235	-	8
静岡市	476	134	29	283	4	26
浜松市	310	68	18	214	4	6
名古屋市	609	156	22	421	2	8
京都市	1 085	476	31	568	4	6
大阪市	5 342	1 549	290	3 235	85	183
堺市	1 283	504	61	664	5	49
神戸市	258	52	15	180	1	10
岡山市	407	107	15	283	-	2
広島市	1 003	298	41	558	14	92
北九州市	212	58	12	128	-	14
福岡市	411	78	17	254	2	60
熊本市	204	39	6	141	-	18
中核市（別掲）						
横須賀市	84	5	50	21	-	8
金沢市	-	-	-	-	-	-

注：1）本表は年度分報告である。
　　2）中核市（別掲）は、児童相談所を設置している中核市に限る。

（報告表　49の2）

児童福祉
39表

第39表 市町村における児童虐待相談の対応件数，

都道府県 指定都市 中核市	総数	身体的虐待	性的虐待	心理的虐待	暴力の目撃等 によるもの （再掲）
全　　　　国	100 147	28 299	1 009	37 421	12 993
北　海　道	2 118	459	43	976	428
青　　森	254	76	2	75	32
岩　　手	535	165	12	214	89
宮　　城	968	248	6	354	150
秋　　田	236	81	3	105	32
山　　形	201	76	3	77	23
福　　島	705	217	11	246	72
茨　　城	1 361	419	20	524	234
栃　　木	736	293	6	268	20
群　　馬	553	212	9	212	39
埼　　玉	4 281	1 048	41	2 202	1 019
千　　葉	5 723	1 547	85	2 643	1 246
東　　京	12 949	4 275	105	4 932	1 569
神　奈　川	1 815	420	15	719	218
新　　潟	1 181	312	7	403	160
富　　山	414	106	2	134	64
石　　川	320	104	-	103	43
福　　井	325	116	9	109	61
山　　梨	710	132	6	329	91
長　　野	1 212	265	24	557	133
岐　　阜	737	304	19	272	85
静　　岡	1 056	358	16	307	52
愛　　知	2 690	1 065	31	855	310
三　　重	1 488	640	20	476	130
滋　　賀	1 450	481	8	615	175
京　　都	2 151	512	10	1 035	328
大　　阪	12 972	3 176	113	4 018	913
兵　　庫	7 360	2 140	86	2 451	993
奈　　良	2 411	533	14	1 052	332
和　歌　山	1 143	314	12	428	132
鳥　　取	140	32	1	44	16
島　　根	176	47	2	80	44
岡　　山	684	89	3	137	26
広　　島	2 071	662	15	890	438
山　　口	397	105	2	186	82
徳　　島	274	99	2	115	42
香　　川	643	219	4	218	61
愛　　媛	806	245	8	303	102
高　　知	388	112	4	151	81
福　　岡	1 991	619	31	537	253
佐　　賀	340	88	13	67	20
長　　崎	385	121	4	106	29
熊　　本	740	205	3	221	34
大　　分	1 155	395	9	481	209
宮　　崎	803	268	4	243	66
鹿　児　島	484	193	9	96	54
沖　　縄	951	259	14	307	149
指定都市（別掲）					
札　幌　市	232	91	10	74	17
仙　台　市	611	153	8	228	63
さいたま市	508	118	2	248	80
千　葉　市	365	26	1	328	247
横　浜　市	2 131	532	10	617	161
川　崎　市	842	170	7	229	120
相　模　原　市	910	218	6	216	55
新　潟　市	381	104	2	149	97
静　岡　市	476	129	10	185	39
浜　松　市	310	131	2	99	25
名　古　屋　市	609	123	2	246	85
京　都　市	1 085	389	8	442	163
大　阪　市	5 342	1 149	47	1 960	331
堺　　市	1 283	335	12	622	185
神　戸　市	258	120	1	53	5
岡　山　市	407	59	5	128	81
広　島　市	1 003	302	7	467	268
北　九　州　市	212	77	-	111	59
福　岡　市	411	156	-	80	33
熊　本　市	204	58	3	54	-
中核市（別掲）					
横　須　賀　市	84	7	-	12	-
金　沢　市	-	-	-	-	-

注：1）本表は年度分報告である。
　　2）中核市（別掲）は、児童相談所を設置している中核市に限る。

都道府県－指定都市－中核市×相談種別別

平成28年度

保護の怠慢・拒否（ネグレクト）	登校・登園の禁止（再掲）	保護者以外の者による虐待 身体的虐待（再掲）	性的虐待（再掲）	心理的虐待（再掲）
33 418	**620**	**311**	**126**	**238**
640	3	2	3	3
101	－	2	－	－
144	4	1	－	－
360	10	8	4	6
47	4	－	－	－
45	－	1	－	1
231	14	－	－	－
398	6	9	3	3
169	3	－	－	－
120	7	3	1	－
990	18	10	1	32
1 448	17	23	9	13
3 637	121	93	23	36
661	11	2	1	3
459	4	6	－	2
172	1	2	－	2
113	－	－	－	－
91	3	－	－	2
243	5	1	－	4
366	5	－	2	1
142	－	－	－	－
375	9	1	－	－
739	9	17	2	10
352	13	5	3	4
346	14	12	4	7
594	4	5	15	10
5 665	53	23	21	14
2 683	46	19	10	6
812	19	8	3	10
389	8	－	－	3
63	－	－	－	3
47	－	－	－	－
455	5	2	－	1
504	3	－	3	2
104	2	－	－	－
58	－	－	－	－
202	6	－	－	－
250	9	－	－	－
121	3	2	－	－
804	27	6	－	10
172	8	4	1	－
154	5	1	1	－
311	－	2	2	－
270	5	1	－	－
288	4	4	－	－
186	21	3	1	－
371	16	2	1	－
57	1	1	－	2
222	－	5	1	4
140	－	－	－	－
10	2	－	－	7
972	40	1	－	8
436	7	－	－	－
470	4	3	3	4
126	2	1	－	－
152	10	3	2	7
78	－	1	－	－
238	3	3	－	2
246	5	3	1	2
2 186	16	－	3	－
314	3	2	1	－
84	1	－	－	－
215	－	－	－	－
227	1	7	－	14
24	－	－	－	－
175	－	1	1	－
89	－	－	－	－
65	－	－	－	－
－	－	－	－	－

（報告表　49の２）

児童福祉
40～41表

第40表　市町村における児童虐待相談の対応件数，都道府県－指定都市－中核市×被虐待者の年齢別

平成28年度

都道府県 指定都市 中核市	総数	0～2歳	3～6歳	7～12歳	13～15歳	16～18歳
全　　　国	100 147	23 159	28 663	32 823	11 524	3 978
北　海　道	2 118	460	622	701	233	102
青　　森	254	57	82	71	37	7
岩　　手	535	72	156	191	78	38
宮　　城	968	163	283	335	144	43
秋　　田	236	54	62	81	28	11
山　　形	201	38	54	75	25	9
福　　島	705	120	212	242	94	37
茨　　城	1 361	233	368	514	193	53
栃　　木	736	181	232	235	74	14
群　　馬	553	104	197	169	65	18
埼　　玉	4 281	983	1 201	1 403	492	202
千　　葉	5 723	1 408	1 555	1 853	686	221
東　　京	12 949	2 997	3 840	4 318	1 359	435
神奈川	1 815	552	532	508	176	47
新　　潟	1 181	188	317	456	168	52
富　　山	414	101	119	121	57	16
石　　川	320	71	102	111	31	5
福　　井	325	59	94	118	47	7
山　　梨	710	135	190	251	103	31
長　　野	1 212	253	386	382	150	41
岐　　阜	737	131	217	280	86	23
静　　岡	1 056	225	322	358	118	33
愛　　知	2 690	539	850	928	292	81
三　　重	1 488	280	417	520	213	58
滋　　賀	1 450	339	403	460	180	68
京　　都	2 151	374	535	782	322	138
大　　阪	12 972	3 093	3 476	4 265	1 592	546
兵　　庫	7 360	1 612	2 084	2 414	903	347
奈　　良	2 411	612	648	790	229	132
和歌山	1 143	302	320	327	139	55
鳥　　取	140	30	31	47	23	9
島　　根	176	29	47	70	17	13
岡　　山	684	215	168	195	89	17
広　　島	2 071	458	590	692	236	95
山　　口	397	85	116	137	42	17
徳　　島	274	69	86	91	21	7
香　　川	643	120	206	236	62	19
愛　　媛	806	169	229	286	86	36
高　　知	388	92	96	134	47	19
福　　岡	1 991	368	579	722	238	84
佐　　賀	340	70	99	128	32	11
長　　崎	385	59	100	138	68	20
熊　　本	740	105	219	273	108	35
大　　分	1 155	276	375	355	116	33
宮　　崎	803	180	248	271	69	35
鹿児島	484	69	128	180	70	37
沖　　縄	951	168	281	336	121	45
指定都市（別掲）						
札幌市	232	58	70	74	24	6
仙台市	611	149	201	179	65	17
さいたま市	508	129	143	154	70	12
千葉市	365	128	104	90	24	19
横浜市	2 131	815	681	496	118	21
川崎市	842	330	243	193	60	16
相模原市	910	234	287	273	92	24
新潟市	381	90	108	118	50	15
静岡市	476	106	157	132	66	15
浜松市	310	73	93	114	26	4
名古屋市	609	171	187	195	45	11
京都市	1 085	234	283	373	133	62
大阪市	5 342	1 242	1 483	1 748	634	235
堺市	1 283	340	321	405	159	58
神戸市	258	94	92	55	14	3
岡山市	407	115	113	139	35	5
広島市	1 003	296	338	258	81	30
北九州市	212	63	83	58	7	1
福岡市	411	96	131	130	41	13
熊本市	204	60	53	72	13	6
中核市（別掲）						
横須賀市	84	38	18	17	8	3
金沢市	-	-	-	-	-	-

注：1）本表は年度分報告である。
　　2）中核市（別掲）は、児童相談所を設置している中核市に限る。

（報告表　49の2）

第41表　市町村における児童虐待防止法に関する対応件数，都道府県－指定都市－中核市別

平成28年度

都道府県 指定都市 中核市	安全確認件数	送致件数	出頭要求等通知件数
全　　　　国	65 238	1 814	91
北　海　道	1 404	156	-
青　　森	182	13	-
岩　　手	380	16	2
宮　　城	288	27	2
秋　　田	174	12	-
山　　形	135	18	-
福　　島	448	15	-
茨　　城	932	54	9
栃　　木	545	14	-
群　　馬	480	25	-
埼　　玉	2 315	86	-
千　　葉	4 003	91	-
東　　京	12 949	159	-
神奈川	1 704	11	-
新　　潟	694	32	-
富　　山	237	10	-
石　　川	240	6	-
福　　井	108	1	3
山　　梨	445	4	-
長　　野	791	22	-
岐　　阜	737	22	-
静　　岡	503	44	-
愛　　知	1 838	97	1
三　　重	1 488	65	-
滋　　賀	940	16	-
京　　都	2 148	45	-
大　　阪	5 114	55	7
兵　　庫	6 976	93	-
奈　　良	2 279	8	-
和歌山	835	9	-
鳥　　取	33	2	-
島　　根	42	10	-
岡　　山	662	8	-
広　　島	1 505	21	-
山　　口	247	10	-
徳　　島	79	2	-
香　　川	459	-	-
愛　　媛	479	7	-
高　　知	241	17	-
福　　岡	677	140	27
佐　　賀	216	10	-
長　　崎	167	26	-
熊　　本	263	56	6
大　　分	669	18	-
宮　　崎	342	2	-
鹿児島	2	2	2
沖　　縄	433	18	2
指定都市（別掲）			
札　幌　市	36	15	-
仙　台　市	135	-	-
さいたま市	183	-	-
千　葉　市	325	9	-
横　浜　市	2 131	2	-
川　崎　市	-	-	-
相模原市	910	63	-
新　潟　市	381	-	-
静　岡　市	474	2	-
浜　松　市	310	40	-
名古屋市	353	38	-
京　都　市	-	-	-
大　阪　市	714	32	30
堺　　　市	48	-	-
神　戸　市	217	22	-
岡　山　市	403	3	-
広　島　市	90	-	-
北九州市	210	1	-
福　岡　市	405	11	-
熊　本　市	83	-	-
中核市（別掲）			
横須賀市	2	1	-
金　沢　市	-	-	-

注：1）本表は年度分報告である。
　　2）中核市（別掲）は、児童相談所を設置している中核市に限る。

（報告表　49の2）

児童福祉
42表

第42表　乳児院（短期入所措置分）における在籍実人員、延回数及び延日数，公立－私立別

平成28年度

	在籍実人員	延回数	延日数
総数	76	112	2 326
公立	7	16	95
私立	69	96	2 231

注：本表は年度分報告である。　　　　　　　　　　　　　　　　　　　　　（報告表　50）

第43表　児童福祉施設の施設数、定員、入所人員、退所人員

施設の種類 公立－私立	施設数 (年度末現在)	定員 (年度末現在)	入所人員		
			総数	措置	私的契約
総数	**8 485**	**45 305**	**47 571**	**18 191**	**29 380**
公立	**7 170**	**7 790**	**12 746**	**4 677**	**8 069**
私立	**1 315**	**37 515**	**34 825**	**13 514**	**21 311**
助産施設	439	3 416	34 534	5 236	29 298
公立	195	1 640	10 181	2 115	8 066
私立	244	1 776	24 353	3 121	21 232
乳児院	138	3 895	1 976	1 931	45
公立	9	215	75	75	-
私立	129	3 680	1 901	1 856	45
母子生活支援施設2)	234	(4 962) ・	(1 608) 4 336	(1 607) 4 332	(　1) 4
公立	99	(1 790) ・	(　440) 1 183	(　440) 1 182	(　-) 1
私立	135	(3 172) ・	(1 168) 3 153	(1 167) 3 150	(　1) 3
児童養護施設	615	32 605	5 313	5 282	31
公立	37	2 135	351	351	-
私立	578	30 470	4 962	4 931	31
情緒障害児短期治療施設	46	1 850	555	555	-
公立	9	396	115	115	-
私立	37	1 454	440	440	-
児童自立支援施設　総数	56	3 539	857	855	2
公立	54	3 404	841	839	2
私立	2	135	16	16	-
入所	56	3 524	857	855	2
公立	54	3 389	841	839	2
私立	2	135	16	16	-
通所3)	(　1)	15	-	-	-
公立	(　1)	15	-	-	-
私立	(　-)	-	-	-	-
児童館	4 512	・	・	・	・
公立	4 332	・	・	・	・
私立	180	・	・	・	・
児童遊園	2 445	・	・	・	・
公立	2 435	・	・	・	・
私立	10	・	・	・	・

注：1）本表は年度分報告である。
　　2）「母子生活支援施設」の(　)内の数は世帯数である。
　　3）「児童自立支援施設」の(　)内の施設数は、入所施設のうち通所部門を併設している施設の再掲である。

及び年度末在籍人員，施設の種類、公立－私立別

平成28年度

退所人員			年度末在籍人員		
総数	措置	私的契約	総数	措置	私的契約
47 645	**18 257**	**29 388**	**44 053**	**42 775**	**1 278**
13 214	**5 185**	**8 029**	**7 134**	**6 653**	**481**
34 431	**13 072**	**21 359**	**36 919**	**36 122**	**797**
34 465	5 160	29 305	1 831	582	1 249
10 105	2 081	8 024	757	276	481
24 360	3 079	21 281	1 074	306	768
2 050	2 005	45	2 811	2 801	10
92	92	-	82	82	-
1 958	1 913	45	2 729	2 719	10
(1 580)	(1 578)	(2)	(3 824)	(3 820)	(4)
4 242	4 236	6	10 518	10 509	9
(595)	(594)	(1)	(1 171)	(1 171)	(-)
1 535	1 532	3	3 198	3 198	-
(985)	(984)	(1)	(2 653)	(2 649)	(4)
2 707	2 704	3	7 320	7 311	9
5 489	5 459	30	26 459	26 449	10
443	443	-	1 695	1 695	-
5 046	5 016	30	24 764	24 754	10
479	479	-	1 325	1 325	-
147	147	-	322	322	-
332	332	-	1 003	1 003	-
920	918	2	1 109	1 109	-
892	890	2	1 080	1 080	-
28	28	-	29	29	-
920	918	2	1 109	1 109	-
892	890	2	1 080	1 080	-
28	28	-	29	29	-
-	-	-	-	-	-
-	-	-	-	-	-
-	-	-	-	-	-
·	·	·	·	·	·
·	·	·	·	·	·
·	·	·	·	·	·
·	·	·	·	·	·
·	·	·	·	·	·
·	·	·	·	·	·

（報告表　50, 52）

児童福祉 44表

第44表（6－1）保育所の施設数、定員及び在籍人員，

都道府県 指定都市 中核市	施設数 総数	公立	私立	認可定員 総数	公立	私立	利 総数
全国	23 440	8 917	14 523	2 281 184	888 738	1 392 446	2 246 362
北海道	472	267	205	35 769	20 781	14 988	34 854
青森	248	11	237	17 673	880	16 793	17 465
岩手	279	121	158	20 501	8 252	12 249	20 309
宮城	236	135	101	18 938	10 733	8 205	18 622
秋田	172	72	100	15 735	7 035	8 700	15 220
山形	241	92	149	21 347	9 000	12 347	21 202
福島	187	101	86	15 289	8 235	7 054	15 274
茨城	464	151	313	46 223	13 897	32 326	45 684
栃木	258	126	132	25 495	11 567	13 928	24 483
群馬	243	68	175	25 625	6 395	19 230	25 326
埼玉	885	323	562	76 600	31 779	44 821	76 283
千葉	625	290	335	61 752	30 790	30 962	61 479
東京	2 243	885	1 358	219 709	92 724	126 985	219 262
神奈川	384	94	290	36 141	9 599	26 542	35 771
新潟	455	292	163	43 224	26 906	16 318	41 826
富山	181	109	72	18 008	9 755	8 253	17 648
石川	199	125	74	20 203	11 706	8 497	19 975
福井	204	110	94	19 515	9 810	9 705	19 113
山梨	209	116	93	21 889	12 700	9 189	20 745
長野	470	398	72	51 109	43 524	7 585	50 664
岐阜	345	212	133	37 980	21 962	16 018	36 114
静岡	310	123	187	32 170	12 898	19 272	32 024
愛知	750	556	194	98 609	76 307	22 302	97 305
三重	410	220	190	42 723	22 485	20 238	42 227
滋賀	175	75	100	19 049	8 079	10 970	18 445
京都	204	117	87	24 953	13 726	11 227	24 882
大阪	424	154	270	45 669	17 479	28 190	45 133
兵庫	364	141	223	33 026	12 030	20 996	32 921
奈良	141	65	76	17 918	7 995	9 923	17 732
和歌山	133	92	41	15 338	10 932	4 406	14 788
鳥取	163	95	68	15 625	8 765	6 860	15 368
島根	281	74	207	21 915	4 955	16 960	21 875
岡山	184	107	77	16 097	8 017	8 080	15 967
広島	250	160	90	21 993	13 429	8 564	21 398
山口	256	103	153	21 005	8 010	12 995	20 665
徳島	188	107	81	14 613	8 188	6 425	14 513
香川	121	67	54	12 185	6 190	5 995	12 185
愛媛	229	154	75	18 918	12 048	6 870	18 602
高知	161	114	47	13 163	9 079	4 084	11 977
福岡	495	107	388	51 768	11 070	40 698	51 108
佐賀	202	44	158	20 148	4 970	15 178	19 686
長崎	262	34	228	17 715	2 326	15 389	17 425
熊本	428	101	327	34 065	6 590	27 475	33 468
大分	174	44	130	12 193	2 337	9 856	12 189
宮崎	228	52	176	16 656	3 041	13 615	15 667
鹿児島	326	40	286	22 001	2 755	19 246	21 841
沖縄	347	76	271	32 520	5 949	26 571	32 418

注：1）児童福祉法による措置人員は在籍人員総数の全国の総数のみに含まれており、各都道府県別総数には含まない。
　　2）「障害児受入人員（再掲）」は入所人員と措置人員、私的契約人員の再掲である。

都道府県－指定都市－中核市×公立－私立別

平成28年４月１日現在

用定員		在籍人員					
		総数			入所人員		
公立	私立	総数	公立	私立	総数	公立	私立
873 768	**1 372 594**	**2 143 050**	**771 530**	**1 371 505**	**2 138 487**	**767 319**	**1 371 168**
20 041	14 813	30 531	15 503	15 028	30 517	15 489	15 028
810	16 655	15 625	565	15 060	15 625	565	15 060
8 150	12 159	18 929	6 773	12 156	18 927	6 771	12 156
10 437	8 185	17 839	9 440	8 399	17 838	9 439	8 399
6 705	8 515	13 320	5 278	8 042	13 320	5 278	8 042
8 950	12 252	20 150	7 710	12 440	20 150	7 710	12 440
8 220	7 054	14 548	7 027	7 521	14 548	7 027	7 521
13 627	32 057	42 547	11 737	30 810	42 546	11 737	30 809
11 299	13 184	22 068	9 397	12 671	22 068	9 397	12 671
6 212	19 114	24 961	5 538	19 423	24 961	5 538	19 423
31 601	44 682	74 107	28 846	45 261	74 107	28 846	45 261
30 576	30 903	58 067	27 119	30 948	58 067	27 119	30 948
92 435	126 827	214 620	91 522	123 098	214 605	91 507	123 098
9 322	26 449	35 761	8 728	27 033	35 756	8 723	27 033
26 529	15 297	36 059	21 571	14 488	36 059	21 571	14 488
9 395	8 253	15 413	7 671	7 742	15 413	7 671	7 742
11 647	8 328	17 050	9 332	7 718	17 050	9 332	7 718
9 458	9 655	17 565	7 911	9 654	17 565	7 911	9 654
12 160	8 585	17 470	9 565	7 905	17 470	9 565	7 905
43 109	7 555	41 184	33 931	7 253	41 111	33 861	7 250
20 427	15 687	31 026	16 604	14 422	31 006	16 587	14 419
12 787	19 237	31 297	11 758	19 539	31 294	11 755	19 539
75 261	22 044	84 143	63 544	20 599	80 931	60 455	20 476
22 204	20 023	37 323	17 966	19 357	37 323	17 966	19 357
7 608	10 837	18 535	7 208	11 327	18 535	7 208	11 327
13 685	11 197	22 996	11 493	11 503	22 996	11 493	11 503
17 311	27 822	45 941	16 940	29 001	45 939	16 940	28 999
11 950	20 971	33 343	11 161	22 182	33 343	11 161	22 182
7 809	9 923	16 610	6 436	10 174	16 610	6 436	10 174
10 382	4 406	12 678	8 266	4 412	12 678	8 266	4 412
8 583	6 785	14 429	7 539	6 890	14 426	7 536	6 890
4 925	16 950	21 414	4 275	17 139	21 414	4 275	17 139
7 937	8 030	15 030	6 592	8 438	15 030	6 592	8 438
13 200	8 198	18 121	10 075	8 046	18 119	10 073	8 046
7 895	12 770	19 131	6 494	12 637	19 131	6 494	12 637
8 088	6 425	13 174	6 481	6 693	13 174	6 481	6 693
6 190	5 995	11 141	5 294	5 847	11 138	5 294	5 844
11 783	6 819	16 365	9 364	7 001	16 365	9 364	7 001
8 332	3 645	9 387	6 136	3 251	9 387	6 136	3 251
10 780	40 328	50 362	9 474	40 888	50 362	9 474	40 888
4 628	15 058	18 776	3 961	14 815	18 776	3 961	14 815
2 326	15 099	16 921	1 999	14 922	16 921	1 999	14 922
6 545	26 923	32 646	5 683	26 963	32 646	5 683	26 963
2 337	9 852	11 591	2 000	9 591	11 591	2 000	9 591
2 842	12 825	15 001	2 347	12 654	15 001	2 347	12 654
2 755	19 086	22 428	2 345	20 083	22 428	2 345	20 083
5 949	26 469	34 178	5 566	28 612	34 178	5 566	28 612

（報告表　54）

第44表（6－2）保育所の施設数、定員及び在籍人員，

都道府県 指定都市 中核市	施設数			認可定員			利
	総数	公立	私立	総数	公立	私立	総数
指定都市(別掲)							
札幌市	256	23	233	23 767	2 110	21 657	23 563
仙台市	162	42	120	14 773	4 018	10 755	14 753
さいたま市	178	61	117	15 800	6 413	9 387	15 800
千葉市	149	59	90	13 057	6 505	6 552	13 057
横浜市	680	84	596	55 836	7 886	47 950	55 493
川崎市	294	53	241	23 945	5 185	18 760	23 945
相模原市	103	24	79	10 758	2 575	8 183	10 758
新潟市	213	87	126	20 208	8 125	12 083	20 145
静岡市	56	-	56	5 505	-	5 505	5 505
浜松市	86	22	64	9 730	2 360	7 370	9 730
名古屋市	391	111	280	39 762	10 759	29 003	39 683
京都市	252	21	231	25 530	2 235	23 295	25 530
大阪市	419	104	315	51 668	11 634	40 034	45 493
堺市	44	20	24	5 214	2 584	2 630	5 214
神戸市	158	58	100	15 780	6 138	9 642	15 730
岡山市	113	48	65	15 077	4 799	10 278	13 174
広島市	192	89	103	24 374	11 203	13 171	24 374
北九州市	163	27	136	16 520	2 825	13 695	16 520
福岡市	216	7	209	31 744	1 000	30 744	31 734
熊本市	138	19	119	13 865	1 805	12 060	13 865
中核市(別掲)							
旭川市	61	3	58	4 863	252	4 611	4 863
函館市	32	3	29	2 541	205	2 336	2 421
青森市	69	-	69	4 620	-	4 620	4 580
八戸市	…	…	…	…	…	…	…
盛岡市	61	13	48	5 331	1 065	4 266	5 331
秋田市	55	6	49	4 945	540	4 405	4 870
郡山市	41	25	16	3 412	1 980	1 432	3 412
いわき市	56	31	25	5 655	2 465	3 190	4 926
宇都宮市	76	10	66	8 165	1 545	6 620	7 520
前橋市	48	18	30	4 855	2 080	2 775	4 855
高崎市	70	21	49	6 399	2 369	4 030	6 399
川越市	48	20	28	3 998	1 830	2 168	3 998
越谷市	37	18	19	3 874	2 020	1 854	3 874
船橋市	86	27	59	10 507	4 448	6 059	10 507
柏市	57	23	34	5 673	2 955	2 718	5 673
八王子市	99	16	83	10 625	1 430	9 195	10 625
横須賀市	40	11	29	3 618	1 157	2 461	3 461
富山市	57	41	16	6 190	3 950	2 240	6 160
金沢市	89	13	76	9 220	1 211	8 009	9 210
長野市	79	38	41	8 417	3 347	5 070	8 409
岐阜市	42	20	22	4 700	2 040	2 660	4 700
豊橋市	48	5	43	7 920	660	7 260	7 850
豊田市	64	49	15	10 356	7 645	2 711	10 145
岡崎市	53	35	18	7 940	4 990	2 950	7 940
大津市	60	14	46	6 249	1 610	4 639	6 249
高槻市	36	13	23	3 590	1 340	2 250	3 590
東大阪市	50	12	38	4 907	1 410	3 497	4 907
豊中市	35	-	35	2 382	-	2 382	2 382
枚方市	55	12	43	6 468	1 260	5 208	6 468
姫路市	56	23	33	6 841	2 780	4 061	6 771
西宮市	58	23	35	5 539	2 260	3 279	5 539
尼崎市	80	21	59	6 374	1 675	4 699	6 364
奈良市	37	14	23	5 171	2 240	2 931	5 151
和歌山市	50	21	29	5 759	1 550	4 209	5 756
倉敷市	89	19	70	10 590	2 520	8 070	10 590
福山市	102	51	51	11 467	5 105	6 362	11 427
呉市	45	13	32	3 605	1 130	2 475	3 605
下関市	45	16	29	4 463	1 195	3 268	4 413
高松市	70	32	38	8 480	3 585	4 895	8 435
松山市	64	26	38	6 015	2 755	3 260	5 950
高知市	91	24	67	11 932	3 135	8 797	10 067
久留米市	68	9	59	8 420	1 190	7 230	8 340
長崎市	95	9	86	8 075	815	7 260	8 075
佐世保市	67	3	64	5 392	220	5 172	5 392
大分市	65	13	52	5 788	1 066	4 722	5 788
宮崎市	98	6	92	8 010	315	7 695	8 010
鹿児島市	111	11	100	10 423	890	9 533	10 423
那覇市	76	7	69	7 747	669	7 078	7 747

注：1）児童福祉法による措置人員は在籍人員総数の全国の総数のみに含まれており、各都道府県別総数には含まない。
　　2）「障害児受入人員（再掲）」は入所人員と措置人員、私的契約人員の再掲である。

平成28年４月１日現在

用定員		在籍人員					
		総数			入所人員		
公立	私立	総数	公立	私立	総数	公立	私立
2 110	21 453	23 751	2 076	21 675	23 751	2 076	21 675
4 018	10 735	15 276	3 972	11 304	15 276	3 972	11 304
6 413	9 387	15 928	6 472	9 456	15 928	6 472	9 456
6 505	6 552	13 630	6 955	6 675	13 630	6 955	6 675
7 886	47 607	55 953	8 123	47 830	55 953	8 123	47 830
5 185	18 760	24 277	5 325	18 952	24 277	5 325	18 952
2 575	8 183	10 467	2 440	8 027	10 467	2 440	8 027
8 125	12 020	20 154	7 808	12 346	20 154	7 808	12 346
－	5 505	5 631	4	5 627	5 631	4	5 627
2 360	7 370	8 886	2 028	6 858	8 886	2 028	6 858
10 759	28 924	38 347	10 855	27 492	38 347	10 855	27 492
2 235	23 295	26 973	2 111	24 862	26 973	2 111	24 862
10 640	34 853	44 042	10 110	33 932	44 042	10 110	33 932
2 584	2 630	5 227	2 487	2 740	5 227	2 487	2 740
6 138	9 592	15 873	5 765	10 108	15 873	5 765	10 108
4 799	8 375	13 613	4 907	8 706	13 613	4 907	8 706
11 203	13 171	23 621	11 119	12 502	23 621	11 119	12 502
2 825	13 695	15 869	2 551	13 318	15 869	2 551	13 318
1 000	30 734	32 429	1 051	31 378	32 429	1 051	31 378
1 805	12 060	14 245	1 805	12 440	14 245	1 805	12 440
252	4 611	5 184	279	4 905	5 184	279	4 905
205	2 216	2 434	152	2 282	2 434	152	2 282
－	4 580	4 699	－	4 699	4 699	－	4 699
…	…	…	…	…	…	…	…
1 065	4 266	5 346	1 026	4 320	5 346	1 026	4 320
465	4 405	4 848	404	4 444	4 848	404	4 444
1 980	1 432	3 535	2 020	1 515	3 535	2 020	1 515
1 846	3 080	4 935	1 954	2 981	4 935	1 954	2 981
1 380	6 140	7 977	1 377	6 600	7 977	1 377	6 600
2 080	2 775	4 511	1 757	2 754	4 511	1 757	2 754
2 369	4 030	6 203	2 106	4 097	6 203	2 106	4 097
1 830	2 168	3 942	1 733	2 209	3 942	1 733	2 209
2 020	1 854	3 765	1 837	1 928	3 765	1 837	1 928
4 448	6 059	9 980	4 174	5 806	9 980	4 174	5 806
2 955	2 718	5 611	2 844	2 767	5 611	2 844	2 767
1 430	9 195	10 748	1 451	9 297	10 729	1 451	9 278
1 000	2 461	3 500	901	2 599	3 500	901	2 599
3 950	2 210	5 442	3 315	2 127	5 442	3 315	2 127
1 211	7 999	9 276	1 186	8 090	9 276	1 186	8 090
3 339	5 070	7 827	2 802	5 025	7 827	2 802	5 025
2 040	2 660	4 497	1 836	2 661	4 497	1 836	2 661
660	7 190	7 187	633	6 554	7 187	633	6 554
7 645	2 500	7 946	5 653	2 293	6 773	4 663	2 110
4 990	2 950	7 338	4 637	2 701	7 338	4 637	2 701
1 610	4 639	6 277	1 513	4 764	6 277	1 513	4 764
1 340	2 250	3 805	1 513	2 292	3 805	1 513	2 292
1 410	3 497	5 248	1 411	3 837	5 248	1 411	3 837
－	2 382	2 587	2	2 585	2 587	2	2 585
1 260	5 208	6 944	1 353	5 591	6 944	1 353	5 591
2 710	4 061	6 556	2 488	4 068	6 556	2 488	4 068
2 260	3 279	6 152	2 553	3 599	6 152	2 553	3 599
1 675	4 689	6 557	1 572	4 985	6 557	1 572	4 985
2 240	2 911	4 687	1 800	2 887	4 687	1 800	2 887
1 550	4 206	5 349	1 062	4 287	5 349	1 062	4 287
2 520	8 070	10 320	2 377	7 943	10 320	2 377	7 943
5 105	6 322	10 986	4 845	6 141	10 986	4 845	6 141
1 130	2 475	3 272	867	2 405	3 272	867	2 405
1 185	3 228	4 126	1 043	3 083	4 126	1 043	3 083
3 585	4 850	8 049	3 286	4 763	8 049	3 286	4 763
2 696	3 254	5 715	2 490	3 225	5 715	2 490	3 225
2 800	7 267	9 485	2 254	7 231	9 485	2 254	7 231
1 190	7 150	8 292	1 068	7 224	8 292	1 068	7 224
815	7 260	7 794	644	7 150	7 794	644	7 150
220	5 172	5 169	215	4 954	5 169	215	4 954
1 066	4 722	6 011	1 165	4 846	6 011	1 165	4 846
315	7 695	8 159	270	7 889	8 159	270	7 889
890	9 533	10 835	920	9 915	10 835	920	9 915
669	7 078	7 936	613	7 323	7 936	613	7 323

（報告表　54）

児童福祉
44表

第44表（6－3）保育所の施設数、定員及び在籍人員，

都道府県 指定都市 中核市	在籍人員								
	障害児受入人員（再掲）			特別児童扶養手当受給児童（再掲）			私的契約人員		
	総数	公立	私立	総数	公立	私立	総数	公立	私立
全　　国	34 842	19 152	15 690	8 562	4 464	4 098	4 548	4 211	337
北　海　道	522	250	272	193	108	85	14	14	-
青　　森	84	2	82	79	2	77	-	-	-
岩　　手	212	102	110	118	53	65	2	2	-
宮　　城	153	115	38	54	36	18	1	1	-
秋　　田	192	127	65	99	50	49	-	-	-
山　　形	174	91	83	66	35	31	-	-	-
福　　島	79	39	40	26	15	11	-	-	-
茨　　城	169	64	105	53	-	53	1	-	1
栃　　木	407	289	118	70	47	23	-	-	-
群　　馬	197	53	144	44	14	30	-	-	-
埼　　玉	760	537	223	209	134	75	-	-	-
千　　葉	285	209	76	96	75	21	-	-	-
東　　京	2 508	1 269	1 239	358	179	179	15	15	-
神　奈　川	242	80	162	72	24	48	5	5	-
新　　潟	758	590	168	234	173	61	-	-	-
富　　山	99	67	32	19	11	8	-	-	-
石　　川	115	56	59	52	24	28	-	-	-
福　　井	109	49	60	100	47	53	-	-	-
山　　梨	48	38	10	20	13	7	-	-	-
長　　野	1 077	971	106	229	195	34	73	70	3
岐　　阜	441	285	156	141	93	48	20	17	3
静　　岡	346	173	173	72	39	33	3	3	-
愛　　知	1 868	1 592	276	343	308	35	3 212	3 089	123
三　　重	1 020	839	181	290	230	60	-	-	-
滋　　賀	1 067	656	411	99	63	36	-	-	-
京　　都	733	502	231	231	134	97	-	-	-
大　　阪	1 870	1 006	864	295	183	112	2	-	2
兵　　庫	480	209	271	184	68	116	-	-	-
奈　　良	313	220	93	148	92	56	-	-	-
和　歌　山	161	124	37	38	33	5	-	-	-
鳥　　取	244	153	91	37	22	15	3	3	-
島　　根	176	53	123	134	38	96	-	-	-
岡　　山	267	141	126	18	13	5	-	-	-
広　　島	251	168	83	71	55	16	2	2	-
山　　口	304	178	126	85	42	43	-	-	-
徳　　島	303	216	87	22	14	8	-	-	-
香　　川	258	218	40	14	11	3	3	-	3
愛　　媛	311	240	71	99	63	36	-	-	-
高　　知	240	146	94	165	107	58	-	-	-
福　　岡	354	146	208	139	44	95	-	-	-
佐　　賀	97	26	71	75	17	58	-	-	-
長　　崎	68	6	62	64	5	59	-	-	-
熊　　本	253	55	198	154	31	123	-	-	-
大　　分	51	8	43	19	8	11	-	-	-
宮　　崎	61	18	43	48	14	34	-	-	-
鹿　児　島	91	5	86	48	4	44	-	-	-
沖　　縄	527	169	358	230	88	142	-	-	-

注：1）児童福祉法による措置人員は在籍人員総数の全国の総数のみに含まれており、各都道府県別総数には含まない。
　　2）「障害児受入人員（再掲）」は入所人員と措置人員、私的契約人員の再掲である。

都道府県-指定都市-中核市×公立-私立別

平成28年4月1日現在

都道府県 指定都市 中核市	在籍人員						私的契約人員		
	障害児受入人員（再掲）			特別児童扶養手当受給児童（再掲）					
	総数	公立	私立	総数	公立	私立	総数	公立	私立
指定都市(別掲)									
札幌市	195	26	169	10	1	9	-	-	-
仙台市	472	210	262	114	53	61	-	-	-
さいたま市	252	205	47	52	48	4	-	-	-
千葉市	125	96	29	50	38	12	-	-	-
横浜市	1 142	359	783	268	91	177	-	-	-
川崎市	80	29	51	80	29	51	-	-	-
相模原市	349	163	186	40	10	30	-	-	-
新潟市	157	88	69	124	72	52	-	-	-
静岡市	54	-	54	10	-	10	-	-	-
浜松市	532	209	323	36	8	28	-	-	-
名古屋市	1 123	654	469	222	97	125	-	-	-
京都市	969	357	612	61	16	45	-	-	-
大阪市	1 133	449	684	328	143	185	-	-	-
堺市	138	91	47	18	-	18	-	-	-
神戸市	468	282	186	50	32	18	-	-	-
岡山市	420	273	147	40	28	12	-	-	-
広島市	256	169	87	22	21	1	-	-	-
北九州市	259	91	168	82	34	48	-	-	-
福岡市	373	34	339	122	16	106	-	-	-
熊本市	86	28	58	77	27	50	-	-	-
中核市(別掲)									
旭川市	99	15	84	21	3	18	-	-	-
函館市	35	1	34	14	-	14	-	-	-
青森市	19	-	19	7	-	7	-	-	-
八戸市	...	...	...	...	...	...	...	...	...
盛岡市	11	3	8	7	3	4	-	-	-
秋田市	47	5	42	12	1	11	-	-	-
郡山市	37	29	8	34	28	6	-	-	-
いわき市	182	152	30	59	49	10	-	-	-
宇都宮市	87	40	47	17	2	15	-	-	-
前橋市	36	18	18	4	1	3	-	-	-
高崎市	22	9	13	22	9	13	-	-	-
川越市	72	72	-	19	19	-	-	-	-
越谷市	110	110	-	27	27	-	-	-	-
船橋市	116	81	35	23	16	7	-	-	-
柏市	194	170	24	10	9	1	-	-	-
八王子市	361	46	315	28	2	26	19	-	19
横須賀市	27	15	12	9	3	6	-	-	-
富山市	223	180	43	21	17	4	-	-	-
金沢市	129	41	88	28	11	17	-	-	-
長野市	41	20	21	32	16	16	-	-	-
岐阜市	115	58	57	14	3	11	-	-	-
豊橋市	217	43	174	19	7	12	-	-	-
豊田市	67	59	8	37	32	5	1 173	990	183
岡崎市	39	37	2	39	37	2	-	-	-
大津市	284	102	182	51	23	28	-	-	-
高槻市	17	14	3	5	4	1	-	-	-
東大阪市	277	101	176	25	11	14	-	-	-
豊中市	73	-	73	16	-	16	-	-	-
枚方市	162	60	102	72	34	38	-	-	-
姫路市	86	49	37	86	49	37	-	-	-
西宮市	128	75	53	22	16	6	-	-	-
尼崎市	110	48	62	14	5	9	-	-	-
奈良市	83	48	35	30	14	16	-	-	-
和歌山市	224	128	96	13	8	5	-	-	-
倉敷市	367	166	201	10	6	4	-	-	-
福山市	460	332	128	37	25	12	-	-	-
呉市	14	5	9	12	5	7	-	-	-
下関市	26	14	12	26	14	12	-	-	-
高松市	260	114	146	50	25	25	-	-	-
松山市	113	81	32	12	8	4	-	-	-
高知市	246	88	158	92	44	48	-	-	-
久留米市	202	47	155	49	16	33	-	-	-
長崎市	149	32	117	30	7	23	-	-	-
佐世保市	32	12	20	19	6	13	-	-	-
大分市	62	30	32	18	8	10	-	-	-
宮崎市	97	-	97	7	-	7	-	-	-
鹿児島市	45	5	40	45	5	40	-	-	-
那覇市	111	34	77	58	18	40	-	-	-

(報告表　54)

児童福祉 44表

第44表（6－4）保育所の施設数、定員及び在籍人員，

都道府県 指定都市 中核市	施設数 総数	施設数 公立	施設数 私立	認可定員 総数	認可定員 公立	認可定員 私立	利 総数
全　　国	23 519	8 912	14 607	2 288 635	888 947	1 399 688	2 253 335
北　海　道	474	269	205	35 839	20 851	14 988	35 024
青　　森	213	11	202	14 993	880	14 113	14 775
岩　　手	278	120	158	20 445	8 158	12 287	20 205
宮　　城	235	134	101	18 968	10 763	8 205	18 652
秋　　田	172	72	100	15 735	7 035	8 700	15 220
山　　形	242	92	150	21 387	9 000	12 387	21 242
福　　島	190	102	88	15 552	8 383	7 169	15 537
茨　　城	465	151	314	46 323	13 897	32 426	45 784
栃　　木	258	126	132	25 495	11 567	13 928	24 468
群　　馬	243	68	175	25 645	6 395	19 250	25 356
埼　　玉	886	323	563	76 733	31 849	44 884	76 416
千　　葉	629	290	339	62 090	30 817	31 273	61 817
東　　京	2 268	885	1 383	221 521	92 794	128 727	221 161
神　奈　川	390	94	296	36 614	9 599	27 015	36 234
新　　潟	455	292	163	43 467	27 028	16 439	41 983
富　　山	181	109	72	18 008	9 755	8 253	17 648
石　　川	199	125	74	20 228	11 731	8 497	20 000
福　　井	204	110	94	19 515	9 810	9 705	19 113
山　　梨	209	116	93	21 930	12 700	9 230	20 745
長　　野	469	397	72	51 079	43 494	7 585	50 634
岐　　阜	345	212	133	38 000	21 982	16 018	36 136
静　　岡	310	123	187	32 170	12 898	19 272	32 024
愛　　知	749	556	193	98 549	76 307	22 242	97 245
三　　重	410	220	190	42 753	22 515	20 238	42 257
滋　　賀	176	75	101	19 119	8 079	11 040	18 515
京　　都	205	117	88	25 073	13 726	11 347	25 002
大　　阪	424	153	271	45 699	17 419	28 280	45 203
兵　　庫	366	141	225	33 377	12 076	21 301	33 272
奈　　良	141	65	76	17 968	7 995	9 973	17 772
和　歌　山	133	92	41	15 338	10 932	4 406	14 788
鳥　　取	164	95	69	15 745	8 765	6 980	15 488
島　　根	281	74	207	21 905	4 955	16 950	21 865
岡　　山	185	107	78	16 212	8 017	8 195	16 062
広　　島	250	160	90	21 993	13 429	8 564	21 398
山　　口	256	103	153	20 995	7 990	13 005	20 655
徳　　島	188	107	81	14 643	8 188	6 455	14 543
香　　川	121	67	54	12 185	6 190	5 995	12 185
愛　　媛	229	154	75	18 918	12 048	6 870	18 602
高　　知	161	114	47	13 163	9 079	4 084	11 977
福　　岡	493	105	388	51 203	10 620	40 583	50 513
佐　　賀	202	44	158	20 148	4 970	15 178	19 686
長　　崎	262	34	228	17 705	2 326	15 379	17 415
熊　　本	428	101	327	34 075	6 590	27 485	33 398
大　　分	175	44	131	12 217	2 337	9 880	12 213
宮　　崎	228	52	176	16 666	3 041	13 625	15 647
鹿　児　島	326	40	286	22 008	2 755	19 253	21 848
沖　　縄	359	76	283	33 652	5 955	27 697	33 550

注：1）児童福祉法による措置人員は在籍人員総数の全国の総数のみに含まれており、各都道府県別総数には含まない。
　　2）「障害児受入人員（再掲）」は入所人員と措置人員、私的契約人員の再掲である。

都道府県-指定都市-中核市×公立-私立別

平成29年3月1日現在

用 定 員		在　　籍　　人　　員					
		総　　　　　数			入　所　人　員		
公　立	私　立	総　数	公　立	私　立	総　数	公　立	私　立
874 188	1 379 147	2 258 310	804 116	1 454 169	2 253 858	800 052	1 453 806
20 231	14 793	33 163	16 962	16 201	33 153	16 952	16 201
810	13 965	14 524	612	13 912	14 524	612	13 912
8 056	12 149	20 283	7 120	13 163	20 283	7 120	13 163
10 467	8 185	18 505	9 730	8 775	18 504	9 729	8 775
6 705	8 515	14 402	5 590	8 812	14 402	5 590	8 812
8 950	12 292	21 485	8 093	13 392	21 485	8 093	13 392
8 368	7 169	15 897	7 585	8 312	15 897	7 585	8 312
13 627	32 157	45 534	12 383	33 151	45 534	12 383	33 151
11 299	13 169	23 804	9 915	13 889	23 803	9 915	13 888
6 212	19 144	27 127	5 930	21 197	27 127	5 930	21 197
31 671	44 745	76 622	29 493	47 129	76 622	29 493	47 129
30 603	31 214	61 696	28 579	33 117	61 696	28 579	33 117
92 515	128 646	217 284	91 921	125 363	217 267	91 904	125 363
9 322	26 912	37 817	9 103	28 714	37 808	9 094	28 714
26 641	15 342	38 381	22 559	15 822	38 381	22 559	15 822
9 395	8 253	16 851	8 327	8 524	16 851	8 327	8 524
11 672	8 328	18 717	10 148	8 569	18 717	10 148	8 569
9 458	9 655	18 930	8 444	10 486	18 930	8 444	10 486
12 160	8 585	18 578	10 061	8 517	18 578	10 061	8 517
43 079	7 555	43 351	35 459	7 892	43 277	35 391	7 886
20 449	15 687	32 909	17 314	15 595	32 890	17 297	15 593
12 787	19 237	32 888	12 175	20 713	32 885	12 172	20 713
75 261	21 984	87 467	65 872	21 595	84 377	62 911	21 466
22 234	20 023	38 973	18 560	20 413	38 973	18 560	20 413
7 608	10 907	19 267	7 456	11 811	19 267	7 456	11 811
13 685	11 317	24 306	12 099	12 207	24 306	12 099	12 207
17 251	27 952	47 965	17 549	30 416	47 963	17 549	30 414
11 996	21 276	35 403	11 680	23 723	35 403	11 680	23 723
7 809	9 963	17 985	6 950	11 035	17 985	6 950	11 035
10 382	4 406	13 274	8 596	4 678	13 274	8 596	4 678
8 583	6 905	15 464	8 064	7 400	15 459	8 059	7 400
4 925	16 940	23 525	4 673	18 852	23 525	4 673	18 852
7 937	8 125	16 419	7 114	9 305	16 419	7 114	9 305
13 200	8 198	19 554	10 810	8 744	19 552	10 808	8 744
7 875	12 780	20 759	6 912	13 847	20 759	6 912	13 847
8 088	6 455	14 094	6 926	7 168	14 094	6 926	7 168
6 190	5 995	12 093	5 818	6 275	12 090	5 818	6 272
11 783	6 819	17 288	9 819	7 469	17 288	9 819	7 469
8 332	3 645	10 093	6 584	3 509	10 093	6 584	3 509
10 330	40 183	54 197	10 104	44 093	54 197	10 104	44 093
4 628	15 058	20 439	4 291	16 148	20 439	4 291	16 148
2 326	15 089	18 803	2 203	16 600	18 803	2 203	16 600
6 545	26 853	35 613	6 021	29 592	35 613	6 021	29 592
2 337	9 876	12 874	2 226	10 648	12 874	2 226	10 648
2 842	12 805	16 560	2 544	14 016	16 560	2 544	14 016
2 755	19 093	24 516	2 533	21 983	24 516	2 533	21 983
5 955	27 595	35 548	5 664	29 884	35 548	5 664	29 884

(報告表　54)

児童福祉
44表

第44表（6－5）保育所の施設数、定員及び在籍人員,

都道府県 指定都市 中核市	施設数			認可定員			利
	総数	公立	私立	総数	公立	私立	総数
指定都市（別掲）							
札幌市	257	23	234	23 807	2 110	21 697	23 603
仙台市	162	42	120	14 773	4 018	10 755	14 753
さいたま市	178	61	117	15 810	6 413	9 397	15 810
千葉市	149	59	90	13 057	6 505	6 552	13 057
横浜市	680	84	596	55 836	7 886	47 950	55 493
川崎市	296	53	243	24 065	5 185	18 880	24 065
相模原市	103	24	79	10 758	2 575	8 183	10 758
新潟市	213	87	126	20 208	8 125	12 083	20 145
静岡市	57	-	57	5 545	-	5 545	5 545
浜松市	86	22	64	9 730	2 360	7 370	9 730
名古屋市	391	111	280	39 762	10 759	29 003	39 683
京都市	252	21	231	25 530	2 235	23 295	25 530
大阪市	423	103	320	52 242	11 526	40 716	45 718
堺市	44	20	24	5 214	2 584	2 630	5 214
神戸市	158	58	100	15 780	6 138	9 642	15 730
岡山市	113	48	65	15 077	4 799	10 278	13 174
広島市	192	89	103	24 374	11 203	13 171	24 374
北九州市	165	27	138	16 650	2 825	13 825	16 650
福岡市	216	7	209	31 784	1 000	30 784	31 774
熊本市	138	19	119	13 865	1 805	12 060	13 865
中核市（別掲）							
旭川市	61	3	58	4 863	252	4 611	4 863
函館市	32	3	29	2 541	205	2 336	2 421
青森市	69	-	69	4 683	-	4 683	4 633
八戸市	35	-	35	2 682	-	2 682	2 682
盛岡市	61	13	48	5 331	1 065	4 266	5 331
秋田市	55	6	49	4 945	540	4 405	4 870
郡山市	43	25	18	3 542	1 980	1 562	3 542
いわき市	56	31	25	5 655	2 465	3 190	4 926
宇都宮市	76	10	66	8 165	1 545	6 620	7 550
前橋市	48	18	30	4 855	2 080	2 775	4 855
高崎市	70	21	49	6 419	2 369	4 050	6 419
川越市	48	20	28	4 015	1 830	2 185	4 015
越谷市	37	18	19	3 874	2 020	1 854	3 874
船橋市	87	27	60	10 567	4 488	6 079	10 567
柏市	57	23	34	5 673	2 955	2 718	5 673
八王子市	100	16	84	10 671	1 430	9 241	10 671
横須賀市	40	11	29	3 618	1 157	2 461	3 461
富山市	57	41	16	6 190	3 950	2 240	6 160
金沢市	89	13	76	9 264	1 211	8 053	9 254
長野市	79	38	41	8 417	3 347	5 070	8 409
岐阜市	42	20	22	4 700	2 040	2 660	4 700
豊橋市	48	5	43	7 920	660	7 260	7 850
豊田市	64	49	15	10 641	7 930	2 711	10 430
岡崎市	53	35	18	7 940	4 990	2 950	7 940
大津市	60	14	46	6 249	1 610	4 639	6 249
高槻市	36	13	23	3 620	1 340	2 280	3 620
東大阪市	50	12	38	4 907	1 410	3 497	4 907
豊中市	36	-	36	2 421	-	2 421	2 421
枚方市	55	12	43	6 468	1 260	5 208	6 468
姫路市	57	23	34	6 921	2 750	4 171	6 871
西宮市	58	23	35	5 539	2 260	3 279	5 539
尼崎市	80	21	59	6 374	1 675	4 699	6 364
奈良市	37	14	23	5 171	2 240	2 931	5 151
和歌山市	50	21	29	5 771	1 562	4 209	5 768
倉敷市	89	19	70	10 650	2 520	8 130	10 650
福山市	102	51	51	11 482	5 105	6 377	11 442
呉市	45	13	32	3 605	1 130	2 475	3 605
下関市	45	16	29	4 463	1 195	3 268	4 413
高松市	69	31	38	8 480	3 585	4 895	8 435
松山市	64	26	38	6 015	2 755	3 260	5 950
高知市	92	24	68	11 999	3 135	8 864	10 116
久留米市	68	9	59	8 420	1 190	7 230	8 340
長崎市	97	9	88	8 123	815	7 308	8 113
佐世保市	67	3	64	5 392	220	5 172	5 392
大分市	65	13	52	5 788	1 066	4 722	5 788
宮崎市	101	6	95	8 295	315	7 980	8 295
鹿児島市	111	11	100	10 423	890	9 533	10 423
那覇市	78	7	71	7 975	669	7 306	7 975

注：1）児童福祉法による措置人員は在籍人員総数の全国の総数のみに含まれており、各都道府県別総数には含まない。
　　2）「障害児受入人員（再掲）」は入所人員と措置人員、私的契約人員の再掲である。

都道府県－指定都市－中核市×公立－私立別

平成29年３月１日現在

用定員		在籍人員					
		総数			入所人員		
公立	私立	総数	公立	私立	総数	公立	私立
2 110	21 493	24 898	2 139	22 759	24 898	2 139	22 759
4 018	10 735	15 409	3 992	11 417	15 408	3 992	11 416
6 413	9 397	16 037	6 455	9 582	16 037	6 455	9 582
6 505	6 552	13 802	6 948	6 854	13 802	6 948	6 854
7 886	47 607	56 491	8 248	48 243	56 491	8 248	48 243
5 185	18 880	23 959	5 264	18 695	23 959	5 264	18 695
2 575	8 183	10 726	2 449	8 277	10 726	2 449	8 277
8 125	12 020	21 100	8 115	12 985	21 100	8 115	12 985
－	5 545	6 051	8	6 043	6 051	8	6 043
2 360	7 370	9 562	2 162	7 400	9 562	2 162	7 400
10 759	28 924	39 466	11 099	28 367	39 466	11 099	28 367
2 235	23 295	27 749	2 163	25 586	27 749	2 163	25 586
10 551	35 167	44 940	10 136	34 804	44 940	10 136	34 804
2 584	2 630	5 324	2 530	2 794	5 324	2 530	2 794
6 138	9 592	16 647	6 114	10 533	16 647	6 114	10 533
4 799	8 375	14 496	5 166	9 330	14 496	5 166	9 330
11 203	13 171	25 347	11 671	13 676	25 347	11 671	13 676
2 825	13 825	17 451	2 773	14 678	17 451	2 773	14 678
1 000	30 774	33 212	1 084	32 128	33 212	1 084	32 128
1 805	12 060	15 180	1 920	13 260	15 180	1 920	13 260
252	4 611	5 552	293	5 259	5 552	293	5 259
205	2 216	2 639	173	2 466	2 639	173	2 466
－	4 633	4 999	－	4 999	4 999	－	4 999
－	2 682	2 760	5	2 755	2 760	5	2 755
1 065	4 266	5 819	1 081	4 738	5 819	1 081	4 738
465	4 405	5 489	441	5 048	5 489	441	5 048
1 980	1 562	3 737	2 049	1 688	3 737	2 049	1 688
1 846	3 080	5 105	1 988	3 117	5 105	1 988	3 117
1 380	6 170	8 757	1 458	7 299	8 757	1 458	7 299
2 080	2 775	4 966	1 889	3 077	4 966	1 889	3 077
2 369	4 050	6 843	2 289	4 554	6 843	2 289	4 554
1 830	2 185	4 075	1 765	2 310	4 075	1 765	2 310
2 020	1 854	3 822	1 882	1 940	3 822	1 882	1 940
4 488	6 079	10 433	4 310	6 123	10 433	4 310	6 123
2 955	2 718	6 004	3 053	2 951	6 004	3 053	2 951
1 430	9 241	10 932	1 473	9 459	10 918	1 473	9 445
1 000	2 461	3 629	905	2 724	3 629	905	2 724
3 950	2 210	6 081	3 721	2 360	6 081	3 721	2 360
1 211	8 043	9 906	1 245	8 661	9 906	1 245	8 661
3 339	5 070	8 348	2 948	5 400	8 348	2 948	5 400
2 040	2 660	4 809	1 952	2 857	4 809	1 952	2 857
660	7 190	7 640	664	6 976	7 640	664	6 976
7 930	2 500	8 041	5 712	2 329	6 865	4 741	2 124
4 990	2 950	7 382	4 621	2 761	7 382	4 621	2 761
1 610	4 639	6 634	1 555	5 079	6 634	1 555	5 079
1 340	2 280	3 946	1 579	2 367	3 946	1 579	2 367
1 410	3 497	5 267	1 420	3 847	5 267	1 420	3 847
－	2 421	2 672	－	2 672	2 672	－	2 672
1 260	5 208	7 271	1 417	5 854	7 271	1 417	5 854
2 750	4 121	6 944	2 610	4 334	6 944	2 610	4 334
2 260	3 279	6 180	2 530	3 650	6 180	2 530	3 650
1 675	4 689	6 919	1 601	5 318	6 919	1 601	5 318
2 240	2 911	5 107	1 959	3 148	5 107	1 959	3 148
1 562	4 206	5 580	1 102	4 478	5 580	1 102	4 478
2 520	8 130	10 962	2 473	8 489	10 962	2 473	8 489
5 105	6 337	11 981	5 231	6 750	11 981	5 231	6 750
1 130	2 475	3 502	928	2 574	3 502	928	2 574
1 185	3 228	4 416	1 118	3 298	4 416	1 118	3 298
3 585	4 850	8 564	3 498	5 066	8 564	3 498	5 066
2 696	3 254	6 164	2 648	3 516	6 164	2 648	3 516
2 800	7 316	9 952	2 313	7 639	9 952	2 313	7 639
1 190	7 150	8 785	1 116	7 669	8 785	1 116	7 669
815	7 298	8 771	709	8 062	8 771	709	8 062
220	5 172	5 847	241	5 606	5 847	241	5 606
1 066	4 722	6 429	1 222	5 207	6 429	1 222	5 207
315	7 980	9 403	299	9 104	9 403	299	9 104
890	9 533	11 674	970	10 704	11 674	970	10 704
669	7 306	8 473	653	7 820	8 473	653	7 820

（報告表　54）

児童福祉 44表

第44表（6－6）保育所の施設数、定員及び在籍人員，

都道府県 指定都市 中核市	在籍人員								
	障害児受入人員（再掲）			特別児童扶養手当受給児童（再掲）			私的契約人員		
	総数	公立	私立	総数	公立	私立	総数	公立	私立
全国	38 831	20 446	18 385	10 093	5 133	4 960	4 427	4 064	363
北海道	610	296	314	232	135	97	10	10	-
青森	89	2	87	81	2	79	-	-	-
岩手	218	99	119	126	54	72	-	-	-
宮城	166	119	47	57	38	19	1	1	-
秋田	206	129	77	114	55	59	-	-	-
山形	172	84	88	93	47	46	-	-	-
福島	109	48	61	27	12	15	-	-	-
茨城	193	73	120	105	40	65	-	-	-
栃木	443	301	142	77	51	26	1	-	1
群馬	231	54	177	55	14	41	-	-	-
埼玉	786	543	243	235	147	88	-	-	-
千葉	300	213	87	107	79	28	-	-	-
東京	2 717	1 253	1 464	360	168	192	17	17	-
神奈川	279	92	187	95	33	62	9	9	-
新潟	774	591	183	244	177	67	-	-	-
富山	120	81	39	21	13	8	-	-	-
石川	121	52	69	67	31	36	-	-	-
福井	119	50	69	111	49	62	-	-	-
山梨	56	44	12	32	23	9	-	-	-
長野	1 082	965	117	294	253	41	74	68	6
岐阜	470	298	172	131	93	38	19	17	2
静岡	350	165	185	79	41	38	3	3	-
愛知	2 122	1 831	291	392	348	44	3 090	2 961	129
三重	1 034	843	191	315	241	74	-	-	-
滋賀	1 113	670	443	95	58	37	-	-	-
京都	778	518	260	226	145	81	-	-	-
大阪	1 893	1 015	878	314	192	122	2	-	2
兵庫	499	221	278	196	77	119	-	-	-
奈良	349	236	113	190	117	73	-	-	-
和歌山	166	127	39	42	36	6	-	-	-
鳥取	262	168	94	42	23	19	5	5	-
島根	208	75	133	152	48	104	-	-	-
岡山	357	171	186	25	14	11	-	-	-
広島	281	190	91	89	68	21	2	2	-
山口	325	183	142	101	47	54	-	-	-
徳島	370	283	87	19	12	7	-	-	-
香川	267	226	41	21	17	4	3	-	3
愛媛	330	252	78	118	72	46	-	-	-
高知	275	175	100	196	133	63	-	-	-
福岡	370	146	224	170	52	118	-	-	-
佐賀	125	30	95	86	20	66	-	-	-
長崎	102	6	96	82	5	77	-	-	-
熊本	316	67	249	227	51	176	-	-	-
大分	56	8	48	25	8	17	-	-	-
宮崎	75	22	53	44	14	30	-	-	-
鹿児島	109	9	100	54	7	47	-	-	-
沖縄	501	146	355	247	87	160	-	-	-

注：1）児童福祉法による措置人員は在籍人員総数の全国の総数のみに含まれており、各都道府県別総数には含まない。
　　2）「障害児受入人員（再掲）」は入所人員と措置人員、私的契約人員の再掲である。

都道府県－指定都市－中核市×公立－私立別

平成29年3月1日現在

都道府県 指定都市 中核市	在籍人員						私的契約人員		
	障害児受入人員（再掲）			特別児童扶養手当受給児童（再掲）					
	総数	公立	私立	総数	公立	私立	総数	公立	私立
指定都市(別掲)									
札幌市	303	38	265	29	3	26	-	-	-
仙台市	489	211	278	122	58	64	1	-	1
さいたま市	288	216	72	65	59	6	-	-	-
千葉市	133	102	31	68	48	20	-	-	-
横浜市	1 154	363	791	269	91	178	-	-	-
川崎市	120	45	75	120	45	75	-	-	-
相模原市	454	185	269	51	10	41	-	-	-
新潟市	186	108	78	172	100	72	-	-	-
静岡市	54	-	54	10	-	10	-	-	-
浜松市	634	253	381	54	13	41	-	-	-
名古屋市	1 123	654	469	222	97	125	-	-	-
京都市	1 614	390	1 224	79	18	61	-	-	-
大阪市	1 127	465	662	475	206	269	-	-	-
堺市	138	91	47	18	-	18	-	-	-
神戸市	615	371	244	58	40	18	-	-	-
岡山市	651	374	277	40	28	12	-	-	-
広島市	343	227	116	28	26	2	-	-	-
北九州市	390	110	280	119	44	75	-	-	-
福岡市	469	40	429	203	17	186	-	-	-
熊本市	116	35	81	103	34	69	-	-	-
中核市(別掲)									
旭川市	115	19	96	21	4	17	-	-	-
函館市	35	1	34	14	-	14	-	-	-
青森市	23	-	23	7	-	7	-	-	-
八戸市	26	-	26	26	-	26	-	-	-
盛岡市	11	6	5	8	5	3	-	-	-
秋田市	60	7	53	13	1	12	-	-	-
郡山市	55	41	14	52	40	12	-	-	-
いわき市	176	150	26	62	52	10	-	-	-
宇都宮市	120	58	62	33	6	27	-	-	-
前橋市	38	18	20	4	1	3	-	-	-
高崎市	21	8	13	21	8	13	-	-	-
川越市	76	76	-	20	20	-	-	-	-
越谷市	107	107	-	33	33	-	-	-	-
船橋市	138	94	44	34	27	7	-	-	-
柏市	207	172	35	12	10	2	-	-	-
八王子市	361	46	315	28	2	26	14	-	14
横須賀市	40	20	20	14	4	10	-	-	-
富山市	242	187	55	24	21	3	-	-	-
金沢市	183	52	131	36	13	23	-	-	-
長野市	53	24	29	44	20	24	-	-	-
岐阜市	123	60	63	19	4	15	-	-	-
豊橋市	217	43	174	25	7	18	-	-	-
豊田市	79	66	13	49	42	7	1 176	971	205
岡崎市	46	43	3	46	43	3	-	-	-
大津市	298	106	192	52	23	29	-	-	-
高槻市	16	13	3	5	4	1	-	-	-
東大阪市	277	101	176	25	11	14	-	-	-
豊中市	75	-	75	16	-	16	-	-	-
枚方市	190	65	125	92	40	52	-	-	-
姫路市	97	55	42	97	55	42	-	-	-
西宮市	128	75	53	22	16	6	-	-	-
尼崎市	110	48	62	14	5	9	-	-	-
奈良市	135	79	56	41	18	23	-	-	-
和歌山市	224	128	96	15	9	6	-	-	-
倉敷市	501	210	291	14	8	6	-	-	-
福山市	470	335	135	43	25	18	-	-	-
呉市	18	7	11	16	7	9	-	-	-
下関市	28	13	15	28	13	15	-	-	-
高松市	260	114	146	50	25	25	-	-	-
松山市	115	82	33	14	9	5	-	-	-
高知市	238	91	147	89	45	44	-	-	-
久留米市	210	51	159	69	19	50	-	-	-
長崎市	207	44	163	32	7	25	-	-	-
佐世保市	29	12	17	18	6	12	-	-	-
大分市	66	30	36	22	8	14	-	-	-
宮崎市	119	-	119	10	-	10	-	-	-
鹿児島市	54	5	49	54	5	49	-	-	-
那覇市	119	36	83	94	28	66	-	-	-

(報告表 54)

児童福祉
45表

第45表（8－1）保育所の在籍人員（措置人員及び私的

都道府県 指定都市 中核市	総数			0 歳			1・2 歳		
	総数	公立	私立	総数	公立	私立	総数	公立	私立
全　　国	2 138 487	767 319	1 371 168	117 568	29 167	88 401	710 401	231 896	478 505
北　海　道	30 517	15 489	15 028	1 288	445	843	9 646	4 669	4 977
青　　森	15 625	565	15 060	1 012	18	994	5 410	170	5 240
岩　　手	18 927	6 771	12 156	1 173	279	894	6 292	2 156	4 136
宮　　城	17 838	9 439	8 399	1 188	492	696	6 347	3 350	2 997
秋　　田	13 320	5 278	8 042	878	282	596	4 402	1 649	2 753
山　　形	20 150	7 710	12 440	1 326	270	1 056	6 746	2 138	4 608
福　　島	14 548	7 027	7 521	972	383	589	5 842	2 870	2 972
茨　　城	42 546	11 737	30 809	1 966	403	1 563	14 065	3 681	10 384
栃　　木	22 068	9 397	12 671	972	290	682	7 602	2 994	4 608
群　　馬	24 961	5 538	19 423	807	126	681	8 187	1 748	6 439
埼　　玉	74 107	28 846	45 261	4 382	1 146	3 236	24 866	8 835	16 031
千　　葉	58 067	27 119	30 948	3 131	1 168	1 963	19 024	8 201	10 823
東　　京	214 605	91 507	123 098	17 123	6 288	10 835	74 764	30 768	43 996
神　奈　川	35 756	8 723	27 033	2 306	448	1 858	11 893	2 594	9 299
新　　潟	36 059	21 571	14 488	1 334	622	712	10 552	5 849	4 703
富　　山	15 413	7 671	7 742	384	136	248	5 194	2 516	2 678
石　　川	17 050	9 332	7 718	711	328	383	5 862	3 077	2 785
福　　井	17 565	7 911	9 654	556	190	366	5 617	2 392	3 225
山　　梨	17 470	9 565	7 905	596	265	331	5 242	2 724	2 518
長　　野	41 111	33 861	7 250	533	337	196	9 320	7 179	2 141
岐　　阜	31 006	16 587	14 419	593	203	390	7 828	3 705	4 123
静　　岡	31 294	11 755	19 539	1 376	382	994	10 396	3 650	6 746
愛　　知	80 931	60 455	20 476	1 549	911	638	20 291	14 156	6 135
三　　重	37 323	17 966	19 357	1 277	445	832	11 497	5 309	6 188
滋　　賀	18 535	7 208	11 327	701	189	512	5 846	2 125	3 721
京　　都	22 996	11 493	11 503	969	419	550	7 568	3 670	3 898
大　　阪	45 939	16 940	28 999	2 829	924	1 905	15 772	5 271	10 501
兵　　庫	33 343	11 161	22 182	1 370	287	1 083	10 451	3 162	7 289
奈　　良	16 610	6 436	10 174	651	199	452	5 420	1 949	3 471
和　歌　山	12 678	8 266	4 412	323	125	198	3 557	2 122	1 435
鳥　　取	14 426	7 536	6 890	691	233	458	4 911	2 414	2 497
島　　根	21 414	4 275	17 139	1 419	217	1 202	7 756	1 580	6 176
岡　　山	15 030	6 592	8 438	547	145	402	4 977	2 134	2 843
広　　島	18 119	10 073	8 046	526	190	336	5 535	2 796	2 739
山　　口	19 131	6 494	12 637	829	249	580	6 048	1 999	4 049
徳　　島	13 174	6 481	6 693	722	224	498	5 168	2 385	2 783
香　　川	11 138	5 294	5 844	605	189	416	4 541	2 207	2 334
愛　　媛	16 365	9 364	7 001	660	229	431	5 339	2 799	2 540
高　　知	9 387	6 136	3 251	343	172	171	3 112	1 932	1 180
福　　岡	50 362	9 474	40 888	2 743	434	2 309	17 128	3 105	14 023
佐　　賀	18 776	3 961	14 815	867	134	733	6 193	1 238	4 955
長　　崎	16 921	1 999	14 922	987	102	885	6 003	691	5 312
熊　　本	32 646	5 683	26 963	1 755	206	1 549	11 223	1 803	9 420
大　　分	11 591	2 000	9 591	643	91	552	4 424	707	3 717
宮　　崎	15 001	2 347	12 654	880	82	798	5 288	748	4 540
鹿　児　島	22 428	2 345	20 083	1 251	105	1 146	7 541	763	6 778
沖　　縄	34 178	5 566	28 612	3 185	316	2 869	13 052	2 189	10 863

契約人員を除く），都道府県－指定都市－中核市×年齢階級×公立－私立別

平成28年4月1日現在

3		歳	4	歳 以	上
総 数	公 立	私 立	総 数	公 立	私 立
435 168	163 403	271 765	875 350	342 853	532 497
6 129	3 233	2 896	13 454	7 142	6 312
2 922	115	2 807	6 281	262	6 019
3 727	1 345	2 382	7 735	2 991	4 744
3 493	1 854	1 639	6 810	3 743	3 067
2 477	1 028	1 449	5 563	2 319	3 244
3 947	1 687	2 260	8 131	3 615	4 516
2 780	1 413	1 367	4 954	2 361	2 593
8 714	2 391	6 323	17 801	5 262	12 539
4 330	1 935	2 395	9 164	4 178	4 986
5 140	1 145	3 995	10 827	2 519	8 308
14 930	6 026	8 904	29 929	12 839	17 090
11 946	5 756	6 190	23 966	11 994	11 972
42 196	18 090	24 106	80 522	36 361	44 161
7 068	1 755	5 313	14 489	3 926	10 563
7 881	4 867	3 014	16 292	10 233	6 059
3 199	1 601	1 598	6 636	3 418	3 218
3 407	1 880	1 527	7 070	4 047	3 023
3 749	1 708	2 041	7 643	3 621	4 022
3 712	2 072	1 640	7 920	4 504	3 416
9 887	8 286	1 601	21 371	18 059	3 312
7 234	4 064	3 170	15 351	8 615	6 736
6 408	2 491	3 917	13 114	5 232	7 882
18 866	14 423	4 443	40 225	30 965	9 260
8 005	3 982	4 023	16 544	8 230	8 314
3 904	1 532	2 372	8 084	3 362	4 722
4 674	2 359	2 315	9 785	5 045	4 740
9 009	3 450	5 559	18 329	7 295	11 034
7 242	2 548	4 694	14 280	5 164	9 116
3 582	1 420	2 162	6 957	2 868	4 089
2 796	1 866	930	6 002	4 153	1 849
2 814	1 562	1 252	6 010	3 327	2 683
4 068	801	3 267	8 171	1 677	6 494
3 257	1 459	1 798	6 249	2 854	3 395
3 901	2 198	1 703	8 157	4 889	3 268
3 859	1 334	2 525	8 395	2 912	5 483
3 175	1 653	1 522	4 109	2 219	1 890
2 206	1 142	1 064	3 786	1 756	2 030
3 298	1 958	1 340	7 068	4 378	2 690
1 958	1 350	608	3 974	2 682	1 292
9 775	1 833	7 942	20 716	4 102	16 614
3 726	797	2 929	7 990	1 792	6 198
3 243	411	2 832	6 688	795	5 893
6 333	1 145	5 188	13 335	2 529	10 806
2 466	443	2 023	4 058	759	3 299
2 815	438	2 377	6 018	1 079	4 939
4 422	485	3 937	9 214	992	8 222
7 437	1 384	6 053	10 504	1 677	8 827

(報告表 54)

児童福祉
45表

第45表（8－2）保育所の在籍人員（措置人員及び私的

都道府県 指定都市 中核市	総数			0　歳			1・2歳		
	総　数	公　立	私　立	総　数	公　立	私　立	総　数	公　立	私　立
指定都市(別掲)									
札　幌　市	23 751	2 076	21 675	1 827	117	1 710	8 246	657	7 589
仙　台　市	15 276	3 972	11 304	1 359	280	1 079	5 309	1 303	4 006
さいたま市	15 928	6 472	9 456	1 137	331	806	5 368	1 897	3 471
千　葉　市	13 630	6 955	6 675	820	321	499	4 648	2 285	2 363
横　浜　市	55 953	8 123	47 830	4 634	448	4 186	19 368	2 594	16 774
川　崎　市	24 277	5 325	18 952	1 729	422	1 307	8 780	1 735	7 045
相 模 原 市	10 467	2 440	8 027	775	104	671	3 604	786	2 818
新　潟　市	20 154	7 808	12 346	1 065	372	693	6 753	2 530	4 223
静　岡　市	5 631	4	5 627	344	-	344	2 041	1	2 040
浜　松　市	8 886	2 028	6 858	543	62	481	3 162	681	2 481
名 古 屋 市	38 347	10 855	27 492	2 098	435	1 663	12 868	3 178	9 690
京　都　市	26 973	2 111	24 862	2 047	146	1 901	9 304	704	8 600
大　阪　市	44 042	10 110	33 932	2 843	418	2 425	15 136	3 051	12 085
堺　　　市	5 227	2 487	2 740	399	149	250	1 827	754	1 073
神　戸　市	15 873	5 765	10 108	820	268	552	5 445	1 847	3 598
岡　山　市	13 613	4 907	8 706	760	201	559	4 389	1 417	2 972
広　島　市	23 621	11 119	12 502	1 025	407	618	7 937	3 369	4 568
北 九 州 市	15 869	2 551	13 318	954	153	801	5 690	903	4 787
福　岡　市	32 429	1 051	31 378	2 478	79	2 399	10 912	358	10 554
熊　本　市	14 245	1 805	12 440	957	86	871	4 972	592	4 380
中核市(別掲)									
旭　川　市	5 184	279	4 905	318	15	303	1 774	87	1 687
函　館　市	2 434	152	2 282	162	6	156	843	43	800
青　森　市	4 699	-	4 699	363	-	363	1 579	-	1 579
八　戸　市	...	...	...	...	...	...	...	...	...
盛　岡　市	5 346	1 026	4 320	405	40	365	1 885	349	1 536
秋　田　市	4 848	404	4 444	342	18	324	1 908	130	1 778
郡　山　市	3 535	2 020	1 515	211	104	107	1 382	768	614
いわき市	4 935	1 954	2 981	309	59	250	1 711	644	1 067
宇 都 宮 市	7 977	1 377	6 600	535	55	480	2 865	420	2 445
前　橋　市	4 511	1 757	2 754	148	6	142	1 587	501	1 086
高　崎　市	6 203	2 106	4 097	221	53	168	2 082	704	1 378
川　越　市	3 942	1 733	2 209	254	84	170	1 353	539	814
越　谷　市	3 765	1 837	1 928	237	102	135	1 178	486	692
船　橋　市	9 980	4 174	5 806	721	276	445	3 411	1 386	2 025
柏　　　市	5 611	2 844	2 767	403	174	229	2 068	934	1 134
八 王 子 市	10 729	1 451	9 278	810	33	777	3 576	411	3 165
横 須 賀 市	3 500	901	2 599	234	45	189	1 171	287	884
富　山　市	5 442	3 315	2 127	157	98	59	1 896	1 145	751
金　沢　市	9 276	1 186	8 090	444	49	395	3 305	410	2 895
長　野　市	7 827	2 802	5 025	203	68	135	2 227	712	1 515
岐　阜　市	4 497	1 836	2 661	122	41	81	1 529	618	911
豊　橋　市	7 187	633	6 554	167	24	143	2 046	206	1 840
豊　田　市	6 773	4 663	2 110	158	94	64	1 720	1 060	660
岡　崎　市	7 338	4 637	2 701	150	91	59	2 001	1 247	754
大　津　市	6 277	1 513	4 764	276	44	232	2 140	453	1 687
高　槻　市	3 805	1 513	2 292	239	98	141	1 245	496	749
東 大 阪 市	5 248	1 411	3 837	387	116	271	1 684	430	1 254
豊　中　市	2 587	2	2 585	298	-	298	1 113	2	1 111
枚　方　市	6 944	1 353	5 591	490	82	408	2 525	460	2 065
姫　路　市	6 556	2 488	4 068	167	64	103	1 952	750	1 202
西　宮　市	6 152	2 553	3 599	461	150	311	2 160	843	1 317
尼　崎　市	6 557	1 572	4 985	488	54	434	2 462	542	1 920
奈　良　市	4 687	1 800	2 887	246	82	164	1 596	566	1 030
和 歌 山 市	5 349	1 062	4 287	186	22	164	1 610	273	1 337
倉　敷　市	10 320	2 377	7 943	661	74	587	3 603	786	2 817
福　山　市	10 986	4 845	6 141	338	82	256	3 447	1 368	2 079
呉　　　市	3 272	867	2 405	154	43	111	1 073	265	808
下　関　市	4 126	1 043	3 083	156	41	115	1 310	316	994
高　松　市	8 049	3 286	4 763	440	152	288	2 939	1 181	1 758
松　山　市	5 715	2 490	3 225	197	39	158	2 044	850	1 194
高　知　市	9 485	2 254	7 231	540	151	389	3 270	729	2 541
久 留 米 市	8 292	1 068	7 224	507	55	452	2 802	319	2 483
長　崎　市	7 794	644	7 150	426	29	397	2 824	222	2 602
佐 世 保 市	5 169	215	4 954	300	12	288	2 000	83	1 917
大　分　市	6 011	1 165	4 846	282	39	243	2 128	391	1 737
宮　崎　市	8 159	270	7 889	469	20	449	2 943	91	2 852
鹿 児 島 市	10 835	920	9 915	595	43	552	3 828	327	3 501
那　覇　市	7 936	613	7 323	648	23	625	3 109	255	2 854

368

契約人員を除く), 都道府県-指定都市-中核市×年齢階級×公立-私立別

平成28年4月1日現在

3 歳			4 歳 以 上		
総数	公立	私立	総数	公立	私立
4 593	419	4 174	9 085	883	8 202
2 953	772	2 181	5 655	1 617	4 038
3 209	1 358	1 851	6 214	2 886	3 328
2 723	1 414	1 309	5 439	2 935	2 504
11 055	1 641	9 414	20 896	3 440	17 456
4 792	1 041	3 751	8 976	2 127	6 849
2 000	477	1 523	4 088	1 073	3 015
3 995	1 603	2 392	8 341	3 303	5 038
1 090	-	1 090	2 156	3	2 153
1 793	414	1 379	3 388	871	2 517
7 926	2 222	5 704	15 455	5 020	10 435
5 190	411	4 779	10 432	850	9 582
8 711	2 093	6 618	17 352	4 548	12 804
988	503	485	2 013	1 081	932
3 225	1 184	2 041	6 383	2 466	3 917
2 659	979	1 680	5 805	2 310	3 495
4 789	2 298	2 491	9 870	5 045	4 825
3 048	477	2 571	6 177	1 018	5 159
6 394	198	6 196	12 645	416	12 229
2 682	342	2 340	5 634	785	4 849
1 042	60	982	2 050	117	1 933
437	33	404	992	70	922
855	-	855	1 902	-	1 902
...	...	...	...	...	...
1 001	197	804	2 055	440	1 615
881	82	799	1 717	174	1 543
644	380	264	1 298	768	530
978	414	564	1 937	837	1 100
1 545	294	1 251	3 032	608	2 424
893	383	510	1 883	867	1 016
1 320	458	862	2 580	891	1 689
790	351	439	1 545	759	786
794	393	401	1 556	856	700
1 990	821	1 169	3 858	1 691	2 167
1 066	546	520	2 074	1 190	884
2 108	311	1 797	4 235	696	3 539
687	185	502	1 408	384	1 024
1 095	675	420	2 294	1 397	897
1 851	241	1 610	3 676	486	3 190
1 699	595	1 104	3 698	1 427	2 271
947	390	557	1 899	787	1 112
1 577	131	1 446	3 397	272	3 125
1 536	1 077	459	3 359	2 432	927
1 683	1 072	611	3 504	2 227	1 277
1 266	312	954	2 595	704	1 891
776	303	473	1 545	616	929
1 049	274	775	2 128	591	1 537
413	-	413	763	-	763
1 321	261	1 060	2 608	550	2 058
1 452	556	896	2 985	1 118	1 867
1 195	526	669	2 336	1 034	1 302
1 262	332	930	2 345	644	1 701
963	371	592	1 882	781	1 101
1 166	248	918	2 387	519	1 868
1 921	476	1 445	4 135	1 041	3 094
2 321	1 076	1 245	4 880	2 319	2 561
671	184	487	1 374	375	999
840	214	626	1 820	472	1 348
1 554	655	899	3 116	1 298	1 818
1 140	513	627	2 334	1 088	1 246
1 894	438	1 456	3 781	936	2 845
1 656	229	1 427	3 327	465	2 862
1 480	128	1 352	3 064	265	2 799
958	37	921	1 911	83	1 828
1 195	224	971	2 406	511	1 895
1 538	54	1 484	3 209	105	3 104
2 049	180	1 869	4 363	370	3 993
1 747	162	1 585	2 432	173	2 259

(報告表 54)

第45表（8－3）保育所の在籍人員（措置人員及び私的

都道府県 指定都市 中核市	保			育			短		
	総	数		0	歳		1 ・ 2	歳	
	総数	公立	私立	総数	公立	私立	総数	公立	私立
全国	**321 727**	**173 998**	**147 729**	**15 760**	**4 501**	**11 259**	**93 728**	**43 924**	**49 804**
北海道	3 802	2 540	1 262	223	79	144	1 243	760	483
青森	932	27	905	124	3	121	440	11	429
岩手	1 446	581	865	160	41	119	533	212	321
宮城	2 914	1 752	1 162	247	77	170	962	551	411
秋田	1 617	702	915	127	41	86	531	217	314
山形	2 187	1 227	960	169	46	123	680	307	373
福島	902	606	296	82	38	44	420	284	136
茨城	4 079	1 556	2 523	279	78	201	1 488	533	955
栃木	2 676	1 588	1 088	137	51	86	956	530	426
群馬	5 258	1 461	3 797	209	31	178	1 810	506	1 304
埼玉	9 531	4 124	5 407	694	188	506	2 984	1 097	1 887
千葉	9 471	5 747	3 724	453	204	249	2 668	1 523	1 145
東京	11 999	5 626	6 373	733	193	540	3 470	1 479	1 991
神奈川	3 133	849	2 284	200	40	160	910	213	697
新潟	12 031	8 005	4 026	384	186	198	3 063	1 848	1 215
富山	3 718	2 214	1 504	100	46	54	1 305	771	534
石川	3 993	2 493	1 500	194	94	100	1 331	776	555
福井	3 685	2 218	1 467	111	45	66	1 175	638	537
山梨	5 317	3 820	1 497	169	89	80	1 697	1 140	557
長野	30 336	26 098	4 238	335	237	98	6 123	5 004	1 119
岐阜	13 880	8 820	5 060	181	68	113	2 834	1 622	1 212
静岡	2 535	1 365	1 170	111	36	75	808	407	401
愛知	37 625	29 916	7 709	474	274	200	6 865	5 154	1 711
三重	9 785	6 436	3 349	254	98	156	2 873	1 832	1 041
滋賀	3 111	1 641	1 470	70	31	39	799	381	418
京都	5 156	3 037	2 119	260	107	153	1 681	911	770
大阪	4 510	2 177	2 333	296	117	179	1 436	590	846
兵庫	5 006	2 509	2 497	155	37	118	1 401	625	776
奈良	2 623	1 415	1 208	111	45	66	859	421	438
和歌山	3 297	2 403	894	93	47	46	909	609	300
鳥取	2 104	1 426	678	104	40	64	779	489	290
島根	898	280	618	108	22	86	390	129	261
岡山	1 500	912	588	114	31	83	574	333	241
広島	2 954	1 976	978	86	43	43	826	490	336
山口	1 877	838	1 039	122	45	77	675	295	380
徳島	1 696	1 135	561	117	53	64	738	478	260
香川	2 036	1 233	803	174	68	106	942	554	388
愛媛	3 096	2 326	770	163	72	91	1 160	790	370
高知	2 376	1 741	635	102	49	53	819	570	249
福岡	3 369	738	2 631	415	60	355	1 336	262	1 074
佐賀	1 688	436	1 252	167	23	144	650	160	490
長崎	815	117	698	105	5	100	381	45	336
熊本	2 455	525	1 930	239	42	197	1 039	187	852
大分	1 165	194	971	101	13	88	544	84	460
宮崎	1 266	240	1 026	162	13	149	553	94	459
鹿児島	1 231	140	1 091	143	12	131	499	45	454
沖縄	2 136	454	1 682	298	34	264	778	176	602

契約人員を除く），都道府県－指定都市－中核市×年齢階級×公立－私立別

平成28年４月１日現在

時間（再掲） 3歳 総数	公立	私立	4歳以上 総数	公立	私立
75 776	**42 727**	**33 049**	**136 463**	**82 846**	**53 617**
824	581	243	1 512	1 120	392
152	5	147	216	8	208
274	106	168	479	222	257
616	384	232	1 089	740	349
321	143	178	638	301	337
487	322	165	851	552	299
160	101	59	240	183	57
911	351	560	1 401	594	807
569	364	205	1 014	643	371
1 169	316	853	2 070	608	1 462
2 165	980	1 185	3 688	1 859	1 829
2 305	1 427	878	4 045	2 593	1 452
3 007	1 423	1 584	4 789	2 531	2 258
707	189	518	1 316	407	909
2 914	1 993	921	5 670	3 978	1 692
909	534	375	1 404	863	541
878	535	343	1 590	1 088	502
854	513	341	1 545	1 022	523
1 290	957	333	2 161	1 634	527
7 662	6 631	1 031	16 216	14 226	1 990
3 653	2 369	1 284	7 212	4 761	2 451
596	341	255	1 020	581	439
9 480	7 633	1 847	20 806	16 855	3 951
2 455	1 589	866	4 203	2 917	1 286
727	378	349	1 515	851	664
1 197	713	484	2 018	1 306	712
1 016	505	511	1 762	965	797
1 315	646	669	2 135	1 201	934
645	362	283	1 008	587	421
844	617	227	1 451	1 130	321
453	318	135	768	579	189
161	50	111	239	79	160
360	222	138	452	326	126
773	516	257	1 269	927	342
410	191	219	670	307	363
465	327	138	376	277	99
413	284	129	507	327	180
648	511	137	1 125	953	172
523	404	119	932	718	214
681	163	518	937	253	684
339	89	250	532	164	368
130	23	107	199	44	155
478	117	361	699	179	520
241	39	202	279	58	221
211	39	172	340	94	246
198	24	174	391	59	332
465	107	358	595	137	458

（報告表　54）

第45表（8－4）保育所の在籍人員（措置人員及び私的

都道府県 指定都市 中核市	保				育			短	
	総		数	0		歳	1	・ 2	歳
	総数	公立	私立	総数	公立	私立	総数	公立	私立
指定都市（別掲）									
札幌市	1 235	104	1 131	253	15	238	501	43	458
仙台市	703	247	456	69	28	41	233	83	150
さいたま市	1 253	647	606	122	48	74	380	168	212
千葉市	624	392	232	47	22	25	238	164	74
横浜市	6 145	1 211	4 934	480	47	433	1 769	350	1 419
川崎市	1 416	356	1 060	44	25	19	331	96	235
相模原市	161	71	90	11	2	9	49	22	27
新潟市	3 634	1 396	2 238	188	67	121	1 203	469	734
静岡市	947	－	947	78	－	78	334	－	334
浜松市	240	117	123	37	12	25	75	40	35
名古屋市	6 513	1 932	4 581	308	64	244	1 831	491	1 340
京都市	7 110	698	6 412	508	57	451	2 340	233	2 107
大阪市	5 926	1 427	4 499	400	68	332	1 979	395	1 584
堺市	231	106	125	60	24	36	103	41	62
神戸市	1 686	767	919	170	77	93	766	334	432
岡山市	491	324	167	45	22	23	165	95	70
広島市	1 458	802	656	168	68	100	618	293	325
北九州市	925	182	743	162	36	126	454	81	373
福岡市	1 216	44	1 172	259	7	252	521	25	496
熊本市	472	60	412	56	8	48	208	25	183
中核市（別掲）									
旭川市	788	41	747	104	5	99	360	18	342
函館市	59	12	47	5	1	4	25	3	22
青森市	326	－	326	59	－	59	160	－	160
八戸市	…	…	…	…	…	…	…	…	…
盛岡市	104	37	67	28	4	24	43	18	25
秋田市	121	18	103	23	－	23	67	7	60
郡山市	76	40	36	7	3	4	36	20	16
いわき市	839	549	290	47	11	36	275	169	106
宇都宮市	433	110	323	39	3	36	162	37	125
前橋市	489	269	220	46	1	45	251	124	127
高崎市	1 269	526	743	65	21	44	392	167	225
川越市	252	94	158	26	8	18	101	43	58
越谷市	623	354	269	42	21	21	146	71	75
船橋市	1 381	626	755	56	22	34	331	158	173
柏市	574	322	252	51	25	26	190	96	94
八王子市	653	109	544	66	4	62	252	42	210
横須賀市	320	107	213	27	4	23	117	42	75
富山市	595	455	140	26	21	5	256	190	66
金沢市	956	177	779	69	14	55	407	67	340
長野市	2 073	890	1 183	49	25	24	520	200	320
岐阜市	888	479	409	29	7	22	300	171	129
豊橋市	3 612	262	3 350	82	10	72	955	72	883
豊田市	2 614	1 960	654	30	21	9	443	289	154
岡崎市	3 995	2 635	1 360	80	54	26	955	614	341
大津市	664	192	472	18	3	15	179	38	141
高槻市	322	112	210	12	2	10	92	28	64
東大阪市	653	186	467	38	10	28	200	52	148
豊中市	590	1	589	228	－	228	191	1	190
枚方市	736	133	603	74	11	63	274	40	234
姫路市	1 449	631	818	46	21	25	452	194	258
西宮市	430	215	215	23	9	14	116	55	61
尼崎市	226	75	151	6	1	5	73	21	52
奈良市	620	265	355	43	15	28	205	81	124
和歌山市	1 969	764	1 205	60	11	49	506	182	324
倉敷市	423	113	310	47	1	46	129	30	99
福山市	1 323	788	535	91	28	63	556	295	261
呉市	638	164	474	58	9	49	221	62	159
下関市	1 200	357	843	49	14	35	368	121	247
高松市	952	554	398	67	30	37	354	197	157
松山市	359	135	224	39	5	34	174	69	105
高知市	1 852	462	1 390	135	44	91	643	145	498
久留米市	254	25	229	52	2	50	113	13	100
長崎市	549	84	465	59	4	55	246	39	207
佐世保市	435	38	397	68	4	64	247	20	227
大分市	98	16	82	13	1	12	18	3	15
宮崎市	573	10	563	22	1	21	229	2	227
鹿児島市	507	36	471	44	－	44	249	21	228
那覇市	262	23	239	92	1	91	114	16	98

契約人員を除く），都道府県－指定都市－中核市×年齢階級×公立－私立別

平成28年4月1日現在

時　　間　　（再　　掲）					
3　　歳			4　歳　以　上		
総　数	公　立	私　立	総　数	公　立	私　立
216	23	193	265	23	242
149	45	104	252	91	161
276	142	134	475	289	186
148	91	57	191	115	76
1 499	296	1 203	2 397	518	1 879
430	83	347	611	152	459
43	19	24	58	28	30
866	351	515	1 377	509	868
193	-	193	342	-	342
51	24	27	77	41	36
1 605	458	1 147	2 769	919	1 850
1 424	141	1 283	2 838	267	2 571
1 386	374	1 012	2 161	590	1 571
25	11	14	43	30	13
336	149	187	414	207	207
105	64	41	176	143	33
349	227	122	323	214	109
153	32	121	156	33	123
235	6	229	201	6	195
81	8	73	127	19	108
139	6	133	185	12	173
8	3	5	21	5	16
39	-	39	68	-	68
...	...	...	...	...	...
17	7	10	16	8	8
16	5	11	15	6	9
14	8	6	19	9	10
171	120	51	346	249	97
98	35	63	134	35	99
111	82	29	81	62	19
321	126	195	491	212	279
57	15	42	68	28	40
137	71	66	298	191	107
336	136	200	658	310	348
126	72	54	207	129	78
147	28	119	188	35	153
84	29	55	92	32	60
142	115	27	171	129	42
201	39	162	279	57	222
515	241	274	989	424	565
221	108	113	338	193	145
866	61	805	1 709	119	1 590
691	532	159	1 450	1 118	332
972	649	323	1 988	1 318	670
159	45	114	308	106	202
89	36	53	129	46	83
135	34	101	280	90	190
81	-	81	90	-	90
170	25	145	218	57	161
374	169	205	577	247	330
116	55	61	175	96	79
77	24	53	70	29	41
160	71	89	212	98	114
475	183	292	928	388	540
58	24	34	189	58	131
322	207	115	354	258	96
151	48	103	208	45	163
255	79	176	528	143	385
206	122	84	325	205	120
55	17	38	91	44	47
347	84	263	727	189	538
51	6	45	38	4	34
104	13	91	140	28	112
58	6	52	62	8	54
29	5	24	38	7	31
138	3	135	184	4	180
87	5	82	127	10	117
29	2	27	27	4	23

(報告表　54)

児童福祉
45表

第45表（8－5）保育所の在籍人員（措置人員及び私的

都道府県 指定都市 中核市	総数			0　歳			1・2　歳		
	総数	公立	私立	総数	公立	私立	総数	公立	私立
全　　　国	2 253 858	800 052	1 453 806	204 921	51 116	153 805	730 897	239 260	491 637
北　海　道	33 153	16 952	16 201	2 771	1 102	1 669	10 412	5 164	5 248
青　　森	14 524	612	13 912	2 003	58	1 945	4 776	181	4 595
岩　　手	20 283	7 120	13 163	2 224	551	1 673	6 575	2 246	4 329
宮　　城	18 504	9 729	8 775	1 698	714	984	6 464	3 398	3 066
秋　　田	14 402	5 590	8 812	1 774	501	1 273	4 546	1 711	2 835
山　　形	21 485	8 093	13 392	2 448	569	1 879	6 933	2 210	4 723
福　　島	15 897	7 585	8 312	2 022	755	1 267	6 043	2 971	3 072
茨　　城	45 534	12 383	33 151	4 009	785	3 224	14 842	3 883	10 959
栃　　木	23 803	9 915	13 888	2 508	774	1 734	7 791	3 040	4 751
群　　馬	27 127	5 930	21 197	2 510	402	2 108	8 627	1 842	6 785
埼　　玉	76 622	29 493	47 129	5 974	1 490	4 484	25 497	9 014	16 483
千　　葉	61 696	28 579	33 117	5 377	2 012	3 365	19 967	8 597	11 370
東　　京	217 267	91 904	125 363	18 223	6 657	11 566	75 804	30 803	45 001
神　奈　川	37 808	9 094	28 714	3 369	590	2 779	12 417	2 696	9 721
新　　潟	38 381	22 559	15 822	2 868	1 384	1 484	11 049	6 026	5 023
富　　山	16 851	8 327	8 524	1 543	664	879	5 430	2 617	2 813
石　　川	18 717	10 148	8 569	2 026	945	1 081	6 168	3 245	2 923
福　　井	18 930	8 444	10 486	1 639	565	1 074	5 890	2 537	3 353
山　　梨	18 578	10 061	8 517	1 351	589	762	5 546	2 869	2 677
長　　野	43 277	35 391	7 886	2 006	1 313	693	9 894	7 612	2 282
岐　　阜	32 890	17 297	15 593	1 675	586	1 089	8 449	3 931	4 518
静　　岡	32 885	12 172	20 713	2 739	718	2 021	10 615	3 719	6 896
愛　　知	84 377	62 911	21 466	3 871	2 409	1 462	20 891	14 562	6 329
三　　重	38 973	18 560	20 413	2 605	908	1 697	11 783	5 403	6 380
滋　　賀	19 267	7 456	11 811	1 360	388	972	5 929	2 165	3 764
京　　都	24 306	12 099	12 207	1 936	797	1 139	7 859	3 839	4 020
大　　阪	47 963	17 549	30 414	4 299	1 280	3 019	16 210	5 418	10 792
兵　　庫	35 403	11 680	23 723	2 717	605	2 112	11 011	3 315	7 696
奈　　良	17 985	6 950	11 035	1 577	502	1 075	5 796	2 112	3 684
和　歌　山	13 274	8 596	4 678	681	285	396	3 762	2 256	1 506
鳥　　取	15 459	8 059	7 400	1 502	593	909	5 099	2 539	2 560
島　　根	23 525	4 673	18 852	3 185	504	2 681	8 021	1 655	6 366
岡　　山	16 419	7 114	9 305	1 540	457	1 083	5 263	2 284	2 979
広　　島	19 552	10 808	8 744	1 595	651	944	5 780	2 963	2 817
山　　口	20 759	6 912	13 847	2 089	542	1 547	6 338	2 078	4 260
徳　　島	14 094	6 926	7 168	1 414	477	937	5 379	2 543	2 836
香　　川	12 090	5 818	6 272	1 435	580	855	4 691	2 334	2 357
愛　　媛	17 288	9 819	7 469	1 375	553	822	5 502	2 897	2 605
高　　知	10 093	6 584	3 509	787	393	394	3 331	2 116	1 215
福　　岡	54 197	10 104	44 093	5 929	939	4 990	17 628	3 189	14 439
佐　　賀	20 439	4 291	16 148	2 203	375	1 828	6 472	1 306	5 166
長　　崎	18 803	2 203	16 600	2 493	228	2 265	6 281	736	5 545
熊　　本	35 613	6 021	29 592	4 298	516	3 782	11 621	1 857	9 764
大　　分	12 874	2 226	10 648	1 719	257	1 462	4 654	760	3 894
宮　　崎	16 560	2 544	14 016	2 247	240	2 007	5 449	794	4 655
鹿　児　島	24 516	2 533	21 983	2 950	225	2 725	7 877	810	7 067
沖　　縄	35 548	5 664	29 884	3 914	437	3 477	13 474	2 192	11 282

契約人員を除く），都道府県－指定都市－中核市×年齢階級×公立－私立別

平成29年３月１日現在

3歳			4歳以上		
総数	公立	私立	総数	公立	私立
440 771	165 419	275 352	877 269	344 257	533 012
6 325	3 365	2 960	13 645	7 321	6 324
2 430	108	2 322	5 315	265	5 050
3 746	1 351	2 395	7 738	2 972	4 766
3 520	1 874	1 646	6 822	3 743	3 079
2 507	1 050	1 457	5 575	2 328	3 247
3 973	1 702	2 271	8 131	3 612	4 519
2 872	1 483	1 389	4 960	2 376	2 584
8 880	2 435	6 445	17 803	5 280	12 523
4 315	1 920	2 395	9 189	4 181	5 008
5 168	1 158	4 010	10 822	2 528	8 294
15 109	6 083	9 026	30 042	12 906	17 136
12 122	5 819	6 303	24 230	12 151	12 079
42 545	18 146	24 399	80 695	36 298	44 397
7 325	1 808	5 517	14 697	4 000	10 697
7 990	4 882	3 108	16 474	10 267	6 207
3 214	1 607	1 607	6 664	3 439	3 225
3 442	1 895	1 547	7 081	4 063	3 018
3 757	1 716	2 041	7 644	3 626	4 018
3 740	2 086	1 654	7 941	4 517	3 424
9 931	8 333	1 598	21 446	18 133	3 313
7 363	4 126	3 237	15 403	8 654	6 749
6 439	2 514	3 925	13 092	5 221	7 871
19 189	14 744	4 445	40 426	31 196	9 230
8 064	4 010	4 054	16 521	8 239	8 282
3 913	1 541	2 372	8 065	3 362	4 703
4 705	2 387	2 318	9 806	5 076	4 730
9 089	3 526	5 563	18 365	7 325	11 040
7 397	2 593	4 804	14 278	5 167	9 111
3 627	1 442	2 185	6 985	2 894	4 091
2 815	1 884	931	6 016	4 171	1 845
2 833	1 578	1 255	6 025	3 349	2 676
4 116	814	3 302	8 203	1 700	6 503
3 324	1 495	1 829	6 292	2 878	3 414
3 977	2 259	1 718	8 200	4 935	3 265
3 918	1 362	2 556	8 414	2 930	5 484
3 217	1 691	1 526	4 084	2 215	1 869
2 188	1 141	1 047	3 776	1 763	2 013
3 333	1 978	1 355	7 078	4 391	2 687
1 985	1 375	610	3 990	2 700	1 290
9 884	1 872	8 012	20 756	4 104	16 652
3 748	803	2 945	8 016	1 807	6 209
3 290	426	2 864	6 739	813	5 926
6 373	1 157	5 216	13 321	2 491	10 830
2 480	442	2 038	4 021	767	3 254
2 833	438	2 395	6 031	1 072	4 959
4 473	491	3 982	9 216	1 007	8 209
7 615	1 374	6 241	10 545	1 661	8 884

（報告表　54）

児童福祉
45表

第45表（8-6）保育所の在籍人員（措置人員及び私的

都道府県 指定都市 中核市	総数 総数	総数 公立	総数 私立	0歳 総数	0歳 公立	0歳 私立	1・2歳 総数	1・2歳 公立	1・2歳 私立
指定都市（別掲）									
札幌市	24 898	2 139	22 759	2 944	176	2 768	8 367	680	7 687
仙台市	15 408	3 992	11 416	1 438	286	1 152	5 320	1 310	4 010
さいたま市	16 037	6 455	9 582	1 180	344	836	5 412	1 892	3 520
千葉市	13 802	6 948	6 854	1 043	379	664	4 615	2 230	2 385
横浜市	56 491	8 248	48 243	5 138	522	4 616	19 411	2 595	16 816
川崎市	23 959	5 264	18 695	1 720	415	1 305	8 604	1 698	6 906
相模原市	10 726	2 449	8 277	999	115	884	3 646	792	2 854
新潟市	21 100	8 115	12 985	1 810	576	1 234	6 931	2 614	4 317
静岡市	6 051	8	6 043	694	-	694	2 114	4	2 110
浜松市	9 562	2 162	7 400	1 119	183	936	3 249	693	2 556
名古屋市	39 466	11 099	28 367	3 112	558	2 554	12 998	3 216	9 782
京都市	27 749	2 163	25 586	2 843	211	2 632	9 378	712	8 666
大阪市	44 940	10 136	34 804	3 538	456	3 082	15 427	3 066	12 361
堺市	5 324	2 530	2 794	476	174	302	1 844	768	1 076
神戸市	16 647	6 114	10 533	1 348	465	883	5 616	1 926	3 690
岡山市	14 496	5 166	9 330	1 446	374	1 072	4 558	1 491	3 067
広島市	25 347	11 671	13 676	2 116	682	1 434	8 408	3 539	4 869
北九州市	17 451	2 773	14 678	2 345	343	2 002	5 849	941	4 908
福岡市	33 212	1 084	32 128	3 204	101	3 103	10 992	361	10 631
熊本市	15 180	1 920	13 260	1 851	164	1 687	4 936	592	4 344
中核市（別掲）									
旭川市	5 552	293	5 259	628	23	605	1 812	89	1 723
函館市	2 639	173	2 466	351	20	331	872	47	825
青森市	4 999	-	4 999	654	-	654	1 605	-	1 605
八戸市	2 760	5	2 755	362	1	361	911	3	908
盛岡市	5 819	1 081	4 738	788	63	725	1 956	363	1 593
秋田市	5 489	441	5 048	924	49	875	1 963	138	1 825
郡山市	3 737	2 049	1 688	376	163	213	1 420	759	661
いわき市	5 105	1 988	3 117	454	80	374	1 721	642	1 079
宇都宮市	8 757	1 458	7 299	1 161	89	1 072	2 961	433	2 528
前橋市	4 966	1 889	3 077	514	92	422	1 660	533	1 127
高崎市	6 843	2 289	4 554	659	180	479	2 227	739	1 488
川越市	4 075	1 765	2 310	319	103	216	1 389	553	836
越谷市	3 822	1 882	1 940	254	114	140	1 205	511	694
船橋市	10 433	4 310	6 123	931	325	606	3 566	1 430	2 136
柏市	6 004	3 053	2 951	669	316	353	2 126	962	1 164
八王子市	10 918	1 473	9 445	890	33	857	3 631	417	3 214
横須賀市	3 629	905	2 724	314	51	263	1 197	285	912
富山市	6 081	3 721	2 360	659	393	266	2 014	1 236	778
金沢市	9 906	1 245	8 661	1 037	88	949	3 354	424	2 930
長野市	8 348	2 948	5 400	617	174	443	2 324	733	1 591
岐阜市	4 809	1 952	2 857	325	103	222	1 616	653	963
豊橋市	7 640	664	6 976	508	51	457	2 159	210	1 949
豊田市	6 865	4 741	2 124	266	155	111	1 633	1 005	628
岡崎市	7 382	4 621	2 761	278	138	140	1 923	1 177	746
大津市	6 634	1 555	5 079	580	86	494	2 189	459	1 730
高槻市	3 946	1 579	2 367	334	133	201	1 284	518	766
東大阪市	5 267	1 420	3 847	406	115	291	1 693	428	1 265
豊中市	2 672	-	2 672	321	-	321	1 164	-	1 164
枚方市	7 271	1 417	5 854	752	123	629	2 578	471	2 107
姫路市	6 944	2 610	4 334	428	163	265	2 075	776	1 299
西宮市	6 180	2 530	3 650	509	155	354	2 164	831	1 333
尼崎市	6 919	1 601	5 318	852	77	775	2 483	544	1 939
奈良市	5 107	1 959	3 148	562	185	377	1 719	629	1 090
和歌山市	5 580	1 102	4 478	347	39	308	1 667	293	1 374
倉敷市	10 962	2 473	8 489	1 418	200	1 218	3 521	762	2 759
福山市	11 981	5 231	6 750	1 101	315	786	3 677	1 497	2 180
呉市	3 502	928	2 574	347	87	260	1 105	279	826
下関市	4 416	1 118	3 298	378	95	283	1 372	333	1 039
高松市	8 564	3 498	5 066	870	316	554	3 031	1 230	1 801
松山市	6 164	2 648	3 516	600	173	427	2 098	874	1 224
高知市	9 952	2 313	7 639	949	188	761	3 324	738	2 586
久留米市	8 785	1 116	7 669	924	88	836	2 891	330	2 561
長崎市	8 771	709	8 062	1 229	84	1 145	2 981	232	2 749
佐世保市	5 847	241	5 606	918	29	889	2 037	85	1 952
大分市	6 429	1 222	5 207	672	97	575	2 179	394	1 785
宮崎市	9 403	299	9 104	1 326	47	1 279	1 727	56	1 671
鹿児島市	11 674	970	10 704	1 352	73	1 279	3 897	349	3 548
那覇市	8 473	653	7 820	966	55	911	3 285	255	3 030

契約人員を除く），都道府県－指定都市－中核市×年齢階級×公立－私立別

平成29年3月1日現在

3		歳		4	歳	以	上
総　　数	公　立	私　立		総　数	公　立		私　立

総数	公立	私立	総数	公立	私立
4 555	407	4 148	9 032	876	8 156
2 979	769	2 210	5 671	1 627	4 044
3 249	1 372	1 877	6 196	2 847	3 349
2 741	1 428	1 313	5 403	2 911	2 492
11 045	1 656	9 389	20 897	3 475	17 422
4 715	1 029	3 686	8 920	2 122	6 798
1 989	475	1 514	4 092	1 067	3 025
4 007	1 613	2 394	8 352	3 312	5 040
1 085	1	1 084	2 158	3	2 155
1 799	416	1 383	3 395	870	2 525
7 891	2 235	5 656	15 465	5 090	10 375
5 168	404	4 764	10 360	836	9 524
8 703	2 105	6 598	17 272	4 509	12 763
997	511	486	2 007	1 077	930
3 248	1 204	2 044	6 435	2 519	3 916
2 702	992	1 710	5 790	2 309	3 481
4 922	2 388	2 534	9 901	5 062	4 839
3 069	481	2 588	6 188	1 008	5 180
6 374	199	6 175	12 642	423	12 219
2 762	372	2 390	5 631	792	4 839
1 065	63	1 002	2 047	118	1 929
437	36	401	979	70	909
846	-	846	1 894	-	1 894
485	-	485	1 002	1	1 001
1 011	210	801	2 064	445	1 619
885	81	804	1 717	173	1 544
654	378	276	1 287	749	538
976	419	557	1 954	847	1 107
1 585	307	1 278	3 050	629	2 421
903	390	513	1 889	874	1 015
1 345	467	878	2 612	903	1 709
800	346	454	1 567	763	804
799	399	400	1 564	858	706
2 017	837	1 180	3 919	1 718	2 201
1 107	569	538	2 102	1 206	896
2 133	317	1 816	4 264	706	3 558
697	182	515	1 421	387	1 034
1 098	680	418	2 310	1 412	898
1 850	243	1 607	3 665	490	3 175
1 704	605	1 099	3 703	1 436	2 267
952	393	559	1 916	803	1 113
1 582	133	1 449	3 391	270	3 121
1 575	1 108	467	3 391	2 473	918
1 678	1 071	607	3 503	2 235	1 268
1 275	308	967	2 590	702	1 888
778	310	468	1 550	618	932
1 049	280	769	2 119	597	1 522
418	-	418	769	-	769
1 330	271	1 059	2 611	552	2 059
1 477	559	918	2 964	1 112	1 852
1 182	516	666	2 325	1 028	1 297
1 245	330	915	2 339	650	1 689
970	380	590	1 856	765	1 091
1 166	247	919	2 400	523	1 877
1 907	471	1 436	4 116	1 040	3 076
2 342	1 097	1 245	4 861	2 322	2 539
681	186	495	1 369	376	993
847	217	630	1 819	473	1 346
1 560	660	900	3 103	1 292	1 811
1 136	510	626	2 330	1 091	1 239
1 896	444	1 452	3 783	943	2 840
1 646	228	1 418	3 324	470	2 854
1 496	128	1 368	3 065	265	2 800
969	40	929	1 923	87	1 836
1 198	223	975	2 380	508	1 872
3 046	92	2 954	3 304	104	3 200
2 071	178	1 893	4 354	370	3 984
1 803	169	1 634	2 419	174	2 245

（報告表　54）

第45表（8－7）保育所の在籍人員（措置人員及び私的

都道府県 指定都市 中核市	保育短 総数			0歳			1・2歳		
	総数	公立	私立	総数	公立	私立	総数	公立	私立
全国	**337 582**	**180 273**	**157 309**	**17 075**	**6 309**	**10 766**	**106 254**	**47 684**	**58 570**
北海道	3 963	2 654	1 309	247	110	137	1 316	792	524
青森	745	35	710	134	8	126	342	13	329
岩手	1 336	495	841	112	26	86	568	195	373
宮城	2 822	1 679	1 143	162	48	114	936	513	423
秋田	1 521	667	854	117	35	82	526	199	327
山形	2 120	1 177	943	166	56	110	657	297	360
福島	990	663	327	92	52	40	471	309	162
茨城	4 136	1 556	2 580	253	56	197	1 628	571	1 057
栃木	2 837	1 638	1 199	194	93	101	1 085	561	524
群馬	5 232	1 484	3 748	362	68	294	1 858	505	1 353
埼玉	9 831	4 362	5 469	506	137	369	3 347	1 305	2 042
千葉	10 236	5 971	4 265	437	238	199	3 350	1 723	1 627
東京	15 684	7 339	8 345	465	157	308	6 045	2 677	3 368
神奈川	3 989	1 028	2 961	183	31	152	1 365	305	1 060
新潟	11 760	7 856	3 904	508	268	240	3 030	1 834	1 196
富山	3 872	2 228	1 644	252	123	129	1 376	765	611
石川	4 364	2 723	1 641	308	170	138	1 538	898	640
福井	3 695	2 172	1 523	184	83	101	1 249	666	583
山梨	5 524	4 058	1 466	276	161	115	1 694	1 135	559
長野	31 115	26 736	4 379	1 126	818	308	6 379	5 201	1 178
岐阜	13 748	8 677	5 071	398	179	219	2 873	1 558	1 315
静岡	2 822	1 558	1 264	175	74	101	983	503	480
愛知	39 203	31 110	8 093	880	568	312	7 249	5 409	1 840
三重	9 974	6 564	3 410	409	222	187	2 972	1 878	1 094
滋賀	3 041	1 614	1 427	116	54	62	825	398	427
京都	5 256	3 152	2 104	293	148	145	1 778	1 007	771
大阪	5 609	2 567	3 042	295	112	183	2 190	840	1 350
兵庫	5 199	2 583	2 616	212	72	140	1 539	643	896
奈良	2 663	1 436	1 227	148	69	79	948	470	478
和歌山	3 167	2 334	833	113	63	50	854	578	276
鳥取	2 292	1 552	740	160	73	87	895	576	319
島根	915	243	672	117	25	92	468	115	353
岡山	1 348	896	452	91	43	48	536	331	205
広島	2 764	1 853	911	147	77	70	784	469	315
山口	1 826	785	1 041	154	58	96	680	285	395
徳島	1 709	1 148	561	114	53	61	764	485	279
香川	2 005	1 303	702	230	129	101	918	588	330
愛媛	2 977	2 277	700	196	115	81	1 128	767	361
高知	2 330	1 715	615	137	76	61	838	589	249
福岡	3 113	695	2 418	306	49	257	1 302	264	1 038
佐賀	1 963	572	1 391	200	56	144	839	254	585
長崎	718	130	588	138	12	126	312	44	268
熊本	2 368	512	1 856	279	33	246	1 019	199	820
大分	1 196	185	1 011	157	17	140	558	74	484
宮崎	1 140	229	911	200	22	178	464	88	376
鹿児島	1 001	114	887	116	11	105	408	43	365
沖縄	2 135	396	1 739	164	18	146	972	170	802

契約人員を除く），都道府県－指定都市－中核市×年齢階級×公立－私立別

平成29年３月１日現在

時間（再掲）3歳 総数	公立	私立	4歳以上 総数	公立	私立
77 255	**43 256**	**33 999**	**136 998**	**83 024**	**53 974**
854	604	250	1 546	1 148	398
98	5	93	171	9	162
235	91	144	421	183	238
621	395	226	1 103	723	380
304	139	165	574	294	280
481	300	181	816	524	292
163	111	52	264	191	73
871	340	531	1 384	589	795
549	341	208	1 009	643	366
1 080	314	766	1 932	597	1 335
2 298	1 039	1 259	3 680	1 881	1 799
2 409	1 444	965	4 040	2 566	1 474
3 768	1 796	1 972	5 406	2 709	2 697
929	248	681	1 512	444	1 068
2 785	1 915	870	5 437	3 839	1 598
846	487	359	1 398	853	545
927	564	363	1 591	1 091	500
811	485	326	1 451	938	513
1 221	915	306	2 333	1 847	486
7 573	6 602	971	16 037	14 115	1 922
3 428	2 281	1 147	7 049	4 659	2 390
618	375	243	1 046	606	440
10 039	8 060	1 979	21 035	17 073	3 962
2 463	1 579	884	4 130	2 885	1 245
681	347	334	1 419	815	604
1 129	678	451	2 056	1 319	737
1 190	589	601	1 934	1 026	908
1 324	659	665	2 124	1 209	915
608	338	270	959	559	400
794	582	212	1 406	1 111	295
430	297	133	807	606	201
142	43	99	188	60	128
296	203	93	425	319	106
672	462	210	1 161	845	316
356	147	209	636	295	341
455	323	132	376	287	89
384	262	122	473	324	149
597	481	116	1 056	914	142
507	399	108	848	651	197
603	149	454	902	233	669
352	101	251	572	161	411
114	31	83	154	43	111
436	113	323	634	167	467
233	41	192	248	53	195
180	33	147	296	86	210
175	22	153	302	38	264
448	100	348	551	108	443

（報告表　54）

第45表（8－8）保育所の在籍人員（措置人員及び私的

都道府県 指定都市 中核市	保			育			短		
	総数			0歳			1・2歳		
	総数	公立	私立	総数	公立	私立	総数	公立	私立
指定都市(別掲)									
札幌市	1 146	101	1 045	140	10	130	608	50	558
仙台市	512	177	335	34	12	22	160	53	107
さいたま市	1 651	809	842	45	21	24	602	265	337
千葉市	685	383	302	22	14	8	340	177	163
横浜市	7 952	1 390	6 562	286	26	260	2 857	441	2 416
川崎市	2 639	575	2 064	35	14	21	1 041	210	831
相模原市	161	63	98	11	4	7	62	21	41
新潟市	3 780	1 452	2 328	180	57	123	1 338	513	825
静岡市	1 042	3	1 039	91	-	91	408	2	406
浜松市	247	106	141	45	13	32	76	34	42
名古屋市	7 222	2 154	5 068	253	44	209	2 371	612	1 759
京都市	7 719	726	6 993	565	60	505	2 795	258	2 537
大阪市	6 187	1 492	4 695	272	48	224	2 332	459	1 873
堺市	227	100	127	16	8	8	107	41	66
神戸市	2 186	926	1 260	244	108	136	1 053	409	644
岡山市	354	237	117	36	17	19	110	68	42
広島市	1 459	735	724	94	29	65	753	321	432
北九州市	943	185	758	163	35	128	477	86	391
福岡市	1 433	72	1 361	113	3	110	897	48	849
熊本市	427	46	381	64	6	58	164	18	146
中核市(別掲)									
旭川市	858	42	816	143	8	135	375	17	358
函館市	82	14	68	22	4	18	30	4	26
青森市	318	-	318	74	-	74	143	-	143
八戸市	324	2	322	59	-	59	141	1	140
盛岡市	24	24	-	-	-	-	11	11	-
秋田市	66	10	56	10	1	9	36	5	31
郡山市	45	26	19	4	2	2	20	11	9
いわき市	765	534	231	32	15	17	240	156	84
宇都宮市	587	129	458	43	3	40	245	41	204
前橋市	438	231	207	53	6	47	201	98	103
高崎市	1 266	518	748	72	23	49	437	177	260
川越市	299	146	153	13	3	10	124	61	63
越谷市	797	415	382	44	20	24	249	119	130
船橋市	1 900	916	984	60	23	37	608	288	320
柏市	785	390	395	47	23	24	318	148	170
八王子市	551	83	468	30	1	29	230	35	195
横須賀市	389	139	250	18	2	16	148	49	99
富山市	671	478	193	57	40	17	303	211	92
金沢市	1 180	216	964	104	14	90	516	82	434
長野市	1 838	735	1 103	69	25	44	440	145	295
岐阜市	936	467	469	43	11	32	339	169	170
豊橋市	3 493	269	3 224	27	17	10	982	75	907
豊田市	2 639	2 008	631	41	27	14	401	264	137
岡崎市	3 736	2 495	1 241	82	52	30	773	496	277
大津市	790	233	557	24	5	19	248	56	192
高槻市	516	196	320	25	9	16	203	75	128
東大阪市	564	148	416	20	6	14	192	40	152
豊中市	331	-	331	17	-	17	176	-	176
枚方市	900	203	697	53	8	45	384	72	312
姫路市	1 441	596	845	46	22	24	477	195	282
西宮市	702	305	397	19	7	12	264	101	163
尼崎市	470	133	337	21	2	19	207	46	161
奈良市	629	253	376	45	13	32	258	94	164
和歌山市	1 989	792	1 197	73	23	50	548	201	347
倉敷市	307	90	217	24	3	21	74	19	55
福山市	1 122	699	423	93	36	57	456	253	203
呉市	570	162	408	50	10	40	189	52	137
下関市	1 188	335	853	70	24	46	393	113	280
高松市	1 065	577	488	84	43	41	453	226	227
松山市	321	135	186	40	14	26	127	48	79
高知市	1 705	422	1 283	116	27	89	642	142	500
久留米市	133	19	114	21	2	19	64	11	53
長崎市	580	104	476	85	16	69	283	45	238
佐世保市	316	37	279	88	3	85	146	15	131
大分市	50	9	41	4	-	4	18	4	14
宮崎市	730	21	709	59	1	58	199	8	191
鹿児島市	536	35	501	64	19	45	247	6	241
那覇市	414	29	385	49	1	48	289	24	265

契約人員を除く），都道府県－指定都市－中核市×年齢階級×公立－私立別

平成29年３月１日現在

時間（再掲）					
３歳			４歳以上		
総数	公立	私立	総数	公立	私立
181	16	165	217	25	192
108	34	74	210	78	132
405	187	218	599	336	263
141	84	57	182	108	74
1 951	322	1 629	2 858	601	2 257
674	134	540	889	217	672
35	14	21	53	24	29
856	349	507	1 406	533	873
213	1	212	330	-	330
52	23	29	74	36	38
1 726	518	1 208	2 872	980	1 892
1 491	147	1 344	2 868	261	2 607
1 441	377	1 064	2 142	608	1 534
37	22	15	67	29	38
396	169	227	493	240	253
75	43	32	133	109	24
286	176	110	326	209	117
140	29	111	163	35	128
215	12	203	208	9	199
71	7	64	128	15	113
143	5	138	197	12	185
8	3	5	22	3	19
32	-	32	69	-	69
50	-	50	74	1	73
6	6	-	7	7	-
11	1	10	9	3	6
7	5	2	14	8	6
170	124	46	323	239	84
147	42	105	152	43	109
103	70	33	81	57	24
275	108	167	482	210	272
63	30	33	99	52	47
177	87	90	327	189	138
453	193	260	779	412	367
178	85	93	242	134	108
105	15	90	186	32	154
93	35	58	130	53	77
133	99	34	178	128	50
238	49	189	322	71	251
455	201	254	874	364	510
205	97	108	349	190	159
818	60	758	1 666	117	1 549
719	563	156	1 478	1 154	324
947	639	308	1 934	1 308	626
195	60	135	323	112	211
125	49	76	163	63	100
120	24	96	232	78	154
57	-	57	81	-	81
185	42	143	278	81	197
372	153	219	546	226	320
163	73	90	256	124	132
103	34	69	139	51	88
134	56	78	192	90	102
464	181	283	904	387	517
38	18	20	171	50	121
261	174	87	312	236	76
128	44	84	203	56	147
237	72	165	488	126	362
215	118	97	313	190	123
56	23	33	98	50	48
304	76	228	643	177	466
22	3	19	26	3	23
92	17	75	120	26	94
39	8	31	43	11	32
12	1	11	16	4	12
276	9	267	196	3	193
102	9	93	123	1	122
48	1	47	28	3	25

（報告表　54）

第46表（２－１）保育所の入所人員及び退所人員，

都道府県 指定都市 中核市	入所人員（年度中）								
	総数			入所人員			私的契約入所人員		
	総数	公立	私立	総数	公立	私立	総数	公立	私立
全国	**689 954**	**256 034**	**433 920**	**686 340**	**252 769**	**433 571**	**3 614**	**3 265**	**349**
北海道	10 764	5 900	4 864	10 749	5 885	4 864	15	15	－
青森	5 134	181	4 953	5 134	181	4 953	－	－	－
岩手	5 277	1 914	3 363	5 276	1 913	3 363	1	1	－
宮城	5 650	3 024	2 626	5 650	3 024	2 626	－	－	－
秋田	3 971	1 488	2 483	3 971	1 488	2 483	－	－	－
山形	6 562	2 334	4 228	6 562	2 334	4 228	－	－	－
福島	5 349	2 608	2 741	5 349	2 608	2 741	－	－	－
茨城	14 310	4 169	10 141	14 307	4 169	10 138	3	－	3
栃木	6 632	2 706	3 926	6 631	2 706	3 925	1	－	1
群馬	7 746	2 254	5 492	7 746	2 254	5 492	－	－	－
埼玉	24 452	8 987	15 465	24 452	8 987	15 465	－	－	－
千葉	20 039	8 982	11 057	20 039	8 982	11 057	－	－	－
東京	69 347	26 553	42 794	69 342	26 548	42 794	5	5	－
神奈川	11 886	2 704	9 182	11 880	2 698	9 182	6	6	－
新潟	11 028	6 488	4 540	11 027	6 488	4 539	1	－	1
富山	5 151	2 371	2 780	5 151	2 371	2 780	－	－	－
石川	5 213	2 683	2 530	5 213	2 683	2 530	－	－	－
福井	5 143	2 456	2 687	5 143	2 456	2 687	－	－	－
山梨	5 462	2 905	2 557	5 462	2 905	2 557	－	－	－
長野	15 111	12 551	2 560	15 047	12 496	2 551	64	55	9
岐阜	13 458	6 841	6 617	13 430	6 816	6 614	28	25	3
静岡	9 224	3 594	5 630	9 223	3 593	5 630	1	1	－
愛知	35 770	27 721	8 049	33 245	25 327	7 918	2 525	2 394	131
三重	13 400	6 581	6 819	13 400	6 581	6 819	－	－	－
滋賀	6 392	2 655	3 737	6 392	2 655	3 737	－	－	－
京都	6 761	3 655	3 106	6 761	3 655	3 106	－	－	－
大阪	14 450	5 316	9 134	14 450	5 316	9 134	－	－	－
兵庫	12 132	4 175	7 957	12 132	4 175	7 957	－	－	－
奈良	6 574	2 609	3 965	6 574	2 609	3 965	－	－	－
和歌山	4 738	3 428	1 310	4 738	3 428	1 310	－	－	－
鳥取	4 494	2 393	2 101	4 487	2 386	2 101	7	7	－
島根	6 795	1 573	5 222	6 795	1 573	5 222	－	－	－
岡山	5 102	2 520	2 582	5 100	2 518	2 582	2	2	－
広島	6 880	3 532	3 348	6 876	3 528	3 348	4	4	－
山口	6 505	2 238	4 267	6 505	2 238	4 267	－	－	－
徳島	4 752	2 494	2 258	4 752	2 494	2 258	－	－	－
香川	3 459	1 846	1 613	3 458	1 846	1 612	1	－	1
愛媛	4 768	2 759	2 009	4 768	2 759	2 009	－	－	－
高知	2 833	1 869	964	2 833	1 869	964	－	－	－
福岡	19 793	3 544	16 249	19 793	3 544	16 249	－	－	－
佐賀	5 554	1 168	4 386	5 554	1 168	4 386	－	－	－
長崎	5 062	579	4 483	5 062	579	4 483	－	－	－
熊本	9 682	1 664	8 018	9 682	1 664	8 018	－	－	－
大分	5 776	973	4 803	5 776	973	4 803	－	－	－
宮崎	4 535	738	3 797	4 535	738	3 797	－	－	－
鹿児島	8 335	960	7 375	8 335	960	7 375	－	－	－
沖縄	11 385	1 689	9 696	11 385	1 689	9 696	－	－	－

注：本表は月分報告の累計である。なお、八戸市については、平成29年１月に中核市になったため、１月から３ヶ月分の累計である。

都道府県-指定都市-中核市×公立-私立別

平成28年度

退　所　人　員　(　年　度　中　)									
総　　　　数			退　所　人　員			私的契約退所人員			
総　数	公　立	私　立	総　数	公　立	私　立	総　数	公　立	私　立
719 364	276 094	443 270	715 426	272 499	442 927	3 938	3 595	343
12 988	6 054	6 934	12 972	6 038	6 934	16	16	-
7 275	775	6 500	7 275	775	6 500	-	-	-
5 990	2 318	3 672	5 976	2 304	3 672	14	14	-
5 359	3 177	2 182	5 359	3 177	2 182	-	-	-
4 588	1 861	2 727	4 588	1 861	2 727	-	-	-
6 496	2 751	3 745	6 496	2 751	3 745	-	-	-
6 018	3 485	2 533	6 018	3 485	2 533	-	-	-
14 700	4 556	10 144	14 695	4 556	10 139	5	-	5
7 391	3 393	3 998	7 391	3 393	3 998	-	-	-
10 048	2 276	7 772	10 047	2 275	7 772	1	1	-
22 369	8 895	13 474	22 369	8 895	13 474	-	-	-
18 577	9 824	8 753	18 577	9 824	8 753	-	-	-
58 340	27 639	30 701	58 339	27 638	30 701	1	1	-
10 316	3 053	7 263	10 309	3 046	7 263	7	7	-
12 057	7 006	5 051	12 056	7 006	5 050	1	-	1
6 980	3 190	3 790	6 980	3 190	3 790	-	-	-
6 294	3 102	3 192	6 294	3 102	3 192	-	-	-
9 359	2 874	6 485	9 359	2 874	6 485	-	-	-
5 830	2 945	2 885	5 830	2 945	2 885	-	-	-
15 581	12 740	2 841	15 528	12 693	2 835	53	47	6
15 469	7 408	8 061	15 428	7 371	8 057	41	37	4
9 419	3 882	5 537	9 416	3 879	5 537	3	3	-
35 515	27 769	7 746	32 827	25 192	7 635	2 688	2 577	111
14 499	7 202	7 297	14 499	7 202	7 297	-	-	-
6 663	2 863	3 800	6 663	2 863	3 800	-	-	-
8 810	3 585	5 225	8 810	3 585	5 225	-	-	-
20 331	5 657	14 674	20 328	5 657	14 671	3	-	3
16 099	5 171	10 928	16 094	5 171	10 923	5	-	5
6 351	2 757	3 594	6 351	2 757	3 594	-	-	-
5 062	3 647	1 415	5 062	3 647	1 415	-	-	-
4 733	2 369	2 364	4 726	2 362	2 364	7	7	-
6 822	1 755	5 067	6 822	1 755	5 067	-	-	-
5 284	2 823	2 461	5 282	2 821	2 461	2	2	-
7 184	3 941	3 243	7 181	3 938	3 243	3	3	-
6 739	2 383	4 356	6 739	2 383	4 356	-	-	-
5 485	2 856	2 629	5 485	2 856	2 629	-	-	-
3 770	2 151	1 619	3 768	2 151	1 617	2	-	2
5 354	3 361	1 993	5 354	3 361	1 993	-	-	-
2 925	1 889	1 036	2 924	1 889	1 035	1	-	1
19 265	4 566	14 699	19 265	4 566	14 699	-	-	-
6 149	1 256	4 893	6 149	1 256	4 893	-	-	-
5 883	797	5 086	5 883	797	5 086	-	-	-
10 215	2 443	7 772	10 215	2 443	7 772	-	-	-
6 498	1 290	5 208	6 498	1 290	5 208	-	-	-
6 623	849	5 774	6 623	849	5 774	-	-	-
10 039	1 324	8 715	10 039	1 324	8 715	-	-	-
10 260	1 984	8 276	10 260	1 984	8 276	-	-	-

(報告表　54)

第46表（2－2）保育所の入所人員及び退所人員，

都道府県 指定都市 中核市	入所人員（年度中）								
	総数			入所人員			私的契約入所人員		
	総数	公立	私立	総数	公立	私立	総数	公立	私立
指定都市(別掲)									
札幌市	6 803	573	6 230	6 803	573	6 230	－	－	－
仙台市	4 894	1 131	3 763	4 892	1 130	3 762	2	1	1
さいたま市	5 024	1 819	3 205	5 024	1 819	3 205	－	－	－
千葉市	4 668	2 290	2 378	4 668	2 290	2 378	－	－	－
横浜市	2 900	167	2 733	2 900	167	2 733	－	－	－
川崎市	7 327	1 354	5 973	7 327	1 354	5 973	－	－	－
相模原市	3 284	670	2 614	3 284	670	2 614	－	－	－
新潟市	5 981	2 245	3 736	5 981	2 245	3 736	－	－	－
静岡市	1 727	8	1 719	1 727	8	1 719	－	－	－
浜松市	2 530	533	1 997	2 530	533	1 997	－	－	－
名古屋市	11 954	3 194	8 760	11 954	3 194	8 760	－	－	－
京都市	6 695	525	6 170	6 695	525	6 170	－	－	－
大阪市	13 878	3 062	10 816	13 878	3 062	10 816	－	－	－
堺市	1 776	750	1 026	1 776	750	1 026	－	－	－
神戸市	4 883	1 870	3 013	4 883	1 870	3 013	－	－	－
岡山市	4 209	1 513	2 696	4 209	1 513	2 696	－	－	－
広島市	8 509	4 026	4 483	8 509	4 026	4 483	－	－	－
北九州市	4 607	757	3 850	4 607	757	3 850	－	－	－
福岡市	7 996	159	7 837	7 996	159	7 837	－	－	－
熊本市	4 555	600	3 955	4 555	600	3 955	－	－	－
中核市(別掲)									
旭川市	1 893	73	1 820	1 893	73	1 820	－	－	－
函館市	377	33	344	377	33	344	－	－	－
青森市	1 175	1	1 174	1 175	1	1 174	－	－	－
八戸市	50	2	48	50	2	48	－	－	－
盛岡市	1 414	316	1 098	1 414	316	1 098	－	－	－
秋田市	1 797	122	1 675	1 797	122	1 675	－	－	－
郡山市	1 302	640	662	1 302	640	662	－	－	－
いわき市	1 586	649	937	1 586	649	937	－	－	－
宇都宮市	2 225	395	1 830	2 225	395	1 830	－	－	－
前橋市	1 403	499	904	1 403	499	904	－	－	－
高崎市	1 894	674	1 220	1 894	674	1 220	－	－	－
川越市	1 297	465	832	1 297	465	832	－	－	－
越谷市	1 246	582	664	1 246	582	664	－	－	－
船橋市	3 452	1 375	2 077	3 452	1 375	2 077	－	－	－
柏市	1 866	896	970	1 866	896	970	－	－	－
八王子市	3 302	464	2 838	3 291	464	2 827	11	－	11
横須賀市	1 149	252	897	1 149	252	897	－	－	－
富山市	1 775	1 184	591	1 775	1 184	591	－	－	－
金沢市	2 907	405	2 502	2 907	405	2 502	－	－	－
長野市	2 182	820	1 362	2 182	820	1 362	－	－	－
岐阜市	1 616	698	918	1 616	698	918	－	－	－
豊橋市	2 082	187	1 895	2 082	187	1 895	－	－	－
豊田市	3 798	2 701	1 097	2 861	1 952	909	937	749	188
岡崎市	2 495	1 625	870	2 495	1 625	870	－	－	－
大津市	1 949	404	1 545	1 949	404	1 545	－	－	－
高槻市	991	403	588	991	403	588	－	－	－
東大阪市	1 495	383	1 112	1 495	383	1 112	－	－	－
豊中市	298	2	296	298	2	296	－	－	－
枚方市	2 006	405	1 601	2 006	405	1 601	－	－	－
姫路市	2 473	903	1 570	2 473	903	1 570	－	－	－
西宮市	1 782	699	1 083	1 782	699	1 083	－	－	－
尼崎市	2 156	482	1 674	2 156	482	1 674	－	－	－
奈良市	1 243	474	769	1 243	474	769	－	－	－
和歌山市	1 497	322	1 175	1 497	322	1 175	－	－	－
倉敷市	3 066	755	2 311	3 066	755	2 311	－	－	－
福山市	3 456	1 609	1 847	3 456	1 609	1 847	－	－	－
呉市	1 093	284	809	1 093	284	809	－	－	－
下関市	1 278	358	920	1 278	358	920	－	－	－
高松市	2 241	1 052	1 189	2 241	1 052	1 189	－	－	－
松山市	1 828	714	1 114	1 828	714	1 114	－	－	－
高知市	2 518	612	1 906	2 518	612	1 906	－	－	－
久留米市	2 066	232	1 834	2 066	232	1 834	－	－	－
長崎市	2 410	178	2 232	2 410	178	2 232	－	－	－
佐世保市	1 845	109	1 736	1 845	109	1 736	－	－	－
大分市	1 829	341	1 488	1 829	341	1 488	－	－	－
宮崎市	2 661	97	2 564	2 661	97	2 564	－	－	－
鹿児島市	3 543	325	3 218	3 543	325	3 218	－	－	－
那覇市	2 911	215	2 696	2 911	215	2 696	－	－	－

注：本表は月分報告の累計である。なお、八戸市については、平成29年１月に中核市になったため、１月から３ヶ月分の累計である。

都道府県-指定都市-中核市×公立-私立別

平成28年度

退　所　人　員　（　年　度　中　）									
総　　　　数			退　所　人　員			私的契約退所人員			
総　数	公　立	私　立	総　数	公　立	私　立	総　数	公　立	私　立	

総数	公立	私立	総数	公立	私立	総数	公立	私立
7 004	694	6 310	7 004	694	6 310	-	-	-
4 157	1 350	2 807	4 156	1 350	2 806	1	-	1
4 563	2 055	2 508	4 563	2 055	2 508	-	-	-
1 431	734	697	1 431	734	697	-	-	-
524	307	217	524	307	217	-	-	-
5 903	2 008	3 895	5 903	2 008	3 895	-	-	-
3 057	707	2 350	3 057	707	2 350	-	-	-
6 197	2 455	3 742	6 197	2 455	3 742	-	-	-
2 009	7	2 002	2 009	7	2 002	-	-	-
3 723	492	3 231	3 723	492	3 231	-	-	-
12 279	3 624	8 655	12 279	3 624	8 655	-	-	-
1 337	147	1 190	1 337	147	1 190	-	-	-
14 093	3 569	10 524	14 093	3 569	10 524	-	-	-
1 977	806	1 171	1 977	806	1 171	-	-	-
7 903	1 851	6 052	7 903	1 851	6 052	-	-	-
4 485	1 571	2 914	4 485	1 571	2 914	-	-	-
8 121	3 994	4 127	8 121	3 994	4 127	-	-	-
4 678	785	3 893	4 678	785	3 893	-	-	-
7 021	237	6 784	7 021	237	6 784	-	-	-
6 934	709	6 225	6 934	709	6 225	-	-	-
1 667	76	1 591	1 667	76	1 591	-	-	-
239	16	223	239	16	223	-	-	-
1 796	1	1 795	1 796	1	1 795	-	-	-
37	1	36	37	1	36	-	-	-
1 653	437	1 216	1 653	437	1 216	-	-	-
1 535	485	1 050	1 535	485	1 050	-	-	-
1 046	590	456	1 046	590	456	-	-	-
1 489	599	890	1 489	599	890	-	-	-
1 958	408	1 550	1 958	408	1 550	-	-	-
2 199	521	1 678	2 199	521	1 678	-	-	-
2 733	603	2 130	2 733	603	2 130	-	-	-
1 063	490	573	1 063	490	573	-	-	-
1 163	621	542	1 163	621	542	-	-	-
2 678	1 184	1 494	2 678	1 184	1 494	-	-	-
1 658	910	748	1 658	910	748	-	-	-
3 127	481	2 646	3 112	481	2 631	15	-	15
1 230	284	946	1 230	284	946	-	-	-
4 540	1 140	3 400	4 540	1 140	3 400	-	-	-
4 554	478	4 076	4 554	478	4 076	-	-	-
2 202	831	1 371	2 202	831	1 371	-	-	-
2 338	684	1 654	2 338	684	1 654	-	-	-
2 502	210	2 292	2 502	210	2 292	-	-	-
3 701	2 646	1 055	2 632	1 766	866	1 069	880	189
2 431	1 558	873	2 431	1 558	873	-	-	-
1 946	553	1 393	1 946	553	1 393	-	-	-
1 191	391	800	1 191	391	800	-	-	-
2 593	396	2 197	2 593	396	2 197	-	-	-
612	2	610	612	2	610	-	-	-
1 823	384	1 439	1 823	384	1 439	-	-	-
2 754	926	1 828	2 754	926	1 828	-	-	-
2 017	707	1 310	2 017	707	1 310	-	-	-
2 236	603	1 633	2 236	603	1 633	-	-	-
1 485	634	851	1 485	634	851	-	-	-
2 025	372	1 653	2 025	372	1 653	-	-	-
3 313	1 029	2 284	3 313	1 029	2 284	-	-	-
4 469	1 681	2 788	4 469	1 681	2 788	-	-	-
1 367	321	1 046	1 367	321	1 046	-	-	-
1 346	477	869	1 346	477	869	-	-	-
2 315	1 028	1 287	2 315	1 028	1 287	-	-	-
1 740	793	947	1 740	793	947	-	-	-
2 593	646	1 947	2 593	646	1 947	-	-	-
2 021	508	1 513	2 021	508	1 513	-	-	-
3 035	224	2 811	3 035	224	2 811	-	-	-
1 806	99	1 707	1 806	99	1 707	-	-	-
1 736	367	1 369	1 736	367	1 369	-	-	-
4 154	113	4 041	4 154	113	4 041	-	-	-
3 269	334	2 935	3 269	334	2 935	-	-	-
2 581	258	2 323	2 581	258	2 323	-	-	-

(報告表　54)

第47表（6－1）幼保連携型認定こども園の施設数、

都道府県 指定都市 中核市	施設数			認可定員			利
	総数	公立	私立	総数	公立	私立	総数
全国	**2 785**	**451**	**2 334**	**259 580**	**41 409**	**218 171**	**271 773**
北海道	70	12	58	6 283	1 215	5 068	5 139
青森	137	3	134	11 052	320	10 732	11 017
岩手	33	5	28	3 015	330	2 685	2 911
宮城	9	5	4	930	585	345	910
秋田	34	6	28	4 030	990	3 040	3 935
山形	30	2	28	2 828	175	2 653	2 828
福島	53	21	32	4 790	1 666	3 124	4 852
茨城	108	11	97	10 023	1 295	8 728	9 615
栃木	51	1	50	4 963	100	4 863	4 131
群馬	35	2	33	…	…	…	3 601
埼玉	35	－	35	3 175	－	3 175	3 022
千葉	23	13	10	2 566	1 449	1 117	2 566
東京	21	6	15	2 138	626	1 512	2 107
神奈川	17	8	9	1 444	776	668	1 413
新潟	42	7	35	3 556	780	2 776	3 279
富山	24	2	22	2 372	172	2 200	2 372
石川	44	1	43	5 705	90	5 615	5 623
福井	72	14	58	8 015	1 498	6 517	7 998
山梨	22	－	22	2 421	－	2 421	2 301
長野	20	2	18	1 426	150	1 276	1 282
岐阜	31	19	12	2 822	1 390	1 432	2 787
静岡	38	13	25	3 703	1 314	2 389	3 703
愛知	15	1	14	1 566	80	1 486	1 450
三重	11	3	8	1 269	332	937	1 266
滋賀	42	24	18	4 957	2 850	2 107	4 882
京都	19	2	17	2 449	200	2 249	2 449
大阪	153	5	148	18 757	684	18 073	18 446
兵庫	125	45	80	12 237	3 737	8 500	12 142
奈良	15	10	5	1 894	1 019	875	1 894
和歌山	8	2	6	827	291	536	827
鳥取	26	11	15	…	…	…	3 066
島根	6	3	3	565	355	210	565
岡山	20	18	2	1 662	1 488	174	1 567
広島	29	3	26	2 447	335	2 112	2 381
山口	2	－	2	80	－	80	80
徳島	23	11	12	2 667	1 387	1 280	2 667
香川	9	8	1	886	821	65	870
愛媛	16	7	9	1 060	542	518	1 060
高知	7	6	1	658	559	99	652
福岡	15	6	9	…	…	…	1 224
佐賀	39	－	39	…	－	…	3 073
長崎	34	2	32	2 817	162	2 655	2 748
熊本	18	－	18	1 311	－	1 311	1 291
大分	44	4	40	3 530	400	3 130	3 530
宮崎	61	－	61	4 867	－	4 867	4 769
鹿児島	70	2	68	4 917	166	4 751	4 882
沖縄	12	2	10	1 225	134	1 091	1 225

注：1）児童福祉法による措置人員は在籍人員総数の全国の総数のみに含まれており、各都道府県別総数には含まない。
2）「障害児受入人員（再掲）」は入所人員と措置人員、私的契約人員の再掲である。
3）認可定員の総数には、公立または私立の一方のみ報告があった場合を含む。

定員及び在籍人員，都道府県－指定都市－中核市×公立－私立別

平成28年４月１日現在

用定員		在籍人員					
		総数			入所人員		
公立	私立	総数	公立	私立	総数	公立	私立
43 478	**228 295**	**257 409**	**37 471**	**219 935**	**257 402**	**37 471**	**219 931**
1 245	3 894	4 667	1 047	3 620	4 667	1 047	3 620
320	10 697	10 139	242	9 897	10 139	242	9 897
330	2 581	2 732	308	2 424	2 732	308	2 424
565	345	776	443	333	776	443	333
985	2 950	3 403	688	2 715	3 403	688	2 715
175	2 653	2 752	159	2 593	2 752	159	2 593
1 666	3 186	4 164	1 163	3 001	4 164	1 163	3 001
1 295	8 320	8 651	1 094	7 557	8 651	1 094	7 557
100	4 031	3 726	74	3 652	3 723	74	3 649
270	3 331	3 442	239	3 203	3 442	239	3 203
－	3 022	2 874	2	2 872	2 874	2	2 872
1 449	1 117	2 384	1 325	1 059	2 384	1 325	1 059
626	1 481	2 065	604	1 461	2 065	604	1 461
745	668	1 297	657	640	1 297	657	640
780	2 499	2 906	625	2 281	2 906	625	2 281
172	2 200	2 188	127	2 061	2 188	127	2 061
90	5 533	4 961	2	4 959	4 961	2	4 959
1 498	6 500	7 471	1 353	6 118	7 471	1 353	6 118
－	2 301	2 103	－	2 103	2 103	－	2 103
150	1 132	1 160	114	1 046	1 159	114	1 045
1 355	1 432	2 390	1 065	1 325	2 390	1 065	1 325
1 314	2 389	3 262	1 004	2 258	3 262	1 004	2 258
70	1 380	1 342	25	1 317	1 342	25	1 317
332	934	1 287	328	959	1 287	328	959
2 850	2 032	4 727	2 871	1 856	4 727	2 871	1 856
200	2 249	2 477	191	2 286	2 477	191	2 286
684	17 762	18 813	613	18 200	18 813	613	18 200
3 722	8 420	12 037	3 344	8 693	12 037	3 344	8 693
1 019	875	1 624	851	773	1 624	851	773
291	536	798	245	553	798	245	553
1 236	1 830	2 828	1 046	1 782	2 828	1 046	1 782
355	210	517	319	198	517	319	198
1 459	108	1 287	1 231	56	1 287	1 231	56
335	2 046	2 000	192	1 808	2 000	192	1 808
－	80	73	2	71	73	2	71
1 387	1 280	2 292	1 085	1 207	2 292	1 085	1 207
805	65	723	661	62	723	661	62
542	518	938	421	517	938	421	517
553	99	430	351	79	430	351	79
674	550	1 219	646	573	1 219	646	573
－	3 073	3 335	－	3 335	3 335	－	3 335
162	2 586	2 755	149	2 606	2 755	149	2 606
－	1 291	1 125	－	1 125	1 125	－	1 125
400	3 130	3 062	283	2 779	3 062	283	2 779
－	4 769	4 648	－	4 648	4 648	－	4 648
166	4 716	5 096	128	4 968	5 096	128	4 968
134	1 091	1 218	115	1 103	1 218	115	1 103

（報告表　54の２）

第47表（6－2）幼保連携型認定こども園の施設数、

都道府県 指定都市 中核市	施設数			認可定員			利
	総数	公立	私立	総数	公立	私立	総数
指定都市(別掲)							
札幌市	28	1	27	2 141	60	2 081	2 116
仙台市	8	-	8	662	-	662	662
さいたま市	4	-	4	370	-	370	370
千葉市	6	-	6	535	-	535	535
横浜市	19	-	19	1 178	-	1 178	1 178
川崎市	2	-	2	210	-	210	210
相模原市	7	1	6	546	88	458	546
新潟市	17	-	17	1 121	-	1 121	1 121
静岡市	77	56	21	7 145	5 287	1 858	7 145
浜松市	19	-	19	2 430	-	2 430	2 430
名古屋市	26	-	26	3 167	-	3 167	3 167
京都市	17	-	17	2 610	-	2 610	2 610
大阪市	25	-	25	3 299	-	3 299	2 981
堺市	76	-	76	10 593	-	10 593	10 379
神戸市	81	-	81	10 924	-	10 924	7 656
岡山市	10	5	5	508	508	…	1 178
広島市	16	-	16	1 882	-	1 882	1 882
北九州市	-	-	-	-	-	-	-
福岡市	2	-	2	180	-	180	180
熊本市	43	-	43	4 764	-	4 764	4 764
中核市(別掲)							
旭川市	3	-	3	144	-	144	144
函館市	16	-	16	…	-	…	1 017
青森市	19	-	19	1 445	-	1 445	1 445
八戸市	…	…	…	…	…	…	…
盛岡市	9	-	9	874	-	874	874
秋田市	15	-	15	1 368	-	1 368	1 368
郡山市	-	-	-	-	-	-	-
いわき市	2	-	2	…	-	…	262
宇都宮市	12	-	12	843	-	843	842
前橋市	20	-	20	2 010	-	2 010	2 010
高崎市	17	-	17	…	-	…	1 787
川越市	1	-	1	36	-	36	36
越谷市	5	-	5	455	-	455	455
船橋市	3	-	3	348	-	348	348
柏市	4	-	4	…	-	…	501
八王子市	-	-	-	-	-	-	-
横須賀市	5	-	5	531	-	531	531
富山市	34	-	34	…	-	…	5 317
金沢市	22	-	22	2 644	-	2 644	2 644
長野市	6	-	6	705	-	705	705
岐阜市	4	-	4	710	-	710	710
豊橋市	9	-	9	1 530	-	1 530	1 530
豊田市	6	-	6	497	-	497	369
岡崎市	-	-	-	-	-	-	-
大津市	10	-	10	1 051	-	1 051	1 051
高槻市	15	1	14	1 740	74	1 666	1 740
東大阪市	22	-	22	2 669	-	2 669	2 613
豊中市	36	26	10	3 341	2 352	989	3 306
枚方市	4	-	4	360	-	360	360
姫路市	33	7	26	3 870	515	3 355	3 870
西宮市	4	-	4	317	-	317	317
尼崎市	5	-	5	351	-	351	351
奈良市	14	9	5	1 155	491	664	1 155
和歌山市	10	-	10	1 555	-	1 555	1 555
倉敷市	6	4	2	613	325	288	613
福山市	10	-	10	1 295	-	1 295	1 295
呉市	6	-	6	442	-	442	442
下関市	12	7	5	1 169	614	555	1 169
高松市	7	5	2	926	632	294	926
松山市	9	-	9	690	-	690	690
高知市	2	-	2	193	-	193	193
久留米市	7	-	7	283	-	283	270
長崎市	19	-	19	1 597	-	1 597	1 597
佐世保市	8	-	8	642	-	642	642
大分市	22	-	22	2 982	-	2 982	2 982
宮崎市	30	-	30	2 723	-	2 723	2 723
鹿児島市	26	-	26	1 306	-	1 306	1 306
那覇市	5	1	4	…	…	…	204

注：1）児童福祉法による措置人員は在籍人員総数の全国の総数のみに含まれており、各都道府県別総数には含まない。
2）「障害児受入人員（再掲）」は入所人員と措置人員、私的契約人員の再掲である。
3）認可定員の総数には、公立または私立の一方のみ報告があった場合を含む。

定員及び在籍人員，都道府県－指定都市－中核市×公立－私立別

平成28年４月１日現在

用定員		在籍人員					
		総数			入所人員		
公立	私立	総数	公立	私立	総数	公立	私立
60	2 056	2 159	70	2 089	2 159	70	2 089
-	662	598	-	598	598	-	598
-	370	333	-	333	333	-	333
-	535	542	-	542	542	-	542
-	1 178	962	-	962	962	-	962
-	210	224	-	224	224	-	224
88	458	443	45	398	443	45	398
-	1 121	1 166	-	1 166	1 166	-	1 166
5 287	1 858	6 197	4 657	1 540	6 197	4 657	1 540
-	2 430	2 140	-	2 140	2 140	-	2 140
-	3 167	2 996	-	2 996	2 996	-	2 996
-	2 610	2 467	-	2 467	2 467	-	2 467
-	2 981	2 873	1	2 872	2 873	1	2 872
-	10 379	10 585	-	10 585	10 585	-	10 585
-	7 656	7 815	4	7 811	7 815	4	7 811
508	670	1 180	531	649	1 180	531	649
-	1 882	1 692	1	1 691	1 692	1	1 691
-	-	1	-	1	1	-	1
-	180	185	-	185	185	-	185
-	4 764	4 621	-	4 621	4 621	-	4 621
-	144	156	-	156	156	-	156
-	1 017	897	-	897	897	-	897
-	1 445	1 473	-	1 473	1 473	-	1 473
…	…	…	…	…	…	…	…
-	874	842	-	842	842	-	842
-	1 368	1 238	-	1 238	1 238	-	1 238
-	-	6	2	4	6	2	4
-	262	264	-	264	264	-	264
-	842	841	-	841	841	-	841
-	2 010	1 809	-	1 809	1 809	-	1 809
-	1 787	1 719	-	1 719	1 719	-	1 719
-	36	33	-	33	33	-	33
-	455	441	-	441	441	-	441
-	348	301	1	300	301	1	300
-	501	348	1	347	348	1	347
-	-	4	4	-	4	4	-
-	531	564	-	564	564	-	564
-	5 317	4 855	-	4 855	4 855	-	4 855
-	2 644	2 819	76	2 743	2 819	76	2 743
-	705	678	-	678	678	-	678
-	710	735	-	735	735	-	735
-	1 530	1 351	-	1 351	1 351	-	1 351
-	369	334	-	334	334	-	334
-	-	1	-	1	1	-	1
-	1 051	1 028	1	1 027	1 028	1	1 027
74	1 666	1 872	84	1 788	1 872	84	1 788
-	2 613	2 682	-	2 682	2 682	-	2 682
2 352	954	3 351	2 377	974	3 351	2 377	974
-	360	381	-	381	381	-	381
515	3 355	3 805	519	3 286	3 805	519	3 286
-	317	364	-	364	364	-	364
-	351	305	-	305	305	-	305
491	664	928	318	610	928	318	610
-	1 555	1 414	-	1 414	1 414	-	1 414
325	288	587	298	289	587	298	289
-	1 295	1 291	-	1 291	1 291	-	1 291
-	442	445	-	445	445	-	445
614	555	1 054	556	498	1 054	556	498
632	294	717	465	252	717	465	252
-	690	662	-	662	662	-	662
-	193	171	-	171	171	-	171
-	270	322	-	322	322	-	322
-	1 597	1 584	-	1 584	1 584	-	1 584
-	642	639	-	639	639	-	639
-	2 982	2 716	-	2 716	2 716	-	2 716
-	2 723	2 588	-	2 588	2 588	-	2 588
-	1 306	1 237	-	1 237	1 237	-	1 237
26	178	211	28	183	211	28	183

（報告表　54の２）

第47表（6－3）幼保連携型認定こども園の施設数、

都道府県 指定都市 中核市	在籍人員 障害児受入人員（再掲） 総数	公立	私立	特別児童扶養手当受給児童（再掲） 総数	公立	私立	私的契約人員 総数	公立	私立
全国	**3 999**	**1 170**	**2 829**	**935**	**233**	**702**	**4**	**－**	**4**
北海道	75	11	64	31	6	25	－	－	－
青森	62	2	60	60	1	59	－	－	－
岩手	40	3	37	20	2	18	－	－	－
宮城	1	1	－	1	1	－	－	－	－
秋田	31	15	16	10	1	9	－	－	－
山形	18	－	18	12	－	12	－	－	－
福島	14	－	14	6	－	6	－	－	－
茨城	30	6	24	19	4	15	－	－	－
栃木	33	1	32	11	－	11	3	－	3
群馬	27	－	27	10	－	10	－	－	－
埼玉	6	－	6	4	－	4	－	－	－
千葉	13	9	4	5	3	2	－	－	－
東京	19	4	15	－	－	－	－	－	－
神奈川	33	31	2	5	4	1	－	－	－
新潟	27	11	16	7	2	5	－	－	－
富山	15	3	12	2	－	2	－	－	－
石川	29	－	29	20	－	20	－	－	－
福井	42	7	35	41	7	34	－	－	－
山梨	9	－	9	－	－	－	－	－	－
長野	21	－	21	1	－	1	1	－	1
岐阜	34	32	2	7	5	2	－	－	－
静岡	12	－	12	6	－	6	－	－	－
愛知	37	2	35	6	－	6	－	－	－
三重	20	11	9	4	3	1	－	－	－
滋賀	272	214	58	22	17	5	－	－	－
京都	40	7	33	16	3	13	－	－	－
大阪	738	7	731	46	7	39	－	－	－
兵庫	154	40	114	60	12	48	－	－	－
奈良	43	40	3	23	23	－	－	－	－
和歌山	2	－	2	1	－	1	－	－	－
鳥取	44	32	12	10	7	3	－	－	－
島根	6	4	2	5	3	2	－	－	－
岡山	30	30	－	3	3	－	－	－	－
広島	19	7	12	2	－	2	－	－	－
山口	－	－	－	－	－	－	－	－	－
徳島	32	5	27	3	2	1	－	－	－
香川	29	21	8	－	－	－	－	－	－
愛媛	20	18	2	7	5	2	－	－	－
高知	1	1	－	1	1	－	－	－	－
福岡	6	3	3	2	2	－	－	－	－
佐賀	8	－	8	6	－	6	－	－	－
長崎	13	－	13	11	－	11	－	－	－
熊本	1	－	1	－	－	－	－	－	－
大分	7	－	7	3	－	3	－	－	－
宮崎	23	－	23	17	－	17	－	－	－
鹿児島	17	1	16	11	－	11	－	－	－
沖縄	11	2	9	3	2	1	－	－	－

注：1）児童福祉法による措置人員は在籍人員総数の全国の総数のみに含まれており、各都道府県別総数には含まない。
2）「障害児受入人員（再掲）」は入所人員と措置人員、私的契約人員の再掲である。
3）認可定員の総数には、公立または私立の一方のみ報告があった場合を含む。

定員及び在籍人員，都道府県－指定都市－中核市×公立－私立別

平成28年４月１日現在

都道府県 指定都市 中核市	在籍人員								
	障害児受入人員（再掲）			特別児童扶養手当受給児童（再掲）			私的契約人員		
	総数	公立	私立	総数	公立	私立	総数	公立	私立
指定都市(別掲)									
札幌市	25	1	24	3	－	3	－	－	－
仙台市	4	－	4	－	－	－	－	－	－
さいたま市	－	－	－	－	－	－	－	－	－
千葉市	4	－	4	1	－	1	－	－	－
横浜市	20	－	20	5	－	5	－	－	－
川崎市	－	－	－	－	－	－	－	－	－
相模原市	16	7	9	1	－	1	－	－	－
新潟市	1	－	1	1	－	1	－	－	－
静岡市	324	307	17	27	25	2	－	－	－
浜松市	73	－	73	8	－	8	－	－	－
名古屋市	61	－	61	10	－	10	－	－	－
京都市	37	－	37	2	－	2	－	－	－
大阪市	45	－	45	13	－	13	－	－	－
堺市	136	－	136	62	－	62	－	－	－
神戸市	136	－	136	12	－	12	－	－	－
岡山市	63	54	9	4	2	2	－	－	－
広島市	11	－	11	－	－	－	－	－	－
北九州市	－	－	－	－	－	－	－	－	－
福岡市	4	－	4	1	－	1	－	－	－
熊本市	19	－	19	19	－	19	－	－	－
中核市(別掲)									
旭川市	3	－	3	－	－	－	－	－	－
函館市	2	－	2	1	－	1	－	－	－
青森市	9	－	9	6	－	6	－	－	－
八戸市	…	…	…	…	…	…	…	…	…
盛岡市	4	－	4	4	－	4	－	－	－
秋田市	5	－	5	－	－	－	－	－	－
郡山市	－	－	－	－	－	－	－	－	－
いわき市	3	－	3	2	－	2	－	－	－
宇都宮市	16	－	16	7	－	7	－	－	－
前橋市	9	－	9	1	－	1	－	－	－
高崎市	5	－	5	5	－	5	－	－	－
川越市	－	－	－	－	－	－	－	－	－
越谷市	－	－	－	－	－	－	－	－	－
船橋市	－	－	－	－	－	－	－	－	－
柏市	2	－	2	－	－	－	－	－	－
八王子市	－	－	－	－	－	－	－	－	－
横須賀市	1	－	1	1	－	1	－	－	－
富山市	82	－	82	9	－	9	－	－	－
金沢市	26	－	26	15	－	15	－	－	－
長野市	1	－	1	1	－	1	－	－	－
岐阜市	25	－	25	1	－	1	－	－	－
豊橋市	16	－	16	－	－	－	－	－	－
豊田市	11	－	11	5	－	5	－	－	－
岡崎市	－	－	－	－	－	－	－	－	－
大津市	32	－	32	6	－	6	－	－	－
高槻市	11	－	11	3	－	3	－	－	－
東大阪市	120	－	120	7	－	7	－	－	－
豊中市	186	163	23	62	59	3	－	－	－
枚方市	10	－	10	6	－	6	－	－	－
姫路市	54	10	44	54	10	44	－	－	－
西宮市	11	－	11	1	－	1	－	－	－
尼崎市	－	－	－	－	－	－	－	－	－
奈良市	10	9	1	2	1	1	－	－	－
和歌山市	20	－	20	1	－	1	－	－	－
倉敷市	14	14	－	－	－	－	－	－	－
福山市	32	－	32	2	－	2	－	－	－
呉市	1	－	1	1	－	1	－	－	－
下関市	7	7	－	7	7	－	－	－	－
高松市	17	17	－	3	3	－	－	－	－
松山市	2	－	2	－	－	－	－	－	－
高知市	1	－	1	－	－	－	－	－	－
久留米市	9	－	9	2	－	2	－	－	－
長崎市	26	－	26	4	－	4	－	－	－
佐世保市	6	－	6	4	－	4	－	－	－
大分市	8	－	8	2	－	2	－	－	－
宮崎市	59	－	59	1	－	1	－	－	－
鹿児島市	－	－	－	－	－	－	－	－	－
那覇市	－	－	－	－	－	－	－	－	－

（報告表　54の２）

第47表（6－4）幼保連携型認定こども園の施設数、

都道府県 指定都市 中核市	施設数			認可定員			利
	総数	公立	私立	総数	公立	私立	総数
全国	**2 795**	**452**	**2 343**	**260 309**	**41 531**	**218 778**	**272 458**
北海道	70	12	58	6 283	1 215	5 068	5 139
青森	98	3	95	7 903	320	7 583	7 858
岩手	34	6	28	3 115	400	2 715	2 989
宮城	9	5	4	930	585	345	910
秋田	34	6	28	4 030	990	3 040	3 935
山形	30	2	28	2 828	175	2 653	2 828
福島	53	21	32	4 790	1 666	3 124	4 852
茨城	109	11	98	10 163	1 295	8 868	9 755
栃木	51	1	50	4 963	100	4 863	4 131
群馬	35	2	33	…	…	…	3 601
埼玉	35	-	35	3 175	-	3 175	3 022
千葉	24	13	11	2 626	1 449	1 177	2 626
東京	21	6	15	2 158	626	1 532	2 127
神奈川	17	8	9	1 444	776	668	1 413
新潟	42	7	35	3 570	794	2 776	3 293
富山	24	2	22	2 372	172	2 200	2 372
石川	44	1	43	5 705	90	5 615	5 623
福井	72	14	58	8 015	1 498	6 517	7 998
山梨	22	-	22	2 425	-	2 425	2 301
長野	20	2	18	1 417	150	1 267	1 273
岐阜	31	19	12	2 822	1 390	1 432	2 787
静岡	38	13	25	3 703	1 314	2 389	3 703
愛知	15	1	14	1 566	80	1 486	1 450
三重	11	3	8	1 269	332	937	1 266
滋賀	42	24	18	4 957	2 850	2 107	4 882
京都	19	2	17	2 449	200	2 249	2 449
大阪	153	5	148	18 790	684	18 106	18 458
兵庫	125	45	80	12 275	3 775	8 500	12 180
奈良	15	10	5	1 894	1 019	875	1 894
和歌山	8	2	6	827	291	536	827
鳥取	26	11	15	…	…	…	3 066
島根	6	3	3	565	355	210	565
岡山	20	18	2	1 662	1 488	174	1 573
広島	29	3	26	2 447	335	2 112	2 381
山口	2	-	2	80	-	80	80
徳島	23	11	12	2 677	1 387	1 290	2 677
香川	9	8	1	886	821	65	870
愛媛	16	7	9	1 060	542	518	1 060
高知	7	6	1	658	559	99	652
福岡	15	6	9	…	…	…	1 224
佐賀	39	-	39	…	-	…	3 073
長崎	34	2	32	2 817	162	2 655	2 748
熊本	18	-	18	1 311	-	1 311	1 291
大分	45	4	41	3 557	400	3 157	3 557
宮崎	61	-	61	4 867	-	4 867	4 769
鹿児島	72	2	70	5 014	166	4 848	4 944
沖縄	12	2	10	1 223	134	1 089	1 223

注：1）児童福祉法による措置人員は在籍人員総数の全国の総数のみに含まれており、各都道府県別総数には含まない。
　　2）「障害児受入人員（再掲）」は入所人員と措置人員、私的契約人員の再掲である。
　　3）認可定員の総数には、公立または私立の一方のみ報告があった場合を含む。

定員及び在籍人員，都道府県－指定都市－中核市×公立－私立別

平成29年３月１日現在

用定員		在籍人員					
		総数			入所人員		
公立	私立	総数	公立	私立	総数	公立	私立
43 600	228 858	276 224	39 783	236 439	276 217	39 780	236 437
1 245	3 894	5 029	1 162	3 867	5 029	1 162	3 867
320	7 538	7 847	249	7 598	7 847	249	7 598
400	2 589	3 010	385	2 625	3 010	385	2 625
565	345	824	467	357	824	467	357
985	2 950	3 700	743	2 957	3 700	743	2 957
175	2 653	2 912	167	2 745	2 912	167	2 745
1 666	3 186	4 466	1 204	3 262	4 466	1 204	3 262
1 295	8 460	9 608	1 144	8 464	9 608	1 144	8 464
100	4 031	4 330	79	4 251	4 329	79	4 250
270	3 331	3 685	262	3 423	3 685	262	3 423
－	3 022	3 097	－	3 097	3 097	－	3 097
1 449	1 177	2 714	1 464	1 250	2 714	1 464	1 250
626	1 501	2 157	618	1 539	2 157	618	1 539
745	668	1 394	711	683	1 394	711	683
794	2 499	3 066	653	2 413	3 066	653	2 413
172	2 200	2 473	143	2 330	2 473	143	2 330
90	5 533	5 440	2	5 438	5 440	2	5 438
1 498	6 500	7 905	1 445	6 460	7 905	1 445	6 460
－	2 301	2 322	－	2 322	2 322	－	2 322
150	1 123	1 336	137	1 199	1 333	134	1 199
1 355	1 432	2 483	1 113	1 370	2 483	1 113	1 370
1 314	2 389	3 525	1 093	2 432	3 525	1 093	2 432
70	1 380	1 436	28	1 408	1 436	28	1 408
332	934	1 332	339	993	1 332	339	993
2 850	2 032	5 027	3 041	1 986	5 027	3 041	1 986
200	2 249	2 626	211	2 415	2 625	211	2 414
684	17 774	19 578	646	18 932	19 578	646	18 932
3 760	8 420	12 909	3 485	9 424	12 909	3 485	9 424
1 019	875	1 768	898	870	1 768	898	870
291	536	862	246	616	862	246	616
1 236	1 830	2 959	1 115	1 844	2 959	1 115	1 844
355	210	563	355	208	563	355	208
1 459	114	1 427	1 340	87	1 427	1 340	87
335	2 046	2 228	221	2 007	2 228	221	2 007
－	80	83	1	82	83	1	82
1 387	1 290	2 481	1 178	1 303	2 481	1 178	1 303
805	65	811	747	64	811	747	64
542	518	999	450	549	999	450	549
553	99	483	402	81	483	402	81
674	550	1 305	713	592	1 305	713	592
－	3 073	3 614	－	3 614	3 614	－	3 614
162	2 586	3 129	172	2 957	3 129	172	2 957
－	1 291	1 227	－	1 227	1 227	－	1 227
400	3 157	3 473	306	3 167	3 473	306	3 167
－	4 769	5 088	－	5 088	5 088	－	5 088
166	4 778	5 604	130	5 474	5 604	130	5 474
134	1 089	1 185	117	1 068	1 185	117	1 068

（報告表　54の２）

第47表（6－5）幼保連携型認定こども園の施設数、

都道府県 指定都市 中核市	施設数			認可定員			利
	総数	公立	私立	総数	公立	私立	総数
指定都市(別掲)							
札幌市	28	1	27	2 141	60	2 081	2 116
仙台市	9	－	9	737	－	737	737
さいたま市	4	－	4	370	－	370	370
千葉市	6	－	6	535	－	535	535
横浜市	19	－	19	1 178	－	1 178	1 178
川崎市	2	－	2	210	－	210	210
相模原市	7	1	6	570	88	482	570
新潟市	17	－	17	1 121	－	1 121	1 121
静岡市	77	56	21	7 145	5 287	1 858	7 145
浜松市	19	－	19	2 430	－	2 430	2 430
名古屋市	26	－	26	3 167	－	3 167	3 167
京都市	17	－	17	2 610	－	2 610	2 610
大阪市	25	－	25	3 317	－	3 317	2 981
堺市	76	－	76	10 593	－	10 593	10 379
神戸市	81	－	81	10 924	－	10 924	7 656
岡山市	10	5	5	508	508	…	1 178
広島市	16	－	16	1 882	－	1 882	1 882
北九州市	－	－	－	－	－	－	－
福岡市	2	－	2	180	－	180	180
熊本市	43	－	43	4 764	－	4 764	4 764
中核市(別掲)							
旭川市	3	－	3	144	－	144	144
函館市	17	－	17	…	－	…	1 077
青森市	19	－	19	1 445	－	1 445	1 445
八戸市	39	－	39	3 145	－	3 145	3 145
盛岡市	9	－	9	874	－	874	874
秋田市	15	－	15	1 368	－	1 368	1 368
郡山市	－	－	－	－	－	－	－
いわき市	2	－	2	…	－	…	262
宇都宮市	13	－	13	898	－	898	897
前橋市	20	－	20	2 010	－	2 010	2 010
高崎市	17	－	17	…	－	…	1 787
川越市	1	－	1	36	－	36	36
越谷市	5	－	5	455	－	455	455
船橋市	3	－	3	348	－	348	348
柏市	4	－	4	…	－	…	501
八王子市	－	－	－	－	－	－	－
横須賀市	5	－	5	531	－	531	531
富山市	34	－	34	…	－	…	5 317
金沢市	22	－	22	2 644	－	2 644	2 644
長野市	6	－	6	705	－	705	705
岐阜市	4	－	4	710	－	710	710
豊橋市	9	－	9	1 530	－	1 530	1 530
豊田市	6	－	6	497	－	497	369
岡崎市	－	－	－	－	－	－	－
大津市	10	－	10	1 051	－	1 051	1 051
高槻市	15	1	14	1 740	74	1 666	1 740
東大阪市	22	－	22	2 669	－	2 669	2 613
豊中市	36	26	10	3 341	2 352	989	3 306
枚方市	4	－	4	360	－	360	360
姫路市	33	7	26	3 870	515	3 355	3 870
西宮市	4	－	4	317	－	317	317
尼崎市	5	－	5	351	－	351	351
奈良市	14	9	5	1 155	491	664	1 155
和歌山市	10	－	10	1 555	－	1 555	1 555
倉敷市	6	4	2	613	325	288	613
福山市	10	－	10	1 295	－	1 295	1 295
呉市	6	－	6	451	－	451	451
下関市	12	7	5	1 169	614	555	1 169
高松市	7	5	2	926	632	294	926
松山市	9	－	9	690	－	690	690
高知市	2	－	2	193	－	193	193
久留米市	7	－	7	283	－	283	270
長崎市	19	－	19	1 597	－	1 597	1 597
佐世保市	8	－	8	642	－	642	642
大分市	22	－	22	2 982	－	2 982	2 982
宮崎市	31	－	31	2 743	－	2 743	2 743
鹿児島市	26	－	26	1 306	－	1 306	1 306
那覇市	5	1	4	…	…	…	204

注：1）児童福祉法による措置人員は在籍人員総数の全国の総数のみに含まれており、各都道府県別総数には含まない。
2）「障害児受入人員（再掲）」は入所人員と措置人員、私的契約人員の再掲である。
3）認可定員の総数には、公立または私立の一方のみ報告があった場合を含む。

定員及び在籍人員，都道府県－指定都市－中核市×公立－私立別

平成29年３月１日現在

用定員		在籍人員					
		総数			入所人員		
公立	私立	総数	公立	私立	総数	公立	私立
60	2 056	2 247	71	2 176	2 247	71	2 176
－	737	728	－	728	728	－	728
－	370	346	－	346	346	－	346
－	535	569	－	569	569	－	569
－	1 178	1 057	－	1 057	1 057	－	1 057
－	210	224	－	224	224	－	224
88	482	503	51	452	503	51	452
－	1 121	1 223	－	1 223	1 223	－	1 223
5 287	1 858	6 407	4 702	1 705	6 407	4 702	1 705
－	2 430	2 328	－	2 328	2 328	－	2 328
－	3 167	3 141	－	3 141	3 141	－	3 141
－	2 610	2 541	－	2 541	2 541	－	2 541
－	2 981	2 963	2	2 961	2 963	2	2 961
－	10 379	10 723	－	10 723	10 723	－	10 723
－	7 656	8 140	4	8 136	8 140	4	8 136
508	670	1 249	575	674	1 249	575	674
－	1 882	1 882	－	1 882	1 882	－	1 882
－	－	4	2	2	4	2	2
－	180	186	－	186	186	－	186
－	4 764	4 946	－	4 946	4 946	－	4 946
－	144	176	－	176	176	－	176
－	1 077	1 006	－	1 006	1 006	－	1 006
－	1 445	1 552	－	1 552	1 552	－	1 552
－	3 145	3 181	－	3 181	3 181	－	3 181
－	874	891	－	891	891	－	891
－	1 368	1 353	－	1 353	1 353	－	1 353
－	－	7	3	4	7	3	4
－	262	274	－	274	274	－	274
－	897	977	1	976	977	1	976
－	2 010	2 013	－	2 013	2 013	－	2 013
－	1 787	1 903	－	1 903	1 903	－	1 903
－	36	37	－	37	37	－	37
－	455	474	－	474	474	－	474
－	348	311	1	310	311	1	310
－	501	412	1	411	412	1	411
－	－	5	4	1	5	4	1
－	531	578	－	578	578	－	578
－	5 317	5 352	－	5 352	5 352	－	5 352
－	2 644	2 950	81	2 869	2 950	81	2 869
－	705	757	－	757	757	－	757
－	710	743	－	743	743	－	743
－	1 530	1 443	－	1 443	1 443	－	1 443
－	369	368	－	368	368	－	368
－	－	－	－	－	－	－	－
－	1 051	1 083	3	1 080	1 083	3	1 080
74	1 666	1 942	86	1 856	1 942	86	1 856
－	2 613	2 699	－	2 699	2 699	－	2 699
2 352	954	3 431	2 440	991	3 431	2 440	991
－	360	397	－	397	397	－	397
515	3 355	4 044	542	3 502	4 044	542	3 502
－	317	386	1	385	386	1	385
－	351	326	1	325	326	1	325
491	664	1 045	364	681	1 045	364	681
－	1 555	1 575	－	1 575	1 575	－	1 575
325	288	608	316	292	608	316	292
－	1 295	1 415	－	1 415	1 415	－	1 415
－	451	470	－	470	470	－	470
614	555	1 161	606	555	1 161	606	555
632	294	765	513	252	765	513	252
－	690	715	－	715	715	－	715
－	193	177	－	177	177	－	177
－	270	338	－	338	338	－	338
－	1 597	1 870	－	1 870	1 870	－	1 870
－	642	753	－	753	753	－	753
－	2 982	2 847	－	2 847	2 847	－	2 847
－	2 743	2 912	1	2 911	2 912	1	2 911
－	1 306	1 343	－	1 343	1 343	－	1 343
26	178	230	30	200	230	30	200

（報告表　54の２）

第47表（6－6）幼保連携型認定こども園の施設数、

都道府県 指定都市 中核市	在籍人員								
	障害児受入人員（再掲）			特別児童扶養手当受給児童（再掲）			私的契約人員		
	総数	公立	私立	総数	公立	私立	総数	公立	私立
全国	**4 428**	**1 232**	**3 196**	**1 060**	**257**	**803**	**5**	**3**	**2**
北海道	79	11	68	29	6	23	－	－	－
青森	60	3	57	53	2	51	－	－	－
岩手	43	5	38	19	3	16	－	－	－
宮城	1	1	－	1	1	－	－	－	－
秋田	33	15	18	11	1	10	－	－	－
山形	20	－	20	12	－	12	－	－	－
福島	16	1	15	4	1	3	－	－	－
茨城	31	4	27	19	4	15	－	－	－
栃木	32	1	31	9	－	9	1	－	1
群馬	32	－	32	14	－	14	－	－	－
埼玉	8	－	8	4	－	4	－	－	－
千葉	19	14	5	8	7	1	－	－	－
東京	20	3	17	－	－	－	－	－	－
神奈川	36	34	2	5	4	1	－	－	－
新潟	30	11	19	9	3	6	－	－	－
富山	25	3	22	2	－	2	－	－	－
石川	32	－	32	25	－	25	－	－	－
福井	43	4	39	42	4	38	－	－	－
山梨	8	－	8	2	－	2	－	－	－
長野	18	1	17	2	－	2	3	3	－
岐阜	35	32	3	8	5	3	－	－	－
静岡	17	1	16	5	－	5	－	－	－
愛知	44	3	41	6	－	6	－	－	－
三重	23	10	13	8	4	4	－	－	－
滋賀	292	229	63	23	18	5	－	－	－
京都	42	2	40	18	2	16	1	－	1
大阪	731	9	722	60	9	51	－	－	－
兵庫	144	33	111	69	15	54	－	－	－
奈良	51	46	5	31	30	1	－	－	－
和歌山	2	－	2	1	－	1	－	－	－
鳥取	45	30	15	9	5	4	－	－	－
島根	6	3	3	5	2	3	－	－	－
岡山	37	34	3	4	4	－	－	－	－
広島	20	7	13	4	－	4	－	－	－
山口	－	－	－	－	－	－	－	－	－
徳島	33	6	27	4	3	1	－	－	－
香川	30	22	8	－	－	－	－	－	－
愛媛	23	21	2	9	7	2	－	－	－
高知	1	1	－	1	1	－	－	－	－
福岡	3	2	1	2	1	1	－	－	－
佐賀	10	－	10	7	－	7	－	－	－
長崎	15	－	15	13	－	13	－	－	－
熊本	9	－	9	6	－	6	－	－	－
大分	8	－	8	4	－	4	－	－	－
宮崎	27	－	27	17	－	17	－	－	－
鹿児島	19	1	18	13	－	13	－	－	－
沖縄	10	2	8	4	2	2	－	－	－

注：1）児童福祉法による措置人員は在籍人員総数の全国の総数のみに含まれており、各都道府県別総数には含まない。
2）「障害児受入人員（再掲）」は入所人員と措置人員、私的契約人員の再掲である。
3）認可定員の総数には、公立または私立の一方のみ報告があった場合を含む。

定員及び在籍人員, 都道府県-指定都市-中核市×公立-私立別

平成29年3月1日現在

都道府県 指定都市 中核市	在籍人員							私的契約人員		
	障害児受入人員（再掲）			特別児童扶養手当受給児童（再掲）					
	総数	公立	私立	総数	公立	私立	総数	公立	私立
指定都市(別掲)									
札幌市	31	1	30	6	-	6	-	-	-
仙台市	6	-	6	-	-	-	-	-	-
さいたま市	-	-	-	-	-	-	-	-	-
千葉市	5	-	5	4	-	4	-	-	-
横浜市	22	-	22	5	-	5	-	-	-
川崎市	-	-	-	-	-	-	-	-	-
相模原市	19	7	12	1	-	1	-	-	-
新潟市	2	-	2	2	-	2	-	-	-
静岡市	324	307	17	27	25	2	-	-	-
浜松市	83	-	83	10	-	10	-	-	-
名古屋市	61	-	61	10	-	10	-	-	-
京都市	112	-	112	4	-	4	-	-	-
大阪市	51	-	51	18	-	18	-	-	-
堺市	136	-	136	62	-	62	-	-	-
神戸市	177	-	177	13	-	13	-	-	-
岡山市	87	73	14	4	2	2	-	-	-
広島市	8	-	8	-	-	-	-	-	-
北九州市	-	-	-	-	-	-	-	-	-
福岡市	2	-	2	1	-	1	-	-	-
熊本市	34	-	34	31	-	31	-	-	-
中核市(別掲)									
旭川市	3	-	3	-	-	-	-	-	-
函館市	2	-	2	1	-	1	-	-	-
青森市	8	-	8	5	-	5	-	-	-
八戸市	24	-	24	24	-	24	-	-	-
盛岡市	4	-	4	2	-	2	-	-	-
秋田市	6	-	6	-	-	-	-	-	-
郡山市	-	-	-	-	-	-	-	-	-
いわき市	5	-	5	2	-	2	-	-	-
宇都宮市	17	-	17	8	-	8	-	-	-
前橋市	9	-	9	1	-	1	-	-	-
高崎市	4	-	4	4	-	4	-	-	-
川越市	-	-	-	-	-	-	-	-	-
越谷市	-	-	-	-	-	-	-	-	-
船橋市	-	-	-	-	-	-	-	-	-
柏市	2	-	2	-	-	-	-	-	-
八王子市	-	-	-	-	-	-	-	-	-
横須賀市	4	-	4	1	-	1	-	-	-
富山市	100	-	100	10	-	10	-	-	-
金沢市	46	-	46	6	-	6	-	-	-
長野市	2	-	2	1	-	1	-	-	-
岐阜市	35	-	35	2	-	2	-	-	-
豊橋市	16	-	16	1	-	1	-	-	-
豊田市	14	-	14	7	-	7	-	-	-
岡崎市	-	-	-	-	-	-	-	-	-
大津市	34	-	34	6	-	6	-	-	-
高槻市	11	-	11	3	-	3	-	-	-
東大阪市	120	-	120	7	-	7	-	-	-
豊中市	188	165	23	62	59	3	-	-	-
枚方市	12	-	12	7	-	7	-	-	-
姫路市	53	11	42	53	11	42	-	-	-
西宮市	11	-	11	1	-	1	-	-	-
尼崎市	-	-	-	-	-	-	-	-	-
奈良市	22	17	5	9	5	4	-	-	-
和歌山市	20	-	20	3	-	3	-	-	-
倉敷市	26	22	4	2	1	1	-	-	-
福山市	35	-	35	3	-	3	-	-	-
呉市	1	-	1	1	-	1	-	-	-
下関市	8	7	1	8	7	1	-	-	-
高松市	17	17	-	3	3	-	-	-	-
松山市	2	-	2	-	-	-	-	-	-
高知市	1	-	1	-	-	-	-	-	-
久留米市	9	-	9	1	-	1	-	-	-
長崎市	40	-	40	6	-	6	-	-	-
佐世保市	7	-	7	4	-	4	-	-	-
大分市	21	-	21	5	-	5	-	-	-
宮崎市	65	-	65	1	-	1	-	-	-
鹿児島市	1	-	1	1	-	1	-	-	-
那覇市	-	-	-	-	-	-	-	-	-

(報告表 54の2)

第48表（８－１）幼保連携型認定こども園の在籍人員（措置人員

都道府県 指定都市 中核市	総数			0歳			1・2歳		
	総数	公立	私立	総数	公立	私立	総数	公立	私立
全国	**257 402**	**37 471**	**219 931**	**12 698**	**1 210**	**11 488**	**89 280**	**11 293**	**77 987**
北海道	4 667	1 047	3 620	210	37	173	1 726	330	1 396
青森	10 139	242	9 897	657	10	647	3 668	79	3 589
岩手	2 732	308	2 424	166	18	148	926	96	830
宮城	776	443	333	31	23	8	255	138	117
秋田	3 403	688	2 715	239	48	191	1 161	235	926
山形	2 752	159	2 593	156	8	148	921	43	878
福島	4 164	1 163	3 001	191	50	141	1 484	385	1 099
茨城	8 651	1 094	7 557	333	39	294	2 987	350	2 637
栃木	3 723	74	3 649	135	2	133	1 288	31	1 257
群馬	3 442	239	3 203	125	4	121	1 139	92	1 047
埼玉	2 874	2	2 872	143	-	143	1 018	1	1 017
千葉	2 384	1 325	1 059	96	48	48	785	393	392
東京	2 065	604	1 461	122	29	93	684	198	486
神奈川	1 297	657	640	59	18	41	437	209	228
新潟	2 906	625	2 281	105	7	98	1 166	192	974
富山	2 188	127	2 061	74	5	69	806	33	773
石川	4 961	2	4 959	201	-	201	1 711	-	1 711
福井	7 471	1 353	6 118	295	41	254	2 563	420	2 143
山梨	2 103	-	2 103	100	-	100	729	-	729
長野	1 159	114	1 045	24	-	24	408	36	372
岐阜	2 390	1 065	1 325	62	14	48	608	216	392
静岡	3 262	1 004	2 258	125	23	102	1 038	318	720
愛知	1 342	25	1 317	43	-	43	428	-	428
三重	1 287	328	959	57	10	47	451	114	337
滋賀	4 727	2 871	1 856	117	70	47	1 474	902	572
京都	2 477	191	2 286	106	2	104	796	63	733
大阪	18 813	613	18 200	1 173	32	1 141	6 453	199	6 254
兵庫	12 037	3 344	8 693	339	60	279	3 690	891	2 799
奈良	1 624	851	773	56	28	28	538	272	266
和歌山	798	245	553	15	4	11	234	63	171
鳥取	2 828	1 046	1 782	109	26	83	989	366	623
島根	517	319	198	15	3	12	200	107	93
岡山	1 287	1 231	56	31	29	2	406	386	20
広島	2 000	192	1 808	80	4	76	684	60	624
山口	73	2	71	2	-	2	32	-	32
徳島	2 292	1 085	1 207	83	28	55	846	372	474
香川	723	661	62	26	21	5	264	241	23
愛媛	938	421	517	21	5	16	383	117	266
高知	430	351	79	19	15	4	190	155	35
福岡	1 219	646	573	50	27	23	449	201	248
佐賀	3 335	-	3 335	147	-	147	1 276	-	1 276
長崎	2 755	149	2 606	154	9	145	1 014	49	965
熊本	1 125	-	1 125	82	-	82	433	-	433
大分	3 062	283	2 779	176	17	159	1 204	97	1 107
宮崎	4 648	-	4 648	316	-	316	1 922	-	1 922
鹿児島	5 096	128	4 968	310	9	301	2 029	32	1 997
沖縄	1 218	115	1 103	87	2	85	410	33	377

及び私的契約人員を除く), 都道府県-指定都市-中核市×年齢階級×公立-私立別

平成28年4月1日現在

3		歳	4	歳	以	上
総 数	公 立	私 立	総 数	公 立	私 立
51 419	7 886	43 533	104 005	17 082	86 923
890	209	681	1 841	471	1 370
1 903	53	1 850	3 911	100	3 811
538	57	481	1 102	137	965
150	81	69	340	201	139
673	142	531	1 330	263	1 067
572	38	534	1 103	70	1 033
815	227	588	1 674	501	1 173
1 761	208	1 553	3 570	497	3 073
746	12	734	1 554	29	1 525
674	45	629	1 504	98	1 406
620	1	619	1 093	-	1 093
467	269	198	1 036	615	421
421	110	311	838	267	571
280	134	146	521	296	225
571	152	419	1 064	274	790
429	30	399	879	59	820
987	2	985	2 062	-	2 062
1 493	284	1 209	3 120	608	2 512
402	-	402	872	-	872
248	22	226	479	56	423
572	275	297	1 148	560	588
678	208	470	1 421	455	966
283	4	279	588	21	567
262	70	192	517	134	383
1 005	609	396	2 131	1 290	841
517	33	484	1 058	93	965
3 720	111	3 609	7 467	271	7 196
2 563	756	1 807	5 445	1 637	3 808
342	163	179	688	388	300
174	46	128	375	132	243
580	220	360	1 150	434	716
104	64	40	198	145	53
275	259	16	575	557	18
423	36	387	813	92	721
19	1	18	20	1	19
477	218	259	886	467	419
150	138	12	283	261	22
183	89	94	351	210	141
91	76	15	130	105	25
249	124	125	471	294	177
654	-	654	1 258	-	1 258
527	26	501	1 060	65	995
205	-	205	405	-	405
575	57	518	1 107	112	995
839	-	839	1 571	-	1 571
910	28	882	1 847	59	1 788
251	26	225	470	54	416

(報告表 54の2)

児童福祉
48表

第48表（8－2）幼保連携型認定こども園の在籍人員（措置人員

都道府県 指定都市 中核市	総　　　　数			0　　　　歳			1　・　2　歳		
	総　数	公　立	私　立	総　数	公　立	私　立	総　数	公　立	私　立
指定都市（別掲）									
札　幌　市	2 159	70	2 089	197	6	191	827	22	805
仙　台　市	598	-	598	21	-	21	224	-	224
さいたま市	333	-	333	22	-	22	132	-	132
千　葉　市	542	-	542	35	-	35	179	-	179
横　浜　市	962	-	962	64	-	64	377	-	377
川　崎　市	224	-	224	6	-	6	71	-	71
相模原市	443	45	398	36	2	34	158	19	139
新　潟　市	1 166	-	1 166	76	-	76	499	-	499
静　岡　市	6 197	4 657	1 540	278	199	79	1 805	1 230	575
浜　松　市	2 140	-	2 140	157	-	157	801	-	801
名古屋市	2 996	-	2 996	177	-	177	980	-	980
京　都　市	2 467	-	2 467	163	-	163	816	-	816
大　阪　市	2 873	1	2 872	172	-	172	884	1	883
堺　　　市	10 585	-	10 585	784	-	784	3 762	-	3 762
神　戸　市	7 815	4	7 811	424	-	424	2 666	1	2 665
岡　山　市	1 180	531	649	74	20	54	402	158	244
広　島　市	1 692	1	1 691	59	-	59	600	1	599
北九州市	1	-	1	-	-	-	-	-	-
福　岡　市	185	-	185	15	-	15	57	-	57
熊　本　市	4 621	-	4 621	305	-	305	1 622	-	1 622
中核市（別掲）									
旭　川　市	156	-	156	8	-	8	70	-	70
函　館　市	897	-	897	55	-	55	319	-	319
青　森　市	1 473	-	1 473	113	-	113	494	-	494
八　戸　市	…	…	…	…	…	…	…	…	…
盛　岡　市	842	-	842	73	-	73	321	-	321
秋　田　市	1 238	-	1 238	58	-	58	466	-	466
郡　山　市	6	2	4	1	-	1	3	1	2
いわき市	264	-	264	16	-	16	99	-	99
宇都宮市	841	-	841	55	-	55	312	-	312
前　橋　市	1 809	-	1 809	53	-	53	676	-	676
高　崎　市	1 719	-	1 719	81	-	81	623	-	623
川　越　市	33	-	33	-	-	-	22	-	22
越谷市	441	-	441	19	-	19	135	-	135
船　橋　市	301	1	300	20	-	20	120	-	120
柏　　　市	348	1	347	24	-	24	142	1	141
八王子市	4	4	-	-	-	-	3	3	-
横須賀市	564	-	564	35	-	35	186	-	186
富　山　市	4 855	-	4 855	154	-	154	1 682	-	1 682
金　沢　市	2 819	76	2 743	118	-	118	983	24	959
長　野　市	678	-	678	13	-	13	264	-	264
岐　阜　市	735	-	735	33	-	33	234	-	234
豊　橋　市	1 351	-	1 351	27	-	27	427	-	427
豊　田　市	334	-	334	11	-	11	132	-	132
岡　崎　市	1	-	1	-	-	-	1	-	1
大　津　市	1 028	1	1 027	29	-	29	349	1	348
高　槻　市	1 872	84	1 788	129	7	122	624	26	598
東大阪市	2 682	-	2 682	156	-	156	852	-	852
豊中市	3 351	2 377	974	178	94	84	1 031	699	332
枚　方　市	381	-	381	8	-	8	118	-	118
姫　路　市	3 805	519	3 286	82	10	72	1 083	137	946
西　宮　市	364	-	364	27	-	27	119	-	119
尼崎市	305	-	305	18	-	18	135	-	135
奈　良　市	928	318	610	43	6	37	299	65	234
和歌山市	1 414	-	1 414	78	-	78	486	-	486
倉　敷　市	587	298	289	9	3	6	143	73	70
福　山　市	1 291	-	1 291	62	-	62	451	-	451
呉　　　市	445	-	445	22	-	22	174	-	174
下　関　市	1 054	556	498	36	14	22	337	176	161
高　松　市	717	465	252	40	24	16	244	140	104
松　山　市	662	-	662	37	-	37	294	-	294
高　知　市	171	-	171	16	-	16	74	-	74
久留米市	322	-	322	27	-	27	176	-	176
長　崎　市	1 584	-	1 584	84	-	84	585	-	585
佐世保市	639	-	639	32	-	32	225	-	225
大　分　市	2 716	-	2 716	119	-	119	999	-	999
宮　崎　市	2 588	-	2 588	127	-	127	1 075	-	1 075
鹿児島市	1 237	-	1 237	44	-	44	527	-	527
那　覇　市	211	28	183	-	-	-	1	-	1

及び私的契約人員を除く), 都道府県－指定都市－中核市×年齢階級×公立－私立別

平成28年4月1日現在

3 歳			4 歳 以 上		
総 数	公 立	私 立	総 数	公 立	私 立
387	12	375	748	30	718
121	-	121	232	-	232
73	-	73	106	-	106
107	-	107	221	-	221
183	-	183	338	-	338
52	-	52	95	-	95
86	5	81	163	19	144
231	-	231	360	-	360
1 297	995	302	2 817	2 233	584
420	-	420	762	-	762
595	-	595	1 244	-	1 244
502	-	502	986	-	986
613	-	613	1 204	-	1 204
2 028	-	2 028	4 011	-	4 011
1 591	1	1 590	3 134	2	3 132
212	93	119	492	260	232
339	-	339	694	-	694
-	-	-	1	-	1
39	-	39	74	-	74
866	-	866	1 828	-	1 828
26	-	26	52	-	52
169	-	169	354	-	354
254	-	254	612	-	612
…	…	…	…	…	…
153	-	153	295	-	295
259	-	259	455	-	455
-	-	-	2	1	1
47	-	47	102	-	102
167	-	167	307	-	307
399	-	399	681	-	681
335	-	335	680	-	680
6	-	6	5	-	5
99	-	99	188	-	188
59	-	59	102	1	101
69	-	69	113	-	113
-	-	-	1	1	-
121	-	121	222	-	222
999	-	999	2 020	-	2 020
565	15	550	1 153	37	1 116
127	-	127	274	-	274
161	-	161	307	-	307
271	-	271	626	-	626
60	-	60	131	-	131
-	-	-	-	-	-
219	-	219	431	-	431
361	16	345	758	35	723
538	-	538	1 136	-	1 136
758	569	189	1 384	1 015	369
89	-	89	166	-	166
798	115	683	1 842	257	1 585
74	-	74	144	-	144
51	-	51	101	-	101
193	79	114	393	168	225
280	-	280	570	-	570
125	52	73	310	170	140
251	-	251	527	-	527
80	-	80	169	-	169
217	117	100	464	249	215
150	104	46	283	197	86
129	-	129	202	-	202
30	-	30	51	-	51
38	-	38	81	-	81
306	-	306	609	-	609
136	-	136	246	-	246
517	-	517	1 081	-	1 081
507	-	507	879	-	879
216	-	216	450	-	450
-	-	-	210	28	182

(報告表 54の2)

児童福祉 48表

第48表（8－3）幼保連携型認定こども園の在籍人員（措置人員

都道府県 指定都市 中核市	総数 総数	総数 公立	総数 私立	保育 0歳 総数	保育 0歳 公立	保育 0歳 私立	短 1・2歳 総数	短 1・2歳 公立	短 1・2歳 私立
全　　国	38 101	8 396	29 705	2 051	299	1 752	13 683	2 501	11 182
北　海　道	695	252	443	52	10	42	272	76	196
青　　森	908	15	893	100	2	98	435	6	429
岩　　手	271	40	231	26	1	25	119	16	103
宮　　城	372	263	109	19	15	4	123	82	41
秋　　田	414	63	351	45	6	39	155	23	132
山　　形	331	8	323	22	-	22	111	3	108
福　　島	331	113	218	24	11	13	139	46	93
茨　　城	1 131	194	937	50	12	38	458	60	398
栃　　木	889	4	885	37	1	36	293	2	291
群　　馬	663	11	652	29	-	29	240	6	234
埼　　玉	495	1	494	29	-	29	170	-	170
千　　葉	627	494	133	13	7	6	187	131	56
東　　京	224	40	184	2	-	2	59	4	55
神 奈 川	185	90	95	4	3	1	57	26	31
新　　潟	850	248	602	26	-	26	359	72	287
富　　山	513	54	459	9	3	6	193	13	180
石　　川	811	-	811	40	-	40	369	-	369
福　　井	1 719	331	1 388	71	8	63	637	106	531
山　　梨	492	-	492	30	-	30	188	-	188
長　　野	836	65	771	16	-	16	300	18	282
岐　　阜	1 350	743	607	27	10	17	305	140	165
静　　岡	536	291	245	14	5	9	162	91	71
愛　　知	608	25	583	10	-	10	153	-	153
三　　重	212	82	130	10	4	6	77	31	46
滋　　賀	1 183	747	436	20	14	6	347	210	137
京　　都	442	73	369	24	-	24	148	27	121
大　　阪	2 019	100	1 919	162	13	149	710	30	680
兵　　庫	2 361	810	1 551	59	13	46	691	214	477
奈　　良	333	198	135	19	11	8	124	80	44
和 歌 山	134	84	50	2	2	-	41	24	17
鳥　　取	482	187	295	14	5	9	171	67	104
島　　根	47	22	25	4	-	4	26	9	17
岡　　山	220	200	20	10	10	-	86	78	8
広　　島	227	22	205	12	-	12	74	9	65
山　　口	28	1	27	1	-	1	13	-	13
徳　　島	307	185	122	8	3	5	134	75	59
香　　川	273	260	13	9	7	2	121	115	6
愛　　媛	156	55	101	3	1	2	97	24	73
高　　知	69	54	15	3	3	-	34	28	6
福　　岡	117	38	79	8	2	6	58	17	41
佐　　賀	522	-	522	26	-	26	231	-	231
長　　崎	243	6	237	19	1	18	91	2	89
熊　　本	89	-	89	1	-	1	38	-	38
大　　分	297	39	258	36	4	32	145	14	131
宮　　崎	371	-	371	40	-	40	195	-	195
鹿 児 島	557	17	540	59	-	59	255	6	249
沖　　縄	79	17	62	4	-	4	32	5	27

及び私的契約人員を除く），都道府県-指定都市-中核市×年齢階級×公立-私立別

平成28年4月1日現在

時	間	（再	掲）		
3		歳	4	歳 以	上
総 数	公 立	私 立	総 数	公 立	私 立
7 987	1 951	6 036	14 380	3 645	10 735
149	56	93	222	110	112
142	4	138	231	3	228
48	7	41	78	16	62
70	49	21	160	117	43
83	12	71	131	22	109
74	3	71	124	2	122
68	23	45	100	33	67
221	37	184	402	85	317
182	1	181	377	-	377
147	2	145	247	3	244
101	1	100	195	-	195
126	99	27	301	257	44
58	17	41	105	19	86
41	17	24	83	44	39
176	65	111	289	111	178
122	15	107	189	23	166
154	-	154	248	-	248
353	73	280	658	144	514
85	-	85	189	-	189
177	19	158	343	28	315
346	199	147	672	394	278
125	62	63	235	133	102
143	4	139	302	21	281
46	20	26	79	27	52
264	171	93	552	352	200
95	9	86	175	37	138
453	18	435	694	39	655
535	199	336	1 076	384	692
73	40	33	117	67	50
30	21	9	61	37	24
111	46	65	186	69	117
4	2	2	13	11	2
41	37	4	83	75	8
45	3	42	96	10	86
6	1	5	8	-	8
73	45	28	92	62	30
60	56	4	83	82	1
24	10	14	32	20	12
16	11	5	16	12	4
22	6	16	29	13	16
99	-	99	166	-	166
50	-	50	83	3	80
13	-	13	37	-	37
47	9	38	69	12	57
54	-	54	82	-	82
91	6	85	152	5	147
11	2	9	32	10	22

（報告表　54の2）

第48表（８－４）幼保連携型認定こども園の在籍人員（措置人員

都道府県 指定都市 中核市	保			育			短		
	総数			0歳			1・2歳		
	総数	公立	私立	総数	公立	私立	総数	公立	私立
指定都市(別掲)									
札幌市	203	-	203	25	-	25	93	-	93
仙台市	46	-	46	2	-	2	20	-	20
さいたま市	44	-	44	2	-	2	18	-	18
千葉市	10	-	10	-	-	-	3	-	3
横浜市	95	-	95	9	-	9	37	-	37
川崎市	21	-	21	-	-	-	3	-	3
相模原市	7	1	6	1	-	1	1	-	1
新潟市	226	-	226	12	-	12	77	-	77
静岡市	1 115	764	351	36	24	12	339	191	148
浜松市	60	-	60	6	-	6	25	-	25
名古屋市	362	-	362	25	-	25	104	-	104
京都市	701	-	701	46	-	46	230	-	230
大阪市	313	-	313	14	-	14	101	-	101
堺市	422	-	422	94	-	94	200	-	200
神戸市	798	-	798	44	-	44	303	-	303
岡山市	51	28	23	9	3	6	25	10	15
広島市	146	-	146	12	-	12	64	-	64
北九州市	-	-	-	-	-	-	-	-	-
福岡市	7	-	7	2	-	2	3	-	3
熊本市	236	-	236	30	-	30	83	-	83
中核市(別掲)									
旭川市	38	-	38	1	-	1	23	-	23
函館市	54	-	54	2	-	2	23	-	23
青森市	104	-	104	14	-	14	50	-	50
八戸市	…	…	…	…	…	…	…	…	…
盛岡市	16	-	16	3	-	3	6	-	6
秋田市	89	-	89	7	-	7	31	-	31
郡山市	-	-	-	-	-	-	-	-	-
いわき市	43	-	43	3	-	3	21	-	21
宇都宮市	106	-	106	3	-	3	31	-	31
前橋市	200	-	200	14	-	14	95	-	95
高崎市	272	-	272	18	-	18	112	-	112
川越市	8	-	8	-	-	-	5	-	5
越谷市	116	-	116	4	-	4	18	-	18
船橋市	59	-	59	3	-	3	25	-	25
柏市	69	-	69	3	-	3	24	-	24
八王子市	-	-	-	-	-	-	-	-	-
横須賀市	46	-	46	4	-	4	18	-	18
富山市	565	-	565	25	-	25	203	-	203
金沢市	253	11	242	18	-	18	111	7	104
長野市	189	-	189	2	-	2	75	-	75
岐阜市	189	-	189	7	-	7	55	-	55
豊橋市	577	-	577	13	-	13	189	-	189
豊田市	162	-	162	5	-	5	52	-	52
岡崎市	-	-	-	-	-	-	-	-	-
大津市	91	-	91	1	-	1	28	-	28
高槻市	178	7	171	9	1	8	61	2	59
東大阪市	367	-	367	13	-	13	99	-	99
豊中市	763	543	220	140	70	70	233	162	71
枚方市	78	-	78	2	-	2	19	-	19
姫路市	818	147	671	17	3	14	218	33	185
西宮市	17	-	17	1	-	1	5	-	5
尼崎市	17	-	17	1	-	1	7	-	7
奈良市	123	57	66	3	1	2	31	11	20
和歌山市	250	-	250	10	-	10	90	-	90
倉敷市	18	14	4	-	-	-	3	3	-
福山市	122	-	122	13	-	13	60	-	60
呉市	66	-	66	10	-	10	34	-	34
下関市	305	159	146	9	3	6	105	52	53
高松市	142	122	20	8	7	1	57	44	13
松山市	31	-	31	2	-	2	15	-	15
高知市	29	-	29	1	-	1	13	-	13
久留米市	27	-	27	8	-	8	13	-	13
長崎市	231	-	231	15	-	15	101	-	101
佐世保市	50	-	50	7	-	7	25	-	25
大分市	50	-	50	5	-	5	22	-	22
宮崎市	210	-	210	8	-	8	97	-	97
鹿児島市	66	-	66	2	-	2	28	-	28
那覇市	15	1	14	-	-	-	-	-	-

及び私的契約人員を除く），都道府県－指定都市－中核市×年齢階級×公立－私立別

平成28年４月１日現在

時間（再掲）					
３歳			４歳以上		
総数	公立	私立	総数	公立	私立
27	－	27	58	－	58
8	－	8	16	－	16
7	－	7	17	－	17
2	－	2	5	－	5
15	－	15	34	－	34
5	－	5	13	－	13
1	－	1	4	1	3
61	－	61	76	－	76
279	214	65	461	335	126
14	－	14	15	－	15
75	－	75	158	－	158
150	－	150	275	－	275
82	－	82	116	－	116
68	－	68	60	－	60
163	－	163	288	－	288
7	5	2	10	10	－
21	－	21	49	－	49
－	－	－	－	－	－
1	－	1	1	－	1
38	－	38	85	－	85
5	－	5	9	－	9
10	－	10	19	－	19
18	－	18	22	－	22
…	…	…	…	…	…
2	－	2	5	－	5
16	－	16	35	－	35
－	－	－	－	－	－
4	－	4	15	－	15
20	－	20	52	－	52
51	－	51	40	－	40
46	－	46	96	－	96
1	－	1	2	－	2
25	－	25	69	－	69
10	－	10	21	－	21
15	－	15	27	－	27
－	－	－	－	－	－
8	－	8	16	－	16
142	－	142	195	－	195
46	2	44	78	2	76
32	－	32	80	－	80
53	－	53	74	－	74
118	－	118	257	－	257
26	－	26	79	－	79
－	－	－	－	－	－
22	－	22	40	－	40
49	1	48	59	3	56
68	－	68	187	－	187
165	135	30	225	176	49
27	－	27	30	－	30
187	37	150	396	74	322
4	－	4	7	－	7
2	－	2	7	－	7
34	14	20	55	31	24
58	－	58	92	－	92
2	2	－	13	9	4
18	－	18	31	－	31
13	－	13	9	－	9
61	35	26	130	69	61
33	29	4	44	42	2
8	－	8	6	－	6
6	－	6	9	－	9
2	－	2	4	－	4
38	－	38	77	－	77
9	－	9	9	－	9
6	－	6	17	－	17
38	－	38	67	－	67
11	－	11	25	－	25
－	－	－	15	1	14

（報告表　54の２）

児童福祉 48表

第48表（8－5）幼保連携型認定こども園の在籍人員（措置人員

都道府県 指定都市 中核市	総数			0歳			1・2歳		
	総数	公立	私立	総数	公立	私立	総数	公立	私立
全国	276 217	39 780	236 437	26 104	2 624	23 480	91 812	11 741	80 071
北海道	5 029	1 162	3 867	515	87	428	1 753	348	1 405
青森	7 847	249	7 598	1 112	22	1 090	2 621	80	2 541
岩手	3 010	385	2 625	310	36	274	990	116	874
宮城	824	467	357	64	40	24	257	136	121
秋田	3 700	743	2 957	464	104	360	1 224	241	983
山形	2 912	167	2 745	294	15	279	925	47	878
福島	4 466	1 204	3 262	401	69	332	1 545	408	1 137
茨城	9 608	1 144	8 464	785	82	703	3 228	355	2 873
栃木	4 329	79	4 250	377	6	371	1 422	31	1 391
群馬	3 685	262	3 423	340	15	325	1 202	102	1 100
埼玉	3 097	-	3 097	212	-	212	1 053	-	1 053
千葉	2 714	1 464	1 250	260	116	144	877	428	449
東京	2 157	618	1 539	129	29	100	693	196	497
神奈川	1 394	711	683	98	54	44	459	220	239
新潟	3 066	653	2 413	273	31	242	1 153	197	956
富山	2 473	143	2 330	279	19	260	858	35	823
石川	5 440	2	5 438	607	-	607	1 770	-	1 770
福井	7 905	1 445	6 460	695	107	588	2 629	442	2 187
山梨	2 322	-	2 322	215	-	215	774	-	774
長野	1 333	134	1 199	107	2	105	477	46	431
岐阜	2 483	1 113	1 370	146	42	104	638	232	406
静岡	3 525	1 093	2 432	250	69	181	1 090	338	752
愛知	1 436	28	1 408	84	-	84	441	-	441
三重	1 332	339	993	99	26	73	462	115	347
滋賀	5 027	3 041	1 986	318	205	113	1 511	905	606
京都	2 625	211	2 414	206	13	193	839	65	774
大阪	19 578	646	18 932	1 774	56	1 718	6 635	199	6 436
兵庫	12 909	3 485	9 424	912	174	738	3 921	935	2 986
奈良	1 768	898	870	145	54	91	587	287	300
和歌山	862	246	616	50	6	44	240	62	178
鳥取	2 959	1 115	1 844	235	95	140	1 004	374	630
島根	563	355	208	55	32	23	206	111	95
岡山	1 427	1 340	87	104	94	10	441	407	34
広島	2 228	221	2 007	229	17	212	730	62	668
山口	83	1	82	6	-	6	34	-	34
徳島	2 481	1 178	1 303	225	100	125	885	393	492
香川	811	747	64	70	64	6	279	255	24
愛媛	999	450	549	66	20	46	386	128	258
高知	483	402	81	53	43	10	197	167	30
福岡	1 305	713	592	108	61	47	455	216	239
佐賀	3 614	-	3 614	327	-	327	1 269	-	1 269
長崎	3 129	172	2 957	426	22	404	1 083	55	1 028
熊本	1 227	-	1 227	189	-	189	434	-	434
大分	3 473	306	3 167	511	44	467	1 301	101	1 200
宮崎	5 088	-	5 088	824	-	824	1 887	-	1 887
鹿児島	5 604	130	5 474	706	13	693	2 104	32	2 072
沖縄	1 185	117	1 068	99	2	97	405	33	372

及び私的契約人員を除く），都道府県－指定都市－中核市×年齢階級×公立－私立別

平成29年３月１日現在

3歳 総数	3歳 公立	3歳 私立	4歳以上 総数	4歳以上 公立	4歳以上 私立
53 064	**8 051**	**45 013**	**105 237**	**17 364**	**87 873**
890	223	667	1 871	504	1 367
1 379	56	1 323	2 735	91	2 644
572	73	499	1 138	160	978
161	85	76	342	206	136
675	136	539	1 337	262	1 075
582	37	545	1 111	68	1 043
815	225	590	1 705	502	1 203
1 877	213	1 664	3 718	494	3 224
838	13	825	1 692	29	1 663
663	43	620	1 480	102	1 378
666	-	666	1 166	-	1 166
508	287	221	1 069	633	436
446	115	331	889	278	611
287	141	146	550	296	254
574	151	423	1 066	274	792
445	31	414	891	58	833
998	2	996	2 065	-	2 065
1 497	287	1 210	3 084	609	2 475
428	-	428	905	-	905
258	24	234	491	62	429
568	282	286	1 131	557	574
702	212	490	1 483	474	1 009
306	5	301	605	23	582
260	67	193	511	131	380
1 027	617	410	2 171	1 314	857
509	34	475	1 071	99	972
3 736	114	3 622	7 433	277	7 156
2 616	766	1 850	5 460	1 610	3 850
352	170	182	684	387	297
185	47	138	387	131	256
574	215	359	1 146	431	715
105	65	40	197	147	50
301	277	24	581	562	19
448	43	405	821	99	722
21	1	20	22	-	22
482	219	263	889	466	423
160	148	12	302	280	22
188	91	97	359	211	148
98	79	19	135	113	22
263	138	125	479	298	181
684	-	684	1 334	-	1 334
540	28	512	1 080	67	1 013
211	-	211	393	-	393
571	56	515	1 090	105	985
807	-	807	1 570	-	1 570
917	28	889	1 877	57	1 820
243	26	217	438	56	382

（報告表　54の２）

児童福祉
48表

第48表（8－6）幼保連携型認定こども園の在籍人員（措置人員

都道府県指定都市中核市	総数			0 歳			1・2 歳		
	総数	公立	私立	総数	公立	私立	総数	公立	私立
指定都市(別掲)									
札幌市	2 247	71	2 176	257	7	250	825	22	803
仙台市	728	-	728	32	-	32	258	-	258
さいたま市	346	-	346	24	-	24	134	-	134
千葉市	569	-	569	44	-	44	177	-	177
横浜市	1 057	-	1 057	97	-	97	394	-	394
川崎市	224	-	224	6	-	6	70	-	70
相模原市	503	51	452	42	4	38	178	22	156
新潟市	1 223	-	1 223	121	-	121	498	-	498
静岡市	6 407	4 702	1 705	384	226	158	1 844	1 241	603
浜松市	2 328	-	2 328	312	-	312	820	-	820
名古屋市	3 141	-	3 141	300	-	300	1 014	-	1 014
京都市	2 541	-	2 541	239	-	239	829	-	829
大阪市	2 963	2	2 961	223	-	223	883	-	883
堺市	10 723	-	10 723	962	-	962	3 769	-	3 769
神戸市	8 140	4	8 136	687	-	687	2 741	1	2 740
岡山市	1 249	575	674	125	38	87	404	163	241
広島市	1 882	-	1 882	152	-	152	647	-	647
北九州市	4	2	2	1	1	-	1	-	1
福岡市	186	-	186	15	-	15	60	-	60
熊本市	4 946	-	4 946	569	-	569	1 609	-	1 609
中核市(別掲)									
旭川市	176	-	176	17	-	17	78	-	78
函館市	1 006	-	1 006	128	-	128	335	-	335
青森市	1 552	-	1 552	184	-	184	497	-	497
八戸市	3 181	-	3 181	391	-	391	1 147	-	1 147
盛岡市	891	-	891	110	-	110	306	-	306
秋田市	1 353	-	1 353	162	-	162	466	-	466
郡山市	7	3	4	-	-	-	3	2	1
いわき市	274	-	274	19	-	19	101	-	101
宇都宮市	977	1	976	105	-	105	342	-	342
前橋市	2 013	-	2 013	219	-	219	707	-	707
高崎市	1 903	-	1 903	233	-	233	646	-	646
川越市	37	-	37	-	-	-	25	-	25
越谷市	474	-	474	24	-	24	143	-	143
船橋市	311	1	310	25	-	25	125	-	125
柏市	412	1	411	24	-	24	173	1	172
八王子市	5	4	1	-	-	-	3	3	-
横須賀市	578	-	578	48	-	48	186	-	186
富山市	5 352	-	5 352	549	-	549	1 740	-	1 740
金沢市	2 950	81	2 869	282	3	279	984	25	959
長野市	757	-	757	59	-	59	273	-	273
岐阜市	743	-	743	62	-	62	231	-	231
豊橋市	1 443	-	1 443	124	-	124	428	-	428
豊田市	368	-	368	19	-	19	126	-	126
岡崎市	-	-	-	-	-	-	-	-	-
大津市	1 083	3	1 080	81	1	80	350	-	350
高槻市	1 942	86	1 856	169	8	161	647	27	620
東大阪市	2 699	-	2 699	166	-	166	858	-	858
豊中市	3 431	2 440	991	195	99	96	1 034	700	334
枚方市	397	-	397	10	-	10	124	-	124
姫路市	4 044	542	3 502	231	28	203	1 152	146	1 006
西宮市	386	1	385	28	-	28	128	-	128
尼崎市	326	1	325	34	-	34	131	1	130
奈良市	1 045	364	681	115	17	98	323	77	246
和歌山市	1 575	-	1 575	184	-	184	525	-	525
倉敷市	608	316	292	18	12	6	148	78	70
福山市	1 415	-	1 415	172	-	172	467	-	467
呉市	470	-	470	57	-	57	167	-	167
下関市	1 161	606	555	107	45	62	355	177	178
高松市	765	513	252	68	49	19	257	155	102
松山市	715	-	715	80	-	80	292	-	292
高知市	177	-	177	17	-	17	80	-	80
久留米市	338	-	338	47	-	47	176	-	176
長崎市	1 870	-	1 870	256	-	256	637	-	637
佐世保市	753	-	753	106	-	106	249	-	249
大分市	2 847	-	2 847	322	-	322	984	-	984
宮崎市	2 912	1	2 911	369	-	369	612	-	612
鹿児島市	1 343	-	1 343	142	-	142	521	-	521
那覇市	230	30	200	-	-	-	1	-	1

及び私的契約人員を除く），都道府県－指定都市－中核市×年齢階級×公立－私立別

平成29年３月１日現在

３歳			４歳以上		
総数	公立	私立	総数	公立	私立
395	12	383	770	30	740
169	－	169	269	－	269
75	－	75	113	－	113
120	－	120	228	－	228
205	－	205	361	－	361
55	－	55	93	－	93
98	7	91	185	18	167
245	－	245	359	－	359
1 329	995	334	2 850	2 240	610
428	－	428	768	－	768
599	－	599	1 228	－	1 228
497	－	497	976	－	976
629	－	629	1 228	2	1 226
1 999	－	1 999	3 993	－	3 993
1 600	1	1 599	3 112	2	3 110
212	96	116	508	278	230
372	－	372	711	－	711
－	－	－	2	1	1
38	－	38	73	－	73
919	－	919	1 849	－	1 849
26	－	26	55	－	55
171	－	171	372	－	372
259	－	259	612	－	612
520	－	520	1 123	－	1 123
163	－	163	312	－	312
261	－	261	464	－	464
－	－	－	4	1	3
49	－	49	105	－	105
186	－	186	344	1	343
403	－	403	684	－	684
339	－	339	685	－	685
7	－	7	5	－	5
112	－	112	195	－	195
57	－	57	104	1	103
81	－	81	134	－	134
－	－	－	2	1	1
125	－	125	219	－	219
1 026	－	1 026	2 037	－	2 037
550	17	533	1 134	36	1 098
139	－	139	286	－	286
150	－	150	300	－	300
276	－	276	615	－	615
82	－	82	141	－	141
－	－	－	－	－	－
220	1	219	432	1	431
367	16	351	759	35	724
543	－	543	1 132	－	1 132
733	545	188	1 469	1 096	373
88	－	88	175	－	175
817	114	703	1 844	254	1 590
77	－	77	153	1	152
56	－	56	105	－	105
200	88	112	407	182	225
290	－	290	576	－	576
127	56	71	315	170	145
257	－	257	519	－	519
77	－	77	169	－	169
224	124	100	475	260	215
152	108	44	288	201	87
131	－	131	212	－	212
29	－	29	51	－	51
36	－	36	79	－	79
337	－	337	640	－	640
149	－	149	249	－	249
494	－	494	1 047	－	1 047
1 023	1	1 022	908	－	908
238	－	238	442	－	442
－	－	－	229	30	199

（報告表　54の２）

第48表（8－7）幼保連携型認定こども園の在籍人員（措置人員

都道府県 指定都市 中核市	保			育			短		
	総数			0歳			1・2歳		
	総数	公立	私立	総数	公立	私立	総数	公立	私立
全国	**39 409**	**8 426**	**30 983**	**2 612**	**386**	**2 226**	**14 417**	**2 546**	**11 871**
北海道	573	262	311	56	13	43	190	69	121
青森	525	16	509	78	－	78	228	8	220
岩手	274	46	228	21	5	16	118	15	103
宮城	368	266	102	30	21	9	118	77	41
秋田	421	77	344	42	4	38	156	28	128
山形	310	13	297	17	－	17	102	5	97
福島	346	108	238	33	12	21	146	45	101
茨城	1 232	232	1 000	79	7	72	537	86	451
栃木	938	5	933	61	2	59	303	2	301
群馬	645	10	635	52	2	50	247	5	242
埼玉	538	－	538	32	－	32	173	－	173
千葉	668	510	158	35	26	9	223	151	72
東京	287	78	209	9	1	8	79	20	59
神奈川	211	105	106	7	6	1	75	35	40
新潟	783	248	535	43	5	38	313	70	243
富山	553	55	498	44	7	37	211	12	199
石川	903	－	903	76	－	76	408	－	408
福井	1 795	383	1 412	104	15	89	661	116	545
山梨	524	－	524	47	－	47	197	－	197
長野	959	75	884	80	1	79	355	23	332
岐阜	1 337	751	586	45	19	26	308	147	161
静岡	582	325	257	34	21	13	169	93	76
愛知	642	28	614	22	－	22	158	－	158
三重	240	82	158	6	2	4	90	34	56
滋賀	1 188	730	458	50	35	15	331	191	140
京都	437	80	357	31	6	25	154	26	128
大阪	2 375	110	2 265	163	15	148	943	40	903
兵庫	2 399	798	1 601	111	32	79	738	224	514
奈良	303	195	108	27	13	14	118	79	39
和歌山	135	73	62	5	4	1	40	20	20
鳥取	452	154	298	18	5	13	170	54	116
島根	31	17	14	1	－	1	19	6	13
岡山	202	182	20	13	11	2	73	65	8
広島	227	17	210	14	－	14	84	5	79
山口	28	1	27	－	－	－	12	－	12
徳島	316	180	136	16	7	9	142	78	64
香川	283	268	15	22	19	3	118	112	6
愛媛	166	61	105	11	1	10	94	30	64
高知	75	55	20	6	4	2	38	29	9
福岡	94	32	62	6	1	5	42	11	31
佐賀	464	－	464	32	－	32	184	－	184
長崎	294	7	287	42	1	41	102	2	100
熊本	90	－	90	9	－	9	38	－	38
大分	315	30	285	55	2	53	156	17	139
宮崎	397	－	397	69	－	69	186	－	186
鹿児島	444	5	439	45	－	45	200	4	196
沖縄	68	21	47	4	－	4	31	9	22

及び私的契約人員を除く），都道府県－指定都市－中核市×年齢階級×公立－私立別

平成29年３月１日現在

時間（再掲）					
3歳			4歳以上		
総数	公立	私立	総数	公立	私立
8 152	**1 902**	**6 250**	**14 228**	**3 592**	**10 636**
120	60	60	207	120	87
95	6	89	124	2	122
60	9	51	75	17	58
65	51	14	155	117	38
81	19	62	142	26	116
78	4	74	113	4	109
68	19	49	99	32	67
210	37	173	406	102	304
203	1	202	371	-	371
127	1	126	219	2	217
129	-	129	204	-	204
143	112	31	267	221	46
78	27	51	121	30	91
40	22	18	89	42	47
163	64	99	264	109	155
117	15	102	181	21	160
159	-	159	260	-	260
361	75	286	669	177	492
90	-	90	190	-	190
178	20	158	346	31	315
325	196	129	659	389	270
122	62	60	257	149	108
147	5	142	315	23	292
47	18	29	97	28	69
265	164	101	542	340	202
87	11	76	165	37	128
497	14	483	772	41	731
512	181	331	1 038	361	677
64	36	28	94	67	27
34	19	15	56	30	26
98	35	63	166	60	106
2	2	-	9	9	-
43	38	5	73	68	5
45	1	44	84	11	73
7	1	6	9	-	9
59	35	24	99	60	39
58	54	4	85	83	2
21	9	12	40	21	19
13	8	5	18	14	4
22	7	15	24	13	11
92	-	92	156	-	156
62	1	61	88	3	85
13	-	13	30	-	30
41	5	36	63	6	57
51	-	51	91	-	91
70	-	70	129	1	128
12	1	11	21	11	10

（報告表　54の２）

第48表（8－8）幼保連携型認定こども園の在籍人員（措置人員

都道府県 指定都市 中核市	保			育			短		
	総数			0歳			1・2歳		
	総数	公立	私立	総数	公立	私立	総数	公立	私立
指定都市(別掲)									
札幌市	191	1	190	12	-	12	101	1	100
仙台市	41	-	41	-	-	-	9	-	9
さいたま市	51	-	51	1	-	1	24	-	24
千葉市	41	-	41	-	-	-	12	-	12
横浜市	127	-	127	5	-	5	54	-	54
川崎市	25	-	25	-	-	-	8	-	8
相模原市	9	1	8	1	-	1	4	1	3
新潟市	243	-	243	12	-	12	96	-	96
静岡市	1 211	824	387	37	25	12	389	226	163
浜松市	59	-	59	10	-	10	23	-	23
名古屋市	430	-	430	27	-	27	140	-	140
京都市	726	-	726	45	-	45	268	-	268
大阪市	350	-	350	13	-	13	105	-	105
堺市	436	-	436	35	-	35	214	-	214
神戸市	1 100	-	1 100	95	-	95	464	-	464
岡山市	24	18	6	1	1	-	7	5	2
広島市	156	-	156	13	-	13	76	-	76
北九州市	-	-	-	-	-	-	-	-	-
福岡市	8	-	8	1	-	1	4	-	4
熊本市	208	-	208	23	-	23	64	-	64
中核市(別掲)									
旭川市	39	-	39	5	-	5	21	-	21
函館市	60	-	60	9	-	9	21	-	21
青森市	82	-	82	12	-	12	38	-	38
八戸市	361	-	361	49	-	49	186	-	186
盛岡市	7	-	7	2	-	2	2	-	2
秋田市	55	-	55	3	-	3	16	-	16
郡山市	-	-	-	-	-	-	-	-	-
いわき市	44	-	44	5	-	5	20	-	20
宇都宮市	143	-	143	10	-	10	53	-	53
前橋市	192	-	192	18	-	18	90	-	90
高崎市	249	-	249	17	-	17	109	-	109
川越市	7	-	7	-	-	-	5	-	5
越谷市	140	-	140	5	-	5	37	-	37
船橋市	68	-	68	2	-	2	35	-	35
柏市	80	-	80	-	-	-	31	-	31
八王子市	-	-	-	-	-	-	-	-	-
横須賀市	66	-	66	5	-	5	31	-	31
富山市	572	-	572	35	-	35	259	-	259
金沢市	308	16	292	24	-	24	128	7	121
長野市	190	-	190	8	-	8	75	-	75
岐阜市	159	-	159	7	-	7	50	-	50
豊橋市	565	-	565	40	-	40	165	-	165
豊田市	155	-	155	4	-	4	41	-	41
岡崎市	-	-	-	-	-	-	-	-	-
大津市	112	2	110	6	1	5	38	-	38
高槻市	289	13	276	11	2	9	116	6	110
東大阪市	341	-	341	10	-	10	100	-	100
豊中市	498	385	113	9	5	4	166	117	49
枚方市	58	-	58	1	-	1	15	-	15
姫路市	840	145	695	22	5	17	249	45	204
西宮市	35	1	34	-	-	-	11	-	11
尼崎市	21	-	21	1	-	1	9	-	9
奈良市	116	49	67	9	1	8	29	9	20
和歌山市	287	-	287	27	-	27	107	-	107
倉敷市	15	5	10	-	-	-	-	-	-
福山市	96	-	96	10	-	10	47	-	47
呉市	62	-	62	14	-	14	31	-	31
下関市	319	157	162	23	9	14	114	48	66
高松市	142	117	25	12	12	-	57	38	19
松山市	27	-	27	4	-	4	13	-	13
高知市	24	-	24	-	-	-	16	-	16
久留米市	9	-	9	1	-	1	6	-	6
長崎市	290	-	290	27	-	27	117	-	117
佐世保市	42	-	42	8	-	8	19	-	19
大分市	18	-	18	1	-	1	7	-	7
宮崎市	274	-	274	19	-	19	67	-	67
鹿児島市	70	-	70	3	-	3	29	-	29
那覇市	9	1	8	-	-	-	1	-	1

及び私的契約人員を除く），都道府県－指定都市－中核市×年齢階級×公立－私立別

平成29年3月1日現在

時	間	(再	掲)		
3	歳		4	歳 以	上
総数	公立	私立	総数	公立	私立

17	-	17	61	-	61
13	-	13	19	-	19
14	-	14	12	-	12
15	-	15	14	-	14
27	-	27	41	-	41
4	-	4	13	-	13
1	-	1	3	-	3
60	-	60	75	-	75
318	239	79	467	334	133
10	-	10	16	-	16
103	-	103	160	-	160
150	-	150	263	-	263
99	-	99	133	-	133
88	-	88	99	-	99
216	-	216	325	-	325
5	3	2	11	9	2
21	-	21	46	-	46
-	-	-	-	-	-
2	-	2	1	-	1
48	-	48	73	-	73
4	-	4	9	-	9
11	-	11	19	-	19
16	-	16	16	-	16
48	-	48	78	-	78
1	-	1	2	-	2
10	-	10	26	-	26
-	-	-	-	-	-
4	-	4	15	-	15
20	-	20	60	-	60
46	-	46	38	-	38
39	-	39	84	-	84
1	-	1	1	-	1
31	-	31	67	-	67
9	-	9	22	-	22
19	-	19	30	-	30
-	-	-	-	-	-
13	-	13	17	-	17
112	-	112	166	-	166
64	5	59	92	4	88
31	-	31	76	-	76
39	-	39	63	-	63
116	-	116	244	-	244
34	-	34	76	-	76
-	-	-	-	-	-
23	-	23	45	1	44
77	1	76	85	4	81
53	-	53	178	-	178
121	99	22	202	164	38
15	-	15	27	-	27
190	32	158	379	63	316
8	-	8	16	1	15
4	-	4	7	-	7
30	16	14	48	23	25
66	-	66	87	-	87
1	1	-	14	4	10
14	-	14	25	-	25
6	-	6	11	-	11
56	34	22	126	66	60
30	27	3	43	40	3
5	-	5	5	-	5
3	-	3	5	-	5
-	-	-	2	-	2
52	-	52	94	-	94
8	-	8	7	-	7
4	-	4	6	-	6
122	-	122	66	-	66
11	-	11	27	-	27
-	-	-	8	1	7

(報告表　54の2)

第49表（２－１）幼保連携型認定こども園の入所人員

都道府県 指定都市 中核市	入所人員（年度中）								
	総数			入所人員			私的契約入所人員		
	総数	公立	私立	総数	公立	私立	総数	公立	私立
全国	**155 018**	**18 920**	**136 098**	**155 002**	**18 914**	**136 088**	**16**	**6**	**10**
北海道	3 780	658	3 122	3 780	658	3 122	−	−	−
青森	5 146	131	5 015	5 146	131	5 015	−	−	−
岩手	1 471	201	1 270	1 471	201	1 270	−	−	−
宮城	300	123	177	300	123	177	−	−	−
秋田	1 723	232	1 491	1 720	232	1 488	3	−	3
山形	1 572	110	1 462	1 572	110	1 462	−	−	−
福島	2 625	973	1 652	2 625	973	1 652	−	−	−
茨城	4 224	482	3 742	4 224	482	3 742	−	−	−
栃木	2 702	25	2 677	2 699	25	2 674	3	−	3
群馬	2 954	98	2 856	2 954	98	2 856	−	−	−
埼玉	1 977	2	1 975	1 977	2	1 975	−	−	−
千葉	1 504	648	856	1 504	648	856	−	−	−
東京	1 214	209	1 005	1 214	209	1 005	−	−	−
神奈川	640	320	320	640	320	320	−	−	−
新潟	1 999	288	1 711	1 999	288	1 711	−	−	−
富山	1 935	148	1 787	1 935	148	1 787	−	−	−
石川	2 014	2	2 012	2 014	2	2 012	−	−	−
福井	5 430	623	4 807	5 430	623	4 807	−	−	−
山梨	1 306	−	1 306	1 306	−	1 306	−	−	−
長野	1 003	151	852	994	145	849	9	6	3
岐阜	2 141	692	1 449	2 141	692	1 449	−	−	−
静岡	2 270	509	1 761	2 270	509	1 761	−	−	−
愛知	907	11	896	907	11	896	−	−	−
三重	947	192	755	947	192	755	−	−	−
滋賀	2 542	1 587	955	2 542	1 587	955	−	−	−
京都	2 601	166	2 435	2 600	166	2 434	1	−	1
大阪	10 985	219	10 766	10 985	219	10 766	−	−	−
兵庫	8 712	2 272	6 440	8 712	2 272	6 440	−	−	−
奈良	717	435	282	717	435	282	−	−	−
和歌山	448	79	369	448	79	369	−	−	−
鳥取	1 155	345	810	1 155	345	810	−	−	−
島根	323	223	100	323	223	100	−	−	−
岡山	1 059	958	101	1 059	958	101	−	−	−
広島	1 230	88	1 142	1 230	88	1 142	−	−	−
山口	45	2	43	45	2	43	−	−	−
徳島	1 637	526	1 111	1 637	526	1 111	−	−	−
香川	623	601	22	623	601	22	−	−	−
愛媛	644	445	199	644	445	199	−	−	−
高知	178	128	50	178	128	50	−	−	−
福岡	692	248	444	692	248	444	−	−	−
佐賀	1 605	−	1 605	1 605	−	1 605	−	−	−
長崎	1 911	57	1 854	1 911	57	1 854	−	−	−
熊本	741	−	741	741	−	741	−	−	−
大分	2 148	277	1 871	2 148	277	1 871	−	−	−
宮崎	3 394	−	3 394	3 394	−	3 394	−	−	−
鹿児島	3 662	123	3 539	3 662	123	3 539	−	−	−
沖縄	929	118	811	929	118	811	−	−	−

注：本表は月分報告の累計である。なお、八戸市については、平成29年１月に中核市になったため、１月から３ヶ月分の累計である。

及び退所人員，都道府県－指定都市－中核市×公立－私立別

平成28年度

退　所　人　員　（　年　度　中　）									
総　　　　　数			退　所　人　員			私的契約退所人員		
総　　数	公　　立	私　　立	総　数	公　立	私　立	総　数	公　立	私　立
66 526	12 687	53 839	66 500	12 681	53 819	26	6	20
1 587	552	1 035	1 587	552	1 035	-	-	-
2 256	86	2 170	2 256	86	2 170	-	-	-
719	79	640	719	79	640	-	-	-
241	137	104	241	137	104	-	-	-
1 221	412	809	1 216	412	804	5	-	5
599	29	570	599	29	570	-	-	-
1 230	318	912	1 230	318	912	-	-	-
2 668	295	2 373	2 667	295	2 372	1	-	1
930	31	899	926	31	895	4	-	4
779	100	679	779	100	679	-	-	-
1 039	3	1 036	1 039	3	1 036	-	-	-
823	574	249	823	574	249	-	-	-
566	200	366	566	200	366	-	-	-
376	216	160	376	216	160	-	-	-
787	160	627	787	160	627	-	-	-
363	5	358	363	5	358	-	-	-
1 142	-	1 142	1 142	-	1 142	-	-	-
1 345	357	988	1 345	357	988	-	-	-
699	-	699	699	-	699	-	-	-
353	17	336	344	11	333	9	6	3
832	724	108	832	724	108	-	-	-
1 217	470	747	1 217	470	747	-	-	-
344	12	332	344	12	332	-	-	-
197	69	128	197	69	128	-	-	-
1 477	930	547	1 477	930	547	-	-	-
178	39	139	178	39	139	-	-	-
3 878	181	3 697	3 878	181	3 697	-	-	-
3 743	1 338	2 405	3 743	1 338	2 405	-	-	-
584	280	304	584	280	304	-	-	-
198	85	113	198	85	113	-	-	-
884	386	498	884	386	498	-	-	-
110	29	81	110	29	81	-	-	-
538	524	14	538	524	14	-	-	-
632	73	559	632	73	559	-	-	-
32	3	29	32	3	29	-	-	-
386	244	142	386	244	142	-	-	-
91	69	22	91	69	22	-	-	-
169	47	122	169	47	122	-	-	-
159	110	49	159	110	49	-	-	-
390	203	187	390	203	187	-	-	-
1 011	-	1 011	1 011	-	1 011	-	-	-
714	45	669	714	45	669	-	-	-
333	-	333	333	-	333	-	-	-
1 385	104	1 281	1 385	104	1 281	-	-	-
1 394	-	1 394	1 394	-	1 394	-	-	-
1 365	127	1 238	1 365	127	1 238	-	-	-
248	1	247	248	1	247	-	-	-

（報告表　54の２）

第49表（２－２）幼保連携型認定こども園の入所人員

都道府県 指定都市 中核市	入所人員（年度中）								
	総数			入所人員			私的契約入所人員		
	総数	公立	私立	総数	公立	私立	総数	公立	私立
指定都市(別掲)									
札幌市	1 571	16	1 555	1 571	16	1 555	-	-	-
仙台市	397	-	397	397	-	397	-	-	-
さいたま市	255	-	255	255	-	255	-	-	-
千葉市	305	-	305	305	-	305	-	-	-
横浜市	134	-	134	134	-	134	-	-	-
川崎市	146	1	145	146	1	145	-	-	-
相模原市	353	17	336	353	17	336	-	-	-
新潟市	693	1	692	693	1	692	-	-	-
静岡市	2 287	1 396	891	2 287	1 396	891	-	-	-
浜松市	1 162	-	1 162	1 162	-	1 162	-	-	-
名古屋市	1 182	-	1 182	1 182	-	1 182	-	-	-
京都市	1 321	-	1 321	1 321	-	1 321	-	-	-
大阪市	1 437	1	1 436	1 437	1	1 436	-	-	-
堺市	3 426	-	3 426	3 426	-	3 426	-	-	-
神戸市	4 892	8	4 884	4 892	8	4 884	-	-	-
岡山市	967	265	702	967	265	702	-	-	-
広島市	659	2	657	659	2	657	-	-	-
北九州市	7	4	3	7	4	3	-	-	-
福岡市	37	-	37	37	-	37	-	-	-
熊本市	3 623	-	3 623	3 623	-	3 623	-	-	-
中核市(別掲)									
旭川市	60	-	60	60	-	60	-	-	-
函館市	186	-	186	186	-	186	-	-	-
青森市	866	1	865	866	1	865	-	-	-
八戸市	55	-	55	55	-	55	-	-	-
盛岡市	599	-	599	599	-	599	-	-	-
秋田市	560	-	560	560	-	560	-	-	-
郡山市	7	1	6	7	1	6	-	-	-
いわき市	75	-	75	75	-	75	-	-	-
宇都宮市	348	1	347	348	1	347	-	-	-
前橋市	1 251	-	1 251	1 251	-	1 251	-	-	-
高崎市	1 304	-	1 304	1 304	-	1 304	-	-	-
川越市	41	-	41	41	-	41	-	-	-
越谷市	175	-	175	175	-	175	-	-	-
船橋市	125	-	125	125	-	125	-	-	-
柏市	267	2	265	267	2	265	-	-	-
八王子市	2	1	1	2	1	1	-	-	-
横須賀市	492	-	492	492	-	492	-	-	-
富山市	3 718	-	3 718	3 718	-	3 718	-	-	-
金沢市	2 144	85	2 059	2 144	85	2 059	-	-	-
長野市	242	2	240	242	2	240	-	-	-
岐阜市	794	-	794	794	-	794	-	-	-
豊橋市	642	-	642	642	-	642	-	-	-
豊田市	384	-	384	384	-	384	-	-	-
岡崎市	1	-	1	1	-	1	-	-	-
大津市	476	4	472	476	4	472	-	-	-
高槻市	663	24	639	663	24	639	-	-	-
東大阪市	1 676	-	1 676	1 676	-	1 676	-	-	-
豊中市	520	249	271	520	249	271	-	-	-
枚方市	159	-	159	159	-	159	-	-	-
姫路市	1 623	213	1 410	1 623	213	1 410	-	-	-
西宮市	399	2	397	399	2	397	-	-	-
尼崎市	287	1	286	287	1	286	-	-	-
奈良市	435	167	268	435	167	268	-	-	-
和歌山市	818	-	818	818	-	818	-	-	-
倉敷市	385	281	104	385	281	104	-	-	-
福山市	1 130	-	1 130	1 130	-	1 130	-	-	-
呉市	386	-	386	386	-	386	-	-	-
下関市	390	249	141	390	249	141	-	-	-
高松市	254	167	87	254	167	87	-	-	-
松山市	307	2	305	307	2	305	-	-	-
高知市	76	-	76	76	-	76	-	-	-
久留米市	57	-	57	57	-	57	-	-	-
長崎市	1 475	-	1 475	1 475	-	1 475	-	-	-
佐世保市	255	-	255	255	-	255	-	-	-
大分市	1 275	1	1 274	1 275	1	1 274	-	-	-
宮崎市	2 047	1	2 046	2 047	1	2 046	-	-	-
鹿児島市	733	-	733	733	-	733	-	-	-
那覇市	235	30	205	235	30	205	-	-	-

注：本表は月分報告の累計である。なお、八戸市については、平成29年１月に中核市になったため、１月から３ヶ月分の累計である。

及び退所人員，都道府県－指定都市－中核市×公立－私立別

平成28年度

退所人員（年度中）								
総数			退所人員			私的契約退所人員		
総数	公立	私立	総数	公立	私立	総数	公立	私立
600	14	586	600	14	586	-	-	-
151	-	151	151	-	151	-	-	-
77	-	77	77	-	77	-	-	-
54	-	54	54	-	54	-	-	-
3	-	3	3	-	3	-	-	-
49	1	48	49	1	48	-	-	-
76	23	53	76	23	53	-	-	-
311	1	310	311	1	310	-	-	-
1 893	1 468	425	1 893	1 468	425	-	-	-
437	-	437	437	-	437	-	-	-
762	-	762	762	-	762	-	-	-
503	-	503	503	-	503	-	-	-
928	1	927	928	1	927	-	-	-
3 099	-	3 099	3 099	-	3 099	-	-	-
1 421	4	1 417	1 421	4	1 417	-	-	-
153	125	28	153	125	28	-	-	-
532	2	530	532	2	530	-	-	-
5	3	2	5	3	2	-	-	-
51	-	51	51	-	51	-	-	-
885	-	885	885	-	885	-	-	-
46	-	46	46	-	46	-	-	-
93	-	93	93	-	93	-	-	-
409	1	408	409	1	408	-	-	-
72	-	72	72	-	72	-	-	-
144	-	144	144	-	144	-	-	-
420	-	420	420	-	420	-	-	-
9	3	6	9	3	6	-	-	-
47	-	47	47	-	47	-	-	-
220	1	219	220	1	219	-	-	-
342	-	342	335	-	335	7	-	7
373	-	373	373	-	373	-	-	-
10	-	10	10	-	10	-	-	-
141	-	141	141	-	141	-	-	-
62	1	61	62	1	61	-	-	-
77	1	76	77	1	76	-	-	-
4	3	1	4	3	1	-	-	-
256	-	256	256	-	256	-	-	-
762	-	762	762	-	762	-	-	-
433	4	429	433	4	429	-	-	-
176	3	173	176	3	173	-	-	-
51	-	51	51	-	51	-	-	-
396	1	395	396	1	395	-	-	-
132	-	132	132	-	132	-	-	-
1	-	1	1	-	1	-	-	-
211	1	210	211	1	210	-	-	-
435	26	409	435	26	409	-	-	-
405	-	405	405	-	405	-	-	-
945	693	252	945	693	252	-	-	-
113	-	113	113	-	113	-	-	-
1 264	194	1 070	1 264	194	1 070	-	-	-
21	1	20	21	1	20	-	-	-
62	-	62	62	-	62	-	-	-
279	112	167	279	112	167	-	-	-
276	-	276	276	-	276	-	-	-
154	45	109	154	45	109	-	-	-
187	-	187	187	-	187	-	-	-
121	-	121	121	-	121	-	-	-
285	146	139	285	146	139	-	-	-
214	142	72	214	142	72	-	-	-
194	2	192	194	2	192	-	-	-
67	-	67	67	-	67	-	-	-
49	-	49	49	-	49	-	-	-
479	-	479	479	-	479	-	-	-
204	-	204	204	-	204	-	-	-
872	1	871	872	1	871	-	-	-
493	-	493	493	-	493	-	-	-
305	-	305	305	-	305	-	-	-
13	-	13	13	-	13	-	-	-

（報告表　54の２）

児童福祉
50～52表

第50表　里親数，里親の種類×新規－取消別

平成28年度

	前年度末現在	新規	取消	年度末現在
認定及び登録里親数	10 659	1 450	704	11 405
児童が委託されている里親数	3 832	1 079	873	4 038
（再掲）登録養育里親数	8 442	1 064	433	9 073
（再掲）児童が委託されている養育里親数	3 057	767	644	3 180
（再掲）登録専門里親数	687	40	38	689
（再掲）児童が委託されている専門里親数	179	30	42	167
（再掲）認定親族里親数	505	88	67	526
（再掲）児童が委託されている親族里親数	494	85	66	513
（再掲）認定養子縁組によって養親となることを希望する里親数	3 445	667	314	3 798
（再掲）児童が委託されている養子縁組によって養親となることを希望する里親数	241	303	235	309

注：1）本表は年度分報告である。
　　2）（再掲）について、複数の里親として登録している場合は複数計上している。

（報告表　56）

第51表 里親及び小規模住居型児童養育事業（ファミリーホーム）に委託された児童数，里親の種類×解除の理由－変更別

平成28年度

	新規又は措置変更により委託された児童数				措置を解除			
	総数	児童福祉施設から受託	家族から受託	その他	総数	保護の必要がなくなり帰宅	普通養子縁組	特別養子縁組
里親に委託された児童	1 629	548	841	240	1 045	315	60	259
養育里親に委託された児童	1 144	353	647	144	688	278	24	80
専門里親に委託された児童	47	11	22	14	42	17	-	-
親族里親に委託された児童	132	5	122	5	97	20	3	-
養子縁組によって養親となることを希望する里親に委託された児童	306	179	50	77	218	-	33	179
小規模住居型児童養育事業（ファミリーホーム）に委託された児童	432	115	216	101	244	97	1	3

解除又は変更された児童数									年度末現在委託児童数
解除					変更				
満年	逃亡	死亡	就職	その他	総数	児童福祉施設に入所	他の里親に委託	その他	
133	2	3	119	154	381	170	122	89	5 190
101	2	-	88	115	338	150	109	79	3 943
6	-	-	9	10	21	7	8	6	202
26	-	2	22	24	7	3	4	-	744
-	-	1	-	5	15	10	1	4	301
40	-	3	42	58	90	56	20	14	1 356

注：本表は年度分報告である。

（報告表 57）

第52表 里親及び小規模住居型児童養育事業（ファミリーホーム）に委託されている児童数，里親の種類×性×年齢階級別

平成28年度末現在

		総数	0歳	1～6歳	7～12歳	13～15歳	16歳以上
里親に委託されている児童	総数	5 190	192	1 431	1 499	968	1 100
	男	2 617	99	737	795	478	508
	女	2 573	93	694	704	490	592
養育里親に委託されている児童		3 943	94	1 168	1 216	696	769
専門里親に委託されている児童		202	-	23	72	46	61
親族里親に委託されている児童		744	-	52	196	226	270
養子縁組によって養親となることを希望する里親に委託されている児童		301	98	188	15	-	-
小規模住居型児童養育事業（ファミリーホーム）に委託されている児童	総数	1 356	15	259	446	317	319
	男	732	8	138	245	175	166
	女	624	7	121	201	142	153

（報告表 57）

第53表　里親数及び里親に委託されている

都道府県 指定都市 中核市	認定及び登録里親数	（再掲）養育里親	（再掲）専門里親	（再掲）親族里親	（再掲）養子縁組によって養親となることを希望する里親	児童が委託されている里親数	（再掲）養育里親	（再掲）専門里親	（再掲）親族里親	（再掲）養子縁組によって養親となることを希望する里親
全国	**11 405**	**9 073**	**689**	**526**	**3 798**	**4 038**	**3 180**	**167**	**513**	**309**
北海道	532	468	50	13	59	223	201	12	13	7
青森	139	114	17	7	49	49	40	4	8	－
岩手	181	136	8	26	64	70	40	3	26	2
宮城	162	101	6	31	24	73	40	－	31	2
秋田	66	40	6	2	28	16	9	1	2	4
山形	96	84	8	2	61	22	15	－	2	5
福島	213	146	7	11	114	62	39	2	11	10
茨城	226	176	12	9	46	59	49	1	7	6
栃木	268	221	14	16	83	85	65	2	16	15
群馬	146	94	8	4	48	41	30	1	4	8
埼玉	504	493	26	4	351	185	166	7	5	9
千葉	469	385	18	23	264	169	131	3	22	15
東京	740	522	13	5	229	333	291	4	5	38
神奈川	211	210	13	1	－	87	85	1	1	－
新潟	188	147	9	12	110	49	37	5	12	1
富山	83	69	5	1	56	24	22	－	1	1
石川	66	41	4	6	19	18	10	2	6	2
福井	94	49	1	10	44	24	11	1	10	4
山梨	147	135	5	8	4	60	51	2	8	－
長野	207	128	10	6	120	53	34	7	6	7
岐阜	176	143	12	8	80	39	25	1	7	6
静岡	281	255	11	7	152	84	75	6	6	20
愛知	374	348	26	2	226	97	79	11	1	10
三重	231	162	18	17	65	86	61	6	17	7
滋賀	181	156	14	4	68	46	39	－	4	3
京都	101	67	2	3	30	32	25	1	2	4
大阪	211	134	10	10	67	83	54	1	10	19
兵庫	356	332	22	21	4	118	95	11	20	－
奈良	126	87	2	7	56	38	25	－	7	6
和歌山	115	111	13	3	－	37	32	2	3	－
鳥取	90	66	11	5	19	29	21	3	5	1
島根	114	101	19	4	38	32	21	5	4	3
岡山	114	101	12	5	12	46	41	－	5	1
広島	142	134	2	3	47	42	39	－	3	－
山口	173	145	24	11	49	49	37	6	9	－
徳島	66	46	5	10	18	29	19	－	9	1
香川	70	56	2	2	22	27	23	－	2	2
愛媛	127	114	1	5	62	24	17	－	5	2
高知	65	45	3	16	12	34	19	－	15	－
福岡	200	144	5	26	30	98	68	2	26	4
佐賀	94	56	2	9	55	38	27	－	9	2
長崎	125	81	13	12	58	43	25	5	12	3
熊本	128	81	13	3	44	28	23	－	2	3
大分	168	147	10	2	19	68	60	6	2	3
宮崎	121	113	11	7	41	38	30	3	7	3
鹿児島	156	104	11	16	82	61	36	3	16	7
沖縄	236	191	27	13	27	122	106	1	13	2
指定都市(別掲)										
札幌市	248	192	25	6	50	92	82	7	6	4
仙台市	160	96	11	8	56	44	34	1	8	2
さいたま市	162	159	14	3	5	53	42	4	3	5
千葉市	67	49	7	3	15	21	17	－	3	1
横浜市	159	111	1	4	45	61	50	－	4	7
川崎市	133	96	12	8	29	50	37	3	8	2
相模原市	55	55	1	－	－	22	22	－	－	－
新潟市	112	60	－	4	48	33	25	－	4	4
静岡市	86	79	9	2	5	49	47	4	2	－
浜松市	88	83	3	－	33	25	20	2	－	3
名古屋市	177	112	1	13	106	65	47	－	13	5
京都市	102	62	11	15	56	35	13	6	15	1
大阪市	103	94	1	5	23	59	50	1	5	3
堺市	51	38	2	4	9	25	17	－	4	4
神戸市	113	109	5	2	2	35	32	1	2	－
岡山市	70	63	4	1	14	18	17	－	1	－
広島市	70	61	7	3	6	34	32	3	2	－
北九州市	75	57	7	6	36	33	25	－	5	3
福岡市	163	120	17	9	64	67	49	1	9	8
熊本市	63	45	6	－	24	21	14	－	－	7
中核市(別掲)										
横須賀市	25	21	1	－	4	15	14	1	－	1
金沢市	44	32	3	2	12	11	6	2	2	1

注：1）（再掲）について、複数の里親として登録している場合は複数計上している。
　　2）中核市（別掲）は、児童相談所を設置している中核市に限る。

児童数，都道府県－指定都市－中核市別

平成28年度末現在

里親に委託されている児童数	（再掲）養育里親	専門里親	親族里親	養子縁組によって養親となることを希望する里親	0歳	1～6歳	7～12歳	13～15歳	16歳以上
5 190	3 943	202	744	301	192	1 431	1 499	968	1 100
314	273	16	18	7	13	99	82	45	75
63	48	6	9	－	－	17	19	15	12
87	44	3	38	2	1	6	22	31	27
98	53	－	43	2	－	17	21	22	38
16	9	1	2	4	－	4	5	3	4
27	23	－	3	1	4	10	7	2	4
72	44	3	15	10	11	14	19	16	12
78	63	－	12	3	－	14	25	18	21
104	64	2	24	14	2	16	29	26	31
50	33	1	7	9	8	10	16	8	8
210	187	8	7	8	1	84	63	31	31
236	178	5	37	16	8	80	81	29	38
419	368	5	6	40	2	133	133	81	70
92	90	1	1	－	1	43	25	11	12
74	45	8	20	1	1	11	33	16	13
29	27	－	1	1	2	4	10	5	8
18	6	1	9	2	2	－	2	4	10
31	15	1	12	3	1	6	4	11	9
72	61	2	9	－	2	25	23	14	8
60	38	7	10	5	3	18	17	7	15
44	26	1	12	5	3	11	7	11	12
108	89	6	8	5	6	27	28	25	22
129	104	13	2	10	15	41	25	24	24
105	71	6	21	7	10	28	28	17	22
56	43	－	8	5	1	13	21	11	10
40	28	4	4	4	1	6	11	10	12
100	68	1	13	18	14	26	21	16	23
153	109	12	32	－	4	35	52	27	35
47	33	－	8	6	4	11	10	8	14
54	48	2	4	－	－	19	21	5	9
38	26	3	8	1	－	3	15	14	6
41	27	7	5	2	2	8	6	9	16
67	58	－	8	1	3	23	21	10	10
47	44	－	3	－	－	12	15	10	10
64	46	6	12	－	1	8	16	18	21
31	20	－	11	－	－	2	4	12	13
36	29	－	5	2	－	8	12	7	9
30	20	－	8	2	2	5	8	2	13
48	26	－	22	－	－	6	21	9	12
136	91	2	38	5	2	27	35	31	41
45	31	－	12	2	3	11	11	13	7
60	33	6	18	3	2	6	30	11	11
36	29	－	4	3	－	10	6	7	13
97	82	9	3	3	3	39	23	14	18
49	37	4	8	－	2	9	16	7	15
80	45	3	25	7	3	18	16	23	20
153	125	1	24	3	11	44	49	22	27
130	107	9	8	6	3	47	39	23	18
56	39	1	13	3	2	10	13	10	21
65	51	5	5	4	1	15	27	13	9
28	22	－	5	1	－	11	8	7	2
74	61	－	6	7	5	26	20	7	16
59	44	3	10	2	4	10	22	12	11
26	26	－	－	－	－	18	3	2	3
43	32	－	7	4	2	15	15	6	5
61	51	6	4	－	1	16	24	12	8
23	19	2	－	2	1	12	5	4	1
81	60	－	16	5	2	30	21	11	17
40	13	7	19	1	－	3	12	11	14
117	88	2	8	19	4	39	19	19	36
27	17	－	6	4	1	15	6	3	2
42	37	3	2	－	5	13	14	5	5
22	21	－	1	－	－	7	7	6	2
39	31	4	4	－	－	8	15	8	8
56	48	－	6	2	2	13	17	12	12
90	67	1	12	10	3	26	26	21	14
30	23	－	－	7	1	15	11	2	1
21	20	1	－	－	1	9	5	3	3
16	9	2	3	2	－	6	6	3	1

（報告表　56，57）

第54表　小規模住居型児童養育事業（ファミリーホーム）の
小規模住居型児童養育事業（ファミリーホーム）に

都道府県 指定都市 中核市	事業所数 (年度末現在)	定員 (年度末現在)	入所（年度中） 総数	入所（年度中） 措置人員	入所（年度中） その他	退所（年度中） 総数	退所（年度中） 措置人員	退所（年度中） その他
全国	**313**	**1 857**	**461**	**432**	**29**	**367**	**334**	**33**
北海道	11	66	24	15	9	26	14	12
青森	4	24	4	4	-	5	5	-
岩手	-	-	-	-	-	-	-	-
宮城	5	30	7	7	-	5	5	-
秋田	1	6	-	-	-	-	-	-
山形	3	18	1	1	-	2	2	-
福島	4	24	6	6	-	3	3	-
茨城	4	24	3	3	-	4	4	-
栃木	5	30	2	2	-	5	5	-
群馬	5	28	5	5	-	4	4	-
埼玉	15	89	25	25	-	12	12	-
千葉	8	45	14	14	-	7	7	-
東京	18	107	17	17	-	16	16	-
神奈川	-	-	-	-	-	-	-	-
新潟	2	11	1	1	-	1	1	-
富山	1	6	2	2	-	2	2	-
石川	2	12	-	-	-	-	-	-
福井	-	-	-	-	-	-	-	-
山梨	5	29	3	3	-	2	2	-
長野	4	24	6	6	-	2	2	-
岐阜	5	29	11	11	-	2	2	-
静岡	5	30	9	9	-	7	7	-
愛知	8	47	11	11	-	6	6	-
三重	4	23	4	4	-	1	1	-
滋賀	15	90	11	11	-	4	4	-
京都	-	-	-	-	-	-	-	-
大阪	13	78	26	26	-	13	13	-
兵庫	5	30	9	9	-	6	6	-
奈良	3	17	4	4	-	3	3	-
和歌山	5	30	15	15	-	3	3	-
鳥取	3	18	3	3	-	2	2	-
島根	1	6	1	1	-	-	-	-
岡山	3	17	9	9	-	9	9	-
広島	2	12	2	2	-	2	2	-
山口	5	30	14	14	-	6	6	-
徳島	1	6	3	3	-	4	4	-
香川	1	6	3	3	-	1	1	-
愛媛	8	48	11	11	-	12	12	-
高知	3	16	6	6	-	7	7	-
福岡	4	24	6	6	-	11	11	-
佐賀	2	12	-	-	-	2	2	-
長崎	6	40	5	5	-	8	8	-
熊本	3	18	8	8	-	7	7	-
大分	9	54	3	3	-	17	17	-
宮崎	1	6	-	-	-	3	3	-
鹿児島	6	36	14	14	-	11	11	-
沖縄	9	54	11	11	-	3	3	-
指定都市(別掲)								
札幌市	10	60	15	15	-	16	16	-
仙台市	1	6	1	1	-	-	-	-
さいたま市	9	54	16	16	-	11	11	-
千葉市	3	18	3	3	-	4	4	-
横浜市	7	42	5	5	-	11	11	-
川崎市	3	17	-	-	-	3	3	-
相模原市	1	6	-	-	-	-	-	-
新潟市	1	5	-	-	-	1	1	-
静岡市	-	-	-	-	-	-	-	-
浜松市	1	6	1	1	-	2	2	-
名古屋市	5	28	28	8	20	26	5	21
京都市	1	6	1	1	-	4	4	-
大阪市	11	65	28	28	-	17	17	-
堺市	-	-	-	-	-	1	1	-
神戸市	3	18	11	11	-	2	2	-
岡山市	3	18	1	1	-	2	2	-
広島市	2	12	3	3	-	1	1	-
北九州市	7	42	18	18	-	6	6	-
福岡市	13	74	8	8	-	11	11	-
熊本市	3	18	2	2	-	2	2	-
中核市(別掲)								
横須賀市	2	12	1	1	-	1	1	-
金沢市	-	-	-	-	-	-	-	-

注：1）本表は年度分報告である。
　　2）中核市（別掲）は、児童相談所を設置している中核市に限る。

事業所数、定員、入所人員、退所人員、年度末在籍人員及び委託されている児童数，都道府県－指定都市－中核市別

平成28年度

年度末在籍			小規模住居型児童養育事業(ファミリーホーム)に委託されている児童数	(再掲)				
総数	措置人員	その他		0歳	1～6歳	7～12歳	13～15歳	16歳以上
1 371	1 356	15	1 356	15	259	446	317	319
58	47	11	47	3	15	13	6	10
19	19	－	19	－	3	7	6	3
4	2	2	2	－	－	1	1	－
26	26	－	26	－	2	6	9	9
－	－	－	－	－	－	－	－	－
14	14	－	14	－	2	4	3	5
10	10	－	10	－	6	1	－	3
14	14	－	14	－	2	－	8	4
24	24	－	24	－	4	3	10	7
23	23	－	23	－	7	8	5	3
64	64	－	64	－	7	28	15	14
25	25	－	25	5	4	11	5	－
83	83	－	83	－	15	27	14	27
－	－	－	－	－	－	－	－	－
7	7	－	7	－	3	1	3	－
5	5	－	5	－	1	2	1	1
10	10	－	10	－	1	4	1	4
－	－	－	－	－	－	－	－	－
14	14	－	14	－	1	5	5	3
19	19	－	19	－	6	5	5	3
22	22	－	22	1	7	6	2	6
24	23	1	23	1	10	5	4	3
40	40	－	40	1	11	14	10	4
11	11	－	11	－	3	5	1	2
64	64	－	64	－	7	27	12	18
－	－	－	－	－	－	－	－	－
45	45	－	45	1	17	15	6	6
23	23	－	23	－	7	8	4	4
11	11	－	11	－	2	4	2	3
20	20	－	20	－	7	7	4	2
13	13	－	13	－	3	5	2	3
5	5	－	5	－	－	1	3	1
12	12	－	12	－	2	3	4	3
10	10	－	10	－	6	2	2	－
19	19	－	19	－	2	6	5	6
5	5	－	5	1	1	2	－	1
6	6	－	6	－	－	2	1	3
30	30	－	30	－	3	11	11	5
11	11	－	11	－	－	2	7	2
16	16	－	16	－	－	5	5	6
8	8	－	8	－	－	4	3	1
22	22	－	22	－	－	7	8	7
14	14	－	14	－	－	－	4	10
46	46	－	46	－	9	15	7	15
1	1	－	1	－	－	1	－	－
25	25	－	25	－	6	9	7	3
47	47	－	47	－	7	14	12	14
54	54	－	54	1	15	19	10	9
6	6	－	6	－	－	4	1	1
41	41	－	41	－	4	10	12	15
11	11	－	11	－	1	5	1	4
25	25	－	25	－	2	4	6	13
11	11	－	11	－	2	2	3	4
5	5	－	5	－	2	2	1	－
4	4	－	4	－	－	－	3	1
－	－	－	－	－	－	－	－	－
5	5	－	5	－	3	2	－	－
23	22	1	22	－	8	8	2	4
2	2	－	2	－	－	－	－	2
58	58	－	58	－	6	25	13	14
1	1	－	1	－	－	1	－	－
11	11	－	11	－	3	2	3	3
8	8	－	8	－	－	5	1	2
13	13	－	13	－	5	5	2	1
31	31	－	31	－	4	8	10	9
72	72	－	72	1	10	32	18	11
9	9	－	9	－	2	2	3	2
11	11	－	11	－	3	3	5	－
1	1	－	1	－	－	1	－	－

（報告表　56，57）

第55表（２－１）福祉事務所における児童福祉関係

都道府県 指定都市 中核市	総数	知的障害者福祉司又は社会福祉主事の指導	施設入所		
			総数	助産施設	母子生活支援施設
全国	**639 696**	**15 842**	**6 052**	**4 507**	**1 545**
北海道	8 253	－	129	122	7
青森	296	－	9	6	3
岩手	1 170	－	2	－	2
宮城	2 182	11	63	43	20
秋田	861	－	23	5	18
山形	1 865	12	18	10	8
福島	11 143	2 296	8	2	6
茨城	5 363	88	12	－	12
栃木	1 749	－	3	－	3
群馬	1 761	－	6	－	6
埼玉	22 962	552	114	86	28
千葉	13 135	168	62	41	21
東京	132 555	－	754	480	274
神奈川	6 268	－	55	43	12
新潟	3 112	－	7	－	7
富山	517	－	3	－	3
石川	1 768	－	5	－	5
福井	1 903	69	4	3	1
山梨	4 516	－	3	1	2
長野	8 236	4 433	60	16	44
岐阜	3 654	－	14	3	11
静岡	4 704	791	16	6	10
愛知	7 043	－	37	10	27
三重	7 164	－	51	18	33
滋賀	3 406	140	11	5	6
京都	1 135	－	97	87	10
大阪	16 095	201	435	347	88
兵庫	12 405	1	21	10	11
奈良	2 081	77	23	18	5
和歌山	249	－	19	1	18
鳥取	744	－	22	11	11
島根	133	－	13	6	7
岡山	977	－	18	8	10
広島	2 722	39	6	－	6
山口	4 787	－	27	－	27
徳島	835	－	14	12	2
香川	1 080	－	－	－	－
愛媛	867	2	6	2	4
高知	440	－	22	18	4
福岡	7 038	7	96	48	48
佐賀	1 170	－	－	－	－
長崎	501	－	17	14	3
熊本	3 153	－	20	12	8
大分	2 241	－	6	1	5
宮崎	1 118	－	21	19	2
鹿児島	3 470	－	31	2	29
沖縄	2 034	233	114	111	3

注：本表は年度分報告である。なお、八戸市については、平成29年１月に中核市になったため、１月～３月の数値である。

処理件数，都道府県－指定都市－中核市×処理の種類別

平成28年度

児童福祉法第22条・第23条の報告又は通知	児童相談所へ送致又は通知等	児童相談所の委嘱による調査の完了（法第12条第４項によるもの）	他の機関にあっせん・紹介	相談・助言その他
1 411	**5 301**	**23 100**	**17 339**	**570 651**
-	748	616	200	6 560
-	6	14	-	267
-	37	8	92	1 031
33	366	80	274	1 355
-	12	18	71	737
1	17	62	73	1 682
-	16	303	152	8 368
-	98	214	211	4 740
-	15	39	69	1 623
-	56	4	159	1 536
5	53	1 670	812	19 756
30	113	2 293	282	10 187
6	35	68	7 640	124 052
-	8	399	86	5 720
-	41	65	105	2 894
2	17	34	24	437
-	14	28	25	1 696
1	11	182	136	1 500
-	8	619	66	3 820
31	3	197	317	3 195
-	38	66	66	3 470
-	79	186	177	3 455
65	101	905	236	5 699
4	47	28	19	7 015
-	10	73	170	3 002
-	22	111	4	901
-	59	1 333	191	13 876
-	59	429	673	11 222
-	2	273	10	1 696
-	8	-	19	203
-	5	166	50	501
-	13	5	2	100
-	7	19	50	883
1	80	282	92	2 222
-	25	339	92	4 304
-	20	87	8	706
-	29	52	13	986
-	26	35	43	755
2	4	11	20	381
5	83	240	220	6 387
-	31	84	66	989
-	10	5	22	447
-	125	72	208	2 728
-	35	65	57	2 078
-	12	9	109	967
4	35	37	24	3 339
-	24	74	123	1 466

（報告表　59）

第55表（２－２）福祉事務所における児童福祉関係

都道府県 指定都市 中核市	総数	知的障害者福祉司又は社会福祉主事の指導	施設入所		
			総数	助産施設	母子生活支援施設
指定都市(別掲)					
札幌市	10 280	－	230	213	17
仙台市	2 142	5	143	120	23
さいたま市	1 366	18	8	2	6
千葉市	1 457	－	35	24	11
横浜市	67 554	32	177	115	62
川崎市	54 012	－	93	79	14
相模原市	5 849	－	55	44	11
新潟市	30	－	30	18	12
静岡市	1 776	－	19	9	10
浜松市	6 053	623	26	19	7
名古屋市	4 604	1 429	63	39	24
京都市	3 186	8	415	367	48
大阪市	23 175	－	571	486	85
堺市	10 508	－	276	265	11
神戸市	32 859	－	188	131	57
岡山市	211	－	103	84	19
広島市	11 678	－	5	－	5
北九州市	1 848	－	1	－	1
福岡市	4 162	－	134	87	47
熊本市	530	－	127	103	24
中核市(別掲)					
旭川市	1 046	－	－	－	－
函館市	693	－	27	24	3
青森市	15	－	15	9	6
八戸市	15	－	1	－	1
盛岡市	175	－	－	－	－
秋田市	674	－	19	5	14
郡山市	574	－	－	－	－
いわき市	6 638	－	5	5	－
宇都宮市	56	－	－	－	－
前橋市	230	－	2	－	2
高崎市	592	－	9	7	2
川越市	2 988	169	－	－	－
越谷市	730	165	24	24	－
船橋市	1 586	－	12	9	3
柏市	761	3	6	6	－
八王子市	56	－	6	5	1
横須賀市	25	－	7	7	－
富山市	350	－	2	2	－
金沢市	1 311	－	6	3	3
長野市	2 371	－	5	5	－
岐阜市	7 927	－	12	10	2
豊橋市	10 264	34	8	4	4
豊田市	63	－	4	－	4
岡崎市	2 482	－	18	7	11
大津市	2 772	－	37	24	13
高槻市	23	－	23	21	2
東大阪市	2 732	－	133	127	6
豊中市	542	－	－	－	－
枚方市	6 643	－	68	62	6
姫路市	1 936	760	6	－	6
西宮市	1 891	1 108	－	－	－
尼崎市	2 562	－	29	17	12
奈良市	2 981	－	36	15	21
和歌山市	578	－	32	15	17
倉敷市	687	－	16	14	2
福山市	697	－	7	－	7
呉市	1 113	－	－	－	－
下関市	169	－	9	6	3
高松市	1 023	－	28	23	5
松山市	1 155	－	36	36	－
高知市	573	－	67	64	3
久留米市	124	－	－	－	－
長崎市	30	－	30	24	6
佐世保市	10	－	10	9	1
大分市	2 754	2 368	－	－	－
宮崎市	1 004	－	27	27	－
鹿児島市	569	－	48	40	8
那覇市	1 365	－	26	19	7

注：本表は年度分報告である。なお、八戸市については、平成29年１月に中核市になったため、１月～３月の数値である。

処理件数，都道府県－指定都市－中核市×処理の種類別

平成28年度

児童福祉法第22条・第23条の報告又は通知	児童相談所へ送致又は通知等	児童相談所の委嘱による調査の完了（法第12条第４項によるもの）	他の機関にあっせん・紹介	相談・助言その他
-	6	-	17	10 027
7	9	273	119	1 586
7	1	228	21	1 083
-	8	565	56	793
52	41	511	142	66 599
-	85	-	120	53 714
-	-	-	-	5 794
-	-	-	-	-
-	4	244	102	1 407
1	56	49	13	5 285
907	38	42	86	2 039
-	100	1 613	135	915
214	1 127	1 739	2 016	17 508
-	-	2	6	10 224
-	6	-	20	32 645
-	-	-	-	108
-	5	671	4	10 993
-	17	172	10	1 648
-	93	422	63	3 450
-	-	-	6	397
-	-	283	-	763
-	-	-	-	666
-	-	-	-	-
-	-	-	2	12
-	-	-	-	175
-	-	-	-	655
-	3	-	4	567
-	20	-	12	6 601
-	-	-	-	56
-	-	-	69	159
-	-	-	-	583
-	-	592	64	2 163
-	281	219	-	41
-	16	526	-	1 032
-	6	353	20	373
-	-	-	-	50
-	-	-	-	18
-	6	-	-	342
-	565	-	202	538
-	-	56	3	2 307
-	-	38	127	7 750
8	-	-	7	10 207
-	-	-	10	49
-	1	40	11	2 412
-	29	303	8	2 395
-	-	-	-	-
-	-	-	-	2 599
-	3	-	1	538
-	1	-	19	6 555
-	-	267	4	899
-	3	486	4	290
-	19	48	14	2 452
-	-	366	6	2 573
-	-	-	4	542
25	2	-	4	640
-	5	-	24	661
-	-	212	8	893
-	-	-	15	145
-	-	23	12	960
-	-	198	20	901
-	9	-	3	494
-	6	-	2	116
-	-	-	-	-
-	-	-	-	-
-	64	-	7	315
-	-	232	1	744
-	-	10	125	386
-	3	418	33	885

（報告表　59）

第56表（２－１）福祉事務所における児童福祉関係

都道府県 指定都市 中核市	総数	発見	児童委員から通告	児童相談所から送致（法第26条第１項第３号によるもの）	児童相談所から委嘱（法第12条第４項によるもの）	保健所から通知
全国	**639 696**	**6 742**	**2 402**	**5 946**	**23 100**	**5 945**
北海道	8 253	49	25	145	616	11
青森	296	1	5	-	14	-
岩手	1 170	64	14	2	8	6
宮城	2 182	18	39	69	80	15
秋田	861	9	6	3	18	3
山形	1 865	68	13	2	62	1
福島	11 143	40	89	78	303	12
茨城	5 363	49	52	2	214	15
栃木	1 749	47	14	14	39	19
群馬	1 761	-	63	139	4	9
埼玉	22 962	133	227	273	1 670	54
千葉	13 135	655	53	164	2 293	109
東京	132 555	11	229	-	68	509
神奈川	6 268	8	18	59	399	2
新潟	3 112	13	12	20	65	13
富山	517	11	11	5	34	1
石川	1 768	-	7	26	28	12
福井	1 903	165	26	2	182	71
山梨	4 516	1	14	15	619	2
長野	8 236	5	43	66	197	-
岐阜	3 654	6	14	61	66	2
静岡	4 704	185	41	79	186	9
愛知	7 043	57	126	251	905	4
三重	7 164	228	51	260	28	108
滋賀	3 406	211	28	17	73	20
京都	1 135	-	13	3	111	-
大阪	16 095	860	35	177	1 333	151
兵庫	12 405	78	100	2	429	31
奈良	2 081	48	6	6	273	21
和歌山	249	-	1	-	-	5
鳥取	744	29	-	-	166	-
島根	133	6	1	14	5	-
岡山	977	5	11	6	19	2
広島	2 722	52	30	142	282	-
山口	4 787	37	7	2	339	3
徳島	835	-	4	19	87	2
香川	1 080	116	13	40	52	-
愛媛	867	8	4	72	35	8
高知	440	18	-	5	11	1
福岡	7 038	209	38	125	240	63
佐賀	1 170	33	14	13	84	12
長崎	501	35	-	-	5	1
熊本	3 153	-	2	82	72	29
大分	2 241	6	17	69	65	22
宮崎	1 118	-	8	25	9	5
鹿児島	3 470	13	22	104	37	5
沖縄	2 034	63	11	105	74	3

注：本表は年度分報告である。なお、八戸市については、平成29年１月に中核市になったため、１月～３月の数値である。

処理件数，都道府県−指定都市−中核市×受付経路別

平成28年度

警察関係から通告	その他都道府県（指定都市を含む）関係から通告	市町村（指定都市を除く）から通告	学校から相談	家族・親せきから相談	本人から相談	その他から通告等
8 645	13 739	52 305	39 858	368 682	61 601	50 731
50	405	1 107	596	2 658	1 596	995
12	15	68	58	50	9	64
2	22	75	281	255	2	439
62	14	541	234	632	304	174
30	31	141	93	331	16	180
82	40	287	217	841	18	234
238	289	3 045	1 201	3 947	94	1 807
52	165	849	816	2 393	25	731
29	49	331	334	515	21	337
33	4	234	304	557	9	405
1 438	231	4 139	1 125	10 922	355	2 395
120	176	2 928	1 613	2 839	147	2 038
410	1 064	11 451	4 114	99 186	8 216	7 297
12	45	806	303	2 186	1 986	444
29	30	291	204	1 951	8	476
15	1	209	59	144	-	27
78	43	244	127	505	20	678
37	46	354	302	278	134	306
226	37	837	519	1 476	46	724
52	8	110	1 965	4 811	33	946
65	68	450	349	1 771	19	783
60	27	836	1 049	1 599	114	519
126	264	1 556	582	2 175	147	850
38	268	771	644	4 269	66	433
44	133	621	680	1 051	10	518
54	37	210	191	99	92	325
599	485	4 070	1 738	4 500	362	1 785
363	565	2 549	2 315	4 166	74	1 733
46	38	664	280	408	23	268
-	1	4	-	-	74	164
12	10	115	95	89	111	117
1	-	25	26	12	4	39
15	15	253	252	217	32	150
71	190	624	353	549	113	316
11	15	536	341	3 144	33	319
27	2	229	58	253	23	131
42	19	152	152	141	5	348
89	5	167	98	194	3	184
5	5	108	26	13	10	238
173	97	1 264	1 503	1 788	110	1 428
20	18	349	253	166	10	198
11	29	83	121	123	20	73
27	103	297	1 792	450	29	270
63	23	441	512	519	83	421
12	9	271	201	213	13	352
28	144	558	605	1 327	76	551
56	53	591	396	338	80	264

(報告表 59)

第56表（２－２）福祉事務所における児童福祉関係

都道府県 指定都市 中核市	総数	発見	児童委員から通告	児童相談所から送致（法第26条第１項第３号によるもの）	児童相談所から委嘱（法第12条第４項によるもの）	保健所から通知
指定都市(別掲)						
札幌市	10 280	-	39	2	-	118
仙台市	2 142	14	8	3	273	51
さいたま市	1 366	156	20	4	228	3
千葉市	1 457	29	75	1	565	37
横浜市	67 554	140	61	-	511	15
川崎市	54 012	143	11	-	-	513
相模原市	5 849	-	-	-	-	-
新潟市	30	-	-	-	-	-
静岡市	1 776	29	11	7	244	3
浜松市	6 053	-	15	29	49	-
名古屋市	4 604	39	28	7	42	184
京都市	3 186	17	17	-	1 613	70
大阪市	23 175	123	62	1 857	1 739	144
堺市	10 508	781	12	-	2	-
神戸市	32 859	17	2	-	-	2
岡山市	211	-	5	-	-	8
広島市	11 678	38	24	33	671	27
北九州市	1 848	171	16	67	172	241
福岡市	4 162	74	77	3	422	158
熊本市	530	-	-	-	-	-
中核市(別掲)						
旭川市	1 046	130	9	-	283	166
函館市	693	15	-	-	-	-
青森市	15	-	-	-	-	-
八戸市	15	-	-	-	-	-
盛岡市	175	-	4	16	-	1
秋田市	674	1	-	-	-	-
郡山市	574	-	6	42	-	23
いわき市	6 638	9	10	8	-	-
宇都宮市	56	-	-	1	-	-
前橋市	230	-	2	-	-	-
高崎市	592	-	9	-	-	-
川越市	2 988	36	28	7	592	462
越谷市	730	-	1	-	219	1
船橋市	1 586	82	12	4	526	-
柏市	761	6	13	12	353	79
八王子市	56	-	-	-	-	-
横須賀市	25	-	-	-	-	-
富山市	350	-	6	3	-	11
金沢市	1 311	-	11	-	-	-
長野市	2 371	-	6	355	56	175
岐阜市	7 927	41	24	-	38	3
豊橋市	10 264	54	20	-	-	145
豊田市	63	-	-	-	-	-
岡崎市	2 482	-	9	-	40	36
大津市	2 772	131	23	63	303	78
高槻市	23	-	-	-	-	-
東大阪市	2 732	-	-	-	-	-
豊中市	542	90	-	-	-	-
枚方市	6 643	-	10	-	-	17
姫路市	1 936	-	11	-	267	13
西宮市	1 891	27	28	1	486	191
尼崎市	2 562	190	31	-	48	310
奈良市	2 981	-	3	-	366	153
和歌山市	578	23	11	2	-	9
倉敷市	687	-	6	-	-	128
福山市	697	-	5	103	-	142
呉市	1 113	-	12	-	212	261
下関市	169	-	5	-	-	-
高松市	1 023	26	3	-	23	-
松山市	1 155	-	-	-	198	-
高知市	573	20	1	8	-	14
久留米市	124	-	1	-	-	7
長崎市	30	-	-	-	-	-
佐世保市	10	-	-	-	-	-
大分市	2 754	147	17	492	-	520
宮崎市	1 004	138	7	-	232	10
鹿児島市	569	16	9	8	10	-
那覇市	1 365	139	9	45	418	45

注：本表は年度分報告である。なお、八戸市については、平成29年１月に中核市になったため、１月～３月の数値である。

処理件数，都道府県－指定都市－中核市×受付経路別

平成28年度

警察関係から通告	その他都道府県（指定都市を含む）関係から通告	市町村（指定都市を除く）から通告	学校から相談	家族・親せきから相談	本人から相談	その他から通告等
10	585	41	636	7 914	258	677
125	27	64	79	462	352	684
113	163	91	131	335	2	120
79	71	118	79	259	28	116
31	76	69	1 198	50 720	13 421	1 312
4	304	74	77	52 499	21	366
–	–	–	–	5 794	55	–
–	–	–	–	–	30	–
10	509	30	44	748	3	138
51	369	64	216	4 778	41	441
2	151	103	99	2 636	998	315
7	182	122	95	921	4	138
2 057	935	413	1 339	10 869	2 208	1 429
4	2 579	204	439	5 645	285	557
11	12	16	19	7 773	24 960	47
–	11	1	18	3	165	–
12	120	105	146	10 441	5	56
90	37	34	125	675	10	210
35	320	58	398	2 203	6	408
–	–	1	2	387	121	19
2	–	1	115	281	5	54
–	277	121	48	119	32	81
–	–	–	–	–	15	–
–	–	–	3	7	1	4
15	–	23	28	30	–	58
–	26	42	22	486	31	66
6	4	183	68	208	5	29
3	2	29	449	5 826	2	300
–	–	21	3	1	–	30
–	–	35	2	98	4	89
1	50	179	41	136	–	176
23	4	219	395	775	1	446
3	7	19	7	297	24	152
1	53	267	72	383	69	117
9	6	94	28	88	6	67
–	–	–	–	1	55	–
–	–	–	1	1	3	20
1	13	148	9	58	3	98
134	44	109	94	612	66	241
5	1	32	423	188	16	1 114
26	9	365	307	6 592	38	484
39	349	92	164	9 187	14	200
3	7	5	1	1	45	1
–	4	152	88	124	1 802	227
80	71	529	830	198	4	462
–	1	1	–	–	21	–
–	–	–	–	2 272	460	–
–	–	54	73	190	1	134
1	14	279	194	5 447	78	603
103	127	113	182	955	7	158
275	9	466	195	157	6	50
75	569	280	494	238	9	318
8	3	31	90	146	201	1 980
–	274	91	81	20	32	35
10	–	111	91	68	2	271
3	4	55	111	73	39	162
37	–	160	149	158	–	124
10	–	17	10	66	1	60
5	–	5	109	351	35	466
–	–	–	–	67	544	346
8	3	64	100	94	73	188
6	–	14	12	8	3	73
–	–	–	–	–	27	3
–	–	–	–	–	10	–
8	6	138	318	903	4	201
25	–	180	85	129	2	196
9	–	48	54	244	49	122
5	13	84	95	286	8	218

（報告表　59）

第57表（２－１）児童扶養手当の認定請求処理件数及び

都道府県 指定都市 中核市	前年度末現在 未処理件数	認定請求書 受付件数	受給資格認定件数		
			総数	受給者	支給停止者
全国	**10 701**	**129 652**	**128 069**	**119 091**	**8 978**
北海道	297	3 612	3 573	3 237	336
青森	38	1 188	1 187	1 087	100
岩手	32	927	927	837	90
宮城	54	1 488	1 494	1 347	147
秋田	30	714	707	650	57
山形	81	960	972	886	86
福島	92	1 267	1 268	1 148	120
茨城	187	3 010	3 053	2 773	280
栃木	46	1 537	1 546	1 493	53
群馬	62	1 257	1 274	1 219	55
埼玉	472	5 038	5 108	4 822	286
千葉	313	3 632	3 514	3 259	255
東京	1 393	11 066	10 456	9 046	1 410
神奈川	86	2 470	2 493	2 390	103
新潟	62	1 208	1 197	1 058	139
富山	8	441	444	374	70
石川	5	571	564	534	30
福井	30	706	702	658	44
山梨	18	745	745	716	29
長野	26	1 685	1 655	1 510	145
岐阜	91	1 535	1 540	1 372	168
静岡	68	2 126	2 103	2 011	92
愛知	185	3 589	3 584	3 381	203
三重	113	1 819	1 762	1 657	105
滋賀	39	1 083	1 084	930	154
京都	34	1 208	1 201	1 035	166
大阪	360	4 329	4 271	4 056	215
兵庫	166	2 276	2 258	2 101	157
奈良	45	1 096	1 085	1 033	52
和歌山	38	764	754	714	40
鳥取	43	676	693	644	49
島根	20	685	698	655	43
岡山	60	726	725	667	58
広島	43	952	950	860	90
山口	59	1 195	1 163	1 104	59
徳島	65	718	714	685	29
香川	25	621	638	556	82
愛媛	66	917	925	907	18
高知	22	437	438	407	31
福岡	245	3 232	3 162	3 052	110
佐賀	30	1 020	1 020	964	56
長崎	81	814	808	738	70
熊本	67	1 310	1 311	1 219	92
大分	46	751	741	696	45
宮崎	34	1 149	1 154	1 103	51
鹿児島	61	1 392	1 389	1 310	79
沖縄	194	2 401	2 330	2 300	30

注：本表は月分報告の累計である。なお、八戸市については、平成29年１月に中核市になったため、１月から３ヶ月分の累計である。

現況・所得状況届受付件数，都道府県-指定都市-中核市別

平成28年度

却下件数	年度末現在未処理件数	現況・所得状況届受付件数		
		総　　数	受　給　者	支給停止者
1 735	10 549	1 094 393	976 581	117 812
35	301	31 697	28 211	3 486
6	15	13 801	12 523	1 278
6	26	9 825	8 583	1 242
6	42	11 707	10 302	1 405
4	33	7 002	6 265	737
1	68	9 468	8 329	1 139
5	86	12 211	10 705	1 506
16	128	26 844	23 154	3 690
4	33	12 675	11 198	1 477
2	43	10 975	9 751	1 224
81	321	44 369	40 013	4 356
59	372	25 227	22 071	3 156
305	1 698	87 039	72 188	14 851
18	45	18 892	15 712	3 180
-	73	11 539	10 032	1 507
-	5	3 631	2 863	768
1	11	4 848	4 131	717
1	33	5 671	4 930	741
2	16	6 888	6 276	612
5	51	13 404	11 694	1 710
17	69	12 340	10 553	1 787
22	69	16 509	14 724	1 785
14	176	28 807	25 325	3 482
50	120	14 966	13 112	1 854
5	33	7 439	6 163	1 276
4	37	9 891	8 694	1 197
40	378	37 273	33 732	3 541
28	156	18 263	16 226	2 037
15	41	8 750	7 897	853
5	43	7 188	6 529	659
1	25	6 238	5 703	535
-	7	6 046	5 385	661
12	49	5 889	5 238	651
6	39	5 910	5 214	696
13	78	9 385	8 422	963
3	66	6 651	5 994	657
3	5	4 249	3 579	670
8	50	10 299	9 417	882
2	19	4 031	3 646	385
14	301	21 681	20 068	1 613
5	25	7 352	6 636	716
4	83	9 310	8 595	715
4	62	10 081	9 052	1 029
5	51	6 492	5 986	506
4	25	9 981	9 400	581
9	55	13 112	12 321	791
58	207	18 369	17 575	794

（報告表　61）

第57表（2－2）児童扶養手当の認定請求処理件数及び

都道府県 指定都市 中核市	前年度末現在 未処理件数	認定請求書 受付件数	受給資格認定件数		
			総数	受給者	支給停止者
指定都市(別掲)					
札幌市	286	2 334	2 377	2 315	62
仙台市	101	972	970	946	24
さいたま市	132	1 216	1 180	1 047	133
千葉市	228	827	780	704	76
横浜市	10	2 802	2 703	2 614	89
川崎市	57	905	900	877	23
相模原市	113	823	855	698	157
新潟市	172	642	639	543	96
静岡市	58	566	613	601	12
浜松市	-	681	681	676	5
名古屋市	80	2 119	2 121	1 948	173
京都市	185	1 151	1 288	1 262	26
大阪市	52	3 515	3 458	3 200	258
堺市	322	1 009	862	851	11
神戸市	345	1 646	1 571	1 535	36
岡山市	63	766	736	693	43
広島市	81	1 145	1 150	1 070	80
北九州市	43	1 272	1 236	1 180	56
福岡市	66	1 869	1 852	1 781	71
熊本市	7	865	866	827	39
中核市(別掲)					
旭川市	-	488	488	452	36
函館市	-	404	404	380	24
青森市	33	318	323	318	5
八戸市	…	100	82	81	1
盛岡市	50	295	321	273	48
秋田市	29	278	280	274	6
郡山市	113	359	356	311	45
いわき市	9	436	426	416	10
宇都宮市	-	544	544	456	88
前橋市	-	302	302	295	7
高崎市	34	330	340	335	5
川越市	-	288	288	279	9
越谷市	332	423	369	351	18
船橋市	-	398	398	367	31
柏市	-	316	316	291	25
八王子市	53	561	560	488	72
横須賀市	208	499	518	462	56
富山市	4	318	318	269	49
金沢市	-	374	374	348	26
長野市	60	313	308	266	42
岐阜市	41	388	390	386	4
豊橋市	-	354	354	353	1
豊田市	-	372	363	302	61
岡崎市	27	323	306	256	50
大津市	-	339	338	305	33
高槻市	53	320	313	309	4
東大阪市	95	612	611	604	7
豊中市	2	348	318	298	20
枚方市	62	429	411	401	10
姫路市	53	581	569	562	7
西宮市	20	363	333	317	16
尼崎市	144	566	513	486	27
奈良市	67	321	296	267	29
和歌山市	67	465	441	431	10
倉敷市	69	526	521	482	39
福山市	7	554	546	475	71
呉市	16	218	215	193	22
下関市	29	309	326	319	7
高松市	-	512	507	447	60
松山市	2	628	623	602	21
高知市	-	469	469	427	42
久留米市	21	479	476	451	25
長崎市	19	543	509	459	50
佐世保市	34	302	289	256	33
大分市	26	567	560	518	42
宮崎市	36	528	548	544	4
鹿児島市	772	820	792	784	8
那覇市	81	604	599	576	23

注：本表は月分報告の累計である。なお、八戸市については、平成29年１月に中核市になったため、１月から３ヶ月分の累計である。

現況・所得状況届受付件数, 都道府県-指定都市-中核市別

平成28年度

却下件数	年度末現在未処理件数	現況・所得状況届受付件数		
		総数	受給者	支給停止者
5	238	15 940	14 878	1 062
11	92	8 842	8 061	781
45	123	8 173	7 075	1 098
24	251	6 893	6 180	713
87	22	22 698	20 198	2 500
7	55	5 166	4 810	356
5	76	5 966	5 072	894
13	162	6 467	5 613	854
1	10	5 157	4 682	475
-	-	5 771	5 110	661
9	69	18 177	16 175	2 002
-	48	10 322	9 688	634
45	64	33 894	31 445	2 449
68	401	9 226	8 677	549
123	297	13 216	12 378	838
21	72	6 634	6 028	606
21	55	9 542	8 730	812
32	47	11 360	10 737	623
16	67	15 975	14 895	1 080
4	2	8 624	8 032	592
-	-	4 742	4 366	376
-	-	3 685	2 000	1 685
1	27	3 446	3 288	158
-	36	14	11	3
-	24	2 920	2 614	306
3	24	3 117	2 890	227
15	101	3 446	3 071	375
-	19	3 574	3 312	262
-	-	4 623	4 108	515
-	-	2 994	2 703	291
3	21	4 796	4 331	465
-	-	2 602	2 290	312
8	378	2 482	2 270	212
-	-	3 496	2 979	517
-	-	2 364	2 092	272
21	33	4 363	3 724	639
14	175	3 740	3 236	504
-	4	2 908	2 411	497
-	-	3 571	3 183	388
2	63	2 928	2 448	480
1	38	3 513	3 295	218
-	-	2 862	2 584	278
9	-	3 128	2 402	726
2	42	2 606	2 217	389
1	-	2 915	2 499	416
8	52	2 989	2 691	298
-	96	6 141	5 730	411
3	29	3 432	3 153	279
12	68	3 886	3 583	303
10	55	5 349	4 990	359
2	48	3 315	2 978	337
48	149	4 947	4 587	360
19	73	3 099	2 866	233
13	78	4 518	4 176	342
4	70	4 459	4 108	351
5	10	2 926	2 617	309
-	19	1 944	1 710	234
-	12	3 205	2 976	229
5	-	4 530	3 941	589
5	2	6 108	5 764	344
-	-	4 695	4 386	309
15	9	3 850	3 632	218
4	49	4 983	4 539	444
4	43	4 198	3 922	276
3	30	5 196	4 759	437
1	15	5 337	5 012	325
23	777	7 107	6 625	482
26	60	5 086	4 931	155

(報告表 61)

児童福祉
58表

第58表（2－1）児童扶養手当受給資格者数，

都道府県 指定都市 中核市	前年度末現在受給者数	新規認定	全部支給停止が解除された		他の支給機関が管轄する区域から転入	年度中受給		
			全部支給停止から全部支給	全部支給停止から一部支給		総数	受給者が死亡した	対象児童が死亡した
全国	1 037 717	119 091	8 772	16 529	18 979	133 027	888	166
北海道	30 555	3 237	263	425	459	3 999	33	5
青森	12 539	1 087	95	201	148	1 205	7	3
岩手	8 788	837	101	190	118	1 112	10	2
宮城	11 494	1 347	130	242	195	1 460	14	3
秋田	6 397	650	64	105	57	808	11	1
山形	8 876	886	66	182	106	872	11	1
福島	10 992	1 148	118	237	142	1 480	8	3
茨城	24 425	2 773	289	452	482	3 010	22	2
栃木	11 176	1 493	115	185	179	1 404	11	-
群馬	9 854	1 219	68	165	178	1 319	6	2
埼玉	36 210	4 822	279	615	816	4 614	26	4
千葉	27 175	3 259	222	483	561	3 434	29	2
東京	76 232	9 046	999	1 829	2 069	10 247	83	13
神奈川	18 316	2 390	123	304	375	2 350	8	3
新潟	10 375	1 058	95	256	87	1 358	8	2
富山	3 561	374	52	99	51	413	3	1
石川	4 278	534	33	98	74	547	4	-
福井	5 592	658	35	116	100	797	5	-
山梨	6 672	716	52	79	133	837	6	-
長野	13 408	1 510	144	253	247	1 600	12	1
岐阜	11 030	1 372	122	260	205	1 433	9	4
静岡	15 338	2 011	124	279	267	2 064	10	1
愛知	26 054	3 381	253	462	541	3 495	23	9
三重	13 889	1 657	113	271	264	1 873	14	1
滋賀	7 630	930	102	194	164	980	6	2
京都	9 670	1 035	102	162	201	1 144	6	2
大阪	35 859	4 056	219	444	735	4 754	34	2
兵庫	18 342	2 101	189	281	328	2 237	9	2
奈良	8 689	1 033	71	101	200	1 039	8	-
和歌山	6 471	714	48	95	110	777	-	-
鳥取	5 679	644	55	101	78	617	6	-
島根	5 425	655	44	99	89	639	6	1
岡山	5 674	667	61	121	93	769	7	1
広島	7 116	860	66	123	136	937	4	1
山口	9 708	1 104	88	160	150	1 236	10	3
徳島	6 641	685	34	61	113	836	9	-
香川	5 155	556	50	110	84	639	3	2
愛媛	8 821	907	44	97	98	1 180	4	-
高知	4 013	407	27	42	82	482	3	2
福岡	26 490	3 052	171	311	564	3 142	25	8
佐賀	8 737	964	70	117	143	1 002	9	3
長崎	7 263	738	69	117	116	868	7	13
熊本	11 251	1 219	100	167	196	1 339	14	1
大分	6 773	696	34	83	105	635	2	-
宮崎	9 717	1 103	60	81	154	1 212	9	-
鹿児島	12 514	1 310	47	96	225	1 621	22	3
沖縄	18 868	2 300	117	125	410	2 496	8	1

注：本表は月分報告の累計である。なお、八戸市については、平成29年1月に中核市になったため、1月から3ヶ月分の累計である。

都道府県－指定都市－中核市×異動状況別

平成28年度

の異動：資格喪失：対象児童が18歳の年度末に達した	資格喪失：父又は母が婚姻(事実上の婚姻関係を含む)した	資格喪失：児童が遺棄の状態でなくなった	資格喪失：父又は母の拘禁が終了した	資格喪失：その他	全部支給停止になった：全部支給から全部支給停止	全部支給停止になった：一部支給から全部支給停止	他の支給機関が管轄する区域へ転出	年度末現在受給者数
78 345	**37 447**	**83**	**279**	**15 819**	**11 150**	**31 229**	**19 350**	**1 006 332**
2 211	1 409	4	9	328	274	701	618	29 347
712	387	-	2	94	138	318	167	9 177
700	332	2	-	66	122	279	133	8 388
812	503	3	3	122	169	343	224	11 212
513	230	-	-	53	64	179	88	6 134
479	286	1	-	94	96	304	142	8 702
916	455	-	2	96	145	396	144	10 472
1 670	995	4	13	304	327	750	524	23 810
769	502	-	3	119	131	358	204	11 051
743	444	4	5	115	100	276	185	9 604
2 606	1 484	4	14	476	424	1 300	916	35 488
1 926	1 094	1	6	376	309	975	606	26 376
6 372	2 423	12	17	1 327	1 207	3 312	2 080	73 329
1 345	666	-	3	325	171	665	387	17 935
870	395	-	2	81	103	364	106	9 940
282	96	-	1	30	45	165	61	3 453
338	163	-	1	41	56	185	76	4 153
534	171	-	-	87	60	222	110	5 312
489	261	-	-	81	84	189	127	6 415
906	469	-	3	209	169	474	253	13 066
860	441	-	3	116	145	413	230	10 768
1 121	725	1	3	203	161	542	278	14 974
1 999	1 064	2	20	378	350	884	588	25 374
926	518	1	4	409	166	562	306	13 287
550	331	-	-	91	125	269	158	7 488
721	316	1	3	95	98	268	231	9 429
2 943	1 078	-	12	685	350	920	794	34 495
1 225	584	-	2	415	211	587	387	17 819
638	269	-	3	121	66	238	216	8 535
509	216	-	2	50	64	152	127	6 318
365	196	1	1	48	54	171	97	5 618
321	245	-	1	65	57	210	69	5 337
487	202	-	1	71	65	141	97	5 544
547	270	-	1	114	80	240	172	6 872
681	408	-	2	132	78	283	159	9 454
516	229	1	2	79	70	152	122	6 354
374	210	-	2	48	57	194	111	4 954
802	295	1	2	76	88	217	120	8 362
273	156	-	-	48	27	115	95	3 852
1 846	658	3	8	594	250	619	613	25 964
616	294	1	1	78	94	227	157	8 551
529	248	-	-	71	61	190	156	7 028
778	445	-	2	99	92	296	277	10 929
328	239	5	1	60	55	130	129	6 742
701	419	-	4	79	81	148	178	9 496
890	578	1	1	126	58	149	315	12 049
1 240	738	2	-	507	173	320	426	18 405

（報告表　61）

第58表（2－2）児童扶養手当受給資格者数,

都道府県 指定都市 中核市	前年度末現在受給者数	年度中						
		新規認定	全部支給停止が解除された		他の支給機関が管轄する区域から転入	受給		
			全部支給停止から全部支給	全部支給停止から一部支給		総数	受給者が死亡した	対象児童が死亡した
指定都市(別掲)								
札幌市	20 151	2 315	72	187	292	2 574	15	3
仙台市	8 062	946	54	112	124	1 003	7	1
さいたま市	7 126	1 047	67	137	23	914	9	-
千葉市	6 573	704	96	146	147	1 255	9	1
横浜市	20 561	2 614	82	285	266	2 626	21	3
川崎市	6 797	877	52	101	111	943	3	3
相模原市	5 460	698	87	90	55	601	3	1
新潟市	5 535	543	53	123	55	722	3	-
静岡市	4 678	601	25	71	44	575	2	3
浜松市	4 940	676	26	94	44	608	4	-
名古屋市	16 599	1 948	289	500	663	2 206	12	-
京都市	12 933	1 262	53	128	163	1 390	8	1
大阪市	30 326	3 200	180	323	1 065	4 030	34	3
堺市	8 522	851	37	76	119	1 136	6	1
神戸市	12 551	1 535	54	119	230	1 783	8	2
岡山市	6 225	693	54	71	76	887	8	1
広島市	9 600	1 070	54	139	118	1 245	7	1
北九州市	10 935	1 180	50	107	93	1 339	8	3
福岡市	14 952	1 781	80	158	316	1 881	12	2
熊本市	8 250	827	59	88	137	1 106	4	1
中核市(別掲)								
旭川市	4 381	452	20	50	43	519	4	-
函館市	3 725	380	15	59	38	457	-	-
青森市	3 518	318	23	41	31	377	3	-
八戸市	…	81	6	4	6	271	-	-
盛岡市	2 850	273	19	43	43	302	3	1
秋田市	2 694	274	9	25	36	341	-	1
郡山市	3 137	311	28	59	39	376	2	-
いわき市	3 380	416	21	43	33	468	4	-
宇都宮市	4 116	456	84	61	56	530	5	2
前橋市	2 769	295	24	41	50	383	3	-
高崎市	2 743	335	14	42	46	334	3	-
川越市	2 347	279	11	41	61	299	-	-
越谷市	2 239	351	27	35	45	309	4	-
船橋市	3 058	367	48	82	69	400	3	-
柏市	2 333	291	28	38	57	278	2	-
八王子市	4 261	488	64	90	81	604	2	1
横須賀市	3 282	462	36	67	35	406	1	-
富山市	2 443	269	25	71	24	299	-	2
金沢市	3 207	348	38	50	57	404	3	-
長野市	2 532	266	30	52	34	347	1	-
岐阜市	3 284	386	32	46	63	434	3	-
豊橋市	2 661	353	22	35	20	358	2	-
豊田市	2 645	302	53	64	27	325	3	1
岡崎市	2 283	256	33	45	60	299	3	-
大津市	2 488	305	30	48	33	298	1	-
高槻市	2 702	309	12	33	51	366	3	-
東大阪市	5 530	604	22	52	72	746	7	1
豊中市	3 173	298	30	54	78	425	3	-
枚方市	3 540	401	17	45	63	460	-	1
姫路市	5 007	562	34	42	54	668	5	2
西宮市	3 041	317	4	6	68	403	2	-
尼崎市	4 696	486	37	55	57	637	5	1
奈良市	2 903	267	18	31	56	343	1	-
和歌山市	4 165	431	24	48	45	512	3	2
倉敷市	4 148	482	34	70	38	513	3	1
福山市	4 820	475	57	92	36	864	5	-
呉市	1 726	193	17	40	23	229	1	-
下関市	2 807	319	22	32	28	299	2	-
高松市	3 883	447	55	72	37	504	3	-
松山市	5 746	602	30	52	65	709	2	-
高知市	4 419	427	62	84	76	666	2	3
久留米市	3 554	451	27	40	71	451	4	-
長崎市	4 567	459	33	54	50	603	3	-
佐世保市	2 774	256	22	37	34	349	3	-
大分市	4 739	518	29	62	52	600	-	2
宮崎市	5 080	544	36	55	82	716	2	3
鹿児島市	6 609	784	34	79	87	818	4	2
那覇市	5 204	576	29	31	100	592	3	-

注：本表は月分報告の累計である。なお、八戸市については、平成29年１月に中核市になったため、１月から３ヶ月分の累計である。

都道府県－指定都市－中核市×異動状況別

平成28年度

の異動								
資格喪失					全部支給停止になった		他の支給機関が管轄する区域へ転出	年度末現在受給者数
対象児童が18歳の年度末に達した	父又は母が婚姻（事実上の婚姻関係を含む）した	児童が遺棄の状態でなくなった	父又は母の拘禁が終了した	その他	全部支給から全部支給停止	一部支給から全部支給停止		
1 488	827	2	6	233	124	447	204	19 668
599	306	－	－	90	87	213	94	7 901
562	260	－	2	81	123	278	121	6 964
891	230	1	1	122	65	229	124	5 993
1 597	477	1	6	521	173	676	244	20 089
517	216	1	－	203	73	247	115	6 560
335	172	－	1	89	83	175	70	5 461
468	196	－	1	54	57	158	40	5 332
349	181	－	4	36	41	168	53	4 582
347	217	－	2	38	53	184	59	4 876
1 294	639	1	4	256	375	966	192	16 260
951	253	－	6	171	97	302	152	12 598
2 365	1 034	－	13	581	186	665	958	29 255
679	299	－	－	151	61	171	114	8 123
1 064	422	－	3	284	91	308	111	12 196
445	209	－	1	223	59	178	78	5 917
738	369	1	8	121	84	257	108	9 287
769	104	11	4	440	85	231	110	10 600
1 147	499	1	6	214	114	317	237	14 738
688	261	－	2	150	67	207	136	7 845
303	169	1	－	42	16	83	47	4 281
251	158	1	1	46	29	73	40	3 618
253	92	－	1	28	43	67	29	3 415
224	39	－	1	7	5	5	6	2 875
196	88	2	2	10	21	62	32	2 811
203	99	－	－	38	14	56	21	2 606
218	128	－	－	28	28	84	48	3 038
243	157	－	2	62	38	69	20	3 298
301	163	－	3	56	92	118	44	3 989
244	93	－	1	42	24	73	42	2 657
204	90	－	1	36	22	99	37	2 688
173	90	－	1	35	17	97	60	2 266
180	95	－	－	30	38	89	57	2 204
238	129	－	－	30	39	121	55	3 009
155	93	－	－	28	31	82	55	2 301
356	150	－	－	95	71	153	86	4 070
226	131	－	2	46	26	137	51	3 262
197	77	－	－	23	23	120	19	2 371
252	111	－	2	36	42	118	38	3 098
194	79	－	－	73	37	84	31	2 415
270	118	－	－	43	43	89	62	3 183
211	102	－	－	43	26	93	35	2 579
195	109	－	1	16	42	125	47	2 552
170	100	－	2	24	48	80	36	2 214
188	78	－	2	29	24	73	40	2 469
210	107	－	1	45	19	84	36	2 602
458	197	－	3	80	39	96	94	5 305
285	93	－	－	44	23	94	56	3 035
288	119	－	3	49	31	98	57	3 420
379	195	－	2	85	46	101	52	4 832
256	87	－	－	58	15	39	37	2 942
343	194	－	1	93	52	87	64	4 491
225	92	－	2	23	24	75	51	2 782
302	156	－	－	49	32	82	43	4 044
307	160	－	1	41	60	130	47	4 022
606	186	－	1	66	60	125	56	4 375
133	65	1	1	28	21	69	27	1 653
183	98	－	－	16	23	70	27	2 789
297	142	－	1	61	50	130	28	3 782
413	202	－	2	90	42	122	45	5 577
335	116	3	1	206	54	125	49	4 174
263	111	－	－	73	38	67	57	3 530
348	184	－	2	66	40	122	50	4 348
210	59	－	－	77	22	62	33	2 657
382	165	－	－	51	35	94	46	4 625
382	248	1	－	80	32	121	74	4 854
526	239	－	1	46	43	140	95	6 497
297	186	－	－	106	42	77	109	5 120

（報告表　61）

児童福祉 59表

第59表（4－1）児童扶養手当受給者数，都道府県－指定都市－中核市×

都道府県 指定都市 中核市	総数	世帯					
		母子世帯					遺棄世帯
		生別母子世帯		死別母子世帯	未婚の母子世帯	障害者世帯	
		離婚	その他				
全　　　国	1 006 332	801 072	1 701	6 585	100 192	4 994	2 045
北　海　道	29 347	23 636	30	145	2 643	76	33
青　　森	9 177	6 976	4	49	869	59	1
岩　　手	8 388	6 432	13	49	772	41	8
宮　　城	11 212	8 666	21	78	1 029	41	13
秋　　田	6 134	4 694	4	34	457	28	9
山　　形	8 702	7 003	6	35	615	55	7
福　　島	10 472	8 251	19	51	943	22	19
茨　　城	23 810	18 588	37	210	2 505	63	49
栃　　木	11 051	8 888	30	101	1 032	37	12
群　　馬	9 604	7 838	12	76	853	39	16
埼　　玉	35 488	28 578	52	336	3 409	190	105
千　　葉	26 376	21 233	55	281	2 489	76	92
東　　京	73 329	56 565	101	792	9 281	418	280
神 奈 川	17 935	14 835	28	164	1 453	69	37
新　　潟	9 940	8 046	6	35	787	41	13
富　　山	3 453	2 768	3	18	299	22	3
石　　川	4 153	3 401	13	24	326	25	2
福　　井	5 312	4 253	7	21	523	22	8
山　　梨	6 415	5 320	13	49	540	26	4
長　　野	13 066	10 641	11	60	1 085	52	30
岐　　阜	10 768	9 010	9	67	869	47	13
静　　岡	14 974	12 489	17	82	1 195	81	29
愛　　知	25 374	20 724	16	166	2 351	219	43
三　　重	13 287	10 696	12	69	1 319	59	21
滋　　賀	7 488	6 148	12	26	614	31	9
京　　都	9 429	7 603	30	36	871	46	8
大　　阪	34 495	27 256	80	206	3 670	229	74
兵　　庫	17 819	14 683	65	101	1 481	87	19
奈　　良	8 535	6 766	15	41	864	41	16
和 歌 山	6 318	5 062	7	20	520	40	13
鳥　　取	5 618	4 355	12	28	517	30	10
島　　根	5 337	4 193	8	22	485	17	11
岡　　山	5 544	4 457	7	26	474	19	4
広　　島	6 872	5 493	18	27	646	33	14
山　　口	9 454	7 751	13	38	851	30	9
徳　　島	6 354	4 887	4	32	701	35	7
香　　川	4 954	3 899	11	18	465	12	5
愛　　媛	8 362	6 694	17	28	652	31	10
高　　知	3 852	2 851	3	21	397	10	6
福　　岡	25 964	20 063	43	117	2 526	124	46
佐　　賀	8 551	6 631	9	40	842	50	6
長　　崎	7 028	5 570	13	36	623	51	9
熊　　本	10 929	8 425	10	44	998	32	19
大　　分	6 742	5 344	17	23	585	36	5
宮　　崎	9 496	7 410	5	42	882	41	13
鹿 児 島	12 049	9 195	7	59	1 156	81	22
沖　　縄	18 405	13 283	39	114	2 038	125	35

注：「生別母子世帯　その他」「生別父子世帯　その他」に、それぞれの「DV保護命令世帯」を含む。

世帯類型・対象児童との続柄・手当の支給類型・受給対象児童数・公的年金の受給別

平成28年度末現在

類　型							
父　子　世　帯							その他の世帯
生別父子世帯		死別父子世帯	未婚の父子世帯	障害者世帯	遺棄世帯		
離婚	その他						
50 059	30	4 568	647	1 577	149		32 713
1 522	-	134	20	20	7		1 081
816	-	62	6	29	3		303
745	-	81	7	25	1		214
896	-	67	12	16	1		372
702	-	51	2	18	-		135
721	-	45	1	21	4		189
796	-	44	3	4	-		320
1 409	-	134	12	18	6		779
589	-	73	6	8	7		268
472	-	51	5	11	1		230
1 374	-	156	14	51	3		1 220
1 132	1	130	11	13	7		856
2 706	1	346	63	132	17		2 627
635	-	75	4	17	5		613
713	-	67	3	22	-		207
238	-	27	-	9	2		64
284	-	19	3	3	1		52
312	-	31	1	11	-		123
310	2	32	2	4	-		113
761	-	65	6	11	3		341
480	1	61	9	6	-		196
633	-	60	9	12	1		366
971	5	95	18	59	4		703
618	-	37	9	15	2		430
398	1	30	10	8	-		201
461	-	56	7	7	1		303
1 352	2	145	35	99	3		1 344
856	1	86	7	18	2		413
380	-	41	5	7	2		357
420	-	41	6	20	-		169
442	-	22	2	29	-		171
387	-	25	2	2	-		185
378	-	24	4	7	2		142
385	-	34	3	9	2		208
408	-	26	5	11	1		311
418	-	26	9	10	2		223
379	-	19	2	5	-		139
629	-	55	4	8	2		232
413	-	28	2	3	3		115
1 428	-	108	29	37	5		1 438
576	-	39	8	28	1		321
526	1	52	2	29	3		113
985	-	63	8	12	-		333
538	-	38	3	6	1		146
745	-	47	5	31	3		272
1 028	1	75	10	37	2		376
1 688	-	105	8	52	2		916

(報告表　61)

第59表（4－2）児童扶養手当受給者数，都道府県－指定都市－中核市×

都道府県 指定都市 中核市	総数	世帯					
		母子世帯					
		生別母子世帯		死別母子世帯	未婚の母子世帯	障害者世帯	遺棄世帯
		離婚	その他				
指定都市(別掲)							
札幌市	19 668	15 733	30	89	2 091	115	42
仙台市	7 901	6 252	19	35	955	34	22
さいたま市	6 964	5 692	15	63	648	61	31
千葉市	5 993	4 871	16	55	593	14	27
横浜市	20 089	16 428	23	212	1 797	92	80
川崎市	6 560	5 211	10	74	716	19	22
相模原市	5 461	4 515	3	65	443	11	9
新潟市	5 332	4 272	6	49	541	34	4
静岡市	4 582	3 768	9	36	408	30	6
浜松市	4 876	4 132	6	30	380	29	6
名古屋市	16 260	12 583	26	98	2 136	101	45
京都市	12 598	10 169	38	69	1 488	42	30
大阪市	29 255	23 159	75	277	3 739	187	86
堺市	8 123	6 380	10	45	969	25	12
神戸市	12 196	9 893	21	59	1 316	50	15
岡山市	5 917	4 673	13	31	659	30	10
広島市	9 287	7 444	24	35	883	50	11
北九州市	10 600	8 952	56	50	889	43	21
福岡市	14 738	11 658	24	76	1 706	59	37
熊本市	7 845	6 090	18	28	913	22	14
中核市(別掲)							
旭川市	4 281	3 373	5	11	493	18	10
函館市	3 618	2 819	9	15	448	8	5
青森市	3 415	2 641	2	19	377	23	4
八戸市	2 875	2 240	2	14	324	11	2
盛岡市	2 811	2 308	12	12	245	2	3
秋田市	2 606	2 172	2	11	207	7	5
郡山市	3 038	2 543	7	16	259	13	7
いわき市	3 298	2 530	5	13	393	7	5
宇都宮市	3 989	3 235	20	37	381	9	25
前橋市	2 657	2 195	10	11	237	12	2
高崎市	2 688	2 240	5	17	218	6	-
川越市	2 266	1 837	7	19	226	16	10
越谷市	2 204	1 769	10	24	213	20	7
船橋市	3 009	2 483	3	28	299	7	1
柏市	2 301	1 876	8	24	218	5	8
八王子市	4 070	3 135	5	38	484	26	7
横須賀市	3 262	2 664	3	27	306	5	12
富山市	2 371	1 977	2	19	215	10	1
金沢市	3 098	2 708	1	22	130	15	1
長野市	2 415	2 029	4	8	196	10	1
岐阜市	3 183	2 735	8	24	154	27	10
豊橋市	2 579	2 039	5	17	297	21	6
豊田市	2 552	2 131	12	25	211	21	12
岡崎市	2 214	1 794	-	17	233	16	1
大津市	2 469	1 967	6	9	282	5	6
高槻市	2 602	2 112	4	13	236	14	3
東大阪市	5 305	4 128	10	30	635	5	11
豊中市	3 035	2 347	3	21	399	18	5
枚方市	3 420	2 622	4	15	380	62	6
姫路市	4 832	4 060	5	33	301	21	5
西宮市	2 942	2 456	2	14	271	17	4
尼崎市	4 491	3 621	9	26	490	24	8
奈良市	2 782	2 139	8	10	348	13	9
和歌山市	4 044	3 161	9	23	436	34	8
倉敷市	4 022	3 286	4	18	369	22	6
福山市	4 375	3 457	4	17	508	18	6
呉市	1 653	1 329	4	8	172	4	4
下関市	2 789	2 201	5	9	289	12	1
高松市	3 782	2 980	13	18	399	19	6
松山市	5 577	4 458	7	26	613	12	8
高知市	4 174	2 930	7	45	501	21	4
久留米市	3 530	2 822	2	27	285	34	9
長崎市	4 348	3 429	9	28	434	23	10
佐世保市	2 657	2 206	2	22	180	22	2
大分市	4 625	3 829	7	19	340	18	9
宮崎市	4 854	3 837	3	15	503	60	4
鹿児島市	6 497	5 055	14	31	655	57	14
那覇市	5 120	3 742	7	27	630	57	5

注：「生別母子世帯　その他」「生別父子世帯　その他」に、それぞれの「DV保護命令世帯」を含む。

世帯類型・対象児童との続柄・手当の支給類型・受給対象児童数・公的年金の受給別

平成28年度末現在

類　型							
父	子	世	帯				その他の世帯
生別父子世帯		死別父子世帯	未婚の父子世帯	障害者世帯		遺棄世帯	
離婚	その他						
748	-	49	13	36		1	721
299	-	30	3	5		2	245
221	-	27	1	21		-	184
205	-	16	4	5		-	187
663	1	74	8	18		4	689
231	-	30	3	6		1	237
213	1	24	5	-		-	172
262	-	31	3	11		-	119
178	-	10	2	7		-	128
172	-	17	1	6		-	97
503	-	51	7	47		3	660
461	-	56	14	5		4	222
1 008	-	124	26	47		3	524
283	-	36	7	1		-	355
378	1	46	6	10		-	401
232	-	19	7	7		-	236
362	1	32	8	6		-	431
346	5	38	2	6		1	191
562	-	51	11	17		1	536
392	-	28	5	9		2	324
169	-	18	2	5		-	177
151	-	12	10	1		1	139
204	-	11	3	8		-	123
182	-	12	3	8		-	77
149	-	6	-	5		-	69
140	-	18	-	4		-	40
139	-	9	-	5		-	40
171	-	14	8	2		-	150
143	-	14	5	1		1	118
107	-	11	1	3		-	68
115	-	11	2	6		-	68
75	1	9	-	3		-	63
77	-	5	2	2		-	75
90	-	17	4	4		-	73
70	1	10	1	1		1	78
185	-	18	2	13		1	156
101	-	15	2	-		-	127
85	-	8	-	2		-	52
146	-	15	-	1		-	59
107	-	9	-	2		-	49
113	-	11	2	9		-	90
114	-	10	-	6		-	64
101	-	11	5	9		1	13
74	-	10	-	6		-	63
90	-	7	4	1		-	92
96	-	8	5	16		1	94
162	-	28	2	1		2	291
120	-	7	1	3		-	111
145	2	15	1	33		-	135
191	-	18	1	1		1	195
96	-	11	-	3		-	68
182	-	14	5	6		1	105
107	-	7	1	1		1	138
165	-	14	2	7		-	185
161	1	8	-	2		-	145
174	-	17	4	5		-	165
75	-	3	-	-		-	54
98	-	8	1	2		-	163
191	-	23	3	2		-	128
251	-	22	2	3		-	175
258	-	23	9	7		-	369
171	-	19	1	11		-	149
235	-	18	7	9		1	145
152	-	5	-	13		-	53
222	-	17	-	4		-	160
256	-	14	1	29		1	131
320	-	34	4	18		1	294
359	-	27	3	14		1	248

（報告表　61）

第59表（4－3）児童扶養手当受給者数，都道府県－指定都市－中核市×

都道府県 指定都市 中核市	対象児童との続柄					手当の支給類型			
	母	養育費受領者数（再掲）	父	養育費受領者数（再掲）	養育者	全部支給	養育費受領者数（再掲）	一部支給	養育費受領者数（再掲）
全国	**943 917**	**168 700**	**57 484**	**1 293**	**4 931**	**522 438**	**66 168**	**483 894**	**103 825**
北海道	27 414	5 392	1 759	26	174	15 721	2 281	13 626	3 137
青森	8 224	1 218	924	19	29	4 549	494	4 628	743
岩手	7 506	1 652	860	25	22	3 541	569	4 847	1 108
宮城	10 140	2 095	994	27	78	5 346	835	5 866	1 287
秋田	5 332	1 376	775	23	27	2 668	503	3 466	896
山形	7 885	2 044	794	35	23	3 461	647	5 241	1 432
福島	9 572	1 806	853	20	47	4 535	590	5 937	1 236
茨城	22 055	3 797	1 594	31	161	11 722	1 506	12 088	2 322
栃木	10 320	2 352	686	23	45	5 242	837	5 809	1 538
群馬	9 040	2 173	541	15	23	4 444	796	5 160	1 392
埼玉	33 702	6 764	1 608	52	178	17 313	2 452	18 175	4 364
千葉	24 902	5 083	1 308	31	166	12 750	1 886	13 626	3 228
東京	69 663	11 812	3 285	72	381	38 642	4 388	34 687	7 496
神奈川	17 087	4 040	744	12	104	8 565	1 489	9 370	2 563
新潟	9 103	2 394	806	33	31	3 896	735	6 044	1 692
富山	3 172	851	278	12	3	1 219	242	2 234	621
石川	3 827	911	311	18	15	1 617	293	2 536	636
福井	4 945	976	356	13	11	2 167	290	3 145	699
山梨	6 049	1 382	350	10	16	3 094	496	3 321	896
長野	12 176	3 355	855	31	35	5 835	1 160	7 231	2 226
岐阜	10 181	2 405	561	14	26	4 801	788	5 967	1 631
静岡	14 196	3 350	720	21	58	6 359	1 067	8 615	2 304
愛知	24 128	5 329	1 158	20	88	12 266	1 985	13 108	3 364
三重	12 551	2 664	688	20	48	6 226	911	7 061	1 773
滋賀	7 014	1 339	447	11	27	3 695	483	3 793	867
京都	8 863	1 349	540	15	26	5 071	553	4 358	811
大阪	32 659	3 921	1 642	29	194	20 321	1 820	14 174	2 130
兵庫	16 786	3 181	973	24	60	8 935	1 216	8 884	1 989
奈良	8 052	1 051	443	7	40	4 995	466	3 540	592
和歌山	5 805	918	487	5	26	3 462	447	2 856	476
鳥取	5 098	806	495	18	25	2 650	299	2 968	525
島根	4 907	1 162	417	13	13	2 229	382	3 108	793
岡山	5 110	1 056	416	12	18	2 529	373	3 015	695
広島	6 413	1 359	436	8	23	3 090	468	3 782	899
山口	8 946	1 835	454	15	54	4 555	690	4 899	1 160
徳島	5 861	867	465	11	28	3 259	317	3 095	561
香川	4 524	863	408	10	22	2 407	325	2 547	548
愛媛	7 625	1 324	699	15	38	4 206	573	4 156	766
高知	3 381	568	451	15	20	1 962	226	1 890	357
福岡	24 130	778	1 623	7	211	14 344	349	11 620	436
佐賀	7 852	1 185	659	17	40	4 197	486	4 354	716
長崎	6 393	1 151	614	12	21	3 366	434	3 662	729
熊本	9 797	1 659	1 069	18	63	5 287	680	5 642	997
大分	6 130	1 088	588	18	24	3 291	407	3 451	699
宮崎	8 598	1 351	833	18	65	4 810	595	4 686	774
鹿児島	10 829	1 710	1 160	15	60	6 206	769	5 843	956
沖縄	16 290	1 602	1 874	27	241	11 617	823	6 788	806

注：「生別母子世帯　その他」「生別父子世帯　その他」に、それぞれの「ＤＶ保護命令世帯」を含む。

世帯類型・対象児童との続柄・手当の支給類型・受給対象児童数・公的年金の受給別

平成28年度末現在

受 給 対 象 児 童 数						公的年金の受給別	
1人	2人	3人	4人	5人	6人以上	受給有り	受給なし
606 717	306 395	76 708	13 164	2 621	727	7 777	998 555
17 687	8 898	2 230	425	77	30	171	29 176
5 853	2 614	606	88	12	4	82	9 095
5 325	2 415	546	85	15	2	101	8 287
6 793	3 407	813	162	27	10	83	11 129
3 898	1 796	379	49	8	4	75	6 059
5 387	2 673	543	84	11	4	85	8 617
6 339	3 261	708	139	20	5	62	10 410
14 601	7 129	1 759	254	48	19	113	23 697
6 749	3 447	732	110	11	2	59	10 992
5 730	3 085	691	80	17	1	67	9 537
21 835	10 754	2 428	384	68	19	222	35 266
16 169	7 948	1 862	307	72	18	119	26 257
47 313	20 282	4 694	823	163	54	550	72 779
10 921	5 435	1 299	235	35	10	85	17 850
6 230	3 004	614	72	17	3	102	9 838
2 153	1 061	211	22	4	2	34	3 419
2 446	1 317	333	48	8	1	44	4 109
3 147	1 706	398	54	5	2	45	5 267
3 930	1 977	437	58	11	2	38	6 377
7 915	4 012	968	146	21	4	97	12 969
6 433	3 424	783	110	15	3	74	10 694
8 838	4 783	1 158	156	37	2	112	14 862
14 857	8 160	1 960	321	61	15	242	25 132
7 884	4 162	1 042	160	31	8	94	13 193
4 322	2 416	625	100	21	4	51	7 437
5 468	3 009	780	131	34	7	78	9 351
20 228	10 749	2 891	496	98	33	316	34 179
10 547	5 676	1 348	200	39	9	111	17 708
4 986	2 731	679	110	22	7	46	8 489
3 722	2 061	448	76	9	2	69	6 249
3 326	1 774	425	77	13	3	54	5 564
3 091	1 705	456	68	16	1	42	5 295
3 084	1 887	483	66	20	4	27	5 517
3 900	2 286	580	77	22	7	49	6 823
5 394	3 034	854	153	18	1	64	9 390
4 005	1 848	423	59	18	1	41	6 313
2 818	1 623	426	65	16	6	18	4 936
4 874	2 656	706	95	23	8	75	8 287
2 335	1 157	293	56	8	3	23	3 829
14 564	8 301	2 439	497	120	43	325	25 639
4 852	2 752	773	145	23	6	100	8 451
4 110	2 162	620	118	12	6	83	6 945
6 202	3 427	1 068	198	30	4	99	10 830
3 907	2 102	600	104	25	4	56	6 686
5 394	3 028	863	172	33	6	87	9 409
6 739	3 865	1 149	231	49	16	140	11 909
10 060	5 478	2 113	570	146	38	204	18 201

(報告表 61)

第59表（4－4）児童扶養手当受給者数，都道府県－指定都市－中核市×

都道府県 指定都市 中核市	対象児童との続柄					手当の支給類型			
	母	養育費受領者数（再掲）	父	養育費受領者数（再掲）	養育者	全部支給	養育費受領者数（再掲）	一部支給	養育費受領者数（再掲）
指定都市(別掲)									
札幌市	18 680	4 542	850	24	138	11 449	2 201	8 219	2 365
仙台市	7 535	1 566	339	10	27	4 130	642	3 771	934
さいたま市	6 671	774	271	3	22	3 525	291	3 439	486
千葉市	5 731	1 159	231	8	31	2 952	427	3 041	740
横浜市	19 230	3 800	772	9	87	10 621	1 500	9 468	2 309
川崎市	6 259	1 193	271	6	30	3 468	414	3 092	785
相模原市	5 184	1 036	243	5	34	2 925	393	2 536	648
新潟市	5 016	1 202	308	12	8	2 252	391	3 080	823
静岡市	4 371	1 154	198	5	13	2 144	389	2 438	770
浜松市	4 660	1 135	197	8	19	2 172	374	2 704	769
名古屋市	15 584	2 790	614	13	62	9 056	1 179	7 204	1 624
京都市	11 992	1 688	545	6	61	7 793	824	4 805	870
大阪市	27 813	2 441	1 237	10	205	19 154	1 251	10 101	1 200
堺市	7 760	147	332	－	31	5 004	102	3 119	45
神戸市	11 722	2 034	441	6	33	7 350	937	4 846	1 103
岡山市	5 623	946	265	6	29	3 272	337	2 645	615
広島市	8 844	1 857	411	5	32	4 936	769	4 351	1 093
北九州市	10 055	1 320	480	11	65	5 961	587	4 639	744
福岡市	14 026	1 999	644	12	68	8 816	914	5 922	1 097
熊本市	7 373	1 213	436	13	36	4 442	548	3 403	678
中核市(別掲)									
旭川市	4 056	735	195	4	30	2 421	352	1 860	387
函館市	3 425	446	175	1	18	2 119	226	1 499	221
青森市	3 171	531	226	2	18	1 737	236	1 678	297
八戸市	2 663	410	205	1	7	1 437	174	1 438	237
盛岡市	2 643	569	160	3	8	1 280	204	1 531	368
秋田市	2 439	581	162	8	5	1 277	248	1 329	341
郡山市	2 868	422	155	6	15	1 493	144	1 545	284
いわき市	3 084	422	197	2	17	1 750	193	1 548	231
宇都宮市	3 799	722	166	5	24	2 074	266	1 915	461
前橋市	2 528	516	123	4	6	1 386	199	1 271	321
高崎市	2 548	656	134	3	6	1 259	251	1 429	408
川越市	2 169	519	89	3	8	1 053	170	1 213	352
越谷市	2 102	474	86	3	16	1 106	175	1 098	302
船橋市	2 890	666	115	3	4	1 395	209	1 614	460
柏市	2 212	447	84	3	5	1 073	158	1 228	292
八王子市	3 827	531	219	3	24	2 159	206	1 911	328
横須賀市	3 124	750	118	4	20	1 669	293	1 593	461
富山市	2 272	573	96	4	3	851	168	1 520	409
金沢市	2 930	743	162	10	6	1 366	276	1 732	477
長野市	2 294	604	118	1	3	1 104	177	1 311	428
岐阜市	3 036	488	136	5	11	1 691	194	1 492	299
豊橋市	2 441	517	130	4	8	1 302	224	1 277	297
豊田市	2 412	533	127	1	13	1 704	218	848	316
岡崎市	2 114	512	90	1	10	1 017	168	1 197	345
大津市	2 362	438	102	4	5	1 299	188	1 170	254
高槻市	2 466	397	126	2	10	1 311	165	1 291	234
東大阪市	5 068	459	205	1	32	3 421	226	1 884	234
豊中市	2 888	429	131	1	16	1 771	189	1 264	241
枚方市	3 204	442	197	4	19	1 876	175	1 544	271
姫路市	4 604	734	212	1	16	2 846	352	1 986	383
西宮市	2 830	500	110	1	2	1 555	139	1 387	362
尼崎市	4 249	593	208	2	34	2 772	300	1 719	295
奈良市	2 648	332	117	1	17	1 667	148	1 115	185
和歌山市	3 833	566	190	2	21	2 411	257	1 633	311
倉敷市	3 820	742	172	4	30	2 086	266	1 936	480
福山市	4 155	702	201	3	19	2 315	277	2 060	428
呉市	1 561	304	78	1	14	827	124	826	181
下関市	2 670	389	110	1	9	1 492	155	1 297	235
高松市	3 553	624	219	9	10	1 926	237	1 856	396
松山市	5 263	881	278	6	36	3 165	433	2 412	454
高知市	3 845	538	303	7	26	2 327	232	1 847	313
久留米市	3 302	506	204	1	24	1 987	248	1 543	259
長崎市	4 061	703	270	4	17	2 344	311	2 004	396
佐世保市	2 479	490	170	3	8	1 284	194	1 373	299
大分市	4 360	717	243	9	22	2 540	316	2 085	410
宮崎市	4 540	731	302	11	12	2 717	365	2 137	377
鹿児島市	6 092	1 205	378	8	27	3 681	548	2 816	665
那覇市	4 655	571	404	8	61	3 210	303	1 910	276

注：「生別母子世帯　その他」「生別父子世帯　その他」に、それぞれの「ＤＶ保護命令世帯」を含む。

世帯類型・対象児童との続柄・手当の支給類型・受給対象児童数・公的年金の受給別

平成28年度末現在

受 給 対 象 児 童 数						公的年金の受給別	
1人	2人	3人	4人	5人	6人以上	受給有り	受給なし
12 651	5 484	1 253	213	48	19	176	19 492
5 118	2 222	469	70	17	5	48	7 853
4 421	1 990	450	82	15	6	63	6 901
3 832	1 727	372	52	7	3	29	5 964
12 759	5 706	1 312	270	36	6	126	19 963
4 190	1 864	427	65	10	4	37	6 523
3 571	1 414	399	60	9	8	25	5 436
3 453	1 540	288	39	12	-	50	5 282
2 782	1 411	334	45	8	2	43	4 539
2 952	1 503	364	38	15	4	37	4 839
10 104	4 756	1 132	204	49	15	133	16 127
7 270	4 000	1 113	181	25	9	69	12 529
18 409	8 231	2 112	406	78	19	201	29 054
4 924	2 414	642	116	19	8	41	8 082
7 567	3 615	841	136	31	6	75	12 121
3 545	1 824	458	67	19	4	40	5 877
5 240	3 133	744	134	31	5	58	9 229
5 793	3 551	1 010	195	38	13	90	10 510
9 176	4 193	1 109	198	44	18	79	14 659
4 726	2 376	620	100	18	5	50	7 795
2 642	1 296	278	51	9	5	32	4 249
2 356	975	236	43	6	2	17	3 601
2 231	953	197	25	8	1	35	3 380
1 901	758	191	20	3	2	22	2 853
1 740	866	166	35	4	-	24	2 787
1 777	684	129	14	1	1	15	2 591
1 593	1 058	302	67	14	4	30	3 008
1 986	961	282	57	9	3	12	3 286
2 556	1 154	227	41	11	-	20	3 969
1 529	873	220	29	4	2	19	2 638
1 587	854	217	24	2	4	18	2 670
1 332	739	160	25	8	2	19	2 247
1 358	658	145	39	4	-	21	2 183
1 937	870	166	28	7	1	13	2 996
1 295	773	192	36	5	-	8	2 293
2 466	1 200	301	75	23	5	46	4 024
1 957	1 004	254	34	12	1	10	3 252
1 513	709	132	12	5	-	22	2 349
1 800	1 035	219	34	5	5	19	3 079
1 508	719	167	15	5	1	12	2 403
2 026	924	190	36	4	3	41	3 142
1 588	772	182	32	5	-	23	2 556
1 290	959	239	53	11	-	24	2 528
1 324	694	173	18	4	1	27	2 187
1 499	727	202	31	8	2	9	2 460
1 577	769	210	35	10	1	27	2 575
2 905	1 760	513	99	24	4	34	5 271
1 905	871	210	35	10	4	24	3 011
2 016	1 082	256	49	16	1	72	3 348
2 658	1 646	436	78	10	4	23	4 809
1 703	961	227	41	7	3	30	2 912
2 547	1 449	395	75	22	3	26	4 465
1 705	827	216	27	6	1	16	2 766
2 440	1 265	280	42	12	5	40	4 004
2 353	1 234	355	65	11	4	32	3 990
2 556	1 404	348	56	9	2	33	4 342
966	505	149	27	6	-	5	1 648
1 638	871	230	39	7	4	15	2 774
2 296	1 159	276	36	12	3	23	3 759
3 440	1 680	385	58	10	4	29	5 548
2 596	1 171	330	63	10	4	53	4 121
2 110	1 035	315	58	11	1	49	3 481
2 195	1 516	517	98	17	5	29	4 319
1 571	818	220	41	6	1	31	2 626
2 589	1 555	405	56	14	6	25	4 600
2 739	1 577	439	77	16	6	69	4 785
3 636	2 132	603	100	20	6	102	6 395
2 941	1 462	541	128	40	8	68	5 052

(報告表 61)

児童福祉
60表

第60表 児童扶養手当受給者数，都道府県－指定都市－中核市×

都道府県 指定都市 中　核　市	手当の支給類型の変更			児童扶養手当の受給の対象となっている児童のうち18歳の初めの年度末を超える児童数	全部支給停止者数	
	受給者数	一部支給から 全　部　支　給	全部支給から 一　部　支　給		本人所得	扶養義務者 等　　所　　得
全　　　　国	159 403	62 875	96 528	3 444	93 517	39 828
北　海　道	4 596	1 725	2 871	87	2 390	1 065
青　　森	1 836	713	1 123	30	579	454
岩　　手	1 528	565	963	34	709	584
宮　　城	2 103	745	1 358	44	914	749
秋　　田	921	379	542	15	429	373
山　　形	1 310	530	780	32	808	511
福　　島	1 814	669	1 145	16	952	674
茨　　城	4 201	1 355	2 846	111	2 561	1 301
栃　　木	1 872	744	1 128	34	997	471
群　　馬	1 779	676	1 103	15	826	423
埼　　玉	5 447	2 008	3 439	102	3 722	1 589
千　　葉	4 180	1 599	2 581	196	2 794	1 418
東　　京	12 216	4 767	7 449	169	12 085	3 829
神　奈　川	2 608	976	1 632	48	1 904	605
新　　潟	1 725	656	1 069	33	986	635
富　　山	471	170	301	9	589	284
石　　川	722	286	436	12	530	239
福　　井	797	301	496	14	561	250
山　　梨	1 108	417	691	18	477	289
長　　野	2 092	833	1 259	74	1 366	682
岐　　阜	1 515	578	937	27	1 254	663
静　　岡	2 686	1 091	1 595	41	1 340	673
愛　　知	4 005	1 540	2 465	73	2 428	1 313
三　　重	2 598	1 071	1 527	44	1 502	540
滋　　賀	1 217	459	758	19	1 017	514
京　　都	1 470	569	901	36	1 032	432
大　　阪	5 352	2 087	3 265	141	3 028	940
兵　　庫	2 772	1 109	1 663	68	1 749	822
奈　　良	1 299	500	799	31	732	288
和　歌　山	998	403	595	22	522	154
鳥　　取	560	231	329	12	400	209
島　　根	871	358	513	23	480	232
岡　　山	878	352	526	7	443	275
広　　島	1 138	432	706	23	647	347
山　　口	1 583	622	961	15	873	342
徳　　島	616	259	357	15	514	200
香　　川	712	270	442	15	613	293
愛　　媛	1 393	518	875	25	618	240
高　　知	538	228	310	13	311	140
福　　岡	4 267	1 744	2 523	60	1 599	694
佐　　賀	1 142	460	682	18	536	385
長　　崎	1 194	466	728	27	454	238
熊　　本	1 599	635	964	25	773	473
大　　分	1 065	397	668	20	456	195
宮　　崎	1 040	399	641	21	418	284
鹿　児　島	1 337	516	821	25	545	245
沖　　縄	1 779	709	1 070	69	668	343

注：「手当の支給類型の変更」は、月分報告の累計である。なお、八戸市については、平成29年1月に中核市になったため、1月から3ヶ月分の累計である。

支給類型の変更・18歳の初めの年度末を超える児童数・支給停止者数別

平成28年度末現在

都道府県 指定都市 中核市	手当の支給類型の変更			児童扶養手当の受給の対象となっている児童のうち18歳の初めの年度末を超える児童数	全部支給停止者数	
	受給者数	一部支給から全部支給	全部支給から一部支給		本人所得	扶養義務者等所得
指定都市（別掲）						
札幌市	3 118	2 018	1 100	65	1 429	228
仙台市	1 220	442	778	66	629	189
さいたま市	1 159	492	667	16	869	374
千葉市	985	628	357	17	728	243
横浜市	464	222	242	69	2 117	554
川崎市	1 050	412	638	13	694	216
相模原市	854	323	531	25	825	363
新潟市	879	344	535	15	588	282
静岡市	767	294	473	33	444	179
浜松市	896	358	538	13	450	171
名古屋市	5 319	2 062	3 257	48	1 650	612
京都市	2 762	1 320	1 442	236	1 009	210
大阪市	4 985	1 983	3 002	106	2 441	530
堺市	1 292	469	823	35	609	159
神戸市	2 001	746	1 255	45	912	246
岡山市	995	404	591	25	433	220
広島市	797	317	480	10	903	264
北九州市	1 764	614	1 150	15	700	203
福岡市	2 399	964	1 435	52	919	259
熊本市	1 278	556	722	23	518	170
中核市（別掲）						
旭川市	663	204	459	21	324	82
函館市	536	203	333	6	268	112
青森市	546	201	345	11	144	84
八戸市	3	2	1	11	197	113
盛岡市	420	162	258	16	311	152
秋田市	389	137	252	12	185	81
郡山市	469	181	288	7	222	223
いわき市	507	178	329	4	172	138
宇都宮市	760	289	471	9	422	263
前橋市	454	183	271	7	231	88
高崎市	459	150	309	3	254	65
川越市	376	148	228	9	239	85
越谷市	378	125	253	7	206	87
船橋市	530	202	328	9	431	180
柏市	363	134	229	7	286	103
八王子市	666	260	406	9	552	255
横須賀市	600	232	368	11	350	165
富山市	403	168	235	3	365	141
金沢市	522	197	325	3	309	104
長野市	399	159	240	2	305	171
岐阜市	569	241	328	9	273	77
豊橋市	471	195	276	-	175	96
豊田市	371	134	237	14	186	437
岡崎市	413	140	273	2	219	253
大津市	364	135	229	2	290	122
高槻市	458	178	280	14	267	59
東大阪市	816	294	522	19	330	107
豊中市	462	185	277	6	259	81
枚方市	530	193	337	8	315	78
姫路市	790	320	470	15	302	131
西宮市	7	7	-	13	304	58
尼崎市	650	260	390	16	346	108
奈良市	419	147	272	10	243	92
和歌山市	624	248	376	12	251	74
倉敷市	681	283	398	17	317	215
福山市	744	306	438	14	362	251
呉市	298	114	184	7	180	73
下関市	459	174	285	9	197	57
高松市	551	203	348	6	478	214
松山市	794	288	506	12	310	110
高知市	628	273	355	32	301	134
久留米市	562	194	368	19	206	66
長崎市	668	256	412	20	323	144
佐世保市	464	195	269	8	169	87
大分市	733	268	465	11	325	131
宮崎市	739	316	423	11	253	103
鹿児島市	1 059	445	614	17	401	110
那覇市	702	283	419	19	164	97

（報告表 61）

第61表（2－1）５年等満了月を迎えた児童扶養手当

都道府県 指定都市 中核市	前年度末現在受給資格者数		年度中					
					転入		転出	
		一部支給停止者数（再掲）	５年等満了月を迎えた受給資格者数	一部支給停止者数	受給資格者数	一部支給停止者数（再掲）	受給資格者数	一部支給停止者数（再掲）
全国	**490 709**	**3 534**	**89 484**	**2 701**	**4 775**	**67**	**5 745**	**99**
北海道	14 775	55	2 502	29	125	6	215	11
青森	6 422	81	1 017	12	23	－	37	1
岩手	4 598	8	740	4	31	－	45	1
宮城	5 619	31	1 006	24	61	－	58	－
秋田	3 262	1	567	37	7	－	23	－
山形	4 480	7	709	2	30	－	48	－
福島	5 633	68	875	21	30	－	44	2
茨城	11 792	105	2 153	50	133	－	151	－
栃木	5 190	46	1 031	25	40	1	53	－
群馬	4 479	21	865	18	40	1	58	3
埼玉	16 223	126	3 297	128	215	2	233	7
千葉	12 094	59	2 468	41	97	3	168	2
東京	34 715	602	6 883	212	566	9	607	24
神奈川	8 369	46	1 711	33	99	5	115	1
新潟	5 003	2	1 021	5	29	－	30	－
富山	1 794	3	317	－	15	－	23	－
石川	2 009	3	419	1	23	－	24	－
福井	2 961	5	449	1	19	－	33	－
山梨	3 161	16	562	10	40	－	43	1
長野	6 308	16	1 196	－	55	－	74	－
岐阜	5 203	31	980	29	38	－	57	－
静岡	6 860	32	1 445	15	59	2	79	3
愛知	11 593	49	2 167	39	121	1	222	1
三重	6 266	11	1 291	76	36	－	129	－
滋賀	3 354	10	717	3	33	－	44	－
京都	4 681	8	731	11	55	1	68	－
大阪	16 766	54	3 084	72	222	3	222	2
兵庫	8 713	34	1 644	17	80	－	114	1
奈良	3 972	22	759	20	48	2	54	－
和歌山	3 019	4	573	10	25	－	40	－
鳥取	2 644	1	495	2	17	－	24	－
島根	2 609	10	479	10	19	－	16	－
岡山	2 725	13	524	8	26	－	40	－
広島	3 195	8	626	21	40	－	55	－
山口	4 635	12	811	8	28	－	32	－
徳島	3 324	8	475	6	19	－	29	1
香川	2 344	5	448	11	13	－	29	－
愛媛	4 156	12	719	11	28	－	47	1
高知	1 985	15	325	62	14	1	29	－
福岡	12 284	270	2 003	208	190	4	194	5
佐賀	4 083	20	675	4	37	1	36	－
長崎	3 645	6	648	10	27	－	42	－
熊本	5 028	8	1 020	8	46	－	89	－
大分	3 249	10	463	3	19	1	33	1
宮崎	4 584	22	759	28	25	－	37	－
鹿児島	5 654	19	937	4	26	1	70	－
沖縄	8 936	49	1 432	62	117	1	140	1

注：本表は月分報告の累計である。なお、八戸市については、平成29年１月に中核市になったため、１月から３ヶ月分の累計である。

受給資格者数（養育者を除く）, 都道府県－指定都市－中核市×異動状況別

平成28年度

の異動		受給資格喪失者数	一部支給停止者数（再掲）	その他（法第13条2の規定の対象外となった）	一部支給停止者数（再掲）	年度末現在受給資格者数	一部支給停止者数（再掲）
一部支給停止から一部支給停止適用除外	一部支給停止適用除外から一部支給停止						
6 888	5 150	79 871	1 242	19 377	308	479 975	2 915
83	144	2 433	43	319	3	14 435	94
89	35	769	10	245	1	4 836	14
40	43	795	2	181	2	4 348	10
173	179	854	18	261	6	5 513	37
39	2	537	1	101	-	3 175	-
8	10	521	7	183	-	4 467	4
228	228	963	28	292	5	5 239	54
88	58	1 757	14	698	63	11 472	48
126	110	819	19	233	1	5 156	36
44	36	748	7	186	3	4 392	19
237	167	2 592	40	798	9	16 112	130
109	88	1 980	21	587	7	11 924	52
749	720	6 132	169	1 934	66	33 491	535
111	88	1 262	16	372	3	8 430	41
18	22	909	2	218	-	4 896	9
6	4	287	1	105	-	1 711	-
-	1	365	1	85	-	1 977	4
5	4	537	3	88	-	2 771	2
34	35	529	7	126	-	3 065	19
51	51	943	5	302	1	6 240	10
57	49	876	10	240	2	5 048	40
101	112	1 225	18	344	15	6 716	24
157	139	1 809	22	540	2	11 310	46
79	32	1 020	14	276	4	6 168	22
23	24	528	5	180	1	3 352	8
51	43	661	6	168	-	4 570	6
323	293	2 807	24	695	8	16 348	65
41	28	1 326	12	403	9	8 594	16
219	211	561	10	159	3	4 005	23
28	27	480	3	109	-	2 988	10
2	3	362	1	115	-	2 655	3
51	43	378	4	205	1	2 508	7
47	41	399	2	110	1	2 726	12
48	29	564	2	146	2	3 096	6
43	46	689	9	162	1	4 591	13
13	20	476	7	70	-	3 243	13
10	5	393	1	156	-	2 227	10
15	5	766	2	146	1	3 944	9
66	5	290	6	47	3	1 958	8
665	268	1 845	31	214	17	12 224	32
29	17	587	4	94	-	4 078	9
11	10	617	5	49	-	3 612	10
11	12	786	6	177	2	5 042	9
5	-	333	-	28	-	3 337	8
82	60	734	6	94	3	4 503	19
32	28	775	11	73	-	5 699	9
132	89	1 489	33	328	3	8 528	32

(報告表 61)

第61表（２－２）５年等満了月を迎えた児童扶養手当

都道府県 指定都市 中核市	前年度末現在受給資格者数	前年度末現在 一部支給停止者数(再掲)	年度中 5年等満了月を迎えた受給資格者数	年度中 一部支給停止者数	年度中 転入 受給資格者数	年度中 転入 一部支給停止者数(再掲)	年度中 転出 受給資格者数	年度中 転出 一部支給停止者数(再掲)
指定都市(別掲)								
札幌市	9 064	47	1 549	10	73	−	35	1
仙台市	3 874	7	738	10	34	−	32	1
さいたま市	3 149	96	693	94	15	1	14	1
千葉市	3 096	146	479	77	33	−	13	1
横浜市	9 040	67	1 871	45	92	−	56	−
川崎市	3 129	123	615	7	40	−	28	2
相模原市	3 204	39	450	12	16	2	12	3
新潟市	3 474	14	403	−	17	−	11	−
静岡市	2 149	16	415	−	7	−	16	1
浜松市	2 414	26	414	2	7	−	10	1
名古屋市	7 516	54	1 841	275	77	−	54	−
京都市	6 049	57	1 074	61	50	−	46	−
大阪市	13 983	64	2 580	112	335	6	498	5
堺市	4 105	36	705	22	33	−	33	3
神戸市	6 014	9	1 127	15	37	−	29	−
岡山市	2 876	73	516	11	22	−	15	−
広島市	4 319	16	720	99	22	−	31	−
北九州市	5 115	4	1 134	6	15	−	22	−
福岡市	6 751	41	1 249	12	87	1	71	2
熊本市	3 899	17	730	10	42	1	34	−
中核市(別掲)								
旭川市	2 369	9	321	6	12	−	13	−
函館市	1 816	−	341	−	3	−	13	−
青森市	1 824	11	285	3	5	−	8	−
八戸市	…	−	50	−	1	−	1	−
盛岡市	1 721	3	215	−	16	2	19	−
秋田市	1 482	−	196	20	4	−	5	−
郡山市	1 708	5	228	1	10	−	7	−
いわき市	1 605	4	312	9	−	−	5	−
宇都宮市	2 072	16	384	3	10	−	15	−
前橋市	1 281	−	276	1	9	−	8	−
高崎市	1 521	5	230	2	11	−	12	−
川越市	1 053	6	217	2	20	−	16	−
越谷市	981	5	227	4	21	−	12	−
船橋市	1 359	5	304	5	18	−	8	−
柏市	978	11	227	11	15	−	12	−
八王子市	1 947	19	389	13	27	3	24	−
横須賀市	1 420	4	288	3	10	−	18	−
富山市	1 203	2	240	1	3	−	6	−
金沢市	1 479	1	286	−	6	−	8	−
長野市	1 196	−	205	7	9	−	9	1
岐阜市	1 535	8	286	1	20	−	14	−
豊橋市	1 253	9	234	1	3	−	7	2
豊田市	1 505	8	208	16	8	−	12	−
岡崎市	1 011	7	211	3	22	2	13	−
大津市	1 166	−	170	6	9	−	13	−
高槻市	1 256	1	231	2	15	−	12	−
東大阪市	3 165	46	416	−	25	1	29	2
豊中市	1 500	22	294	13	20	−	17	−
枚方市	1 625	8	337	10	13	−	14	−
姫路市	2 413	1	417	−	13	−	17	−
西宮市	1 375	36	250	81	22	−	13	−
尼崎市	2 089	9	380	11	13	−	18	−
奈良市	1 302	7	237	1	15	−	20	−
和歌山市	2 002	24	332	2	2	−	8	−
倉敷市	1 792	43	522	4	12	−	13	−
福山市	2 354	11	417	3	5	−	20	−
呉市	830	−	156	−	7	−	8	−
下関市	1 548	30	199	6	4	−	9	1
高松市	1 790	19	336	2	10	−	7	−
松山市	2 640	3	469	1	20	−	9	−
高知市	2 123	10	323	1	19	−	10	−
久留米市	1 638	1	270	1	20	−	16	1
長崎市	2 241	1	359	1	22	−	17	1
佐世保市	1 472	8	181	54	7	−	8	−
大分市	2 151	2	377	−	18	−	7	−
宮崎市	2 321	24	441	17	8	−	20	−
鹿児島市	5 115	84	520	82	40	3	21	1
那覇市	2 868	10	369	−	33	−	41	−

注：本表は月分報告の累計である。なお、八戸市については、平成29年１月に中核市になったため、１月から３ヶ月分の累計である。

受給資格者数（養育者を除く），都道府県－指定都市－中核市×異動状況別

平成28年度

の異動							
一部支給停止から一部支給停止適用除外	一部支給停止適用除外から一部支給停止	受給資格喪失者数	一部支給停止者数（再掲）	その他（法第13条2の規定の対象外となった）	一部支給停止者数（再掲）	年度末現在受給資格者数	一部支給停止者数（再掲）
37	46	1 549	10	25	－	9 077	55
137	142	640	6	151	－	3 823	15
65	－	560	21	－	－	3 283	104
139	3	818	43	79	6	2 698	37
63	48	1 528	16	487	2	8 932	79
161	139	578	27	148	7	3 030	72
31	－	415	14	146	－	3 097	5
43	43	479	9	125	－	3 279	5
10	6	347	2	99	－	2 109	9
24	20	355	8	324	1	2 146	14
266	17	1 327	26	641	－	7 412	54
10	－	892	8	252	－	5 983	100
166	80	2 419	28	472	2	13 509	61
45	45	703	17	153	3	3 954	35
10	10	1 116	3	231	6	5 802	15
103	122	559	69	126	6	2 714	28
152	70	722	9	26	－	4 282	24
2	9	860	6	375	1	5 007	10
60	48	1 191	15	220	－	6 605	25
37	30	744	5	185	1	3 708	15
19	37	316	7	9	－	2 364	26
－	－	279	－	59	－	1 809	－
11	7	252	2	47	－	1 807	8
3	1	192	2	6	1	1 427	8
1	1	214	－	－	－	1 719	5
16	－	206	－	1	－	1 470	4
6	6	226	1	10	－	1 703	5
12	8	275	5	64	－	1 573	4
50	51	354	11	84	1	2 013	8
－	1	259	1	52	－	1 247	1
－	3	210	2	7	2	1 533	6
7	4	159	1	55	－	1 060	4
12	19	180	4	59	3	978	9
23	25	235	3	71	3	1 367	6
12	－	149	3	56	－	1 003	7
56	51	371	9	111	1	1 857	20
7	12	241	5	92	－	1 367	7
4	4	194	3	69	－	1 177	－
1	－	269	－	72	－	1 422	－
2	－	204	2	61	－	1 136	2
9	8	262	4	77	－	1 488	4
8	9	214	3	56	－	1 213	6
12	－	35	1	10	－	1 664	11
27	30	169	5	69	2	993	8
3	－	186	2	53	－	1 093	1
5	4	219	2	52	－	1 219	－
42	47	788	19	15	－	2 774	31
21	17	277	8	60	－	1 460	23
16	7	284	2	68	－	1 609	7
－	－	380	－	84	1	2 362	－
76	－	229	－	24	2	1 381	39
9	13	323	6	61	7	2 080	11
36	38	222	2	50	－	1 262	8
22	35	312	13	57	－	1 959	26
51	10	325	2	103	1	1 885	3
36	41	585	9	89	－	2 082	10
1	1	139	－	41	－	805	－
11	－	406	16	5	－	1 331	8
10	5	300	1	88	－	1 741	15
18	18	413	1	100	－	2 607	3
9	14	428	3	7	－	2 020	13
5	6	293	－	－	－	1 619	2
2	5	390	3	12	－	2 203	1
12	3	321	47	1	－	1 330	6
1	－	367	－	72	－	2 100	1
34	36	417	17	68	1	2 265	25
20	16	142	2	5	－	5 507	162
10	15	350	3	158	－	2 721	12

（報告表　61）

戦傷病者特別援護

第１表　戦傷病者手帳交付台帳登載数，

障害の種類×軍人－軍属－準軍属、障害の程度別

平成28年度末現在

障害の種類	総数							
	総数	特項～2項症	3項症～4項症	5項症～6項症	7項症	款症	目症	その他
総数	**8 907**	**173**	**670**	**1 357**	**413**	**4 420**	**1 871**	**3**
視覚障害	782	54	33	595	19	67	14	・
聴覚障害	321	6	15	18	16	217	49	・
言語機能障害	61	－	5	7	3	35	11	・
し体不自由	5 786	77	532	574	281	3 034	1 288	・
中枢神経機能障害	88	2	3	18	8	47	10	・
その他	1 869	34	82	145	86	1 020	499	3

障害の種類	軍人							
	総数	特項～2項症	3項症～4項症	5項症～6項症	7項症	款症	目症	その他
総数	**7 967**	**128**	**496**	**1 086**	**412**	**3 974**	**1 871**	**－**
視覚障害	644	46	28	475	19	62	14	・
聴覚障害	301	5	14	17	16	200	49	・
言語機能障害	57	－	4	7	3	32	11	・
し体不自由	5 221	51	391	470	281	2 740	1 288	・
中枢神経機能障害	82	1	2	15	8	46	10	・
その他	1 662	25	57	102	85	894	499	－

障害の種類	軍属							準軍属					
	総数	特項～2項症	3項症～4項症	5項症～6項症	7項症	款症	その他	総数	特項～2項症	3項症～4項症	5項症～6項症	款症	その他
総数	**250**	**12**	**56**	**75**	**1**	**105**	**1**	**690**	**33**	**118**	**196**	**341**	**2**
視覚障害	39	3	2	33	－	1	・	99	5	3	87	4	・
聴覚障害	7	－	－	－	－	7	・	13	1	1	1	10	・
言語機能障害	2	－	1	－	－	1	・	2	－	－	－	2	・
し体不自由	162	8	44	31	－	79	・	403	18	97	73	215	・
中枢神経機能障害	1	－	－	1	－	－	・	5	1	1	2	1	・
その他	39	1	9	10	1	17	1	168	8	16	33	109	2

（報告表　62）

第２表　戦傷病者手帳交付台帳登載数，都道府県×障害の程度別

平成28年度末現在

都道府県	総数	特項～2項症	3項症～4項症	5項症～6項症	7項症	款症	目症	その他
全国	**8 907**	**173**	**670**	**1 357**	**413**	**4 420**	**1 871**	**3**
北海道	154	−	19	22	9	67	37	−
青森	60	1	6	9	2	25	17	−
岩手	120	−	8	13	4	62	33	−
宮城	147	5	10	21	3	64	44	−
秋田	57	−	4	12	3	30	8	−
山形	78	2	5	16	6	31	18	−
福島	287	3	16	49	14	129	76	−
茨城	134	1	11	13	4	92	13	−
栃木	60	2	2	9	−	30	17	−
群馬	391	3	25	58	21	200	84	−
埼玉	553	3	36	88	36	278	112	−
千葉	196	8	7	26	15	103	37	−
東京	229	13	28	33	12	101	42	−
神奈川	388	7	34	70	20	166	91	−
新潟	382	1	27	39	18	192	105	−
富山	155	1	11	12	2	61	68	−
石川	71	1	6	12	3	34	15	−
福井	188	2	6	19	3	76	82	−
山梨	53	3	6	9	3	22	10	−
長野	195	3	8	21	9	110	44	−
岐阜	148	1	8	13	11	85	30	−
静岡	224	5	20	36	13	103	47	−
愛知	204	1	18	38	8	95	43	1
三重	87	2	9	8	5	52	11	−
滋賀	67	1	3	9	3	26	25	−
京都	204	2	8	22	8	107	57	−
大阪	366	2	27	54	9	171	103	−
兵庫	475	2	29	68	19	246	111	−
奈良	254	3	24	36	15	129	47	−
和歌山	95	3	8	10	3	57	14	−
鳥取	48	1	1	8	3	23	12	−
島根	66	1	5	11	5	33	11	−
岡山	154	18	19	19	5	70	23	−
広島	337	4	20	63	14	176	60	−
山口	177	1	14	34	10	102	16	−
徳島	71	2	5	10	4	44	6	−
香川	102	3	5	17	4	53	19	1
愛媛	141	1	11	24	9	65	31	−
高知	96	4	7	13	7	56	9	−
福岡	243	3	12	27	8	131	62	−
佐賀	62	−	2	10	4	36	10	−
長崎	248	4	10	38	11	137	48	−
熊本	170	11	19	25	5	83	27	−
大分	97	6	10	10	6	47	18	−
宮崎	108	2	7	15	7	55	22	−
鹿児島	355	11	26	59	19	197	42	1
沖縄	410	20	68	129	11	168	14	−

（報告表　62）

第３表　戦傷病者等の療養の給付件数,

入院－入院外 特定病類	前年度末現在患者数			年度中			
				新規患者数			変更
	総数	指定医療機関	一般医療機関	総数	新規	転入	入院外から入院
総数	**196**	**16**	**180**	**3**	**3**	**–**	**・**
結核	58	10	48	–	–	–	・
精神病	11	–	11	–	–	–	・
その他	127	6	121	3	3	–	・
入院	16	2	14	2	2	–	3
結核	9	2	7	–	–	–	1
精神病	4	–	4	–	–	–	–
その他	3	–	3	2	2	–	2
入院外	180	14	166	1	1	–	3
結核	49	8	41	–	–	–	1
精神病	7	–	7	–	–	–	–
その他	124	6	118	1	1	–	2
法附則第11項該当者(再掲) 入院	–	–	–	–	–	–	–
法附則第11項該当者(再掲) 入院外	1	–	1	–	–	–	–

療養手当受給者数（年度末現在）	–	更生医療給付決定件数	–

注：本表は年度分報告である。

入院－入院外、特定病類×異動状況別

平成28年度

の患者数 入院から入院外	異　動　状　況 減　少　患　者　数						年度末現在患者数		
	総　数	治　ゆ	中　断	死　亡	転　出		総　数	指定医療機関	一般医療機関
・	55	2	11	42	-		144	12	132
・	19	-	4	15	-		39	8	31
・	5	-	1	4	-		6	-	6
・	31	2	6	23	-		99	4	95
5	9	1	-	8	-		7	-	7
3	5	-	-	5	-		2	-	2
-	1	-	-	1	-		3	-	3
2	3	1	-	2	-		2	-	2
5	46	1	11	34	-		137	12	125
3	14	-	4	10	-		37	8	29
-	4	-	1	3	-		3	-	3
2	28	1	6	21	-		97	4	93
-	-	-	-	-	-		-	-	-
-	-	-	-	-	-		1	-	1

(報告表　63)

第4表　戦傷病者の療養患者数，都道府県×入院－入院外、特定病類別

平成28年度末現在

都道府県	総数				入院				入院外			
	総数	結核	精神病	その他	総数	結核	精神病	その他	総数	結核	精神病	その他
全国	**144**	**39**	**6**	**99**	**7**	**2**	**3**	**2**	**137**	**37**	**3**	**97**
北海道	5	1	－	4	－	－	－	－	5	1	－	4
青森	1	－	－	1	－	－	－	－	1	－	－	1
岩手	1	－	－	1	－	－	－	－	1	－	－	1
宮城	2	1	－	1	－	－	－	－	2	1	－	1
秋田	1	－	－	1	－	－	－	－	1	－	－	1
山形	3	2	－	1	－	－	－	－	3	2	－	1
福島	4	2	－	2	－	－	－	－	4	2	－	2
茨城	2	1	－	1	－	－	－	－	2	1	－	1
栃木	1	－	－	1	－	－	－	－	1	－	－	1
群馬	6	－	－	6	－	－	－	－	6	－	－	6
埼玉	2	2	－	－	－	－	－	－	2	2	－	－
千葉	－	－	－	－	－	－	－	－	－	－	－	－
東京	5	2	－	3	－	－	－	－	5	2	－	3
神奈川	6	2	1	3	－	－	－	－	6	2	1	3
新潟	3	－	－	3	－	－	－	－	3	－	－	3
富山	－	－	－	－	－	－	－	－	－	－	－	－
石川	1	－	－	1	－	－	－	－	1	－	－	1
福井	1	－	－	1	－	－	－	－	1	－	－	1
山梨	－	－	－	－	－	－	－	－	－	－	－	－
長野	7	1	－	6	－	－	－	－	7	1	－	6
岐阜	－	－	－	－	－	－	－	－	－	－	－	－
静岡	2	1	－	1	－	－	－	－	2	1	－	1
愛知	3	1	－	2	－	－	－	－	3	1	－	2
三重	4	1	－	3	－	－	－	－	4	1	－	3
滋賀	－	－	－	－	－	－	－	－	－	－	－	－
京都	3	1	－	2	－	－	－	－	3	1	－	2
大阪	2	1	－	1	－	－	－	－	2	1	－	1
兵庫	7	2	－	5	2	1	－	1	5	1	－	4
奈良	2	1	－	1	－	－	－	－	2	1	－	1
和歌山	4	－	－	4	－	－	－	－	4	－	－	4
鳥取	－	－	－	－	－	－	－	－	－	－	－	－
島根	5	3	1	1	1	1	－	－	4	2	1	1
岡山	2	－	－	2	－	－	－	－	2	－	－	2
広島	9	4	－	5	－	－	－	－	9	4	－	5
山口	1	－	－	1	－	－	－	－	1	－	－	1
徳島	2	－	－	2	－	－	－	－	2	－	－	2
香川	2	－	－	2	－	－	－	－	2	－	－	2
愛媛	9	1	1	7	2	－	1	1	7	1	－	6
高知	2	－	－	2	－	－	－	－	2	－	－	2
福岡	10	5	1	4	1	－	1	－	9	5	－	4
佐賀	1	－	－	1	－	－	－	－	1	－	－	1
長崎	4	1	－	3	－	－	－	－	4	1	－	3
熊本	3	1	－	2	－	－	－	－	3	1	－	2
大分	5	－	－	5	－	－	－	－	5	－	－	5
宮崎	6	2	1	3	1	－	1	－	5	2	－	3
鹿児島	－	－	－	－	－	－	－	－	－	－	－	－
沖縄	5	－	1	4	－	－	－	－	5	－	1	4

（報告表　63）

第５表　戦傷病者の補装具支給件数、支給金額、修理件数及び修理金額，
補装具の種類別

平成28年度

補助具の種類	支給			修理		
	請求件数	決定件数	金額（千円）	請求件数	決定件数	金額（千円）
総数	**48**	**48**	**7 848**	**32**	**32**	**1 686**
義肢 義手	2	2	324	3	3	62
義肢 義足	17	17	5 643	21	21	1 464
装具	2	2	178	–	–	–
座位保持装置	–	–	–	–	–	–
盲人安全つえ	–	–	–	–	–	–
義眼	16	16	1 006	–	–	–
眼鏡	4	4	134	–	–	–
補聴器	4	4	427	7	7	158
車椅子	1	1	71	1	1	2
電動車椅子	–	–	–	–	–	–
座位保持椅子	–	–	–	–	–	–
起立保持具	–	–	–	–	–	–
歩行器	1	1	56	–	–	–
頭部保持具	–	–	–	–	–	–
排便補助具	–	–	–	–	–	–
歩行補助つえ	1	1	9	–	–	–
重度障害者用意志伝達装置	–	–	–	–	–	–
その他	–	–	–	–	–	–

注：本表は年度分報告である。　　（報告表　64）

第6表　戦傷病者乗車券引換証

都道府県	総数	特別項症	第一項症	第二項症	第三項症			第四項症			第五項症		
					甲種	乙種	甲種・乙種	甲種	乙種	甲種・乙種	甲種	乙種	甲種・乙種
全国	**2 430**	**11**	**10**	**24**	**72**	**4**	**14**	**86**	**5**	**22**	**62**	**72**	**95**
北海道	107	–	–	–	4	1	1	5	1	2	3	4	4
青森	9	1	–	–	–	–	–	–	–	–	–	1	–
岩手	26	–	–	–	1	–	1	2	1	–	–	–	1
宮城	40	–	1	–	2	–	–	2	–	1	1	1	2
秋田	11	–	–	–	–	–	1	–	–	–	–	1	–
山形	29	–	–	–	1	–	–	1	–	–	2	1	2
福島	104	–	2	–	3	1	–	7	–	–	4	2	2
茨城	34	–	–	–	1	–	–	3	–	1	–	1	1
栃木	20	–	1	–	–	–	1	–	–	–	–	2	–
群馬	32	1	–	–	1	–	–	–	–	–	1	–	–
埼玉	180	–	–	–	3	1	–	6	–	3	5	9	11
千葉	46	–	–	–	2	–	–	–	–	2	2	2	1
東京	104	–	1	2	4	–	2	4	1	–	1	4	5
神奈川	77	–	–	2	3	–	2	1	–	2	3	3	3
新潟	69	–	–	–	1	–	–	4	–	1	–	1	2
富山	43	–	–	–	2	–	–	2	–	–	2	–	–
石川	25	–	–	–	2	–	–	–	–	1	2	2	–
福井	15	–	–	–	–	–	–	–	–	1	2	–	–
山梨	19	–	–	–	–	–	–	1	–	–	–	2	1
長野	46	–	–	–	1	–	–	2	–	1	1	–	3
岐阜	44	1	–	–	–	–	1	1	–	1	1	–	–
静岡	39	1	–	1	1	–	–	–	–	1	1	–	2
愛知	78	1	1	1	5	–	–	4	–	1	3	4	5
三重	19	–	–	–	1	–	–	1	–	–	–	1	–
滋賀	26	1	–	–	1	–	–	–	–	–	–	1	1
京都	111	–	–	2	2	–	–	7	–	–	2	5	4
大阪	115	1	–	–	1	–	3	4	–	1	1	4	7
兵庫	65	–	–	1	–	–	–	3	–	2	2	1	5
奈良	42	–	–	–	1	–	–	3	–	–	3	1	1
和歌山	32	–	–	1	–	–	–	1	–	1	–	1	1
鳥取	14	–	–	–	–	–	–	1	–	–	–	–	1
島根	13	–	–	1	–	–	–	1	–	–	–	–	1
岡山	56	–	3	4	6	–	–	–	–	–	–	–	1
広島	117	–	–	–	4	1	1	4	–	–	2	4	5
山口	37	–	–	–	1	–	–	3	–	–	1	2	3
徳島	24	–	–	1	–	–	–	1	1	–	1	–	–
香川	36	–	1	1	–	–	1	2	–	–	–	–	1
愛媛	60	–	–	–	1	–	–	4	–	–	1	3	1
高知	24	–	–	1	–	–	–	–	–	–	1	–	2
福岡	69	–	–	–	1	–	–	1	–	–	2	2	1
佐賀	23	–	–	1	–	–	–	–	–	–	1	1	2
長崎	103	–	–	1	1	–	–	3	–	–	2	1	10
熊本	60	2	–	–	3	–	–	–	–	–	2	1	2
大分	38	–	–	2	2	–	–	1	1	–	1	–	–
宮崎	109	1	–	1	9	–	–	1	–	–	4	4	–
鹿児島	38	1	–	1	–	–	–	–	–	–	1	–	1
沖縄	2	–	–	–	1	–	–	–	–	–	1	–	–

注：本表は年度分報告である。

受給者数，都道府県×障害の程度別

平成28年度

第六項症			第一款症			第二款症			第三款症			第四款症			第五款症			目症	
甲種	乙種	甲種・乙種	甲種	乙種	甲種・乙種	甲種	乙種	甲種・乙種	甲種	乙種	甲種・乙種	甲種	乙種	甲種・乙種	甲種	乙種	甲種・乙種	甲種	乙種
59	**40**	**68**	**58**	**42**	**65**	**93**	**72**	**12**	**145**	**86**	**12**	**150**	**84**	**14**	**316**	**184**	**37**	**83**	**333**
2	2	1	4	4	2	3	3	－	10	2	1	3	－	1	8	10	2	2	22
－	－	－	－	1	1	－	－	－	－	－	－	－	－	1	－	1	－	1	2
－	－	－	2	－	－	2	－	－	－	1	－	－	－	－	6	1	1	2	5
2	－	2	－	－	2	－	－	2	－	－	－	2	－	－	8	3	1	－	8
－	－	－	1	－	－	1	－	－	－	2	－	1	－	－	2	－	－	－	2
－	－	3	1	2	5	－	－	－	1	－	－	－	1	－	2	－	－	3	4
1	5	1	1	3	1	－	4	－	1	10	－	3	7	－	10	13	2	－	21
－	1	1	1	－	1	3	1	－	4	－	－	4	－	－	5	3	1	－	2
1	－	2	－	－	－	1	－	－	－	－	1	1	1	－	1	3	1	－	4
2	－	3	1	1	1	3	1	－	3	－	－	2	1	2	3	3	－	2	1
5	3	7	7	4	3	5	2	－	7	9	－	7	11	－	24	13	2	11	22
－	1	2	－	2	2	4	1	－	6	1	－	1	－	－	8	4	1	1	3
3	1	6	6	－	3	3	6	－	3	3	－	17	7	－	1	2	－	2	17
4	－	1	3	1	2	4	3	2	3	2	－	4	3	1	8	1	1	2	13
－	1	2	1	1	3	3	3	－	1	5	－	3	5	－	5	8	－	3	16
1	1	1	－	－	－	2	3	－	4	1	－	2	3	－	2	1	－	5	11
－	－	－	1	－	－	1	1	－	3	－	－	1	－	－	7	1	－	1	2
－	1	－	－	－	1	1	1	－	－	－	－	－	1	－	2	2	－	1	2
－	1	－	－	2	－	3	－	－	－	－	1	－	1	－	2	－	2	－	3
－	－	2	3	－	1	5	－	－	1	1	1	－	1	－	8	2	3	4	6
3	1	－	3	1	2	－	－	－	5	－	－	1	－	－	8	5	1	2	7
－	－	3	1	1	1	2	3	－	2	1	－	－	－	2	2	3	3	2	6
2	2	－	2	－	3	3	6	－	1	4	1	1	1	1	8	4	1	5	8
－	－	－	2	－	－	－	2	－	4	－	－	3	－	－	3	－	－	－	2
1	－	2	1	－	2	2	－	－	1	－	－	1	－	1	3	－	－	2	6
1	－	2	－	2	－	11	5	1	3	3	－	9	4	1	12	11	－	2	22
5	2	1	2	－	2	3	6	2	11	3	1	7	3	1	14	9	2	3	16
2	－	3	1	－	1	3	－	－	6	3	1	5	1	－	9	4	－	－	12
1	1	－	1	2	－	－	1	－	3	4	－	1	－	1	8	3	－	1	6
－	－	1	－	－	－	－	－	－	3	－	－	5	－	－	7	6	1	1	3
－	－	－	－	－	2	－	－	－	2	－	－	－	－	1	2	2	－	1	2
1	－	－	－	－	－	－	－	－	－	－	－	－	－	－	2	3	2	－	2
2	－	4	1	1	3	1	2	1	3	1	－	5	4	－	5	3	－	2	4
2	5	1	2	4	3	1	2	－	8	7	－	9	4	－	23	16	1	2	6
－	1	1	－	－	2	5	－	1	1	2	－	5	2	－	5	－	－	－	2
2	－	2	－	－	－	2	1	1	2	－	－	1	－	－	7	1	－	－	1
－	1	3	－	1	1	－	－	1	2	－	1	5	1	－	5	3	－	－	6
2	3	1	－	－	2	－	4	－	7	1	－	3	3	－	9	2	－	6	7
1	－	1	－	2	1	2	1	1	1	1	1	1	1	－	2	1	2	－	1
1	3	－	1	－	1	－	－	－	11	2	1	6	1	－	17	3	3	2	10
－	－	－	－	－	－	2	－	－	2	1	1	2	1	－	3	1	1	1	3
2	－	5	－	－	7	4	－	－	7	1	－	14	4	－	24	11	1	3	2
－	－	1	2	1	1	4	1	－	6	4	1	6	1	－	7	2	2	2	9
1	1	1	2	－	2	2	1	－	2	1	－	2	1	1	5	3	－	1	5
5	3	－	4	5	－	1	7	－	2	8	－	5	8	－	5	14	－	4	18
4	－	2	1	1	1	1	1	－	3	2	－	2	2	－	9	3	－	1	1
－	－	－	－	－	－	－	－	－	－	－	－	－	－	－	－	－	－	－	－

（報告表　65）

中国残留邦人等支援給付等

第１表（２－１）被支援実世帯数,

都道府県 指定都市 中核市	1か月平均 総数	現に支援給付を受けた世帯数	うち配偶者支援金を受けた世帯数（再掲）	支援給付を停止中の世帯数	うち配偶者支援金を受けた世帯数（再掲）
全国	**4 307**	**4 297**	**368**	**10**	**1**
北海道	31	31	1	－	－
青森	13	12	－	1	－
岩手	6	6	－	－	－
宮城	10	10	1	－	－
秋田	8	8	0	－	－
山形	36	36	2	0	0
福島	10	10	2	－	－
茨城	26	26	3	－	－
栃木	25	25	1	－	－
群馬	27	26	2	1	－
埼玉	140	140	14	－	－
千葉	70	70	9	－	－
東京	1 196	1 196	82	0	－
神奈川	41	41	7	0	－
新潟	9	9	2	－	－
富山	2	2	－	－	－
石川	11	11	1	－	－
福井	5	5	1	－	－
山梨	34	34	4	－	－
長野	123	123	10	0	－
岐阜	34	34	3	－	－
静岡	14	14	2	－	－
愛知	29	29	4	0	－
三重	8	8	－	0	－
滋賀	7	7	2	－	－
京都	27	27	5	－	－
大阪	111	110	9	1	－
兵庫	52	51	6	1	－
奈良	10	10	－	0	－
和歌山	4	4	－	－	－
鳥取	4	4	1	－	－
島根	3	3	－	－	－
岡山	4	4	2	－	－
広島	22	22	1	－	－
山口	9	9	－	－	－
徳島	3	3	－	－	－
香川	6	6	－	－	－
愛媛	3	3	1	－	－
高知	5	5	1	－	－
福岡	19	19	0	－	－
佐賀	12	12	－	－	－
長崎	6	6	－	－	－
熊本	6	6	－	－	－
大分	2	2	－	－	－
宮崎	1	1	－	－	－
鹿児島	19	19	1	－	－
沖縄	11	11	1	－	－

注：１）「１か月平均」は、四捨五入してあるので、内訳の合計が総数にあわない場合もある。
　　２）「年度累計」は、月分報告の累計である。なお、八戸市については、平成29年１月に中核市になったため、１月から３ヶ月分の累計である。

都道府県－指定都市－中核市別

平成28年度

総　　　　数	年　　　度　　　累　　　計		支援給付を停止中の世帯数	うち配偶者支援金を受けた世帯数（再掲）
	現に支援給付を受けた世帯数	うち配偶者支援金を受けた世帯数（再掲）		
51 685	51 566	4 415	119	15
372	372	12	-	-
156	147	-	9	-
72	72	-	-	-
120	120	8	-	-
96	96	3	-	-
435	431	20	4	4
115	115	24	-	-
312	312	36	-	-
301	301	12	-	-
321	311	24	10	-
1 684	1 684	162	-	-
834	834	109	-	-
14 351	14 347	983	4	-
497	492	84	5	-
108	108	24	-	-
24	24	-	-	-
132	132	12	-	-
60	60	12	-	-
408	408	48	-	-
1 476	1 474	118	2	-
406	406	31	-	-
168	168	23	-	-
352	349	48	3	-
97	96	-	1	-
84	84	24	-	-
324	324	55	-	-
1 337	1 325	109	12	-
627	612	71	15	-
120	118	-	2	-
53	53	-	-	-
48	48	12	-	-
36	36	-	-	-
48	48	24	-	-
264	264	12	-	-
108	108	-	-	-
36	36	-	-	-
72	72	-	-	-
36	36	12	-	-
54	54	12	-	-
228	228	1	-	-
144	144	-	-	-
75	75	-	-	-
73	73	-	-	-
24	24	-	-	-
11	11	-	-	-
222	222	11	-	-
132	132	12	-	-

（報告表　66）

第1表（2－2）被支援実世帯数,

都道府県 指定都市 中核市	1か月平均				
	総数	現に支援給付を受けた世帯数	うち配偶者支援金を受けた世帯数（再掲）	支援給付を停止中の世帯数	うち配偶者支援金を受けた世帯数（再掲）
指定都市(別掲)					
札幌市	109	109	9	-	-
仙台市	45	45	2	-	-
さいたま市	72	72	5	-	-
千葉市	98	98	14	-	-
横浜市	233	233	24	0	-
川崎市	29	29	3	-	-
相模原市	33	33	3	-	-
新潟市	26	25	5	1	-
静岡市	3	3	-	-	-
浜松市	12	12	2	-	-
名古屋市	156	156	13	-	-
京都市	84	84	9	-	-
大阪市	183	183	15	0	-
堺市	107	107	8	0	-
神戸市	41	41	3	-	-
岡山市	24	24	3	-	-
広島市	89	88	7	0	-
北九州市	16	16	3	-	-
福岡市	83	83	7	-	-
熊本市	27	27	3	-	-
中核市(別掲)					
旭川市	5	5	0	-	-
函館市	5	5	1	-	-
青森市	8	8	1	-	-
八戸市	1	1	-	-	-
盛岡市	9	8	0	1	-
秋田市	6	6	-	-	-
郡山市	25	25	4	-	-
いわき市	8	8	1	-	-
宇都宮市	23	23	1	-	-
前橋市	21	21	2	-	-
高崎市	16	16	1	-	-
川越市	9	9	-	0	-
越谷市	7	7	-	-	-
船橋市	14	14	-	-	-
柏市	2	2	1	-	-
八王子市	29	29	2	-	-
横須賀市	3	3	-	-	-
富山市	2	2	-	-	-
金沢市	6	6	1	-	-
長野市	34	33	6	1	1
岐阜市	16	16	2	-	-
豊橋市	1	1	-	-	-
豊田市	27	27	2	-	-
岡崎市	6	6	0	-	-
大津市	11	11	1	-	-
高槻市	16	16	3	-	-
東大阪市	18	18	2	-	-
豊中市	7	7	0	-	-
枚方市	17	17	1	-	-
姫路市	-	-	-	-	-
西宮市	5	5	-	-	-
尼崎市	21	21	2	-	-
奈良市	9	9	1	-	-
和歌山市	6	5	-	0	-
倉敷市	3	3	1	-	-
福山市	11	11	1	-	-
呉市	-	-	-	-	-
下関市	1	1	-	-	-
高松市	17	17	2	-	-
松山市	9	9	1	-	-
高知市	46	46	1	-	-
久留米市	5	5	-	-	-
長崎市	27	27	2	-	-
佐世保市	5	5	-	-	-
大分市	23	23	2	-	-
宮崎市	10	10	1	-	-
鹿児島市	31	31	6	-	-
那覇市	2	2	-	-	-

注：1）「1か月平均」は、四捨五入してあるので、内訳の合計が総数にあわない場合もある。
2）「年度累計」は、月分報告の累計である。なお、八戸市については、平成29年1月に中核市になったため、1月から3ヶ月分の累計である。

都道府県-指定都市-中核市別

平成28年度

総　　　　数	年　　　度　　　累　　　計		支援給付を停止中の世帯数	うち配偶者支援金を受けた世帯数（再掲）
	現に支援給付を受けた世帯数	うち配偶者支援金を受けた世帯数（再掲）		
1 306	1 306	105	-	-
540	540	24	-	-
867	867	60	-	-
1 181	1 181	167	-	-
2 801	2 800	285	1	-
348	348	36	-	-
396	396	36	-	-
309	301	56	8	-
36	36	-	-	-
144	144	24	-	-
1 877	1 877	158	-	-
1 013	1 013	105	-	-
2 196	2 191	175	5	-
1 286	1 283	96	3	-
492	492	36	-	-
288	288	36	-	-
1 064	1 061	84	3	-
192	192	36	-	-
1 000	1 000	78	-	-
320	320	39	-	-
60	60	4	-	-
58	58	12	-	-
92	92	12	-	-
9	9	-	-	-
110	98	1	12	-
72	72	-	-	-
297	297	48	-	-
96	96	12	-	-
271	271	15	-	-
253	253	25	-	-
188	188	12	-	-
108	103	-	5	-
84	84	-	-	-
168	168	-	-	-
24	24	12	-	-
348	348	18	-	-
36	36	-	-	-
24	24	-	-	-
73	73	12	-	-
408	397	73	11	11
192	192	22	-	-
14	14	-	-	-
321	321	24	-	-
66	66	5	-	-
132	132	12	-	-
192	192	36	-	-
215	215	24	-	-
88	88	2	-	-
203	203	12	-	-
-	-	-	-	-
60	60	-	-	-
252	252	24	-	-
106	106	12	-	-
69	65	-	4	-
37	37	12	-	-
132	132	12	-	-
-	-	-	-	-
12	12	-	-	-
207	207	23	-	-
105	105	11	-	-
554	554	12	-	-
60	60	-	-	-
325	325	24	-	-
57	57	-	-	-
280	280	24	-	-
120	120	12	-	-
371	371	72	-	-
27	27	-	-	-

（報告表　66）

第２表（２－１）被支援実世帯数,

都道府県 指定都市 中核市	総数	平成28年４月	５月	６月	７月	８月
全国	**51 685**	**4 354**	**4 341**	**4 333**	**4 327**	**4 318**
北海道	372	31	31	31	31	31
青森	156	14	14	14	14	14
岩手	72	6	6	6	6	6
宮城	120	10	10	10	10	10
秋田	96	8	8	8	8	8
山形	435	36	36	36	36	36
福島	115	11	11	10	10	10
茨城	312	25	25	26	26	27
栃木	301	26	26	26	26	26
群馬	321	26	26	26	27	27
埼玉	1 684	141	141	141	141	141
千葉	834	69	69	69	69	69
東京	14 351	1 209	1 208	1 208	1 203	1 197
神奈川	497	42	42	42	42	42
新潟	108	9	9	9	9	9
富山	24	2	2	2	2	2
石川	132	11	11	11	11	11
福井	60	5	5	5	5	5
山梨	408	34	34	34	34	34
長野	1 476	124	125	124	124	124
岐阜	406	32	34	34	34	34
静岡	168	14	14	14	14	14
愛知	352	31	31	30	30	30
三重	97	8	8	8	8	8
滋賀	84	7	7	7	7	7
京都	324	27	27	27	27	27
大阪	1 337	113	112	112	112	112
兵庫	627	54	53	53	52	52
奈良	120	10	10	10	10	10
和歌山	53	5	5	5	5	5
鳥取	48	4	4	4	4	4
島根	36	3	3	3	3	3
岡山	48	4	4	4	4	4
広島	264	22	22	22	22	22
山口	108	9	9	9	9	9
徳島	36	3	3	3	3	3
香川	72	6	6	6	6	6
愛媛	36	3	3	3	3	3
高知	54	5	5	5	5	5
福岡	228	19	19	19	19	19
佐賀	144	12	12	12	12	12
長崎	75	7	7	7	6	6
熊本	73	7	6	6	6	6
大分	24	2	2	2	2	2
宮崎	11	1	1	1	1	1
鹿児島	222	19	19	19	19	19
沖縄	132	11	11	11	11	11

都道府県－指定都市－中核市×月・１か月平均別

平成28年度

9　月	10　月	11　月	12　月	平成29年１月	2　月	3　月	1か月平均
4 313	**4 306**	**4 297**	**4 293**	**4 281**	**4 266**	**4 256**	**4 307**
31	31	31	31	31	31	31	31
14	14	14	14	10	10	10	13
6	6	6	6	6	6	6	6
10	10	10	10	10	10	10	10
8	8	8	8	8	8	8	8
36	36	36	36	37	37	37	36
9	9	9	9	9	9	9	10
27	26	26	26	26	26	26	26
26	25	25	25	24	23	23	25
27	27	27	27	27	27	27	27
140	140	140	140	140	140	139	140
70	70	70	70	70	70	69	70
1 196	1 195	1 192	1 193	1 187	1 183	1 180	1 196
41	41	41	41	41	41	41	41
9	9	9	9	9	9	9	9
2	2	2	2	2	2	2	2
11	11	11	11	11	11	11	11
5	5	5	5	5	5	5	5
34	34	34	34	34	34	34	34
124	123	122	122	122	121	121	123
34	34	34	34	34	34	34	34
14	14	14	14	14	14	14	14
30	30	29	29	28	27	27	29
8	8	9	8	8	8	8	8
7	7	7	7	7	7	7	7
27	27	27	27	27	27	27	27
111	111	111	111	111	111	110	111
52	52	52	52	52	52	51	52
10	10	10	10	10	10	10	10
5	5	5	4	3	3	3	4
4	4	4	4	4	4	4	4
3	3	3	3	3	3	3	3
4	4	4	4	4	4	4	4
22	22	22	22	22	22	22	22
9	9	9	9	9	9	9	9
3	3	3	3	3	3	3	3
6	6	6	6	6	6	6	6
3	3	3	3	3	3	3	3
5	4	4	4	4	4	4	5
19	19	19	19	19	19	19	19
12	12	12	12	12	12	12	12
6	6	6	6	6	6	6	6
6	6	6	6	6	6	6	6
2	2	2	2	2	2	2	2
1	1	1	1	1	1	－	1
19	19	19	19	18	17	16	19
11	11	11	11	11	11	11	11

（報告表　66）

第２表（２－２）被支援実世帯数，

都道府県 指定都市 中核市	総数	平成28年４月	５月	６月	７月	８月
指定都市(別掲)						
札幌市	1 306	110	110	110	109	109
仙台市	540	45	45	45	45	45
さいたま市	867	73	73	73	72	72
千葉市	1 181	100	99	99	99	99
横浜市	2 801	235	234	234	234	233
川崎市	348	29	29	29	29	29
相模原市	396	33	33	33	33	33
新潟市	309	27	26	26	26	26
静岡市	36	3	3	3	3	3
浜松市	144	12	12	12	12	12
名古屋市	1 877	159	159	158	158	157
京都市	1 013	84	84	84	85	85
大阪市	2 196	184	184	184	184	184
堺市	1 286	112	109	108	107	107
神戸市	492	41	41	41	41	41
岡山市	288	24	24	24	24	24
広島市	1 064	89	89	89	90	90
北九州市	192	16	16	16	16	16
福岡市	1 000	82	82	82	83	83
熊本市	320	28	27	27	27	27
中核市(別掲)						
旭川市	60	5	5	5	5	5
函館市	58	5	5	5	5	5
青森市	92	8	8	8	8	8
八戸市	9	…	…	…	…	…
盛岡市	110	10	10	9	9	9
秋田市	72	6	6	6	6	6
郡山市	297	25	25	25	25	25
いわき市	96	8	8	8	8	8
宇都宮市	271	23	23	23	23	23
前橋市	253	23	22	22	22	21
高崎市	188	15	15	15	15	15
川越市	108	9	9	9	9	9
越谷市	84	7	7	7	7	7
船橋市	168	14	14	14	14	14
柏市	24	2	2	2	2	2
八王子市	348	29	29	29	29	29
横須賀市	36	3	3	3	3	3
富山市	24	2	2	2	2	2
金沢市	73	7	6	6	6	6
長野市	408	34	34	34	34	34
岐阜市	192	16	16	16	16	16
豊橋市	14	2	2	1	1	1
豊田市	321	26	26	26	27	27
岡崎市	66	7	6	6	6	6
大津市	132	11	11	11	11	11
高槻市	192	16	16	16	16	16
東大阪市	215	18	18	18	18	18
豊中市	88	7	7	7	7	7
枚方市	203	17	17	17	17	17
姫路市	-	-	-	-	-	-
西宮市	60	5	5	5	5	5
尼崎市	252	21	21	21	21	21
奈良市	106	9	9	9	9	9
和歌山市	69	6	6	5	5	5
倉敷市	37	4	3	3	3	3
福山市	132	11	11	11	11	11
呉市	-	-	-	-	-	-
下関市	12	1	1	1	1	1
高松市	207	17	17	17	17	17
松山市	105	9	9	9	9	9
高知市	554	47	47	46	46	46
久留米市	60	5	5	5	5	5
長崎市	325	28	27	27	27	27
佐世保市	57	5	5	5	5	5
大分市	280	24	24	24	24	23
宮崎市	120	10	10	10	10	10
鹿児島市	371	31	31	31	31	31
那覇市	27	3	3	3	2	2

都道府県－指定都市－中核市×月・１か月平均別

平成28年度

9　月	10　月	11　月	12　月	平成29年１月	2　月	3　月	1か月平均
109	109	109	108	108	108	107	109
45	45	45	45	45	45	45	45
72	72	72	72	72	72	72	72
98	98	98	98	98	98	97	98
233	233	233	233	233	233	233	233
29	29	29	29	29	29	29	29
33	33	33	33	33	33	33	33
26	26	26	25	25	25	25	26
3	3	3	3	3	3	3	3
12	12	12	12	12	12	12	12
157	156	155	155	155	154	154	156
85	85	85	85	84	84	83	84
184	183	182	181	181	181	184	183
107	107	107	106	106	105	105	107
41	41	41	41	41	41	41	41
24	24	24	24	24	24	24	24
89	88	88	88	88	88	88	89
16	16	16	16	16	16	16	16
84	84	84	84	84	84	84	83
27	27	26	26	26	26	26	27
5	5	5	5	5	5	5	5
5	5	5	5	5	4	4	5
8	8	8	7	7	7	7	8
…	…	…	…	3	3	3	1
9	9	9	9	9	9	9	9
6	6	6	6	6	6	6	6
25	25	25	24	24	24	25	25
8	8	8	8	8	8	8	8
23	23	22	22	22	22	22	23
21	21	21	21	21	19	19	21
15	15	15	17	17	17	17	16
9	9	9	9	9	9	9	9
7	7	7	7	7	7	7	7
14	15	15	14	14	13	13	14
2	2	2	2	2	2	2	2
29	29	29	29	29	29	29	29
3	3	3	3	3	3	3	3
2	2	2	2	2	2	2	2
6	6	6	6	6	6	6	6
34	34	34	34	34	34	34	34
16	16	16	16	16	16	16	16
1	1	1	1	1	1	1	1
27	27	27	27	27	27	27	27
5	5	5	5	5	5	5	6
11	11	11	11	11	11	11	11
16	16	16	16	16	16	16	16
18	18	18	18	18	18	17	18
7	7	7	8	8	8	8	7
17	17	16	17	17	17	17	17
－	－	－	－	－	－	－	－
5	5	5	5	5	5	5	5
21	21	21	21	21	21	21	21
9	9	9	9	9	8	8	9
6	6	6	6	6	6	6	6
3	3	3	3	3	3	3	3
11	11	11	11	11	11	11	11
－	－	－	－	－	－	－	－
1	1	1	1	1	1	1	1
17	17	17	17	18	18	18	17
9	9	9	9	8	8	8	9
46	46	46	46	46	46	46	46
5	5	5	5	5	5	5	5
27	27	27	27	27	27	27	27
5	5	5	5	4	4	4	5
23	23	23	23	23	23	23	23
10	10	10	10	10	10	10	10
31	31	31	31	31	31	30	31
2	2	2	2	2	2	2	2

（報告表　66）

第3表　現に支援給付を受けた世帯数,

世帯の労働力類型	総数：総数	総数：高齢者世帯	総数：母子世帯	総数：障害者世帯	総数：傷病者世帯	総数：その他の世帯	総数：（再掲）医療支援給付単給	単：総数
総数	**4 212**	**4 004**	**-**	**28**	**48**	**132**	**24**	**2 160**
世帯主が働いている世帯	27	23	-	-	-	4	-	9
常用勤労者	17	15	-	-	-	2	-	6
日雇労働者	5	4	-	-	-	1	-	1
内職者	-	-	-	-	-	-	-	-
その他の就業者	5	4	-	-	-	1	-	2
世帯主は働いていないが世帯員が働いている世帯	15	4	-	2	2	7	-	•
働いている者のいない世帯	4 170	3 977	-	26	46	121	24	2 151

注：本表は平成28年度末現在の報告である。

世帯の労働力類型×世帯区分、世帯類型別

平成28年度末現在

身者世帯					2人以上の世帯						
高齢者世帯	障害者世帯	傷病者世帯	その他の世帯	(再掲)医療支援給付単給	総数	高齢者世帯	母子世帯	障害者世帯	傷病者世帯	その他の世帯	(再掲)医療支援給付単給
2 116	**4**	**8**	**32**	**22**	**2 052**	**1 888**	**-**	**24**	**40**	**100**	**2**
8	-	-	1	-	18	15	-	-	-	3	-
5	-	-	1	-	11	10	-	-	-	1	-
1	-	-	-	-	4	3	-	-	-	1	-
-	-	-	-	-	-	-	-	-	-	-	-
2	-	-	-	-	3	2	-	-	-	1	-
·	·	·	·	·	15	4	-	2	2	7	-
2 108	4	8	31	22	2 019	1 869	-	22	38	90	2

(報告表 71)

第４表（２－１）現に支援給付を受けた世帯数，

都道府県 指定都市 中核市	総数	世帯類型				
		高齢者世帯	母子世帯	障害者世帯	傷病者世帯	その他の世帯
全国	**4 212**	**4 004**	**-**	**28**	**48**	**132**
北海道	31	28	-	-	1	2
青森	10	9	-	-	-	1
岩手	6	6	-	-	-	-
宮城	10	10	-	-	-	-
秋田	8	8	-	-	-	-
山形	37	34	-	1	1	1
福島	9	9	-	-	-	-
茨城	26	25	-	-	-	1
栃木	23	23	-	-	-	-
群馬	23	22	-	-	-	1
埼玉	139	136	-	-	1	2
千葉	69	66	-	1	-	2
東京	1 176	1 112	-	9	10	45
神奈川	41	36	-	2	-	3
新潟	5	5	-	-	-	-
富山	2	1	-	-	-	1
石川	11	10	-	-	-	1
福井	5	5	-	-	-	-
山梨	34	31	-	2	1	-
長野	119	119	-	-	-	-
岐阜	33	32	-	-	-	1
静岡	14	14	-	-	-	-
愛知	25	25	-	-	-	-
三重	8	8	-	-	-	-
滋賀	6	6	-	-	-	-
京都	27	24	-	1	2	-
大阪	107	105	-	-	1	1
兵庫	50	46	-	2	2	-
奈良	10	10	-	-	-	-
和歌山	3	3	-	-	-	-
鳥取	-	-	-	-	-	-
島根	3	3	-	-	-	-
岡山	4	4	-	-	-	-
広島	22	19	-	-	-	3
山口	9	9	-	-	-	-
徳島	3	3	-	-	-	-
香川	6	5	-	-	-	1
愛媛	3	3	-	-	-	-
高知	4	4	-	-	-	-
福岡	19	15	-	-	1	3
佐賀	12	11	-	-	1	-
長崎	4	4	-	-	-	-
熊本	6	6	-	-	-	-
大分	2	2	-	-	-	-
宮崎	-	-	-	-	-	-
鹿児島	16	15	-	-	-	1
沖縄	10	10	-	-	-	-

注：本表は平成28年度末現在の報告である。

都道府県-指定都市-中核市×世帯類型・世帯の労働力類型別

平成28年度末現在

労　働　力　類　型			（再　　掲）	
世帯主が働いている世帯	世帯主は働いていないが世帯員が働いている世帯	働いている者のいない世帯	単　身　者　世　帯	医療支援給付単　給　世　帯
27	15	4 170	2 160	24
2	1	28	21	-
-	-	10	6	1
-	-	6	4	-
-	-	10	7	-
-	-	8	4	-
-	-	37	14	-
-	-	9	5	-
-	1	25	12	-
-	-	23	12	-
1	-	22	15	-
1	-	138	80	1
-	-	69	32	-
6	1	1 169	574	6
-	1	40	15	-
-	-	5	5	-
-	-	2	-	-
-	1	10	7	-
-	-	5	1	-
-	1	33	19	-
1	-	118	71	-
-	-	33	20	-
-	-	14	7	-
-	-	25	17	-
-	-	8	2	-
-	-	6	4	-
-	-	27	16	1
-	-	107	59	-
1	2	47	23	-
-	-	10	7	-
-	-	3	2	-
-	-	-	-	-
-	-	3	-	-
-	-	4	2	-
-	-	22	7	3
-	-	9	5	-
-	-	3	2	-
-	-	6	4	-
-	-	3	1	-
-	-	4	4	-
1	-	18	11	-
-	-	12	9	2
-	-	4	2	-
-	-	6	2	-
-	-	2	-	-
-	-	-	-	-
-	-	16	10	-
1	-	9	3	-

（報告表　71）

中国残留邦人等支援給付等
4表

第4表（2－2）現に支援給付を受けた世帯数，

都道府県 指定都市 中核市	総数	世帯類型				
		高齢者世帯	母子世帯	障害者世帯	傷病者世帯	その他の世帯
指定都市(別掲)						
札幌市	107	100	-	1	-	6
仙台市	45	39	-	-	2	4
さいたま市	71	69	-	-	-	2
千葉市	93	88	-	-	-	5
横浜市	233	225	-	1	6	1
川崎市	29	29	-	-	-	-
相模原市	33	32	-	-	1	-
新潟市	25	25	-	-	-	-
静岡市	3	3	-	-	-	-
浜松市	12	12	-	-	-	-
名古屋市	154	146	-	-	8	-
京都市	83	79	-	1	-	3
大阪市	184	174	-	-	-	10
堺市	105	99	-	-	6	-
神戸市	41	39	-	-	-	2
岡山市	24	22	-	-	-	2
広島市	88	80	-	-	-	8
北九州市	16	16	-	-	-	-
福岡市	84	80	-	1	-	3
熊本市	26	19	-	2	1	4
中核市(別掲)						
旭川市	5	4	-	-	-	1
函館市	4	4	-	-	-	-
青森市	7	5	-	-	-	2
八戸市	3	3	-	-	-	-
盛岡市	8	8	-	-	-	-
秋田市	6	6	-	-	-	-
郡山市	25	25	-	-	-	-
いわき市	1	1	-	-	-	-
宇都宮市	22	21	-	-	-	1
前橋市	19	19	-	-	-	-
高崎市	17	16	-	-	-	1
川越市	9	9	-	-	-	-
越谷市	7	7	-	-	-	-
船橋市	13	13	-	-	-	-
柏市	2	2	-	-	-	-
八王子市	29	28	-	-	1	-
横須賀市	3	3	-	-	-	-
富山市	2	2	-	-	-	-
金沢市	6	5	-	-	-	1
長野市	33	33	-	-	-	-
岐阜市	16	16	-	-	-	-
豊橋市	1	1	-	-	-	-
豊田市	27	27	-	-	-	-
岡崎市	5	5	-	-	-	-
大津市	11	11	-	-	-	-
高槻市	16	16	-	-	-	-
東大阪市	17	17	-	-	-	-
豊中市	8	8	-	-	-	-
枚方市	17	17	-	-	-	-
姫路市	-	-	-	-	-	-
西宮市	5	5	-	-	-	-
尼崎市	21	20	-	1	-	-
奈良市	8	8	-	-	-	-
和歌山市	5	5	-	-	-	-
倉敷市	3	2	-	-	-	1
福山市	11	11	-	-	-	-
呉市	-	-	-	-	-	-
下関市	1	1	-	-	-	-
高松市	18	18	-	-	-	-
松山市	8	6	-	-	-	2
高知市	46	44	-	1	1	-
久留米市	5	5	-	-	-	-
長崎市	27	22	-	2	1	2
佐世保市	4	4	-	-	-	-
大分市	23	22	-	-	-	1
宮崎市	10	10	-	-	-	-
鹿児島市	30	30	-	-	-	-
那覇市	2	2	-	-	-	-

注：本表は平成28年度末現在の報告である。

都道府県-指定都市-中核市×世帯類型・世帯の労働力類型別

平成28年度末現在

労　働　力　類　型			(再　　掲)	
世帯主が働いている世帯	世帯主は働いていないが世帯員が働いている世帯	働いている者のいない世帯	単　身　者　世　帯	医療支援給付単　給　世　帯
4	-	103	57	1
-	-	45	18	-
-	-	71	41	-
-	-	93	41	1
-	1	232	114	1
-	-	29	9	-
-	-	33	15	-
-	-	25	14	-
-	-	3	-	-
-	-	12	8	-
1	-	153	76	2
-	-	83	36	-
-	-	184	89	-
-	1	104	60	3
-	-	41	19	-
-	-	24	8	-
-	1	87	49	-
-	-	16	11	-
2	1	81	44	-
-	-	26	19	-
1	-	4	2	-
-	-	4	3	-
-	-	7	2	-
-	-	3	2	-
-	-	8	3	-
-	-	6	1	-
-	-	25	14	-
-	-	1	-	-
-	-	22	10	-
-	-	19	8	-
-	-	17	11	-
-	-	9	1	-
-	-	7	3	-
-	-	13	6	-
-	-	2	2	-
-	-	29	12	-
-	-	3	1	-
-	-	2	1	-
-	-	6	5	-
1	-	32	23	-
-	-	16	10	-
-	-	1	-	-
-	-	27	16	-
-	-	5	3	-
-	-	11	5	-
-	-	16	13	-
-	-	17	7	-
-	-	8	7	-
-	-	17	10	-
-	-	-	-	-
-	-	5	3	-
-	-	21	8	1
-	-	8	6	-
-	-	5	4	-
-	-	3	2	-
-	-	11	9	-
-	-	1	-	-
-	-	18	13	-
-	-	8	3	-
2	2	42	20	1
-	-	5	3	-
-	-	27	14	-
-	-	4	2	-
2	1	20	14	-
-	-	10	8	-
-	-	30	19	-
-	-	2	-	-

(報告表　71)

第5表（2－1）被支援実人員，

都道府県 指定都市 中核市	1か月平均 総数	1か月平均 現に支援給付を受けた人員	1か月平均 うち配偶者支援金を受けた人員（再掲）	1か月平均 支援給付を停止中の人員	1か月平均 うち配偶者支援金を受けた人員（再掲）
全国	**6 429**	**6 417**	**368**	**12**	**1**
北海道	41	41	1	－	－
青森	17	16	－	1	－
岩手	8	8	－	－	－
宮城	13	13	1	－	－
秋田	13	13	0	－	－
山形	59	58	2	0	0
福島	14	14	2	－	－
茨城	39	39	3	－	－
栃木	37	37	1	－	－
群馬	37	35	2	2	－
埼玉	202	202	14	－	－
千葉	108	108	9	－	－
東京	1 813	1 812	82	0	－
神奈川	67	67	7	0	－
新潟	11	11	2	－	－
富山	4	4	－	－	－
石川	15	15	1	－	－
福井	9	9	1	－	－
山梨	49	49	4	－	－
長野	172	172	10	0	－
岐阜	47	47	3	－	－
静岡	20	20	2	－	－
愛知	41	41	4	1	－
三重	15	15	－	0	－
滋賀	9	9	2	－	－
京都	38	38	5	－	－
大阪	163	162	9	1	－
兵庫	83	81	6	1	－
奈良	13	13	－	0	－
和歌山	6	6	－	－	－
鳥取	5	5	1	－	－
島根	6	6	－	－	－
岡山	6	6	2	－	－
広島	37	37	1	－	－
山口	13	13	－	－	－
徳島	4	4	－	－	－
香川	8	8	－	－	－
愛媛	5	5	1	－	－
高知	5	5	1	－	－
福岡	28	28	0	－	－
佐賀	15	15	－	－	－
長崎	10	10	－	－	－
熊本	10	10	－	－	－
大分	4	4	－	－	－
宮崎	1	1	－	－	－
鹿児島	25	25	1	－	－
沖縄	18	18	1	－	－

注：1）「1か月平均」は、四捨五入してあるので、内訳の合計が総数にあわない場合もある。
2）「年度累計」は、月分報告の累計である。なお、八戸市については、平成29年1月に中核市になったため、1月から3ヶ月分の累計である。

都道府県-指定都市-中核市別

平成28年度

総数	年度累計		支援給付を停止中の人員	
	現に支援給付を受けた人員	うち配偶者支援金を受けた人員（再掲）		うち配偶者支援金を受けた人員（再掲）
77 142	77 000	4 415	142	15
492	492	12	-	-
201	192	-	9	-
96	96	-	-	-
160	160	8	-	-
153	153	3	-	-
702	698	20	4	4
163	163	24	-	-
464	464	36	-	-
444	444	12	-	-
444	424	24	20	-
2 424	2 424	162	-	-
1 292	1 292	109	-	-
21 751	21 746	983	5	-
804	799	84	5	-
132	132	24	-	-
48	48	-	-	-
179	179	12	-	-
108	108	12	-	-
588	588	48	-	-
2 067	2 063	118	4	-
566	566	31	-	-
241	241	23	-	-
496	490	48	6	-
178	177	-	1	-
108	108	24	-	-
455	455	55	-	-
1 960	1 948	109	12	-
990	975	71	15	-
156	152	-	4	-
73	73	-	-	-
60	60	12	-	-
72	72	-	-	-
72	72	24	-	-
444	444	12	-	-
156	156	-	-	-
48	48	-	-	-
96	96	-	-	-
60	60	12	-	-
54	54	12	-	-
335	335	1	-	-
180	180	-	-	-
123	123	-	-	-
121	121	-	-	-
48	48	-	-	-
11	11	-	-	-
294	294	11	-	-
216	216	12	-	-

（報告表　66）

第5表（2－2）被支援実人員，

都道府県 指定都市 中核市	1か月平均				
	総数	現に支援給付を受けた人員	うち配偶者支援金を受けた人員（再掲）	支援給付を停止中の人員	うち配偶者支援金を受けた人員（再掲）
指定都市(別掲)					
札幌市	160	160	9	－	－
仙台市	73	73	2	－	－
さいたま市	104	104	5	－	－
千葉市	154	154	14	－	－
横浜市	355	355	24	0	－
川崎市	49	49	3	－	－
相模原市	52	52	3	－	－
新潟市	37	37	5	1	－
静岡市	6	6	－	－	－
浜松市	16	16	2	－	－
名古屋市	235	235	13	－	－
京都市	133	133	9	－	－
大阪市	276	276	15	0	－
堺市	155	155	8	0	－
神戸市	64	64	3	－	－
岡山市	39	39	3	－	－
広島市	129	129	7	0	－
北九州市	21	21	3	－	－
福岡市	125	125	7	－	－
熊本市	34	34	3	－	－
中核市(別掲)					
旭川市	9	9	0	－	－
函館市	6	6	1	－	－
青森市	12	12	1	－	－
八戸市	1	1	－	－	－
盛岡市	15	14	0	1	－
秋田市	11	11	－	－	－
郡山市	35	35	4	－	－
いわき市	11	11	1	－	－
宇都宮市	35	35	1	－	－
前橋市	32	32	2	－	－
高崎市	22	22	1	－	－
川越市	17	16	－	1	－
越谷市	11	11	－	－	－
船橋市	22	22	－	－	－
柏市	2	2	1	－	－
八王子市	46	46	2	－	－
横須賀市	5	5	－	－	－
富山市	3	3	－	－	－
金沢市	9	9	1	－	－
長野市	45	44	6	1	1
岐阜市	22	22	2	－	－
豊橋市	2	2	－	－	－
豊田市	38	38	2	－	－
岡崎市	8	8	0	－	－
大津市	17	17	1	－	－
高槻市	20	20	3	－	－
東大阪市	28	28	2	－	－
豊中市	9	9	0	－	－
枚方市	27	27	1	－	－
姫路市	－	－	－	－	－
西宮市	7	7	－	－	－
尼崎市	34	34	2	－	－
奈良市	11	11	1	－	－
和歌山市	7	6	－	0	－
倉敷市	4	4	1	－	－
福山市	13	13	1	－	－
呉市	－	－	－	－	－
下関市	2	2	－	－	－
高松市	22	22	2	－	－
松山市	14	14	1	－	－
高知市	72	72	1	－	－
久留米市	7	7	－	－	－
長崎市	40	40	2	－	－
佐世保市	7	7	－	－	－
大分市	33	33	2	－	－
宮崎市	12	12	1	－	－
鹿児島市	43	43	6	－	－
那覇市	4	4	－	－	－

注：1）「1か月平均」は、四捨五入してあるので、内訳の合計が総数にあわない場合もある。
2）「年度累計」は、月分報告の累計である。なお、八戸市については、平成29年1月に中核市になったため、1月から3ヶ月分の累計である。

都道府県－指定都市－中核市別

平成28年度

年度累計				
総数	現に支援給付を受けた人員	うち配偶者支援金を受けた人員（再掲）	支援給付を停止中の人員	うち配偶者支援金を受けた人員（再掲）
1 919	1 919	105	－	－
875	875	24	－	－
1 252	1 252	60	－	－
1 850	1 850	167	－	－
4 257	4 256	285	1	－
588	588	36	－	－
619	619	36	－	－
446	438	56	8	－
72	72	－	－	－
192	192	24	－	－
2 823	2 823	158	－	－
1 594	1 594	105	－	－
3 316	3 311	175	5	－
1 865	1 862	96	3	－
764	764	36	－	－
469	469	36	－	－
1 545	1 542	84	3	－
252	252	36	－	－
1 497	1 497	78	－	－
413	413	39	－	－
104	104	4	－	－
70	70	12	－	－
148	148	12	－	－
12	12	－	－	－
177	165	1	12	－
132	132	－	－	－
418	418	48	－	－
136	136	12	－	－
423	423	15	－	－
385	385	25	－	－
260	260	12	－	－
204	194	－	10	－
132	132	－	－	－
260	260	－	－	－
24	24	12	－	－
557	557	18	－	－
60	60	－	－	－
36	36	－	－	－
103	103	12	－	－
540	529	73	11	11
268	268	22	－	－
26	26	－	－	－
453	453	24	－	－
91	91	5	－	－
204	204	12	－	－
238	238	36	－	－
335	335	24	－	－
110	110	2	－	－
323	323	12	－	－
－	－	－	－	－
84	84	－	－	－
408	408	24	－	－
130	130	12	－	－
81	77	－	4	－
49	49	12	－	－
157	157	12	－	－
－	－	－	－	－
24	24	－	－	－
260	260	23	－	－
167	167	11	－	－
866	866	12	－	－
84	84	－	－	－
482	482	24	－	－
81	81	－	－	－
398	398	24	－	－
144	144	12	－	－
514	514	72	－	－
51	51	－	－	－

（報告表　66）

中国残留邦人等支援給付等
6表

第6表（2－1）被支援実人員，

都道府県 指定都市 中核市	総数	平成28年4月	5月	6月	7月	8月
全　　　　国	77 142	6 531	6 505	6 487	6 472	6 448
北　海　道	492	41	41	41	41	41
青　　森	201	18	18	18	18	18
岩　　手	96	8	8	8	8	8
宮　　城	160	14	14	14	14	13
秋　　田	153	13	13	13	13	13
山　　形	702	58	58	58	58	58
福　　島	163	15	15	14	14	14
茨　　城	464	37	37	38	38	40
栃　　木	444	39	38	38	38	38
群　　馬	444	37	37	37	37	37
埼　　玉	2 424	204	204	204	204	204
千　　葉	1 292	107	107	107	108	108
東　　京	21 751	1 840	1 838	1 839	1 828	1 814
神　奈　川	804	67	67	67	67	67
新　　潟	132	11	11	11	11	11
富　　山	48	4	4	4	4	4
石　　川	179	15	15	15	15	15
福　　井	108	9	9	9	9	9
山　　梨	588	49	49	49	49	49
長　　野	2 067	174	174	173	173	173
岐　　阜	566	45	48	48	48	48
静　　岡	241	21	20	20	20	20
愛　　知	496	46	45	42	42	42
三　　重	178	15	15	15	15	15
滋　　賀	108	9	9	9	9	9
京　　都	455	38	38	38	38	37
大　　阪	1 960	165	164	164	164	164
兵　　庫	990	87	86	85	84	84
奈　　良	156	13	13	13	13	13
和　歌　山	73	7	7	7	7	7
鳥　　取	60	5	5	5	5	5
島　　根	72	6	6	6	6	6
岡　　山	72	6	6	6	6	6
広　　島	444	37	37	37	37	37
山　　口	156	13	13	13	13	13
徳　　島	48	4	4	4	4	4
香　　川	96	8	8	8	8	8
愛　　媛	60	5	5	5	5	5
高　　知	54	5	5	5	5	5
福　　岡	335	28	28	28	28	28
佐　　賀	180	15	15	15	15	15
長　　崎	123	11	11	11	10	10
熊　　本	121	11	10	10	10	10
大　　分	48	4	4	4	4	4
宮　　崎	11	1	1	1	1	1
鹿　児　島	294	25	25	25	25	25
沖　　縄	216	18	18	18	18	18

都道府県－指定都市－中核市×月・１か月平均別

平成28年度

9　月	10　月	11　月	12　月	平成29年１月	2　月	3　月	１か月平均
6 435	**6 425**	**6 407**	**6 392**	**6 369**	**6 343**	**6 328**	**6 429**
41	41	41	41	41	41	41	41
18	18	18	18	13	13	13	17
8	8	8	8	8	8	8	8
13	13	13	13	13	13	13	13
13	13	13	13	12	12	12	13
58	58	58	58	60	60	60	59
13	13	13	13	13	13	13	14
40	39	39	39	39	39	39	39
38	37	37	37	36	34	34	37
37	37	37	37	37	37	37	37
202	202	201	201	200	200	198	202
109	108	108	108	108	108	106	108
1 810	1 808	1 802	1 805	1 795	1 788	1 784	1 813
67	67	67	67	67	67	67	67
11	11	11	11	11	11	11	11
4	4	4	4	4	4	4	4
15	15	15	15	15	15	14	15
9	9	9	9	9	9	9	9
49	49	49	49	49	49	49	49
173	172	171	171	172	171	170	172
47	47	47	47	47	47	47	47
20	20	20	20	20	20	20	20
42	42	40	40	39	38	38	41
15	15	16	15	14	14	14	15
9	9	9	9	9	9	9	9
38	38	38	38	38	38	38	38
163	163	163	163	163	163	161	163
82	82	82	81	80	79	78	83
13	13	13	13	13	13	13	13
7	7	7	5	4	4	4	6
5	5	5	5	5	5	5	5
6	6	6	6	6	6	6	6
6	6	6	6	6	6	6	6
37	37	37	37	37	37	37	37
13	13	13	13	13	13	13	13
4	4	4	4	4	4	4	4
8	8	8	8	8	8	8	8
5	5	5	5	5	5	5	5
5	4	4	4	4	4	4	5
28	28	28	28	28	28	27	28
15	15	15	15	15	15	15	15
10	10	10	10	10	10	10	10
10	10	10	10	10	10	10	10
4	4	4	4	4	4	4	4
1	1	1	1	1	1	－	1
25	25	25	25	24	23	22	25
18	18	18	18	18	18	18	18

（報告表　66）

第6表（2－2）被支援実人員，

都道府県 指定都市 中核市	総数	平成28年4月	5月	6月	7月	8月
指定都市(別掲)						
札幌市	1 919	162	162	162	161	161
仙台市	875	73	73	73	73	73
さいたま市	1 252	108	108	108	106	104
千葉市	1 850	156	155	155	155	155
横浜市	4 257	358	356	356	356	355
川崎市	588	49	49	49	49	49
相模原市	619	52	52	52	52	52
新潟市	446	40	39	38	37	37
静岡市	72	6	6	6	6	6
浜松市	192	16	16	16	16	16
名古屋市	2 823	239	238	237	237	236
京都市	1 594	133	133	133	134	134
大阪市	3 316	279	279	277	277	276
堺市	1 865	163	159	158	157	157
神戸市	764	64	64	64	64	64
岡山市	469	40	39	39	39	39
広島市	1 545	131	130	130	130	129
北九州市	252	21	21	21	21	21
福岡市	1 497	126	125	124	125	125
熊本市	413	36	35	35	35	35
中核市(別掲)						
旭川市	104	9	9	9	9	9
函館市	70	6	6	6	6	6
青森市	148	13	13	13	13	13
八戸市	12	…	…	…	…	…
盛岡市	177	16	16	15	15	15
秋田市	132	11	11	11	11	11
郡山市	418	35	35	35	35	35
いわき市	136	12	12	12	12	11
宇都宮市	423	36	36	36	36	36
前橋市	385	34	33	33	33	32
高崎市	260	21	21	21	21	21
川越市	204	17	17	17	17	17
越谷市	132	11	11	11	11	11
船橋市	260	22	22	22	22	22
柏市	24	2	2	2	2	2
八王子市	557	47	47	47	47	47
横須賀市	60	5	5	5	5	5
富山市	36	3	3	3	3	3
金沢市	103	10	9	9	9	9
長野市	540	46	46	46	46	45
岐阜市	268	24	24	22	22	22
豊橋市	26	3	3	2	2	2
豊田市	453	37	37	37	38	38
岡崎市	91	10	8	8	8	8
大津市	204	17	17	17	17	17
高槻市	238	20	20	20	20	20
東大阪市	335	28	28	28	28	28
豊中市	110	9	9	9	9	9
枚方市	323	27	27	27	27	27
姫路市	-	-	-	-	-	-
西宮市	84	7	7	7	7	7
尼崎市	408	34	34	34	34	34
奈良市	130	11	11	11	11	11
和歌山市	81	7	7	6	6	6
倉敷市	49	5	4	4	4	4
福山市	157	14	13	13	13	13
呉市	-	-	-	-	-	-
下関市	24	2	2	2	2	2
高松市	260	22	22	21	21	21
松山市	167	15	15	14	14	14
高知市	866	73	73	72	72	72
久留米市	84	7	7	7	7	7
長崎市	482	42	40	40	40	40
佐世保市	81	7	7	7	7	7
大分市	398	34	34	34	34	33
宮崎市	144	12	12	12	12	12
鹿児島市	514	43	43	43	43	43
那覇市	51	5	5	5	4	4

都道府県－指定都市－中核市×月・１か月平均別

平成28年度

9　月	10　月	11　月	12　月	平成29年１月	2　月	3　月	1か月平均
161	161	160	159	157	157	156	160
73	73	73	73	73	73	72	73
104	104	102	102	102	102	102	104
154	154	154	154	153	153	152	154
355	355	355	354	353	352	352	355
49	49	49	49	49	49	49	49
52	52	51	51	51	51	51	52
37	37	37	36	36	36	36	37
6	6	6	6	6	6	6	6
16	16	16	16	16	16	16	16
236	235	235	233	233	232	232	235
134	133	133	134	132	131	130	133
276	276	275	274	274	274	279	276
155	154	154	153	153	151	151	155
64	64	64	63	63	63	63	64
39	39	39	39	39	39	39	39
128	128	128	128	128	128	127	129
21	21	21	21	21	21	21	21
126	126	126	123	123	123	125	125
35	35	34	34	33	33	33	34
9	9	9	8	8	8	8	9
6	6	6	6	6	5	5	6
13	13	13	11	11	11	11	12
…	…	…	…	4	4	4	1
15	15	14	14	14	14	14	15
11	11	11	11	11	11	11	11
35	35	35	34	34	34	36	35
11	11	11	11	11	11	11	11
36	36	35	34	34	34	34	35
32	32	32	32	32	30	30	32
21	21	21	23	23	23	23	22
17	17	17	17	17	17	17	17
11	11	11	11	11	11	11	11
22	23	23	21	21	20	20	22
2	2	2	2	2	2	2	2
46	46	46	46	46	46	46	46
5	5	5	5	5	5	5	5
3	3	3	3	3	3	3	3
9	8	8	8	8	8	8	9
45	45	45	44	44	44	44	45
22	22	22	22	22	22	22	22
2	2	2	2	2	2	2	2
38	38	38	38	38	38	38	38
7	7	7	7	7	7	7	8
17	17	17	17	17	17	17	17
20	20	20	20	20	19	19	20
28	28	28	28	28	28	27	28
9	9	9	10	10	9	9	9
27	27	26	27	27	27	27	27
−	−	−	−	−	−	−	−
7	7	7	7	7	7	7	7
34	34	34	34	34	34	34	34
11	11	11	11	11	10	10	11
7	7	7	7	7	7	7	7
4	4	4	4	4	4	4	4
13	13	13	13	13	13	13	13
−	−	−	−	−	−	−	−
2	2	2	2	2	2	2	2
21	21	21	21	23	23	23	22
14	14	14	14	13	13	13	14
72	72	72	72	72	72	72	72
7	7	7	7	7	7	7	7
40	40	40	40	40	40	40	40
7	7	7	7	6	6	6	7
33	33	33	33	33	32	32	33
12	12	12	12	12	12	12	12
43	43	43	43	43	43	41	43
4	4	4	4	4	4	4	4

（報告表　66）

第7表　日本の国籍を有しない被支援実人員，1か月平均別

平成28年度

	総数	現に給付を受けたもの	うち配偶者支援金を受けたもの（再掲）	給付金支給停止中のもの	うち配偶者支援金を受けたもの（再掲）
延総数	**8 847**	**8 802**	**3 077**	**45**	**4**
1か月平均	737	734	256	4	0

（報告表　66）

第8表　支援給付世帯数及び支援給付人員，

月	総数	生活支援給付	住宅支援給付	介護支援給付
				支援給付
総数	**168 743**	**50 900**	**48 349**	**18 340**
平成28年　4月	14 134	4 284	4 069	1 479
5月	14 116	4 273	4 057	1 495
6月	14 091	4 261	4 052	1 496
7月	14 054	4 259	4 045	1 494
8月	14 065	4 249	4 034	1 508
9月	14 028	4 249	4 033	1 512
10月	14 066	4 246	4 029	1 534
11月	14 050	4 238	4 020	1 542
12月	14 057	4 229	4 010	1 557
平成29年　1月	14 070	4 219	4 008	1 576
2月	13 988	4 201	3 999	1 561
3月	14 024	4 192	3 993	1 586
1か月平均	14 062	4 242	4 029	1 528
				支援給付
総数	**242 586**	**76 204**	**72 280**	**21 242**
平成28年　4月	20 410	6 446	6 112	1 714
5月	20 355	6 420	6 094	1 730
6月	20 329	6 401	6 080	1 735
7月	20 262	6 392	6 062	1 730
8月	20 246	6 368	6 041	1 745
9月	20 153	6 357	6 029	1 736
10月	20 199	6 353	6 019	1 776
11月	20 189	6 334	6 004	1 789
12月	20 172	6 315	5 982	1 806
平成29年　1月	20 141	6 294	5 970	1 823
2月	20 047	6 271	5 951	1 811
3月	20 083	6 253	5 936	1 847
1か月平均	20 216	6 350	6 023	1 770

注：総数は各支援給付の延数である。

月・1か月平均×給付金の種類（重複計上）別

平成28年度

医療支援給付 （入院）	医療支援給付 （入院外）	出産支援給付	生業支援給付	葬祭支援給付
世帯数				
3 231	47 757	-	94	72
284	4 004	-	9	5
282	3 994	-	9	6
276	3 991	-	10	5
259	3 982	-	8	7
274	3 987	-	7	6
262	3 959	-	7	6
273	3 969	-	9	6
263	3 973	-	8	6
250	4 000	-	6	5
273	3 981	-	6	7
267	3 946	-	6	8
268	3 971	-	9	5
269	3 980	-	8	6
人員				
3 309	69 353	-	126	72
288	5 834	-	11	5
288	5 806	-	11	6
279	5 816	-	13	5
264	5 796	-	11	7
285	5 791	-	10	6
269	5 747	-	9	6
279	5 754	-	12	6
268	5 777	-	11	6
257	5 798	-	9	5
279	5 760	-	8	7
276	5 721	-	9	8
277	5 753	-	12	5
276	5 779	-	11	6

(報告表 66)

第9表（2－1）支援給付世帯数及び支援給付人員，

都道府県 指定都市, 中核市	支援給付世帯数 総数	生活支援給付	住宅支援給付	介護支援給付	医療支援給付（入院）	医療支援給付（入院外）	出産支援給付	生業支援給付	葬祭支援給付
全国	**168 743**	**50 900**	**48 349**	**18 340**	**3 231**	**47 757**	**－**	**94**	**72**
北海道	1 147	366	324	84	7	366	－	－	－
青森	453	135	111	60	－	147	－	－	－
岩手	168	60	24	12	－	72	－	－	－
宮城	393	120	108	46	9	109	－	－	1
秋田	279	96	60	24	15	83	－	－	1
山形	1 404	431	391	154	18	410	－	－	－
福島	377	115	113	24	16	109	－	－	－
茨城	988	300	280	118	12	278	－	－	－
栃木	953	295	255	101	23	277	－	－	2
群馬	1 032	311	272	148	14	287	－	－	－
埼玉	5 319	1 645	1 581	450	123	1 506	－	12	2
千葉	2 681	829	771	239	40	802	－	－	－
東京	46 409	14 211	13 623	4 349	831	13 369	－	8	18
神奈川	1 463	492	456	53	34	428	－	－	－
新潟	304	108	108	12	2	74	－	－	－
富山	72	24	24	－	－	24	－	－	－
石川	423	132	120	36	3	132	－	－	－
福井	224	60	56	35	18	55	－	－	－
山梨	1 263	408	372	115	22	346	－	－	－
長野	4 937	1 471	1 308	670	174	1 313	－	－	1
岐阜	1 296	405	382	119	2	387	－	－	1
静岡	504	168	156	19	14	146	－	－	1
愛知	1 103	330	315	114	29	315	－	－	－
三重	300	96	96	12	－	96	－	－	－
滋賀	254	83	71	12	6	82	－	－	－
京都	994	312	286	95	31	270	－	－	－
大阪	4 697	1 290	1 223	881	82	1 217	－	2	2
兵庫	2 104	611	565	318	46	561	－	－	3
奈良	348	107	100	30	10	101	－	－	－
和歌山	126	53	21	9	－	43	－	－	－
鳥取	169	48	48	24	1	48	－	－	－
島根	112	36	36	12	－	28	－	－	－
岡山	159	48	48	12	3	47	－	－	1
広島	842	264	252	80	15	231	－	－	－
山口	362	108	108	48	3	95	－	－	－
徳島	120	36	36	12	4	32	－	－	－
香川	211	72	60	10	5	64	－	－	－
愛媛	137	36	36	24	6	35	－	－	－
高知	137	54	12	16	17	38	－	－	－
福岡	771	228	204	106	14	218	－	－	1
佐賀	455	120	108	92	24	111	－	－	－
長崎	257	75	75	28	10	67	－	－	2
熊本	231	73	61	24	8	65	－	－	－
大分	63	24	12	－	3	24	－	－	－
宮崎	42	11	9	11	2	9	－	－	－
鹿児島	692	210	165	104	23	190	－	－	－
沖縄	340	132	83	16	4	105	－	－	－

注：1）本表は月分報告の累計である。なお、八戸市については、平成29年１月に中核市になったため、１月から３ヶ月分の累計である。
　　2）総数は各支援給付の延数である。

都道府県－指定都市－中核市×給付金の種類（重複計上）別

平成28年度

都道府県 指定都市 中核市	支援給付世帯数 総数	生活支援給付	住宅支援給付	介護支援給付	医療支援給付（入院）	医療支援給付（入院外）	出産支援給付	生業支援給付	葬祭支援給付
指定都市(別掲)									
札幌市	4 223	1 296	1 270	359	73	1 224	－	－	1
仙台市	1 706	537	516	123	2	527	－	－	1
さいたま市	2 695	854	831	193	40	774	－	－	3
千葉市	3 782	1 181	1 169	294	17	1 118	－	－	3
横浜市	9 236	2 773	2 726	882	133	2 719	－	－	3
川崎市	1 160	346	322	97	87	308	－	－	－
相模原市	1 265	396	394	73	11	391	－	－	－
新潟市	1 051	301	294	148	7	300	－	－	1
静岡市	127	36	36	19	－	36	－	－	－
浜松市	502	144	144	72	11	131	－	－	－
名古屋市	5 976	1 843	1 770	520	89	1 753	－	－	1
京都市	3 434	976	984	422	81	934	－	35	2
大阪市	7 878	2 184	2 059	1 394	132	2 094	－	14	1
堺市	4 712	1 237	1 194	908	169	1 189	－	14	1
神戸市	1 619	482	468	191	20	457	－	－	1
岡山市	988	288	276	143	35	246	－	－	－
広島市	3 711	1 049	1 032	558	68	1 001	－	－	3
北九州市	630	192	192	55	6	185	－	－	－
福岡市	3 363	995	959	387	61	949	－	8	4
熊本市	1 042	318	307	132	14	270	－	－	1
中核市(別掲)									
旭川市	176	60	48	－	8	60	－	－	－
函館市	194	58	58	21	4	53	－	－	－
青森市	264	92	91	－	4	77	－	－	－
八戸市	26	9	9	－	－	8	－	－	－
盛岡市	329	98	98	26	8	98	－	－	1
秋田市	240	72	60	36	－	72	－	－	－
郡山市	1 010	297	285	130	36	262	－	－	－
いわき市	342	96	96	48	6	96	－	－	－
宇都宮市	860	271	240	92	4	251	－	－	2
前橋市	852	251	219	140	18	224	－	－	－
高崎市	574	187	160	36	10	181	－	－	－
川越市	312	103	103	12	5	89	－	－	－
越谷市	295	84	84	36	7	84	－	－	－
船橋市	510	168	168	34	11	128	－	－	1
柏市	92	24	24	24	1	19	－	－	－
八王子市	1 171	348	340	144	11	327	－	－	1
横須賀市	108	36	36	－	－	36	－	－	－
富山市	71	24	24	－	－	23	－	－	－
金沢市	221	61	60	30	3	66	－	－	1
長野市	1 270	393	360	98	50	367	－	－	2
岐阜市	606	192	180	38	4	192	－	－	－
豊橋市	40	14	12	－	2	12	－	－	－
豊田市	1 063	321	309	114	20	299	－	－	－
岡崎市	234	61	60	52	1	60	－	－	－
大津市	425	124	124	56	12	108	－	1	－
高槻市	673	192	192	92	18	179	－	－	－
東大阪市	729	213	209	99	21	187	－	－	－
豊中市	304	84	86	50	17	67	－	－	－
枚方市	694	197	188	139	9	161	－	－	－
姫路市	－	－	－	－	－	－	－	－	－
西宮市	170	60	60	－	－	50	－	－	－
尼崎市	814	244	240	77	11	242	－	－	－
奈良市	337	106	94	45	2	90	－	－	－
和歌山市	206	65	48	25	12	56	－	－	－
倉敷市	110	37	36	－	1	36	－	－	－
福山市	410	130	120	42	3	115	－	－	－
呉市	－	－	－	－	－	－	－	－	－
下関市	37	12	12	－	2	11	－	－	－
高松市	712	207	198	98	7	202	－	－	－
松山市	294	89	84	21	13	86	－	－	1
高知市	1 818	539	541	181	52	505	－	－	－
久留米市	201	60	60	21	－	60	－	－	－
長崎市	1 015	324	288	83	11	308	－	－	1
佐世保市	168	57	41	13	8	49	－	－	－
大分市	905	256	228	142	20	259	－	－	－
宮崎市	408	120	120	60	6	102	－	－	－
鹿児島市	1 156	370	361	54	11	360	－	－	－
那覇市	82	27	27	3	3	22	－	－	－

（報告表　66）

第9表（2－2）支援給付世帯数及び支援給付人員，

都道府県 指定都市 中核市	支援給付人員								
	総数	生活支援給付	住宅支援給付	介護支援給付	医療支援給付（入院）	医療支援給付（入院外）	出産支援給付	生業支援給付	葬祭支援給付
全国	**242 586**	**76 204**	**72 280**	**21 242**	**3 309**	**69 353**	**－**	**126**	**72**
北海道	1 482	486	444	84	7	461	－	－	－
青森	591	180	147	72	－	192	－	－	－
岩手	228	84	36	12	－	96	－	－	－
宮城	494	160	148	46	9	130	－	－	1
秋田	398	153	93	24	15	112	－	－	1
山形	2 195	698	628	210	18	641	－	－	－
福島	508	163	161	24	16	144	－	－	－
茨城	1 421	452	400	142	12	415	－	－	－
栃木	1 375	437	381	134	23	398	－	－	2
群馬	1 345	424	369	163	14	375	－	－	－
埼玉	7 436	2 373	2 295	503	126	2 113	－	24	2
千葉	3 927	1 287	1 165	284	40	1 151	－	－	－
東京	68 052	21 599	20 817	4 878	858	19 874	－	8	18
神奈川	2 248	799	724	64	36	625	－	－	－
新潟	361	132	131	12	2	84	－	－	－
富山	141	48	48	－	－	45	－	－	－
石川	573	179	167	47	3	177	－	－	－
福井	353	108	104	35	20	86	－	－	－
山梨	1 713	588	540	115	22	448	－	－	－
長野	6 640	2 058	1 847	736	179	1 819	－	－	1
岐阜	1 733	564	529	136	2	501	－	－	1
静岡	710	241	229	19	14	206	－	－	1
愛知	1 531	470	455	128	29	449	－	－	－
三重	532	177	177	12	－	166	－	－	－
滋賀	326	107	95	12	6	106	－	－	－
京都	1 380	443	403	107	31	396	－	－	－
大阪	6 718	1 907	1 795	1 209	84	1 719	－	2	2
兵庫	3 144	974	884	375	47	861	－	－	3
奈良	437	136	129	30	10	132	－	－	－
和歌山	178	73	41	9	－	55	－	－	－
鳥取	202	60	58	24	1	59	－	－	－
島根	198	72	72	12	－	42	－	－	－
岡山	225	72	72	12	3	65	－	－	1
広島	1 374	444	432	121	15	362	－	－	－
山口	506	156	144	60	3	143	－	－	－
徳島	156	48	48	12	4	44	－	－	－
香川	271	96	72	10	5	88	－	－	－
愛媛	202	60	60	24	6	52	－	－	－
高知	137	54	12	16	17	38	－	－	－
福岡	1 059	335	287	107	14	315	－	－	1
佐賀	551	156	132	92	24	147	－	－	－
長崎	391	123	111	33	12	110	－	－	2
熊本	387	121	109	36	8	113	－	－	－
大分	104	48	24	－	3	29	－	－	－
宮崎	42	11	9	11	2	9	－	－	－
鹿児島	892	282	237	115	24	234	－	－	－
沖縄	515	216	131	16	4	148	－	－	－

注：1）本表は月分報告の累計である。なお、八戸市については、平成29年1月に中核市になったため、1月から3ヶ月分の累計である。
2）総数は各支援給付の延数である。

都道府県－指定都市－中核市×給付金の種類（重複計上）別

平成28年度

都道府県 指定都市 中核市	支援給付人員							
	総数	生活支援給付	住宅支援給付	介護支援給付	医療支援給付（入院）	医療支援給付（入院外）	出産支援給付	生業支援給付	葬祭支援給付
指定都市(別掲)									
札幌市	5 990	1 908	1 871	400	75	1 735	–	–	1
仙台市	2 700	868	835	135	2	859	–	–	1
さいたま市	3 765	1 235	1 217	195	40	1 075	–	–	3
千葉市	5 669	1 837	1 826	325	17	1 661	–	–	3
横浜市	13 477	4 217	4 072	1 048	136	4 001	–	–	3
川崎市	1 838	584	553	121	105	475	–	–	–
相模原市	1 926	619	615	73	11	608	–	–	–
新潟市	1 454	437	430	149	7	430	–	–	1
静岡市	224	72	72	19	–	61	–	–	–
浜松市	657	192	192	84	11	178	–	–	–
名古屋市	8 662	2 783	2 653	559	91	2 575	–	–	1
京都市	5 076	1 533	1 533	493	81	1 388	–	46	2
大阪市	11 528	3 304	3 105	1 863	132	3 100	–	23	1
堺市	6 558	1 816	1 738	1 123	169	1 697	–	14	1
神戸市	2 383	754	707	219	20	682	–	–	1
岡山市	1 519	469	457	154	37	402	–	–	–
広島市	5 187	1 530	1 513	640	68	1 433	–	–	3
北九州市	819	252	250	67	6	244	–	–	–
福岡市	4 789	1 492	1 404	442	61	1 378	–	8	4
熊本市	1 310	410	395	143	14	347	–	–	1
中核市(別掲)									
旭川市	288	104	80	–	11	93	–	–	–
函館市	230	70	70	21	4	65	–	–	–
青森市	424	148	146	–	4	126	–	–	–
八戸市	32	12	9	–	–	11	–	–	–
盛岡市	522	165	165	26	8	157	–	–	1
秋田市	428	132	120	48	–	128	–	–	–
郡山市	1 396	418	406	154	36	382	–	–	–
いわき市	460	136	136	48	8	132	–	–	–
宇都宮市	1 258	423	356	94	4	379	–	–	2
前橋市	1 240	383	339	167	18	333	–	–	–
高崎市	809	259	229	57	10	254	–	–	–
川越市	514	187	175	12	5	135	–	–	–
越谷市	432	132	132	36	7	125	–	–	–
船橋市	743	260	260	34	11	177	–	–	1
柏市	92	24	24	24	1	19	–	–	–
八王子市	1 773	557	549	168	11	487	–	–	1
横須賀市	180	60	60	–	–	60	–	–	–
富山市	106	36	36	–	–	34	–	–	–
金沢市	285	91	90	30	3	70	–	–	1
長野市	1 626	525	472	98	50	479	–	–	2
岐阜市	818	268	244	38	4	264	–	–	–
豊橋市	76	26	24	–	2	24	–	–	–
豊田市	1 435	453	429	126	20	407	–	–	–
岡崎市	318	85	84	64	1	84	–	–	–
大津市	641	196	196	56	12	180	–	1	–
高槻市	799	238	231	92	18	220	–	–	–
東大阪市	1 109	332	329	133	22	293	–	–	–
豊中市	356	101	104	50	17	84	–	–	–
枚方市	1 017	317	306	150	9	235	–	–	–
姫路市	–	–	–	–	–	–	–	–	–
西宮市	234	84	84	–	–	66	–	–	–
尼崎市	1 291	400	396	89	11	395	–	–	–
奈良市	394	130	106	45	2	111	–	–	–
和歌山市	242	77	60	25	12	68	–	–	–
倉敷市	143	49	48	–	1	45	–	–	–
福山市	452	155	133	42	3	119	–	–	–
呉市	–	–	–	–	–	–	–	–	–
下関市	71	24	24	–	2	21	–	–	–
高松市	869	260	237	112	7	253	–	–	–
松山市	472	146	146	22	13	144	–	–	1
高知市	2 725	848	836	193	52	796	–	–	–
久留米市	273	84	84	21	–	84	–	–	–
長崎市	1 440	481	433	94	11	420	–	–	1
佐世保市	240	81	65	13	8	73	–	–	–
大分市	1 228	373	321	156	20	358	–	–	–
宮崎市	468	144	132	60	6	126	–	–	–
鹿児島市	1 586	513	493	66	11	503	–	–	–
那覇市	138	51	51	3	3	30	–	–	–

（報告表　66）

第10表　支援給付の申請、取下げ、申請却下件数、支援給付

都道府県－指定都市－中核市別

都道府県 指定都市 中核市	申請件数	申請取下げ件数	申請却下件数	給付金支給開始		給付金支給廃止		給付金支給変更	
				世帯数	人員	世帯数	人員	人員増	人員減
全国	56	2	1	62	83	163	189	19	127
北海道	–	–	–	–	–	–	–	–	–
青森	–	–	–	–	–	–	–	–	–
岩手	–	–	–	–	–	–	–	–	–
宮城	–	–	–	–	–	–	–	–	1
秋田	–	–	–	–	–	–	–	–	–
山形	1	–	–	1	2	–	–	–	–
福島	–	–	–	–	–	1	1	–	–
茨城	1	–	–	2	3	1	1	–	1
栃木	–	–	–	–	–	3	3	–	2
群馬	–	–	–	–	–	–	–	–	–
埼玉	2	1	–	2	2	4	4	–	5
千葉	2	–	–	2	3	2	2	–	2
東京	19	–	–	21	28	51	55	3	34
神奈川	–	–	–	–	–	1	1	–	2
新潟	–	–	–	–	–	–	–	–	–
富山	–	–	–	1	2	1	2	–	–
石川	–	–	–	–	–	1	1	–	–
福井	–	–	–	–	–	–	–	–	–
山梨	1	–	–	–	–	–	–	–	–
長野	3	–	–	3	3	4	4	4	3
岐阜	2	–	–	2	3	1	1	–	1
静岡	–	–	–	–	–	1	1	–	–
愛知	1	–	–	1	1	5	7	1	2
三重	–	–	–	–	–	1	1	–	–
滋賀	–	–	–	–	–	–	–	–	–
京都	–	–	–	–	–	–	–	–	–
大阪	2	–	–	3	4	7	10	–	2
兵庫	–	–	–	–	–	4	4	4	7
奈良	–	–	–	–	–	–	–	–	–
和歌山	–	–	–	–	–	2	3	–	–
鳥取	–	–	–	–	–	1	1	–	–
島根	–	–	–	–	–	–	–	–	–
岡山	–	–	–	–	–	–	–	–	–
広島	–	–	–	–	–	1	1	–	–
山口	–	–	–	–	–	–	–	–	–
徳島	–	–	–	–	–	–	–	–	–
香川	–	–	–	–	–	–	–	–	–
愛媛	1	1	–	–	–	–	–	–	–
高知	–	–	–	–	–	1	1	–	–
福岡	–	–	–	–	–	1	1	–	–
佐賀	–	–	–	–	–	–	–	–	–
長崎	–	–	–	–	–	2	3	–	2
熊本	–	–	–	–	–	–	–	–	–
大分	–	–	–	–	–	–	–	–	–
宮崎	–	–	–	–	–	1	1	–	–
鹿児島	–	–	–	–	–	3	3	–	3
沖縄	–	–	–	–	–	–	–	–	–

注：本表は年度分報告である。なお、八戸市は平成29年１月に中核市になったため、１月～３月の数値である。

の開始世帯数、開始人員、廃止世帯数、廃止人員及び給付金支給変更人員，

平成28年度

都道府県 指定都市 中核市	申請件数	申請取下げ件数	申請却下件数	給付金支給開始		給付金支給廃止		給付金支給変更	
				世帯数	人員	世帯数	人員	人員増	人員減
指定都市(別掲)									
札幌市	1	–	1	–	–	–	–	–	–
仙台市	–	–	–	–	–	–	–	–	1
さいたま市	–	–	–	–	–	2	2	–	5
千葉市	–	–	–	1	2	2	2	–	1
横浜市	2	–	–	2	2	4	4	–	5
川崎市	–	–	–	–	–	–	–	–	–
相模原市	–	–	–	–	–	–	–	–	1
新潟市	1	–	–	1	1	3	4	–	1
静岡市	–	–	–	–	–	–	–	–	–
浜松市	–	–	–	–	–	–	–	–	–
名古屋市	–	–	–	–	–	6	7	1	2
京都市	1	–	–	1	2	2	2	1	4
大阪市	6	–	–	6	9	4	6	–	2
堺市	–	–	–	–	–	7	8	–	4
神戸市	–	–	–	–	–	–	–	–	1
岡山市	–	–	–	–	–	1	1	–	1
広島市	–	–	–	–	–	1	2	1	5
北九州市	–	–	–	–	–	–	–	–	–
福岡市	3	–	–	2	2	–	–	2	5
熊本市	–	–	–	–	–	2	2	–	1
中核市(別掲)									
旭川市	–	–	–	–	–	–	–	–	–
函館市	–	–	–	–	–	1	1	–	–
青森市	–	–	–	–	–	1	2	–	–
八戸市	–	–	–	–	–	–	–	–	–
盛岡市	–	–	–	–	–	–	–	–	–
秋田市	–	–	–	–	–	–	–	–	–
郡山市	1	–	–	1	2	1	1	–	–
いわき市	–	–	–	–	–	1	1	–	–
宇都宮市	–	–	–	–	–	1	3	–	3
前橋市	–	–	–	–	–	4	4	–	2
高崎市	–	–	–	2	2	–	–	–	–
川越市	–	–	–	–	–	–	–	–	–
越谷市	–	–	–	–	–	–	–	–	–
船橋市	1	–	–	1	1	2	3	1	3
柏市	–	–	–	–	–	–	–	–	–
八王子市	–	–	–	–	–	–	–	–	1
横須賀市	–	–	–	–	–	–	–	–	–
富山市	–	–	–	–	–	–	–	–	–
金沢市	–	–	–	–	–	1	1	–	1
長野市	–	–	–	–	–	–	–	–	–
岐阜市	–	–	–	–	–	1	2	–	2
豊橋市	–	–	–	–	–	1	1	–	–
豊田市	1	–	–	1	1	–	–	–	–
岡崎市	–	–	–	–	–	2	3	–	3
大津市	–	–	–	–	–	–	–	–	–
高槻市	–	–	–	–	–	–	–	–	1
東大阪市	–	–	–	1	2	1	1	1	–
豊中市	1	–	–	1	1	–	–	–	1
枚方市	1	–	–	1	1	1	1	–	–
姫路市	–	–	–	–	–	–	–	–	–
西宮市	–	–	–	–	–	–	–	–	–
尼崎市	–	–	–	–	–	–	–	–	–
奈良市	–	–	–	–	–	1	1	–	–
和歌山市	1	–	–	1	1	1	1	–	–
倉敷市	–	–	–	–	–	1	1	–	–
福山市	–	–	–	–	–	–	–	–	–
呉市	–	–	–	–	–	–	–	–	–
下関市	–	–	–	–	–	–	–	–	–
高松市	–	–	–	1	2	–	–	–	1
松山市	–	–	–	–	–	1	1	–	1
高知市	1	–	–	–	–	2	3	–	–
久留米市	–	–	–	–	–	–	–	–	–
長崎市	–	–	–	–	–	–	–	–	–
佐世保市	–	–	–	–	–	1	1	–	–
大分市	–	–	–	1	1	2	2	–	1
宮崎市	–	–	–	–	–	–	–	–	–
鹿児島市	–	–	–	–	–	1	2	–	–
那覇市	–	–	–	–	–	1	1	–	1

(報告表　67)

中国残留邦人等支援給付等

第11表　被給付人員，年齢階級×本人－配偶者、性別

平成28年度末現在

	総数			本人			配偶者			うち配偶者支援金を受けたもの		
	総数	男	女	総数	男	女	総数	男	女	総数	男	女
総　数	6 299	2 425	3 874	3 884	1 376	2 508	2 415	1 049	1 366	360	111	249
45歳未満	2	-	2	・	・	・	2	-	2	-	-	-
45 ～ 49	8	1	7	・	・	・	8	1	7	-	-	-
50 ～ 54	19	-	19	・	・	・	19	-	19	-	-	-
55 ～ 59	41	1	40	・	・	・	41	1	40	-	-	-
60 ～ 64	107	11	96	5	1	4	102	10	92	5	1	4
65 ～ 69	365	38	327	43	12	31	322	26	296	52	-	52
70 ～ 74	2 080	767	1 313	1 300	557	743	780	210	570	108	10	98
75 ～ 79	2 149	1 014	1 135	1 428	574	854	721	440	281	110	36	74
80 ～ 84	869	441	428	574	193	381	295	248	47	47	32	15
85 ～ 89	374	110	264	291	35	256	83	75	8	21	18	3
90歳以上	285	42	243	243	4	239	42	38	4	17	14	3

注：本表は平成28年度末現在の報告である。

（報告表　68）

中国残留邦人等支援給付等
12表

第12表（4－1）医療支援給付人員，

都道府県 指定都市 中核市	総数	入 総数			医療 医療支援給付単給	
		総数	精神病	その他	総数	精神病
全　　　　国	5 943	248	15	233	5	1
北　海　道	38	-	-	-	-	-
青　　森	13	-	-	-	-	-
岩　　手	8	-	-	-	-	-
宮　　城	11	-	-	-	-	-
秋　　田	11	1	1	-	-	-
山　　形	56	2	-	2	-	-
福　　島	13	3	-	3	-	-
茨　　城	34	1	-	1	-	-
栃　　木	32	1	-	1	-	-
群　　馬	27	1	1	-	-	-
埼　　玉	182	7	1	6	-	-
千　　葉	94	1	-	1	-	-
東　　京	1 716	65	3	62	-	-
神　奈　川	57	3	1	2	-	-
新　　潟	4	1	-	1	-	-
富　　山	4	-	-	-	-	-
石　　川	14	-	-	-	-	-
福　　井	8	1	-	1	-	-
山　　梨	42	1	-	1	-	-
長　　野	142	9	-	9	1	-
岐　　阜	42	-	-	-	-	-
静　　岡	15	-	-	-	-	-
愛　　知	36	1	1	-	-	-
三　　重	13	-	-	-	-	-
滋　　賀	6	1	-	1	-	-
京　　都	36	4	-	4	-	-
大　　阪	149	2	-	2	1	-
兵　　庫	71	4	-	4	-	-
奈　　良	12	-	-	-	-	-
和　歌　山	4	-	-	-	-	-
鳥　　取	5	-	-	-	-	-
島　　根	3	-	-	-	-	-
岡　　山	4	-	-	-	-	-
広　　島	33	1	-	1	-	-
山　　口	12	-	-	-	-	-
徳　　島	4	1	-	1	-	-
香　　川	8	-	-	-	-	-
愛　　媛	5	1	-	1	-	-
高　　知	4	1	-	1	-	-
福　　岡	27	1	-	1	-	-
佐　　賀	15	2	2	-	-	-
長　　崎	8	-	-	-	-	-
熊　　本	10	1	-	1	-	-
大　　分	3	-	-	-	-	-
宮　　崎	-	-	-	-	-	-
鹿　児　島	19	1	-	1	-	-
沖　　縄	13	-	-	-	-	-

注：本表は平成28年度末現在の報告である。

都道府県－指定都市－中核市×入院－入院外、単給－併給、精神病－その他の疾病別

平成28年度末現在

院							
支援給付単給				医療支援給付併給			（再掲）介護老人保健施設入所者
のみ	その他の単給						
その他	総数	精神病	その他	総数	精神病	その他	
4	**21**	**5**	**16**	**222**	**9**	**213**	**1**
－	－	－	－	－	－	－	－
－	－	－	－	－	－	－	－
－	－	－	－	－	－	－	－
－	－	－	－	－	－	－	－
－	1	1	－	－	－	－	－
－	－	－	－	2	－	2	－
－	－	－	－	3	－	3	－
－	－	－	－	1	－	1	－
－	－	－	－	1	－	1	－
－	－	－	－	1	1	－	－
－	1	－	1	6	1	5	－
－	－	－	－	1	－	1	－
－	6	1	5	59	2	57	－
－	－	－	－	3	1	2	－
－	－	－	－	1	－	1	－
－	－	－	－	－	－	－	－
－	－	－	－	－	－	－	－
－	－	－	－	1	－	1	－
－	－	－	－	1	－	1	－
1	－	－	－	8	－	8	－
－	－	－	－	－	－	－	－
－	－	－	－	－	－	－	－
－	1	1	－	－	－	－	－
－	－	－	－	－	－	－	－
－	－	－	－	1	－	1	－
－	1	－	1	3	－	3	－
1	－	－	－	1	－	1	－
－	－	－	－	4	－	4	－
－	－	－	－	－	－	－	－
－	－	－	－	－	－	－	－
－	－	－	－	－	－	－	－
－	－	－	－	－	－	－	－
－	－	－	－	－	－	－	－
－	－	－	－	1	－	1	－
－	－	－	－	－	－	－	－
－	－	－	－	1	－	1	－
－	－	－	－	－	－	－	－
－	－	－	－	1	－	1	－
－	－	－	－	1	－	1	－
－	－	－	－	1	－	1	－
－	2	2	－	－	－	－	－
－	－	－	－	－	－	－	－
－	－	－	－	1	－	1	－
－	－	－	－	－	－	－	－
－	－	－	－	－	－	－	－
－	－	－	－	1	－	1	－
－	－	－	－	－	－	－	－

（報告表　69）

第12表（4－2）医療支援給付人員,

都道府県 指定都市 中核市	総数	入				
		総数			医療	
					医療支援給付単給	
		総数	精神病	その他	総数	精神病
指定都市(別掲)						
札幌市	149	8	−	8	1	−
仙台市	71	−	−	−	−	−
さいたま市	93	4	−	4	−	−
千葉市	138	3	−	3	1	−
横浜市	341	12	−	12	−	−
川崎市	48	14	−	14	−	−
相模原市	51	1	−	1	−	−
新潟市	36	1	−	1	−	−
静岡市	5	−	−	−	−	−
浜松市	16	1	−	1	−	−
名古屋市	222	12	1	11	1	1
京都市	120	5	−	5	−	−
大阪市	281	15	−	15	−	−
堺市	151	14	−	14	−	−
神戸市	53	2	−	2	−	−
岡山市	34	2	−	2	−	−
広島市	120	4	−	4	−	−
北九州市	19	2	−	2	−	−
福岡市	123	4	1	3	−	−
熊本市	27	1	−	1	−	−
中核市(別掲)						
旭川市	8	1	−	1	−	−
函館市	5	−	−	−	−	−
青森市	10	−	−	−	−	−
八戸市	4	−	−	−	−	−
盛岡市	13	−	−	−	−	−
秋田市	11	−	−	−	−	−
郡山市	36	3	1	2	−	−
いわき市	10	−	−	−	−	−
宇都宮市	32	−	−	−	−	−
前橋市	27	1	1	−	−	−
高崎市	23	−	−	−	−	−
川越市	11	−	−	−	−	−
越谷市	11	−	−	−	−	−
船橋市	14	−	−	−	−	−
柏市	2	−	−	−	−	−
八王子市	43	−	−	−	−	−
横須賀市	5	−	−	−	−	−
富山市	3	−	−	−	−	−
金沢市	5	−	−	−	−	−
長野市	42	3	−	3	−	−
岐阜市	22	1	−	1	−	−
豊橋市	2	−	−	−	−	−
豊田市	38	1	−	1	−	−
岡崎市	7	−	−	−	−	−
大津市	16	1	−	1	−	−
高槻市	19	1	1	−	−	−
東大阪市	25	−	−	−	−	−
豊中市	9	−	−	−	−	−
枚方市	20	−	−	−	−	−
姫路市	−	−	−	−	−	−
西宮市	6	−	−	−	−	−
尼崎市	33	1	−	1	−	−
奈良市	10	−	−	−	−	−
和歌山市	6	1	−	1	−	−
倉敷市	4	−	−	−	−	−
福山市	10	−	−	−	−	−
呉市	−	−	−	−	−	−
下関市	1	1	−	1	−	−
高松市	23	−	−	−	−	−
松山市	13	1	−	1	−	−
高知市	70	6	−	6	−	−
久留米市	7	−	−	−	−	−
長崎市	35	1	−	1	−	−
佐世保市	6	1	−	1	−	−
大分市	31	1	−	1	−	−
宮崎市	11	−	−	−	−	−
鹿児島市	41	−	−	−	−	−
那覇市	2	−	−	−	−	−

注：本表は平成28年度末現在の報告である。

都道府県－指定都市－中核市×入院－入院外、単給－併給、精神病－その他の疾病別

平成28年度末現在

院							
支援給付単給				医療支援給付併給			（再掲）介護老人保健施設入所者
のみ	その他の単給						
その他	総数	精神病	その他	総数	精神病	その他	
1	－	－	－	7	－	7	－
－	－	－	－	－	－	－	－
－	－	－	－	4	－	4	1
1	－	－	－	2	－	2	－
－	1	－	1	11	－	11	－
－	－	－	－	14	－	14	－
－	－	－	－	1	－	1	－
－	－	－	－	1	－	1	－
－	－	－	－	－	－	－	－
－	1	－	1	－	－	－	－
－	1	－	1	10	－	10	－
－	－	－	－	5	－	5	－
－	－	－	－	15	－	15	－
－	3	－	3	11	－	11	－
－	－	－	－	2	－	2	－
－	－	－	－	2	－	2	－
－	－	－	－	4	－	4	－
－	－	－	－	2	－	2	－
－	－	－	－	4	1	3	－
－	－	－	－	1	－	1	－
－	－	－	－	1	－	1	－
－	－	－	－	－	－	－	－
－	－	－	－	－	－	－	－
－	－	－	－	－	－	－	－
－	－	－	－	－	－	－	－
－	－	－	－	－	－	－	－
－	－	－	－	3	1	2	－
－	－	－	－	－	－	－	－
－	－	－	－	－	－	－	－
－	－	－	－	1	1	－	－
－	－	－	－	－	－	－	－
－	－	－	－	－	－	－	－
－	－	－	－	－	－	－	－
－	－	－	－	－	－	－	－
－	－	－	－	－	－	－	－
－	－	－	－	－	－	－	－
－	－	－	－	－	－	－	－
－	－	－	－	－	－	－	－
－	－	－	－	－	－	－	－
－	－	－	－	3	－	3	－
－	－	－	－	1	－	1	－
－	－	－	－	－	－	－	－
－	1	－	1	－	－	－	－
－	－	－	－	－	－	－	－
－	－	－	－	1	－	1	－
－	－	－	－	1	1	－	－
－	－	－	－	－	－	－	－
－	－	－	－	－	－	－	－
－	－	－	－	－	－	－	－
－	－	－	－	－	－	－	－
－	－	－	－	－	－	－	－
－	1	－	1	－	－	－	－
－	－	－	－	－	－	－	－
－	－	－	－	1	－	1	－
－	－	－	－	－	－	－	－
－	－	－	－	－	－	－	－
－	－	－	－	－	－	－	－
－	－	－	－	1	－	1	－
－	－	－	－	－	－	－	－
－	－	－	－	1	－	1	－
－	1	－	1	5	－	5	－
－	－	－	－	－	－	－	－
－	－	－	－	1	－	1	－
－	－	－	－	1	－	1	－
－	－	－	－	1	－	1	－
－	－	－	－	－	－	－	－
－	－	－	－	－	－	－	－
－	－	－	－	－	－	－	－

（報告表　69）

中国残留邦人等支援給付等
12表

第12表（4－3）医療支援給付人員，

都道府県 指定都市 中核市	入 総数			医療支援 医療支援給付単給のみ		
	総数	精神病	その他	総数	精神病	その他
全　　　　国	5 695	36	5 659	24	-	24
北　海　道	38	1	37	-	-	-
青　　森	13	-	13	1	-	1
岩　　手	8	-	8	1	-	1
宮　　城	11	-	11	-	-	-
秋　　田	10	-	10	-	-	-
山　　形	54	3	51	1	-	1
福　　島	10	-	10	-	-	-
茨　　城	33	-	33	-	-	-
栃　　木	31	-	31	-	-	-
群　　馬	26	-	26	5	-	5
埼　　玉	175	2	173	2	-	2
千　　葉	93	-	93	-	-	-
東　　京	1 651	6	1 645	-	-	-
神　奈　川	54	-	54	-	-	-
新　　潟	3	-	3	-	-	-
富　　山	4	-	4	-	-	-
石　　川	14	-	14	-	-	-
福　　井	7	-	7	-	-	-
山　　梨	41	-	41	-	-	-
長　　野	133	-	133	2	-	2
岐　　阜	42	-	42	1	-	1
静　　岡	15	-	15	-	-	-
愛　　知	35	-	35	2	-	2
三　　重	13	-	13	-	-	-
滋　　賀	5	-	5	1	-	1
京　　都	32	-	32	-	-	-
大　　阪	147	4	143	-	-	-
兵　　庫	67	-	67	-	-	-
奈　　良	12	-	12	-	-	-
和　歌　山	4	-	4	-	-	-
鳥　　取	5	-	5	-	-	-
島　　根	3	-	3	-	-	-
岡　　山	4	-	4	-	-	-
広　　島	32	-	32	5	-	5
山　　口	12	-	12	-	-	-
徳　　島	3	-	3	-	-	-
香　　川	8	-	8	-	-	-
愛　　媛	4	1	3	-	-	-
高　　知	3	-	3	-	-	-
福　　岡	26	-	26	-	-	-
佐　　賀	13	1	12	2	-	2
長　　崎	8	-	8	-	-	-
熊　　本	9	1	8	-	-	-
大　　分	3	-	3	-	-	-
宮　　崎	-	-	-	-	-	-
鹿　児　島	18	-	18	-	-	-
沖　　縄	13	-	13	-	-	-

注：本表は平成28年度末現在の報告である。

都道府県－指定都市－中核市×入院－入院外、単給－併給、精神病－その他の疾病別

平成28年度末現在

院			外			
給付単給			医療支援給付併給			（再掲）訪問看護利用者
その他の単給						
総数	精神病	その他	総数	精神病	その他	
5	**－**	**5**	**5 666**	**36**	**5 630**	**32**
－	－	－	38	1	37	－
－	－	－	12	－	12	－
－	－	－	7	－	7	－
－	－	－	11	－	11	－
－	－	－	10	－	10	－
－	－	－	53	3	50	－
－	－	－	10	－	10	－
－	－	－	33	－	33	－
－	－	－	31	－	31	－
－	－	－	21	－	21	－
－	－	－	173	2	171	1
－	－	－	93	－	93	－
－	－	－	1 651	6	1 645	16
－	－	－	54	－	54	－
－	－	－	3	－	3	－
－	－	－	4	－	4	－
－	－	－	14	－	14	－
－	－	－	7	－	7	－
－	－	－	41	－	41	－
1	－	1	130	－	130	－
－	－	－	41	－	41	－
－	－	－	15	－	15	－
1	－	1	32	－	32	－
－	－	－	13	－	13	－
－	－	－	4	－	4	－
－	－	－	32	－	32	－
－	－	－	147	4	143	－
－	－	－	67	－	67	－
－	－	－	12	－	12	－
－	－	－	4	－	4	－
－	－	－	5	－	5	－
－	－	－	3	－	3	1
－	－	－	4	－	4	－
－	－	－	27	－	27	－
－	－	－	12	－	12	－
－	－	－	3	－	3	－
－	－	－	8	－	8	－
－	－	－	4	1	3	－
－	－	－	3	－	3	－
－	－	－	26	－	26	－
－	－	－	11	1	10	2
－	－	－	8	－	8	－
－	－	－	9	1	8	－
－	－	－	3	－	3	－
－	－	－	－	－	－	－
－	－	－	18	－	18	－
3	－	3	10	－	10	－

（報告表　69）

第12表（4－4）医療支援給付人員，

都道府県 指定都市 中核市	入					
	総数			医療支援		
				医療支援給付単給のみ		
	総数	精神病	その他	総数	精神病	その他
指定都市(別掲)						
札幌市	141	-	141	-	-	-
仙台市	71	1	70	-	-	-
さいたま市	89	-	89	-	-	-
千葉市	135	2	133	-	-	-
横浜市	329	1	328	-	-	-
川崎市	34	-	34	-	-	-
相模原市	50	1	49	-	-	-
新潟市	35	-	35	-	-	-
静岡市	5	-	5	-	-	-
浜松市	15	-	15	-	-	-
名古屋市	210	-	210	-	-	-
京都市	115	-	115	-	-	-
大阪市	266	8	258	-	-	-
堺市	137	-	137	-	-	-
神戸市	51	-	51	-	-	-
岡山市	32	-	32	1	-	1
広島市	116	-	116	-	-	-
北九州市	17	-	17	-	-	-
福岡市	119	1	118	-	-	-
熊本市	26	-	26	-	-	-
中核市(別掲)						
旭川市	7	-	7	-	-	-
函館市	5	-	5	-	-	-
青森市	10	-	10	-	-	-
八戸市	4	-	4	-	-	-
盛岡市	13	-	13	-	-	-
秋田市	11	2	9	-	-	-
郡山市	33	-	33	-	-	-
いわき市	10	-	10	-	-	-
宇都宮市	32	-	32	-	-	-
前橋市	26	-	26	-	-	-
高崎市	23	-	23	-	-	-
川越市	11	-	11	-	-	-
越谷市	11	-	11	-	-	-
船橋市	14	-	14	-	-	-
柏市	2	-	2	-	-	-
八王子市	43	-	43	-	-	-
横須賀市	5	-	5	-	-	-
富山市	3	-	3	-	-	-
金沢市	5	-	5	-	-	-
長野市	39	-	39	-	-	-
岐阜市	21	-	21	-	-	-
豊橋市	2	-	2	-	-	-
豊田市	37	-	37	-	-	-
岡崎市	7	-	7	-	-	-
大津市	15	-	15	-	-	-
高槻市	18	-	18	-	-	-
東大阪市	25	-	25	-	-	-
豊中市	9	-	9	-	-	-
枚方市	20	1	19	-	-	-
姫路市	-	-	-	-	-	-
西宮市	6	-	6	-	-	-
尼崎市	32	-	32	-	-	-
奈良市	10	-	10	-	-	-
和歌山市	5	-	5	-	-	-
倉敷市	4	-	4	-	-	-
福山市	10	-	10	-	-	-
呉市	-	-	-	-	-	-
下関市	-	-	-	-	-	-
高松市	23	-	23	-	-	-
松山市	12	-	12	-	-	-
高知市	64	-	64	-	-	-
久留米市	7	-	7	-	-	-
長崎市	34	-	34	-	-	-
佐世保市	5	-	5	-	-	-
大分市	30	-	30	-	-	-
宮崎市	11	-	11	-	-	-
鹿児島市	41	-	41	-	-	-
那覇市	2	-	2	-	-	-

注：本表は平成28年度末現在の報告である。

都道府県－指定都市－中核市×入院－入院外、単給－併給、精神病－その他の疾病別

平成28年度末現在

院			外			
給付単給			医療支援給付併給			（再掲）訪問看護利用者
その他の単給						
総数	精神病	その他	総数	精神病	その他	
–	–	–	141	–	141	1
–	–	–	71	1	70	–
–	–	–	89	–	89	–
–	–	–	135	2	133	–
–	–	–	329	1	328	1
–	–	–	34	–	34	–
–	–	–	50	1	49	–
–	–	–	35	–	35	–
–	–	–	5	–	5	1
–	–	–	15	–	15	–
–	–	–	210	–	210	1
–	–	–	115	–	115	1
–	–	–	266	8	258	1
–	–	–	137	–	137	–
–	–	–	51	–	51	–
–	–	–	31	–	31	–
–	–	–	116	–	116	–
–	–	–	17	–	17	–
–	–	–	119	1	118	–
–	–	–	26	–	26	1
–	–	–	7	–	7	–
–	–	–	5	–	5	–
–	–	–	10	–	10	–
–	–	–	4	–	4	–
–	–	–	13	–	13	–
–	–	–	11	2	9	–
–	–	–	33	–	33	–
–	–	–	10	–	10	–
–	–	–	32	–	32	–
–	–	–	26	–	26	–
–	–	–	23	–	23	–
–	–	–	11	–	11	–
–	–	–	11	–	11	–
–	–	–	14	–	14	–
–	–	–	2	–	2	–
–	–	–	43	–	43	–
–	–	–	5	–	5	–
–	–	–	3	–	3	–
–	–	–	5	–	5	–
–	–	–	39	–	39	1
–	–	–	21	–	21	–
–	–	–	2	–	2	–
–	–	–	37	–	37	–
–	–	–	7	–	7	–
–	–	–	15	–	15	–
–	–	–	18	–	18	1
–	–	–	25	–	25	–
–	–	–	9	–	9	–
–	–	–	20	1	19	1
–	–	–	–	–	–	–
–	–	–	6	–	6	–
–	–	–	32	–	32	–
–	–	–	10	–	10	–
–	–	–	5	–	5	–
–	–	–	4	–	4	–
–	–	–	10	–	10	–
–	–	–	–	–	–	–
–	–	–	–	–	–	–
–	–	–	23	–	23	–
–	–	–	12	–	12	–
–	–	–	64	–	64	–
–	–	–	7	–	7	–
–	–	–	34	–	34	–
–	–	–	5	–	5	–
–	–	–	30	–	30	–
–	–	–	11	–	11	–
–	–	–	41	–	41	2
–	–	–	2	–	2	–

（報告表　69）

第13表（6－1）介護支援給付人員，

都道府県 指定都市 中核市	総数	施設 介護老人福祉施設 総数	介護支援給付単給 総数	介護支援給付単給のみ	その他の単給	介護支援給付併給 総数	医療支援給付併給のみ	その他の併給
全国	**1 824**	**72**	**5**	**-**	**5**	**67**	**16**	**51**
北海道	8	-	-	-	-	-	-	-
青森	6	-	-	-	-	-	-	-
岩手	1	-	-	-	-	-	-	-
宮城	4	1	-	-	-	1	-	1
秋田	2	-	-	-	-	-	-	-
山形	18	1	-	-	-	1	-	1
福島	2	-	-	-	-	-	-	-
茨城	12	1	-	-	-	1	-	1
栃木	8	-	-	-	-	-	-	-
群馬	14	-	-	-	-	-	-	-
埼玉	42	2	-	-	-	2	1	1
千葉	25	1	-	-	-	1	-	1
東京	421	25	-	-	-	25	4	21
神奈川	7	-	-	-	-	-	-	-
新潟	1	-	-	-	-	-	-	-
富山	-	-	-	-	-	-	-	-
石川	3	1	-	-	-	1	1	-
福井	3	-	-	-	-	-	-	-
山梨	10	2	-	-	-	2	-	2
長野	63	3	-	-	-	3	-	3
岐阜	12	3	-	-	-	3	-	3
静岡	1	-	-	-	-	-	-	-
愛知	10	-	-	-	-	-	-	-
三重	1	-	-	-	-	-	-	-
滋賀	1	-	-	-	-	-	-	-
京都	11	1	-	-	-	1	-	1
大阪	102	1	-	-	-	1	1	-
兵庫	30	-	-	-	-	-	-	-
奈良	4	-	-	-	-	-	-	-
和歌山	-	-	-	-	-	-	-	-
鳥取	2	-	-	-	-	-	-	-
島根	1	-	-	-	-	-	-	-
岡山	1	1	-	-	-	1	-	1
広島	12	-	-	-	-	-	-	-
山口	5	1	-	-	-	1	-	1
徳島	1	-	-	-	-	-	-	-
香川	1	-	-	-	-	-	-	-
愛媛	2	-	-	-	-	-	-	-
高知	1	-	-	-	-	-	-	-
福岡	8	-	-	-	-	-	-	-
佐賀	9	-	-	-	-	-	-	-
長崎	2	-	-	-	-	-	-	-
熊本	3	-	-	-	-	-	-	-
大分	-	-	-	-	-	-	-	-
宮崎	-	-	-	-	-	-	-	-
鹿児島	7	2	-	-	-	2	-	2
沖縄	2	-	-	-	-	-	-	-

注：本表は平成28年度末現在の報告である。

都道府県-指定都市-中核市×施設介護-居宅介護-介護予防、単給-併給別

平成28年度末現在

	介		護				
	介 護 老 人 保 健 施 設						
総 数	介 護 支 援 給 付 単 給			介 護 支 援 給 付 併 給			
	総 数	介護支援給付単給のみ	その他の単給	総 数	医療支援給付併給のみ	その他の併給	
67	3	-	3	64	5	59	
-	-	-	-	-	-	-	
-	-	-	-	-	-	-	
-	-	-	-	-	-	-	
-	-	-	-	-	-	-	
-	-	-	-	-	-	-	
-	-	-	-	-	-	-	
-	-	-	-	-	-	-	
1	-	-	-	1	-	1	
1	-	-	-	1	-	1	
1	-	-	-	1	-	1	
1	-	-	-	1	-	1	
1	-	-	-	1	-	1	
22	-	-	-	22	1	21	
-	-	-	-	-	-	-	
-	-	-	-	-	-	-	
-	-	-	-	-	-	-	
-	-	-	-	-	-	-	
1	-	-	-	1	-	1	
3	-	-	-	3	-	3	
1	1	-	1	-	-	-	
-	-	-	-	-	-	-	
-	-	-	-	-	-	-	
-	-	-	-	-	-	-	
1	-	-	-	1	-	1	
1	-	-	-	1	-	1	
1	-	-	-	1	-	1	
-	-	-	-	-	-	-	
-	-	-	-	-	-	-	
-	-	-	-	-	-	-	
-	-	-	-	-	-	-	
-	-	-	-	-	-	-	
1	-	-	-	1	-	1	
-	-	-	-	-	-	-	
-	-	-	-	-	-	-	
-	-	-	-	-	-	-	
-	-	-	-	-	-	-	
-	-	-	-	-	-	-	
-	-	-	-	-	-	-	

(報告表 70)

第13表（6－2）介護支援給付人員，

都道府県 指定都市 中核市	総数	施設 介護老人福祉施設 総数	介護支援給付単給 総数	介護支援給付単給 介護支援給付単給のみ	介護支援給付単給 その他の単給	介護支援給付併給 総数	介護支援給付併給 医療支援給付併給のみ	介護支援給付併給 その他の併給
指定都市(別掲)								
札幌市	35	－	－	－	－	－	－	－
仙台市	12	3	－	－	－	3	2	1
さいたま市	20	1	－	－	－	1	－	1
千葉市	28	－	－	－	－	－	－	－
横浜市	93	2	－	－	－	2	－	2
川崎市	16	－	－	－	－	－	－	－
相模原市	6	－	－	－	－	－	－	－
新潟市	12	－	－	－	－	－	－	－
静岡市	2	－	－	－	－	－	－	－
浜松市	7	－	－	－	－	－	－	－
名古屋市	52	2	－	－	－	2	1	1
京都市	38	－	－	－	－	－	－	－
大阪市	158	5	5	－	5	－	－	－
堺市	94	1	－	－	－	1	－	1
神戸市	19	1	－	－	－	1	1	－
岡山市	13	1	－	－	－	1	1	－
広島市	57	1	－	－	－	1	1	－
北九州市	6	－	－	－	－	－	－	－
福岡市	38	－	－	－	－	－	－	－
熊本市	12	－	－	－	－	－	－	－
中核市(別掲)								
旭川市	－	－	－	－	－	－	－	－
函館市	1	－	－	－	－	－	－	－
青森市	－	－	－	－	－	－	－	－
八戸市	－	－	－	－	－	－	－	－
盛岡市	3	－	－	－	－	－	－	－
秋田市	4	1	－	－	－	1	－	1
郡山市	14	－	－	－	－	－	－	－
いわき市	3	－	－	－	－	－	－	－
宇都宮市	7	1	－	－	－	1	－	1
前橋市	14	－	－	－	－	－	－	－
高崎市	4	－	－	－	－	－	－	－
川越市	1	－	－	－	－	－	－	－
越谷市	3	－	－	－	－	－	－	－
船橋市	2	－	－	－	－	－	－	－
柏市	2	－	－	－	－	－	－	－
八王子市	14	－	－	－	－	－	－	－
横須賀市	－	－	－	－	－	－	－	－
富山市	－	－	－	－	－	－	－	－
金沢市	3	1	－	－	－	1	1	－
長野市	11	－	－	－	－	－	－	－
岐阜市	－	－	－	－	－	－	－	－
豊橋市	－	－	－	－	－	－	－	－
豊田市	12	1	－	－	－	1	－	1
岡崎市	5	－	－	－	－	－	－	－
大津市	5	－	－	－	－	－	－	－
高槻市	8	－	－	－	－	－	－	－
東大阪市	12	－	－	－	－	－	－	－
豊中市	4	－	－	－	－	－	－	－
枚方市	14	2	－	－	－	2	1	1
姫路市	－	－	－	－	－	－	－	－
西宮市	－	－	－	－	－	－	－	－
尼崎市	7	－	－	－	－	－	－	－
奈良市	4	－	－	－	－	－	－	－
和歌山市	1	1	－	－	－	1	－	1
倉敷市	－	－	－	－	－	－	－	－
福山市	4	－	－	－	－	－	－	－
呉市	－	－	－	－	－	－	－	－
下関市	－	－	－	－	－	－	－	－
高松市	10	－	－	－	－	－	－	－
松山市	1	－	－	－	－	－	－	－
高知市	18	－	－	－	－	－	－	－
久留米市	－	－	－	－	－	－	－	－
長崎市	10	1	－	－	－	1	1	－
佐世保市	－	－	－	－	－	－	－	－
大分市	15	－	－	－	－	－	－	－
宮崎市	5	1	－	－	－	1	－	1
鹿児島市	6	－	－	－	－	－	－	－
那覇市	－	－	－	－	－	－	－	－

注：本表は平成28年度末現在の報告である。

都道府県－指定都市－中核市×施設介護－居宅介護－介護予防、単給－併給別

平成28年度末現在

介護						
介護老人保健施設						
総数	介護支援給付単給			介護支援給付併給		
	総数	介護支援給付単給のみ	その他の単給	総数	医療支援給付併給のみ	その他の併給
－	－	－	－	－	－	－
－	－	－	－	－	－	－
1	－	－	－	1	－	1
－	－	－	－	－	－	－
5	－	－	－	5	－	5
－	－	－	－	－	－	－
－	－	－	－	－	－	－
－	－	－	－	－	－	－
－	－	－	－	－	－	－
－	－	－	－	－	－	－
3	－	－	－	3	－	3
－	－	－	－	－	－	－
2	2	－	2	－	－	－
－	－	－	－	－	－	－
－	－	－	－	－	－	－
－	－	－	－	－	－	－
－	－	－	－	－	－	－
1	－	－	－	1	－	1
1	－	－	－	1	－	1
1	－	－	－	1	－	1
－	－	－	－	－	－	－
－	－	－	－	－	－	－
－	－	－	－	－	－	－
－	－	－	－	－	－	－
－	－	－	－	－	－	－
－	－	－	－	－	－	－
－	－	－	－	－	－	－
－	－	－	－	－	－	－
4	－	－	－	4	－	4
－	－	－	－	－	－	－
2	－	－	－	2	－	2
1	－	－	－	1	－	1
－	－	－	－	－	－	－
－	－	－	－	－	－	－
－	－	－	－	－	－	－
－	－	－	－	－	－	－
－	－	－	－	－	－	－
－	－	－	－	－	－	－
－	－	－	－	－	－	－
1	－	－	－	1	－	1
－	－	－	－	－	－	－
－	－	－	－	－	－	－
1	－	－	－	1	－	1
－	－	－	－	－	－	－
1	－	－	－	1	1	－
－	－	－	－	－	－	－
－	－	－	－	－	－	－
－	－	－	－	－	－	－
1	－	－	－	1	－	1
－	－	－	－	－	－	－
－	－	－	－	－	－	－
－	－	－	－	－	－	－
－	－	－	－	－	－	－
－	－	－	－	－	－	－
－	－	－	－	－	－	－
－	－	－	－	－	－	－
－	－	－	－	－	－	－
－	－	－	－	－	－	－
2	－	－	－	2	－	2
－	－	－	－	－	－	－
－	－	－	－	－	－	－
－	－	－	－	－	－	－
2	－	－	－	2	1	1
－	－	－	－	－	－	－
2	－	－	－	2	2	－
－	－	－	－	－	－	－
－	－	－	－	－	－	－
－	－	－	－	－	－	－

（報告表　70）

第13表（6－3）介護支援給付人員，

都道府県 指定都市 中核市	施設 介護療養型医療施設						
		介護支援給付単給			介護支援給付併給		
	総数	総数	介護支援給付単給のみ	その他の単給	総数	医療支援給付併給のみ	その他の併給
全国	11	-	-	-	11	1	10
北海道	-	-	-	-	-	-	-
青森	-	-	-	-	-	-	-
岩手	-	-	-	-	-	-	-
宮城	-	-	-	-	-	-	-
秋田	-	-	-	-	-	-	-
山形	-	-	-	-	-	-	-
福島	-	-	-	-	-	-	-
茨城	-	-	-	-	-	-	-
栃木	-	-	-	-	-	-	-
群馬	-	-	-	-	-	-	-
埼玉	1	-	-	-	1	-	1
千葉	-	-	-	-	-	-	-
東京	3	-	-	-	3	-	3
神奈川	-	-	-	-	-	-	-
新潟	-	-	-	-	-	-	-
富山	-	-	-	-	-	-	-
石川	-	-	-	-	-	-	-
福井	-	-	-	-	-	-	-
山梨	-	-	-	-	-	-	-
長野	1	-	-	-	1	-	1
岐阜	-	-	-	-	-	-	-
静岡	-	-	-	-	-	-	-
愛知	-	-	-	-	-	-	-
三重	-	-	-	-	-	-	-
滋賀	-	-	-	-	-	-	-
京都	-	-	-	-	-	-	-
大阪	-	-	-	-	-	-	-
兵庫	1	-	-	-	1	-	1
奈良	-	-	-	-	-	-	-
和歌山	-	-	-	-	-	-	-
鳥取	-	-	-	-	-	-	-
島根	-	-	-	-	-	-	-
岡山	-	-	-	-	-	-	-
広島	-	-	-	-	-	-	-
山口	1	-	-	-	1	-	1
徳島	-	-	-	-	-	-	-
香川	-	-	-	-	-	-	-
愛媛	-	-	-	-	-	-	-
高知	-	-	-	-	-	-	-
福岡	-	-	-	-	-	-	-
佐賀	-	-	-	-	-	-	-
長崎	-	-	-	-	-	-	-
熊本	-	-	-	-	-	-	-
大分	-	-	-	-	-	-	-
宮崎	-	-	-	-	-	-	-
鹿児島	-	-	-	-	-	-	-
沖縄	-	-	-	-	-	-	-

注：本表は平成28年度末現在の報告である。

都道府県－指定都市－中核市×施設介護－居宅介護－介護予防、単給－併給別

平成28年度末現在

介護						
地域密着型介護老人福祉施設						
総数	介護支援給付単給			介護支援給付併給		
	総数	介護支援給付単給のみ	その他の単給	総数	医療支援給付併給のみ	その他の併給
2	-	-	-	2	-	2
-	-	-	-	-	-	-
-	-	-	-	-	-	-
-	-	-	-	-	-	-
-	-	-	-	-	-	-
-	-	-	-	-	-	-
-	-	-	-	-	-	-
-	-	-	-	-	-	-
-	-	-	-	-	-	-
-	-	-	-	-	-	-
-	-	-	-	-	-	-
-	-	-	-	-	-	-
-	-	-	-	-	-	-
1	-	-	-	1	-	1
-	-	-	-	-	-	-
-	-	-	-	-	-	-
-	-	-	-	-	-	-
-	-	-	-	-	-	-
-	-	-	-	-	-	-
-	-	-	-	-	-	-
-	-	-	-	-	-	-
-	-	-	-	-	-	-
-	-	-	-	-	-	-
-	-	-	-	-	-	-
-	-	-	-	-	-	-
-	-	-	-	-	-	-
-	-	-	-	-	-	-
-	-	-	-	-	-	-
-	-	-	-	-	-	-
-	-	-	-	-	-	-
-	-	-	-	-	-	-
-	-	-	-	-	-	-
-	-	-	-	-	-	-
-	-	-	-	-	-	-
-	-	-	-	-	-	-
-	-	-	-	-	-	-
-	-	-	-	-	-	-
-	-	-	-	-	-	-
-	-	-	-	-	-	-
-	-	-	-	-	-	-
-	-	-	-	-	-	-
-	-	-	-	-	-	-
-	-	-	-	-	-	-
-	-	-	-	-	-	-
-	-	-	-	-	-	-
-	-	-	-	-	-	-
-	-	-	-	-	-	-

（報告表　70）

第13表（6－4）介護支援給付人員，

都道府県 指定都市 中核市	施設						
	介護療養型医療施設						
	総数	介護支援給付単給			介護支援給付併給		
		総数	介護支援給付単給のみ	その他の単給	総数	医療支援給付併給のみ	その他の併給
指定都市(別掲)							
札幌市	-	-	-	-	-	-	-
仙台市	-	-	-	-	-	-	-
さいたま市	-	-	-	-	-	-	-
千葉市	-	-	-	-	-	-	-
横浜市	-	-	-	-	-	-	-
川崎市	-	-	-	-	-	-	-
相模原市	-	-	-	-	-	-	-
新潟市	-	-	-	-	-	-	-
静岡市	-	-	-	-	-	-	-
浜松市	-	-	-	-	-	-	-
名古屋市	-	-	-	-	-	-	-
京都市	2	-	-	-	2	-	2
大阪市	-	-	-	-	-	-	-
堺市	-	-	-	-	-	-	-
神戸市	-	-	-	-	-	-	-
岡山市	-	-	-	-	-	-	-
広島市	1	-	-	-	1	-	1
北九州市	-	-	-	-	-	-	-
福岡市	-	-	-	-	-	-	-
熊本市	-	-	-	-	-	-	-
中核市(別掲)							
旭川市	-	-	-	-	-	-	-
函館市	-	-	-	-	-	-	-
青森市	-	-	-	-	-	-	-
八戸市	-	-	-	-	-	-	-
盛岡市	-	-	-	-	-	-	-
秋田市	-	-	-	-	-	-	-
郡山市	-	-	-	-	-	-	-
いわき市	-	-	-	-	-	-	-
宇都宮市	-	-	-	-	-	-	-
前橋市	-	-	-	-	-	-	-
高崎市	-	-	-	-	-	-	-
川越市	-	-	-	-	-	-	-
越谷市	-	-	-	-	-	-	-
船橋市	-	-	-	-	-	-	-
柏市	-	-	-	-	-	-	-
八王子市	-	-	-	-	-	-	-
横須賀市	-	-	-	-	-	-	-
富山市	-	-	-	-	-	-	-
金沢市	-	-	-	-	-	-	-
長野市	-	-	-	-	-	-	-
岐阜市	-	-	-	-	-	-	-
豊橋市	-	-	-	-	-	-	-
豊田市	-	-	-	-	-	-	-
岡崎市	-	-	-	-	-	-	-
大津市	-	-	-	-	-	-	-
高槻市	-	-	-	-	-	-	-
東大阪市	-	-	-	-	-	-	-
豊中市	-	-	-	-	-	-	-
枚方市	-	-	-	-	-	-	-
姫路市	-	-	-	-	-	-	-
西宮市	-	-	-	-	-	-	-
尼崎市	-	-	-	-	-	-	-
奈良市	-	-	-	-	-	-	-
和歌山市	-	-	-	-	-	-	-
倉敷市	-	-	-	-	-	-	-
福山市	-	-	-	-	-	-	-
呉市	-	-	-	-	-	-	-
下関市	-	-	-	-	-	-	-
高松市	-	-	-	-	-	-	-
松山市	-	-	-	-	-	-	-
高知市	1	-	-	-	1	1	-
久留米市	-	-	-	-	-	-	-
長崎市	-	-	-	-	-	-	-
佐世保市	-	-	-	-	-	-	-
大分市	-	-	-	-	-	-	-
宮崎市	-	-	-	-	-	-	-
鹿児島市	-	-	-	-	-	-	-
那覇市	-	-	-	-	-	-	-

注：本表は平成28年度末現在の報告である。

都道府県－指定都市－中核市×施設介護－居宅介護－介護予防、単給－併給別

平成28年度末現在

介						護
地域密着型介護老人福祉施設						
総数	介護支援給付単給			介護支援給付併給		
	総数	介護支援給付単給のみ	その他の単給	総数	医療支援給付併給のみ	その他の併給
–	–	–	–	–	–	–
–	–	–	–	–	–	–
1	–	–	–	1	–	1
–	–	–	–	–	–	–
–	–	–	–	–	–	–
–	–	–	–	–	–	–
–	–	–	–	–	–	–
–	–	–	–	–	–	–
–	–	–	–	–	–	–
–	–	–	–	–	–	–
–	–	–	–	–	–	–
–	–	–	–	–	–	–
–	–	–	–	–	–	–
–	–	–	–	–	–	–
–	–	–	–	–	–	–
–	–	–	–	–	–	–
–	–	–	–	–	–	–
–	–	–	–	–	–	–
–	–	–	–	–	–	–
–	–	–	–	–	–	–
–	–	–	–	–	–	–
–	–	–	–	–	–	–
–	–	–	–	–	–	–
–	–	–	–	–	–	–
–	–	–	–	–	–	–
–	–	–	–	–	–	–
–	–	–	–	–	–	–
–	–	–	–	–	–	–
–	–	–	–	–	–	–
–	–	–	–	–	–	–
–	–	–	–	–	–	–
–	–	–	–	–	–	–
–	–	–	–	–	–	–
–	–	–	–	–	–	–
–	–	–	–	–	–	–
–	–	–	–	–	–	–
–	–	–	–	–	–	–
–	–	–	–	–	–	–
–	–	–	–	–	–	–
–	–	–	–	–	–	–
–	–	–	–	–	–	–
–	–	–	–	–	–	–
–	–	–	–	–	–	–
–	–	–	–	–	–	–
–	–	–	–	–	–	–
–	–	–	–	–	–	–
–	–	–	–	–	–	–
–	–	–	–	–	–	–
–	–	–	–	–	–	–
–	–	–	–	–	–	–
–	–	–	–	–	–	–
–	–	–	–	–	–	–
–	–	–	–	–	–	–
–	–	–	–	–	–	–
–	–	–	–	–	–	–
–	–	–	–	–	–	–
–	–	–	–	–	–	–
–	–	–	–	–	–	–
–	–	–	–	–	–	–
–	–	–	–	–	–	–
–	–	–	–	–	–	–
–	–	–	–	–	–	–
–	–	–	–	–	–	–
–	–	–	–	–	–	–
–	–	–	–	–	–	–

（報告表　70）

第13表（6－5）介護支援給付人員，

都道府県 指定都市 中核市	居宅介護						
	総数	介護支援給付単給			介護支援給付併給		
		総数	介護支援給付単給のみ	その他の単給	総数	医療支援給付併給のみ	その他の併給
全国	**1 272**	**3**	**2**	**1**	**1 269**	**16**	**1 253**
北海道	4	－	－	－	4	－	4
青森	2	－	－	－	2	－	2
岩手	1	－	－	－	1	－	1
宮城	3	－	－	－	3	－	3
秋田	2	－	－	－	2	－	2
山形	11	－	－	－	11	－	11
福島	1	－	－	－	1	－	1
茨城	8	－	－	－	8	－	8
栃木	4	－	－	－	4	－	4
群馬	8	－	－	－	8	－	8
埼玉	32	－	－	－	32	1	31
千葉	19	－	－	－	19	－	19
東京	301	－	－	－	301	3	298
神奈川	7	－	－	－	7	－	7
新潟	1	－	－	－	1	－	1
富山	－	－	－	－	－	－	－
石川	2	－	－	－	2	2	－
福井	2	－	－	－	2	－	2
山梨	8	－	－	－	8	－	8
長野	35	－	－	－	35	－	35
岐阜	7	－	－	－	7	－	7
静岡	－	－	－	－	－	－	－
愛知	8	2	2	－	6	－	6
三重	1	－	－	－	1	－	1
滋賀	1	－	－	－	1	－	1
京都	7	1	－	1	6	－	6
大阪	75	－	－	－	75	－	75
兵庫	19	－	－	－	19	－	19
奈良	4	－	－	－	4	－	4
和歌山	－	－	－	－	－	－	－
鳥取	2	－	－	－	2	－	2
島根	1	－	－	－	1	－	1
岡山	－	－	－	－	－	－	－
広島	11	－	－	－	11	－	11
山口	1	－	－	－	1	－	1
徳島	1	－	－	－	1	－	1
香川	1	－	－	－	1	－	1
愛媛	－	－	－	－	－	－	－
高知	1	－	－	－	1	－	1
福岡	5	－	－	－	5	－	5
佐賀	5	－	－	－	5	－	5
長崎	2	－	－	－	2	－	2
熊本	3	－	－	－	3	－	3
大分	－	－	－	－	－	－	－
宮崎	－	－	－	－	－	－	－
鹿児島	3	－	－	－	3	－	3
沖縄	2	－	－	－	2	－	2

注：本表は平成28年度末現在の報告である。

都道府県－指定都市－中核市×施設介護－居宅介護－介護予防、単給－併給別

平成28年度末現在

介護予防						
総数	介護支援給付単給			介護支援給付併給		
	総数	介護支援給付単給のみ	その他の単給	総数	医療支援給付併給のみ	その他の併給
400	**－**	**－**	**－**	**400**	**4**	**396**
4	－	－	－	4	－	4
4	－	－	－	4	－	4
－	－	－	－	－	－	－
－	－	－	－	－	－	－
－	－	－	－	－	－	－
6	－	－	－	6	－	6
1	－	－	－	1	－	1
2	－	－	－	2	－	2
3	－	－	－	3	－	3
5	－	－	－	5	－	5
6	－	－	－	6	－	6
4	－	－	－	4	－	4
69	－	－	－	69	－	69
－	－	－	－	－	－	－
－	－	－	－	－	－	－
－	－	－	－	－	－	－
－	－	－	－	－	－	－
－	－	－	－	－	－	－
－	－	－	－	－	－	－
21	－	－	－	21	－	21
2	－	－	－	2	－	2
－	－	－	－	－	－	－
2	－	－	－	2	－	2
－	－	－	－	－	－	－
－	－	－	－	－	－	－
2	－	－	－	2	－	2
25	－	－	－	25	2	23
9	－	－	－	9	－	9
－	－	－	－	－	－	－
－	－	－	－	－	－	－
－	－	－	－	－	－	－
－	－	－	－	－	－	－
－	－	－	－	－	－	－
1	－	－	－	1	－	1
2	－	－	－	2	－	2
－	－	－	－	－	－	－
－	－	－	－	－	－	－
1	－	－	－	1	－	1
－	－	－	－	－	－	－
3	－	－	－	3	－	3
4	－	－	－	4	－	4
－	－	－	－	－	－	－
－	－	－	－	－	－	－
－	－	－	－	－	－	－
－	－	－	－	－	－	－
2	－	－	－	2	－	2
－	－	－	－	－	－	－

（報告表　70）

第13表（6－6）介護支援給付人員，

都道府県 指定都市 中核市	居宅介護						
	総数	介護支援給付単給			介護支援給付併給		
		総数	介護支援給付単給のみ	その他の単給	総数	医療支援給付併給のみ	その他の併給
指定都市(別掲)							
札幌市	22	–	–	–	22	1	21
仙台市	6	–	–	–	6	–	6
さいたま市	14	–	–	–	14	–	14
千葉市	22	–	–	–	22	–	22
横浜市	68	–	–	–	68	–	68
川崎市	15	–	–	–	15	–	15
相模原市	5	–	–	–	5	–	5
新潟市	7	–	–	–	7	–	7
静岡市	2	–	–	–	2	–	2
浜松市	6	–	–	–	6	–	6
名古屋市	30	–	–	–	30	–	30
京都市	27	–	–	–	27	–	27
大阪市	115	–	–	–	115	–	115
堺市	73	–	–	–	73	1	72
神戸市	10	–	–	–	10	–	10
岡山市	10	–	–	–	10	7	3
広島市	44	–	–	–	44	–	44
北九州市	5	–	–	–	5	–	5
福岡市	23	–	–	–	23	–	23
熊本市	10	–	–	–	10	–	10
中核市(別掲)							
旭川市	–	–	–	–	–	–	–
函館市	1	–	–	–	1	–	1
青森市	–	–	–	–	–	–	–
八戸市	–	–	–	–	–	–	–
盛岡市	2	–	–	–	2	–	2
秋田市	3	–	–	–	3	–	3
郡山市	10	–	–	–	10	–	10
いわき市	1	–	–	–	1	–	1
宇都宮市	2	–	–	–	2	–	2
前橋市	8	–	–	–	8	–	8
高崎市	–	–	–	–	–	–	–
川越市	–	–	–	–	–	–	–
越谷市	3	–	–	–	3	–	3
船橋市	2	–	–	–	2	–	2
柏市	2	–	–	–	2	–	2
八王子市	10	–	–	–	10	–	10
横須賀市	–	–	–	–	–	–	–
富山市	–	–	–	–	–	–	–
金沢市	1	–	–	–	1	–	1
長野市	9	–	–	–	9	–	9
岐阜市	–	–	–	–	–	–	–
豊橋市	–	–	–	–	–	–	–
豊田市	8	–	–	–	8	–	8
岡崎市	4	–	–	–	4	–	4
大津市	2	–	–	–	2	–	2
高槻市	5	–	–	–	5	–	5
東大阪市	8	–	–	–	8	–	8
豊中市	4	–	–	–	4	–	4
枚方市	10	–	–	–	10	–	10
姫路市	–	–	–	–	–	–	–
西宮市	–	–	–	–	–	–	–
尼崎市	5	–	–	–	5	–	5
奈良市	3	–	–	–	3	1	2
和歌山市	–	–	–	–	–	–	–
倉敷市	–	–	–	–	–	–	–
福山市	3	–	–	–	3	–	3
呉市	–	–	–	–	–	–	–
下関市	–	–	–	–	–	–	–
高松市	6	–	–	–	6	–	6
松山市	1	–	–	–	1	–	1
高知市	13	–	–	–	13	–	13
久留米市	–	–	–	–	–	–	–
長崎市	3	–	–	–	3	–	3
佐世保市	–	–	–	–	–	–	–
大分市	8	–	–	–	8	–	8
宮崎市	4	–	–	–	4	–	4
鹿児島市	6	–	–	–	6	–	6
那覇市	–	–	–	–	–	–	–

注：本表は平成28年度末現在の報告である。

都道府県－指定都市－中核市×施設介護－居宅介護－介護予防、単給－併給別

平成28年度末現在

介護予防						
総数	介護支援給付単給			介護支援給付併給		
	総数	介護支援給付単給のみ	その他の単給	総数	医療支援給付併給のみ	その他の併給
13	－	－	－	13	－	13
3	－	－	－	3	－	3
3	－	－	－	3	－	3
6	－	－	－	6	－	6
18	－	－	－	18	－	18
1	－	－	－	1	－	1
1	－	－	－	1	－	1
5	－	－	－	5	－	5
－	－	－	－	－	－	－
1	－	－	－	1	－	1
17	－	－	－	17	－	17
9	－	－	－	9	－	9
36	－	－	－	36	－	36
20	－	－	－	20	－	20
8	－	－	－	8	－	8
2	－	－	－	2	2	－
11	－	－	－	11	－	11
－	－	－	－	－	－	－
14	－	－	－	14	－	14
1	－	－	－	1	－	1
－	－	－	－	－	－	－
－	－	－	－	－	－	－
－	－	－	－	－	－	－
－	－	－	－	－	－	－
1	－	－	－	1	－	1
－	－	－	－	－	－	－
4	－	－	－	4	－	4
2	－	－	－	2	－	2
－	－	－	－	－	－	－
6	－	－	－	6	－	6
2	－	－	－	2	－	2
－	－	－	－	－	－	－
－	－	－	－	－	－	－
－	－	－	－	－	－	－
－	－	－	－	－	－	－
4	－	－	－	4	－	4
－	－	－	－	－	－	－
－	－	－	－	－	－	－
1	－	－	－	1	－	1
1	－	－	－	1	－	1
－	－	－	－	－	－	－
－	－	－	－	－	－	－
2	－	－	－	2	－	2
1	－	－	－	1	－	1
2	－	－	－	2	－	2
3	－	－	－	3	－	3
4	－	－	－	4	－	4
－	－	－	－	－	－	－
1	－	－	－	1	－	1
－	－	－	－	－	－	－
－	－	－	－	－	－	－
2	－	－	－	2	－	2
1	－	－	－	1	－	1
－	－	－	－	－	－	－
－	－	－	－	－	－	－
1	－	－	－	1	－	1
－	－	－	－	－	－	－
－	－	－	－	－	－	－
2	－	－	－	2	－	2
－	－	－	－	－	－	－
4	－	－	－	4	－	4
－	－	－	－	－	－	－
4	－	－	－	4	－	4
－	－	－	－	－	－	－
5	－	－	－	5	－	5
－	－	－	－	－	－	－
－	－	－	－	－	－	－
－	－	－	－	－	－	－

（報告表　70）

第14表　医療費の審査件数、審査金額、

診療区分	基金審査結果		知事支払確定	
	件数	金額（千円）	件数	金額（千円）
総数	**156 588**	**5 070 161**	**156 095**	**5 024 563**
一般診療	141 923	4 791 327	141 465	4 747 310
入院	4 509	2 485 891	4 465	2 457 857
入院外	137 414	2 305 436	137 000	2 289 453
歯科診療	14 665	278 834	14 630	277 253

注：本表は年度分報告である。

第15表　医療支援給付による入院患者数及び退院患者数，

精神病－その他の疾病×決定の種類別

平成28年度

特定疾病	入院患者数				退院患者数			
	総数	給付金の開始	給付金の変更		総数	給付金の廃止	給付金の変更	
			入院外医療支援給付を受けていたもの	その他			入院外医療支援給付を受けるもの	その他
総数	**1 636**	**3**	**1 270**	**363**	**1 590**	**64**	**1 140**	**386**
精神病	16	1	12	3	30	－	13	17
その他	1 620	2	1 258	360	1 560	64	1 127	369

注：本表は年度分報告である。　（報告表　73）

決定件数及び決定金額, 診療区分別

平成28年度

事	審	査	結	果			
決		定	再審査請求		その他		
増 額		減 額					
件 数	金 額（千円）	件 数	金 額（千円）	件 数	金 額（千円）	件 数	金 額（千円）
11	418	463	15 341	444	29 709	49	966
11	418	400	14 285	411	29 188	47	962
3	383	51	9 057	41	19 283	3	77
8	35	349	5 228	370	9 905	44	885
-	-	63	1 056	33	521	2	4

（報告表 72）

Ⅳ

年次推移統計表

1　表章記号の規約

計数のない場合	－
統計項目のありえない場合	・
計数不明又は計数を表章することが 不適当な場合	…

2　平成22年度の数値の一部については東日本大震災の影響により、岩手県、宮城県及び福島県の一部地域が含まれていない。詳細は各頁の統計表の脚注に記載している。

第１表　身体障害者手帳交付台帳登載数，障害の種類別

年　次	総数			視覚障害	聴覚・平衡機能障害	音声・言語・そしゃく機能障害	肢体不自由	内部障害
	総　数	18歳未満	18歳以上					
昭和40年度末	1 214 683	110 337	1 104 346	252 736	191 915	20 469	749 563	・
41	1 289 502	114 702	1 174 800	263 289	205 331	21 893	798 989	・
42	1 363 015	111 148	1 251 867	277 546	220 078	22 279	842 129	983
43	1 458 786	114 413	1 344 373	292 443	236 570	23 057	900 770	5 946
44	1 539 452	117 815	1 421 637	304 687	252 103	23 582	949 912	9 168
45	1 620 362	120 748	1 499 614	315 976	267 138	24 314	1 000 262	12 672
46	1 703 877	121 366	1 582 511	330 291	283 393	25 245	1 049 156	15 792
47	1 797 993	123 142	1 674 851	344 812	301 999	26 198	1 101 406	23 578
48	1 910 816	128 775	1 782 041	359 151	320 611	27 576	1 171 353	32 125
49	2 017 112	128 550	1 888 562	371 338	339 430	27 859	1 235 171	43 314
50	2 132 043	126 952	2 005 091	385 661	357 785	27 752	1 303 954	56 891
51	2 220 567	123 735	2 096 832	392 847	371 056	27 862	1 357 463	71 339
52	2 312 589	122 003	2 190 586	401 957	383 001	28 001	1 413 113	86 517
53	2 400 072	119 080	2 280 992	407 150	394 105	28 492	1 466 369	103 956
54	2 496 944	120 472	2 376 472	415 489	405 517	29 041	1 523 986	122 911
55	2 585 829	122 204	2 463 625	421 503	414 362	29 848	1 576 763	143 353
56	2 664 811	121 946	2 542 865	426 337	420 394	30 552	1 623 355	164 173
57	2 717 236	121 228	2 596 008	424 412	422 184	31 462	1 654 203	184 975
58	2 807 387	122 247	2 685 140	429 847	429 117	31 957	1 706 883	209 583
59	2 911 265	123 728	2 787 537	434 138	435 878	33 136	1 755 136	252 977
60	3 004 780	123 802	2 880 978	436 508	440 412	34 262	1 800 491	293 107
61	3 103 790	124 478	2 979 312	438 795	444 874	35 409	1 851 947	332 765
62	3 198 965	124 202	3 074 763	440 046	446 760	37 214	1 900 552	374 393
63	3 291 596	124 172	3 167 424	441 009	449 312	38 554	1 947 821	414 900
平成元年度末	3 376 162	122 681	3 253 481	440 534	449 511	40 190	1 989 806	456 121
2	3 441 643	121 298	3 320 345	437 887	447 038	41 563	2 016 960	498 195
3	3 525 681	120 950	3 404 731	435 408	447 314	43 048	2 058 998	540 913
4	3 595 720	118 790	3 476 930	431 985	446 084	44 413	2 091 071	582 167
5	3 671 391	117 567	3 553 824	426 571	445 949	46 157	2 127 827	624 887
6	3 747 189	114 911	3 632 278	421 374	444 956	47 296	2 165 531	668 032
7	3 846 352	113 236	3 733 116	418 619	446 297	48 727	2 215 267	717 442
8	3 895 557	110 354	3 785 203	408 388	438 913	48 824	2 240 543	758 889
9	3 954 493	108 421	3 846 072	397 570	432 612	48 869	2 267 941	807 501
10	4 082 568	108 675	3 973 893	398 145	434 549	50 251	2 341 042	858 581
11	4 199 035	108 381	4 090 654	398 212	436 485	51 509	2 406 022	906 807
12	4 292 761	108 955	4 183 806	396 527	437 765	52 331	2 448 445	957 693
13	4 373 295	109 220	4 264 075	393 870	437 468	53 345	2 480 584	1 008 028
14	4 448 948	108 280	4 340 668	389 508	435 997	54 077	2 512 260	1 057 106
15	4 559 965	108 011	4 451 954	388 326	436 017	55 650	2 560 211	1 119 761
16	4 672 390	108 945	4 563 445	389 304	440 394	56 884	2 610 135	1 175 673
17	4 795 033	108 901	4 686 132	389 099	444 381	57 844	2 670 928	1 232 781
18	4 895 410	108 777	4 786 633	389 603	447 022	59 016	2 720 337	1 279 432
19	4 946 431	109 099	4 837 332	384 241	444 900	59 361	2 745 628	1 312 301
20	5 031 683	109 596	4 922 087	382 596	448 665	59 604	2 787 651	1 353 167
21	5 107 947	108 146	4 999 801	380 811	451 904	60 422	2 823 202	1 391 608
22	5 109 282	107 296	5 001 986	371 700	449 604	59 503	2 818 652	1 409 823
23	5 206 780	107 936	5 098 844	369 025	453 152	61 657	2 869 223	1 453 723
24	5 231 570	107 021	5 124 549	363 267	451 935	61 322	2 878 773	1 476 273
25	5 252 242	106 461	5 145 781	355 957	450 760	60 995	2 890 333	1 494 197
26	5 227 529	105 318	5 122 211	349 328	451 073	60 968	2 855 435	1 510 725
27	5 194 473	103 969	5 090 504	344 038	450 952	60 802	2 810 270	1 528 411
28	5 148 082	102 391	5 045 691	337 997	448 465	60 749	2 755 307	1 545 564

注：1）平成22年度から、「内部障害」に「肝臓機能障害」が追加された。
　　2）平成22年度は、東日本大震災の影響により、福島県（郡山市及びいわき市以外）、仙台市を除いて集計した数値である。

第2表 身体障害者の更生援護状況

年　次	更生援護取扱実人員 3)5)	相談指導及び措置件数 3)	補装具 6)8) 交付・購入決定件数	補装具 6)8) 修理決定件数	更生医療支給認定件数 4)7)8)	身体障害者更生相談所取扱実人員 5)9)
昭和40年度	1 333 933	1 069 460	42 264	12 235	2 157	123 713
41	1 461 874	1 390 431	48 725	14 214	2 232	134 415
42	1 516 437	1 785 925	52 874	17 179	2 408	160 192
43	1 478 411	1 804 348	57 965	17 347	1 531	167 375
44	1 446 897	1 416 512	61 047	15 890	1 595	167 814
45	1 249 816	1 006 430	66 192	18 268	1 653	185 729
46	1 294 832	1 120 344	76 225	18 849	1 569	197 409
47	725 787	814 412	79 506	18 956	2 474	205 997
48	618 251	697 501	87 208	19 961	5 620	220 272
49	671 912	834 041	98 256	22 755	7 291	225 293
50	709 887	896 926	102 609	24 627	8 788	204 616
51	701 661	890 539	102 481	25 372	12 189	202 264
52	718 026	909 215	100 308	25 287	17 206	210 995
53	745 245	963 197	110 246	27 594	21 101	213 722
54	771 146	991 776	114 918	29 351	22 621	209 970
55	800 331	1 025 742	112 645	29 614	32 549	210 590
56	840 451	1 105 461	119 348	31 614	39 080	215 961
57	864 735	1 151 687	120 093	33 745	37 438	216 267
58	878 163	1 154 116	117 950	36 523	36 159	218 206
59	938 097	1 277 311	134 153	39 146	55 956	239 924
60	968 767	1 332 039	209 235	40 048	57 252	241 114
61	1 007 969	1 425 637	241 867	39 869	61 508	236 537
62	1 044 167	1 476 261	287 275	42 198	70 330	234 576
63	1 087 047	1 535 995	324 879	42 240	83 803	223 160
平成元年度	1 156 680	1 659 820	367 752	44 338	86 750	218 148
2	1 183 000	1 707 169	414 127	46 601	91 720	214 325
3	1 204 998	1 767 260	460 030	49 550	93 063	227 456
4	1 255 666	1 854 230	500 179	52 595	85 616	233 383
5	1 318 564	1 945 510	538 982	55 912	76 816	236 469
6	1 425 240	2 066 134	601 392	63 381	65 861	250 309
7	1 515 616	2 213 044	681 094	69 047	50 463	257 733
8	1 582 228	2 242 321	758 704	77 882	52 871	260 027
9	1 645 768	2 400 414	820 658	85 063	71 525	270 314
10	1 792 186	2 607 222	912 082	93 872	82 079	279 924
11	1 839 200	2 657 808	967 901	103 806	92 164	282 800
12	1 824 652	2 663 363	979 601	112 700	102 180	238 303
13	1 875 008	2 733 090	1 057 585	119 724	123 324	233 807
14	1 986 910	2 935 037	1 111 827	127 559	139 277	248 194
15	2 136 850	3 178 153	1 250 400	139 150	174 086	256 154
16	2 201 430	3 281 237	1 382 189	144 503	200 585	257 406
17	2 261 936	3 382 771	1 425 255	120 710	204 984	270 868
18	2 163 492	3 249 568	70 607	50 875	211 319	246 028
19	2 109 582	3 070 056	157 601	107 632	221 688	254 356
20	…	…	162 680	111 869	258 272	263 210
21	…	…	160 107	113 454	256 144	265 242
22	…	…	164 395	120 242	261 994	277 251
23	…	…	163 835	121 570	284 999	280 521
24	…	…	166 701	124 358	288 589	288 994
25	…	…	165 528	124 755	309 489	307 414
26	…	…	161 720	123 162	317 574	276 832
27	…	…	161 923	122 843	341 976	271 098
28	…	…	161 815	121 375	351 330	274 497

注：1）本表は、昭和40～42年度は月分報告、昭和43～47年度は四半期分報告の年度累計であり、昭和48年度以降は年度分報告である。なお、更生医療支給認定件数は、平成27年度までは更生医療給付決定件数である。
2）更生医療支給認定件数は昭和43年度以降、補装具は昭和47年度から年度分報告である。
3）昭和47年度以降は国鉄旅客運賃割引証交付を含まない。なお、身体障害者旅客運賃割引規則の改正により昭和57年4月20日以降廃止となった。
4）昭和47年度以降は「じん臓機能障害」、平成22年度以降は「肝臓機能障害」を含む。
5）取扱実人員は月毎の実人員の合計である。
6）平成18年度の補装具交付・修理決定件数は、障害者自立支援法による平成18年10月から平成19年3月までの件数である。平成26年度以降は「難病患者等」の数値を含む。
7）平成18年度の更生医療支給認定件数は、障害者自立支援法による平成18年4月から平成19年2月までの件数である。
8）東日本大震災の影響により、平成22年度は、岩手県（盛岡市以外）の一部、宮城県（仙台市以外）、福島県（郡山市及びいわき市以外）を除いて、平成23年度は、福島県（郡山市及びいわき市以外）を除いて集計した数値である。平成26年度以降は「難病患者等」の数値を含む。
9）平成22年度は、東日本大震災の影響により、福島県を除いて集計した数値である。

第３表　身体障害児童の育成医療・

年　次	育成医療支給認定件数 1)2)3)		
	総数	入院	通院・入院外
昭和30年度	2 351	1 599	752
35	10 577	5 702	4 875
40	14 087	8 112	5 975
41	13 176	8 779	4 397
42	13 499	9 484	4 015
43	12 145	9 543	2 602
44	12 596	10 841	1 755
45	13 680	12 023	1 657
46	14 688	13 064	1 624
47	17 294	15 640	1 654
48	19 110	17 505	1 605
49	20 735	19 520	1 215
50	24 801	22 904	1 897
51	27 017	24 865	2 152
52	29 953	27 449	2 504
53	38 466	35 179	3 287
54	35 994	32 923	3 071
55	38 863	36 151	2 712
56	40 836	37 577	3 259
57	43 889	38 592	5 297
58	47 303	40 642	6 661
59	48 540	40 857	7 683
60	50 050	41 402	8 648
61	52 652	42 652	10 000
62	50 976	41 848	9 128
63	51 518	41 429	10 089
平成元年度	55 603	43 151	12 452
2	52 235	40 759	11 476
3	51 663	40 018	11 645
4	54 173	40 707	13 466
5	52 792	37 951	14 841
6	52 509	37 602	14 907
7	52 086	37 692	14 394
8	55 968	37 530	18 436
9	57 437	38 997	18 440
10	59 044	40 369	18 673
11	61 538	43 091	18 443
12	61 852	42 630	19 215
13	63 935	41 102	22 831
14	66 523	41 849	24 673
15	68 640	44 701	23 917
16	71 171	43 185	27 985
17	69 144	41 970	27 167
18	57 253	32 320	24 890
19	50 996	27 086	23 890
20	52 712	25 288	27 406
21	55 617	26 536	29 059
22	53 784	25 075	28 691
23	53 978	25 156	28 788
24	50 388	23 191	27 175
25	56 062	23 028	32 970
26	48 925	20 665	28 218
27	46 680	19 180	27 487
28	43 076	17 680	25 368

注：１）平成７年度以降の育成医療支給認定件数の総数には、訪問看護の件数も含む。なお、育成医療支給認定件数は、平成27年度までは育成医療給付決定件数である。
２）平成22年度以降は、肝臓機能障害の件数も含む。
３）平成22年度は、東日本大震災の影響により、岩手県（盛岡市以外）の一部、宮城県（仙台市以外）及び、福島県（郡山市及びいわき市以外）を除いて集計した数値である。
４）平成22年度は、東日本大震災の影響により、福島県（郡山市及びいわき市以外）を除いて集計した数値である。
５）平成28年度以降は、児童福祉法の改正により結核の区分がなくなった。

未熟児の養育医療・結核児童の療育の給付の給付決定件数

未熟児の 4) 養育医療 給付決定件数	結核児童の療育の給付決定件数 4)			
	総　　　数	骨関節結核 5)		骨関節結核 5) 以外の結核
...	...	...		...
...	...	...		...
8 745	2 334	396		1 938
8 344	2 401	441		1 960
9 611	2 196	259		1 937
10 137	1 946	224		1 722
10 909	1 526	160		1 366
13 687	1 374	216		1 158
15 468	1 174	113		1 061
18 627	1 087	88		999
17 039	863	101		762
16 744	599	74		525
15 658	486	73		413
15 529	438	30		408
16 661	349	26		323
17 923	418	6		412
17 625	305	3		302
18 195	259	35		224
17 746	249	13		236
19 830	208	5		203
20 110	213	13		200
18 739	232	12		220
19 289	216	9		207
20 491	222	4		218
19 197	111	2		109
20 180	84	-		84
21 689	65	-		65
21 178	71	-		71
21 256	88	7		81
22 605	71	1		70
22 004	67	7		60
23 531	57	1		56
21 508	45	1		44
21 038	52	-		52
22 560	57	2		55
26 021	52	1		51
26 854	56	4		52
27 524	42	1		41
28 526	50	-		50
27 688	33	2		31
31 851	57	8		49
32 866	32	7		25
31 485	22	-		22
31 032	15	-		15
30 616	8	2		6
31 164	14	-		14
29 281	13	-		13
30 264	9	1		8
29 744	12	-		12
29 386	7	-		7
32 398	4	-		4
31 515	6	-		6
30 470	4	-		4
31 242	2	.		.

特別児童扶養手当
老人福祉

第4表 特別児童扶養手当受給者数及び支給対象障害児数

年次	受給者数	支給対象障害児数 総数	身体障害 総数	身体障害 外部障害	身体障害 内部障害	精神障害 総数	精神障害 知的障害のみ	精神障害 知的障害及び知的障害以外の精神障害	精神障害 知的障害以外の精神障害のみ	（旧区分）知的障害	（旧区分）知的障害以外の精神障害	重複障害
昭和41年度末	14 740	15 187	3 186	3 186	・	12 001	・	・	・	12 001	・	・
42	16 226	16 750	5 130	5 130	・	11 620	・	・	・	11 620	・	・
43	15 793	16 310	5 866	5 866	・	10 444	・	・	・	10 444	・	・
44	14 874	15 399	6 309	6 309	・	9 090	・	・	・	9 090	・	・
45	18 702	19 281	9 939	9 939	・	9 342	・	・	・	9 342	・	・
46	23 519	24 169	14 175	14 175	・	9 994	・	・	・	9 994	・	・
47	31 561	32 316	20 152	20 152	・	12 164	・	・	・	12 164	・	・
48	42 872	43 833	27 600	26 683	917	15 629	・	・	・	14 828	801	604
49	50 551	51 648	31 444	29 957	1 487	18 703	・	・	・	17 568	1 135	1 501
50	69 386	70 704	41 980	39 402	2 578	26 974	・	・	・	25 442	1 532	1 750
51	80 601	82 210	46 263	42 852	3 411	34 131	・	・	・	32 240	1 891	1 816
52	87 363	89 145	48 715	44 498	4 217	38 650	・	・	・	36 411	2 239	1 780
53	93 474	95 390	50 149	45 097	5 052	43 556	・	・	・	41 022	2 534	1 685
54	98 729	100 768	51 235	45 348	5 887	47 770	・	・	・	44 887	2 883	1 763
55	103 237	105 364	52 104	45 301	6 803	51 343	・	・	・	48 268	3 075	1 917
56	107 677	109 984	53 233	45 510	7 723	54 652	・	・	・	51 385	3 267	2 099
57	113 270	115 757	54 887	46 238	8 649	58 603	・	・	・	55 251	3 352	2 267
58	116 981	119 482	55 788	46 311	9 477	61 309	・	・	・	57 867	3 442	2 385
59	120 429	123 117	56 745	46 435	10 310	63 829	・	・	・	60 244	3 585	2 543
60	122 162	124 861	56 394	45 573	10 821	65 771	・	・	・	62 195	3 576	2 696
61	125 767	128 558	57 159	45 790	11 369	68 625	・	・	・	64 828	3 797	2 774
62	126 052	128 843	56 659	45 093	11 566	69 481	・	・	・	65 796	3 685	2 703
63	126 596	129 388	56 543	44 778	11 765	70 131	・	・	・	66 519	3 612	2 714
平成元年度末	125 939	128 747	55 909	43 960	11 949	70 221	・	・	・	66 800	3 421	2 617
2	125 314	128 131	55 149	43 258	11 891	70 381	・	・	・	67 162	3 219	2 601
3	122 271	125 023	53 919	41 762	12 157	68 483	・	・	・	65 573	2 910	2 621
4	120 528	123 280	52 731	40 478	12 253	67 879	・	・	・	65 295	2 584	2 670
5	122 311	125 105	53 231	40 688	12 543	69 348	・	・	・	66 867	2 481	2 526
6	123 116	125 947	53 399	40 577	12 822	70 132	・	・	・	67 625	2 507	2 416
7	124 654	127 554	53 439	40 271	13 168	71 619	・	・	・	69 336	2 283	2 496
8	127 032	130 004	54 029	40 187	13 842	73 317	・	・	・	71 142	2 175	2 658
9	128 432	131 511	53 962	39 839	14 123	74 884	・	・	・	72 731	2 153	2 665
10	131 758	134 964	54 764	40 138	14 626	78 041	・	・	・	75 950	2 091	2 159
11	135 940	139 480	55 944	40 772	15 172	81 271	・	・	・	79 086	2 185	2 265
12	141 400	145 159	57 305	41 399	15 906	85 541	・	・	・	83 210	2 331	2 313
13	146 702	150 696	58 906	42 071	16 835	89 439	・	・	・	87 068	2 371	2 351
14	150 980	155 388	59 460	42 462	16 998	93 508	・	・	・	90 970	2 538	2 420
15	156 836	161 451	60 131	42 946	17 185	98 507	・	・	・	95 410	3 097	2 813
16	162 026	166 836	60 477	43 325	17 152	103 391	・	・	・	99 364	4 027	2 968
17	163 670	168 819	59 834	42 497	17 337	105 987	・	・	・	100 948	5 039	2 998
18	168 558	174 141	59 889	42 332	17 557	111 170	・	・	・	105 098	6 072	3 082
19	173 582	179 844	59 978	41 961	18 017	116 632	・	・	・	109 485	7 147	3 234
20	178 715	185 494	60 224	41 841	18 383	121 963	・	・	・	114 033	7 930	3 307
21	184 095	191 609	60 207	41 785	18 422	128 074	・	・	・	118 050	10 024	3 328
22	190 162	198 240	59 865	41 814	18 051	134 684	64 367	10 780	4 893	48 910	5 734	3 691
23	195 838	204 671	59 530	41 485	18 045	141 080	88 801	25 123	11 090	14 654	1 412	4 061
24	207 083	217 227	60 261	41 639	18 622	152 821	101 479	35 384	15 958	・	・	4 145
25	214 542	225 014	59 386	40 931	18 455	161 452	101 021	40 652	19 779	・	・	4 176
26	220 238	232 396	58 621	40 237	18 384	169 757	99 212	45 470	25 075	・	・	4 018
27	224 793	238 293	56 924	39 188	17 736	177 469	97 014	51 438	29 017	・	・	3 900
28	228 764	243 472	55 055	38 030	17 025	184 804	95 497	56 744	32 563	・	・	3 613

注： 1） 平成22年度から、精神障害の区分を変更し、平成24年度から経過措置的に設けた「（旧区分）」は削除した。
2） 平成22・23年度末は、東日本大震災の影響により、福島県を除いて集計した数値である。

第5表 老人ホーム等の施設数及び在所者数

年次	総数		養護老人ホーム		特別養護老人ホーム		軽費老人ホーム		都市型軽費老人ホーム		軽費老人ホームA型		軽費老人ホームB型		高齢者生活福祉センター(生活支援ハウス)	
	施設数	在所者	施設数	在所者	施設数	在所者	施設数	在所者	施設数	在所者	施設数	在所者	施設数	在所者	施設数	在所者
昭和40年度末	736	53 274	708	51 189	28	2 085	…	…	・	・	…	…	…	…	・	・
41	819	58 961	731	53 564	45	3 267	…	…	・	・	43	2 130	…	…	・	・
42	859	62 386	752	55 267	64	4 754	…	…	・	・	43	2 365	…	…	・	・
43	899	65 783	770	56 915	83	6 188	…	…	・	・	46	2 680	…	…	・	・
44	950	69 315	792	58 257	111	8 371	…	…	・	・	47	2 687	…	…	・	・
45	1 019	75 584	812	60 473	155	12 058	…	…	・	・	52	3 053	…	…	・	・
46	1 105	82 133	840	62 549	205	15 979	…	…	・	・	60	3 605	…	…	・	・
47	1 215	91 285	866	64 951	281	22 239	…	…	・	・	68	4 095	…	…	・	・
48	1 350	100 033	898	65 985	369	29 210	…	…	・	・	83	4 838	…	…	・	・
49	1 488	109 937	918	66 944	464	37 158	…	…	・	・	106	5 835	…	…	・	・
50	1 616	119 971	932	67 800	562	45 268	…	…	・	・	122	6 903	…	…	・	・
51	1 709	128 668	934	68 457	643	52 583	…	…	・	・	132	7 628	…	…	・	・
52	1 814	136 431	938	68 362	731	59 634	…	…	・	・	145	8 435	…	…	・	・
53	1 918	143 757	939	68 296	811	65 889	…	…	・	・	137	8 293	31	1 279	・	・
54	2 052	149 717	941	66 490	919	72 339	…	…	・	・	156	9 410	36	1 478	・	・
55	2 203	159 236	945	66 002	1 048	81 333	…	…	・	・	174	10 414	36	1 487	・	・
56	2 362	168 306	944	65 412	1 187	89 963	…	…	・	・	193	11 356	38	1 575	・	・
57	2 519	179 114	945	65 907	1 328	99 402	…	…	・	・	209	12 262	37	1 543	・	・
58	2 625	187 071	944	66 392	1 422	106 211	…	…	・	・	221	12 906	38	1 562	・	・
59	2 729	193 316	946	66 233	1 512	111 855	…	…	・	・	233	13 649	38	1 579	・	・
60	2 842	200 850	944	65 991	1 617	119 218	…	…	・	・	243	14 039	38	1 602	・	・
61	2 972	208 389	943	65 562	1 743	126 891	…	…	・	・	248	14 353	38	1 583	・	・
62	3 106	216 223	945	65 401	1 873	134 754	…	…	・	・	250	14 508	38	1 560	・	・
63	3 236	225 200	944	65 076	2 004	144 112	…	…	・	・	250	14 464	38	1 548	・	・
平成元年度末	3 409	233 176	952	64 829	2 158	152 532	…	…	・	・	258	14 270	41	1 545	・	・
2	3 525	241 799	950	64 595	2 280	160 793	3	138	・	・	254	14 711	38	1 562	・	・
3	3 686	252 311	947	64 711	2 432	170 737	15	654	・	・	254	14 667	38	1 542	・	・
4	3 890	263 713	948	64 577	2 603	181 098	48	1 982	・	・	253	14 533	38	1 523	・	・
5	4 121	277 248	947	64 579	2 798	193 356	85	3 390	・	・	253	14 434	38	1 489	・	・
6	4 434	292 728	948	64 096	3 021	206 724	174	6 077	・	・	253	14 329	38	1 502	・	・
7	4 784	310 688	947	64 134	3 256	221 213	291	9 777	・	・	252	14 091	38	1 473	・	・
8	5 234	331 638	948	64 018	3 502	236 037	494	16 199	・	・	252	13 934	38	1 450	・	・
9	5 663	352 111	948	64 204	3 758	251 486	668	21 154	・	・	251	13 844	38	1 423	・	・
10	6 109	374 183	948	64 088	4 007	266 140	867	28 825	・	・	249	13 715	38	1 415	・	・
11	6 686	402 713	949	63 895	4 356	287 942	1 096	35 890	・	・	247	13 578	38	1 408	・	・
12	7 002	121 089	949	63 621	4 538	88	1 235	42 540	・	・	244	13 523	36	1 317	…	…
13	7 471	125 137	951	62 952	4 871	67	1 370	47 525	・	・	243	13 295	36	1 298	…	…
14	7 700	130 808	953	63 281	4 966	105	1 507	53 019	・	・	239	13 153	35	1 250	410	3 232
15	7 991	134 714	958	63 316	5 152	268	1 607	57 017	・	・	239	12 883	35	1 226	494	4 088
16	8 305	138 119	961	63 267	5 393	280	1 679	60 626	・	・	237	12 795	35	1 151	540	4 633
17	8 554	139 143	961	62 617	5 587	247	1 738	62 691	・	・	235	12 533	33	1 055	560	4 574
18	8 915	141 083	960	62 350	5 898	274	1 793	65 197	・	・	232	12 251	32	1 011	565	4 780
19	9 108	142 777	970	62 105	6 037	367	1 837	67 052	・	・	232	12 283	32	970	573	5 078
20	9 299	143 927	957	61 801	6 223	448	1 861	68 516	・	・	228	12 197	30	965	572	5 064
21	9 491	144 183	959	61 358	6 395	655	1 883	69 183	・	・	225	12 085	29	902	574	5 018
22	9 377	140 749	922	58 635	6 369	714	1 835	68 279	-	-	223	12 304	28	817	532	4 837
23	10 266	143 936	980	60 136	7 105	856	1 934	70 536	4	47	217	11 642	26	719	579	5 047
24	10 779	144 335	961	59 553	7 605	756	1 961	71 708	16	258	213	11 487	23	573	572	5 004
25	11 174	143 554	980	59 219	7 951	735	1 980	71 321	31	471	212	11 272	20	536	565	4 771
26	12 030	143 200	986	58 551	8 781	678	1 998	71 870	41	665	206	10 977	18	459	561	4 749
27	12 444	140 595	982	58 021	9 181	724	2 012	69 924	52	838	201	10 556	16	532	561	4 533
28	12 588	140 559	976	57 364	9 324	854	2 013	70 459	64	1 018	196	10 439	15	425	541	4 557

注: 1) 施設数は昭和40〜42年度末は休止中のものを含むが、43年度以降は休止中のものを除く。
2) 平成12年度以降は、介護保険法の規定による在所者は含まれていない。
3) 「都市型軽費老人ホーム」は、平成22年度から新規追加された。
4) 平成22年度末は、東日本大震災の影響により、岩手県(盛岡市以外)、宮城県(仙台市以外)、福島県(郡山市及びいわき市以外)を除いて集計した数値である。

第６表　婦人相談所・婦人相談員の受付件数及び処理済実人員

年次	婦人相談所			婦人相談員	
	受付件数	処理済実人員	一時保護延人員	受付件数	処理済実人員
昭和35年度	16 913	16 978	…	26 800	26 840
40	19 469	19 505	54 026	44 701	44 548
41	17 253	17 300	51 084	47 297	47 490
42	17 433	17 390	47 372	47 916	47 794
43	15 433	15 448	51 722	46 544	46 791
44	15 696	15 758	45 155	47 434	47 515
45	15 451	15 495	43 987	51 825	51 777
46	15 291	15 282	45 343	55 455	55 553
47	14 762	14 766	46 084	56 963	56 999
48	13 855	13 868	52 742	52 936	53 041
49	15 089	15 079	51 410	53 023	52 960
50	14 079	14 083	48 963	53 499	53 618
51	14 464	14 440	50 495	54 166	54 210
52	14 048	14 078	55 487	55 833	55 855
53	14 179	14 211	51 644	54 964	55 016
54	15 253	15 245	44 508	53 033	53 050
55	15 123	15 138	44 241	51 083	51 066
56	20 268	20 255	47 940	52 025	52 140
57	21 298	21 309	49 910	51 972	51 960
58	22 802	22 796	51 388	54 987	54 945
59	25 028	25 022	45 977	51 411	51 333
60	23 372	23 377	46 587	52 369	52 428
61	20 370	20 368	44 763	52 022	51 974
62	20 622	20 633	42 711	49 329	49 461
63	22 439	22 448	38 609	52 003	51 995
平成元年度	23 550	23 543	36 071	56 627	56 665
2	22 488	22 481	38 419	60 014	60 010
3	23 510	23 511	41 556	61 517	61 532
4	22 774	22 747	43 480	64 564	64 608
5	22 880	22 881	45 144	67 355	67 356
6	21 849	21 865	47 519	70 217	70 172
7	23 589	23 578	51 213	73 035	73 064
8	27 884	27 882	55 285	78 132	78 125
9	29 832	29 839	59 171	79 772	79 759
10	34 418	34 457	59 735	84 549	84 519
11	50 547	50 520	81 186	100 497	100 456
12	50 789	50 505	89 979	108 729	107 333
13	60 206	60 160	114 852	126 088	125 952
14	58 591	58 556	147 217	154 611	154 453
15	35 267	35 267	168 485	188 737	188 334
16	40 778	40 359	172 293	207 757	202 450
17	39 637	39 628	175 684	209 745	210 071
18	40 865	40 873	175 086	212 834	212 815
19	38 781	38 085	167 054	217 968	218 323
20	41 414	41 076	173 157	218 814	218 994
21	45 253	45 277	180 974	224 883	225 273
22	46 940	46 988	167 430	226 268	226 206
23	47 583	47 593	168 523	240 730	240 162
24	47 104	47 082	170 216	255 093	255 466
25	46 607	46 742	171 896	256 725	256 220
26	44 128	44 115	171 719	256 526	256 494
27	46 169	46 134	150 519	267 488	267 408
28	46 008	46 010	138 725	263 624	263 427

注：1）本表は昭和35～44年度は月分報告、45～47年度は四半期分報告の年度累計であり、48年度以降は年度分報告である。
　　2）平成22年度は、東日本大震災の影響により、宮城県の一部、福島県を除いて集計した数値である。

第7表 民生委員（児童委員）数及び相談・支援件数

年次	定数	推薦数	年度末現在数 総数	男	女	相談・支援件数
昭和40年度	129 755	129 215	128 852	92 623	36 229	3 441 999
41	129 757	3 504	129 045	92 902	36 143	3 639 155
42	129 759	4 142	128 991	92 667	36 324	3 855 951
43	131 546	129 493	130 561	91 410	39 151	3 895 328
44	131 591	3 347	130 893	91 451	39 442	4 298 930
45	131 591	3 802	130 991	91 351	39 640	4 114 672
46	134 981	125 120	134 279	91 933	42 346	4 433 540
47	152 186	16 918	147 928	99 760	48 168	4 970 730
48	156 086	7 796	152 194	101 803	50 391	5 446 760
49	160 766	148 369	157 950	103 072	54 878	8 966 319
50	161 021	4 752	158 989	103 262	55 727	10 694 951
51	161 101	6 088	159 426	103 227	56 199	11 287 371
52	164 654	155 623	163 197	103 315	59 882	12 343 224
53	164 806	3 869	163 489	103 232	60 257	14 363 273
54	164 912	4 065	163 816	103 107	60 709	14 840 356
55	169 068	166 170	167 710	102 689	65 021	15 579 451
56	169 161	3 870	167 972	102 591	65 381	16 605 532
57	169 161	3 577	168 023	102 257	65 766	17 299 063
58	173 879	174 471	172 869	103 322	69 547	17 605 844
59	173 954	3 532	172 982	103 133	69 849	18 708 003
60	174 059	3 502	173 059	102 959	70 100	19 325 550
61	179 061	179 280	177 609	103 918	73 691	19 091 516
62	179 061	3 876	177 844	103 775	74 069	19 559 199
63	179 061	3 530	178 029	103 548	74 481	17 210 764
平成元年度	184 321	168 182	183 216	103 609	79 607	16 636 606
2	184 321	3 493	183 246	103 152	80 094	15 948 075
3	184 321	3 860	183 461	102 793	80 668	15 869 105
4	189 902	171 933	188 948	102 066	86 882	15 625 301
5	203 915	17 339	202 480	105 179	97 301	15 051 111
6	203 901	4 086	202 704	104 603	98 101	15 474 357
	(13 933)	(219)	(13 823)	(3 597)	(10 226)	(245 216)
7	207 978	198 878	208 595	103 316	105 279	15 022 857
	(13 863)	(1 005)	(13 868)	(3 590)	(10 278)	(330 164)
8	211 379	16 588	209 300	102 843	106 457	14 248 693
	(14 445)	(12 638)	(14 347)	(3 476)	(10 871)	(359 125)
9	211 547	4 166	210 271	102 700	107 571	14 058 182
	(14 445)	(230)	(14 370)	(3 467)	(10 903)	(399 302)
10	216 824	203 176	214 926	100 977	113 949	13 938 264
	(14 455)	(11 913)	(14 318)	(3 446)	(10 872)	(411 758)
11	216 824	7 562	215 269	100 536	114 733	12 964 820
	(14 455)	(1 670)	(14 313)	(3 413)	(10 900)	(460 623)
12	216 824	4 568	215 444	100 136	115 308	13 171 242
	(14 456)	(370)	(14 328)	(3 375)	(10 953)	(486 313)
13	226 695	208 947	224 032	98 276	125 756	12 581 560
	(20 497)	(19 128)	(19 974)	(4 237)	(15 737)	(511 922)
14	226 727	5 027	224 402	97 949	126 453	8 933 604
	(20 528)	(727)	(20 197)	(4 249)	(15 948)	(538 833)
15	226 727	4 684	224 582	97 462	127 120	8 671 567
	(20 528)	(577)	(20 250)	(4 200)	(16 050)	(575 394)
16	229 948	213 760	226 914	94 853	132 061	8 114 062
	(21 154)	(19 792)	(20 772)	(3 996)	(16 776)	(567 979)
17	229 872	5 067	226 582	94 300	132 282	7 848 556
	(21 176)	(587)	(20 854)	(3 988)	(16 866)	(571 749)
18	229 923	4 708	226 821	93 921	132 900	7 904 435
	(21 194)	(512)	(20 894)	(3 947)	(16 947)	(606 714)
19	232 092	215 013	227 287	92 255	135 032	7 947 772
	(21 447)	(19 783)	(20 971)	(3 729)	(17 242)	(587 191)
20	232 904	5 591	228 427	92 292	136 135	7 410 785
	(21 445)	(579)	(21 100)	(3 708)	(17 392)	(591 170)
21	231 905	4 410	228 728	91 990	136 738	7 547 924
	(21 432)	(485)	(21 121)	(3 665)	(17 456)	(601 821)
22	230 339	201 957	225 247	90 039	135 208	7 136 055
	(21 268)	(18 168)	(20 784)	(3 357)	(17 427)	(570 729)
23	233 526	5 676	229 510	91 729	137 781	7 108 207
	(21 603)	(573)	(21 225)	(3 397)	(17 828)	(566 497)
24	233 911	4 676	230 199	91 593	138 606	7 172 257
	(21 610)	(463)	(21 279)	(3 377)	(17 902)	(584 427)
25	236 272	202 214	230 060	91 507	138 553	6 714 349
	(21 801)	(18 612)	(21 281)	(3 184)	(18 097)	(555 417)
26	236 296	5 646	231 339	91 598	139 741	6 465 231
	(21 803)	(570)	(21 414)	(3 168)	(18 246)	(531 151)
27	236 490	4 607	231 689	91 483	140 206	6 391 465
	(21 812)	(472)	(21 434)	(3 154)	(18 280)	(531 051)
28	238 349	232 472	230 739	90 273	140 466	6 051 342
	(21 897)	(21 545)	(21 363)	(2 992)	(18 371)	(509 132)

注： 1） （ ）内の数字は主任児童委員数（再掲）である。
2） 「相談・支援件数」は、平成13年度までは相談・指導件数であり、平成14年度から報告表を変更している。
3） 平成22年度は、東日本大震災の影響により、福島県（郡山市及びいわき市以外）を除いて集計した数値である。
ただし、「相談・支援件数」は、岩手県（盛岡市以外）、宮城県の一部、福島県（郡山市及びいわき市以外）を除いて集計した数値である。

児童福祉

第8表 児童相談所の受付件数、対応件数及び福祉事務所の児童福祉関係処理件数

年次	児童相談所 2) 受付件数	児童相談所 2) 対応件数	児童相談所 2) 対応件数 児童虐待（再掲）	福祉事務所の 3) 児童福祉関係処理件数
昭和30年度	170 452	170 346	・	263 641
35	222 723	220 143	・	338 755
40	271 746	270 559	・	474 609
41	265 243	262 999	・	538 351
42	258 823	258 193	・	610 229
43	261 966	263 787	・	664 056
44	261 581	262 626	・	731 842
45	255 571	256 888	・	726 400
46	246 101	246 581	・	815 063
47	242 302	240 388	・	961 812
48	240 837	240 352	・	1 046 827
49	251 946	249 124	・	1 034 601
50	239 236	240 187	・	1 075 164
51	238 870	240 307	・	1 048 313
52	246 982	248 775	・	1 106 427
53	251 698	254 458	・	1 159 529
54	249 398	248 440	・	1 084 052
55	249 255	249 213	・	1 048 326
56	251 798	251 141	・	1 100 285
57	254 315	254 385	・	1 022 456
58	249 926	250 439	・	974 396
59	249 409	249 995	・	978 803
60	252 025	250 718	・	983 939
61	250 213	251 016	・	967 052
62	248 738	248 312	・	968 381
63	249 836	248 898	・	1 039 762
平成元年度	259 820	260 343	・	1 006 126
2	274 838	275 653	1 101	999 520
3	275 249	275 711	1 171	1 007 089
4	276 353	276 823	1 372	1 012 946
5	281 067	281 430	1 611	1 000 787
6	290 970	291 904	1 961	1 012 445
7	313 014	312 453	2 722	1 025 468
8	317 469	316 531	4 102	1 007 234
9	326 523	325 925	5 352	817 997
10	336 250	335 182	6 932	530 552
11	347 842	346 183	11 631	549 973
12	362 142	361 124	17 725	549 497
13	382 094	381 843	23 274	540 709
14	398 537	398 025	23 738	532 553
15	344 594	341 629	26 569	537 072
16	352 614	351 838	33 408	564 317
17	349 875	349 911	34 472	564 825
18	380 961	381 757	37 323	527 828
19	359 443	367 852	40 639	526 763
20	363 049	364 414	42 664	581 155
21	368 547	371 800	44 211	552 162
22	370 848	373 528	56 384	551 450
23	385 555	385 294	59 919	565 787
24	376 959	384 261	66 701	555 888
25	386 791	391 997	73 802	584 860
26	416 018	420 128	88 931	619 449
27	434 245	439 200	103 286	641 082
28	454 640	457 472	122 575	639 696

注： 1） 本表は、児童相談所の受付件数については、昭和30～平成7年度は月分報告の年度累計、平成8年度以降は年度分報告である。児童相談所の対応件数については、昭和30・35年度は月分報告の年度累計、40年度以降は年度分報告であり、福祉事務所の児童福祉関係処理件数については、昭和30～58年度は月分報告の年度累計、59年度以降は年度分報告である。
2） 平成22年度は、東日本大震災の影響により、福島県を除いて集計した数値である。
3） 平成22・23年度は、東日本大震災の影響により、福島県（郡山市及びいわき市以外）を除いて集計した数値である。

第９表　里親数、里親委託児童数、保護受託者数及び保護受託者委託児童数

年次	里親			保護受託者		
	登録里親数	児童が委託されている里親数	里親に委託されている児童数	登録保護受託者数	児童が委託されている保護受託者数	保護受託者に委託されている児童数
昭和30年度末	16 827	8 370	9 169	1 467	217	239
35	19 022	7 751	8 737	2 391	85	93
40	18 230	6 090	6 909	2 546	23	…
41	17 076	5 742	6 511	2 558	36	60
42	16 115	5 219	5 977	2 547	35	47
43	15 660	4 786	5 501	2 491	20	25
44	14 916	4 428	5 054	2 413	13	15
45	13 621	4 075	4 729	2 357	5	7
46	13 327	3 706	4 366	2 248	2	2
47	12 808	3 480	4 079	2 168	1	1
48	12 719	3 392	4 028	1 966	11	14
49	11 374	3 333	3 986	1 710	12	15
50	10 230	3 225	3 851	1 690	17	28
51	9 703	3 117	3 687	1 001	20	39
52	9 714	2 980	3 557	964	20	23
53	9 494	2 837	3 434	862	7	8
54	9 142	2 712	3 277	729	11	19
55	8 933	2 646	3 188	723	19	31
56	8 696	2 655	3 249	655	21	46
57	8 722	2 625	3 293	630	15	20
58	8 683	2 648	3 346	604	18	22
59	8 698	2 599	3 297	565	9	8
60	8 659	2 627	3 322	558	6	6
61	8 702	2 588	3 265	441	4	4
62	8 565	2 659	3 322	351	6	6
63	8 114	2 570	3 199	317	9	10
平成元年度末	7 841	2 472	3 069	321	9	9
2	8 046	2 312	2 876	306	6	8
3	8 163	2 183	2 671	292	3	5
4	8 122	2 159	2 614	293	1	1
5	8 090	2 083	2 561	293	4	4
6	8 044	2 029	2 475	292	2	2
7	8 059	1 940	2 377	293	7	7
8	7 975	1 841	2 242	244	2	2
9	7 760	1 725	2 155	241	−	−
10	7 490	1 697	2 132	234	−	−
11	7 446	1 687	2 122	227	−	−
12	7 403	1 699	2 157	213	1	1
13	7 372	1 729	2 211	190	2	2
14	7 161	1 873	2 517	169	1	1
15	7 285	2 015	2 811	166	−	−
16	7 542	2 184	3 022	40	−	−
17	7 737	2 370	3 293	・	・	・
18	7 882	2 453	3 424	・	・	・
19	7 934	2 582	3 633	・	・	・
20	7 808	2 727	3 870	・	・	・
21	7 180	2 837	3 836	・	・	・
22	7 504	2 922	3 816	・	・	・
23	8 726	3 292	4 295	・	・	・
24	9 392	3 487	4 578	・	・	・
25	9 441	3 560	4 636	・	・	・
26	9 949	3 644	4 731	・	・	・
27	10 679	3 817	4 973	・	・	・
28	11 405	4 038	5 190	・	・	・

注：１）平成17年度から、保護受託者の制度は廃止となった。
　　２）平成22年度末は、東日本大震災の影響により、福島県を除いて集計した数値である。

第10表　児童扶養手当受給者数，

年　次	総　数	世帯									
		母子世帯								父	
		総　数	生別母子世帯		死別母子世帯	未婚の母子世帯	障害者世帯	遺棄世帯	DV保護命令世帯	総　数	生別父
			離　婚	その他							離　婚
昭和40年度末	170 346	…	64 733	5 857	25 382	21 609	16 443	25 979	・	・	・
41	168 923	…	63 222	5 910	28 099	20 510	16 332	25 194	・	・	・
42	163 689	…	61 137	4 762	29 176	19 073	15 526	24 967	・	・	・
43	160 829	…	61 001	4 469	29 445	18 425	14 874	24 291	・	・	・
44	158 893	…	61 833	4 138	29 288	17 989	14 146	23 745	・	・	・
45	160 755	…	64 923	4 014	29 733	17 594	13 344	24 040	・	・	・
46	166 487	…	70 427	3 797	30 178	17 519	12 647	25 123	・	・	・
47	177 607	…	79 525	3 606	30 781	18 031	12 409	26 741	・	・	・
48	197 136	…	90 791	3 054	31 442	20 231	15 628	29 469	・	・	・
49	221 721	…	106 977	2 848	31 931	22 071	18 897	31 911	・	・	・
50	251 316	…	128 330	2 710	32 084	24 632	21 284	34 941	・	・	・
51	297 625	…	159 541	2 734	35 694	28 448	24 218	39 750	・	・	・
52	351 832	…	196 758	2 767	39 480	32 197	27 066	45 839	・	・	・
53	398 343	…	232 060	3 007	40 489	35 076	28 826	51 186	・	・	・
54	435 028	…	262 929	2 909	39 600	37 000	30 090	54 405	・	・	・
55	470 052	…	300 269	2 609	38 479	36 215	30 903	52 576	・	・	・
56	510 843	…	340 618	2 624	37 623	36 164	31 569	52 680	・	・	・
57	552 076	…	382 162	2 683	36 426	36 142	32 096	52 962	・	・	・
58	591 898	…	424 293	2 656	35 085	35 879	32 423	51 900	・	・	・
59	627 307	…	463 634	2 465	33 924	35 523	32 638	49 290	・	・	・
60	647 606	…	490 891	2 500	31 948	35 224	30 000	47 280	・	・	・
61	634 197	…	502 770	2 313	28 537	33 882	14 945	41 931	・	・	・
62	628 620	…	507 645	2 211	25 650	32 771	12 661	38 066	・	・	・
63	618 128	…	506 615	2 014	23 167	32 069	10 853	34 252	・	・	・
平成元年度末	604 581	…	503 201	1 880	20 669	31 431	9 302	29 315	・	・	・
2	588 782	…	494 561	1 703	18 326	30 943	8 114	26 315	・	・	・
3	574 100	…	486 860	1 354	16 167	30 594	7 101	23 728	・	・	・
4	567 686	…	485 904	1 241	14 544	30 813	6 138	21 126	・	・	・
5	574 844	…	495 279	1 137	13 630	31 964	5 484	19 633	・	・	・
6	587 232	…	508 768	1 101	12 735	33 300	5 039	18 240	・	・	・
7	603 534	…	526 013	1 050	11 895	34 690	4 508	17 217	・	・	・
8	624 101	…	545 667	1 093	11 326	36 582	4 227	16 442	・	・	・
9	649 816	…	570 245	1 156	10 936	38 466	3 927	15 873	・	・	・
10	625 127	…	546 968	1 156	10 094	43 143	3 288	10 541	・	・	・
11	664 382	…	582 794	1 085	9 712	48 051	3 059	8 242	・	・	・
12	708 395	…	622 357	1 191	9 570	51 678	2 919	7 460	・	・	・
13	759 197	…	668 952	1 249	9 327	55 063	2 859	6 862	・	・	・
14	822 958	…	725 403	1 412	9 487	60 238	2 877	6 563	・	・	・
15	871 161	…	768 580	1 448	9 462	64 219	2 808	5 975	・	・	・
16	911 470	…	803 559	1 560	9 480	67 827	2 803	5 618	・	・	・
17	936 579	…	824 654	1 626	9 325	70 543	2 714	5 382	・	・	・
18	955 741	…	840 609	1 645	9 256	73 655	2 662	4 943	・	・	・
19	955 941	…	838 592	1 637	8 881	75 246	2 629	4 612	・	・	・
20	966 266	…	845 543	1 503	8 629	78 245	2 615	4 318	・	・	・
21	985 682	…	860 472	1 469	8 521	81 860	2 617	4 013	・	・	・
22	1 055 181	969 973	868 709	1 514	8 362	85 292	2 550	3 546	・	55 389	49 118
23	1 070 211	977 578	871 781	1 423	8 135	88 625	4 281	3 333	・	61 594	53 829
24	1 083 317	986 670	877 162	1 513	7 863	92 270	4 767	3 095	…	64 784	56 451
25	1 073 790	976 929	864 912	1 033	7 669	94 838	4 992	2 788	697	64 585	56 115
26	1 058 231	961 909	848 224	942	7 315	96 938	5 184	2 490	816	63 269	54 988
27	1 037 645	944 309	829 066	819	7 016	98 970	5 169	2 302	967	60 537	52 798
28	1 006 332	916 589	801 072	757	6 585	100 192	4 994	2 045	944	57 030	50 059

注：1）平成22年度から、父子家庭の父を支給対象とした。
　　2）平成22・23年度末は、東日本大震災の影響により、福島県（郡山市及びいわき市以外）を除いて集計した数値である。
　　3）平成24年度末は、「生別母子世帯　その他」「生別父子世帯　その他」に、それぞれの「DV保護命令世帯」を含む。

世帯類型・受給対象児童数別

類						型	受給対象児童数					
子	世	帯				その他の世帯	1 人	2 人	3 人	4 人	5 人	6人以上
子世帯 その他	死別父子世帯	未婚の父子世帯	障害者世帯	遺棄世帯	DV保護命令世帯							
・	・	・	・	・	・	10 343	95 157	49 467	18 754	5 430	1 240	298
・	・	・	・	・	・	9 656	95 218	49 618	17 763	4 886	1 156	282
・	・	・	・	・	・	9 048	91 883	49 219	16 691	4 552	1 066	278
・	・	・	・	・	・	8 324	90 861	48 927	15 716	4 104	968	253
・	・	・	・	・	・	7 754	91 038	48 196	14 812	3 721	887	239
・	・	・	・	・	・	7 107	92 785	49 255	14 242	3 519	770	184
・	・	・	・	・	・	6 796	95 657	51 961	14 499	3 438	739	193
・	・	・	・	・	・	6 514	101 598	56 189	15 286	3 577	762	195
・	・	・	・	・	・	6 521	113 971	62 271	16 447	3 536	706	205
・	・	・	・	・	・	7 086	129 707	69 832	17 664	3 582	706	230
・	・	・	・	・	・	7 335	147 531	79 168	19 742	3 837	795	243
・	・	・	・	・	・	7 240	175 119	93 665	23 265	4 354	906	316
・	・	・	・	・	・	7 725	204 719	112 335	28 168	5 136	1 065	409
・	・	・	・	・	・	7 699	230 748	128 466	31 776	5 654	1 213	486
・	・	・	・	・	・	8 095	248 974	142 870	35 265	6 037	1 353	529
・	・	・	・	・	・	9 001	265 906	157 097	38 531	6 502	1 463	553
・	・	・	・	・	・	9 565	283 228	174 901	43 236	7 274	1 592	612
・	・	・	・	・	・	9 605	300 692	192 723	48 241	7 994	1 730	696
・	・	・	・	・	・	9 662	315 877	212 063	53 006	8 314	1 900	738
・	・	・	・	・	・	9 833	332 496	226 126	56 641	9 255	2 053	736
・	・	・	・	・	・	9 763	345 882	232 571	57 227	9 232	1 987	707
・	・	・	・	・	・	9 819	343 953	223 943	54 858	8 818	1 919	706
・	・	・	・	・	・	9 616	343 619	220 828	53 381	8 385	1 767	640
・	・	・	・	・	・	9 158	344 153	213 684	50 292	7 837	1 609	553
・	・	・	・	・	・	8 783	341 795	205 850	47 616	7 329	1 472	519
・	・	・	・	・	・	8 820	344 477	192 553	43 383	6 658	1 280	431
・	・	・	・	・	・	8 296	339 159	185 685	41 454	6 210	1 203	389
・	・	・	・	・	・	7 920	340 217	180 245	39 987	5 822	1 060	355
・	・	・	・	・	・	7 717	346 496	180 421	40 823	5 797	994	313
・	・	・	・	・	・	8 049	354 875	183 944	41 434	5 686	998	295
・	・	・	・	・	・	8 161	365 678	187 732	42 980	5 841	1 006	297
・	・	・	・	・	・	8 764	377 272	194 326	44 913	6 183	1 083	324
・	・	・	・	・	・	9 213	391 161	203 201	47 452	6 512	1 143	347
・	・	・	・	・	・	9 937	365 242	201 693	49 385	7 139	1 261	407
・	・	・	・	・	・	11 439	386 984	214 669	53 060	7 806	1 424	439
・	・	・	・	・	・	13 220	409 908	230 588	57 356	8 501	1 556	486
・	・	・	・	・	・	14 885	435 790	249 210	62 686	9 245	1 747	519
・	・	・	・	・	・	16 978	466 387	273 709	69 699	10 579	1 947	637
・	・	・	・	・	・	18 669	495 433	289 420	72 516	11 179	1 953	660
・	・	・	・	・	・	20 623	517 659	303 488	75 861	11 753	2 029	680
・	・	・	・	・	・	22 335	532 860	311 444	77 517	12 003	2 073	682
・	・	・	・	・	・	22 971	543 667	318 104	78 805	12 305	2 156	704
・	・	・	・	・	・	24 344	543 999	318 596	78 211	12 328	2 121	686
・	・	・	・	・	・	25 413	553 974	319 990	77 514	12 045	2 119	624
・	・	・	・	・	・	26 730	569 425	323 347	77 986	12 078	2 220	626
19	5 299	458	281	214	・	29 819	612 725	343 748	82 848	12 909	2 301	650
40	5 788	570	1 128	239	・	31 039	628 008	343 866	82 294	13 048	2 330	665
38	6 083	592	1 384	236	…	31 863	643 882	342 336	81 177	12 893	2 306	723
43	6 054	611	1 548	214	−	32 276	642 260	335 922	79 692	12 839	2 392	685
36	5 808	640	1 611	186	−	33 053	635 667	328 125	78 401	12 882	2 476	680
29	5 259	654	1 623	174	−	32 799	624 396	318 910	77 976	13 140	2 538	685
28	4 568	647	1 577	149	2	32 713	606 717	306 395	76 708	13 164	2 621	727

知的障害者福祉

第11表　市町村の知的障害者相談実人員、相談件数、知的障害者更生相談所取扱実人員及び相談件数

年次	市町村 知的障害者相談実人員	市町村 相談件数	知的障害者更生相談所 取扱実人員	知的障害者更生相談所 相談件数
昭和40年度	48 527	59 741	18 605	33 858
41	55 493	72 827	19 341	35 748
42	57 111	80 038	19 635	37 672
43	67 721	91 268	20 388	32 498
44	74 689	103 237	28 900	50 298
45	83 715	113 741	34 201	48 199
46	85 448	118 359	29 694	44 368
47	72 315	104 213	31 281	45 836
48	84 567	120 866	34 893	50 978
49	101 290	145 625	51 918	70 060
50	97 804	142 761	36 786	59 270
51	98 989	145 876	49 753	61 210
52	103 599	157 614	35 062	61 285
53	105 564	158 356	35 625	62 348
54	115 392	170 956	38 742	64 628
55	120 156	183 694	42 590	69 681
56	127 572	200 495	43 320	70 363
57	137 058	212 350	46 471	70 422
58	141 217	216 092	46 911	78 805
59	130 311	202 090	47 163	77 825
60	131 682	206 884	48 191	76 295
61	137 699	232 156	50 664	73 124
62	141 357	242 417	51 983	72 039
63	147 165	248 930	55 551	73 659
平成元年度	148 115	257 072	56 546	79 033
2	149 647	251 913	58 494	77 329
3	170 231	267 835	71 456	94 504
4	162 475	268 311	71 108	91 511
5	165 037	274 842	69 083	90 412
6	176 702	333 131	72 103	96 060
7	177 521	327 571	75 014	89 824
8	186 866	302 518	77 425	96 066
9	195 648	311 113	78 687	100 452
10	197 182	314 709	85 149	102 211
11	220 237	350 416	84 673	106 213
12	206 415	337 227	86 860	103 098
13	219 272	355 935	90 173	106 710
14	242 208	399 165	86 438	97 809
15	290 409	487 992	67 956	80 705
16	318 392	527 134	67 435	81 608
17	339 847	569 025	71 469	85 097
18	361 398	621 643	75 426	89 929
19	377 874	350 761	74 433	87 944
20	…	…	77 162	92 645
21	…	…	79 694	91 688
22	…	…	80 289	92 783
23	…	…	85 685	99 106
24	…	…	88 541	101 979
25	…	…	88 162	101 679
26	…	…	88 671	101 908
27	…	…	88 408	102 331
28	…	…	89 699	105 018

注：1）本表は、平成15年4月から、知的障害者の福祉に関する相談が市町村の業務として位置づけられたため、表頭を「市町村」に変更した。平成14年度までの数字は「福祉事務所」で受けた「相談実人員」「相談件数」である。
　　　福祉事務所の知的障害者相談実人員については、昭和40～46年度は月分報告の年度累計、47～58年度は四半期分報告の年度累計、59年度以降は月毎の実人員の合計である。知的障害者更生相談所取扱実人員については、昭和40～42年度は月分報告の年度累計、43～44年度は四半期分報告の年度累計、45年度以降は月毎の実人員の合計である。
　　2）平成22年度は、東日本大震災の影響により、福島県を除いて集計した数値である。

第12表 療育手帳交付台帳登載数，障害の程度、年齢区分別

年次	総数		A（重度）		B（中軽度）	
	18歳未満	18歳以上	18歳未満	18歳以上	18歳未満	18歳以上
昭和59年度末	117 278	169 437	57 593	87 126	59 685	82 311
60	122 300	183 867	59 814	93 192	62 486	90 675
61	113 870	201 632	59 028	100 726	54 842	100 906
62	117 102	216 007	60 154	106 672	56 948	109 335
63	116 928	236 276	58 453	115 996	58 475	120 280
平成元年度末	115 169	256 311	56 244	124 613	58 925	131 698
2	115 602	273 075	55 892	131 930	59 710	141 145
3	115 628	292 897	55 390	141 410	60 238	151 487
4	116 719	311 017	55 311	150 227	61 408	160 790
5	111 977	333 297	52 753	160 716	59 224	172 581
6	111 932	350 405	52 631	168 631	59 301	181 774
7	113 700	363 576	53 604	175 068	60 096	188 508
8	115 481	380 220	54 818	182 667	60 663	197 553
9	117 372	394 779	55 530	190 026	61 842	204 753
10	121 270	408 878	57 202	195 706	64 068	213 172
11	126 383	424 145	59 153	202 685	67 230	221 460
12	131 327	438 291	61 173	209 436	70 154	228 855
13	138 030	454 058	63 469	216 996	74 561	237 062
14	144 361	470 346	65 684	224 912	78 677	245 434
15	153 456	487 257	68 418	232 372	85 038	254 885
16	163 688	505 014	70 665	239 743	93 023	265 271
17	173 438	525 323	73 761	248 047	99 677	277 276
18	181 602	546 251	73 515	258 157	108 087	288 094
19	191 560	565 283	74 330	265 487	117 230	299 796
20	200 533	585 187	74 501	273 026	126 032	312 161
21	209 545	607 003	74 657	280 122	134 888	326 881
22	215 458	617 515	73 455	282 879	142 003	334 636
23	226 384	652 118	74 453	294 827	151 931	357 291
24	232 094	676 894	73 416	302 243	158 678	374 651
25	238 987	702 339	72 530	309 157	166 457	393 182
26	246 336	728 562	71 637	316 467	174 699	412 095
27	254 929	754 303	71 455	322 791	183 474	431 512
28	262 702	781 871	71 444	329 447	191 258	452 424

注：平成22年度末は、東日本大震災の影響により、福島県を除いて集計した数値である。

戦傷病者特別援護

第13表　戦傷病者手帳交付台帳登載数，障害の程度別

年次	総数	特項～2項症	3項症～4項症	5項症～6項症	7項症	款症	目症
昭和40年度末	118 265	2 534	13 169	29 453	10 806	60 798	1 323
41	124 478	2 588	13 668	30 430	11 102	63 596	2 937
42	128 910	2 623	13 897	30 994	11 540	65 437	4 254
43	131 775	2 637	13 946	31 185	11 725	66 980	5 103
44	136 324	2 679	14 110	31 411	11 837	68 889	7 214
45	139 771	2 708	14 206	31 527	11 973	70 261	8 831
46	141 921	2 800	14 166	31 421	12 033	71 288	9 924
47	144 242	2 886	14 170	31 222	12 013	72 609	11 046
48	148 319	2 875	14 807	32 007	11 660	74 975	11 694
49	151 435	2 991	14 924	32 136	11 688	76 548	12 872
50	152 766	3 165	14 957	31 508	11 528	77 288	14 042
51	154 707	3 210	14 949	31 434	11 544	78 377	14 913
52	155 594	3 212	14 762	31 063	11 456	79 068	15 756
53	156 204	3 234	14 599	30 484	11 314	79 167	17 137
54	157 089	3 208	14 306	30 101	11 146	79 742	18 355
55	157 521	3 146	14 117	29 881	11 031	79 936	19 183
56	156 929	3 103	13 903	29 240	10 909	79 494	20 055
57	155 381	3 015	13 600	28 521	10 702	78 486	20 871
58	155 733	3 094	13 616	28 481	10 612	78 037	21 702
59	153 605	2 954	13 134	27 732	10 392	77 425	21 856
60	151 007	2 869	12 744	26 939	10 075	76 038	22 232
61	149 805	2 817	12 511	26 452	9 911	75 401	22 599
62	147 816	2 751	12 128	25 773	9 628	74 581	22 840
63	142 345	2 649	11 413	24 491	9 133	71 844	22 718
平成元年度末	129 418	2 569	10 091	21 550	8 458	65 259	21 405
2	124 102	2 417	9 566	20 206	7 885	63 017	20 903
3	119 625	2 316	9 123	19 335	7 720	60 521	20 509
4	115 134	2 187	8 702	18 456	7 168	58 542	20 017
5	110 566	2 084	8 302	17 681	6 833	56 090	19 469
6	105 342	1 961	7 859	16 737	6 467	53 391	18 825
7	100 169	1 873	7 424	15 855	6 114	50 658	18 149
8	94 856	1 763	7 019	14 926	5 726	47 980	17 347
9	89 225	1 646	6 544	13 917	5 361	45 122	16 547
10	84 137	1 526	6 128	13 077	5 003	42 549	15 780
11	77 606	1 390	5 666	12 083	4 606	39 254	14 553
12	72 476	1 291	5 268	11 308	4 311	36 809	13 421
13	66 912	1 181	4 860	10 372	3 920	34 026	12 489
14	61 750	1 107	4 482	9 453	3 577	31 344	11 726
15	56 610	1 019	4 085	8 607	3 221	28 666	10 955
16	51 692	911	3 729	7 763	2 901	26 079	10 256
17	46 956	817	3 360	7 123	2 597	23 757	9 272
18	43 005	746	3 078	6 463	2 344	21 711	8 646
19	38 300	661	2 729	5 739	2 081	19 257	7 815
20	33 917	600	2 389	5 020	1 799	17 021	7 078
21	29 673	523	2 116	4 408	1 540	14 967	6 113
22	25 227	433	1 772	3 716	1 288	12 732	5 282
23	21 428	369	1 520	3 172	1 069	10 863	4 431
24	17 651	314	1 270	2 646	843	8 893	3 682
25	14 385	256	1 072	2 198	706	7 164	2 986
26	12 163	220	906	1 851	582	6 012	2 588
27	10 463	202	792	1 574	493	5 181	2 218
28	8 907	173	670	1 357	413	4 420	1 871

注：総数には、「特項～2項症」～「目症」以外の件数も含む。

Ｖ　報告書利用上の注意

1　本報告の定義及び計上方法は、「Ⅶ　報告表の様式及び記入要領」（545ページ以降）を参照されたい。

2　本報告についての改正
　平成28年度は次のように改正された（平成28年４月１日から適用）。

（一部改正）

（１）　報告表「第19」「第21」「第22の２」については、表頭の「給付申請件数」を「支給認定申請件数」に、「支給決定件数」を「支給認定件数」に変更した。

（２）　報告表「第21の２」については、表頭の「支給決定件数」を「支給認定件数」に変更した。

（３）　報告表「第22」については、表側の「療養の給付」の「骨関節結核」と「骨関節結核以外の結核」の区分を削除した。

（４）　報告表「第40」については、下表「その他の活動件数（年度中）」の表頭の「証明事務」を「証明（調査・確認等）事務」に変更した。

（５）　報告表「第43」については、表頭の「児童福祉施設・指定医療機関」を「児童福祉施設・指定発達支援医療機関」に、「指定医療機関」を「指定発達支援医療機関」に変更し、「認定こども園」を追加した。

（６）　報告表「第45」については、表頭の「指定医療機関委託」を「指定発達支援医療機関委託」に変更した。

（７）　報告表「第46」については、表側の「指定医療機関」を「指定発達支援医療機関」に変更した。

（８）　報告表「第47」については、（所内保護分）と（委託保護分）のそれぞれの表頭の「対応（年度中）－計」の内数として「職権による一時保護（再掲）」を追加した。

（９）　報告表「第49」の(2)（虐待相談の相談種別・経路）については、表頭の「児童福祉施設・指定医療機関」を「児童福祉施設・指定発達支援医療機関」に、「指定医療機関」を「指定発達支援医療機関」に変更し、「認定こども園」を追加した。

（10）　報告表「第49」の(3)（虐待相談の主な虐待者）については、表側を「身体的虐待」「性的虐待」「心理的虐待」「保護の怠慢・拒否（ネグレクト）」の虐待相談の相談種別に細分化し、見出しを（虐待相談の相談種別・主な虐待者）に変更した。

(11) 　報告表「第49」の(4)（被虐待者の年齢・相談種別）については、表側を「０〜３歳未満」「３〜学齢前児童」「小学生」「中学生」「高校生・その他」の５分類から「０歳」から「18歳」までの19分類に細分化し、表側の「年齢－計」の内数として「市町村と重複（再掲）」を追加した。

(12) 　報告表「第49」の(4)（被虐待者の年齢・相談種別）については、表頭の「心理的虐待」の内数として「暴力の目撃等によるもの（再掲）」を追加し、「保護の怠慢・拒否（ネグレクト）」の内数として「登校・登園の禁止（再掲）」「保護者以外の者による虐待－身体的虐待（再掲）」「保護者以外の者による虐待－性的虐待（再掲）」「保護者以外の者による虐待－心理的虐待（再掲）」を追加した。

(13) 　報告表「第49の２」の(1)（虐待相談の相談種別・経路）については、表頭の「児童福祉施設・指定医療機関」を「児童福祉施設・指定発達支援医療機関」に、「指定医療機関」を「指定発達支援医療機関」に変更し、「認定こども園」を追加した。また、「家族・親戚」を「家族－虐待者本人－父親」「家族－虐待者本人－母親」「家族－虐待者本人－その他」「家族－虐待者以外－父親」「家族－虐待者以外－母親」「家族－虐待者以外－その他」「親戚」に細分化した。

(14) 　報告表「第49の２」の(2)（虐待相談の主な虐待者）については、表側を「身体的虐待」「性的虐待」「心理的虐待」「保護の怠慢・拒否（ネグレクト）」の虐待相談の相談種別に細分化し、見出しを（虐待相談の相談種別・主な虐待者）に変更した。

(15) 　報告表「第49の２」の(3)（被虐待者の年齢・相談種別）については、表側の「０〜３歳未満」「３〜学齢前児童」「小学生」「中学生」「高校生・その他」の５分類から「０歳」から「18歳」までの19分類に細分化した。また、表頭の「心理的虐待」の内数として「暴力の目撃等によるもの（再掲）」を追加し、「保護の怠慢・拒否（ネグレクト）」の内数として「登校・登園の禁止（再掲）」「保護者以外の者による虐待－身体的虐待（再掲）」「保護者以外の者による虐待－性的虐待（再掲）」「保護者以外の者による虐待－心理的虐待（再掲）」を追加した。

(16) 　報告表「第57」については、表頭の「養子縁組」を「普通養子縁組」と「特別養子縁組」に細分化した。

(17) 　報告表「第61」については、表頭の「月末現在受給者数内訳－対象児童との続柄別－母」「月末現在受給者数内訳－対象児童との続柄別－父」「月末現在受給者数内訳－手当の支給類型別－全部支給」「月末現在受給者数内訳－手当の支給類型別－一部支給」の内数として「養育費受領者数（再掲）」をそれぞれ追加した。また、表頭の「月末現在受給者数内訳－公的年金の受給別－受給有り」及び「月末現在受給者数内訳－公的年金の受給別－受給なし」の表側の「国支給対象者」に係る記載欄の斜線を削除した。

VI

用 語 の 定 義

1　身体障害者福祉関係
身体障害者手帳交付台帳登載数

身体に障害のある者（児）の申請に基づき、都道府県知事、指定都市及び中核市の市長が交付する手帳について、各都道府県等に備え付けられている台帳に記載されている数をいう。

2　知的障害者福祉関係
療育手帳交付台帳登載数

知的障害者（児）の申請に基づき、都道府県知事及び指定都市市長が交付する手帳について、各都道府県等に備え付けられている台帳に記載されている数をいう。

3　障害者総合支援関係
補装具

障害者等の身体機能を補完し、又は代替し、かつ、長期間にわたり継続して使用されるものその他の厚生労働省令で定める基準に該当するものとして、義肢、装具、車椅子その他の厚生労働大臣が定めるものをいう。

4　婦人保護関係
婦人相談所・婦人相談員

要保護女子に関する各般の問題、家庭関係の破綻、生活の困窮等に関する相談に応じ、必要な指導等を行うため、売春防止法及び配偶者からの暴力の防止及び被害者の保護等に関する法律に基づき、都道府県に設置される相談所及び都道府県知事又は市長が委嘱する相談員をいう。

5　老人福祉関係
（1）養護老人ホーム

65歳以上の者であって、環境上の理由及び経済的理由により、居宅において養護を受けることが困難な者を入所させ、養護する施設をいう。

（2）特別養護老人ホーム

65歳以上の者であって、身体上又は精神上著しい障害があるために常時の介護を必要とし、かつ居宅においてこれを受けることが困難な者を入所させ、養護する施設をいう。

（3）軽費老人ホーム、都市型軽費老人ホーム、軽費老人ホームA型、軽費老人ホームB型

無料又は低額な料金で食事の提供その他日常生活上必要な便宜を供与する施設であり、このうち軽費老人ホームは、身体機能の低下等が認められ、又は高齢等のため独立して生活するには不安が認められる者であって、家族による援助を受けることが困難な者を、都市型は、都市部を中心とした地域において自炊のできる程度の健康状態にある者を、A型は身寄りのない者、家族との同居が困難な者を、B型は自炊のできる程度の健康状態にある者を入所させる施設をいう。

（4）生活支援ハウス

60歳以上の者であって、ひとり暮らし又は夫婦のみの世帯で、家族による援助を受けることが

困難な者を入所させ、介護支援機能、居住機能及び交流機能を提供している施設をいう。
（5）老人クラブ
　老人福祉法及び「老人クラブ活動等事業の実施について」（平成13年10月1日老発第390号老健局長通知）に基づき、老人の心身の健康の保持増進に資するための事業を行う団体をいう。

6　民生委員関係
民生委員（児童委員）
　生活困窮者、老人、児童、障害者等で援護を要する者の相談に応じ、援助を行うため、民生委員法に基づき厚生労働大臣が委嘱した者をいう。
　なお、児童福祉法により、民生委員は児童委員を兼ねる。

7　社会福祉法人関係
（1）社会福祉法人
　社会福祉事業を行うことを目的として、社会福祉法に基づき設立された法人をいう。
　なお、福祉行政報告例では、都道府県知事、市長（特別区の区長を含む）が所轄庁である法人のみ報告されるため、厚生労働大臣が所轄庁となる法人（全国を単位として行われる事業を行っている法人等）は含まれていない。
（2）社会福祉協議会
　地域福祉の推進を図ることを目的として社会福祉法に基づき設立された団体で あって、社会福祉法人として認可されているものをいう。
（3）共同募金会
　社会福祉法に基づき、共同募金を行うことを目的として設立された社会福祉法人をいう。
（4）社会福祉事業団
　「社会福祉事業団等の設立及び運営の基準について」（昭和46年7月16日社庶第121号社会局長・児童家庭局長連名通知）に基づき、地方公共団体が設置した社会福祉施設の受託経営を主たる事業目的として、社会福祉法人として設立された団体をいう。
（5）施設経営法人
　社会福祉法に規定する施設を経営する社会福祉法人をいう。

8　児童福祉関係
（1）保育所
　児童福祉法により、都道府県知事、指定都市及び中核市の市長の認可を受けた保育を行うことを目的とする施設をいう。
（2）幼保連携型認定こども園
　就学前の子どもに関する教育、保育等の総合的な提供の推進に関する法律により、都道府県知事、指定都市及び中核市の市長の認可を受けた教育及び保育を一体的に行う施設をいう。

（3）児童相談所

児童の福祉に関する相談、調査、判定、指導等を行うため、児童福祉法により都道府県、指定都市及び児童相談所設置市に設置された相談所をいう。

（4）児童相談所における相談の種類

ア　養護相談

父又は母等保護者の家出・失踪、死亡、離婚、入院、稼働及び服役等による養育困難児、棄児、迷子、被虐待児、親権を喪失した親の子、後見人を持たぬ子ども等環境的問題を有する子ども、養子縁組に関する相談をいう。

イ　保健相談

未熟児、虚弱児、内部機能障害、小児喘息、その他の疾患（精神疾患を含む）等を有する子どもに関する相談をいう。

ウ　障害相談

肢体不自由児、運動発達の遅れに関する相談、視聴覚障害児に関する相談、構音障害、吃音、失語等音声や言語の機能障害をもつ子ども、言語発達遅滞を有する子ども等に関する相談、重症心身障害児（者）に関する相談、知的障害児に関する相談、自閉症、アスペルガー症候群、その他の広汎性発達障害、学習障害、注意欠陥多動性障害等の子どもに関する相談をいう。

エ　非行相談

虚言癖、浪費癖、家出、浮浪、乱暴、性的逸脱等のぐ犯行為、問題行動のある子ども、警察署からぐ犯少年として通告のあった子ども、触法行為のあったとされる子ども、犯罪少年に関して家庭裁判所から送致のあった子どもに関する相談をいう。

オ　育成相談

子どもの人格の発達上問題となる反抗、生活習慣の著しい逸脱等性格若しくは行動上の問題を有する子どもに関する相談、学校及び幼稚園並びに保育所に在籍中で登校（園）していない状態にある子どもに関する相談、進学適性、職業適性、学業不振等に関する相談、家庭内における幼児のしつけ、子どもの性教育、遊び等に関する相談をいう。

カ　その他の相談

上記アからオのいずれにも該当しない相談をいう。

9　戦傷病者特別援護関係

戦傷病者手帳交付台帳登載数

旧軍人軍属等であった者で公務上の傷病のあるものの申請に基づき、都道府県知事が交付する手帳について、各都道府県に備え付けられている戦傷病者カードに記載されている数をいう。

10　中国残留邦人等支援給付金関係

（1）被支援世帯数・被支援実人員（1か月平均）

　　各月中に1日（回）でも支援給付を受けた世帯数・実人員及び月の初日から末日まで引き続いて支援給付が停止されていた世帯数・実人員の合計を各年度について1か月平均としたものをいう。

（2）世帯類型別被支援世帯数（1か月平均）

　　各月における被支援世帯（支援給付停止中の世帯を除く）を下記の世帯類型別に区分したものを各年度について1か月平均としたものをいう。

　ア　高齢者世帯

　　男女ともに65歳以上の者のみで構成されている世帯をいう。

　イ　母子世帯

　　支援給付においては、子については対象としないため該当なし

　ウ　障害者世帯・傷病者世帯

　　世帯主が障害者加算を受けているか、障害、知的障害等の心身上の障害のため働けない者である世帯並びに世帯主が入院（介護老人保健施設入所を含む。）しているか、在宅患者加算を受けている世帯若しくは世帯主が傷病のため働けない者である世帯をいう。

　エ　その他の世帯

　　上記アからウのいずれにも該当しない世帯をいう。

VII

報告表の様式及び記入要領

第14 身体障害者手帳交付台帳登載数
(身体障害者福祉法)

都道府県
指定都市 名
中 核 市

平成　　　年度分報告

		総　数 (年度末現在) (1)	新規交付 (年度中) (2)	1　級 (年度末現在) (3)	新規交付 (年度中) (4)	2　級 (年度末現在) (5)	新規交付 (年度中) (6)	3　級 (年度末現在) (7)	新規交付 (年度中) (8)	4　級 (年度末現在) (9)	新規交付 (年度中) (10)	5　級 (年度末現在) (11)	新規交付 (年度中) (12)	6　級 (年度末現在) (13)	新規交付 (年度中) (14)
視　覚　障　害	18歳未満 (01)														
	18歳以上 (02)														
(再掲) 糖尿病を 主原因とするもの	18歳未満 (03)														
	18歳以上 (04)														
聴覚・平衡機能障害	18歳未満 (05)														
	18歳以上 (06)														
聴　　覚	18歳未満 (07)														
	18歳以上 (08)														
平衡機能	18歳未満 (09)														
	18歳以上 (10)														
音声・言語・そしゃく 機能障害	18歳未満 (11)														
	18歳以上 (12)														
肢体不自由	18歳未満 (13)														
	18歳以上 (14)														
上　　肢	18歳未満 (15)														
	18歳以上 (16)														
下　　肢	18歳未満 (17)														
	18歳以上 (18)														
体　　幹	18歳未満 (19)														
	18歳以上 (20)														
運動機能障害	18歳未満 (21)														
	18歳以上 (22)														
上肢機能	18歳未満 (23)														
	18歳以上 (24)														
移動機能	18歳未満 (25)														
	18歳以上 (26)														
内　部　障　害	18歳未満 (27)														
	18歳以上 (28)														
心臓機能障害	18歳未満 (29)														
	18歳以上 (30)														
じん臓機能障害	18歳未満 (31)														
	18歳以上 (32)														
呼吸器機能障害	18歳未満 (33)														
	18歳以上 (34)														
ぼうこう・ 直腸機能障害	18歳未満 (35)														
	18歳以上 (36)														
小腸機能障害	18歳未満 (37)														
	18歳以上 (38)														
免疫機能障害	18歳未満 (39)														
	18歳以上 (40)														
肝臓機能障害	18歳未満 (41)														
	18歳以上 (42)														
計	18歳未満 (43)														
	18歳以上 (44)														

この表は、身体障害者福祉法（昭和24年法律第283号。以下「法」という。）により本年度中に新たに身体障害者手帳の交付を受けた者と、本年度末現在において身体障害者手帳の交付を受けている者の級別数を障害の種類、年齢区分別に計上するものである。

表　頭

1　「年度末現在(1)(3)(5)(7)(9)(11)(13)」欄には本年度末現在において、すべての身体障害者手帳を所持している者の数を計上する。

2　「新規交付（年度中）(2)(4)(6)(8)(10)(12)(14)」欄には法第15条第４項の規定により身体障害者手帳を新規交付した件数を身体障害者福祉法施行規則（昭和25年厚生省令第15号。以下「施行規則」という。）別表第５号の級別により区分して計上する。ただし、再交付した者の数は計上しない。

表　側

1　「障害の区分」欄には、

(1) 施行規則別表第５号の区分により計上する。

(2) ２つ以上の障害が重複する者については、主たる障害のみを計上し、２欄以上に重複計上しない。

(3) 視覚障害については、再掲で「糖尿病を主原因とするもの」を計上する。

2　「18歳未満」「18歳以上」欄には、年齢の区分は、表頭の各欄の事項を処理した時の満年齢により計上する。

第17　身体障害者更生相談所における処理

(障害者の日常生活及び社会生活を総合的に支援するための法律・身体障害者福祉法)

都道府県
指定都市　名

平成　　　　　　　　年度分報告

		相談内容								判定内容					判定書等交付件数					
	取扱実人員 (1)	自立支援医療(更生医療) (2)	補装具 (3)	身体障害者手帳 (4)	職業 (5)	施設 (6)	生活 (7)	その他 (8)	計 (9)	医学的判定 (10)	心理学的判定 (11)	職能的判定 (12)	その他の判定 (13)	計 (14)	自立支援医療(更生医療) (15)	補装具 (16)	身体障害者手帳 (17)	障害支援区分 (18)	その他 (19)	計 (20)
来所 (01)																				
巡回 (02)																				

この表は、身体障害者福祉法（昭和24年法律第283号。以下「法」という。）により、本年度中に身体障害者更生相談所が行った満18歳以上の身体に障害を有する者の福祉に関する相談及び判定について、その実人員、相談及び判定の件数等について計上するものであり、判定の結果、法にいう身体障害者でなかった者も含め、相談又は判定の内容及び判定書等の交付件数について計上するものである。

表　頭

1　「取扱実人員(1)」欄には、相談に応じ又は判定を行った者について、月毎の実人員の合計数を計上する。

2　「相談内容」及び「判定内容」は、相談記録票又は判定書の内容に基づいて区分するものであり、相談者の主訴事項によるものではない。

3　「取扱実人員(1)」に計上した者の月毎の相談件数、判定・診断件数を相談内容、判定内容によりそれぞれの該当欄に計上する。

4　相談又は判定の内容が２欄以上に該当する場合は、該当する欄ごとにそれぞれ計上する。

5　「自立支援医療（更生医療）(2)」欄には、自立支援医療（更生医療）の給付等医療に関する相談について計上する。

6　「補装具(3)」欄には、補装具の購入又は修理に関する相談について計上する。

7　「身体障害者手帳(4)」欄には、身体障害者手帳の交付等に関する相談について計上する。

8　「職業(5)」欄には、就職相談又は職業安定所等へ紹介の相談について計上する。

9　「施設(6)」欄には、盲人ホーム、身体障害者職業訓練校、障害者の日常生活及び社会生活を総合的に支援するための法律に規定する障害者支援施設等への入所、利用、又は紹介等に関する相談について計上する。

10　「生活(7)」欄には、生活保護法の適用、生活福祉資金の貸付、所得税の障害者控除等、生活に関する相談について計上する。

11　「医学的判定(10)欄には、原（傷）病名・機能障害の現況の把握、更生医療の給付の要否及び補装具の購入、又は修理についての医学的判定を行ったものについて計上する。

12　「心理学的判定(11)」欄には、心理学的諸検査に基づき心理学的判定を行ったものについて計上する。

13　「職能的判定(12)」欄には、動作能力、作業素質、生活環境等により適職の判定を行ったものについて計上する。

14　「判定書等交付件数」欄には、市町村等に判定書を交付した件数を計上する。

15　「自立支援医療（更生医療）(15)」欄には、自立支援医療（更生医療）の給付の要否に関する判定書交付の件数について計上する。

16　「補装具(16)」欄には、補装具の購入又は修理に関する判定書交付の件数について計上する。

17　「身体障害者手帳(17)」欄には、身体障害者手帳の交付等に関する判定書交付の件数について計上する。

18　「障害支援区分(18)」欄には、障害者の日常生活及び社会生活を総合的に支援するための法律に規定する介護給付、訓練等給付の支給決定又は障害支援区分に関する意見書（判定書）交付の件数について計上する。

表　側

1　「来所(01)」には、身体障害者更生相談所において行った相談及び判定について計上する。

2　「巡回(02)」には、巡回、訪問による相談及び判定について計上する。来所をせず書面をもって行った場合も計上する。

第18　身体障害者・児の補装具費の支給（購入・修理）
（障害者の日常生活及び社会生活を総合的に支援するための法律）

都道府県
指定都市名
中　核　市
平成　　　　年度分報告

			購		入		修		理	
					金	額			金	額
		申請件数 (1)	決定件数 (2)	障害者の日常生活及び社会生活を総合的に支援するための法律による公費負担額（千円）(3)	自己負担額（千円）(4)	申請件数 (5)	決定件数 (6)	障害者の日常生活及び社会生活を総合的に支援するための法律による公費負担額（千円）(7)	自己負担額（千円）(8)
義肢	義　　　　手 (01)								
	義　　　　足 (02)								
装具	下　　　　肢 (03)								
	靴　　　　型 (04)								
	体　　　　幹 (05)								
	上　　　　肢 (06)								
座位保持装置	姿勢保持機能付車椅子 (07)								
	姿勢保持機能付電動車椅子 (08)								
	そ　　の　　他 (09)								
盲人安全つえ (10)									
義眼	普　通　義　眼 (11)								
	特　殊　義　眼 (12)								
	コンタクト義眼 (13)								
眼鏡	矯　正　眼　鏡 (14)								
	遮　光　眼　鏡 (15)								
	コンタクトレンズ (16)								
	弱　視　眼　鏡 (17)								
補聴器	高度難聴用ポケット型 (18)								
	高度難聴用耳掛け型 (19)								
	重度難聴用ポケット型 (20)								
	重度難聴用耳掛け型 (21)								
	耳あな型（レディメイド） (22)								
	耳あな型（オーダーメイド） (23)								
	骨導式ポケット型 (24)								
	骨導式眼鏡型 (25)								
車椅子	普　通　型 (26)								
	リクライニング式普通型 (27)								
	ティルト式普通型 (28)								
	リクライニング・ティルト式普通型 (29)								
	手動リフト式普通型 (30)								
	前方大車輪型 (31)								
	リクライニング式前方大車輪型 (32)								
	片手駆動型 (33)								
	リクライニング式片手駆動型 (34)								
	レバー駆動型 (35)								
	手押し型 (36)								
	リクライニング式手押し型 (37)								
	ティルト式手押し型 (38)								
	リクライニング・ティルト式手押し型 (39)								
	そ　の　他 (40)								
電動車椅子	普通型 (4.5Km/h) (41)								
	普通型 (6Km/h) (42)								
	手動兼用型 (43)								
	リクライニング式普通型 (44)								
	電動リクライニング式普通型 (45)								
	電動リフト式普通型 (46)								
	電動ティルト式普通型 (47)								
	電動リクライニング・ティルト式普通型 (48)								
	そ　の　他 (49)								
座位保持椅子 (50)									
起立保持具 (51)									
歩行器 (52)									
頭部保持具 (53)									
排便補助具 (54)									
歩行補助つえ (55)									
重度障害者用意思伝達装置 (56)									
計 (57)									

この表は、障害者の日常生活及び社会生活を総合的に支援するための法律（平成17年法律第123号。以下「法」という。）により、身体障害者・児に対して本年度中に行った基準の補装具費の支給の申請並びに決定の状況について、補装具の種目別に計上するものである。

表　頭

1　「購入」及び「修理」の「申請件数(1)(5)」の各欄には、市町村において受理した基準の補装具費の支給に係る申請書の件数を計上するものであって、実人員を計上するものではない。なお、同一種目（名称）、型式の補装具で組になっているものは、２件として計上する。１枚の申請書で２以上の種目（名称）、型式の補装具費の申請があった場合には、種目、型式別に件数を計上する。

2　「決定件数(2)(6)」の各欄には、市町村において基準の補装具費の支給を決定した件数を計上する。

3　「金額(3)(4)(7)(8)」の各欄には、法第76条第２項の規定により基準の補装具の購入に通常要する費用を次により計上する。

(1)　「障害者の日常生活及び社会生活を総合的に支援するための法律による公費負担額(3)(7)」の各欄には、法第76条第２項の規定により国庫負担の対象となるもので、市町村が支弁すべき公費負担額を計上する。（100分の90に相当する額）

(2)　「自己負担額(4)(8)」の各欄には、法第76条第２項の規定により利用者が負担すべき額を計上する。（100分の10に相当する額）

表　側

補装具の種目・型式等の区分は、法第５条第23項により厚生労働大臣が定めるものによる。

表側(01)～(56)の項目には「補装具の種目、購入又は修理に要する費用の額の算定等に関する基準」（平成18年９月29日厚労省告示第528号）の別表の規定による、基準の補装具として支給したものを計上する。

第18の2　難病患者等の補装具費の支給（購入・修理）
（障害者の日常生活及び社会生活を総合的に支援するための法律）

都道府県
指定都市名
中　核　市

平成　　　　　　　　　　　　　年度分報告

		購　入				修　理			
				金　額				金　額	
		申請件数	決定件数	障害者の日常生活及び社会生活を総合的に支援するための法律による公費負担額（千円）	自己負担額（千円）	申請件数	決定件数	障害者の日常生活及び社会生活を総合的に支援するための法律による公費負担額（千円）	自己負担額（千円）
		(1)	(2)	(3)	(4)	(5)	(6)	(7)	(8)
義肢	義　　　手 (01)								
	義　　　足 (02)								
装具	下　　　肢 (03)								
	靴　　　型 (04)								
	体　　　幹 (05)								
	上　　　肢 (06)								
座位保持装置	姿勢保持機能付車椅子 (07)								
	姿勢保持機能付電動車椅子 (08)								
	そ　の　他 (09)								
盲人安全つえ (10)									
義眼	普通義眼 (11)								
	特殊義眼 (12)								
	コンタクト義眼 (13)								
眼鏡	矯正眼鏡 (14)								
	遮光眼鏡 (15)								
	コンタクトレンズ (16)								
	弱視眼鏡 (17)								
補聴器	高度難聴用ポケット型 (18)								
	高度難聴用耳掛け型 (19)								
	重度難聴用ポケット型 (20)								
	重度難聴用耳掛け型 (21)								
	耳あな型（レディメイド）(22)								
	耳あな型（オーダーメイド）(23)								
	骨導式ポケット型 (24)								
	骨導式眼鏡型 (25)								
車椅子	普通型 (26)								
	リクライニング式普通型 (27)								
	ティルト式普通型 (28)								
	リクライニング・ティルト式普通型 (29)								
	手動リフト式普通型 (30)								
	前方大車輪型 (31)								
	リクライニング式前方大車輪型 (32)								
	片手駆動型 (33)								
	リクライニング式片手駆動型 (34)								
	レバー駆動型 (35)								
	手押し型 (36)								
	リクライニング式手押し型 (37)								
	ティルト式手押し型 (38)								
	リクライニング・ティルト式手押し型 (39)								
	そ　の　他 (40)								
電動車椅子	普通型（4.5Km/h）(41)								
	普通型（6Km/h）(42)								
	手動兼用型 (43)								
	リクライニング式普通型 (44)								
	電動リクライニング式普通型 (45)								
	電動リフト式普通型 (46)								
	電動ティルト式普通型 (47)								
	電動リクライニング・ティルト式普通型 (48)								
	そ　の　他 (49)								
座位保持椅子 (50)									
起立保持具 (51)									
歩行器 (52)									
頭部保持具 (53)									
排便補助具 (54)									
歩行補助つえ (55)									
重度障害者用意思伝達装置 (56)									
計 (57)									

この表は、障害者の日常生活及び社会生活を総合的に支援するための法律（平成17年法律第123号。以下「法」という。）により、難病患者等に対して本年度中に行った基準の補装具費の支給の申請並びに決定の状況について、補装具の種目別に計上するものである。

表　頭

1　「購入」及び「修理」の「申請件数(1)(5)」の各欄には、市町村において受理した基準の補装具費の支給に係る申請書の件数を計上するものであって、実人員を計上するものではない。なお、同一種目（名称）、型式の補装具で組になっているものは、２件として計上する。１枚の申請書で２以上の種目（名称）、型式の補装具費の申請があった場合には、種目、型式別に件数を計上する。

2　「決定件数(2)(6)」の各欄には、市町村において基準の補装具費の支給を決定した件数を計上する。

3　「金額(3)(4)(7)(8)」の各欄には、法第76条第２項の規定により基準の補装具の購入に通常要する費用を次により計上する。

(1)「障害者の日常生活及び社会生活を総合的に支援するための法律による公費負担額(3)(7)」の各欄には、法第76条第２項の規定により国庫負担の対象となるもので、市町村が支弁すべき公費負担額を計上する。（100分の90に相当する額）

(2)「自己負担額(4)(8)」の各欄には、法第76条第２項の規定により利用者が負担すべき額を計上する。（100分の10に相当する額）

表　側

補装具の種目・型式等の区分は、法第５条第23項により厚生労働大臣が定めるものによる。

表側(01)～(56)の項目には「補装具の種目、購入又は修理に要する費用の額の算定等に関する基準」（平成18年９月29日厚労省告示第528号）の別表の規定による、基準の補装具として支給したものを計上する。

第18の3　身体障害者・児の特例補装具費の支給（購入・修理）

(障害者の日常生活及び社会生活を総合的に支援するための法律)

都道府県
指定都市名
中核市
平成　　　　年度分報告

		購入				修理			
				金額				金額	
		申請件数	決定件数	障害者の日常生活及び社会生活を総合的に支援するための法律による公費負担額(千円)	自己負担額(千円)	申請件数	決定件数	障害者の日常生活及び社会生活を総合的に支援するための法律による公費負担額(千円)	自己負担額(千円)
		(1)	(2)	(3)	(4)	(5)	(6)	(7)	(8)
義肢	義手 (01)								
	義足 (02)								
装具	下肢 (03)								
	靴型 (04)								
	体幹 (05)								
	上肢 (06)								
座位保持装置	姿勢保持機能付車椅子 (07)								
	姿勢保持機能付電動車椅子 (08)								
	その他 (09)								
盲人安全つえ (10)									
義眼	普通義眼 (11)								
	特殊義眼 (12)								
	コンタクト義眼 (13)								
眼鏡	矯正眼鏡 (14)								
	遮光眼鏡 (15)								
	コンタクトレンズ (16)								
	弱視眼鏡 (17)								
補聴器	高度難聴用ポケット型 (18)								
	高度難聴用耳掛け型 (19)								
	重度難聴用ポケット型 (20)								
	重度難聴用耳掛け型 (21)								
	耳あな型（レディメイド）(22)								
	耳あな型（オーダーメイド）(23)								
	骨導式ポケット型 (24)								
	骨導式眼鏡型 (25)								
車椅子	普通型 (26)								
	リクライニング式普通型 (27)								
	ティルト式普通型 (28)								
	リクライニング・ティルト式普通型 (29)								
	手動リフト式普通型 (30)								
	前方大車輪型 (31)								
	リクライニング式前方大車輪型 (32)								
	片手駆動型 (33)								
	リクライニング式片手駆動型 (34)								
	レバー駆動型 (35)								
	手押し型 (36)								
	リクライニング式手押し型 (37)								
	ティルト式手押し型 (38)								
	リクライニング・ティルト式手押し型 (39)								
	その他 (40)								
電動車椅子	普通型 (4.5Km/h) (41)								
	普通型 (6Km/h) (42)								
	手動兼用型 (43)								
	リクライニング式普通型 (44)								
	電動リクライニング式普通型 (45)								
	電動リフト式普通型 (46)								
	電動ティルト式普通型 (47)								
	電動リクライニング・ティルト式普通型 (48)								
	その他 (49)								
座位保持椅子 (50)									
起立保持具 (51)									
歩行器 (52)									
頭部保持具 (53)									
排便補助具 (54)									
歩行補助つえ (55)									
重度障害者用意思伝達装置 (56)									
計 (57)									

この表は、障害者の日常生活及び社会生活を総合的に支援するための法律（平成17年法律第123号。以下「法」という。）により、身体障害者・児に対して本年度中に行った特例補装具に係る補装具費の支給の申請並びに決定の状況について、補装具の種目別に計上するものである。

表　頭

1　「購入」及び「修理」の「申請件数(1)(5)」の各欄には、市町村において受理した特例補装具に係る補装具費の支給に係る申請書の件数を計上するものであって、実人員を計上するものではない。なお、同一種目（名称）、型式の補装具で組になっているものは、２件として計上する。１枚の申請書で２以上の種目（名称）、型式の補装具費の申請があった場合には、種目、型式別に件数を計上する。

2　「決定件数(2)(6)」の各欄には、市町村において特例補装具に係る補装具費の支給を決定した件数を計上する。

3　「金額(3)(4)(7)(8)」の各欄には、法第76条第２項の規定により特例補装具に係る補装具の購入に通常要する費用を次により計上する。

(1)「障害者の日常生活及び社会生活を総合的に支援するための法律による公費負担額(3)(7)」の各欄には、法第76条第２項の規定により国庫負担の対象となるもので、市町村が支弁すべき公費負担額を計上する。（100分の90に相当する額）

(2)「自己負担額(4)(8)」の各欄には、法第76条第２項の規定により利用者が負担すべき額を計上する。（100分の10に相当する額）

表　側

補装具の種目・型式等の区分は、法第５条第23項により厚生労働大臣が定めるものによる。

表側(01)～(56)の項目には「補装具の種目、購入又は修理に要する費用の額の算定等に関する基準」（平成18年９月29日厚労省告示第528号）の別表の規定によることができず、特例補装具として支給したものを計上する。

第18の4　難病患者等の特例補装具費の支給（購入・修理）

（障害者の日常生活及び社会生活を総合的に支援するための法律）

都道府県名
指定都市名
中核市
平成　　　年度分報告

		購入				修理			
				金額				金額	
		申請件数	決定件数	障害者の日常生活及び社会生活を総合的に支援するための法律による公費負担額（千円）	自己負担額（千円）	申請件数	決定件数	障害者の日常生活及び社会生活を総合的に支援するための法律による公費負担額（千円）	自己負担額（千円）
		(1)	(2)	(3)	(4)	(5)	(6)	(7)	(8)
義肢	義手 (01)								
	義足 (02)								
装具	下肢 (03)								
	靴型 (04)								
	体幹 (05)								
	上肢 (06)								
座位保持装置	姿勢保持機能付車椅子 (07)								
	姿勢保持機能付電動車椅子 (08)								
	その他 (09)								
盲人安全つえ (10)									
義眼	普通義眼 (11)								
	特殊義眼 (12)								
	コンタクト義眼 (13)								
眼鏡	矯正眼鏡 (14)								
	遮光眼鏡 (15)								
	コンタクトレンズ (16)								
	弱視眼鏡 (17)								
補聴器	高度難聴用ポケット型 (18)								
	高度難聴用耳掛け型 (19)								
	重度難聴用ポケット型 (20)								
	重度難聴用耳掛け型 (21)								
	耳あな型（レディメイド） (22)								
	耳あな型（オーダーメイド） (23)								
	骨導式ポケット型 (24)								
	骨導式眼鏡型 (25)								
車椅子	普通型 (26)								
	リクライニング式普通型 (27)								
	ティルト式普通型 (28)								
	リクライニング・ティルト式普通型 (29)								
	手動リフト式普通型 (30)								
	前方大車輪型 (31)								
	リクライニング式前方大車輪型 (32)								
	片手駆動型 (33)								
	リクライニング式片手駆動型 (34)								
	レバー駆動型 (35)								
	手押し型 (36)								
	リクライニング式手押し型 (37)								
	ティルト式手押し型 (38)								
	リクライニング・ティルト式手押し型 (39)								
	その他 (40)								
電動車椅子	普通型 (4.5Km/h) (41)								
	普通型 (6Km/h) (42)								
	手動兼用型 (43)								
	リクライニング式普通型 (44)								
	電動リクライニング式普通型 (45)								
	電動リフト式普通型 (46)								
	電動ティルト式普通型 (47)								
	電動リクライニング・ティルト式普通型 (48)								
	その他 (49)								
座位保持椅子 (50)									
起立保持具 (51)									
歩行器 (52)									
頭部保持具 (53)									
排便補助具 (54)									
歩行補助つえ (55)									
重度障害者用意思伝達装置 (56)									
計 (57)									

この表は、障害者の日常生活及び社会生活を総合的に支援するための法律（平成17年法律第123号。以下「法」という。）により、難病患者等に対して本年度中に行った特例補装具に係る補装具費の支給の申請並びに決定の状況について、補装具の種目別に計上するものである。

表　頭

1　「購入」及び「修理」の「申請件数(1)(5)」の各欄には、市町村において受理した特例補装具に係る補装具費の支給に係る申請書の件数を計上するものであって、実人員を計上するものではない。なお、同一種目（名称）、型式の補装具で組になっているものは、２件として計上する。１枚の申請書で２以上の種目（名称）、型式の補装具費の申請があった場合には、種目、型式別に件数を計上する。

2　「決定件数(2)(6)」の各欄には、市町村において特例補装具に係る補装具費の支給を決定した件数を計上する。

3　「金額(3)(4)(7)(8)」の各欄には、法第76条第２項の規定により特例補装具に係る補装具の購入に通常要する費用を次により計上する。

(1)「障害者の日常生活及び社会生活を総合的に支援するための法律による公費負担額(3)(7)」の各欄には、法第76条第２項の規定により国庫負担の対象となるもので、市町村が支弁すべき公費負担額を計上する。（100分の90に相当する額）

(2)「自己負担額(4)(8)」の各欄には、法第76条第２項の規定により利用者が負担すべき額を計上する。（100分の10に相当する額）

表　側

補装具の種目・型式等の区分は、法第５条第23項により厚生労働大臣が定めるものによる。

表側(01)～(56)の項目には「補装具の種目、購入又は修理に要する費用の額の算定等に関する基準」（平成18年９月29日厚労省告示第528号）の別表の規定によることができず、特例補装具として支給したものを計上する。

第19 自立支援医療（身体障害者の更生医療）
（障害者の日常生活及び社会生活を総合的に支援するための法律）

都道府県
指定都市　名
中核市

平成　　　　年度分報告

			支給認定申請件数	支給認定件数	支払決定					レセプト件数		支払決定実人員
					公費負担額(千円)		社会保険負担額(千円)	長寿医療(後期高齢者医療)負担額(千円)	自己負担額(千円)			
					医科	調剤				医科	調剤	
			(1)	(2)	(3)	(4)	(5)	(6)	(7)	(8)	(9)	(10)
入院	視覚障害 (01)											
	聴覚・平衡機能障害 (02)											
	音声・言語・そしゃく機能障害 (03)											
	肢体不自由 (04)											
	内臓障害	心臓 (05)										
		腎臓 (06)										
		小腸 (07)										
		肝臓 (08)										
	免疫機能障害 (09)											
	計 (10)											
入院外	視覚障害 (11)											
	聴覚・平衡機能障害 (12)											
	音声・言語・そしゃく機能障害 (13)											
	肢体不自由 (14)											
	内臓障害	心臓 (15)										
		腎臓 (16)										
		小腸 (17)										
		肝臓 (18)										
	免疫機能障害 (19)											
	計 (20)											
訪問看護（老人含む）(21)												

　この表は、障害者の日常生活及び社会生活を総合的に支援するための法律（平成17年法律第123号。以下「法」という。）による身体障害者に対する更生医療について、本年度中（この報告表においては、前年度3月1日から当該年度2月末日まで）の支給認定申請件数、支給認定件数、支払決定の金額、レセプト件数、支払決定実人員を入院、入院外、訪問看護（老人含む。）及び障害の区分別に計上するものであり、自立支援医療費受給者証交付台帳等の記載内容により計上するものである。

表　頭
1　「公費負担額医科(3)、調剤(4)」欄には、法第58条の規定により市町村が支給することに決定した額を医科・調剤別に計上する。なお「訪問看護（老人含む）」については「医科」に計上すること。
2　「社会保険負担額(5)」欄には、社会保険各法による負担額（ただし、「長寿医療（後期高齢者医療）負担額(6)」を除く。）を計上する。
3　「長寿医療（後期高齢者医療）負担額(6)」欄には、高齢者の医療の確保に関する法律による負担額を計上する。
4　「自己負担額(7)」欄には、本人又は扶養義務者が負担すべき額を計上する。
5　「レセプト件数医科(8)、調剤(9)」欄には、社会保険診療報酬支払基金等からの診療報酬等請求内訳により、医科・調剤別に計上する。なお「訪問看護」については「医科」に計上すること。
6　「支払決定実人員(10)」欄には、本年度中に支払を決定した実人員を計上する。

表　側
　「入院」「入院外」「訪問看護（老人含む）」は、各々に該当する者について、更生医療の支給認定申請書の受理、支給認定及び支払決定を行った場合に計上する。なお、障害の区分は障害者の日常生活及び社会生活を総合的に支援するための法律施行規則（平成18年厚生労働省令第19号）第6条の18の区分による。

第21　自立支援医療（精神障害者・児の精神通院医療）
（障害者の日常生活及び社会生活を総合的に支援するための法律）

都道府県
指定都市　名

平成　　　　　　　年度分報告

	支給認定申請件数	支給認定件数	支払決定					レセプト件数	
			公費負担額(千円)		社会保険負担額(千円)	長寿医療(後期高齢者医療)負担額(千円)	自己負担額(千円)	医科	調剤
			医科	調剤					
	(1)	(2)	(3)	(4)	(5)	(6)	(7)	(8)	(9)
自立支援医療　(01)									

この表は、障害者の日常生活及び社会生活を総合的に支援するための法律（平成17年法律第123号。以下「法」という。）による精神障害者・児の精神通院医療について、本年度中（この報告表においては、前年度３月１日から当該年度２月末日まで）の支給認定申請件数、支給認定件数、支払決定額、レセプト件数を計上するものであり、自立支援医療費受給者証交付台帳等の記載内容により計上するものである。

表　頭

1　「公費負担額医科(3)、調剤(4)」欄には、法第58条の規定により、都道府県、指定都市が支給することに決定した公費負担額を医科・調剤別に計上する。

2　「社会保険負担額(5)」欄には、社会保険各法による負担額（ただし、「長寿医療（後期高齢者医療）負担額(6)」を除く。）を計上する。

3　「長寿医療（後期高齢者医療）負担額(6)」欄には、高齢者の医療の確保に関する法律による負担額を計上する。

4　「自己負担額(7)」欄には、本人又は保護者等が負担すべき額を計上する。

5　「レセプト件数医科(8)、調剤(9)」欄には、社会保険診療報酬支払基金等からの診療報酬等請求内訳により、医科・調剤別に計上する。

第21の2　自立支援医療における所得区分の状況
(障害者の日常生活及び社会生活を総合的に支援するための法律)

都道府県
指定都市　名
中　核　市
平成　　　　　年度分報告

医療費区分	支給認定件数							
	生活保護 (件　数) (1)	低所得1 (件　数) (2)	低所得2 (件　数) (3)	中間所得 (件　数)		重度かつ継続 (中間所得1) (件数) (6)	重度かつ継続 (中間所得2) (件数) (7)	重度かつ継続 (一定所得以上) (件数) (8)
				I (4)	II (5)			
育 成 医 療(01)								
更 生 医 療(02)								
精神通院医療(03)								
合　　　計(04)								

　この表は、障害者の日常生活及び社会生活を総合的に支援するための法律（平成17年法律第123号）により、本年度中（この報告表においては、前年度3月1日から当該年度2月末日まで）の医療費区分ごとの所得区分ごとに支給認定件数を計上するものであり、市町村等で管理している、自立支援医療費受給者証交付台帳等に基づいて計上するものである。

表　頭

支給認定件数の
　1　「生活保護(1)」欄には、生活保護受給世帯と認定された件数を計上する。（負担額0円）
　2　「低所得1(2)」欄には、市町村民税非課税　本人収入≦80万円と認定された件数を計上する。（負担上限月額2,500円）
　3　「低所得2(3)」欄には、市町村民税非課税　本人収入＞80万円と認定された件数を計上する。（負担上限月額5,000円）
　4　「中間所得」欄には、市町村民税＜3万3千円、3万3千円≦市町村民税＜23万5千円と認定された件数を計上する。
　　（負担上限月額　医療保険の自己負担限度額）
　　　I (4)負担上限月額5,000円（育成医療のみ）
　　　II(5)負担上限月額10,000円（育成医療のみ）
　5　「重度かつ継続（中間所得1）(6)」欄は、市町村民税＜3万3千円　（負担上限月額5,000円）
　6　「重度かつ継続（中間所得2）(7)」欄は、3万3千円≦市町村民税＜23万5千円　（負担上限月額10,000円）
　7　「重度かつ継続（一定所得以上）(8)」欄は、23万5千円≦市町村民税　（負担上限月額20,000円）

表　側
　1　「育成医療(01)」欄には、本年度中に育成医療を支給認定された件数を計上する。
　2　「更生医療(02)」欄には、本年度中に更生医療を支給認定された件数を計上する。
　3　「精神通院医療(03)」欄には、本年度中に精神通院医療を支給認定された件数を計上する。

第21の３　市町村における相談支援

(障害者の日常生活及び社会生活を総合的に支援するための法律)

都道府県
指定都市　名
中 核 市
平成　　　　　　　年度分報告

(相談支援を利用している障害者等の人数)

	実人員 (1)	身体障害 (2)	重症心身障害 (3)	知的障害 (4)	精神障害 (5)	発達障害 (6)	高次脳機能障害 (7)	その他 (8)
障害者 (01)								
障害児 (02)								
計 (03)								

(相談支援事業の実施体制)

	市町村直営で実施		委託相談支援事業所で実施 (3)
	障害福祉主管課で実施 (1)	直営相談支援事業所で実施 (2)	
身体障害 (04)			
知的障害 (05)			
精神障害 (06)			

(支援方法)

	訪問 (1)	来所相談 (2)	同行 (3)	電話相談 (4)	電子メール (5)	個別支援会議 (6)	関係機関 (7)	その他 (8)	計 (9)
件数 (07)									

(支援内容)

	福祉サービスの利用等に関する支援 (1)	障害や症状の理解に関する支援 (2)	健康・医療に関する支援 (3)	不安の解消・情緒安定に関する支援 (4)	保育・教育に関する支援 (5)	家族関係・人間関係に関する支援 (6)	家計・経済に関する支援 (7)	生活技術に関する支援 (8)	就労に関する支援 (9)
件数 (08)									
(再掲) ピアカウンセラー (09)									

	社会参加・余暇活動に関する支援 (10)	権利擁護に関する支援 (11)	その他 (12)	計 (13)
件数 (08)				
(再掲) ピアカウンセラー (09)				

この表は、障害者の日常生活及び社会生活を総合的に支援するための法律（平成17年法律第123号）により市町村が本年度中に行った障害者等からの相談支援について、その利用者数、体制、方法及び内容について計上するものである。

(相談支援を利用している障害者等の人数)

市町村や相談支援事業所において、継続的な相談支援を行っている（行った）障害者等の人数を計上する。

表　頭

1　障害別内訳では、重複障害のケースは、それぞれの障害（例えば、知的障害と精神障害の重複の場合は「知的障害」及び「精神障害」に計上）に計上する。ただし、重度の身体障害と重度の知的障害の場合は「重症心身障害」に計上する。

2 「その他(8)」欄には、発達障害の診断途中や手帳取得手続き中など(2)～(7)に該当しない場合に計上する。

表側

年度途中で障害児から障害者になった場合は、それぞれに計上する。

(相談支援事業の実施体制)
1 直営・委託の別に計上する。
2 「直営相談支援事業所で実施(2)」欄には、直営の施設や相談支援センター等で実施している場合に計上する。
3 市町村における相談支援体制について、障害種別ごとに該当する欄に「1」を計上する。（例えば、指定特定・指定一般相談支援事業所9ヶ所に委託している場合でも、「委託相談支援事業所で実施(3)」欄に「1」を計上する。）

(支援方法)

市町村における相談支援について、支援方法別の支援延回数を計上する。

表頭

1 「訪問(1)」欄には、家庭訪問や施設、学校など、「利用者がいる場」に出向いた件数を計上する。
2 「来所相談(2)」欄には、利用者が事業所に来所した件数を計上する。
3 「同行(3)」欄には、関係機関、その他に同行支援した件数を計上する。
4 「電話相談(4)」欄には、利用者（家族）に対し、電話（ＦＡＸによる対応も含む。）により支援した件数を計上する。（日程の連絡など簡易なものは含まない。）
5 「電子メール(5)」欄には、利用者（家族）に対し、電子メールにより支援した件数を計上する。
6 「個別支援会議(6)」欄には、個別の事例について、関係者で支援のあり方を検討・検証する会議（ケース会議等も含む。）。
7 「関係機関(7)」欄には、個別支援会議以外で関係機関との調整を実施した件数（例えば、個別ケースについてハローワークと連携を取るなど。）を計上する。
8 「その他(8)」欄には、(1)～(7)のいずれにも該当しないものを計上する。

(支援内容)

表頭

市町村における相談支援について、支援内容別の支援延回数を、以下の例を参考に各該当項目への計上をする。（複数回答可）
1 「福祉サービスの利用等に関する支援(1)」欄には、サービスの情報提供、事業者の紹介、利用申請や契約に係る支援、サービスに関する苦情対応、地域における様々な社会資源の紹介・活用に関わる支援
2 「障害や病状の理解に関する支援(2)」欄には、障害の受容・理解に関しての本人や家族への支援
3 「健康・医療に関する支援(3)」欄には、医療機関等の紹介や同行、服薬管理、生活のリズムや生活習慣
4 「不安の解消・情緒安定に関する支援(4)」欄には、不安や孤独感の軽減を目的とした傾聴
5 「保育・教育に関する支援(5)」欄には、幼稚園・保育園の紹介や利用の助言、学校・教育・進路に関わる支援
6 「家族関係・人間関係に関する支援(6)」欄には、家族関係、人間関係の調整に関する支援
7 「家計・経済に関する支援(7)」欄には、年金・手当・生活保護制度に関する支援
8 「生活技術に関する支援(8)」欄には、金銭管理に関する支援、家事、育児に関わる支援
9 「就労に関する支援(9)」欄には、就職活動や面接等に関わる支援、雇用条件及び勤務先との調整
10 「社会参加・余暇活動に関する支援(10)」欄には、コミュニケーションに関する支援、外出や移動に関する支援、サークル活動の紹介や同行
11 「権利擁護に関する支援(11)」欄には、障害者等に対する虐待発見時の保護のための措置や成年後見制度利用に向けての支援
12 「その他(12)」欄には、(1)から(11)のいずれにも該当しないもの

表側

「（再掲）ピアカウンセラー(09)」欄には、障害当事者がサポートする形態を取った場合に、その回数を再掲（家族支援は含まない。）として計上する。

第22　未熟児の養育医療及び結核児童の療育の給付

（児童福祉法・母子保健法）

都道府県
指定都市　名
中核市
平成　　　　　　　年度分報告

	給付申請件数	給付決定件数	費用額				診療実日数	支払決定実人員
			公費負担額		社会保険・感染症の予防及び感染症の患者に対する医療に関する法律による負担額（千円）	（再掲）自己負担額（千円）		
			委託報酬による支払決定額（千円）	その他による支払決定額（千円）				
	(1)	(2)	(3)	(4)	(5)	(6)	(7)	(8)
養　育　医　療(01)								
療　育　の　給　付(02)								

　この表は、児童福祉法（昭和22年法律第164号。以下「児法」という。）による療育の給付及び母子保健法（昭和40年法律第141号。以下「母法」という。）による養育医療の給付について、本年度中の給付申請件数、給付決定件数、費用額、診療実日数及び支払決定実人員を各項目別に計上するものであり、養育医療給付台帳等の記載内容に基づいて計上するものである。

表　頭
1　「公費負担額」欄には、児法第50条第5号及び母法第21条及び第21条の2の規定により、都道府県及び市区町村の支弁すべき公費負担額を計上する。
　　なお、本人又は扶養義務者が負担すべき額があるときは、その額を本欄に含めて計上するとともに「（再掲）自己負担額(6)」に再掲する。
　(1)　「委託報酬による支払決定額(3)」欄には、社会保険診療報酬支払基金及び国民健康保険団体連合会の審査を経て指定医療機関から請求のあった診療報酬について支払いを決定した金額を計上する。
　(2)　「その他による支払決定額(4)」欄には、養育医療の場合、移送費、治療材料費等を支給したものについて、療育の給付の場合、治療材料、学習用品、日用品等を支給したものについて支払決定した分を計上する。
2　「社会保険・感染症の予防及び感染症の患者に対する医療に関する法律による負担額(5)」欄には、社会保険各法による負担額又は感染症の予防及び感染症の患者に対する医療に関する法律による負担額を計上する。
3　「（再掲）自己負担額(6)」欄には、公費負担額中に含まれる本人又は扶養義務者が負担すべき額を再掲として計上する。
4　「診療実日数(7)」欄には、養育医療給付台帳の診療実日数に基づき、本年度中に養育医療の給付を受けた児童の診療実日数を計上する。
5　「支払決定実人員(8)」欄には、本年度中に支払いを決定した実人員を計上する。

第22の2 自立支援医療（身体障害児童の育成医療）
（障害者の日常生活及び社会生活を総合的に支援するための法律）

都道府県
指定都市　名
中核市
平成　　　　　　　　年度分報告

		支給認定申請件数 (1)	支給認定件数 (2)	支払決定 公費負担額(千円)		社会保険負担額(千円) (5)	自己負担額(千円) (6)	レセプト件数		支払決定実人員 (9)
				医科 (3)	調剤 (4)			医科 (7)	調剤 (8)	
入院	視覚障害 (01)									
	聴覚・平衡機能障害 (02)									
	音声・言語・そしゃく機能障害 (03)									
	肢体不自由 (04)									
	内臓障害 心臓 (05)									
	腎臓 (06)									
	小腸 (07)									
	肝臓 (08)									
	その他 (09)									
	免疫機能障害 (10)									
	計 (11)									
入院外	視覚障害 (12)									
	聴覚・平衡機能障害 (13)									
	音声・言語・そしゃく機能障害 (14)									
	肢体不自由 (15)									
	内臓障害 心臓 (16)									
	腎臓 (17)									
	小腸 (18)									
	肝臓 (19)									
	その他 (20)									
	免疫機能障害 (21)									
	計 (22)									
訪問看護 (23)										

　この表は、障害者の日常生活及び社会生活を総合的に支援するための法律（平成17年法律第123号。以下「法」という。）による育成医療の給付について、本年度中（この報告表においては、前年度3月1日から当該年度2月末日まで）の支給認定申請件数、支給認定件数、支払決定の金額、レセプト件数、支払決定実人員を入院、入院外、訪問看護及び障害の区分別に計上するものであり、自立支援医療費受給者証交付台帳等の記載内容により計上するものである。

表　頭
1　「公費負担額医科(3)、調剤(4)」欄には、法第58条の規定により、市町村が支給することに決定した額を医科・調剤別に計上する。なお「訪問看護」については「医科」に計上すること。
2　「社会保険負担額(5)」欄には、社会保険各法による負担額を計上する。
3　「自己負担額(6)」欄には、本人又は扶養義務者が負担すべき額を計上する。
4　「レセプト件数医科(7)、調剤(8)」欄には、社会保険診療報酬支払基金等からの診療報酬等請求内訳により、医科・調剤別に計上する。なお「訪問看護」については「医科」に計上すること。
5　「支払決定実人員(9)」欄には、本年度中に支払いを決定した実人員を計上する。

表　側
1　「入院」「入院外」欄については、本年度中に育成医療の支給認定申請書の受理、支給認定及び支払決定を行ったものの数を計上する。なお、障害者の日常生活及び社会生活を総合的に支援するための法律施行規則（平成18年厚生労働省令第19号）第6条の17に定める障害の区分による。
2　「訪問看護(23)」欄には、本年度中に訪問看護により、育成医療の支給認定申請書の受理、支給認定及び支払決定を行ったものの数を計上する。

第25　障害児福祉手当等の認定及び受給資格者異動状況

（特別児童扶養手当等の支給に関する法律及び国民年金法等の一部を改正する法律）

都道府県名＿＿＿＿＿＿＿＿

平成　　　年　　　月分報告

	前月末現在未処理件数 (1)	認定請求書受付件数（月中） (2)	受給資格認定件数（月中） 受給者 (3)	受給資格認定件数（月中） 支給停止者 (4)	却下件数（月中） (5)	月末現在未処理件数 (6)
障害児福祉手当 (01)						
特別障害者手当 (02)						

			前月末現在数 (1)	月中の異動 新規認定 (2)	支給停止解除 (3)	他の実施機関が管轄する区域から転入した (4)	受給資格喪失 令第1条第1項若しくは第2項又は旧法別表第2に定める障害の状態に該当しなくなった (5)	令第6条又は改正政令附則第3条に定める給付を受けるようになった (6)	法第17条第2号若しくは第26条の2各号，規則第1条各号若しくは第14条各号又は改正省令附則第2条各号に定める施設に入所した (7)	受給者が死亡した (8)	その他 (9)	計 (10)	支給停止になった (11)	他の実施機関が管轄する区域へ転出した (12)	月末現在数 (13)
障害児福祉手当	受給者数 (03)														
	支給停止者数	本人所得 (04)													
		扶養義務者等所得 (05)													
特別障害者手当	受給者数 (06)														
	支給停止者数	本人所得 (07)													
		扶養義務者等所得 (08)													
福祉手当（経過措置分）	受給者数 (09)														
	支給停止者数	本人所得 (10)													
		扶養義務者等所得 (11)													

この表は、特別児童扶養手当等の支給に関する法律（昭和39年法律第134号。以下「法」という。）及び国民年金法等の一部を改正する法律（昭和60年法律第34号。以下「改正法」という。）に基づく、障害児福祉手当及び特別障害者手当に係る認定請求書受付件数、受給資格認定件数、却下件数及び障害児福祉手当、特別障害者手当、福祉手当（経過措置分）の受給資格者の本月中の異動状況を計上するものである。

上　表

表　頭

1　「認定請求書受付件数(2)」欄には、障害児福祉手当及び特別障害者手当の支給に関する省令（昭和50年厚生省令第34号。以下「規則」という。）第2条により受け付けた障害児福祉手当認定請求書及び第15条により受け付けた特別障害者手当認定請求書の件数を計上する。

2　「受給者(3)」欄には、規則第3条第1項又は第16条の準用により受給資格を認定した件数（法第20条又は第21条若しくは法第26条の5の準用に該当したものを除く。）を計上する。

3　「支給停止者(4)」欄には、受給資格の認定を行ったもののうち、規則第3条第2項及び第16条の準用により支給停止の決定をした件数を計上する。

4　「却下件数(5)」欄には、規則第4条又は第16条の準用により手当の認定請求を却下した件数を計上する。なお、新規認定前に本人から受給辞退の申し出があった場合（取下げ）もこれに含めて計上する。

表　側

1　「障害児福祉手当(01)」欄は、法第2条第2項のものを計上する。

2　「特別障害者手当(02)」欄は、法第2条第3項のものを計上する。

下　表

表　頭

1　「新規認定(2)」欄には、規則第3条第1項又は第16条の準用に基づき、本月中に認定した件数を計上する。

2　「支給停止解除(3)」欄には、規則第3条第2項又は第6条若しくは第16条の準用により支給停止になっているもので、法第22条の規定又は規則第13条若しくは第16条の準用する第5条により支給停止解除となった件数を計上する。

3　「他の実施機関が管轄する区域から転入した(4)」欄には、他の実施機関が管轄する区域から転入してきた受給資格を有するものの件数を計上する。

4　「受給資格喪失」の各欄には、受給資格を喪失又は手当を支給しなくなったものの件数を次の区分により計上する。

(1)　「令第１条第１項若しくは第２項又は旧法別表第２に定める障害の状態に該当しなくなった(5)」欄には、特別児童扶養手当等の支給に関する法律施行令（昭和50年政令第207号。以下「令」という。）第１条第１項若しくは第２項又は改正前の特別児童扶養手当等の支給に関する法律（以下「旧法」という。）別表第２に定める障害の状態に該当しなくなったことによって受給資格が喪失したものの件数を計上する。

(2)　「令第６条又は改正政令附則第３条に定める給付を受けるようになった(6)」欄には、令第６条又は特別児童扶養手当等の支給に関する法律施行令の一部を改正する政令（昭和60年政令第323号）附則第３条に定める給付を受けるようになったことにより受給資格を喪失したものの件数を計上する。

(3)　「法第17条第２号若しくは第26条の２各号、規則第１条各号若しくは第14条各号又は改正省令附則第２条各号に定める施設に入所した(7)」欄には、法第17条若しくは第26条の２各号、規則第１条各号若しくは第14条各号又は福祉手当の支給に関する省令の一部を改正する省令（昭和60年省令第49号）附則第２条各号に定める施設に入所したことにより受給資格を喪失したものの件数を計上する。

(4)　「受給者が死亡した(8)」欄には、規則第10条、第13条の準用、第16条の準用の規定又は改正前の福祉手当の支給に関する省令（以下「旧規則」という。）第10条、第13条の準用の規定による受給資格者の死亡の届出があったことにより受給資格を喪失したものの件数を計上する。

(5)　「その他(9)」欄には、(5)～(8)各欄のいずれにも該当しない事由によって受給資格を喪失又は手当を支給しないことになったものの件数を計上する。

5　「支給停止になった(11)」欄には、法第20条、第21条又は法第26条の５の準用若しくは改正法附則第97条第２項の準用の規定に該当したことにより支給が停止されたものの件数を計上する。

6　「他の実施機関が管轄する区域へ転出した(12)」欄には、受給資格者が、本月中に他の実施機関が管轄する区域へ転出したものの件数を計上する。

表　側

1　「福祉手当（経過措置分）(09)(10)(11)」欄は、改正法附則第97条第１項のものを計上する。

2　「受給者数(03)(06)(09)」欄は、規則第５条又は第13条の準用若しくは旧規則第５条の規定により手当の支給を受けているものを計上する。

3　「支給停止者数」の「本人所得(04)(07)(10)」欄は、法第20条又は第26条の５の準用若しくは改正法附則第97条第２項の準用に該当する支給停止者数を計上する。「扶養義務者等所得(05)(08)(11)」欄は、法第21条又は第26条の５の準用若しくは改正法附則第97条第２項の準用に該当する支給停止者数を計上する。

第26　特別児童扶養手当受給資格者の認定及び異動状況
（特別児童扶養手当等の支給に関する法律）

都道府県
指定都市名

平成　　　年　　　月分報告

前月末現在未処理件数	認定請求書受付件数（月中）	受給資格認定件数（月中）		却下件数（月中）	月末現在未処理件数	現況・所得状況届受付件数（月中）	
		受給者	支給停止者			受給者	支給停止者
(1)	(2)	(3)	(4)	(5)	(6)	(7)	(8)

				前月末現在数	月中の異動													再認定による障害区分及び級区分の変更	月末現在数
					新規認定	支給停止解除	他の実施機関が管轄する区域から転入した	受給資格喪失						支給停止になった	他の実施機関が管轄する区域へ転出した	手当額改定			
								支給対象障害児が二十歳に達した	支給対象障害児が死亡した	支給対象障害児が法律に定める状態に該当しなくなった	受給者が死亡した	その他	計			増	減		
				(1)	(2)	(3)	(4)	(5)	(6)	(7)	(8)	(9)	(10)	(11)	(12)	(13)	(14)	(15)	(16)
受給者数			(01)																
支給対象障害児数	身体障害	外部障害	1級 (02)																
			2級 (03)																
		内部障害	1級 (04)																
			2級 (05)																
	精神障害	知的障害のみ	1級 (06)																
			2級 (07)																
		知的障害及び知的障害以外の精神障害	1級 (08)																
			2級 (09)																
		知的障害以外の精神障害のみ	1級 (10)																
			2級 (11)																
	重複障害		1級 (12)																
			2級 (13)																
	計		1級 (14)																
			2級 (15)																
支給停止者数	本人所得		(16)																
	扶養義務者等所得		(17)																
支給停止障害児数			1級 (18)																
			2級 (19)																

この表は、特別児童扶養手当等の支給に関する法律（昭和39年法律第134号。以下「法」という。）に基づいて、本月中に都道府県又は指定都市が行った認定請求書受付件数、受給資格認定件数、却下件数及び現況・所得状況届受付件数を計上するものであり、また、特別児童扶養手当受給資格者数、支給資格対象障害児数の本月中の異動状況を計上するものである。

上　表

表　頭

1　「認定請求書受付件数(2)」欄には、特別児童扶養手当等の支給に関する法律施行規則（昭和39年厚生省令第38号。以下「施行規則」という。）第1条により受け付けた特別児童扶養手当認定請求書の件数を計上する。

2　受給資格認定件数

(1)　「受給者(3)」欄には、本月中に法第5条による認定を受けた者（法第6条から第8条までに該当し、支給停止になった者を除く。）の数を計上する。

(2)　「支給停止者(4)」欄には、本月中に法第5条による認定を受けた者のうち、法第6条から第8条までに該当し、支給停止になった者の数を計上する。

3　「却下件数(5)」欄には、施行規則第18条により特別児童扶養手当認定請求を却下した件数を計上する。
なお、新規認定前に本人から受給辞退の申出があった場合（取り下げ）も、含めて計上する。

4　現況・所得状況届受付件数

(1)　「受給者(7)」欄には、施行規則第4条により受給者が提出した特別児童扶養手当所得状況届の受付件数を計上する。

(2)　「支給停止者(8)」欄には、施行規則第12条の3において準用する第4条により支給停止者が提出した特別児童扶養手当所得状況届の受付件数を計上する。

下　表

表　頭

1　「新規認定(2)」欄には、特別児童扶養手当認定請求書に基づき本月中に認定した件数を計上する。

2　「支給停止解除(3)」欄には、法第5条の認定を受けた者のうち、法第6条から第8条の規定に該当したことにより支給停止となっていたが、その後支給停止が解除された者の件数を該当する区分により計上する。

3　「他の実施機関が管轄する区域から転入した(4)」欄には、受給者が他の都道府県又は指定都市から転入したことにより、本月中に特別児童扶養手当受給資格者移管通知書を受理した件数を計上する。

4　「受給資格喪失」の各欄には、特別児童扶養手当の受給資格を喪失したものの件数を次の区分により計上する。
なお、受給資格の喪失事由が2欄以上に該当するときは、番号の小さいものを優先して1欄のみに計上する。

(1)　「支給対象障害児が20歳に達した(5)」欄には、支給対象障害児が20歳に達したことによるもの。

(2)　「支給対象障害児が死亡した(6)」欄には、支給対象障害児の死亡によるもの。

(3)「支給対象障害児が法律に定める障害の状態に該当しなくなった(7)」欄には、支給対象障害児が法律に定める障害の状態に該当しなくなったことによるもの。

(4)「受給者が死亡した(8)」欄には、法施行規則第12条の規定による受給者の死亡の届出があったことによるもの。

(5)「その他(9)」欄には、(5)～(8)の各欄のいずれにも該当しない事由によるもの。

5　「支給停止になった(11)」欄には、従来から継続して手当を受給している者が法第６条から第８条の規定に該当したことにより、支給が停止された者の件数を計上する。

6　「他の実施機関が管轄する区域へ転出した(12)」欄には、受給者が他の都道府県又は指定都市に転出したことにより、本月中に特別児童扶養手当受給資格者移管通知書を発送した者の件数を計上する。

7　「手当額改定」欄には、法施行規則第２条及び第３条に規定する支給対象障害児に増減があった場合について次により計上する。

(1)「増(13)」欄には、本月中に特別児童扶養手当額改定請求書に基づき、増額改定した支給対象障害児数を計上する。

(2)「減(14)」欄には、本月中に特別児童扶養手当額改定請求書及び職権に基づき、減額改定した支給対象障害児数を計上する。

表　側

1　「受給者数(01)」欄は、法第５条の認定を受けた者のうち、支給停止者を除いた者の数を計上する。

2　「支給対象障害児数(02)～(13)」の各欄は、法施行令別表第３に該当する障害児数（支給停止の対象となったものを除く。）を次の区分により計上する。

(1)「外部障害(02)(03)」の１級は法施行令別表第３（以下「別表」という。）の１級欄の第１号から第８号に該当するものを、２級は「別表」の２級欄の第１号から第14号に該当するものを計上する。

(2)「内部障害(04)(05)」の１級は、「別表」の１級欄の第９号に該当するものを、２級は「別表」２級欄の第15号に該当するものを計上する。

(3)「知的障害のみ(06)(07)」の１級は、「別表」の１級欄の第10号に該当するもののうち知的障害のみ（知能指数がおおむね三十五以下）により第10号に該当するものを、２級は「別表」２級欄の第16号に該当するもののうち知的障害のみ（知能指数がおおむね五十以下）により第16号に該当するものを計上する。

(4)「知的障害及び知的障害以外の精神障害(08)(09)」の１級は、知的障害又は知的障害以外の精神障害のみでは「別表」の１級欄の第10号に該当しないが、知的障害及び知的障害以外の精神障害の状況を勘案し総合的に判断することにより１級欄の第10号に該当するものを、２級は知的障害又は知的障害以外の精神障害のみでは「別表」の２級欄の第16号に該当しないが、知的障害及び知的障害以外の精神障害の状況を勘案し総合的に判断することにより２級欄の第16号に該当するものを計上する。

(5)「知的障害以外の精神障害のみ(10)(11)」の１級は、「別表」の１級欄の第10号に該当するもののうち知的障害以外の精神障害のみにより１級欄の第10号に該当するものを、２級は「別表」の２級欄の第16号に該当するもののうち、知的障害以外の精神障害のみにより２級欄の第16号に該当するものを計上する。

(6)「重複障害(12)(13)」の１級は、「別表」の１級欄の第11号に該当するものを、２級は「別表」の２級欄の第17号に該当するものを計上する。

3　「支給停止者数(16)(17)」欄は、法第５条の認定をうけた者のうち、法第６条から第８条の規定に該当したことにより、手当の支給が停止されている者の数を次により計上する。

(1)「本人所得(16)」欄は、法第６条に該当する支給停止者数を計上する。

(2)「扶養義務者等所得(17)」欄は、法第７条及び第８条に該当する支給停止者数を計上する。

4　「支給停止障害児数(18)(19)」欄は、支給停止者が監護し又は養育する児童の数について、１級、２級に分けて計上する。

第27 知的障害者更生相談所における処理
(知的障害者福祉法)

都道府県名
指定都市
平成　　　年度分報告

	取扱実人員 (1)	相談内容									判定内容					判定書等交付件数			
		施設 (2)	職親委託 (3)	職業 (4)	医療保健 (5)	生活 (6)	教育 (7)	療育手帳 (8)	その他 (9)	計 (10)	医学的判定 (11)	心理学的判定 (12)	職能的判定 (13)	その他の判定 (14)	計 (15)	障害支援区分 (16)	療育手帳 (17)	その他 (18)	計 (19)
来所 (01)																			
巡回 (02)																			

　この表は、知的障害者福祉法(昭和35年法律第37号)により知的障害者更生相談所が本年度中に行った相談及び判定について、その実人員、相談及び判定の内容並びに判定書等の交付件数を計上するものである。なお、相談内容及び判定内容が2欄以上に該当する場合には、それぞれに計上する。

表　頭

1　「取扱実人員(1)」欄には、相談に応じ又は判定を行った者について、月毎の実人員の合計数を計上する。
2　「相談内容・判定内容(2)〜(9)(11)〜(14)」の各欄は、相談判定記録票等の内容に基づいて区分するものであって、相談者の主訴事項によるものではない。
3　「施設(2)」欄には、障害者の日常生活及び社会生活を総合的に支援するための法律に規定する障害者支援施設等への入所、通所利用に関する相談について計上する。
4　「職親委託(3)」欄には、生活指導及び技能習得訓練等を受けるための職親委託に関する相談について計上する。
5　「職業(4)」欄には、職業につかせることについての相談又は職業安定所等への紹介の相談について計上する。
6　「医療保健(5)」欄には、医療又は保健指導等の相談及び医療保健施設等への紹介依頼の相談について計上する。
7　「生活(6)」欄には、生活保護法の適用、生活福祉資金の貸付、所得税の障害者控除等生活に関する相談について計上する。
8　「教育(7)」欄には、就学、特殊学級への編入等学校教育に関する相談のほか、家庭における教育等に関する相談についても計上する。
9　「療育手帳(8)」欄には、療育手帳に関する相談について計上する。
10　「医学的判定(11)」欄には、精神医学的診断に基づき判定を行ったものについて計上する。
11　「心理学的判定(12)」欄には、心理学的諸検査及び観察等により、心理学的判定を行ったものについて計上する。
12　「職能的判定(13)」欄には、動作能力、作業素質及び生活環境等により適職の判定を行ったものについて計上する。
13　「障害支援区分(16)」欄には、介護給付、訓練等給付の支給決定又は障害支援区分に関する意見書(判定書)を交付した件数を計上する。
14　「療育手帳(17)」欄には、療育手帳の交付等に関する判定書交付の件数について計上する。

表　側

1　「来所(01)」欄には、知的障害者更生相談所において行った相談及び判定について計上する。
　なお、来所をせず書面をもって判定を行った場合も計上する。
2　「巡回(02)」欄には、知的障害者更生相談所が巡回、訪問により行った相談及び判定について計上する。

第30　職親・職親に委託されている知的障害者

（知的障害者福祉法）

都道府県
指定都市名
中核市

平成　　　　　年度分報告

	前年度末現在 (1)	新規（年度中） (2)	取消（年度中） (3)	年度末現在 (4)
登録職親数 (01)				
知的障害者が委託されている職親数 (02)				

	年度末現在委託知的障害者数		
	同居 (1)	通勤 (2)	計 (3)
男 (03)			
女 (04)			

この表は、知的障害者福祉法（昭和35年法律第37号）による本年度中の登録職親数、知的障害者が委託されている職親数並びに本年度末現在の委託知的障害者数を男女別に計上するものである。

上　表

表　側

「知的障害者が委託されている職親数(02)」欄は、知的障害者が委託されている職親数を表頭の区分に従って計上する。他の都道府県等から知的障害者を委託されている職親も含めて計上する。なお、既に１人でも知的障害者が委託されている職親に新たに知的障害者が本年度中に委託されても「新規(2)」欄には計上しない。

第31 療育手帳交付台帳登載数
（知的障害者福祉法）

都道府県名 ＿＿＿＿＿＿＿
指定都市

平成　　　　年度分報告

		前年度末現在 (1)	新規交付 (年度中) (2)	転　入 (年度中) (3)	転出・返還 (年度中) (4)	変　更　(年度中) 18歳に達した場合 (5)	障害程度 (6)	年度末現在 (7)
A (重度)	18歳未満 (01)							
	18歳以上 (02)							
B (中軽度)	18歳未満 (03)							
	18歳以上 (04)							
	計 (05)							

　この表は、「療育手帳制度要綱」（昭和48年9月27日厚生省発児第156号厚生事務次官通知）により、本年度中に新たに療育手帳の交付を受けた者、他の都道府県（指定都市を含む。以下同じ。）の管内から転入した者、他の都道府県の管内へ転出した者及び療育手帳返還者並びに年度末現在において療育手帳の交付を受けている者の数を障害の程度別、年齢区分別に計上するものである。

表　頭
1　「新規交付(2)」欄には、新規に療育手帳の交付を受けた者の数を計上する。
2　「転入(3)」欄には、他の都道府県、指定都市から転入してきた療育手帳を所持する者（新住所地の療育手帳の交付を新たに受けた場合も含む。）の数を計上する。
3　「転出・返還(4)」欄には、療育手帳所持者で他の都道府県、指定都市へ転出した者又は療育手帳を返還した者（転出により療育手帳を返還した者は除く。）の数を計上する。
4　「年度末現在(7)」欄には、本年度末現在において療育手帳の交付を受けている者の数を計上する。

表　側
1　障害の程度は、療育手帳制度の実施について（昭和48年9月27日児発第725号厚生省児童家庭局長通知）第3の1項の区分により計上する。
2　年齢の区分は、表頭(2)～(4)の各欄の事項を処理した時点現在における満年齢により計上する。

第32　老人ホーム・在所者

(老人福祉法等)

都道府県
指定都市　名
中核市
平成　　　　　　　　　　　年度分報告

		施設数	定員	入所者数（年度中）		退所者数（年度中）		年度末現在員数			
				被措置者	その他	被措置者	その他	被措置者			その他
								管内分	管外に委託分	計	
		(1)	(2)	(3)	(4)	(5)	(6)	(7)	(8)	(9)	(10)
養護老人ホーム	公立 (01)										
	私立 (02)										
特別養護老人ホーム	公立 (03)										
	私立 (04)										
軽費老人ホーム	公立 (05)										
	私立 (06)										
都市型軽費老人ホーム	公立 (07)										
	私立 (08)										
軽費老人ホームA型	公立 (09)										
	私立 (10)										
軽費老人ホームB型	公立 (11)										
	私立 (12)										
生活支援ハウス	(13)										

この表は、老人福祉法（昭和38年法律第133号）による養護老人ホーム、特別養護老人ホーム、軽費老人ホーム（「軽費老人ホームの設備及び運営について」（平成20年５月30日老発第0530002号厚生労働省老健局長通知（以下、通知という））における「ケアハウス」を指すものである。）、都市型軽費老人ホーム（通知における「都市型軽費老人ホーム」を指すものである。）、軽費老人ホームA型（通知における「軽費老人ホーム（A型）」を指すものである。）、軽費老人ホームB型（通知における「軽費老人ホーム（B型）」を指すものである。）及び「生活支援ハウス（高齢者生活福祉センター）運営事業実施要領（平成12年９月27日老発655号老人保健福祉局長通知）による生活支援ハウスについて、年度末現在における施設数、定員、本年度中における入退所者数及び年度末現在員数を施設の種類、公私立別に計上するものである。

なお、介護保険法の規定による入所者及び短期入所者は含めない。

表　頭

1　「施設数(1)」欄には、本年度末現在において、現に設置されている施設（休止中のものを除く。）の数をその施設を設置又は認可した都道府県、指定都市又は中核市で計上する。

2　「定員(2)」欄には、上記施設の定員を計上する。

3　「入所者数・退所者数(3)(4)(5)(6)」の各欄には、本年度中における入退所者数（本年度中に廃止された施設の入退所者数を含む。）を入所者については、入所したときの区分により、退所者については、退所したときの区分により「被措置者」又は「その他」欄のいずれかに計上する。

4　「年度末現在員数」の「被措置者」欄には、年度末現在において、措置を受けて施設に在所している者を計上する。

(1)　「管内分(7)」欄には、都道府県の管轄する市町村又は指定都市、中核市が当該都道府県、当該指定都市若しくは当該中核市の設置した施設に入所させている、又は認可した施設に入所を委託している場合において年度末現在の在所者数を計上する。

(2)　「管外に委託分(8)」欄には、都道府県の管轄する市町村又は指定都市、中核市が当該都道府県、当該指定都市若しくは当該中核市以外の設置又は認可した施設に入所を委託している場合において年度末現在の在所者数を計上する。

表　側

「公立」、「私立」の別は、経営を他のものに委託していても、設置主体が地方公共団体であるものは「公立」とし、地方公共団体以外のものが設置したものは「私立」とする。

第33　養護老人ホームの措置人員（４月１日現在）

（老人福祉法）

都道府県
指定都市名
中 核 市

平成　　　　　　　年度分報告

費用徴収階層別（被措置者分）

		措　置　人　員 (1)
1	(01)	
2	(02)	
3	(03)	
4	(04)	
5	(05)	
6	(06)	
7	(07)	
8	(08)	
9	(09)	
10	(10)	
11	(11)	
12	(12)	
13	(13)	
14	(14)	
15	(15)	
16	(16)	
17	(17)	
18	(18)	
19	(19)	
20	(20)	
21	(21)	
22	(22)	
23	(23)	
24	(24)	
25	(25)	
26	(26)	
27	(27)	
28	(28)	
29	(29)	
30	(30)	
31	(31)	
32	(32)	
33	(33)	
34	(34)	
35	(35)	
36	(36)	
37	(37)	
38	(38)	
39	(39)	
計	(40)	

費用徴収階層別（扶養義務者分）

		措　置　人　員 (2)
A	(01)	
B	(02)	
C 1	(03)	
C 2	(04)	
D 1	(05)	
D 2	(06)	
D 3	(07)	
D 4	(08)	
D 5	(09)	
D 6	(10)	
D 7	(11)	
D 8	(12)	
D 9	(13)	
D10	(14)	
D11	(15)	
D12	(16)	
D13	(17)	
D14	(18)	
扶養義務者なし	(19)	
計	(20)	

この表は、４月１日現在において、老人福祉法（昭和38年法律第133号）により、養護老人ホームへ入所の措置を行っている者について、費用徴収（被措置者分・扶養義務者分）の階層区分別に計上するものである。

なお、短期入所者は計上しない。

表　側

４月１日現在において養護老人ホームに措置されている者を、「老人福祉法第11条の規定による措置事務の実施に係る指針について（平成18年１月24日老発第0124001号厚生労働省老健局長通知）」の別紙２の別表１「養護老人ホーム被措置者・養護委託による被措置者費用徴収基準」及び別紙２の別表２「扶養義務者費用徴収基準」に定める階層区分により計上する。

老人福祉法第11条の規定による措置事務の実施に係る指針について（抄）（平成18年１月24日老発第0124001号厚生労働省老健局長通知）

別紙２の別表１

養護老人ホーム被措置者
養護委託による被措置者 費用徴収基準

階層区分	対象収入による階層区分
	円　　　円
1	0　～　270,000
2	270,001　～　280,000
3	280,001　～　300,000
4	300,001　～　320,000
5	320,001　～　340,000
6	340,001　～　360,000
7	360,001　～　380,000
8	380,001　～　400,000
9	400,001　～　420,000
10	420,001　～　440,000
11	440,001　～　460,000
12	460,001　～　480,000
13	480,001　～　500,000
14	500,001　～　520,000
15	520,001　～　540,000
16	540,001　～　560,000
17	560,001　～　580,000
18	580,001　～　600,000
19	600,001　～　640,000
20	640,001　～　680,000
21	680,001　～　720,000
22	720,001　～　760,000
23	760,001　～　800,000
24	800,001　～　840,000
25	840,001　～　880,000
26	880,001　～　920,000
27	920,001　～　960,000
28	960,001　～1,000,000
29	1,000,001　～1,040,000
30	1,040,001　～1,080,000
31	1,080,001　～1,120,000
32	1,120,001　～1,160,000
33	1,160,001　～1,200,000
34	1,200,001　～1,260,000
35	1,260,001　～1,320,000
36	1,320,001　～1,380,000
37	1,380,001　～1,440,000
38	1,440,001　～1,500,000
39	1,500,001円以上

別紙２の別表２

扶養義務者費用徴収基準

階層区分	税額等による階層区分	
A	生活保護法による被保護者（単給を含む）	
B	A階層を除き当該年度分の市町村民税非課税の者	
C_1	A階層及びB階層を除き前年分の所得税非課税の者	当該年度分の市町村民税所得割非課税（均等割のみ課税）
C_2		当該年度分の市町村民税所得割課税
D_1	A階層及びB階層を除き前年分の所得税課税の者であって、その税額の年額区分が次の額である者	30,000円以下
D_2		30,001　～　80,000
D_3		80,001　～　140,000
D_4		140,001　～　280,000
D_5		280,001　～　500,000
D_6		500,001　～　800,000
D_7		800,001　～ 1,160,000
D_8		1,160,001　～ 1,650,000
D_9		1,650,001　～ 2,260,000
D_{10}		2,260,001　～ 3,000,000
D_{11}		3,000,001　～ 3,960,000
D_{12}		3,960,001　～ 5,030,000
D_{13}		5,030,001　～ 6,270,000
D_{14}		6,270,001円以上

第34　訪問介護、通所介護及び短期入所生活介護（被措置者分）
（老人福祉法）

都道府県
指定都市名
中核市

平成　　　　　　年度分報告

訪問介護			通所介護			短期入所生活介護				
派遣対象世帯数（年度末現在）			実施市町村数（年度末現在）	利用人員（年度中）		実施市町村数（年度末現在）	実施施設数（年度末現在）	利用人員（年度中）		延日数（年度中）
老人世帯	老人のいる世帯	その他の世帯		実人員	延人員			実人員	延人員	
(1)	(2)	(3)	(4)	(5)	(6)	(7)	(8)	(9)	(10)	(11)

この表は、老人福祉法第10条の４第１項から第３項の規定する「やむを得ない事由」により、介護保険法に規定する訪問介護、通所介護、短期入所生活介護を利用することが著しく困難だと認められた者の措置の実施状況について計上するものである。

表　頭

1　「派遣対象世帯数」とは、本年度末現在において、「やむを得ない事由」による訪問介護派遣対象世帯のうち被措置者のいる世帯をいう。
2　「老人世帯(1)」の欄には、派遣対象世帯のうち60歳以上の者のみで構成されている世帯数を計上する。
3　「老人のいる世帯(2)」の欄には、派遣対象世帯のうち60歳以上の者と60歳未満の者で構成されている世帯数を計上する。
4　「その他の世帯(3)」の欄には、派遣対象世帯のうち60歳未満の者のみで構成されている世帯数を計上する。
5　「実施市町村数(4)(7)」の欄には、本年度末現在において「やむを得ない事由」による措置を行っている市町村数を計上する。
6　「実人員(5)(9)」の欄には、本年度中に「やむを得ない事由」による被措置者の実人員を計上する。
7　「延人員(6)(10)」の欄には、本年度中の利用回数により計上する。
8　「実施施設数(8)」の欄には、市町村の措置委託を受けた短期入所生活介護の事業所数を計上する。

第35　老人クラブ・会員数

（老人福祉法）

都道府県
指定都市名
中 核 市

平成　　　　　年度分報告

適正クラブ（年度末現在）		その他のクラブ（年度末現在）		郡・市・町村老人クラブ連合会数（年度末現在）		
クラブ数 (1)	会員数 (2)	クラブ数 (3)	会員数 (4)	郡部 (5)	市部 (6)	町村部 (7)

この表は、老人福祉法（昭和38年法律第133号）にいう老人クラブの本年度末における老人クラブ数、会員数を適正クラブ、その他のクラブ別及び郡部・市部・町村部老人クラブ連合会別に計上するものである。

1　「適正クラブ(1)(2)」の各欄には、各市町村及び特別区管内の適正クラブ数と加入している会員数を計上する。適正クラブとは、「老人クラブ活動等事業の実施について」（平成21年６月15日老発第0615001号厚生労働省老健局長通知。）に適合するクラブをいう。

2　「その他のクラブ(3)(4)」の各欄には、各市町村及び特別区管内の適正クラブ以外のクラブ数と加入している会員数を計上する。

3　「郡部老人クラブ連合会数(5)」欄には、郡部で組織されている老人クラブ連合会数を計上する。

4　「市部老人クラブ連合会数(6)」欄には、市部（東京都の特別区及び政令指定都市の区を含む。）で組織されている老人クラブ連合会数を計上する。

5　「町村部老人クラブ連合会数(7)」欄には、町村部で組織されている老人クラブ連合会数を計上する。

第36　婦人相談所及び婦人相談員の経路別受付

(売春防止法・配偶者からの暴力の防止及び被害者の保護等に関する法律)

都道府県名＿＿＿＿＿＿＿＿

平成　　　　　年度分報告

				本人自身 (1)	警察関係 (2)	法務関係 (3)	教育関係 (4)	労働関係 (5)	他の婦人相談所 (6)	他の婦人相談員 (7)	福祉事務所 (8)	他の相談機関 (9)	社会福祉施設等 (10)	医療機関 (11)	縁故者・知人 (12)	その他 (13)	計 (14)
都道府県	婦人相談所	婦人相談員	新　規(01)														
			再　来(02)														
		その他の職員	新　規(03)														
			再　来(04)														
	婦人相談所以外の事務所の婦人相談員		新　規(05)														
			再　来(06)														
市の婦人相談員			新　規(07)														
			再　来(08)														

この表は、売春防止法（昭和31年法律第118号）及び配偶者からの暴力の防止及び被害者の保護等に関する法律（平成13年法律第31号）により婦人相談員等が、要保護女子の保護更生及び暴力被害者女性の保護の相談について本年度中に受け付けた件数を経路別、新規・再来別に計上するものであり、婦人相談所及び婦人相談員が行った巡回相談、出張相談又は電話による相談等も含んでいる。

受付の経路が２欄以上に該当するときは、相談記録票を起こした相談経路のみに計上する。

表　頭

1　「本人自身(1)」欄には、本人が自発的に相談したものについて計上する。

2　「警察関係(2)」欄には、警察官、麻薬取締官等司法警察職員から送られたものを計上する。

3　「法務関係(3)」欄には、地方検察庁、更生保護相談室、家庭裁判所、婦人補導院、保護司、人権擁護委員、更生保護委員会から送られたものについて計上する。

4　「教育関係(4)」欄には、学校、教育相談所、教育委員会等から送られたものについて計上する。

5　「労働関係(5)」欄には、公共職業安定所、労働基準監督署等から送られたものについて計上する。

6　「福祉事務所(8)」欄には、福祉事務所及び福祉事務所に配属されている母子相談員、家庭相談員等から送られたものについて計上する。

7　「他の相談機関(9)」欄には、民生委員、児童相談所、知的障害者更生相談所等の相談機関をはじめ、公私を問わずいわゆる福祉相談を行っている機関から送られたものについて計上する。

8　「医療機関(11)」欄には、保健所、病院、医療相談室等から送られたものについて計上する。

第37　婦人相談所及び婦人相談員の処理状況

（売春防止法・配偶者からの暴力の防止及び被害者の保護等に関する法律）

都道府県名

平成　　　　年度分報告

			処理済実人員（年度中）											指導延件数（年度中）(12)	訪問調査指導延件数（再掲）(13)	年度末現在未処理人員	
			婦人保護施設に入所(1)	就職・自営(2)	結婚(3)	家庭へ送還(4)	福祉事務所へ移送(5)	婦人相談所・婦人相談員へ移送(6)	他府県の婦人相談所・婦人相談員へ移送(7)	その他の関係機関・施設へ移送(8)	助言・指導のみ(9)	その他(10)	計(11)			一時保護(14)	その他(15)
都道府県	婦人相談所	婦人相談員(01)															
		その他の職員(02)															
	婦人相談所以外の事務所の婦人相談員(03)																
市の婦人相談員(04)																	

婦人相談所の一時保護決定延人員（年度中）	要保護女子・暴力被害女性	(05)	
	委託を行った延人員	(06)	
	同伴した家族	(07)	
	委託を行った延人員	(08)	

この表は、売春防止法（昭和31年法律第118号）及び配偶者からの暴力の防止及び被害者の保護等に関する法律（平成13年法律第31号）により婦人相談員等が受け付けた要保護女子の保護更生及び暴力被害女性の保護の相談について、本年度中にすべての処理を完了したものの実人員、指導延件数及び年度末現在における未処理人員を計上するものである。

上　表

表　頭

1　「処理済実人員」の各欄には、すべての処理を完了し、本年度中に処理済として取り扱ったケースについて、その実人員を計上する。処理が２欄以上に該当するときは、主なもののみ計上する。ただし、すべての処理が完了した後、本年度中に再び同一人について相談に応じ、本年度中に同一の処理を完了したときは、それぞれ該当欄に計上する。

2　「婦人保護施設に入所(1)」欄には、婦人保護施設に入所の措置を決定したものを計上する。

3　「就職・自営(2)」欄には、就職が決定したもの、自営を始めたものを計上する。

4　「福祉事務所へ移送(5)」欄には、福祉事務所あてに移送通知書等を発行したものを計上する。

5　「その他の関係機関・施設へ移送(8)」欄には、保健所、医療施設、児童相談所、民生委員等に移送通知書等を発行したものを計上する。

6　「助言・指導のみ(9)」欄には、助言又は指導だけで処理を完了したものを計上する。

7　「指導延件数(12)」欄には、処理済実人員について、すべての処理を完了するまでの間に、来所、世帯訪問等によって調査又は指導した総延件数を計上する。

8　「訪問調査指導延件数（再掲）(13)」欄には、指導延件数のうち、調査又は指導のため、世帯を訪問した延件数を再掲する。

9　「年度末現在未処理人員(14)(15)」の各欄には、本年度末現在において処理が完了していないものについて計上する。

下　表

「婦人相談所の一時保護決定延人員」欄には、一時保護の決定を受けた要保護女子、暴力被害女性及びそれらの同伴した家族を入所させた延人員を計上する。

第38 婦人保護施設入退所者の状況
（売春防止法・配偶者からの暴力の防止及び被害者の保護等に関する法律）

都道府県名 ＿＿＿＿＿
平成 ＿＿＿ 年度分報告

入所人員（年度中）(1)	理由別退所人員（年度中）							年度末在所人員(9)	入所延人員（年度中）(10)	職業訓練の状況（年度中）	
	就職・自営(2)	帰宅・帰郷(3)	結婚(4)	施設・関係機関への移送その他(5)	無断退所(6)	その他(7)	計(8)			施設内訓練(11)	施設外訓練(12)

要保護女子・暴力被害女性が同伴した家族（年度中）	

　この表は、売春防止法（昭和31年法律第118号）及び配偶者からの暴力の防止及び被害者の保護等に関する法律（平成13年法律第31号）による婦人保護施設の本年度中における入所人員、退所人員、入所延人員及び職業訓練の状況並びに年度末在所人員を計上するものである。同一人が年度中に2度以上入所又は退所した場合は、それぞれの延回数を計上する。

表　頭
1　「理由別退所人員(2)～(7)」の各欄には、退所の理由が2欄以上に該当するときは主な理由のみを計上する。
2　「無断退所(6)」欄には、正規の手続きを経ないで長期間帰所しない等により退所として処理したものを計上する。
3　「入所延人員(10)」欄には、本年度中に入所した延日数を計上する。
4　「職業訓練の状況(11)(12)」の各欄には、年度中に職業訓練を受けた人員をそれぞれ計上し、同一人が本年度中において「施設内訓練(11)」と「施設外訓練(12)」を受けた場合は、それぞれ重複して計上する。また、職業訓練を受けていた者が、本年度中にいったん退所し、再び入所した場合にもそれぞれ重複して計上する。

第39 民生委員（児童委員）の推薦状況

（民生委員法・児童福祉法）

都道府県
指定都市名
中 核 市

平成　　　　年度分報告

		定　数 (1)	前年度末現在数 (2)	推薦数 (3)	解嘱事由報告数				年度末現在数 (8)
					死　亡 (4)	傷　病 (5)	その他 (6)	計 (7)	
民生委員数	男 (01)								
	女 (02)								
（再掲）主任児童委員数	男 (03)								
	女 (04)								

　この表は、民生委員法（昭和23年法律第198号。以下「法」という。）、児童福祉法（昭和22年法律第164号）による民生委員（児童委員）及び主任児童委員の本年度中における推薦及び解嘱の状況を計上するものである。

表　頭

1　「定数(1)」欄には、法第4条の規定により都道府県知事又は指定都市及び中核市の市長が定めた本年度末現在における民生委員（児童委員）及び主任児童委員の定数を計上する。

2　「推薦数(3)」欄には、本年度中に民生委員（児童委員）として委嘱及び主任児童委員として指名するため、都道府県知事又は指定都市及び中核市の市長が厚生労働大臣に推薦した数を計上する。

3　「解嘱事由報告数(4)～(6)」の各欄には、本年度中に解嘱（死亡を含む。）された民生委員及び主任児童委員数を、その解嘱事由別に計上する。なお任期満了の時も解嘱として取り扱い、「その他(6)」に計上する。

4　「年度末現在数(8)」欄には、本年度末現在において委嘱されている民生委員（児童委員）数及び主任児童委員数を計上する。

第40　民生委員（児童委員）の活動状況

（民生委員法・児童福祉法）

都道府県
指定都市　名
中核市
平成　　　　　　年度分報告

	内容別相談・支援件数（年度中）															分野別相談・支援件数（年度中）				
	在宅福祉 (1)	介護保険 (2)	健康・保健医療 (3)	子育て・母子保健 (4)	子供の地域生活 (5)	子どもの教育・学校生活 (6)	生活費 (7)	年金・保険 (8)	仕事 (9)	家族関係 (10)	住居 (11)	生活環境 (12)	日常的な支援 (13)	その他 (14)	計 (15)	高齢者に関すること (16)	障害者に関すること (17)	子どもに関すること (18)	その他 (19)	計 (20)
民生委員 (01)																				
(再掲)主任児童委員 (02)																				

	その他の活動件数（年度中）						訪問回数		連絡調整回数		活動日数
	調査・実態把握 (1)	行事・事業・会議への参加協力 (2)	地域福祉活動・自主活動 (3)	民児協運営・研修 (4)	証明（調査・確認等）事務 (5)	要保護児童の発見の通告・仲介 (6)	訪問・連絡活動 (7)	その他 (8)	委員相互 (9)	その他の関係機関 (10)	(11)
民生委員 (01)											
(再掲)主任児童委員 (02)											

この表は、民生委員法（昭和23年法律第198号）、児童福祉法（昭和22年法律第164号）の規定に基づき、本年度中に民生委員（児童委員）及び主任児童委員が行った相談・支援等の活動状況の延件数を計上するものである。

本年度中に同一人に対して、数回にわたって相談・支援を行った場合は、すべての回数を計上し、２欄以上にわたる相談・支援等を行った場合には、該当するそれぞれの欄に計上する。

上　表

1　「子どもの教育・学校生活(6)」欄には、学校教育や進学の問題等子どもの教育に関すること、不登校やいじめの問題、学校生活に関すること等について相談・支援を行った延件数を計上する。

2　「年金・保険(8)」欄には、厚生年金保険、国民年金、労災保険、雇用保険、自動車損害賠償責任保険等の年金・保険の問題及び児童、障害者、高齢者等の各種福祉手当等に関する相談・支援を行った延件数を計上する。

3　「分野別相談・支援件数(16)～(19)」の各欄には、「内容別相談・指導件数(1)～(14)」の各欄に計上された延件数を該当する欄にそれぞれ計上する。

下　表

1　「調査・実態把握(1)」欄には、世帯の支援に必要な情報収集や状況把握、民児協の独自調査及び市町村、社協、他の機関・団体からの依頼調査を行った延件数を計上する。

2　「証明（調査・確認等）事務(5)」欄には、就学困難証明・生活困窮証明や、児童の監護・養育者に関する事実等、本人や行政機関等から協力を求められた場合に行った証明及び事実確認等の延件数を計上する。

3　「訪問・連絡活動(7)」欄には、見守り、声かけなどして心身障害児（者）、ひとり暮らしや寝たきりの高齢者等に対して訪問・連絡活動を行った延回数を計上する。

4　「その他の関係機関(10)」欄には社会福祉施設、市町村、福祉事務所、児童相談所、婦人相談所、学校、教育委員会、社協等の関係機関・団体への連絡調整を行った延件数を計上する。

第41　社会福祉法人数・認可件数

（社会福祉法）

都道府県
指定都市　名
中核市
平成　　　　　　　　　　年度分報告

				社会福祉協議会 (1)	共同募金会 (2)	社会福祉事業団 (3)	施設経営法人 (4)	その他 (5)	計 (6)
社会福祉法人数（年度末現在）		厚生労働大臣又は地方厚生局長	(01)						
		都道府県知事・指定都市長・中核市長	(02)						
		都道府県の区域内の市長	(03)						
認可件数（年度中）	設立認可件数	厚生労働大臣又は地方厚生局長	(04)						
		都道府県知事・指定都市長・中核市長	(05)						
		都道府県の区域内の市長	(06)						
	解散認可（認定）件数	厚生労働大臣又は地方厚生局長	(07)						
		都道府県知事・指定都市長・中核市長	(08)						
		都道府県の区域内の市長	(09)						
	合併認可件数	厚生労働大臣又は地方厚生局長	(10)						
		都道府県知事・指定都市長・中核市長	(11)						
		都道府県の区域内の市長	(12)						

この表は、社会福祉法（昭和26年法律第45号。以下「法」という。）により設立された社会福祉法人について年度末現在数（休眠中のもの及び厚生労働大臣が所轄庁となる法人を除く。）及び本年度中における設立認可等を行った件数を社会福祉法人の種類別に計上するものである。

表　頭

1　「社会福祉協議会(1)」欄には、法第109条～第111条に基づく社会福祉協議会であって社会福祉法人として認可されているものを計上する。

2　「共同募金会(2)」欄には、法第113条に基づく共同募金会を計上する。

3　「社会福祉事業団(3)」欄には、「社会福祉事業団等の設立及び運営の基準について」（昭和46年７月16日社庶第121号厚生省社会局長・児童家庭局長連名通知）に基づく社会福祉事業団を計上する。

4　「施設経営法人(4)」欄には、法に規定する社会福祉施設を経営する法人を計上する。ただし、社会福祉事業団は計上しない。

5　「その他(5)」欄には、(1)から(4)のいずれにも該当しない社会福祉法人を計上する。

表　側

1　「社会福祉法人数(02)～(03)」欄には、本年度末現在において法第28条に規定する設立登記を終了している社会福祉法人数を所轄庁別に計上する。

2　「設立認可件数(05)～(06)」欄には、法第31条に基づき設立認可を行った件数を所轄庁別に計上する。

3　「解散認可（認定）件数(08)～(09)」欄には、法第46条第１項（第４号を除く。）に基づき解散認可（認定）を行った件数を所轄庁別に計上する。

4　「合併認可件数(11)～(12)」欄には、法第49条に基づき合併認可を行った件数を所轄庁別に計上する。

第42　社会福祉法人等に対する指導・監督

（社会福祉法等）

都道府県
指定都市　名
中核市
平成　　　　　年度分報告

（社会福祉法人に対する指導）

社会福祉法による社会福祉法人に対する指導（他法において準用する場合を含む）	指導の状況											
	報告徴収	立入検査		措置命令	業務停止命令	役員解職勧告	解散命令	公益事業又は収益事業の停止の命令	報告徴収	予算変更勧告	役員解職勧告	財産返還命令
		特別監査	一般監査									
	(1)	(2)	(3)	(4)	(5)	(6)	(7)	(8)	(9)	(10)	(11)	(12)
(01)									(　　)	(　　)	(　　)	(　　)

（施設又は事業に対する指導）

根拠法	施設（事業）種別		指導の状況								
			報告徴収	立入検査	管理規定の変更の命令	事業の制限の命令	施設の設備又は運営の改善の勧告	施設の設備又は運営の改善の命令	事業の停止の命令	事業の廃止の命令	認可（許可）の取消
			(1)	(2)	(3)	(4)	(5)	(6)	(7)	(8)	(9)
生活保護法	保護施設	(02)									
老人福祉法	老人居宅生活支援事業又は老人デイサービスセンター、老人短期入所施設若しくは老人介護支援センター	(03)									
	養護老人ホーム又は特別養護老人ホーム	(04)									
児童福祉法	児童居宅生活支援事業	(05)									
	児童福祉施設	(06)									
社会福祉法	社会福祉施設等	(07)									

この表は、社会福祉法（昭和26年法律第45号）により設立された社会福祉法人、社会福祉法その他の法律により許可、認可又は届出がなされた社会福祉事業に対する本年度中の指導・監督の状況について、指導の根拠法、施設・事業の種類別に件数を計上するものである。

1　社会福祉法人に対する指導・監督について、都道府県においては、都道府県知事及び区域内の市長（指定都市、中核市を除く）が所轄庁である法人、指定都市及び中核市においては指定都市市長及び中核市市長が所轄庁である法人について計上し、厚生労働大臣が所轄庁となる法人については計上しない。

2　下表の立入検査については、「社会福祉法人の認可等の適正化並びに社会福祉法人及び社会福祉施設に対する指導監督の徹底について」（平成13年７月23日雇児発第488号・社援発第1275号・老発第274号厚生労働省雇用均等・児童家庭局長・社会援護局長・老健局長連名通知）にいう指導監査のうち、特別監査について計上し、一般監査については計上しない。

上　表

社会福祉法人に対する指導・監督件数を計上する。また、他法において社会福祉法の規定を準用する場合も含めて計上し、準用した場合は（　）の中に再掲する。

表　頭

1　「報告徴収(1)」欄には、社会福祉法第56条第１項に基づき、業務又は会計の報告を徴収した件数を計上する。

2　「立入検査」欄には、社会福祉法第56条第１項に基づき、業務及び財産の状況を検査した件数を特別監査、一般監査別に計上する。

3　「措置命令(4)」欄には、社会福祉法第56条第２項に基づき、必要な措置を採るべき旨を命じた件数を計上する。

4　「業務停止命令(5)」欄には、社会福祉法第56条第３項に基づき、業務の全部若しくは一部の停止を命じた件数を計上する。

5　「役員解職勧告(6)」欄には、社会福祉法第56条第３項に基づき、役員の解職を勧告した件数を計上する。

6　「解散命令(7)」欄には、社会福祉法第56条第４項に基づき、解散を命じた件数を計上する。

7　「公益事業又は収益事業の停止の命令(8)」欄には、社会福祉法第57条に基づき、公益事業又は収益事業の停止を命じた件数を計上する。

8　「報告徴収(9)」欄には、社会福祉法第58条第２項第１号に基づき、事業又は会計の状況の報告を徴収した件数を計上する。

生活保護法第74条の２、老人福祉法第25条、身体障害者福祉法第38条の２、児童福祉法第56条の５、知的障害者福祉法第27条の２において社会福祉法を準用した場合も含める。また、その件数は（　）の中に再掲する。

（予算変更勧告(10)、役員解職勧告(11)、財産返還命令(12)についても同じ取り扱いとする。）

9　「予算変更勧告(10)」欄には、社会福祉法第58条第２項第２号に基づき、予算の変更を勧告した件数を計上する。

10　「役員解職勧告(11)」欄には、社会福祉法第58条第２項第３号に基づき、役員の解職を勧告した件数を計上する。

11　「財産返還命令(12)」欄には、社会福祉法第58条第３項に基づき、財産の返還を命じた件数を計上する。

下　表

表　頭

1　「報告徴収(1)～認可（許可）の取消(9)」欄には、次表の各法の規定に基づく指導監督を行った件数を計上する。

（該当する法律の条項一覧）
（施設又は事業に対する指導）

根拠法	施設（事業）種別	指導の状況								
		報告徴収 (1)	立入検査 (2)	管理規定の変更の命令 (3)	事業の制限の命令 (4)	施設の設備又は運営の改善の勧告 (5)	施設の設備又は運営の改善の命令 (6)	事業の停止の命令 (7)	事業の廃止の命令 (8)	認可（許可）の取消 (9)
生活保護法	保護施設 (02)	第44条	第44条	第46条第３項			第45条第１項第２項	第45条第１項第２項	第45条第１項	第45条第２項
老人福祉法	老人居宅生活支援事業又は老人デイサービスセンター、老人短期入所施設若しくは老人介護支援センター (03)	第18条第１項	第18条第１項		第18条の２第２項			第18条の２第２項		
	養護老人ホーム又は特別養護老人ホーム (04)	第18条第２項	第18条第２項				第19条第１項	第19条第１項	第19条第１項	第19条第１項
児童福祉法	児童居宅生活支援事業 (05)	第34条の４	第34条の４		第34条の５			第34条の５		
	児童福祉施設(06)	第46条第１項	第46条第１項			第46条第３項	第46条第３項	第46条第４項		第58条
社会福祉法	社会福祉施設等 (07)	第70条	第70条		第72条		第71条	第72条		第72条

表　側

1　「保護施設(02)」欄は、生活保護法第38条に規定する保護施設をいう。

2　「老人居宅生活支援事業又は老人デイサービスセンター、老人短期入所施設若しくは老人介護支援センター(03)」欄の、老人居宅生活支援事業は、老人福祉法第５条の２に規定するものをいう。

3　「児童居宅生活支援事業(05)」欄は、児童福祉法第６条の２第１項に規定するものをいう。

4　「児童福祉施設(06)」欄は、児童福祉法第７条に規定するものをいう。

5　「社会福祉施設等(07)」欄は、老人福祉法第５条の３に規定する軽費老人ホーム及び老人福祉センター、児童福祉法第34条の７に規定する放課後児童健全育成事業、売春防止法第36条に規定する婦人保護施設、母子及び寡婦福祉法第38条に規定する母子福祉施設、社会福祉法第２条に規定する授産施設、宿所提供施設、無料低額診療施設、無料低額介護老人保健施設、隣保館等をいう。

第43　児童相談経路別児童受付

(児童福祉法)

都道府県
指定都市　名
中核市
平成　　　　　　年度分報告

		都道府県・指定都市・中核市				市町村				児童福祉施設・指定発達支援医療機関			児童家庭支援センター	認定こども園	警察等	家庭裁判所	保健所及び医療機関		学校等		
		児童相談所	福祉事務所	保健センター	その他	福祉事務所	児童委員	保健センター	その他	保育所	児童福祉施設	指定発達支援医療機関					保健所	医療機関	幼稚園	学校	教育委員会等
		(1)	(2)	(3)	(4)	(5)	(6)	(7)	(8)	(9)	(10)	(11)	(12)	(13)	(14)	(15)	(16)	(17)	(18)	(19)	(20)
児童相談所	男 (01)																				
	女 (02)																				
市町村	男 (03)						＼						＼			＼					
	女 (04)						＼						＼			＼					

		里親	児童委員(通告の仲介を含む)	家族・親戚	近隣・知人	児童本人	その他	計	(再掲)			
									措置変更	期間延長	巡回相談	電話相談
		(21)	(22)	(23)	(24)	(25)	(26)	(27)	(28)	(29)	(30)	(31)
児童相談所	男 (01)											
	女 (02)											
市町村	男 (03)											
	女 (04)											

この表は、児童福祉法（昭和22年法律第164号。以下「法」という。）により本年度中に児童相談所及び市町村で児童の福祉に関する相談等を受けて児童記録票を起こした件数について経路別、男女別に計上するものである。

新たに児童記録票を起こしたケースのほか、次の場合も計上する。

1　以前に相談に応じた児童で現在措置が解除され若しくはその他の処理が完了した児童について、再び相談に応じた場合

2　措置継続中の児童について、措置変更若しくは在所期間の延長のための相談に応じて、児童記録票を再び用いた場合（再掲の措置変更(28)若しくは期間延長(29)の欄にも計上する。）

表　頭

1　「都道府県・指定都市・中核市」の各欄には、都道府県、指定都市、中核市（ただし、児童相談所を設置した中核市に限る。）の関係機関から通告等があったケースについて計上する。「福祉事務所(2)」の欄には、都道府県・指定都市・中核市（ただし、児童相談所を設置した中核市に限る。）の設置した福祉事務所から法第25条の8の規定により送致されたケースのほか、児童問題についての連絡又は通知等があったケースについて計上する。

「保健センター(3)」の欄には、指定都市、中核市（ただし、児童相談所を設置した中核市に限る。）の設置した地域保健法（昭和22年法律第101号）第18条の規定による「市町村保健センター」からの通告等があったケースについて計上する。

「その他(4)」の欄には、児童相談所、福祉事務所及び保健センター以外の都道府県、指定都市、中核市（ただし、児童相談所を設置した中核市に限る。）関係機関の長（他に分類されるものを除く。）からの通告等があったケースを計上する。

2　「市町村」の各欄には、市町村の関係機関から通告等があったケースについて計上する。

「保健センター(7)」の欄は、地域保健法（昭和22年法律第101号）第18条の規定による「市町村保健センター」からの通告等があったケースを計上する。

「その他(8)」の欄には福祉事務所、児童委員、保健センター以外の市町村関係機関の長（他に分類されるものを除く。）からの通告等があったケースについて計上する。

3　「児童福祉施設・指定発達支援医療機関」の各欄には、「保育所(9)」（保育所型認定子ども園を除く）、「児童福祉施設(10)」（児童家庭支援センターを除く）、「指定発達支援医療機関(11)」からの通告等があったケースを計上する。

4　「児童家庭支援センター(12)」欄には、児童家庭支援センターからの通告等があったケースを計上する。

5　「認定こども園(13)」欄には、幼保連携型認定こども園、幼稚園型認定こども園、保育所型認定こども園、地方裁量型認定こども園からの通告等があったケースについて計上する。

6　「警察等(14)」欄には、警察官のほか麻薬取締官等司法警察職員としての職務を行う者からの通告等があったケースについて計上する。

7　「家庭裁判所(15)」欄には、家庭裁判所から児童問題についての通告等があったケースについて計上する。

8　「保健所(16)」欄には、保健所から児童問題についての通告等があったケースについて計上する。

9　「医療機関(17)」欄には、医療機関からの通告等があったケースについて計上する。

10　「学校(19)」欄には、小学校、中学校、高等学校等からの連絡、通告等があったケースについて計上する。

「教育委員会等(20)」欄には、教育委員会（教育相談室等）、社会教育関係機関等からの連絡、通告等があったケースについて計上する。

11　「里親(21)」欄には、法27条1項第3号の規定による里親からの連絡、相談等により受け付けたケースについて計上する。

12　「児童委員(通告の仲介を含む。)(22)」欄には、法第25条の規定による児童委員を介しての連絡、通告等があったケースについて計上する。

13　「措置変更(28)」欄には、措置継続中の児童について、措置変更のための相談に応じて児童記録票を再び用いたものについて再掲として計上する。

14　「期間延長(29)」欄には、法第31条等による保護期間の延長のための相談に応じ児童記録票を再び用いたものについて再掲として計上する。

15　「巡回相談(30)」欄には、巡回相談又は出張相談で受け付けたケースについて再掲として計上する。

16　「電話相談(31)」欄には、電話によって相談をうけ、児童記録票を起こしたもので、電話のみで処遇を完了したものについて再掲として計上する。

表　側

1　「児童相談所」欄の各欄には、本年度中に児童相談所で児童の福祉に関する相談等を受けて、児童記録票を起した件数を男女別に計上する。

2　「市町村」欄の各欄には、本年度中に市町村で児童の福祉に関する相談等を受けて、児童記録票を起した件数を男女別に計上する。

第44　児童相談種類別児童受付

(児童福祉法)

都道府県
指定都市　名
中核市

平成　　　　　　年度分報告

		養護相談		保健相談	障害相談						非行相談		育成相談				その他の相談	計	（再掲）		
		児童虐待相談 (1)	その他の相談 (2)	(3)	肢体不自由相談 (4)	視聴覚障害相談 (5)	言語発達障害等相談 (6)	重症心身障害相談 (7)	知的障害相談 (8)	発達障害相談 (9)	ぐ犯行為等相談 (10)	触法行為等相談 (11)	性格行動相談 (12)	不登校相談 (13)	適性相談 (14)	育児・しつけ相談 (15)	(16)	(17)	児童虐待通告 (18)	いじめ相談 (19)	児童買春等被害相談 (20)
児童相談所	0 歳 (01)																				
	1 歳 (02)																				
	2 歳 (03)																				
	3 歳 (04)																				
	4 歳 (05)																				
	5 歳 (06)																				
	6 歳 (07)																				
	7 歳 (08)																				
	8 歳 (09)																				
	9 歳 (10)																				
	10 歳 (11)																				
	11 歳 (12)																				
	12 歳 (13)																				
	13 歳 (14)																				
	14 歳 (15)																				
	15 歳 (16)																				
	16 歳 (17)																				
	17 歳 (18)																				
	18 歳 以 上 (19)																				
	計 (20)																				
市町村	0 歳 (21)																				
	1 歳 (22)																				
	2 歳 (23)																				
	3 歳 (24)																				
	4 歳 (25)																				
	5 歳 (26)																				
	6 歳 (27)																				
	7 歳 (28)																				
	8 歳 (29)																				
	9 歳 (30)																				
	10 歳 (31)																				
	11 歳 (32)																				
	12 歳 (33)																				
	13 歳 (34)																				
	14 歳 (35)																				
	15 歳 (36)																				
	16 歳 (37)																				
	17 歳 (38)																				
	18 歳 以 上 (39)																				
	計 (40)																				

児童相談所	1歳6ヶ月児精神発達精密健康診査（再掲） (41)																	
	3歳児精神発達精密健康診査（再掲） (42)																	

児童相談所	特別児童扶養手当支給にかかる判定相談（(17)の再掲） (43)	
	里親、養親希望に関する相談 (44)	

この表は、児童福祉法（昭和22年法律第164号。以下「法」という。）により、本年度中に児童相談所及び市町村が新たに受け付けた件数のうち、本年度中に判定会議等の結果、相談種別を決定した件数を計上するものであり、児童相談所及び市町村に備え付けられている児童記録票に記載された相談種別によって分類計上する。

一般的事項

1　相談種別は原則として判定会議・援助方針会議等の結果により分類する。

2　以前相談に応じ現在措置が解除されている児童、若しくはその他の処理が完了した児童について再び相談に応じて児童記録票を再び用いたものも含めて計上する。

3　相談種別が２欄以上に該当するときは、おもな相談のみに計上する。

表　頭

1　「養護相談」の「児童虐待相談(1)」欄には、児童虐待の防止等に関する法律の第２条に規定する身体的虐待、性的虐待、心理的虐待、保護の怠慢・拒否（ネグレクト）に関する相談について計上する。（児童の安全確認の結果を踏まえた判定会議等の結果により、児童虐待相談には該当しないと分類されたものは含まない）

2　「養護相談」の「その他の相談(2)」欄には、父又は母等保護者の家出・失踪、死亡、離婚、入院、稼働及び服役等による養育困難児、迷子、親権を喪失した親の子、後見人を持たぬ児童等児童虐待相談以外の環境的問題を有する児童、養子縁組に関する相談について計上する。

3　「保健相談(3)」欄には、未熟児、虚弱児、ツベルクリン反応陽転児、内部機能障害、小児喘息、その他の疾患（精神疾患を含む。）を有する児童に関する相談について計上する。

4　「非行相談」の「ぐ犯行為等相談(10)」欄には、虚言癖、浪費癖、家出、浮浪、乱暴、性的逸脱等のぐ犯行為、問題行動のある児童、警察署からぐ犯少年として通告のあった児童、又は触法行為があったと思料されても警察署から法第25条による通告のない児童に関する相談について計上する。

5　「非行相談」の「触法行為等相談(11)」欄には、触法行為があったとして警察署から法第25条による通告のあった児童、犯罪少年に関して家庭裁判所から送致のあった児童に関する相談について計上する。

6　「育成相談」の「性格行動相談(12)」欄には、児童の人格の発達上問題となる反抗、友達と遊べない、落ち着きがない、内気、緘黙、不活発、家庭内暴力、生活習慣の著しい逸脱等性格もしくは行動上の問題を有する児童に関する相談について計上する。

7　「育成相談」の「不登校相談(13)」欄には、学校及び幼稚園並びに保育所に在籍中で、登校（園）していない状態にある児童に関する相談について計上する。非行が主である場合や精神疾患、養護問題が主である場合等には、そのそれぞれの項に計上する。

8　「育成相談」の「適性相談(14)」欄には、進学適性、職業適性、学業不振等に関する相談について計上する。

9　「育成相談」の「育児・しつけ相談(15)」欄には、家庭内における幼児の育児・しつけ、児童の性教育、遊び等に関する相談について計上する。

10　「児童虐待通告(18)」欄には、表頭の各種相談のうち、児童虐待の防止等に関する法律の第６条の規定に基づく通告及び同法第２条に係る相談に関して、「相談・通告受付票」を起こし、受理会議段階で児童虐待相談（疑い、おそれを含む。）として受け付けた件数について再掲する。

11　「いじめ相談(19)」欄には、表頭の各種相談のうち、言葉での脅し、冷やかし・からかい、仲間はずれ、暴力等「いじめ」に関する相談について再掲する。

12　「児童買春等被害相談(20)」欄には、表頭の各種相談のうち、児童買春等の被害に関する相談について再掲する。

表　側

上　表

1　「児童相談所」及び「市町村」の「年齢区分(01)～(40)」欄には、児童相談所及び市町村に備え付けられている児童記録票に記載された相談種別ごとに年齢別で計上する。児童相談所及び市町村で受け付けたときの満年齢により計上する。

2　「１歳６か月児精神発達精密健康診査(再掲)(41)」欄には、母子保健法（昭和40年法律第141号）第12条の規定による１歳６か月児健康診査の結果、母子保健法施行規則（昭和40年厚生省令第55号）第２条第１項第７号による「精神発達の状況」について、精密健康診査の依頼があったものを再掲する。

3　「３歳児精神発達精密健康診査(再掲)(42)」欄には、母子保健法（昭和40年法律第141号）第12条の規定による３歳児健康診査の結果、母子保健法施行規則（昭和40年厚生省令第55号）第２条第２項第９号による「精神発達の状況」について、精密健康診査の依頼があったものを再掲する。

下　表

1　「特別児童扶養手当支給にかかる判定相談((17)の再掲)(43)」欄には、特別児童扶養手当等の支給に関する法律（昭和39年法律第134号）による特別児童扶養手当の支給にかかる判定相談について再掲する。

2　「里親、養親希望に関する相談(44)」欄には、法第27条第１項第３号に規定する里親及び「養子制度等の運用について、（平成14年９月５日雇児発第0905004号）に基づく養子縁組希望者からの相談について計上すること。

第45　児童相談種類別対応件数

(児童福祉法)

都道府県
指定都市名
中核市

平成　　　　年度報告分

		対応件数（年度中）：面接指導：助言指導 (1)	面接指導：継続指導 (2)	面接指導：他機関あっせん (3)	児童福祉司指導 (4)	児童委員指導 (5)	児童家庭支援センター指導委託 (6)	福祉事務所送致又は通知（知的障害者福祉司・社会福祉主事指導を含む） (7)	児童相談所送致 (8)	知的障害者福祉司・社会福祉主事指導 (9)	助産又は母子保護の実施に係る都道府県知事への報告 (10)	訓戒・誓約 (11)	児童福祉施設：入所 (12)	児童福祉施設：（再掲）法第27条の3による家庭裁判所送致 (13)	児童福祉施設：通所 (14)	指定発達支援医療機関委託 (15)	里親委託 (16)	法第27条第1項第4号による家庭裁判所送致 (17)	障害児入所施設等への利用契約 (18)	その他 (19)	計 (20)	施設入所待機（再掲） (21)	未対応件数（年度末現在） (22)	施設入所待機（再掲） (23)
児童相談所	養護相談：児童虐待相談 (01)																							
	養護相談：その他の相談 (02)																							
	保健相談 (03)																							
	障害相談：肢体不自由相談 (04)																							
	障害相談：視聴覚障害相談 (05)																							
	障害相談：言語発達障害等相談 (06)																							
	障害相談：重症心身障害相談 (07)																							
	障害相談：知的障害相談 (08)																							
	障害相談：発達障害相談 (09)																							
	非行相談：ぐ犯行為等相談 (10)																							
	非行相談：触法行為等相談 (11)																							
	育成相談：性格行動相談 (12)																							
	育成相談：不登校相談 (13)																							
	育成相談：適性相談 (14)																							
	育成相談：育児・しつけ相談 (15)																							
	その他の相談 (16)																							
	計 (17)																							
市町村	養護相談：児童虐待相談 (18)																							
	養護相談：その他の相談 (19)																							
	保健相談 (20)																							
	障害相談：肢体不自由相談 (21)																							
	障害相談：視聴覚障害相談 (22)																							
	障害相談：言語発達障害等相談 (23)																							
	障害相談：重症心身障害相談 (24)																							
	障害相談：知的障害相談 (25)																							
	障害相談：発達障害相談 (26)																							
	非行相談：ぐ犯行為等相談 (27)																							
	非行相談：触法行為等相談 (28)																							
	育成相談：性格行動相談 (29)																							
	育成相談：不登校相談 (30)																							
	育成相談：適性相談 (31)																							
	育成相談：育児・しつけ相談 (32)																							
	その他の相談 (33)																							
	計 (34)																							
児童相談所 再掲	いじめ相談 (35)																							
	児童買春等被害相談 (36)																							
市町村 再掲	いじめ相談 (37)																							
	児童買春等被害相談 (38)																							

この表は、児童福祉法（昭和22年法律第164号。以下「法」という。）により、本年度中に児童相談所及び市町村が新たに受け付けた相談及び前年度に未対応であった相談について、本年度中に対応をした件数及び年度末現在の未対応件数を対応種別、相談種別に計上するものであり、児童相談所及び市町村に備え付けられている児童記録票の記載内容に基づいて計上する。

一般的事項

1　この表でいう対応とは、法第26条第１項及び第27条第１項にいう措置のほか、児童相談所及び市町村が行う児童の福祉に関する相談の対応をいい、援助方針会議等の結果により分類すること。ただし、援助内容決定後指導等を継続し、その指導等が終結した場合にはあらためて計上はしない。

2　対応が２欄以上に該当するときは、それぞれの対応に計上する。同一人について一度とられた対応がその後の経過の中で別の対応に変更される場合には、新たにとられた対応についても計上する。

表　頭

1　「面接指導」の「助言指導(1)」欄には、１～３回程度の助言、指示等を与えることによる指導対応を行うことに決定したものの数を計上する。

2　「面接指導」の「継続指導(2)」欄には、心理療法やカウンセリング・面接による指導等を少なくとも数回以上にわたって継続実施することに決定したものの数を計上する。援助方針会議による決定までに数回以上の継続的な面接等による指導があった場合も本欄に計上する。

3　「面接指導」の「他機関あっせん(3)」欄には、他の児童相談所、福祉事務所、保健所、医療機関、教育相談所等他の機関に移管、あっせん紹介したものの数を計上する。

4　「法第27条の３による家庭裁判所送致(再掲)(13)」欄には、「児童福祉施設」の「入所(12)」に計上されたもののうち、法第27条の３により家庭裁判所に送致され、児童の行動の自由を制限し、又はその自由を奪うような強制的措置を認められたものの数を再掲する。

5　「法第27条第１項第４号による家庭裁判所送致(17)」欄には、家庭裁判所の審判に付することが適当であると認めて、家庭裁判所へ送致の措置（法第27条第１項第４号）をしたものの数を計上する。

6　「障害児入所施設等への利用契約(18)」欄には、障害児入所施設等への入所に関して、児童相談所が入所受給者証を交付（法第24条の３第６項）した件数を計上する。

7　「施設入所待機(再掲)(21)」欄には、施設入所又は指定発達支援医療機関委託の対応が必要とされたもののうち、施設にあきがなく、とりあえず児童福祉司の指導、児童委員の指導及び面接指導等の対応を行い、自宅等で待機しているものの数を再掲として計上する。

8　「未対応件数(年度末現在)(22)」欄には、一時保護施設に入所中のもの及び児童相談所に併設された一時保護施設以外の施設に委託している一時保護委託者についても計上する。

9　「未対応件数」の「施設入所待機(再掲)(23)」欄には、施設入所又は指定発達支援医療機関へ委託の対応を決定したが、年度末現在において施設にあきがなく、未対応のまま一時保護施設又は自宅等で待機しているものの数を再掲として計上する。

表　側

「第44児童相談種類別児童受付」の表頭相談種別により計上する。

第46　児童相談所における措置停止・措置中等の調査・診断・指導・措置解除
（児童福祉法・児童虐待の防止等に関する法律）

都道府県
指定都市　名
中 核 市
平成　　　　　　　　年度分報告

（措置停止・措置中の調査・診断・指導）

	措置停止 (1)	調査・診断・指導 (2)
児童福祉施設 (01)		
指定発達支援医療機関 障害者支援施設 (02)		
里親 (03)		

（措置解除）

	相談種類					
	養護		障害 (3)	非行 (4)	育成 (5)	保健・その他 (6)
	児童虐待 (1)	その他 (2)				
家庭復帰 (04)						
社会的自立 (05)						
その他 (06)						

この表は、児童福祉法（昭和22年法律第164号）により児童相談所が、児童を児童福祉施設、指定発達支援医療機関・障害者の日常生活及び社会生活を総合的に支援するための法律（平成17年法律第123号）に規定する障害者支援施設等障害福祉サービス又は里親・小規模住居型児童養育事業（ファミリーホーム）に措置したもののうち、本年度中に措置停止並びに措置中の調査・診断・指導を行った延件数を計上する。また、措置の解除については、児童虐待の防止等に関する法律（平成12年法律第82号）第４条の家庭の再統合への取り組みを促進する規定により、家庭復帰や社会的自立の実態を相談種別ごとに計上する。

（措置停止・措置中の調査・診断・指導）

表頭

「調査・診断・指導(2)」欄には、措置中の児童及び児童の家族、施設職員、里親・小規模住居型児童養育事業（ファミリーホーム）に対して必要な調査・診断・指導を行った件数を計上する。

（措置解除）

表頭

措置を解除した件数を計上する。相談種別が、２欄以上に該当するときは、おもな相談のみを計上する。

1　「児童虐待(1)」欄には、児童虐待の防止等に関する法律の第２条に規定する相談のみを計上する。
2　「その他(2)」欄には、父又は母等保護者の家出・失踪・死亡、離婚、入院、稼働及び服役等による養育困難児、迷子、親権を喪失・停止した親の子、後見人を持たぬ児童等、児童虐待相談以外の環境的問題を有する児童、養子縁組に関する相談について計上する。
3　「障害(3)」欄には、肢体不自由相談、視聴覚障害相談、言語発達障害等相談、重症心身障害相談、知的障害相談、自閉症等相談などの障害相談を計上する。
4　「非行(4)」欄には、ぐ犯行為等相談、触法行為等相談の非行相談について計上する。
5　「育成(5)」欄には、性格行動相談、不登校相談、適正相談、育児・しつけ相談など育成相談について計上する。
6　「保健・その他(6)」欄には、保健相談及び(1)～(5)に該当しない相談を計上する。

表側

1　「家庭復帰(04)」欄には、児童が再び保護者や親族と生活をともにする場合について計上する。
2　「社会的自立(05)」欄には、家庭に戻れず、親族とも生活をともにできないが、社会的に自立できた場合について計上する。
3　「その他(06)」欄には、(04)(05)いずれでもない場合について計上する。

第47　一　時　保　護　児　童

（児童福祉法）

都道府県
指定都市　名
中 核 市
平成　　　　年度分報告

（所内保護分）

	前年度末継続保護	受付（年度中）				対応（年度中）									年度末継続保護
		0～5歳	6～11歳	12～14歳	15歳以上	児童福祉施設入所	里親委託	他の児童相談所・機関に移送	家庭裁判所送致	帰宅	その他	計	職権による一時保護（再掲）	延日数	
	(1)	(2)	(3)	(4)	(5)	(6)	(7)	(8)	(9)	(10)	(11)	(12)	(13)	(14)	(15)
養護　児童虐待 (01)															
養護　その他 (02)															
障害 (03)															
非行 (04)															
育成 (05)															
保健・その他 (06)															
計 (07)															
延日数 (08)															

（委託保護分）

	前年度末継続委託保護	委託（年度中）				委託解除（年度中）											年度末継続委託保護	対応（年度中）							
							児童福祉施設																		
		0～5歳	6～11歳	12～14歳	15歳以上	警察等	児童養護施設	乳児院	児童自立支援施設	情緒障害児短期治療施設	障害児関係施設	その他の施設	里親	その他	計	延日数		児童福祉施設入所	里親委託	他の児童相談所・機関に移送	家庭裁判所送致	帰宅	その他	計	職権による一時保護（再掲）
	(1)	(2)	(3)	(4)	(5)	(6)	(7)	(8)	(9)	(10)	(11)	(12)	(13)	(14)	(15)	(16)	(17)	(18)	(19)	(20)	(21)	(22)	(23)	(24)	(25)
養護　児童虐待 (09)																									
養護　その他 (10)																									
障害 (11)																									
非行 (12)																									
育成 (13)																									
保健・その他 (14)																									
計 (15)																									
延日数 (16)																									

この表は、児童福祉法（昭和22年法律第164号。以下「法」という。）により児童相談所が本年度中に一時保護した件数を対応別、相談種別に計上するとともに、適当な者に一時保護を委託及び解除した件数について計上するものである。
　1　上表（所内保護分）は、法第33条第１項及び第２項の規定により一時保護したものについて児童記録票の記載内容に基づいて計上する。なお、一時保護施設に宿泊した者に限らず、例えば迷子のように短時間保護を行った者も含めて計上する。
　2　下表（委託保護分）は、法第33条第１項及び第２項の規定により警察又はその他適当な者に一時保護を委託及び解除したものについて計上する。
（所内保護分）
　表　頭
　1　「受付(2)～(5)」の各欄には、本年度中に一時保護施設に入所した児童について、入所した時の満年齢により計上する。
　2　「他の児童相談所・機関に移送(8)」欄には、他の児童相談所、福祉事務所、保健所、医療機関、研究所等に移送、あっせん、紹介したものについて計上する。
　3　「その他(11)」欄には、(6)～(10)の各欄のいずれにも該当しないもの、例えば、児童の親せきあるいは知人宅に指導のため預けられたもの、又は養子縁組が決定して退所したもの等について計上する。
　4　「職権による一時保護（再掲）(13)」欄には、「計(12)」のうち保護者の同意を得ないで一時保護を実施した数を再掲する。
　表　側
　1　「養護」の「児童虐待相談(01)」欄には、児童虐待の防止に関する法律の第２条に規定する身体的虐待、性的虐待、心理的虐待及び保護の怠慢・拒否（ネグレクト）に関する相談について計上する。
　2　「養護」の「その他(02)」欄には、父又は母等保護者の家出、失踪、死亡、離婚、入院、稼働及び服役等による養育困難児、迷子、親権を喪失・停止した親の子、後見人を持たぬ児童等児童虐待相談以外の環境的問題を有する児童、養子縁組に関する相談について計上する。
　3　「障害(03)」欄には、肢体不自由相談、視聴覚障害相談、言語発達障害等相談、重症心身障害相談、知的障害相談、自閉症等相談について計上する。
　4　「非行(04)」欄には、ぐ犯行為等相談、触法行為等相談について計上する。
　5　「育成(05)」欄には、性格行動相談、不登校相談、適性相談、育児・しつけ相談について計上する。
　6　「延日数(08)」欄には、本年度中に退所した児童について、一時保護施設に入所した日から対応が決定し、退所するまでに要した延日数を処理別に計上する。
（委託保護分）
　表　頭
　1　「前年度末継続委託保護(1)」欄には、前年度末現在、委託解除せず、委託保護を継続した件数を計上する。
　2　「委託(2)～(5)」欄は、本年度中に一時保護を委託した児童について、委託した時の満年齢により計上する。
　3　「委託解除」の「警察(6)」欄には、警察署等に保護を委託した児童のうち、本年度中に委託を解除した児童数を計上する。「児童福祉施設(7)～(12)」「里親(13)」「その他(14)」の欄についても、児童福祉施設・里親等それぞれに一時保護を委託した児童のうち、本年度中に委託を解除した児童を計上する。「延日数(16)」欄には、本年度中に委託解除した児童について、委託した日から委託を解除するまでに要した延日数について相談種別に計上する。
　表　側
　「延日数(16)」欄には、本年度中に委託保護を解除した児童について、児童を委託した日から委託を解除するまでに要した延日数を委託先ごとに計上する。

第48　児童相談所における調査・診断及び心理療法・カウンセリング等
（児童福祉法）

都道府県
指定都市　名
中核市

平成　　　　　年度分報告

	調査・社会診断指導 (1)	医学的診断指導			心理診断指導					その他の診断指導 (10)	心理療法・カウンセリング等			
		診察・指導 (2)	医学的検査 (3)	その他 (4)	知能検査 (5)	発達検査 (6)	人格検査 (7)	その他の検査 (8)	面接・観察・指導 (9)		医師 (11)	児童心理司等 (12)	児童福祉司等 (13)	その他の所員 (14)
児童 (01)														
(再掲)児童虐待 (02)														
(再掲)非行 (03)														
保護者 (04)														
(再掲)児童虐待 (05)														
(再掲)非行 (06)														
その他 (07)														
(再掲)児童虐待 (08)														
(再掲)非行 (09)														
計 (10)														
(再掲)児童虐待 (11)														
(再掲)非行 (12)														

この表は、児童福祉法（昭和22年法律第164号）により児童相談所で受け付けたケースに対して、本年度中に実施した調査・社会診断指導、医学診断指導、心理診断指導、その他の診断指導及び心理療法・カウンセリング等の件数を、方法別、実施者別、対象別に計上するものである。

同一ケースについて時間、場所を同じくして調査と社会診断指導を行った場合、同一項目であるので１件として計上する。診察と指導、面接と観察と指導、その他の診断と指導を行った場合も同様とする。

表　頭

1　「調査・社会診断指導(1)」欄には、児童福祉司、相談員等のケースワーカーが面接、電話、文書照会、調査の委嘱等により調査・指導を行った件数を対象者別に計上する。同一ケースについて、時間又は場所を異にして２回以上行った場合は実施した調査の全数を計上する。

2　「医学診断指導(2)～(4)」の各欄には、児童相談所でおこなったもののほか、他の医療機関に委託して行ったものも含めて計上する。

　同一ケースについて２種以上の検査等を行ったり同一の検査を２回以上行った場合は、その全数を計上する。

　「医学的検査(3)」欄には、脳波測定、血液検査、聴力検査等各種医学的検査を行った件数を計上する。

　「その他(4)」欄には、身体測定その他の医学診断指導を行った件数を計上する。

3　「心理診断指導(5)～(9)」の各欄には、児童心理司、心理療法担当職員等が行った心理診断指導について計上する。

　同一ケースについて２種以上の検査、面接を行ったり同一の検査を２回以上行った場合は、その全数を計上する。

　「面接・観察・指導(9)」欄には、同一ケースの対象者について時間、場所を同じくして面接、観察、指導を行った場合には対象者毎に１件として計上する。

4　「その他の診断指導(10)」欄には、言語治療担当職員や理学療法士等が行った診断・指導について、その件数を計上する。

5　「心理療法・カウンセリング等(11)～(14)」の各欄には、心理療法・カウンセリング、ソーシャルワーク等の複雑な指導を数回以上にわたって継続実施したもの（第45表の継続指導、児童福祉司指導等が該当する。）について、実施した延件数を計上する。なお、集団療法も含め、当該ケースの児童及びその関係者に対して担当者が複数のチームによって行う場合は、それぞれ主担当者が(11)～(14)のいずれかであるかによって計上する。

表　側

1　「保護者(04)」は、親権を行う者、後見人及びその他の者で、児童を現に監護する者をいう。

2　「その他(07)」は、保護者以外の児童の関係者をいう。

3　「（再掲）児童虐待(02)(05)(08)(11)」欄には、児童虐待の防止等に関する法律の第２条に規定する身体的虐待、性的虐待、心理的虐待及び保護の怠慢・拒否（ネグレクト）に対して実施した調査・社会診断指導、医学的診断指導、心理診断指導、その他の診断指導及び心理療法・カウンセリング等の件数を再掲する。

4　「（再掲）非行(03)(06)(09)(12)」欄には、非行（ぐ犯行為、触法行為等）の相談で実施した調査・社会診断指導、医学診断指導、心理診断指導等、その他の診断指導及び心理療法・カウンセリング等の件数を再掲する。

第49　児童相談所における養護相談の理由別対応件数

（児童福祉法・児童虐待の防止等に関する法律）

都道府県
指定都市　名
中核市
平成　　　年度分報告

1（養護相談の理由）

	家出（失踪を含む）(1)	死亡 (2)	離婚 (3)	傷病（入院を含む）(4)	家族環境 虐待 (5)	家族環境 その他 (6)	その他 (7)	計 (8)
児童福祉施設に入所 (01)								
里親委託 (02)								
面接指導 (03)								
その他 (04)								

「虐待(5)」の再掲
(1)（「児童福祉施設に入所(01)」の内訳）

	児童養護施設 (1)	乳児院 (2)	児童自立支援施設 (3)	情緒障害児短期治療施設 (4)	その他 (5)	計 (6)
児童福祉施設に入所 (05)						

(2)（虐待相談の相談種別・経路）

	都道府県・指定都市・中核市				市町村				児童福祉施設・指定発達支援医療機関							保健所及び医療機関		学校等					家族										
																							虐待者本人			虐待者以外							
	児童相談所 (1)	福祉事務所 (2)	保健センター (3)	その他 (4)	福祉事務所 (5)	児童委員 (6)	保健センター (7)	その他 (8)	保育所 (9)	児童福祉施設 (10)	指定発達支援医療機関 (11)	児童家庭支援センター (12)	認定こども園 (13)	警察等 (14)	家庭裁判所 (15)	保健所 (16)	医療機関 (17)	幼稚園 (18)	学校 (19)	教育委員会等 (20)	里親 (21)	児童委員の仲介（通告を含む）(22)	父親 (23)	母親 (24)	その他 (25)	父親 (26)	母親 (27)	その他 (28)	親戚 (29)	近隣・知人 (30)	児童本人 (31)	その他 (32)	計 (33)
身体的虐待 (06)																																	
性的虐待 (07)																																	
心理的虐待 (08)																																	
保護の怠慢・拒否（ネグレクト） (09)																																	
計 (10)																																	

(3)（虐待相談の相談種別・主な虐待者）

	実父 (1)	実父以外の父親 (2)	実母 (3)	実母以外の母親 (4)	その他 (5)	計 (6)
身体的虐待 (11)						
性的虐待 (12)						
心理的虐待 (13)						
保護の怠慢・拒否（ネグレクト） (14)						
計 (15)						

(4)（被虐待者の年齢・相談種別）

	身体的虐待 (1)	性的虐待 (2)	心理的虐待 (3)	暴力の目撃等によるもの（再掲） (4)	保護の怠慢・拒否（ネグレクト） (5)	棄児（再掲） (6)	置き去り児童（再掲） (7)	登校・登園の禁止（再掲） (8)	保護者以外の者による虐待 身体的虐待（再掲） (9)	保護者以外の者による虐待 性的虐待（再掲） (10)	保護者以外の者による虐待 心理的虐待（再掲） (11)	計 (12)
0歳 (16)												
1歳 (17)												
2歳 (18)												
3歳 (19)												
4歳 (20)												
5歳 (21)												
6歳 (22)												
7歳 (23)												
8歳 (24)												
9歳 (25)												
10歳 (26)												
11歳 (27)												
12歳 (28)												
13歳 (29)												
14歳 (30)												
15歳 (31)												
16歳 (32)												
17歳 (33)												
18歳 (34)												
計 (35)												
市町村と重複（再掲） (36)												

(5)（児童虐待防止法関係）

	安全確認 (1)	出頭要求 (2)	立入調査 (3)	再出頭要求 (4)	臨検・捜索 (5)	援助要請 (6)	保護者指導勧告 (7)	一時保護・施設措置等 (8)	親権喪失審判 (9)	親権停止審判 (10)	管理権喪失審判 (11)	全部制限 (12)	面会制限 (13)	通信制限 (14)	住所情報の制限 (15)	接近禁止命令 (16)
件数 (37)																

2（親権・後見人関係）

	法第28条第1項第1号・2号による措置 (1)	親権喪失審判の請求 (2)	親権停止審判の請求 (3)	管理権喪失審判の請求 (4)	親権喪失審判取消しの請求 (5)	親権停止審判取消しの請求 (6)	管理権喪失審判取消しの請求 (7)	後見人選任の請求 (8)	後見人解任の請求 (9)
請求件数 (38)									
承認件数 (39)									

	法第47条第5項の報告 (10)
件数 (40)	

3（家庭裁判所勧告関係）

	家庭裁判所勧告 (1)
件数 (41)	

この表は、児童福祉法（昭和22年法律第164号。以下「法」という。）により児童相談所が今年度中に養護相談として新たに受け付けたもののうち、本年度中に対応をした件数（前年度に未対応であったものを含む。）を理由種別、対応種別に計上する。虐待相談については、児童福祉施設に入所措置を採ったものの内訳、相談種別・経路、相談種別・主な虐待者、被虐待者の年齢・相談種別、児童虐待防止法関係についての件数を計上する。また、本年度中に児童相談所長の申立てにより親権又は後見人に関する対応がなされたものについて、請求、承認別に計上し、家庭裁判所勧告の件数等を計上する。

（養護相談の理由）

1　養護相談の理由は、必ず判定会議等の結果により分類する。

2　理由が２欄以上に該当するときは、それぞれの欄に計上する。

（「虐待(5)」の再掲）

虐待相談の相談種別・経路、虐待相談の主な虐待者、被虐待者の年齢・相談種別、児童虐待防止法関係の件数は、養護相談の理由における「虐待(5)」の再掲とし、児童記録票等に記載され内容に基づき計上する。

1　（「児童福祉施設に入所(01)」の内訳）

（養護相談の理由）で表頭「虐待(5)」、表側「児童福祉施設に入所(01)」に計上されたものを児童福祉施設の種類別に計上する。

2　（虐待相談の相談種別・経路）

経路が２欄以上に該当するときは、児童記録票を起こした最初の相談経路のみに計上する。

3　（虐待相談の相談種別・主な虐待者）

「主な虐待者別(1)～(5)」欄には、虐待児童と虐待者の関係についてそれぞれ計上する。

4　（被虐待者の年齢・相談種別）

(1) 相談種別が２欄以上に該当するときは、主な相談のみに計上し、相談件数１件につき複数の計上は行わない。

(2) 対応をした時点での件数を計上し、相談として受け付けた時点での計上は行わない。

5　（児童虐待防止法関係）

表　頭

(1)「安全確認(1)」欄には、児童虐待の防止等に関する法律（平成12年法律第82号。以下「虐待防止法」という。）の第８条第２項の規定に基づき安全確認を行った件数を計上する。

(2)「出頭要求(2)」欄には、虐待防止法の第８条の２の規定に基づき出頭要求を行った件数を計上する。

(3)「立入調査(3)」欄には、虐待防止法の第９条第１項の規定に基づき立入調査を行った件数を計上する。

(4)「再出頭要求(4)」欄には、虐待防止法の第９条の２第１項の規定に基づき再出頭要求を行った件数を計上する。

(5)「臨検・捜索(5)」欄には、虐待防止法の第９条の３第１項の規定に基づき臨検、捜索を行った件数を計上する。

(6)「援助要請(6)」欄には、虐待防止法の第10条の規定に基づき警察官への援助要請を行った件数を計上する。

(7)「保護者指導勧告(7)」欄には、虐待防止法の第11条第３項の規定に基づき勧告を行った件数を計上する。

(8)「一時保護・施設措置等(8)」欄には、虐待防止法の第11条第４項の規定に基づき一時保護、施設入所措置等を行った件数を計上する。（例：一つのケースについて、一時保護のみの場合「１件」、一時保護から施設措置に至った場合でも「１件」として計上する。）

(9)「親権喪失審判(9)」欄には、虐待防止法の第11条第５項の規定に基づき親権喪失の請求を行った件数を、「親権停止審判(10)」欄には、親権停止の請求を行った件数を、「管理権喪失審判(11)」欄には、管理権喪失の審判の請求を行った件数を計上する。

(10)「全部制限(12)」欄には、虐待防止法の第12条第１項の規定に基づき同項各号に掲げる行為の全部の制限を行った件数を、「面会制限(13)」欄には面会制限のみ行った件数を、「通信制限(14)」欄には通信制限のみ行った件数を計上する。

(11)「住所情報の制限(15)」欄には、虐待防止法の第12条第３項の規定に基づき住所又は居所を明らかにしなかった件数を計上する。

(12)「接近禁止命令(16)」欄には、虐待防止法の第12条の４第１項の規定に基づき接近禁止命令を行った件数を計上する。

（親権・後見人関係）

本年度中に家庭裁判所に請求したもの及び本年度中に家庭裁判所から承認のあったもの及び法第47条第５項により児童等の生命や身体の安全を確保するために緊急措置をとった者から報告を受けた件数についてそれぞれ計上する。従って、同一ケースについて前年度に家庭裁判所に請求し、本年度中に承認のあった場合は「承認件数」欄のみに計上し、また本年度中に請求し、承認のなされていない場合は、「請求件数」欄のみに計上する。

表　頭

1　「法第28条第１項第１号・第２号による措置(1)」欄には、法第28条第１項第１号及び第２号により児童を親権者又は後見人のもとから離し、法第27条第１項第３号の措置をとることを目的として家庭裁判所に承認を求め、またその承認を得たものの数を計上する。

2　「親権喪失審判の請求(2)」欄には、法第33条の７により、親権喪失の審判の請求を行い、またその承認を得たものの数を計上する。

3　「親権停止審判の請求(3)」欄には、法第33条の７により、親権停止の審判の請求を行い、また、その承認を得たものの数を計上する。

4　「管理権喪失審判の請求(4)」欄には、法第33条の７により、管理権喪失の審判の請求を行い、また、その承認を得たものの数を計上する。

5　「親権喪失審判取消しの請求(5)」欄には、法第33条の７により、親権喪失審判取消しの請求を行い、また、その承認を得たものの数を計上する。

6　「親権停止審判取消しの請求(6)」欄には、法第33条の７により、親権停止審判取消しの請求を行い、また、その承認を得たものの数を計上する。

7　「管理権喪失審判取消しの請求(7)」欄には、法第33条の７により、管理権喪失審判取消しの請求を行い、また、その承認を得たものの数を計上する。

8　「後見人選任の請求(8)」欄には、法第33条の８により、後見人選任の請求を行い、またその承認を得たものの数を計上する。

9　「後見人解任の請求(9)」欄には、法第33条の９により、後見人解任の請求を行い、またその承認を得たものの数を計上する。

10　「法第47条第５項の報告(10)」欄には、法第47条第５項により、児童等の生命や身体の安全を確保するために緊急措置をとった者からの報告を受けたものの数を計上する。

(家庭裁判所勧告関係)

家庭裁判所勧告については、児童福祉法第28条第５項の規定に基づく、家庭裁判所から保護者指導処置を採るべき旨の勧告を受けた件数を計上する。

第49の２　市町村における養護相談の理由別対応件数

（児童福祉法・児童虐待の防止等に関する法律）

都道府県
指定都市　名
中核市
平成　　　　年度分報告

（養護相談の理由）

	家出（失踪を含む）(1)	死亡 (2)	離婚 (3)	傷病（入院を含む）(4)	家族環境 虐待 (5)	家族環境 その他 (6)	その他 (7)	計 (8)
面接指導 (01)								
その他 (02)								

「虐待(5)」の再掲

(1)（虐待相談の相談種別・経路）

	都道府県・指定都市・中核				市町村			児童福祉施設・指定発達支援医療機関			認定こども園	警察等	保健所及び医療機関		学校等			里親	児童委員（仲介を含む）（通告）	家族						親戚	近隣・知人	児童本人	その他	計
																				虐待者本人			虐待者以外							
	児童相談所 (1)	福祉事務所 (2)	保健センター (3)	その他 (4)	福祉事務所 (5)	保健センター (6)	その他 (7)	保育所 (8)	児童福祉施設 (9)	指定発達支援医療機関 (10)	(11)	(12)	保健所 (13)	医療機関 (14)	幼稚園 (15)	学校 (16)	教育委員会等 (17)	(18)	(19)	父親 (20)	母親 (21)	その他 (22)	父親 (23)	母親 (24)	その他 (25)	(26)	(27)	(28)	(29)	(30)
身体的虐待 (03)																														
性的虐待 (04)																														
心理的虐待 (05)																														
保護の怠慢・拒否（ネグレクト）(06)																														
計 (07)																														

(2)（虐待相談の相談種別・主な虐待者）

	実父 (1)	実父以外の父親 (2)	実母 (3)	実母以外の母親 (4)	その他 (5)	計 (6)
身体的虐待 (08)						
性的虐待 (09)						
心理的虐待 (10)						
保護の怠慢・拒否（ネグレクト）(11)						
計 (12)						

(4)（児童虐待防止法関係）

	安全確認件数 (1)	送致件数 (2)	出頭要求等通知件数 (3)
件数 (33)			

(3)（被虐待者の年齢・相談種別）

	身体的虐待 (1)	性的虐待 (2)	心理的虐待 (3)	暴力の目撃等によるもの（再掲）(4)	保護の怠慢・拒否（ネグレクト）(5)	登校・登園の禁止（再掲）(6)	保護者以外の者による虐待 身体的虐待（再掲）(7)	保護者以外の者による虐待 性的虐待（再掲）(8)	保護者以外の者による虐待 心理的虐待（再掲）(9)	計 (10)
0歳 (13)										
1歳 (14)										
2歳 (15)										
3歳 (16)										
4歳 (17)										
5歳 (18)										
6歳 (19)										
7歳 (20)										
8歳 (21)										
9歳 (22)										
10歳 (23)										
11歳 (24)										
12歳 (25)										
13歳 (26)										
14歳 (27)										
15歳 (28)										
16歳 (29)										
17歳 (30)										
18歳 (31)										
計 (32)										

2（親権関係）

	法第47条第5項の報告 (1)
件数 (34)	

この表は、児童福祉法（昭和22年法律第164号）により、今年度中に市町村が養護相談として新たに受け付けたもの（前年度に未対応であったものを含む。）のうち、本年度中に対応をした件数を理由種別、対応種別に計上する。虐待相談については、虐待相談の相談種別・経路、虐待相談の相談種別・主な虐待者、被虐待者の年齢・相談種別、児童虐待防止法関係についての件数を計上する。

また、法第47条第５項により、児童等の生命や身体の安全を確保するために緊急措置をとった者から報告を受けた件数について計上する。

（養護相談の理由）

１　養護相談の理由は、必ず判定会議等の結果により分類する。

２　理由が２欄以上に該当するときは、それぞれの欄に計上する。

（「虐待(5)」の再掲）

虐待相談の相談種別・経路、虐待相談の相談種別・主な虐待者、被虐待者の年齢・相談種別、児童虐待防止法関係は、養護相談の理由における「虐待(5)」の再掲とし、児童記録票等に記載された内容に基づき計上する。

１　（虐待相談の相談種別・経路）

経路が２欄以上に該当するときは、児童記録票を起こした最初の相談経路のみに計上する。

２　（虐待相談の相談種別・主な虐待者）

「主な虐待者別(1)～(5)」欄には、被虐待児童と虐待者の関係についてそれぞれ計上する。

３　（被虐待者の年齢・相談種別）

(1) 相談種別が２欄以上に該当するときは、おもな相談のみに計上し、相談件数１件につき複数の計上は行わない。

(2) 対応をした時点での件数を計上し、相談として受け付けた時点での計上は行わない。

４　（児童虐待防止法関係）

表　頭

(1)「安全確認(1)」欄には、児童虐待の防止等に関する法律（平成12年法律第82号。以下「虐待防止法」という。）の第８条第１項の規定に基づき安全確認を行った件数を計上する。

(2)「送致件数(2)」欄には、虐待防止法の第８条第１項第１号の規定に基づき児童相談所に送致した件数を計上する。

(3)「出頭要求等通知件数(3)」欄には、虐待防止法の第８条第１項第２号の規定に基づき都道府県知事又は児童相談所長に通知した件数を計上する。

５　（親権関係）

法第47条第５項の報告の「件数(16)」欄には、法第47条第５項により児童等の生命や身体の安全を確保するために緊急措置をとった者からの報告を受けたものの数を計上する。

第50 児童福祉施設・在所者

(児童福祉法)

都道府県
指定都市　名
中　核　市

平成　　　　　　　年度分報告

			施設数 (1)	定員 (2)	入所(年度中) 措置人員 (3)	入所(年度中) その他 (4)	退所(年度中) 措置人員 (5)	退所(年度中) その他 (6)	年度末在籍 措置人員 (7)	年度末在籍 その他 (8)
乳児院〔人員については短期入所分を除く〕		公立 (01)								
		私立 (02)								
児童養護施設		公立 (03)								
		私立 (04)								
情緒障害児短期治療施設		公立 (05)								
		私立 (06)								
児童自立支援施設	入所	公立 (07)								
		私立 (08)								
	通所	公立 (09)	( )							
		私立 (10)	( )							
児童館		公立 (11)								
		私立 (12)								
児童遊園		公立 (13)								
		私立 (14)								

乳児院（短期入所措置分）	年度中に在籍した実人員	公立 (15)	
		私立 (16)	
	年度中に在籍した者の延回数	公立 (17)	
		私立 (18)	
	年度中に在籍した者の延日数	公立 (19)	
		私立 (20)	

　この表は、児童福祉法（昭和22年法律第164号）による児童福祉施設（乳児院、児童養護施設、情緒障害児短期治療施設、児童自立支援施設、児童館、児童遊園）について年度末現在における施設数、定員、本年度中における入退所人員及び年度末在籍人員を施設の種類別・公私立別に計上するものである。

表　頭
1　「施設数(1)」欄には、本年度末現在で設置又は認可されている施設（休止中のものを除く。）の数を計上する。
2　「定員(2)」欄には、上記施設について本年度末現在の定員を計上する。
3　「入所(3)(4)」欄には、本年度中に入所した人員、「退所(5)(6)」欄には、本年度中に退所した人員をそれぞれ措置、その他の別に計上する。
4　「年度末在籍」の「措置人員(7)」欄には、本年度末現在で措置を受けて入所している人員を計上する。ただし、国が設置する児童福祉施設に措置した児童は計上しない。

表　側
1　「児童自立支援施設(07)〜(10)」欄には、児童の入所のみを行う児童自立支援施設及び児童の入所と通所部門を併設している児童自立支援施設について計上する。
　(1)　「入所(07)(08)」の「施設数(1)」欄には、入所部門のみの施設及び1施設で入所部門と通所部門を有する施設を計上し、「定員(2)」から「その他(10)」欄には入所部門のみの人員を計上する。
　(2)　「通所(09)(10)」の「施設数(1)」欄には、入所部門と通所部門を併設している施設の数を（　）内に再掲として計上し、「定員(2)」から「その他(10)」の欄には通所部門のみの人員を計上する。
2　「乳児院（短期入所措置分）(15)〜(20)」の各欄には「ベビーホテル問題への積極的な取組について」（平成13年3月29日雇児発第178号雇用均等・児童家庭局長通知）の「第3乳児院における短期入所措置について」により措置された人員等について計上する。

第52　助産施設・母子生活支援施設在所者

（児童福祉法）

都道府県
指定都市名
中 核 市

平成　　　　　　年度分報告

			施設数 (1)	定員 (2)	年度中				年度末在籍	
					入所 (3)	私的契約入所 (4)	退所 (5)	私的契約退所 (6)	入所 (7)	私的契約 (8)
助産施設	公立	人員 (01)								
	私立	人員 (02)								
母子生活支援施設	公立	世帯数 (03)								
		人員 (04)		＼						
	私立	世帯数 (05)								
		人員 (06)		＼						

この表は、児童福祉法（昭和22年法律第164号。以下「法」という。）による助産施設及び母子生活支援施設の本年度末現在における施設数、定員、本年度中における入退所世帯数・人員及び年度末在籍世帯数・人員を施設の公私立別に計上するものである。

表　頭

1　「施設数(1)」欄には、本年度末現在で設置又は認可されている施設（休止中のものを除く。）の数を計上する。

2　「定員(2)」欄には、上記施設について本年度末現在の定員を計上する。

3　「年度末在籍」の「入所(3)」欄には、本年度末現在で法に基づく入所申込みを受けて入所している人員及び世帯数を入所契約を行った福祉事務所を管轄する都道府県、指定都市又は中核市で計上する。

表　側

1　「公立」とは、設置主体が地方公共団体であるものをいい（経営を他のものに委託しているものを含む）、それ以外のものが設置したものは「私立」とする。

2　「助産施設(01)(02)」の各欄には、入所している妊産婦が分娩した新生児の数は計上しない。

3　「母子生活支援施設(03)～(06)」の「年度中(3)～(6)」の各欄の「世帯数」は世帯主（母）が異動した場合に計上するもので扶養されている児童だけが異動したときは、「人員」のみについて計上し、「世帯数」について計上しない。

また、母子生活支援施設に入所中の世帯に出生児があったときは、出生児の数を「年度中」の「入所」の「人員」に計上する。入所している児童が法定年齢に達し、法に基づく入所契約が解除され引続き母親と同居している場合には、その子のみを「年度中」の「私的契約入所(4)」及び「年度中」の「退所(5)」の各欄の「人員」に計上する。

第54 保育所・在所者
（児童福祉法）

都道府県
指定都市　名
中　核　市
平成　　年　　月分報告

	初日施設数	初日認可定員	初日利用定員	初　日　在　籍					月　　途　　中				月　末　在　籍	
				入所人員	措置人員	障害児受入人員（再掲）	特別児童扶養手当受給児童（再掲）	私的契約人員	入所人員	私的契約入所人員	退所人員	私的契約退所人員	入所人員	私的契約人員
	(1)	(2)	(3)	(4)	(5)	(6)	(7)	(8)	(9)	(10)	(11)	(12)	(13)	(14)
公立(01)														
私立(02)														

	初日入所人員　年齢階層				
	0歳	1・2歳	3歳	4歳以上	計
	(1)	(2)	(3)	(4)	(5)
公立 (03)					
保育短時間(再掲)(04)					
私立 (05)					
保育短時間(再掲)(06)					

　この表は、児童福祉法（昭和22年法律第164号。以下「法」という。）及び子ども・子育て支援法（平成24年法律第65号。以下「支援法」という。）による保育所の本月初日現在における施設数、定員、在籍人員、本月中における入退所人員及び月末在籍人員を計上するものである。なお、就学前の子どもに関する教育、保育等の総合的な提供の推進に関する法律（平成18年法律第77号。）による保育所型認定こども園においては、支援法第19条第1項第2号又は第3号に掲げる小学校就学前子どもの受入れに係る部分について計上する。

上　表
　表　頭
　　1　「初日施設数(1)」欄には、本月1日現在で設置又は認可されている施設（休止中のものを除く。）の数を計上する。
　　2　「初日認可定員(2)」欄には、上記施設について、本月1日現在の認可定員を計上する。
　　3　「初日利用定員(3)」欄には、上記施設について、本月1日現在の利用定員を計上する。
　　4　「初日在籍」の「入所人員(4)」欄には、本月1日現在で支援法に基づく支給認定を受けて入所している児童について、「措置人員(5)」欄には、法に基づき市町村が措置した児童について、「私的契約人員(8)」欄には、支援法に基づく支給認定を受けずに入所している児童をそれぞれ計上する。
　　　また、「障害児受入人員（再掲）(6)」欄には、「入所人員(4)」、「措置人員(5)」及び「私的契約人員(8)」のうち、障害児の受入人員について、「特別児童扶養手当受給児童（再掲）(7)」欄には、「障害児受入人員（再掲）(6)」のうち、特別児童扶養手当受給児童の受入人員についてそれぞれ再掲する。
　　5　「月途中」の「入所人員(9)」欄には、本月中に支援法に基づく支給認定を受けて入所した児童について、「私的契約入所人員(10)」欄には、支援法に基づく支給認定を受けずに入所した児童についてそれぞれ計上する。
　　　また「退所人員(11)」欄には、本月中に支援法に基づく支給認定を取り消された児童又は退所した児童について、「私的契約退所人員(12)」欄には、支援法に基づく支給認定を受けずに入所した児童が退所した人員についてそれぞれ計上する。
下　表
　表　頭
　　1　「初日入所人員年齢階層(1)～(4)」の各欄には、本月1日現在の支援法に基づく支給認定を受けて入所している児童について、年齢階層別に計上する。
　　(1) 前年度から引き続き引き続き入所している児童については、年度の初日の前日における満年齢により区分する。
　　(2) 年度途中から入所した児童については、その児童が入所した日の属する年度の初日の前日における満年齢により区分する。
　表　側
　　「保育短時間（再掲）(04)，(06)」欄には、支援法に基づく保育短時間認定がされた児童について、年齢階層別に再掲する。

第54の２　幼保連携型認定こども園・在所者

（就学前の子どもに関する教育、保育等の総合的な提供の推進に関する法律）

都道府県
指定都市　名
中 核 市
平成　年　　月分報告

				初日在籍					月途中				月末在籍	
	初日施設数 (1)	初日認可定員 (2)	初日利用定員 (3)	入所人員 (4)	措置人員 (5)	障害児受入人員（再掲） (6)	特別児童扶養手当受給児童（再掲） (7)	私的契約人員 (8)	入所人員 (9)	私的契約入所人員 (10)	退所人員 (11)	私的契約退所人員 (12)	入所人員 (13)	私的契約人員 (14)
公立(01)														
私立(02)														

	初日入所人員　年齢階層				
	0　歳 (1)	1・2歳 (2)	3　歳 (3)	4歳以上 (4)	計 (5)
公立 (03)					
保育短時間（再掲） (04)					
私立 (05)					
保育短時間（再掲） (06)					

この表は、就学前の子どもに関する教育、保育等の総合的な提供の推進に関する法律（平成18年法律第77号）による幼保連携型認定こども園の子ども・子育て支援法（平成24年法律第65号。以下「支援法」という。）の第19条第１項第２号又は第３号に掲げる小学校就学前子どもの受入れに係る部分の本月初日現在における施設数、定員、在籍人員、本月中における入退所人員及び月末在籍人員を計上するものである。

上　表

表　頭

1　「初日施設数(1)」欄には、本月１日現在で設置又は認可されている施設（休止中のものを除く。）の数を計上する。

2　「初日認可定員(2)」欄には、上記施設について、本月１日現在の認可定員を計上する。

3　「初日利用定員(3)」欄には、上記施設について、本月１日現在の利用定員を計上する。

4　「初日在籍」の「入所人員(4)」欄には、本月１日現在で支援法に基づく支給認定を受けて入所している児童について、「措置人員(5)」欄には、法に基づき市町村が措置した児童について、「私的契約人員(8)」欄には、支援法に基づく支給認定を受けずに入所している児童をそれぞれ計上する。

また、「障害児受入人員（再掲）(6)」欄には、「入所人員(4)」、「措置人員(5)」及び「私的契約人員(8)」のうち、障害児の受入人員について、「特別児童扶養手当受給児童（再掲）(7)」欄には、「障害児受入人員（再掲）(6)」のうち、特別児童扶養手当受給児童の受入人員についてそれぞれ再掲する。

5　「月途中」の「入所人員(9)」欄には、本月中に支援法に基づく支給認定を受けて入所した児童について、「私的契約入所人員(10)」欄には、支援法に基づく支給認定を受けずに入所した児童についてそれぞれ計上する。

また「退所人員(11)」欄には、本月中に支援法に基づく支給認定を取り消された児童又は退所した児童について、「私的契約退所人員(12)」欄には、支援法に基づく支給認定を受けずに入所した児童が退所した人員についてそれぞれ計上する。

下　表

表　頭

1　「初日入所人員年齢階層(1)～(4)」の各欄には、本月１日現在の支援法に基づく支給認定を受けて入所している児童について、年齢階層別に計上する。

(1) 前年度から引き続き引き続き入所している児童については、年度の初日の前日における満年齢により区分する。

(2) 年度途中から入所した児童については、その児童が入所した日の属する年度の初日の前日における満年齢により区分する。

表　側

「保育短時間（再掲）(04)，(06)」欄には、支援法に基づく保育短時間認定がされた児童について、年齢階層別に再掲する。

第56 里親及び小規模住居型児童養育事業（ファミリーホーム）
（児童福祉法）

都道府県
指定都市　名
中　核　市　_____

平成　　　　　　年度分報告

			前年度末現在 (1)	新規（年度中） (2)	取消（年度中） (3)	年度末現在 (4)
認定及び登録里親数（01）						
児童が委託されている里親数（02）						
（再掲）	養育里親	登録里親数（03）				
		児童が委託されている里親数（04）				
	専門里親	登録里親数（05）				
		児童が委託されている里親数（06）				
	親族里親	認定里親数（07）				
		児童が委託されている里親数（08）				
	養子縁組によって養親となることを希望する里親	認定里親数（09）				
		児童が委託されている里親数（10）				

	事業所数 (1)	定員 (2)	入所（年度中）		退所（年度中）		年度末在籍	
			措置人員 (3)	その他 (4)	措置人員 (5)	その他 (6)	措置人員 (7)	その他 (8)
小規模住居型児童養育事業（ファミリーホーム）（11）								

　この表は、児童福祉法（昭和22年法律第164号）及び児童福祉法施行規則（昭和23年厚生省令第11号）による認定及び登録里親数、児童が委託されている里親数について、本年度中における新規、取消及び年度末現在の状況を計上するものである。また小規模住居型児童養育事業（ファミリーホーム）について、本年度末現在における事業所数、定員、本年度中における入退所人員及び年度末在籍人員を計上するものである。

上　表
　表　頭
　1　「新規(2)」欄には、本年度中に登録された里親の数を計上する。「児童が委託されている里親」には、児童がすでに1人でも委託されていれば、新たに他の児童を委託しても「新規(2)」欄に計上しない。
　2　「取消(3)」欄には、本年度中に里親登録から除かれた里親数を計上する。「児童が委託されている里親数」には、本年度末に委託児童が1人もいなくなった里親数を計上する。
　表　側
　1　「認定及び登録里親数(01)」欄には、養育里親及び専門里親については登録里親数を計上し、親族里親及び養子縁組によって養親となることを希望する里親については認定里親数を計上する。
　2　「児童が委託されている里親数(02)」欄には、他の都道府県又は指定都市から措置児童を委託されている里親も含めて計上する。
　3　（再掲）欄には、里親の種類ごとに「登録里親数」（親族里親及び養子縁組によって養親となることを希望する里親の場合は認定）、「児童が委託されている里親数」を上記1、2と同様に計上する。

下　表
　表　頭
　1　「事業所数(1)」欄には、本年度末現在で運営している事業所（休止中のものを除く。）の数を計上する。
　2　「定員(2)」欄には、上記事業所について本年度末現在の定員を計上する。
　3　「入所(3)(4)」欄には、本年度中に入所した人員、「退所(5)(6)」欄には、本年度中に退所した人員をそれぞれ措置、その他の別に計上する。
　4　「年度末在籍」の「措置人員(7)」欄には、本年度末現在で措置を受けて入所している人員を措置を行った都道府県、指定都市又は中核市（ただし、児童相談所を設置した中核市に限る。）で計上する。

第57　里親及び小規模住居型児童養育事業（ファミリーホーム）に委託されている児童

（児童福祉法）

都道府県
指定都市　名
中核市
平成　　　　　　年度分報告

	新規又は措置変更により委託された児童数（年度中）				措置を解除又は変更された児童数（年度中）													年度末現在委託児童数
					解除									変更				
	児童福祉施設から受託 (1)	家庭から受託 (2)	その他 (3)	計 (4)	保護の必要がなくなり帰宅 (5)	普通養子縁組 (6)	特別養子縁組 (7)	満年 (8)	逃亡 (9)	死亡 (10)	就職 (11)	その他 (12)	計 (13)	児童福祉施設に入所 (14)	他の里親に委託 (15)	その他 (16)	計 (17)	(18)
里親に委託された児童 (01)																		
（里親の種類別）養育里親に委託された児童 (02)																		
（里親の種類別）専門里親に委託された児童 (03)																		
（里親の種類別）親族里親に委託された児童 (04)																		
（里親の種類別）養子縁組によって養親となることを希望する里親に委託された児童 (05)																		
小規模住居型児童養育事業（ファミリーホーム）に委託された児童 (06)																		

		年齢階級別委託児童数（年度末）					
		0歳 (1)	1～6歳 (2)	7～12歳 (3)	13～15歳 (4)	16歳以上 (5)	計 (6)
里親に委託されている児童	男 (07)						
	女 (08)						
（里親の種類別）	養育里親に委託されている児童 (09)						
	専門里親に委託されている児童 (10)						
	親族里親に委託されている児童 (11)						
	養子縁組によって養親となることを希望する里親に委託されている児童 (12)						
小規模住居型児童養育事業（ファミリーホーム）に委託されている児童	男 (13)						
	女 (14)						

この表は、児童福祉法（昭和22年法律第164号）及び児童福祉法施行規則（昭和23年厚生省令11号）により里親及び小規模住居型児童養育事業（ファミリーホーム）に委託されている児童について、本年度中における新規又は措置変更による委託児童数、措置を解除又は変更された児童数及び年齢階級別委託児童数を男女別に計上するものである。

上　表

表　頭

1　「児童福祉施設から受託(1)」欄には、児童福祉施設に措置されている児童が措置変更により里親又は小規模住居型児童養育事業（ファミリーホーム）に委託された数を計上する。

2　「保護の必要がなくなり帰宅(5)」欄には、家庭環境が改善されて家庭に復帰するため（親族にひきとられる場合を含む。）措置解除された児童の数を計上する。

3　「普通養子縁組(6)」欄には、民法上の特別養子縁組以外の縁組が成立したため措置解除された児童の数を計上する。

4　「特別養子縁組(7)」欄には、民法上の特別養子縁組が成立したため措置解除された児童の数を計上する。

5　「満年(8)」欄には、満18歳に達したため措置解除された児童の数を計上する。

6　「逃亡(9)」欄には、里親又は小規模住居型児童養育事業（ファミリーホーム）のもとから逃亡し、短期間に発見できないため措置解除された児童の数を計上する。

7　「就職(11)」欄には、義務教育を修了したのち就職して自立可能となったため措置解除された児童の数を計上する。

下　表

表　頭

1　「年齢階級別委託児童数(1)～(6)」の各欄には、上表表頭「年度末現在委託児童数(17)」欄に計上された児童について、年齢階級別に計上する。

第59　福祉事務所における処理
(児童福祉法)

都道府県
指定都市　名
中核市

平成　　　　　　　　年度分報告

知的障害者福祉司又は社会福祉主事の指導 (1)	処理件数（年度中）							
	施設入所		児童福祉法第22条・第23条の報告又は通知 (4)	児童相談所へ送致又は通知等 (5)	児童相談所の委嘱による調査の完了（法第12条第4項によるもの）(6)	他の機関にあっせん・紹介 (7)	相談・助言その他 (8)	計 (9)
	助産施設 (2)	母子生活支援施設 (3)						

受付経路別処理件数（年度中）												
発見 (1)	児童委員から通告 (2)	児童相談所から送致（法第26条第1項第3号によるもの）(3)	児童相談所から委嘱（法第12条第4項によるもの）(4)	保健所から通知 (5)	警察関係から通告 (6)	その他都道府県（指定都市を含む。）関係から通告 (7)	市町村（指定都市を除く。）から通告 (8)	学校から相談 (9)	家族・親せきから相談 (10)	本人から相談 (11)	その他から通告等 (12)	計 (13)

この表は、児童福祉法（昭和22年法律第164号。以下「法」という。）により、福祉事務所が行った児童及び妊産婦の福祉に関する処理について、本年度中にすべての処理を完了した件数を処理種別及び受付経路別に計上するものである。

上　表

同一ケースについての処理の種別が２欄以上に該当するときは、その主なものを１欄のみに計上する。

1　「児童福祉法第22条・第23条の報告又は通知(4)」欄には、法第25条の８第３号により保育の実施等に係る都道府県又は市町村の長に報告又は通知したものの件数を計上する。

2　「児童相談所の委嘱による調査の完了(6)」欄には、法第12条４項により児童相談所長が福祉事務所長に委嘱して必要な調査を完了したものの数を計上する。

下　表

「受付経路別処理件数」の各欄には、処理の完了したケースの受付経路別件数を計上する。なお、受付の経路種別が２欄以上に該当するときは、児童福祉台帳等を起こした相談経路のみに計上する。

1　「発見(1)」欄には、他からの通告又は送致によるものではなく福祉事務所が自ら発見したものについて計上する。

2　「児童相談所から委嘱(4)」欄には、児童相談所から必要な調査の委嘱を受けたものについて計上する。

3　「警察関係から通告(6)」欄には、警察官、麻薬取締官等司法警察職員から通告されたものを計上する。

4　「その他都道府県（指定都市を含む。）関係から通告(7)」及び「市町村（指定都市を除く。）から通告(8)」の各欄には、児童相談所又は保健所以外の都道府県関係もしくは市町村関係の責任者から通告されたものを計上する。

第61　児童扶養手当受給資格者の認定及び異動状況

(児童扶養手当法)

都道府県
指定都市 名
中 核 市
平成 年　　　月分報告

		前月末現在未処理件数	認定請求書受付件数(月中)	受給資格者認定件数(月中)		却下件数(月中)	月末現在未処理件数	現況・所得状況届受付件数(月中)	
				受給者	支給停止者			受給者	支給停止者
		(1)	(2)	(3)	(4)	(5)	(6)	(7)	(8)
都道府県・市等支給対象者	(01)								
国支給対象者	(02)								

			前月末現在数	月中の異動															月末現在数
				新規認定	全部支給停止が解除された		他の支給機関が管轄する区域から転入	受給資格喪失								全部支給停止になった		他の支給機関が管轄する区域へ転出	
					全部支給停止から全部支給	全部支給停止から一部支給		受給者が死亡した	対象児童が死亡した	対象児童が１８歳の年度末に達した	父又は母が婚姻（事実上の婚姻関係を含む）した	児童が遺棄の状態でなくなった	父又は母の拘禁が終了した	その他	計	全部支給から全部支給停止	一部支給から全部支給停止		
			(1)	(2)	(3)	(4)	(5)	(6)	(7)	(8)	(9)	(10)	(11)	(12)	(13)	(14)	(15)	(16)	(17)
受給者数	都道府県・市等支給対象者	(03)																	
	国支給対象者	(04)																	
全部支給停止者数	本人所得	(05)																	
	扶養義務者等所得	(06)																	

			月末現在受給者数内訳																													
			世帯類型別															対象児童との続柄別					手当の支給類型別				受給対象児童数別						公的年金の受給別	
			母子世帯							父子世帯							その他世帯	母	養育費受領者数（再掲）	父	養育費受領者数（再掲）	養育者	全部支給	養育費受領者数（再掲）	一部支給	養育費受領者数（再掲）	1人	2人	3人	4人	5人	6人以上	受給有り	受給なし
			生別母子世帯 離婚	生別母子世帯 その他	死別母子世帯	未婚の母子世帯	障害者世帯	遺棄世帯	ＤＶ保護命令世帯	生別父子世帯 離婚	生別父子世帯 その他	死別父子世帯	未婚の父子世帯	障害者世帯	遺棄世帯	ＤＶ保護命令世帯																		
			(1)	(2)	(3)	(4)	(5)	(6)	(7)	(8)	(9)	(10)	(11)	(12)	(13)	(14)	(15)	(16)	(17)	(18)	(19)	(20)	(21)	(22)	(23)	(24)	(25)	(26)	(27)	(28)	(29)	(30)	(31)	(32)
受給者数	都道府県・市等支給対象者	(07)																																
	国支給対象者	(08)																																

			手当の支給類型の変更（月中）	
			一部支給から全部支給	全部支給から一部支給
			(1)	(2)
受給者数	都道府県・市等支給対象者	(09)		
	国支給対象者	(10)		

児童扶養手当の受給の対象となっている児童のうち１８歳の年度末を超える児童数（月末現在） (3)	

（５年等満了月を迎えた児童扶養手当受給資格者（養育者を除く））

			前月末現在受給資格者数		月中の異動												月末現在受給資格者数	
				一部支給停止者数（再掲）	５年等満了月を迎えた受給資格者数	一部支給停止者数	転入 受給資格者数	一部支給停止者数（再掲）	転出 受給資格者数	一部支給停止者数（再掲）	一部支給停止から一部支給停止適用除外	一部支給停止適用除外から一部支給停止	受給資格喪失者数	一部支給停止者数（再掲）	その他	一部支給停止者数（再掲）		一部支給停止者数（再掲）
			(1)	(2)	(3)	(4)	(5)	(6)	(7)	(8)	(9)	(10)	(11)	(12)	(13)	(14)	(15)	(16)
受給資格者数（養育者を除く）	都道府県・市等支給対象者	(11)																
	国支給対象者	(12)																

この表は、児童扶養手当法（昭和36年法律第238号。以下「法」という。）及び国民年金法等の一部を改正する法律（昭和60年法律第34号。以下「改正法」という。）に基づいて、本月中に都道府県・市等が行った認定請求書受付件数、受給資格認定件数、却下件数及び現況・所得状況届受付件数を計上するものであり、また、児童扶養手当受給資格者の本月中の異動状況及び本月末現在における受給者数を、世帯類型別・対象児童との続柄別・手当の支給類型別・受給対象児童数別に計上し、本月中における手当の支給類型の変更及び本月末現在における児童扶養手当の受給の対象となっている児童のうち、満18歳に達する日以後の最初の３月31日を越える児童数を計上するとともに、法第13条の３による５年等満了月（児童扶養手当法施行規則第３条の４第１項に規定する「５年等満了月」をいう。以下同じ。）を迎えた児童扶養手当受給資格者（養育者を除く）の本月中の異動状況及び本月末現在における受給資格者数を計上するものである。

上　表

表　頭

1　「認定請求書受付件数(2)」欄には、児童扶養手当法施行規則（昭和36年厚生省令第51号。以下「施行規則」という。）第１条により受け付けた児童扶養手当認定請求書の件数を計上する。

2　「受給資格認定件数」

(1)「受給者(3)」欄には、本月中に法第６条による認定を受けた者（法第９条から第11条まで又は第13条の２の規定に該当し、全部支給停止になった者を除く。）の数を計上する。

(2)「支給停止者(4)」欄には、本月中に法第６条による認定を受けた者のうち、法第９条から第11条まで又は第13条の２の規定に該当し、全部支給停止になった者の数を計上する。

3　「却下件数(5)」欄には、施行規則第17条により児童扶養手当認定請求を却下した件数を計上する。
なお、新規認定前に本人から受給辞退の申出があった場合（取り下げ）も含めて計上する。

4　「現況・所得状況届受付件数」

(1)「受給者(7)」欄には、施行規則第４条により受給者が提出した児童扶養手当現況届の受付件数を計上する。

(2)「支給停止者(8)」欄には、施行規則第12条の３において準用する第４条により手当の全部支給停止者が提出した児童扶養手当現況届の受付件数を計上する。

表　側

1　「都道府県・市等支給対象者(01)」欄は、昭和60年８月１日以降に認定請求をし、認定を受けた者をいう。（手当に都道府県・市等の費用負担が入る者）

2　「国支給対象者(02)」欄は、昭和60年７月31日において認定を受けている者及び同日において認定の請求をしている者であって、その後認定を受けた者（手当が全額国庫負担となる者）をいう。

中　表

表　頭

1　「新規認定(2)」欄には、児童扶養手当認定請求書に基づき本月中に認定した件数を計上する。

2　「全部支給停止が解除された(3)(4)」欄には、法第６条の認定を受けた者のうち、法第９条から第11条まで又は第13条の２の規定に該当したことにより、全部支給停止となっていたが、その後全部支給停止が解除された者の件数を該当する区分により計上する。

3　「他の支給機関が管轄する区域から転入(5)」欄には、本月中に他の支給機関から転入してきたことにより、児童扶養手当移管通知書又は受給資格者の台帳の写しを受理した件数を計上する。

4　「受給資格喪失(6)～(12)」の各欄には、児童扶養手当の受給資格を喪失したものの件数を次の区分により計上する。
なお、受給資格の喪失事由が２欄以上に該当するときは、番号の小さいものを優先して１欄のみに計上する。

(1)「受給者が死亡した(6)」欄には、施行規則第12条の規定による受給者の死亡の届出があったことにより、受給資格を喪失した者の件数を計上する。

(2)「対象児童が死亡した(7)」欄には、対象児童が死亡したことにより、受給資格を喪失した者の件数を計上する。

(3)「対象児童が18歳の年度末に達した(8)」欄には、対象児童が18歳に達する日以後の最初の３月31日をむかえることにより、受給資格を喪失した者の件数を計上する。

(4)「父又は母が婚姻（事実上の婚姻関係を含む。）した(9)」欄には、父又は母が婚姻（婚姻の届出はしていないが事実上婚姻関係にあると認められる者を含む。）したことにより、受給資格を喪失した者の件数を計上する。

(5)「児童が遺棄の状態でなくなった(10)」欄には、児童が父又は母から監護されるようになったことにより、受給資格を喪失した者の件数を計上する。

(6)「父又は母の拘禁が終了した(11)」欄には、児童扶養手当法施行令（昭和36年政令第405号。以下「施行令」という。）第１条の２第３号に該当する児童の父又は第２条第３号に該当する児童の母が拘禁されなくなったことにより、受給資格を喪失した者の件数を計上する。

(7)「その他(12)」欄には、(6)～(11)の各欄のいずれにも該当しない事由により、受給資格を喪失した者の件数を計上する。

5　「全部支給停止になった(14)(15)」欄には、法第９条から第11条まで又は第13条の２の規定に該当したことにより、本月中に手当の全部の支給が停止された者の件数を計上する。

6　「他の支給機関が管轄する区域へ転出(16)」欄には、受給者が他の支給機関へ転出したことにより、児童扶養手当移管通知書又は受給資格者の台帳の写しを発送した者の件数を計上する。

表 側
1 「受給者数」欄は、法第６条の認定を受けた者のうち、全部支給停止者を除いた者の数を計上する。
 (1) 「都道府県・市等支給対象者(03)」欄には、昭和60年８月１日以降に認定請求をし、認定を受けた者をいう。（手当に都道府県・市等の費用負担が入る者）
 (2) 「国支給対象者(04)」欄は、昭和60年７月31日において認定を受けている者及び同日において認定の請求をしている者であって、その後認定を受けた者をいう。（手当が全額国庫負担となる者）
2 「全部支給停止者数」欄には、法第６条の認定を受けた者のうち第９条から第11条まで又は第13条の２の規定に該当したことにより、手当の全部の支給が停止されている者の数を計上する。
 (1) 「本人所得(05)」欄には、法第９条又は第９条の２に該当する手当の全部支給停止者数を計上する。
 (2) 「扶養義務者等所得(06)」欄には、法第10条又は第11条又は第13条の２に該当する全部支給停止者数を計上する。

下 表
表 頭
1 「世帯類型別(1)～(15)」の各欄には、本月末現在の受給者数を次により計上する。
 (1) 生別母子世帯の「離婚(1)」欄には、法第４条第１項第１号イ（父母が婚姻を解消した児童）に該当する児童を母が監護する世帯について計上し、「その他(2)」欄には、法第４条第１項第１号ニ（父の生死が明らかでない児童）又は施行令第１条の２第３号（父が法令により引き続き１年以上拘禁されている児童）に該当する児童を母が監護する世帯の数を計上する。
 (2) 「死別母子世帯(3)」欄には、法第４条第１項第１号ロ（父が死亡した児童）に該当する児童を母が監護する世帯の数を計上する。
 (3) 「未婚の母子世帯(4)」欄には、施行令第１条の２第４号（母が婚姻（婚姻の届出をしていないが、事実上婚姻関係と同様の事情にある場合を含む。）によらないで懐胎した児童）に該当する児童を母が監護する世帯の数を計上する。
 (4) 「障害者世帯(5)」欄には、法第４条第１項第１号ハ（父が施行令別表第２に定める程度の障害の状態にある児童）に該当する児童を母が監護する世帯の数を計上する。
 (5) 「遺棄世帯(6)」欄には、施行令第１条の２第１号（父が引き続き１年以上遺棄している児童）に該当する児童を母が監護する世帯の数を計上する。
 (6) 「ＤＶ保護命令世帯(7)」欄には、施行令第１条の２第２号（父が裁判所からの保護命令を受けた児童）に該当する児童を母が監護する世帯の数を計上する。
 (7) 生別父子世帯の「離婚(8)」欄には、法第４条第１項第２号イ（父母が婚姻を解消した児童）に該当する児童を父が監護し、かつ生計を同じくしている世帯の数を計上し、「その他(9)」欄には、法第４条第１項第２号ニ（母の生死が明らかでない児童）又は施行令第２条第３号（母が法令により引き続き１年以上拘禁されている児童）に該当する児童を父が監護し、かつ生計を同じくしている世帯の数を計上する。
 (8) 「死別父子世帯(10)」欄には、法第４条第１項第２号ロ（母が死亡した児童）に該当する児童を父が監護し、かつ生計を同じくしている世帯の数を計上する。
 (9) 「未婚の父子世帯(11)」欄には、施行令第２条第４号（母が婚姻（婚姻の届出をしていないが、事実上婚姻関係と同様の事情にある場合を含む。）によらないで懐胎した児童）に該当する児童を父が監護し、かつ生計を同じくしている世帯の数を計上する。
 (10) 「障害者世帯(12)」欄には、法第４条第１項第２号ハ（母が施行令別表第２に定める程度の障害の状態にある児童）に該当する児童を父が監護し、かつ生計を同じくしている世帯の数を計上する。
 (11) 「遺棄世帯(13)」欄には、施行令第２条第１号（母が引き続き１年以上遺棄している児童）に該当する児童を父が監護し、かつ生計を同じくしている世帯の数を計上する。
 (12) 「ＤＶ保護命令世帯(14)」欄には、施行令第２条第２号（母が裁判所からの保護命令を受けた児童）に該当する児童を父が監護し、かつ生計を同じくしている世帯の数を計上する。
 (13) 「その他の世帯(15)」欄には、法第４条第１項第１号又は第２号いずれかに２人以上の児童がそれぞれ異なって該当する場合において、その２人以上の児童を母が監護する世帯又は父が監護し、かつ生計を同じくしている世帯並びに法第４条第１項第３号のいずれかに該当する児童を父又は母以外の者が養育している世帯の数を計上する。
2 「対象児童との続柄別(16)～(20)」の各欄には、本月末現在の受給者数を次により計上する。
 (1) 「母(16)」欄には、受給者が対象児童の母である世帯の数を計上する。
 (2) 「養育費受領者数（再掲）(17)」欄には、(16)のうち施行令第４条に定める養育に必要な費用の受領者数を再掲する。
 (3) 「父(18)」欄には、受給者が対象児童の父である世帯の数を計上する。
 (4) 「養育費受領者数（再掲）(19)」欄には、(18)のうち施行令第４条に定める養育に必要な費用の受領者数を再掲する。
 (5) 「養育者(20)」欄には、受給者が対象児童の父又は母以外の者（養育者）である世帯の数を計上する。
3 「手当の支給類型別(21)～(24)」の各欄には、本月末現在の受給者数を次により計上する。
 (1) 「全部支給(21)」欄には、法第９条から第11条まで又は第13条の２の規定に該当せず、手当の全部が支給されている世帯の数を計上する。
 (2) 「養育費受領者数（再掲）(22)」欄には、(21)のうち施行令第４条に定める養育に必要な費用の受領者数を再掲する。
 (3) 「一部支給(23)」欄には、法第９条又は第13条の２の規定により手当の一部が支給停止（一部支給）されている世帯の数を計上する。

(4) 「養育費受領者数（再掲）(24)」欄には、(23)のうち施行令第４条に定める養育に必要な費用の受領者数を再掲する。

4 「受給対象児童数別(25)～(30)」の各欄には、本月末現在の受給者数を受給対象児童数別に計上する。

5 公的年金の受給別の「受給有り(31)」欄には、法第13条２の規定により手当の一部が支給停止されている世帯の数を、「受給なし(32)」欄には、法第13条の２の規定に該当せず手当の全部又は一部が支給されている世帯の数を計上する。

最下表

1 「手当の支給類型の変更(1)(2)」欄には、手当の一部が支給停止されているもので、法第９条又は第13条の２の規定に該当せず本月中にその全部が支給されるようになったものの数を「一部支給から全部支給」に、手当の全部が支給されているもので、法第９条又は第13条の２の規定により本月中にその一部が支給停止（一部支給）されるようになったものの数を「全部支給から一部支給」に計上する。

2 「児童扶養手当の受給の対象となっている児童のうち18歳の年度末を超える児童数（月末現在）(3)」欄には、受給対象児童のうち、18歳に達する日以降の最初の３月31日を超える満20歳未満の児童で、施行令別表第１に定める程度の障害の状態にある児童数を計上する。

（５年等満了月を迎えた児童扶養手当受給資格者（養育者を除く））

表 頭

1 「５年等満了月を迎えた受給資格者数(3)」欄には、本月中に５年等満了月を迎えた受給資格者数（現況届未提出等により支払いが一時差し止めされている者を含む。ただし、全部支給停止者を除く。）を計上する。

2 「一部支給停止者数(4)」欄には、本月中に法第13条の３による一部支給停止となった受給資格者数（(6)を除く）を計上する。

3 「転入・転出(5)(6)(7)(8)」欄には、本月中に転入・転出した５年等満了月を迎えている受給資格者数を「受給資格者数」に計上し、そのうち法第13条の３による一部支給停止者数を「一部支給停止者数（再掲）」に再掲する。

4 「一部支給停止から一部支給停止適用除外(9)」欄には、本月中に法第13条の３による一部支給停止から一部支給停止適用除外になった受給資格者数を計上する。（(14)を除く。）

5 「一部支給停止適用除外から一部支給停止(10)」欄には、本月中に一部支給停止適用除外から法第13条の３による一部支給停止になった受給資格者数を計上する。

6 「受給資格喪失者数(11)(12)」欄には、本月中に受給資格喪失になった受給資格者数を「受給資格喪失者数(11)」に計上し、そのうち法第13条の３による一部支給停止者数を「一部支給停止者数（再掲）(12)」に再掲する。

7 「その他(13)(14)」欄には、本月中に法第13条の３の規定の対象外となった受給資格者数を「その他(13)」に計上し、そのうち法第13条の３による一部支給停止者数を「一部支給停止者数（再掲）(14)」に再掲する。（子供が生まれた、所得制限により全部支給停止となった等）（(11)を除く。）

第62　戦傷病者手帳交付台帳登載数

(戦傷病者特別援護法)

都道府県名

平成　　　　年度分報告

	軍人								軍属							準軍属						合計							
	特項－2項症	3項－4項症	5項－6項症	7項症	款症	目症	その他	計	特項－2項症	3項－4項症	5項－6項症	7項症	款症	その他	計	特項－2項症	3項－4項症	5項－6項症	款症	その他	計	特項－2項症	3項－4項症	5項－6項症	7項症	款症	目症	その他	計
	(1)	(2)	(3)	(4)	(5)	(6)	(7)	(8)	(9)	(10)	(11)	(12)	(13)	(14)	(15)	(16)	(17)	(18)	(19)	(20)	(21)	(22)	(23)	(24)	(25)	(26)	(27)	(28)	(29)
視覚障害 (01)																													
聴覚障害 (02)																													
言語機能障害 (03)																													
し体不自由 (04)																													
中枢神経機能障害 (05)																													
その他 (06)																													
計 (07)																													

この表は、戦傷病者特別援護法（昭和38年法律第168号。以下「法」という。）による戦傷病者手帳を本年度末現在において、現に所持している者の数を軍人軍属等の別、障害の程度別及び障害の種類別に計上するものである。

表　頭

1　「特項－２項症(1)(9)(16)(22)」欄には、障害の程度が特別項症から第２項症まで又は第１級から第２級までに該当する者の数を計上する。

2　「３項－４項症(2)(10)(17)(23)」欄には、障害の程度が第３項症若しくは第４項症又は第３級、第４級上、第４級若しくは第５級上に該当する者の数を計上する。

3　「５項－６項症(3)(11)(18)(24)」欄には、障害の程度が第５項症若しくは第６項症又は第５級、第６級上若しくは第６級に該当する者の数を計上する。

4　「７項症(4)(12)(25)」欄には、障害の程度が第７項症に該当する者の数を計上する。

5　「款症(5)(13)(19)(26)」欄には、障害の程度が旧第１款症から旧第４款症又は新第１款症から新第５款症までに該当する者の数を計上する。

6　「目症(6)(27)」欄には、障害の程度が第１目症から第４目症に該当する者の数を計上する。

7　「その他(7)(14)(20)(28)」欄には、法第４条第１項第１号に該当しないが、同条同項第２号の認定を受けたことにより戦傷病者手帳の交付を受けた者の数を計上する。

表　側

障害の区分(01)～(06)については、戦傷病者特別援護法施行令（昭和38年政令第358号）の別表（第９条関係）の区分により計上する。なお、障害の種類が２欄以上に該当しているときは、おもな障害のみに計上する。

第63 戦傷病者等の療養の給付・療養費の支給及び療養手当受給者数並びに更生医療給付決定件数

(戦傷病者特別援護法)

都道府県名 _____

平成 _____ 年度分報告

		前年度末患者数			年　度　中　異　動　状　況											年度末患者数		
					新規患者数			変更患者数		減　少　患　者　数								
		指定医療機関(1)	一般医療機関(2)	計(3)	新規(4)	転入(5)	計(6)	入院外から入院(7)	入院から入院外(8)	治ゆ(9)	中断(10)	死亡(11)	転出(12)	計(13)		指定医療機関(14)	一般医療機関(15)	計(16)
入院	結　　核 (01)																	
	精神病 (02)																	
	その他 (03)																	
	計　　(04)																	
入院外	結　　核 (05)																	
	精神病 (06)																	
	その他 (07)																	
	計　　(08)																	
計	結　　核 (09)																	
	精神病 (10)																	
	その他 (11)																	
	計　　(12)																	
法附則第11項該当者(再掲)	入　院 (13)																	
	入院外 (14)																	

療養手当受給者数(年度末現在) (15)	

更生医療給付決定件数 (16)	

　この表は、戦傷病者特別援護法(昭和38年法律第168号。以下「法」という。)により療養の給付又は療養費の支給を受けている戦傷病者及び法附則第11項の規定により療養給付認定票の交付を受けた者の本年度中の異動状況を医療機関別、入院・入院外別、病類別に計上するとともに、本年度末現在における療養手当受給者数及び更生医療給付決定件数を計上するものである。

表　頭
 1　「指定医療機関(1)(14)」欄には、法第12条に規定する病院又は診療所において療養の給付を受けていた者の数を計上する。
 2　「一般医療機関(2)(15)」欄には、指定医療機関以外の病院又は診療所において療養費の支給を受けていた者の数を計上する。
 3　「新規(4)」欄には、本年度中に傷病が治ゆ又は治療を中断した者が再び療養の給付又は療養費の支給を受けた場合にも新規として計上する。
 4　「転入(5)」欄には、他の都道府県から転入した者の数を計上する。
 5　「入院外から入院(7)」欄には、入院外から入院に変更になった者を表側「入院」及び「入院外」の該当病類欄にそれぞれ計上する。
 6　「入院から入院外(8)」欄には、入院から入院外に変更になった者を表側「入院」及び「入院外」の該当病類欄にそれぞれ計上する。
 7　「治ゆ(9)」、「中断(10)」、「死亡(11)」の各欄には、療養給付等原簿の裏面の備考欄の記載内容に基づいて計上する。
 8　「転出(12)」欄には、他の都道府県に転出した者を計上する。

表　側
 1　病類区分は療養給付等原簿に記載されている認定傷病名による。
 2　結核と精神病又はその他の傷病が合併している場合は、「結核」に計上する。
 3　精神病と結核以外の傷病が合併している場合は、「精神病」に計上する。
 4　「更生医療給付決定件数(16)」欄には、更生医療の給付を決定したものについてその件数を計上する。

第64　戦傷病者の補装具支給及び修理
（戦傷病者特別援護法）

都道府県　名

平成　　　　年度分報告

		支給			修理		
		請求件数 (1)	決定件数 (2)	金額 (3)（千円）	請求件数 (4)	決定件数 (5)	金額 (6)（千円）
義肢	義手(01)						
	義足(02)						
装具(03)							
座位保持装置(04)							
盲人安全つえ(05)							
義眼(06)							
眼鏡(07)							
補聴器(08)							
車椅子(09)							
電動車椅子(10)							
座位保持椅子(11)							
起立保持具(12)							
歩行器(13)							
頭部保持具(14)							
排便補助具(15)							
歩行補助つえ(16)							
重度障害者用意思伝達装置(17)							
その他(18)							
計(19)							

この表は、戦傷病者特別援護法（昭和38年法律第168号）により戦傷病者に対し本年度中におこなった補装具の支給及び修理の状況を補装具の種目別に計上するものである。

なお、金額は千円単位とし、千円未満の端数がある場合は四捨五入によって計上する。ただし、四捨五入の結果、金額が０千円となってしまう場合は１千円として計上する。

表　頭

1　「支給」の「請求件数(1)」欄には、都道府県に補装具の支給を請求された件数を種目別に計上するものであって、人員を計上するものではない。また、同一種目（名称）、型式の補装具で組になっているものは、１組を１件として計上し、１枚の請求書で２以上の種目（名称）、型式の補装具の請求があった場合には、種目、型式別に件数を計上する。なお、コンタクトレンズ、補聴器等の様に右と左とでそれぞれ１件として支給されるものは右と左同時に申請があった場合は「２」として計上する。

2　「支給」の「決定件数(2)」欄には、都道府県において支給を決定した件数を計上する。なお、補装具の支給が決定されたのち、本人死亡等のため支給しなかった場合でも計上する。

3　「支給」の「金額(3)」欄には、補装具の支給に要する費用の予定額（補装具交付券に記載されたもの）を計上する。

4　「修理」の「請求件数(4)」、「決定件数(5)」、「金額(6)」の各欄には、「支給」の各欄の取扱いに準じて計上する。

表　側

補装具の種目・型式の区分(01)～(17)の項目には「補装具の種目、購入又は修理に要する費用の額の算定等に関する基準」（平成18年厚生労働省告示第528号）（以下、「告示」という。）別表に掲げる基準内支給のものを計上し、(18)の項目には「告示」の別表の規定によることができず、基準外支給のものを計上する。

第65　戦傷病者乗車券引換証受給者数
(戦傷病者特別援護法)

都道府県名

平成　　　　　年度分報告

	特別項症 (1)	第一項症 (2)	第二項症 (3)	第三項症 (4)	第四項症 (5)	第五項症 (6)	第六項症 (7)	第一款症 (8)	第二款症 (9)	第三款症 (10)	第四款症 (11)	第五款症 (12)	目症 (13)	計 (14)
甲　種(01)														
乙　種(02)	＼	＼	＼											
甲種・乙種(03)	＼	＼	＼										＼	

この表は、戦傷病者特別援護法（昭和38年法律第168号）により本年度中に戦傷病者乗車券引換証の交付を受けた者を、障害の程度別及び戦傷病者乗車券引換証の種類別に計上するものである。

表　頭

「特別項症(1)～目症(13)」の各欄には、障害の程度が特別項症から目症までに該当する者の数を計上する。

なお、第７項症は第１款症、旧第１款症は第２款症、旧第２款症は第３款症、旧第３款症は第４款症、旧第４款症は第５款症として計上する。

表　側

1　「甲種(01)」欄には、戦傷病者乗車券引換証の種別が「甲種」のみの交付を受けた者の数を計上する。

2　「乙種(02)」欄には、戦傷病者乗車券引換証の種別が「乙種」のみの交付を受けた者の数を計上する。

3　「甲種・乙種(03)」欄には、戦傷病者乗車券引換証の種別が「甲種」と「乙種」の双方の交付を受けた者の数を計上する。

第66　給付金の種類別被給付世帯数及び被給付人員
（中国残留邦人等の円滑な帰国の促進並びに永住帰国した中国残留邦人等及び特定配偶者の自立の支援に関する法律）

都道府県
指定都市　名
中核市

平成　　　年　　　　月分報告

	給付金世帯数・人員（実数）（月中）				給付金の種類（月中）								
	現に給付を受けたもの		給付金支給停止中のもの		生活支援給付	住宅支援給付	介護支援給付	医療支援給付		出産支援給付	生業支援給付	葬祭支援給付	計
		うち配偶者支援金（再掲）		うち配偶者支援金（再掲）				入院	入院外				
	(1)	(2)	(3)	(4)	(5)	(6)	(7)	(8)	(9)	(10)	(11)	(12)	(13)
世帯数 (01)													
人員 (02)													
日本の国籍を有しないもの（再掲）　人員 (03)													

この表は、中国残留邦人等の円滑な帰国の促進並びに永住帰国した中国残留邦人等及び特定配偶者の自立の支援に関する法律（平成６年法律第30号）により本月中に支援給付を受けた実世帯数・実人員、停止中の実世帯数・実人員及び給付金の種類別の世帯数・人員を計上し、配偶者支援金を受けた実世帯数・実人員については再掲として計上するものである。

1　支援給付の実施機関の長が決裁をした日の属する月により計上するものであって、現に支援給付の開始、廃止、変更又は停止をした日の属する月によるものではない。

2　被支援者のうち、救護施設、更生施設又は宿所提供施設に入所している者及び授産施設を利用している者で、保護施設事務費のみの支出の対象となっている者は計上しない。

3　同一世帯において月中に支援給付が廃止され、同月中に再び支援給付開始の決裁が行われた場合はその処分ごとに世帯数及び人員を計上する。

表　頭

1　「現に給付を受けたもの(1)」欄には、本月中において支援給付を受けたすべての実世帯数・実人員を計上する。月の中途で支援給付が停止された場合は、その月の中途までは支援給付を受けていたのであるからこの欄に計上する。

2　「うち配偶者支援金（再掲）(2)」欄には、本月中に支給給付を受けた実世帯・実人員のうち配偶者支援金を受けた実世帯及び実人員を再掲する。

3　「給付金支給停止中のもの(3)」欄には、月中を通して支援給付が停止されていた実世帯数・実人員を計上する。例えば、前月以前から支援給付が停止され、本月中も引き続いて支援給付が停止されていた実世帯数・実人員を計上する。

4　「生活支援給付(5)」から「葬祭支援給付(12)」までの各欄には、本月中に１日でも支援給付を受けたすべての世帯・人員について、給付金の種類ごとにそれぞれ該当欄に計上する。ただし、医療支援給付単給の取扱いになるものは、「生活支援給付(5)」欄には計上しないで「医療支援給付入院(8)」もしくは「医療支援給付入院外(9)」欄にのみ計上する。

また「介護支援給付(7)」については、介護支援給付適用となったすべての世帯数及び人員を計上する。

表　側

「日本の国籍を有しないもの（再掲）」欄には、世帯主が日本の国籍を有しない者の人員を再掲する。

第67　給付の開始・廃止及び変更

（中国残留邦人等の円滑な帰国の促進並びに永住帰国した中国残留邦人等及び特定配偶者の自立の支援に関する法律）

都道府県
指定都市　名
中 核 市
平成　　　　　　　　　年度分報告

	申請件数 (1)	申請取下げ件数 (2)	申請却下件数 (3)	給付金支給開始 決定 (4)	給付金支給開始 転入（再掲） (5)	給付金支給開始 職権給付（再掲） (6)	給付金支給廃止 決定 (7)	給付金支給廃止 一時的支援給付（再掲） (8)	給付金支給廃止 転出（再掲） (9)	給付金支給変更 増 (10)	給付金支給変更 減 (11)
世帯数 (01)										＼	＼
人数 (02)	＼	＼	＼								

この表は、中国残留邦人等の円滑な帰国の促進並びに永住帰国した中国残留邦人等及び特定配偶者の自立の支援に関する法律（平成６年法律第30号）により本年度中に支援給付が開始又は廃止された世帯数及び人員、支援給付の変更により増加又は減少した人員並びに支援給付開始の申請及び却下の件数を計上するものである。

1　支援給付の実施機関の長が決裁した日の属する年度の区分により計上するものであって、現に支援給付の開始又は廃止した日の属する年度によるものではない。

2　保護施設事務費のみの支出の対象となっている場合は計上しないこと。

3　被支援世帯が他の支援給付の実施機関の管内から転入、又は他の支援給付の実施機関の管内へ転出したときには、開始又は廃止としてそれぞれ計上する。

表　頭

1　「申請件数(1)」欄には、本年度中に支援給付の実施機関において支援給付開始の申請書を受付けた件数を計上する。なお、支援給付決定前に本人から申請辞退の申出があった場合も含める。

2　「申請取下げ件数(2)」欄には、決裁前に辞退の申出等の取下げがあった場合の件数を計上する。

3　「申請却下件数(3)」欄には、本年度中に却下の決裁をした件数を計上する。

4　「給付金支給開始」の「決定(4)」及び「給付金支給廃止」の「決定(7)」の各欄には、本年度中に給付金支給開始又は給付金支給廃止の決裁をした世帯数とその人員を計上する。

5　「給付金支給廃止」の「一時的支援給付（再掲）(8)」欄には、本年度中に一時的性格の支援給付のみを受給し、廃止の決裁をした世帯数とその人員を計上する。

6　「給付金支給変更」の「増(10)」及び「減(11)」の各欄には、本年度中に給付金支給変更の決裁をしたもので、その変更に伴い、人員の増減が生じたものについてその人員を計上する。

第68　性・年齢階級別被給付人員

(中国残留邦人等の円滑な帰国の促進並びに永住帰国した中国残留邦人等及び
特定配偶者の自立の支援に関する法律)

都道府県
指定都市　名
中 核 市

平成　　　　　　　年度分報告

		本人			配偶者					
								うち配偶者支援金を受けたもの		
		男 (1)	女 (2)	計 (3)	男 (4)	女 (5)	計 (6)	男 (7)	女 (8)	計 (9)
年齢階級	45歳未満 (01)									
	45 ～ 49 (02)									
	50 ～ 54 (03)									
	55 ～ 59 (04)									
	60 ～ 64 (05)									
	65 ～ 69 (06)									
	70 ～ 74 (07)									
	75 ～ 79 (08)									
	80 ～ 84 (09)									
	85 ～ 89 (10)									
	90歳以上 (11)									
	計 (12)									

この表は中国残留邦人等の円滑な帰国の促進並びに永住帰国した中国残留邦人等及び特定配偶者の自立の支援に関する法律（平成６年法律第30号）により、本年度末現在の支援給付を受けている本人・配偶者について、性別及び年齢階級別に計上するものである。

表　頭

1　「本人」欄には、支援給付を受けている中国残留邦人等（本人）を計上する。

2　「配偶者」欄には、支援給付を受けている中国残留邦人等の配偶者（日本国籍以外の者を含む。）を計上する。

3　「うち配偶者支援金を受けたもの」欄には、支援給付を受けている中国残留邦人等の配偶者（支給停止中の者及び日本国籍以外の者を含む。）のうち配偶者支援金を受けている中国残留邦人等の特定配偶者（日本国籍以外の者を含む。）を再掲する。

表　側

本年度末現在の満年齢により、該当欄に計上する。

第69 医療支援給付人員

(中国残留邦人等の円滑な帰国の促進並びに永住帰国した中国残留邦人等及び特定配偶者の自立の支援に関する法律)

都道府県
指定都市　名
中核市
平成　　　　　年度分報告

入　　院　　（　年　度　末　現　在　）									
医　療　支　援　給　付　単　給					医療支援給付併給		計	介護老人保健施設入所者（再掲）	
医療支援給付単給のみ		その他の単給 (入院患者日用品費・一時的支援給付等を含む)		計					
精神病 (1)	その他 (2)	精神病 (3)	その他 (4)	(5)	精神病 (6)	その他 (7)	(8)	(9)	

入　　院　　外　　（　年　度　末　現　在　）									
医　療　支　援　給　付　単　給					医療支援給付併給		計	訪問看護利用者（再掲）	
医療支援給付単給のみ		その他の単給 (一時的支援支給等を含む)		計					
精神病 (10)	その他 (11)	精神病 (12)	その他 (13)	(14)	精神病 (15)	その他 (16)	(17)	(18)	

　この表は、中国残留邦人等の円滑な帰国の促進並びに永住帰国した中国残留邦人等及び特定配偶者の自立の支援に関する法律（平成６年法律第30号）により本年度末現在において医療支援給付を受けている者を病類別、単給・併給別及び入院・入院外（訪問看護利用を含む。以下同じ。）別に計上するものである。
 1　本年度末現在において医療支援給付を受けたすべての人員を支援給付決定処分の内容により、入院・入院外別、及び病類別に計上し、同一人を２欄以上に重複して計上しない。
 2　単給・併給別は医療支援給付を受けている者の属する世帯が本年度末現在において医療支援給付のみを受けている場合（医療支援給付のみを受けているとみなされる場合を含む。単給欄を参照。）か、あるいはそれ以外の支援給付を併せて受けている場合（医療支援給付併給の扱いとなる場合。）かにより分類する。
表　頭
 1　「医療支援給付単給」の「医療支援給付単給のみ」とは、本人支払額の有無にかかわらず医療支援給付のみの決定がなされているものをいう。
 2　「医療支援給付単給」の「その他の単給」とは次のものをいう。
　(1) 医療支援給付と併せて、生活支援給付のうちの被服費、移送費等、住宅支援給付の住宅維持費・敷金、出産支援給付、生業支援給付の生業費、技能修得費及び就職支度費、葬祭支援給付等の一時的性格の支援給付を受けているもの。
　(2) 医療支援給付と併せて、入院患者日用品費（介護老人保健施設の場合は日常生活費を含む。）のみを受けているもの、又は入院患者日用品費及び障害者加算、介護保険料加算等の加算を受けているもの。
 3　障害者の日常生活及び社会生活を総合的に支援するための法律（平成17年法律第123号）による自立支援医療の適用がある精神病とその他の疾病とを合併している場合には、「その他」に計上すること。なお、自立支援医療の適用されない精神病とその他の疾病とを合併している場合には、「精神病」に計上する。

第70　介護支援給付人員

（中国残留邦人等の円滑な帰国の促進並びに永住帰国した中国残留邦人等及び
特定配偶者の自立の支援に関する法律）

都道府県
指定都市　名
中 核 市
平成　　　　　　　　　年度分報告

施設介護（年度末現在）						
	介護支援給付単給			介護支援給付併給		
	介護支援給付単給のみ (1)	その他の単給（日常生活費・一時的支援給付等を含む）(2)	計 (3)	介護支援給付併給のみ (4)	その他の併給 (5)	計 (6)
介護老人福祉施設 (01)						
介護老人保健施設 (02)						
介護療養型医療施設 (03)						
地域密着型介護老人福祉施設 (04)						

居宅介護・介護予防（年度末現在）						
	介護支援給付単給			介護支援給付併給		
	介護支援給付単給のみ (1)	その他の単給（一時的支援給付等を含む）(2)	計 (3)	介護支援給付併給のみ (4)	その他の併給 (5)	計 (6)
居宅介護 (05)						
介護予防 (06)						

この表は、中国残留邦人等の円滑な帰国の促進並びに永住帰国した中国残留邦人等及び特定配偶者の自立の支援に関する法律（平成６年法律第30号）により本年度末現在において介護支援給付を受けている者を単給・併給別及び施設介護・居宅介護別に計上（施設介護の場合は、施設の種類別に計上。以下同じ。）するものである。

1　支援給付の実施機関の長が決裁をした日の属する月により計上するものである。

2　本年度末現在において介護支援給付を受けたすべての人員を支援給付決定処分の内容により、施設介護・居宅介護・介護予防別に計上し、同一人を２種類以上に重複して計上しない。

3　単給・併給別は介護支援給付を受けている者の属する世帯が、その月を通して介護支援給付のみを受けている場合か、あるいはそれ以外の支援給付を併せて受けている場合かにより分類する。

上　表

表　頭

1　施設介護とは、介護福祉施設サービス、介護保健施設サービス、介護療養施設サービス及び地域密着型介護サービスをいう。

2　介護支援給付単給のみ欄には、本人支払額の有無にかかわらず介護支援給付のみの決定がなされているものを計上する。

3　その他の単給とは、介護支援給付と併せて日常生活費のみを受けている者及び介護保険料加算並びに生活支援給付の被服費等の一時的性格の支援給付を受けているものを計上する。

下　表

表　頭

1　居宅介護とは、訪問介護、訪問入浴介護、訪問看護、訪問リハビリテーション、居宅療養管理指導、通所介護、通所リハビリテーション、短期入所生活介護、短期入所療養介護、特定施設入居者生活介護、福祉用具貸与、夜間対応型訪問介護、認知症対応型通所介護、小規模多機能型居宅介護、認知症対応型共同生活介護、地域密着型特定施設入居者生活介護並びにこれらに相当するサービス及び居宅介護サービス計画費をいう。

2　介護予防とは、介護予防訪問介護、介護予防訪問入浴介護、介護予防訪問看護、介護予防訪問リハビリテーション、介護予防居宅療養管理指導、介護予防通所介護、介護予防通所リハビリテーション、介護予防短期入所生活介護、介護予防短期入所療養介護、介護予防特定施設入居者生活介護、介護予防福祉用具貸与、介護予防認知症対応型通所介護、介護予防小規模多機能型居宅介護、介護予防認知症対応型共同生活介護並びにこれらに相当するサービス及び介護予防サービス計画費をいう。

第71　世帯の労働力類型別被給付世帯数

（中国残留邦人等の円滑な帰国の促進並びに永住帰国した中国残留邦人等及び特定配偶者の自立の支援に関する法律）

都道府県
指定都市　名
中核市
平成　　　　　　　　　　　年度分報告

		現に給付金を受けた世帯数（年度末現在）											
		単身者世帯					2人以上の世帯						計
		高齢者世帯 (1)	障害者世帯 (2)	傷病者世帯 (3)	その他の世帯 (4)	（再掲）医療支援給付 (5)	傷病者世帯 (6)	母子世帯 (7)	障害者世帯 (8)	傷病者世帯 (9)	その他の世帯 (10)	（再掲）医療支援給付 (11)	(1)～(4) (6)～(10) (12)
世帯主が働いている世帯	常用労働者 (01)												
	日雇労働者 (02)												
	内職者 (03)												
	その他の就業者 (04)												
世帯主は働いていないが世帯員が働いている世帯	(05)	＼	＼	＼	＼	＼							
働いている者のいない世帯	(06)												
計	(07)												

この表は、中国残留邦人等の円滑な帰国の促進並びに永住帰国した中国残留邦人等及び特定配偶者の自立の支援に関する法律（平成６年法律第30号）により本年度末現在において支援給付を受けている世帯について単身者世帯と２人以上の世帯とに分け、それぞれについて、世帯の労働力類型別に計上するものである。

1　本年度末現在において支援給付を受けたすべての世帯について、支援給付決定処分の内容により分類して計上する。

2　保護施設事務費のみが支出の対象となっている場合は計上しない。

表　頭

1　「単身者世帯」とは、支援給付決定上の世帯人員が１人の世帯、若しくは世帯分離で受給者が１人となった世帯をいう。

2　「高齢者世帯(1)(6)」とは、男女ともに65歳以上の者のみで構成されている世帯をいう。

3　「母子世帯(7)」とは、支援給付においては、子については対象としないため計上しない。

4　「障害者世帯(2)(8)」とは、世帯主が障害者加算を受けているか、障害・知的障害等の心身上の理由のため働けない者である世帯をいう。

5　「傷病者世帯(3)(9)」とは、世帯主が入院（介護老人保健施設入所を含む。）しているか、在宅患者加算を受けている世帯、若しくは世帯主が傷病のため働けない者である世帯をいう。

6　「（再掲）医療支援給付単給(5)(11)」の各欄には、本人支払額の有無にかかわらず医療支援給付単給の決定がなされているものを再掲として計上する。また、医療支援給付に併せて生活支援給付のうちの被服費、移送費等、住宅支援給付の住宅維持費・敷金、出産支援給付、生業支援給付の生業費、技能修得費及び就職支度費、葬祭支援給付等の一時的性格の支援給付又は入院患者日用品費、障害者加算及び介護保険料加算を受けているもの及び医療支援給付に併せて入院患者日用品費（介護老人保健施設入所の場合は日常生活費を含む。）のみを受けているものについては、すべて医療支援給付単給として取り扱う。

表　側

働いているか否かは、支援給付決定上の収入認定の対象となる就労収入が計上されているか、いないかにより決定する。労働力類型は、就労収入の認定の根拠となった就業の状況によるものである。

1　「世帯主が働いている世帯」とは、支援給付決定調書上、世帯主の働きによる収入認定額が１円以上ある場合であって他の世帯員に帰属する働きによる収入認定額の有無にはかかわらない。これをさらに次の区分によって分類する。

「常用勤労者(01)」とは、形式のいかんにかかわらず、期間を定めず、又は１か月以上の雇用契約によって他人に雇われて、かつ、月々一定の給料又は賃金などを得ている者をいう。

「日雇労働者(02)」とは、形式のいかんにかかわらず、日々又は１か月未満の契約によって雇われて、給料又は賃金などを得ている者をいう。

「内　職　者(03)」とは、問屋、その他の営利業者から材料の全部又は一部の支給を受けて、自らの家庭内で必要な加工を行い、その製品を注文主たる業者に納付して報酬を得る者又は、授産施設、小規模作業所等に通所又は救護施設に入所して収入を得ている者をいう。

「その他の就業者(04)」とは、上記のいずれにも該当しない者をいう。

2　「世帯主は働いていないが世帯員が働いている世帯(05)」とは、世帯主の働きによる収入認定額は０円であっても、配偶者の働きによる収入認定額が１円以上ある世帯をいう。

3　「働いている者のいない世帯(06)」とは、世帯主、配偶者ともに働きによる収入認定額が０円である世帯をいう。

第72　医療費の審査及び決定

（中国残留邦人等の円滑な帰国の促進並びに永住帰国した中国残留邦人等及び
特定配偶者の自立の支援に関する法律）

都道府県
指定都市　名
中核市
平成　　　　　　年度分報告

		基金審査結果		知事審査結果									
				知事決定						再審査請求		その他	
				支払確定		増額		減額					
		件数 (1)	金額 (2)（千円）	件数 (3)	金額 (4)（千円）	件数 (5)	金額 (6)（千円）	件数 (7)	金額 (8)（千円）	件数 (9)	金額 (10)（千円）	件数 (11)	金額 (12)（千円）
一般診療	入院 (01)												
	入院外 (02)												
歯科診療 (03)													
計 (04)													

この表は、中国残留邦人等の円滑な帰国の促進並びに永住帰国した中国残留邦人等及び特定配偶者の自立の支援に関する法律（平成６年法律第30号。以下「中国残留邦人等支援法」という。）により指定医療機関及び医療保護施設から請求された診療報酬及び施設療養費に関し、都道府県知事、指定都市市長又は中核市市長（以下「都道府県知事等」という。）が本年度中に決定を行ったものの審査及び決定の状況について計上するものである。

1　都道府県知事等が診療報酬請求額及び施設療養費請求額（以下「請求額」という。）を決定した日の属する年度中によって計上するもので、診療の行われた年度又は社会保険診療報酬支払基金における審査の行われた年度によるものではない。

2　金額に千円未満の端数がある場合は四捨五入する。

表　頭

1　「基金審査結果」欄には、請求のあった中国残留邦人等支援法診療報酬明細書及び施設療養費明細書（以下「明細書」という。）で、基金における審査を経て都道府県、指定都市又は中核市に提出されたものを計上する。

2　「知事決定」の「支払確定」欄には、基金審査を経た明細書で知事等審査の結果、請求額を決定したものを計上する。

3　「知事決定」の「増額」欄には、支払確定したもののうち、増額決定したものの件数と、増額された金額を計上する。

4　「知事決定」の「減額」欄には、支払確定したもののうち、減額決定したものの件数と、減額された金額を計上する。

5　「再審査請求」欄には、知事審査の結果、請求額を決定することができず、基金に対して再審査を求めたものを計上する。

6　「その他」の欄には、知事審査の結果、診療内容に伴う再審査請求以外の理由で、請求額を決定することができなかったものを計上する。

第73　医療支援給付実施状況

（中国残留邦人等の円滑な帰国の促進並びに永住帰国した中国残留邦人等及び特定配偶者の自立の支援に関する法律）

都道府県
指定都市　名
中 核 市
平成　　　　年度分報告

	入退院患者数（年度中）							
	入院患者数				退院患者数			
	給付金の開始	給付金の変更		計	給付金の廃止	給付金の変更		計
		入院外医療支援給付を受けていたもの	その他			入院外医療支援給付を受けるもの	その他	
	(1)	(2)	(3)	(4)	(5)	(6)	(7)	(8)
精神病 (01)								
その他 (02)								
計 (03)								

この表は、中国残留邦人等の円滑な帰国の促進並びに永住帰国した中国残留邦人等及び特定配偶者の自立の支援に関する法律（平成６年法律第30号）により本年度中に医療支援給付受給者で新たに入院、退院（介護老人保健施設退所を含む。以下同じ。）した患者数を病類別に計上するものである。

1　支援給付の実施機関の長が入院・退院の決裁をした日の属する年度により計上する。

2　入院患者が医療施設（介護老人保健施設）を変わった場合（転院）であっても、医療支援給付が継続している場合には計上しない。

表　頭

1　「入院患者数」の「給付金の開始(1)」欄には、新たな支援給付を受けることとなった者が開始と同時に入院の医療支援給付を受けるものについて計上する。他法関係又は自費により入院していた者が、そのまま入院医療支援給付を受けることになった場合も含めて計上する。

2　「給付金の変更」の「入院外医療支援給付を受けていたもの(2)」欄には、入院外（訪問看護利用を含む。以下同じ。）の医療支援給付を受けていた者が、入院の医療支援給付に変更されたものについて計上する。

3　「給付金の変更」の「その他(3)」欄には、入院前に医療支援給付以外の支援給付を受けていたもの、被支援世帯であって他の世帯員が支援給付を受けていたが本人はなんらかの支援給付を受けていなかったもの及び支援給付の停止中のもので再開されたもの等が含まれる。

4　「退院患者数」の「給付金の廃止(5)」欄には、入院の医療支援給付を受けていた者が医療支援給付のみならず、他の支援給付についても併せて廃止されたものについて計上する。支援給付廃止後、他法関係又は自費により引続き入院している者も含めて計上する。

5　「給付金の変更」の「入院外医療支援給付を受けるもの(6)」欄には、入院の医療支援給付を受けていた者が、入院外の医療支援給付に変更されたものについて計上する。

6　「給付金の変更」の「その他(7)」欄には、入院医療支援給付を受けていたもので退院後に医療支援給付以外の支援給付を受ける場合、入院医療支援給付と入院患者日用品費の支給を受けていた者が他法により医療支援給付を受けることになったため、入院患者日用品費のみの支給を受ける場合、被支援給付世帯であって他の世帯員が支援給付を受けるが本人はなんらかの支援給付を受けなくなる場合及び支援給付が停止される場合等が含まれる。

表　側

1　「入院患者数」欄及び「退院患者数」欄の病類の区分は、当該患者の入院時又は退院時における支援給付決定調書上の病類による。従って、同一人についても入院時と退院時の病類が異なる場合もある。

2　精神病とその他の疾病とを合併している場合には、「精神病」を優先させる。

参考表

社会福祉関係行政機関の数,

都道府県 指定都市 中核市	福祉事務所	児童相談所	婦人相談所	身体障害者更生相談所	知的障害者更生相談所
全国	1 248	210	49	77	86
北海道	46	8	1	1	1
青森	14	6	1	1	1
岩手	19	3	1	1	1
宮城	18	3	1	1	1
秋田	16	3	1	1	1
山形	17	2	1	1	2
福島	17	4	1	1	1
茨城	36	3	1	1	1
栃木	16	3	1	1	1
群馬	15	3	1	1	1
埼玉	41	6	1	1	1
千葉	40	6	1	2	2
東京	62	11	1	1	1
神奈川	20	5	1	1	1
新潟	24	5	1	5	5
富山	11	2	1	1	1
石川	14	2	1	1	1
福井	13	2	1	1	1
山梨	16	2	1	1	1
長野	28	5	1	1	1
岐阜	25	5	1	1	1
静岡	24	5	1	1	5
愛知	39	10	1	3	3
三重	19	5	1	1	1
滋賀	14	3	1	1	1
京都	17	3	1	1	1
大阪	31	6	1	1	1
兵庫	31	5	1	1	1
奈良	14	2	1	1	1
和歌山	14	2	1	1	1
鳥取	19	3	1	3	3
島根	19	4	1	1	1
岡山	19	3	1	1	1
広島	20	3	1	1	3
山口	14	6	1	1	1
徳島	11	3	3	1	1
香川	10	2	1	1	1
愛媛	14	3	1	1	1
高知	15	2	1	1	1
福岡	33	6	1	1	1
佐賀	15	1	1	1	1
長崎	15	2	1	2	2
熊本	22	2	1	1	1
大分	15	2	1	1	1
宮崎	13	3	1	1	1
鹿児島	26	3	1	1	2
沖縄	15	2	1	1	1

都道府県－指定都市－中核市別

平成28年度末現在

都道府県 指定都市 中核市	福祉事務所	児童相談所	婦人相談所	身体障害者 更生相談所	知的障害者 更生相談所
指定都市(別掲)					
札幌市	10	1	·	1	1
仙台市	5	1	·	1	2
さいたま市	10	1	·	1	1
千葉市	6	1	·	1	1
横浜市	18	4	·	1	1
川崎市	9	3	·	1	1
相模原市	3	1		1	1
新潟市	8	1	·	1	1
静岡市	3	1	·	1	1
浜松市	7	1	·	1	1
名古屋市	16	2	·	1	1
京都市	14	2	·	1	1
大阪市	24	2	·	1	1
堺市	7	1	·	1	1
神戸市	9	1	·	1	1
岡山市	6	1	·	1	1
広島市	8	1	·	1	1
北九州市	7	1	·	1	1
福岡市	7	1	·	1	1
熊本市	5	1	·	1	1
中核市(別掲)					
旭川市	1	·	·	·	·
函館市	1	·	·	·	·
青森市	1	·	·	·	·
八戸市	1	·	·	·	·
盛岡市	1	·	·	·	·
秋田市	1	·	·	·	·
郡山市	1	·	·	·	·
いわき市	7	·	·	·	·
宇都宮市	1	·	·	·	·
前橋市	1	·	·	·	·
高崎市	1	·	·	·	·
川越市	1	·	·	·	·
越谷市	1	·	·	·	·
船橋市	1	·	·	·	·
柏市	1	·	·	·	·
八王子市	1	·	·	·	·
横須賀市	1	1	·	·	·
富山市	1	·	·	·	·
金沢市	1	1	·	·	·
長野市	1	·	·	·	·
岐阜市	1	·	·	·	·
豊橋市	1	·	·	·	·
豊田市	1	·	·	·	·
岡崎市	1	·	·	·	·
大津市	1	·	·	·	·
高槻市	1	·	·	·	·
東大阪市	3	·	·	·	·
豊中市	1	·	·	·	·
枚方市	1	·	·	·	·
姫路市	1	·	·	·	·
西宮市	1	·	·	·	·
尼崎市	1	·	·	·	·
奈良市	1	·	·	·	·
和歌山市	1	·	·	·	·
倉敷市	4	·	·	·	·
福山市	1	·	·	·	·
呉市	1	·	·	·	·
下関市	1	·	·	·	·
高松市	1	·	·	·	·
松山市	1	·	·	·	·
高知市	1	·	·	·	·
久留米市	1	·	·	·	·
長崎市	1	·	·	·	·
佐世保市	1	·	·	·	·
大分市	1	·	·	·	·
宮崎市	1	·	·	·	·
鹿児島市	2	·	·	·	·
那覇市	1	·	·	·	·

正誤情報（修正箇所は下線部）

1 平成17年度社会福祉行政業務報告（福祉行政報告例）　正誤表
　　【児童福祉】　393頁
　　第13表　児童相談所における調査・診断指導・心理療法・カウンセリング等の件数,対象者×方法・実施者別

(正)

	総数	...	心理診断指導			...	...
			総数	知能検査	発達検査		
総数	:	:	524 414	85 217	75 157	:	:
(再掲)児童虐待	:	:	62 837	6 697	2 827	:	:
(再掲)非行	:	:	<u>36 656</u>	3 643	<u>434</u>	:	:
	:	:	:	:	:	:	:

(誤)

	総数	...	心理診断指導			...	...
			総数	知能検査	発達検査		
総　数	:	:	524 414	85 217	75 157	:	:
(再掲)児童虐待	:	:	62 837	6 697	2 827	:	:
(再掲)非行	:	:	<u>36 222</u>	3 643	<u>-</u>	:	:
	:	:	:	:	:	:	:

2 平成18年度社会福祉行政業務報告（福祉行政報告例）　正誤表
　　【児童福祉】　365頁
　　第19表　児童相談所における調査・診断指導・心理療法・カウンセリング等の件数,対象者×方法・実施者別

(正)

	総数	...	心理診断指導			...	...
			総数	知能検査	発達検査		
総　数	:	:	557 630	87 725	80 586	:	:
(再掲)児童虐待	:	:	72 088	6 943	3 868	:	:
(再掲)非行	:	:	<u>40 076</u>	3 958	<u>371</u>	:	:
	:	:	:	:	:	:	:

(誤)

	総数	...	心理診断指導			...	...
			総数	知能検査	発達検査		
総　数	:	:	557 630	87 725	80 586	:	:
(再掲)児童虐待	:	:	72 088	6 943	3 868	:	:
(再掲)非行	:	:	<u>39 705</u>	3 958	<u>-</u>	:	:
	:	:	:	:	:	:	:

3 平成19年度社会福祉行政業務報告（福祉行政報告例）　正誤表
　　【児童福祉】　371頁
　　第19表　児童相談所における調査・診断指導・心理療法・カウンセリング等の件数,対象者×方法・実施者別

(正)

	総数	...	心理診断指導			...	...
			総数	知能検査	発達検査		
総　数	:	:	579 356	92 913	77 055	:	:
(再掲)児童虐待	:	:	79 284	7 600	3 104	:	:
(再掲)非行	:	:	<u>41 424</u>	4 068	<u>280</u>	:	:
	:	:	:	:	:	:	:

(誤)

	総数	...	心理診断指導			...	...
			総数	知能検査	発達検査		
総　数	:	:	579 356	92 913	77 055	:	:
(再掲)児童虐待	:	:	79 284	7 600	3 104	:	:
(再掲)非行	:	:	<u>41 144</u>	4 068	<u>-</u>	:	:
	:	:	:	:	:	:	:

4 平成20年度社会福祉行政業務報告（福祉行政報告例）　正誤表
　　【児童福祉】　399頁
　　第19表　児童相談所における調査・診断指導・心理療法・カウンセリング等の件数,対象者×方法・実施者別

(正)

	総数	...	心理診断指導			...	...
			総数	知能検査	発達検査		
総　数	:	:	571 958	92 366	74 207	:	:
(再掲)児童虐待	:	:	80 136	7 425	2 997	:	:
(再掲)非行	:	:	<u>38 910</u>	3 864	<u>306</u>	:	:
	:	:	:	:	:	:	:

(誤)

	総数	...	心理診断指導			...	...
			総数	知能検査	発達検査		
総　数	:	:	571 958	92 366	74 207	:	:
(再掲)児童虐待	:	:	80 136	7 425	2 997	:	:
(再掲)非行	:	:	<u>38 604</u>	3 864	<u>-</u>	:	:
	:	:	:	:	:	:	:

5 平成21年度福祉行政報告例　正誤表
　【児童福祉】　399頁
　　第19表　児童相談所における調査・診断指導・心理療法・カウンセリング等の件数,対象者×方法・実施者別

(正)

	総数	…	心理診断指導			…	…
			総数	知能検査	発達検査		
総　数	⋮	⋮	586 593	93 118	72 312	⋮	⋮
(再掲)児童虐待			82 255	7 266	2 978		
(再掲)非行			<u>44 330</u>	4 018	<u>326</u>		
	⋮	⋮	⋮	⋮	⋮	⋮	⋮

(誤)

	総数	…	心理診断指導			…	…
			総数	知能検査	発達検査		
総　数	⋮	⋮	586 593	93 118	72 312	⋮	⋮
(再掲)児童虐待			82 255	7 266	2 978		
(再掲)非行			<u>44 004</u>	4 018	<u>－</u>		
	⋮	⋮	⋮	⋮	⋮	⋮	⋮

6 平成22年度福祉行政報告例　正誤表
　【児童福祉】　403頁
　　第19表　児童相談所における調査・診断指導・心理療法・カウンセリング等の件数,対象者×方法・実施者別

(正)

	総数	…	心理診断指導			…	…
			総数	知能検査	発達検査		
総　数	⋮	⋮	586 014	91 767	71 183	⋮	⋮
(再掲)児童虐待			90 265	7 622	3 169		
(再掲)非行			<u>43 969</u>	3 865	<u>203</u>		
	⋮	⋮	⋮	⋮	⋮	⋮	⋮

(誤)

	総数	…	心理診断指導			…	…
			総数	知能検査	発達検査		
総　数	⋮	⋮	586 014	91 767	71 183	⋮	⋮
(再掲)児童虐待			90 265	7 622	3 169		
(再掲)非行			<u>43 766</u>	3 865	<u>－</u>		
	⋮	⋮	⋮	⋮	⋮	⋮	⋮

7 平成23年度福祉行政報告例　正誤表
　【児童福祉】　399頁
　　第19表　児童相談所における調査・診断指導・心理療法・カウンセリング等の件数,対象者×方法・実施者別

(正)

	総数	…	心理診断指導			…	…
			総数	知能検査	発達検査		
総　数	⋮	⋮	605 044	93 284	73 832	⋮	⋮
(再掲)児童虐待			96 387	8 256	3 171		
(再掲)非行			<u>42 944</u>	3 524	<u>252</u>		
	⋮	⋮	⋮	⋮	⋮	⋮	⋮

(誤)

	総数	…	心理診断指導			…	…
			総数	知能検査	発達検査		
総　数	⋮	⋮	605 044	93 284	73 832	⋮	⋮
(再掲)児童虐待			96 387	8 256	3 171		
(再掲)非行			<u>42 692</u>	3 524	<u>－</u>		
	⋮	⋮	⋮	⋮	⋮	⋮	⋮

8 平成24年度福祉行政報告例　正誤表
　【児童福祉】　281頁
　　第19表　児童相談所における調査・診断指導・心理療法・カウンセリング等の件数,対象者×方法・実施者別

(正)

	総数	…	心理診断指導			…	…
			総数	知能検査	発達検査		
総　数	⋮	⋮	621 199	93 471	72 571	⋮	⋮
(再掲)児童虐待			103 624	8 448	3 324		
(再掲)非行			<u>40 096</u>	3 356	<u>239</u>		
	⋮	⋮	⋮	⋮	⋮	⋮	⋮

(誤)

	総数	…	心理診断指導			…	…
			総数	知能検査	発達検査		
総　数	⋮	⋮	621 199	93 471	72 571	⋮	⋮
(再掲)児童虐待			103 624	8 448	3 324		
(再掲)非行			<u>39 857</u>	3 356	<u>－</u>		
	⋮	⋮	⋮	⋮	⋮	⋮	⋮

9　平成25年度福祉行政報告例　正誤表
　【児童福祉】　281頁
　第19表　児童相談所における調査・診断指導・心理療法・カウンセリング等の件数,対象者×方法・実施者別

(正)

	総数	...	心理診断指導			...	...
			総数	知能検査	発達検査		
総　数	:	:	609 075	92 916	72 444	:	:
(再掲)児童虐待	:	:	102 063	8 305	3 181	:	:
(再掲)非行	:	:	<u>40 633</u>	3 431	<u>256</u>	:	:
:	:	:	:	:	:	:	:

(誤)

	総数	...	心理診断指導			...	...
			総数	知能検査	発達検査		
総　数	:	:	609 075	92 916	72 444	:	:
(再掲)児童虐待	:	:	102 063	8 305	3 181	:	:
(再掲)非行	:	:	<u>40 377</u>	3 431	<u>－</u>	:	:
:	:	:	:	:	:	:	:

10　平成26年度福祉行政報告例　正誤表
　【児童福祉】　317頁
　第19表　児童相談所における調査・診断指導・心理療法・カウンセリング等の件数,対象者×方法・実施者別

(正)

	総数	...	心理診断指導			...	...
			総数	知能検査	発達検査		
総　数	:	:	639 757	95 689	76 132	:	:
(再掲)児童虐待	:	:	108 378	8 604	3 189	:	:
(再掲)非行	:	:	<u>42 568</u>	3 499	<u>329</u>	:	:
:	:	:	:	:	:	:	:

(誤)

	総数	...	心理診断指導			...	...
			総数	知能検査	発達検査		
総　数	:	:	639 757	95 689	76 132	:	:
(再掲)児童虐待	:	:	108 378	8 604	3 189	:	:
(再掲)非行	:	:	<u>42 239</u>	3 499	<u>－</u>	:	:
:	:	:	:	:	:	:	:

11　平成27年度福祉行政報告例　正誤表
　【児童福祉】　319頁
　第19表　児童相談所における調査・診断指導・心理療法・カウンセリング等の件数,対象者×方法・実施者別

(正)

	総数	...	心理診断指導			...	...
			総数	知能検査	発達検査		
総　数	:	:	644 960	93 917	76 577	:	:
(再掲)児童虐待	:	:	113 722	8 796	3 377	:	:
(再掲)非行	:	:	<u>41 703</u>	3 232	<u>307</u>	:	:
:	:	:	:	:	:	:	:

(誤)

	総数	...	心理診断指導			...	...
			総数	知能検査	発達検査		
総　数	:	:	644 960	93 917	76 577	:	:
(再掲)児童虐待	:	:	113 722	8 796	3 377	:	:
(再掲)非行	:	:	<u>41 396</u>	3 232	<u>－</u>	:	:
:	:	:	:	:	:	:	:

．訂正後の統計表は、「政府統計の総合窓口（e-Stat）」（http://www.e-stat.go.jp/）に掲載している。

定価は表紙に表示してあります。

平成30年4月12日　発 行

平 成 28 年 度

福 祉 行 政 報 告 例

編　集　厚生労働省政策統括官（統計・情報政策担当）
発　行　一般財団法人　厚生労働統計協会
郵便番号 103-0001
東京都中央区日本橋小伝馬町４－９
小伝馬町新日本橋ビルディング３Ｆ
電　話　03－5623－4123（代表）
印　刷　統 計 印 刷 工 業 株 式 会 社